NEIL SHEEHAN

DIE GROSSE LÜGE

JOHN PAUL VANN UND AMERIKA IN VIETNAM

Aus dem Amerikanischen
von Werner Kügler

Europaverlag
Wien·Zürich

Die Deutsche Bibliothek – CIP-Einheitsaufnahme

Sheehan, Neil : Die große Lüge :
John Paul Vann und Amerika in Vietnam / Neil Sheehan.
Aus dem Amerikan. von Werner Kügler. –
Wien ; Zürich ; Europaverl., 1992
Einheitssacht.: A bright shining lie ‹dt.›
ISBN 3-203-51149-5

Titel der amerikanischen Originalausgabe:
A Bright Shining Lie
John Paul Vann and America in Vietnam

Lektorat: Wolfgang Astelbauer, Paul Stein

Graphische Gesamtgestaltung: Catherine F. Littasy-Rollier

Medieninhaber: Europa Verlag GesmbH
© 1988 by Neil Sheehan
Kartographie © 1988 by Jean Paul Tremblay
This translation published by arrangement
with Random House, Inc., New York.
© für die deutschsprachige Ausgabe: Europa Verlag GmbH 1992
Titelfoto: Ullstein Bilderdienst
Satz und Repros: Sapperlot, Wien
Herstellung: Ueberreuter Buchproduktion, Korneuburg
Auf chlorfreiem Papier gedruckt.
Verlagsort: Wien
Printed in Austria

ISBN 3-203-51149-5

Für Susan, Maria und Catherine,
und für meine Mutter und Kitty

Auch wir waren ein Teil der großen Lüge, die man allen vorführte, die dort hinüberkamen.

John Paul Vann in einem Gespräch
mit einem Armeehistoriker im Juli 1963

Inhalt

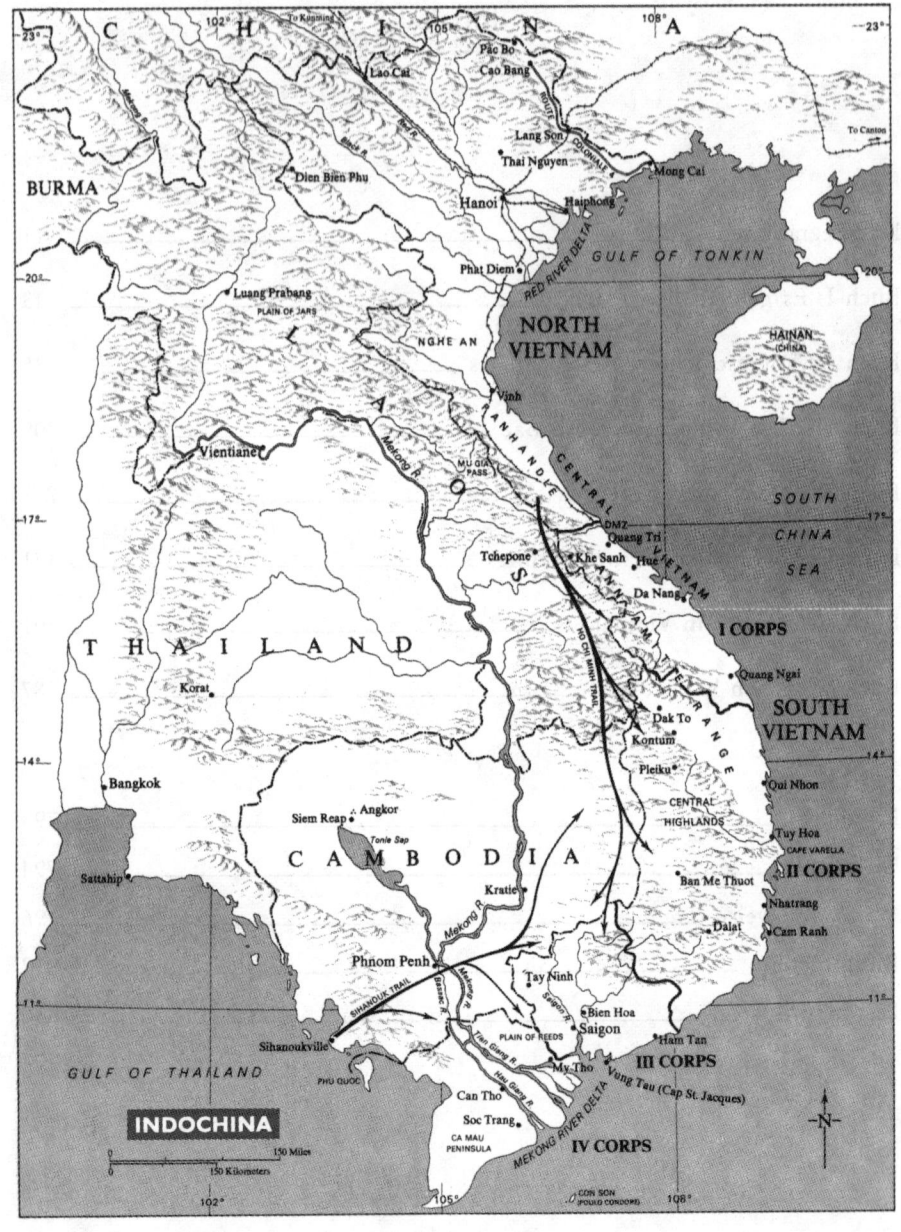

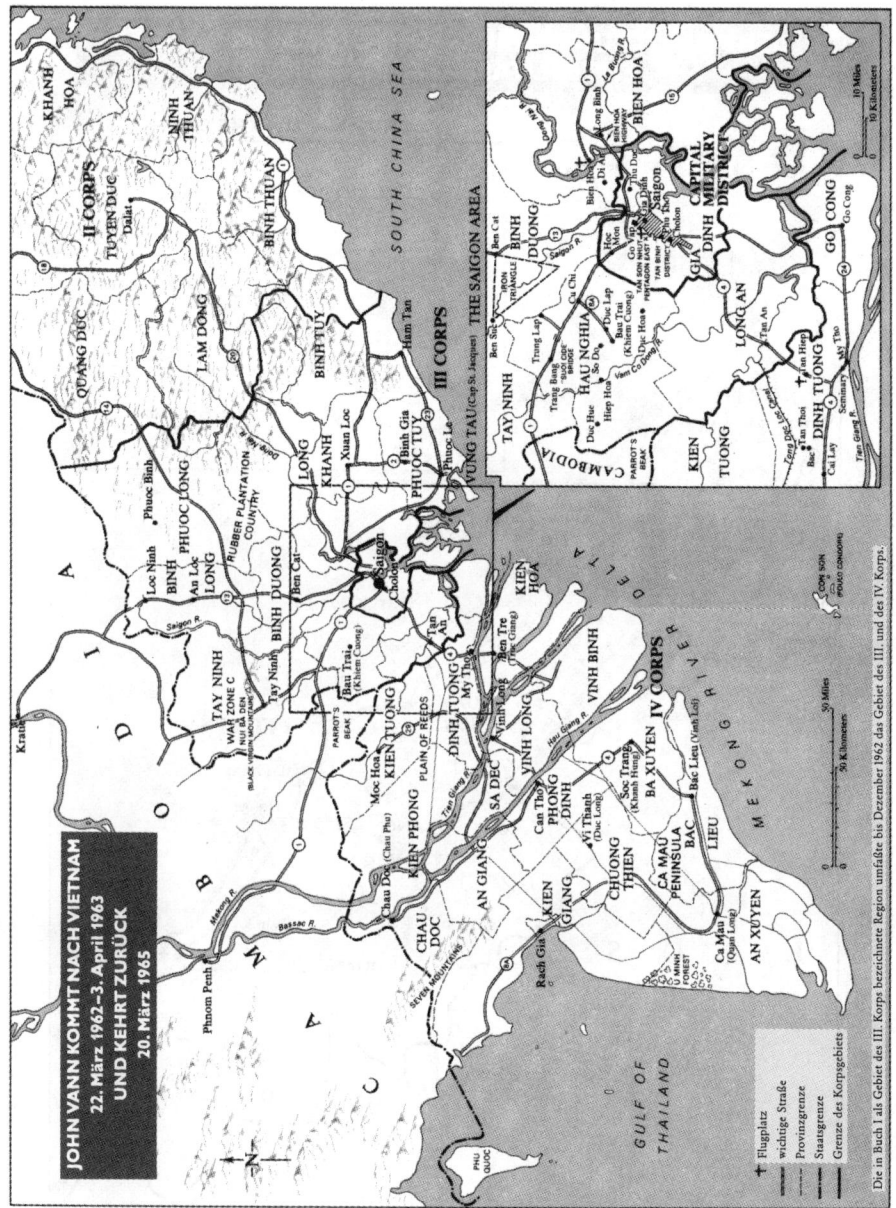

JOHN VANN KOMMT NACH VIETNAM
22. März 1962–3. April 1963
UND KEHRT ZURÜCK
20. März 1965

THE SAIGON AREA

II CORPS

III CORPS

IV CORPS

KHANH HOA
NINH THUAN
TUYEN DUC
Dalat
QUANG DUC
LAM DONG
BINH THUAN
Ham Tan
BINH TUY
Phuoc Binh
PHUOC LONG
An Loc
Loc Ninh
BINH
LONG
RUBBER PLANTATION COUNTRY
LONG KHANH
Xuan Loc
Binh Gia
PHUOC TUY
Phuoc Le
VUNG TAU (Cap St. Jacques)
BINH DUONG
Ben Cat
Saigon R.
Saigon
Cholon
TAY NINH
WAR ZONE C
Nui Ba Den
BLACK VIRGIN MOUNTAIN
Krahek
PARROT'S BEAK
BLACK VIRGIN MOUNTAIN
Bau Trai (Khiem Cuong)
Tay Ninh
KIEN TUONG
Moc Hoa
PLAIN OF REDS
DINH TUONG
My Tho
Tan An
KIEN HOA
KIEN PHONG
Cao Lanh (Chau Phu)
Chau Doc
CHAU DOC
SA DEC
VINH LONG
AN GIANG
Long Xuyen
Sa Dec
Ben Tre (Truc Giang)
VINH BINH
Hau Giang R.
Can Tho
PHONG DINH
Vi Thanh (Duc Long)
CHUONG THIEN
Soc Trang (Khanh Hung)
BA XUYEN
Bac Lieu (Vinh Loi)
BAC LIEU
VINH LONG
KIEN GIANG
Rach Gia
CA MAU PENINSULA
MINH FOREST
Ca Mau (Quan Long)
AN XUYEN

SOUTH CHINA SEA

MEKONG RIVER

DELTA

GULF OF THAILAND

PHU QUOC

CON SON (PHUOC DINH)

CAMBODIA

INDOCHINA

Phnom Penh

Mekong R.

Bassac R.

Seven Mountains

N

Flugplatz
wichtige Straße
Provinzgrenze
Staatsgrenze
Grenze des Korpsgebiets

Die in Buch I als Gebiet des III. Korps bezeichnete Region umfaßte bis Dezember 1962 das Gebiet des III. und des IV. Korps.

THE SAIGON AREA

BIEN HOA
Long Binh
Di An
Thu Duc
CAPITAL MILITARY DISTRICT
SAIGON
GIA DINH
Cholon
PENTAGON EAST
TAN SON NHUT
Ben Suc
IRON TRIANGLE
Ben Cat
Phu Cuong
BINH DUONG
Hoc Mon
Cu Chi
HAU NGHIA
Trang Bang
Duc Hoa
Bao Trai
Hiep Hoa
Duc Lap
So Do
Trung Lap
LONG AN
Tan An
Tan Hiep
DINH TUONG
Can Giuoc
Tan Thoi
Bao
KIEN TUONG
Cai Lay
My Tho
Tan Giang R.
PARROT'S BEAK
Vam Co Tay R.
Vam Co Dong R.
TAY NINH
GO CONG
Go Cong
CAMBODIA

10 Miles
10 Kilometer

50 Miles
50 Kilometer

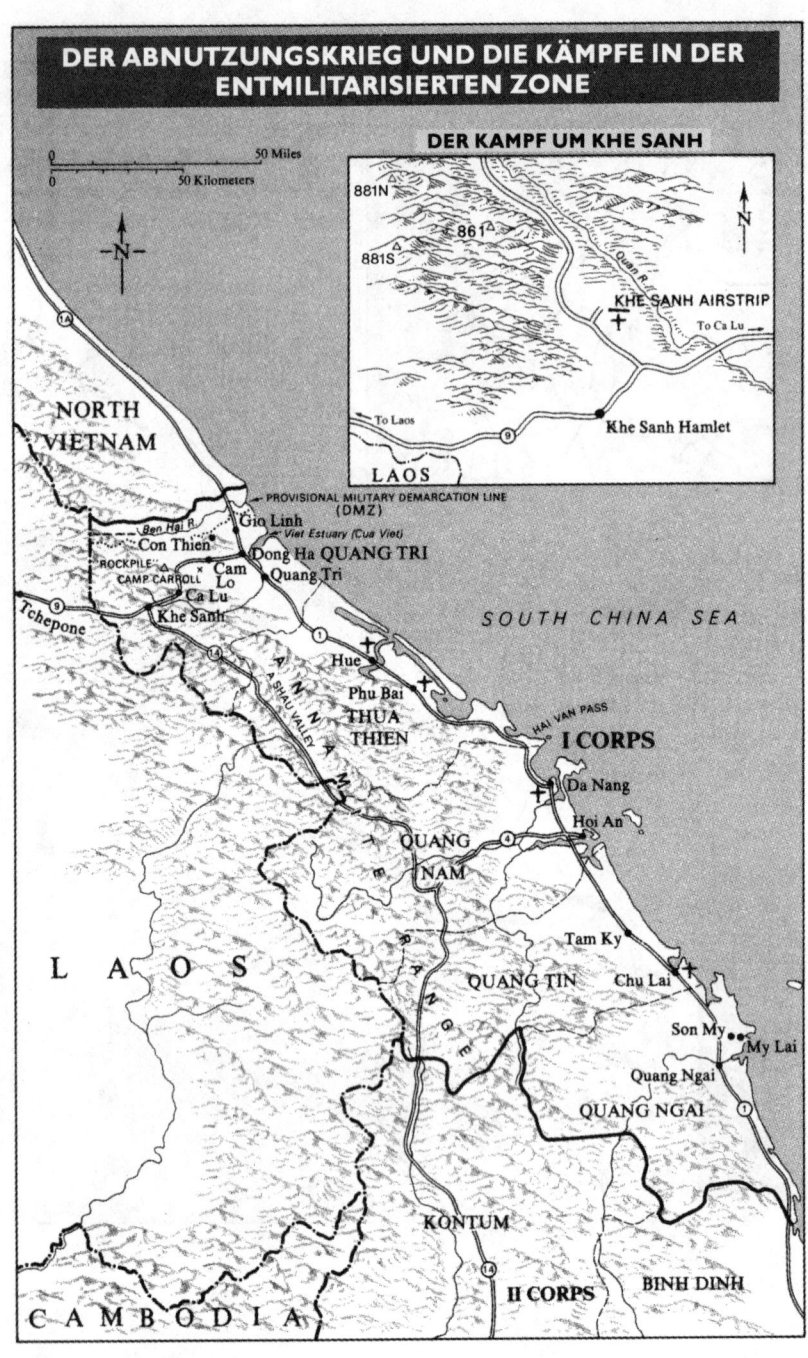

DER ABNUTZUNGSKRIEG UND DIE KÄMPFE IN DER ENTMILITARISIERTEN ZONE

DER KAMPF UM KHE SANH

881N

861

881S

KHE SANH AIRSTRIP

To Ca Lu

To Laos

Khe Sanh Hamlet

LAOS

50 Miles

50 Kilometers

-N-

NORTH VIETNAM

PROVISIONAL MILITARY DEMARCATION LINE (DMZ)

Ben Hai R.

Gio Linh

Con Thien

Viet Estuary (Cua Viet)

Dong Ha QUANG TRI

ROCKPILE

CAMP CARROLL

Cam Lo

Quang Tri

Ca Lu

Khe Sanh

Tchepone

SOUTH CHINA SEA

Hue

A SHAU VALLEY

Phu Bai

THUA THIEN

HAI VAN PASS

I CORPS

Da Nang

Hoi An

QUANG NAM

L A O S

Tam Ky

QUANG TIN

Chu Lai

Son My

My Lai

Quang Ngai

QUANG NGAI

KONTUM

C A M B O D I A

II CORPS

BINH DINH

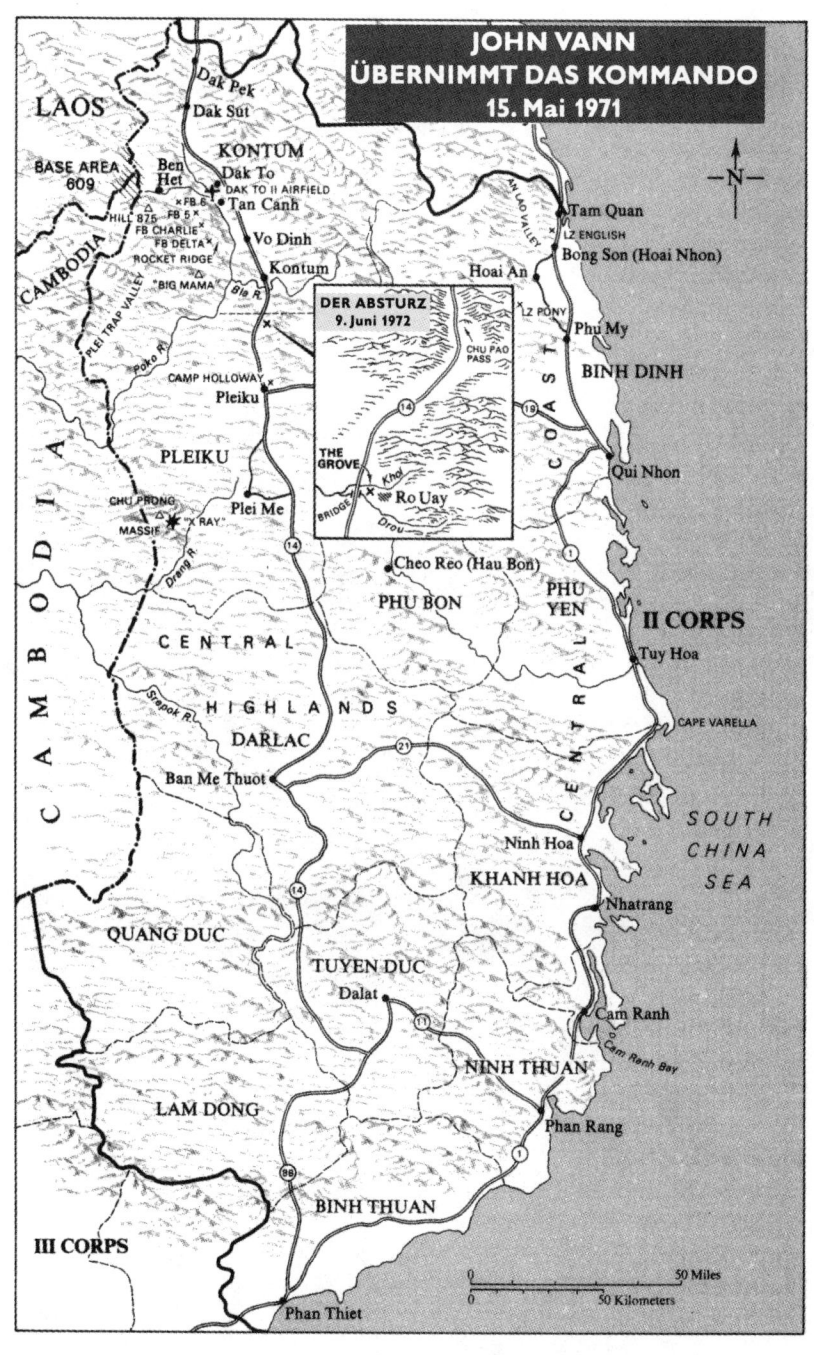

JOHN VANN
ÜBERNIMMT DAS KOMMANDO
15. Mai 1971

LAOS

Dak Pek
Dak Sui

KONTUM
Dak To
BASE AREA 609
Ben Het
DAK TO II AIRFIELD
HILL 875 ×FB 6
×FB 5 ×
FB CHARLIE
FB DELTA ×
ROCKET RIDGE
Tan Canh
Vo Dinh
"BIG MAMA"
Kontum

CAMBODIA

PLEI TRAP VALLEY
Poko R.

CAMP HOLLOWAY
Pleiku

PLEIKU

CHU PRONG
MASSIE
"X RAY"
Plei Me

Drang R.

Srepok R.

CENTRAL
HIGHLANDS
DARLAC
Ban Me Thuot

QUANG DUC

Big R.

DER ABSTURZ
9. Juni 1972

CHU PAO
PASS

THE GROVE
Khol
Ro Uay
BRIDGE
Drou

Cheo Reo (Hau Bon)

PHU BON

PHU YEN

CENTRAL

Tam Quan
LZ ENGLISH
Bong Son (Hoai Nhon)

Hoai An

LZ PONY
Phu My

BINH DINH

Qui Nhon

II CORPS

Tuy Hoa

CAPE VARELLA

SOUTH
CHINA
SEA

Ninh Hoa
KHANH HOA
Nhatrang

TUYEN DUC
Dalat

Cam Ranh
Cam Ranh Bay

NINH THUAN

LAM DONG

Phan Rang

III CORPS

BINH THUAN

0   50 Miles
0   50 Kilometers

Phan Thiet

Das Begräbnis

Es war ein Begräbnis, zu dem sie alle kamen. Sie versammelten sich in der aus roten Ziegeln errichteten Kapelle neben dem Friedhofstor. Sechs graue Pferde waren vor den Munitionswagen gespannt, der den Sarg zum Grab bringen sollte. Eine Militärkapelle stand bereit. Auch eine Ehrengarde des ältesten Regiments der US-Armee, dessen Archive bis in die Revolutionszeit zurückreichten, war vor dem weißen georgianischen Portikus der Kapelle angetreten. Die Gardisten trugen Paradeuniform: Dunkelblau mit Gold, die Farben der Unionsarmee, die der Nation die Einheit bewahrt hatte. Für diesen feuchtwarmen Freitagmorgen im frühsommerlichen Washington waren die Uniformen wenig geeignet, doch ein Staatsbegräbnis rechtfertigte die Unbequemlichkeit. Der 16. Juni 1972 war der Tag, an dem man John Paul Vann, den Soldaten des Vietnamkriegs, in Arlington zu Grabe trug.

Der Krieg dauerte bereits länger als alle anderen in der Geschichte der Vereinigten Staaten, und mehr als jeder andere Konflikt nach dem Sezessionskrieg hatte er die Nation gespalten. In diesem Krieg ohne Helden war John Vann die eine bezwingende Erscheinung gewesen. Die Intensität seines ungewöhnlichen Charakters und die Dramatik seines tapferen Lebens waren wie die Summe aller Eigenschaften erschienen, die das amerikanische Volk an sich selbst bewunderte. Durch seine rückhaltlose, unbeirrbare Hingabe an den Krieg war er zur Personifizierung des amerikanischen Engagements in Vietnam geworden. Er war ein Abbild Amerikas gewesen: in seinen Illusionen und guten Absichten, in seinen Enttäuschungen, in seinem Stolz und seinem Siegeswillen. Waren andere geschlagen oder im Laufe der Jahre entmutigt worden, hatten andere sich ernüchtert gegen den Krieg gewandt, er hatte unerschrocken seinen Kreuzzug fortgesetzt, um das Unrettbare zu retten, das zum Scheitern verurteilte Unternehmen zum Erfolg zu führen. Nach einem Jahrzehnt des Ringens um den Sieg hatte er eines Nachts den Tod gefunden. Sein Hubschrauber war im gebirgigen Hochland von Südvietnam bei Regen und Nebel abgestürzt und ausgebrannt. Einige Tage zuvor hatte er in einer Schlacht nahe der Stadt Kontum noch eine nordvietnamesische Offensive zurückgeschlagen und damit eine drohende Katastrophe verhindert.

Die Trauergäste, die gekommen waren, um John Vann das letzte Geleit zu geben, waren Ausdruck der Spaltungen und Wunden, die der Krieg der amerikanischen Gesellschaft gebracht hatte. Aber zugleich hatten sich fast alle von ihnen diesem Mann verbunden gefühlt. Einige waren gekommen, weil sie ihn bewundert hatten und seiner Sache immer noch treu waren; andere, weil sie, obwohl sich ihre Wege getrennt hatten, ihn immer noch als Freund betrachteten; andere wiederum, weil sie ihn, auch wenn er sie gekränkt hatte, als den liebten, der er für sie hätte sein können. Obwohl das Sterben in Vietnam noch fast drei Jahre lang weitergehen sollte, fühlten an diesem Junimorgen des Jahres 1972 in Arlington viele, daß sie mit John Vann das Jahrzehnt des Vietnamkriegs zu Grabe trugen. Nun, da Vann tot war, konnte der Rest nur noch ein Nachspiel sein.

Zehn Jahre zuvor, im März 1962, war der damals 37jährige Oberstleutnant der Armee John Vann als Freiwilliger nach Vietnam gekommen, wo man ihn als Divisionsberater bei einer südvietnamesischen Infanteriedivision einsetzte, die im Mekong-Delta südlich von Saigon stand. Der Krieg war zu dieser Zeit noch ein Abenteuer. Im Dezember des Vorjahrs hatte Präsident John F. Kennedy den Streitkräften der Vereinigten Staaten den Auftrag erteilt, eine kommunistisch geführte Rebellion niederzuwerfen und Südvietnam als eigenständigen, durch das von Amerika unterstützte Saigoner Regime regierten Staat zu erhalten.

Vann erwies sich im Krieg als der geborene Führer. Er war ein Kind des Südens aus der Zeit der Großen Depression, geboren und aufgewachsen in einem armseligen weißen Arbeiterviertel Norfolks in Virginia, ein »Rothals«, wie man in Amerika sagt, und das sogar äußerlich. Er wurde niemals braun, Freunde wie Untergebene machten schon während dieses ersten Jahres in Vietnam Witze über ihn. Wenn er sich bei den Einsätzen, auf denen er die südvietnamesischen Infanteristen so oft begleitete, der Sonne aussetzte, dann rötete sich seine ohnehin schon rötliche Haut am Hals und an den Armen noch mehr.

Auf den ersten Blick wirkte er nicht sehr imposant. Er war knapp 1,73 m groß und wog 67 kg. Eine ungewöhnliche Zähigkeit und ein ebenso ungewöhnliches Selbstbewußtsein glichen diese bescheidene Statur mehr als aus. Gleichermaßen außergewöhnlich war seine Konstitution. Sie ermöglichte es ihm, aus jedem Tag zwei Tage zu machen. Normalerweise benötigte er nur vier Stunden Schlaf, schaffte es aber auch, über längere Zeiträume mit nur zwei Stunden pro Tag auszukommen und trotzdem effizient zu arbeiten. Er konnte, und das tat er gewöhnlich auch, in 24 Stunden zwei achtstündige Arbeitstage unterbringen, wobei ihm dann immer noch Zeit genug blieb, um sich zu entspannen und zu amüsieren.

Sein Durchsetzungsvermögen kam in seiner harten, näselnden Stimme und seiner lebhaften, abgehackten Sprechweise zum Ausdruck. Er wußte stets, was er tun und wie er es tun wollte. Er besaß eine seltene Begabung, um Probleme zu lösen, die bei schwierigen Unternehmungen tagtäglich anfallen, vor allem bei einer so komplizierten wie der Kriegsführung. Diese Fähigkeit beruhte auf einem pragmatisch geprägten Geist und einem sicheren Instinkt für die besonderen Talente und Motivationen anderer Menschen, deren Begabung er zu seinem Vorteil zu nutzen verstand. Details faszinierten ihn, er war stets begierig nach Fakten, die er in großen Mengen mühelos aufnahm. Er war überzeugt, daß er, sobald er einmal alle Elemente eines Problems erfaßt hatte, dieses genau analysieren und die passende Lösung finden konnte. Aufgrund seines Charakters und der Ausbildung, die ihm durch die Armee an militärischen und zivilen Hochschulen zuteil geworden war, hatte sich ein Geist geformt, der ganz im Bann der unmittelbaren Aufgabe stehen, gleichzeitig aber distanziert genug sein konnte, um die tieferen Ursachen eines Problems zu erkennen. Er besaß den für das Amerika der Nachkriegszeit charakteristischen Optimismus, den Glauben, daß man jeder Herausforderung gewachsen sei, wenn man nur die nötige Willenskraft aufbrachte und Intellekt, Geld, Technologie und, falls nötig, auch Waffengewalt gezielt einsetzte.

Vann kannte keine Angst. Er machte es sich zur oft geübten Gewohnheit, die Nacht auf Außenposten der südvietnamesischen Miliz zu verbringen, in durch Erdwälle geschützten Befestigungen aus Ziegeln und Sandsäcken. Er überlebte eine Reihe von Überfällen auf diese kleinen, isolierten Forts und griff auch selbst zum Gewehr, um den Milizionären zu helfen, die Angreifer zurückzuschlagen. Er fuhr auf Straßen, auf denen sonst niemand fahren wollte, um zu zeigen, daß sie befahrbar waren. Dabei geriet er mehrmals in Hinterhalte, denen er leicht verletzt entkam. Um den Verteidigern beizustehen, landete er mit seinem Hubschrauber inmitten der feindlichen Angriffe in Distrikthauptstädten und befestigten Camps, ohne sich um das Granatfeuer und die Maschinengewehre zu kümmern, denen er sich als Zielscheibe präsentierte. Im Verlauf der zehn Jahre war er in den Ruf der Unverwundbarkeit gekommen. Immer wieder ließ er sich auf Wagnisse ein, die anderen den Tod brachten, die er jedoch überlebte. Das Glück, so sagte er, sei immer auf seiner Seite.

Ausgeprägt war auch seine Bereitschaft, im Beruf Risiken einzugehen. Den Beweis dafür lieferte er schon während seines ersten Vietnamjahrs, von März 1962 bis April 1963, aber auch viele Male in späteren Jahren. Im Verlauf dieses ersten Jahrs, in dem er einer südvietnamesischen Infanteriedivision im Mekong-Delta als oberster Berater beistand, wurde ihm klar, daß man auf dem besten Weg war, den Krieg zu verlieren. Der Botschafter und der Oberkommandierende in Südvietnam meldeten der Kennedy-Administration, es sei alles in Ordnung, man stehe im Begriff, den Krieg zu gewinnen. Vann war damals zu der Ansicht gekommen, von der er auch nie wieder abgehen sollte, daß man den Krieg gewinnen könnte, falls man vernünftige Taktiken und Strategien entwickelte. Als er damit beim Generalstab in Saigon kein Gehör fand und seine Berichte Mißfallen erregten, spielte er seine sorgfältig ausgearbeiteten Dokumentationen den amerikanischen Vietnam-Korrespondenten zu. Sobald seine Mission beendet war, wurde er ins Pentagon zurückbeordert. Er startete dort eine Kampagne, um die militärische Führung der Nation zu überzeugen, daß man ganz anders vorgehen müsse, wenn man in Vietnam einer Niederlage entgehen wollte. Als er damit erneut auf Unverständnis und Ablehnung stieß, beschloß er, nach zwanzig Jahren aktiven Dienstes in der Armee am 31. Juli 1963 seinen Abschied zu nehmen. Die meisten seiner

Freunde und Kameraden betrachteten dies als einen Akt des Protests, der es ihm ermöglichen sollte, seine Meinung über den Krieg fortan in aller Öffentlichkeit zu äußern. Genau das tat Vann dann auch in Zeitungs- und Fernsehinterviews oder in Reden vor irgendwelchen Versammlungen, die bereit waren, ihm zuzuhören.

Im März 1965 kehrte er wieder nach Vietnam zurück, diesmal als Mitarbeiter der Agency for International Development (AID), als der er für die Pazifizierung einer Provinz zuständig war. Von gelegentlichen Heimaturlauben abgesehen sollte er bis zu seinem Tod nie wieder in die Vereinigten Staaten zurückkehren. Er bewährte sich in einer der gefährlichsten Provinzen des Landes unmittelbar westlich von Saigon und wurde daraufhin Ende 1966 zum Leiter des zivilen Pazifizierungsprogramms für die die Hauptstadt umgebenden elf Provinzen berufen. In den Berichten, die Vann in diesen Jahren an seine Vorgesetzten sandte, prangerte er das wahllose Bombardieren und Beschießen der ländlichen Gebiete als grausam und selbstzerstörerisch an. Das US-Oberkommando hoffte, mit diesen Praktiken den Kommunisten die Unterstützung der Bevölkerung zu entziehen. Große Teile der Landbevölkerung wurden in die Slums der Städte und in Flüchtlingslager in der Nähe von Distrikthauptstädten und größeren Ortschaften getrieben. Vann, der sonst niemals zögerte, jedes ihm notwendig erscheinende Maß an Gewalt einzusetzen, um dem Ziel näher zu kommen, hielt es für moralisch nicht vertretbar und dumm, Unbeteiligten unnötig Leid zuzufügen.

1967 brachte ihn seine Zivilcourage bei den Mächtigen erneut in Mißkredit. Er wies darauf hin, daß die Strategie der Abnutzung, die General Westmoreland mit seiner 475.000 Mann starken US-Armee praktizierte, ohne Erfolg geblieben war, daß die Unsicherheit in den ländlichen Gebieten immer größer wurde und die vietnamesischen Kommunisten unverändert stark waren. Vann sollte mit seinen Warnungen recht behalten. Am 31. Januar 1968 nutzten die Kommunisten das Tet-Fest zu Beginn des vietnamesischen Mondjahrs, um völlig überraschend eine Offensive zu starten, die sich gegen Einrichtungen in größeren und kleineren Städten des ganzen Landes richtete. Sie drangen dabei sogar auf das Terrain der US-Botschaft mitten in Saigon vor. Die Strategie der Abnutzung hatte sich als unwirksam erwiesen. Westmoreland wurde als Oberkommandierender der US-Truppen in Vietnam abgelöst.

Auch wenn John Vann in seinem Privatleben seine Angehörigen und andere ihm Nahestehende verletzte, schien seine Treue zu Freunden, Kameraden und Untergebenen unwandelbar. Sein bester vietnamesischer Freund, ein ehemaliger Oberstleutnant und Provinzgouverneur, der den Dienst quittiert hatte, um in die Politik zu gehen, arbeitete nach der Tet-Offensive einen komplizierten Plan aus, um den Krieg durch Verhandlungen zu beenden. Gleichzeitig begann er, das Saigoner Regime zu attackieren. Mehrere hohe amerikanische Regierungsbeamte verdächtigten ihn, mit den Kommunisten eine Koalitionsregierung bilden zu wollen, in der Hoffnung, darin eine hohe Funktion zu übernehmen. Vann war mit den Verhandlungsplänen seines Freundes keineswegs einverstanden, trotzdem riskierte er, wenn auch vergebens, wieder einmal seine Karriere, um ihn vor dem Gefängnis zu bewahren. Er wäre deshalb fast entlassen und nach Hause geschickt worden. Wegen des Krieges wurde Vann auch mit Daniel Ellsberg uneins. Ellsberg war sein bester amerikanischer Freund und hatte einst mit ihm für den Erfolg des US-Engagements in Vietnam gekämpft. Er begann später in den Vereinigten Staaten einen Kreuzzug gegen den Krieg, während Vann seinen Kreuzzug in Vietnam fortsetzte, um den Krieg zu gewinnen. Trotzdem blieb ihre Freundschaft bestehen. Als Vann den Tod fand, sah Ellsberg einem Prozeß vor dem Federal District Court in Los Angeles entgegen, weil er die Pentagon-Papiere kopiert hatte. Vann hatte Ellsberg noch darüber informiert, daß er zu seinen Gunsten aussagen würde, und dieser beweinte in ihm den Menschen, der ihm im Leben am nächsten gestanden hatte.

Obwohl er gern eigene Wege ging, war Vann auf der Stufenleiter des Systems immer höher gestiegen. Seine Führungsqualitäten und sein Engagement für den Krieg waren seiner Karriere ebenso förderlich gewesen wie die Erkenntnis der Mächtigen in Saigon und Washington, daß er seine Kritik an Taktik und Strategie stets mit Blick auf eine Verbesserung der Kriegsanstrengungen vorbrachte. Im Mai 1971 wurde er oberster Berater für das Gebiet des Zentralen Hochlands und der benachbarten Provinzen des mittleren Küstenabschnitts. Er erhielt die Befehlsgewalt über sämtliche US-Streitkräfte dieser Region sowie die Aufsicht über die Zivilpersonen und Offiziere, die hier im Rahmen des Pazifizierungsprogramms arbeiteten. Diese Stellung verlieh ihm faktisch den Rang eines Generalmajors der US-Armee, ein in der Geschichte des amerikanischen Militärs beispielloser Vorgang, denn formal war Vann ein bei der AID angestellter Zivilist. Dazu kam noch, daß er insgeheim die 158.000 südvietnamesischen Soldaten der Region mitbefehligte, da er zu dem südvietnamesischen General, dem er als Berater zugeteilt war, eine besondere Beziehung unterhielt. Durch den Einfluß, den er in der amerikanischen Zivil- und Militärbürokratie und in der Saigoner Administration besaß, war er nach dem US-Botschafter und dem Oberkommandierenden in Saigon der wichtigste Vertreter Amerikas im Lande. Seine im Lauf der Jahre erworbenen Sachkenntnisse und seine Eignung für diesen Krieg machten ihn zu Südvietnams unersetzlichem Amerikaner.

Vanns politisches Credo setzte sich aus jenen Überzeugungen zusammen, die für die Vereinigten Staaten charakteristisch waren, nachdem sie sich mit dem Ende des Zweiten Weltkriegs zur stärksten Macht der Erde entwickelt hatten. Es war dies jene Sicht von sich und der Welt, die Amerika im Vollgefühl seiner Stärke zum Krieg in Vietnam geführt hatte. Für Vann waren andere Völker mindere Völker; es gehörte zur natürlichen Ordnung, daß sie die führende Rolle Amerikas akzeptierten. Er war davon überzeugt, daß die Vereinigten Staaten, nachdem sie die ihnen bestimmte Vorrangstellung errungen hatten, diese nie mehr aufgeben würden. In seinen Augen übte Amerika seine Macht nicht zur Durchsetzung eigener Interessen aus. Er sah die Vereinigten Staaten als eine strenge, aber wohlmeinende Autorität, die den Frieden erzwang, den Völkern der nichtkommunistischen Welt Prosperität brachte und dabei mit ihrem Unternehmungsgeist und ihrer Technologie all jenen beistand, denen durch Armut, soziale Ungerechtigkeit und schlechtes Regieren ein produktives Leben versagt geblieben war. Er ging von der Annahme aus, daß die Sache Amerikas stets eine gerechte Sache war, daß, selbst wenn die Vereinigten Staaten einmal irrten, ihre Absichten immer gut waren. Sein Antikommunismus kannte keine Unterschiede, für ihn waren alle Kommunisten Feinde Amerikas und damit Feinde von Ordnung und Fortschritt.

Er sah, daß am Vietnamkrieg vieles schlecht war, aber er konnte sich nie zu der Erkenntnis durchringen, daß der Krieg an sich Unrecht und nicht zu gewinnen war. Diese Einsicht wäre einem Eingeständnis der Unvermeidbarkeit der Niederlage gleichgekommen — hier war der Punkt, wo sein Intellekt aussetzte und die Zügel dem Instinkt überließ. Der Gedanke an eine Niederlage, eine Niederlage seiner selbst oder seiner Vision Amerikas, war ihm unerträglich. Er glaubte, daß diese Vision für Amerika und für ihn selbst in Vietnam auf dem Spiel stand. In jenem Frühjahr, als viele um ihn herum auf dem Höhepunkt der nordvietnamesischen Offensive verzweifelten, erklärte er, daß man sich nicht zurückziehen, sondern zum Kampf stellen werde. Er kämpfte, siegte in der Schlacht und fand dann den Tod. Und dies war der Grund, warum einige von denen, die am 16. Juni 1972 in Arlington zusammengekommen waren, sich fragten, ob sie mit Vann nur den Krieg und ein im Zeichen Vietnams stehendes Jahrzehnt begruben. Sie fragten sich, ob sie mit ihm nicht auch eine Vision und den Glauben an ein ewig unschuldiges Amerika zu Grabe trugen.

Der Mann, der beim Entstehen Südvietnams als Geburtshelfer fungiert hatte, Major General Edward Lansdale, stand auf den Stufen des Portikus und begrüßte Freunde und Bekannte, die an ihm vorbei in die Kapelle schritten. Vier Jahre zuvor hatte er sich aus dem Staatsdienst zurückgezogen. Er war nun allein, seine Frau war im Frühjahr verstorben. »Es tut mir so leid, Ed«, sagte ein Bekannter und drückte ihm die Hand. — »Danke«, antwortete Lansdale lächelnd wie immer, doch seine kehlige Stimme klang alt und müde.

Man konnte sich kaum vorstellen, daß sich hinter diesem ganz gewöhnlich aussehenden 64jährigen jener legendäre Geheimagent der CIA verbarg, der in den frühen fünfziger Jahren dem proamerikanischen philippinischen Politiker Ramón Magsaysay an die Hand gegangen war, als es darum ging, die kommunistischen Hukbalahup-Rebellen zu vernichten; daß dieser unauffällige Zivilist im hellbraunen Straßenanzug in der Zeit des Kalten Krieges der berühmte Missionar der amerikanischen Demokratie gewesen war, jener »Colonel Hillandale« des damaligen Bestsellers »Der häßliche Amerikaner«. Dieser Roman mit dem ironischen Titel schilderte, wie erfindungsreiche, von den Idealen ihrer Revolution erfüllte Amerikaner Asiaten soweit brachten, daß sie die finstere kommunistische Ideologie im Fernen Osten zu besiegen vermochten.

Lansdale war acht Jahre vor Vann nach Saigon gekommen, und zwar 1954, nach seinem Triumph auf den Philippinen. Die USA versuchten damals ganz offen, ihren Machtbereich auf Vietnam auszuweiten. Sie wollten die Franzosen ersetzen, deren Kampfeswille nach der Niederlage bei Dien Bien Phu gebrochen war. Amerikas neue Hoffnung in Saigon, ein katholischer Mandarin namens Ngo Dinh Diem, hatte es mit mehr Feinden aufgenommen, als man sich normalerweise zumuten darf. Zum Kampf gegen ihn angetreten waren politische Rivalen, profranzösische Dissidenten der südvietnamesischen Armee, zwei religiöse Sekten und eine Bruderschaft organisierter Gangster. Jede der beiden Sekten sowie die Verbrecherorganisation verfügten über ihre eigene Privatarmee. Lansdale schuf die nötigen Voraussetzungen, um sie alle zu zerschlagen. Er verhinderte das Chaos, das es den Kommunisten ermöglicht hätte, ihre Herrschaft ohne weiteren Krieg auf das Gebiet südlich des 17. Breitengrads auszudehnen. Es gelang ihm, die Eisenhower-Administration zu überzeugen, daß Diem regierungsfähig war und Südvietnam zu einer Nation aufgebaut werden konnte, die fest an der Seite Amerikas stand.

Eine Stufe höher, gleich hinter Lansdale, wartete sein bekanntester Mitarbeiter, Lieutenant Colonel Lucien Conein. Er war Mitglied jenes Teams gewesen, das Lansdale half, das Entstehen des Staates Südvietnam zu organisieren. Conein war ein heftiger, gefühlsbetonter Mensch, ein Abenteurer, der in Paris geboren, dann aber in Kansas aufgewachsen war. Zu Beginn des Zweiten Weltkriegs war er in die französische Armee eingetreten. Nach der Niederlage Frankreichs und dem Kriegseintritt der USA war er Mitarbeiter des Office of Strategic Services (OSS) geworden, der Vorläuferorganisation der CIA. Unter dem Decknamen Lieutenant Laurent war er schon 1945 über Indochina abgesprungen, um Angriffe gegen die Kaiserliche Japanische Armee zu organisieren. Zehn Jahre später war er Lansdale eine wertvolle Hilfe gewesen, denn er hatte eine glückliche Hand bei dem, was man im Geheimdienstmilieu »schmutzige Tricks« nennt. Lansdale war 1956 in die Vereinigten Staaten zurückgekehrt, während Conein in Südvietnam blieb, wo er 1963 jene Tat vollbrachte, die für einen Mann seines Metiers eines der höchsten Ziele darstellt: Er organisierte einen erfolgreichen Staatsstreich. Conein war der Verbindungsmann zu den südvietnamesischen Generälen, die man ermutigte, genau den Mann zu stürzen, dessen Stellung Lansdale mit soviel Mühe gefestigt hatte. Doch Ngo Dinh Diem hatte inzwischen seinen Nutzen für die Vereinigten Staaten verloren. Er und sein Klan waren der Kennedy-Administration bei ihrem Feldzug gegen die kommunistisch geführte Rebellion im Weg gestanden. Diem und sein Bruder Ngo Dinh Nhu wurden bei dem Staatsstreich ermordet.

Joseph Alsop, der Kolumnist und Leitartikler des amerikanischen Establishments, weilte bereits im Inneren der Kapelle, wo er auf der linken Seite in einer der mittleren Bankreihen Platz genommen hatte. Er trug einen von seinem englischen Schneider gefertigten einfachen, blauen Anzug, ein weißes Hemd, dazu die passend gepunktete Fliege. John Kennedy hatte einst gezeigt, wie sehr er Alsops Rat und Freundschaft schätzte, indem er am Abend seiner Amtseinführung im Jahre 1961 in Alsops Haus in Georgetown abstieg, um sich mit einer Tasse Schildkrötensuppe bewirten zu lassen. Alsops Anwesenheit bei dieser Begräbnisfeier war durchaus angebracht. Er war ein Großneffe Theodore Roosevelts, der vor der Jahrhundertwende als Hauptmann im Spanisch-Amerikanischen Krieg gekämpft hatte, zu dem es nicht zuletzt auf sein Betreiben hin gekommen war. Durch diesen »herrlichen kleinen Krieg«, wie es ein Freund und Mitarbeiter Roosevelts damals ausdrückte, waren die Philippinen an Amerika gefallen, das auf diese Weise zu einer Pazifikmacht wurde und damit auf einen Kurs ging, der es nach Vietnam führen sollte. Alsop war ein treuer Sproß der angelsächsischen Elite der Nordoststaaten, die die Normen des Geschmacks, der Moral und der intellektuellen Anständigkeit für den restlichen Teil des Landes festgelegt hatte. Seine Tätigkeit als Journalist war dem öffentlichen Kampf für die expansionistische Außenpolitik gewidmet, die seine Vorfahren konzipiert hatten. Er sah in Vietnam einen Testfall für den Willen und die Fähigkeit der Vereinigten Staaten, diese Politik durchzuhalten, und hatte sich als unbeirrbarer Verfechter des Krieges gezeigt. Mit 61 Jahren war er immer noch der Mann der Gegensätze, als der er sich stets gezeigt hatte. Sein Bulldoggengesicht täuschte über einen schmächtigen Körper hinweg, seine zahlreichen Gesichtsfalten erschienen durch die großen, runden Hornbrillen hindurch unnatürlich markant. Er war ein Ästhet, der französische Möbel, chinesisches Porzellan und japanische Lackarbeiten sammelte; ein vollendeter Amateurkunsthistoriker und -archäologe, ein Kenner der antiken Kulturen Griechenlands und des Mittleren Ostens, ein gutherziger, loyaler Mann, der voll Aufmerksamkeit für seine Freunde und Verwandten war und an die dreißig Patenkinder hatte. In seinem Beruf hingegen war er ein wilder Krieger wie einst sein Großonkel. Für ihn waren alle, die seine Ansichten nicht teilten, nicht einfach nur im Unrecht oder auf dem falschen Weg: Er stellte sie als dumm hin und ließ sie aus kleinlichen oder selbstsüchtigen Motiven handeln. Alsop war in Vanns letzten Lebensjahren dessen wichtigster Pressestreiter gewesen. Er hatte zu seinem Cracker aus Virginia eine eigenartige Zuneigung gefaßt, obwohl dieser als Persönlichkeit und vom Milieu her so ganz anders war als er selbst. Er empfand für Vann so etwas wie Kameradschaft.

Ein weiterer Krieger, den Alsop bewunderte, saß direkt neben ihm. Es war William DePuy. Auf den Schulterklappen seines dunkelgrünen Waffenrocks leuchteten die drei Silbersterne eines Generalleutnants der Armee. Auch Bill DePuy war ein schmächtiger Mann, doch das Gesicht des 52jährigen war das braungebrannte, harte Gesicht des Soldaten, der sein Metier liebte und sich dafür in Form hielt. Er war ein typischer Vertreter jener Generation von Majoren und Oberstleutnants, die im Zweiten Weltkrieg in Europa an der Spitze ihrer Bataillone gestanden hatten, um dann als sieggewohnte Generäle in den Vietnamkrieg zu ziehen. Er vereinte Intelligenz und Geschick beim Formulieren von Ideen mit temperamentvollem Selbstvertrauen und Mut. Er war überzeugt gewesen von der unfehlbaren Wirkung und universellen Anwendbarkeit der Kriegsführung, die die US-Armee im Zweiten Weltkrieg entwickelt hatte. Sie bestand darin, eine Tötungsmaschinerie aufzubauen und den Feind der ungeheuren Feuerkraft auszusetzen, die die amerikanische Technologie zur Verfügung stellte. DePuy war der Architekt gewesen, unter dessen Leitung diese Maschinerie in Vietnam installiert wurde. Er war Chef der Abteilung »Operationen« im Stab Westmorelands, als Johnson 1965 an der von Kennedy eingegangenen Verpflichtung festhielt und sich für eine Eskalation des Krieges entschied. Er war der Vater der Abnutzungsstrategie, die den Sieg über die Kommunisten bringen sollte. Seine Kriegsmaschine würde die Vietcong dezimieren und die nordvietnamesischen Soldaten schneller töten, als die Führung in Hanoi sie über den Ho-Chi-Minh-Pfad nach Süden entsenden konnte. Sie würde wüten, bis der Kampfeswille der Überlebenden und ihrer Führer erlosch. Zum Dank für sein bei der strategischen Planung bewiesenes Talent hatte Westmoreland ihm das Kommando über die 1. Infanteriedivision, »The Big Red One«, übertragen. DePuy hatte sich unter den Generälen dadurch hervorgetan, daß er die Feuerkraft der Kriegsmaschine noch viel großzügiger einsetzte als die anderen und jeden Offizier unbarmherzig entließ, der im Gefecht dem von ihm gesetzten Aggressivitätsstandard nicht entsprach. Er hatte sich mit Vann überworfen, weil dieser die Abnutzungsstrategie als Ursache unnötigen Sterbens und unnützer Zerstörungen, als Verschwendung von Munition und amerikanischem Leben ansah. DePuy hatte diese Strategie in einer Weise gehandhabt, für die Vann besondere Verachtung empfand. 1972 konnte er jedoch von Washington aus beobachten, wie Vann die Feuerkraft der Artillerie, der Kampfhubschrauber, der Jagdbomber und der B-52-Langstreckenbomber einsetzte, um die Nordvietnamesen bei Kontum zurückzuschlagen. Nachdem Vann den Tod gefunden hatte, ehrte ihn DePuy ganz auf seine Art. »Er starb wie ein Soldat«, erklärte er und kam, um an der Seite ihres gemeinsamen Anwalts Joseph Alsop an Vanns Beerdigung teilzunehmen.

Senator Edward Kennedy hatte sich verspätet. Er traf zur Beisetzung kurz vor Beginn des für elf Uhr festgesetzten Gottesdienstes ein, betrat die Kapelle so unauffällig, wie dies für einen Kennedy möglich war, und ließ sich von einem Platzanweiser zu einer der hintersten Bänke führen. Der letzte der Kennedy-Brüder hatte sich gegen den Krieg gewandt, in den sein ältester Bruder John die Nation geführt hatte. Anders als Vann war er nicht dem Aufruf aus der Antrittsrede seines Bruders treugeblieben, der nun in den Granit des Grabmals in Arlington gemeißelt war: »Jede Nation, gleich ob sie uns gut oder böse gesinnt ist, soll wissen, daß wir jeden Preis zahlen, uns jede Last aufbürden, jede Mühe auf uns nehmen, jeden Freund unterstützen und jedem Feind entgegentreten werden, um den Fortbestand und den Sieg der Freiheit zu gewährleisten.« Freiheit, wie John Kennedy und seine Politiker sie verstanden, meinte eine von den USA diktierte Ordnung innerhalb Kennedys »New Frontier«, die jenseits der Küsten Amerikas lag. Der Preis für den Versuch, die Welt in dieser Weise zu organisieren, war der Krieg in Vietnam gewesen, ein Preis, der Edward Kennedy zu hoch geworden war. Auch sein Bruder Robert hatte begonnen, sich gegen den Krieg zu wenden, ehe er ermordet wurde und in der Nähe von Johns aufwendigem Grabmal eine schlichte Ruhestätte fand. Edward Kennedy und John Vann hatten Freundschaft geschlossen, weil Edward Kennedy Vanns Sorgen bezüglich der schwergeprüften vietnamesischen Zivilbevölkerung teilte. Wie Vann hatte auch er versucht, die US-Regierung von der Notwendigkeit zu überzeugen, den Krieg mit Vernunft und Zurückhaltung zu führen. Er hatte es sich zur besonderen Aufgabe gemacht, die Leiden der durch Kriegshandlungen verwundeten Zivilisten und der von ihrem Land vertriebenen Bauern zu lindern. Er hatte sich nach Vietnam begeben, um sich von ihrem Elend selbst zu überzeugen. Er hatte Anhörungen im Senat veranstaltet und politischen Druck ausgeübt, um menschenwürdige Bedingungen in den Flüchtlingslagern zu erreichen, moderne Krankenhäuser einzurichten und dem wahllosen Bombardieren und Beschießen der Landgebiete ein Ende zu setzen. Er hatte mit Vann korrespondiert. Vann hatte ihm in Vietnam die Situation erläutert und ihm Informationen zur Verfügung gestellt, aufgrund deren er in Washington Druck ausüben konnte.

Daniel Ellsberg, der abtrünnige Kreuzritter, saß vorne rechts in der zweiten Bank, unmittelbar hinter Vanns Angehörigen. Er war zu dieser Beerdigung aus Los Angeles gekommen, wo seine Anwälte die letzten taktischen Vorbereitungen für den bevorstehenden Prozeß trafen. Für den geschlossenen Kreis der in die Staatsgeheimnisse Eingeweihten, die ihn einst als geschätztes Mitglied ihres Ordens angesehen hatten, war Ellsberg nun ein Paria, ein Verräter, der gegen die Gesetze von Moral und Loyalität verstoßen hatte. Einige ärgerte es, ihn in der Kapelle auf einem so markanten Platz zu sehen. Er wirkte keineswegs wie ein Ausgestoßener. Immer noch kleidete er sich nach den Regeln der Kaste, so wie er es in Harvard gelernt hatte: blauer Nadelstreifenanzug in klassischem Schnitt mit drei Knöpfen, dazu ein passend gestreiftes Hemd mit ebenso klassischer, kleingeknoteter Seidenkrawatte. Mit 41, sieben Jahre nachdem er Vann in Vietnam zum ersten Mal begegnet war, hatte er dem Bürstenschnitt entsagt und sein Haar lang wachsen lassen. Die hohe Stirn war nun von gekräuselten, schwarzgrauen Locken umrahmt, die sein kantiges, sonnengebräuntes Gesicht etwas abrundeten.

Ellsberg war ein komplizierter Mensch. Der Sohn mittelständischer jüdischer Eltern, die sich der »Christian Science« zugewandt hatten, war ein Intellektueller und ein Mann der Tat. Er besaß eine außergewöhnlichen Fähigkeit zu analytischem Denken, doch sein Ego war dermaßen ausgeprägt, daß es manchmal außer Kontrolle geriet. Seine Gefühle waren widersprüchlich. Er war ein glühender Romantiker und ein von seinem Gewissen gequälter Asket. Wenn er an etwas glaubte, so glaubte er uneingeschränkt daran und versuchte, seine Überzeugung mit missionarischem Eifer zu verbreiten. Er verdankte dem sozialen Demokratieverständnis des amerikanischen Establishments eine Erziehung und Ausbildung, die ihn für eine herausragende Position in dem neuen Staat qualifizierte, in diesem großen Netz der dem Präsidenten unterstellten Zivil- und Militärbehörden, die der Zweite Weltkrieg hervorgebracht hatte. Ein von Pepsi Cola gewährtes Begabtenstipendium hatte ihm das Studium in Harvard ermöglicht. 1952 hatte er summa cum laude abgeschlossen und war dann mit einem Forschungsstipendium für ein Jahr nach England an die Universität Cambridge gegangen. Anschließend hatte er sein Kämpfertum demonstriert, indem er fast drei Jahre als Offizier der Infanterie im Marine Corps diente. Während er noch bei den Marines war, hatte ihn Harvard zum Mitglied seiner Society of Fellows gemacht, der landesweit angesehensten Vereinigung amerikanischer Jungakademiker, so daß er anschließend ohne Probleme seine Dissertation schreiben konnte. Von Harvard war er dann nach Kalifornien zur Rand Corporation in Santa Monica gegangen, dem Brain-Trust der Luftwaffe, wo er mithalf, Pläne für einen Atomkrieg gegen die Sowjetunion, China und die anderen kommunistischen Staaten zu perfektionieren. Man hatte ihm in die bestgehüteten Geheimnisse der Nation Einblick gewährt. Aufgrund seiner Leistungen bei der Rand Corporation hatte man ihn in Washington zum Sonderberater des stellvertretenden Verteidigungsministers für internationale Sicherheitsfragen gemacht, der im Pentagon für Außenpolitik zuständig war.

1965 veranlaßte ihn sein glühender Wunsch, für die Sache Amerikas zu kämpfen, sich freiwillig nach Vietnam zu melden, um eine Kompanie Marines zu befehligen. Nachdem man ihm mitteilte, daß seine Position als hoher Beamter mit solch prosaischen Aufgaben nicht vereinbar sei, fand er einen anderen Weg, um in den Krieg zu ziehen. Er wurde Mitglied des neuen Teams, das Lansdale 1965 bei seiner Rückkehr nach Vietnam aufstellte, um das Regime in Saigon zu reformieren und ein wirksames Pazifizierungsprogramm auszuarbeiten. Von einer unglücklichen Liebesaffäre deprimiert und durch Hepatitis geschwächt, kehrte Ellsberg nach zwei Jahren Vietnam wieder zur Rand Corporation zurück. Er war auch an den grausamen Praktiken von Westmorelands Abnutzungskrieg und an der mangelnden Bereitschaft der US-Regierung verzweifelt, eine alternative Strategie zu verfolgen, von der er glaubte, daß sie das Töten und die Zerstörungen rechtfertigen mochte und den Sieg bringen würde. Die Tet-Offensive von 1968 ließ ihn seine letzten Illusionen verlieren. Seine Unfähigkeit, eine Änderung herbeizuführen, zerstörte seinen Glauben an die Vernunft des Systems, dem er diente. Er kam zu dem Schluß, daß die in Vietnam praktizierte Gewalt sinnlos und somit unmoralisch war. Sein Gewissen trug ihm auf, diesem Krieg ein Ende zu machen. Im Herbst 1969 begann er in aller Heimlichkeit, im Pentagon das streng gehütete, 7000 Seiten umfassende Geheimarchiv über Vietnam zu kopieren. Gleichzeitig startete er eine Antikriegskampagne, und zwar mit einem offenen Brief an die Presse, in dem er die Forderung erhob, die US-Truppen innerhalb eines Jahres aus Vietnam abzuziehen. Nachdem die »New York Times« von Juni bis Juli 1971 in einer Artikelreihe die Geheimnisse des Pentagon-Archivs veröffentlicht hatte, wurde auf Anweisung Nixons, der beabsichtigte, ihn für so lange wie möglich ins Gefängnis zu schicken, gegen Ellsberg ein Verfahren eingeleitet. Ellsberg hatte sein Leben in den Dienst einer Macht stellen wollen, die für ihn von Natur aus gut gewesen war. Nun war er zur Beerdigung eines Freundes gekommen, den er ebenfalls an diesen Krieg verloren hatte.

Ellsberg saß bei den Angehörigen. Mary Jane, die bis zu der acht Monate zuvor ausgesprochenen Scheidung 26 Jahre lang Vanns Frau gewesen war, hatte ihn darum gebeten. Sie brauchte jetzt die Stärke seiner Freundschaft. Auch schätzte sie seinen beruhigenden Einfluß auf Jesse, ihren 21jährigen Sohn, der neben Ellsberg in der zweiten Bankreihe saß. Als sie Ellsberg gebeten hatte, bei der Familie Platz zu nehmen, war dies auch ein Akt der Herausforderung gewesen. Allen, die Ellsbergs Anwesenheit störte, wollte sie mit dieser Geste zu verstehen geben, daß sie seine Aktionen gegen den Krieg bewunderte und seine Ansichten teilte. Sie hatte dies im Vorjahr bereits zwei FBI-Agenten wissen lassen, die in das Haus der Familie in Littleton, Colorado, einem Vorort von Denver, gekommen waren, um sie über Ellsbergs Beziehungen zu Vann zu befragen. Mary Jane betrachtete sich trotz der Scheidung als Vanns Witwe. Die Scheidung war ein Akt der Frustration gewesen, ein selbstzerstörerischer Versuch, sich für eine Ehe zu rächen, die nach Vanns endgültiger Rückkehr nach Vietnam im Jahre 1965 nur mehr der Form nach bestanden hatte. Er war ihre Jugendliebe gewesen, der erste Mann in ihrem Leben, der Vater ihrer fünf Kinder: der vier Söhne, die sie begleiteten, und einer verheirateten Tochter, die nicht nach Washington kommen konnte, weil sie gerade Vanns erste Enkelin zur Welt gebracht hatte. Mary Jane hatte an der Ehe festgehalten, solange es ging. Sie konnte sich nicht vorstellen, einen anderen Mann so zu lieben, wie sie John geliebt hatte. Ihre Kinder großzuziehen und die Ehe zusammenzuhalten war aufgrund ihrer Erziehung und ihres Charakters für sie eine ebensolche Berufung gewesen wie der Krieg für ihn.

Ihr Vater, oberster Gerichtsstenograph in Rochester, New York, war ein Mann mit ausgesprochenem Familiensinn gewesen. Ihre Mutter hatte ein an Leidenschaft grenzendes Gefühl für Anständigkeit gehabt. Als Mary Jane im Alter von 18 Jahren, ein Jahr nach ihrem High-School-Abschluß, John Vann heiratete, war sie zwar etwas rundlich, aber doch ganz attraktiv. Mit ihrem brünetten, gewellten Haar, den braunen Augen und den wohlgeformten Lippen sah sie hübsch aus. Ihre Wertanschauungen waren von Familie, Kirche und Heimat geprägt, so wie die Eltern und anderen Autoritätspersonen ihres mittelständischen Milieus es sie gelehrt hatten. Eine harmonische Ehe und Geborgenheit innerhalb der Familie waren der Traum ihrer Mädchenjahre gewesen. Sie hatte in ihrer Kindheit nur Sicherheit gekannt und deshalb von Ehe und Mutterschaft das gleiche erwartet. Sicherheit war ihr in ihrer Ehe nicht beschieden, so sehr sie sich auch darum bemühte. Auch Jesse, ihr zweiter Sohn, hatte unter dem Krieg und der Abwesenheit des Vaters gelitten, der nie da war, wenn man ihn brauchte. Mit den patriotischen Konventionen und dem von der Gesellschaft geforderten Verhalten — für Mary Jane zunächst Selbstverständlichkeiten — hatte Jesse seine Schwierigkeiten gehabt. Mary Jane war dadurch in ihrer Rolle als Mutter mit diesen Normen in Konflikt geraten.

Mit vierundvierzig war Mary Jane Vann immer noch eine angenehme Erscheinung, falls sie sich die Mühe machte, sich adrett zu kleiden, Make-up aufzulegen und ihr Haar zurechtzumachen, wie sie es an diesem Vormittag für das Begräbnis getan hatte. Es war für sie eine Ironie des Schicksals, daß John an Weihnachten das letzte Mal nach Hause gekommen war. Weihnachten war stets die Zeit gewesen, in der sie sich am meisten wünschte, ihn bei sich zu haben. Sie hatten sich an Weihnachten kennengelernt, und John Allen, ihr erster Sohn, war am Weihnachtstag geboren. Sie dachte an alle Weihnachtsfeste, an denen ihr Mann nicht dagewesen war, obwohl sie ihn so gebraucht hätte. Als man ihr mitgeteilt hatte, daß er tödlich abgestürzt sei, hatte sie im ganzen Haus nach seiner dunkelblauen, goldverzierten Paradeuniform gesucht, die die Soldaten der Ehrengarde heute trugen. Er hatte ihr einmal gesagt, daß er darin begraben werden wollte, wenn er fallen sollte. Es war ihr aber nicht gelungen, diese Uniform zu finden. Vielleicht hatte er sie nach Vietnam mitgenommen. Nach ihrer Ankunft in Washington hatte man ihr mitgeteilt, daß der Sarg versiegelt sei und es somit ohnehin nicht möglich gewesen wäre, ihn in der blauen Paradeuniform zu begraben. Letzte Weihnachten, so erinnerte sie sich, hatte er ihr, obwohl sie schon geschieden waren, zum Abschied einen Kuß auf die Wange gedrückt, anstatt ihr die Hand zu geben, wie er es Jahre hindurch getan hatte.

Das Orgelspiel hatte plötzlich aufgehört, und in der Kapelle war es still geworden. Der Gottesdienst mußte nun bald beginnen. Mary Jane hörte, wie draußen Befehle gerufen wurden und vernahm das harte Klatschen der Gewehrgriffe: die weißbehandschuhten Soldaten der Ehrengarde präsentierten die Waffe. Mary Jane war zum ersten Mal auf einem Militärbegräbnis, aber sie war die Ehefrau eines Offiziers gewesen und wußte, was diese Befehle und Geräusche bedeuteten. Nun würden sie John in seinem Sarg in die Kapelle bringen. »Er ist wirklich tot«, dachte sie und schluchzte leise vor sich hin.

Zwei Soldaten der Ehrengarde brachten einen hüfthohen Wagen mit dem flaggenumhüllten Sarg durch das Mittelschiff nach vorn. Dahinter folgte in zwei Reihen das offizielle Geleit. Ellsberg blickte zu den acht Männern hinüber. Drei hatte er noch nie gesehen. Es handelte sich um zwei Zivilbeamte von der AID; der dritte, ein Oberst der südvietnamesischen Armee, war Militärattaché an der Botschaft und repräsentierte seine Regierung. Die fünf anderen Prominenten waren Ellsberg bestens bekannt. Voll Bitterkeit sagte er sich, daß man hier die Richtigen ausgewählt hatte, um Vietnam das letzte Geleit zu geben.

Da waren zunächst drei in weiße Sommergalauniformen gekleidete Generäle. Der erste, Westmoreland, war 1968 nach seiner Ablösung als Oberkommandierender in Vietnam von Präsident Johnson zum Chef des Generalstabs der Armee ernannt worden. Das Protokoll schrieb vor, daß er als der Ranghöchste in der rechten Reihe und als erster ging. Als 1965 die Armee der Vereinigten Staaten mit großem Aufgebot in den Vietnamkrieg gezogen war, erschien Westmoreland mit seiner stattlichen Erscheinung und seinem selbstsicheren Auftreten wie eine Verkörperung ihres Stolzes und ihrer Vollkommenheit. Heute, sieben Jahre danach, mit achtundfünfzig äußerlich immer noch das Muster eines Generals, repräsentierte er als Generalstabschef die Armee als Institution, die den toten Vann als einen der Ihren beanspruchte — eine Armee, die ihre Niederlage in Vietnam kommen fühlte, aber die Gründe dafür nicht verstand. Westmoreland sollte sie nie verstehen. Diese Armee hatte in Vietnam so viel von ihrem Stolz gelassen, daß ihr jetzt nichts anderes übrigblieb, als auf die späte Rechtfertigung ihres Unternehmens zu hoffen, und im Grunde hatte Vann es unternommen, diese Rechtfertigung zu erbringen. In seiner letzten Schlacht in den Bergen des Zentralen Hochlands hatte er versucht, mit der von den Vereinigten Staaten protegierten südvietnamesischen Armee das zu erreichen, was die US-Armee selbst nicht geschafft hatte. Die Armee wußte auch, daß Vann ihr im Geiste immer treu geblieben war: Er war schließlich der kämpfende General geworden, der er ungeachtet seines nominellen Zivilstatus hatte sein wollen; und in seiner Weigerung, die Niederlage zu akzeptieren, hatte er das Führungsideal dieser Armee verkörpert.

General Bruce Palmer, Jr., stellvertretender Generalstabschef, ein Altersgenosse und Jahrgangskollege Westmorelands, mit dem er 1936 die Militärakademie in West Point abgeschlossen hatte, schritt an der Spitze der linken Reihe. Er war in Vietnam einer von Westmorelands Stellvertretern gewesen. Zuvor hatte er das Expeditionskorps befehligt, das Präsident Johnson 1965 in die Dominikanische Republik entsandte, um zu verhindern, daß der kleine karibische Staat dem Beispiel von Fidel Castros Kuba folgte. Palmers Fallschirmjäger und Marineinfanteristen hatten es damals Ellsworth Bunker, nunmehr US-Botschafter in Saigon, ermöglicht, der Dominikanischen Republik wieder eine Regierung aufzuzwingen, die amerikanische Interessen vertrat. Palmer war seit Mitte der fünfziger Jahre einer von Vanns Förderern in der Armee gewesen. Damals hatte Colonel Palmer das in Deutschland stationierte 16. Infanterieregiment befehligt, Captain Vann eine Kompanie schwerer Granatwerfer. Vann war der beste unter allen seinen Kompaniechefs gewesen, freilich auch der schwierigste. Vier Tage vor

Vanns Tod hatte ihm Palmer ein Schreiben übersandt, in dem er ihn für seine bei Kontum gezeigten Führungsqualitäten lobte. Vann erhielt und las dieses Schreiben noch, kurz bevor er abstürzte.

Der dritte Armeegeneral in weißer Galauniform war Lieutenant General Richard Stilwell, fünfundfünfzig, stellvertretender Generalstabschef für militärische Operationen. Dick Stilwell hatte zu denen gehört, die nicht gerade unglücklich waren, als Vann 1963 die Armee verließ. Er war im April jenes Jahres in Saigon eingetroffen. Vann war damals im Begriff, nach Washington zurückzukehren, wo er eine — allerdings erfolglose — Kampagne startete, um die oberste militärische Führung zu überzeugen, daß die USA in Vietnam entweder die Strategie ändern oder eine Niederlage hinnehmen müßten. Stilwell war 1963 als Brigadegeneral zunächst Operationschef von Westmorelands Vorgänger in Saigon, General Paul Harkins, geworden. Er hatte seine Intelligenz darauf verwandt, die Argumente Vanns und anderer Militärberater, die ebenfalls meinten, daß man den Krieg verlieren werde, zu widerlegen. Stilwells damaliges Verhalten war für die, die ihn kannten, nicht überraschend. Er besaß ein unerschütterliches Vertrauen in Autoritäten, weswegen ihm Loyalität gegenüber Vorgesetzten über alles ging. Er strebte danach, Chef des Generalstabs zu werden — ein Ruhm, der ihm allerdings versagt bleiben sollte. Er hatte die Militärakademie zwei Jahre nach Westmoreland und Palmer als einer der Jahrgangsbesten abgeschlossen und den traditionellen Weg eines brillanten West-Point-Absolventen gewählt: eine Offizierslaufbahn im Pionierkorps. Aufgrund seiner Ambitionen und seines Talents als Stabsoffizier war er im Zweiten Weltkrieg zur Infanterie übergewechselt. Er und DePuy, der jetzt in der Kapelle neben Alsop saß, hatten in Europa in derselben Infanteriedivision gedient. Zwei Kriege später, Mitte 1964, war Stilwell in Saigon zum Stabschef des neuen Oberbefehlshabers General Westmoreland avanciert. DePuy wiederum hatte Stilwell als Operationschef abgelöst, während Stilwell von nun an DePuys Planung der Abnutzungsstrategie beaufsichtigte, die den Sieg bringen sollte. Stilwell war dann allmählich klar geworden, daß er Vann unrecht getan hatte. Er war sogar so weit gekommen, ihn zu bewundern. Als Mann mit Gefühlen hatte er gebeten, bei Vanns Begräbnis dem offiziellen Geleit angehören zu dürfen.

Hinter Westmoreland ging ein Zivilist, ein schlanker, aufrechter Mann in marineblauem Anzug. Er trug eine Brille mit durchsichtigem Plastikgestell, die sein spitzes und alltäglich wirkendes Gesicht noch unansehnlicher erscheinen ließ. Man mußte hinter dieser Brille die ungewöhnliche Starrheit der kurzsichtigen blaßblauen Augen sehen, um die Charakterstrenge dieses Mannes zu fühlen. Es war William Colby von der CIA, der Krieger im Dunkeln, der bald darauf zum stellvertretenden Direktor für Planungen — ein Euphemismus für Geheimunternehmen — und anschließend zum höchsten aller Spione, zum Leiter der CIA, ernannt werden sollte.

Wäre William Colby im sechzehnten Jahrhundert zur Welt gekommen, so hätte er aufgrund seines Charakters und seiner Geisteshaltung sein Leben wahrscheinlich als Soldat der Gesellschaft Jesu in den Dienst der Gegenreformation gestellt. Da er aber im zwanzigsten geboren war, hatte er seine Dienste der CIA angeboten und war ein Soldat des Kalten Krieges geworden. Das Bedürfnis zu dienen, der Wunsch, im geheimen zu wirken, waren beherrschende Züge seines Charakters. Nachdem man ihn auf einem englischen Landgut in der Kunst der Sabotage und des Terrorismus unterwiesen hatte (Lucien Conein war dort einer seiner Klassenkameraden gewesen), war er als 24jähriger Major des OSS im August 1944 über dem von den Deutschen besetzten Frankreich abgesprungen, um eine französische Widerstandsgruppe zu leiten. Als Deutschland neun Monate später kapitulierte, war der Krieg für ihn nicht zu Ende. Nun wurde die Menschheit vom gottlosen Kommunismus bedroht, eine Bezeichnung, die Colby ganz wörtlich verstand. Durch den römischen Katholizismus, den ihm sein Vater, ein Armeeoberst und Konvertit, und seine irische Mutter vererbt hatten, war er seit seiner Studienzeit in Princeton ein ebenso glühender Antikommunist wie Antifaschist. Die Frage war nur gewesen, gegen welche Bedrohung er zuerst kämpfen sollte.

Im Gegensatz zu Lansdale war Bill Colby ein ungefeiertes Mitglied der geheimen Gesellschaft. Ruhig und stetig war er seinen Weg gegangen. Den größten Teil der vergangenen zwölf Jahre hatte er die Wünsche der US-Regierung in Vietnam ausgeführt. Er hatte Anfang 1959 als stellvertretender und danach oberster Leiter der CIA-Vertretung in Saigon begonnen und war später nach dem gleichen Beförderungsschema stellvertretender und dann oberster Leiter der Fernost-Abteilung für Geheimoperationen geworden. Er hatte die Aufsicht über die ersten Antiguerilla-Programme der CIA in Südvietnam geführt und auf Anweisung Präsident Kennedys die verdeckte Kriegsführung gegen den kommunistischen Norden wiederaufgenommen, die man nach Lansdales Zeit hatte einschlafen lassen. Zu diesem Zweck waren von der CIA ausgebildete südvietnamesische Sabotagetrupps per Fallschirm oder Boot im Norden abgesetzt worden. Sie sollten versuchen, gegen die Regierung in Hanoi einen Guerillakrieg zu führen, wie das die Vietcong in Südvietnam taten. 1967 hatte er dem früheren CIA-Beamten Robert Komer, den Ellsberg ebenfalls im Ehrengeleit erkannte, geholfen, das sogenannte »Phoenix Program« auszuarbeiten. Ziel dieses Programms war, die Repräsentanten des vom Vietcong in den ländlichen Regionen eingerichteten Verwaltungssystems zu töten, ins Gefängnis zu bringen oder zum Aufgeben zu zwingen. Das Programm hatte die Inhaftierung oder den Tod Zehntausender Vietnamesen verursacht. Die Antikriegsbewegung hatte Colby als Mörder und Kriegsverbrecher angeprangert. In den Washingtoner Colleges sah man Plakate mit seinem Bild und der Aufschrift »Gesucht wegen Mordes«. Doch keine einzige der Anschuldigungen hatte Colbys Glauben an seine Sache erschüttert, seine

Überzeugung, daß seine Arbeit notwendig und gut war. Sein Benehmen war so sanft und freundlich und – nicht ohne Berechnung – entwaffnend geblieben wie je. 1968, nach Komers Abgang aus Saigon, hatte Colby das gesamte Pazifizierungsprogramm übernommen und war damit Vanns Vorgesetzter geworden. Er hatte Vanns Talente geschätzt. Vann, der gerne im Rampenlicht stand, und Colby, der lieber im Schatten arbeitete, hatten schließlich für einander Achtung empfunden.

Die beiden Soldaten stellten nun den mit der Flagge bedeckten Sarg vor den Altar. Die acht Männer des offiziellen Geleits nahmen ihre Plätze links in den vorderen Bänken ein, wo bereits Außenminister William Rogers und Verteidigungsminister Melvin Laird saßen. Nachdem der Geistliche aus der Bibel gelesen und die Predigt gehalten hatte, erhob sich vorn in der ersten Bank Robert Komer und begab sich vor den Altar, um den Nachruf zu sprechen.

Komer war der General des Pazifizierungsfeldzugs gewesen, den die Zeitungen als den »anderen Vietnamkrieg« bezeichneten. Mittlerer Größe und Statur, mittleren Alters und mit beginnender Glatze, stach er unter den Männern des Geleits hervor: Anders als die übrigen, dunkel gekleideten, Zivilpersonen trug er einen hellgrauen Anzug. Er hatte sich ihn während seiner CIA-Tätigkeit in den fünfziger Jahren von einem richtigen Londoner Schneider anfertigen lassen. Heute hatte er ihn wieder angezogen, weil er meinte, man müsse bei einem Nachruf aus Gründen der Etikette eine Weste anhaben. Es war sein einziger Sommeranzug mit Weste.

Präsident Johnson hatte Komer einst als außergewöhnlich befähigten Problemlöser angesehen. Im Mai 1967 hatte er ihn nach Vietnam entsandt, um dort die diversen Pazifizierungsprogramme der verschiedenen militärischen und zivilen Behörden im Rahmen einer einzigen Organisation zusammenzufassen. Komer führte diesen Auftrag durch und tat sein Bestes, um Vietnam zu befrieden. Seine Persönlichkeit erinnerte an das Wesen eines Jagdhundes. Er hatte sich in seine Aufgabe mit Optimismus, Schwung und einer alles fortreißenden Kraft gestürzt. Es machte ihm Spaß, sich über die Anstandsregeln der Bürokratie hinwegzusetzen, und er freute sich über den Spitznamen, den er bei Freunden wie Feinden hatte: »Düsentrieb«. Vann hatte Komer äußerst wertvolle Ratschläge für den Aufbau der neuen Organisation gegeben und war sein tüchtigster Mann gewesen, wenn es galt, Pläne in konkrete Maßnahmen umzusetzen.

1968 setzte die kommunistische Tet-Offensive Komers Karriere ein Ende. Er hatte bis dahin in dem Glauben gelebt, die Vereinigten Staaten seien drauf und dran, den Krieg zu gewinnen, dies dem Präsidenten auch mitgeteilt und öffentlich einen sicheren und unmittelbar bevorstehenden Sieg prophezeit. Nach der Tet-Offensive wurde er für die Johnson-Administration zu jemandem, dessen man sich sozusagen schämen mußte. Er verließ Saigon gegen Ende des Jahres 1968, erteilte aber von Washington aus weiterhin Ratschläge, ließ sich noch einige

Male in Vietnam sehen und verfaßte optimistische Berichte. Darin hieß es, Vann und seine Kameraden vom harten Kern könnten es vielleicht doch noch schaffen und erreichen, daß Südvietnam solange durchhielt, bis die Kommunisten aus Erschöpfung aufgaben.

An diesem Morgen vernahmen dreihundert Trauergäste die schrille Stimme des alten Durchhalters Komer durch die Kapelle tönen, als er am Sarg stand, um John Vann zu preisen. Er sprach von »dem Mut, dem Geist, der überströmenden Energie, der derben Vitalität, dem totalen Draufgängertum des John Vann, den wir kannten«. Er pries Vann in der gleichen rückhaltlosen Art, mit der er sich dem Krieg hingegeben hatte.

»Für uns, die wir mit ihm arbeiteten, von ihm lernten, von ihm angeregt wurden, war er der großspurige, dürre, kleine Rothals aus Virginia mit der näselnden Stimme; immer war er auf Touren, ein Mensch wie ein Dynamo, vier Stunden schlief er pro Nacht, mindestens zweimal am Tag ging ihm fast die Sicherung durch; er wußte besser als irgendeiner von uns, was wirklich los war, und er sagte es uns auch. Und jeder von uns, der da oben ein bißchen Grütze drin hatte, hörte ihm zu.«

»Das ist John Vann, so wie wir ihn in Erinnerung haben. Er war stolz darauf, ein Streithahn zu sein, und in dieser Rolle war er brillant.«

»Ich habe niemals einen Menschen gekannt, der so rückhaltlos kritisch und so total ehrlich war. Er nannte die Dinge beim Namen, im Sieg wie in der Niederlage. Und deswegen und aufgrund seiner großen Erfahrung wurde er von der Presse mehr respektiert als jeder andere von uns. Und er sagte es jedem ganz unverblümt, nicht nur der Presse oder seinen eigenen Leuten, sondern auch Präsidenten, Ministern, Botschaftern und Generälen. Da fielen einfach die Späne. Nach einem solchen Vorfall hat man mir einmal gesagt, und zwar nicht bloß im Scherz, ich müßte John Vann rauswerfen. Ich habe darauf geantwortet, daß ich das nicht tun wollte und nicht tun konnte; daß aber, wenn ich noch drei Leute wie John Vann finden könnte, der Krieg halb so lang dauern würde.«

Mary Jane, die bei der Predigt überhaupt nicht zugehört hatte, bemerkte plötzlich, daß sie Komers Worten lauschte. Seine Stimme und seine Ausdrucksweise verliehen ihr wieder Fassung. Was er sagte, war für sie weniger wichtig. Es freute sie vor allem, daß John von einem Mann gelobt wurde, der in der gleichen dreisten Art sprach, wie er es getan hatte.

»Wenn John sich auch kaum Illusionen machte«, sagte Komer, »so quälten ihn doch keine Zweifel darüber, warum er in Vietnam war: um dem südvietnamesischen Volk, das er liebte, zu helfen, sein Recht auf Freiheit zu verteidigen. Wahrscheinlich kannte er mehr Vietnamesen und arbeitete enger mit ihnen zusammen als jeder andere Amerikaner. Er teilte ihre Leiden und ihre Freuden. In ihren Dörfern, wo er so oft die Nacht verbrachte, fühlte er sich mehr zu Hause als in den Büros in Saigon.«

»Ob in Uniform oder nicht, er war eine Führernatur. Er kannte keine Furcht, und er verlangte von niemandem, etwas zu tun, was er selbst nicht tun wollte. Für ihn bestand die Rolle eines Führers darin, zu führen, wie hoch das Risiko auch sein mochte. Er war der Inbegriff des Typs, dem nichts unmöglich war. Und unter den Tausenden von Männern, die mit oder unter John dienten, habe ich keinen einzigen getroffen, der ihn nicht bewunderte. Er formte und inspirierte eine ganze Kriegsgeneration von Vietnamesen und Amerikanern — als unser Lehrer, unser Kollege, unser Gedächtnis, unser Gewissen und unser Freund.«

Komer ließ sich von dem feierlichen Anlaß und von seinen eigenen Worten mitreißen. Wie immer, wenn er innerlich bewegt war, geriet er in eine hohe Stimmlage, seine Worte klangen hart und schneidend. Vann, so sagte er, werde zu Recht hier in Arlington begraben.

»Denn er war das vollendete Beispiel des Berufssoldaten, dem sich schließlich der heimliche Wunsch erfüllte, wieder den Befehl über amerikanische Truppen zu führen. Aber John war mehr als ein Berufssoldat. Er wußte, daß Feuerkraft allein nicht die Lösung für die Nöte Vietnams war.«

»Hoffen wir«, sagte Komer und versuchte, sogar an diesem Tag optimistisch zu sein, »daß sein wahres Ehrenmal das freie und friedliche Südvietnam sein wird, für das er so tapfer gekämpft hat.«

»Aber ob dieser tragische Konflikt mit der Erreichung dieses Ziels endet oder nicht, alle von uns, die wir mit Vann zusammen gedient haben, werden uns seiner noch lange erinnern. Er ist keiner, den man leicht vergessen wird. Und so grüßen wir in ihm einen der echten Helden eines harten und unpopulären Krieges, jemanden, der alles für die Sache hingab, der er diente, zuletzt sogar sein Leben. Nein, wir werden dich nicht vergessen, John. Du warst der Beste, den wir hatten.«

Ellsberg, der mit Komer zusammengearbeitet hatte und mit ihm befreundet gewesen war, empfand heute nichts mehr für ihn, auch nicht angesichts seines Loblieds auf den gemeinsamen Freund. Er fühlte sich Komer und den anderen Anwesenden, die immer noch für den Krieg waren, völlig entfremdet. »Ja«, sagte er zornig zu sich, »er war der Beste, den wir zu verheizen hatten.«

Der Geistliche sprach die Schlußgebete und den Segen, dann sagte der Zeremonienmeister: »Erheben Sie sich, bitte!« Die Trauergemeinde erhob sich von den Plätzen. Während der Organist einen Choral intonierte, wurde der Sarg langsam durch das Mittelschiff hinausgefahren. Das Geleit schritt diesmal voran, um in dem Bogengang aus grüner Leinwand, der vom Haupteingang des Portikus hinausführte, ein Ehrenspalier zu bilden, durch das der Sarg nach draußen gebracht wurde. Die Generäle und der südvietnamesische Oberst salutierten, die Zivilbeamten legten die rechte Hand links auf die Brust: Der Sarg wurde von dem fahrbaren Gestell auf den mit schwarzem Flaggentuch drapierten Munitionswagen gehoben, vor dem die sechs grauen Pferde warteten. Der Tambourmajor hob seinen silbernen Stab hoch und riß ihn dann jäh nach unten, das Musikkorps setzte mit einem Marsch ein. Bis zum Grab, das außerhalb des Tors an der Friedhofsstraße lag, hatte der Trauerzug fast einen Kilometer zurückzulegen.

An der Spitze des Zuges marschierte die Kapelle. Auf Mary Janes Wunsch spielte sie Vanns Lieblingsmarsch. Es war eine Melodie des ungebrochenen Willens, der Colonel-Bogie-Marsch aus dem Film »Die Brücke am Kwai«. Vann hatte diesen Film gesehen und sich dann die Platte gekauft, und er schien ihrer niemals müde zu werden. Auf die Militärkapelle folgten die Ehrengarde, die Fahnenträger, dann in zwei Reihen die acht Männer des offiziellen Geleits und schließlich der Militärgeistliche. Danach kam der Wagen mit dem Sarg, gefolgt von den Angehörigen. Sie saßen in schwarzen Cadillacs, die ein Rüstungs- und Raumfahrtunternehmen zur Verfügung gestellt hatte. Nach seinem Abschied von der Armee war Vann dort vorübergehend in leitender Stellung tätig gewesen, bevor er wieder nach Vietnam zurückgegangen war. Trotz der Hitze und des weiten Weges folgten viele Trauergäste zu Fuß, statt im Wagen zu fahren, um auf diese Weise ihre Achtung für Vann zu bezeugen.

Sie kamen — die meisten, ohne es zu merken — an den Monumenten zu Ehren des »herrlichen kleinen Krieges« gegen Spanien vorbei, der 1898 die amerikanische Westgrenze von San Francisco über den Pazifik nach Manila verschoben und für Amerika das imperiale Zeitalter eingeläutet hatte, dessen begeisterte Zuversicht diese Trauergesellschaft heute zu Grabe trug. Da war zunächst das Ehrenmal, das an die 385 Toten dieses Konflikts erinnert, weniger, als auf dem Höhepunkt des Vietnamkriegs innerhalb einer Woche fielen. Es handelt sich um eine hohe Rundsäule aus hellbraunem Marmor, auf deren Spitze eine Erdkugel ruht, was den Ehrgeiz jenes Beginns ausdrückt. Ein Bronzeband mit den Sternen der amerikanischen Flagge schlingt sich um diesen Globus des Jahres 1898. Ein Adler sitzt darauf und überwacht das Erdenrund; in seinen Krallen hält er die Pfeile des Krieges, bereit, sie jedem Herausforderer entgegenzuschleudern. Während der Zug sich weiterbewegte, wurde links in einiger Entfernung ein zweites Mahnmal sichtbar. Es war der Mast des Schlachtschiffs »Maine«, den man geborgen hatte, nachdem es im Hafen von Havanna auf unerklärliche Weise in die Luft geflogen und gesunken war und dabei 266 Offiziere und Mannschaften in den Tod gerissen hatte. Es war dies für Amerika die Gelegenheit gewesen, gierig zu ergreifen, was ein altes und korruptes Spanien nicht mehr verteidigen konnte. Ein Stück weiter die Friedhofsstraße hinunter kam der Leichenzug an einem anderen Monument vorbei. Es war nieder, spitz und gewollt grob aus grauem Stein gehauen. Es handelte sich um das Denkmal für die Gefallenen des 1. Freiwilligen US-Kavallerieregiments, der »Rough Riders«, das Alsops Großonkel aufgestellt und an diesem allzuleichten Beginn mit zum Ruhm geführt hatte.

An Vanns Grab gab es keine frische Erde, die an die Schlachtfelder Vietnams erinnert hätte. Das Grab war inmitten einer Gruppe von Ahornbäumen ausgehoben worden, auf einer Anhöhe, von der man auf den weißen Marmor des

»Memorial Amphitheater« und das Grabmal des Unbekannten Soldaten hinunterblickte, wo die Gefallenen des Ersten und des Zweiten Weltkriegs und des Korea-Kriegs lagen. Es waren diese Kriege, die den US-Streitkräften Gelegenheit gegeben hatten, sich in Riten für Lebende und Tote zu üben. Hielt man im Winter auf dem Rasen vor dem Pentagon Zeremonien ab, so färbte man das vom Frost braun gewordene Gras grün. Auch hier in Arlington hatte man darauf geachtet, daß alles präsentabel wirkte. Die Totengräber hatten die ausgehobene Erde mit Teppichen aus sogenanntem Friedhofsrasen bedeckt, einem Grasersatz, wie man ihn ähnlich für Sportplätze verwendet. Rechts vom Grab waren in einiger Entfernung zwei Reihen Stahlrohrklappsessel mit grünen Bezügen für die Familie und die nächsten Verwandten aufgestellt worden.

Mary Jane saß im Fond der ersten Limousine des Trauerzugs. Als Edward Kennedy vor der Kapelle zu dem klimatisierten Cadillac herübergekommen war, um ihr sein Beileid auszudrücken, hatte sie die Scheibe heruntergelassen, damit er mit ihr sprechen konnte. Sie vergaß dann, das Fenster wieder zu schließen, und so konnte sie bald eine andere Melodie hören, die die Kapelle zu spielen begann, als die Pferde mit dem Munitionswagen beim Grab anhielten. Im Grunde hatte sie nicht erwartet, dieses Lied hier zu hören. Auf dem Flug von Denver nach Washington zwei Tage zuvor war sie wegen des Liedes beim Verbindungsoffizier der Armee vorstellig geworden. Sie hatte dann ihre Bitte noch mehrmals geäußert, zuletzt am Morgen auf der Fahrt nach Arlington. Sie war der Meinung gewesen, die Behörden würden das Lied als ungeeignet für das Staatsbegräbnis eines Kriegshelden ansehen und ihrer Bitte nicht nachkommen. Jetzt aber, als acht in blaue Paradeuniform gekleidete Sergeants die am Sarg angebrachten Griffe erfaßten und diesen vom Wagen hoben, ließ der Tambourmajor die Kapelle das Lied spielen. Mary Jane war ergriffen. Sie fragte sich, ob er und die Männer vom Musikkorps so wie sie über den Krieg dachten, über das, was der Krieg angerichtet hatte, und ob sie ihren Wunsch aus diesem Grund erfüllten. Sie dachte, daß alle, die das Lied hier hörten und es kannten, die Botschaft, die sie ihnen übermitteln wollte, gut verstehen würden. Das Lied hieß »Where have all the flowers gone?« Es war von der Antikriegsbewegung ausgegangen, hatte sich dann unter den amerikanischen Soldaten in Vietnam verbreitet und war schließlich eines der bekanntesten Lieder der Epoche geworden, vielleicht das Vietnamlied schlechthin. Wann immer man es hörte, erinnerte es einen an den Krieg. Die Verse und der Refrain waren einfach und wiederholten sich ständig, und die Kapelle spielte alle Strophen, während die Sergeants den Sarg zum Grab trugen.

Where have all the flowers gone?
Long time passing.
Where have all the flowers gone?
Long time ago.

Where have all the flowers gone?
Gone to girls every one.
When will they ever learn?
When will they ever learn?

Das war Mary Janes Lied, so wie der »Colonel-Bogie-Marsch« Johns Melodie gewesen war. Es war das Lied der Traurigkeit, die sie als Mutter angesichts all der jungen Männer empfand, die im Krieg den Tod gefunden hatten. Es war das Lied von den Problemen, die ihrem Sohn Jesse durch das für diesen Krieg verantwortliche System erwachsen waren, weil er sich gegen das System und den Krieg gewandt hatte. Es war das Lied von den Enttäuschungen in der Ehe, die sie sich in ihren Mädchenträumen so ganz anders vorgestellt hatte. Es war das Lied vom Tod eines Mannes, dessen Tod sie nicht gewünscht hatte, weil sie ihn trotz allem noch immer geliebt hatte.

Where have all the young girls gone?
Long time passing.
Where have all the young girls gone?
Long time ago.
Where have all the young girls gone?
Gone to young men every one.
When will they ever learn?
When will they ever learn?

Where have all the young men gone?
Long time passing.
Where have all the young men gone?
Long time ago.
Where have all the young men gone?
Gone to soldiers every one.
When will they ever learn?
When will they ever learn?

Der Militärgeistliche schritt den acht Sargträgern voran. Die Sergeants in ihren schweren, eisenbeschlagenen schwarzen Kunstlederschuhen trugen den Sarg in klickendem Gleichschritt über den Asphalt zum Rasen hin. Der Leutnant der Ehrengarde stand stramm und hielt den blanken Säbel schräg nach rechts unten gerichtet. Hinter ihm hatten die Soldaten die Gewehre präsentiert und hielten sie hoch und gerade vor die Gesichter. Ein Fahnenträger senkte die Fahne der Armee mit den Schlachtenwimpeln zum Gruß, das Musikkorps spielte.

Where have all the soldiers gone?
Long time passing.
Where have alle the soldiers gone?
Long time ago.
Where have all the soldiers gone?
Gone to graveyards every one.
When will they ever learn?
When will they ever learn?

Die Flagge auf dem Sarg sollte Peter Vann übergeben werden. Die Sergeants falteten sie zu einem Dreieck und so, daß die Sterne obenauf waren. Peter hatte seine Mutter gefragt, ob er die Flagge entgegennehmen dürfe, und sie hatte zugestimmt, denn mit seinen sechzehn Jahren war er der Jüngste. Er stand auf, um sie entgegenzunehmen. Am Ende des Gottesdienstes, nachdem das Ehrensalutkommando drei Salven abgefeuert hatte, zwischen denen man in der plötzlichen Stille das harte, metallische Schlagen der Bolzen hörte, nachdem der Hornist den Zapfenstreich geblasen hatte, nachdem das letzte Gebet und der letzte Segen gesprochen waren, übergab der Militärgeistliche Peter Vann die Flagge.

Peter war sechs Jahre alt gewesen, als sein Vater das erste Mal nach Vietnam gegangen war. Bis zu dem Augenblick, in dem er die Flagge entgegennahm, hatte er nicht wirklich Trauer empfunden. Er hatte seinen Vater kaum gekannt und noch weniger wußte er, was sein Vater getan hatte. Peter war kein Intellektueller. Er bastelte am liebsten an Autos herum. Der Krieg dauerte inzwischen schon so lange, daß er gar nicht mehr wußte, welche Seite der Feind war. Als die Familie am Vortag zur südvietnamesischen Botschaft gefahren war, um für seinen Vater postum die höchste Auszeichnung entgegenzunehmen, die die Saigoner Regierung zu vergeben hatte, wußte Peter nicht, ob es sich um die Botschaft Nord- oder Südvietnams handelte. Als er die Flagge entgegennahm, kamen ihm die Tränen. Er hoffte, daß sein Vater nicht im Haß auf ihn gestorben war, wegen all der Auseinandersetzungen, die sie gehabt hatten, wenn Vann zu Hause war. Er hoffte auch, sein Vater würde sich nicht für ihn schämen, weil er weinte. Vann hatte sich über seine Söhne stets lustig gemacht, wenn sie weinten, und ihnen gesagt, daß dies ein Zeichen von Schwäche sei.

Vanns ältester Sohn, der 24jährige John Allen, stand am Ende des Gottesdienstes absichtlich nicht auf, um sich kondolieren zu lassen: von Außenminister Rogers, der Präsident Nixon vertrat; von Verteidigungsminister Laird; von Westmoreland und den übrigen Männern des offiziellen Geleits; und von mehreren anderen Würdenträgern, die hintereinander an den Stühlen vorbeischritten, auf denen die Familienangehörigen saßen. Er wußte, daß der Rest der Familie seinem Beispiel folgen würde, wenn er sitzen blieb. Er kannte all diese Leute nur aus der Zeitung oder aus dem Fernsehen. Einem Staatsbegräbnis in Arlington hatte er zugestimmt, weil er dachte, daß dies eine Ehrenrettung seines Vaters wäre. Es schien ihm, daß sein Vater Befriedigung empfunden hätte angesichts dieses Zeremoniells mit all seinem Pomp. Einige dieser Männer oder andere, die ihnen glichen, so sagte er sich, hatten wahrscheinlich ihre Hände im Spiel gehabt, als man seinen Vater 1963 zwang, den Dienst zu quittieren. Er dachte, er würde einen gewissen Ausgleich schaffen, indem er sie nun zwang, sich ein bißchen herunterzubeugen, um seiner Mutter die Hand zu schütteln, seine eigene, die seiner Brüder. Er würde seinem Vater auf diese Weise im Tod Genugtuung verschaffen.

Ellsberg war rechts vor dem Grab neben den Angehörigen gestanden. Seine Position war ebenso auffällig wie vorhin in der Kapelle. Die Männer des offiziellen Geleits und die anderen hohen Persönlichkeiten mußten nach dem Kondolieren ganz nahe an ihm vorbei. Rogers warf ihm einen neugierigen Blick zu. Laird ignorierte ihn und blickte starr geradeaus. Ellsberg gewahrte keinen von beiden. Er dachte an eine Nacht Anfang März 1971. Vann war gerade in Washington auf Urlaub. Ellsberg hatte bis lang nach Mitternacht vergeblich auf seine Rückkehr ins Hotel gewartet und war dann zu mir gekommen. Ich arbeitete damals als Reporter bei der »New York Times«. Wir sprachen zum ersten Mal über die Pentagon-Papiere, die er heimlich kopiert hatte. Dieses Gespräch führte dazu, daß ich eine Kopie der Unterlagen bekam, daß die »Times« sie veröffentlichte, daß Ellsberg vor Gericht gestellt wurde und sich sein Leben für immer veränderte.

Jesse hatte seit dem Tod seines Vaters wieder über den Krieg nachgedacht. Es war ihm bewußt geworden, daß der Krieg mit unverminderter Härte weiterging und daß er und alle anderen sich damit abgefunden hatten. Den Krieg tatenlos hinzunehmen, dachte Jesse, war unrecht, und deshalb wollte er diese Komplizenschaft bei sich nicht länger dulden. Er war ganz der Sohn seines Vaters, wenn er sich weigerte, sich durch irgend etwas die Freiheit nehmen zu lassen, sein Leben so zu leben, wie er wollte. Seine Erscheinung hob sich deutlich von den anderen Trauergästen ab: herausfordernd fiel ihm das lange, blonde Haar über die Schultern, statt in einem Pferdeschwanz zusammengehalten zu werden, wie er ihn sonst immer trug. Er hatte gelernt, sein Haar mit einem Netz unter einer Perücke zu verstecken, wenn es darum ging, einen Job zu finden, um sich den Lebensunterhalt zu verdienen. Heute stellte er es in seiner ganzen Länge zur Schau. Dazu kam sein ungepflegter Bart. Ein oder zwei Jahre zuvor hatte ihm sein Vater aus Hongkong einen blauen Diolenanzug geschickt. Sein älterer Bruder John Allen hatte ihn gebeten, diesen Anzug bei der Beerdigung zu tragen. Doch Jesse hatte etwas gegen Anzüge, sie waren für ihn Uniformen. Er trug deshalb nur die Jacke und dazu eine purpurrote Hose aus Strickstoff, die ihm seine Mutter auf seinen Wunsch hin in einem Geschäft in Denver gekauft hatte, bevor sie nach Washington geflogen waren. Anstelle der schmutzigen, kreppbesohlten braunen Leinenschuhe, die er sonst immer anhatte, trug er die schwarzweißen Golfschuhe seines verstorbenen Großvaters.

Jesse beschloß, seinem Vater ein Abschiedsgeschenk zu machen, ihm seine Aufrichtigkeit und seine Bereitschaft zu schenken, für das einzustehen, wovon er überzeugt war. Zum Zeichen dafür wollte er dem Vater die Hälfte seiner Wehrkarte auf dem Sarg zurücklassen. Um das Geschenk zu vervollständigen, würde er die andere Hälfte Richard Nixon überreichen, wenn die Familie kurz darauf im Weißen Haus an einer Zeremonie teilnahm, in deren Verlauf Nixon seinen Vater postum mit der Freiheitsmedaille des Präsidenten auszeichnen wollte. Jesse hatte sich stets geweigert, einer Einberufung Folge zu leisten, brauchte aber deswegen jetzt keine Haftstrafe mehr zu befürchten. Trotzdem fühlte er sich weiterhin verpflichtet, offen zu seiner Meinung zu stehen. Einziehen konnte man ihn nicht mehr. Einige Jahre zuvor war er noch Gefahr gelaufen, wegen Wehrdienstverweigerung ins Gefängnis zu kommen. Die zuständige Behörde in Colorado hatte ihn damals wegen seiner Weigerung als Straftäter registriert. Dieser Status bedeutete, daß er kurze Zeit später vor der Wahl gestanden hätte, entweder eine Haftstrafe anzutreten oder dem Einberufungsbefehl nachzukommen. (Nach Kanada zu flüchten kam für ihn nicht in Frage.) John Allen war aus diesem Grund in der Uniform des Reserve Officers' Training Corps seines College zum Wehrersatzamt gegangen und hatte der nicht mehr ganz jungen Sachbearbeiterin mitgeteilt, daß sein und Jesses Vater in gehobener Position in Vietnam diente. Er brachte sie dazu, Jesses Status zu ändern und ihn, da er bei einem Psychotherapeuten in Behandlung war, als vorübergehend wehrdienstuntauglich einzustufen. John Allen hatte vor diesem Schritt weder seinen Bruder noch den Vater nach ihrer Meinung gefragt. Aufgrund von Vanns Abwesenheit hatte er in der Familie die Rolle des Mannes übernommen. Er wußte, daß Jesse sich auch in Zukunft einer Einberufung widersetzen würde und daß ihr Vater für Jesses Argument, sein Gewissen verbiete ihm, in Vietnam zu dienen, kein Verständnis aufbrachte. Einige Monate vor dem Tod seines Vaters hatte Jesse per Post eine neue Wehrkarte erhalten. Diesmal war er vom Wehrersatzamt als ständig wehrdienstuntauglich eingestuft worden. Jesse wußte nicht, warum man ihn auf diese Weise freigestellt hatte. Die psychotherapeutische Behandlung hatte er 1969 schon nach wenigen Monaten abgebrochen, und er war geistig und körperlich völlig gesund.

Irgend jemand hatte Jesse eine Rose gegeben, damit er sie auf den Sarg legte. Er nahm nun seine Wehrkarte heraus, zerriß sie in zwei Teile und steckte die für Nixon bestimmte Hälfte wieder ein, die andere aber als Geschenk für seinen Vater zwischen die Blätter der Rose, damit niemand etwas merkte. Dann legte er diese auf den silbergrauen Sarg neben die Rosen, die seine Mutter, seine Brüder und die Verwandten seines Vaters darauf niedergelegt hatten. »Hier, das ist alles, was ich dir jetzt geben kann, alles, was ich tun kann«, sagte er zu seinem Vater. Er wandte sich ab, um noch ein paar Minuten mit Dan Ellsberg zu sprechen, bevor es Zeit war, zum Weißen Haus zu fahren.

Jesse überlegte, was er tun wollte, wenn die Familie das Oval Office betreten und Nixon ihm die Hand entgegenstrecken würde. Anstatt sich von ihm die Hand schütteln zu lassen, würde er ihm wortlos die für ihn bestimmte Ausweishälfte überreichen. Der zerrissene Ausweis sollte an seiner Statt sprechen. Mit der Weigerung, die Wehrkarte stets bei sich zu tragen, hatte er sich strafbar gemacht, ein weiteres Mal, als er sie zerriß. Er fragte sich, ob er sich ein drittes Mal strafbar machen würde, wenn er die Hälfte davon dem Präsidenten überreichte. Die Aussicht, ins Gefängnis zu kommen, bereitete ihm wenig Freude, doch andererseits war ihm seine Geste des Protests das wert. Einer seiner Freunde befand sich bereits wegen Wehrdienstverweigerung in einem Bundesgefängnis in Haft.

Jesses jüngerer Bruder, der achtzehnjährige Tommy, sah, wie er die Wehrkarte zerriß, und wollte daraufhin wissen, was los war. Widerwillig erklärte ihm Jesse, was er sich für Nixon ausgedacht hatte. Tommy schaffte es nicht, Jesses aufregenden Plan für sich zu behalten, und erzählte Peter davon, während sie zum Weißen Haus fuhren. Zwei Polizeimotorräder verschafften mit ihren Sirenen den beiden Limousinen an den roten Ampeln freie Fahrt, denn die Zeremonie sollte um zwölf Uhr mittag beginnen. Die für die Organisation der Beisetzungsfeierlichkeiten verantwortlichen Beamten wollten den Präsidenten nicht warten lassen. Tommy fand Jesses Plan gut. Er war der Ansicht, daß dieses Sterben, diese Verstümmelungen und all das vom Krieg verursachte Leid Nixon nicht störten, weil weder er selbst noch irgend jemand, der ihm nahestand, jemals davon persönlich betroffen worden waren. Nixon hatte den Krieg niemals wie die Vanns oder wie andere Familien zu spüren bekommen, mit denen Tommy bekannt war; Familien, in denen der Vater oder ein Sohn gefallen oder so schwer verwundet worden war, daß man um seine Genesung bangte; oder Familien, die es zutiefst schmerzte, daß ihr Sohn den Weg der Verweigerung gewählt hatte, der ins Gefängnis oder ins Exil führte. Anders als Johnsons Schwiegersöhne war keiner von Nixons beiden Schwiegersöhnen zum Kriegseinsatz nach Vietnam geschickt worden. Tommy freute sich schon auf das Gesicht, das Nixon machen würde, wenn ihm Jesse die Hälfte einer zerrissenen Wehrkarte präsentierte. Der Krieg könnte schließlich doch noch heim zu Richard Nixon kommen, dachte er.

Peter hielt Jesses Plan für unsinnig. Er hatte sich schon auf die Gelegenheit gefreut, den Präsidenten einmal persönlich kennenzulernen.

Im Weißen Haus wurde die Familie in den Roosevelt Room geführt, der etwa fünf Schritte über den Flur vom Oval Office entfernt lag. Sie sollten dort ein paar Minuten warten. Nixon war noch dabei, eine Besprechung mit hohen Persönlichkeiten über eine Sozialreform zu Ende zu bringen. Sie hatte begonnen, während in Arlington noch die Beisetzung stattfand. Vanns Halbschwester Dorothy Lee, eine Hausfrau aus Norfolk in Virginia, und seine beiden Halbbrüder Frank, ein Zimmermann und Bauaufseher, und Eugene, ein langgedienter Oberstabsfeldwebel der Air Force, waren ebenfalls von Arlington herübergefahren, um der Medaillenverleihung beizuwohnen.

Jesse versuchte, seine innere Anspannung zu lösen, indem er den rostfarbenen Teppichboden inspizierte. Er verdiente sich damals seinen Lebensunterhalt auf den Knien, als Teppichbodenleger in Texas. Als er gerade erklärte, daß der Teppichboden im Roosevelt Room schlampig gelegt sei und er selbst wohl bessere Arbeit geleistet hätte, trat John Allen zu ihm. Auch diesem war nicht entgangen, daß am Sarg etwas Ungewöhnliches vorgegangen war. Das Gespräch zwischen Tommy und Peter in der Limousine, das John Allen mitgehört hatte, war dann die Erklärung gewesen.

»Tu es nicht, Jesse!« sagte er.

»Warum denn nicht?« fragte Jesse.

»Das ist heute nicht dein Tag, Jesse«, sagte sein Bruder leise und beherrscht, um zu vermeiden, daß jemand von den anderen Anwesenden sie hörte. »Das ist für Dad. Dafür hat er gelebt, und dafür ist er gestorben. Du darfst ihn jetzt nicht auf diese Art herabsetzen.«

Der Tag, den John Allen als Ehrenrettung ihres Vaters ansah, würde kaputtgemacht werden. Das Pressekorps des Weißen Hauses würde da sein, um über die Zeremonie zu berichten. Die Szene mit dem langhaarigen Sohn eines legendären amerikanischen Vietnamkriegshelden, der dem Präsidenten die Hälfte seiner Wehrkarte überreichte, nachdem er die andere Hälfte auf dem Sarg seines Vaters zurückgelassen hatte, würde eine tolle Story abgeben.

Tommy, der sofort wußte, worüber sie diskutierten, kam zu ihnen herüber, um für Jesse Partei zu ergreifen. »Es ist eben Jesses Überzeugung«, sagte er. Die drei begannen nun darüber zu diskutieren, ob Jesses Recht, seine Meinung über den Krieg zu äußern, Vorrang habe vor der öffentlichen Würdigung der Laufbahn ihres Vaters. Die beiden Onkel Jesses hatten den Streit bemerkt und versuchten nun ebenfalls, ihn von seinem Vorhaben abzubringen.

»Wenn du das tust, gehe ich da nicht hinein«, sagte sein Onkel Frank, ein untersetzter Mann mit beginnender Glatze.

»Mach, was du willst«, erwiderte Jesse, »ich werde tun, was ich tun muß.«

Sein Onkel Eugene, der langgediente Oberstabsfeldwebel der Luftwaffe mit den sieben Rangstreifen auf den Ärmeln der Uniformjacke, ähnelte Jesses Vater durch die Art, wie sein Gesicht rot anlief, wenn er in Zorn geriet. In der Familie wurde er Gene genannt. »Jesse«, sagte er, »dein Vater war mein Bruder, und ich habe ihn eine ganze Weile länger gekannt als du. Er war von dem, wofür er kämpfte, so überzeugt, daß es eine Ohrfeige für ihn wäre, ihm das anzutun.«

»Laßt mich doch in Ruhe«, sagte Jesse, »ich muß meinem Gewissen folgen.«

John Allen ging zu seiner Mutter hinüber. Nach einer kurzen Überprüfung ihres Make-ups vor den Spiegeln der Damentoilette sprach Mary Jane nun in einer Ecke des Roosevelt Room mit Dorothy Lee. Vor der Beerdigung hatte sie im Hotel eine kleine Dosis Valium genommen, um ihre Gefühle möglichst unter Kontrolle zu halten, was aber nicht ganz gelang. In ihrem einfach geschnittenen, schieferblauen Kleid wirkte sie ruhig und gefaßt. Um die verweinten Augen zu verdecken, trug sie ihre Brille.

»Mom«, sagte John Allen, »Jesse möchte Nixon seine halbe Wehrkarte überreichen. Das können wir nicht zulassen.«

Mary Jane begann wieder zu schluchzen, wie sie es in der Kapelle getan hatte, als man den Sarg hereinbrachte. Sie ging zu Jesse hin und flehte ihn an: »Bitte, Jesse, bitte, um deines Vaters willen, tu das nicht. Heute ist der Tag deines Vaters, nicht deiner oder meiner oder von sonst jemandem. Du würdest Schande über ihn bringen.« Die inständigen Bitten seiner Mutter machten ihn etwas unsicher, aber er ließ sich von seinem Entschluß nicht abbringen.

Der aufsichtführende Zivilbeamte des Verteidigungsministeriums und ein ihm assistierender Hauptmann rauschten hinaus, um jemanden vom Stab des Weißen Hauses ausfindig zu machen. Auf dem Korridor begegneten sie Lieutenant General Brent Scowcroft, einem Luftwaffenoffizier, der damals als Brigadegeneral militärischer Assistent des Präsidenten war. Scowcroft, zu dessen Aufgaben es gehörte, solche Zeremonien zu beaufsichtigen, befand sich auf dem Weg zum Roosevelt Room, um zu sehen, ob die Familie bereit war. Er hatte Vann flüchtig kennengelernt und ihn sympathisch gefunden. Sie teilten Scowcroft mit, was los war. Dann holte einer von ihnen John Allen heraus, der erzählte, was Jesse vorhatte.

»Das ist völlig unmöglich«, sagte Scowcroft.

»Wir wissen wirklich nicht, wie wir ihn davon abhalten können«, sagte John Allen. »Er ist entschlossen, es zu tun.«

Scowcroft begab sich in das Oval Office, erklärte dem Präsidenten in gebotener Kürze die Sachlage und sagte, man müsse noch etwas warten, damit er die Sache in Ordnung bringen könne. Scowcroft, eine erfahrener Stabsoffizier, war dafür bekannt, große und kleine Krisen nüchtern und geschäftsmäßig anzugehen.

Er trat in den Roosevelt Room ein, um Jesse, auf den die anderen immer noch einredeten, etwas beiseite zu nehmen und ganz ruhig mit ihm zu sprechen.

»Hören Sie zu«, sagte er, »wie immer Sie über den Krieg denken und was immer Sie dagegen unternehmen wollen, mit dieser Zeremonie soll Ihr Vater geehrt werden. Sie können Ihr Vorhaben unmöglich ausführen, ohne alles kaputtzumachen. Wenn Sie uns jetzt nicht versprechen, daß Sie dem Präsidenten Ihre Wehrkarte nicht übergeben werden, wenn Sie uns jetzt nicht versprechen, das nicht zu tun, müssen wir die Zeremonie absagen.«

Nach den flehentlichen Bitten seiner Mutter neigte Jesse bereits dazu nachzugeben, nicht zuletzt, weil sein Onkel Frank, anders als die übrigen, ruhiger geworden war und versucht hatte, ihm gut zuzureden. Auch Scowcrofts ruhige Art beeindruckte ihn. Würde er nicht eine Situation für seine Zwecke ausnutzen, in der er sich nur dank seines Vaters befand? Vielleicht hatte er nicht das Recht, das zu tun. Da er es nicht reinen Gewissens tun konnte, würde er es unterlassen.

Einen andere Möglichkeit gab es ohnehin nicht. »Okay, okay«, sagte er zu Scowcroft, »ich verspreche, es nicht zu tun.«

Scowcroft faßte Jesse am Unterarm und warf ihm einen von diesen Bist-ein-braver-Junge-Blicken zu. Dann wandte er sich an John Allen: »Wird er oder wird er nicht?«

»Wenn er sagt, daß er es nicht tun wird, dann wird er es nicht tun«, antwortete John Allen. Scowcroft begab sich daraufhin ins Oval Office und teilte dem Präsidenten mit, daß die Zeremonie beginnen könne.

John Allen geleitete seine Mutter zum Oval Office, gefolgt von seinen Brüdern, seiner Tante und den zwei Onkeln. Als die Familie eintrat, saß der Präsident an seinem Schreibtisch, von dem man alles abgeräumt hatte, ausgenommen eine Mappe mit losen Blättern, in der er las. Er schloß diese Mappe, erhob sich und kam um den Schreibtisch herum den Besuchern auf halbem Weg entgegen. Der abgeräumte Schreibtisch, das letzte Stück Arbeit, das er beiseite schob, um nun seine ganze Aufmerksamkeit ihnen zu widmen, das Sicherheben und Entgegenkommen, all das gehörte zu Nixons Ritual, mit dem er Besucher im Amtszimmer des Präsidenten begrüßte. Er sprach Mary Jane und John Allen sein Beileid aus, anschließend schüttelte er allen der Reihe nach die Hand. Tommy hörte, wie Nixon zu Jesse »danke« sagte, als er ihm die Hand drückte. Richard Nixons Händedruck brachte Jesse so durcheinander, daß er diesen Ausdruck präsidialer Dankbarkeit gar nicht wahrnahm. Es fiel ihm nur auf, daß Nixon eine große Hand hatte.

Rogers und Laird traten ebenfalls ein. Mary Jane war überrascht, Alsop bei ihnen zu sehen. Da sie nicht wußte, welche Position Alsop unter den Gestirnen Washingtons innehatte, wunderte sie sich, daß man einen Mann von der Presse wie einen Familienangehörigen behandelte. Nixon, der von Alsops Sympathie für Vann wußte, hatte ihn eingeladen, schon vor den gewöhnlichen Zeitungsleuten der Zeremonie beizuwohnen, um die Worte zu vernehmen, die Nixon privat an die Angehörigen richtete.

Der Photograph des Weißen Hauses stellte alle mit Ausnahme Alsops für das offizielle Photo auf. Er plazierte sie in einem Halbkreis zwischen dem Schreibtisch und den Vorhängen der Erkerfenster, wo an mit goldenen Adlern gekrönten Fahnenstangen das Sternenbanner und die Fahne des Präsidenten hingen. Der Präsident stand zwischen John Allen und Mary Jane. Als der Photograph auf den Auslöser drückte, versuchte er zu lächeln, sah dann aber auf dem Photo etwas verkrampft aus.

Nach dem offiziellen Foto wandte sich der Präsident in einer kurzen Ansprache an die Angehörigen. Vanns Tod sei für ihn ein persönlicher Verlust und ein Verlust für das ganze Land, er übermittle ihnen das Beileid der gesamten Nation. Er habe für Vann Freundschaft empfunden, aber auch große Achtung und Wertschätzung für seine Arbeit in Vietnam. Sein letztes Zusammentreffen mit Vann habe hier in diesem Arbeitszimmer stattgefunden, als Vann auf Heimaturlaub war. Dabei sei man bezüglich des Krieges gleicher Ansicht gewesen, und Vann habe ihm neue Einblicke in den Konflikt und in die Bestrebungen des südvietnamesischen Volkes gegeben.

Peter hatte Dale Carnegies »Wie man Freunde gewinnt und Menschen beeinflußt« gelesen. Carnegie empfahl, im Umgang mit anderen ehrlich zu sein. Peter gab Nixon in diesem Punkt keine gute Note. Der Präsident versuchte, sich den Vanns gegenüber wohlwollend zu geben, doch seine offenkundige Nervosität und seine gekünstelte Art wirkten störend. Für einen so traurigen Anlaß lächelte er beim Sprechen zu oft. Seine Augen bewegten sich ununterbrochen, sein Blick blieb nie auf einer bestimmten Person ruhen. John Allen hatte sich die Gewohnheit seines Vaters zu eigen gemacht, einem Gesprächspartner immer in die Augen zu sehen. Der Präsident schien seinem Blick auszuweichen. Wenn ihre Blicke sich trafen, sah er sofort wieder weg. Der Eindruck der Unaufrichtigkeit, den Nixon bei den Vanns erweckte, wurde noch dadurch verstärkt, daß man ihn geschminkt hatte, um vor den Fernsehkameras, die in Kürze hereinkommen würden, den starken Bartwuchs zu verdecken. Sie hatten bisher noch nie einen geschminkten Mann gesehen, ausgenommen auf der Bühne, und waren erstaunt, im Weißen Haus von einem Präsidenten empfangen zu werden, dessen Gesicht von einer dicken Puderschicht bedeckt war. Sie gewannen den Eindruck, daß es sich hier um eine Art Theatervorstellung handelte, daß Vanns Tod Richard Nixon die Gelegenheit bot, mit der Verleihung einer Medaille an einen Kriegshelden etwas für seine Public Relations zu tun.

Am meisten irritierte sie, daß der Präsident im Laufe seiner Ansprache zweimal erklärte, er habe Vann den höchsten Orden der Nation verleihen wollen, die Ehrenmedaille des Kongresses, daß jedoch das Gesetz dies nicht zulasse, weil Vann formal Zivilbeamter gewesen sei. Aus diesem Grunde, sagte Nixon, müsse er sich widerstrebend damit begnügen, Vann die zweithöchste Auszeichnung zuteil werden zu lassen, die Freiheitsmedaille des Präsidenten. Niemand von der Familie war der Ansicht, daß Vann etwas anderes verdiente als die höchste Auszeichnung. Peter dachte, der Präsident hätte entweder eine Sonderregelung treffen müssen, um seinem Vater doch die Kongreßmedaille zu verleihen, oder soviel Takt besitzen müssen, nicht darüber zu sprechen.

Man ließ nun die Reporter und die Fernsehleute herein. Die Medaille nahm John Allen entgegen, da Mary Jane nicht mehr Vanns Ehefrau war. Er stand vor dem Präsidenten rechts vom Schreibtisch, wo von einer weiteren Reihe adlergeschmückter Stangen die Fahnen und Schlachtwimpel der US-Streitkräfte hingen.

Scowcroft hatte ein Auge auf Jesse.

Vor der Medaillenübergabe an John Allen las der Präsident die Belobigung Vanns vor:

»Soldat des Friedens und Patriot zweier Nationen, John Paul Vann wird unvergessen bleiben, solange freie Menschen sich des Ringens für den Erhalt der Unabhängigkeit Südvietnams erinnern werden.«

»Die Zeit seines militärischen und zivilen Dienstes in Vietnam umfaßte ein Jahrzehnt, das von Anfang bis Ende durch seinen Einfallsreichtum, seine außerordentliche Kompetenz und seinen unübertroffenen Mut gekennzeichnet war, durch höchste Hingabe und das Opfer des eigenen Lebens.«

»Ein wahrhaft edler Amerikaner, ein großartiger Führer«, las der Präsident, »zusammen mit Lafayette steht er in der Reihe der Helden, welche die Sache eines anderen tapferen Volkes zu ihrer eigenen machten.«

Mary Jane ärgerte es, daß sie von der Seite zusehen mußte. Mehr noch ärgerte sie, daß hier alles so nach Inszenierung aussah. Am meisten aber ärgerte sie, daß Nixon Vann nur die zweithöchste Medaille verlieh.

»Das ist eine Schande, John, eine Gemeinheit«, sagte sie leise zu ihm, so wie sie ihm gesagt hatte, daß sie ihn liebte, als sie die Rose auf seinen Sarg legte. »Er will dich zweiter Klasse begraben. Diese verdammte Clique möchte dich immer noch nicht hochkommen lassen.«

Es geht in den Krieg

BUCH I

Er sah nicht aus wie ein Mann, den jemand am Hochkommen hindern konnte, als er am 23. März 1962 kurz vor Mittag durch die Schwingtüren von Colonel Daniel Boone Porters Saigoner Büro schritt. Porter hatte sofort das Gefühl, der junge Oberstleutnant in der gestärkten Khakiuniform mit der spitzen grünen Mütze würde, sollte der kommandierende General auf die Idee kommen, ihm die Leitung des Krieges zu übertragen, mit »In Ordnung, General!« antworten und die Aufgabe tatsächlich in Angriff nehmen. Angesichts der späteren Position Vanns entbehrte es nicht einer gewissen Ironie, daß er fast gar nicht bis Vietnam gekommen wäre. Sein Flugzeug nach Saigon war mit 93 Offizieren und Soldaten über dem Pazifik verschwunden. Er war bloß deswegen nicht mitgeflogen, weil er in seiner Ungeduld, in den Krieg zu ziehen, vergessen hatte, seinen Paß verlängern zu lassen. Als sich dann bei der letzten Überprüfung herausstellte, daß der Paß abgelaufen war, durfte er nicht an Bord gehen. Kurz nachdem man das Flugzeug als vermißt gemeldet hatte, erhielt Mary Jane vom Roten Kreuz die telefonische Mitteilung, ihr Gatte sei über dem Pazifik abgestürzt. Sie antwortete, daß er sie angerufen habe, um ihr zu sagen, daß er sich bei bester Gesundheit befinde und das nächste Flugzeug nehmen werde. Der Mitarbeiter vom Roten Kreuz ließ sich nicht beirren. Es mußte sich um einen Irrtum handeln, ihr Gatte war als vermißt gemeldet. Passagierlisten logen nicht.

Alles war damals noch in Fluß, in den Wirren des Anfangs. Kurze Zeit zuvor, im Februar 1962, hatte Präsident Kennedy in Saigon das neue U.S. Military Assistance Command Vietnam (MACV) geschaffen und General Paul Harkins mit dessen Leitung betraut. Harkins hatte sich seinen Ruf als wichtigster Mann im Stab von George Patton erworben, dem Schlachtengenie des Zweiten Weltkriegs. Der Präsident sollte das amerikanische Militärpersonal in Südvietnam in diesem Jahr fast vervierfachen und bis Ende 1962 von 3200 auf 11.300 erhöhen. Die Befragung und Zuteilung der Neuankömmlinge nahm Porters Zeit weit mehr in Anspruch, als ihm lieb war. Sein Büro lag in einer alten französischen Kavalleriekaserne, die sich hinter den Bäumen eines breiten, von Verkehrslärm erfüllten Boulevards verbarg, der das Stadtzentrum Saigons mit der Chinesenvorstadt Cholon verband. Diese Kaserne war das Hauptquartier eines Korps der Armee der Saigoner Regierung, die offiziell »Armee der Republik Vietnam« (ARVN) hieß. Die US-Militärberater, die aus Abkürzungen gerne Wörter machten, nannten sie die »Arvin«. Porter selbst war militärischer Berater des vietnamesischen Brigadegenerals, der das Korps befehligte; die anderen Offiziere seiner Abteilung arbeiteten in den Stabsabteilungen des Korps. 1962 gehörten in Vietnam Klimaanlagen noch nicht zur Standardausstattung eines US-Armee-Hauptquartiers wie etwa Schreibmaschinen. Porter und die anderen Berater hatten, wie zuvor die Franzosen, ihre Schreibtische in hohen Büroräumen, die sich in jeder Etage des dreigeschossigen Gebäudes auf eine Veranda öffneten. Von den Veranden überblickte man einen schmutzigen, von Unkraut überwucherten Exerzierplatz. Sie dienten vor allem als Verbindungsgänge und sollten jeden Hauch kühler Luft auffangen und hinter die Schwingtüren — man fühlte sich an Saloon-Türen in Wildwestfilmen erinnert — zu den überdimensionalen Ventilatoren leiten, die in den Innenräumen von der Decke hingen.

Der kleine Oberstleutnant, der da vor Porter stand, besaß die Gabe, Selbstvertrauen auszustrahlen. Trotz der Hitze hatte er es geschafft, sein Khakihemd und die gleichfarbige Hose nicht zu verknittern. Er salutierte zackiger, als die meisten Offiziere es getan hätten, bevor er Porters Aufforderung nachkam, sich zu setzen. Davon abgesehen war an ihm nichts besonders Beeindruckendes. Er erinnerte Porter an einen dieser Gockel, denen er zusah, wie sie unter die Hühner fuhren, wenn er sich auf einer der Farmen um Belton in Texas aufhielt, wo sein Vater früher ein Geschäft für Futtermittel und Landwirtschaftsbedarf besessen hatte. Als er beim Hinsetzen die Mütze abnahm, zeigte sich noch deutlicher, wie unscheinbar er im Grunde war. Seine gerade Nase war für das schmale Gesicht viel zu groß. Die Nasenlöcher öffneten sich über einem breiten und ebenso geraden Mund. Diese Züge wurden durch die breite Stirn und den Haarschnitt noch betont: Wie in den fünfziger und sechziger Jahren unter US-Soldaten üblich, trug er sein rotblondes Haar kurzgeschoren. Seine graublauen Augen zogen die Aufmerksamkeit auf sich und gaben zugleich Aufschluß über seinen Charakter. Es waren die Augen eines Falken, schmal, tiefliegend, unter buschigen Brauen. Vann war muskulös und unglaublich wendig. An der Schule und in seinen ersten Armeejahren war er ein Turner- und Leichtathletik-Star gewesen. Auf seine Form war er immer noch sehr bedacht: Er rauchte nicht, trank nur selten Alkohol und hielt sich mit Basketball, Volleyball und Tennis fit. Mit 37 Jahren konnte er noch einen Rückwärtssalto machen.

Vann antwortete ohne Zögern auf Porters Fragen bezüglich seiner Erfahrungen als Berufsoffizier. Er hatte sich freiwillig nach Vietnam gemeldet und für die begehrte Position des obersten Beraters einer Infanteriedivision beworben. Die südvietnamesische Armee zählte insgesamt neun Divisionen, von denen drei im Abschnitt von Porters Korps standen (ein Korps ist ein militärischer Großverband, der zwei oder mehr Divisionen umfaßt). Vann war erst seit zehn Monaten Oberstleutnant. Vom Rangalter her hatten also andere Offiziere den Vortritt, was Porter aber nicht unbedingt zu berücksichtigen brauchte.

Die Aufgabe, über die er sich mit Porter unterhielt, würde er mit Leichtigkeit

bewältigen. Die großspurige Art des kleinen Draufgängers wirkte auf den alt-
gedienten Infanterieobersten nicht abstoßend. Porter war ein athletischer Typ,
mit 52 schon weißhaarig. Hinter seiner zurückhaltenden Art verbargen sich eine
solide Berufserfahrung und ein fester Charakter. Seit er dreißig Jahre zuvor zum
Leutnant der Texanischen Nationalgarde ernannt worden war, hatte er gelernt,
daß übermäßige Selbstsicherheit bei einem Offizier nicht schadete, sofern dieser
auch sonst sein Handwerk verstand. Porter suchte einen kühnen, unkonventionellen Mann als Nachfolger für Oberstleutnant Frank Clay, den Sohn General
Lucius Clays, des früheren Statthalters im besetzten Deutschland. Frank Clay war
oberster Berater der im nördlichen Mekong-Delta stationierten 7. Infanteriedivision, der bedeutendsten innerhalb des gesamten Korps. Seine Dienstzeit in Vietnam lief im Sommer ab.

Porter hatte Vanns Personalakte sorgfältig studiert. Vann war im Koreakrieg
Befehlshaber einer hinter den feindlichen Linien operierenden Ranger-Kompanie gewesen. Des weiteren hatte er als Stabsoffizier bei diversen Aufgaben seine
Fähigkeiten im Management unter Beweis gestellt. Er war — völlig ungewöhnlich
für einen Infanterieoffizier, der seine Führungsqualitäten im Gefecht bewiesen
hatte — Spezialist für Logistikfragen und hatte an der Universität von Syracuse
den Magister in Betriebswirtschaft gemacht. Porter brauchte einen Offizier, der
organisierte und kämpfte. Man mußte beides können, wollte man im nördlichen
Mekong-Delta zu einer koordinierten Kriegsführung kommen. Je länger sie miteinander sprachen, desto mehr gewann er den Eindruck, daß Vann der richtige
Mann sein könnte. Was für ihn zählte, war, daß Vann Dreistigkeit besaß und sich
zur Lösung der Probleme bestimmt allerlei einfallen ließ. Porter selbst befand
sich noch keine drei Monate in Vietnam, hatte sich aber schon viel umgesehen
und an mehreren Einsätzen gegen die kommunistisch geführten Guerillas teilgenommen. Nach allem, was er beobachtet hatte, war er überzeugt, daß die Truppen Saigons die Amerikaner brauchten, damit diese ihnen zeigten, wie man ihren
Krieg führen mußte, und sie auch irgendwie dazu brachten, ihn tatsächlich zu
führen.

Porter erklärte Vann, er könne sich als voraussichtlicher Nachfolger Clays
betrachten, die endgültige Entscheidung wolle er aber erst kurz vor dessen Weg-
gang treffen. Bis dahin werde er ihn probeweise einsetzen. Auf diese Weise könne
er sich zuerst einmal etwas eingewöhnen und diverse Aufgaben übernehmen.

Die erste dieser diversen Aufgaben übertrug ihm Porter gleich nach dem Mittagessen. Er sagte, in der Zeit vor ihnen habe irgendein Idiot, der geistig nie aus
dem Pentagon herausgekommen und mittlerweile wohl wieder dorthin zurückgekehrt sei, für die ARVN-Divisionen und die Territorialstreitkräfte des Korps ein
computergestütztes Nachschubsystem eingerichtet. Der vietnamesische Oberstleutnant, der als stellvertretender Stabschef für Logistik fungiere, habe, wie seine
Offiziere, keine Ahnung, wie man von einem Computer Nachschub anfordere.

Der dem G-4 als Berater zugeteilte US-Oberstleutnant verstehe davon ebenso wenig. Statt der Ersatzteile und anderer benötigter Ausrüstung hätten sie diesen riesigen Packen unverständlichen Papierkrams erhalten, den er ihm gleich übergeben werde. Ob er nicht versuchen könne, aus diesem Zeug etwas zu machen. Porter führte Vann in die G-4-Beratungsabteilung hinunter, stellte ihn dort den amerikanischen Offizieren vor und sorgte dafür, daß sie ihm einen Schreibtisch überließen.

Am späten Nachmittag erschien Vann wieder in Porters Büro und legte ihm eine selbstgetippte, mehrere Seiten lange Aufstellung vor. Er hatte das Computerchinesisch in eine allgemein verständliche Sprache übersetzt, die Konzeption des Systems leicht faßlich dargelegt und eine praktische Methode erarbeitet, mit der die vietnamesischen G-4-Offiziere und ihre amerikanischen Berater, die alle keine Computerfachleute waren, Ersatzteile und anderen Nachschub anfordern konnten. Porter war verblüfft. Er wußte bei computergestützten Systemen nur oberflächlich Bescheid, war aber überzeugt gewesen, daß er Vann mit genug Arbeit versorgt hatte, um einen normalen Offizier mit Logistikkenntnissen zwei Tage lang zu beschäftigen. Der Mann war nach einem halben Tag wieder da, und das mit einer weit besseren Lösung als erwartet. Was Porter ihm denn als nächste diverse Aufgabe geben wolle? Obwohl Porter Vann nichts davon sagte, beschloß er an jenem Nachmittag, ihn zur 7. Division zu schicken.

Während der folgenden zwei Monate nutzte Porter Vanns vielseitige Begabung und bereitete ihn auf seine Aufgabe vor. Unter den drei Korps-Regionen der ARVN war die von Porters III. Korps (dem Vorbild der US-Armee folgend, bezeichnete die ARVN ihre Korps mit römischen Ziffern) die größte Südvietnams. Hier fanden die meisten Gefechte statt. Das Gebiet des III. Korps erstreckte sich von der Spitze der Halbinsel Ca Mau südwestlich des Mekong-Deltas nordostwärts über einen Gürtel von Provinzen, der Saigon im Norden halbkreisförmig umschloß. Um Vann vom Krieg soviel wie möglich erleben zu lassen, schickte ihn Porter auch auf Kampfhubschrauber-Einsätze zu der Division, die im Gebiet der Kautschuk-Plantagen in den von Teak- und Mahagony-Regenwäldern bedeckten Ausläufern des Zentralen Hochlands stationiert war. Er ließ Vann die weiten Reisanbaugebiete im Süden durchstreifen, die von Indochinas großem Fluß, dem Mekong, genährt werden. Vann nahm an den Einsätzen der beiden dort stationierten Divisionen teil. Er besuchte die wichtigsten Provinzstädte und die Bezirkshauptstädte, in denen die Distriktsvorsteher in kleinen, mit Bunkern und Stacheldraht befestigten Lagern mit ihren Familien lebten und ihre Büros hatten. Um Vann mit den Schwächen des Stabssystems der ARVN vertraut zu machen, ließ ihn Porter auch in den Abteilungen G-3 (Operationen) und G-2 (Nachrichtenwesen) des Korps mitarbeiten.

Am Morgen des 21. Mai 1962 verabschiedete sich Vann von Porter und kletterte in einen Jeep. Er verließ die alte französische Kavalleriekaserne und bahnte sich in seiner ungeduldigen Art einen Weg durch Saigons pittoreskes Verkehrsgewühl mit seinen Lkws und grell bemalten Bussen, die aus der Provinz kamen oder gerade die Stadt wieder verließen, seinen Vespa-Rollern und Lambretta-Mopeds, Fahrrad- und Mofa-Rikschas (wahren Höllengefährten), bescheidenen französischen und britischen Personenwagen, einem gelegentlichen, mit riesigen geschwungenen Kotflügeln geschmückten protzigen Mercury oder Chevrolet aus den fünfziger Jahren und den überall sichtbaren, winzigen gelb-blauen Renault-Taxis, an deren Baujahr sich niemand mehr erinnern konnte und die mit einer Hemmungslosigkeit gefahren wurden, die ihrer Zählebigkeit entsprach. In Phu Lam verließ er das Stadtgebiet in südwestlicher Richtung. Er sah eine Baukolonne, die damit beschäftigt war, eine riesige Antenne zu errichten. Bis vor kurzem waren hier noch Reisfelder gewesen, die amerikanische Bulldozer trokkengelegt und mit Erde aufgefüllt hatten. In Phu Lam gab es bereits einen Hochfrequenzsender, der General Harkins Saigoner Hauptquartier in das Fernmeldenetz einband, das, von den Telefonen und Fernschreibern des National Military Command Center im Pentagon ausgehend, den ganzen Erdball umspannte. Dank modernster Technik konnte man mit dieser Antenne Signale über die Troposphäre übermitteln. Sie würde die Reichweite von General Harkins Kommando über das südostasiatische Festland ausdehnen — nach Norden, die Kette der Gipfel und Plateaus des Annamitischen Hochlands entlang und über die schmalen Reisanbauzonen des mittleren Küstenabschnitts hinauf zu den anderen großen Häfen und Flugplätzen Südvietnams, und nach Westen, über die Berge, zur Militärbasis Ubon in Thailand, dem zweiten Verbündeten in diesem Teil der Welt, den zu schützen Amerika sich verpflichtet hatte.

Vann befand sich nun auf der zweispurigen Asphaltstraße, die die Hauptverbindung mit dem Mekong-Delta darstellte. Er stieg aufs Gaspedal und fuhr mit voller Geschwindigkeit gegen Süden. Der Fahrtwind, der ihm in dem offenen Wagen ins Gesicht blies, verstärkte sein Hochgefühl noch. Er war auf dem Weg zum Hauptquartier der 7. Infanteriedivision im 56 Kilometer entfernten My Tho. Porter hatte ihm die beste Beraterstelle anvertraut, die es im Land gab, das Kommando über das amerikanische Engagement im Herzen des Krieges.

Der Abschnitt, für den die 7. Division verantwortlich war, umfaßte den größten Teil der nördlichen Hälfte des Deltas, wo sich der Krieg entscheiden würde. Die fünf Provinzen von zusammen 15.000 Quadratkilometern zogen sich in weitem Bogen von den Sümpfen der Schilfebene an der Grenze zu Kambodscha im Westen bis hin zum Südchinesischen Meer im Osten. In diesem Gebiet lebten mehr als zwei Millionen Menschen, ein Siebtel der 14 Millionen Einwohner, die Südvietnam 1962 zählte. Hier wurde mehr als ein Siebtel der Nahrungsmittel des Landes produziert. Die Saigoner Regierung hatte bereits den größten Teil der südlichen Deltahälfte an die Guerillas verloren. Der nördliche Teil war noch umkämpft. Ungefähr 38.000 Mann der Truppen Saigons standen hier schätzungsweise 15.000 Partisanen gegenüber. Das Regime, auf das die Vereinigten Staaten angewiesen waren, um Südvietnam zu halten, konnte schwerlich überleben, wenn es eine am Rande der Hauptstadt gelegene, an Menschen und Ressourcen so reiche Region verlor.

Vann schreckte vor einer solchen Herausforderung und Verantwortung nicht zurück. Er begrüßte sie vielmehr mit einer Hochgestimmtheit, an der nicht wenig Überheblichkeit war. In seinem geistigen amerikanischen Universum des Jahres 1962 gab es nichts, was sich nicht in Erfahrung bringen, nichts, was sich nicht erreichen ließ. Was ihm noch unbekannt war, konnte er entdecken. Im Partisanenkrieg besaß er zwar keine Erfahrung, die über seine unkonventionellen Einsätze mit den Rangern in Korea hinausgegangen wäre. Aber die letzten neunzehn seiner siebenundreißig Lebensjahre hatte er mit dem Studium des Krieges verbracht. Der Kampf gegen Guerillas war bloß eine andere Art von Krieg, und er würde lernen, diesen Krieg erfolgreich zu führen. Auf Anordnung Präsident Kennedys hatte die Armee im Jahr zuvor damit begonnen, ihren Offizieren Richtlinien für die Partisanenbekämpfung zu geben. Als Ergebnis seiner Beobachtungen hatte Porter ein paar eigene Ideen entwickelt, um diese vagen Konzepte auf die spezielle Situation in Vietnam abzustimmen. Angesichts dessen, was Vann in den vergangenen zwei Monaten gesehen hatte, erschienen ihm Porters Vorschläge vernünftig.

Vann wußte auch nichts über die Vietnamesen, ihre Geschichte und Kultur. In seinen Augen war das aber kein größeres Hindernis für ein wirksames Vorgehen als sein mangelndes Wissen über die Methoden der Partisanenbekämpfung. Als junger Offizier in Japan und Korea hatte er gesehen, daß Asiaten keineswegs unergründliche Orientalen waren. Deshalb war auch Lansdale einer seiner Helden. Er hatte »Der häßliche Amerikaner« gelesen und den Roman gut gefunden. Lansdale wußte, wie in Asien zu verfahren war. Er ging davon aus, daß Asiaten Menschen waren, Menschen, deren Wünsche man erkennen und zum eigenen Vorteil nutzen konnte. Vann war überzeugt, daß er die Motivationen der vietnamesischen Offiziere verstehen und diese dazu bringen würde, das zu tun, was in ihrem ureigensten und im Interesse der Vereinigten Staaten lag. Daß die Franzosen in Indochina eine Niederlage erlitten hatten, war für ihn unerheblich. Die Amerikaner waren keine Kolonialherren wie vor ihnen die Franzosen, ein dekadentes Volk, dessen große Zeit vorbei war. Ihre Armee hatte sich von der Demütigung der Niederlage gegen die Deutschen im Zweiten Weltkrieg nie wieder erholt. Vann hatte erlebt, daß die US-Armee in Korea Schlachten verlor. Aber sie hatte niemals einen Krieg verloren. Die Geschichte hatte nicht gezeigt, daß die Amerikaner fehlbar waren wie andere Völker. Die Amerikaner waren anders. Die Lehren der Geschichte galten für sie nicht.

Vann hatte keine Bedenken, vietnamesische Kommunisten zu töten, oder Leute, die für sie kämpften. Es störte ihn auch nicht, daß er Vietnamesen, die auf der Seite der USA fochten, für amerikanische Ziele in Vietnam opfern würde. Im Zweiten Weltkrieg war er darauf trainiert worden, Deutsche und Japaner zu töten, aber der Krieg war vorbei gewesen, ehe es dazu kam. Im Koreakrieg hatte er Nordkoreaner getötet und reinen Gewissens dazu beigetragen, Südkoreaner für die Sache Amerikas in den Tod zu schicken. Er ging davon aus, daß er und seine amerikanischen Kameraden, wann immer ihr Kampf Töten und Sterben erforderte, das Recht hatten, über Menschenleben frei zu verfügen, solange sie es mit Umsicht taten. In diesem Recht fühlte er sich durch seinen Stolz bestärkt, einer der besten Offiziere der US-Armee zu sein, der großartigsten Armee, die es je gegeben hatte. Er war sich aber auch bewußt, daß er und die Armee etwas noch Größeres repräsentierten, etwas, worauf er noch mehr stolz sein konnte. Er war ein Wächter des amerikanischen Weltreichs.

1962, als Vann in Vietnam eintraf, herrschte Amerika über das größte Imperium der Geschichte. Die USA hatten in 106 Staaten 850.000 amerikanische Soldaten und Zivilbeamte stehen. Vom Hauptquartier des Oberbefehlshabers für den Pazifischen Raum auf dem Berg oberhalb Pearl Harbors über den Marinestützpunkt in der Subic Bay auf den Philippinen bis zu den bombensicheren Bunkern entlang der Waffenstillstandslinie in Korea standen 410.000 Mann der pazifischen Land-, See- und Luftstreitkräfte unter Waffen. In Europa und im Mittleren Osten, von den Atombomberbasen in den beschaulichen englischen Landgebieten bis zum Panzerübungsgelände von Grafenwöhr an der über die Tschechoslowakei führenden Invasionsroute, von den Flugzeugträgern der 6. Flotte im Mittelmeer zu den elektronischen Horchposten an der türkischen und der iranischen Grenze zur Sowjetunion, standen noch einmal 410.000 Angehörige der Marine, des Heeres und der Luftwaffe. Zählte man die Diplomaten, die CIA-Agenten und die Beamten diverser ziviler Organisationen mit ihren Ehefrauen und Kindern hinzu, so repräsentierten 1962 etwa 1,4 Millionen US-Bürger die Vereinigten Staaten im Ausland. John Vann betrachtete sich selbst als einen der Führer jenes Expeditionskorps von Infanterieberatern, Hubschrauberbesatzungen, Jagdbomberpiloten und Spezialeinheiten, das Präsident Kennedy im November 1961 nach Vietnam entsandt hatte, dem bedrohten Außenposten dieses Imperiums im Südosten Asiens. Er befand sich nun auf dem Weg nach My Tho, spürte den Fahrtwind im Gesicht und hatte nicht die Absicht, den kommunistischen Guerillas im Kampf um das nördliche Mekong-Delta den Sieg zu überlassen.

Ende Mai 1962 war das Mekong-Delta noch ein Ort des trügerischen Scheins. Äußerlich glich es einem Land, in dem Milch und Honig flossen. Anfang des Monats hatte der Monsun eingesetzt und die Reissaat rasch in grünen Schossen hochsprießen lassen, die nun bald bereit sein würden für das zweite große Ereignis im Jahr des vietnamesischen Bauern: das Umsetzen der Sämlinge in die unter dem grauen Wasser wartende Erde der Reisfelder, die sich beiderseits der Straße hinzogen. Obwohl die Landschaft eben war, gab es viel zu sehen. Von schmalen, das Wasser stauenden Deichen kreuz und quer durchzogen, wirkten die Reisfelder wie ein riesiges Schachbrett, über das sich wiederum ein Gitterwerk von Bewässerungs- und Transportkanälen legte, deren gerade Linien und scharfe Ecken hier und da durch die sanfte Biegung eines der sie speisenden Flüsse unterbrochen waren. Bestände von Bambus und einer sechs Meter hohen Wasserpalmenart säumten die Kanäle und Flußarme. An den Ufern standen auch in großer Zahl, einzeln oder in Gruppen, höher wachsende Kokospalmen. Man sah große Gehölze mit den häufigsten Obstbaumarten des Landes: Papaya- und Bananenbäumen. Einzeln oder in kleineren Hainen wuchsen Mango-, Pampelmusen-, Limonellen-, Mandarinen-, Orangen-, Pfirsich- und Jackfruchtbäume. Es gab so viele Sorten, daß ein Gartenbaufachmann es aufgegeben hätte, alle Arten und Unterarten identifizieren zu wollen. Bauernjungen mit kegelförmigen Sonnenhüten ritten auf Büffeln, die Pflüge und Eggen zogen, mit denen man die Reisfelder für die Setzlinge vorbereitete. Zwischen den palmblattgedeckten Häusern in den Weilern wühlten magere schwarze Schweine in der Erde. Die Behausungen wirkten zerbrechlich, waren aber für das Klima durchaus passend. Beim Bau errichtete man zuerst über gestampftem Boden ein Gerüst aus Baumstämmen und Bambusstangen. Das steile Satteldach und die Seitenwände wurden dann mit getrockneten Wasserpalmenwedeln abgedeckt, ebenso die Trennwände im Inneren. Das Dach kragte an den Seiten vor, so daß es das Haus gegen die Sonne schützte und in der Monsunzeit das Regenwasser ableitete. Auf dem Hof tummelten sich Hühner und Schweine. Es gab Scharen von Enten, denen man die Flügel gestutzt hatte, um zu verhindern, daß sie wegflogen. Sie wurden von Kindern oder besitzlosen Landarbeitern gehütet, damit sie nicht in die Reisfelder oder in die Gemüsegärten des Nachbarn eindrangen. In den Kanälen und Flußarmen wimmelte es von Fischen, Garnelen, Krabben und Aalen. Wenn der Monsun im Juli und August seinen Höhepunkt erreichte und die Fische in die Reisfelder schwimmen konnten, wurden diese auch zu Fischteichen.

Von Zeit zu Zeit hielt ein Soldat Vanns Jeep an einer der einspurigen Brücken an, um die Fahrzeuge aus der Gegenrichtung passieren zu lassen. Es waren Bogenbrücken aus Eiffelstahlträgern, die noch die Franzosen errichtet hatten. An diesen Kontrollpunkten boten Bauernkinder für ein paar Piaster Kokosnuß- und Zuckerrohrstücke an, auch frische, mit grobkörnigem Salz bestreute Ananasscheiben. Materielle Not schien es in diesem Land nicht zu geben.

Die Betonbunker an den Brücken erinnerten jedoch daran, daß es kein Land der Zufriedenheit war. Während Vann bei einem der hartnäckigen Kinder eine Ananasscheibe kaufte, fand er Zeit, einen Blick auf die mit rostigem Stacheldraht umzäunten Bunker zu werfen und die Wachen zu beobachten, die beiderseits der Brücke auf- und abgingen. Er hatte Zeit, sich vorzustellen, wie zwischen den grünen Wasserpalmenwedeln am Ufer des Kanals, an dem er fünf Minuten zuvor vorbeigefahren war, plötzlich das Mündungsfeuer automatischer Waffen aufleuchtete, die auf seinen Jeep gerichtet waren. Er sah, daß das auf den Feldern sprießende Zuckerrohr in wenigen Monaten hoch und dicht genug stehen würde, um einem ganzen Bataillon als Versteck dienen zu können. Er hatte Zeit, sich zu fragen, ob nicht jenseits des Flusses unweit der Straße ein Guerilla auf einen Jeep wie den seinen wartete. Jeeps waren besonders lohnende Ziele, denn gewöhnlich saßen darin Offiziere. Vielleicht hatte man nachts in der Straße eine Mine vergraben und den Belag zwecks Tarnung wieder sorgfältig eingesetzt. Wenn ein Guerilla auf der Lauer lag, dann hockte er wahrscheinlich hinter einem Grabstein in einem der kleinen Friedhöfe, die die Bauern auf Hügeln inmitten der Reisfelder angelegt hatten. Der Guerilla war sicher ein geduldiger und wachsamer Mann, der eine solche Gelegenheit nicht ungenutzt ließ. Und sicher hielt er die Hände ständig über dem Zünder, von dem ein Draht zu der vergrabenen Mine führte, jederzeit bereit, den Jeep samt Insassen in die Luft zu jagen.

In den vergangenen siebzehn Jahren war in diesem Land meistens Krieg gewesen. Die älteren unter den Kindern, die an den Kontrollpunkten Kokosnüsse und Ananas verkauften, erinnerten sich noch an die letzten Jahre des ersten Krieges. Er war 1945 ausgebrochen, nachdem die Franzosen versucht hatten, erneut ihre Kolonialherrschaft über Vietnam und die Nachbarländer Laos und Kambodscha zu errichten. Nachdem 1954 dieser erste Krieg mit der Demütigung der Franzosen und ihrer vietnamesischen Truppen im Talkessel von Dien Bien Phu in Nordvietnam zu Ende gegangen war, hatte nur drei Jahre lang Frieden geherrscht. Schon 1957 war der Krieg wieder aufgeflammt, diesmal zwischen den Guerillas und dem Saigoner Regime Ngo Dinh Diems, jenes Mandarins, dem Lansdale geholfen hatte, seine Macht zu sichern. 1961 waren die Partisanen so mächtig geworden, daß Präsident Kennedy sich gezwungen gesehen hatte, amerikanische Truppen zu entsenden, um den Sturz des Diem-Regimes zu verhindern. Die Amerikaner und die Regierung in Saigon nannten die Guerillakämpfer »Vietcong«, eine Abkürzung des landessprachlichen Ausdrucks für »Kommunisten Vietnams«. (Die Militärberater verkürzten die Bezeichnung im alltäglichen Gebrauch zu VC, und im Funkerjargon wurde daraus »Victor Charlies«.) Die Partisanen selbst bezeichneten sich als Befreiungsarmee und diesen zweiten Krieg als Befreiungskrieg. Aus ihrer Sicht waren beide Kriege Teil der vietnamesischen Revolution. Der zweite Krieg war für sie nur die Fortsetzung des Kampfes zur Erreichung der schon 1954 angestrebten Ziele.

Am 21. Mai 1962 wartete an der Straße nach My Tho kein Guerilla mit einer Mine. Vann erreichte ohne Zwischenfall die neuen Quartiere der US-Berater, die etwa 800 Meter nördlich der Stadt an der Hauptstraße lagen. Der vietnamesische Wachsoldat machte das eiserne Gittertor weit auf und ließ den Jeep in den Hof einfahren. Ursprünglich war dieses Anwesen eine Schule für angehende Gottesmänner und dann vorübergehend ein Waisenhaus gewesen, bis man es kürzlich der profanen Bestimmung des Kriegshandwerks übergeben hatte. Aufgrund seiner ursprünglichen Funktion nannten die Militärberater ihr Quartier jedoch das »Seminar«. Zwei weiße gemauerte Kreuze auf der am hinteren Ende des Hofes gelegenen Kapelle zeigten dem Vorbeikommenden immer noch den heiligen Zweck an. Die US-Militärbehörden, die im Lande zu den wichtigsten Mietern und Auftraggebern des Baugewerbes geworden waren, hatte den ganzen Komplex von einer römisch-katholischen Diözese gepachtet, die aus Nordvietnam vertrieben worden war und nun Geld benötigte. Als Vanns Vorgänger Frank Clay ein Jahr zuvor nach My Tho gekommen war, hatte die Abteilung lediglich sieben Offiziere und einen Sergeant umfaßt. Drei dieser Offiziere hielten sich ständig bei den Regimentern in anderen Provinzstädten auf. Ein großes Haus in My Tho war daher mehr als ausreichend gewesen. Nachdem Clay erfahren hatte, daß sich die Beraterabteilung im Frühjahr 1962 um das Zwanzigfache vergrößern und noch weiter wachsen werde (Ende 1962 sollte sie etwas mehr als 200 Offiziere und Mannschaften zählen), hatte er das Seminar pachten und umbauen lassen, da es in der gesamten Umgebung das beste zur Verfügung stehende Gebäude gewesen war.

Das zweigeschossige, weiß verputzte und mit roten Ziegeln gedeckte Hauptgebäude war ein anspruchsloser, aber freundlicher französischer Kolonialbau. Es hatte in etwa die Form eines L, dessen langer Balken längs eines schmalen Flusses lag. Im Erdgeschoß des Querbalkens waren Büroräume untergebracht, im anderen Teil Schlafräume für die Offiziere, ferner eine Messe, Duschräume, Toiletten und eine Bar mit Klubraum. In der Messe wurden jeden zweiten Abend Filme vorgeführt, was zusammen mit den sonntäglichen über Holzkohle gegrillten Steaks und dem verbilligt ausgeschenkten abendlichen Alkohol zu den Annehmlichkeiten des amerikanischen Soldatendaseins im Ausland gehörte. Vann und einige der höheren Offiziere hatten kleine Schlafräume im ersten Stock über der Büroabteilung. Im Rest des Obergeschosses waren Schlafsäle für die Unteroffiziere und Mannschaften untergebracht. Der Hof diente den Beratern als Parkplatz für ihre Jeeps und Lkws. Er war aber auch Schauplatz der Volleyballturniere, die Vann gleich nach seinem Dienstantritt einführte. Er ließ quer über einen noch von den Seminaristen angelegten Basketballplatz ein Netz spannen.

Schon ein paar Tage nach dem Umzug der US-Berater in das »Seminar« Anfang Mai war der Vietcong gekommen, um den Amerikanern zu zeigen, daß sie hier nicht außerhalb seiner Reichweite lagen. Eine Gruppe hatte sich in der Dunkelheit durch die Bananenwäldchen jenseits der Straße geschlichen und während einer Filmvorführung das Feuer auf die Messe eröffnet. Für die älteren Sergeants, von denen einige schon den Zweiten Weltkrieg oder den Koreakrieg mitgemacht hatten, war es belustigend gewesen zu sehen, wie Hauptleute, die noch nie unter Beschuß gestanden hatten, in Unterhosen, T-Shirts und Stahlhelmen umherliefen und mit ihren 0,45-Zoll-Dienstpistolen herumfuchtelten, mit denen es schon bei Tag schwer genug war, jemanden zu treffen. Die Guerillas wiederholten diese Übung in regelmäßigen Zeitabständen, zumeist aus der Deckung einer Gruppe von Wasserpalmen auf der anderen Seite des Flusses. Sie gaben dann eine Serie von Schüssen auf den Generator oder die Wasseraufbereitungsanlage ab und zogen sich im Schutz der Dunkelheit wieder zurück. Abgesehen von einigen Einschlägen im Verputz entstand dabei niemals Schaden. Am folgenden Morgen jedoch erblickten die Berater stets eine Vietcongfahne, die von einem Baum wehte: einen goldenen Stern auf rot-blauem Grund.

Eine entschlossene Kompanie Partisanen hätte das Seminar wahrscheinlich innerhalb weniger Minuten stürmen können. Die zwei Dutzend Angehörigen der Territorialverbände, der sogenannten Zivilgarde, die das Anwesen verteidigen sollten, waren zwar nett, schienen aber in bezug auf den Schutz der ausländischen Berater eine eher nachlässige Haltung einzunehmen. Die Amerikaner konnten sich nicht selbst schützen; sie waren nicht zahlreich genug, um tagsüber die 7. Division zu beraten und nachts genügend Wachen aufzustellen, die die Angreifer solange abwehrten, bis die anderen zu den Waffen griffen und auf ihre Posten rannten. Fast die Hälfte der Offiziere und Mannschaften wohnte nicht ständig im Seminar. Sie lebten über das gesamte Divisionsgebiet verstreut bei den Regimentern und Bataillonen, arbeiteten in den Provinzhauptstädten als Berater der Gouverneure und ihrer Mitarbeiter oder waren in den Ausbildungszentren der Territorialtruppen tätig. Vann beschloß, so viele Sicherheitsmaßnahmen wie möglich zu treffen, ohne daß jedoch die Beratertätigkeit darunter litt. Um deren Durchführung zu gewährleisten, nahm er das Risiko einer Attacke in Kauf. Das Verhalten der Guerillas ließ ihn vermuten, daß sie ohnehin nicht die Absicht hatten, die Berater in ihren Betten zu erschießen. Mit dieser Annahme lag er richtig. In den frühen sechziger Jahren waren Amerikaner in Südvietnam noch Privilegierte. Terrorangriffe gegen US-Berater waren damals relativ selten, da die Kommunisten keine stärkere Intervention provozieren wollten. Sie hofften, mit ihrer Nachsicht in der amerikanischen Öffentlichkeit Sympathie für ihre Sache zu erwecken.

Das Hauptquartier der 7. Division war im sicheren My Tho in der ehemaligen französischen Kaserne untergebracht. Die Stadt zählte 40.000 Einwohner und war so gesehen die größte im nördlichen Delta, eine richtige Provinzhauptstadt für vietnamesische Verhältnisse, für amerikanische Maßstäbe eher eine ländliche Kleinstadt. Die meisten großen Ortschaften im Delta lagen an einem breiten Fluß oder Kanal, so daß sie mit Sampans oder Lastkähnen leicht zu erreichen waren. My Tho lag etwas abseits des oberen Mekongarms, der zum Meer hin floß und eigentlich Tien Gang hieß, was »oberer Fluß« bedeutet. Die Stadt war in der zweiten Hälfte des 17. Jahrhunderts von chinesischen Flüchtlingen gegründet worden, die sich nach dem Sturz der Ming-Dynastie und der Eroberung ihrer Heimat durch die Mandschu hier niedergelassen hatten. Die Vietnamesen, die damals ihren jahrhundertelangen Eroberungszug durch die Indochinesische Halbinsel zum Abschluß brachten, indem sie die kambodschanische Bevölkerung aus dem Delta verdrängten, hatten die chinesischen Einwanderer als Verbündete begrüßt. Nach der Eroberung des Deltas durch die Franzosen in den sechziger Jahren des 19. Jahrhunderts war My Tho vergrößert worden. Die Stadt erhielt eine Garnison, wurde Verwaltungszentrum und ein Umschlagplatz für Reis, der für China und andere reisimportierende Länder Ostasiens, aber auch für Europa und Lateinamerika bestimmt war. Die riesigen Plantagen, die mit Hilfe der landlosen Bauern auf dem fruchtbaren Boden des Deltas betrieben worden waren — anfangs mit Unterstützung der vietnamesischen Kaiser, später in großem Maßstab von den Franzosen und der von der Kolonialherrschaft profitierenden vietnamesischen Oberschicht —, hatten sich im und nach dem Ersten Weltkrieg aufgelöst. Davon abgesehen hatte sich My Tho seit der französischen Ära äußerlich kaum verändert. Es war immer noch das geschäftige Zentrum, das sich an der Arbeit seines bäuerlichen Umlands bereicherte. Der größte Teil des im Delta geernteten Reises wurde nun in Südvietnam selbst verbraucht. In den Mühlen und Lagerhäusern wurde der Reis für den Transport nach Saigon und in die nördlichen Provinzen vorbereitet.

Den Amerikanern bot die Stadt abends oder Sonntag nachmittags eine gewisse Zerstreuung. Gruppen von Beratern kamen manchmal in das chinesische Restaurant am Fluß oder setzten sich an die Tische neben den Getränkeständen, um bei einem Bier oder einer Limonade die Brise zu genießen, die in der abendlichen Dämmerung kühlend über das Delta wehte. Sie verglichen die Vorzüge der vorbeiflanierenden Mädchen und sahen zu, wie die Boote ihre Ladungen an die Hafendocks brachten. Die geschäftüchtigen Chinesen betrieben immer noch die kleinen Läden, wo es alles mögliche zu kaufen gab, von Ballen billigen Baumwollstoffs, aus denen die Bauern ihre *ao baba* genannten, pyjamaähnlichen Blusen und Hosen nähten, bis hin zu Aphrodisiaka. Auf dem Zentralmarkt, der sämtliche scharfen Gerüche des Landes verströmte, stieß man neben den Ständen der Fisch- und Obstverkäufer auf die Buden der Akupunkteure, deren Nadeln das Ende aller Schmerzen versprachen, und der Zauberer, die traditionelle Kräutermedizinen und den ganzen Hokuspokus alter und moderner Wunderkuren anboten. Die vietnamesischen und chinesischen Grundbesitzer wohnten in festen, gemauerten Häusern, die Armen mußten sich mit Holzhütten begnügen. Zu den stattlicheren Häusern zählte die Villa, welche die Franzosen für ihren Provinzgouverneur erbaut hatten. Sie lag an der Hauptstraße und war von einem hübschen, wenn auch etwas ungepflegten Park mit Tennisplatz umgeben, den die amerikanischen Offiziere benutzen durften. In der Villa wohnte ein ARVN-Major, den Präsident Diem zum Provinzgouverneur ernannt hatte. Da die Ämterhierarchie nicht genau festgelegt war, mußte Oberst Huynh Van Cao, der Kommandeur der 7. Division, dem Vann als Berater zugeteilt war, mit einem bescheideneren, weißgetünchten Haus vorliebnehmen, das, streng bewacht, ein paar Blocks weiter in einer kleineren Anlage hinter einer Reihe von Flammenbäumen in einer Seitenstraße lag. Er lebte allein, seine Frau und die sieben Kinder waren in Saigon geblieben.

Vann empfand es als dringend notwendig, dem Krieg im nördlichen Delta eine Wendung zu geben. So wie die Dinge im Mai 1962 standen, hatte der Vietcong die strategische und taktische Initiative. Die Kommunisten bestimmten den Kriegsverlauf. Sie entschieden, wann, wo und unter welchen Bedingungen gekämpft wurde. Saigon war in der Defensive und reagierte bloß auf die Aktionen der Guerillas, statt den Krieg ins Feindgebiet zu tragen. Lediglich die von Saigon südwärts nach My Tho führende Hauptstraße, die sich dann teilte und nach Westen bzw. in den südlichen Teil des Deltas führte, konnte noch befahren werden, tagsüber mit einzelnen Jeeps, nachts mit mindestens zweien. Die kleineren Straßen hatten die Partisanen in weiten Teilen der fünf Provinzen schon unbefahrbar gemacht. Sie hatten die Bauern quer über die Fahrbahnen Gräben ausheben und die Brücken demontieren lassen. Noch war es ihnen nicht gelungen, diese Straßen ganz zu beseitigen, d. h. sie von den Bauern Stück für Stück aufgraben und die Erde über die Reisfelder verstreuen zu lassen, wie es in großen Teilen des unteren Deltas geschehen war. Aber auch so weit würde es noch kommen, wenn man ihnen nicht rechtzeitig Einhalt gebot. Auf den noch befahrbaren Nebenstraßen benötigte man nach Ansicht der Saigoner Offiziere eine Eskorte von mindestens einem verstärkten Zug, der aber auch keine Garantie gegen einen möglichen Hinterhalt darstellte. Obwohl nicht alle Bauern im nördlichen Delta mit den Guerillas sympathisierten, begünstigte die Mehrheit die Sache des Vietcong oder half den Kommunisten passiv durch einen schweigenden Neutralismus, der gegen die Regierung in Saigon arbeitete. Ob dieser Neutralismus auf der Angst vor dem Terror der Partisanen oder auf Sympathie für sie beruhte, machte letztlich keinen Unterschied: Der Saigoner Regierung fehlte die Unterstützung der Bauern, und diese war notwendig, um der kommunistisch geführten Rebellion Herr zu werden. Südvietnam war 1962 im wesentlichen eine Agrargesellschaft; 85 Prozent seiner Bevölkerung lebten in den ländlichen Gebieten. Aufgrund seiner Ausbildung in Statistik erkannte Vann sofort das Wachstumspotential, das sich der kommunistischen Guerillabewegung in einer Gesellschaft dieser Struktur bot. Die Gesamtheit der zwei Millionen Einwohner des Divisionsgebiets, ausgenommen die 15 Prozent, die in My Tho und den anderen Städten lebten, befand sich tatsächlich oder potentiell im Einflußbereich des Vietcong. Es stand außer Frage, wer die überlegene militärische Macht besaß. Vann war der Ansicht, daß zwei reguläre ARVN-Kompanien, zusammen etwa 180 Mann, mit ihren amerikanischen Infanteriewaffen und der abrufbaren Artillerie- und Jagdbomberunterstützung stark genug waren, um an jeden Ort der fünf Provinzen vorzudringen. Er wußte aber auch, daß ein Durchmarsch von Saigoner Truppen durch die ländlichen Gebiete der Fahrt eines Schiffes durchs Meer glich, wie er in jenem Sommer zu einem seiner Stabsoffiziere sagte. Wenn sich ARVN-Truppen in einem bestimmten Gebiet aufhielten, dann trieben sie die Partisanen in ihre Verstecke oder in die Flucht, so wie ein Schiff Wasser verdrängt. Zogen sie wieder ab, dann fluteten die Guerillas zurück.

Bevor Vann Saigon verließ, hatte er mit Porter eine Reihe von Zielen festgelegt, die es zu erreichen galt, wenn man das Steuer herumwerfen und auf Gewinnkurs gehen wollte. Als Soldaten war es für sie oberste Priorität, zu offensiven Operationen überzugehen, um die wichtigsten Kampfverbände der Partisanen zu stellen und zu vernichten. Die übliche Operation der ARVN wurde passenderweise als »Kehraus« bezeichnet. Sie bestand darin, daß man mehrere Bataillone in getrennten Kolonnen durch die Gegend marschieren ließ. Nach Porters Ansicht konnte man in dieser Marschordnung eine gepanzerte Division durch Norddeutschland manövrieren, aber schwerlich in den Reisfeldern eines Flußdeltas gegen Guerillas kämpfen. Vann sollte vielmehr die Beweglichkeit der Helikopter ausnutzen, mit denen man Angriffstruppen schnell absetzen und verlegen konnte. Er sollte Taktiken ersinnen, um die besten Vietcong-Verbände zum Kampf zu stellen und zu vernichten. Zu diesem Zweck sollte Vann Oberst Cao mit einem Trick ködern, der diesen das Gesicht wahren ließ und den Amerikanern faktisch die Befehlsgewalt über die Division gab. Der beschönigende Ausdruck für diesen Trick lautete »gemeinsame Planung«. Bei dieser »gemeinsamen Planung« würden Vann und Cao mit ihren Stäben scheinbar zusammen Einsätze konzipieren. In Wirklichkeit sollte Cao überredet werden, Operationen anzuordnen, die Vann mit seinem Stab vorher geplant hatte.

Vann sollte zunächst als Clays Assistent fungieren, um dessen Aufgabe übernehmen zu können, wenn Clay gegen Ende Juni zurück in die Staaten ging. So lange brauchte er aber gar nicht zu warten. Während einer Operation in der Schilfebene westlich von My Tho am 23. Mai 1962, zwei Tage nach Vanns Eintreffen, versuchte Clay, von zwei Helikoptern aus einen Zug von etwa zwanzig fliehenden Partisanen durch Bordwaffenbeschuß in Richtung auf die Saigoner Truppen zurückzutreiben. Die Vietcong hielten lange genug aus, um den voranfliegenden Hubschrauber zu beschießen, in dem Clay und ein weiterer Oberstleutnant aus Porters Beraterabteilung saßen. Der Pilot wurde in den Fuß getroffen; Clay, der Oberstleutnant und der Kopilot erlitten unwesentliche Verletzungen durch Plexiglas- und Aluminiumteilchen, die durch die einschlagenden Geschosse von der Cockpitverglasung und dem Instrumentenbrett absplitterten. Vann übernahm daraufhin das Kommando, während Clay zur Behandlung nach Saigon geflogen wurde und anschließend acht Tage Resturlaub in Hongkong verbrachte. Auch im Juni war Vann lange Zeit hindurch Interimskommandeur, während sich

Clay auf einer Mission im Zentralen Hochland und den Provinzen des mittleren Küstenabschnitts nördlich von Saigon befand. Er war auserwählt worden, als Spezialist für Guerillabekämpfung am Washingtoner National War College zu unterrichten und wollte sich mit den Bedingungen des Krieges in diesen Gebieten vertraut machen.

Als Vann gegen Ende des Monats offiziell das Kommando übernahm, gab es im Hof des Seminars keine Zeremonie mit Fahnenparade, wie es in der US-Armee bei Befehlsübergaben sonst üblich ist. Clay hätte eine solche Zeremonie nicht angeordnet, denn er war ein emotionaler Mensch und wußte, daß ihm bei solchen Anlässen ganz unmilitärisch die Augen naß wurden. In diesem Fall jedoch hatte sich das Problem gar nicht erst gestellt. Den Militärberatern war es 1962 noch untersagt, über ihren Quartieren das Sternenbanner zu hissen. Es wurden ihnen auch keine Kriegsauszeichnungen verliehen. Clay und die anderen Verwundeten aus dem Hubschrauber hatten nicht einmal Anspruch auf das »Purple Heart« (eine Verwundeten und, postum, Gefallenen routinemäßig verliehene Medaille). Präsident Kennedy wollte die US-Präsenz in Südvietnam so unauffällig wie möglich gestalten, da er hoffte, die politischen Konsequenzen vermeiden zu können, die sich ergeben würden, wenn die amerikanische Öffentlichkeit begriff, daß die Vereinigten Staaten sich dort im Krieg befanden.

Clay hatte Ende Mai die Abteilung so weit gebracht, daß sie ihre Tätigkeit aufnehmen konnte. Vann verwandte nun seine außergewöhnliche Energie darauf, die in sie gesetzten Erwartungen zu erfüllen. Das Gefecht vom 23. Mai, bei dem Clay die Verwundung erlitten hatte, war für Vann eine gute Ausgangsbasis für die »gemeinsame Planung« mit Oberst Cao. Der Erfolg war das Ergebnis von Clays Beharrlichkeit gewesen, von Glück und der geschickten Operationsplanung Captain Richard Zieglers, eines dreißigjährigen Vertreters der Football-Riege von West Point, Jahrgang 1954. Clay war zu guter Letzt empört gewesen, daß Cao es immer sehr freundlich abgelehnt hatte, die Amerikaner bei der Einsatzplanung mitreden zu lassen. Noch mehr hatte er sich über die Mißerfolge aufgeregt, die Caos persönliche Planungen gebracht hatten. Mitte Mai hatte Clay dann den Einsatz von Hubschraubern davon abhängig gemacht, daß die Amerikaner ein Mitspracherecht bekamen. Porter hatte schon die ganze Zeit auf Clay Druck ausgeübt, eine gemeinsame Planung durchzusetzen, und daher diese Entscheidung mit Harkins' Einverständnis unterstützt. Cao hatte daraufhin nachgegeben und sich zu einem Versuch bereit erklärt. Nun brauchte Clay einen Offizier, der detaillierte Pläne ausarbeitete. Der einzige, der für diese Aufgabe einige Erfahrung mitbrachte, war Ziegler, der seit seiner Ankunft im Seminar Anfang April Ranger-Kompanien ausbildete. Zieglers Erfahrung war auf drei Monate Tätigkeit als zweiter Operationsoffizier eines Infanteriebataillons in Japan beschränkt. Für seine Operationsplanung hatte man ihm französische Militärkarten aus dem Jahr 1954 und einen Bericht des Nachrichtendiensts gegeben, der mehrere Wochen alt und wahrscheinlich schon überholt war. Darin hieß es, daß irgendwo in der Schilf-ebene in einem zehn Quadratkilometer großen Gebiet ein Vietcong-Bataillon Übungen abhielt.

Es stellte sich heraus, daß Ziegler das Talent besaß, ein bestimmtes Opera-tionsschema auf ein bestimmtes militärisches Problem abzustimmen. Darüber hinaus konnte er seine Vorstellungen in Skizzen festhalten, die mit ihren breiten Pfeilen und anderen militärischen Symbolen die Position und zeitliche Koordi-nierung von Angriffstruppen sowie Richtung und Ziel ihres Vorrückens darstell-ten und — im gleichen Maßstab wie die Karte und auf Pauspapier gezeichnet — über das Operationsgebiet gelegt wurden. Auf diese Weise konnten die Komman-deure der Kampfeinheiten sehen, wie sie vorzugehen hatten.

Im vorliegenden Fall lieferte Ziegler die logische Antwort auf die unzurei-chenden Informationen. Er kam zu dem Schluß, daß die beste Methode, inner-halb dieser zehn Quadratkilometer die Guerillas ausfindig zu machen, in einer Reihe von Suchaktionen bestand, von denen jede aus einer anderen Richtung erfolgen sollte. Wenn eine der Einheiten auf Vietcong stieß, konnten die Hub-schrauber die Divisionsreserven dort absetzen oder schon gelandete Truppen ent-sprechend verlegen, um die Partisanen in das hineinzutreiben, was Zieglers Aus-bilder auf dem Fortgeschrittenenkurs für Infanterieoffiziere in Fort Benning als »Tötungszone« bezeichnet hatten.

Die Informationen des Nachrichtendienstes waren überholt. Die in dem Bericht erwähnten Partisanen des Vietcong-Bataillons hatten das Gebiet zuerst verlassen, waren dann aber am 23. Mai um zwei Uhr morgens zurückgekommen. Guerillas von einem zweiten, in dem Bericht aber nicht erwähnten Bataillon hiel-ten sich ebenfalls in der Gegend auf. Zieglers Sucheinheiten trieben daher aus den Verstecken eine erstaunliche Anzahl von Guerillas heraus, die für die Jagd-bomber ein leichtes Ziel waren. 95 Vietcong wurden getötet, 24 gefangengenom-men, darunter einer der Bataillonskommandeure. Der Befehlshaber des anderen Bataillons war gefallen. Man erbeutete 33 Waffen, die in diesem Krieg mehr Wert hatten als Menschenleben. Darunter waren auch ein Maschinengewehr amerika-nischer Herkunft, ein 60-mm-Granatwerfer und mehrere Thompson-Maschinen-pistolen. Die schwersten Verluste erlitten die Guerillas, die um zwei Uhr morgens zurückgekehrt waren.

Cao war außer sich vor Glück über diesen ersten wirklichen Erfolg seiner Divi-sion. Da die Berater nur hinter den Kulissen agierten, konnte er in der Öffentlich-keit das ganze Verdienst für sich beanspruchen.

Auch Vann war beeindruckt. Er hatte sich Clays Stab angesehen, um zu ent-scheiden, wen er für welche Aufgabe einsetzen würde. In dem provisorischen, neben einer Behelfsstartbahn errichteten Divisionshauptquartier nahm er Zieg-ler beiseite. »Sie werden mein Planungsoffizier«, sagte er und erläuterte Ziegler, wie sie den Stolz ausnutzen würden, den dieser Erfolg in Cao geweckt hatte, um die gemeinsame Planung zu institutionalisieren und die Kontrolle über die Division zu erlangen. »Wir werden den Haufen so auf Trab bringen, daß man ihn für eine amerikanische Division hält. Im Einsatz wird bei jeder Einheit ein Amerikaner dabei sein. Ich werde mit Cao arbeiten und Sie mit dem Operationsoffizier, und es wird das getan werden, was wir für richtig halten.«

Als Vann vorschlug, Ziegler und der ARVN-Hauptmann, der Caos G-3-Offizier war, sollten künftig alle Einsätze gemeinsam planen, fand Cao diese Idee gut. Er stimmte auch anderen Schritten zu, die Vann im Sinn hatte, um die Berater so gründlich in die Strukturen der Division zu integrieren, daß man bald nicht mehr fragen würde, wer wem was auftrug. Cao war auch damit einverstanden, daß Vanns Nachrichtenoffizier James Drummond, ein reservierter 34jähriger Captain aus North Carolina, der für seine Aufgabe offenbar maßgefertigt war, mit seinem G-2-Offizier in gleicher Weise zusammenarbeitete. Bis dahin war es Caos Nachrichtenoffizier untersagt gewesen, den Amerikanern irgendwelche nützlichen Informationen zu liefern.

Bei der Wahl des Stabschefs entschied sich Vann für einen kernigen Typ aus San Antonio, den 36jährigen Major Elmer »Sandy« Faust. Er sollte die Arbeit Zieglers und der anderen Berater beaufsichtigen und die Beratungsarbeit im Divisionshauptquartier leiten, wenn Vann mit einem Bataillon im Einsatz oder gerade mit einem Helikopter oder Beobachtungsflugzeug unterwegs war. Fausts stämmige Gestalt und sein offenes, einnehmendes Gesicht paßten zu seinem Temperament. Er wirkte anziehend auf das schöne Geschlecht und weigerte sich, den in der Armee üblichen Bürstenschnitt zu tragen. Statt dessen kämmte er sein blondes Haar in einer eleganten Welle nach hinten, wie es in den vierziger Jahren Mode gewesen war. Cao erhob keinen Einwand gegen Faust als Berater seines eigenen Stabschefs, Oberstleutnants Bui Dinh Dam. Ebenso stimmte er der Eingliederung von Vanns Beratern in die Stabsabteilungen G-1 (Personalwesen und Verwaltung) und G-4 (Logistik) zu. Er akzeptierte auch Vanns Vorschlag, eine Operationszentrale einzurichten. Sie sollte die militärischen Aktionen in den fünf Provinzen überwachen, Cao und Vann über jede kritische Situation informieren, die Verbindung mit den Stabsquartieren der einzelnen Provinzgouverneure gewährleisten und die angeforderten Jagdbombereinsätze zur Unterstützung belagerter Außenposten und ähnliche Hilferufe koordinieren. Sie sollte rund um die Uhr besetzt sein. Die dafür benötigten Funkgeräte und Landkarten kamen in ein geräumiges Büro im Erdgeschoß von Caos zweigeschossigem Haus. Da seine Familie in Saigon lebte, benötigte Cao die meisten Räume nicht und hatte die beiden Etagen mit Ausnahme eines Schlafzimmers und der Küche in ein kleines Divisionshauptquartier umgewandelt. Auch Ziegler und sein Amtskollege benutzten die Zentrale, um ihre Operationen zu planen. Sie wurde für die Amerikaner zu einer weiteren Quelle von Informationen und Erkenntnissen.

Auf Divisionsebene und höher ist es in der US-Armee ein tägliches Ritual, daß sich der kommandierende General in einem Briefing von seinem Stab informieren läßt. Vann regte an, man sollte, wenn die Division nicht im Einsatz stand, jeden Nachmittag um vier Uhr eine gemeinsame »Kommandobesprechung« abhalten. Cao bot dafür das — wie er es nannte —»Kriegszimmer« im ersten Stock seines Hauses an. Er hatte diesen Raum im Vergleich zu der im Erdgeschoß eingerichteten Operationszentrale elegant möbliert, Landkarten angebracht und für den Berichterstatter vorne noch ein Podium bauen lassen. Ziegler und der Operationsoffizier der Division berichteten hier über relevante Aktionen innerhalb der Divisionszone, Drummond und der G-2-Hauptmann über die Nachrichtenlage. Auch der G-1- und der G-4-Offizier und ihre Berater berichteten, wann immer es etwas zu berichten gab. Cao saß dann vorne am Podium auf einem Stuhl, neben ihm Vann, dahinter Faust und Dam. Jedesmal, wenn Ziegler und der Operationsoffizier sich zusammensetzen sollten, um einen Hubschraubereinsatz gegen die Guerillas zu planen, gab es vorher im »Kriegszimmer« — darauf bestand Vann — eine Besprechung, bei der Cao allen die »Richtlinien des Kommandeurs« zu den von ihm gesetzten Zielen vortrug.

Ziegler verstand anfangs nicht recht den Nutzen dieser täglichen Briefings und Richtlinien-Sitzungen. Sie wirkten in ihrer Förmlichkeit artifiziell und erinnerten ihn an die simulierten Besprechungen an der Infanterieschule in Fort Benning. Er erkannte jedoch bald, daß Vann sie benutzte, um Caos Ego aufblühen zu lassen. Cao vergaß allzu gerne, daß er nur Oberst war, um sich als General zu gebärden. Er liebte es, sich bei der Erläuterung seiner Richtlinien in imposanten strategischen Begriffen zu ergehen. Als ihn auf einer der ersten Sitzungen die Begeisterung übermannte, flüsterte Vann Ziegler zu: »Lassen Sie ihn reden, ich werde Ihnen später sagen, was zu tun ist.« Was Vann dann auch tat: Auf der Karte, die die ganze Wandbreite des als Operations- und Nachrichtenbüros dienenden Raumes einnahm, skizzierte er einen ersten Entwurf für einen Hubschraubersangriff gegen ein Partisanengebiet. Die Karte war mit einer transparenten Schicht versehen, so daß man darauf mit Fettstift schreiben konnte. Ziegler verflocht Vanns und seine eigenen Vorstellungen zu einem fertigen Plan, den Vann guthieß und Cao genehmigte. Sie töteten wieder einige Guerillas, und Cao war noch glücklicher. Cao kam Ziegler wie ein Spieler vor, der einmal mit einer bestimmten Krawatte ins Kasino gegangen war, den großen Gewinn gemacht hatte und nun bei jedem Kasinobesuch diese Krawatte trug. Die von Vann und Ziegler erstellten Pläne waren Caos Glückskrawatte.

Cao nahm auch Vanns Vorschläge positiv auf, die Divisionseinheiten in Kampf- und Bewegungstaktik für Gruppen und Züge zu trainieren, was unbedingt erforderlich war, wenn man die Guerillas in den für diesen Krieg typischen Kleingefechten besiegen wollte. Der Ausbildungsstand der 10.000 regulären Soldaten des Divisionsabschnitts wäre ausreichend gewesen, hätte man sich nicht im Krieg befunden. (Die Division und ein ihr unterstelltes gepanzertes Regiment umfaßten 8500 Mann, dazu kamen 1500 in eigenständigen Kompanien organisierte Ranger.) Sie alle konnten bei Paraden durchaus ein gutes Bild abgeben, während die Mehrheit der 28.000 Territorialsoldaten bei solchen Anlässen unangenehm aufgefallen wäre. Obwohl 1955 bis Mitte 1961 die US-Militärhilfe 1,65 Milliarden Dollar betragen und eine 650 Mann starke Abteilung die ARVN angeblich trainiert hatte, mußte Vann feststellen, daß nur wenige von den Regulären und den Territorialsoldaten wußten, wie sie das Visier ihres Gewehrs oder Karabiners einzustellen hatten, um eine Zielscheibe zu treffen, ganz zu schweigen von einem Partisanen. Die ARVN und die Territorialtruppen waren von den Franzosen ausgebildet worden, später hatten die Amerikaner an ihrer Organisation herumgebastelt. Die ARVN war eine Mischung aus Offizieren und Mannschaften der früheren französischen Kolonialarmee und einer 1948 geschaffenen Vietnamesischen Nationalarmee. Letztere war von den Franzosen für Bao Dai aufgestellt worden, den vormaligen Kaiser, der mit der Kolonialmacht kollaborierte. Die ARVN war nun nach dem Dreierschema der alten amerikanischen Infanteriedivision organisiert: drei Regimenter pro Division, drei Bataillone pro Regiment, drei Kompanien pro Bataillon.

Die kampfstärkere der beiden Territorialstreitkräfte, die Zivilgarde, »Bao An« auf vietnamesisch, war aus einer Kolonialtruppe der Zeit vor dem Zweiten Weltkrieg, der Garde Indigène, der sogenannten Eingeborenen-Garde, und einer gegen Ende des Zweiten Weltkriegs unter japanischer Schirmherrschaft gegründeten Miliz hervorgegangen. Es war dies eine auf Provinzbasis organisierte Truppe, in der Militärstruktur Südvietnams in etwa das Gegenstück zur Nationalgarde eines US-Bundesstaats. Sie war in Bataillone und Kompanien unterteilt, die dem Provinzgouverneur unterstellt waren, es sei denn, man gliederte sie für spezielle Aufgaben der Division an. In der Divisionszone gab es ungefähr 10.000 Zivilgardisten. Die andere Territorialtruppe war eine Art Lumpenmiliz. Die Franzosen hatten sie aufgestellt, um die gemauerten Wachtürme und die von Erdwällen geschützten Außenposten zu besetzen, die sie während ihres Kolonialkriegs errichteten und die die Saigoner Regierung nun zu verteidigen versuchte. Die Miliz war in auf Distriktebene operierenden Gruppen und Zügen organisiert. Sie nannte sich »Dan Ve«, was soviel wie Selbstverteidigungskorps bedeutet. Von den US-Beratern wurde sie als Self-Defense Corps (SDC) bezeichnet. Das SDC war in den fünf Provinzen die zahlenmäßig stärkste (etwa 18.000 Mann) und zugleich am schlechtesten ausgerüstete Truppe. Die Milizionäre mußten sich mit Repetiergewehren begnügen, die ihnen die Franzosen überlassen hatten. Theoretisch war das SDC das Pendant zur frühen amerikanischen Dorf- und Stadtmiliz, denn seine Angehörigen wohnten im Einsatzgebiet und waren nicht uniformiert. Sie kleideten sich mit den gleichen pyjamaähnlichen Blusen und Hosen aus schwarzem Baumwollstoff, die die Bauern als Arbeitskleidung trugen. Es gab allerdings einen wesentlichen Unterschied zur frühen US-Miliz: Die Angehörigen des SDC, wie übrigens auch der Zivilgarde, kämpften für Sold.

Vann ging daran, die Ausbildungsmängel der Divisionseinheiten durch einen dreiwöchigen »Auffrischungskurs« zu beheben, der in einem alten, von Clay ausgebauten Trainingscamp der Miliz stattfand. Das Camp lag nicht weit vom Zentrum des Dorfes Tan Hiep entfernt, etwa zehn Kilometer nördlich an der Straße nach Saigon. Hier befand sich auch der Behelfsflugplatz von My Tho. Cao genehmigte, daß sämtliche neun Divisionsbataillone nacheinander den Kurs absolvierten. Sie sollten dann auch in ihren Heimatbasen Schieß- und Geländeübungen für Kleinkampfgruppen durchführen, wenn sie nicht gerade mit Außenoperationen beschäftigt waren. Clay hatte bereits Trainingskurse für die Territorialtruppen eingeführt. Um die Zivilgarde und die Miliz schneller auf Vordermann zu bringen, erhöhte Vann die Kurskapazitäten. Um die Fortschritte registrieren zu können, setzte er für jedes Divisionsbataillon und für die Territorialverbände der einzelnen Provinzen spezifische Trainings- und Operationsziele fest. Jeder Berater mußte eine »monatliche Kritik« — mit Kopie für sein vietnamesisches Pendant — vorlegen, in der beurteilt wurde, ob man die gesteckten Ziele erreicht hatte.

Cao war nicht besonders glücklich über eine weitere Forderung, die Vann und Porter vertraten und mit der Vann nun vorstellig wurde: Um eine Ausweitung der kommunistisch geführten Rebellion zu verhindern, mußte man dem Vietcong die nächtliche Bewegungsfreiheit nehmen. Cao setzte entweder eine starre Miene auf oder runzelte die Stirn, wenn Vann erklärte, warum ihre Truppen nach Einbruch der Dunkelheit auf Patrouille gehen oder Hinterhalte legen sollten. »Es ist gefährlich, sich nachts hinauszuwagen«, sagte er. Die meisten Provinzgouverneure betrachteten Nachteinsätze mit der gleichen Abneigung. Wie Cao selbst ließen auch sie ihre Einheiten nächtliche Patrouillen und Hinterhalte melden, um vor den Amerikanern Ruhe zu haben. Kein Mensch ging nachts wirklich hinaus, es sei denn bis zum nächsten Kanal, um am Ufer ein Schläfchen zu machen. Als alle Überredungskunst nicht half, handelte Vann nach dem Grundsatz »Jetzt erst recht«. Er ordnete an, daß alle in der Gefechtsausbildung tätigen amerikanischen Offiziere und Unteroffiziere mindestens einmal pro Woche nachts auf Patrouille gehen oder einen Hinterhalt legen mußten. Cao und die Provinzgouverneure hätten diese Anordnung ignorieren und Vann lächerlich machen können. Schließlich konnten sich die Berater ja nicht allein hinauswagen. Cao wußte aber, daß Porter in dieser Sache hinter Vann stand und daß auch Harkins gegenüber Diem wiederholt die Vorzüge nächtlicher Einsätze gepriesen hatte. Nachdem es im vergangenen November bei einem Versuch der Kennedy-Administration, ihn als Gegenleistung für die US-Intervention zu administrativen Reformen zu bewegen, zu einem Eklat gekommen war, hatte sich Diems Verhältnis zu den führenden US-Beamten gebessert. Die vom Präsidentenpalast ausgegebene Direktive lautete, den Amerikanern entgegenzukommen, wenn sich dies ohne Schaden tun ließ. Cao und die Provinzgouverneure willigten also ein, und man begann nun, wenn auch nur in begrenztem Ausmaß, regelmäßig Nachteinsätze durchzuführen. Vann ging mit gutem Beispiel voran und fuhr mindestens einmal, manchmal zweimal pro Woche zu einer jeweils anderen regulären oder territorialen Einheit, um an einer nächtlichen Operation teilzunehmen. Es machte ihm nichts aus, den Großteil der Nacht wachzubleiben.

Vann setzte sich über Caos Befürchtungen hinweg, man könne ihn töten oder gefangennehmen, und machte es sich zum Prinzip, mit etwa zwölf Mann starken Gruppen hinauszugehen. Vann wußte, daß es mit einer kleinen Einheit leichter war, in der Dunkelheit einen Hinterhalt zu legen; auch war dann die Gefahr geringer, selbst in einen zu geraten. Zu seinem Leidwesen gelang es nur selten, Partisanen auf diese Weise abzufangen. Wie Vann feststellen konnte, war das keineswegs auf mangelnde Feindbewegungen zurückzuführen. Mit dieser Armee, so teilte er Porter mit, hätten sie noch eine Menge Arbeit vor sich. Die vietnamesischen Soldaten, reguläre wie territoriale, fühlten sich dem Feind unterlegen. Sie hatten Angst, mit den Guerillas Mann gegen Mann zu kämpfen. Es fiel ihm auf, daß fast jedesmal, wenn sich auf dem Pfad etwas näherte, was sich wie ein Trupp Vietcong anhörte, einer der Soldaten den Hinterhalt durch Hüsteln, Klicken des Gewehrschlosses oder andere Geräusche verriet. Das geschah so oft, daß es kein Zufall sein konnte. Porter hatte ein solches Minderwertigkeitsgefühl befürchtet. Er war froh, daß die USA zum ersten Mal in diesem Krieg einen erfahrenen Infanterieoffizier im Einsatz hatten, der die Probleme richtig erkannte und selbst in vorderster Linie kämpfte. Um alle diese Probleme zu lösen, brauchte Porter Informationen, aber auch Verständnis. Durch Vann bekam er beides, denn Vann hatte Rang und Namen. Was er berichtete, konnten die Generäle und ihre Stabsoffiziere nicht als Phantasien eines grünschnäbligen Hauptmanns abtun.

Vann erfüllte sein Ziegler gegebenes Versprechen, jeder Einheit für die Dauer ihres Einsatzes einen amerikanischen Berater zuzuteilen. Die bei den Territorialverbänden tätigen Berater wurden nicht bestimmten Einheiten, sondern den verschiedenen Ausbildungszentren zugeordnet. Die an Einsätzen beteiligten Divisionsbataillone wurden gewöhnlich in zwei Kampfverbände unterteilt, so daß die Chance, auf Partisanen zu stoßen, größer wurde. Der den Bataillonskommandeur beratende US-Hauptmann konnte natürlich nicht bei beiden Verbänden zugleich sein. Vann löste das Problem, indem er vor jedem Einsatz nach Freiwilligen fragte. Er wollte mehr als die bloße Kontrolle über die Vietnamesen. Er war der Ansicht, daß die Saigoner Truppen sich angriffsfreudiger zeigen würden, wenn ihren Befehlshabern stets ein amerikanischer Offizier oder Unteroffizier zur Seite stünde, der ihnen Mut machte und ihnen bei ihren Entscheidungen half. Amerikanischer Elan, so hoffte er, würde sich als ansteckend erweisen.

Ansteckend wirkte John Vanns Elan innerhalb der Beratergruppe. Unter Clay war die Stimmung begeistert gewesen. Clay gehörte zur Sorte der mutigen, umsichtigen und fleißigen Offiziere, die von ihren Soldaten bewundert und geliebt werden. (Als Führer einer Panzereinheit gegen die Deutschen in Nordafrika und

Italien war er zweimal mit dem Silbernen Stern, dem dritthöchsten US-Orden, ausgezeichnet worden.) Unter Vann wurde diese positive Atmosphäre noch stärker aufgeladen. Wenn die Berater einige Tage unter brennender Sonne im Schlamm der Reisfelder verbracht hatten und erschöpft ins Seminar heimkehrten, dann hörten sie das schrille Krächzen der wohlbekannten Stimme:»Los, wo sind denn unsere Volleyballteams?« Er hatte sich weniger ausgeruht als alle anderen, aber nach ein paar Minuten hatte er sie alle im Hof draußen vor dem Netz versammelt. Wenn seine Mannschaft zu verlieren begann, zeterte er und schlug vor Enttäuschung und um die anderen anzustacheln mit der Faust gegen die Netzstange. Und immer wieder versuchte er, einen 1,80 m großen, 84 Kilo schweren Captain aus Hawaii im Springen zu übertreffen. Peter Kama, so hieß der Captain, sollte zehn Jahre später im Zentralen Hochland wieder unter Vanns Kommando kämpfen.

Trotz aller Probleme, die Vann und seine Abteilung bei ihren Bemühungen hatten, die Kampfkraft der Saigoner Truppen zu verbessern, war der Krieg 1962 noch ein Abenteuer — »die längsten Kriegsspiele, die wir je veranstaltet haben«, wie ein Offizier es ausdrückte. Die zahlreichen Gefahren und gelegentlichen Schießereien erzeugten den Reiz und die Spannung des Krieges, die Unannehmlichkeit des Sterbens war jedoch fast ausschließlich den Vietnamesen vorbehalten. Bis Ende Mai 1962, als Vann in My Tho eintraf, waren noch keine zwanzig Amerikaner gefallen. Von der Beraterabteilung der 7. Division hatte noch kein einziger das Pech gehabt, getötet zu werden. Die Älteren hofften, den Nervenkitzel vergangener Kriege wiederzufinden, die Jüngeren waren begierig, sich in ihrem ersten zu bewähren. Generalmajor Charles Timmes war der Leiter der ursprünglichen Military Assistance and Advisory Group (MAAG) in Südvietnam, die nun als ein untergeordnetes, für Ausbildungs- und Ausrüstungsprogramme verantwortliches Kommando fungierte. Timmes hatte sich sein Verdienstkreuz erworben, als er am 6. Juni 1944 an der Spitze eines Fallschirmjägerbataillons über der Normandie absprang. Er gab die allgemeine Einstellung wieder, als er im Seminar einmal aufmunternd meinte: »Ein großartiger Krieg ist das zwar nicht, aber der einzige, den wir haben, also genießt ihn.«

Aus Timmes' Bemerkung ging jedoch mehr als die bloße Freude am Abenteuer hervor. Diese Männer waren Berufssoldaten in einer Armee, die unter Präsident Eisenhowers Strategie der »massiven Vergeltung« acht Jahre lang ihre Ungeduld hatte bezähmen müssen. Die ihr gestellten Aufgaben schienen sich darauf zu beschränken, den radioaktiven Trümmerhaufen Osteuropas, Rußlands und Chinas zu besetzen, nachdem Luftwaffe und Marine ihre Flugzeuge und Raketen zu einem thermonuklearen Holocaust losgelassen und so den Dritten Weltkrieg gewonnen hatten. Entsprechend gering war der für sie vorgesehene Anteil am Verteidigungsbudget gewesen. Die Armee war zu einer Bettlerin geworden. Nun aber hatte sie in John Kennedy einen Präsidenten, der darauf bedacht war, aus »dem

Schwert ... ein wirksames Instrument der Außenpolitik zu machen«, wie sein militärischer Mentor, der berühmte General Maxwell Taylor, es ausdrückte. Kennedy wünschte Streitkräfte, die es ihm ermöglichten, jeden zur Durchsetzung seiner Politik nötigen Grad von Gewalt anzuwenden, wo immer die USA herausgefordert wurden. Er betrachtete eine auf den neuesten Stand der Technik gebrachte Armee als wichtigstes Mittel, um das Schwert im Rahmen seiner Strategie der »abgestuften Antwort« zu führen. Taylor hatte diesen Ausdruck geprägt, um die scheinbare Rationalität dieses Ansatzes gegenüber der Irrationalität von Eisenhowers »massivem Gegenschlag« zu unterstreichen. Dieses Strategiekonzept war die logische Folge von Taylors Doktrin des »begrenzten Krieges«. Taylor war 1959 als Generalstabschef der Armee in den Ruhestand getreten und hatte seine Doktrin in einem vielgepriesenen Buch mit dem Titel »The Uncertain Trumpet« propagiert. Kennedy hatte Taylors Vorstellungen begeistert aufgenommen und 1960 für seinen Wahlfeldzug ausgeschlachtet. Nach seiner Wahl zum Präsidenten hatte er die Doktrin unter Taylors zugkräftigem Namen zur offiziellen Strategie der USA erhoben und Taylor zum militärischen Ratgeber des Weißen Hauses ernannt.

Der neue amerikanische Präsident und seine Umgebung sahen in dem Aufstand, den Vann im nördlichen Mekong-Delta niederschlagen wollte, die hinterhältigste Form von Herausforderung, die sich die Kommunisten bisher hatten einfallen lassen. Fidel Castro war in Kuba durch einen Guerillakrieg an die Macht gekommen, ähnliche Konflikte erwartete man auch in anderen Teilen der sogenannten Dritten Welt, in den armen Ländern Asiens, Afrikas und Lateinamerikas. Aus diesem Grund hatte Kennedy die Armee beauftragt, Vietnam als Laboratorium zu benutzen, in dem man Methoden der Guerillabekämpfung entwickelte. Das Pentagon bezeichnete diese Mission als COIN (die Abkürzung von »counterinsurgency«). In Moskau hatte der damalige sowjetische Diktator Nikita Chruschtschow im Januar 1961 bei einem Parteikongreß den Guerillakrieg als Strategie angekündigt. Er erklärte, die Sowjetunion würde einen Atomkrieg mit den USA vermeiden, jedoch »Befreiungskriege und Volkserhebungen« in den armen Ländern der Dritten Welt unterstützen. In ähnlicher Weise hatten sich die Chinesen geäußert. Kennedy bezeichnete solche Revolutionen als »subversive Kriege und verdeckte Aggressionen«. Der Konflikt in Vietnam sollte nicht bloß zeigen, daß der von Taylor propagierte begrenzte Krieg, bei dem die Armee eine so wichtige Rolle zu spielen hatte, wirklich machbar war. Vietnam stellte einen Testfall dar. Hier fiel sozusagen die Vorentscheidung darüber, ob die »Freie Welt« oder der »Kommunismus« obsiegen würde.

In den frühen sechziger Jahren schenkte man in den USA der Feindschaft zwischen China und der Sowjetunion und den Rissen im Block des sogenannten »Internationalen Kommunismus« kaum Beachtung. Dabei waren die Spannungen zwischen Moskau und Peking schon seit geraumer Zeit offenkundig und wurden immer stärker. Schon im Sommer 1960 hatte Chruschtschow sämtliche Hilfe an China eingestellt und Tausende von sowjetischen Technikern heimgerufen, die dort an Entwicklungsprojekten gearbeitet hatten. Was 1948 Jugoslawiens Bruch mit Moskau gezeigt hatte, nämlich daß eine nationalistische Bewegung von einheimischen Kommunisten angeführt werden konnte, darüber dachte man in Amerika nicht ernstlich nach. Für Vann und die Amerikaner seiner Zeit bestand die Erdkugel aus einer dunklen und einer hellen Hälfte. Ihr Denken war ideologisch geprägt, und diese Sicht der Welt kam ihrer Ideologie entgegen und verstärkte sie. Diese Sehweise spiegelte sich auch in den Unbedenklichkeitsbescheinigungen der Armee wider: Sämtliche kommunistischen Länder waren darin pauschal als »sowjetisch-chinesischer Block« bezeichnet.

Obwohl die anderen Berater auf diesem Kreuzzugsabenteuer nicht ganz soviel Selbstsicherheit an den Tag legten wie Vann, waren sie doch alle recht überzeugt von sich. Die Captains waren ein Haufen stolzer Hähne. Die meisten trugen auf ihrer Bluse das Fallschirmspringerabzeichen und die goldenen Lettern der Ranger. Einen typischen Fall stellte Ziegler dar. Er war zwei Jahre Ausbilder an der Rangerschule in Fort Benning gewesen, als man ihm eines Tages mitteilte, die Personalabteilung der Armee im Pentagon habe soeben 150 verdiente Hauptleute als Militärberater für Vietnam ausgewählt, darunter auch ihn. Der Sohn eines Handelsvertreters war der Star des Footballteams der Oberschule von East Greenville in Pennsylvania gewesen. Er war dann nach West Point gegangen, weil er, wie er sich erinnerte, im Footballteam von West Point »ein großer Fisch in einem großen Teich« sein wollte und seine Ausbildung nichts kosten durfte. Zwei berühmten Trainern jener Zeit, Earl »Red« Blaik und Vince Lombardi, hatte die Gewandtheit, mit der dieses Muskelpaket seinen 1,80 m großen Körper bewegte, so imponiert, daß sie ihn gleich nach dem ersten Jahr zu einer der Säulen des Teams machten.

Einen Führer mit Vanns Charisma zu haben machte diese Männer noch selbstsicherer und verlieh ihrem Abenteuer eine besondere Würze. Soldaten respektieren ihren Anführer, wenn er kompetent ist. Sie bewundern ihn, wenn er neben seiner Kompetenz auch Mut besitzt. Wenn dieser Kriegsexperte und verwegene Anführer aber noch dazu bereit ist, sein eigenes Leben aufs Spiel zu setzen, dann umgibt ihn ein Nimbus. Vorsichtige Offiziere schütteln ob solcher Risikofreude den Kopf und verurteilen sie als Halsbrecherei, was sie oft tatsächlich ist. Aber sie bewundern sie insgeheim und wünschen sich, sie hätten ebensoviel Vertrauen in ihr Glück und ebensoviel Ausstrahlung. Vanns Glück war so verläßlich, daß man es als das »Vann-Glück« bezeichnete.

Vann wußte, welche Nebenstraßen der Vietcong aufgegraben hatte und welche noch befahrbar waren. Er erforschte sie auf seinen häufigen Fahrten zu den Distrikthauptstädten, Außenposten und Weilern. Üblicherweise überwachten die Amerikaner Straßen vom Hubschrauber oder Aufklärungsflugzeug aus. Das war sicherer, denn am Himmel gab es weder Minen noch Hinterhalte. Vann erklärte, daß die Überwachung aus der Luft nicht wirksam genug sei. Um herauszufinden, wieviel von den Landgebieten bereits vom Vietcong kontrolliert wurde, mußte man auf der Erde unten sein. »Zum Teufel, ihr könnt diese Straßen mit einer 95prozentigen Überlebenschance befahren, ihr müßt bloß euren Kopf gebrauchen«, pflegte er mit seinem Hang zu Statistiken zu sagen. Er vermied es, mehrmals das gleiche zu tun, und trachtete, für den Rückweg eine andere Route zu wählen. Er verweilte nie zu lange an demselben Ort, um den Guerillas in der Gegend nicht die Zeit zu lassen, ihm zu folgen oder auf seiner Straße einen Hinterhalt zu legen. Er lehnte es strikt ab, sich von einem verstärkten Zug begleiten zu lassen, der als die unumgängliche Eskorte angesehen wurde. Eine Eskorte hätte ihn am raschen Fortkommen gehindert. Er fuhr sehr schnell und steuerte das Fahrzeug stets selbst. Den ihm von Cao als Fahrer zugeteilten ARVN-Soldaten ließ er mit einem Karabiner auf dem Rücksitz Platz nehmen. Würde ein vietnamesischer Fahrer bei einem Überfall verwundet oder verlor er die Nerven, dann könnte er vielleicht anhalten. Vann wollte diese Möglichkeit ausschließen, denn er war überzeugt, daß die Rettung in der Bewegung lag, und war entschlossen, niemals in Gefangenschaft zu geraten.

Porter versuchte nicht, ihn zurückzuhalten. Hätte er ihm befohlen, Risiken zu vermeiden, so wäre Vann sie trotzdem eingegangen, ohne ihn zu informieren. Aufgrund von Vanns nächtlichen Patrouillen erhielt Porter Informationen, die er sonst nie von jemandem bekommen hätte, dem er aufgrund seiner Erfahrung vertrauen konnte. Statt zu versuchen, Vann davon abzuhalten, neckte er ihn bei seinen Visiten im Seminar wegen seiner Waghalsigkeit. Wenn er von Vann eingeladen wurde, mit ihm zu einem bestimmten Ort zu fahren, fragte er: »Ist das wieder einer von Ihren Selbstmordtrips?«

Die Berater im Seminar freuten sich immer auf den Streich, den Vann Stabsoffizieren spielte, die aus Saigon herunterkamen, um »den Krieg kennenzulernen«. Solche Besucher nannte man spöttisch »Saigonkommandos« oder »Riemenhänger«, ein Slangwort für »Überzählige«, das eigentlich Fahrgäste bezeichnet, die im Bus oder in der U-Bahn nur einen Stehplatz bekommen und sich dann an die Halteriemen klammern, um nicht das Gleichgewicht zu verlieren. Der Stabsoffizier erschien gewöhnlich in voller Kampfausrüstung mit breitrandigem Buschhut und Jagdmesser am Hosenbein und kündigte an, daß er sich mit den Briefings im Seminar nicht begnügen werde, sondern entschlossen sei, »dorthin zu gehen, wo was los ist«. Dann lächelte Vann und sagte, daß sich in einer nahegelegenen Provinz bald etwas tun werde. Er trug dem Besucher auf, am nächsten Morgen um 4.30 Uhr marschbereit zu sein, um gleich bei einer »kleinen Erkundungsfahrt« mitzumachen, die sie ins Einsatzgebiet führen werde.

Um 4.20 Uhr, wenn der Stabsoffizier noch in einem der für die ranghöheren Offiziere bestimmten Schlafräume im ersten Stock oben seine Stiefel schnürte, hatte Vann schon seinen Kaffee getrunken und wartete unten an der Treppe, von wo er ihn laut zur Eile antrieb. »So, wir sind fertig zum Abmarsch«, rief er, »bewegen Sie Ihren Hintern herunter!« Während er den Riemenhänger dann mit einer Stablampe durch den dunklen Hof zum Jeep führte, erklärte er ihm, sie würden zunächst einmal »die Sicherheit« auf der Straße nach Ben Tre »überprüfen«, der nächsten Provinzhauptstadt, die etwa 16 km weiter südlich lag. Von dort aus sollte es zum Ort des Geschehens gehen. Er kletterte in den Jeep, setzte sich hinters Steuer und legte vorsichtig eines der neuen Schnellfeuergewehre des Typs Armalite sowie ein paar Handgranaten neben den Fahrersitz, um sie gleich bei der Hand zu haben. Währenddessen instruierte er den Stabsoffizier, sich totzustellen, falls sie in einen Hinterhalt gerieten und der Mann das Glück haben sollte, nur verwundet zu werden. Die Partisanen hätten nämlich die Gewohnheit, marschunfähige Verwundete durch einen Schuß in den Hinterkopf zu erledigen. Dann ließ er den Motor aufheulen, brüllte der vietnamesischen Wache zu, das Tor zu öffnen, und auf ging es nach Ben Tre.

Der Stabsoffizier hatte sich vorgestellt, sie würden eine Gruppe oder einen Zug ARVN-Soldaten als Eskorte haben oder wenigstens in Begleitung eines zweiten Jeeps mit US-Beratern fahren. Nun saß er in diesem einsamen Fahrzeug und sah das schwarze Laubwerk an sich vorbeirauschen, durch das nur hier und dort das zittrige Licht einer Kerze oder Kerosenlampe aus einem Bauernhaus leuchtete. Und dieser wilde Mann hinter dem Lenkrad brüllte ihm durch den Fahrtwind zu, er möge doch, falls sie in eine Straßensperre der Vietcong fuhren, mit seinem Gewehr gleich das Feuer eröffnen, denn er, Vann, würde dann einfach durchpreschen. Er habe nämlich nicht die Absicht, lebend in ihre Hände zu fallen, um dann wie ein Affe in einem Käfig ausgestellt zu werden. Auf dem Weg nach Ben Tre war auch eine Flußfähre, was die Nerven des Besuchers noch zusätzlich strapazierte. Die Stelle wurde bewacht, und die Vietnamesen auf dem Fährschiff waren harmlose Reisende oder Bauern unterwegs zum Markt in die Stadt. Doch der Besucher bemerkte die Wachen nicht, und wahrscheinlich hatte er auch noch nie inmitten eine Schar vietnamesischer Bauern gestanden. Diese Erlebnisse reichten dann gewöhnlich aus, um den Stabsoffizier zu der Erkenntnis kommen zu lassen, daß es für ihn besser sei, in Ben Tre zu bleiben, bis ihn der nächste Hubschrauber wieder nach Saigon zurückbrachte. Entpuppte er sich jedoch als Geistesverwandter, der über diesen Initiationsritus nur lachte, so war er beim nächsten Besuch im Seminar herzlich willkommen. Im Grunde war dieser Trip im Morgengrauen nicht ungefährlich. Vann war zwar zu dem Schluß gekommen, daß die Partisanen an den Straßensperren um halb fünf schon heimgegangen waren, um zu schlafen. Er wurde jedoch einige Male von wohl länger wachgebliebenen Heckenschützen beschossen.

Major Herbert Prevost war unter den Beratern der Mann, der Gefahren offenbar ebenso liebte wie Vann; sein Glück schien gleichermaßen unglaublich. Er verkörperte die Sehnsucht nach den Aufregungen vergangener Kriege. Prevost, ein

38jähriger Pilot mit einem Spitzbubengesicht, war bei der 7. Division als Verbindungsoffizier der Air Force tätig. Mochte die US-Luftwaffe als Institution beschlossen haben, es sei das strategische Bombardement das richtige Mittel, um Kriege zu gewinnen, Herb Prevost blieb Individualist. Er war dem Kleinflugzeug treu geblieben und führte seine Kriege gerne auf persönliche Art. Im Zweiten Weltkrieg hatte er es geschafft, daß ihm mehrere P-47-Thunderbolt zerschossen wurden, während er Einsätze gegen deutsche Einheiten flog, die den Vormarsch alliierter Kampfverbände aufzuhalten versuchten. Sein Verdienstkreuz bekam er an dem Tag, an dem er zusammen mit einer anderen P-47 seines Geschwaders ein Rudel deutscher Panzer attackierte, die, in einem Wald versteckt, einer amerikanischen Marschkolonne auflauerten. Sein Flügelmann wurde dabei durch das MG-Feuer der Panzer abgeschossen und getötet. Prevosts Flugzeug erhielt so viele Treffer, daß er gerade noch den Heimflug schaffte und die Mechaniker beschlossen, es zu verschrotten. Die Jagdbomber hatten eine neuartige Waffe eingesetzt, sogenannte Napalmbomben. Die Besatzungen von fünf deutschen Panzern waren verbrannt, der Hinterhalt war vereitelt worden.

In Vietnam schien Prevost zahm geworden zu sein. Die Air Force hatte ihm ihr kleinstes Flugzeug zur Verfügung gestellt, einen Aufklärer vom Typ Cessna, den man auch als L-19 (oder O-1) »Bird Dog« bezeichnete. Es handelte sich um einen einmotorigen Zweisitzer. Auf dem Vordersitz saß der Pilot, auf dem Rücksitz der Beobachter. Die L-19 besaß keine Bordwaffen. Prevosts Aufgabe war es, Jagdbombereinsätze und Versorgungsflüge für die 7. Division und die Territorialtruppen der fünf Provinzen mit der 2. Luftwaffen-Division in Saigon zu koordinieren, die die Air-Force-Komponente in General Harkins' Oberkommando bildete. Man hatte ihm die Cessna gegeben, damit er mit den drei Captains von der Luftwaffe, die in den Provinzen tätig waren, in Kontakt bleiben konnte.

Prevost war ein Gladiator der Lüfte, dem es nicht an Ideen mangelte. Er überredete Vann, ihm zwei von den neuen, leichtgewichtigen Armalite-Gewehren zu überlassen, die offiziell als AR-15 bezeichnet und später unter dem Namen M-16 zur Standardwaffe der US-Infanterie wurden. Die Armee erprobte diese Gewehre und hatte sie auch an eine Kompanie der 7. Division ausgegeben, um zu sehen, wie diese Waffe den Soldaten gefiel und ob sie sich im Kampf gegen die Partisanen bewährte. (Das Armalite ließ sich von voll- auf halbautomatische Schußfolge umstellen. Es verschoß wesentlich kleinere Projektile, und das mit weit höherer Geschwindigkeit als das ältere Modell M-1, dessen Kaliber 0,30 Zoll betrug. Die hohe Geschwindigkeit dieser Geschosse verursachte böse, wenn nicht tödliche Verwundungen.) Prevost befestigte die beiden Gewehre an den Stützstreben unter den Flügeln der Cessna und bastelte eine Vorrichtung aus Draht, mit der er von seinem Sitz aus den Abzug betätigen und die Partisanen unter Beschuß nehmen konnte. Als Bomben benutzte er Handgranaten, die er durchs Fenster auf die Vietcong schleuderte. Gelegentlich warf er sogar 20pfündige Splitterbomben ab, wenn es ihm gelungen war, sich welche zu beschaffen. Er nutzte dazu seine guten Beziehungen zu den Angehörigen einer Fliegerstaffel, die von Bien Hoa aus operierte, einer 24 km nördlich von Saigon gelegenen, ehemals französischen Luftwaffenbasis.

Herb Prevosts Bombenlieferanten bezeichneten ihre Staffel mit dem inoffiziellen Codenamen »Jungle Jim«. (Der offizielle Deckname lautete »Farm Gate«, eine galgenhumorige Anspielung auf den im Zweiten Weltkrieg üblichen Ausdruck für die Reise ins Jenseits »Er hat die Farm gekauft«.) Die Staffel war mit Propellerflugzeugen aus dem Zweiten Weltkrieg und dem Koreakrieg ausgerüstet. Es handelte sich um zweimotorige A-26-Invader, die für Bombenangriffe aus geringer Höhe ausgelegt und zusätzlich mit sechs bis zehn 0,50-Zoll-MGs bestückt waren, sowie um zu Jagdbombern umgerüstete Schulflugzeuge des Typs Trojan T-28. Diese verfügten ebenfalls über 0,50-MGs und hatten an den Flügeln Halterungen für Bomben, Raketen und Napalmkanister. Obwohl es Flugzeuge der US-Luftwaffe waren, hatte man sie mit den Hoheitszeichen der Vietnamese Air Force bemalt, die von den Amerikanern aufgrund der Abkürzung VNAF als »Veenaf« bezeichnet wurde. Dieses Übermalen war nicht allzu schwierig. Aus Respekt vor ihrem neuen Schirmherrn hatte die VNAF ihre von den Franzosen übernommene Kennzeichnung, auf den Rumpf gemalte Kokarden in den Nationalfarben, aufgegeben und von der US-Luftwaffe den weißen Stern im blauen Kreis übernommen. Während sich dieser auf den amerikanischen Militärflugzeugen von roten, weißen und blauen Streifen abhob, waren die Streifen bei der VNAF den Farben der Saigoner Regierung entsprechend rot und gelb. Ein bißchen rote und gelbe Farbe, und schon waren die Flugzeuge der Staffel vietnamesisch. Ihre Piloten starteten auch nie ohne einen rangniederen Offizier oder Unteroffizier der VNAF auf dem Rücksitz. Wenn eine dieser Maschinen abstürzte oder abgeschossen wurde, konnte die Kennedy-Administration behaupten, und das tat sie im gegebenen Fall auch, daß die amerikanischen Piloten lediglich »Ausbildungsflüge im Kampfgebiet beaufsichtigten«. Andere US-Piloten waren direkt zur VNAF abkommandiert und hatten die Aufgabe, die Saigoner Flieger im Umgang mit ihren Jagdbombern auszubilden. Es handelte sich um T-28- und AD-6- (oder A-1-) Skyraider, Marineflugzeuge aus dem Koreakrieg. Die amerikanischen Ausbilder fungierten als Zusatzpiloten bei Luftangriffen auf Partisanen, wobei stets ein Vietnamese auf dem Rücksitz saß. Dem kleinen ausländischen Pressekorps war es nicht gestattet, die Basis in Bien Hoa zu betreten und aus eigener Anschauung zu berichten, wie die Dinge liefen.

Wenn Prevost im Befehlsstand nicht gerade unabkömmlich war, nämlich in der heißen Phase der Operationen, in der er die Luftunterstützung für die Division koordinieren mußte, dann setzte er sich am liebsten mit Vann, Ziegler oder Jim Drummond, dem Nachrichtenoffizier, in seinen Miniaturjagdbomber und unternahm mit ihnen Aufklärungsflüge. Für solche Flüge konnte die Abteilung zwar aus Tan Son Nhut Armeepiloten anfordern, die unbewaffnete Beobachtungsflugzeuge des Typs T-19 flogen, doch Prevost bot sich als bereitwillige Alternative an, die, wenn verfügbar, stets bevorzugt wurde. Vann flog gerne in geringer Höhe, um die Gegend genauestens beobachten zu können. Prevost genoß es, noch tiefer hinunterzugehen. Er mähte sozusagen den Reishalmen die Spitzen ab, bis er wieder über eine Baumreihe hüpfen mußte. Monate später wurde Prevost versetzt. Der Luftwaffenoffizier, der ihn ablöste, war noch neu in Vietnam. Er fragte Vann, ob Major Prevost auch immer auf 500 m geflogen sei, einer Flughöhe, in der man vor Beschuß aus leichten Waffen einigermaßen sicher war. »Wenn man alle seine Flüge zusammenrechnet, so hat es Major Prevost in seiner gesamten Dienstzeit hier nicht auf 500 m Höhe gebracht«, antwortete Vann.

Diese Abenteuerstimmung wurde noch durch die Zuneigung verstärkt, die viele von den Beratern zu den Vietnamesen entwickelten, zu deren Nutzen sie hier zu kämpfen glaubten. Die als Bataillonsberater eingesetzten Hauptleute lebten bei den Bataillonen in den Lagern, begleiteten sie auf ihren Märschen, aßen vietnamesische Kost und akzeptierten die Lebensbedingungen der ARVN-Offiziere, denen sie beistehen sollten. Das gleiche taten die Unteroffiziere, die die Soldaten im Umgang mit den Waffen schulten. Die Berater der Zivilgarde und der Miliz wohnten in der Nähe der Ausbildungslager und begleiteten ihre Truppen auf ihren täglichen Einsätzen gegen den Vietcong. Das gemeinsame Erleben ließ bei den Amerikanern ein Gefühl der Sympathie entstehen.

Die vietnamesischen Soldaten zogen die Amerikaner aus Neugierde am Unterarm an den Haaren, denn sie selbst waren unbehaart und glatt. Sie bettelten um Zigaretten; sie kicherten, wenn ein Amerikaner vor dem starkriechenden *nuoc mam* zurückschauderte, der Fischölsoße, die von den Vietnamesen als Gewürz verwendet wird und ihre Speisen mit konzentriertem Protein anreichert; und sie lachten, wenn einer dieser riesigen Fremdlinge das Gleichgewicht verlor und von einem der Palmenstämme fiel, die den Bauern als Stege über die Kanäle dienten.

Vann faßte eine besondere Zuneigung zu den gemeinen Soldaten, die, gleich ob Reguläre oder Milizangehörige, Bauern waren wie ihre Gegenspieler, die Partisanen. Vielleicht war auch die Tatsache, daß er schmächtig und nicht wesentlich größer war als sie, ein Grund dafür, daß er Sympathie für sie empfand. Bei einer Durchschnittsgröße von 1,55 m war den Vietnamesen die amerikanische Ausrüstung zu groß und hatte zu viel Gewicht. Ihre Gesichter waren unter den Helmen kaum zu sehen; das halbautomatische Armeegewehr M-1 war mit fast 4,5 kg zu schwer für sie, sein Schaft zu lang für ihre Arme; auch das leichte Browning-MG hatte mit mehr als 7 kg zu viel Gewicht für Leute, die es den ganzen Tag mit sich herumschleppen mußten und selbst nur 48 kg wogen. Was Vann an ihnen am meisten bewunderte, war ihre Fröhlichkeit und Ausdauer. Ihre äußere Erscheinung war genauso trügerisch wie ihr Land. Trotz ihres schmächtigen Wuchses waren sie stark, denn die Ernährung war für asiatische Verhältnisse sehr gut. Ihre Stärke war bloß nicht sichtbar, denn unter dem amerikanischen Drillich verschwanden die drahtigen Körper. Als Bauernsöhne aufgewachsen, waren sie an Plackerei gewöhnt und klagten auf den langen Hitzemärschen nie. Sie lachten und scherzten, und wenn sie verwundet waren, schrien sie nicht und ließen sich nicht gehen. Das stoische Ertragen von Schmerzen schien zu ihrer Kultur zu gehören. Sie lagen bewegungslos da und stöhnten leise vor sich hin oder bissen die Zähne zusammen. Vann kam zu der Ansicht, daß man aus ihnen gute Soldaten machen konnte, die es verdienten, den Krieg zu gewinnen, anstatt sinnlos verheizt zu werden.

Da Vann während seines ersten Vietnamjahrs die Lösung des Konflikts vor allem als ein militärisches Problem sah, konzentrierte er sich auf die Aufgabe, die er und Porter gleich zu Beginn als vordringlich erkannt hatten: mit Hilfe von Hubschraubern Überaschungsangriffe durchzuführen, um die wichtigsten Kampfverbände des Vietcong zu vernichten. Diese Verbände waren auf kommunistischer Seite das Pendant zu ARVN und Zivilgarde. Sie bestanden aus Elitebataillonen – von den Kommunisten als »Hauptmacht«, von den Amerikanern als »Reguläre« oder »harter Kern« bezeichnet – und den Provinzbataillonen und -kompanien, die man »Regionale« nannte. Ein Bataillon der Hauptmacht zählte zu dieser Zeit 250 bis 300 Mann. Es war für ein Gebiet zuständig, das zwei bis drei Provinzen umfaßte. Die Regionalen hingegen operierten nur in ihrer Heimatprovinz. Die US-Berater neigten dazu, beide Kategorien in einen Topf zu werfen, und bezeichneten alle zusammen als *hard hats* aufgrund ihrer an Schildkrötenpanzer erinnernden Helme. Es handelte sich um eine Nachbildung der Tropenhelme, wie sie von den Franzosen in Indochina getragen wurden und wie man sie noch im Fernsehen sieht, in Filmen mit Kipling-Atmosphäre, die in Britisch-Indien spielen. Die Helme der Vietcong bestanden aus einem Bambusrahmen, der mit grünem Leinen oder Plastik überzogen war. Sowohl die Angehörigen der Hauptmacht als auch die Regionalen waren Vollzeitsoldaten. Ihre Uniformen, von ihren Familien oder von Frauen sympathisierender Bauern aus Stoffen gefertigt, die man auf dem nächsten Markt kaufen konnte, waren in diesen ersten Jahren nicht ganz einheitlich. Gewöhnlich kämpften sie im schwarzen *ao baba* der Bauern oder in einer leichten Khakiuniform. Die Regulären trugen manchmal auch einen grünen Kampfanzug. Die Paradeuniform der Vietcong, die die Partisanen für eventuelle Zeremonien im Rucksack mittrugen, war hingegen bei allen mehr oder minder gleich: Hemd und Hose aus dunkelblauem Stoff, der überall in den Landstädten zu kaufen war. Die Hauptmacht besaß die größte Kampfkraft und war politisch am stärksten motiviert. Sie erhielt die besten Beutewaffen. Alle ihre Offiziere und die meisten Unteroffiziere waren Mitglieder der Partei und wurden Kader genannt. (Als Kader bezeichneten die vietnamesischen Kommunisten jeden, der in leitender Position tätig war, gleich ob es sich um Offiziere, Unteroffiziere, Verwaltungsbeamte oder Fachleute wie medizinisches Personal handelte.) Einige der Provinzbataillone besaßen praktisch die gleiche Kampfkraft wie die Bataillone der Hauptmacht.

Soweit Jim Drummond dies aufgrund der ihm vorliegenden Informationen einschätzen konnte, operierten in den fünf Provinzen des Divisionsabschnitts etwa 2000 reguläre Vietcong und ungefähr 3000 regionale Guerillas. Nach Lage der Dinge zu urteilen, hatte die Strategie der Kommunisten Erfolg. Die Partisanen erbeuteten eine wachsende Anzahl von Waffen, die es ihnen ermöglichten, immer zahlreichere und schwerere Angriffe durchzuführen. Die Saigoner Zivilgarde und die Miliz wurden dadurch immer mehr eingeschüchtert. Sie blieben in der Nähe ihrer Außenposten und Distrikthauptstädte, wodurch die Landbevölkerung immer stärker unter den Einfluß der Guerillas geriet. Der schnellste Weg, diese Entwicklung zum Stillstand zu bringen, bestand für Vann darin, dem Speer die Spitze abzubrechen. Zerschlug man die regulären und regionalen Partisaneneinheiten, so würden die Kommunisten nicht mehr in der Lage sein, die großen Truppenverbände zusammenzuziehen, die sie brauchten, um in großangelegten Hinterhalten Lkw-Konvois oder Saigoner Territorialtruppen aufzulauern, die tagsüber durchs Land marschierten, um die Autorität des Regimes zu demonstrieren. Den Vietcong würde es nicht mehr möglich sein, mit gewohnter Leichtigkeit nachts Außenposten zu überrennen. Die Landgebiete würden wieder sicher werden und die Entwicklung in Richtung auf eine dauernde Befriedung würde beginnen können. »Sicherheit, das sind vielleicht 10 Prozent des Problems, vielleicht auch 90 Prozent, aber wie auch immer, es sind die ersten 10 Prozent oder die ersten 90 Prozent«, erklärte Vann. »Ohne Sicherheit wird nichts von dem, was wir unternehmen, von Dauer sein.«

War der Prozeß der Dezimierung der Hauptmacht und der regionalen Guerillaverbände erst einmal in Schwung gekommen, so würde sich die militärische Lage zum Nachteil der Vietcong verändern. Vanns Schluß basierte auf einer Überzeugung, die er mit praktisch allen damals in Vietnam tätigen Amerikanern teilte, nämlich, daß die vietnamesischen Bauern von Natur aus apolitisch waren. Die Tatsache, daß die Landbevölkerung mit dem Vietcong offenbar sympathisierte oder sich neutral verhielt, wurde im Denken der Amerikaner keineswegs als Ausdruck eines politischen Werturteils angesehen: Den Bauern fehlte es, so meinten sie, ganz einfach an der nötigen politischen Bildung, um zu einem solchen Urteil zu kommen. Abgesehen von einer Minderheit, die mit örtlichen Vertretern des Saigoner Regimes besondere Probleme hatte, folgten die Bauern einfach der Partei, die in ihrem Gebiet gerade die stärkere war. Vann vertrat diese Meinung mit besonderer Überzeugung. Bei den Operationen mit den Rangern in Korea hatte er feststellen können, daß die von ihm befragten Bauern keinerlei politische Wertmaßstäbe besaßen. Es sah ganz so aus, als ob sie sich nach der jeweils herrschenden Partei richteten. Was asiatische Bauern vor allem wollten, das stand für ihn fest, war die Möglichkeit, in Frieden und Sicherheit ihre Felder zu bestellen. Es war ihnen gleichgültig, ob die Leute, die über Gesetz und Ordnung bestimmten, Kommunisten oder Kapitalisten waren.

Wenn die Bauern sahen, wie die Partisaneneinheiten eine nach der anderen vernichtet wurden, dann würden sie begreifen, daß die Kommunisten nie gewinnen konnten. Wenn das Saigoner Regime ihre Interessen berücksichtigte, dann würden sie sich bald diesem Regime zuwenden. Immer mehr Bauern würden sich gesprächsbereit zeigen, und dadurch würde sich auch die Nachrichtenlage verbessern. Es würde dann leichter sein, die noch intakten Kampfeinheiten des Vietcong zu stellen und aufzureiben. Die Kommunisten würden aber auch die breite Basis ihrer Streitmacht verlieren: die bodenständigen Partisanen in den Dörfern und Weilern. (Das vietnamesische Dorf ist keine geschlossene Ortschaft, sondern besteht aus einer Gruppe von Weilern. In einem davon hat die Dorfverwaltung ihre Amtsräume. Die Vorsteher der einzelnen Weiler und ihre Helfer führen die Beschlüsse der Dorfverwaltung aus.) Diese bodenständigen Freischärler wurden vom Vietcong als Guerilla-Volksarmee bezeichnet. Sie waren Teilzeitsoldaten: Tagsüber arbeiteten sie als Bauern, nachts kämpften sie auf Befehl von oben, oder weil sie gerade Lust dazu verspürten. Drummond schätzte die Gesamtzahl der örtlichen Guerillas im Divisionsabschnitt auf etwa 10.000 Mann. Der Hauptmacht, den Provinzverbänden und der kommunistischen Untergrundverwaltung leisteten sie unschätzbare Dienste. Sie waren ein riesiges Potential, aus dem die höherrangigen Streitkräfte ihre Rekruten bezogen; sie bildeten ein allgegenwärtiges Nachrichtennetz, ein Reservoir an ortskundigen Führern und Kundschaftern, die das Terrain und die Einstellung ihrer Nachbarn sowie der Milizionäre im nächstgelegenen Saigoner Außenposten kannten; und sie stellten eine riesige Schar von Trägern, die während der Gefechte Munition herbeischafften oder Tote und Verwundete wegtrugen. Sie waren der verlängerte Arm der kommunistischen Untergrundverwaltung, deren Wünsche sie bei den Bauern durchsetzten.

Diese bodenständigen Teilzeitpartisanen würden, so folgerte Vann, nach und nach Ruhe geben und wieder friedliche Vollzeitbauern werden. Mit amerikanischer Hilfe würden die Saigoner Behörden dann allmählich die kommunistischen Agenten identifizieren und verhaften, die diesen ganzen Aufstand angezettelt hatten und auf deren Anordnung hin die Bauern Tag für Tag zur Unterstützung der Kampfverbände antreten mußten. Die wirtschaftliche und soziale Hilfe der USA würde ein zusätzliches Mittel darstellen, die Bauern wieder zurückzugewinnen. Man würde für sie Brunnen bohren, deren Trinkwasser einwandfrei war, man würde sie im Bau von Latrinen auf festem Boden unterweisen, um sie von Parasiten und Darmkrankheiten zu befreien. Sie würden ambulante medizinische Betreuung bekommen, Grundschulen zur Bekämpfung des Analphabetentums und fette Yorkshire-Schweine statt der mageren einheimischen Rasse; durch besseres Saatgut und Kunstdünger würden sie höhere Reiserträge erzielen. Vann schätzte, man werde wahrscheinlich zehn Jahre brauchen, um in den ländlichen Gebieten eine gesunde und effizient verwaltete Gesellschaft zufriedener Bauern zu schaffen, die gegen kommunistische Aufwiegelungsversuche immun sein würde. Er selbst werde wohl nicht mehr als ein halbes Jahr benötigen, um die Hauptmacht und die Regionalverbände im nördlichen Delta zu zerschlagen und die Phase der Befriedung in diesem für Südvietnam lebenswichtigen Gebiet einzuleiten.

Mit der Ernennung Jim Drummonds zum Nachrichtenoffizier hatte Vann eine ebenso glückliche Hand bewiesen wie mit der Berufung Zieglers zum Einsatzplaner. Sein Führungstalent hatte sich auch darin gezeigt, daß er, Drummonds Qualitäten erkennend, diesem alle Freiheit ließ, sie einzusetzen, ihn dabei aber doch so steuerte, daß seine und Zieglers Arbeit ineinandergriffen. Die beiden bildeten das Team, das Vann brauchte, um seinen sechsmonatigen Feldzug durchzuführen.

Durch die strikte Geheimhaltung waren die Kampfverbände des Vietcong ebenso geschützt wie die Aktivitäten der kommunistischen Verwaltung. Solange man über Aufenthalt und Bewegungen der Guerillas nichts wußte, konnten sie ungestört trainieren, Einsätze vorbereiten und überraschend zuschlagen. Nun sahen sie sich zum ersten Mal in diesem Krieg dieses Vorteils beraubt. Wenn Drummond ihnen diesen Schutzschild entriß, so konnte er sich dabei auf die Kompetenz stützen, die sich die US-Armee in zwei Weltkriegen und im Koreakrieg bei der Nachrichtenbeschaffung erworben hatte. Zu dieser Kompetenz kam bei Drummond noch hinzu, daß er an seinem Handwerk ein ganz ungewöhnliches Gefallen fand.

Drummond entwickelte eine wahre Jagdleidenschaft. Alles, was die Guerillas betraf, interessierte ihn. Er sammelte die selbstgemachten Schrotflinten, die die Vietcong in ihren strohgedeckten Werkstätten ebenso herstellten wie primitive, aber funktionierende Kopien von komplizierten Waffen wie etwa der Thompson-Maschinenpistole. Er sah sich sogar den Schnitt und die Nähte der Uniformen an, um zu sehen, ob es innerhalb einer Provinz oder Region Unterschiede gab. Vann war von dieser Begeisterung beeindruckt. Er brauchte Drummond nicht erst daran zu erinnern, daß ein Nachrichtenoffizier mehr zu tun hatte, als Gefangene zu befragen oder im Hauptquartier die Übersetzungen erbeuteter Schriftstücke zu lesen; daß er sich ins Gelände hinauswagen mußte, um einen Einblick zu bekommen und all die Einzelheiten zu sammeln, die man sich nicht vom Büro aus beschaffen konnte. Drummond hatte in Korea als Infanterist gedient und für seine Tapferkeit zweimal den Stern in Bronze erhalten. Er hatte sofort nach seinem Eintreffen Ende April damit begonnen, an den Einsätzen teilzunehmen und lief später Vann im Gelände draußen immer wieder über den Weg.

Bei allem Geschick wiesen die Vietcong eine Schwachstelle auf: Sie hatten sich mit der Zeit feste Verhaltensmuster angewöhnt. Eigentlich untersagte ihnen ihre

Doktrin, in diese gefährliche Berechenbarkeit zu verfallen, aber Menschen haben ihre Gewohnheiten. Sie hatten denselben Krieg gegen denselben Feind in denselben Reisfeldern schon viel zu lange geführt, als daß sie dieser Neigung hätten widerstehen können. Drummond hatte die Schwäche sehr schnell erkannt und mit Vann darüber gesprochen. Wenn Cao von Vann dazu gedrängt worden war, seinen Nachrichtenoffizier mit Drummond zusammenarbeiten zu lassen, dann nicht nur deshalb, weil Vann die Kontrolle über die Division wollte, sondern auch, weil er hoffte, diesen Schwachpunkt des Vietcong ausnützen zu können. Drummond hatte seitdem ein System eingerichtet, um genügend Informationen für Vanns sechsmonatigen Vernichtungsfeldzug zu sammeln.

Tatkräftig unterstützt von einem Unteroffizier des Nachrichtendienstes, zeigte er Caos Nachrichtenoffizier und dessen Stab, wie man das »Profil« der einzelnen Vietcong-Einheiten zusammensetzte. Der Sergeant war ein geduldiger Mensch. Er lehrte die Vietnamesen, erbeutete Berichte und abgefangene Meldungen, Tagebücher, Briefe, Landkarten und diverse andere Unterlagen nach Einheiten zu ordnen und daraus alles zu entnehmen, was von Nutzen sein konnte. In der Folge wurden alle die Einheit betreffenden Daten nach Kategorien geordnet und in Aktenmappen, Tabellen und Querverweiskarten aufgenommen. Das System war so angelegt, daß man ständig neue Daten hinzufügen konnte, um durch vermehrtes Wissen das Verhalten der einzelnen Einheiten immer besser vorhersagen zu können. Mit besonderer Sorgfalt registrierte man Unterscheidungsmerkmale. Sie waren sozusagen die Fingerabdrücke, die es Drummond ermöglichten, selbst aufgrund von an sich wertlosen, bruchstückhaften Berichten eine bestimmte Einheit aufzuspüren.

In dieser Anfangszeit waren die Vietcong-Bataillone den Einheiten der südvietnamesischen Armee an Feuerkraft weit unterlegen. Ihre Bewaffnung war eine bunte Mischung aus französischen und amerikanischen Waffen, die sie den Truppen Saigons abgenommen hatten. Einige Bataillone verfügten über einen Granatwerfer, andere nicht; zwei besaßen je zwei 0,30-Zoll-MGs, die übrigen waren glücklich, wenn sie eines hatten. Die Bewaffnung war nicht nur ein Gradmesser für die Gefährlichkeit des Bataillons, sondern auch sein Kennzeichen. Drummond und sein Sergeant erstellten Listen, um Personalstärke und Zusammensetzung der einzelnen Bataillone festzustellen, und legten biographische Karteien über ihre Offiziere und Unteroffiziere an. Die Kader des Vietcong trugen zwar Decknamen, da sie aber aus der Gegend stammten und nicht aus Nordvietnam, gelang es manchmal, sie zu identifizieren und Informationen über ihre Person und Einstellung zu erhalten. Schon die Decknamen allein waren ein wertvoller Hinweis auf die Einheit. In einigen Fällen bekam Drummond Fotos, die man bei toten Partisanen gefunden oder bei Angriffen auf Lager erbeutet hatte. Vietnamesen sind sentimental, und obwohl sie sich dadurch gefährdeten, machten die Vietcong gerne Erinnerungsfotos. Ganze Züge stellten sich für ein Foto auf, als wären sie eine Gymnasialklasse. In einer weiteren Kartei wurden die Operationsgebiete der verschiedenen Einheiten abgegrenzt. Man zeichnete ihre Bewegungen auf, um zu sehen, welche Routen die Partisanen auf ihren Einsatzmärschen üblicherweise benutzten und in welchen Weilern sie haltmachten. In gleicher Weise interessierte sich Drummond für die Fluchtwege, auf denen sie sich vermutlich zurückzogen, wenn sie in einem bestimmten Gebiet angegriffen wurden.

Wie Drummond feststellte, war sein vietnamesischer Kollege, Hauptmann Le Nguyen Binh, ein Katholik aus dem Norden, der 1954 nach dem Desaster der Franzosen in den Süden geflohen war, ein gewissenhafter Offizier, den Cao und die Amerikaner unterschätzt hatten. Er war kooperativ und stellte seine Informationen gerne zur Verfügung. Binhs Leistungen waren bisher kaum beachtet worden. Einer der Gründe dafür war, daß sich unter den US-Beratern gar kein ausgebildeter Nachrichtenoffizier befunden hatte, der mit ihm zusammenarbeiten konnte, vorausgesetzt, Cao hätte eine solche Kooperation überhaupt gestattet. Cao wiederum war über Binhs Fähigkeiten von niemandem unterrichtet worden, dessen Sachurteil er vertraute. Die Profile, die Drummond und sein Sergeant nun gemeinsam mit Binh und dessen Stab zusammensetzten, waren rudimentär und wiesen große Lücken auf. Trotzdem war Drummond erstaunt, daß Binhs Karteien so viele verwertbare Daten enthielten. Er war auch überrascht zu erfahren, daß Binh seit seiner Versetzung zur 7. Division ein funktionierendes Netz von Informanten aufgebaut hatte. Er leitete es persönlich, aus Angst, ein Mitglied seines Stabes könnte ein von den Kommunisten eingeschleuster Agent sein. Über die Bezahlung seiner Spione brauchte er niemandem Rechenschaft abzulegen. Sie erfolgte aus einer »Schwarzen Kasse« nach dem Vorbild der *caisse noire* der französischen Kolonialarmee. Sein wichtigster Informant war ein Wasserbüffelhändler. Der Handel mit den Arbeitstieren war für ihn das perfekte Alibi: Er konnte im ganzen Nordteil des Deltas umherziehen und von den Partisanen kontrollierte Gebiete betreten und wieder verlassen, ohne den geringsten Verdacht zu erregen. Man konnte ihn losschicken, um Berichte anderer Informanten zu überprüfen oder um eine ganz bestimmte Information zu erhalten.

Vann hatte noch eine weitere Informationsquelle. Es handelte sich um einen protestantischen Missionar in My Tho. Wie die meisten amerikanischen Missionare in Asien sah er es als seine Aufgabe an, mit dem Christentum auch den Antikommunismus zu verbreiten. Nachdem Vann von Clay darüber unterrichtet worden war, machte er es sich zur Gewohnheit, ihn regelmäßig zu besuchen. Der Priester freute sich, die Informationen weitergeben zu können, die er von den vietnamesischen Pastoren seiner Gemeinden in den abgelegenen Ortschaften erhielt.

Die Vietcong verrieten sich auch durch ihre eigenen Sicherheitsmaßnahmen. Wenn sie sich in einem Weiler oder einer Gruppe von Weilern versammelt hatten, um zu rasten, die Bauern zu indoktrinieren oder einen Angriff vorzubereiten, schränkten sie die Bewegungsfreiheit der Ortsbewohner ein. Die Tatsache, daß nur wenige Bauern zum Markt kamen, war für einen wachsamen Saigoner Beamten ein Hinweis auf die Anwesenheit von Partisanen.

Wie alle guten militärischen Organisationen wollten die Guerillas effizient sein. Deswegen hatten sie im Laufe der Jahre ihre Sampans so eingerichtet, daß der verfügbare Platz optimal genutzt wurde. Ihre Ballen, Holzstapel, Reissäcke, Holzkohlenvorräte und Töpfe mit *nuoc mam* befanden sich alle gegen den Bug hin, so daß am Heck so viel Platz wie möglich zum Sitzen oder Schlafen blieb. War man sich dessen einmal bewußt, so konnte man unschwer erkennen, ob ein Sampan von Bauern oder Guerillas benutzt wurde.

Die ständigen Trainingslager und Lazarette der Guerillas befanden sich in Waldstücken in abgelegenen Gebieten der Schilfebene an der Grenze zu Kambodscha im westlichen Teil des Divisionsabschnitts oder in den schwer zugänglichen Mangrovesümpfen und Wasserpalmengesträppen in den dicht besiedelten östlichen Regionen. Auf ihren Märschen konnten sich die Partisanen auch in Wäldern und Sumpfgebieten verbergen, um eine Schlafpause einzulegen, denn jeder reguläre oder regionale Guerilla trug eine Hängematte mit sich, die er an zwei Bäumen befestigen konnte. Das Schlafen im Freien ist in einem malariaverseuchten Land mit Monsunklima, in dem es neben Moskitos noch zahlreiche andere stechende Insekten gibt, weder gesund noch bequem. Auch besagte die Doktrin der Vietcong, daß sie nur überleben konnten, wenn sie sich unter die Bauern mischten. Aus diesen Gründen übernachteten sie wenn irgend möglich in Weilern. In dicht besiedelten Gebieten errichteten sie auch Rastquartiere und Schutzunterkünfte, um den Bauern nicht zur Last zu fallen. Von Gräben zerwühlte Straßen zeigten an, daß sie in der betreffenden Gegend großen Rückhalt bei der Bevölkerung hatten, und damit, in welchen Weilern sie übernachteten und wo diese Unterkünfte am ehesten zu finden waren. Auf den ersten Blick sahen diese wie Häuser von Bauern aus. Bei näherer Betrachtung fiel jedoch auf, daß keine Haustiere da waren und daß, von den Gemüsegärten abgesehen, keine Landwirtschaft betrieben wurde.

Ohne es zu wissen, zeigte der Vietcong dem Beobachter am Himmel durch unsichtbare Signale seine Bewegungen an. Die U.S. Army Security Agency, die für die Armee elektronische Spionage betrieb, hatte 1962 in Südvietnam systematisch zu arbeiten begonnen, und zwar unter dem unauffälligen Namen »3. Funkversuchseinheit«. Im Juni befanden sich bereits 400 Angehörige der ASA in Vietnam. Die meisten arbeiteten auf dem Saigoner Flughafen Tan Son Nhut außerhalb des militärischen Bereichs und mit Flugzeugen, die genauso harmlos aussahen, wie sich ihr Kodename anhörte. Sie wurden von De Havilland in Kanada hergestellt und waren eigentlich für den Flugverkehr im Busch gedacht. Es handelte sich um einmotorige, lange und plumpe Propellermaschinen. Diese »Ottern«, wie sie genannt wurden, konnten ein Funkabhörteam mit allen seinen komplizierten Horchfunk- und Peilgeräten an Bord nehmen und in großer Höhe stundenlang über verdächtigen Zonen kreisen, während die Besatzung den Funkverkehr überwachte und auf Band aufnahm. Die Guerillas benutzten amerikanische Funkgeräte aus dem Zweiten Weltkrieg, die sie von den Saigoner Truppen oder schon vorher von den Franzosen erbeutet hatten. Über kurze Distanzen veständigten sie sich per Sprechfunk, für große Entfernungen benutzten sie die primitive aber verläßliche Morsemethode, bei der man mit einer Taste Punkte und Striche sendet (die in jeweils verschiedener Kombination die Buchstaben der lateinischen Schrift darstellen, deren sich das Vietnamesische bedient). Da sie jede Nachricht verschlüsselten und den Funkverkehr auf ein Minimum beschränkten, glaubten sie sich einigermaßen in Sicherheit.

Erst als ein Jahr später eine Otter mit einem Abhörteam an Bord abstürzte, wurde ihnen klar, daß die Amerikaner nicht nur ihre Kodes knackten, sondern daß sie sich allein schon durch das Funken verrieten. Jeder Funker morst in einem ihm eigenen Rhythmus, er hat eine ganz bestimmte »Handschrift«, wie man im Fachjargon sagt. Stimmen wiederum können auf Band aufgenommen, verglichen und identifiziert werden. Die »Handschrift« oder Stimme wird somit zum Kennzeichen der Funkstation. Auch das Ausstrahlungsmuster variiert von Funkgerät zu Funkgerät. Dank der hochentwickelten Abhör- und Auswertungsmethoden der ASA konnte man dieses Nachrichtenmaterial sammeln und sortieren. Die Auswertungen wurden Drummond in einem besonderen Kuriersack zugestellt. Wenn er die Ergebnisse der elektronischen Spionage mit dem verglich, was er von seinen Informanten erfuhr, konnte er oft mit Gewißheit sagen, daß ein bestimmtes Funkgerät zu einer bestimmten Kompanie oder einem bestimmten Bataillon gehörte. Da es den Technikern der ASA oft auch gelang, den ungefähren Standort des Funkgeräts zu bestimmen, war es möglich, den Marsch der Einheit zu verfolgen und ihr Bewegungsmuster auf der Karte einzuzeichnen.

Gestützt auf die Informationen aus diesen verschiedenen Quellen, begann Drummond, die Profile aufzufüllen und Vann mit frischen taktischen Nachrichten über die Position und die wahrscheinlichen Absichten verschiedener regulärer und regionaler Guerillaeinheiten zu versorgen. Da er nur begrenzten Einblick hatte, waren seine Informationen oft ungenau. Trotzdem verfügte Vann über genug Wissen, um im Juni mit seinen systematischen Angriffen beginnen zu können.

Die amerikanische Technologie ermöglichte es nicht nur, die Guerillas aus der Luft aufzuspüren, sondern auch wirksame Angriffe durchzuführen. Die vietnamesischen Kommunisten genossen nicht mehr den Schutz von Zeit und Raum, den ihnen die Geographie ihres Landes im Krieg gegen die Franzosen und gegen das Diem-Regime vor dem Eingreifen der USA geboten hatte. In der Vergangenheit hatten die Partisanen in natürlichen Schutzgebieten Zuflucht gefunden, in denen sie vor Überraschungsangriffen sicher waren. In Vanns Abschnitt war das größte und berühmteste davon die Schilfebene. Die ausgedehnten, sumpfigen,

mit hüfthohem Schilf bewachsenen Gebiete, ihre Wälder, Dickichte und Busch-
landschaften bedeckten den größten Teil der beiden Provinzen des nordwestlichen, an Kambodscha grenzenden Mekong-Deltas. Durch die Schilfebene führten kaum Straßen. Sie war nur spärlich besiedelt, da der saure, schwarze Lehmboden trotz der alljährlichen Überflutung durch den Mekong den Reisanbau
schwierig machte. Um eine der Fluchtburgen der Partisanen zu erreichen, mußte
man einen strapaziösen Zwei- oder Dreitagemarsch in Kauf nehmen. Auch die
Schlupfwinkel, die sich der Vietcong in den dichtbevölkerten Regionen geschaffen hatte, waren vor Überraschungsangriffen sicher gewesen. Durch die aufgegra-
benen Straßen und ein Warnsystem von Posten und Sympathisanten war schon
Tage oder zumindest Stunden vorher bekannt, daß sich Saigoner Truppen im
Anmarsch befanden.

Die Hubschrauber übersprangen die natürlichen Hindernisse und verwandelten die tagelangen Strapazen des Marsches in ein paar Minuten luftiger Hoch-
stimmung. Fast alle Zufluchtsstätten der Guerillas waren nicht mehr als 30 km
von einer Provinz- oder Distrikthauptstadt der Saigoner Regierung entfernt. Die
von der Armee nach Vietnam entsandten Hubschrauber des Typs Shawnee H-21
waren plump aussehende Maschinen aus der Zeit des Koreakriegs. Sie ähnelten
einem dicken, gebogenen Schlauchstück und hatten vorne und hinten breite
Rotoren, weswegen sie von den Besatzungen »Fliegende Bananen« genannt wurden. Trotz allem waren es Hubschrauber, und jeder von ihnen konnte eine
Gruppe von zwölf Soldaten aufnehmen, um sie mit einer Geschwindigkeit von
120 Stundenkilometern innerhalb von 15 Minuten 30 km weit überallhin zu bringen. Der Choctaw H-34 der Marines, ein neueres Modell, das auch als HUS-1 oder
»Seepferdchen« bezeichnet wurde, erinnerte von seiner Form her eher an eine
Kaulquappe. Mit einer Geschwindigkeit von etwa 140 Stundenkilometern benötigte er für den Transport derselben Gruppe über dieselbe Distanz nur 13 Minu-
ten. Vierzehn Hubschrauber reichten somit aus, um eine Kampfeinheit in der
Stärke eines halben Bataillons zu verlasten, also etwa 165 Mann mit Waffen,
Munition und Verpflegung für mehrere Tage. Eine halbe Stunde später konnten
die Maschinen mit einer zweiten Kampfeinheit zur Stelle sein und sie entlang der
Route absetzen, die die flüchtenden Guerillas für ihren Rückzug vorgesehen hatten. Legten die Hubschrauberpiloten, was sie nach Möglichkeit taten, die letzten
Kilometer im Terrainfolgeflug zurück, das heißt in Höhe der Baumwipfel, dann
hatten die Partisanen eine Vorwarnzeit von ein oder höchstens zwei Minuten. Die
schnelldrehenden Rotoren drückten den Lärm der Motoren nach unten.

Die US-Rüstungsindustrie stellte Vann noch eine weitere Maschine zur Verfügung, die den Guerillas Angst und Schrecken einjagte. Es war dies eine mit einer
Panzerung aus legiertem Aluminium versehene fahrbare Kiste mit verschließ-
baren Luken und Einstiegsöffnungen. Ein starker Motor diente als Antrieb für
zwei Raupenketten. Die offizielle Bezeichnung dafür lautete »Gepanzerter Trup-

pentransportwagen M-113«, die Panzeroffiziere sprachen einfach von Schützenpanzern. Eine Kompanie mit zwölf solcher Gefährte wurde der Division im Juni angegliedert. Jedes von ihnen hatte vor der Einstiegsöffnung der Kommandantenkuppel ein schweres 0,50-Zoll-MG. Sie konnten zusammen eine verstärkte Infanteriekompanie von 140 Mann transportieren. Die Ungetüme wogen zehn Tonnen und waren Amphibienfahrzeuge. Wenn sie an überflutete Reisfelder kamen, wühlten sie sich mit 30 Stundenkilometern hindurch und zermalmten die kleinen Deiche oder torkelten über sie hinweg. Die Geschosse aus den Gewehren oder MGs der Guerillas prallten an den Monstren ab, und nennenswerte panzerbrechende Waffen besaßen die Vietcong nicht. Die aufgesessene Infanterie war darauf trainiert, die Fahrzeuge auf ein Signal hin über die Heckrampe zu verlassen und unter dem gewaltigen Feuerschutz der zwölf schweren MGs anzugreifen.

Angesichts der Tatsache, daß man regelmäßig Guerillas tötete und Waffen erbeutete, zeigte sich Oberst Cao noch zufriedener und kooperativer als bisher. Vann war überzeugt, daß er nun bald die letzte Phase seines Plans erreicht haben würde, um die 7. Division »wie einen ganz normalen US-Laden zu schmeißen« und sie zu einem gnadenlosen Vernichtungsfeldzug gegen den Vietcong zu führen. Diese letzte Phase war die Umwandlung Caos in einen angriffslustigen Kommandeur nach Vanns Geschmack. Um die Division so in die Hand zu bekommen, wie es für einen großangelegten Feldzug nötig war, mußte Vann, wie er sagte, Cao zum »Tiger von Südvietnam« zu machen.

Die Schwierigkeit dabei war, daß Cao so gar nichts von einem Tiger an sich hatte. Wenn er einer Katze glich, dann aufgrund seines rundlichen, geschmeidigen Körpers und seiner Schlauheit. Es fehlten ihm jedoch die Krallen. Vann glaubte, diesen Mangel beheben zu können. Er würde es seinem Helden Lansdale nachmachen.

»Der häßliche Amerikaner« von Eugene Burdick und William Lederer hatte Lansdales Geschichte zur Legende erhoben. Vann hatte das Buch gelesen und gut gefunden. Es war eine politische Schrift »in Form einer auf Tatsachen beruhenden Fiktion«, mit der die Amerikaner darauf hingewiesen werden sollten, daß die USA im Begriff waren, in Asien eine ideologische Schlacht zu verlieren. Das Buch war eine Anleitung, die zeigte, wie die Amerikaner diese Schlacht doch noch gewinnen konnten, wenn sie nur lernen wollten, wie man die Asiaten veranlaßte, das zu tun, was für Amerika und Asien gut war. »Der häßliche Amerikaner« wurde nach seinem Erscheinen im Jahr 1958 nicht nur ein Bestseller, den man später verfilmte. Das Buch wurde bis weit in die sechziger Jahre hinein als Ausdruck ernsthaften politischen Denkens angesehen. Der Held des Romans, Oberst Edwin B. Hillandale, wird von den Philippinen, wo er kurz zuvor die kommunistischen Hukbalahup-Rebellen ausgetrickst und seinem Freund Ramón Magsaysay geholfen hat, die Präsidentschaftswahlen mit überwältigender Mehrheit zu gewinnen, in das Königreich Sarkhan entsandt, »ein kleines Land irgendwo bei Burma und

Thailand«, wo die USA mit Russen und Chinesen um die Freundschaft der Herrschenden und der Bevölkerung wetteifern. Zu Hillandales Hobbys gehören unter anderem die Handlesekunst und das Erstellen von Horoskopen. Er hat an der »Schule für okkulte Wissenschaften in Chungking« ein Diplom erworben. Auf einem Spaziergang durch die Hauptstadt Haidho stellt er fest, daß Handlinienleser und Astrologen in Sarkhan denselben Respekt genießen wie »Modeärzte in den USA« und daß von den politisch Verantwortlichen des Landes keiner die geringste Entscheidung trifft, ohne sich vorher aus der Hand lesen zu lassen oder sein Horoskop zu konsultieren. Nachdem er ein bißchen herumspioniert und einige Dossiers gelesen hat, um sich über die führenden Persönlichkeiten des Landes und ihre Vorgeschichte sowie die neuesten Intrigen zu informieren, beginnt Colonel Hillandale, die politischen Ereignisse im Lande zu manipulieren, indem er den Premierminister überzeugt, daß er der weltweit berühmteste Handlinienleser und Astrologe ist. »Jeder Mensch und jedes Volk hat einen Schlüssel zu seinem Herzen«, erklärt Hillandale dem US-Botschafter in Sarkhan. »Wenn Sie den richtigen Schlüssel finden, dann können Sie jeden Menschen und jedes Volk nach Belieben manipulieren.« So wie Hillandale in Sarkhan sich der Astrologie und Handlesekunst bedient hatte, so würde Vann nun Caos Ego ansprechen, um ihn in einen Tiger zu verwandeln und die vietnamesischen Kommunisten die Folgen davon spüren zu lassen.

Huynh Van Cao war im Sommer 1962 vierunddreißig Jahre alt, Divisionskommandeur war er schon mit neunundzwanzig geworden, was eine ganz außergewöhnliche Laufbahn darstellte. Als ihn einmal ein US-Korrespondent bat, für diese Blitzkarriere eine Erklärung zu geben, wies Cao mit seinem Offiziersstab auf sich und sagte: »Führungsgabe!« Er wollte den Besprechungsraum im ersten Stock seines Hauses, sein »Kriegszimmer«, so einrichten, daß es eine genaue Nachbildung von Napoleons Kartenzimmer darstellte, mußte sich dann aber mit einer unvollkommenen Kopie begnügen. Es stellte sich nämlich heraus, daß bei einer perfekten Nachahmung die Tür mitten durch die wichtigste Provinz des Divisionsabschnitts auf Caos wandgroßer Karte gegangen wäre. Cao hatte eine kaum verhüllte Autobiographie in Form eines Romans mit dem Titel »Er wächst im Feuer« geschrieben, der seine Laufbahn als Vorbild für strebsame Militärs hinstellte. Er liebte es herumzustolzieren und trat nie ohne sein poliertes, aus dunklem Tropenholz gefertigtes Offiziersstöckchen an.

Der Titel von Caos autobiographischem Roman war etwas irreführend, denn vom Kampf hatte der Kommandeur noch nicht viel gesehen und Soldat wäre er besser nicht geworden. Dazu fehlten ihm die Berufung und vor allem die Nerven. Als einmal bei einem Einsatz seine innere Anspannung zu stark wurde, lief er aus dem Kommandeurzelt, übergab sich und ließ das Sperrfeuer einstellen, mit dem die Artillerie eine seiner Einheiten unterstützte, die in ein Gefecht verwickelt war. Der Lärm mache ihn krank, erklärte er. Außerhalb des Kampfes besaß er eine Art militärische Pseudokompetenz. Sie war das Ergebnis einer oberflächlichen Schulung durch die französische und die US-Armee. Durch seine Intelligenz und Zungenfertigkeit schaffte er es, daß ihn die US-Generäle, die zur Inspektion kamen und ihn noch nie unter Streß gesehen hatten, als kompetenten Offizier ansahen.

Seine Blitzkarriere und sein Kommando über die 7. Division, die beiderseits der Hauptstraße 55 km südlich der Hauptstadt stationiert war, hatten mit Kompetenz allerdings wenig zu tun. Er war zum Divisionsbefehlshaber ernannt worden, weil er aus Zentralvietnam kam, römisch-katholisch war und gleich Diem aus der alten Kaiserstadt Hue stammte. Caos Familie war mit den Ngo Dinh, der Familie des Präsidenten, bekannt gewesen. Wie so viele Söhne aus vietnamesischen Mandarinfamilien, die während des ersten Krieges auf der Seite der Franzosen gestanden hatten, war er zum Militär gegangen, um in dem von Arbeitslosigkeit geplagten Land einen gewissen Status zu erreichen, und nicht etwa, weil er kämpfen wollte.

Er hatte 1946 angefangen, als es in seinem Milieu für einen jungen Mann aus guter Familie noch durchaus achtbar war, als Unteroffizier zu dienen. Er war zunächst Feldwebel in der von den Franzosen aufgestellten Regionalmiliz Zentralvietnams gewesen, die in der Nachkriegszeit das Pendant zur Zivilgarde darstellte. Auch aufgrund seiner Ausbildung an einer französischen Sekundarschule, durch die er sich für einen Posten im Operationsstab eines Hauptquartiers qualifiziert hatte (die Kirche hatte ihn durch ihr Lycée Pellerin in Hue geschleust), war er die meiste Zeit vor allen Gefahren sicher gewesen. Auf diese Weise konnte er zwei Jahre später einen Platz in der ersten Klasse einer Kadettenschule bekommen, die die Franzosen in Hue eröffnet hatten, um Offiziere für die für Bao Dai aufgestellte Vietnamesische Nationalarmee heranzubilden. 1949 war Cao nach einem sechsmonatigen Kurs zum Leutnant ernannt worden. In den folgenden Jahren war er vom Zugführer zum Kompaniechef und schließlich zum Bataillonsstabsoffizier aufgestiegen. Diese Positionen waren eher formaler Natur als Ausdruck von Führungsqualität und Kampferfahrung, da die Franzosen unter dem Druck der USA in aller Eile eine einheimische Armee aufstellten, aber die jungen Offiziere nicht im Kampf erprobten.

1954 war Cao im Stab eines Bataillons tätig, das sich auf die Seite Diems gestellt hatte, als dieser im Machtkampf gegen seine nichtkommunistischen Rivalen von Lansdale zum Sieg geführt wurde. Cao war Diem aufgefallen und von ihm in seinen Palast berufen worden, um dort zwei Jahre im militärischen Stab zu arbeiten. Schon nach wenigen Monaten machte ihn Diem zum Stabschef. In Diems Augen waren zwei Jahre Tätigkeit im Präsidentenpalast sowie Caos Herkunft und Familie die besten Voraussetzungen für ein Divisionskommando. 1957 hatte er ihm zunächst eine der weniger wichtigen Divisionen gegeben. Nachdem Cao aber in den USA eine Reihe von dreimonatigen Kursen absolviert hatte, insbesondere am Army's Command and General Staff College in Fort Leavenworth in Kansas, übertrug ihm Diem den Befehl über die 7. Division.

Seine allererste Pflicht war es nun, ständig bereit zu sein, seine Truppen auf dem schnellsten Weg nach Saigon zu bringen, um den Präsidenten und seine Familie zu schützen, falls Dissidenten innerhalb der Streitkräfte wieder einen Staatsstreich versuchen sollten, wie dies eine Gruppe von Fallschirmjägeroffizieren im November 1960 getan hatte. Diem stand mit Cao und den anderen Divisionsbefehlshabern über ein eigenes Sprechfunknetz in Verbindung, an das auch die meisten Provinzgouverneure angeschlossen waren. Die Tatsache, daß Caos Familie aus Sicherheitsgründen in Saigon lebte, war nicht der Hauptgrund dafür, daß er sein Haus in ein zweites Hauptquartier verwandelt hatte, in dem sich die gleichen Fernmeldegeräte wie im Divisionshauptquartier in der ehemaligen französischen Kaserne befanden. Dieses Hauptquartier im eigenen Haus war als alternative Befehlsstelle gedacht, falls rebellierende Truppenteile das Divisionshauptquartier besetzten.

Theoretisch erhielt Cao seine Befehle vom Brigadegeneral im Saigoner Korpshauptquartier, in dem Porter als Berater tätig war. In der Praxis war Cao direkt Diem unterstellt und ignorierte sämtliche Befehle, die ihm nicht zusagten, oder er lehnte sie unter Berufung auf den Präsidenten ab. »Er ist mein König«, pflegte Cao zu sagen, wenn er von seiner Ergebenheit gegenüber Diem sprach. Dieser König war ein verschlagener Mann, der eine ganze Reihe von Sicherheitsvorkehrungen getroffen hatte. Auch wenn Cao — anders als der Brigadegeneral, der über die drei Divisionen seines Korps keine direkte Kontrolle ausübte — Diems Vertrauen genoß, so hatte er doch einen Offizier von nominell niedrigerem Rang als Gegengewicht. Der in My Tho als Provinzchef residierende Major war zugleich Befehlshaber des der Division angeschlossenen Panzerregiments. Diem hatte ihn dazu ernannt für den Fall, daß Cao vielleicht auf seltsame Ideen kommen oder Diem und seine Familie aus irgendeinem Grund im Stich lassen sollte. Panzer konnten einen Präsidenten stürzen oder ihn an der Macht halten. Der Major entstammte einer der Großgrundbesitzerfamilien im Mekong-Delta, die sich mit den Ngo Dinh verbündet hatten. Er war ein entfernter Verwandter und enger Freund eines anderen Divisionsbefehlshabers, der 1960 mit seinen Truppen Diem zu Hilfe geeilt war. Wie die übrigen Provinzchefs war auch der Major dem Präsidenten direkt unterstellt, offiziell in seiner Eigenschaft als Zivilgouverneur der Provinz.

Vann war im Sommer 1962 überzeugt, daß Caos Schwächen, sofern er sie damals erkannte, und andere Probleme, wie etwa das gezielte Kompetenzenwirrwarr, ihn nicht daran hindern könnten, aus Cao einen angriffslustigen Befehlshaber zu machen. Er glaubte, ihn bei seiner Eitelkeit packen zu können. Wenn er Cao nur oft genug als Tiger erscheinen ließ, dann würde dieser die Rolle schon spielen, mochte er in Wirklichkeit auch nur ein Kätzchen sein.

Den ganzen Monat Juni hindurch und bis in den Juli hinein bekam Cao, immer wenn man bei einem Einsatz zwei oder drei Dutzend Guerillas getötet hatte, das Kompliment zu hören, er sei ein ganz großartiger Kommandeur. In der gleichen Weise pries Vann Cao vor mir und den anderen Reportern, die gekommen waren, um über diese Kampfeinsätze zu berichten. Cao stand da und hörte sich dieses Lob lächelnd an. (Ich war im April 1962 als frischgebackener Auslandskorrespondent in Südvietnam eingetroffen, etwa einen Monat nach Vann, um für UPI als Leiter des Saigoner Büros zu arbeiten. Bevor Vann in My Tho eintraf, war es Reportern untersagt gewesen, bei Angriffen im Hubschrauber mitzufliegen oder die US-Berater auf Einsätzen zu begleiten. Ende Mai hatte die Kennedy-Administration dieses Verbot aufgehoben.) Nichts von dem, was Vann in der Öffentlichkeit sagte, verriet sein Spiel. Wenn für den folgenden Tag ein Einsatz geplant war, hielt er nach dem Abendessen in der Offiziersmesse vor den versammelten Korrespondenten eine anfeuernde Rede über die Notwendigkeit, in den Berichten »das Positive hervorzuheben«, um unserem Verbündeten Mut zu machen. Für Vanns Stabschef »Sandy« Faust, Ziegler und die anderen Offiziere im Befehlsstand war es amüsant zu beobachten, wie Vann Cao während der Operationen bearbeitete. Um Cao dazu zu bringen, den Einsatz so zu leiten, wie Vann es haben wollte, griff er zu kleinen Kriegslisten wie: »Ich weiß schon, was Sie als nächstes tun werden, Commander, das ist nämlich ganz Ihre Art.« Bevor Cao Zeit hatte, zu fragen, was Vann eigentlich meinte, behauptete Vann, er habe gehört, wie Cao dieses oder jenes Manöver verlangt und beschrieben habe. Oft lächelte Cao dann und sagte, ja, das sei genau sein Gedanke gewesen, und erteilte den entsprechenden Befehl. Wenn ihm Vanns Vorschlag nicht behagte, lächelte er ebenso freundlich und erklärte, daß er eine bessere Idee habe. Vann war nicht mit allen Einfällen Caos einverstanden, aber er war streng darauf bedacht, Cao vor den amerikanischen oder vietnamesischen Stabsoffizieren nicht zu widersprechen. Er brachte ihm seine Einwände später und unter vier Augen vor.

Caos Verhalten bewies hinlänglich, daß Vanns Marionettenspiel die gewünschte Wirkung zeitigte. Er bildete sich noch mehr ein, sein Gehabe wurde noch großartiger. Er sah eine deutliche Entwicklung in seiner Karriere: Mit Vanns Hilfe erwarb er sich eine Art Heldenimage, und seine Division brachte in einem Maße Vietcong zur Strecke wie sonst keine andere. Vann erklärte Ziegler gegenüber, seine Art, Cao zu bearbeiten, werde sich bestimmt bald bezahlt machen, und zwar in Form des ersten »großen Massakers«, das den Beginn jener Reihe von Hammerschlägen darstellen würde, mit denen er die Guerillas vernichten wollte. Wenn sie den Vietcong weiterhin so zusetzten wie bisher, würden die Partisanen bei dem Versuch, einem Hubschrauberangriff zu entgehen, bestimmt bald einen schweren Fehler machen. Er würde dann ein ganzes Vietcong-Bataillon oder eine entsprechende Anzahl von Kompanien aufreiben, die zusammen übten oder einen Angriff vorbereiteten.

Die Möglichkeit zu einem solchen Sieg sah Vann in einem unkonventionellen Angriff, dessen Konzept er sich im Juni ausgedacht hatte. Mit viel Beharrlichkeit gelang es ihm, Cao so weit zu bringen, diesen Angriff für die zweite Julihälfte festzusetzen. Er wollte den Guerillas zeigen, daß die Dunkelheit nicht ausschließlich ihre Domäne war. Er würde den ersten nächtlichen Hubschrauberangriff dieses Krieges organisieren und die Vietcong im Morgengrauen aus dem Schlaf reißen.

Vann war in bezug auf diesen Einsatz doppelt zuversichtlich, denn Cao hatte zu seinem Ratgeber mittlerweile so viel Vertrauen, daß er zu Risiken bereit war, auf die er sich normalerweise nie eingelassen hätte. Als Vann ihm seine Idee Anfang Juli zum ersten Mal vorgetragen hatte, war Cao, dessen Lieblingsausspruch »Wir müssen vorsichtig sein« lautete, mit dem Konzept zwar einverstanden gewesen, hatte aber auf einem anderen als dem von Vann vorgeschlagenen Ziel beharrt. Prevost nahm daraufhin Vann zu einem Aufklärungsflug mit, um das von Cao gewünschte Ziel zu inspizieren. Sie stellten fest, daß es ein paar schilfgedeckte Hütten waren, wo sich gelegentlich eine Gruppe örtlicher Guerillas versammeln mochte. Vann mußte sich dann noch mehrere andere Örtlichkeiten dieser Art und Reisfelder in der Nähe größerer Außenposten ansehen, bis es ihm schließlich gelang, mit Schmeicheleien und Sticheleien Caos Befürchtungen zu zerstreuen, die abgesetzte Infanterie könnte ernsthafte Verluste erleiden. Cao hatte mehr Bedenken als gewöhnlich, denn das Gebiet, das Vann für seine Landung im Morgengrauen und die dann bei Tageslicht durchzuführenden Landeoperationen ausgesucht hatte, lag außerhalb der Reichweite seiner Artillerie. Die Truppen würden also auf die Unterstützung durch Jagdbomber angewiesen sein. Nachdem Vann Cao zu dieser noch nie dagewesenen Risikobereitschaft gebracht hatte, stiegen seine Erwartungen noch um einige Grade höher.

Vann hoffte, das 504. Bataillon der Hauptmacht zu stellen und aufzureiben. Es war dies eine der beiden regulären Einheiten, die in der ersten von Ziegler geplanten Operation vom 23. Mai schwere Verluste erlitten hatten. Ende Mai hatte eine Gruppe von Partisanen, die diesen verhängnisvollen Tag überlebt hatten, ihre Kapitulation angeboten, wenn man sie amnestierte. Da Diem Kommunisten und deren Gefolgsleuten keine Amnestie gewährte, war ihr Angebot ohne Antwort geblieben. Drummond hatte das Bataillon in einer abgelegenen Gegend der Schilfebene ausgemacht. Es lagen Anzeichen vor, daß Einheiten des anderen, am 23. Mai ebenfalls schwer angeschlagenen Bataillons sich dem 504. angeschlossen haben könnten. Drummonds Informationen zufolge waren die beiden Bataillone vor allem damit beschäftigt, ihre Einsatzbereitschaft wiederherzustellen. Es hieß aber auch, eine Kompanie des 504. Bataillons sei von den Einwohnern einiger Weiler aufgenommen worden, die am Zusammenfluß zweier kleiner Flüsse etwa 15 km vor der Grenze zu Kambodscha lagen. Diese Kompanie bereite sich darauf vor, die Weiler in einer der kommenden Nächte unauffällig zu verlassen, um einen Außenposten anzugreifen, der dem Schutz einer Siedlung katholischer

Flüchtlinge aus Nordvietnam diente. Drummond nahm an, daß eine zweite Kompanie regulärer oder vielleicht auch regionaler Guerillas sich in der Gegend aufhielt, um die erste bei dem geplanten Angriff zu unterstützen. Höchstwahrscheinlich würde man bei den für den Vormittag vorgesehenen Landeunternehmen noch weitere Einheiten der beiden Bataillone aufspüren.

Wenn das nächtliche Landeunternehmen gerade an dieser Stelle stattfinden sollte, dann weil der Bericht über den Aufenthalt der Kompanie das Neueste und Detaillierteste war, was Drummond bekommen hatte, und weil die Piloten das Y der beiden sich vereinigenden Flüsse wahrscheinlich auch bei schwachem Licht leicht erkennen konnten. Um zu sehen, ob diese Einschätzung richtig war, unternahm Vann den letzten Aufklärungsflug in einem Helikopter und in Begleitung Drummonds. Er trug dem Piloten auf, die Stelle in 500 m Höhe in einem Abstand von zehn Minuten zweimal zu überfliegen und in der Zwischenzeit irgendwo Kreise zu ziehen, so daß die Guerillas glaubten, es handle sich um einen Routineflug. Drummond kauerte sich an den offenen Einstieg und stemmte seine Leica fest gegen den Wind, um von der Landungsstelle scharfe Bilder zu machen, während Vann die Piloten befragte, ob sie den Zusammenfluß im Dämmerlicht des beginnenden Tages erkennen würden. Sie meinten, das werde schon gehen.

Binh war mit dem Besitzer eines Fotoladens in My Tho befreundet. Er sorgte dafür, daß Drummonds Film rasch entwickelt wurde und ließ die Bilder auf 20 x 25 cm vergrößern. Die Piloten, der Befehlshaber der Einsatztruppe und seine Kompaniechefs erhielten je einen Abzug. Im Anschluß an die erste, im Morgengrauen ausgeführte Landeoperation waren noch fünf weitere geplant. Die bei Tageslicht abgesetzten Truppen sollten die Partisanen abfangen, die versuchen würden, den breiten, aus den beiden kleineren Wasserläufen gebildeten Fluß entlang nach Norden zu fliehen. Anschließend sollten sie an einige verdächtige Stellen an einem Kanal vordringen, der vom Zusammenfluß nach Westen in Richtung Kambodscha verlief. Cao sollte seinen Befehlsstand in einem Hangar neben dem Behelfsflugplatz von Moc Hoa haben, einem Haufen schilfgedeckter Holzhäuser mit Kirche, Pagode und einem Haus für den Provinzchef, etwa 65 km nordwestlich von My Tho. Vann wollte hier drei weitere Kompanien als Reserve bereitstellen.

Sobald die Guerillas ihre Deckung verließen, wollte man, darüber waren sich Vann und Cao einig, die Reserven absetzen, um den Vernichtungsschlag zu führen. Mit Hilfe von insgesamt 30 Hubschraubern würde man völlig flexibel sein und in dem flachen Gelände aus Sümpfen und Schilfzonen über sämtliche Truppen beliebig verfügen können. Einige der Landeoperationen würden sich sicherlich als nutzlos erweisen. Die dabei abgesetzten Kampfgruppen mußte man als zusätzliche Reserven ansehen, die die Hubschrauber wieder aufnehmen und dorthin bringen konnten, wo man sie brauchte, um flüchtende Guerillas abzufangen.

Für die ersten Landungen würden sie die neueren H-34-Choctaws der Marine einsetzen, die mit Nachtfluggeräten ausgerüstet waren.

Am 20. Juli 1962 fünf Uhr morgens kreisten sechzehn Marinehubschrauber im nachtschwarzen Himmel und landeten dann einer nach dem anderen auf einem mit Feuerbränden markierten Flugplatz. Vanns Berater hatten am Rande des Feldes Eimer mit ölgetränktem Sand aufgestellt und diesen angezündet. Der Flugplatz lag vom ehemaligen japanischen Jagdfliegerstützpunkt Soc Trang im unteren Delta aus gesehen, wo die Marinestaffel stationiert war, in gerader Fluglinie südöstlich der vorgesehenen Landestelle. Man hatte hier eineinhalb Tage zuvor zwei Kompanien Infanterie zusammengezogen, von denen eine probeweise mit Armalite-Schnellfeuergewehren ausgerüstet war. Die Soldaten standen bereit. Die US-Berater hatten sie in drei Kampfeinheiten unterteilt und in Gruppen von je zwölf Mann pro Helikopter an der Startbahn antreten lassen. Sobald sich die Piloten der drei Führungshubschrauber mit den Beratern besprochen hatten, setzten sich die Rotoren in Bewegung, und die gelbblauen Abgasflammen flackerten wieder durch die Dunkelheit.

Das Gewehr vors Gesicht haltend, um sich gegen die von den Rotorblättern aufgewirbelten Steine und Erdbrocken zu schützen, kletterten die schmächtigen vietnamesischen Soldaten in die großen Maschinen. Das Innere war durch die Instrumententafeln und das gelbliche Licht der Kabinenlampen schwach erleuchtet. Die Soldaten setzten sich auf den Boden und hielten sich mit einer Hand am Nachbarn oder an den Plastikgurten fest, die an den Wänden befestigt waren. Mit der anderen Hand versuchten sie, ihr Gewehr so zu halten, daß es ihnen nicht ins Gesicht schlug, als die Piloten die Motoren auf volle Touren brachten. Der Lärm in den Kabinen ließ ihnen die Zähne im Kiefer vibrieren. Ein heftiger Ruck, ein Taumeln, die Helikopter kippten nach vorne weg und hoben einer nach dem anderen in einer Kette ab. Bald sah man nur mehr die Positionslichter durch die Nacht blinken.

Den vietnamesischen Soldaten war anzusehen, daß sie Angst hatten. Vanns Hauptleute blickten der Aktion mit Spannung entgegen. Ihre Gedanken waren die Vanns und der anderen Amerikaner in diesem ersten Jahr in Vietnam: Jetzt kämpfte man, und eines Tages würde man siegen und aus Südvietnam ein besseres Land machen.

Nach 45 Minuten Flug sahen die Führungshubschrauber das glänzende Y durch das schwarze Laubwerk der Bäume schimmern, die die Ufer säumten. Die Maschinen gingen in Richtung auf die drei bezeichneten Stellen am Zusammenfluß nieder. Die Piloten hatten die Positionslichter gelöscht, um den Guerillas, die vielleicht schon wach waren und das Feuer eröffnen würden, nicht das Zielen zu erleichtern. Die vietnamesischen Offiziere und die Amerikaner brüllten durch den Motorlärm ihre Befehle, die Soldaten rappelten sich hoch und stellten sich vor dem geöffneten Ausstieg auf. Um 6.03 Uhr, fünfzehn Minuten vor Tagesanbruch, tauchten die Räder der unmittelbar hinter den Bäumen landenden Helikopter in die überfluteten Reisfelder. An die 200 Mann sprangen in das knietiefe, schlammige Wasser und wateten auf die Häuser zu. Als die Hubschrauber wieder abhoben und nach Südosten abdrehten, um auf dem 24 km entfernten Flugplatz von Moc Hoa aufzutanken und sich für die späteren Landeunternehmen dreizehn Fliegenden Bananen der Armee aus Tan Son Nhut anzuschließen, traf eine zweimotorige C-47 ein, eine Transportmaschine der Armee, für deren Erscheinen Prevost gesorgt hatte. Die Besatzung warf eine Fallschirmleuchtbombe ab, so daß der letzte Rest von Dunkelheit vom gleißenden Licht einer künstlichen Sonne verschluckt wurde.

Vann schien Pech zu haben. In den Weilern befanden sich nur Frauen, Kinder und alte Leute. Er saß auf dem Rücksitz einer Cessna der Armee, wo er den ersten Teil des Morgens damit verbrachte, nach Guerillas Ausschau zu halten und über Funk mit den Beratern zu sprechen, und fluchte, weil der erste nächtliche Helikopterangriff des Krieges, den die Marineflieger so gekonnt durchgeführt hatten, überhaupt nichts brachte. Die Kompanie des 504. Bataillons, die Drummond hier vermutet hatte, war am Tag zuvor aus dem Weiler abgezogen. Ein Zug Regionalguerillas, die sich noch in einem der Weiler aufhielten, schaffte es, sich den durch die beiden Wasserläufe gebildeten Fluß entlang nach Norden abzusetzen. Die aus Saigon angeforderten Armeehubschrauber waren eine halbe Stunde zu spät eingetroffen. Auf diese Weise war die Ranger-Kompanie, die den Flüchtenden den Weg abschneiden sollte, nicht rechtzeitig zur Stelle gewesen. Vann flog nun nach Moc Hoa zurück, um ein Problem zu lösen, das beim Auftanken der Helikopter entstanden war. Dies gelang jedoch nicht, so daß der nächste Angriff mit fast zweieinhalbstündiger Verspätung erfolgte. Wieder fand man leere Häuser vor. Vann graute bei dem Gedanken, einen riesigen Flop inszeniert zu haben.

Die bei der vierten Landeoperation abgesetzten Truppen sollten die Umgebung zweier Weiler durchsuchen, die 11 km westlich am Kanal in Richtung Kambodscha lagen. Vann vermutete, daß die Vietcong in der Nähe Basislager errichtet hatten, da der Kanal einen bequemen Transportweg darstellte. Er setzte nun alle 29 Hubschrauber ein, die um 9.50 Uhr nördlich der Weiler zwei Kampfverbände zugleich absetzten. Die Soldaten stießen sofort auf ungefähr 150 Guerillas. Vann war im Gefechtsstand geblieben. Die dort eintreffenden Meldungen besagten, daß einige der Vietcong aus automatischen Waffen schossen und viele von ihnen Khakiuniformen trugen, ein Anzeichen dafür, daß es sich höchstwahrscheinlich um Reguläre handelte. Drummonds Informationen waren also im wesentlichen richtig gewesen. Vann hatte ihre Ungenauigkeit ausgeglichen, indem er von den geographischen Gegebenheiten auf den möglichen Aufenthalt der Partisanen schloß, um sich dann Zieglers Sondiertaktik zu bedienen.

Die Vietcong hatten zuerst die Leuchtbombe gesehen und später die Landungsmanöver der Hubschrauber beobachtet. Sie hatten angenommen, daß das Netz sie nicht mehr erfassen würde und es für sie sicherer sei, dort zu bleiben, wo sie waren, anstatt sich sofort in kleinen Gruppen in Richtung auf die kambodschanische Grenze abzusetzen, die nach Norden hin nur sieben, nach Westen, den Kanal entlang, nur drei oder vier Kilometer entfernt war. Nach diesem ersten begingen sie einen zweiten, noch viel schlimmeren Fehler: Sie liefen geradewegs in die Vernichtungszone, die der Feind für sie vorbereitet hatte.

Wenn sich in oder bei den Weilern Guerillas befanden, dann würden diese angesichts der nahen Grenze versucht sein, dessen war Vann sich ganz sicher, in Richtung Kambodscha zu fliehen. Die Vietcong hatten sich in dem von Wald und Buschwerk bedeckten Gelände oberhalb der Weiler, vor denen die Truppen gelandet waren, geschickt getarnte Schützenlöcher gegraben. Anstatt diese Stellungen auszunutzen und zu versuchen, sich solange zu verteidigen, bis ihnen die Dunkelheit eine Fluchtmöglichkeit bot, gerieten sie, ganz wie Vann es vorausgesehen hatte, gleich nach dem ersten Schußwechsel in Panik, verließen das schützende Laubwerk und rannten in wilder Flucht in Richtung auf das erhoffte Schutzgebiet.

Fünf Minuten nach diesem vierten Landungsunternehmen machte ein Luftbeobachter der VNAF eine Schar von etwa hundert Vietcong aus, die sich anschickten, den weiten Schilfgürtel zu durchqueren, der nun in der Monsunzeit zur Hälfte überflutet war. Aus dem bis zu drei Fuß tiefen Wasser ragte mannshoch das Schilf. Einige der Freischärler waren töricht genug, zu versuchen, durch das Wasser zu waten, andere versuchten, in kleinen Sampans zu entkommen, die sie mit Stangen fortbewegten. Der Fliegerleitoffizier bat um die Erlaubnis, Jagdbomber anzufordern. Das war der Augenblick, auf den Vann seit Mai gewartet hatte. Er empfahl Cao, die Flugzeuge an die Arbeit gehen zu lassen, bis man die Hubschrauber wieder auftanken und die erste Reserve vor den Guerillas absetzen konnte, um mit der Einkreisung und Vernichtung zu beginnen. Gegen einen Luftangriff hatte Cao grundsätzlich nichts. Er erteilte den Befehl.

Der Fliegerleitoffizier von der VNAF nahm mit den über ihm angelangten Jagdbombern Funkverbindung auf, dann ließ er sein Maschine abkippen und rauschte über die Guerillas hinweg, um ihre Position mit einer Rauchbombe zu markieren. Das war kaum nötig. Die Piloten — in Frankreich oder den USA ausgebildete Vietnamesen und Amerikaner von der »Farm-Gate«-Staffel in Bien Hoa — konnten die Sampans und die winzigen, hektisch durch das Schilf flüchtenden Gestalten klar erkennen. Die Sonne stand hoch am Himmel und hatte den Bodennebel aufgelöst, der die Bewegungen der von Panik ergriffenen Männer kurz zuvor noch einigermaßen verdeckt hätte. Die silbernen Flugzeugrümpfe glitzerten in den Sonnenstrahlen, als die Maschinen zum Sturzflug ansetzten.

Die Geschosse aus den 0,50-Zoll-MGs und den 20-mm-Bordkanonen ließen das Wasser hochspritzen. Die explodierenden Raketen rissen die Sampans auseinander. Die schimmernden Napalmkanister purzelten durch die Luft, zerbarsten im Schilf und hüllten eine Gruppe von Flüchtenden in eine große, orange leuchtende Blume. Aus der Höhe gesehen war die Szene nicht ohne Schönheit. In der Frische des klaren Morgenhimmels war von dem Schweiß, der Hitze und der Todesangst da unten nichts zu spüren. Hier oben empfand man die beschwingte Grazie der dem Steuer gehorchenden Flugzeuge und die berauschende Allmacht der Zerstörung. Es war das reinste Schützenfest. Die Funkfrequenzen der hybriden Luftstreitmacht erglühten in einem Gemisch von Vietnamesisch, Französisch, Englisch und den Anweisungen des Fliegerleitoffiziers, der die Zielanflüge koordinierte. Die propellergetriebenen AD-6 Skyraider und umgebauten T-28 Trojan-Schulflugzeuge eigneten sich für diesen Einsatz besser als Düsenjäger, da die Piloten langsamer niedergehen und mit den Bordwaffen und Raketen besser zielen konnten. An der Cockpithaube rauschte der Wind, der Flugzeugrumpf erzitterte unter dem Rückstoß der Bordkanonen, unter den Tragflächen zischten die Raketen weg. Es war wie eine Szene aus einem Kriegsfilm, in der die Heeresflieger den Deutschen und Japsen gaben, was sie verdienten. In panischer Angst sprangen die kleinen Gestalten von den Sampans, um den spritzenden Garben zu entgehen, die immer näherkamen. Ohne jede Deckung war das Entkommen reine Glücksache, und bald lagen viele still da oder trieben reglos im Wasser. Die US-Berater zählten später in diesem Abschnitt mehr als vierzig Tote. Auch die Saigoner Infanterie ballerte aus ihren Gewehren und automatischen Waffen auf die Flüchtenden los und tötete einige von ihnen. Die Berater stellten jedoch nachher fest, daß die meisten Toten auf das Konto der Flugzeuge gingen.

Während die Piloten einen Angriff nach dem anderen flogen und die Hubschrauber aufgetankt wurden, brachte Vann Cao soweit, daß er sich bereit erklärte, alle Früchte dieses Sieges zu ernten, zu dem es so großer Vorbereitungen bedurft hatte. Er stellte zwei weitere Reserven als Ergänzung der bereits gelandeten zusammen. Mit diesen drei Verbänden konnte er den flüchtenden Guerillas ebenso den Weg abschneiden wie allen anderen, die noch aus ihren Verstecken hervorkommen würden, gleich, in welche Richtung sie fliehen wollten. Das Schützenfest dauerte insgesamt 45 Minuten, dann waren die Helikopter aufgetankt und konnten vom Flugplatz in Moc Hoa mit einer ersten, zwei Kompanien starken Reserve abheben, um diese weiter nördlich zwischen den Partisanen und der Grenze abzusetzen. Die bereits um 9.50 Uhr gelandeten Kampftruppen erhielten den Befehl, anzuhalten und einen Sperriegel zu bilden. Hingegen sollte der aus zwei Kompanien gebildete Verband im Sinne der klassischen »Hammer-und-Amboß«-Taktik in südlicher Richtung vorrücken. Die Guerillas, die sich im Schilf versteckt hatten und den Flugzeugen entkommen waren, sollten durch den nach unten drängenden »Hammer« getötet, gefangengenommen oder, wenn sie nach Süden flohen, auf dem »Amboß«, also durch den Sperriegel, abgefangen werden. Vann startete in einem eigenen Hubschrauber. Er wollte jeden der Saigoner Kommandeure persönlich anfeuern und vor Ort sehen, wie die Dinge liefen, um Cao in der nun beginnenden kritischen Phase der Operation präzise zu führen.

Als die Helikopter mit der ersten Reserve an Bord niedergingen, erblickten die Piloten andere Guerillas, die weiter westlich der Grenze zustrebten. Mit ihnen fertigzuwerden würde kein Problem sein. Vann hatte vor seinem Start noch mit Cao über die zu treffenden Maßnahmen gesprochen. Trotzdem gab er zur Sicherheit noch einen Funkspruch an Faust durch, der in Vanns Abwesenheit im Gefechtsstand den Beraterstab befehligte. Faust sollte Cao empfehlen, nordwestlich von diesen Guerillas auch die zweite Reserve mit dem Auftrag abzusetzen, Richtung »Amboß« vorzurücken. Faust antwortete, er habe diese Empfehlung bereits ausgesprochen, Cao sei einverstanden.

Die Verwandlung von Vanns bereits absehbarem Triumph in einen nicht vorhersehbaren Alptraum begann auf unerklärliche Weise. Vann überflog den Schauplatz der Luftangriffe und überzeugte sich von deren Wirkung. Dann landete er, um dem Bataillonskommandeur einen Besuch abzustatten, dessen Truppen als »Amboß« in Wartestellung lagen. Hier herrschte Jubelstimmung. Neben zahlreichen leichten Waffen, die die Partisanen bei ihrer kopflosen Flucht zurückgelassen hatten, war auch ein 81-mm-Granatwerfer gefunden worden. Vann sprach seine Glückwünsche aus und startete wieder, um zu sehen, ob die erste Eingreifreserve planmäßig nach Süden vorrückte. Als der Hubschrauber eine gewisse Höhe erreicht hatte, mußte Vann verblüfft feststellen, daß sich der Verband immer noch an der Stelle befand, wo die Helikopter ihn abgesetzt hatten. Als er landete und nach dem Grund fragte, informierte ihn der ARVN-Hauptmann, daß ihn der Regimentskommandeur angewiesen habe, »in Riegelstellung zu bleiben«. Das sei doch völlig unsinnig, antwortete Vann. Der erste Kampfverband habe bereits eine Riegelstellung bezogen, und Oberst Cao habe ihm, dem Hauptmann, vor dem Abflug in Moc Hoa doch befohlen, so rasch wie möglich nach Süden vorzurücken. Der Hauptmann antwortete, daß ihm der Regimentskommandeur soeben über Funk den Befehl erteilt habe, abzuriegeln und nicht vorzurücken. Wo zum Teufel der Major, der das Regiment befehligte, denn das Recht hernehme, sich über Oberst Cao hinwegzusetzen, fragte Vann. Der Hauptmann sah ihn mit starrem Blick an und sagte nichts. Ob er denn nicht begreife, daß die Guerillas, die er töten oder gefangennehmen sollte, sich aus dem Staub machten, während er hier herumtrödelte, brüllte Vann. Der Hauptmann zuckte die Achseln. Vann forderte ihn auf, sich mit dem Regimentsstab in Verbindung zu setzen, die Situation zu erklären und sich die Erlaubnis zum Vorrücken geben zu lassen. Dann flog er zum ersten Kampfverband zurück, um festzustellen, ob der Regimentskommandeur stattdessen diesem den Befehl erteilt habe, nach Norden vorzurücken. Nein, man solle in Riegelstellung bleiben. Vann flog wieder zur Reserve zurück. Der Hauptmann hatte mittlerweile mit dem Regiment gesprochen, wie Vann es verlangt hatte, und erneut den Befehl erhalten, sich nicht von der Stelle zu rühren. Vann funkte den US-Berater im Regimentsstab an, der sich weiter südlich in einem Dorf befand, und setzte sich mit Faust in Verbindung, um Cao zu bewegen, auf der Stelle Ordnung zu schaffen. Er erreichte nichts. Trotz aller Bemühungen weigerte sich der Hauptmann, auf Vanns Verantwortung vorzurücken. Vann flog noch einmal zum ersten Kampfverband zurück und versuchte hier, den Hauptmann zum Vorrücken zu bewegen, wieder ohne Erfolg. Mit diesem nervenaufreibenden Leerlauf vergingen vierzig Minuten, und mit jeder Minute gelangten die Vietcong näher an die Grenze. Zudem waren die Hubschrauber nicht eingetroffen, die weiter nordwestlich die zweite Reserve absetzen sollten. Vann nahm deswegen mit Faust Funkverbindung auf. Faust teilte ihm mit, daß Cao sich an die getroffene Vereinbarung offenbar nicht mehr erinnern könne. Er wolle den Befehl nicht erteilen. Vann flog daraufhin nach Moc Hoa zurück, um selbst nach dem Rechten zu sehen.

Er sprang aus dem Hubschrauber, rannte zum Hangar, der als Gefechtsstand diente, und teilte Cao mit, er müsse die erste Reserve vorrücken und die zweite unverzüglich mit den Helikoptern starten lassen, sonst würden die Vietcong entkommen. Cao sagte, er könne das nicht tun.

»Warum denn nicht?«

»Weil der Kommandeur des 10. Regiments seinen großen Sieg nicht mit einem anderen Regiment zu teilen wünscht«, antwortete Cao. Der Kommandeur des 10. Regiments war der Major, der der Reserve befohlen hatte, nicht vorzurücken. Eines seiner in zwei Kampfverbände aufgeteilten Bataillone war zuallererst gelandet. Die Reserven gehörten zu anderen Regimentern.

Vann fehlten die Worte. Er starrte Cao an. »Was?«

Mit ruhiger Stimme wiederholte Cao, was er soeben gesagt hatte. Er lächelte.

Vann gelang es nur mit Mühe, die Beherrschung zu bewahren. Er zog Cao zur Seite, um ihn vor den Untergebenen nicht zu blamieren. Cao konnte sich doch nicht durch die Eitelkeit eines Majors davon abhalten lassen, den Krieg zu gewinnen. Schließlich war doch er der Divisionskommandeur. Er konnte seinen Untergebenen einfach übergehen und den Befehl erteilen. Es bestanden keinerlei Risiken. Sie waren den Vietcong zahlenmäßig weit überlegen. Cao hatte bis jetzt bloß zwei Mann eingebüßt, ein Dutzend nur waren verwundet worden. Vann schätzte, daß wahrscheinlich noch 200 Guerillas übrig waren, die nun alle in Richtung Kambodscha flüchteten. Cao konnte die Kommunisten doch nicht einfach entkommen lassen, sie würden bald von neuem angreifen. Er hatte einen Ruf als angriffsfreudiger Befehlshaber zu verlieren. Heute war die Gelegenheit, einen noch nie dagewesenen Sieg zu erringen. Er konnte ein ganzes Bataillon Vietcong schnappen. Er mußte handeln, sonst würde er als Feigling dastehen.

Cao blieb ungerührt. Er sagte, er habe nicht die Absicht, seinen Regimentskommandeur zu verärgern.

Vann brachte ihn schließlich doch noch dazu, die erste Reserve nach Süden vorrücken zu lassen. Sie begann ihren Vormarsch aber erst um zwei Uhr nachmittag, fast drei Stunden nach der Landung. Als Lohn für Vanns Beharrlichkeit fiel Cao ein seltener Preis zu. Die Einheit fand ein schweres 0,50-Zoll-MG, das die Vietcong zurückgelassen hatten. Außerdem entdeckte man sieben Guerillas, die sich unter Wasser versteckt hielten und durch Schilfrohre atmeten. Als sie zu flüchten versuchten, wurden sie erschossen. Man erbeutete auch wieder eine Anzahl leichter Waffen. Cao verlor keine Zeit und ließ alles zu seinem Befehlsstand bringen. Bevor Vann zurückkam, hatte er Hubschrauber ausgesandt, um den 81-mm-Granatwerfer und die leichten Waffen abzuholen, die beim ersten Angriff erbeutet worden waren. Auch beim Vereinigten Generalstab in Saigon hatte er schon angerufen, um mit seinen Schätzen zu prahlen. Vann bedauerte es fast, Cao zu dem schweren MG verholfen zu haben, als der dem Vereinigten Generalstab vorsitzende ARVN-General und ein Oberst angesichts des Granatwerfers, des MGs und der 27 leichten Waffen – zumeist französische Mehrlader – in lautes Ah und Oh ausbrachen. Cao ließ diese Beutestücke vor dem Hangar auf weißgedeckten Tischen wie Jagdtrophäen bei einem Bankett ausstellen.

Da Cao in seiner Ekstase sich um die Leitung der Operationen nicht mehr kümmerte und der Großteil des Stabes seinem Beispiel folgte, hörte der Befehlsstand auf zu funktionieren. »Nur unter größten Schwierigkeiten gelang es, das Interesse des Divisionskommandeurs und seines Stabs wieder auf die Fortführung der Operationen zu lenken«, formulierte Vann später sehr zurückhaltend in seinem Bericht. Es blieb ihm richtig die Spucke weg, als er sah, daß der Saigoner General an Caos Verhalten nichts auszusetzen hatte und sich selbst um kein Haar besser verhielt. Während sich Vann in frustrierenden Palavern ergebnislos bemüht hatte, die Reserven zum Vorrücken zu bringen, hatte Cao im östlichen Teil der Operationszone noch weitere 80 bis 100 Guerillas entkommen lassen. Es handelte sich wahrscheinlich um die Kompanie des 504. Bataillons, die Vann am Fluß hatte stellen wollen, die sich aber einen Tag zuvor abgesetzt hatte. Keines der beiden ARVN-Bataillone, die diese Guerillas aus den Verstecken getrieben hatten, wollte sie verfolgen, sosehr die US-Berater den Offizieren auch zuredeten. Auch Cao reagierte nicht, als Vann nach seiner Rückkehr ihn aufforderte, ihnen nachzusetzen. Sie waren von einem A-26-Invader der Luftwaffenkommando-Staffel entdeckt worden, woraufhin Cao unverzüglich einen Luftangriff befohlen hatte. Den Piloten zufolge wurden dabei 25 Partisanen getötet. Vann flog dann mit dem Hubschrauber los, um den Ort des Geschehens zu inspizieren. Die Flugzeuge hatten dieses Mal aber nur Schilf und Büsche zerbombt. So genau er auch hinsah, er konnte keine Toten entdecken.

Am folgenden Tag erhielt Vann noch schlimmere Nachrichten. Cao hatte die Gelegenheit versäumt, etwas zu zerstören, was für die Sache der vietnamesischen Kommunisten wertvoller war als ein ganzes Hauptmachtbataillon. In den Waldstücken oberhalb des Weilers hatte sich das wichtigste Guerilla-Ausbildungslager des nördlichen Deltas befunden. Beim Verhör von elf Gefangenen stellte sich heraus, daß eine der beiden aufgespürten Einheiten eine spezielle Ausbilderkompanie war, von deren Existenz Drummond nichts gewußt hatte. Die andere Kompanie gehörte dem 504. Bataillon an und hatte die Aufgabe, die Ausbilderkompanie zu schützen. Die übrigen Vietcong waren Jugendliche aus verschiedenen Regionaleinheiten, die in Bataillone der Hauptmacht aufgenommen werden sollten. Sie hatten bereits vier Monate im Lager verbracht und eine intensive Ausbildung an den Waffen, in Taktik, Tarnung und anderen Techniken des Guerillakriegs erhalten. Drummond entdeckte unter den Bäumen vier schilfgedeckte Klassenräume mit Schultafeln sowie zwei Gruppen von Hütten für medizinische Ausbildungskurse.

Die Piloten bekamen beim Anblick des aus US-Beständen stammenden 0,50-Zoll-MGs die Gänsehaut, denn es konnte in geschickten Händen zu einer tödlichen Flugabwehrwaffe werden. Das MG war der Beweis dafür, daß die Guerillas bereits begonnen hatten, sich für die Abwehr von Hubschraubern auszubilden. Dieser erste Eindruck bestätigte sich. Da Cao darauf aus war, noch mehr erbeutete Waffen auszustellen, schickte er am nächsten Tag zwei Teams mit Minensuchgeräten los. Sie entdeckten unter Wasser das Dreibein eines weiteren 0,50-MGs, Lauf und Mechanismus wurden hingegen nicht gefunden. Den Gefangenen zufolge hatte die Ausbilderkompanie drei solcher MGs besessen und daran eine Gruppe ausgewählter Rekruten in der Flugabwehr geschult. Drummond und Binh fanden im Lager Handbücher, in denen beschrieben war, wieviel Vorhalt die MG-Schützen bei der Abwehr von Jagdbombern und Helikoptern geben mußten, um die Fluggeschwindigkeit zu kompensieren. In einem anderen Handbuch waren die Seriennummern der drei MGs verzeichnet, die man wahrscheinlich den Franzosen oder der ARVN in einer anderen Region abgenommen hatte. Binh war jedenfalls nicht bekannt, daß solche MGs in der Zone der 7. Division verlorengegangen waren. Den Gefangenen zufolge hatten einige Mutige versucht, mit diesen MGs die Jagdbomber abzuschießen, bevor sie getötet wurden oder flüchten mußten.

Das Fiasko schmerzte Vann um so mehr, als es völlig unerwartet gekommen war. Noch einen Tag zuvor hätte er sich nicht vorstellen können, daß der Erfolg dieser Operation, die er mit Drummond und Ziegler unter Einsatz aller zur Verfügung stehenden Mittel so sorgfältig vorbereitet hatte, durch Cao zunichte gemacht werden könnte. Ebenso unvorstellbar wäre für ihn gewesen, daß Cao seine Theorie über die Natur des Menschen widerlegen und die ihm zugedachte Rolle einfach nicht akzeptieren würde. Für Vann als Offizier war es völlig undenkbar, daß man das Leben seiner Soldaten wegwarf, indem man den Feind laufen ließ, wie Cao es getan hatte. Die Vietcong hatten zwar schwere Verluste erlitten, da aber annähernd 300 entkommen waren, gab es genug Überlebende, mit denen man die Einheiten neu aufstellen konnte. Die Ausbilder würden zurückkommen und ihre Tätigkeit wieder aufnehmen, das 504. Bataillon der Hauptmacht würde wieder Hinterhalte legen und Außenposten überrennen.

Ein öffentlicher Skandal wäre das Ende von Vanns Spiel mit Cao gewesen, das er trotz dieses Rückschlags weiterführen wollte. Ein Skandal hätte zu seiner Entlassung durch General Harkins führen müssen, denn Skandale paßten nicht zur offiziellen Politik des herzlichen Einvernehmens zwischen Beratern und Beratenen. Als Malcolm Browne, der damals für »Associated Press« arbeitete, mit einem Hubschrauber aus Saigon kommend in Moc Hoa eintraf, erweckte Vann in ihm den Eindruck, es sei alles von Anfang an genau nach Plan verlaufen. Die Landung im Morgengrauen sei »erstklassige Arbeit« gewesen, sagte Vann. »Sie landeten genau nach Zeitplan, und es sieht ganz so aus, als ob wir den Vietcong diesmal völlig überrascht hätten.« Nachdem Cao verkündet hatte, daß seine Truppen und die Flugzeuge 131 Vietcong getötet hätten – der bis dahin größte Erfolg des Krieges – und einer der elf Gefangenen der für einen Distrikt verantwortliche Repräsentant der Partei sei, klärte Vann die Korrespondenten nicht über den wahren Sachverhalt auf. (In seinem vertraulichen Bericht an Porter und Harkins meldete er, daß die Zahl der getöteten Guerillas »90 nicht überstieg«.) Er mußte mit verhaltener Wut zusehen, wie Cao Lorbeeren erntete, ohne die Wahrheit sagen zu können, die seinem Unternehmen allen Glanz genommen hätte.

Diem war so erfreut, daß er für Cao die aufwendigste Siegesparade veranstaltete, die Saigon seit 1955 erlebt hatte. Damals hatten Fallschirmjäger der ARVN der Privatarmee der Binh Xuyen den Todesstoß versetzt, jenes Gangstersyndikats, mit dem sich Diem unter anderem hatte auseinandersetzen müssen. Radio Saigon und die von der Regierung gelenkte Presse begeisterten sich über »den größten Sieg des Krieges«. Die Parade wurde an einem Samstag abgehalten, so daß man möglichst viele Staatsbedienstete samt Familie zur Verstärkung der jubelnden Menge heranziehen konnte. Hübsche Mädchen im *ao dai*, der traditionellen vietnamesischen Frauentracht, einem enganliegenden Kleid, das sich beiderseits der Taille in einem Schlitz über der darunter getragenen Hose öffnet, kamen Cao und seinen Offizieren am Stadtrand entgegen, um sie mit Girlanden aus Orchideen und anderen Blumen zu schmücken. Aufrecht im Jeep stehend und nach allen Seiten hin winkend und salutierend, fuhr Cao durch die Stadt bis zu der Stelle, wo die Paradetruppen bereitstanden. Dann marschierte er an der Spitze seiner Offiziere und Männer über eine der Hauptstraßen zur ehemaligen französischen Oper, wo nunmehr Diems Nationalversammlung tagte. Alles war in Kampfanzug, Stiefeln und Helm erschienen, ausgenommen Cao, der sich das Generalsprivileg herausnahm, die Aufmerksamkeit mit einer an Baseballmützen erinnernden Feldmütze zu erregen, die damals in der US-Armee in Mode kam. In der Hand trug er sein Phantasieoffiziersstöckchen, an seiner Hüfte steckte in einem ledernen Halfter ein 0,45-Zoll-Colt. Sämtliche erbeuteten Waffen waren auf einer auf dem Platz vor dem Opernhaus errichteten Bühne zur Besichtigung ausgestellt. Offiziere und Soldaten wurden massenhaft mit Medaillen belohnt, und der Verteidigungsminister steckte eine Heldenmedaille an die Fahne der 7. Division. Als Höhepunkt des Tages wurde Cao zum Palast gefahren und von Diem für seine Tapferkeit ausgezeichnet.

Der Kontrast zwischen dieser öffentlichen Tatsachenverdrehung und der Ungeschminktheit des vertraulichen Berichts, den Vann nach der Operation an Porter und Harkins gesandt hatte, mußte Vanns Warnungen in den Ohren seiner Vorgesetzten um so lauter tönen lassen. Er hatte nun bei der Führung der Saigoner Truppen genug Mängel zu sehen bekommen, um die Dimensionen des Problems zu begreifen, dem sich das Korps der US-Berater gegenübersah. Er und seine Kameraden hatten die Aufgabe, einen Infanteriekrieg gegen Guerillas mit einer Armee zu führen, die unter einer institutionalisierten Kampfunwilligkeit litt. Dieser Abneigung verdankte Vann auch seine frühzeitige Kommandoübernahme im Seminar. Clay war am 23. Mai in seinem Helikopter verwundet worden, weil der Leutnant der ARVN-Kompanie sich geweigert hatte, einen Zug Vietcong zu verfolgen oder auch nur unter Beschuß zu nehmen, obwohl die Guerillas wie auf dem Präsentierteller über die Deiche eines Reisfeldes flüchteten. Clay mußte sich damals mit zwei Hubschraubern an ihre Verfolgung machen. Und nun hatte der Divisionskommandeur fünfzehnmal so viele Guerillas ungeschoren davonkommen lassen. Diese Armee litt unter einer regelrechten Phobie vor Risiken und möglichen Verlusten. »Eine beklagenswerte Situation«, schrieb Vann, »denn Befehlshaber auf allen Ebenen, die nichts unternehmen, behalten ihr Kommando und werden sogar befördert, während jene, die kampfbereit sind, eine Ablösung befürchten müssen, falls sie eine Niederlage oder schwere Verluste erleiden.« Die ARVN-Offiziere seien sich über ihre Aufgabe in keiner Weise im klaren. »Kleinliche Eifersüchteleien zwischen Bataillons- und Regimentskommandeuren haben Vorrang vor dem Hauptziel, den Feind zu fassen und zu vernichten, oder lenken davon ab. Die höheren Offiziere führen Befehle aus, wenn sie ihnen angenehm sind, und ignorieren oder ändern sie, wenn das nicht der Fall ist.« Damit die US-Berater ihrer Aufgabe, mit der ARVN den Krieg zu gewinnen, gerecht werden könnten, müsse man sich das ganze Ausmaß dieser Mißstände eingestehen und entsprechende Gegenmaßnahmen treffen. »Wenn nicht die gesamte ARVN darauf trainiert wird, in einer Kommandohierarchie und nach dem Grundsatz zu funktionieren, daß Befehle auch befolgt werden müssen, wird man kein annehmbares Maß an Kampfkraft erreichen«, schrieb Vann an Porter und Harkins.

Ein Offizier der US-Armee lernt, danach zu trachten, mit dem ihm zur Verfügung Stehenden das Beste zu erreichen. Die Möglichkeit eines Fehlschlags zu erkennen bedeutet für ihn nie, diese zu akzeptieren, sondern sich um so mehr anzustrengen. Wenn man sich ernstlich bemüht und Ideen entwickelt, so seine Überzeugung, wird es zu diesem Fehlschlag nicht kommen. Diese Einstellung war bei Vann noch stärker ausgeprägt als bei den meisten anderen Offizieren. Er war stolz darauf, niemals vor einer Herausforderung zu kapitulieren. Auch schenkte er Cao in gewisser Weise Glauben, wenn dieser sagte, daß der Kommandeur des 10. Regiments ihn gehindert habe, die Vietcong abzufangen. Er entband Cao nicht seiner Verantwortung, doch er wußte, daß Cao seine Probleme mit den Provinzgouverneuren hatte. Möglicherweise war der Major, der das 10. Regiment befehligte, ebenfalls einer von Diems Favoriten.

Außerdem hatte Cao die richtige Ansicht über den Krieg. Er wollte die Kommunisten daran hindern, im Süden ihre finstere Tyrannei zu errichten. Wenn sie einmal an der Macht wären, sagte er, würden sie ihr Versprechen vergessen, den Bauern Land zu geben und Reformen durchzuführen. Sie würden unter allen wirklichen und potentiellen Opponenten ein Blutbad anrichten, die Landwirtschaft kollektivieren, die Religion unterdrücken, die vietnamesischen Traditionen zerstören und die persönlichen Freiheiten abschaffen, die die Südvietnamesen unter Diem genossen, um statt dessen die Gesellschaft mit ihrem marxistischen Totalitarismus zu reglementieren.

Vann war überzeugt, daß die Kommunisten im Falle ihres Sieges alle diese Verbrechen begehen würden. Er kam zu dem Schluß, daß Cao, mochte er auch seine Fehler haben, ein vietnamesischer Patriot war, ein überzeugter Nationalist, der seinem Land eine anständige Alternative bieten wollte : eine antikommunistische Regierung, die das Land unter amerikanischer Führung schrittweise modernisierte. Er nahm an, daß Cao an Südvietnam ebensoviel lag, wie ihm selbst an den USA, und daß er ihn mit der Zeit durch Schmeicheln, Sticheln und Überredung zu einem militärischen Führer machen könnte, wie ihn Südvietnam brauchte.

So gesehen stellte das Fiasko vom 20. Juli für Vann einen Rückschlag dar, aber keinen Grund, seinen Plan aufzugeben. Im August sandte er Mary einen Schnappschuß, auf dem er neben Cao vor dem Stabszelt zu sehen war, das während einer Operation als Hauptquartier diente. Er ließ das Schwarzweißfoto im Fotoladen in My Tho kolorieren. Vann blickte auf dem Foto in die Kamera, Cao auf Vann. Auf die Rückseite schrieb er mit Kugelschreiber:

AUGUST 1962,
VANN UND CAO,
das beste amerikanisch-vietnamesische Team
zur Bekämpfung des Kommunismus.

Im Grunde wäre es Vann ohnehin nicht mehr möglich gewesen, wegen Cao die Flinte ins Korn zu werfen. Anfang Herbst 1962 hatte er sich bereits in seinem »Tiger-Cao«-Spiel gefangen, und zwar allein schon wegen der Zahl der getöteten

Vietcong. Operationsplanung und systematische Nachrichtenermittlung zeigten ihre Wirkung, aber auch die amerikanische Waffentechnik: Hubschrauber, Schützenpanzer und Jagdbomber. Vann war Gefangener dessen, was nach außen hin wie eine Erfolgsserie aussah. Während der ersten vier Monate nach seiner Befehlsübernahme wurden, wenn man den Meldungen glauben durfte, im Abschnitt der 7. Division bei Bodenoperationen und Luftwaffeneinsätzen ebenso viele Vietcong getötet wie im restlichen Südvietnam, nämlich 4056. (Die einzelnen Zahlen stammten von ARVN-Offizieren und schlossen die eigenständigen, auf die jeweilige Provinz beschränkten Operationen der Zivilgarde und der Milizeinheiten mit ein. Bei diesen Einsätzen waren oft keine US-Berater dabei, die die feindlichen Verluste schätzen konnten.) Selbst wenn man von dieser Zahl die Hälfte abzog, um den Übertreibungen Rechnung zu tragen (um hundert Prozent zu hoch angegebene Feindverluste wurden von Vann und den anderen Divisionsberatern als landesübliche Praxis angesehen), so waren doch 2000 Tote innerhalb von vier Monaten für die Vietcong im nördlichen Delta eine extrem hohe Verlustrate. Keines der Hauptmacht- oder Provinzbataillone war jedoch so getroffen worden, daß es nicht mit der Zeit wieder neu aufgestellt werden konnte. Einige hatten allerdings so schwere Verluste erlitten, daß sie eine Zeitlang nicht einsatzfähig waren. Vann begann deshalb zu hoffen, daß, wenn er diesen Operationsrhythmus durchhielt, der Vietcong trotz Caos Weigerung, sich auf Infanteriekämpfe einzulassen, durch die dauernden Verluste schließlich ausbluten würde. Bei sechs aufeinanderfolgenden Operationen in den Monaten August und September verloren die Vietcong hundert oder mehr Tote. Am 18. September fand in der Schilfebene eine Operation gegen das 502. Bataillon der Hauptmacht statt. Sie wurde de facto ein größerer Erfolg, als der »größte Sieg« vom 20. Juli es auf dem Papier gewesen war. Eine Kompanie des 502. Bataillons und etwa hundert regionale Guerillas, die mit ihr zusammen operiert hatten, wurden von den M-113-Schützenpanzern buchstäblich ausradiert.

Die Vietcong versuchten, hinter den niederen Deichen eines überfluteten Reisfeldes eine Verteidigungslinie zu errichten, doch die vierschrötigen Ungeheuer kletterten mit ihren Raupen über die Deiche und fuhren geradewegs in die Guerillas hinein, während deren Geschosse von den Aluminiumpanzern wirkungslos abprallten. Die aufgesessene Infanterie feuerte durch die Luken auf die nur wenige Meter entfernt im Wasser stehenden Guerillas. Die MG-Schützen hinter den schweren 0,50-Kalibern mähten alle nieder, die verzweifelt versuchten, durch das hüfthohe Wasser und den glitschigen grauen Schlamm zu entkommen. Einige, die in der allgemeinen Panik nicht den Kopf verloren, verbargen sich im Schilf oder unter Wasser, wobei sie durch Schilfrohre atmeten oder nur die Nasenspitze an die Oberfläche hielten. Die Fahrer der Schützenpanzer konterten diese List, indem sie ihre zehn Tonnen schweren Kisten nach vorne und hinten schaukeln ließen. Dadurch entstanden Wellen und die Guerillas wurden sichtbar. Die

Panzergrenadiere warfen Handgranaten ins Wasser, und die Detonationen drückten die Versteckten an die Oberfläche. Sobald man auf diese Weise einen Vietcong entdeckt hatte, drehte der Fahrer auf ihn zu, um ihn zu überrollen, falls er nicht ohnehin schon in einem Hagel von Geschossen zusammengebrochen war.

Die Guerillas verloren an diesem Tag 158 Mann, 60 wurden gefangengenommen. Vann schickte Mary Jane einen Ausschnitt der Titelseite der in Saigon erscheinenden englischsprachigen Zeitung »Times of Vietnam« mit dem Artikel über das Debakel der Kommunisten. Über die Titelzeile schrieb er: »Größter Abschußerfolg des ganzen Krieges!« Diem zeichnete die gesamte 7. Division mit der *fourragère* aus, einer bunten, geflochtenen Schnur, die man an der linken Schulter trug. Es handelte sich um die Kopie einer französischen Tapferkeitsauszeichnung, die auch die US-Armee und andere westliche Armeen übernommen hatten. Es war dies das erste Mal, daß die *fourragère* einer ganzen ARVN-Division verliehen wurde. Wie Cao erfuhr, dachte Diem daran, ihn zum General zu befördern und ihm den Befehl über ein ganzes Korps zu geben.

Bei General Harkins war Vann von allen Beratern am besten angeschrieben. Der Grund dafür war nicht etwa, daß Vanns Berichte nun optimistisch klangen. Sie waren weiterhin von der brutalen Offenheit gekennzeichnet, mit der er schon über die Operation vom 20. Juli berichtet hatte. Ein normaler Oberstleutnant hätte der in der Armee üblichen erfolgsorientierten Atmosphäre entsprechend die Dinge wahrscheinlich positiv dargestellt, Vann hingegen nahm sich kein Blatt vor den Mund. Das stets wiederkehrende Motiv seiner Berichte war, daß er und die anderen Berater der Lösung des Grundproblems nicht näherkamen, daran scheiterten, die ARVN in eine Armee zu verwandeln, die in der Lage gewesen wäre, den Krieg gegen die Partisanen zu führen und zu gewinnen. Harkins schien sich an diesen negativen Tönen nicht zu stoßen. Er richtete seine Aufmerksamkeit ganz auf Vanns Leichenstapel. Der General und sein Stab hatten beschlossen, in diesem Krieg ohne Fronten den Erfolg im wesentlichen an der Zahl der getöteten Vietcong zu messen, durch »Leichenzählen«, wie es im Jargon der Militärbürokratie hieß. Etwas weniger makaber drückte es der Presseoffizier des Saigoner Hauptquartiers in seinen Einführungsvorträgen vor Besuchern und Neuankömmlingen aus: »In einem Krieg ohne Kampflinien sind die Verluste des Feindes vielleicht der beste Indikator für erzielte Fortschritte.«

Harkins' Presseoffiziere ermutigten die Korrespondenten, Vanns Beraterabteilung zu besuchen und über die Einsätze der 7. Division zu berichten. Ständig wurden reisende Kongreßabgeordnete sowie Generäle und Zivilbeamte aus dem Pentagon zu Briefings durch das Vann-Cao-Team geflogen, das beim Guerillatöten wahre Abschußrekorde erzielte. Vann hatte im Rahmen seiner Strategie aus Cao einen musterhaften Presseoffizier gemacht, der in seiner Villa vom Podium des Kriegszimmers herab Angriffslust ausstrahlte. Vann ließ seinen Stab für Cao auch farbige Schaubilder, Diagramme und Diapositive vorbereiten, die dem, was einem im Pentagon geboten wurde, in nichts nachstanden. Er rückte bei diesen Vorstellungen stets Cao in den Mittelpunkt, stieg aber dann stets noch selbst aufs Podium, um das Ganze mit einer kurzen eigenen Darstellung abzurunden. Er hatte die Kunst des Briefings als junger Major im Stab des Hauptquartiers der US-Armee in Europa in Heidelberg erlernt, indem er solange übte, bis er sich darauf verstand, Statistiken, Gestik und eigene Erlebnisse miteinander so zu verweben, daß er seine Zuhörer überzeugen und darüber hinaus einen dramatischen Effekt erzielen konnte. Noch lange nach seinem Fortgang erinnerte man sich in Heidelberg an ihn als den besten Presseoffizier, den man dort je gehabt hatte. Auch in Vietnam beeindruckte er seine Zuhörer immer wieder. Blieb noch genug Zeit, was selten genug der Fall war, dann nahm er den Besucher aus dem Pentagon zur Seite oder zog sich mit ihm in den Salon im ersten Stock zu einem zweiten und ganz anderen Briefing zurück. Ansonsten überließ er es dem Hauptquartier in Saigon, weiterzugeben, was er vertraulich berichtet hatte. Das Privileg, Vanns persönliche Lagebeurteilungen zu hören, wurde allerdings nie Kongreßabgeordneten und Journalisten zuteil.

Cao sonnte sich in der Anerkennung und der Aussicht auf die Generalssterne. »Ich töte heute fünfzig Vietcong«, sagte er stets zu den Reportern, die in sein Hauptquartier kamen. Er begann das Public-Relations-Spiel sogar etwas zu sehr zu mögen. Immer wenn man besonders viele Vietcong getötet hatte, organisierten Harkins' Hauptquartier oder der Präsidentenpalast einen Sonderflug, um sicherzustellen, daß die gesamte Presse einschließlich der französischen Korrespondenten und der Saigoner Reporter über die offenkundigen Anzeichen des baldigen Sieges berichten konnten. Horst Faas, ein aus Deutschland stammender Photograph, der für »Associated Press« arbeitete und im Lauf von zehn Jahren Vietnam zweimal den Pulitzer-Preis erhalten sollte, traf einmal schon vor dem Zeitpunkt ein, zu dem die Presse erwartet wurde. Er überraschte Cao, als dieser gerade dabei war, das Schlachtfeld wiederaufzubauen. ARVN-Soldaten schleiften die Leichen von Guerillas in Kampfstellungen und plazierten erbeutete Waffen vor ihnen. Cao spazierte dazwischen umher und gab mit seinem Offiziersstöckchen Anweisungen.

Einige von Vanns Offizieren ärgerten sich darüber, daß Cao nun aus einer Laune heraus anfing, außerhalb des Kommandeurzelts mit dem Buschhut herumzulaufen. Sie meinten, selbst für Cao sei das ein bißchen stark. Wenn die Jagdbomber oder Schützenpanzer wieder einmal ein großartiges Ergebnis erzielt hatten, dann rieb er sich die Hände und redete davon, daß er die Guerillas jetzt in der Falle sitzen habe.

Aber er wollte die Falle nie zuschnappen lassen. Jedesmal, wenn es soweit war, hatte Vann mit ihm den gleichen Krach wie schon am 20. Juli im entscheidenden Moment der Operation. Die Reserveeinheiten standen bereit, die Hubschrauber waren aufgetankt, aber Cao weigerte sich, die Guerillas an der Flucht zu hindern.

Er gab Vann nun keine eigenartigen Erklärungen mehr von der Art, daß ein Regimentskommandeur seinen »Sieg« mit niemandem teilen wolle. Statt dessen begann er, seine »Generalsszene« abzuziehen, wie Ziegler es nannte. Er hörte Vann eine Weile zu, sagte dann etwas von »vorsichtig sein«, hörte Vann wieder ein wenig zu, begann den Mund zu verziehen und sagte schließlich, er wolle über dieses Thema nicht länger diskutieren. Wenn ihm Vann weiter zusetzte, richtete er sich auf und erklärte: »Sie sind Berater, der Kommandeur bin ich. Ich treffe die Entscheidungen.«

Vann hielt sich zurück, aber alle im Stab merkten, daß es ihm von Mal zu Mal schwerer fiel, nicht die Beherrschung zu verlieren. Sein Gesicht lief bei solchen Szenen rot an, und seine von Natur aus harte, näselnde Stimme klang noch härter. Wenn er dann wieder im Seminar war, schrie er seine Frustration hinaus und fluchte über Cao in so vulgärer Weise, wie es nur jemand kann, der in einem Arbeiterviertel Norfolks aufgewachsen ist.

Bei einer dieser Auseinandersetzungen bedeutete er Faust und den anderen Beratern, sich ans andere Ende des Befehlszelts zu begeben. Dann faßte er Cao am Arm und führte ihn zur Landkarte. Sie sahen, wie er mit den Fingern wieder und wieder auf die Öffnung trommelte, durch die die Guerillas entkamen. Sie hörten, wie er auf Cao leise und in verhaltenem Zorn einredete. Cao trug als Offizier und Soldat doch moralische Verantwortung. Er mußte den Fluchtweg verriegeln und das Vietcong-Bataillon vernichten. Diese Guerillas durften nicht entkommen und sich eine bessere Kampftechnik aneignen, um eines Tages zurückzukehren und seine Leute zu töten. Alle warteten darauf, daß Cao der Reserve den Befehl erteilte, in die bereitstehenden Hubschrauber zu steigen. Der Chef war heute richtig wütend und würde sich bestimmt durchsetzen. Cao zog seine »Generalsszene« diesmal nicht ab. Er verließ kurzerhand das Zelt. Faust begann sich zu fragen, ob Cao nicht ein kommunistischer Agent sei.

Aufgrund der Verluste, die er den Vietcong beibrachte, stand Vann bei General Harkins so hoch im Kurs, daß er einer der Offiziere war, die in Harkins' Saigoner Residenz zum Essen geladen wurden, als im September Maxwell Taylor zu einem kurzen Informationsbesuch nach Südvietnam kam. Es war fast ein Jahr her, daß Taylor nach seiner Erkundungsreise im Herbst 1961 Kennedys Entscheidung beschleunigt hatte, die US-Streitkräfte in den Krieg eingreifen zu lassen. Dieses Mal sollte Taylor feststellen, ob man im abgelaufenen Jahr irgendwelche Fortschritte erzielt hatte. Vann wurde ausgesucht, bei dem Lunch am Tag nach Taylors Ankunft am 10. September 1962 als Vertreter der Divisionsberater anwesend zu sein. Außer ihm waren noch drei Berater niedrigeren Dienstgrads eingeladen, ein Major und zwei Hauptleute. Von allen wurde erwartet, daß sie Taylor aus eigener Anschauung eine freimütige Einschätzung der Situation gaben.

Vann war begierig, diese Gelegenheit zu nutzen und seiner Besorgnis vor einem Mann Ausdruck zu geben, der auf die hohe Politik Einfluß nehmen konnte, um die Dinge in Ordnung zu bringen. Kennedy, der Taylor 1961 aus dem Ruhestand geholt hatte, um ihn zu seinem militärischen Berater zu machen, hatte ihm einmal mehr sein Vertrauen bekundet, indem er ihn im Juli zum neuen Chef des Vereinigten Generalstabs der US-Streitkräfte machte. Wenn es an ihm war zu reden, dann wollte Vann Taylor gegenüber die Tatsachen genauso schonungslos darstellen wie in seinen vertraulichen Berichten an Harkins. Es hatte ihn enttäuscht, daß diese Harkins nicht in der Weise alarmierten, wie er es erhofft hatte. Porter war darüber bestürzt gewesen, aber es war ihm nicht gelungen, Harkins aufzurütteln. Derselbe John Vann, der im Mai voller Elan und in der Überzeugung, daß er den Krieg gewinnen werde, die Straße nach My Tho hinuntergebraust war, hatte jetzt im September angesichts der ihm auferlegten Beschränkungen Zweifel, ob er das erreichen würde, was man von ihm erwartete. Er war beunruhigt über die weitere Entwicklung.

Sein scheinbarer Erfolg polsterte ihn zwar gegen seine Sorgen ab, aber er enthob ihn ihrer nicht, ja minderte sie nicht einmal. Auch wenn er die Hoffnung hatte, die regulären und regionalen Vietcong-Bataillone trotz Cao zu vernichten, so war es in seinen Augen unverantwortlich, sich auf diese Möglichkeit zu verlassen. Wahrscheinlich würden die Guerillas früher oder später lernen, nicht in Panik zu geraten und intelligenter zu kämpfen. Sollte es so weit kommen, dann würden die Tage des fröhlichen Jagens zu Ende sein. Bis dahin aber würde er nicht einmal die Minimalziele erreichen, die er und Porter sich gesteckt hatten. Nach der anfänglichen Begeisterung kooperierte Cao jetzt nicht einmal mehr bei so grundlegenden Dingen wie der Ausbildung der Bataillone in Schießtechnik und Infanteriekampf. Er erlaubte es keinem einzigen der Divisionsbataillone, bei dem dreiwöchigen Auffrischungskurs, den Vann im Trainingszentrum Tan Hiep organisiert hatte, bis zum Ende mitzumachen, und keines der Bataillone unternahm in seiner Garnison irgend etwas, was den Namen Ausbildung verdient hätte. In den »Monatlichen Kritiken« der US-Berater wurde in eintöniger Weise berichtet, daß die Bataillone die meiste Zeit mit »Erholungspausen« verbrachten. Kam einmal eines der Bataillone tatsächlich nach Tan Hiep, so zog Cao es schon nach wenigen Tagen wieder ab, oftmals, um eine Guerillagruppe zu verfolgen, die einen Außenposten überrannt oder einen Hinterhalt gelegt hatte. Vann war überzeugt, daß Cao ebenso gut wie er selbst wußte, daß es völlig aussichtslos war, nach solchen Überfällen Guerillas fangen zu wollen. Sie hatten ihren Rückzug schon im voraus geplant. Cao wollte dies niemals zugeben. Vann hatte den Verdacht, daß Cao seine Bataillone längst verschwundenen Füchsen nachschickte, um im Präsidentenpalast den Eindruck ständiger Alarmbereitschaft zu erwecken. Nach solchen Einsätzen beorderte Cao das Bataillon zwecks Ruhepause in seine Garnison zurück, anstatt es wieder ins Trainingslager zu schicken. Seine Leute für den Kampf ausbilden zu lassen erschien ihm nicht wichtig. Er tat so, als seien sie bereits gut ausgebildet.

Cao durchkreuzte auch Vanns Bemühungen, mehr Nachtpatrouillen und Hinterhalte zu organisieren, um dem Vietcong seine nächtliche Bewegungsfreiheit zu nehmen und so die Ausbreitung der Rebellion zu bremsen. Cao hatte den Nachteinsätzen anfangs zugestimmt, erstens, weil Diem den Befehl gegeben hatte, sich mit den Amerikanern zu arrangieren, wenn es nichts kostete, und zweitens, weil er sich seinem neuen Berater gegenüber großzügig zeigen wollte. Nachdem er auf diese Weise seine Liebenswürdigkeit demonstriert hatte, war er nun wieder darauf bedacht, zu dem zurückzukehren, was er für vernünftig hielt. Als ihn sein Stab eines Morgens – er hatte gerade gefrühstückt – darüber informierte, daß Vann die ganze Nacht draußen gewesen sei, und zwar nur mit einer Fünfmannpatrouille, bekam er einen Wutanfall. Er ließ Vann kommen und brüllte, daß diese Verrücktheiten aufhören müßten, er werde sonst einen anderen Berater anfordern. Ob Vann denn nicht begreife? Würde ein so hoher US-Offizier bei einem solchen Abenteuer gefangen oder getötet, dann würde ihn, Cao, die Verantwortung treffen. Diem würde ihm niemals verzeihen, seine Regierung in eine solche Verlegenheit gebracht zu haben. Seine Karriere wäre ruiniert, Diem würde ihn vielleicht sogar ins Gefängnis werfen. Vann entgegnete, er habe von Porter den Auftrag, Nachteinsätze einzuführen, und irgend jemand müsse die Truppen ja dazu anspornen. Er sei schließlich kein Amateur und habe in Korea die Erfahrung gemacht, daß man nachts mit einer kleinen Gruppe sicherer sei als mit einer großen. Cao war aber derart wütend und so voller Sorge, daß sich Vann zu einem Kompromiß entschloß, um sich wenigstens die Möglichkeit zu bewahren, seine Offiziere und Unteroffiziere bei Nachtoperationen einzusetzen. Er ließ sich von Cao zu der Zusage bewegen, daß er und die anderen Stabsoffiziere nachts nur mehr mit mindestens einer Kompanie als Eskorte hinausgehen würden. Die anderen Offiziere und die Unteroffiziere durften weiterhin Einsätze mit kleinen Gruppen durchführen. Sobald Vann und die Stabsoffiziere auf diese Weise gezügelt waren, begann Cao insgeheim Druck auszuüben. Offiziere und Sergeants hatten immer größere Schwierigkeiten, Männer zu finden, die bereit waren, ihnen zu folgen. Dahinter steckte eine Anweisung Caos.

Aber nicht nur die Schwierigkeiten bei der Ausbildung und den Nachteinsätzen belasteten Vann. Was ihn ebenso beunruhigte, war die Resistenz des Vietcong gegen die Schläge, die man ihm versetzte. Drummond hatte ihm mitgeteilt, daß einige der dezimierten Bataillone schon wieder aufgefüllt wurden und daß trotz der hohen Verlustzahlen, die seit Jahresbeginn aus dem Divisionsabschnitt gemeldet wurden, die Gesamtzahl der regulären und regionalen Guerillas in den fünf Provinzen gleich hoch blieb. Die Einheiten, die Vann noch nicht zum Kampf gestellt hatte, waren angewachsen und glichen auf diese Weise die Verluste der anderen zahlenmäßig aus. Schlimmer noch, Drummond war klar geworden, daß es in den Dörfern und Weilern wesentlich mehr ortsgebundene Guerillas gab als 10.000, wie ursprünglich angenommen. Er wußte noch nicht, wie viele es waren, doch die Differenz zwischen der anfangs geschätzten und der tatsächlichen Zahl war erheblich. Das bedeutete, daß die Kommunisten in der Guerilla-Volksarmee eine weit größere Basis besaßen, um die Verluste der Hauptmacht und der regionalen Einheiten wettzumachen, als Vann zunächst gedacht hatte.

Mit der gleichen Intensität, mit der er seine ersten VIP-Briefings im Heidelberger Hauptquartier der US-Armee eingeübt hatte, probte Vann am Vormittag des 11. September 1962 auf der Fahrt von My Tho nach Saigon in seinem Jeep, wie er bei Tisch Taylors Aufmerksamkeit erregen und das Gespräch auf seine Probleme konzentrieren würde. Er wollte vor Taylor auf keinen Fall als Unheilsprophet auftreten. Mit Kassandrarufen beeinflußte man Generäle nicht. Sie schlossen daraus, daß man kein richtiger Profi war. Vann konnte von sich ehrlich sagen, daß er sich nicht als Schwarzseher empfand. Er war besorgt und zuversichtlich zugleich, und über dieses Schwanken zwischen Furcht und Hoffnung wollte er Taylor informieren. Sobald dieser die Wahrheit wußte, würde er Kennedy unterrichten, und wenn einmal Kennedy wußte, was in Vietnam los war, würde er auf Diem ebenso den notwendigen Druck ausüben wie Taylor auf Harkins. Vanns Sorgen würden dann ein Ende haben.

Als er wenige Minuten vor 12.30 Uhr am Eingang zur Residenz des kommandierenden Generals stand, war er wieder der schneidige Soldat in gestärkter Khakiuniform mit spitzer grüner Mütze und auf Hochglanz polierten Schuhen, der am 23. März bei Porter vorgesprochen hatte. Auf der Einladungskarte prangte die Generalsflagge: vier weiße Sterne auf rotem Grund. Die Residenz, ein ockerfarbener Bau im traditionellen Kolonialstil, lag im besten Viertel Saigons, in dem früher französische Würdenträger gewohnt hatten. Vor dem Haus war eine gepflegte Rasenfläche angelegt, um die eine kreisförmige Auffahrt führte. Als Butler fungierte ein US-Sergeant, das übrige Personal bestand aus Vietnamesen. Um die Privatatmosphäre zu wahren und auch aus Sicherheitsgründen waren das Gebäude und die dazugehörigen Anlagen mit einer von einem Zaun gekrönten Mauer umgeben. Wollte man Anschluß finden, so mußte man sich zum Tennisplatz des nahegelegenen Cercle Sportif begeben, dem Treffpunkt der Ausländergemeinde Saigons und der vietnamesischen Oberschicht.

Zwei Tage nach dem Essen kehrte Maxwell Taylor in die USA zurück. Am Morgen vor dem Abflug gab er in Tan Son Nhut in der VIP-Halle noch eine Pressekonferenz. Über Fragen in bezug auf angebliche Spannungen zwischen US-Beratern und vietnamesischen Militärs ging er hinweg.

»Man muß selbst hierherkommen«, sagte er, »um das wachsende Nationalbewußtsein zu spüren, den Widerstand des vietnamesischen Volkes gegen die subversive Bedrohung. Mein Gesamteindruck ist, daß wir es mit einer großen nationalen Bewegung zu tun haben, die sicherlich von Amerikanern in einem gewissen

Maß unterstützt wird, die aber von ihrem Wesen her eine vietnamesische Bewegung ist und das Ziel hat, Vietnam gegen einen gefährlichen und grausamen Feind zu verteidigen.«

Als Vann nach My Tho zurückkehrte, waren seine Sorgen um nichts geringer geworden. Auf der Rückseite der Einladungskarte, die er dann bei seinen Papieren aufbewahrte, hatte er das Tischgespräch wie folgt zusammengefaßt:

> Gelegenheit, als einer von vier ausgewählten Beratern (2 Hauptleute, 1 Major und ich) Ansichten Gen. Taylor vorzubringen. Dauer des Essens 1 Std 15 Minuten. Gesprächsverlauf so, daß Gen. Harkins seine Ansichten vortrug und/oder die entscheidenden Punkte überging, die ich anzusprechen versuchte.

Am meisten Sorge bereitete ihm, daß trotz der noch nie dagewesenen Verluste, die der Vietcong erlitt, die USA selbst die Voraussetzung für eine Ausbreitung des Guerillakriegs schufen: durch das Beratungsunternehmen statteten sie die Guerillas ungewollt mit Waffen aus. Ab Frühjahr 1962 hatten die 28.000 Territorialsoldaten des Divisionsabschnitts, sobald sie an den US-Waffen ausgebildet waren, ihre französischen Repetiergewehre gegen amerikanische Schnellfeuergewehre umgetauscht. Die 10.000 Zivilgardisten wurden mit allen möglichen Infanteriewaffen überhäuft, von M-1-Gewehren über MGs bis hin zu Granatwerfern. Bei den 18.000 Milizionären war man etwas zurückhaltender; mit den halbautomatischen 0,30-Karabinern, den Thompson-Maschinenpistolen und dem BAR, einem leichten MG, waren aber auch sie recht gut bewaffnet. Als Harkins und sein Stab dieses Programm auf volle Touren brachten, übersahen sie allerdings, daß man keine Waffen ausgeben durfte, solange die mit Territorialsoldaten besetzten kleinen Außenposten nicht durch größere und festere ersetzt waren. Andernfalls würden die Saigoner Territorialtruppen zu einem Kanal werden, über den die großzügigen US-Waffenlieferungen an die Kommunisten weitergingen. Und genau das geschah dann auch. Zivilgardisten und Milizionäre wurden am häufigsten in Hinterhalte gelockt. Sie stellten auch die Besatzungen der im nördlichen Delta vorhandenen 776 Außenposten, die von den Guerillas bevorzugt angegriffen wurden. Die große Mehrheit dieser noch von den Franzosen errichteten Außenposten (in der Zone des III. Korps gab es davon insgesamt 2500) war eine leichte Beute. Die gemauerten Wachttürme, die »Ziegelsärge«, wie Vann sagte, wurden von einem halben Dutzend Milizionären gehalten. Die kleinen dreieckigen, mit Wassergräben umgebenen Forts aus Lehmwällen hatten bloß eine verstärkte Gruppe als Besatzung. Die Beseitigung des größten Teils dieser »Vietcong-Versorgungsstellen«, wie Vann und die Berater die Außenposten nannten, war eine weitere Priorität, über die Porter und Vann sich einig waren. Vann gab eine Untersuchung in Auftrag, an die sich eine Inspektion jedes einzelnen Außenpostens im

Divisionsabschnitt durch seine Provinzberater anschloß. Viele dieser Posten hatte er auf seinen Jeepfahrten persönlich besucht. Er empfahl dann Cao und seinen Provinzgouverneuren, die 776 Außenposten in 226 Lager mit Kompaniestärke oder mehr umzuwandeln, so daß sich die Besatzungen verteidigen konnten, bis Hilfe eintraf. Diese Lager konnten dann auch als Ausgangsbasen für Patrouillen und lokale Operationen dienen. Cao und die Provinzchefs erklärten einstimmig, es sei völlig unmöglich, auf die Außenposten zu verzichten. Es handle sich um Symbole der Regierungsautorität, und Diem werde ihrer Schleifung niemals zustimmen. Vann führte dagegen an, man solle dem Präsidenten doch klarmachen, daß es irrational sei, an Symbolen festzuhalten, die seine Herrschaft unterminierten, und daß dieses Außenpostensystem nicht nur militärisch gesehen unsinnig, sondern auch unmenschlich sei. Viele Milizionäre hatten ihre Familien mit in die Forts genommen, da diese außerhalb der Befestigungen nicht mehr leben konnten. Die Guerillas hätten sie gefangennehmen und damit die Garnison zur Übergabe erpressen können. Die verstümmelten Leichen von Frauen und Kindern, die bei Angriffen unter Beschuß geraten waren, stellten für die vietnamesischen Photographen des U.S. Information Service (wie man die U.S. Information Agency im Ausland nannte) zwar gutes Propagandamaterial dar, aber die Guerillas begingen bereits genug Grausamkeiten, so daß man nicht noch welche verursachen mußte. Mit keinem seiner Argumente kam Vann weiter. Cao und die Provinzchefs hingen alle in gleich irrationaler Weise an den Außenposten wie Diem selbst. Die einzigen, die geschleift wurden, waren die von den Guerillas eroberten. Die Partisanen ließen sie von den Bauern abreißen, bevor sie sich wieder zurückzogen. Die Provinzgouverneure ließen sie dann so schnell wie möglich wieder aufbauen.

Es war klar erkennbar, daß die vietnamesischen Kommunisten keine Schwierigkeiten hatten, in den Weilern so viele Guerillas zu rekrutieren, wie sie mit Waffen ausstatten konnten. Der Ersatz der verlorenen französischen Repetiergewehre — nach wie vor die Standardwaffe der Vietcong-Bataillone — durch frisch erbeutete halb- oder vollautomatische US-Waffen würde die Feuerkraft der Partisanen um ein Vielfaches erhöhen. Daß die Guerillas eine solche Steigerung anstrebten, zeigte sich deutlich anhand der M-1-Gewehre, Karabiner und Thompson-Maschinenpistolen, die jetzt unter den bei Vietcong-Einheiten erbeuteten Waffen auftauchten. Wenn man nichts unternahm, um diesen Fluß von US-Waffen über die Außenposten zu stoppen — Harkins und seine Leute drängten die Ausbildungsberater ständig, die Waffen trotz aller Warnungen Vanns und anderer Divisionsberater schneller auszugeben —, würde es Vann auf seinem zögerlich geführten Vernichtungsfeldzug mit einem zunehmend besser ausgerüsteten Gegner zu tun haben. Sollte sein Feldzug unterbrochen werden oder aus irgendeinem Grund den Schwung verlieren, so daß die Kommunisten ihre Kampfeinheiten wieder voll auffüllen und unbehindert in die Offensive gehen konnten, würden sie noch mehr amerikanische Waffen erbeuten, ihre Stärke weit über den gegenwärtigen Stand erhöhen und zu einem gefährlicheren Feind werden, als Vann sich vorzustellen wagte.

Die vietnamesischen Verbündeten Vanns zeigten sich in diesem Krieg von einer häßlichen Seite, die weit schlimmer war als das ewige Problem, daß die Truppen Saigons sich im eigenen Land wie eine Besatzungsmacht aufführten, den Bauern Hühner, Enten und Reis stahlen und ihre Frauen belästigten. Vann hatte in Korea erfahren müssen, daß man Gefangene schlug und ermordete. Die Nordkoreaner hatten in den ersten Kriegsmonaten oft amerikanische Gefangene getötet, die US-Truppen hatten sich dafür nach Möglichkeit gerächt. In Vanns Augen war es unsinnig, einen Mann zu mißhandeln oder zu töten, der, wenn man ihn geschickt ausfragte, Informationen liefern konnte, die es ermöglichten, eine Menge anderer Feinde unschädlich zu machen. Er konnte aber verstehen, daß Soldaten, die durch das Kampfgeschehen oder den Tod ihrer Kameraden außer sich waren, sich zu solchen Grausamkeiten hinreißen ließen. Aber nichts von dem, was ihm von Korea her bekannt war, hatte ihn auf den ausgeklügelten Sadismus vorbereitet, mit dem die Soldaten Saigons ihre Gefangenen behandelten.

Der schlimmste von allen ihm bekannten Folterknechten war seltsamerweise ein tapferer Offizier, ein Hauptmann kambodschanischer Abstammung namens Thuong. Er befehligte die der Division angeschlossene Ranger-Kompanie. Thuongs Truppen — die meisten von ihnen waren ethnisch gesehen Kambodschaner wie er selbst — stellten die einzige schlagkräftige Einheit der 7. Division dar. Thuongs Position entsprach der eines Bataillonskommandeurs, da seine Kompanie direkt der Division unterstellt war und er bei den Operationen oft noch eine zweite Ranger-Kompanie befehligte. Die Ranger-Kompanien sollten grundsätzlich selbständig operieren. Bei den meisten handelte es sich allerdings um ganz gewöhnliche Infanteriekompanien, die man in Ranger umbenannt und den Provinzgouverneuren unterstellt hatte. Cao hatte zu Thuong und seinen Männern besonderes Vertrauen. Er schickte sie ohne Bedenken allein los, was er bei den regulären Kompanien der Division niemals riskiert hätte.

Hauptmann Thuong wollte furchterweckend aussehen, und das tat er auch. Ziegler, der zuerst Thuongs Kompanie im Nahkampf trainiert hatte und ihn gelegentlich auf Einsätzen begleitete, erinnerte sich, wie kräftig und groß er für einen Mann seiner Rasse war. Er hatte die dunkle Hautfarbe der Kambodschaner, eine breite Nase und wulstige Lippen. Er trug eine optische Sonnenbrille mit einem starken Rahmen aus schwarzem Plastik und silberfarbenen Metallbügeln. Sein 45er-Colt steckte in einem ledernen Schulterhalfter, dessen Brustriemen zugleich als Patronengurt diente. Schon lange bevor die Amerikaner Diem überredeten, Ranger-Kompanien für den Kampf gegen die Guerillas aufzustellen, hatte Thuong bei den Franzosen eine Ausbildung als Fallschirmjäger erhalten. Auf diese Vorgeschichte war er stolz. Er trug zwar auf seiner linken Hemdschulter den aufgerissenen Tigerrachen, den die Amerikaner als Abzeichen der Ranger erfunden hatten, doch auf der rechten Seite prangte über der Brusttasche das Abzeichen der französischen Fallschirmjäger. Oft zeigte er sich auch in ihrem rotbraunen Tarnanzug, und nie sah man ihn ohne das rote Barett oder die Mütze der *paras*. An seinem Gürtel hingegen hing eine eindeutig amerikanische Waffe, sein Lieblingsinstrument. Es war ein Bowiemesser, eine schwere, 35 cm lange Klinge, die ihre Berühmtheit dem Abenteurer James Bowie verdankt, der in Alamo den Tod fand.

Ziegler stellte in seinem Tagebuch einen Katalog der Techniken zusammen, deren sich Thuong und seine Ranger bedienten. Es handelte sich um eine zwölf Punkte umfassende, keineswegs vollständige Liste, über die er in Druckbuchstaben »Starke Methoden« schrieb, die Übersetzung eines französischen Euphemismus für Folterungen:

1. Mit Stacheldraht umwickeln.
2. Auf dem Rücken Hautstücke herausschneiden.
3. Gliederstrecken mit Wasserbüffel oder Fahrzeug.
4. Kopf in den Schlamm tauchen (1,5 Min.).
5. Durch das Ohr schießen.
6. An das EE8 anschließen. (EE8 war die Bezeichnung für das von den Amerikanern gelieferte, batteriebetriebene Feldtelephon. Man befestigte bei Männern die Enden der Telephondrähte mit Klebeband an den Genitalien, bei Frauen an der Vagina und einer Brust. Der Elektroschock wurde dann in gewünschter Stärke durch Drehen der Telefonkurbel erzeugt.)
7. Sitzen auf dem Schanzwerkzeug. (Es handelte sich um den zusammenklappbaren Spaten, den die US-Armee der ARVN zum Ausheben von Schützenlöchern lieferte. Das Spatenblatt wurde fest in die Erde gestoßen. Dem Gefangenen wurde die Hose ausgezogen, dann setzte man ihn auf das obere Ende des Spatenstiels und preßte ihn nach unten.)
8. Messer im Rücken. (Thuong band den Gefangenen die Hände auf den Rücken und befestigte an den Gelenken das Bowiemesser mit der Spitze nach innen. Dann ließ er den Gefangenen an einen Baum stellen, legte ihm die Hand auf die Brust und begann ihn zu befragen und gleichzeitig gegen den Baumstamm zu pressen.)
9. Wasserbehandlung. (Man goß dem Gefangenen solange Wasser durch die Kehle, bis ihm der Magen schmerzhaft anschwoll. Es folgten Schläge in die Magengrube, um die Schmerzen noch zu steigern, oder man legte ihm, während man das Wasser in ihn hineinschüttete, einen nassen Lumpen über die Nase, so daß er zu ersticken drohte.)
10. Auf die Waden schlagen.

11. Gesicht zu Boden, Knie in den Rücken stemmen, Schultern ausrenken.
12. So lange in den Magen boxen, bis der Gefangene zusammenbricht und sich übergibt.

Ziegler markierte Technik Nr. 11 mit einem Sternchen, ebenso zwei entsprechende Photos, die er auf die gegenüberliegende Seite seines Tagebuchs geklebt hatte. Das erste zeigte einen Ranger, der einem Gefangenen die Schultern ausrenkte, das zweite, wie er den auf dem Boden Liegenden in die Hoden trat. Drei weitere Gefangene, von anderen Rangern bewacht, standen mit gefesselten Händen dabei und warteten, bis sie an die Reihe kamen. Es war bewundernswert, wie sie angesichts der Tortur ihres Kameraden die Fassung bewahrten. Sie blickten stoisch weg; von diesen Soldaten war gar nichts anderes zu erwarten, als daß sie ihnen entsetzliche Qualen bereiten würden. Sie schienen ihren ganzen Mut für das Martyrium aufbieten zu wollen, das in wenigen Minuten beginnen konnte. Jedesmal, wenn Ziegler versuchte, Thuong und seinen Rangern Einhalt zu gebieten, taten sie, als hörten sie ihn nicht. Am schrecklichsten war für ihn, wenn in den Weilern Verdächtige in ihren Verstecken aufgefunden wurden. Die Frauen und Kinder hängten sich an die Väter und flehten die Ranger an, sie doch nicht mitzunehmen, bis sie schließlich von den Soldaten fortgeprügelt wurden. Wenn, wie es manchmal geschah, die Quälereien und Morde schon vor den Augen der Angehörigen begannen, dann wurde ihm durch die Schreie und Klagen der Frauen und Kinder noch stärker übel als durch den Anblick der Folterungen selbst.

Dick Ziegler hatte Vann von diesen Erlebnissen berichtet. Die Ranger stellten aber keineswegs eine Ausnahme dar. Ähnliche Berichte hatte Vann auch von einigen seiner Bataillonsberater und den Offizieren erhalten, die bei der Zivilgarde und der Miliz Dienst taten. Es hatte ihn auch beunruhigt, daß Gefangene verschwunden waren, bevor sie im Divisionshauptquartier eintrafen, um Drummond und Binh vorgeführt zu werden. Da Vann dazu neigte, alles, was er nicht selbst gesehen hatte, anzuzweifeln, hatte er sich zunächst gefragt, ob diese Horrorgeschichten nicht Übertreibungen von jungen Männern waren, die noch nie einen Krieg erlebt hatten. Eines Nachts, es war Mitte Juli, hatte er mit Thuongs Kompanie im Distrikt Cai Lay etwa 27 km westlich von My Tho einen Hinterhalt gelegt. Ziegler war ebenfalls mitgekommen. Die Möglichkeiten, auf Vietcong zu stoßen, waren hier gut. Die Region war eine Guerilla-Hochburg, und die Mehrheit der Bauern sympathisierte schon seit dem Krieg gegen die Franzosen mit den Kommunisten.

Im Morgengrauen marschierte eine Gruppe von sieben Vietcong, die sich in diesem Gebiet in Sicherheit wähnten, über die Deiche eines Reisfelds geradewegs auf die Kompanie zu. Es handelte sich um Dorfguerillas, junge Bauern in schwarzer Arbeitskleidung. Thuong ließ sie auf weniger als hundert Meter herankommen, dann gab er den Feuerbefehl. Als sie in Deckung gegangen waren und sich nicht von der Stelle rührten, schickte er einen Zug los, um sie einzukreisen und gefangenzunehmen. Drei von ihnen waren leicht verwundet.

Thuong ließ die Gefangenen in einer Reihe aufstellen, zog das Bowiemesser aus der Scheide und begann mit seinem liebsten Spiel. Er spazierte vor ihnen auf und ab und redete mit ruhiger Stimme auf sie ein. Er sagte, er wolle die Wahrheit wissen und werde es nicht dulden, daß man ihn anlog. Dabei hielt er das Bowiemesser in der Hand und ließ die lange Klinge mit einer jähen Bewegung des Handgelenks nach oben schnellen. Plötzlich schoß sein dunkler Arm vor. Er packte einen der jungen Bauern am Haar, riß ihm den Kopf nach hinten und stieß ihm das Messer in die Kehle. Dann ging er wieder auf und ab wie vorher und sagte ganz ruhig, daß er die Wahrheit hören wolle und keine Lügen. Der Guerilla, der Thuongs Laune zum Opfer gefallen war, krümmte sich auf dem Boden und faßte sich in einem letzten Aufzucken an die Kehle. Die übrigen Gefangenen begannen ganz nach Thuongs Geschmack zu zittern. Vann hatte es nicht für möglich gehalten, daß der andere es wagen würde, in seiner Gegenwart Gefangene zu töten. Bevor Thuong dem Vietcong die Kehle durchschnitt, war er der Meinung gewesen, es handle sich um ein Einschüchterungsmanöver.

»He, sagen Sie ihm, er soll mit dem Scheiß aufhören!« schrie Vann, der so überrascht war, daß er Ziegler statt Thuong anbrüllte.

»Das ist ihre Art, Verhöre zu führen«, antwortete Ziegler und zuckte zusammen, als Thuong einem zweiten Guerilla den Hals durchschnitt.

»Verfluchter Hund«, brüllte Vann und stürzte auf Thuong zu, »ich habe doch gesagt, der Scheiß muß aufhören!«

Thuong schlitzte schnell noch eine dritte Kehle auf, um zu zeigen, daß ihn Vanns Geschrei nicht einschüchtern konnte. Dann drehte er sich um, und mit dem Messer auf die vier überlebenden Partisanen zeigend, schrie er ihm ins Gesicht: »Sie wollen sie ja, also nehmen Sie sie!« Vann hieß ihn einen blöden, mordgierigen Bastard, Thuong schenkte dem keine Beachtung. Er wischte das blutige Messer an seinem Hosenbein sauber, steckte es in die Scheide und ging weg.

Einer von den vier am Leben gebliebenen Guerillas war ins Bein getroffen worden. Vann hatte für den Transport der Gefangenen einen Marinehubschrauber angefordert, der nun dicht über dem überfluteten Reisfeld schwebte. Die Räder des Helikopters aus dem Schlamm zu ziehen hätte für den Motor eine gewaltige Anstrengung bedeutet, die die Piloten ihren Maschinen ersparen wollten, denn Ersatzteile waren in diesen frühen Jahren knapp. Vann war gerade dabei, den am Bein verwundeten Guerilla in den Helikopter zu heben, als die Maschine plötzlich eine Seitwärtsbewegung machte, so daß Vann mit dem Vietcong ins Wasser fiel. Der Guerilla sprang trotz seines verletzten Beins auf, packte Vann, hievte ihn in den Hubschrauber und kletterte dann selbst in die Maschine, gefolgt von seinen drei Kameraden und Ziegler.

Dieser Vorfall zeigte Vann, daß die Geschichten, die man ihm erzählt hatte, keine Übertreibungen waren, und daß Folter und Mord eine durchaus übliche Praxis darstellten. Als amerikanischer Offizier hatte er es zunächst abgelehnt, derartiges von seinen Verbündeten anzunehmen. Bei der nächsten Besprechung bleute er den Beratern ein, über diesen Skandal niemals mit Außenstehenden zu sprechen, aber ihm jeden Vorfall zu melden und stets zu versuchen, dagegen einzuschreiten.

Er sprach auch mit Cao darüber und erklärte ihm, er müsse sich mit dem Problem auseinandersetzen und Disziplinarmaßnahmen treffen, um seinen Offizieren und Soldaten klarzumachen, daß er diese Praktiken nicht dulde. Ein Soldat mußte erkennen, daß er dazu da war, Gesetz und Ordnung aufrechtzuerhalten, und nicht, sie zu untergraben. Folter und Mord waren nicht nur in moralischer Hinsicht zu verurteilen, sondern auch verderblich für die Disziplin einer militärischen Organisation. Gestattete ein Kommandeur seinen Offizieren und Mannschaften solche Praktiken, dann würden Leute wie Thuong sie zu einem Selbstzweck machen und daraus eine perverse Befriedigung ziehen. Jedem mußte klargemacht werden, wie unendlich dumm es war, solche Perversionen zu begehen. Die von Thuong getöteten Guerillas waren vielleicht gerade die, von denen man die nützlichsten Informationen erhalten hätte.

Cao hörte Vann zu und war auch der Meinung, etwas tun zu müssen, ergriff aber keinerlei Disziplinarmaßnahmen gegen Thuong oder sonst jemanden. Er gab auch keine neuen Vorschriften über die richtige Behandlung von Gefangenen heraus. Er schien seinen Offizieren lediglich aufgetragen zu haben, sich in Anwesenheit von Amerikanern zurückzuhalten. Einige Einheiten begannen nämlich, die Grausamkeiten dann zu begehen, wenn sie glaubten, daß die US-Berater es nicht sahen. Die meisten, so auch Thuong und seine Leute, machten weiter wie bisher.

Vann hatte Porter und Harkins von diesen abscheulichen Dingen berichtet, in der Hoffnung, Harkins würde bei der Regierung in Saigon vorstellig werden. Taylor hatte er nur ganz kurz darauf ansprechen wollen, alles andere war zu gefährlich. Einem General auf Inspektionsreise würde die Kunde von Mord und Folter nicht genehm sein. Aus Angst vor einem Skandal in der Presse würde er vor diesem Thema eine verständliche Scheu haben. Vann hatte beabsichtigt, sich seine Worte für ein anderes Schrecknis aufzuheben, das ihn noch mehr bekümmerte, da es eine viel größere Zahl von Menschen betraf: das wahllose Beschießen und Bombardieren ländlicher Siedlungen. Man machte sich damit die Bevölkerung zum Feind, denn es wurden dabei zahlreiche Zivilisten getötet oder verwundet sowie Häuser von Bauern und Viehbestand vernichtet. Vann hatte einen besonderen Grund, diese Frage vor Taylor anzusprechen. Er war zu der Überzeugung gekommen, daß nur jemand ganz oben in Washington dem Übel ein Ende setzen konnte, da Harkins und der oberste US-Luftwaffenoffizier in Südvietnam selbst ein Teil des Problems waren.

Porter hatte Vann kurz nach dessen Ankunft im März bereits in einem Gespräch auf die Leiden der Zivilbevölkerung aufmerksam gemacht. Er selbst war schon eine Woche nach seinem Eintreffen in Vietnam im Januar von einem Erlebnis geprägt worden, das ihn nicht mehr losließ. Er war damals bei einem Hubschrauberangriff mitgeflogen, der sich gegen eine Gruppe von Hütten in der Schilfebene richtete. Man hatte ihm gesagt, es handle sich um einen »Vietcong-Weiler«. Kurz bevor die Helikopter landeten, führten die Jagdbomber einen »Vorangriff« durch, um die Guerillas zu demoralisieren. Auf diese klassische Taktik, bekannt auch unter dem Namen »einleitendes Bombardement«, hatte man besonders im Stellungskrieg in der Schlußphase des Koreakonflikts zurückgegriffen.

Als Porter mit den Sturmtruppen aus dem Hubschrauber sprang, traf er auf keinerlei Guerillas. Sein Adrenalinspiegel hatte sich ganz umsonst erhöht. Stattdessen fand er zwischen den vom Napalm verbrannten Häusern die Leichen einiger alter Männer und Frauen. Plötzlich glaubte er, aus dem Knistern des brennenden Holzes ein bekanntes Geräusch herauszuhören. Er ging ihm nach und fand im Schlamm einen Säugling, der wie hysterisch nach seiner Mutter schrie. Porter konnte sie nirgends finden. Wahrscheinlich war sie tot oder versteckte sich. Er ließ das Kind in ein Waisenhaus bringen. Nirgendwo in der Umgebung stieß man auf Guerillas, man fand auch keine Schützenlöcher oder andere Anzeichen dafür, daß sich welche in letzter Zeit im Weiler aufgehalten hatten. Wahrscheinlich hatte der Ort unter Kontrolle der Vietcong gestanden, denn er lag in einem von ihnen beherrschten Gebiet, und es waren keine jungen Männer anzutreffen. Aber es war offensichtlich, daß sich zum Zeitpunkt des Bombenangriffs keine Guerillas im Weiler aufgehalten hatten. Vielleicht waren die Partisanen erfahren genug gewesen, sich nach Erscheinen des Aufklärungsflugzeugs sofort abzusetzen. Jedenfalls hatten die Jagdbomber Menschen getötet, derentwegen Porter nach Südvietnam gekommen war, um sie, wie er glaubte, gegen die Kommunisten zu schützen.

Vann teilte Porters Ideal des Soldaten als Beschützer der Schwachen. Ein Soldat, der Ehrgefühl hatte und sich über den Sinn seines Berufs im klaren war, tötete oder verwundete nicht absichtlich Zivilisten. Schon vor seinem Dienstantritt im Seminar hatte Vann sich auf seinen Informationsreisen durch das Korpsgebiet überzeugen können, daß Porter nicht übertrieb. In seinem ersten Jahr in Vietnam mußte er in mindestens fünfzehn Fällen feststellen, daß man durch Luftangriffe und Artilleriebeschuß völlig sinnlos alte Männer, Frauen und Kinder getötet hatte.

Hauptmann Binh, der mit Drummond zusammenarbeitete, erinnerte sich an einen Vorfall, den er während eines Einsatzes in der Provinz Kim Hoa südlich von My Tho beobachtet hatte. Bei einem Luftangriff waren eine Anzahl von Bauern umgekommen, eine ältere Frau war schwer verwundet worden. Vann hatte über Funk einen Helikopter angefordert, um sie in ein Provinzkrankenhaus bringen zu lassen. Binh sah, wie Vann sie aufhob, auf seinen Armen zum Hubschrauber trug und vorsichtig hochhielt, so daß die beiden Piloten sie ihm abnehmen und auf eine Tragbahre legen konnten. Als der Motor zum Start angelassen wurde und Vann unter den wirbelnden Rotorblättern gebückt weglief, sah Binh, daß sein Kampfanzug mit dem Blut der Frau befleckt war. »Der Amerikaner hat ein Herz«, sagte Binh zu sich, »kein vietnamesischer Offizier würde das tun.« Er ging zu Vann hin, um ihm zu sagen, daß auch er betroffen war. Als er dann vor ihm stand, blickten sie einander an und Binh brachte kein Wort heraus.

Dieses achselzuckende Töten und Verstümmeln brachte Vann in Rage, nicht nur, weil es seinem Berufsideal widersprach. Es erschien ihm als die denkbar schlechteste Art, diesen Krieg zu führen. Die Bekämpfung von Guerillas machte eine strikte Kontrolle von Luftwaffe und Artillerie nötig. Vann fragte sich, wie ein Amerikaner denn glauben konnte, daß vietnamesische Bauern, die ihre Freunde, Angehörigen und Heimstätten verloren, nicht genauso verbittert waren, wie es amerikanische Farmer an ihrer Stelle gewesen wären. Nur wurden diese vietnamesischen Bauern von einer Armee und einer Regierung umworben, die ihre Unterstützung suchten und zugleich ihre Rache herausforderten.

Vann hatte es anfangs nicht fassen können, als er sah, mit welcher Eile und Leichtfertigkeit Artillerie und Jagdbomber eingesetzt wurden. Es brauchte nur ein Heckenschütze einen einzigen Schuß abzugeben, und ein ganzes Bataillon kam zum Stehen. Der Bataillonskommandeur forderte augenblicklich einen Luftangriff oder Artilleriefeuer auf den Weiler an, aus dem der Schuß gekommen war. Vann bemühte sich immer wieder, zuerst dem Hauptmann und dann Cao klarzumachen, daß es lächerlich sei, wegen eines einzigen Heckenschützen ein ganzes Bataillon anzuhalten, und kriminell, einen ganzen Weiler auszuradieren. Warum man denn nicht eine Gruppe ausschwärmen ließ, um den Heckenschützen einzukreisen und ihn zu verjagen oder zu töten, während das Bataillon seinen Marsch fortsetzte? Man würde dann hin und wieder einen Soldaten verlieren, aber der Tod sei eben ein Berufsrisiko des Infanteristen. Die Leute bezahlten eine Armee doch, um sich von ihr beschützen, und nicht, um sich von ihr in die Luft sprengen zu lassen.

Die Provinz- und Distriktchefs hatten ihre 105-mm-Geschütze und 4,2-Zoll-Granatwerfer so aufgestellt, daß man sie um 360 Grad schwenken und damit in jede beliebige Richtung feuern konnte. Während einer seiner ersten Operationen in einem anderen Divisionsabschnitt hielt Vann sich spätabends noch im Kommandeurzelt auf, um an einem Bericht über die Tagesereignisse zu arbeiten. Außer ihm waren nur der diensthabende vietnamesische Offizier und einige Unteroffiziere und Mannschaften zugegen. Plötzlich ertönte aus dem Sprechfunkgerät eine Stimme. Der Offizier griff zum Mikrophon und ging nach wenigen Worten an die Landkarte, um etwas nachzuprüfen. Dann kehrte er wieder an das Funkgerät zurück und antwortete kurz.

»Was ist los?« fragte Vann.

»Das war der Distriktvorsteher. Er wollte bloß wissen, ob wir in dem Weiler dort irgendwelche Truppen stehen haben«, antwortete der Offizier und deutete auf einen bestimmte Stelle auf der Landkarte. »Ein Agent hat ihm berichtet, daß in dem Weiler Vietcong sind, und die möchte er jetzt beschießen.«

»Und was haben Sie geantwortet?« fragte Vann.

»Ich habe ihm gesagt, daß dort niemand von uns ist«, antwortete der Offizier.

»Ja und die Leute, die in dem Weiler leben?« fragte Vann. Der Offizier zuckte die Achseln. In einigen Kilometern Entfernung begann eine Haubitze, durch die Nacht zu röhren.

Vann mußte feststellen, daß diese Praxis auch im gesamten Abschnitt der 7. Division üblich war. Von einem Provinz- oder Distriktchef war zu erwarten, daß er zu jeder beliebigen Tages- und Nachtzeit in jede beliebige Richtung Granaten verschoß. Er benötigte dazu nicht einmal die unbestätigte Meldung eines Geheimagenten, daß in einem benachbarten Weiler ein oder zwei Tage zuvor ein paar Guerillas zusammengekommen seien. (Vann fiel auf, daß diese Agenten, die von den Provinz- und Distriktvorstehern angeworben und für jeden Bericht aus einem Geheimfonds bezahlt wurden, das Feuer niemals auf Weiler lenkten, in denen ihre Angehörigen lebten.) Als Zugabe praktizierten die Saigoner Offiziere ihre spezielle Version einer Artillerietaktik aus dem Ersten Weltkrieg, die man als Stör- und Behinderungsfeuer, abgekürzt H & I (für *harassment and interdiction*) bezeichnete. Wenn ihnen nachts oder tagsüber gerade danach war, suchten sich die Provinz- oder Distriktchefs bzw. die Kommandeure der größeren ARVN-Einheiten auf der Landkarte ein paar Stellen heraus — eine Furt in einem Kanal oder Fluß, eine Wegkreuzung, ein Wasserpalmendickicht, irgendeinen Ort, von dem man sich vorstellen konnte, daß gerade Vietcong dort waren — und ließen diese Stellen beschießen. Kein Boden- oder Luftbeobachter wies die Geschütze vorher ein oder korrigierte den Beschuß, wenn das Feuer eröffnet war. Die Artillerieoffiziere errechneten Schußrichtung und Entfernung anhand der Koordinaten auf der Landkarte. Die Tatsache, daß nur aufgrund von Kartenmessungen, aber ohne Korrektur und Zielbeobachtung geschossen wurde, stellte für die Bauern einen gewissen Vorteil dar. Nur anhand von Koordinaten zu schießen war schwierig genug; außerdem waren die von der ARVN benutzten französischen Armeekarten völlig veraltet. So konnte es sein, daß der beschossene Weiler oder irgendein anderes Ziel gar nicht mehr an der auf der Karte bezeichneten Stelle lag. Die Irrationalität dieser Art von Artilleriebeschuß schien die vietnamesischen Offiziere nicht zu stören, denn obwohl Vann auch darüber seiner Verwunderung Ausdruck gegeben hatte, änderte sich gar nichts.

Mit Ausnahme einiger weniger wie Binh hatte niemand Gewissensbisse, wenn Bomben und Granaten auf Zivilisten statt auf Guerillas fielen, wie es so häufig der Fall war. Vann konnte Cao schließlich dazu bringen, daß er wenigstens auf die

Luft- und Artillerieangriffe vor den Hubschraubereinsätzen verzichtete. Sie machten den Überraschungseffekt zunichte und waren ohnehin unnötig aufgrund des Schocks, den die Helikopter unter den Guerillas auslösten. Davon abgesehen war all sein Argumentieren, Bitten und Fluchen umsonst. Man sagte ihm, daß die Bombenopfer böse Leute seien, eben die Angehörigen von Guerillas. Wenn er einen Bataillonskommandeur anschrie, weil er einen Weiler samt Einwohnern zerfetzen ließ, führte man ihn nachher zu einem Baum und zeigte ihm eine darangenagelte Vietcongfahne oder irgendeinen Propagandaspruch auf einer stehengebliebenen Hauswand. John Vann war nach Vietnam gekommen, um gegen Männer Krieg zu führen, aber nicht gegen ihre Mütter, Väter, Frauen und Kinder. Daß diese Leute Verwandte der Guerillas waren und ohne Zweifel mit ihnen sympathisierten oder sie unterstützten, änderte nichts an ihrem zivilen Status und machte aus ihnen kein Freiwild. Es handelte sich um Menschen, die die Saigoner Regierung anständig behandeln und für sich gewinnen mußte, damit sie ihre Gatten und Söhne so bald wie möglich überredeten, mit den Kommunisten zu brechen.

Cao und die anderen Saigoner Offiziere, so schloß Vann, wollten diese Leute töten, ihre Häuser zerstören und ihr Vieh abschlachten, nicht systematisch zwar, aber doch oft genug, um sie einzuschüchtern. Ihre Pazifizierungskonzept bestand offensichtlich darin, die Bauern aus ihrer Unterstützung für die Vietcong herauszuterrorisieren. Genau deshalb unternahmen Cao und die Provinz- und Distriktchefs auch nichts, um den Morden und Folterungen Einhalt zu gebieten. Sie hielten sie für nützlich. Ihre Einstellung war: »Wir werden diesen Leuten eine Lektion erteilen. Wir werden ihnen zeigen, wie stark und brutal wir sind.« Die einzige kohärente Antwort, die er von Cao jemals bekam, wenn sie über die Luft- und Artillerieangriffe diskutierten, war die, daß Flugzeuge und Artillerie die Macht der Regierung demonstrierten und die Leute dazu brachten, diese zu respektieren. Vann war anfangs auch überrascht gewesen, daß Cao und die meisten seiner Offizierskollegen wegen der Schlächtereien und Folterungen keinerlei Schuldgefühle hatten. Mit der Zeit wurde ihm dann klar, daß sie die Bauern als eine Art niedere Gattung ansahen. Sie vernichteten nicht Menschenleben und menschliche Behausungen, sie töteten tückische Tiere und zerstörten ihre Höhlen.

Wenn Porter und Vann sich an Harkins wandten, um dieses selbstzerstörerische Wüten zu beenden, dann zeigte sich, daß er auf seine Art genauso beschränkt war wie die vietnamesischen Befehlshaber. Anstatt seinen Einfluß geltend zu machen, um die Bombardierungen zu beenden, förderte er sie noch. Vann mußte mit Bestürzung feststellen, daß weder er selbst noch Porter etwas bei ihm ausrichteten.

Der General kam verhältnismäßig oft ins Delta, genauer gesagt, er ließ sich in ein paar Provinzhauptstädte und zu den wichtigsten Befehlsstellen fliegen, um Berichte entgegenzunehmen. Er benutzte dazu am liebsten eine jener Kommandeurmaschinen, wie sie hochrangigen Offizieren zustehen, eine zweimotorige, in einem geschmackvollen Kontrast von Weiß und Army-Grün gehaltene Beechcraft. Die Kabine verfügte über acht Sitze mit aufklappbarem Tisch zum Arbeiten oder Essen, im Fond befand sich eine kleine Kaffeebar. Harkins war stets auf die Einhaltung der militärischen Anstandsregeln bedacht. So wurde Porter als ranghöchster US-Offizier des ganzen Gebiets fast immer eingeladen mitzufliegen, meistens nahm Harkins auch einen hohen vietnamesischen Offizier aus Saigon mit. Bei Besuchen im Abschnitt der 7. Division wurden Vann und Cao gebeten, sie zu begleiten.

Wenn sie vom Vietcong kontrollierte Gebiete überflogen, machten Porter und Vann Harkins auf Anzeichen aufmerksam, aus denen die Präsenz von Guerillas ersichtlich war: aufgegrabene Straßen, Erdwälle, die Kanäle blockierten, zerstörte Außenposten. Wenn sie im Flugzeug zwischen den Sitzen oder während des Briefings bei der nächsten Zwischenlandung die Karte ausbreiteten, dann verwiesen Cao und der Offizier aus Saigon auf einen »Vietcong-Weiler« hier und eine »Waffenfabrik« dort.

»Die müssen wir bombardieren«, sagte Cao.

Da er von Vann und Porter so viele Klagen hörte, fragte Harkins dann, ob denn der Ort nicht voller Zivilisten sei.

»Nein, nein, dort sind lauter Vietcong«, war Caos Antwort.

»Auf jeden Fall«, fügte der Offizier aus Saigon hinzu, »sind die alle von den Kommunisten verdorben worden.«

Wenn Porter und Vann wieder mit Harkins allein waren, erklärten sie ihm, daß dieser »Vietcong-Weiler« sich von zahlreichen anderen Weilern des Mekong-Deltas durch nichts unterschied. Die Vietcong benutzten ihn gelegentlich zum Übernachten, außerdem gab es dort eine lästige Gruppe lokaler Guerillas, die dem Distriktvorsteher Schwierigkeiten bereitete. Wenn man die Ortschaft bombardierte, würden diese Leute wahrscheinlich unversehrt entkommen. Sobald die Flugzeuge auftauchten, konnten sie in ihre Verstecke springen. Die mehreren hundert übrigen Bewohner würden sicherlich nicht so gut vorbereitet sein. Einige würden vielleicht getötet werden, wenn sie in Panik aus der Deckung liefen. Die Vietcong lehrten die Bauern, Unterstände unter den Plattformen zu graben, die, mit Strohmatten bedeckt, als Schlafstätten dienten. Durch diesen Behelf verfügten die Hausbewohner über einen praktischen Luftschutzraum, es sei denn, das Haus wurde von Napalm oder dem weißen Phosphor getroffen, der im US-Militärjargon »Willy Peter« genannt wurde. In diesem Fall würde die Familie weder die Zeit haben noch genügend ausgebildet sein, um ihren kleinen Keller zu verlassen. Sie würden alle darin ersticken. Was die von Cao angegebene »Vietcong-Waffenfabrik« betraf, so erklärten Porter und Vann, daß ihnen Berichte vorlagen, denen zufolge die Vietcong in besagtem Weiler aus verzinkten Rohren Schrotflinten herstellten. Die »Fabrik« bestand aus einem Haus, das von den Häusern der

Bauern durch nichts zu unterscheiden war. Wenn es nach dem Bombardement unter den getroffenen Häusern war, hatte man einfach Glück gehabt.

Harkins sperrte sich gegen ihre Argumente. Er blickte sie ungläubig an, wenn sie ihm erklärten, daß Cao und der hohe Offizier aus Saigon nicht die Wahrheit sagten. Sie hatten den Eindruck, die Ausdrücke »Vietcong-Weiler« und »Vietcong-Waffenfabrik« erweckten in ihm Erinnerungen an den Zweiten Weltkrieg, an deutsche Kasernen und Munitionsfabriken. Harkins ging bei seinen Exkursionen außerhalb Saigons nie so weit, die Infanterie auf ihrem Marsch zu begleiten. Er bekam deshalb nie etwas zu Gesicht, was seinen vorgefaßten Vorstellungen widersprach. Vann und Porter konnten ihn auch nicht zu dem Eingeständnis bewegen, daß die Luft- und Artillerieangriffe, wie Vann es einmal vor Ziegler resümierte, »viel mehr Zivilisten als Vietcong töteten und nur neue Vietcong produzierten«. Vann und Porter wurden gewöhnlich abgewiesen und die Weiler bombardiert. Auch die unsinnigen Artillerieeinsätze ließ Harkins nicht einstellen. Er hätte dies tun können, denn er brauchte dazu den Saigoner Offizieren nur die Granaten zu rationieren.

Auch die Berater der beiden anderen Divisionen im Korpsgebiet waren der Ansicht, daß die Bombardements nur politischen Schaden anrichteten und keinerlei militärischen Nutzen erbrachten. Lieutenant Colonel Jonathan »Fred« Ladd, 41, der bei der 21. Infanteriedivision im südlichen Teil des Deltas als oberster Berater tätig war, zählte zu den Oberstleutnants, auf deren Meinung ein General gewöhnlich hört. Sein Vater, der verstorbene Brigadegeneral Jesse Ladd, war eine beliebte, ja prominente Persönlichkeit im Offizierskorps der alten US-Armee gewesen, ein Freund und früherer Vorgesetzter Eisenhowers, an den sich einige, die 1962 Sterne trugen, noch gern erinnerten. Generalmajor William Westmoreland, einer der vielversprechendsten Armeegeneräle in dieser Aufbruchszeit der frühen sechziger Jahre, hatte kurze Zeit als Jesse Ladds Stabschef gedient, als dieser gegen Ende seiner Laufbahn die 9. Infanteriedivision befehligte. Fred Ladd hatte aufgrund seiner hervorragenden Dienstbeschreibung in der Armee großartige Aussichten. Er war zu Beginn des Koreakriegs Adjutant von General Douglas MacArthur gewesen, hatte während seiner Tätigkeit für MacArthurs Stabschef das »Distinguished Flying Cross« erhalten und später bei der Infanterie gedient. Seine Captains bei der 21. ARVN-Division waren die gleiche dynamische Bande wie Vanns Beraterteam. Unter ihnen befand sich Paul Raisig, Jr., der zwei Jahre danach als Oberst eine bedeutende Rolle bei der Reorganisation der Armee spielen sollte.

Harkins hatte Interesse an Ladds Urteil bei anderen Fragen gezeigt, aber nicht beim Streit über die Bombenopfer unter der Zivilbevölkerung. Die Diskussionen hatten schließlich damit geendet, daß Harkins de facto stets sein Einverständnis gab, wenn Cao oder ein anderer Saigoner Offizier auf eine »Vietcong-Waffenfabrik« oder ein ähnliches »Ziel« zu sprechen kam. Der General sagte dann mehr im Ton eines Beschlusses als einer Frage: »Warum sprengen Sie das Ding nicht einfach von der Landkarte?« Porter und Vann gab er zu verstehen, daß er des Geredes über die Opfer unter der Zivilbevölkerung müde war, hörte sich aber ihre Klagen weiterhin höflich an.

Nicht so Brigadier General Rollen »Buck« Anthis, der wackere Pilot, der in Harkins' Oberkommando der US-Luftwaffe vorstand. Im Hauptquartier von Anthis' 2. Luftwaffendivision in Tan Son Nhut war der Name Porter ein Reizwort. Die Air Force hatte mehr als die anderen Teilstreitkräfte Einfluß auf ihr Saigoner Gegenstück gewonnen und mit der VNAF eine Art amerikanisch-vietnamesische Luftwaffe aufgebaut. Das Zentrum für gemeinsame Operationen in Tan Son Nhut, das die Jagdbombereinsätze in ganz Vietnam überwachte, stand unter amerikanischer Leitung und war in bezug auf alle praktischen Aufgaben mit US-Offizieren besetzt.

General Anthis hatte auf Porters Klagen zunächst so reagiert, daß er sagte, Porter übertreibe offenbar oder habe vereinzelte Zwischenfälle im Blick. Porter war mit dem General ungebührlich direkt gewesen. Er hatte Anthis kurzerhand eingeladen, mit ihm zu kommen und sich die Leichen der Frauen und Kinder anzusehen, die seine Piloten auf dem Gewissen hatten. Porter erneuerte diese Einladung sooft Vann auf diesem Problem herumritt und ihn dadurch veranlaßte, bei Anthis vorstellig zu werden. Anthis reagierte auf die erste Einladung gereizt und auf jede weitere mit wachsender Feindseligkeit. Sie stritten sich wieder und wieder und mit den ewig gleichen Argumenten. Vielleicht wurden tatsächlich ein paar Unschuldige getroffen, aber das war eben die unvermeidliche Tragik jedes Krieges, wie Anthis, dem altbewährten Gedanken »Krieg ist nichts Schönes« folgend, widerwillig einräumte. Es gehe nicht um *ein paar* Nichtkombattanten, es gehe um *fast nur* Nichtkombattanten, und das sei nicht normal, konterte Porter. Er übertreibe offenbar, entgegnete ihm Anthis; der Oberkommandierende der VNAF und die ARVN-Offiziere, mit denen er zu tun hatte, sagten, daß die Opfer größtenteils Guerillas seien und die Bomben den Kommunisten arg zusetzten. Er solle sich doch nichts vormachen lassen, antwortete Porter und versuchte, ihn mit dem neuesten Bericht Vanns zu korrigieren, in dem es hieß, daß die Bomben »diese Leute geradewegs dem Vietcong in die Arme trieben«. Anthis wollte das nicht wahrhaben. Nun forderte ihn Porter wieder einmal heraus. Wenn Anthis keine Angst vor der Wahrheit habe, warum komme er dann nicht, um sich selbst anzusehen, wen seine Bomben trafen? Das war der Punkt, wo Anthis sich auf das Gesetz zurückzog. Er und seine Leute verfügten keinen einzigen dieser Einsätze. Die Luftangriffe erfolgten ausschließlich auf Anforderung durch die gesetzmäßigen Behörden des Landes — der verantwortlichen ARVN-Offiziere sowie der Provinz- und Distriktchefs.

»Aber Sie würden dieser Aufforderung doch nicht nachkommen, wenn sie meinten, daß Sie bei dem Angriff Frauen, Kinder und alte Leute töten, nicht wahr?« fragte Porter dann.

»Natürlich nicht, aber wir fordern die Einsätze ja nicht an, das tun doch die Vietnamesen«, antwortete Anthis. Und er beharrte auf dieser Position der Legalität, von der Porter ihn solange abzubringen suchte, bis er in Zorn geriet und die Diskussion abbrach. Allerdings hatte er immer noch nicht Porters Einladung angenommen.

Als Oberst und Korpsberater war Porter durchaus befugt, es mit einem Luftwaffengeneral aufzunehmen, ohne etwas befürchten zu müssen. Nicht so Vann. Für ihn war es ein Glück, daß er niemals die Gelegenheit hatte, mit Anthis unmittelbar zusammenzutreffen, sonst wäre er wahrscheinlich nicht lange genug bei der 7. Division verblieben, um Harkins' Starberater zu werden. Für Vann war klar, womit Porter es in der Person von Anthis zu tun hatte. Als Kennedy die USA in den Krieg schickte, wollte jede der Teilstreitkräfte in Vietnam eine so bedeutende Rolle wie nur möglich spielen. Je mehr die Luftwaffe bombte, desto bedeutender war ihre Rolle. Schränkte man hingegen ihre Macht auf das richtige Maß ein, so gab es für sie in Vietnam nicht viel zu tun. Es lag also in Anthis' persönlichem und im Interesse seiner ganzen Institution, zu glauben, daß das Bombardieren für den Fortgang des Krieges nützlich war, und deswegen glaubte er es auch. Der Anblick der Leichen von Frauen und Kindern aber hätte seiner Fähigkeit geschadet, mit Begeisterung weiterzubomben. Vann machte der Air Force keinen Vorwurf, die institutionelle Kreatur zu sein, die sie eben war. Der Fehler lag vielmehr bei Harkins, der das Wesen dieses Krieges nicht begriff und den Neigungen bestimmter Institutionen keine Zügel anlegte.

Die Bombardements intensivierten sich von Monat zu Monat in dem Maße, in dem Anthis und sein Team die Schlagkraft ihrer amerikanisch-vietnamesischen Zwitterluftwaffe erhöhten. Ende 1961 verfügte die VNAF über etwa 70 Flugzeuge. Im September 1962 besaß sie schon doppelt so viele, wobei aber jeder zweite Pilot Amerikaner war. Die U.S. Air Force selbst hatte etwa 60 Flugzeuge in der »Farm-Gate«-Staffel in Bien Hoa und bei anderen Einheiten. Entsprechend war die Zahl der amerikanischen Luftwaffenangehörigen in Vietnam angestiegen. Im Dezember 1961 waren in Südvietnam 400 stationiert gewesen, im September 1962 waren es schon mehr als 2000. Auf diese Weise entsprach das Kontingent der Air Force zahlenmäßig einem Drittel der Luftwaffe des Saigoner Protegés, die 1962 etwa 6500 Offiziere und Mannschaften umfaßte. Der Trick mit dem Bemalen der B-26- und T-28-Maschinen bei der »Farm-Gate«Staffel mit VNAF-Abzeichen und das Fernhalten der Korrespondenten vom Militärflugplatz Bien Hoa mit dem Hinweis, es handle sich um eine vietnamesische Luftwaffenbasis und die vietnamesische Regierung wünsche nicht, daß man sie betrete, hatte das Anwachsen dieser amerikanisch durchsetzten Luftmacht in der Öffentlichkeit weitgehend unbeachtet gelassen. Vann hatte ihre Entwicklung sowohl anhand der sich rasch vergrößernden Zahl von Feindflügen beobachten können als auch an der entsprechend ansteigenden Tonnage von Bomben, Raketen und Napalm, mit denen die Landgebiete verwüstet wurden. Die Zahl der Feindflüge hatte sich fast vervierfacht. Sie war von 251 im Januar 1962 auf 985 im August angestiegen. Die Kurve zeigte keinerlei Tendenz, wieder abzuflachen.

Es war vorhersehbar gewesen, daß Anthis und seine Mannschaft als gute Bürokraten Ziele erfinden würden, um ihre immer zahlreicher werdenden Flugzeuge zu beschäftigen. Da durch die Art dieses Krieges die Gelegenheiten zu Luftangriffen gegen eindeutig festgestellte Guerillagruppen beschränkt waren, ersann man eine ausbaufähige Kategorie »vorgeplanter Ziele«, um die immer zahlreicher werdenden Luftangriffe unterzubringen. Diese Angriffe richteten sich gegen »Vietcong-Konzentrationen, Depots, Fernmelde- und Kommandozentren, Hauptquartiere und Waffenproduktionsstätten«, wie die offizielle Terminologie für das lautete, was Cao »Vietcong-Weiler« nannte. In den Berichten über die Jagdbombereinsätze wurden sämtliche Gebäude als »Konstruktionen« bezeichnet. Damit war der Unterschied zwischen einer von den Partisanen erbauten Hütte und dem Haus einer Bauernfamilie und zur Not auch einem Schweinestall aufgehoben. Gleichzeitig erfüllte dieser Terminus die bürokratische Notwendigkeit zu zeigen, daß die Luftangriffe greifbare Ergebnisse brachten, nämlich zerbombte oder niedergebrannte »Konstruktionen«. In offiziellen Berichten wurden natürlich sämtliche »Konstruktionen« als »Vietcong-Konstruktionen« ausgewiesen. Im Monat September sprengten die Jagdbomber pro Woche durchschnittlich mehr als hundert »Konstruktionen« in die Luft. Soweit Vann das in seinem Abschnitt überblicken konnte, handelte es sich in den meisten Fällen um Häuser von Bauern.

Die Einsatzbestimmungen, die besagten, was, wo und wann die Flugzeuge angreifen konnten, ermöglichten es den vietnamesischen Fliegerleitoffizieren, jeden, den sie unten davonrennen sahen, zum Vietcong zu erklären. Der drohende Anblick eines Beobachtungsflugzeugs, das über ihre Köpfe hinwegbrauste, ließ viele Bauern beiderlei Geschlechts und jeden Alters davonlaufen. Nur wenige von diesen Fliegerleitoffizieren hatten jemals einen lebenden oder toten Guerilla vom Boden aus gesehen. Sie funkten an die Jagdbomber die Meldung »VC in Sicht« und lotsten sie zum Massaker heran. Nach erfolgtem Angriff trugen Beobachter und Jagdbomberpiloten auf einem eigenen Formular ein, wieviele »KBA« man erzielt hatte. Die Abkürzung stand für »killed by air«. Sobald eine Person tatsächlich »KBA« war oder zumindest als »KBA« gemeldet wurde, war sie für Harkins' Hauptquartier automatisch ein toter Guerilla, der bei der Leichenzählung mitgerechnet wurde, deren Resultate wiederum als Maß für die im Krieg erzielten Fortschritte dienten. Vanns Verachtung für die vorgeschobenen Fliegerleitoffiziere kam in dem Namen zum Ausdruck, den er ihnen gab. Er nannte sie »Killerkönige«.

Vann war der Ansicht, daß er und jeder andere auf seiner Seite von den Vietcong etwas lernen konnten. Die vietnamesischen Kommunisten erschienen ihm unbarmherzig und grausam. Man hatte ihm gesagt, daß sie ihre Gefangenen mit der gleichen Willkür folterten und töteten wie die Soldaten Saigons. Er konnte jedoch feststellen, daß das nicht der Wahrheit entsprach. Auch wenn ihre Doktrin, die das Foltern untersagte, oft nur auf dem Papier stand, so gingen sie zumindest selektiv vor. Ihr Verhalten gegenüber Gefangenen wurde durch einfache Regeln bestimmt. Wie Vann seinen erschreckten »Riemenhängern« auf den nächtlichen Fahrten nach Ben Tre immer erklärte, erschossen sie Schwerverwundete, weil ihre medizinischen Möglichkeiten beschränkt waren. Nicht oder nur leicht verwundete Gefangene wurden weggebracht und nach einem Verhör in zwei Gruppen geteilt: in solche, von denen die Guerillas glaubten, sie ließen sich für ihre Sache gewinnen oder zumindest neutralisieren, und solche, von denen sie annahmen, daß sie immer gegen sie sein würden. Letztere, im allgemeinen Offiziere und Unteroffiziere, wurden getötet, manchmal zuvor auch gefoltert. Die anderen Gefangenen wurden in abgelegene Gegenden gebracht und in geheimen Lagern »umerzogen«, und zwar im Rahmen von politischen Kursen, die aus einfacher Ernährung, Arbeit, Unterricht und politischen Studien bestanden. Normalerweise dauerte eine solche Umerziehung drei bis sechs Monate, dann wurden die Gefangenen wieder freigelassen.

Auch bei Terroranschlägen gingen die Guerillas normalerweise selektiv vor. Natürlich gab es Ausnahmen: Sie warfen Handgranaten unter die Zuschauer, die gerade einen jener Propagandafilme vorgeführt bekamen, mit denen der US-Informationsdienst das Saigoner Regime belieferte; sie töteten oder verwundeten Passanten, wenn sie Gemeindeämter in die Luft sprengten; sie erschossen gezielt Frauen und Kinder von Milizionären, wenn sie Außenposten angriffen. Die wichtigste Methode des kommunistischen Terrors war jedoch die systematische Ermordung von Beamten und aktiven Sympathisanten des Saigoner Regimes. Auch dabei scheuten sich die Vietcong nicht, die offizielle Regel zu brechen, der zufolge niemand so getötet werden durfte, wie Thuong es praktizierte. Es war verboten, »den Angeklagten grausam hinzurichten«, wie es in einer typischen Vietcong-Direktive hieß. Todesurteile mußten »korrekt« vollstreckt werden, d. h. durch Erschießen oder Enthaupten. Polizeiagenten und Spitzeln beiderlei Geschlechts drohten allerdings andere Todesarten. Man tötete sie durch zahlreiche Messerstiche, prügelte sie zu Tode oder schlitzte ihnen den Bauch auf. Die Vietcong legten stets Wert darauf, alle Hinrichtungen zu begründen. Sie befestigten an der Leiche eine »Todesanzeige«, auf der die »Verbrechen« des Opfers aufgelistet waren und festgestellt wurde, daß das Opfer sich »dem Volk gegenüber mit einer Blutschuld beladen« habe und deshalb hingerichtet werden mußte. Diese Todesnachricht berief sich auf irgendeine legal klingende Instanz, hinter der unverkennbar der Vietcong stand und die gleichzeitig unauffindbar war, wie etwa: »Das Volksgericht des Cai-Lay-Distrikts«. Die Vietcong-Propagandisten legten dann bei nächtlichen Versammlungen in den Weilern genau die Gründe für die Hinrichtung dar. Oft geschah dies auch mit Hilfe von Flugblättern oder von auf

Vervielfältigungsmaschinen hergestellten Lokalzeitungen. Die Kommunisten suchten die Bauern zu überzeugen, daß sie und nicht die Saigoner Regierung die wahren Vertreter von Recht und Ordnung waren. Die Tötungen sollten wie Hinrichtungen aussehen, nicht wie Morde. Diese Terrorismusstrategie verfolgte ein Doppelziel. Es ging darum, die Feinde zu demoralisieren und gleichzeitig zu zeigen, daß die Kommunisten denen, die sich ihnen nicht in den Weg stellten, nichts tun würden, daß sie kluge und umsichtige Leute waren, die nur dort töteten, wo mit Überredung nichts zu erreichen war. Der Verhaltenskodex der Partisanen war darauf ausgerichtet, mit den Bauern eine Bindung einzugehen und ihnen durch ihre Anwesenheit ein Gefühl der Sicherheit zu vermitteln. Wenn eine Hauptmacht- oder Regionaleinheit sich in einem Weiler einquartiert hatte, verhielten sich diese Truppen einwandfrei. Anders als die Saigoner Soldaten stahlen sie nicht und belästigten auch nicht die Frauen. Sie bezahlten für das Essen und halfen bei der Arbeit auf den Reisfeldern mit.

John Vann wollte, daß sein Land die Grausamkeiten der Vietcong anprangerte, sich aber ihre Disziplin aneignete. Er drängte Herb Prevost und dessen drei Hauptleute, die in den Provinzhauptstädten des Divisionsabschnitts als seine Verbindungsoffiziere tätig waren, bei Bodenoperationen mitzumachen. Das Resultat war, daß die drei wahrscheinlich die einzigen Luftwaffenoffiziere Südvietnams waren, die wußten, »wo Luftangriffe nötig waren und wo man das Geld zum Fenster hinauswarf«, wie Vann seine Verbindung von Prinzipien und Pragmatik formulierte. Sie versuchten, Vann zu helfen, die Luftangriffe im nördlichen Delta einzuschränken. Ein Major und drei Captains waren aber nicht die Air Force. Die Zahl der Bombenflüge, die sie verhindern konnten, ohne gefeuert zu werden, war sehr gering.

Vor dem Lunch mit Taylor hatte Vann geglaubt, Harkins würde ihn frei seine Meinung über die Bomben- und Artillerieangriffe äußern lassen, selbst wenn Harkins zu verstehen gegeben hatte, daß er die Debatte als abgeschlossen betrachtete. Das gleiche galt für die Waffen, die über die eroberten Außenposten an die Guerillas verlorengingen, und das Problem, die ARVN zum Kämpfen zu bringen. Vanns Berichte waren irritierend freimütig und bewegten sich manchmal am Rande des Widerspruchs. Trotzdem hatte ihn Harkins zu diesem Essen eingeladen. Vann wollte das Wohlwollen des Generals ausnutzen, aber er hatte natürlich nicht die Absicht, Harkins persönlich zu kritisieren. Er nahm einfach an, Harkins fühle sich verpflichtet, den neuen Vorsitzenden des Führungsstabs der US-Streitkräfte mit einem Spektrum von Meinungen zu konfrontieren, und betrachte den Lunch als Gelegenheit zu ernsthafter Diskussion, und nicht als eine von diesen, wie man im Militärjargon sagte, »Hunde- und Ponyausstellungen«, die Vann mit Cao bei Führungen durch My Tho organisierte.

Paul Harkins war der Mann Maxwell Taylors. Mit 58 nur drei Jahre jünger als sein Mentor, hatte er West Point sieben Jahre nach Taylor mit dem Jahrgang 1929 abgeschlossen. Er war an der Boston Latin School durchgefallen und deswegen erst später in West Point eingetreten. Harkins, Kavallerist und ehemaliger Polospieler, war ein hochgewachsener Offizier mit markantem Profil. Porter, der ihm gegenüber eine gewisse Ehrfurcht empfand, meinte, daß er John Wayne ähnlich sehe. Harkins hatte sich als einer von Taylors Protegés etabliert, und zwar bald nach dem Tod seines Schirmherrn im Zweiten Weltkrieg, George Patton. Seitdem war er durch Taylors Aufstieg mit hochgekommen. Im Dezember 1961 hatte Taylor ihm den vierten Generalsstern verschafft, indem er Kennedy dazu drängte, ihn an die Spitze des neuzuschaffenden Militärkommandos Saigon zu stellen.

Dem Ehrenkodex der Armee zufolge, so wie Vann ihn verstand, schuldete Harkins Taylor in allen Dingen eine ganz besondere Offenheit. Vann war deswegen überrascht, als er merkte, daß Harkins den Lunch in eine »Hunde- und Ponyschau« verwandelte, aber noch mehr über Taylor selbst, da dieser im Rufe besonderen Scharfsinns stand. Taylor ließ Harkins den Vorgesetzten hervorkehren und das Gespräch ganz an sich reißen. Er hätte Harkins jederzeit stoppen und Vann Gelegenheit zum Sprechen geben können. Er brauchte ihm bloß eine Frage zu stellen und ihn statt Harkins darauf antworten zu lassen.

Vann hatte Harkins' Absicht, die dieser mit seiner Einladung verband, völlig mißverstanden, ebenso das Ausmaß von Taylors Neugier in bezug auf Einzelheiten des Krieges. Vann war zu dem Essen nicht eingeladen worden, um den Vorsitzenden des Führungsstabs der US-Streitkräfte mit Problemen zu belästigen. Er war eingeladen worden, um am 11. September 1962 als lebendiges Schaustück dazusitzen, mit dem General Taylor gezeigt werden sollte, wie General Harkins in Vietnam Kommunisten tötete.

Vanns Möglichkeiten, für Harkins Kommunisten zu eliminieren, erfuhren im darauffolgenden Monat eine Einschränkung. Die Schwierigkeiten begannen am 5. Oktober 1962, drei Wochen nachdem Taylor nach Washington zurückgekehrt war, gebührend beeindruckt von den Fortschritten, die man erzielt hatte, seit er ein Jahr zuvor mitgeholfen hatte, die USA in den Krieg nach Vietnam zu schikken. Die Division unternahm an diesem Tag eine Operation in einem von den Guerillas beherrschten Distrikt westlich von My Tho, am Rande der Schilfebene. Man wollte nach dem 514. Regionalbataillon suchen. Es handelte sich um das Bataillon der Provinz Dinh Tuong, die von My Tho aus verwaltet wurde.

Die Hubschrauberlandungen verliefen ohne Zwischenfälle. Ein 40 Mann starker Zug von Thuongs Rangerkompanie rückte durch überflutete Reisfelder auf einen suspekten Weiler vor. Die Kompanie war eine der Sucheinheiten, die Zieglers Schema zufolge die Guerillas dazu bringen sollte, ihre Deckungen zu verlassen. Thuong hatte seine Kompanie in zwei Züge geteilt, um damit ein möglichst großes Gebiet zu erfassen. Der Weiler, auf den der Zug vorrückte, war eine typische Deltasiedlung. Er lag hinter einem breiten Bewässerungsgraben, an dem als Schutz gegen das die Felder überschwemmende Wasser ein fester Damm entlanglief. Die Dammkrone war mit einer Baumreihe und dichtem Buschwerk bewachsen. Als die erste Gruppe des Zugs bis etwa 30 m an den Damm herangekommen war, geriet sie unter Gewehrfeuer. Der Feind war nicht zu sehen. Die Guerillas schossen aus dem Buschwerk zwischen den Bäumen. Sie hatten sich eingegraben und getarnt, so daß man sie weder vom Reisfeld noch von den Beobachtungsflugzeugen aus sehen konnte.

Von den 40 Rangern wurden die meisten gleich durch die ersten Schüsse getötet oder verwundet. Anschließend unternahmen die Partisanen einen Vorstoß. Sie verließen die Deckung der Bäume und rückten auf den schmalen Deichen vor, die sich kreuz und quer durch das Reisfeld zogen, um den Zug völlig aufzureiben. Nur der Tapferkeit des 29jährigen amerikanischen Kompanieberaters — es handelte sich um Captain James Torrence, einen athletischen Offizier, Sohn eines Armeeobersten und Torhüter im West-Point-Lacrosseteam des Jahrgangs 1955 — war es zu verdanken, daß der Zug vor der völligen Vernichtung bewahrt wurde. Thuong war an diesem Tag zufällig mit einem anderen Zug im Einsatz. Torrence sammelte die Überlebenden und Verwundeten, die noch ein Gewehr halten konnten, hinter einem niederen Deich, von wo aus er mehrere Umfassungsangriffe der Vietcong zurückschlug.

Vann kam zwar sofort mit Verstärkung herangeflogen, aber nun griffen andere Teile des Bataillons, die in der Nähe des Weilers in Stellung gegangen waren, mit Flugabwehrfeuer ein. Zwei der anfliegenden Hubschrauber wurden so oft getroffen, daß sie zu einer Bruchlandung gezwungen waren. In einem davon saß Vann. Seine Maschine wurde von Garben aus automatischen Waffen durchlöchert, wodurch der am vorderen Ausstieg postierte MG-Schütze den Tod fand. Von den zwölf vietnamesischen Infanteristen wurden die meisten getötet oder verwundet. Vann kam mit einer Schnittverletzung davon, die ihm ein absplitterndes Metallteilchen zufügte. Er feuerte das Magazin seines Armalite-Gewehrs leer, dann schrie er die wenigen Unverletzten an, mit ihm die Verwundeten aus dem Hubschrauber zu ziehen. Während um ihn herum Projektile den Aluminiumrumpf durchschlugen, kletterte er noch einmal in die Maschine, um den Motor abzustellen. Die unerfahrenen Piloten hatten ihn laufen lassen, als sie das Cockpit fluchtartig verließen. Er schickte Mary Jane später einen Ausschnitt des Titelblatts einer Nummer von »Pacific Stars and Stripes«, der Zeitung der US-Streitkräfte im Fernen Osten. »31 Kugeln. Ich war im ersten, der abgeschossen wurde«, kritzelte er neben den Absatz, in dem von den Helikoptern die Rede war. Als er schließlich beim Zug eintraf, mußte er feststellen, daß Torrence und sechs Ranger als einzige noch unverletzt waren. Vierzehn waren tot, zwanzig verwundet. (Vanns Empfehlung, Torrence den »Bronze Star of Valor« zu verleihen, wurde zunächst nicht entsprochen, da Präsident Kennedy die Verleihung von Kriegsauszeichnungen verboten hatte. Vann brauchte fast drei Jahre, um zu erreichen, daß Torrence seine redlich verdiente Tapferkeitsmedaille bekam.) Torrence sollte neun Jahre nach diesem Gefecht als Oberstleutnant bei einem Helikopterangriff ums Leben kommen, als er, wieder unter Vanns Kommando, im Mekong-Delta im Einsatz war.

Die Jagdbomber kamen und griffen mit Napalm, Bomben und Raketen an. Diesmal gerieten die Guerillas nicht in Panik. Sie blieben solange in ihren Schützenlöchern, bis sie einen geordneten Rückzug durchführen konnten, bei dem sie die Deckung der Baumreihen nicht verließen. Sie trugen ihre Toten und Verwundeten fort und sammelten die herumliegenden Patronenhülsen auf, um sie später wieder mit Pulver und Projektilen füllen zu können.

Die militärische Leistung der Partisanen stimmte Vann bedenklich. Einige der Guerillaführer lehrten ihre Soldaten offenbar, sich das Urteilsvermögen von der Furcht nicht trüben zu lassen und bei ihren Bewegungen das Gelände auszunutzen. Die Zeit des raschen Tötens schien vorbei zu sein. Die 7. Division mußte nun beginnen, zum Infanteriekampf überzugehen. David Halberstam, der eben erst als Korrespondent der »New York Times« nach Vietnam gekommen war, hatte sich mit einem Divisionsbataillon in der Nähe befunden. Er hatte die Schüsse gehört und die Flugzeuge angreifen sehen. Wie Vann ihm am Abend im Seminar erklärte, hatte dieses Gefecht gezeigt, daß die Guerillas im Begriff waren, den Vorteil zu verringern, den die US-Technologie den Truppen Saigons bisher verschafft hatte. Vor kurzem übergelaufene Vietcong hatten ausgesagt, daß ihre Offiziere immer wieder betonten, jeder einzelne Mann müsse die Helikopter unter Beschuß nehmen, man könne sie dann zum Absturz bringen. Offenbar hatten die Offiziere damit Erfolg. Ihre Leute würden von nun an vor den Hubschraubern weniger Angst haben, sagte Vann. Auch würde der Verlauf dieses Gefechts das Ansehen der Vietcong unter den Bauern der Gegend erhöhen. Die Bauern nannten die Helikopter die »großen eisernen Vögel«.

Die Division verlor in diesem Gefecht 20 Mann, 40 weitere wurden verwundet. Diese Verluste waren nicht tragisch angesichts der vielen Jahre, die der Konflikt nun schon dauerte, und gemessen an den Verlusten, die Infanteriekämpfe in anderen Kriegen gefordert hatten. Aber sie waren hoch im Vergleich zu den vernachlässigbaren Verlusten, die die Division bei früheren Operationen erlitten hatte, als sich die Guerillas noch bequem abschlachten ließen.

Cao reagierte besser, als Vann erwartet hatte. Er versicherte ihm, der Zwischenfall werde das Tempo der Offensivoperationen nicht vermindern. Sie müßten bloß »vorsichtiger« sein. Vorsicht war nach Vanns Meinung vor allem bei Baumreihen angebracht. In Zukunft würde jede Einheit einige Schützen auf Erkundung vorschicken müssen. Vann sagte sich, daß Cao aus dem Vorfall lernen und das nächste Mal weniger nervös sein werde, wenn es zu einem richtigen Kampf kam. Er würde sich daran erinnern, daß der Ausgang dieses Gefechts seine Karriere nicht kaputtgemacht hatte. Auch würde es noch eine Weile dauern, bis die übrigen Vietcong-Bataillone gelernt hatten, sich ebenso gut zu schlagen wie das 514. Bataillon. Das Massaker, das die Schützenpanzer am 18. September, also nur zweieinhalb Wochen vor dieser Schlappe, angerichtet hatten, würde den Lernprozeß bremsen, denn es konnte das Stimmungsproblem, mit dem die Vietcong zu kämpfen hatten, nur verschlimmert haben.

Drei Tage nach dem Gefecht lief in einer anderen Provinz eine Kompanie der Zivilgarde einer Kompanie regulärer Vietcong vor die Gewehre und verlor dabei 18 Mann. Die Zivilgardisten zahlten mit gleicher Münze zurück. Man zählte nachher 18 tote Guerillas. Cao blieb ruhig. Der Einsatz war nicht Teil einer Divisionsoperation gewesen und fiel daher nicht unter seine Verantwortung.

Dann kam die Katastrophe. Am folgenden Tag ließ Cao Vann plötzlich zu sich rufen. Er zitterte. Er sagte, Diem habe ihn aufgefordert, am nächsten Morgen im Palast zu erscheinen und für die in den beiden Gefechten erlittenen Verluste eine Erklärung abzugeben. Vann ließ deshalb am Abend Torrence und den Berater der Zivilgarde vor Cao Bericht erstatten. Sie bereiteten Erklärungen vor, die Cao einübte, bevor er bei Tagesanbruch nach Saigon flog. Vann nahm an, daß Cao in der Lage sein würde, sich zu rechtfertigen. Der Hinterhalt war eine jener bitteren Lektionen gewesen, die einem Soldaten im Krieg nicht erspart bleiben. Was die Zivilgarde betraf, so hatte Cao nichts getan, was Diem ihm zum Vorwurf machen konnte.

Wie Cao Vann später erzählte, bekam er erst gar nicht die Möglichkeit, irgend etwas zu erklären. Er kam noch vor Diems erstem Termin in das Wartezimmer des Präsidialbüros. Ein Adjutant teilte ihm mit, daß er warten müsse. Er setzte sich. Andere kamen, wurden empfangen und gingen wieder. Diem ließ ihn warten. Niemand bot ihm ein Mittagessen an. Am späten Nachmittag winkte ihn schließlich der Adjutant in das Zimmer dessen, den Cao seinen »König« nannte.

Diem hatte nichts gegen Diskussionen, wenn er meinte, daß sie ihm Vorteile brachten. Ansonsten war er für seine Monologe berühmt. Er wandte sie bei Untergebenen an, die ihm Schwierigkeiten bereiteten, und bei US-Beamten, die möglicherweise unerwünschte Fragen stellen wollten. Er redete stundenlang, wobei er ohne Unterlaß eine vietnamesische Kopie der Gauloises Bleues rauchte, und ignorierte jeglichen Versuch seines Opfers, ihn zu unterbrechen, so daß man ihm nie widersprechen konnte. Diese Monolog-Audienzen waren ein so schreckliches Erlebnis, daß die Betroffenen nicht umhin konnten, es anderen zu schildern. Diem war auf diese Weise für seine Einpersonenstücke berühmt geworden. Auch Cao wurde der Monolog-Behandlung unterzogen. Er erfuhr, daß er zu sehr auf seine amerikanischen Berater hörte und sich bei Offensivoperationen auf zu viele Risiken einließ. Daraus würden sich zu hohe Verluste ergeben. Wenn er zum General und Korpskommandeur befördert werden wolle, wie man es ihm ja in Aussicht gestellt hatte, dann müßte er vorsichtiger sein. Schließlich wurde er ohne Abendessen entlassen.

Nach My Tho zurückgekehrt, machte Cao Vanns mit viel Geschick errichtetem System der gemeinsamen Planung ein Ende. Er hatte plötzlich kein Interesse mehr an Zieglers Talenten und dem Heckmeck der Kommandobesprechungen, an denen er vorher so großen Gefallen gefunden hatte. Von jetzt an plante er die Operationen persönlich und bis ins kleinste Detail. Vann bekam die Pläne erst zu Gesicht, wenn sie schon fertig waren. Cao plante so vorsichtig, daß bei den folgenden 14 Operationen von Mitte Oktober bis in die zweite Dezemberhälfte nur drei seiner Soldaten getötet wurden. In den Einsatzberichten stand, daß es sich um Unfälle gehandelt habe. Die drei seien durch »eigenes Feuer« getötet worden. Den Nachrichtendienst setzte er für einen Zweck ein, den Vann und Drummond keinesfalls vorgesehen hatten, als sie mit soviel Mühe ein professionelles System aufbauten. Er benützte die Berichte, um genau dort zu operieren, wo sich keine Guerillas aufhielten. Als zusätzliche Sicherung sah er in seinen Aufmarschplänen stets eine leicht erkennbare Öffnung vor. Sollten sich wider Erwarten doch einige Partisanen in der Gegend befinden, dann konnten sie durch diese Öffnung – die »Lücke«, wie Sandy Faust sie taufte – entkommen. Nun blieb nur noch das Problem der feindlichen Verluste. Cao löste es, indem er nach den Luftangriffen noch mehr Getötete angab als bisher.

Vann begann zu verstehen, warum Cao sich stets geweigert hatte, die Reserven einzusetzen, wenn es darum ging, ein ganzes Vietcong-Bataillon zu stellen und zu vernichten. Cao befürchtete, daß die Guerillas, wenn sie einmal in der Falle saßen, die Reserve frontal angreifen oder sich nach der Seite wenden und versuchen könnten, bei ihrem verzweifelten Fluchtversuch an irgendeiner günstigen Stelle durchzubrechen. Es würde dann zum Nahkampf kommen. Selbst wenn die Reserve diesem Angriff nicht standhielt, würde man ein Bataillon der besten Guerillatruppen vernichten oder gefangennehmen, da Vann und Cao immer neue Verstärkungen heranführen konnten. Caos Truppen würden jedoch Verluste erleiden und ihr Kommandeur mit Diem Schwierigkeiten bekommen. Er würde nicht befördert, vielleicht sogar entlassen werden. Wenn die Hubschrauber und Schützenpanzer den Vietcong Angst eingejagt und die Jagdbomberpiloten wieder für ein paar Reihen Leichen gesorgt hatten, lag es nicht mehr in Caos Interesse, irgendwelche Risiken einzugehen. Er hatte dann seine Abschußzahl beisammen – und mehr brauchte er nicht, um gut dazustehen und befördert zu werden. Der Befehl, mit dem der Reserve am 20. Juli das Vorrücken untersagt worden war, stammte von Cao selbst und nicht vom Regimentskommandeur. Cao hatte ihn angewiesen, den Befehl zu erteilen, um Vann dessen Herkunft zu verbergen. Es gab also durchaus eine Erklärung für Caos unbegreifliches Verhalten so wie für viele andere Dinge, die die Amerikaner als Ergebnis vietnamesischer Dummheit, Ignoranz oder jenes unerforschlichen Etwas ansahen, das man als asiatisches Wesen bezeichnete.

Vann forschte weiter nach und fand heraus, daß Diem Cao und den anderen

Kommandeuren schon vor geraumer Zeit den mündlichen Befehl erteilt hatte, sich auf keine Offensivoperationen einzulassen, die zu ernstlichen Verlusten führen konnten, wie dies am 5. Oktober bei den Rangern geschehen war. Vann wußte noch nicht genug von der Geschichte dieses Regimes, um die Gründe für diesen Befehl zu erkennen. Wie sich noch herausstellen sollte, war auch die Erklärung dafür alles andere als kompliziert.

Diem und sein Clan glaubten, daß die bei Offensivoperationen erlittenen Verluste einer der Hauptgründe für den fehlgeschlagenen Putsch vom November 1960 gewesen waren. Die Ngo Dinh waren überzeugt, daß die putschenden Fallschirmjägeroffiziere sich mit oppositionellen Politikern verbündet hatten, weil sie über diese Verluste verärgert waren. In Wahrheit waren die Offiziere und die Politiker zu dem Schluß gekommen, daß die Ngo Dinh Bedingungen schufen, die den Kommunisten Auftrieb gaben. Sie waren angeekelt, weil sie zusehen mußten, wie das Leben ihrer Offizierskameraden und der Soldaten von Männern wie Cao verschwendet wurde, die der Präsident auf Kommandeurposten gesetzt hatte. Die Ngo Dinh hatten nie ernstlich versucht, die wahren Gründe des Putschversuchs herauszufinden, und hätte es jemand gewagt, sie mit den Tatsachen zu konfrontieren, so hätten sie diese nicht akzeptiert. Die Herrscherfamilie Südvietnams verband in ihrer Einstellung die Mentalität der Bourbonen des nachrevolutionären Frankreich mit der eines George III., der es schaffte, dreizehn amerikanische Kolonien aus dem britischen Imperium hinauszuekeln. Sie lernten nichts dazu, sie vergaßen nichts, und sie glaubten fest, daß alles, was sie wünschten, von Natur aus richtig und tugendhaft war. Sie hatten Angst vor einem erneuten Putsch, und deshalb wollten sie nicht, daß die Armee Verluste erlitt.

Dazu kam, daß der Präsident und seine Familie die Armee als die Säule ihrer Herrschaft ansahen. Für die Amerikaner war die ARVN eine Armee, mit der Südvietnam verteidigt werden sollte. Die Ngo Dinh hingegen sahen darin in erster Linie ein Mittel zur Sicherung ihrer Macht. Das Überleben ihrer Herrschaft hatte für sie allerhöchste Priorität. Die Existenz der ARVN im Kampf aufs Spiel zu setzten bedeutete, ihr Regime aufs Spiel zu setzen, und kam daher nicht in Betracht. Die Kontrolle über die Armee hatte es ihnen ermöglicht, Mitte der fünfziger Jahre, in der ersten Zeit ihrer Herrschaft, ihre nichtkommunistischen Widersacher auszuschalten. Selbst wenn der größte Teil Südvietnams schließlich an die Kommunisten fiel, würde es ihnen eine intakte ARVN ermöglichen, sich an Saigon und den anderen großen Städten festzuklammern, bis Washington ihnen mit der US-Armee und den Marines zu Hilfe eilte. Sie gingen davon aus, daß die USA als erste Weltmacht es sich nicht leisten konnten, die antikommunistische Saigoner Regierung den Partisanen Hanois zum Opfer fallen zu lassen. John Stirling, der 1962 in Saigon Korrespondent der Londoner »Times« war und wie andere Engländer die Dinge subtiler beurteilte, als die Amerikaner das taten, hatte die Einstellung des Diem-Clans richtig erkannt. »Der wichtigste Exportartikel dieses Landes«, so sagte er gerne, »ist der Antikommunismus.« Daß ihre Haltung sehr viel vietnamesisches Blut kosten könnte, war ein Gedanke, auf den die Ngo Dinh nicht kamen. Sie waren bereit, Verluste bei Defensivoperationen in Kauf zu nehmen, da sie diese als unvermeidbar ansahen, um das System der Außenposten aufrechtzuerhalten, das die Substanz ihrer Herrschaft über die ländlichen Gebiete darstellte. In der Tat erlitten die Milizionäre, die diese Posten verteidigten, die schwersten Verluste. Die Ngo Dinh machten sich über den Tod dieser Bauern keine Gedanken. Die Stabilität des Regimes war dadurch nicht bedroht, und das Leben eines Milizangehörigen zählte nicht viel. Es konnte, in US-Währung gerechnet, für zehn Dollar pro Monat ersetzt werden. Diem hielt so wenig von den Milizen, daß er es nicht gestattete, ihre Verwundeten in Militärkrankenhäusern zu behandeln. Sie mußten in Provinzhospitäler gebracht werden, wahre Leichenhäuser, wo den Milizionären als nichtzahlenden Patienten eine primitive medizinische Betreuung zuteil wurde. Medikamente waren hier knapp, denn die vietnamesischen Ärzte und das Pflegepersonal stahlen und verkauften sie. Durch das Ungeziefer und die offenen Kloaken kam es häufig zu Infektionen. Eine intakte reguläre Armee hingegen war die Garantie, daß der Präsident und seine Familie an der Macht blieben.

Vann setzte Cao auseinander, daß Diems Anweisung, Verluste zu vermeiden, militärisch gesehen absurd sei und die Kommunisten den Krieg gewinnen würden, wenn die ARVN nicht kämpfte. Es sei Caos Pflicht, dies dem Präsidenten klarzumachen. Vann, dem Caos Fähigkeit noch nicht ganz bewußt war, alles, was Diem Nutzen brachte, rational zu begründen, wurde jetzt Opfer seiner eigenen Strategie, auf Caos Ego zu setzen. Dieser verstand es, seine Weigerung zu kämpfen in die Haltung eines strategischen Genies umzumodeln. Am 31. Oktober 1962, dem siebten Jahrestag der Aufstellung seiner Division, gab er einen Tagesbefehl heraus, in dem er seine Führerschaft im nördlichen Delta mit der von Vo Nguyen Giap vor Dien Bien Phu verglich. Giap kam dabei schlecht weg. »In der Schlacht von Dien Bien Phu im Jahr 1954 war die von Vo Nguyen Giap angewandte Taktik so schlecht konzipiert, daß Tausende seiner Soldaten unnötig starben, als sie den Sieg errangen«, ließ Cao verkünden.

Als Vann Porter und Harkins über Diems Geheimbefehl informierte und Harkins daraufhin bei Diem vorsprach, um ihn zu fragen, ob er diesen Befehl tatsächlich erteilt habe, war Diem bestens vorbereitet. Er hatte von den Amerikanern schon vorher einiges über Angriffsgeist zu hören bekommen. Das war die amerikanische Philosophie. Diem war zu der Überzeugung gekommen, daß es ein schlechter Ansatz war. Er lehnte die Alternative ab, entweder seine Armee aufs Spiel zu setzen oder die Kommunisten siegen zu lassen. Für ihn waren Flugzeuge und Artillerie im Kampf gegen Guerillas die richtigen Waffen. Die Tatsache, daß kein einziger seiner Offiziere sich jemals das Argument der Amerikaner zu eigen gemacht hatte, bestärkte ihn in seiner Überzeugung. (Alle, die insgeheim den

US-Beratern recht gaben, hüteten sich, es laut zu sagen.) Er war auch überzeugt, daß er bereits begonnen hatte, den Krieg zu gewinnen, und zwar aufgrund einer klugen Strategie, die mit den Vorstellungen übereinstimmte, die er und seine Familie vom Umgang mit den Bauern hatten. Er war im Begriff, die Bauern unter seine Kontrolle zu bringen, indem er sie in »strategischen Weilern« zusammenfaßte. Tausende dieser befestigten, mit Stacheldraht eingezäunten Siedlungen waren in Bau. Finanziert wurde dieses landesweite Pazifizierungsprogramm von den Amerikanern, die auch das Baumaterial und den Stacheldraht lieferten. Diem dachte, er könnte auf diese Weise die Landbevölkerung von den Kommunisten trennen, er könnte das Meer, in dem der Guerilla sich wie ein Fisch bewegte, wie Mao sagte, einfach austrocknen. Ein gut angelaufenes Wehrdörferprogramm, und man brauchte keine Infanteriegefechte mehr.

In ihren Beziehungen zu den Amerikanern hatten die Ngo Dinh, was Verschlagenheit betrifft, noch etwas dazugelernt. Sie zögerten nicht, anderer Meinung zu sein als die Amerikaner, wenn sie sahen, daß ihnen eine Auseinandersetzung Vorteile brachte. Sie hatten herausgefunden, daß sich bei den Amerikanern mit verbalen Einschüchterungen und Erpressungen einiges erreichen ließ. Ebenso hatten sie gesehen, daß der beste Umgang mit dem amerikanischen Botschafter, den Generälen und CIA-Agenten oft darin bestand, ihnen recht zu geben und zu sagen, was sie hören wollten, selbst wenn es gelogen war. Die Ngo Dinh hatten gelernt, daß diese hohen Persönlichkeiten in den meisten Fällen zufrieden weggingen und in Washington berichteten, was man ihnen erzählt hatte, ohne nachzuprüfen, ob es der Wahrheit entsprach.

Als Harkins Diem fragte, ob es denn stimme, daß er seine Offiziere angewiesen habe, Verluste zu vermeiden, log Diem ihn an. Das könne nicht stimmen, sagte Diem. Ganz im Gegenteil, er habe den Kommandeuren eingehämmert, offensiv zu kämpfen. Er habe ihnen befohlen, den Vietcong ohne Zögern überall anzugreifen, wo man ihn finden konnte. Harkins stellte Diem keine weiteren Fragen. Er begann, Caos gefälschte Berichte über feindliche Verluste zu akzeptieren und ohne Vorbehalte an Washington weiterzugeben. Vann bat Porter um die Erlaubnis, Cao die Benutzung amerikanischer Hubschrauber zu untersagen, um zu versuchen, den Einsatzfarcen ein Ende zu setzen. Porter teilte ihm mit, daß Harkins dies abgelehnt habe.

Die Beziehung zwischen dem Manipulierten und dem Manipulierenden ist ein Wechselverhältnis. Vann hatte geglaubt, daß er Cao manipulierte, doch Cao hatte das gemacht, was er wollte. Zwei amerikanische Persönlichkeiten, Eisenhower und Kennedy, hatten hochangesehene Männer nach Saigon entsandt, um die Ngo Dinh den Interessen der USA entsprechend zu manipulieren, und die Ngo Dinh hatten das gemacht, was sie wollten.

In den Monaten November und Dezember mußte Vann zusehen, wie die kommunistisch geführten Guerillas weitere Außenposten überrannten, noch mehr moderne amerikanische Waffen erbeuteten und ihre Bataillone im nördlichen Mekong-Delta weiter verstärkten. Mit Cao und Harkins kam er zu keinem Ergebnis. Er wurde völlig verbittert. Vann war bei Cao in den gleichen Fehler verfallen wie sein Held Lansdale bei Diem am Beginn dieses Unternehmens, das ihn nach Vietnam geführt hatte.

Vorgeschichte eines Konflikts

BUCH II

Sehen Sie sich das an! Wie die mir auf den Füßen herumgetreten sind«, sagte Diem und blickte verwundert auf seine malträtierten Schuhe, die am Morgen noch so schön schwarz geglänzt hatten. Man befand sich auf dem Rückflug nach Saigon. Diem regierte lieber von seinem Büro im Palast aus und hatte diese Reise nur widerstrebend angetreten. Jetzt war er froh, auf Lansdale und die anderen Amerikaner gehört zu haben. Everet Bumgardner, der wie Vann aus Virginia stammte, aus Woodstock am westlichen Rand des Shenandoah-Tals, hatte mit seiner Propaganda und der psychologischen Kriegsführung in Vietnam Mitte der fünfziger Jahre als Photoreporter beim U.S. Information Service begonnen. Er erinnerte sich noch an die Begeisterung, die ihn und die anderen Amerikaner nach dieser Reise erfüllt hatte. Es war eine der ersten Visiten gewesen, die Diem 1955 einer kurz zuvor noch kommunistisch beherrschten Region abstattete, einer »befreiten Zone«, wie die Guerillas sagten. Am Morgen war man zu dem kleinen Hafen Tuy Hoa an der Küste Zentralvietnams hinaufgeflogen. Die Franzosen waren nie bereit gewesen, die nötigen Truppen aufzubieten, um Tuy Hoa und die Reisbauerndörfer des Hinterlands ständig besetzt zu halten. Von einzelnen französischen Vorstößen abgesehen, hatten Ho Chi Minhs Guerillas während des neunjährigen Kolonialkriegs in diesem Gebiet ungestört geherrscht. Sie waren erst vor kurzem abgezogen und die Küste entlang zu dem Hafen Qui Nhon marschiert, wo sie von polnischen und sowjetischen Schiffen an Bord genommen wurden. Den Genfer Vereinbarungen gemäß sollten sie jetzt nördlich des 17. Breitengrads stationiert werden.

Die CIA-Piloten hatten die alte, zweimotorige C-46 auf einem Feld aufgesetzt, die eigentliche Landebahn war von den Vietminh zerstört worden. Sobald die Maschine stillstand, kamen von allen Seiten Bauern auf sie zugestürmt und umdrängten sie so ungestüm, daß Bumgardner befürchtete, es könnten einige von den Propellern getötet werden, ehe die Piloten die Motoren abstellen konnten. Als Diem, der mit seinem weißen Leinenanzug und der schwarzen Krawatte wie ein korrekt gekleideter Beamter wirkte, dem Flugzeug entstieg, schoben die Menschen seine Leibwächter zur Seite und rannten die kleine, rundliche Gestalt fast um. In ihrem Bestreben, ihn ganz aus der Nähe zu sehen und seine Hand zu berühren, traten ihm einige der barfüßigen Bauern auf die Schuhe und hinterließen darauf die Spuren ihres begeisterten Empfangs, die er nun in zufriedener Verwunderung betrachtete.

Ngo Dinh Nhu, Diems Bruder und politischer Berater, hatte einige Tage zuvor ein paar Leute nach Tuy Hoa entsandt, um den Besuch vorzubereiten. Auf eine derartige Begeisterung war man in Saigon allerdings nicht gefaßt gewesen. Bei der Fahrt in die Stadt säumte eine jubelnde Menge die Straße. Kinder und Jugendliche schwenkten kleine Papierfahnen mit den Farben des Saigoner Regimes: gelb mit drei roten Querstreifen. Bumgardner konnte nicht sagen, wieviele Menschen sich auf dem Fußballplatz versammelt hatten, wo Diem sprechen wollte. Die Menge drängte sich bis dicht an das Podest, das man für ihn errichtet hatte. Es waren mindestens 50.000, vielleicht auch 100.000. Mit solchen Massen hatte Bumgardner nicht gerechnet. Diem hielt eine Rede über die Übel des Kommunismus. Er attackierte Ho und seine Vietminh als Marionetten der Russen und der Chinesen. Er beschuldigte ihn, die vietnamesischen Traditionen zu zerstören und dem Land eine atheistische Tyrannei aufzwingen zu wollen. Trotz seines gespreizt wirkenden Hue-Akzents schien er bei seinem Publikum anzukommen. Die Menge bekundete laut schreiend ihre Zustimmung und applaudierte, sooft er innehielt. Bumgardner photographierte die begeisterten Gesichter und machte sich Notizen, um zu den Bildern eine Story zu schreiben. Sein Bericht war für »Free World« bestimmt, ein in Form von Sonderausgaben erscheinendes Magazin, das von USIS in vietnamesisch und den Sprachen der anderen nichtkommunistischen Staaten Asiens veröffentlicht und gratis verteilt wurde. USIS stellte seine Bilder und Berichte auch befreundeten Zeitungsverlagen in Vietnam und überall sonst auf der Welt zur Verfügung.

Als Bumgardner auf dem Rückflug hörte, wie Diem von dem Empfang in Tuy Hoa schwärmte, kam er zu der Überzeugung, daß die Leute in der Stadt und auf dem Land überglücklich waren, des kommunistischen Jochs entledigt zu sein, und diesen Mann als ihren Befreier feierten. Er war sicher, daß es ihm und den anderen Amerikanern in Vietnam gelingen würde, Diem zu einem Nationalhelden aufzubauen, der es mit dem Führer der Gegenseite aufnehmen konnte. Lansdale beabsichtigte, aus Diem einen zweiten Ramón Magsaysay zu machen, das Musterbeispiel eines antikommunistischen und progressistisch denkenden asiatischen Staatsmanns. Südvietnam sollte nach philippinischem Vorbild zu einer funktionierenden Demokratie werden, wie die USA es sich für ihre asiatischen Schützlinge wünschten.

Die Männer, die die Geschicke des US-Imperiums lenkten – wie Dean Acheson, Trumans wichtigster Außenminister, und die Gebrüder Dulles in der Eisenhower-Administration, John Foster an der Spitze des Außenministeriums und Allen bei der CIA –, waren keineswegs so naiv zu glauben, sie könnten die Demokratie in jedes beliebige Land der Erde exportieren. Die Vereinigten Staaten hatten im besetzten Westdeutschland, in Japan und in ihrer ehemaligen Kolonie, den Philippinen, demokratische Regierungen eingesetzt. Wenn amerikanische Staatsmänner die Wahl hatten und die hohe Strategie es nicht anders erforderte, dann favorisierten sie einen demokratischen Staat oder eine reformistisch orientierte Diktatur. Ihr Bestreben ging dahin, die gesamte nichtkommunistische Welt als ein Geflecht von Staaten zu organisieren, die mit den USA verbündet oder von ihnen abhängig waren. Sie wünschten sich eine friedliche Schar von Nationen, die durch die amerikanische Militärmacht geschützt wurden, die Führung der USA in internationalen Angelegenheiten anerkannten und in ein Wirtschaftssystem integriert waren, in dem der US-Dollar die wichtigste Währung darstellte und amerikanische Unternehmen die Hauptrolle spielten.

Die Vereinigten Staaten wollten keine Kolonien, das wäre für Amerikas politisches Gewissen nicht akzeptabel gewesen. Das Äußerste, was man sich in Amerika an nationalem Egoismus eingestand, war »aufgeklärter Eigennutz«, wobei man überzeugt war, daß das imperiale System der USA anderen Völkern keine Nachteile brachte. Wenn die führenden politischen Kommentatoren dieser Zeit den Ausdruck »Pax Americana« prägten, hatten sie mehr im Sinn als ein bloßes Zurückschielen auf die imperiale Herrlichkeit Großbritanniens oder Roms. Die Amerikaner betrachteten ihre Ordnung als eine neue und wohltätige Art weltpolitischer Vormundschaft. Sie sollte weder der Ausbeutung dienen wie der europäische Imperialismus des 19. Jahrhunderts, noch die persönliche Freiheit und andere menschliche Werte zerstören, wie dies unter den totalitären Regimen der Sowjetunion, Chinas und ihrer kommunistischen Verbündeten geschah. Die USA wollten nationale Regierungen, die sich hinter den Kulissen möglichst diskret den amerikanischen Interessen gemäß steuern ließen. Washington wünschte sich einheimische Regime im Dienste amerikanischer Macht. Man wollte über Verbündete und Abhängige den Einfluß gewinnen, den jede imperiale Nation braucht, um in der Welt ihren Willen durchzusetzen, ohne auf das altmodische System des Kolonialismus zurückgreifen zu müssen.

Kommunisten und anderen Radikalen zufolge war dieses System bloß eine neue, hinterhältige Form des alten europäischen Kolonialismus. Sie bezeichneten es als Neokolonialismus. Eine solche Anschuldigung erschien in den fünfziger und frühen sechziger Jahren den meisten Amerikanern nicht gerechtfertigt. Sie sahen in den Kommunisten die wahren Neokolonialisten. Kommunistische Politiker, insbesondere in Asien, waren aus amerikanischer Sicht Verräter an ihren Ländern, Anhänger einer ausländischen Philosophie, des Marxismus-Leninismus, und Agenten einer fremden Macht, der Sowjetunion. Für Lansdale war Ho Chi Minh eine Art Benedict Arnold, der große Verräter der amerikanischen Revolution. »Die Tragödie des vietnamesischen Unabhängigkeitskrieges war, daß ihr Benedict Arnold Erfolg hatte«, schrieb er. »Ho Chi Minh, unterstützt von einer kleinen Gruppe disziplinierter, von Russen und Chinesen ausgebildeter Parteimitglieder, änderte insgeheim die Ziele des Krieges. Aus dem Unabhängigkeitskampf gegen die französische Kolonialmacht wurde ein Krieg mit dem Ziel, die Franzosen zu besiegen und Vietnam dem neokolonialistischen kommunistischen Imperium einzuverleiben.«

Aus der imperialen Perspektive der USA gesehen, stellten die Philippinen seit 1954 einen Modellfall dar. Die Inseln waren bis 1946 eine Art amerikanische Kolonie gewesen. Als Gegenleistung für die Gewährung der Unabhängigkeit hatten die USA einen auf 99 Jahre lautenden Pachtvertrag über 23 Militärstützpunkte erhalten, darunter die wichtige Marinebasis Subic Bay und den Luftwaffenstützpunkt Clark. Die philippinischen Streitkräfte und der Nachrichtendienst blieben weiterhin Hilfsorgane der Amerikaner; die Regierung war in ihrer Außenpolitik antikommunistischer als die Gebrüder Dulles; die Inseln stellten eine Quelle ausgebildeten Personals dar, das die USA benutzen konnten, um kommunistisch gelenkte Bewegungen in anderen Teilen Asiens zu bekämpfen.

Diese Errungenschaften waren einige Jahre zuvor in Gefahr gewesen. Genährt von der Unzufriedenheit der Bauern über die Grundbesitzer und dem Ärger der Bevölkerung in den Provinzen über die korrupte und reaktionäre Zentralregierung, hatte Ende 1949 der Aufstand der kommunistisch geführten HukbalahupRebellen bedrohlich um sich gegriffen. Die Huks konnten etwa 15.000 Guerillakämpfer ins Feld stellen und wurden von einer Million Sympathisanten unterstützt. Die wichtigste Abteilung ihres Untergrund-Politbüros war direkt in Manila tätig; auf der Hauptinsel Luzon arbeiteten Bürgermeister und Polizeichefs aus Angst oder Sympathie mit den Huks zusammen; Armee und Polizei waren machtlos; Wahlen waren eine bloße Farce, Betrug und Einschüchterung verliehen dem Slogan der Huks Gültigkeit, daß man nur mit Gewehrkugeln zu einer anderen Regierung kommen könne, aber nicht mit Stimmzetteln (»bullets not ballots«). Die Rebellen kündigten an, daß sie die Philippinen binnen zweier Jahre unter ihre Herrschaft bringen würden.

Es war eine Zeit der Krisen, in der Männer ihren Ruf begründeten oder verloren. Lansdale begründete ihn. Er war die treibende Kraft, die graue Eminenz der Rettungsaktion. Er erkannte in Ramón Magsaysay den integren und charismatischen Führer, dessen es bedurfte, um diejenigen Filipinos um sich zu scharen, die keine kommunistische Regierung wollten, aber führungs- und orientierungslos waren. Magsaysay, der Sohn eines Bauern, Hufschmieds und Lehrers, hatte im Zweiten Weltkrieg damit begonnen, daß er mit ein paar Autobussen für die amerikanischen und philippinischen Verteidiger Bataans ein improvisiertes Transportsystem einrichtete. Als der Krieg zu Ende ging, befehligte er mehrere tausend Guerillas, die gegen die Japaner kämpften. 1950 gab er seinen Sitz im Repräsentantenhaus ab und stellte sich für den Posten des Verteidigungsministers zur Verfügung, einen damals, auf dem Höhepunkt der Huk-Rebellion, nicht sehr begehrten Job. Magsaysay, ein aufgeschlossener Mensch mit einem sozialen Gewissen, einem forschenden Geist, der ihn oft vom Thema abschweifen ließ, einer überschäumenden, aber oft in die falsche Richtung gehenden Energie, benötigte einen Brain-Trust, der seine Arbeit organisierte.

Die Rolle dieses Brain-Trusts übernahm Lansdale. Als Nachrichtenoffizier der

Luftwaffe hatte er eine Reise durch die Inselgruppe unternommen, um sich ein Bild von der Huk-Rebellion zu machen. Später war er mit einem Sonderauftrag der CIA auf die Philippinen zurückgekehrt. Lansdale war ein liebenswürdiger Mensch, der keinerlei Kontaktschwierigkeiten hatte. Bald war er mit dem Verteidigungsminister so eng befreundet, daß dieser in sein Haus in der US-Militärmission zog, wo sie Abende und Abende damit verbrachten, Magsaysays Probleme zu besprechen. Sie wurden zu einem großartigen Team, und die Huks bekamen bald die Folgen einer brilliant organisierten Konterrevolution zu spüren. Magsaysay schuf mit Unterstützung Lansdales einen effizienten Nachrichtendienst und machte aus Armee und Polizei disziplinierte Organisationen mit Kampfgeist und Sendungsbewußtsein. Er entließ faule und korrupte Offiziere und beförderte diejenigen, die führen und kämpfen konnten und die Notwendigkeit erkannten, die Bevölkerung zu überzeugen, daß das Militär ihr Beschützer und nicht ihr Unterdrücker war. Die Soldaten begannen, die Leute anständig und freundlich zu behandeln. Bei Kampfhandlungen verwundete Zivilisten wurden genau wie Soldaten und Polizisten in Militärkrankenhäuser gebracht. Magsaysay achtete darauf, daß die Landpächter vor Gericht ihr Recht bekamen. Er beauftragte Rechtsanwälte der Armee, ihnen gegen die Grundbesitzer beizustehen. Jeder Filipino konnte für ein paar Centavos dem Verteidigungsminister ein Telegramm schicken, und seinen Klagen wurde nachgegangen. Magsaysay überzeugte die Mehrheit der Bevölkerung, daß er und die Regierung sich um sie kümmerten. Er setzte die Anwendung der Wahlgesetze durch und gab den Filipinos das Recht zurück, die Regierung zu wechseln. Auch den Huks bot er eine Wahlmöglichkeit. Sie konnten sich entweder für Kapitulation und Amnestie oder für die immer wahrscheinlicher werdende Haft oder den Tod entscheiden. 1953 brach die Rebellion zusammen, von den Guerillas blieben nur einige Banden, die in Polizeiaktionen zerschlagen wurden. Noch im gleichen Jahr wählten die Filipinos Magsaysay zu ihrem Präsidenten.

Lansdale kehrte als der große Mann ins CIA-Hauptquartier zurück. Die Geheimdienstbehörde war damals noch nicht in dem modernistischen Komplex in den Feldern und Wäldern um Langley in Virginia untergebracht, der dem Pentagon Konkurrenz machen sollte. Sie hatte ihr Hauptquartier in Washington in einem Haufen kitschiger viktorianischer Ziegelgebäude gegenüber dem Außenministerium. Auf einer Tafel an der Einfahrt stand zu lesen: »Kriegsmarineministerium, Medizinische Forschung«. Lansdale wurde der Experte der CIA für Guerillabekämpfung und Konterrevolution. Und er erwarb sich etwas, was im öffentlichen Dienst mehr zählt als Fachkompetenz: einen Nimbus. Er galt als jemand, der Wunder wirken konnte.

Seine Mission in Vietnam trat Lansdale in der allgemeinen Krisenstimmung an, die sich nach dem Fall von Dien Bien Phu am 7. Mai 1954 ausbreitete. Der Beschluß, ihn nach Saigon zu entsenden, war schon vier Monate zuvor bei einer

Konferenz in Washington gefaßt worden. Lansdale fragte damals John Foster Dulles, was er in Vietnam tun solle. »Tun Sie, was Sie auf den Philippinen getan haben«, antwortete ihm der Außenminister. Lansdale wurde von der Regierung mit den besonderen Privilegien ausgestattet, die man Wunderwirkern gewährt. Er sollte mit dem US-Botschafter und dem General zusammenarbeiten, der den amerikanischen Militärberatern vorstand, gleichzeitig aber unabhängig sein und ein eigenes Team bekommen. Über CIA-Kanäle sollte er direkt nach Washington berichten.

Am Abend seiner Ankunft, dem 1. Juni 1954, feierten die Vietminh ihren Sieg über die Franzosen, indem sie das Munitionslager von Tan Son Nhut in die Luft sprengten, »wodurch Saigon die ganze Nacht wackelte«, wie Lansdale in seinen geheimen Aufzeichnungen über das erste Jahr seiner Mission notierte. Für einen Mann, der sich der Astrologie bediente, war das keine günstige Ausgangssituation, doch Lansdale ließ sich von der »zunehmend düsteren Stimmung« in Saigon nicht entmutigen. Als die Franzosen sich mit Abschluß der Genfer Konferenz am 21. Juli 1954 bereit erklärten, den Norden Vietnams den Vietminh zu überlassen, hatte er bereits konkrete Schritte geplant, um seine auf den Philippinen so erfolgreiche Aktion zu wiederholen. Im Norden wollte er Widerstandsgruppen organisieren. Sie sollten die Kommunisten an der Machtausübung und am Aufbau des Landes hindern und sie auf diese Weise davon abhalten, ihre Aufmerksamkeit dem Süden zuzuwenden. Gleichzeitig wollte er alles in seiner Macht Stehende tun, um Diems Position zu stärken und aus Südvietnam eine Nation zu machen.

Die CIA brachte Bao Dai dazu, daß er Diem im Juni 1954 das Amt des Premierministers anbot. Obwohl der vormalige Kaiser von Vietnam sich im April an die sichere Côte d'Azur zurückgezogen hatte, war er immer noch das Staatsoberhaupt. Diems Berufung wurde an dem Tag bekanntgegeben, an dem er in Saigon landete: am 7. Juli 1954, fünf Wochen nach Lansdales Ankunft und zwei Wochen vor der Einigung in Genf. Jetzt, da Amerika direkt in Vietnam eingreifen mußte, um die demoralisierten Franzosen abzulösen, hatte es die Eisenhower-Administration eilig, einen vietnamesischen Politiker zu finden, dem man vertrauen konnte. Die Auswahl war nicht groß, und Diem schien noch der beste zu sein. Er war streng katholisch, was für die Amerikaner einen einwandfreien antikommunistischen Leumund darstellte. Anders als die meisten nichtkommunistischen Politiker, die die Amerikaner in Vietnam kannten, galt er als Nationalist, der sich nicht durch Kollaboration mit den Franzosen beschmutzt und keiner von Bao Dais Regierungen angehört hatte. Die Persönlichkeiten des amerikanischen Lebens, die ihn kennengelernt hatten, waren von ihm beeindruckt gewesen: Senator Mike Mansfield, Kardinal Spellman, John Kennedy (damals erstmals Senator von Massachusetts) und Kennedys einflußreicher Vater Joseph. Richter William O. Douglas war von ihm so eingenommen, daß er 1953 schrieb, Diem sei »ein Held ... den die Vietnamesen verehren«, denn er sei »ehrlich, unabhängig und unempfindlich gegen französische Einflüsse«. Urteile über Diem wie dieses wurden unbesehen übernommen. Die Amerikaner wußten nicht genug über das Land, um Diems Position im vietnamesischen Kontext richtig zu erkennen. Und selbst wenn sie bereit gewesen wären, sich ein genaueres Bild zu machen, hätte es in diesen angsterfüllten Monaten an der nötigen Zeit gefehlt. Es sah ganz danach aus, als ob die Kommunisten nur so lange stillhalten würden, wie nötig war, um den Norden fest in den Griff zu bekommen, bevor sie sich des gesamten Südens bemächtigten.

»Ev« Bumgardner zufolge war der Besuch in Tuy Hoa nur eine der vielen Bemühungen, durch die Lansdale und seine Leute Diem zu einem Politiker nach amerikanischem Geschmack, zu einem neuen Magsaysay machen wollten. Südvietnam sollte eine Kopie der Philippinen werden. Auch Bumgardner war wenige Monate nach Dien Bien Phu in Saigon eingetroffen. Obwohl er nicht zu Lansdales Mannschaft gehörte, sahen sie sich häufig. Das USIS-Team befolgte den Auftrag, Lansdale zu unterstützen, mit Begeisterung. Davon abgesehen war es schwer, Lansdale nicht zu begegnen. Er war dauernd in Aktion, er war die treibende Kraft und der Organisator wie zuvor auf den Philippinen. Manchmal sah man ihn in seiner Luftwaffenuniform, aber niemals im offiziellen weißen Anzug mit schwarzer Krawatte, der für französische Beamte *de rigueur* war und den auch Diem und die Diplomaten der US-Botschaft trugen. Statt dessen zeigte er sich gewöhnlich in kurzärmeligem Sporthemd und Freizeithose. Bumgardner fiel auf, daß Lansdale von den Vietnamesen respektiert wurde, weil er sich für sie engagierte. Er war einer der wenigen Amerikaner, die etwas von Guerillakrieg und der Guerillabekämpfung verstanden. Und er war ein Mann der Tat, der etwas bewirkte. Wenn man wissen wollte, was los war, oder etwas Besonderes brauchte, ging man zu Lansdale oder einem seiner führenden Mitarbeiter wie Lucien Conein, dem franko-amerikanischen Rauhbein, der damals CIA-Agent war und als Major der Armee auftrat. »Lou« Conein war von Deutschland nach Indochina zurückbeordert worden. Er hatte in Deutschland die Arbeit von Undercover-Agenten innerhalb und außerhalb der osteuropäischen Länder geleitet. Nun sollte er den Widerstand im Norden organisieren. Lansdale hatte ihn zu sich gerufen, weil er der einzige ehemalige OSS-Offizier war, der immer noch im aktiven Dienst stand und an der Spitze eines Kommandos französischer und vietnamesischer Kolonialtruppen in Indochina gegen die Japaner gekämpft hatte. Aus dieser Zeit stammten seine Verbindungen zu Vietnamesen, die später unter den Franzosen Offiziere geworden waren. (Die meisten anderen vietnamesischen Angehörigen des OSS arbeiteten nach dem Zweiten Weltkrieg für Ho und seine Vietminh.)

Haiphong, der größte Hafen im Norden, war der erste Ort, wo Bumgardner Lansdale begegnete. Operation Exodus, die Umsiedlung von 900.000 Flüchtlingen in den Süden des Landes, hatte im Sommer 1954 bereits begonnen. Die Auswanderung von fast einer Million Menschen aus dem nun bald kommunistischen

Norden war ein Ereignis von größter Tragweite für die Zukunft Diems und Südvietnams. Lansdale trieb sie voran, indem er alle anderen zu konzertiertem Vorgehen anhielt. Diem hatte versucht, eine Flüchtlingsorganisation zu gründen; das Resultat waren einige Komiteeversammlungen gewesen. Die Franzosen und die US-Botschaft hatten geschlafen. Lansdale stellte einen Plan auf; er brachte Diem, die amerikanischen Militärs und die Franzosen dazu, daß sie zusammenarbeiteten; er sorgte dafür, daß die 7. Flotte der US-Kriegsmarine einen Verband zur Verfügung stellte, um die Flüchtlinge auf dem Seeweg zu evakuieren (diese Einheit brachte mehr als ein Drittel von ihnen in den Süden); er veranlaßte die Franzosen, daß sie Civil Air Transport, einer von General Claire Chennault von Taiwan aus geleiteten CIA-Fluggesellschaft, einen lukrativen Vertrag zukommen ließen, um sie an der Luftevakuierung zu beteiligen. Als Gegenleistung schmuggelte die CAT für Lansdale antikommunistische Guerillas, Waffen und Munition in den Norden. Edward Lansdale brachte auch in eigener Regie von der CIA bezahlte philippinische Freiwillige nach Tonking. Bumgardner erinnerte sich gut an einen Priester, halb Amerikaner, halb Filipino. Er leitete eine Organisation, die Flüchtlingen helfen wollte, durch die Linien der Vietminh zu kommen, und sie in Haiphong solange ernähren sollte, bis sie in den Süden abtransportiert wurden. Der Priester zahlte mit französischen und Vietminh-Piastern, beide gefälscht, um Lebensmittel zu kaufen und Guerillas zu bestechen, die die Flucht der Auswanderungswilligen behindern konnten. Damit verärgerte er die Kommunisten so sehr, daß sie versuchten, ihn zu ermorden. In seinem Büro in Haiphong lagen überall griffbereit Gewehre und Maschinenpistolen herum.

Bumgardner war nach Haiphong geschickt worden, um Bildberichte zu produzieren, die zeigten, daß die Flüchtlinge, die, wie Washington es nannte, »in einem eindrucksvollen Tribut an die Freie Welt und als Anklage gegen den Kommunismus« den Norden verließen, nicht allesamt Katholiken waren. Was gar nicht so leicht war, denn zwei Drittel von ihnen waren Katholiken. Die übrigen hatten zumeist einen besonderen Grund, um zu flüchten. Es handelte sich um die Angehörigen vietnamesischer Offiziere und Soldaten der Kolonialarmee; um die Familien von Polizisten und Beamten der Kolonialverwaltung; um Chinesen, die mit Nationalchina sympathisierten oder Unternehmen besaßen, deren Beschlagnahmung sie befürchteten; um Angehörige der Nung-Minderheit, die für die Franzosen Partei ergriffen hatte; um Vietnamesen mit französischer Staatsangehörigkeit. Die Katholiken hatten auf seiten der Franzosen gekämpft, um als Gegenleistung unter ihren Bischöfen in den Diözesen Phat Diem und Bui Chu im südöstlichen Teil des Deltas des Roten Flusses die Autonomie zu erhalten. Viele von ihnen hatten Angst vor Vergeltungsmaßnahmen und wünschten sich einen Zufluchtsort, wo ein Angehöriger ihrer Religion regierte.

Lansdale ergriff Maßnahmen, um alle noch unentschlossenen Katholiken dazu zu bringen, es den anderen gleichzutun. Diem flog in den Norden und konferierte mit den Bischöfen. Die Priester begannen, ihre bäuerlichen Pfarrgemeinden zur Flucht zu drängen. Ein beliebtes Argument war, die Jungfrau Maria sei in den Süden gegangen, und nun müsse man ihr folgen. Lansdales Männer starteten einen Propagandafeldzug, um die Lebensbedingungen unter der künftigen Vietminh-Herrschaft so düster wie nur möglich zu zeichnen. Seine Leute setzten Gerüchte in Umlauf, sie verteilten gefälschte Flugblätter, die aussahen, als stammten sie von Hos Revolutionsregierung, und Kalender, wie sie in Vietnam allgemein verbreitet waren. »Bekannte vietnamesische Astrologen wurden engagiert, die vorhersagten, daß gewissen Vietminh-Führern und -Unternehmungen Unheil drohte«, notierte Lansdale in den geheimen Aufzeichnungen über seine Mission. Am Tag nach der Verteilung eines besonders schwarzmalenden Flugblatts »verdreifachte sich die Zahl der als Flüchtlinge Registrierten«, so Lansdale weiter. Einem besonders wirksamen Gerücht zufolge wollten die Amerikaner, sobald die in Genf festgesetzte Evakuierungsfrist im Mai 1955 abgelaufen war, die Vietminh mit Atombomben vernichten. In Haiphong erschienen Flüchtlinge mit angeblich vom Vietminh stammenden Flugblättern, auf denen ein Stadtplan von Hanoi mit drei konzentrischen Kreisen zu sehen war, die die Grade der Zerstörung nach einem Atomschlag darstellten.

Die Schiffe der 7. Flotte evakuierten ganze katholische Dorfgemeinschaften. Insgesamt flohen 65 Prozent der nordvietnamesischen Katholiken in den Süden. Die US-Regierung stellte 1955 und 1956 zusammengerechnet 93 Millionen Dollar für ihre Wiederansiedlung zur Verfügung. Der Exodus der Katholiken verschaffte Diem einen harten Kern ergebener Anhänger, die nicht wußten, wohin sie sonst gehen sollten. Die ersten verläßlichen Truppen, die er im September 1954 als Palastwache engagierte, waren katholische Milizionäre aus dem Norden.

Die Tätigkeit Lansdales in diesen entscheidenden Jahren zeigte, daß ein Mann und seine Vision den Lauf der Geschichte ändern können. Ohne Lansdale wäre das amerikanische Vietnam-Unternehmen schon in den Anfängen zusammengebrochen. Diem wäre Washingtons Mann in Saigon geworden, aber ohne Lansdale an seiner Seite hätte er nicht lange überlebt. Die Franzosen stellten keine Alternative dar. Sie hätten mit ihrem Expeditionskorps im Süden nicht unbegrenzt ausgehalten, auch wenn die USA bereit waren, die finanzielle Seite dieser Last zu übernehmen. Frankreich war moralisch erschöpft, und die arabische Bevölkerung Algeriens, wo fast eine Million europäischer Siedler lebten, begann 1954 sich zu erheben und Frankreich in einen neuen Kolonialkrieg zu drängen. Man kann annehmen, daß sich die Franzosen an die in Genf eingegangene Verpflichtung gehalten hätten, die für Juli 1956 vorgesehenen gesamtvietnamesischen Wahlen im südlichen Landesteil durchzuführen. Diese Wahlen sollten darüber entscheiden, ob eine von den Franzosen unterstützte Regierung in Saigon oder Hos Regierung in Hanoi über ein vereinigtes Vietnam herrschen würde. Die Schlußerklärung der Genfer Konferenz wies ausdrücklich darauf hin, daß die Vereinbarungen keine ständige Teilung des Landes vorsahen. »Die militärische Demarkationslinie (am 17. Breitengrad) ist provisorisch und in keiner Weise als politische oder territoriale Grenze aufzufassen«, hieß es dort. Es hat nie jemand bestritten, daß die Kommunisten, auf ehrlichem Weg oder durch geschicktere Manipulation, die Wahlen gewonnen hätten. Ihre Organisation war der ihrer Konkurrenten im Süden überlegen und die Bevölkerung im Norden zahlreicher. Eisenhower räumte 1954 ein, daß bei freien Wahlen in ganz Vietnam Ho Chi Minh 80 Prozent der Stimmen erhalten würde, da er in den Augen der meisten Vietnamesen als eine Art Landesvater galt. (Übrigens hatte es in keinem der beiden Teile Vietnams jemals korrekt durchgeführte Wahlen gegeben und sollte auch nie welche geben.) Ein kommunistischer Wahlsieg hätte den Franzosen die Möglichkeit geboten, ihr Expeditionskorps ohne Gesichtsverlust abzuziehen und die Vietnamesen französischer Staatsangehörigkeit ebenso mitzunehmen wie zahlreiche ihrer Landsleute, die auf französischer Seite gekämpft hatten. Wären die Wahlergebnisse kein ausreichender Grund gewesen, so hätte Frankreich bestimmt einen anderen Vorwand gefunden, aus dem Süden abzuziehen. So schmerzlich dieser Ausgang auch gewesen wäre, den USA wäre nichts anderes übriggeblieben, als ein vereinigtes kommunistisches Vietnam zu akzeptieren. Eisenhower hatte bereits beschlossen, keine US-Truppen als Ersatz für die Franzosen zu entsenden. Der Generalstabschef der Armee, General Matthew Ridgway, hatte ihn davon überzeugt, daß eine Intervention angesichts des Charakters dieses Landes und seiner politischen Verhältnisse nicht ratsam sei, da man die amerikanischen Soldaten in einen Morast schicken würde. So kurz nach dem Ende des Korea-Krieges war auch die öffentliche Meinung in den USA ganz entschieden gegen eine neuerliche Verwicklung Amerikas in einen asiatischen Krieg.

Lansdale verhinderte, daß der Vietnamkonflikt 1956 mit einem totalen Sieg Ho Chi Minhs und seiner Anhänger endete. Besser gesagt, er brachte die Franzosen dazu, ihre Rolle nicht zu Ende zu spielen und vorzeitig aufzugeben. Man kann sagen, daß Südvietnam das Werk Edward Lansdales war. Er führte im Herbst 1954 Bao Dais Anhänger im Offizierskorps der vietnamesischen Nationalarmee hinters Licht, als sie im Begriff standen, Diem zu stürzen, und bewirkte ihre Entlassung. Im Frühjahr 1955 inszenierte er einen Feldzug gegen die mit französischen Geldern subventionierten Armeen der Sekten Cao Dai und Hoa Hao und die Truppen des Gangstersyndikats Binh Xuyen. (Die Binh Xuyen waren ursprünglich eine Bande von Flußpiraten, später hatten sie sich die Kontrolle über die Saigoner Unterwelt verschafft. Als Dank für die erbarmungslose Eliminierung der Vietminh-Terroristen in der Stadt hatten ihnen die Franzosen auch die Kontrolle über die Saigoner Polizei übertragen.)

General J. Lawton »Lightning-Joe« Collins, der neue US-Botschafter, der im Herbst 1954 in Saigon eintraf, riet Diem, behutsam vorzugehen und mit den Sekten einen Kompromiß zu schließen. Lansdale wiederum drängte Diem, sie seiner

Neigung folgend allesamt auszuschalten und die Autorität der Zentralregierung zu stärken. Manchen Sektenführern wäre sicher mit Bestechungsgeldern und Tricks beizukommen, bei den übrigen half eben nur Gewalt. Durch seine Verbindungen zum Offizierskorps der vietnamesischen Nationalarmee konnte Conein Lansdale behilflich sein, diese auf Diems Seite zu ziehen. Seine Botschaft war einfach und unwiderstehlich: In Zukunft würden die USA sie und ihre Truppen direkt und nicht mehr über die Franzosen besolden und versorgen. Wenn sie ihre Armee behalten und befördert werden wollten, dann sollten sie Diems und Lansdales Anweisungen befolgen, denn Lansdale habe das Ohr der Männer, auf die es in Washington ankomme. Coneins Mut und seine OSS-Ausbildung machten aus ihm auch ein nützliches Mitglied des Sonderkommandos, das Lansdale aufstellte, um auf dem Höhepunkt des Kampfes gegen die Binh Xuyen in Saigon im Namen Diems ein paar »schmutzige Tricks« zu inszenieren. Von Anfang März 1955 bis in den Mai hinein war Lansdale fast täglich im Palast und verbrachte viele Abende bei Diem, um ihn zu ermutigen, Maßnahmen zu planen und sich Schachzüge auszudenken, wobei ihm seine taktische Erfahrung aus dem Kampf gegen die Huks half, die Diem fehlte. Ohne Lansdales Schlauheit, seine Begabung für verwegene Coups und den Ruf, den er aufgrund seines philippinischen Wunders bei den Mächtigen Washingtons genoß, wäre Diem hinweggefegt worden.

Fast wäre es auch soweit gekommen. Collins war zu der Ansicht gelangt, daß Lansdale unter romantischen Visionen litt und Diem ein Spinner war. Er flog im April 1955 nach Washington, wo es ihm beinahe geglückt wäre, John Foster Dulles zu überreden, sich von Lansdale und Diem loszusagen und wieder mit den Franzosen zusammenzuarbeiten, die von Diem und Lansdale nichts hielten und die Sekten und die Binh Xuyen zum Widerstand ermunterten. Hätte sich Collins mit seiner Ansicht durchgesetzt, dann, so kann man rückblickend mit großer Sicherheit sagen, wären die Franzosen dem vorhersehbaren Lauf der Dinge gefolgt und hätten den Süden früher oder später den Kommunisten überlassen. Allen Dulles nahm Frank Wisner, der als CIA-Chef für Geheimoperationen Lansdales Boss war, zu dem Gespräch mit seinem Bruder John Foster und Collins mit. Wisner erzählte später einem seiner Söhne von dieser Debatte. Er hatte im Zweiten Weltkrieg als OSS-Offizier miterlebt, wie die Rote Armee und Stalins Geheimpolizei in Rumänien die Macht übernahmen. Diese schrecklichen Ereignisse hatten aus ihm einen Kämpfer gegen den Kommunismus wie Lansdale werden lassen.

Collins erklärte, Lansdale sei verrückt zu glauben, man könne mit Diem in Südvietnam ein stabiles Regime aufbauen. Diem habe zum Regieren absolut kein Talent und mache sich jedermann zum Feind. Er weigere sich, mit den Sekten zu reden und durch Beteiligung anderer nichtkommunistischer Politiker sein Regime auf eine breitere Basis zu stellen. Für Amerika sei es das Beste, Diem durch einen anderen, auch für die Franzosen akzeptablen Politiker zu ersetzen und zu beten, daß er irgendeine Art von Regierung zusammenbringe. Angesichts der chaotischen Zustände im Süden seien die Aussichten düster, aber es bestünde dann wenigstens Hoffnung. Mit Diem und Lansdale bestehe keine.

Wisner war zu Lansdales Verteidigung angetreten. Kurz bevor er das Wort ergreifen wollte, ging ihm, wie er sich später erinnerte, durch den Kopf, daß er über Asien sehr wenig und über Vietnam fast gar nichts wußte. Aber die Amerikaner waren anderswo erfolgreich gewesen, warum sollten sie es in Vietnam nicht sein? Er sagte, er sei auf den Philippinen gewesen, habe dort Magsaysay kennengelernt und gesehen, was Lansdale dort erreicht habe. Sicherlich seien die Aussichten in Vietnam weniger günstig, das gehe ja aus Lansdales eigenen Berichten hervor. Trotzdem bestehe eine reelle Chance, und Lansdale habe ja bewiesen, daß er mit Situationen fertig werden konnte, in denen jeder andere aufgab. Man solle sich Lansdales Lagebeurteilung anschließen.

John Foster Dulles teilte Wisners Vertrauen nicht. Am 27. April 1955 wies er den stellvertretenden Missionschef der Saigoner US-Botschaft telegrafisch an, für die Regierung Südvietnams einen neuen Premier ausfindig zu machen. Am Tag darauf, noch ehe die Botschaft sich an die Ausführung des Auftrags machen konnte, befragte Diem Lansdale über das Telegramm. Er hatte durch die südvietnamesische Botschaft in Washington von Dulles' Entscheidung erfahren. Was er auch immer gehört habe, so versicherte ihm Lansdale, Südvietnam brauche einen Führer, und die USA stünden hinter ihm. Er überredete Diem, noch am selben Nachmittag einen Angriff gegen die Binh Xuyen anzuordnen, die begonnen hatten, zu Diems Einschüchterung den Palast mit Granatwerfern zu beschießen und auf die Soldaten der vietnamesischen Nationalarmee zu feuern. Als es nun wirklich zum Kampf kam, waren die 2500 Mann des Gangstersyndikats den von Lansdale und Conein aufgestellten Bataillonen Diems nicht gewachsen. Nach neunstündigen Gefechten waren die Binh Xuyen in Saigon geschlagen und flohen in die Chinesenvorstadt Cholon. Angesichts dessen erschienen die religiösen Sekten plötzlich viel weniger gefährlich. Dulles beeilte sich, seine Anweisungen zu widerrufen; sein erstes Telegramm wurde verbrannt. Zu Lansdale hatte man jetzt uneingeschränktes Vertrauen. Die Vereinigten Staaten hatten sich entschlossen, »es mit Diem zu wagen«, wie Dulles sagte.

Im September 1955 besiegelte Lansdale das amerikanische Engagement. Er half Diem, eine Volksabstimmung dahingehend zu manipulieren, daß Bao Dai als Staatsoberhaupt abgesetzt und Diem Präsident der neuen Republik Vietnam wurde. (Eine Wahlfälschung im Dienste der gerechten Sache war angesichts der besonderen Umstände schon statthaft.) Diem erhielt 98,2 Prozent der Stimmen, einen Bruchteil mehr als Ho gewöhnlich bei seinen Wahlen für sich reklamierte. Die Widerstandsgruppen, die Conein für Lansdale in den Norden eingeschleust hatte, verloren bald den Mut oder wurden von den Vietminh eliminiert. Im Süden hingegen führte Lansdale seine Mission erfolgreich zu Ende. Er festigte die Position Diems und seiner Familie und schuf eine scheinbar stabile Zentralregierung. Aus diesem Erfolg sollte der zweite Krieg entstehen, in den Vann sieben Jahre später geschickt wurde.

Erst lange Zeit später wurde Bumgardner klar, daß sie damals alle zusammen Diems Empfang in Tuy Hoa völlig falsch interpretiert hatten. Er erinnerte sich, daß die Menschen, die Diem auf dem Fußballplatz jubelnd Beifall spendeten, seinen Worten offenbar kaum Beachtung schenkten. Auf ihren Gesichtern lag ein Lächeln, ihre Stimmen waren laut, doch die Blicke waren leer. Es wurde ihm plötzlich bewußt, daß die Menge Diem gar nicht zugehört hatte.

Für die Leute in der Stadt und aus dem Umland war das Ganze einfach ein freier Tag gewesen. Sie hatten während des ersten Krieges genügend oft bei Vietminh-Veranstaltungen mitgewirkt, um zu wissen, daß man auf ein Zeichen der in der Volksmenge verteilten Kader hin in Jubel und Applaus auszubrechen hatte. Die von Diems Bruder Nhu nach Tuy Hoa entsandten Organisatoren befanden sich in der Menge, um solche Zeichen zu geben, auf die Stadt- und Landvolk wie gewohnt reagierten. Diem war zu dieser Zeit dem normalen Vietnamesen kaum bekannt. Die Volksmassen konnten eigentlich gar nicht wissen, wer er war. Aufgrund der jahrelangen Abgeschnittenheit von der Außenwelt war ihnen schlicht und einfach außerordentlich langweilig gewesen. Nun waren alle glücklich, daß der Krieg vorbei war, und die Landung eines richtigen Flugzeugs mit einem hohen Besucher an Bord, der zu ihnen sprechen wollte, war eine äußerst willkommene Abwechslung, ein Grund zum Feiern. Sie wären auf Diem auch losgestürmt und hätten ihn fast niedergetrampelt, wenn er der Premierminister von Nepal gewesen wäre.

Viele der Begeisterten hatten Verwandte unter den Guerillas, die in den Norden gingen. Als der zweite Krieg ausbrach, wurde das Tuy-Hoa-Tal zu einer der stärksten Vietcong-Bastionen Südvietnams. Die Bevölkerung war hier Diems Regierung in Saigon zutiefst feindlich gesinnt. Bumgardner wurde klar, wie dumm es von ihm und den anderen Amerikanern gewesen war, zu glauben, aus Diem ließe sich ein Nationalheld machen, der es mit Ho Chi Minh aufnehmen könnte. Außerhalb der katholischen Bevölkerung hatte Diem keine Anhänger, und angesichts seiner politischen und sozialen Einstellung bestand auch keine Hoffnung, daß er welche bekommen würde. Seine Herrschaft konnte sich nur als destruktiv erweisen.

Lansdale wurde in Vietnam das Opfer seiner Glanzleistung auf den Philippinen. Menschen, die eine bedeutende Unternehmung zum Erfolg führen, knüpfen sich oft selbst einen Fallstrick, indem sie annehmen, nun eine Art universelle Wahrheit entdeckt zu haben. Lansdale und seine Vorgesetzten glaubten, daß seine Erfahrungen von den Philippinen auf Vietnam übertragbar seien. Das waren sie aber nicht. Die Filipinos, denen Lansdale in den vierziger und fünfziger

Jahren zur Hand gegangen war, stellten eine Ausnahme dar, sie waren ein für Asien völlig untypisches Volk. Lansdales Filipinos waren braunhäutige Amerikaner. Von der Hautfarbe und anderen äußeren Merkmalen abgesehen, hatten sie mit den Vietnamesen so wenig gemeinsam wie Lansdale selbst. Sie feierten ihren Unabhängigkeitstag am 4. Juli wie die Amerikaner. Ihr Englisch war ein etwas altmodisch anmutender amerikanischer Slang. Sie liebten Jazz und vieles andere, was in Amerika populär war. Es gab vaterländische Organisationen wie die Philippinische Veteranenlegion und die Jaycees. Sie hatten Namen wie Colonel Mike Barbero, Magsaysays erster Berater für psychologische Kriegsführung, der dann von einem Major Joe Crisol abgelöst wurde. Ein weiterer Helfer Magsaysays nannte sich »Frisco Johnny« San Juan. Im Kampf gegen die Huks organisierten sie Operationen mit Decknamen wie »Four Roses«, ihr Lieblingswhisky, oder »Omaha«, nach dem Strand, auf dem die Invasion in der Normandie begonnen hatte. Die CIA war dafür bekannt, daß sie für ihre Operationen in Asien gerne Filipinos einsetzte, weil sie so amerikanisiert waren. Ihre Anwesenheit in einem Büro oder einer Reparaturwerkstatt war ein Anzeichen dafür, daß die CIA hier Hausherr war.

Lansdales Führungstalent hatte die Wertvorstellungen dieser Filipinos der frühen Nachkriegsjahre nicht verändert. Er hatte ein Volk manipuliert, dessen Lebenseinstellung durch fast ein halbes Jahrhundert amerikanischer Vormundschaft und, vor der Inbesitznahme durch die USA 1898, durch den verwestlichenden Einfluß von mehr als dreihundert Jahren spanischer Kolonialherrschaft geprägt worden war. Mit einer zu 95 Prozent christlichen, mehrheitlich katholischen Bevölkerung waren die Philippinen das einzige christliche Land Asiens. Während des Krieges gegen Japan waren Filipinos und Amerikaner eine Bindung eingegangen, deren Stärke nur Männer kennen, die im Kampf gemeinsam dem Tod ins Auge geblickt haben. Bei der Verteidigung der Halbinsel Bataan fielen mehr Filipinos als Amerikaner. (Die Garnison bestand aus 15.000 US-Soldaten und 65.000 Filipinos.) Auf dem Todesmarsch in die Gefangenenlager kamen ungefähr dreimal so viele Filipinos wie Amerikaner ums Leben: 2300 Amerikaner und 5000 bis 7600 Filipinos, die genaue Zahl weiß niemand. Als am 20. Oktober 1944 die Sturmtruppen General MacArthurs von ihren Landungsbooten in die Brandung des Leyte-Golfs sprangen, um die Inseln zu befreien, entfalteten zwei Soldaten der 24. Infanteriedivision, ein Amerikaner und ein Filipino, über der Red Beach das Sternenbanner und die blau-weiß-rote philippinische Flagge mit der goldenen Sonne. Der Anblick der amerikanischen Flagge erweckte in Lansdales philippinischen Freunden die gleichen Gefühle wie ihre eigene Fahne. Das Sternenbanner symbolisierte für sie das Streben nach Unabhängigkeit und Freiheit. Lansdales Filipinos wußten, was sie wollten. Sie waren wie elf Football-Spieler, die wußten, wie man spielt, einen erstklassigen Läufer hatten und dennoch nicht in der Lage waren, eine Mannschaft zu bilden, weil ihnen der Trainer fehlte.

Lansdale wurde ihr Trainer, ein hervorragender Trainer, aber seinen Erfolg verdankte er der Tatsache, daß er die passenden Spieler hatte.

Als Diem Lansdale sagte, daß er den Franzosen widerstanden habe und den gottlosen Kommunismus hasse, ließ Lansdale sich von seinen vorgefaßten Meinungen zu falschen Annahmen verleiten, so wie Vann später bei Cao. Zudem glaubte er, es sei bei einem vietnamesischen Politiker völlig in Ordnung, von den USA offen unterstützt zu werden und mit hochrangigen US-Beamten zusammenzuarbeiten. Schließlich war er zuvor in einem asiatischen Land gewesen, dessen Verteidigungsminister in der US-Militärmission mit einem CIA-Agenten unter einem Dach gewohnt und dadurch nichts an politischer Glaubwürdigkeit eingebüßt hatte. Lansdale dachte, die katholischen Flüchtlinge aus dem Norden seien vietnamesische Patrioten. Sie hätten »für die Freiheit ihres Landes gegen die Franzosen gekämpft«, bis sie eines Tages entdeckten, daß man sie in eine kommunistische Verschwörung verwickelt hatte, worauf sie in den Süden, ins »Freie Vietnam« flüchteten, um sich hier fern der Knechtschaft ein neues Leben aufzubauen. In den letzten Monaten der Evakuierung erinnerte Haiphong an »unsere eigene Pionierzeit«, schrieb er in seinem Geheimbericht. Er fand nichts dabei, wenn die USA diese Katholiken in besonderer Weise unterstützten. Er hatte daran nichts auszusetzen, daß das, was er als »Freies Vietnam« ansah, einen Katholiken zum Präsidenten haben würde.

Die Katholiken aber waren in Vietnam eine unbeliebte Minderheit. Lansdale war darauf bedacht, den Unterschied zwischen den Amerikanern und den französischen »Kolonialherren« hervorzuheben. Dabei übersah er allerdings etwas ganz Wesentliches. Seine Maßnahmen wurden nunmehr aus der Perspektive der vietnamesischen und nicht der philippinischen Geschichte gesehen. Indem er die Katholiken bevorzugt unterstützte und in Saigon einen Katholiken zum Premier machte, zeigte er, daß die Vereinigten Staaten sich anschickten, den Platz der Franzosen einzunehmen. Frankreich hatte zum Katholizismus bekehrte Vietnamesen als fünfte Kolonne benutzt, um das vorkoloniale Vietnam zu unterwandern, und sie nachher für ihre Kollaboration belohnt. Die Katholiken galten allgemein als eine von Fremden geprägte, »unvietnamesische« Sekte. Nachdem die Franzosen nun abzogen, suchten sie sich natürlich einen anderen ausländischen Beschützer. Es war ihnen klar geworden, was Lansdale hören wollte, und das erzählten sie ihm auch.

Ngo Dinh Diem hielt nicht viel von einer repräsentativen Regierung, hatte aber während seines zweieinhalbjährigen Exils in den USA genug über die Amerikaner erfahren, um in Lansdale den Eindruck erwecken zu können, daß er dieses Ziel anstrebte. An sozialer Gerechtigkeit lag ihm nichts. Er wünschte keine Veränderung der traditionellen Gesellschaftsstruktur Vietnams, die die Franzosen in einer erstarrten Form erhalten hatten. Diem war zutiefst reaktionär. Er war darauf aus, eine neue Dynastie zu gründen, und das in einem Land, in dem die meisten denkenden Menschen Dynastien als Anachronismus ansahen. Es hatte einmal kurze Zeit hindurch im 10. Jahrhundert eine Ngo-Dynastie gegeben. Diem sah sich nun an der Spitze einer neuen. Sie sollte die durch den degenerierten Bao Dai in Mißkredit geratene Nguyen-Dynastie ablösen. Mit seiner Familie würde er in der herkömmlichen dynastischen Manier regieren. Seine Konzession an die Modernität würde darin bestehen, daß er sich Präsident nannte. Sein Streit mit den Franzosen war heftig, aber unwesentlich gewesen, und was seinen dürftigen Anspruch auf einen nationalistischen Leumund beschmutzt hatte, war die Tatsache, daß er eines Tages Bao Dais Premierminister geworden war. Er hatte Bao Dais Quisling-Regierung und den vietnamesischen Teil der französischen Kolonialarmee, der Polizei und des Beamtenapparats übernommen. Nun ließ er sich zum Handlanger der Amerikaner machen. Die in den Philippinen gültige Sehweise war in Vietnam völlig unangebracht. Mit den Amerikanern zusammenzuarbeiten galt in Vietnam nicht als patriotisch. Viele Vietnamesen verbanden mit Amerika Kolonialismus, Unterdrückung und soziale Ungerechtigkeit.

Lansdales Denken war so von den Bildern der amerikanischen Revolution geprägt, daß er sich nicht vorstellen konnte, in einem asiatischen Land inmitten einer nationalen Revolution auf der falschen Seite zu stehen oder zur falschen Seite zu werden. Die Festigkeit ihrer amerikanischen Ideologie erlaubte es auch Männern wie Bumgardner oder Vann nicht, diese Möglichkeit ins Auge zu fassen. Und doch war genau das in Vietnam geschehen. In Vietnam war eine nationale Revolution im Gang, aber die Vereinigten Staaten hatten daran keinen Anteil. Die USA hatten zuerst die falsche Seite gewählt, als sie die Franzosen ausrüsteten und finanzierten, um ihnen die Wiedererrichtung der Kolonialherrschaft zu ermöglichen. Nun wurde Amerika selbst die falsche Seite, indem es in Vietnam direkt eingriff, um Diem und seine Familie als Repräsentanten seiner Macht einzusetzen.

Oberst Alfred Kitts sollte während der Tet-Offensive 1968 auf Vanns Anordnung eine Provinzhauptstadt gegen einen dreitägigen kommunistischen Angriff verteidigen. Lange Zeit danach — er lebte bereits im Ruhestand auf einer Pferderanch in Pennsylvania —, meinte er, daß er diesen Kampf nicht hätte führen müssen, wenn die USA von Beginn an anders vorgegangen wären. »Bud« Kitts war zum Soldaten und Reiter geboren. Als Sohn eines Artillerieoffiziers, der 1932 und 1936 der amerikanischen Olympiamannschaft als Turnierreiter angehörte, war Kitts 1943 einen Monat nach seinem High-School-Abschluß zur Armee gegangen, hatte dann auf den Philippinen gedient und war im Januar 1946 als Leutnant nach Haiphong versetzt worden. Er war hier Mitglied einer 26 Mann zählenden Abteilung der US-Armee, die den Auftrag hatte, entwaffnete japanische Soldaten in Liberty-Schiffe zu pferchen, mit denen man sie dann in ihre Heimat brachte. Kitts sprach etwas Französisch und konnte sich mit den Vietminh-Offizieren verständigen, deren Truppen die Stadt kontrollierten. Die Vietnamesen verhielten sich ihm und den anderen Amerikanern gegenüber freundlich. Sie sprachen nicht von Kommunismus, sondern nur von ihrem Wunsch, von Frankreich unabhängig zu werden. Sie hofften, daß ihnen Amerika dabei behilflich sein würde. Ho Chi Minh stellte damals die kommunistischen Überzeugungen und die führende Rolle der Partei bei der nationalen Revolution in den Hintergrund. Er wollte im Land eine breite politische Front bilden und suchte die Anerkennung und den Schutz der Amerikaner, um eine Rückkehr der Franzosen zu verhindern.

Am 7. März 1946 sah Kitts, wie die ersten französischen Truppen, die Tonking betraten, in Haiphong an Land gingen. Sie sahen aus wie US-Soldaten. Sie hatten amerikanisches Sturmgepäck, sie trugen amerikanische Helme, Munitionsgürtel, Kampfanzüge und Stiefel. Die Landungsboote waren amerikanischer Herkunft, ebenso ihre schweren Waffen, ihre Fahrzeuge und die übrige Ausrüstung, die Amerika ursprünglich Charles de Gaulles Freien Franzosen über den Lend-Lease-Act für den Kampf gegen die Nazis und Japaner zur Verfügung gestellt hatte.

Die Vietminh-Offiziere waren wütend. Ho hatte den Franzosen gestattet, in Haiphong, Hanoi und den anderen großen Städten des Nordens Garnisonen einzurichten, um eine Invasion abzuwenden. Im Gegenzug hatten ihm die Franzosen eine begrenzte Autonomie versprochen, woran sie sich aber bald nicht mehr erinnerten. Es kam sehr schnell zu Schießereien. Zu Kitts und den anderen Amerikanern blieben die vietnamesischen Offiziere weiterhin freundlich. Noch machte man den Amerikanern keinen Vorwurf daraus, daß sie den Franzosen Waffen und Nachschub lieferten. Die Vietminh schienen Kitts und seine Kameraden immer noch als Verbündete anzusehen und sie nicht mit den Kolonialisten gleichzusetzen. Die Vietnamesen glaubten die Erklärungen, die die USA über die Gründe ihres Eingreifens in den Zweiten Weltkrieg gegeben hatten. Es wirkte auch noch der gute Wille aus der gemeinsamen Allianz gegen die Japaner fort. Das OSS (Office of Strategic Services) betrachtete den Vietminh als die einzige vietnamesische Widerstandsgruppe, die genügend organisiert und verbreitet war, um verläßliche Informationen über die Japaner zu liefern, US-Piloten zu retten und Sabotageakte sowie andere Aktionen hinter den feindlichen Linien durchzuführen. (Hingegen waren die ehemaligen Angehörigen der Kolonialarmee, mit denen Coneins Team zusammengearbeitet hatte, vor allem darauf aus, die für die Zeit nach dem Krieg geplante Rückeroberung vorzubereiten.) Das OSS hatte eine Ausbildergruppe über Hos Kriegshauptquartier im Gebirgsdschungel nördlich des Roten Fluß-Deltas abspringen lassen und Tausende Karabiner, Maschinenpistolen und andere Waffen geliefert, um die sich formierenden Vietminh-Truppen auszurüsten.

Die vietnamesischen Soldaten sollten versuchen, Kitts' Team und die zahlreichen Franzosen in der Stadt auseinanderzuhalten, und nicht auf die Amerikaner schießen. Trotz der amerikanischen Kennzeichen und Flaggen auf den Fahrzeugen wurde dies für den gemeinen Vietminh-Soldaten angesichts der ständig eintreffenden französischen Verstärkungen zunehmend schwierig. Die Franzosen stellten immer mehr Forderungen, und es kam immer öfter zu Schießereien. »Wie soll man einen Franzosen von einem Amerikaner unterscheiden, wenn der Franzose die gleiche Uniform trägt und den gleichen Jeep fährt?« fragte Kitts. Als er und ein paar andere Offiziere eines Abends in ihre Quartiere zurückfuhren, gerieten sie vor einer Straßensperre der Vietminh unter Beschuß. Sie ließen sich rechtzeitig aus dem Fahrzeug fallen, doch der Jeep bekam zahlreiche Treffer ab. Am folgenden Tag suchte Kitts den für den Sektor verantwortlichen Vietminh-Hauptmann auf und erklärte ihm, daß er und seine Kameraden diese Straßen benutzen müßten, um zum Hafen und wieder zurück ins Quartier zu kommen. Ob er seine Leute anweisen könne, in Zukunft besser hinzuschauen, bevor sie das Feuer eröffneten? Der Hauptmann entschuldigte sich und versprach, seine Männer noch einmal auf die Fahrtroute der Amerikaner aufmerksam zu machen. Er werde ihnen mehr Zurückhaltung auftragen und sicherstellen, daß sie die Amerikaner nicht wieder für Franzosen hielten. »Aber meine Leute sind so kampfbegierig«, sagte er. Kitts lachte, denn er hatte etwas gegen die Franzosen. Der vietnamesische Hauptmann lachte ebenfalls.

Im Juli 1946 waren die Scharmützel so häufig geworden, daß es zu gefährlich war, das Team in Haiphong zu belassen. Kitts und seine Kameraden erhielten den Befehl, die Verantwortung für die Rückführung der japanischen Kriegsgefangenen den Franzosen zu übertragen. Dann wurden sie evakuiert. Drei Wörter, die ein Vietnamese mit seinem bißchen Englisch im Hafen auf eine Hauswand gepinselt hatte, sollten Kitts die ganzen Jahre hindurch im Gedächtnis bleiben: »We want America.«

Aber Amerika wollte sie nicht. Ho Chi Minh erlebte in den Jahren 1945 und 1946 wieder die Enttäuschungen, die ihm die Amerikaner nach dem Ersten Weltkrieg bereitet hatten. Damals war Woodrow Wilson amerikanischer Präsident gewesen. Jetzt war es Harry Truman. Ihre Namen waren verschieden, ein Vierteljahrhundert und ein weiterer Krieg lagen zwischen ihnen, aber ihr Verhalten war das gleiche.

Als Wilson seine Vierzehn Punkte verkündete, nahm Ho den Präsidenten und seine Erklärung beim Wort. Wilson sagte, abhängige Völker hätten ein Recht auf Selbstbestimmung, bei der Regelung »aller kolonialen Ansprüche« müßten »die Interessen der betroffenen Völker gleiches Gewicht« wie die der Kolonialmacht haben. Das amerikanische Volk habe sich an die Seite des britischen und des französischen Volkes und der anderen Verbündeten gestellt, um in diesem »höchsten und letzten Krieg für die menschliche Freiheit« zu kämpfen, wie Wilson erklärte, ständen die Alliierten doch für das »klar ersichtliche Prinzip«, das seinen Vierzehn Punkten zugrunde lag: »Es ist das Prinzip der Gerechtigkeit gegenüber allen Völkern und Nationalitäten und ihr Recht, in Freiheit und Sicherheit gleichberechtigt zusammenzuleben, seien sie stark oder schwach.« Der Völkerbund, den er gründen wollte, würde diese gerechte Behandlung aller Nationen garantieren, sagte Wilson.

Ho war so beeindruckt, daß er von den spärlichen Einkünften, die er sich in Paris mit dem Bemalen gefälschter chinesischer Antiquitäten und dem Retuschieren von Photos verschaffte, etwas abzweigte, um sich einen Gesellschaftsanzug auszuleihen und sich zur Pariser Friedenskonferenz zu begeben, wo Wilson und die anderen alliierten Staatsmänner den Versailler Vertrag und die Satzung des Völkerbunds ausarbeiteten. Im damaligen Paris war dieser 28jährige Vietnamese mit dem seltsam stechenden Blick, der als europäischer Gentleman im Frack und mit weißer Krawatte auftrat, eine lächerliche Figur. Ho trug eine Petition bei sich, in der sämtliche Klagen der Vietnamesen gegen die französische Kolonialverwaltung aufgeführt waren. Er hatte Wilson kopiert, indem er sie in Form eines »Acht Punkte« umfassenden Programms niederschrieb, das es den Vietnamesen ermöglichen sollte, sich in einem autonomen Staat innerhalb des französischen Imperiums von dem ihnen zugefügten Unrecht zu erholen. Er wollte nicht um Unabhängigkeit bitten, lediglich um Autonomie. Niemand von der amerikanischen oder irgendeiner anderen alliierten Delegation war bereit, ihn zu empfangen. Ho mußte feststellen, daß Wilsons Selbstbestimmung nur für Tschechen, Polen und andere Völker Osteuropas gedacht war, die unter deutscher oder österreichischungarischer Herrschaft gestanden hatten, aber nicht für die braunen und gelben Völker Asiens oder die Schwarzen in Afrika. Wilsons fünfter Punkt über die »kolonialen Ansprüche« bedeutete in der Praxis nichts anderes als die Aufteilung der deutschen Kolonien in Afrika und Asien unter den Siegern.

Als am 15. August 1945 Kaiser Hirohito über Radio Tokio Japans Kapitulation bekanntgab, richtete Ho an Truman die Forderung, seine während des Krieges gegebenen Versprechen und die Absichtserklärungen seines verstorbenen Vorgängers Franklin Roosevelt in die Tat umzusetzen. Er ließ den Vietminh-Vertreter im chinesischen Kunming über den dortigen OSS-Sender eine Botschaft an Truman übermitteln, in der er die »Vereinigten Staaten als Streiter für die Demokratie« ersuchte, Vietnam zu einem amerikanischen Protektorat zu machen, und zwar »mit dem gleichen Status wie die Philippinen und für unbestimmte Zeit« bis zur Gewährung der vollen Unabhängigkeit. Zwei Wochen später, am 2. September 1945, als die japanischen Unterhändler sich über einen grünbezogenen Tisch auf dem Deck des Schlachtschiffs »Missouri« beugten, um die bedingungslose Kapitulation zu unterzeichnen, verlas Ho die vietnamesische Unabhängigkeitserklärung und rief vor einer 500.000 Köpfe zählenden Menschenmenge, die sich auf dem Ba-Dinh-Platz in Hanoi versammelt hatte, die Demokratische Republik Vietnam aus. Er begann mit Worten aus der Erklärung, die Jefferson für die Dreizehn Kolonien geschrieben hatte: »Alle Menschen sind von Natur aus gleich . . .«. Mitten in Hos Proklamation wurden am Himmel amerikanische Jagdflugzeuge des Typs P-38 sichtbar. Die neugierigen Piloten gingen auf geringe Höhe herunter, um zu sehen, was hier los war. Die Menge hielt dieses Überfliegen für einen Gruß, den die USA der vietnamesischen Nation entboten.

Hos Ansuchen an Amerika, Vietnam vorübergehend zu einem US-Protektorat zu machen, blieb ohne Antwort, doch Trumans öffentliche Erklärungen ermutigten ihn, es weiterhin zu versuchen. Eine Ansprache anläßlich des Tages der Kriegsmarine am 27. Oktober 1945 enthielt die erste bedeutende Stellungnahme, die der Präsident nach dem Krieg zur Außenpolitik abgab. Sie bestand aus zwölf Punkten in bester Wilsonscher Tradition. »Die Außenpolitik der Vereinigten Staaten gründet auf den fundamentalen Prinzipien der Rechtschaffenheit und Gerechtigkeit«, erklärte Truman. Dann zählte er die zwölf »Grundsätze« seiner Außenpolitik auf. Drei davon schienen sich direkt auf Vietnam zu beziehen:

– Wir glauben, daß alle Völker, denen die souveränen Rechte und die Unabhängigkeit genommen wurden, diese eines Tages zurückerhalten werden.

– Wir glauben, daß alle Völker, die reif für die Unabhängigkeit sind, die Möglichkeit bekommen müssen, über ihre Regierungsform frei und ohne jede fremde Einmischung zu entscheiden. Das gilt für Europa, Asien und Afrika ebenso wie für die westliche Hemisphäre.

– Wir werden jeder Regierung die Anerkennung verweigern, die irgendeiner Nation durch irgendeine fremde Macht aufgezwungen wurde.

Aus diesem Grund protestierte Ho bei Truman in einer weiteren Botschaft, nachdem die USA es eingerichtet hatten, daß die Völker von Vietnam, Laos und Kambodscha in der neugebildeten UN-Beratungskommission für den Fernen Osten durch Frankreich repräsentiert wurden. Frankreich, so erklärte Ho, habe jeglichen moralischen oder gesetzlichen Anspruch auf Souveränität über Indochina verloren, denn während des Zweiten Weltkriegs habe die Vichy-Regierung »Indochina in niederträchtiger Weise an die Japaner verkauft und die Alliierten 1940 verraten«, indem sie mit den japanischen Besatzern zusammenarbeitete, bis diese im März 1945 beschlossen, die französische Kolonialverwaltung auszuschalten und selbst zu regieren. Die Vietminh hingegen hätten im Bund mit den Vereinigten Staaten »den japanischen Faschismus unbarmherzig bekämpft«. Nachdem er in Hanoi eine vietnamesische Regierung gebildet hatte, sandte Ho innerhalb von 18 Monaten an Truman und seinen ersten Außenminister James Byrnes insgesamt elf Telegramme und Briefe. Keiner dieser Appelle fand Gehör. Ähnliche Hilfeansuchen richtete er an Clement Atlee, den neuen britischen Premier, an den nationalchinesischen Generalissimus Chiang Kai-shek und an Josef Stalin. Keiner von ihnen antwortete.

Im September 1946, als im Norden des Landes schon die französische Armee stand, mußte sich Ho mit einem Gespräch mit dem Ersten Sekretär der US-Botschaft in Paris begnügen. Er war gekommen, um einen letzten Versuch zu unternehmen, mit dem selbstsicheren und zunehmend kriegslustigen Frankreich doch noch einen Kompromiß auszuhandeln. Den USA bot er an, Vietnam zu einem »fruchtbaren Feld für amerikanisches Kapital und amerikanische Unternehmen« zu machen. Wenn nur die USA die Vietnamesen gegen die Franzosen schützen wollten, er würde ihnen dann, so ließ er erkennen, in der Cam-Ranh-Bucht eine Marinebasis geben, einen der besten Tiefwasserhäfen der Welt (die US-Streitkräfte sollten dort während des zweiten Vietnamkriegs eine der größten Luftwaffen- und Marinebasen mit Lagern und Reparaturwerkstätten errichten). Am 14. September 1946 unterzeichnete Ho in Paris einen mit Frankreich ausgehandelten »modus vivendi« und kehrte nach Hanoi zurück.

Im Oktober brachen die Franzosen das Abkommen, indem sie die Zollkontrolle und die Steuereinziehung in Haiphong wieder in die Hand nahmen. Das Ziel war, die Souveränität von Ho Chi Minhs Regierung zu diskreditieren. Im November kam es dann wegen der Waren eines chinesischen Händlers zu einem Streit, in dessen Verlauf zwanzig französische Soldaten getötet wurden. Der kommandierende französische General, Jean Etienne Valluy, beschloß, den Zwischenfall zu nutzen, um »der vietnamesischen Führung eine ernste Lektion zu erteilen . . . und sie auf diese Weise dazu zu bringen, die Lage besser zu beurteilen«. Er ließ den örtlichen Befehlshaber, einen Colonel Debès, den der amerikanische Vizekonsul in Hanoi in einem Bericht an das Außenministerium als »notorisch korrupt und brutal« beschrieb, die Stadt am 23. November 1946 den ganzen Tag lang von französischen Kriegsschiffen und von aus US-Beständen stammenden Geschützen und Flugzeugen beschießen bzw. bombardieren. Sechstausend vietnamesische Zivilisten fanden den Tod. Die Vietminh nahmen die Lektion zur Kenntnis und bereiteten heimlich ihre »Beurteilung der Lage« vor. In diesem Jahr, in dem er sich zum letzten Mal um amerikanische Unterstützung bemüht hatte, resümierte Ho die Erkenntnis, zu der sich die Vietnamesen gezwungen sahen: »Wir stehen offensichtlich ganz allein da; wir werden uns auf uns selbst verlassen müssen.«

Am 19. Dezember 1946 um 20.04 Uhr stürmten Vietminh-Kommandos das zentrale Elektrizitätswerk von Hanoi und tauchten die Stadt in Dunkelheit. Das Erlöschen der Lichter war das Zeichen für großangelegte Angriffe gegen die französischen Garnisonen in Hanoi und in anderen Städten Nord- und Zentralvietnams. Der erste Unabhängigkeitskrieg hatte begonnen.

Ho Chi Minh hatte Briefe und Telegramme abgeschickt, die in für Historiker bestimmten Aktenordnern landeten. Die Vereinigten Staaten hatten die Vietnamesen und die anderen Völker Indochinas schon den Franzosen überlassen, lange bevor Ho aus der amerikanischen Unabhängigkeitserklärung zitierte und die P-38 im Tiefflug über den Ba-Dinh-Platz in Hanoi brausten. Die Tatsache, daß Ho und seine Anhänger Kommunisten waren, hatte mit der ursprünglichen Entscheidung Amerikas nichts zu tun. Einer weitverbreiteten Vorstellung zufolge haben sich die USA in Asien gegen den europäischen Kolonialismus gestellt. Dieser fromme Glaube ist ein Mythos. Die Fabel entstand aus der Wilsonschen Rhetorik Roosevelts und Trumans, Roosevelts privaten Ansichten und der persönlichen Abneigung gewisser amerikanischer Persönlichkeiten, wie etwa Douglas MacArthurs, gegen den Kolonialismus alten Stils. Als Nation, deren Wille in einer Regierung zum Ausdruck kommt, unternahmen die Vereinigten Staaten am Ende des Zweiten Weltkriegs keinen Versuch, die europäischen Kolonialreiche in Asien aufzulösen.

Franklin Roosevelt wollte die Befreiung der Völker Indochinas in einem langsamen Prozeß vollzogen sehen, der damit begann, daß man die Kolonien nach dem Krieg 25 Jahre lang unter Mandatsverwaltung stellte. Noch im Januar 1944 bemerkte er zu seinem Außenminister Cordell Hull: »Frankreich hat das Land fast hundert Jahre lang in seinem Besitz gehabt, und den 30 Millionen Einwohnern geht es jetzt schlechter als vorher ... Die Völker Indochinas haben Besseres verdient.«

Churchill und ein großer Teil des britischen Establishments erkannten nicht, daß im Land Rudyard Kiplings schon die Götterdämmerung begonnen hatte. Sie fürchteten, daß eine Mandatsverwaltung Indochinas den Besitz Indiens und den Rest ihres Imperiums gefährden würde, was übrigens auch Roosevelt dachte. Für de Gaulle war die Niederlage des Jahres 1940 und die Tatsache, daß unter dem Vichy-Regime ein Großteil der französischen Streitkräfte und der französischen Mittel- und Oberschicht mit den Nazis und den Japanern kollaboriert hatte, ein Trauma. Er war von seiner Vision besessen, den Glanz des französischen Kolonialreichs wiederherzustellen und Frankreichs *mission civilisatrice* in Indochina fortzusetzen. Der Widerstand Großbritanniens und de Gaulles Beharrlichkeit brachten Roosevelt dazu, seine Mandatspläne fallen zu lassen. Am 5. Januar 1945 gab er Lord Halifax, dem britischen Botschafter in Washington, zu verstehen, daß er keine Einwände erheben würde, wenn die Briten den Franzosen bei der Besetzung Indochinas behilflich wären. Nur solle man ihn von der Verpflichtung entbinden, die Rückkehr der Franzosen öffentlich gutzuheißen. Einen Monat später ging er auf der Konferenz von Jalta einen Schritt weiter. Er machte einen Vorschlag des Außenministeriums, der die Restauration der französischen Herrschaft in Indochina vorsah, zu seiner offiziellen Politik.

Nach dem Tod Roosevelts am 12. April 1945 gab dann Harry Truman den Franzosen grünes Licht für die Wiedereroberung Indochinas. Der neue Präsident und seine Ratgeber sahen genügend gute Gründe, die Vietnamesen, Kambodschaner und Laoten den französischen Vorstellungen von der historischen Verantwortung des weißen Mannes zu opfern. Obwohl die USA Stalin hofierten, um sich die sowjetische Unterstützung für den Endkampf gegen Japan zu sichern, sahen Truman und sein Stab in der Sowjetmacht bereits eine zukünftige Bedrohung. W. Averell Harriman, ein weiterer Architekt der Außenpolitik nach 1945, damals Botschafter in Moskau, eilte in einem eigens für ihn zum Reiseflugzeug umgebauten B-24-Bomber nach Washington, um Truman darauf hinzuweisen, daß man sich auf eine »barbarische Invasion Europas« gefaßt machen müsse. Um Westeuropa nach Kriegsende so zu organisieren, daß es fest in amerikanischer Hand und somit für die Sowjetmacht unangreifbar war, brauchten Truman und seine Politiker die Mitarbeit Frankreichs. Sie wollten französische Häfen, Flugplätze und Militärbasen benutzen können, um der Bedrohung durch Stalins Rote Armee zu begegnen. Sie konnten sich schwer vorstellen, daß Frankreichs antiquierter Kolonialismus in der Nachkriegswelt funktionieren sollte. Sie hatten wegen ihrer Zustimmung zu einer erneuten Besetzung Indochinas ein schlechtes Gewissen und machten sich Sorgen, daß Frankreich in einen endlosen und kostspieligen Konflikt verwickelt werden könnte. Trotzdem hielt sich Truman an die Entscheidung Roosevelts. Schon im Mai 1945, vier Monate bevor noch irgend jemand wissen konnte, welche Art von Regierung sich in Hanoi etablieren würde, ließ man de Gaulles Außenminister Georges Bidault mitteilen, die Vereinigten Staaten hätten »niemals die französischen Hoheitsrechte in Indochina in Frage gestellt, auch nicht implizit«. Truman folgte Roosevelts Plan und überließ den Briten die öffentliche Verantwortung für die Wiedereinsetzung der Franzosen. Sie übernahmen sie gerne, weil sie hofften, dadurch ihre eigenen Besitzungen zu sichern. Unter den amerikanischen Offizieren im fernöstlichen Operationsgebiet lief der Witz, daß »SEAC«, die Abkürzung von Vizeadmiral Lord Louis Mountbattens Southeast Asia Command, für »Save England's Asian Colonies« stand. Die britischen Kolonien in Asien zu retten war in der Tat der Hauptzweck seines Kommandos.

Major General Douglas Gracey traf am 13. September 1945 in Saigon ein. Seine Streitmacht setzte sich aus Gurkhas und anderen indischen Truppen sowie französischen Fallschirmjägern zusammen. Er befreite und bewaffnete die französischen Soldaten der Vichy-Regierung, die im März desselben Jahres nach viereinhalb Jahren Kollaboration von den Japanern entwaffnet und interniert worden waren. Den Japanern befahl er, gemeinsam mit seinen und den französischen Truppen die Vietminh aus der Stadt zu vertreiben. Die Entwaffnung der 17.000 im Süden stationierten japanischen Soldaten wurde um mehrere Monate verschoben, damit sie bei der Bekämpfung der Vietnamesen mithelfen konnten. Dies alles geschah im Namen der »Wiederherstellung der Ordnung«. Anfang Oktober brachten britische Truppentransporter von Trincomalee, der Basis der Royal Navy auf Ceylon, weitere französische Truppen heran. Sie wurden von dem französischen Schlachtschiff »Richelieu« begleitet, das den Truppen nach der Landung mit seinen schweren Geschützen Respekt verschaffen sollte, und einem Kreuzer mit dem vertrauenerweckenden Namen »Le Triomphant«. General Jacques Philippe Leclerc, der Befreier von Paris, flog nach Saigon, um das Kommando zu übernehmen. Mitte Oktober begann er seine Offensive und drang mit Unterstützung der britisch-indischen Truppen und der Japaner ins Mekong-Delta vor, wo er am 25. Oktober My Tho eroberte. Ende des Monats fiel Can Tho, die größte Stadt des Deltas. Anfang Dezember 1945 hatte Leclerc 21.500 französische Soldaten im Süden stehen, darunter die 2. Panzerdivision mit ihren amerikanischen Tanks, mit denen er Paris befreit hatte. Einer britischen Bitte nachkommend, überließ Truman den Franzosen 800 Lend-Lease-Fahrzeuge. Als Begründung gab er an, daß es zu kompliziert wäre, diese Jeeps und Lastwagen aus Vietnam wieder zurückzutransportieren. Über das Lend-Lease-System erhielten die Franzosen auch einen Großteil der zahlreichen Landungsboote und eine Anzahl größerer Kriegsschiffe, die sie nach Indochina entsandten, um die Wiedereroberung zu beginnen. Der erste französische Flugzeugträger, von dem aus Angriffe gegen die Vietminh geflogen wurden, die »Dixmunde«, war ein amerikanisches Schiff mit amerikanischen Flugzeugen: Dauntless-Sturzkampfflugzeugen, die sich im Zweiten Weltkrieg bei der Navy einen Namen gemacht hatten. Im Herbst 1945 half die US-Kriegsmarine mit, die Landung der Franzosen in Haiphong und ihr Vordringen in Tonking vorzubereiten, deren Zeuge Kitts im Frühjahr 1946 werden sollte. Unter Beteiligung japanischer Minensuchboote und ihrer Besatzungen räumte die Navy den Hafenkanal von Haiphong von amerikanischen Minen, die man während des Krieges gelegt hatte, um den Schiffsverkehr der Japaner und Vichy-Franzosen zu unterbinden.

Mit erbeuteten deutschen Flugzeugen und anderem Material als Ergänzung ihrer US-Ausrüstung aus dem Zweiten Weltkrieg hatten die Franzosen soviel Kriegsgerät, daß sie bis Ende 1946 versorgt waren. Drei Wochen nachdem im Dezember 1946 in Hanoi der Krieg ohne Umkehr begonnen hatte, teilte das US-Außenministerium der französischen Regierung mit, sie könne in den Vereinigten Staaten beliebig Waffen kaufen, »ausgenommen in Fällen, die in erkennbarem Zusammenhang mit Indochina stehen«. Das bedeutete, daß Frankreich alle Waffen und Munition, über die es noch in Europa oder sonstwo verfügte, nach Indochina bringen und die Lager mit neuen amerikanischen Rüstungsgütern auffüllen konnte. 1947 gewährte Truman Frankreich einen Kredit von 160 Millionen Dollar, damit dieses für Indochina bestimmte Fahrzeuge und Zubehör kaufen konnte. Im selben Jahr setzte die Marshall-Plan-Hilfe ein. Mit Hunderten von Millionen Dollar zur Wiederbelebung der französischen Wirtschaft wurde die Last des Kolonialkriegs für Frankreich erträglicher. Sämtliche Briefe und Telegramme Ho Chi Minhs und der Vermerk über seine Unterredung mit dem Ersten Sekretär der Botschaft in Paris wurden vom US-Außenministerium als »streng geheim« eingestuft und fortan unter Verschluß gehalten. Sie sollten erst ein Vierteljahrhundert später mit der Veröffentlichung der Pentagon-Papiere wieder ans Licht kommen.

Die Erfordernisse der hohen Strategie sind keine vollständige Erklärung für das amerikanische Verhalten. Es gab dafür noch weitere, weniger anständige Gründe. Gelbe und braune Menschen, die den Reden amerikanischer Präsidenten lauschten, vergaßen dabei, daß die Vereinigten Staaten über eine bedeutende Kapazität verfügten, ihren Interessen dienende Arrangements rational zu begründen. Da die USA aus dem Zweiten Weltkrieg als führende Macht hervorgegangen waren, hatte sich diese Fähigkeit zur Rechtfertigung ins Grenzenlose gesteigert. Die Asiaten, die sich an Amerika vertrauensvoll um Hilfe wandten, wußten auch nicht, daß die Haltung der USA von einem profunden Rassismus bestimmt war. Er saß so tief, daß die Amerikaner normalerweise bei Asiaten völlig unbewußt einen anderen Maßstab anlegten. In einem Liedchen, das man im Zweiten Weltkrieg an den Fließbändern der amerikanischen Fabriken sang, wurden Hitler als Blödmann, Mussolini als Würstchen und die Japaner als die Schlimmsten hingestellt:

> Whistle while you work
> Hitler is a jerk
> Mussolini is a weenie,
> But the Japs are worse.

Die Schlimmsten waren aber nicht die Japse. Die Deutschen waren es. Die Deutschen waren der gefährliche, der teuflische Feind. Japan besaß niemals das militärische Potential, um die Existenz der Vereinigten Staaten zu bedrohen. Deutschland besaß es. Die Dringlichkeit, die man dem »Manhattan Project« zum Bau der Atombombe beimaß, erklärt sich aus der Vermutung der amerikanischen und emigrierten europäischen Wissenschaftler, Hitler habe möglicherweise beim Rennen um diese »Superbombe« einen Vorsprung und könne die USA und Großbritannien schon bald vor die Wahl zwischen Kapitulation und Vernichtung stellen. Die technologischen Fähigkeiten Japans im Zweiten Weltkrieg waren so begrenzt, daß seine Kriegsschiffe nachts oder bei schlechtem Wetter so gut wie blind waren. Die Entwicklung des Radars lag damals außerhalb der Möglichkeiten der japanischen Technik und Industrie, von nuklearen Waffen ganz zu schweigen. Im Vergleich zu der satanischen Planung und Effizienz, mit der die Nazis die Möglichkeiten einer Industriegesellschaft nutzten, um in den Konzentrationslagern zwölf Millionen Menschen (sechs Millionen Juden und eine ebenso große Anzahl von Nichtjuden aus den besetzten Ländern) zu liquidieren, waren die Greueltaten der Japaner, so barbarisch sie auch sein mochten, nur planlose Willkürakte.

Die Amerikaner fürchteten und haßten diese beiden Feinde im umgekehrten Verhältnis zu ihrer Gefährlichkeit. Die Marktforscher des US-Finanzministeriums stellten fest, daß man aufgrund der Reklame, die sich rassistisch-antijapanischer Hetzpropaganda bediente, mehr Kriegsschuldverschreibungen verkaufte als mit antideutschen Hetzparolen. Ihre Umfragen ergaben, daß der Durchschnittsamerikaner die Japaner als »unmenschlich, bestialisch, gemein, hinterlistig und heimtückisch« ansah. Die Werbung für die Kriegsanleihen insistierte deshalb auf zähnefletschenden Japsen. Das FBI verhaftete einige der führenden amerikanischen Nazis vom »Bund«. Deutschamerikanern geschah im allgemeinen nichts. Es kam höchstens vor, daß ihnen die Nachbarkinder Schimpfworte nachriefen.

Nach Pearl Harbor kam es in Kalifornien und den anderen Staaten der Westküste zu einer von der Presse und der Armee genährten Welle hysterischer Gerüchte, denen zufolge japanischstämmige Amerikaner U-Booten Signale gaben, Invasionsflotten Funksprüche übermittelten, Waffen versteckt hielten und Landkarten zeichneten, um den japanischen Horden nach ihrer Landung die Orientierung zu ermöglichen. Der Versuch, ein Programm zu ihrer freiwilligen Ansiedlung im Landesinneren zu organisieren, scheiterte, weil niemand diese Japaner haben wollte. Typisch dafür war die Antwort des Gouverneurs von Idaho: »Die Japse leben wie Ratten, vermehren sich wie Ratten und handeln wie Ratten. Wir wollen sie hier nicht.« Die US-Armee versammelte im Frühjahr 1942 mehr als 110.000 japanische Amerikaner, von denen 60.000 als US-Bürger geboren waren, und internierte sie in trostlosen Schutzgebieten des Westens in Konzentrationslagern. Der Gouverneur von Kalifornien versuchte, sie auf ihrem Weg in die Lager als Landarbeiter zu verdingen. Der Oberste Gerichtshof billigte, was später als der schlimmste Verstoß gegen die bürgerlichen Freiheiten in der Geschichte der USA bezeichnet wurde.

Nicht ein einziger Fall von Spionage oder Verrat wurde jemals unter japanischstämmigen Amerikanern entdeckt. Die Armee besaß die Frechheit, die Nisei (die in den USA geborenen Japaner) der wehrfähigen Jahrgänge aufzurufen, sich an die Front zu melden. Ihre Familien mußten jedoch für die Dauer des Krieges in den Lagern bleiben. Überraschenderweise meldeten sich 1200 Nisei als Freiwillige, um ihren Patriotismus zu beweisen. Andere ließen sich ohne Klage einberufen. Ihr 442. Regiment, dessen Kern ein in Hawaii rekrutiertes Nisei-Bataillon bildete, wurde eines der höchstdekorierten Regimenter der Armee und vom Präsidenten wegen seiner Tapferkeit in Italien und Frankreich viermal belobigt. Das von den Soldaten selbst gewählte Regimentsmotto lautete: »Erinnert euch an Pearl Harbor.« Die Armee erlaubte ihnen zwar, gegen Weiße zu kämpfen, sonderte sie aber sonst von den Weißen ab, so wie sie das mit den Schwarzen tat.

Wären die Vietnamesen Europäer gewesen, hätten Roosevelt und Truman sie nicht so bereitwillig den Schrecken der kolonialen Eroberung überlassen. Menschliche Erwägungen hätten die strategischen weniger wichtig gemacht. Trumans noble Warnung vom 27. Oktober 1945, die Vereinigten Staaten würden »jeder Regierung die Anerkennung verweigern, die irgendeiner Nation durch irgendeine fremde Macht aufgezwungen wurde«, seine an Wilson gemahnende Zwölf-Punkte-Erklärung, die Ho ermutigt hatte, sich an ihn um Hilfe gegen die Franzosen zu wenden, zeigten, daß die amerikanische Führung genau wie zur Zeit Wilsons immer noch zweierlei Maß anlegte. Trumans Worte waren an die Adresse der Sowjetunion gerichtet, die ihre Herrschaft auf die Nationen Osteuropas ausgedehnt hatte. Er war über die von den Sowjets begangenen Grausamkeiten bestürzt. Es gibt keinen Hinweis dafür, daß ihn die Greuel störten, die die Franzosen bei der Rückeroberung des Gebiets um Saigon und des Mekong-Deltas verübten. Ebensowenig gibt es Hinweise, daß er oder ein führendes Mitglied der US-Regierung sich später über noch größere Grausamkeiten ernstlich beklagten, wie etwa über das Gemetzel in Haiphong, das die Franzosen im November 1946 während des Tonking-Feldzugs veranstalteten und dem 6000 vietnamesische Zivilisten zum Opfer fielen.

Ho und seine kommunistisch geführten Vietminh waren ein zufälliges Faktum, das für die amerikanischen Politiker nicht ohne Nutzen war. Das Auftreten von Kommunisten an der Spitze der vietnamesischen Revolution verschaffte der amerikanischen Führung ein Alibi, in Vietnam mit ruhigem Gewissen das zu tun, was man auch sonst getan hätte. Die Männer in Washington vergaßen sehr schnell die ursprünglichen Umstände und redeten sich zu ihrer Rechtfertigung ein, daß sie den Vietnamesen die Leiden eines Krieges aufbürdeten, um die Ausbreitung des sowjetischen (und bald darauf chinesisch-sowjetischen) Imperialismus in Südostasien einzudämmen. Spätere Generationen amerikanischer Politiker, die sich mit der Vergangenheit niemals befaßten, weil auch sie genau wußten, was sie zu tun beabsichtigten, sollten sich dasselbe einreden.

Daß Ho Chi Minh und seine Gefolgsleute Kommunisten wurden, war Folge eines Zufalls der französischen Politik. Sie waren Mandarine, vietnamesische Aristokraten, die natürlichen Führer eines Volkes, das Fremde wiederholt und ohne Erfolg zu unterwerfen und zu pazifizieren versucht hatten. Es gibt eine kleine Anzahl solcher Völker auf der Welt. Die Iren gehören dazu und auch die Vietnamesen. Aus der Entschlossenheit ihres Widerstands nähren sich ihre Geschichte und ihre Legenden, die die Lebenden mahnen, den Toten niemals Schande zu bereiten.

Die Vietnamesen hatten ihr vorkoloniales Regierungssystem von den Chinesen übernommen. Das Land wurde von einem Kaiser über ein hierarchisches System von Mandarinen regiert. Der vietnamesische Kaiser war eine Miniaturausgabe des chinesischen »Himmelssohns«, seine Mandarine waren gelehrte Verwalter. Um sich ihre Position zu erwerben, mußten sie ihre Sattelfestigkeit in der konfuzianischen Lehre in einem nach chinesischem Vorbild landesweit organisierten Prüfungsverfahren nachweisen. Wie in China entwickelten sich auch in Vietnam die Mandarine zu einer eigenen Klasse. Aus der Gelehrtenbürokratie wurde eine Gelehrtenaristokratie, denn arme und landlose Bauern konnten es sich nicht leisten, ihre Söhne für diese Examen ausbilden zu lassen.

Die französische Kolonialisierung korrumpierte die Mandarinklasse. Um ihre Positionen zu behalten, stellten sich die meisten Mandarinfamilien in den Dienst der Franzosen. Sie wurden Agenten des Auslands und verloren ihren legitimen Anspruch auf die nationale Führungsrolle. Auch in sozialer Hinsicht entarteten sie. Mit dem staatlichen Monopol zur Förderung des Verkaufs von Alkohol und Opium, den an Zwangsarbeit erinnernden Bedingungen auf den Kautschukplantagen und anderen Mißständen war das französische Kolonialsystem ganz auf Ausbeutung abgestellt. Die Mandarine beteiligten sich Tag für Tag an Verbrechen gegen das eigene Volk. Nach einer gewissen Zeit empfanden sie und ihre Familien nicht mehr das Schuldgefühl, das solche Grausamkeiten normalerweise im Menschen hervorrufen. Einige aber weigerten sich, ihren Kopf vor den europäischen Barbaren zu beugen. Diese Weigerung brachte ihnen Demütigung und Armut, aber sie bewahrten sich ihren Stolz und ihre Überzeugung, die geistigen Erben einer heroischen Vergangenheit zu sein. Sie blieben die natürlichen Führer der Gesellschaft in den Augen der Bauern, die ebenfalls das Andenken an den nationalen Widerstand gegen die Fremdherrschaft bewahrten. Sie nährten ein Verlangen nach Rache, das nur gestillt werden konnte, wenn die Nation die Fremdherrschaft abschüttelte. Die Führungsschicht der kommunistischen Partei Vietnams entstammte vor allem diesen Mandarinfamilien oder solchen, die unter dem Druck der Kolonialherrschaft auseinanderbrachen, weil einige ihrer Mitglieder kollaborierten, während andere standhielten.

Die soziale Herkunft und die politische Entwicklung Ho Chi Minhs waren charakteristisch für seine ersten Anhänger. Er wurde 1890 als jüngster Sohn eines konfuzianisch gebildeten Verwalters in Nghe An geboren, einer für antifranzösische Agitation bekannten Küstenprovinz im nördlichen Teil Zentralvietnams. Die Familie verarmte, nachdem der Vater, damals Distriktbeamter in der Provinz Binh Dinh, die einmal zu Südvietnam kommen sollte, wegen nationalistischer Aktivitäten entlassen wurde. Die politischen Verhältnisse der Kolonialmacht beeinflußten notwendigerweise die Politik der Kolonisierten. Lansdales Filipinos hatten das Modell der amerikanischen Demokratie vor sich, in der Elemente der beiden großen Parteien sich gegen den Kolonialismus wandten. Jawaharlal Nehru und einige Führer der indischen Unabhängigkeitsbewegung standen politisch den britischen Sozialisten nahe. Nachdem Ho seinen Weg nach Frankreich gemacht und sich während des Ersten Weltkriegs in Paris niedergelassen hatte, trat er der sozialistischen Partei bei, da deren radikale Mitglieder in Frankreich die einzige politische Gruppe waren, die sich ernsthaft für die Unabhängigkeit der Kolonien einsetzte.

1920 wurde die Sozialistische Partei Frankreichs in eine der größten politischen Auseinandersetzungen der modernen französischen Geschichte hineingezogen. Die Frage war, sollte sie unter den sozialistischen Parteien verbleiben, die 1889 in Paris als II. Internationale zusammengetreten waren, oder der radikalrevolutionären III. Internationale, der späteren Kommunistischen Internationale, beitreten, die Wladimir Lenin 1919 in Moskau zur Unterstützung der Bolschewiken organisiert hatte. Vierzig Jahre später schrieb Ho in einem Artikel, er habe bei den ersten Debatten aufmerksam zugehört, viele der Streitpunkte nicht verstanden, aber bemerkt, daß man über die Kolonialfrage nicht diskutierte. Er habe deswegen die Frage gestellt, die ihn am meisten interessierte:»Welche Internationale steht auf der Seite der Kolonialvölker?« Das sei die III. Internationale, lautete die Antwort. In jenem Frühjahr habe ihm einer seiner französischen Freunde ein Exemplar von Lenins»Thesen über die Nationalitäten- und Kolonialfrage« gegeben, die in»L'Humanité«, dem späteren Organ der KPF, erschienen waren. Wie er auf die Lektüre dieses Textes in seinem schäbigen Hotelzimmer reagierte, beschreibt er dann wie folgt:

In dem Aufsatz wurden schwer verständliche politische Begriffe verwendet. Da ich ihn aber immer wieder las, begriff ich schließlich das meiste davon. Was für eine innere Bewegung, Begeisterung, Scharfsicht, was für ein Vertrauen er in mir erweckte! Ich weinte vor Freude. Obwohl ich allein im Zimmer saß, schrie ich laut, als spräche ich zu einer Menschenmenge:»Liebe Märtyrer, Landsleute! Das brauchen wir, das ist der Weg zu unserer Befreiung!«

Nun blieb er bei den Debatten nicht mehr stumm. Er machte die Gegner Lenins mit einer einzigen Frage lächerlich:»Wenn Sie den Kolonialismus nicht verurteilen, wenn Sie nicht auf der Seite der Kolonialvölker stehen, was für eine Revolution wollen Sie dann eigentlich?« Im Dezember 1920 stimmte er beim Kongreß der Sozialistischen Partei in Tours mit den Radikalen und wurde zu einem Mitbegründer der KPF.

Fünf Jahre später gründete er im südchinesischen Kanton die Vereinigung der revolutionären Jugend Vietnams, die zur Vorläuferorganisation der Kommunistischen Partei Vietnams wurde. Die KPF hatte ihn im Sommer 1923 als Delegierten zum Kongreß der Bauerninternationale entsandt. Er wurde ins Exekutivkomitee gewählt und blieb ein Jahr an der»Universität für Arbeiter des Ostens«in Moskau, wo er den Marxismus-Leninismus und revolutionäre Taktik studierte. Ende 1924 entsandte ihn die Komintern im Rahmen ihres politisch-militärischen Hilfsprogramms als Übersetzer nach Kanton, um den Wiederaufbau von Sun Yatsens Kuomintang, der»NationalenVolkspartei« Chinas, zu unterstützen, in der damals die Kommunisten und die Faktion Chiang Kai-sheks noch zusammenarbeiteten. Kurz nach seiner Ankunft schrieb er in einem begeisterten Bericht, er habe die erste geheime kommunistische Organisation in der Geschichte Vietnams gegründet. Es war die erste Ortsgruppe seines Jugendverbands. Sie bestand aus ihm selbst und acht weiteren, in Kanton ansässigen Vietnamesen, von denen die meisten aus seiner Heimatprovinz stammten. Er besuchte dann Hangtschou, Schanghai und andere Städte, wo er vor vietnamesischen Emigranten, die als Anführer fehlgeschlagener Revolten nach China geflohen waren, die Notwendigkeit herausstrich, die nationale Bewegung besser zu organisieren.

Als die Kunde von seinen Aktivitäten über das Nachrichtensystem des Widerstands nach Vietnam gelangte, machten sich junge Vietnamesen nach Kanton auf, wo Ho in seinem Haus in der Wenming-Straße eine Schule für Revolutionäre eingerichtet hatte. Einigen waren seine Vorstellungen zu radikal. Andere akzeptierten ihn und auch die sozialen und wirtschaftlichen Vorstellungen der Kommunisten, und zwar aus dem gleichen Grund, aus dem er selbst Lenin gefolgt war. In seinem Unterricht über leninistische revolutionäre Strategie und Taktik vernahmen sie die Botschaft, die er zuvor vernommen hatte: Endziel war die kommunistische Gesellschaft, der Weg dahin führte über die nationale Unabhängigkeit. Die meisten, die bei Ho fanden, was sie suchten, ob in Kanton oder später, als sich seine Ideen in Vietnam verbreiteten, entstammten genau wie er entrechteten Familien der Oberschicht. Einer der ersten, die zu ihm nach Kanton kamen, war ein siebzehnjähriger Student namens Pham Van Dong. Sein Vater war Mandarin und Chefsekretär des jungen Kaisers Duy Tan gewesen, hatte diese Stellung aber verloren, als die Franzosen den achtzehnjährigen Duy Tan absetzten und auf die Insel Réunion im Indischen Ozean verbannten. Der Kaiser hatte unter vietnamesischen Truppen, die auf die Schlachtfelder des Ersten Weltkriegs geschickt werden sollten, eine Revolte angezettelt. Dong wurde einer von Hos engsten Mitarbeitern; 1954 sollte er die Vietminh-Delegation auf der Genfer Konferenz leiten und später Ministerpräsident Nordvietnams werden. In seiner Jugend verbrachte er sechs Jahre auf der Sträflingsinsel Con Son im Poulo-Condore-Archipel. Die Franzosen hatten hier Gefängniszellen in die Erde gegraben, die oben mit einer vergitterten Öffnung versehen waren. Während des amerikanischen Vietnamkriegs sollten diese Zellen unter dem Namen »Tigerkäfige« berühmt werden. Man hielt darin Vietcong gefangen.

Als proletarische Politorganisation unter Führung einer einheimischen Aristokratie stellte die vietnamesische KP unter den kommunistischen Parteien eine merkwürdige Ausnahmeerscheinung dar. Der kanadische Historiker Alexander Woodside, der in seinen bahnbrechenden Untersuchungen das Wesen der vietnamesischen Führer richtig darstellte, erfand eine Bezeichnung für diese Männer. Er nannte sie »marxistische Mandarine«. Truong Chinh, der Chefideologe der Partei, Le Duc Tho, der geschickte Unterhändler, dem Henry Kissinger am Pariser Verhandlungstisch begegnen sollte, Vo Nguyen Giap, der große militärische Führer des modernen Vietnam, und weitere prominente Jünger Ho Chi Minhs entstammten alle der Oberschicht. Die Regel, daß das Arbeiter- und Bauernmilieu in der Führungsriege nicht vertreten war, wurde durch wenige und damit um so auffälligere Ausnahmen bestätigt. Einer der wenigen, die sich ehrlich auf diese Herkunft berufen konnten, war Giaps Freund und Protegé Van Tien Dung, der im Krieg gegen die Franzosen eine Division führen und später Generalstabschef der nordvietnamesischen Streitkräfte werden sollte; Dung hatte als Weber in einer Textilfabrik in Hanoi begonnen. 1963 räumte die Partei offiziell ein, daß die Mehrheit ihrer Mitglieder »kleinbürgerlichen Verhältnissen« entstammte.

Am 8. Februar 1941, als Ho Chi Minh nach dreißigjährigem Exil über die südchinesische Grenze nach Vietnam zurückkehrte, stellte sich dieser integre Kern der vietnamesischen Aristokratie ganz in den Dienst der Nation. Jetzt, da die vichyhörige französische Kolonialverwaltung sich durch ihre Kollaboration mit den Japanern die Alliierten zum Feind gemacht hatte, so lautete Hos Schluß, war die Zeit für eine Erhebung günstig. Das Zentralkomitee der Kommunistischen Partei Vietnams, das er im Mai 1941 in dem abgelegenen Weiler Pac Bo zusammenrief, setzte sich aus geschickten, in der Schule des Kampfes gereiften Leuten zusammen. Es nahm die von Ho empfohlene Strategie an und rückte die sozialrevolutionären Pläne der Partei in den Hintergrund, um eine möglichst breite Allianz mit nichtkommunistischen Gruppen und Personen in Form einer nationalen Front zu bilden. Man nannte die neue Organisation, die unter ihrer vietnamesischen Kurzbezeichnung »Viet Minh« bekannt wurde, »Liga der Verbände für die Unabhängigkeit Vietnams« (Viet Nam Doc Lap Dong Minh Hoi). Wie Ho in seiner Gründungserklärung sagte, würde ihre Aufgabe darin bestehen, einen »nationalen Befreiungskrieg« zu führen und »die Japaner, Franzosen und ihre (vietnamesischen) Schakale« zu verjagen.

Während der folgenden vier Jahre vollbrachten die kommunistischen Mandarine ein Wunder an politischer Vorbereitungsarbeit. Ihr gemeinsames Erbe war einer der Hauptgründe dafür, daß es ihnen gelang, in so kurzer Zeit so viel zu erreichen. Es verlieh ihnen einen besonderen Zusammenhalt und führte sie dazu, sich bei der Frage, wie man marxistisch-leninistische Konzepte auf die besonderen Bedingungen der vietnamesischen Gesellschaft abstimmen und die Revolution zu einer vietnamesischen machen könne, an der Geschichte ihres Landes zu orientieren. Im Unterschied zu vielen kleinen Völkern, die Opfer ihrer großen Nachbarn wurden, haben die Vietnamesen nicht nur Märtyrer als Inspirationsquelle. Sie verfügen über historische Beispiele siegreichen Widerstands gegen die Fremdherrschaft, die ihnen zeigen, daß und wie man sich behaupten kann.

Es mußte erst ein Jahrtausend der Opfer und Revolten vergehen, ehe die Vietnamesen 938 n. Chr. von China unabhängig wurden. Während der folgenden neunhundert Jahre, von 938 bis in die fünfziger Jahre des vorigen Jahrhunderts, als die Franzosen kamen, fiel jede neue Dynastie, die in China an die Macht kam, in Vietnam ein. Die sich immer wieder ergebende Notwendigkeit, aus dem Norden eingedrungene Invasoren zu vertreiben, und der ständige Krieg gegen weniger bedrohliche Nachbarn während der Expansion in den Süden der Indochinesischen Halbinsel verlieh der vietnamesischen Kultur eine kriegerische Prägung. Die chinesische Kultur, so wie sie sich in späteren Jahrhunderten entwickelte, brachte dem Soldaten keine Bewunderung entgegen. China schuf den Intellektuellen, der zugleich ein Mann der Tat war, den konfuzianischen Administrator, nachahmenswert aufgrund seiner Gelehrsamkeit und seines an ethischen Maßstäben orientierten Verhaltens. Der Krieger galt als ein menschliches Wesen niederer Ordnung. Man duldete ihn, wenn man ihn brauchte, aber bewundert wurde er nicht. Seiner Kriegskunst wohnte nichts wirklich Gutes inne. Diese chinesische Wertvorstellung erfuhr in der vietnamesischen Gesellschaft eine Veränderung. Zum Ideal der Vietnamesen wurde der kriegerische Mandarin, der intellektuelle Tatmensch, der gleichzeitig ein großer Soldat war. Die Vietnamesen hatten nicht viele sanfte Helden von der Art Lincolns. Wie der Fremde anhand der Porzellanfiguren auf den Regalen und Tischen in vietnamesischen Wohnungen sehen kann, waren ihre Helden auf Pferden oder Elefanten reitende, gepanzerte, das Schwert schwingende Männer. Ähnlich ihre legendären Heldinnen, die Schwestern Trung, die sich, als ihre Rebellenarmee 43 n. Chr. von den Chinesen geschlagen wurde, lieber ertränkten, als sich zu ergeben. Mut im Kampf war hoch geschätzt und stellte in der vietnamesischen Kultur schon an sich einen Wert dar. Von dem Mandarin Le Loi, der im 15. Jahrhundert nach einem neunjährigen Krieg die Herrschaft der Chinesen stürzte, die zwei Jahrzehnte gedauert hatte, und eine neue Dynastie gründete, stammt der oft zitierte Ausspruch: »Wir sind schwach gewesen, und wir sind stark gewesen, aber zu keiner Zeit ohne Helden.«

Die Kriege mit dem mächtigen Nachbarn im Norden brachten die Vietnamesen auch dazu, ein spezielles Konzept in den Mittelpunkt ihres militärischen Denkens zu stellen: Eine ganz offensichtlich unterlegene Streitmacht, richtig eingesetzt, kann eine stärkere besiegen. Dieser Gedanke ist im militärischen Denken der Menschheit nichts Einzigartiges, aber für die Vietnamesen wurde er zum zentralen Element der Strategie. Ihre aus den geschichtlichen Erfahrungen abgeleitete Militärdoktrin lautete, daß man, um dieses Konzept zur Wirkung zu bringen, den überlegenen Feind durch Hinhaltetaktik langsam abnutzen müsse. Die vietnamesischen Streitkräfte sollten zuschlagen und sich sofort wieder zurückziehen, Verzögerungstaktiken gebrauchen, Hinterhalte legen; Partisanen sollten Störaktionen durchführen. Man mußte den Feind dazu bringen, seine Energie in den Regenwäldern, den Bergen und anderem schwierigen Gelände zu vergeuden, während man selbst im Schutz eben dieses Terrains seine Stärke aufbaute. War der Feind genügend verwirrt und entkräftet, dann mußte man ihn in schlagartig, flexibel und mit einem Höchstmaß an Überraschungs- und Täuschungseffekten geführten Offensiven vernichten. Als die Mongolen, die Kriegerrasse aus der Wüste Gobi, aufgebrochen waren, die Welt von Korea bis Ungarn mit Schrecken zu überziehen und unter Dschingis Khan und Kublai Khan China zu unterwerfen, 1284 und 1287 in Vietnam einfielen, gelang es Tran Hung Dao, dem berühmtesten der frühen vietnamesischen Generäle, die Eindringlinge mit Hilfe dieser Strategie zu vernichten. Sein Buch über die Kriegskunst wurde zu einem vietnamesischen Militärklassiker. 150 Jahre später setzte Le Loi ähnliche Mittel ein, um die Generäle der Ming-Dynastie zu schlagen.

Dreieinhalb Jahrhunderte vergingen, doch die Lehren wurden nicht vergessen. 1789, im Jahr der französischen Revolution, gelang es dem General, den Giap und sein Jünger Dung als den Meister des schnellen Manövers und des Überraschungsschlags bewunderten, die Mandschu zu vernichten, die letzten aus China eingedrungenen Invasoren der prämodernen Zeit. Nguyen Hue, der später als Kaiser Quang Trung regierte, rückte in Gewaltmärschen die annamitische Küste entlang in das Delta des Roten Flusses vor und brach die Unverletzlichkeit des Tet-Festes, mit dem Chinesen und Vietnamesen den Beginn des Mondjahrs feiern. Er überrumpelte und vernichtete eine überlegene Mandschu-Armee in ihrem Lager in der Nähe des heutigen Hanoi. Der Angriff erfolgte am fünften Festtag um Mitternacht, als die Mandschu-Soldaten nach den Festgelagen des Tages satt und trunken im Schlaf lagen. Sein Sieg wurde fortan an diesem fünften Tag des Tet-Festes als die größte Waffentat der Geschichte Vietnams gefeiert.

Im vorkolonialen Vietnam waren kriegerische Kühnheit und die Tradition des Widerstands gegen fremde Aggressoren fest im Denken der Menschen verankert. Folklore und Mentalität der bäuerlichen Bevölkerung waren davon ebenso geprägt wie das Bewußtsein der Oberschicht. Wehrbauernkolonien spielten eine bedeutende Rolle bei der vietnamesischen Expansion südlich des Deltas des Roten Flusses sowie der Eroberung und Besiedlung Annams und des Mekong-Deltas. Dieses zweite große Abenteuer der vietnamesischen Geschichte, der »Vormarsch nach Süden« (Nam Tien), erstreckte sich über einen Zeitraum von mehr als 450 Jahren, vom Beginn des 14. bis ins ausgehende 18. Jahrhundert. Die von den vietnamesischen Bauern neben Animismus und Buddhismus gepflegte Ahnenverehrung umfaßte auch Kulte zu Ehren der Geister berühmter Kriegshelden. Diesen Helden geweihte Tempel standen in jedem Dorfzentrum, die rituelle Verehrung der Helden war fester Bestandteil des bäuerlichen Lebens. Im Rahmen dieses Kultes ein Amt innezuhaben, war eine der höchsten Auszeichnungen, die einem Bauern im Dorf zuteil werden konnte. Einem Ausländer mochte ein vietnamesischer Bauer, der mit gebeugtem Rücken im Reisfeld stand, gehorsam und ergeben erscheinen. Dieser Ausländer hielt Beherrschtheit und Arbeitsdisziplin für Unterwürfigkeit. Hatte sich dieser Bauer für eine Sache begeistert, so verwandelte er sich in einen gefährlichen Kämpfer, und es brauchte nicht viel, um ihn zu einem Soldaten zu machen. Durch seine Lebensbedingungen war er auf die Strapazen der Feldzüge vorbereitet, durch die bei der Arbeit auf überfluteten Reisfeldern notwendige Gruppendisziplin auf die Disziplin, die der Kampf erfordert. Er war ein zäher und schlauer Kämpfer, und angetrieben von der Wertschätzung, die der Mut im Denken der Vietnamesen genoß, suchte er vor den Kameraden seine Tapferkeit zu beweisen, um sich ihre Achtung zu erwerben.

Im 19. Jahrhundert, einer Zeit, in der Vietnam, ebenso wie China, von kultureller Stagnation gekennzeichnet war, konnten die Franzosen dieses Land mittels überlegener europäischer Organisation, moderner Technik und neuartiger Waffen unterwerfen. Aber sie konnten seine Geschichte nicht auslöschen. Eine Kette von Rebellionen war der Beweis, daß es den Franzosen niemals gelungen war, den Willen des vietnamesischen Volkes zu brechen. Die Symbole und Vorbilder der Vergangenheit warteten darauf, daß eine neue Generation von Tran Hung Daos, Le Lois und Nguyen Hues sie mit neuem Leben erfüllte, um mit ihrer Hilfe die Nation um sich zu scharen.

Als Ho Chi Minh und seine Gefolgsleute begannen, die Vergangenheit neu zu beleben und sie auf die Gegenwart zu beziehen, nahmen die Geschehnisse und Personen der Kolonialzeit und des beginnenden Befreiungskriegs in den Augen vieler Vietnamesen ein neues und doch bekanntes Gesicht an. Diese Geschehnisse und Personen waren alle schon aus der Geschichte Vietnams bekannt. Die Vietnamesen konnten sich den Ereignissen stellen, da ihnen ihre Geschichte sagte, worum es sich handelte und was man dagegen tun konnte. Die Franzosen waren keine überlegene europäische Rasse. Sie waren bloß weitere ausländische Eindringlinge, die man ebenfalls vernichten konnte. Die mit den Franzosen kollaborierenden Mandarine und Angehörige niedrigerer Gesellschaftschichten, die im Dienst der Kolonialherren in Machtpositionen aufgerückt waren, sah man nicht mehr als Privilegierte an, deren Autorität man respektieren mußte. Sie waren die gleichen »Schakale« wie einst die Schachfiguren der chinesischen Eroberer. Es hatte schon immer Mandarine gegeben, die sich zu Handlangern der fremden Eroberer machten — weil sie käuflich waren, oder weil sie andersdenkenden Gruppen angehörten; oder auch, weil sie dachten, die Eroberung würde von Dauer sein, und es wäre das Beste, sie zu akzeptieren und sich und der ganzen Familie in der neuen Ordnung einen Platz zu suchen. Die vietnamesische Geschichte war voll von solchen »Verrätern und Heimatverkäufern«, wie zwei andere von den Kommunisten verwendete Bezeichnungen lauteten. Die Bauern und Angehörigen der unteren Schicht, die in der Kolonialpolizei, der Miliz und der Armee dienten und ihre Landsleute im Namen der Franzosen folterten und töteten, waren ebenfalls bereits aus der Geschichte bekannte Erscheinungen. Schon die Chinesen hatten vietnamesische »Marionettentruppen« ausgehoben, um ihre Streitkräfte zu verstärken. In Ländern wie China und Vietnam konnte man in der Masse solche Leute in genügender Zahl finden. Die modrige Atmosphäre des Lasters und der schäbigen Intrigen schließlich, die am Hofe Bao Dais und seiner Ratgeber in Hue herrschte, war das klassische Symptom des Verfalls einer Dynastie, die ihr Land nicht länger zu schützen vermochte und von patriotischen Mandarinen des Krieges hinweggefegt werden mußte.

Aus den Regenwäldern und Gebirgen des an China stoßenden Grenzlands weiteten diese Männer während des Zweiten Weltkriegs den Vietminh zu einer quasi nationalen Bewegung aus. In Anlehnung an den historischen Eroberungszug nannte Ho die Ausbreitung der Bewegung in die Reisbauerndörfer im Delta des Roten Flusses den »Vormarsch nach Süden«. Die Stützpunkte in den Bergen trugen die Namen Le Lois, Quang Trungs und anderer Geister des Widerstands. Ende 1944 verfügten die Vietminh über eine halbe Million Anhänger, drei Viertel davon im Norden und in Annam. Diese halbe Million stand unter der Führung einer kommunistischen Partei, die nicht mehr als 5000 Mitglieder zählte. Dabei sprach man stets die sozialen Mißstände und den Nationalismus an, um die Bauern zu mobilisieren, ohne die patriotisch gesinnten Grundbesitzer zu verschrecken.

Im Frühjahr 1945, als Japan im Begriff war, den Krieg zu verlieren, wurde den japanischen Besatzern klar, daß die Vichy-Franzosen sie bald verraten und sich in »Freie Franzosen« verwandeln würden. Der *coup de force,* den die Kaiserliche Armee am 9. März 1945 um 21.30 Uhr in ganz Indochina durchführte, bewirkte mehr als nur die Auflösung der Kolonialverwaltung und die Entwaffnung der französischen Truppen. Die Japaner versetzten dem französischen Kolonialismus in Indochina einen tödlichen Stoß. Die Ehrfurcht, die viele einfache Vietnamesen vor ihren europäischen Herren empfanden, wurde zunichte gemacht. Sie sahen, wie kleine, gelbe Männer diese Herren erschossen, schlugen, in Internierungslager abtransportierten und ihre Frauen vergewaltigten. Die Kontrolle der Zentralverwaltung über die Landgebiete endete unversehens und zu einem Zeitpunkt, zu dem der Norden von der schwersten Hungersnot der Geschichte heimgesucht wurde. Ende 1944 bis Anfang Sommer 1945 verhungerten in den Landgebieten Tonkings zwischen 400.000 und zwei Millionen Menschen. (Genauere Zahlen liegen nicht vor, da es nach März 1945 keine Behörden gab, die Statistiken erstellt hätten. Die Japaner machten keinerlei Versuch, in den Landgebieten die Franzosen zu ersetzen. Sie blieben zumeist in den Städten.) Die Hungersnot war entstanden, weil die Franzosen ab 1943 auf Befehl der Japaner Reis beschlagnahmten, der in den für die Kaiserliche Armee arbeitenden Fabriken Indochinas als Brennstoff benötigt oder als Nahrungsmittel nach Japan verschifft wurde. Die Landpächter, aus denen die Mehrheit der bäuerlichen Bevölkerung Tonkings bestand, wurden zuerst durch die Beschlagnahmungen zahlungsunfähig und mußten dann hungern, weil sie weder neues Saatgut noch Nahrung für sich und ihre Familien kaufen konnten. Die Beschlagnahmungen erfolgten durch die unterste Schicht der französischen Verwaltung, die von der Kolonialmiliz unterstützten Dorf- und Kantonsvorsteher (ein Kanton bestand aus mehreren Dörfern). Ein faszinierendes Beispiel für den vom Kolonialismus bewirkten moralischen Verfall war, daß diese vietnamesischen Beamten, obwohl ihre Landsleute ringsum verhungerten, für die Ausländer solange Reis beschlagnahmten, bis die Japaner ihren Gewaltstreich durchführten.

Als die von Vo Nguyen Giap kurz zuvor aufgestellten Guerillaeinheiten in die sich selbst überlassenen Landgebiete einrückten, kannten die Verzweiflung und der Haß der hungernden Bevölkerung keine Grenzen mehr. Die Vietminh machten »Zerstört die Paddyspeicher und setzt der Hungersnot ein Ende« zu einer Kampfparole gleicher Bedeutung wie »Nationale Unabhängigkeit«. (Paddy ist ungeschälter Reis, der in Speichern gelagert wird, bevor man ihn zur Mühle bringt.) Die Guerillas zerstörten die Speicher der Grundbesitzer und Handlanger der Franzosen und Japaner, um den Reis an die Hungernden zu verteilen. Die Bauern und Landpächter halfen ihnen, Dorf- und Kantonsvorsteher abzusetzen oder zu verhaften und an ihre Stelle örtliche »Volkskomitees« der Vietminh zu setzen, deren Anordnungen mit Messern, Sensen, Sicheln und ähnlichem bewaffnete »Selbstverteidigungsgruppen« Geltung verschafften. Als am 15. August 1945 die Kapitulation Japans bekanntgegeben wurde, verfügte Giap bereits über mehr als 5000 Mann, von denen einige hundert mit vom OSS gelieferten US-Waffen ausgerüstet waren, während die übrigen erbeutete französische und japanische Gewehre trugen. Durch die Hungersnot stand in Tonking und den nördlichen Provinzen Annams die Mehrheit der Landbevölkerung bedingungslos hinter den Vietminh.

Dann kam die Sturmflut. Zwei Tage nachdem Radio Tokio die Kapitulation bekanntgegeben hatte, entfaltete das »Aufstandskomitee« der Vietminh in Hanoi die Fahne der Revolution, den fünfzackigen, goldenen Stern auf rotem Feld. Vietnamesische Kolonialbamte hatten im Stadttheater eine Versammlung einberufen, um ihre Unterstützung für das von den Japanern eingesetzte Marionettenregime Bao Dais zu demonstrieren. Kaum war die Tagesordnung verlesen, als in dem vollbesetzten Theater überall Vietminh-Fahnen entfaltet wurden, eine sogar über der Rednertribüne. Ein Vietminh-Agitator, dem einige Aktivisten mit gezogener Pistole Respekt verschafften, bemächtigte sich des Mikrophons und rief die Vietnamesen auf, sich zu erheben und »das Land der Väter zurückzuerobern«. Die als Ordnungskräfte eingesetzten Milizionäre erklärten sich solidarisch, und die Versammlung verwandelte sich in eine lärmende Vietminh-Demonstration, die bis tief in die Nacht durch die Straßen zog. In den folgenden Tagen wurden Tausende von Bauern aus dem Umland in die Stadt gebracht. Der Vizekönig Bao Dais flüchtete. Die Angehörigen der *Garde Indigène* wurden gefangengesetzt, die Waffen aus ihrem Arsenal an die Aufständischen verteilt. Die 30.000 Mann starke japanische Garnison Hanois hätte die Vietminh ohne Schwierigkeiten verjagen können, lehnte es jedoch ab, ihre Marionetten zu verteidigen. Die Japaner beschränkten sich darauf, ihre Kasernen und das Gebäude der Bank von Indochina zu schützen. Gegen Ende August dankte Bao Dai in der kaiserlichen Hauptstadt Hue im Rahmen einer für Vietnamesen symbolträchtigen Zeremonie ab. Der Kaiser – vor der Korrumpierung dieses Symbols durch die Franzosen die Personifizierung der vietnamesischen Nation – übergab seine Macht und seine legitimen Rechte den Repräsentanten Ho Chi Minhs. Im kaiserlichen Ornat und mit dem goldenen Turban bedeckt stand er an der Brüstung über dem Mittagstor seines Palasts in der Zitadelle von Hue, von der einst seine Vorgänger auf die an ihnen vorbeiziehenden gefangenen Rebellen hinabgeblickt hatten, und übergab den Abgesandten des Vietminh das Siegel der Dynastie und das kaiserliche Schwert. Bao Dais Flagge auf dem riesigen Fahnenmast über dem Tor wurde eingeholt, an ihrer Stelle hißte man das rote Banner der vietnamesischen Revolution mit dem goldenen Stern. Der letzte Kaiser der Nguyen-Dynastie wurde als Bürger Vinh Thuy zum »höchsten politischen Berater« der Regierung Ho Chi Minhs berufen, der ihm Anfang 1946 gestattete, das Land zu verlassen.

Anders als amerikanische Politiker später annahmen, erhielten die Vietnamesen während der entscheidenden Jahre des Krieges gegen die Franzosen von anderen kommunistischen Parteien keine Hilfe. Die chinesischen Kommunisten waren in Nordchina mit dem Krieg gegen Chiang Kai-shek beschäftigt; und von ihren früheren französischen Verbündeten waren sie auch fallengelassen worden: Die französischen Kommunisten, die 1945 und 1946 auf einen Wahlsieg hofften, waren darauf bedacht, unpopuläre Maßnahmen zu vermeiden und stellten ihr traditionelles Eintreten für die Unabhängigkeit der Kolonien ein. Ho bekam von seinen alten französischen Genossen den Rat, sich der Wiedererrichtung der Kolonialherrschaft nicht zu widersetzen. Ein Unabhängigkeitskrieg passe der sowjetischen Außenpolitik nicht ins Konzept.

Diese Einschätzung war richtig. Stalin hatte an einer Förderung der vietnamesischen Revolution kein Interesse – allerdings nicht, weil er die Hoffnungen der KPF-Führung teilte. Er scheint klugerweise angenommen zu haben, daß die USA eine kommunistische Regierung in Paris nicht dulden würden, gleich ob sie durch allgemeine Wahlen oder anders an die Macht kam. Dessenungeachtet wollte er die Popularität der KPF stärken, und zwar des allgemeinen, politischen Vorteils wegen, der sich aus einer starken Position der französischen Kommunisten für die Sowjetunion in Europa ergeben würde. Außerdem wollte er, daß die französische Rechte wegblickte, während er, einem Sicherheitsbedürfnis stattgebend, die sowjetische Vormachtstellung in Osteuropa ausbaute, das den Deutschen in zwei Weltkriegen als Aufmarschgebiet gegen Rußland gedient hatte.

Die französischen Kommunisten beschränkten sich aber nicht darauf, die Hilfe zu verweigern. Sie spielten beim Abenteuer der Rückeroberung selbst mit. Der damalige Parteichef Maurice Thorez war stellvertretender Premierminister in der Koalitionsregierung, die sich im Dezember 1946 auf einen regelrechten Krieg gegen den Vietminh einließ. Er sorgte dafür, daß seine Abgeordneten in der Nationalversammlung nicht die Verabschiedung von Notmaßnahmen und die Bewilligung von Mitteln für den Krieg gegen die Vietnamesen blockierten, wie es in ihrer Macht gestanden hätte.

Diese Verhältnisse sollten sich unter dem Einfluß des Kalten Krieges und mit dem Eintreffen von Maos Armeen an der Grenze zu Indochina Ende 1949 ändern. Doch während der ersten vier Kriegsjahre waren die Vietnamesen, wie Ho sagte, »ganz allein«. Der Aufbau ihrer Vietminh-Armee war ein Beweis militärischer Genialität, der den Heldentaten ihrer Ahnen würdig war. Als Ho die Hoffnung aufgab, mit den Franzosen einen Kompromiß zu erreichen, und die Vietminh am 19. Dezember 1946 das Elektrizitätswerk von Hanoi stürmten, hatte man bereits einen beachtlichen Weg zurückgelegt. In den sechzehn Monaten, die seit der Revolte vom August 1945 vergangen waren, hatten Giap und seine Mitarbeiter in der militärischen Führung aus den 5000 Guerillas eine Streitmacht von 100.000 Mann gemacht. Dieses Heer setzte sich aus Truppen unterschiedlicher Qualität zusammen, angefangen von Guerillabanden im Mekong-Delta bis hin zu selbsternannten »regulären« Bataillonen in Annam und Tonking. Ihre Waffen hätten jedes Sammlerherz entzückt und jeden US-Quartiermeister zur Verzweiflung getrieben, den man beauftragt hätte, das Kunterbunt an erforderlicher Munition zu besorgen. Die Vietminh verfügten über französische Waffen verschiedenen Baujahrs und Kalibers aus Kolonialarsenalen, Waffen, die sie den Japanern abgenommen hatten, amerikanische Lend-Lease-Waffen, die man den Chinesen Chiang Kai-sheks mit Bestechungsgeldern abgekauft hatte, um den Grundstock der bereits vom OSS gelieferten zu vergrößern, primitive Kopien von US-Karabinern und britischen Sten-Maschinenpistolen aus improvisierten Fabriken, die mit Werkzeugmaschinen arbeiteten, welche wiederum aus französischen Fabriken und Eisenbahn-Reparaturwerkstätten stammten. Sie hatten sogar im Golf von Tonking von Tauchern Waffen und Ausrüstung aus gesunkenen japanischen Schiffen bergen lassen. Mehrere tausend japanische Offiziere, Soldaten und Techniker zogen es vor, zu den Vietnamesen überzulaufen, anstatt sich heimtransportieren zu lassen. Sie bildeten den Großteil des Personals in den Waffenfabriken und der Ausbilder, die die Rekruten der regulären Einheiten in Kampftechnik unterwiesen. Die japanischen Deserteure wurden von Giap und den wenigen Vietminh-Führern beaufsichtigt, die in der kommunistischen Armee Chinas Erfahrungen gesammelt hatten oder Diplome der Militärakademie besaßen, die die Komintern in den zwanziger Jahren im chinesischen Whampoa eingerichtet hatte. So zusammengewürfelt sie auch sein mochte, die Vietnamesen hatten eine Nationalarmee. Die Franzosen hatten drei Wochen lang zu tun, um Hanoi wieder unter ihre Kontrolle zu bringen, und fast drei Monate, um in Tonking und Annam alle ihre belagerten Garnisonen zu entsetzen.

Rekrutierung, Ausbildung und Erprobung im Kampf gingen nach den entscheidenden Ereignissen in Hanoi ohne Unterbrechung weiter. Immer mehr und bessere Waffen wurden erbeutet oder in China und Thailand gekauft. Die nationalchinesischen Kriegsherren in Südchina und auf der Insel Hainan im Golf von Tonking waren stets bereit, gegen Bargeld noch mehr von den Waffen abzugeben, die ihnen die USA für den Kampf gegen ihre eigenen Kommunisten lieferten. Der Vietminh unterhielt bis zum Ausbruch des Koreakrieges eine eigene Vertretung für Waffenkäufe in Bangkok, und zwar in derselben Straße, in der das USIS sein Büro hatte. Für thailändische Beamte hatte Geld keinen unangenehmen politischen Geruch. Ein großer Teil der Waffenkäufe wurde durch den Handel mit Opium finanziert, das von den laotischen Gebirgsstämmen stammte und im französisch besetzten Hanoi gegen harte Währung an chinesische Händler verkauft wurde. Die Waffen wurden auf Packtieren, Fahrrädern und Ochsenkarren über Straßen und Trampelpfade in die Vietminh-Bollwerke in den nördlichen Grenzgebieten geschafft. Andere brachte man auf Dschunken und Trawlern von Hainan zu den zahllosen Buchten der Nordküste oder der sich über 350 km erstreckenden Küste Zentralvietnams, jener zweiten Hochburg des Vietminh, wo Ev Bumgardner in Tuy Hoa Diems Besuch in einer »befreiten Zone« miterleben sollte. Schon bevor die chinesischen Kommunisten Ende 1949 die vietnamesische Grenze erreichten und sich somit die Aussicht auf umfassende Hilfe eröffnete, begann Giap damit, seine Regulären im Norden in Einheiten von Divisionsgröße zusammenzufassen. Giap, der sich seinen Lebensunterhalt als Geschichtslehrer in einem Gymnasium in Hanoi verdient und seinen Schülern von der französischen Revolution und den Feldzügen Napoleons erzählt hatte, erwies sich als ein klassischer Gelehrtengeneral, der es verstand, die traditionelle vietnamesische Strategie gegen die Franzosen einzusetzen.

In einer Reihe von Offensiven, die von Ende 1949 und bis Herbst 1950 in den Bergen rings um das Delta des Roten Flusses stattfanden, ermüdete und erschöpfte der Vietminh die französischen Truppen. Ihr Kommandeur, General Marcel Carpentier, geriet schließlich in Panik und beging den Fehler, auf den die Vietnamesen gewartet hatten. Er befahl im Oktober 1950 die sofortige Evakuierung der noch verbliebenen Grenzgarnisonen. Die französischen Marschkolonnen versuchten, sich über die Route Coloniale 4 zurückzuziehen, eine zweispurige, unbefestigte Straße, die sich durch die Kalkfelsen und Regenwälder der Grenzregion wand. Giaps Truppen lagen auf der Lauer. Die Straße führte in den Tod. 6000 Mann französische Kolonialtruppen verschwanden hier. Mit den vom Vietminh erbeuteten Waffen, Munitionsvorräten, Lastwagen, gepanzerten Fahrzeugen und Geräten konnte man eine ganze Division ausrüsten. Es war die schlimmste Niederlage der Franzosen in Übersee, seit eine britische Armee unter James Wolfe 1759 Louis Montcalm bei Quebec geschlagen hatte und Frankreich Kanada abtreten mußte. Der Sieg Giaps war bereits ein Vorzeichen für Dien Bien

Phu. Wäre Frankreich auf seine eigenen Ressourcen angewiesen gewesen, so hätte der psychologische Schock, den dieses Debakel auslöste, wahrscheinlich beschleunigt zu Friedensverhandlungen geführt. Doch die Truman-Administration, die kurz zuvor eine großzügige und direkte Militärhilfe begonnen hatte, ermutigte die Franzosen, den Kampf fortzusetzen.

Von 1950 an bestand die Aufgabe Giaps und seiner Kommandeure hauptsächlich darin, ihre kampferprobten Truppen in eine moderne Armee zu verwandeln und sie mit den sowjetischen Geschützen, Flugabwehrkanonen und anderen schweren Waffen auszurüsten, die in Begleitung chinesischer Instruktoren eintrafen. Diese Arbeit erforderte zusätzliche Jahre, es wurden Fehler gemacht, und es gab Rückschläge. Aber es handelte sich dabei um die Vollendung eines Unternehmens, das sich bereits bestens entwickelt hatte. Die Armee, die 1954 weltweites Aufsehen erregen und ein weiteres Heldenkapitel der Geschichte Vietnams schreiben sollte, war geschaffen worden, ehe der erste Lastwagen mit sowjetischen Waffen über die chinesische Grenze nach Vietnam rollte.

Der Unabhängigkeitskampf unter der Führung Ho Chi Minhs und seiner Anhänger ließ in den Köpfen der Vietnamesen bestimmte Bilder und im politischen Leben Vietnams bestimmte fundamentale Gleichsetzungen entstehen. Praktisch die gesamte Bevölkerung war von diesem Kampf betroffen, angefangen bei Kindern, die alt genug waren, um zu spionieren und Nachrichten zu überbringen, bis hin zu ihren Großeltern, die es verstanden, mit der Würde des Alters geschickt zu lügen. Die Vietnamesen hatten die Wahl zwischen drei Möglichkeiten: mit den Kommunisten für die Befreiung des Landes zu kämpfen, wie es viele machten; mit den Franzosen zu kollaborieren, was viele andere aus verschiedenen Gründen taten; oder es zu vermeiden, an der größten moralischen und politischen Auseinandersetzung ihrer Zeit teilzunehmen, wofür sich eine Minderheit entschied, zu der auch Ngo Dinh Diem gehörte. Der Krieg machte Ho zum Vater des modernen Vietnam und definierte einen vietnamesischen Patrioten als einen Kommunisten oder jemanden, der auf der Seite der Kommunisten kämpfte. Er definierte jemanden, der mit den Franzosen kollaborierte, als das vietnamesische Äquivalent eines Loyalisten während der amerikanischen Revolution. Er machte politische Figuren wie Diem, die es ablehnten, sich zu engagieren, für den Kampf irrelevant. Ihre abwartende Haltung, ihr *attentisme,* wie die Franzosen sagten, wurde zur Fahrkarte in die Obskurität.

Die politische Führung der USA war nicht fähig, diese vietnamesischen Realitäten zu akzeptieren. Obwohl Ho nach Ausbruch des Krieges gegen die Franzosen keine direkten Appelle mehr an Amerika richtete, war er sorgsam darauf bedacht, die Tür nicht zuzuschlagen, da er hoffte, eines Tages doch noch zu einem Arrangement zu kommen. Anfang 1949 versuchte George Abbott, der Diplomat, der als Erster Sekretär der Pariser US-Botschaft in jener letzten, pathetischen Besprechung im September 1946 mit Ho zusammengetroffen war, Dean Acheson für den Gedanken zu interessieren, daß Ho ein asiatischer Tito sein könnte. Stalin und Tito hatten ein Jahr zuvor öffentlich miteinander gebrochen, und 1949 war es für Washington klar, daß sich die Sowjetunion und Jugoslawien in einem kriegsnahen Zustand befanden. In einer im Februar verfaßten Studie wies Abbott auf eine Besonderheit im Verhalten der vietnamesischen Kommunisten hin:

Eine Eigenart des vietnamesischen Kommunismus ist, daß es sehr wenig antiamerikanische Propaganda gegeben hat. Das hat sicher nichts damit zu tun, daß sich die gegenwärtige Parteilinie den Tatsachen verschließt. Es ist offenbar der Ausdruck von Ho Chi Minhs Hoffnung, doch noch die Unterstützung der USA für seine Vietminh-Regierung zu gewinnen oder zumindest zu erreichen, daß sie akzeptiert wird.

Dean Acheson war an der amerikanischen Indochinapolitik fast von Beginn an beteiligt gewesen, zuerst als Trumans stellvertretender Außenminister, dann als Außenminister in den letzten vier Jahren von Trumans Amtszeit. Er war einer der Mitbegründer des nach dem Zweiten Weltkrieg errichteten westlichen Systems. Seiner Autobiographie gab er den Titel »Present at the Creation«. Abbotts Bemerkungen vermochten Acheson nicht dazu zu bringen, die vietnamesischen Kommunisten anders zu beurteilen. Er selbst, Truman und andere Persönlichkeiten beider politischer Parteien gingen davon aus, daß sämtliche kommunistische Bewegungen Schachfiguren eines zentralistischen, vom Kreml gelenkten Superstaats waren. Sie sahen in Stalin einen zweiten Hitler, der die ganze Welt erobern wollte. Obwohl Titos Verhalten keine Zweifel ließ, konnten sie nicht glauben, daß ein kommunistischer Führer in erster Linie die Unabhängigkeit seines Landes im Auge hatte. Sie unterstützten Tito, aber sie fühlten sich mit ihm niemals wohl und hielten seinen Weg für einen Irrweg. Eine teilweise Erklärung für ihr Versäumnis, die Existenz eines nationalen Kommunismus ernst zu nehmen (und zu begreifen, daß Stalin, wiewohl ein Monster und für den Tod von Millionen von Sowjetbürgern verantwortlich, in seiner Außenpolitik ein russischer Imperialist mit begrenzten Zielen war), dürfte in ihrem Bedürfnis nach einer einfachen Welt zu sehen sein. Wenn Tito, Ho und Mao Tse-tung ebenso Nationalisten wie Kommunisten waren, wenn andersartige Kulturen und geschichtliche Entwicklungen kommunistische Staaten dazu bringen konnten, sich in andere Richtungen zu entwickeln, dann war die Welt viel komplizierter, als diese amerikanischen Politiker sie sich vorstellten. Ihren eigenen Neigungen aber konnten sie in einer einfachen, in Gut und Böse geteilten Welt viel leichter folgen.

Acheson wollte eine antikommunistische Alternative zu Ho finden. Er war überzeugt, daß der fundamentale Irrtum der französischen Politik Frankreichs altmodischer Kolonialismus war. Wenn die Franzosen eine einheimische Regierung einsetzten und Vietnam in die Unabhängigkeit entließen, dann würde diese Regierung die Möglichkeit haben, im Volk eine Anhängerschaft zu finden, die der von Ho Chi Minh entsprach. In Wirklichkeit wollte Acheson, daß die Franzosen in Vietnam dem amerikanischen System der Stellvertreter-Regime folgten. Die Suche nach einer antikommunistischen Alternative wurde intensiver betrieben, nachdem Maos Truppen sich im chinesischen Bürgerkrieg auf den Sieg zubewegten. Die Truman-Administration lockte mit dem Köder direkter Wirtschafts- und Militärhilfe für den Indochinakrieg, wenn nur Frankreich seinen Mystizismus aus dem 19. Jahrhundert aufgeben und eine vernünftige Politik betreiben wollte. Das Resultat dieser amerikanischen Bestrebungen, einen Kolonialkonflikt in einen gerechten, antikommunistischen Krieg zu verwandeln, war die sogenannte Bao-Dai-Lösung.

Bao Dai kehrte Mitte 1949 unter amerikanisch-französischer Patenschaft aus dem selbstauferlegten Hongkonger Exil zurück, um seine Stellung als Herrscher wieder anzutreten. Für einen in Mißkredit geratenen Kaiser, der abgedankt hatte, war es schwierig, diese Abdankung einfach rückgängig zu machen und eine breite Anhängerschaft um sich zu scharen, vor allem, wenn er einen Charakter hatte wie Bao Dai. Auf seine eigene, seltsame Art respektierte er, daß er abgedankt hatte. Er ließ sich zwar allgemein als Kaiser bezeichnen, behielt Status und Privilegien seines Amtes und wurde als »Eure Majestät« angeredet. Doch er vermied es sorgsam, die für Vietnamesen so symbolträchtige Zeremonie in Frage zu stellen, in deren Verlauf er über dem Tor des Mittags in der Zitadelle von Hue den Abgesandten Ho Chi Minhs Schwert und Siegel übergeben hatte. Er unternahm niemals den Versuch, den Thron offiziell zurückzuverlangen. Er bezeichnete sein Herrschaftsgebiet nicht mehr als »Reich«, sondern als den »Staat« Vietnam, und gab sich selbst den offiziellen Titel »Staatsoberhaupt«. Sein Staat hatte, wie er sagte, die Nachfolge der von Ho 1945 ausgerufenen Demokratischen Republik Vietnam angetreten.

Truman und Acheson erkannten Anfang 1950 Bao Dais Regime als die legale Regierung Vietnams an. Sie war für Acheson Ausdruck »echten nationalen Denkens«. Ho hingegen war »der Todfeind der Unabhängigkeit Indochinas«. (Achesons nationaler Führer hatte Schwierigkeiten mit der Sprache seines Volkes. Er war in Hue und in Frankreich, wo er drei Jahre seiner Jugend verbrachte, von französischen Lehrern erzogen worden und konnte sich auf Vietnamesisch weder mündlich noch schriftlich richtig ausdrücken.) Im Mai 1950 kündigte Acheson die direkte Militär- und Wirtschaftshilfe an, die man den Franzosen als Gegenleistung für Bao Dai versprochen hatte.

Im selben Jahr, in dem sein Regime von den USA anerkannt wurde, vergab Bao Dai gegen Gewinnbeteiligung an seinen Freund Bay Vien, den Chef der Binh Xuyen, eine Konzession für Glücksspiel, Prostitution und Opiumhandel in

Cholon. Außerdem ernannte er Bay Vien zum General der vietnamesischen Nationalarmee, die von den Franzosen aufgestellt und von den Amerikanern ausgerüstet wurde. Dieser »neurasthenische Lüstling«, wie ein französischer Journalist damals schrieb, erkannte die Rolle, die er im Leben spielte, besser als Acheson. Eines Tages teilte man ihm mit, seine Favoritin, eine üppige Wasserstoffblonde, die er von der Côte d'Azur hatte einfliegen lassen, sei in der Öffentlichkeit betrunken und ausgelassen in Gesellschaft mehrerer Franzosen gesehen worden. »Ich weiß«, sagte er. »Sie übt nur ihr Gewerbe aus. Die wirkliche Hure von uns beiden bin ich.«

Es gab in Vietnam keine Alternative zu den Kommunisten. Die französische Politik und die Versäumnisse der nichtkommunistischen Nationalisten hatten schon in den dreißiger Jahren den Kommunisten den Weg zur Führung im Unabhängigkeitskampf bereitet. Nach einer schlecht organisierten Erhebung im Jahr 1930 dezimierte die Sûreté Générale, Frankreichs politische Polizei in Indochina, die größte nichtkommunistische nationalistische Partei, die vietnamesische Kuomintang, die ihre chinesische Schwesterpartei kopierte. Ihre Führer wurden auf die Guillotine geschickt, einigen gelang die Flucht nach China. Angesichts der französischen Repression schafften es die Nichtkommunisten nicht, ihre Bewegungen neu aufzubauen. Die meisten von ihnen waren Angehörige der städtischen Elite, denen das Interesse für soziale Veränderungen fehlte, das nötig war, um eine breite Anhängerschaft zu gewinnen. Auch die Kommunisten wurden durch eine ähnlich schlecht organisierte Rebellion in den Jahren 1930 und 1931 schwer getroffen. Ihre neu gegründeten Bauernräte wurden von den Fremdenlegionären liquidiert. Ein weiterer Bauernaufstand im Mekong-Delta im November 1940 wurde von den verunsicherten Vichy-Behörden mit ungewöhnlicher Grausamkeit niedergeschlagen. Doch die Kommunisten erholten sich wieder, denn ihr soziales Engagement ließ sie immer wieder ganz unten anfangen. Sie hatten gesehen, wo Unzufriedenheit herrschte, auf der man aufbauen konnte.

Ho und seine schwergeprüften Kampfgefährten (Pham Van Dong war nicht der einzige, der die Schrecken französischer Gefängnisse kennenlernte; Giaps erste Frau, ebenfalls Parteiaktivistin, kam 1943 in einem französischen Gefängnis um) versetzten nach ihrer Machtübernahme in Hanoi den nichtkommunistischen Nationalisten den Todesstoß. Unmittelbar nach Kriegsende versuchten die Überlebenden der vietnamesischen Kuomintang und mehrere andere Faktionen, in Tonking in Konkurrenz zum Vietminh Behörden und Milizen aufzustellen. Ho zerschlug sie. Etwa hundert von den Parteiführern wurden zusammengetrieben und exekutiert. Während der folgenden sechzehn Monate, zwischen August 1945 und dem Ausbruch des Krieges gegen die Franzosen, ermordeten die vietnamesischen Kommunisten gezielt nichtkommunistische Nationalisten. Etwa vierzig vietnamesische Persönlichkeiten fanden auf diese Weise den Tod. Einer davon war der katholische Politiker Ngo Dinh Khoi, Diems ältester Bruder. Er war Gouverneur der annamitischen Provinz Quang Nam gewesen, aber von den Franzosen 1942 abgesetzt worden, weil er mit den Japanern gegen sie intrigiert hatte.

Die Kommunisten waren nicht darauf aus, alle nichtkommunistischen Politiker zu eliminieren. Sie töteten ihre aktivsten Gegner und jene, von denen sie meinten, daß sie später zu den Franzosen übergehen könnten. Von den Überlebenden kollaborierten dann tatsächlich die meisten mit Frankreich. Niemand in Vietnam war Demokrat. Auch die Nichtkommunisten waren nicht säumig gewesen und hatten versucht, die Kommunisten zu eliminieren. Diem erzählte den Amerikanern oft, wie die Kommunisten seinen Bruder ermordet hatten. Er sagte ihnen aber nicht, daß sein Bruder mit den Japanern zusammen die Ermordung von Vietminh-Führern geplant hatte. Die Kommunisten erfuhren von dem Plan und brachten Khoi und seinen Sohn zuerst um. Daneben töteten Anhänger des Vietminh in den Landgebieten häufig und unkontrolliert Personen, die man als Sympathisanten der zurückkehrenden Franzosen ansah. Es gibt über diese Morde keine genauen Zahlen, sie gingen in die Tausende. Besonders intensiv war diese Mordkampagne während der französischen Rückeroberung des Gebiets um Saigon und des Mekong-Deltas in den Jahren 1945 und 1946.

Die von Truman und Acheson mittels Bao Dai geförderte Kollaboration mit den Franzosen war eine Art schmutziger Tiefpunkt, an dem die nichtkommunistischen Nationalisten anlangten, nachdem sie die Verfolgungen durch das alte Kolonialregime und das Wüten der Kommunisten überlebt hatten. In den nun folgenden Jahren nahmen die amerikanischen Journalisten und die Beamten der US-Botschaft die nichtkommunistischen Faktionen weiterhin ernst, obwohl es sich bloß um leere Hülsen handelte. Ihre Anführer hatten gewisse Prätentionen und waren daher stets bemüht, den Eindruck zu erwecken, daß sie etwas repräsentierten. Ihre Aktivitäten wurden mit Tausenden von Wörtern kommentiert, obwohl ein Absatz dafür ausgereicht hätte. Keine dieser politischen Vereinigungen stellte mehr dar als *une douzaine de messieurs,* wie die Franzosen sagen, ein Dutzend distinguierter Herren.

Auch wenn die Amerikaner angesichts französischer Verbohrtheit und Dummheit ihre Hände immer wieder in Unschuld wuschen, waren die USA aufgrund ihrer Rolle für die Leiden des ersten Krieges genauso verantwortlich wie Frankreich selbst. In neun Jahren kamen eine viertel Million bis eine Million indochinesische Zivilisten um; 200.000 bis 300.000 Vietminh wurden getötet und nahmen 95.000 Angehörige der französischen Kolonialtruppen — Vietnamesen, Franzosen, Algerier, Marokkaner, Senegalesen, Deutsche und andere Fremdenlegionäre aus verschiedenen Ländern Osteuropas, Kambodschaner und Laoten — mit in den Tod. Als zur Zeit der Kämpfe um Dien Bien Phu Eisenhower im Weißen Haus amtierte, bezahlten die USA 80 Prozent von Frankreichs Kriegskosten in Indochina. Die amerikanischen Politiker erkannten ihre Verantwortung niemals an. Ihre Fähigkeit, alles, was schiefging, den Franzosen anzulasten, machte sie gefühllos für die moralische Schuld, die sie auf sich luden.

Nachdem die Vereinigten Staaten und Edward Lansdale Ngo Dinh Diem an die Spitze der vietnamesischen Relikte des französischen Kolonialregimes gestellt hatten, setzte Diem Bao Dai ab, übernahm aber dessen kaiserliche Flagge mit den drei roten Streifen auf gelbem Grund sowie Bao Dais Nationalhymne für die von ihm ausgerufene Republik Vietnam. Er feuerte den Binh-Xuyen-Polizeichef, behielt aber die Polizei und die Sûreté. Die Veränderungen, die er veranlaßte, waren keine Verbesserungen. Dieser Mann, den Lansdale zum Führer des »Freien Vietnam« gemacht hatte, provozierte den zweiten Indochinakrieg.

In den ersten vier Jahren nach der Genfer Konferenz sahen sich Ho und seine kommunistischen Mandarine im Norden mehr Problemen gegenüber, als sie lösen konnten. Sie mußten die zerstörten Landgebiete wieder aufbauen und eine auf 14 Millionen geschätzte Bevölkerung ernähren. Im Norden gab es nicht genug Reis, von den traditionellen Importquellen im Süden war man abgeschnitten. Es herrschte Mangel an Fachkräften jeder Art. Wollte man eine moderne Nation schaffen, mußte man zu allererst die unbedeutende und veraltete Industrie modernisieren und ausbauen. Gleichzeitig arbeitete man unaufhörlich an der sozialen Revolution, um den Norden in einen marxistischen Staat zu verwandeln.

Die Irrtümer verschlimmerten die Sorgen noch. Als Truong Chinh, dem Generalsekretär der Partei, die Kontrolle über seine mit fanatischem Eifer betriebene Landreform entglitt, ging eine Terrorwelle über das Land. Tausende von großen und kleinen Landbesitzern wurden getötet, darunter eine beachtliche Zahl von Parteimitgliedern, die Säuberungen zum Opfer fielen und exekutiert wurden, nachdem man sie unter falschen Anschuldigungen vor sogenannte »Volksgerichte für Landreform« gestellt hatte. Im November 1956 mußte die Armee in Hos Heimatprovinz Nghe An einen Aufstand katholischer Bauern blutig niederschlagen. Diese Katholiken, die nicht wie die übrigen zwei Drittel ihrer profranzösischen Gemeinde in den Süden geflohen waren, stellten das bevorzugte Racheobjekt von Chinhs Landreformkadern dar. (Es existieren keine verläßlichen Angaben über die Zahl der Opfer der Landreform und der Niederschlagung dieses Aufstands. Was an genauen Zahlen veröffentlicht wurde, insbesondere die oftgenannten 50.000 Toten, ist größtenteils CIA-Propaganda. Daß die Zahl der Toten in die Tausende ging, ist jedoch sicher.) Ho entschuldigte sich für die Verbrechen, löste die Gerichte wieder auf, ordnete die Freilassung aller Inhaftierten an und startete einen »Feldzug zur Berichtigung von Irrtümern«, um so zu versuchen, den Volkszorn wieder zu besänftigen. Chinh wurde seines Postens als Generalsekretär der Partei enthoben. In einer Rede vor dem Zentralkomitee im Herbst

1956 räumte Giap neben anderen »Irrtümern« ein: »Wir haben ... zu viele ehrliche Menschen hingerichtet ..., und da wir überall Feinde sahen, haben wir zum Terror gegriffen, der sich viel zu weit ausbreitete ... Schlimmer noch, die Folter wurde zu einer üblichen Praxis.«

Wie schon 1945 opferten die Sowjets die Vietnamesen wieder ihren Großmachtinteressen. Die Eisenhower-Administration war darauf bedacht, die Teilung Vietnams zu einer endgültigen zu machen, indem sie die in Genf festgelegte »provisorische militärische Demarkationslinie« am 17. Breitengrad in eine Staatsgrenze verwandelte. Der Nationale Sicherheitsrat hatte den Geheimbeschluß gefaßt, die Genfer Vereinbarungen schon nach wenigen Tagen zu sabotieren. Washington benutzte Diem, der hier begeistert mitmachte, um die in der Genfer Schlußerklärung für Juli 1956 vorgesehenen gesamtvietnamesischen Wahlen zu verhindern. (Auch wenn Diem darauf bedacht war, Wahlen zu verhindern, von denen er wußte, daß er sie verlieren würde, verzichtete er genausowenig wie Hanoi darauf, die Souveränität über beide Landesteile zu beanspruchen. Die drei roten Querstreifen auf Bao Dais und Diems Flagge symbolisierten Nord-, Zentral- und Südvietnam.) Die Sowjetunion und Großbritannien führten in Genf gemeinsam den Vorsitz. Chruschtschow hielt in der zweiten Hälfte der fünfziger Jahre an seiner Politik der »friedlichen Koexistenz« fest. Um die USA versöhnlich zu stimmen, lehnte er es ab, Hanois Antrag auf Durchführung der Wahlen zu einem Streitpunkt zu machen. Während einer Debatte des UN-Sicherheitsrats Anfang 1957 über den amerikanischen Antrag auf Mitgliedschaft Südvietnams in den Vereinten Nationen machte der sowjetische Vertreter den Vorschlag, sowohl Nord- als auch Südvietnam aufzunehmen, da »in Vietnam zwei getrennte Staaten existieren«.

Ho protestierte dagegen, aber ohne Nachdruck. Aufgrund seiner inneren Schwierigkeiten war er dermaßen auf sowjetische Hilfe angewiesen, daß er sich offenbar mit der Teilung des Landes zunächst einmal abgefunden hatte. Das Ausmaß seiner Resignation zeigte sich, vielleicht mehr, als ihm lieb war, in einem offenen Brief, den er Mitte 1956 an die 130.000 Vietminh-Soldaten, Verwaltungskader und ihre Angehörigen richtete, die nach der Genfer Konferenz in den Norden gegangen waren. Als sie den Süden verließen, hatte ihnen die Partei gesagt, sie würden 1956 nach den Wahlen zurückkehren können. Ho versuchte nun zu erklären, warum sie nicht heimkehren konnten. »Unsere Politik ist es, den Norden zu konsolidieren und den Süden nie zu vergessen«, schrieb er. Diem befreite Ho Chi Minh aus seinem Dilemma.

Als Jean-Baptiste Ngo Dinh Diem (vietnamesische Katholiken gaben ihren Kindern neben dem vietnamesischen oft noch einen französischen Vornamen) am 7. Juli 1954 nach fast vierjährigem Exil wieder nach Vietnam zurückkehrte, war er 53 Jahre alt und im Hinblick auf die politischen und sozialen Realitäten seines Landes fast ebenso unbedarft wie Lansdale. Diese Unwissenheit war kein Zufall.

Diem war ein Schwärmer. Er lebte in einem geistigen Kokon, eingesponnen in nostalgische Träumereien von Vietnams imperialer Vergangenheit. Die Art, wie er am Tag seiner Ankunft vom Flughafen nach Saigon fuhr, war bezeichnend für ihn. Er saß ihm Fond seines Wagens hinter zugezogenen Vorhängen. Keiner der neugierigen Bewohner Saigons, die an der Straße standen, um den neuen Ministerpräsidenten zu sehen, bekam ihn zu Gesicht. Was draußen vorging, interessierte Diem nicht. »Er kommt von einem anderen Planeten«, sagte einmal ein Mitglied seiner Familie über ihn.

Den Amerikanern gegenüber behauptete er, seine Vorfahren seien seit dem 16. Jahrhundert hohe Mandarine gewesen. In Wirklichkeit war sein Großvater von niederer Abkunft, manchen Angaben zufolge ein Fischer, was mit erklärte, warum Diem eine Karikatur war, warum er mehr Mandarin sein wollte, als es die Mandarine jemals gewesen waren. Die Familie verdankte ihr Vermögen Diems Vater, Ngo Dinh Kha, den französische Missionare dazu ausersehen hatten, an einer Missionsschule in Penang in Malaya das Französische zu erlernen, um später Theologie zu studieren. Während Kha in Malaya weilte, wurde der Großteil seiner Familie in einer Kirche zusammengetrieben und verbrannt. Es war dies einer der vielen Racheakte an den Katholiken, die der Mob auf Betreiben des Kaiserhofs zu Hue zur Zeit der Eroberung Indochinas durch die Franzosen verübte, eines langwierigen Kampfes, der 29 Jahre, von 1859 bis 1888, dauerte.

Frankreich setzte das Christentum gezielter als jede andere europäische Macht für seine koloniale Expansion ein. Französische Missionare kamen nach Vietnam zur höheren Ehre Gottes und Frankreichs, und die von ihnen Bekehrten spielten eine wesentliche Rolle bei der Inbesitznahme des Landes. Als die vietnamesischen Kaiser die Missionare und ihre Konvertiten als eine subversive ausländische Sekte verfolgten, benutzte Frankreich den Vorwand der »Religionsfreiheit«, um militärisch einzugreifen. Die Expeditionen provozierten weitere Verfolgungen und Massaker, die wiederum einen Grund für ein umfassenderes Eingreifen und eine ständige Besetzung lieferten. Die meisten der frühen Konvertiten, die Land besessen hatten, verarmten durch die Verfolgungen, von den späteren entstammten viele den unteren Schichten. Da sie in der Besetzung durch die Franzosen eine Aufstiegsmöglichkeit erblickten und sich vor den Folgen einer französischen Niederlage fürchteten, stellten sie sich in den Dienst der Fremden und halfen ihnen dadurch aus ihrer Isolierung heraus. Die Franzosen rekrutierten sie für ihre Armee, benutzten die Gebildeten als Dolmetscher und nahmen sie ins Mandarinat auf (der Mangel an konfuzianischer Bildung wurde dabei geflissentlich übersehen), da man ihnen vertrauen konnte. Vietnamesische Pfarrer halfen mit, die Kolonialherrschaft zu erhalten, indem sie im Namen der französischen Behörden die niederen Beamten ernannten. Zwar leisteten einzelne Katholiken den Franzosen ebenso patriotisch Widerstand wie die übrigen Vietnamesen, aber die Rolle, die die katholische Gemeinde insgesamt während und nach der Errichtung der Kolonialherrschaft spielte, sollte ihr eine Aura von Subversion und Verrat anhaften lassen und den Katholiken einen Komplex der Unsicherheit und der Abhängigkeit vom Ausland geben. Die Volksmeinung war, daß ihre Kirchen und Kathedralen auf Ländereien errichtet waren, die man Patrioten und Märtyrern gestohlen hatte. Besonders verhaßt waren die Katholiken bei verarmten Mandarinfamilien wie Hos Familie. In seiner bekanntesten Anklageschrift gegen den Kolonialismus, »Le Procès de la colonisation française«, einem Buch, das er 1925 in Paris veröffentlichte, stellte Ho die katholischen Priester als raffgierige Landräuber dar.

Durch die katholische Taufe und die Kenntnis der Sprache der fremden Herren erlangte Diems Vater bald nach seiner Rückkehr aus Malaya die Robe des Mandarins und brachte es schließlich sogar zum Minister für Kultfragen und Großkämmerer des Kaisers Thanh Thai in Hue. Als die Franzosen Than Thai 1907 unter dem Verdacht absetzten, gegen sie zu intrigieren, mußte er in den Ruhestand gehen, sicherte aber durch seine Verbindungen zum Hof und zur Kirche seinen Söhnen einen Platz im kolonialen System. Khoi stieg zum Gouverneur der Provinz Quang Nam auf, Diems zweitältester Bruder Thuc wurde zum Priester geweiht und war am Ende des Zweiten Weltkriegs als Bischof von Vinh Long der führende vietnamesische Prälat des Südens. Charakteristisch für die ambivalente Haltung der Familie war, daß Thuc es ablehnte, gemeinsam mit den drei anderen vietnamesischen Bischöfen des Landes in der ersten allgemeinen patriotischen Begeisterung des Jahres 1945 Ho Chi Minhs Unabhängigkeitserklärung zu unterstützen.

Diem schloß die französische Kolonialbeamtenschule in Hanoi als Klassenbester ab und begann seine Laufbahn als Distriktvorsteher. In den Jahren 1930 und 1931 hatte er seine ersten Zusammenstöße mit den Kommunisten. Als Provinzgouverneur in Annam half er den Franzosen, die Unruhen niederzuschlagen, die die Partei in diesen Jahren unter den Bauern anzuzetteln begann. Diem nahm sich die Mühe, ein paar Bücher über Marxismus-Leninismus zu lesen. Die sozialrevolutionären, atheistischen Ideen waren ihm ein Greuel, eine Manifestation des Antichristen. 1933 waren die Franzosen vom Arbeitseifer, der Ehrlichkeit und politischen Zuverlässigkeit des erst 32jährigen schon so eingenommen, daß sie seiner Berufung zum Innenminister des damals 18jährigen Bao Dai zustimmten. Diem begann, den jungen Kaiser für eine Reform des korrupten Mandarinats zu interessieren, und versuchte, die Franzosen dazu zu bringen, der Monarchie mehr Autonomie zu geben, um das Land mit Hilfe einer gesäuberten und effizienten Beamtenschaft zu verwalten. Die Franzosen lehnten es ab, den für sie zufriedenstellenden Status quo zu verändern. Bao Dai vergaß die Reformen und begann, sich zu amüsieren. Diem war immer schon unbeugsam gewesen, als Kind hatte ihn sein Vater wegen seiner Halsstarrigkeit oft geschlagen. Er trat zurück.

Während der folgenden 21 Jahre übte er kein öffentliches Amt aus und ging auch keinem anderen Erwerb nach. Bis in die letzten Jahre des Zweiten Weltkriegs lebte er vom bescheidenen Landbesitz seiner Familie und verbrachte die Zeit mit Jagen, Reiten, Photographieren und der Pflege seines Rosengartens. Er blieb Junggeselle, ging jeden Morgen zur Messe, um zu kommunizieren, schrieb, führte Gespräche über Politik, wurde aber niemals aktiv. Die Konvulsionen des Zweiten Weltkriegs führten ihn wieder in die Politik zurück, aber immer nur an die Peripherie. Er verhandelte erfolglos mit den Japanern über die Leitung der Marionettenregierung, die sie unter Bao Dai einrichteten; er versteckte sich vor den Vietminh, wurde von ihnen festgenommen und inhaftiert; er lehnte ein Angebot Ho Chi Minhs ab, sich an der Koalitionsregierung zu beteiligen, und versteckte sich abermals; dann verhandelte er wieder erfolglos mit den Franzosen und Bao Dai; 1950 schließlich ging er ins Exil, zuerst in die USA, dann nach Belgien und Frankreich, da er in Vietnam vor den Vietminh Angst hatte und die Franzosen es ablehnten, ihm Schutz zu gewähren. 21 Jahre des Wartens verschärften seine Verschrobenheit, verhärteten seinen Starrsinn und ließen ihn noch tiefer in seine reaktionären Vorstellungen von einer imperialen Vergangenheit eintauchen, die niemals existiert hatte. Von dem kleinen Kreis antikommunistischer Nationalisten abgesehen, geriet er innerhalb Vietnams nach und nach völlig in Vergessenheit, aus der ihn erst die Vereinigten Staaten 1954 herausholten.

Als Lansdale Diem half, die Sekten auszuschalten, und dabei annahm, Diem werde wie Magsaysay eine neue und starke Zentralregierung schaffen, wäre er niemals auf die Idee gekommen, daß Diem zuerst einmal die wirksamsten Gegner der Kommunisten im Süden eliminieren würde. Die Vietminh waren in der Region Saigon und im Mekong-Delta nicht annähernd so stark gewesen wie in Zentral- und Nordvietnam. Den Franzosen war es gelungen, die Kommunisten in diesen Gebieten niederzuhalten, da die politische Landschaft hier völlig uneinheitlich war. Das Binh-Xuyen-Gangstersyndikat und die Sekten der Cao Dai und der Hoa Hao waren viel stärker auf ihre territoriale Autonomie bedacht als auf nationale Unabhängigkeit. Die Binh Xuyen hatten 1954 einen solchen Grad von trauriger Berühmtheit erlangt, daß auch jede andere neue Regierung, sofern sie mit einem Anspruch auf Anständigkeit antrat, sie hätte ausschalten müssen. Anders verhielt es sich mit den beiden Sekten.

Die Cao-Dai-Religion war eine burleske Mischung aus Christentum, Buddhismus, Konfuzianismus, Taoismus, spiritistischen Sitzungen und diversen anderen okkulten Riten. Die Sekte hatte ein Pantheon von Heiligen, zu denen Jeanne d'Arc, Victor Hugo und Sun Yat-sen zählten. Ihre Kathedrale in der Provinzstadt Tay Ninh nordwestlich von Saigon hätte einen Walt Disney verblüfft. In religiösen Dingen scheint menschliche Leichtgläubigkeit keine Grenzen zu kennen, und die Lehren der Cao Dai waren nicht skurriler als einige der Sektenreligionen, denen Millionen von angeblich gebildeten und aufgeklärten Amerikanern anhängen. Wie phantastisch ihre Theologie und ihre Architektur auch sein mochten, die politische und militärische Macht der Sekte war real. Mit ihren 1,5 bis

2 Millionen Anhängern unter der Landbevölkerung und einer von den Franzosen unterstützten 15.000 bis 20.000 Mann starken Armee beherrschten der Cao-Dai-Papst und seine Hierarchie von Kardinälen und Generälen einen großen Teil der dicht besiedelten Gebiete im Nordwesten Saigons sowie Enklaven im Mekong-Delta einschließlich My Thos und seiner Umgebung.

Die Hoa Hao waren eine militante Buddhisten-Sekte, die 1939 von einem Gesundbeter namens Huynh Phu So gegründet worden war. Die Kommunisten hatten ihn 1947 törichterweise ermordet, weil er sich mit seiner Sekte nicht dem Vietminh anschließen wollte. Seine Anhänger — insgesamt etwa 1,5 Millionen — hatten daraufhin unter der Führung seiner Jünger begonnen, Vietminh zu töten. Die 10.000 bis 15.000 Mann der Hoa-Hao-Armee beherrschten die sechs Provinzen des westlichen Mekong-Deltas.

Ein weiser Herrscher hätte mit den Cao Dai und den Hoa Hao einen Kompromiß geschlossen. Es hätte sich mit ihnen ein Arrangement aushandeln lassen. Diem hatte schon vom Ausland aus über seine in Vietnam lebenden Angehörigen versucht, mit ihnen Komplotte zu schmieden, und hatte sogar mit den Binh Xuyen zusammengearbeitet, als er Bao Dais Ministerpräsident werden wollte. Bei den Hoa Hao stand er in der Schuld. Diem war einer der Anti-Vietminh-Politiker, dem Huynh Phu So Schutz gewährt hatte. Sobald er an der Macht war, wollte Diem keine potentiell unabhängigen Basen der Macht mehr tolerieren. Er war so krankhaft argwöhnisch, daß er die Macht nur mit Mitgliedern seiner Familie teilte. 1956 war es ihm schließlich gelungen, die Sekten mit Hilfe der nun direkt von den Amerikanern bezahlten ARVN-Bataillone in einer Reihe von Feldzügen zu vernichten. Der Cao-Dai-Papst floh nach Kambodscha. Einer der Hoa-Hao-Führer wurde gefangen und in Can Tho öffentlich guillotiniert. Die früher von den Sekten kontrollierten Landgebiete wurden zu Machtvakuen, in denen verdrossene Bauern und die Reste der Sektenarmeen lebten, die als Guerillabanden weiterhin sporadisch Widerstand leisteten. Hätte man die zerschmetterten Theokratien durch effiziente Verwaltungen ersetzt, wäre die Zerschlagung der Sekten vielleicht noch gerechtfertigt gewesen. Statt dessen begann nun die Herrschaft der Ngo Dinh.

Ngo Dinh Nhu, Diems jüngerer Bruder, trug den Titel eines Präsidentenberaters. Nhu war ein Intellektueller mit beißendem Witz, so schlank und gutaussehend, wie Diem dicklich und watschelig war, daneben ein bißchen zu sehr auf Macht und Intrigen versessen. Er war nicht nur Kettenraucher wie Diem, er sprach auch fleißig dem Opium zu. Seine Haut hatte eine spezielle gelbe Tönung, an der man den Vietnamesen zufolge starke Opiumraucher erkennt. Würde man ihn an irgendeiner Stelle zwicken, würde dort Opium herausfließen, hieß es. Aber niemand wagte es, Nhu zu zwicken. Er war der zweitmächtigste Mann im Land und befehligte zahlreiche Nachrichtendienste und Polizeibehörden, die er aufgestellt hatte, um die Familie zu schützen. Als die Macht des Regimes auf dem Höhepunkt stand, hatte er dreizehn verschiedene Sicherheitsdienste, die befugt waren, jeden festzunehmen und ohne Verfahren zu inhaftieren oder zu exekutieren. Nhu war in Frankreich an der Ecole des Chartes, einer Hochschule für Bibliothekare, zum Archivar ausgebildet worden und dann bis 1945 in den Kaiserlichen Archiven von Hue tätig gewesen. Er wurde in den fünfziger Jahren politisch aktiv und gründete eine katholische Gewerkschaft nach dem Modell der französischen CFTC. Diese Verbindung wurde für die Ngo Dinh entscheidend, weil die CIA die französische katholische Gewerkschaft finanzierte. Als die Gebrüder Dulles die Hoffnung zu verlieren begannen, Bao Dai könnte jemals eine antikommunistische Alternative zu Ho darstellen, finanzierte die CIA Nhus Agitation für die Ernennung seines Bruders zum Premierminister, indem sie ihm über die französische Gewerkschaft Geld zukommen ließ.

Nhu war verantwortlich für das Mischmasch der bei Faschisten und Kommunisten abgeguckten Techniken, deren sich das Regime bediente, um das Volk politisch zu motivieren und zu steuern. Totalitarismus faszinierte ihn. Im Frankreich seiner Studentenjahre hatte es zahlreiche Bewunderer Mussolinis und Hitlers gegeben, und unter dem Vichy-Regime waren faschistische Organisationen aufgeblüht. Nhu war ein Bewunderer Hitlers geworden. Lou Conein blieb in Vietnam, nachdem Lansdale im Dezember 1956 in die USA zurückging; er fungierte als Verbindungsoffizier der CIA zu Diems Innenministerium. Er gab Nhu den Spitznamen »Smiley«, weil Nhu oft ein maskenhaftes Lächeln zur Schau trug und grinste, wenn er über andere Witze machte. Auf Flügen in die ländlichen Gebiete ließ sich Nhu über Hitlers bewundernswertes Charisma aus, durch das dieser das deutsche Volk aufgerüttelt und in Kriegsbegeisterung versetzt habe. Wie sein Bruder hatte auch Nhu einige Schriften von Marx und Lenin gelesen. Er beneidete die vietnamesischen Kommunisten um ihre Disziplin und ihre Fähigkeit, die Massen zu mobilisieren. Das Ergebnis war, daß Nhu unterschiedslos sowohl bei rechten wie auch linken Varianten des Totalitarismus Anleihen machte. Die von ihm gegründete wichtigste politische Partei des Regimes war eine Geheimgesellschaft namens Can Lao, deren Aufgabe es war, das Offizierskorps der Streitkräfte, die Beamtenschaft, die Geschäftswelt und die Intellektuellenkreise zu unterwandern. Während der geheimen Initiationszeremonie mußten sich die Neuaufgenommenen hinknien und ein Diem-Porträt küssen.

Ein richtiger Staat brauchte auch eine Massenorganisation. Nhu gründete die von ihm so genannte Republikanische Jugend, deren Mitglieder zumeist Staatsbeamte und nicht mehr jung waren. Er orientierte sich dabei an Hitlers Braunhemden. Nhu kleidete seine Sturmabteilung allerdings in blaue Hemden, Hosen und Mützen. (Das eigentliche Modell dieser Organisation war wahrscheinlich eine andere seiner Inspirationsquellen, nämlich Chiang Kai-sheks Kuomintang: Chiang hatte in den dreißiger Jahren mit Hilfe deutscher Militärberater eine Blauhemden-Organisation aufgestellt.) Nhu versuchte, seine Blauhemden auf dieselbe Weise einzusetzen wie Hitler die SA: Als außerlegaler nationaler Apparat sollten sie die Loyalität der Nachbarn sicherstellen, spionieren und sie überwachen. Es machte ihm großen Spaß, Massenversammlungen seiner Republikanischen Jugend in Saigon und in den Provinzhauptstädten einzuberufen, da Diem ihm gestattete, innerhalb der Organisation die Rolle des obersten nationalen Führers zu spielen. Oft traf er in dem Stadion oder auf dem Fußballplatz dramatisch-effektvoll in einem kleinen französischen Alouette-Hubschrauber ein, den die Familie für ihren persönlichen Gebrauch erworben hatte. Bevor Nhu von einem hohen Podium herab seine Ansprache hielt, fiel die ganze Blauhemdenversammlung auf die Knie, um ihm Gehorsam zu bezeigen, den Arm zum faschistischen Gruß zu erheben und dem Führer laut schreiend Gefolgschaft zu geloben.

Madame Nhu – erst Tochter aus reichem Haus, dann Nhus Ehefrau, die sich lieber Madame Ngo nennen ließ, weil das präsidialer klang – beherrschte ihren Schwager ebenso wie ihren Gatten. Ein Interwiew mit ihr im Präsidentenpalast war ein Eintauchen in die geistige und physische Welt der Familie. In ihrer Jugend war sie eine zierliche Schönheit gewesen. Ihr Vater, Tran Van Chuong, in der Kolonialzeit Rechtsanwalt und prominenter Landbesitzer, hatte im kurzlebigen japanischen Marionettenregime den Posten des Außenministers bekleidet. In ihren späteren Jahren war sie ganz auf Machterwerb und Machtausübung bedacht, was ihrem Gesichtsausdruck etwas Aggressives und ihrem Auftreten eine gewisse Steifheit verlieh. Trotzdem wirkte sie immer noch attraktiv und brachte ihr gutes Aussehen gerne zur Geltung. Zu den Interwiews im Empfangsraum erschien sie in einem *ao dai* aus zart gemusterter Seide, der nicht, wie üblich, hochgeschlossen war, sondern einen V-Ausschnitt hatte. So maßvoll dieser Ausschnitt auch sein mochte, er war beeindruckend. Um größer zu wirken, trug sie Schuhe mit Pfennigabsätzen. Wenn sie in ihrem brokatbezogenen Armstuhl Platz genommen hatte, begann sie darüber zu dozieren, daß man Opfer bringen müsse, um die Kommunisten zu besiegen. Während sie sprach, spielten ihre lackierten Fingernägel mit dem diamantbesetzten Kreuz an ihrer Halskette. (Nach ihrer Heirat war sie vom Buddhismus zum Katholizismus übergetreten.) Von Zeit zu Zeit betrat ein Diener den Raum, um eine frische Tasse Tee zu bringen oder weil sie ihn gerufen hatte, um ihm irgendwelche Besorgungen aufzutragen, die ihr plötzlich eingefallen waren. Die Dienerschaft bestand ausschließlich aus Männern. Sie schlurften in gebückter Haltung herein, beugten sich vor ihr noch tiefer und antworteten auf ihre Anweisungen mit einem langgezogenen »Daaa ...« (das d als stimmhaftes s gesprochen), einer demütigen Bejahung, die die Domestiken alter adeliger Familien benutzten. Dann schlurften sie ebenso gebeugt wieder hinaus.

In der Öffentlichkeit profilierte sich Madame Nhu durch einen exhibitionistischen Feminismus. Als Pendant zur Republikanischen Jugend ihres Gatten gründete sie eine »Solidaritätsbewegung der Frauen«, in der sie in gleicher Weise die Rolle der obersten Führerin spielte und die Frauen zum Bespitzeln und Überwachen ausnutzte. Die jüngeren Mitglieder wurden in eine weibliche Miliz gesteckt. Man bewaffnete sie mit US-Karabinern, ihre Uniformen bestanden wie bei den Männern aus blauen Hemden und Hosen, doch gab es prächtigere Kopfbedeckungen. Anstelle von Baskenmützen trugen die Milizionärinnen breitrandige Buschhüte in passendem Blauton. Madame Nhu machte sich auch zur Wächterin über Südvietnams Moral. In einem Land, in dem Polygamie weit verbreitet war, brachte sie in Diems zahmer Nationalversammlung ein »Familiengesetz« durch, das die Scheidung praktisch unmöglich machte und gleichzeitig ex post facto alle von Zweitfrauen oder Konkubinen geborenen Kinder für unehelich erklärte. Eine weitere ihrer Maßnahmen, ein »Gesetz zum Schutz der Moral«, verbot Schlager, in denen von Liebe die Rede war, Tanzen »überall und generell« sowie »Spiritistik und Okkultismus« von der Art, wie sie bei den Hoa Hao, Cao Dai und, wenn auch in weniger institutionalisierter Form, von den meisten übrigen Vietnamesen praktiziert wurde. Den Gebrauch von Verhütungsmitteln ließ sie zur Straftat erklären, die bei Rückfalltätern mit fünf Jahren Haft zu ahnden war. Ein besonders eifriger Abgeordneter schlug sogar vor, das Tragen von Büstenhaltern mit Schaumgummieinlagen gesetzlich zu verbieten. Andere wandten jedoch ein, daß der Vollzug dieses Gesetzes die Polizei vor ungewöhnliche Schwierigkeiten stellen würde. Der allgemeine Ärger über Madame äußerte sich oft in skurrilen Gerüchten. Vietnamesische Frauen meinten, es sei kein Zufall, wenn die Saigoner Barmädchen ebenfalls gerne einen *ao dai* mit V-Ausschnitt trügen. (Es gibt keinen Beweis dafür, daß sie mit ihrem Schwager Diem ein Verhältnis hatte.) Sie wurde zur beliebten Zielscheibe der kommunistischen Propagandisten, die sie stets mit ihrem Mädchennamen bezeichneten, für eine verheiratete Vietnamesin eine Beleidigung ihrer Tugend. Er lautete Tran Le Xuan, »Frühlingstränen«.

Die Ngo Dinh fuhren fort, dem Süden ihre fremde katholische Sekte und die Herrschaft ihrer annamitischen Landsleute und der Konservativen aus dem Norden aufzuzwingen. (Sobald sie im Süden waren, verbündeten sich auch viele der nichtkatholischen profranzösischen Tonkinesen mit dem neuen ausländischen Protektor und der katholischen Gruppe, weil man über sie Zugang zum Regime hatte.) Diem und seine Familie durchsetzten das Offizierskorps, die Zivilverwaltung und die Polizei mit Katholiken, Tonkinesen und Annamiten, zu denen sie Vertrauen hatten. Die Bauern im Mekong-Delta wurden plötzlich von Provinzgouverneuren, Distriktvorstehern und Verwaltungsbeamten regiert, die nicht nur Außenstehende, sondern meistens auch hochmütig und korrupt waren. Diem griff noch stärker ein. Er entmachtete die Oligarchie der bäuerlichen Honoratioren, die bisher die Dorfversammlungen beherrscht, Streitfälle geschlichtet, Steuern erhoben und die wichtigsten Verwaltungsaufgaben ausgeübt hatten. Die ärmeren Bauern liebten diese Leute in der Regel nicht, aber sie kannten sie, und diese wiederum wußten, wie weit sie gehen durften. Um zu verhindern, daß heimliche Vietminh-Sympathisanten und andere Dissidenten die Dorfverwaltungen kontrollierten, erließ Diem Mitte 1956 ein Dekret, dem zufolge die Dorfvorsteher und Ratsmitglieder künftighin von den Provinz- und Distriktchefs zu ernennen waren. Die fremde Außenseitersekte begann nun, bis zur Ebene des Dorfes hinunter alles zu durchdringen und die Bauern Südvietnams in ihrem täglichen Leben nie gekannten Mißbräuchen und Schikanen auszusetzen. Lansdale war sich nicht im klaren, was er hier anrichtete, und naiv genug, aus tonkinesischen Katholiken gebildete Aktionsgruppen unter den Bauern des Mekong-Deltas gegen den Vietminh agitieren zu lassen. Er war dann über ihren Mißerfolg enttäuscht. Zudem mußte er vor seiner Heimkehr Ende 1956 mit Bestürzung feststellen, daß Diem in dem Maß, in dem sich seine Position festigte, bei politischen und sozialen Fragen immer öfter entgegen seinen Ratschlägen handelte.

Diems nächstes Unternehmen war die Bodenreform. In den von ihnen südlich des 17. Breitengrades beherrschten Gebieten – dem 360 km langen Streifen Zentralvietnams und ihren Enklaven im Mekong-Delta – hatten die Vietminh die französischen Reisplantagen und den Landbesitz »vietnamesischer Verräter« beschlagnahmt. Diese Ländereien waren an die Landpächter verteilt worden. In großen Teilen der übrigen Gebiete hatten die Bauern in eigener Regie eine Landreform durchgeführt, so auch in den von den Sekten kontrollierten Regionen. Viele der Grundherren hatten ihre Reisfelder aufgegeben und waren vor den Kämpfen in die Städte geflohen. Die Bauern hatten diesen Grundbesitz aufgeteilt oder die Pachtzahlungen für die von ihnen bestellten Felder eingestellt. Da 85 Prozent der Bevölkerung in den Agrargebieten und von der Landwirtschaft lebten, war es schwierig, ein Thema zu finden, das in sozialer, wirtschaftlicher und politischer Hinsicht heikler war als der Landbesitz.

Lansdale und andere hohe US-Beamte drängten Diem, eine Agrarreform einzuleiten, um den Ungerechtigkeiten des Grundherrentums im Süden ein Ende zu bereiten und den Kommunisten den Boden zu entziehen. Der Wunsch der Amerikaner schien Diem zunächst Kopfzerbrechen zu bereiten, da er gegen jede Änderung der herkömmlichen gesellschaftlichen Strukturen war. Er wollte den Grundherren im Süden so viel Land wie möglich zurückgeben und sie zu den Stützen seines Regimes machen. Die Kleinbauern sollten Kleinbauern bleiben. Die Reise nach Tuy Hoa im Jahr 1955 hatte ihm zwar gezeigt, daß Ausflüge aufs Land schön waren, aber auf den Schuhen wollte er sich kein zweites Mal herumsteigen lassen. Er legte Wert auf Etikette und sorgte dafür, daß bei späteren Anlässen alles in wohlgeordneten Bahnen verlief. Er hielt Reden und plauderte auch leutselig mit den Bauern. Er stellte ihnen jedoch niemals ernsthaft Fragen, um ihre Wünsche zu erfahren. Er sah seine Aufgabe darin, ihnen zu sagen, was sie zu tun hätten, und ihre Pflicht war es, zu gehorchen. Sein Dilemma löste er, indem er eine Landreform ankündigte, um in Wirklichkeit etwas ganz anderes zu unternehmen.

Diem nahm zunächst den Pächtern das gesamte Land weg, das die Vietminh an sie verteilt hatten, indem er ihre Eigentumsrechte wieder annullierte. Dann konfiszierte er das frühere französische Eigentum für sein »Programm zur Bodenreform«. Einen großen Teil dieses Landes verteilte er tatächlich, allerdings ging viel davon an katholische Flüchtlinge aus dem Norden statt an südvietnamesische Bauern. Der Großteil des übrigen beschlagnahmten Landes fiel an die ursprünglichen Besitzer zurück, vietnamesische Grundherren, die mit den Franzosen kollaboriert hatten, oder an Anhänger seines Regimes, die es kaufen konnten. (Diems Gesetz über die Bodenreform sah zwar eine Obergrenze von 100 Hektar pro Person vor, was für vietnamesische Verhältnisse ohnehin großzügig bemessen war, doch ermunterten die Ngo Dinh ihre Beamten, das nicht so streng zu sehen. Der Minister für Landreform war Großgrundbesitzer. Man verschleierte den Gesamtbesitz einer Grundherrenfamilie, indem man ihn auf die einzelnen Familienmitglieder verteilte.) Das Regime konfiszierte auch das verlassene Land, das die Bauern in Besitz genommen hatten, und gaben es den früheren Eigentümern zurück. Die wenigen südvietnamesischen Bauern, die nun tatsächlich Land erhielten, entdeckten, daß sie dafür in jährlichen Raten bezahlen mußten. Die Vietminh hingegen hatten ihnen das Land mit dem Hinweis gegeben, es gehöre von Rechts wegen ihnen. Sie waren aber nicht annähernd so zornig wie all jene, die nun als Ergebnis von Diems »Reform« bloß wieder Pächter waren. 1958 hatte Diem sein Ziel erreicht. Durch rücksichtslosen Einsatz von Militär und Polizei hatte er im Mekong-Delta Verhältnisse geschaffen, die an die Situation der Vorkriegszeit erinnerten, als zwei Prozent der Grundeigentümer etwa 45 Prozent des Bodens besaßen und die Hälfte der Bauern ohne Landbesitz war.

Durch die Enteignungen entstand Unruhe. In seiner Ignoranz und seinem Bemühen, sich die alleinige Macht zu sichern, schenkte Diem der Zivilgarde und der Miliz keine Beachtung. Als er 1954 nach Vietnam zurückkehrte, dachte er, man könne ohne viel Infanterie auskommen und alles mit Jagdbombern erledigen. (Bis zu seinem Tod blieb Bombardieren seine Lieblingsmethode, und er drängte die Amerikaner unaufhörlich, noch mehr Flugzeuge und Haubitzen nach Südvietnam zu bringen.) Der Kampf gegen die Binh Xuyen und die Sekten lehrte ihn jedoch, den Wert einer regulären Armee als Bastion und Angriffsmittel zu schätzen. Deshalb galt seine ganze Aufmerksamkeit der schwerfälligen, an die Landstraßen gebundenen ARVN, die die US-Generäle der Military Assistance and Advisory Group (MAAG) für ihn aufbauten (da sie unverständlicherweise annahmen, der Vietminh werde demnächst in einer an Korea erinnernden Invasion über den 17. Breitengrad vorstoßen). Es kam ihm nicht in den Sinn, daß gute Territorialeinheiten für sein Überleben auf lange Sicht genauso wichtig waren. Er ließ zu, daß Truppen, die in den Landgebieten für Sicherheit sorgen sollten, zur Hauptquelle der Unsicherheit wurden, zu einer täglichen Demonstration der »gesetzlosen Willkür« des Diem-Regimes, wie ein atypischer US-Beobachter es damals ausdrückte. Um die Zivilgarden kümmerten sich in begrenztem Maß die Provinzgouverneure, weil sie auf sie angewiesen waren. Sie waren schlecht ausgerüstet, oft auch unbesoldet, und verschafften sich den Sold dann eben mit dem Gewehr. Die Miliz hingegen wurde derart schäbig behandelt, daß sie größtenteils von Banditen nicht mehr zu unterscheiden war. In den Landgebieten wurden die meisten Verbrechen von Milizionären begangen. Sie raubten und vergewaltigten. Bauern, die zu protestieren wagten, wurden zusammengeschlagen. Eine gewisse Sicherheit und eine anständige Verwaltung hatten viele zum letzten Mal unter den Vietminh oder den Sekten gekannt.

Angesichts des im Krieg gegen die Franzosen erfahrenen Leides hätten sich die Südvietnamesen vielleicht noch eine ganze Weile mit den Ngo Dinh abgefunden, wäre es nicht zu der Denunzierungskampagne gekommen, die Diem im Sommer 1955 mit amerikanischer Unterstützung startete.

Nach der Genfer Konferenz hatten sich nicht alle Vietminh in den Norden zurückgezogen. Ho und die kommunistische Führung beließen eine Untergrundorganisation von schätzungsweise 8000 bis 10.000 militärischen und zivilen Kadern in Südvietnam. Der US-Nachrichtendienst bezeichnete diese Kader mit einem Ausdruck, den auch Lansdale für die von ihm in den Norden eingeschleusten antikommunistischen Guerillas gebrauchte, als »Dagebliebene«. Viele von ihnen waren Mitglieder der Partei. Sie hatten Zugang zu geheimen Waffenlagern, es war ihnen jedoch untersagt, Gewalt anzuwenden oder einen Aufstand anzuzetteln. Vielmehr sollten sie, auf dem Land als Bauern und Mitglieder der Dorfverwaltung getarnt und in den Städten in diversen Berufen, vom Rikschafahrer bis zum Lehrer, im Untergrund agitieren, um den Wunsch des Volkes nach Abhaltung der für 1956 vorgesehenen allgemeinen Wahlen zu nähren. Sie würden den »politischen Kampf« führen, auf den Ho im Juni 1956 in seinem Brief an die 130.000 Vietminh hinweisen sollte, die mit ihren Angehörigen in den Norden übersiedelt waren.

Ev Bumgardner erinnerte sich, daß die Vietminh 1955 tatsächlich ihre Stützpunkte in den Sümpfen und Regenwäldern verließen und den bewaffneten Widerstand einstellten. Als er damals eines Abends mit einem Freund im Jeep von Kambodscha nach Saigon zurückfuhr, beschlossen sie, als Mutprobe einen Umweg über eine der bekanntesten Vietminh-Bastionen zu machen, die sogenannte Kriegszone C. Dieses auch als Duong-Minh-Chau-Kriegszone bekannte Gebiet lag im Regenwald nördlich von Tay Ninh, wo die Cao Dai ihre Kathedrale hatten. Anhand einer Karte aus der Zeit vor dem Krieg bogen sie, ohne es sich recht zu überlegen, auf eine unbefestigte Straße ab, die in diese Region führte. Das ganze Abenteuer war dann nicht wirklich gefährlich, sonder bloß etwas unheimlich. Der Wald war keine Guerillahochburg, wie sie befürchtet hatten (sie waren davon ausgegangen, daß die Partisanen sie durchlassen würden, da der Krieg offiziell beendet war). Die Gegend war völlig verlassen. Man sah, daß vor kurzem noch die Vietminh dagewesen waren. Sie hatten sämtliche Eisenbrücken der durch neun Jahre Nichtbenutzung zu einem Pfad zusammengeschrumpften Straße unbenutzbar gemacht, um die Bewegungen der französischen Truppen zu behindern. Da Trockenzeit war, konnte Bumgardner mit dem Allradantrieb auch neben den Brücken ans andere Ufer gelangen. Die Pfade, die von der Straße in den Wald führten, wo 20 Meter hohe Teak- und Mahagonybäume mit ihrem Laubdach das dichte Unterholz gegen das Sonnenlicht abschirmten, waren ebenfalls ein Hinweis, daß es sich hier um eine ehemalige Guerillabasis handelte. Doch Bumgardner und sein Freund begegneten auf der ganzen Fahrt keinem einzigen Partisanen.

Die 8000 bis 10.000 bewährten Kader, die den Auftrag erhalten hatten, zurückzubleiben, waren jedoch keineswegs die einzigen im Süden verbliebenen Vietminh. Es gab eine Menge Männer und Frauen, die als regionale Teilzeitguerillas fungiert hatten, als Administratoren in den lokalen Verwaltungen oder als Späher, Meldegänger und ortskundige Führer. Es gab auch noch die Sympathisanten, in erster Linie Angehörige und Verwandte der nach Nordvietnam Übersiedelten oder im Kampf gegen die Franzosen Gefallenen. Diese Leute waren keine Kommunisten. Sie bildeten die nichtkommunistische Mehrheit, die den Kommunisten aus Nationalismus gefolgt war. Außerdem hatte der »Résistance-Krieg«, wie die Vietnamesen in Anspielung auf den französischen Widerstand gegen die Nazis sagten, stets eine romantische Seite gehabt. (In der Nacht vor dem Fall von Dien Bien Phu sendete der Vietminh auf den Funkfrequenzen der Eingekesselten den »Gesang der Partisanen«, das Lied der französischen Résistance, um ihnen klarzumachen, daß sie dieses Mal für die unrechte Sache kämpften: »Freund, hörst du den schwarzen Flug der Krähen in der Ebene? / Freund, hörst du den erstickten Schrei des in Ketten geschmiedeten Landes?«) Vietnamesen jeder Couleur hörten leidenschaftlich Widerstandslieder. Selbst die Binh-Xuyen-Gangster, die jeden Vietminh massakrierten, lauschten in ihren Räuberhöhlen diesen Liedern. Rebellionen werden normalerweise durch ihren Erfolg aufgewertet, und nach Dien Bien Phu erhielt die Bezeichnung »Vietminh« eine Aura romantischen Stolzes. Viele, die aus Furcht beiseite gestanden hatten, erinnerten sich plötzlich, »Widerstandskämpfer« gewesen zu sein. Ihre Landsleute hatten die europäischen Herren gedemütigt, und es war schwierig, darauf nicht stolz zu sein.

Diem begriff nicht, daß er bei seiner Jagd auf die Vietminh eine riesige Zahl nichtkommunistischer Vietnamesen verfolgen würde, die mit patriotischen Gefühlen auf ihren Kampf zurückblickten. Ebensowenig war im klar, daß er bei anderen, die in den Vietminh Patrioten sahen, Abscheu erregen würde. Er selbst hatte den Krieg in Verstecken und im Exil ausgesessen, seine Angehörigen und er teilten diese Gefühle nicht. In seinem Ekel vor dem Kommunismus betrachtete er die Vietminh grundsätzlich als Übel. Die meisten waren zwar nicht in der Partei, aber vom Kommunismus angesteckt. Madame Nhu gebrauchte gerne den französischen Ausdruck und sprach von kommunistischer »Intoxikation«. Die acht- oder zehntausend Zurückgebliebenen würden den Ruf nach Wahlen provozieren und später vielleicht versuchen, einen Guerillakrieg anzufachen. Deshalb mußte man sie identifizieren, verhaften und erschießen. Einigen von den Vietminh-Anhängern, die ihre Unterstützung für die Kommunisten ehrlich zu bereuen schienen, konnte man erlauben, ihre Sünden als abschreckendes Beispiel öffentlich zu bekennen. Die übrigen mußte man in »Umerziehungslagern« internieren, bis ihre Gehirne von subversiven Gedanken reingewaschen waren. Bekannte oder vermutliche Sympathisanten wie Angehörige von Personen, die in den Norden gegangen oder im Krieg gefallen waren, mußten von den nichtkontaminierten Bevölkerungsteilen getrennt und überwacht werden, so daß sie keine Gelegenheit hatten, Unruhe zu stiften.

Die US-Regierung war ebenso wie ihre Saigoner Stellvertreter eifrig darauf bedacht, das Land von zurückgebliebenen Vietminh zu »säubern«, wie Lansdale es euphemistisch ausdrückte, und ihre Anhänger und Sympathisanten zu endgültiger Unterwerfung zu zwingen. Die Amerikaner sahen die Dinge ähnlich wie die Ngo Dinh. Die Kommunistische Partei Vietnams hatte die Vietminh kontrolliert; ipso facto waren aus praktischen Erwägungen alle Vietminh Kommunisten. Waren sie nicht Parteimitglieder, so waren sie doch den Kommunisten auf den Leim gegangen und mußten deshalb wie Kommunisten behandelt werden. In einer von der CIA und den übrigen US-Nachrichtendiensten erstellten Lagebeurteilung wurde eingeräumt, daß die Vietminh-Kader im Süden sich anständig verhielten. »Die Kommunisten Südvietnams haben sich im allgemeinen ruhig verhalten«, hieß es da an einer Stelle. »Sie haben eine Anzahl von Gelegenheiten, dem Diem-Regime Schwierigkeiten zu bereiten, ungenutzt gelassen.« Dieses im allgemeinen friedliche Verhalten der »Dagebliebenen« hatte jedoch keine Auswirkungen auf das amerikanische Denken. »Trotz ihres relativen Wohlverhaltens stellen die Vietminh die größte potentielle Bedrohung für Diems Regime dar«, hieß es an anderer Stelle. In der einfachen und gefühllosen Sprache, deren sich die Bürokraten aller Nationen offenbar gerne bedienen, um Gewaltakte zu beschreiben, ist dann im folgenden von den Absichten Amerikas die Rede. Die Vereinigten Staaten brauchten »eine starke und stabile antikommunistische Regierung« in Saigon. Eines der »grundlegenden Probleme«, das zur Erreichung dieses Zieles gelöst werden müsse, sei die »Eliminierung der in Südvietnam noch vorhandenen militärischen und politischen Kapazitäten des Vietminh«.

Ein Team von CIA-Spezialisten, die sich beim Lösen solcher »grundlegenden Probleme« sehr gut auskannten, traf im Juni 1955 in Saigon ein. Diese Leute waren Teil einer ersten Gruppe von Zivilberatern, die man dem Diem-Regime schickte. Sie traten unter dem Deckmantel einer Beratergruppe der Michigan

State University auf und wurden vorgeblich von der Behörde für Internationale Zusammenarbeit, der Vorläuferin der AID, finanziert. Ihre Aufgabe bestand darin, die Polizei und die Nachrichtendienste wirksamere, amerikanische Methoden zu lehren, um »Kommunisten zu enttarnen und aufzustöbern«.

Das CIA-Team brauchte der regulären Polizei, der Sûreté und den Sicherheitsabteilungen, die Nhu aufzustellen begann, nicht erst beizubringen, wie man eliminierte; das hatten schon die Franzosen besorgt. Sie mochten in ihrer stümperhaften und begeisterten Brutalität vielleicht die falschen Leute eliminieren und die echten Kommunisten entkommen lassen (die Amerikaner hatten nicht viel Erfolg, als sie die verschiedenen Dienststellen dazu bringen wollten, genaue Dossiers mit Querverweisen anzulegen und einen Informationsaustausch durchzuführen, um ein umfassendes Profil der kommunistischen Parteiorganisation und ihrer Mitglieder im Süden zu erhalten), aber wie man eliminierte, das wußten sie. Frauen wurden nach der Verhaftung gewöhnlich vergewaltigt und gefoltert. Die Folterer betrachteten die Vergewaltigungen als berufliche Vergünstigung. Durch Foltern erhielt man Namen. Die Träger dieser Namen wurden schnell verhaftet und ebenfalls gefoltert. Sie nannten wieder andere, deren Verhaftung und Folterung in geometrischer Progression wieder neue Namen ergab. Nicht alle Verhafteten wurden gefoltert. Die Folterer hatten nicht genug Zeit, sich jedem Gefangenen zu widmen, aber es kam häufig genug vor, um als erwartbares Los zu gelten. Jeder Verhaftete konnte sicher sein, entweder eine Kugel in den Kopf zu bekommen (Diem befugte die Provinzgouverneure, auf bloßen Verdacht hin und ohne Verhör zu exekutieren) oder in einem Konzentrationslager zu verschwinden. Selten wurde jemand freigelassen. Wer verhaftet wurde, galt bereits als schuldig.

Es ist nicht bekannt, wie viele kommunistische Kader und der Parteimitgliedschaft Verdächtige den Tod fanden, nachdem diese Kampagne in der zweiten Hälfte des Jahres 1955 in Schwung kam und 1956/57 ihren Höhepunkt erreichte. Die Henker führten nicht genau Buch über die Leben, die sie auslöschten. Nach einer gewissen Zeit steigerte sich das Morden derart, daß, wie bei der Landreform im Norden, niemand in der Lage gewesen wäre, die Zahl der Opfer zu registrieren oder im nachhinein einigermaßen genau festzustellen. Das Ausmaß der Schlächterei kann jedoch ausreichend belegt werden, um mit Gewißheit zu sagen, daß Tausende umkamen. Die Verhaftungen erfolgten oft nachts. Polizisten in Zivil, begleitet von Zivilgardisten oder Milizsoldaten, umringten das Haus und holten die gesuchte Person heraus. Wenn das Opfer sofort exekutiert werden sollte – wie es manchmal geschah, als die Kampagne auf vollen Touren lief und die Sicherheitsdienste ohnehin über genügend Namen verfügten –, wurde der Verhaftete auf eine Straße oder einen Weg in der Nähe des Weilers geführt und dort erschossen. Die Leiche ließ man liegen, damit die Angehörigen sie am nächsten Tag fanden. Ihr Anblick sollte den anderen eine Warnung sein.

Mindestens 50.000 Opfer hatten mehr Glück und wurden in Konzentrationslager geschickt. Das war die Zahl von Personen, deren Internierung zwecks »Umerziehung« das Regime offiziell zugab, als die Kampagne 1960 ein Ende fand. Inoffiziellen Schätzungen zufolge belief sich ihre Zahl auf annähernd 100.000. Auch hier wird man aufgrund des Fehlens genauer Aufzeichnungen niemals genau wissen, wieviele hinter Stacheldraht kamen und wieviele davon den Tod fanden. Die Polizei und die anderen Ordnungskräfte des Regimes hatten bereits für die Franzosen gearbeitet und hielten sich deshalb an das gleiche Kriterium wie diese. Alle, die gegen die Franzosen gewesen waren, standen nun automatisch im Verdacht, gegen die Ngo Dinh zu sein.

Neben den Mord- und Internierungskampagnen gab es auch öffentliche Abschwörzeremonien. Nhu nahm sich dafür zum Vorbild, was er über kommunistische »Volksgerichte« gelesen hatte. Sie stellten ein psychologisches Mittel dar, mit der die Fähigkeit des Regimes demonstriert wurde, denen, die es verdienten, Gnade zu gewähren. Wenn es einem Provinz- oder Distriktbeamten gerade paßte, erlaubte man in den Weilern Personen mit Vietminh-Vergangenheit, durch Selbstdemütigung ihren Kopf zu retten. Oft fanden vorher Proben statt, um die Zeremonie dramatischer zu gestalten. Man holte die Nachbarn zusammen, vor denen die Angeklagten die Greueltaten schildern mußten, die sie für Ho Chi Minh und seine kommunistischen Teufel begangen hatten. Man verlangte von ihnen, daß sie einen mitleidigen Präsidenten Ngo um Vergebung baten und auf der roten Fahne mit dem goldenen Stern, die für sie während des langen Krieges gegen die Franzosen die Fahne der Wiedergeburt der vietnamesischen Nation gewesen war, herumtrampelten und sie ins Feuer warfen. In den Städten waren diese Zeremonien meistens imposanter, hier schworen ganze Gruppen dem Kommunismus ab. Ho-Chi-Minh-Porträts, Belobigungsschreiben, die in den Vietminh-Einheiten die übliche Auszeichnung gewesen waren, sowie andere Andenken an den Widerstandskampf wurden dabei verbrannt. Im Februar 1956 wurde eine große Menge von Beamten des öffentlichen Dienstes samt Angehörigen versammelt, um 2000 ehemaligen Vietminh beim öffentlichen Widerruf zuzusehen.

Wie sich Bumgardner erinnerte, entdeckten die USIS-Leute damals, daß der Ausdruck »Vietminh« einen patriotischen Beiklang hatte und Diem den Kommunisten einen Gefallen erwies, wenn er alle Vietminh als Rote hinstellte. Die amerikanischen Psycho-Krieger erfanden daraufhin die Bezeichnung »Vietcong«, die Kurzform des vietnamesischen Ausdrucks für »Kommunisten Vietnams«, und überredeten die Saigoner Zeitungen, sie fortan anstelle von »Vietminh« zu verwenden. Bumgardner erklärte, es sei sehr schwierig gewesen, Diem soweit zu bekommen, statt »Vietminh« konsequent »Vietcong« zu sagen. (Die Amerikaner hielten die neue Bezeichnung für abschätzig, da in ihrem Vokabular »kommunistisch« synonym mit »böse« war.) Diem war nicht der einzige, der Schwierigkeiten hatte, sich an den USIS-Trick zu gewöhnen. Noch im Frühjahr 1959 äußerte sich

Major General Samuel Myers, der scheidende Vizedirektor der MAAG, vor einem Senatsausschuß für auswärtige Angelegenheiten voll Zufriedenheit über die Erfolge der Denunzierungskampagne. Er war stolz darauf, daß man »die Vietminh ... allmählich zerschnippelte, so daß sie für die Regierung keine ernsthafte Bedrohung mehr darstellten«. Anfang der sechziger Jahre schließlich setzte sich die Bezeichnung »Vietcong« unter den Amerikanern und bei der Regierung in Saigon durch. Es war dies aber das Ergebnis harter Arbeit seitens Bumgardners und seiner Kollegen. Wie so viele andere kosmetische Operationen, die die Amerikaner in ihrer Welt der guten Absichten versuchten, konnte auch diese nicht den Lauf der vietnamesischen Geschichte beeinflussen. Wie man ihn auch nennen mochte, der Vietminh blieb der Vietminh.

Die Ngo Dinh begnügten sich nicht damit, die noch lebenden Veteranen des Widerstands zu inhaftieren, zu foltern und zu ermorden. Sie verfolgten sogar die Toten. Als schlimmste in der vietnamesischen Kultur vorstellbare Schmach befahl Diem die Schändung aller Kriegerdenkmäler und Friedhöfe der Vietminh. Ahnenverehrung, Achtung vor den Eltern und familiäre Bande verleihen in Vietnam den Bestattungsriten und der Pflege der Gräber einen besonders heiligen Charakter. Ältere Bauern, die es sich leisten können, kaufen ihre Särge, um sich ein anständiges Begräbnis zu sichern. 1962 glaubten Vann und seine Kameraden, daß die Guerillas ihre Toten nach Möglichkeit wegtrugen, um ihre Verluste geheimzuhalten. Das war jedoch nicht der Hauptgrund. Die Lebenden brachten die Toten oft unter Gefahren weg, weil sie wußten, wie sehr ihre Kameraden gehofft hatten, anständig begraben zu werden. Die schlimmste Kränkung, die man einem Vietnamesen antun kann, ist es, die Gräber seiner Ahnen zu entweihen. Die Dynastie des Helden Nguyen Hue wurde nach seinem Tod von Rivalen gestürzt. Sie folterten seinen Sohn zu Tode, demütigten ihn aber vorher noch, indem sie ihn zuzusehen zwangen, wie man die Gebeine seines Vaters ausgrub und gemeine Soldaten darauf urinierten. Ende des 19. Jahrhunderts öffneten die Franzosen die Gräber der Familie Phan Dinh Phungs, des hartnäckigsten unter den monarchistischen Rebellen, und stellten in der nächstgelegenen Stadt die Überreste seiner Ahnen zur Schau, weil sie glaubten, sie könnten auf diese Weise seinen Kampfgeist brechen.

Die Genfer Vereinbarungen räumten Gruppen von Vertretern der Vietminh, der französischen Armee und der vietnamesischen Nationalarmee das Recht ein, in beiden Landesteilen umherzureisen, um nach den Überresten der Vermißten zu suchen, Gräber zu registrieren und ihre Gefallenen in Friedhöfen zusammenzulegen. Die Franzosen verpflichteten sich, das Tal von Dien Bien Phu zu geweihter Erde für die 8000 gefallenen Vietminh und die mehr als 3000 Toten der Kolonialtruppen zu machen, unter denen zahlreiche Vietnamesen waren. Im Mai 1955 weilte eine gemischte Abordnung der französischen Armee und der vietnamesischen Nationalarmee, die bald darauf zur ARVN wurde, in Dien Bien Phu, um ihre Toten zu identifizieren. Mit Hilfe von Arbeitern, die Giap zur Verfügung stellte, begann sie mit den Vorarbeiten zur Errichtung eines riesigen Ossariums, in dem man die Gebeine von 5000 Toten beider Seiten bestatten wollte. Diem hingegen beschloß, auf die Gebeine der im Süden gefallenen Vietminh symbolisch zu urinieren. Er verweigerte den Vietminh-Delegationen die Einreise und gab Anweisung, die Gedenkstätten und Friedhöfe der Vietminh zu zerstören. Die Kommunisten zerstörten zwar keine Friedhöfe, annullierten aber die Einreisegenehmigungen für die Abordnungen der Franzosen und der VNA. Die Toten von Dien Bien Phu blieben, wo sie lagen. In seiner Abscheu vor dem Kommunismus verweigerte Diem den Gefallenen seiner eigenen Armee eine ehrenvolle Bestattung.

Über die Kampagne gegen die Kommunisten in Südvietnam wurde in den USA damals kaum berichtet, und bis heute gibt es zu diesem Thema nur wenige Veröffentlichungen. Die amerikanische Presse interessierte sich für dieses Land nicht. Hätten die CIA-Beamten in Saigon, die Diplomaten und die Generäle der Militärmission sich ein Bild von den Folterungen gemacht, dann hätten sie vielleicht einen gewissen Widerwillen geäußert. Aber sie taten, als wüßten sie von nichts. Sie betrachteten die Morde und Internierungen als notwendig für die Säuberung der südvietnamesischen Gesellschaft und waren nicht bereit, die Aufmerksamkeit auf solche unschöne Aspekte zu lenken. Sie lenkten sie vielmehr auf die im Norden verübten Greuel und schlachteten es propagandistisch aus, daß Giap und andere kommunistische Politiker ihre Verbrechen offen eingestanden. Da es eine Freimütigkeit, wie Giap sie bewies, nach dem Zweiten Weltkrieg im amerikanischen System nicht mehr gab, wurde sie als Anzeichen von Schwäche angesehen und nicht als der Ausdruck von Stärke, der sie in Wirklichkeit war.

Auf die Denunzierungskampagne wurde ich zuerst aufmerksam, als ich 1962/63 mit einem ARVN-Bataillon im Feld war, um über Einsätze gegen die Guerillas zu berichten. In den kommunistisch kontrollierten Gebieten sah man häufig von den Guerillas angelegte Gedenkstätten. Es waren gewöhnlich einfache Platten aus Stein oder Holz. Neben dem Namen standen darauf die Worte »Getötet von den Marionettensoldaten« sowie das Todesdatum. Mir fiel auf, daß die frühesten Jahreszahlen 1955 und 1956 waren. In diesen Jahren hatte in Südvietnam angeblich Frieden geherrscht, bis Hanoi dann, wie es hieß, einen zweiten Krieg vom Zaun brach. Ich wurde neugierig und begann zu fragen. Man sagte mir, Diem habe eine frühe Kampagne gegen im Untergrund agierende Kader geführt, die Hanoi trotz Genf als Teil seiner Verschwörung zurückgelassen hatte, um eine Rebellion anzuzetteln. Über diese Kampagne sei nicht viel bekannt, außer daß sie Tausende Tote gefordert habe. Ich insistierte nicht weiter. Wie fast alle Amerikaner in diesen Jahren hatte auch ich nichts daran auszusetzen, wenn man Kommunisten und ihre Gefolgsleute erschoß. Erst lange Zeit später erfuhr ich genug über diese Kampagne, um ihre Bedeutung für den Ausbruch des zweiten Krieges und die enormen Folgen dieser Aktionen zu ermessen, bei denen die USA sich zu Komplizen des Diem-Klans gemacht hatten.

Anfang 1957 waren im Süden von den »Dagebliebenen« nicht mehr viele übrig. Mord, Internierung und Desertion hatten ihre Zahl von den anfänglichen 8000 bis 10.000 im Jahr 1955 auf schätzungsweise 2000 bis 2500 reduziert. Geheime Berichte, die der US-Armee in der zweiten Hälfte der sechziger Jahre in die Hände fielen, und Verhöre von ehemaligen Vietminh, die im zweiten Krieg gefangengenommen wurden oder desertiert waren, sollten enthüllen, was damals geschehen war. Ho und die nordvietnamesische Führung, die noch damit beschäftigt waren, die von den Franzosen angerichteten Zerstörungen sowie die Nachwirkungen der unseligen Bodenreform zu beseitigen, wollten sich 1957 nicht schon wieder einen Krieg aufhalsen. Sie trugen den noch verbliebenen Kadern im Süden auf, weiterhin auf eine bewaffnete Erhebung zu verzichten und sich mit einer Strategie des »langen Abwartens« zu begnügen, gleichzeitig aber ihre Agitation fortzusetzen. Die Denunzierungskampagne trieb die südvietnamesischen Kader dazu, diese Befehle zu mißachten und »von der Parteilinie abzuweichen«, wie ein 1966 erbeuteter Geheimbericht enthüllte. Um physisch zu überleben, waren sie gezwungen, eine Rebellion gegen die Ngo Dinh und die Amerikaner zu entfachen. »Der Widerstand gegen einen solchen Feind durch bloßen politischen Kampf war nicht möglich. Es war notwendig, zum bewaffneten Kampf zu greifen ... Der Feind wollte uns keinen Frieden gewähren«, hieß es darin.

Die abweichlerischen Kader im Süden, die beschlossen hatten zurückzuschlagen, stellten fest, daß die Ngo Dinh und die Amerikaner das Land für die Revolution reif gemacht hatten. Sie wandten sich an Nichtkommunisten, die im Kolonialkrieg mit ihnen zusammen als Vietminh gekämpft hatten, und fanden sie bereit, erneut an ihrer Seite zu kämpfen, weil auch sie von Diem verfolgt wurden. Die von den Armeen der Cao Dai und Hoa Hao übriggebliebenen Guerillabanden erklärten sich einverstanden, einen Schlußstrich unter die Vergangenheit zu ziehen und sich ihnen anzuschließen. Entscheidend aber war die Erbitterung großer Teile der Landbevölkerung. Die Bauern waren bereit, die Leiden eines weiteren Krieges auf sich zu nehmen, um das Land von diesen Fremdlingen zu befreien, die den Platz der Franzosen eingenommen hatten. Das ihnen von den Amerikanern aufgezwungene Regime war mehr, als sie ertragen konnten. Die Kader, die sich entschlossen hatten, unter Mißachtung der Anordnungen Hanois einen Aufstand zu organisieren, erklärten ihnen, daß die Amerikaner, reicher und mächtiger als die Franzosen, eine neue und gierigere Form von Kolonialismus betrieben. Deswegen, so sagten sie, hätten sich die Amerikaner diesen besonders tückischen »Verräter« Diem und seine »Landverkäufer«-Clique als ihre Handlanger ausgesucht. Sie nannten das Regime »My-Diem«. »My« ist das vietnamesische Wort für »Amerikaner«. Viele Bauern glaubten diese Erklärung, weil sie ihnen plausibel erschien. Ihre Erinnerungen an die Franzosen waren zwar verblaßt, sie konnten sich aber nicht erinnern, daß die Franzosen sie jemals so ausgeplündert hatten, wie dieser »My-Diem« es tat.

(Wenn Vann und andere Amerikaner später in Vietnam kommunistische Propaganda lasen, in der Diem als »Marionette« und die ARVN als »Marionettensoldaten« bezeichnet wurden, erschienen ihnen diese Bezeichnungen unsinnig, weil Diem so oft anders handelte, als die US-Regierung wollte, und seine Armee sich von US-Offizieren nichts befehlen ließ. Sie verstanden die Bedeutung von »Marionette« nicht im historischen Kontext Vietnams. Für Vietnamesen bedeutete das Wort einen Herrscher und seine vietnamesischen Soldaten und Beamten, die fremde Interessen repräsentierten, im Auftrag von Fremden handelten. So gesehen beschrieb »Marionette« treffend das Diem-Regime und seine Armee. 1962 befragte ich eines Nachmittags in einem Lager der U.S. Army Special Forces einen jungen Partisanen, der bei einem Scharmützel verwundet und gefangengenommen worden war. Der als Sanitäter fungierende Sergeant hatte ihm die Wunde kunstgerecht verbunden. Der Vietnamese wirkte entspannt, da er im Moment keine Angst hatte, gefoltert und getötet zu werden. Ich fragte ihn, warum er zu den Guerillas gegangen sei. »Um mein Land zu befreien«, sagte er. Ich fragte, von wem. »Von den Amerikanern und Diem«, antwortete er. Wie er denn das Land von Diem befreien könne, wo Diem doch selbständig handelte und sich von den Amerikanern nichts befehlen ließ? »Nein«, sagte er, »Diem und die Amerikaner sind ein und dasselbe.« Ich wandte ein, daß das nicht stimmen könne, da Diem oft Dinge tat, die den Wünschen der US-Regierung widersprachen. »Nein«, antwortete er, »Diem und die Amerikaner sind ein und dasselbe.« Ich tat seine Antwort als Gerede eines Bauern ab, den man einer Gehirnwäsche unterzogen hatte, und begann ihn über etwas anderes zu befragen.)

Anfang 1957 begannen die Kader mit ihren alten Kameraden aus dem Widerstand und ihren neuen Verbündeten von den Sekten den Kampf gegen Diem und die Amerikaner, indem sie allgemein verhaßte Polizeiagenten und von Diems Beamten eingesetzte Dorfvorsteher ermordeten. Anfang 1958 war ihre Gegenterrorkampagne voll angelaufen, und sie begannen nun, systematisch Guerillaeinheiten aufzustellen. Bernard Fall, der franko-amerikanische Vietnamexperte, schätzt, daß im ersten Jahr der Rebellion, vom Frühjahr 1957 bis zum Frühjahr 1958, etwa 7000 Dorfbeamte ermordet wurden und daß sich die Zahl der Morde im folgenden Jahr fast verdoppelte. Im September 1958 geriet der Vorsteher eines bei My Tho gelegenen Distrikts, der im Krieg gegen die Franzosen sicheres Cao-Dai-Gebiet gewesen war, auf der Hauptstraße nach Saigon am hellichten Tag in einen Hinterhalt und wurde getötet. Gegen Ende 1958 war es soweit, daß die ungehorsamen Kader die Parteiführung in Hanoi vor vollendete Tatsachen stellen konnten. In Südvietnam hatte eine großangelegte Erhebung begonnen.

Ho und seine Jünger in Hanoi waren bereit, die Führung zu übernehmen. In dem Maß, in dem der Süden sich auf einen neuen Krieg zubewegt hatte, war die Lage im Norden stabiler geworden. Aufgrund ihrer Fähigkeit, aus Irrtümern zu lernen, war es den kommunistischen Mandarinen bis 1959 gelungen, das durch ihre Landreform-Kampagne zerstörte Vertrauen großteils wiederherzustellen. Reis und andere landwirtschaftliche Produkte waren in dem unter chronischem Mangel leidenden Norden in begrenzter, aber doch ausreichender Menge vorhanden. Mit sowjetischer und chinesischer Wirtschaftshilfe waren von den Franzosen errichtete Industrien wieder so aufgebaut worden, daß sie Ende 1957 das Produktionsniveau des Zweiten Weltkriegs erreichten. 1958 wurde ein Dreijahresplan gestartet, der den Kern einer zukünftigen Schwerindustrie schuf. Ein neues Stahlwerk, das einzige in Südostasien, sollte 1960 in der Nähe der großen Eisenerzvorkommen von Thai Nguyen, 65 Kilometer nördlich von Hanoi, entstehen. Eine vietnamesische Regierung, die vietnamesische Fehler machte und versuchte, sie auf vietnamesische Art auszumerzen, konnte seitens ihrer Öffentlichkeit mit einer Toleranz gegenüber Mißbräuchen rechnen, die diese Öffentlichkeit jedem vom Ausland gestützten Regime verweigert hätte. Wenn sich Amerikaner Fotos aus dem Norden ansahen, hatten sie Bilder aus einem armen Land vor sich, in dem das Leben freudlos und reglementiert zu sein schien. Sie schlossen daraus, daß das Regime dort verhaßt war. Es gab Haß gegen das Regime und auch Opposition, aber nichts, was sich mit dem hätte vergleichen lassen, was man im Süden antraf. Die meisten Nordvietnamesen standen zu ihrer Regierung. Diese Fotos enthielten einen Hinweis auf die Einstellung der Mehrheit der Nordvietnamesen, der den Amerikanern nie auffiel. Es war das Fehlen von Stacheldraht. Die Eingänge von Polizeistationen oder anderen öffentlichen Gebäuden in Hanoi und den kleineren Städten Nordvietnams wurden nicht durch Stacheldrahtbarrieren und Bunker geschützt, wie dies in Saigon und im übrigen Südvietnam bei jedem öffentlichen Gebäude der Fall war. Die vietnamesischen Kommunisten brauchten vor ihrem Volk keine Angst zu haben.

Gegen Ende 1958 entsandte Ho den bald darauf zum Generalsekretär der Partei bestellten Le Duan unter strengster Geheimhaltung nach Südvietnam. Er sollte feststellen, ob die Rebellion tatsächlich so in Schwung gekommen war, wie in den Berichten behauptet wurde. Duan, der aus Annam stammte, hatte fast während des gesamten Kriegs gegen die Franzosen im Süden gekämpft und war in der Region Saigon und im Mekong-Delta zu einem prominenten Vietminh-Führer geworden. (Als einzige nationale Partei Vietnams gelang es den Kommunisten, regionalistische Uneinigkeiten zu überwinden.) Duan kehrte Anfang 1959 nach Hanoi zurück und drängte die Parteiführung, ihre Politik zu ändern und die unvollendete Revolution fortzusetzen. Ho und das übrige Politbüro stimmten zu. Im Mai trat das Zentralkomitee zusammen und ratifizierte die Entscheidung der Parteiführung. Das war der offizielle Beginn des zweiten Krieges.

In diesem Herbst, als der Monsunregen aufhörte und die Pfade durch Laos wieder trocken wurden, marschierten die ersten Guerillas in Richtung Süden. Es waren einige hundert. In den Jahren darauf sollten ihnen Tausende nachfolgen. Sie stammten aus den Reihen der südvietnamesischen Vietminh, die sich nach der Genfer Konferenz in den Norden abgesetzt hatten. Die im Süden verbliebenen Kader legten Wert darauf, sich von den Neuankömmlingen zu unterscheiden. Sie nannten sie »Herbstkader«, sich selbst aber »Winterkader«. Der Spitzname hatte nichts mit der Jahreszeit zu tun, in der sie eintrafen. Er verdankte sich vielmehr dem Stolz der Zurückgebliebenen, daß sie allein dem Winter von Diems Terror getrotzt hatten. Viele Jahre später erklärte ein Winterkader und Vietminh der ersten Stunde seinen amerikanischen Befragern, warum er und seine Kameraden diese zweite Rebellion so schnell entfachen konnten: »Der Grund ist nicht, daß diese Kader besonders geschickt waren ... Aber die Leute waren wie ein Haufen Stroh, das darauf wartete, entzündet zu werden.«

Im Süden begannen sich heimlich Repliken des Krieges gegen die Franzosen zu entwickeln. Das alte Nam-Bo-Zentralkomitee (das ZK der Südregion), das die Vietminh-Aktivitäten von der Spitze des Deltas bis in die Region der Gummiplantagen oberhalb von Saigon geleitet hatte, wurde wiederbelebt und nahm seine frühere Aufgabe unter einem neuen Namen auf: Zentrales Büro für Südvietnam. Das Interzonale Hauptquartier trat wieder in Erscheinung, um in den Provinzen, wo die Berge Annams an die zentralvietnamesische Küste reichen, eine neue Generation von Partisanen zu führen. Die Infiltranten vereinigten sich mit den zurückgebliebenen Kadern, erfahrenen Offizieren und Unteroffizieren, die Kampfeinheiten aufstellen sollten, die aber auch die Agitatoren und Administratoren der von der Partei in Anlehnung an die frühere Vietminh-Verwaltung gebildeten Untergrundbehörden waren.

Ende 1960 hatte der Aufstand soviel Schwung bekommen, daß Ho und seine Gefährten eine weitere Replik schufen, die sie allerdings der Öffentlichkeit vorstellten. (Die Zahl der Guerillas hatte sich von den ungefähr 2000 überlebenden Kadern im Jahr 1957 auf etwa 10.000 erhöht, die 1960 mindestens 5000 Waffen erbeuteten. Als sich Kennedy im November 1961 zum Eingreifen entschloß, waren sie auf 16.000 angewachsen und hatten weitere 6000 Waffen erbeutet.) Diese Replik war eine Kopie der Vietminh-Liga. Sie wurde am 20. Dezember 1960 unter der Bezeichnung »Nationale Befreiungsfront Südvietnams« gegründet. Der Unterschied zwischen dieser neuen Befreiungsorganisation und ihrer Vorgängerin mit Ho an der Spitze war der, daß die meisten ihrer Führer aufgrund ihrer Bedeutungslosigkeit ausgewählt wurden. Nguyen Huu Tho, ihr Vorsitzender, war ein Rechtsanwalt aus Saigon mit starken nationalistischen Überzeugungen, der aufgrund seiner Linkstendenzen in der Vergangenheit mit der Partei zusammengearbeitet hatte. Während der Denunzierungskampagne war er verhaftet worden, konnte aber später mit kommunistischer Hilfe entkommen. Wie die meisten Mitglieder des »Zentralkomitees« der Befreiungsfront, einschließlich eines Repräsentanten der gesäuberten Binh Xuyen, verfügte Tho über keinerlei Autorität. Tatsächlich wurde die Front durch geheime oder relativ unbekannte Parteimitglieder geleitet, die man neben den nominellen Führern eingesetzt hatte.

Aufgrund ihrer Erfahrungen mit der Vietminh-Liga kannten die vietnamesischen Kommunisten den Wert einer nationalen Allianz, und die Nationale Befreiungsfront erfüllte in diesem zweiten Krieg mehrere Aufgaben. Sie ermöglichte es Nichtkommunisten, sich am Aufstand zu beteiligen, ohne deswegen Mitglieder der Kommunistischen Partei zu werden. Wie vorher der Vietminh war die Befreiungsfront für den Guerillakrieg und gleichzeitig für die Durchführung der sozialen Revolution verantwortlich. Darüber hinaus war sie eine Scheinorganisation, hinter der sich die Führer in Hanoi verbargen, um die Unternehmungen südlich des 17. Breitengrads zu leiten. Die Vereinigten Staaten hatten die vorläufige militärische Demarkationslinie der Genfer Vereinbarungen rhetorisch in eine Staatsgrenze verwandelt, und die Stimme der größten Weltmacht hatte Gewicht. Eine Anzahl nichtkommunistischer Staaten, die später die Nationale Befreiungsfront als den offiziellen Vertreter der südvietnamesischen Guerillas anerkannten, hätten dies schwerlich tun können, wäre die Befreiungsfront ganz offen von Hanoi aus dirigiert worden. Zahlreiche amerikanische Intellektuelle, die während dieses zweiten Krieges in der Friedensbewegung tätig waren, und Europäer, die gegen die US-Intervention auftraten, hätten Gewissensprobleme gehabt, eine Rebellion in Südvietnam zu unterstützen, die offen von der Kommunistischen Partei Vietnams kontrolliert wurde. Die heimliche Kontrolle hingegen erlaubte jedem zu glauben, was er glauben wollte.

Mit den Jahren und den sich wiederholenden Dementis sollte die Nationale Befreiungsfront (FNL) aus sich heraus glaubwürdig werden. Amerikanische und europäische Autoren sollten ihr Bücher widmen. Die US-Regierung erkannte schließlich ihre »unabhängige« Existenz an, indem sie ihrer Delegation unter der Leitung von Frau Nguyen Thi Binh (sie war geheimes Parteimitglied und Enkelin eines Mandarins, der Anfang des 20. Jahrhunderts gegen die Franzosen gekämpft hatte) neben den Vertretern von Washingtons Regime in Saigon einen Platz am Pariser Verhandlungstisch einräumte. Als es keiner Verstellung mehr bedurfte, schlichtete Huynh Tan Phat, der Generalsekretär der Befreiungsfront, ein Saigoner Architekt, der geheimes Parteimitglied wurde, nachdem er sich im Zweiten Weltkrieg dem Vietminh angeschlossen hatte, den Streit mit einer Offenheit, die vietnamesische Revolutionäre in gleichem Maß zeigen konnten wie Doppelzüngigkeit: »Offiziell waren wir getrennt (Hanoi und die FNL), in Wirklichkeit aber waren wir die ganze Zeit über ein und dasselbe; es gab nur eine einzige Partei; eine einzige Regierung; eine einzige Hauptstadt; ein einziges Land.«

Die Südvietnamesen beider Lager ließen sich von dieser Inszenierung nicht täuschen. Sie wußten, daß die Vietminh zurückgekommen waren, um eine historische Revanche zu liefern. Die Guerillas bezeichneten sich mit dem Namen, den die Vietminh benutzt hatten: Giai Phong Quan (Befreiungsarmee). Die Flagge dieser neuen nationalen Front war eine leicht veränderte Vietminh-Flagge: der fünfzackige goldene Stern der vietnamesischen Revolution auf rot-blauem Grund. Die Befürchtung, die US-Nachrichtenoffiziere um die Mitte der fünfziger Jahre gehegt hatten, war Wirklichkeit geworden. Es war eine weitere jener Prophezeiungen über Vietnam, die die Amerikaner selbst wahr gemacht hatten. Die USA waren bemüht gewesen, den alten Vietminh zu zerstören, und hatten ihn in Vietcong umbenannt. Dabei schufen sie einen neuen Vietminh, der weit gefährlicher war als der, mit dem es die Franzosen im Süden zu tun gehabt hatten.

Als ich Anfang Sommer 1962 bei einem Bataillon von Vanns 7. Division zum ersten Mal an einem Hubschrauberangriff teilnahm, hoffte ich wie jeder junge Reporter, es werde sich etwas tun, worüber ich schreiben könnte. Ich hoffte, ich würde an diesem Tag Zeuge eines Kampfes zwischen der ARVN und dem Vietcong werden. Für mich und andere erst kürzlich in Vietnam eingetroffene Amerikaner wie Vann waren die Vietminh eine ganz andere Guerillageneration als die Vietcong. Die Vietminh waren für mich Patrioten gewesen, nationalistische Revolutionäre, die zufällig von Ho und seinen Stellvertretern geführt worden waren, da die Kommunisten sich während des Krieges gegen Frankreich der Unabhängigkeitsbewegung »bemächtigt« hatten. Dieser Krieg war zu Ende gegangen, und die Franzosen waren abgezogen. Die Vereinigten Staaten hatten dann in Südvietnam eingegriffen, um den Nationalismus zu fördern. Die Vietcong-Guerillas waren irregeleitete Bauern, die auf der falschen Seite kämpften, weil sie sich von den Kommunisten hatten übertölpeln lassen, die weltweit die Feinde der guten Menschen waren.

Der Marinehubschrauber, in dem ich mitflog, war der vierte oder fünfte der Gruppe. Unser Ziel waren Vietcong-Stützpunkte in der Schilfebene. Als wir über hüfthohem Schilf zur Landung ansetzten, hörte ich das Rattern von Maschinengewehren. Die Bordschützen des vor uns fliegenden Hubschraubers hatten das Feuer eröffnet. Ich blickte über die Schulter unseres MG-Schützen durch die offene Tür. In weniger als hundert Meter Entfernung sah man ein halbes Dutzend Gestalten davonspringen. Sie hatten Gewehre in der Hand, trugen kleine Rucksäcke, grüne, uniformähnliche Kleidung und dunkle, an Schildkrötenpanzer erinnernde Helme, wie ich sie als Kopfbedeckung der Vietminh auf Fotos aus dem Kolonialkrieg gesehen hatte. Es handelte sich um reguläre Vietcong eines Hauptmacht-Bataillons. Die MG-Schützen zielten schlecht. Sämtliche Guerillas entkamen und verschwanden in Richtung auf einen nahen Wald.

Der Kommandeur des ARVN-Bataillons vertrödelte erst einmal mindestens 15 Minuten, indem er sich die Karte ansah und über Funk mit der Kommandostelle sprach, ehe er endlich den Befehl zum Vorrücken gab. Er war schon etwas älter, sprach Französisch und trug nach Art der französischen Kommandeure einen Offiziersstab. Das Bataillon hielt ein paar hundert Meter vor dem Wald bei einer Gruppe von Hütten. Als einzige Bewohner trafen wir hier einen alten Mann und ein paar Kinder an, deren Eltern sich offenbar versteckt hielten. Der ARVN-Hauptmann begann den Alten zu befragen, offenbar über die Guerillas. Er gebrauchte dabei immer wieder das Wort »Vietminh«. Der Bauer verwendete in seinen Antworten denselben Ausdruck. »Warum nennt er die Guerillas Vietminh«, fragte ich einen vietnamesischen Reporter, der ebenfalls mitgeflogen war, »ich habe geglaubt, wir suchen Vietcong?«

»Die Amerikaner und die Leute von der Regierung in Saigon nennen sie Vietcong«, antwortete er, »aber hier draußen werden sie immer noch Vietminh genannt.«

»Warum?« fragte ich.

»Weil sie wie die Vietminh aussehen und sich wie die Vietminh verhalten, und die Leute hier haben sie immer schon so genannt«, sagte er.

Der ARVN-Hauptmann wußte, daß die Vietminh zurückgekommen waren, deswegen war er so vorsichtig gewesen. Cao wußte, daß die Vietminh wieder da waren, deswegen hatte er mehr Angst, als er normalerweise gehabt hätte. Diem wußte, daß die Vietminh zurückgekommen waren; das war einer der Gründe, weshalb er seine Armee intakt halten wollte. Nur die Amerikaner wußten es nicht. Sie kannten weder die Vietnamesen, auf die sie angewiesen waren, noch den Feind, dem sie gegenüberstanden.

In seiner Ahnungslosigkeit in bezug auf die Vorgeschichte dieses Krieges glaubte Vann Ende 1962 immer noch an eine militärische Lösung. Man mußte die ARVN zwingen anzugreifen und die regulären Guerillabataillone aufreiben. Auch konnte Vann sich immer noch nicht entschließen, den Plan aufzugeben, Cao zu einem angriffslustigen General umzumanipulieren, der einer solchen Aufgabe gerecht würde.

Am 22. Dezember 1962 kündigte Diem eine Umstrukturierung des Kommandosystems der ARVN an. Südvietnam war bisher in drei Armeekorps-Regionen unterteilt gewesen. Diem teilte nun die dritte Korpsregion in zwei Abschnitte. Er beließ Saigon und die umliegenden Provinzen im Westen, Norden und Osten unter dem Kommando des ursprünglichen III. Korps. Für das Mekong-Delta selbst schuf er ein IV. Korps, dessen Hauptquartier in Can Tho im Zentrum des Deltas lag. Cao verlieh er in Anerkennung seiner Bemühungen, die Verluste so gering wie möglich zu halten, die zwei Sterne eines Brigadegenerals und übertrug ihm das Kommando über das neugeschaffene IV. Korps. Vann erhielt im Zuge dieser Veränderung einen größeren Aufgabenbereich. Diem erweiterte die Zone der

7. Division, indem er zu den fünf Provinzen dieses Abschnitts zwei weitere hinzufügte. Dadurch wurde die Division für die ganze nördliche Hälfte des Deltas mit
ungefähr 3,2 Millionen Menschen verantwortlich.

Vann hatte davon schon früher erfahren und fuhr einige Tage vor Diems
Ankündigung mit einem Memorandum für General Harkins nach Saigon. Er bat
um eine Unterredung und überbrachte seine Botschaft persönlich mit dem Hinweis, er habe sie ausschließlich für den kommandierenden General geschrieben.
Das Memorandum war in der diplomatischen Sprache gehalten, die Vann so gut
beherrschte, wenn sie ihm angebracht schien. Er erinnerte den General an den
ersten Schachzug, den er mit seinem Einverständnis gemacht hatte, indem er Cao
»für die Augen der Reporter, der unteren Offiziere und der amerikanischen VIPs
das Image eines militärischen Führers« verschafft habe. »Leider«, so fuhr Vann
fort, »hat General Cao von sich aus noch keine wirkliche Angriffsmentalität entwickelt. Er braucht einen energischen Berater, der ihn anspornt.« Nun kam Vann
zur Sache. Dan Porter, der weise und beharrliche Texaner, kam als neuer Berater
Caos nach Can Tho, seine Dienstzeit lief aber bald ab, im Februar sollte er in die
USA zurückkehren. Harkins hatte Colonel John Powers Connor, der in Kürze aus
den USA eintreffen sollte, als Porters Nachfolger vorgesehen. Colonel Connor
war ein gutaussehender und angenehm konventioneller Mensch, dem man in der
Armee den Beinamen »Poopy« verliehen hatte. Vann glaubte nicht, daß er Cao
»anspornen« könnte. Er wies auch darauf hin, daß Connors fehlende Vietnam-
Erfahrung von Nachteil sein werde. Er schlug daher einen anderen Offizier als
Berater Caos vor, einen Offizier, unter dem er 1951 nach seinen Erfahrungen im
Koreakrieg als Ausbilder beim Ranger Command in Fort Benning gedient hatte.
»Auf die Gefahr hin, impertinent zu wirken, möchte ich sagen, daß Ihre Anstren-
gungen im kommenden Frühjahr zu substantiellen Verbesserungen führen werden, wenn Colonel Wilbur Wilson General Caos Korpsberater wird«, schrieb
Vann. »Colonel Wilson ist aufgrund seiner Erfahrung und seiner Persönlichkeit
maßgeschneidert, um aus General Cao das Beste herauszuholen, und das Delta-
gebiet bietet die beste Gelegenheit, dem Vietcong das Rückgrat zu brechen.«

Der Gedanke, Cao den Ermunterungen Wilbur Wilsons auszusetzen, mußte
Vann, so ernst es ihm mit seinem Vorschlag war, amüsiert haben. Er bewunderte
Wilson, so wie er Porter bewunderte, aber aus anderen Gründen. Wilbur Wilson
war in der US-Armee eine Legende. Der 53jährige, stramme, hohlwangige Fallschirmjägeroffizier war als »Coal Bin Willie« bekannt. Seinen Spitznamen hatte er
aufgrund eines seiner exzentrischen Disziplinticks bekommen. Wenn er Kasernen
inspizierte, bestand er darauf, daß die Halden in den Kohlelagern eine perfekte
geneigte Ebene bildeten. Er duldete es nicht, daß auch nur ein einziges Kohle-
stück die gerade Linie störte. Es war das einer der Tricks aus seinem Repertoire, das
er sich im Lauf der Jahre zusammengestellt hatte, um die Truppen zu perfekter
Disziplin zu bringen. Trotz dieser Macken war er kein kleinlicher Zuchtmeister. Er

besaß das Geschick des guten Kommandeurs, seinen Truppen Stolz einzuflößen, er war gütig und voll Achtung. Seine rauhe Seite, seine fast brutale Offenheit, war für Gleichrangige und Vorgesetzte bestimmt. Im abgelaufenen Jahr war er Berater in der Korpsregion gewesen, die das Zentrale Hochland und einige Küstenprovinzen Zentralvietnams umfaßte. 1962 war es hier zu vergleichsweise wenigen Gefechten gekommen, so daß er keine Gelegenheit gefunden hatte, seine Talente voll zu entfalten. Seltsamerweise war sein ARVN-Pendant, ein dem Whisky ergebener ehemaliger Fallschirmjäger der Kolonialtruppen, der ihn mit falscher Freundlichkeit behandelnden US-Offiziere müde geworden und hatte Wilsons direkte Art schätzengelernt.

Harkins dankte Vann für sein Memorandum und ignorierte es. Caos Berater wurde der sanftmütige Colonel Connors. Während der ersten neun Monate war Vann von den Vietnamesen enttäuscht worden, denen er helfen wollte. Zweieinhalb Wochen später mußte er in einem Weiler namens Bac bei der ersten großen Schlacht des US-Kriegs in Vietnam den Kampfgeist der anderen Vietnamesen kennenlernen, die er besiegen sollte.

Die Schlacht von Ap Bac

BUCH III

Drei Tage nach Weihnachten 1962 erhielt die 7. Infanteriedivision vom Führungsstab der ARVN den Befehl, in dem etwa 25 km nordwestlich von My Tho gelegenen Weiler Tan Thoi einen Vietcong-Sender auszuheben. Der Befehl war von General Harkins' Hauptquartier initiiert worden, nachdem die Vereinigten Staaten wieder einmal die unaufdringliche Seite ihrer Technologie zur Wirkung gebracht hatten. Mit seinen Überwachungs- und Peilgeräten hatte ein Team der 3. Funkversuchseinheit in Tan Son Nhut von einer der in großer Höhe operierenden »Ottern« aus den Guerilla-Sender abgehört und geortet.

Vann und seine Mitarbeiter waren begeistert. Es war der erste Einsatz im neuen Jahr, der erste unter einem neuen Divisionskommandeur und vor allem eine Gelegenheit zum Neuanfang. Nach Caos Beförderung zum General und seiner Versetzung nach Can Tho als Kommandeur des neugeschaffenen IV. Korps war sein Stabschef, Oberstleutnant Bui Dinh Dam, an seine Stelle gerückt. Dam war von kleiner Gestalt, sanftmütig und von seiner neuen Funktion nicht eben begeistert. Er hielt sich für einen kompetenten Verwalter, hatte jedoch Zweifel, ob er der seelischen Belastung gewachsen sein würde, die der Posten eines Kommandeurs mit sich brachte. Cao überredete ihn, die Aufgabe zu übernehmen. Er wollte keinem potentiellen Rivalen Platz machen und wußte, daß Dam stets auf ihn hören würde. Da Bui Dinh Dam ein Katholik aus dem Norden und somit politisch verläßlich war, akzeptierte Diem Caos Wunsch. Er beförderte Dam zum Obersten und gab ihm das Kommando über die 7. Division.

Dam liebte auf Ehrlichkeit und Offenheit basierende Beziehungen und wollte mit den Amerikanern zusammenarbeiten. Er gab sein Einverständnis, als Vann darauf drängte, die gemeinsame Planung wieder aufzunehmen, die Cao nach der Schlappe mit den Rangern im Oktober eingestellt hatte. Vann telegrafierte seinem talentierten Planungsoffizier Captain Richard Ziegler, der gerade in Hongkong im Hotel Teahouse of the August Moon Weihnachtsurlaub machte, er solle mit dem nächsten Flugzeug zurückkommen. Ziegler arbeitete nach seiner Rückkehr einen Plan aus, mit dem alle zufrieden waren, auch Cao, dem er in Can Tho vorgelegt wurde. Dam nahm nur eine einzige Veränderung vor. Er verschob den ursprünglich für den Neujahrsmorgen vorgesehenen Angriff um 24 Stunden. Er meinte, es wäre unklug, die amerikanischen Hubschrauberpiloten nach der Silvesternacht um vier Uhr morgens zu wecken.

Im Morgengrauen des 2. Januar 1963 war auf dem Feldflugplatz von Tan Hiep an der Straße nach Saigon das sich in diesem Krieg so oft wiederholende Schauspiel zu beobachten. Die Ruhe und Frische des anbrechenden Tages wurde durch den Lärm und die Auspuffgase der ringsum Staub aufwirbelnden Hubschrauber gestört, die nacheinander aufsetzten und die gruppenweise angetretenen Infanteristen an Bord nahmen. Vann startete um 6.30 Uhr in einer Cessna L-19, um die Landung der ersten Kompanie eines Divisionsbataillons nördlich von Tan Thoi zu beobachten.

General Harkins und sein Stab betrachteten die Vietcong mit der Verachtung, die reguläre Soldaten größerer Staaten den Guerillas kleiner Nationen entgegenbringen. Die Vietcong waren für sie »Lumpenärsche«. In Vanns Stab hingegen empfand man Respekt für den Gegner. Davon abgesehen hatten Harkins und sein Stab und Vanns Beraterkommando den einen Wunsch gemeinsam, den in Vietnam jeder US-Offizier hegte. Sie hofften, daß die Guerillas eines Tages die Dummheit begehen würden, ihre Schleichwege zu verlassen, um sich endlich einmal offen und ehrlich zu einer anständigen Schlacht zu stellen. Obwohl sich das jedermann sehnsüchtig wünschte, erwartete doch niemand, auch nicht Vann, daß dieser Wunsch jemals in Erfüllung gehen würde. Das Gefecht im Oktober, bei dem die Vietcong einen Zug Ranger aufgerieben hatten, war eigentlich nichts anderes als ein Hinterhalt gewesen. Die Guerillas hatten sich nachher trotz der Jagdbomberangriffe geordnet zurückgezogen und einen den ganzen Tag lang dauernden Schlagabtausch mit den Saigoner Truppen vermieden. Cao hatte sich wiederholt geweigert, die Falle zuschnappen zu lassen, und Vann konnte in seiner Frustration nur hoffen, daß die Guerillas eines Tages die langersehnte selbstmörderische Dummheit begehen würden. Es schien ihm dies die einzige Möglichkeit, jemals ein ganzes Bataillon zu vernichten. Er und andere amerikanische Offiziere malten sich immer wieder voll Mitleid das Schicksal dieses Vietcong-Bataillons aus, das sich auf eine sorgfältig geplante Schlacht einlassen würde. Die Saigoner Truppen würden mit ihren M-113, ihrer Artillerie und mit Hilfe der Jagdbomber unter den leichtbewaffneten Guerillas ein für amerikanische Begriffe geradezu unsportliches Gemetzel anrichten.

Als Vann um 7.03 Uhr beobachtete, wie zehn »Fliegende Bananen« mit der Infanteriekompanie über den grau überfluteten Reisfeldern niedergingen und die Soldaten ohne Zwischenfall absetzten, konnte er nicht wissen, daß er das bekommen würde, was sich alle wünschten. In diesem Konflikt, der aus einer anscheinend endlosen Reihe von Gefechten bestand, deren Sinn man nie erkennen konnte, sollte nun das ersehnte Ereignis eintreten, die entscheidende Schlacht, die den Lauf des Krieges verändern würde. Der Vietcong hatte beschlossen, sich zum Kampf stellen.

Der Kommandeur des 261. Vietcong-Hauptmachtbataillons hatte seine Vorbereitungen am Abend vor der Schlacht gegen 22.00 Uhr abgeschlossen. Aufgrund der in der vietnamesischen Revolutionsbewegung seit jeher praktizierten Geheimhaltung sind sein Name sowie die Namen fast aller seiner Offiziere und Unteroffiziere nicht bekannt. In einem geheimen Vietcong-Bericht über die Schlacht und die vorangegangenen Ereignisse, von dem zwei Monate später bei einem der seltener gewordenen nächtlichen Hinterhalte eine Kopie erbeutet wurde, finden sich lediglich die Namen eines jungen Offiziers, der einen Gegenstoß geleitet hatte, und einiger Männer niedriger Dienstgrade, die diese namentliche Erwähnung ihrer Tapferkeit verdankten.

Aus von Horchfunkern an Bord der »Ottern« abgefangenen Funksprüchen und von Vanns Nachrichtenoffizier, Jim Drummond, sowie Hauptmann Le Nguyen Binh gesammelten Informationen ging hervor, daß in dem Weiler Tan Thoi eine Art Hauptquartier eingerichtet war. Den Berichten zufolge wurde die Sendestation von einer verstärkten, insgesamt 120 Mann umfassenden Kompanie regulärer Vietcong geschützt. Zieglers Plan sah vor, gegen Tan Thoi in drei Angriffskolonnen aus verschiedenen Richtungen vorzurücken. Das Divisionsbataillon mit etwa 330 Mann sollte nördlich des Weilers von Helikoptern abgesetzt werden und dann in südlicher Richtung vormarschieren. Gleichzeitig würden zwei Bataillone der Zivilgarde in getrennten Marschkolonnen von Süden her anrücken. Eine auf 13 Schützenpanzern des Typs M-113 aufgesessene Kompanie Infanterie sollte, ebenfalls aus südlicher Richtung, an der Westflanke des Operationsgebiets vorstoßen. Die M-113 würden so postiert sein, daß man sie in die Kampfzone entsenden konnte, sobald die Guerillas mit dem Rückzug begannen. Jede der drei Marschkolonnen — sowohl das Divisionsbataillon als auch die beiden Bataillone der Zivilgarde — würde in der Lage sein, bei Unterstützung durch Artillerie und Jagdbomber mit einer verstärkten Guerillakompanie fertigzuwerden. Sollte es Schwierigkeiten geben, so stellten die M-113 mit ihren Panzergrenadieren eine mobile Reserve und eine Angriffstruppe zugleich dar. Außerdem würde Dam in Tan Hiep noch zwei Kompanien Infanterie in Reserve halten, die er per Helikopter als Verstärkung entsenden konnte. Niemand erwartete, auf mehr als 120 Vietcong zu stoßen. Dick Ziegler war der Meinung, es seien nicht einmal so viele. Dermaßen genaue Informationen hatten sie schon einmal erhalten, mußten jedoch nach dem Angriff entdecken, daß die Guerillas das Sendegerät ein paar Tage zuvor an einen anderen Ort geschafft hatten.

Die Informationen entsprachen dieses Mal nicht den Gegebenheiten. In Tan Thoi und dem etwas weiter südlich gelegenen Weiler Bac waren fast dreimal so viele Guerillas zusammengezogen worden. (Die Schlacht sollte nicht als Schlacht von Bac, sondern als Schlacht von Ap Bac bekannt werden, weil in den Kampfberichten *ap*, das vietnamesische Wort für Weiler, als Teil des Ortsnamens erschien.) Der Kommandeur des 261. Bataillons und sein Stab verfügten über eine Verteidigungsmacht in der Stärke eines gemischten Bataillons, das ungefähr 320 reguläre und regionale Guerillas umfaßte. Dazu kamen noch etwa dreißig Partisanen aus dem Dorf und den umliegenden Weilern. Sie leisteten Hilfsdienste als Kundschafter, trugen Munition und Verwundete oder sprangen in Notfällen als Ersatzleute ein.

Der Bataillonskommandeur und das Provinzkomitee des Vietcong wußten, daß am Morgen des 2. Januar 1963 ein Angriff erfolgen würde. Das genaue Ziel des Angriffs kannten sie nicht, weil sie nicht ahnten, daß man einen ihrer wichtigsten Sender geortet hatte. Sie wußten aber, daß die Attacke irgendwo in der Gegend von Tan Thoi und Bac erfolgen sollte. Sie hatten sich darauf eingestellt, daß man mit Beginn der Trockenzeit einen Feldzug gegen einen von ihnen kontrollierten Gürtel von Dörfern am östlichen Rand der Schilfebene unternehmen würde. Die beiden Weiler, die zu einem dieser Dörfer gehörten, lagen etwa drei Kilometer südlich eines breiten Kanals. Den ersten Hinweis auf die bevorstehende Operation hatten die Vietcong-Kundschafter in My Tho der Provinzführung mit der Meldung geliefert, daß 71 Lastwagenladungen Munition und anderer Nachschub aus Saigon eingetroffen seien. Bis zum Neujahrstag hatte das Provinzkomitee genügend Informationen erhalten, aus denen es schließen konnte, daß der Angriffsbeginn für den folgenden Morgen festgesetzt war.

Die Gründe für die Entscheidung der Guerillaführer, sich zum Kampf zu stellen, hätten Vann mit Befriedigung erfüllt. Sie glaubten, so handeln zu müssen, um das Vertrauen ihrer Truppen und der Bauern zurückzugewinnen, die den Vietcong unterstützten. In der vorangegangenen Sommer- und Herbstperiode hatte Vann ihre Revolution in der Nordhälfte des Deltas in eine Krise gestürzt. Er hatte dem Vietcong zahlreiche Schlappen beigebracht, nicht zuletzt durch die Schockwirkung, die die Hubschrauber und Schützenpanzer hervorriefen, aber auch durch seine kluge Instrumentierung von Zieglers Planungsgeschick und Drummonds Talent, Nachrichten und Informationen zu beschaffen. Die schweren Verluste in ihren Reihen hatten dazu geführt, daß die Guerillas begannen, an den Fähigkeiten ihrer Offiziere zu zweifeln, die sie doch lehren sollten, zu überleben und diese todbringende amerikanische Technologie zu besiegen, von der sie in ihren einst so sicheren Zufluchtsstätten immer wieder überrascht wurden. Eine Anzahl von ihnen hatte um Entlassung gebeten, sie wollten zu ihren Familien zurückkehren. Auch war unter den Bauern immer wieder die Frage laut geworden, ob denn die Amerikaner um so vieles mächtiger und grausamer seien als die Franzosen, daß die wiedererstandenen Vietminh gegen sie nichts ausrichteten. Aus dem geheimen Bericht des Vietcong über die Schlacht wurde deutlich, wie sehr diese unerwarteten Niederlagen die Kontrolle der Partei über die »befreiten« Gebiete« gefährdeten, von denen die Revolution auf die angrenzenden, noch umkämpften Gebiete übergreifen sollte. Es galt, die Bauern zu überzeugen, daß die von der Partei eingesetzte Untergrundverwaltung zurückgekommen war, um zu bleiben, und daß die Guerillakämpfer in der Lage waren, sie gegen die Übergriffe der Saigoner Truppen und die Kriegsmaschinerie der Amerikaner einigermaßen zu schützen.

Der Bataillonskommandeur des Vietcong und die Provinzverwalter waren Männer in den Vierzigern, deren Laufbahn bereits in der Widerstandsbewegung gegen das französische Kolonialregime oder die Japaner im Zweiten Weltkrieg begonnen hatte. Für sie gab es kein Zurück, wie immer der Krieg auch ausgehen mochte. In den Norden konnten sie nicht flüchten, selbst wenn sie gewollt hätten, denn entmutigte Kader waren dort nicht erwünscht. Sie dachten auch gar nicht an Flucht, denn sie waren nicht bereit, die Möglichkeit eines Scheiterns ihrer Revolution zu akzeptieren. Eine Passage aus einer ihrer geheimen Schriften dieser Zeit, in der es um die Notwendigkeit geht, die jungen Männer und Frauen der unteren Führungsebene zu überzeugen, daß man sich durch den langwierigen, strapaziösen Kampf nicht entmutigen lassen dürfe, resümiert auch ihre eigene Haltung: »Wir müssen sie lehren zu siegen, ohne hochmütig zu werden, und zu verlieren, ohne zu verzagen, bis wir die Befreiung des Südens und die Wiedervereinigung des Landes unserer Väter vollendet haben.«

Sie studierten die amerikanischen Maschinen, ersannen Taktiken, mit denen sie diese zu bezwingen hofften, und bemühten sich, die jüngeren Offiziere, Unteroffiziere und Mannschaften davon zu überzeugen, daß ihnen, wenn sie sich gut befestigten, tarnten und nicht in Panik gerieten, das Terrain genügend Schutz zum Manövrieren und Kämpfen bot. Ihre Bemühungen hatten erste Ergebnisse gezeigt, als die Ranger nur ein paar Kilometer nordwestlich von Tan Thoi in den Hinterhalt liefen und zwei der mit Verstärkungen einfliegenden Hubschrauber abgeschossen wurden. Die für diesen kleinen, aber doch bedeutsamen Erfolg hauptverantwortliche Einheit, die 1. Kompanie des 514. Regionalbataillons, lag an diesem zweiten Tag des neuen Jahres in Tan Thoi in Bereitschaft.

Diems Reaktion auf den Hinterhalt und die Schlappe, Caos unterwürfiges Hinnehmen der selbstzerstörerischen Strategie seines Präsidenten und Harkins' Weigerung, Vann zu glauben und Diem zum Umdenken zu bewegen, hatten dem Vietcong eine Atempause von zweieinhalb Monaten ermöglicht. Die Kommandeure hatten die Zeit voll genutzt, um die Lücken wieder aufzufüllen und ihre Männer in der neuen Taktik und im Gebrauch erbeuteter US-Waffen auszubilden. Im Januar 1963 hatten die regulären und regionalen Guerillas in Diems Außenposten so viele der von Harkins großzügig verteilten US-Waffen erbeutet, daß sie in der Lage waren, den lokalen oder auf Distriktebene operierenden Partisanen ihre französischen Mehrlader zu überlassen. Die meisten Vietcong hatten nun halbautomatische M-1-Gewehre, Karabiner oder Thompson-MPs. Jede Kompanie besaß ein 0,30-Zoll-MG für gegurtete Munition, und praktisch alle Züge verfügten über zwei BARs, jene nach John Moses Browning, dem amerikanischen Feuerwaffengenie, benannten Selbstladegewehre, der diese mit Stangenmagazinen versehenen leichten MGs sowie die schwereren, Gurtmunition verschießenden Modelle für die US-Armee entwickelt hatte. Entsprechende Munition und Gewehrgranaten waren reichlich vorhanden. Die Vereinigten Staaten und ihre Saigoner Stellvertreter hatten es geschafft, die Feuerkraft des Feindes wesentlich zu steigern.

Eigenartigerweise hatte man bei der Parteiführung im nördlichen Delta nicht bemerkt, daß Cao Operationen nur vortäuschte. Man dachte, daß die Truppen Saigons sich weiterhin bemühten, die Vietcong-Einheiten einzukreisen und zu vernichten, wie Vann es vorher vergeblich versucht hatte. Man sah, daß die Angriffseinheiten plötzlich größer wurden, statt eines in zwei Kampfverbände geteilten Bataillons wurde ein komplettes Bataillon abgesetzt. Man schloß daraus, daß die ARVN-Kommandeure und ihre US-Berater bei ihren Einkreisungsmanövern nun vorsichtiger zu Werke gingen.

Die Weiler Tan Thoi und Bac lagen in einer der wichtigsten »befreiten Zonen« des nördlichen Deltas. Der beste Weg, die Saigoner Armee von Vorstößen in diese Gebiete abzuhalten, bestand darin, diese durch wirksamen Widerstand mühselig und nutzlos zu machen. Die Vietcong-Führer wollten nicht einfach nur kämpfen und sich behaupten. Sie stellten sich zur Schlacht in der Erwartung, daß es ihnen gelingen würde, den Verlauf des Kampfes zu bestimmen. Sie hatten das Gefühl, genügend Fortschritte gemacht zu haben. Nun konnten sie es auf eine Probe ankommen lassen. Früher oder später mußten sie das Risiko ohnehin eingehen, und diese Gelegenheit war so gut wie jede andere. Das Terrain war günstig. Die Reisfelder waren trotz der Trockenzeit überflutet. In diesem Gebiet gab es so viele Flüsse und Kanäle, daß die Bauern den Boden das ganze Jahr hindurch unter Wasser halten konnten.

Die Vietcong in den beiden Weilern hatten zudem den Vorteil, in bekannter Umgebung und mit dem Mut von Menschen zu kämpfen, die ihre Heimat verteidigen. Sämtliche Guerillas einschließlich ihrer Offiziere und Unteroffiziere stammten aus dem Delta. Das 514. Regionalbataillon, dessen erste Kompanie in Tan Thoi lag, war ständig in der Provinz Dinh Tuong stationiert. Etwa die Hälfte der Soldaten der 1. Kompanie des 261. Hauptmachtbataillons, die in dem Weiler Bac warteten, stammte aus der Umgebung von My Tho, ein weiteres Viertel war aus der Gegend von Ben Tre, direkt gegenüber auf der südlichen Seite des oberen Mekong-Arms.

Historisch gesehen war es der richtige Boden für eine Entscheidungsschlacht. Die Bauern in diesen Dörfern am östlichen Rand der Schilfebene waren den Kommunisten seit der ersten Revolte gefolgt, die die Partei im November 1940 im Delta angezettelt hatte. Die Franzosen hatten den Aufstand niedergeschlagen, indem sie zahlreiche Weiler mit Bomben und Artillerie ausradierten. Die Gefangenen wurden auf Flußbooten nach Saigon gebracht und nachts auf den Hafendocks im Licht von Suchscheinwerfern ausgeladen. Man durchbohrte ihnen die

Hände mit Draht und band sie damit zu langen Reihen zusammen. Die Bauern der Region hatten sich nicht einschüchtern lassen. Während des neunjährigen Kolonialkriegs folgten sie dem Ruf der Vietminh.

Von den Dorfguerillas, die im Umkreis der beiden Weiler ein kilometerweites Netz von Spähtrupps gebildet hatten, gaben einige um vier Uhr morgens über Meldegänger die Nachricht durch, daß die Geräusche von Lkw- und Bootsmotoren zu hören waren. Der Bataillonskommandeur gab Alarm. Die Vietcong—die in der vorangehenden Nacht, nachdem der Kommandeur seinen Aufmarschplan abgeschlossen hatte, schon einmal probeweise in Stellung gegangen waren —, nahmen ihre Waffen und eilten zu den getarnten Schützenlöchern unter den Bäumen.

Tan Thoi war mit dem etwas weiter südlich gelegenen Bac durch einen kleinen Wasserlauf verbunden. An seinen beiden Ufern standen Baumreihen, in deren Deckung man sich auch tagsüber ungesehen bewegen konnte. Die beiden Weiler bildeten auf diese Weise zwei sich gegenseitig unterstützende Stellungssysteme. Der Bataillonskommandeur ließ die größere Hälfte seiner Streitmacht, die durch ein paar Schützengruppen verstärkte 1. Kompanie seines 261. Bataillons und seinen schweren Bataillonszug mit dem zweiten 0,30-Zoll-MG und einem 60-mm-Granatwerfer, in Bac in Stellung gehen, das schwerer zu verteidigen war. Aus den bisher eingegangenen Nachrichten ließ sich schließen, daß ein Angriff auf Bac wahrscheinlich von Süden oder Westen her erfolgen würde. Ein von einer Baumreihe gesäumter Arm des Wasserlaufs verlief unmittelbar südlich des Weilers in Ost-West-Richtung. Der Kommandeur ließ an dessen Südufer einen Zug Schützen in Stellung gehen, die hier unter den Bäumen von ihren Erdlöchern aus freien Blick über die Reisfelder nach Süden hatten.

Die westliche Begrenzung des Weilers war ein breiter, in Nord-Süd-Richtung verlaufender Bewässerungsgraben, dessen äußere Böschung ein baumbewachsener Deich säumte. Hier postierte der Bataillonskommandeur den Rest seiner regulären Kompanie und den schweren Zug, und zwar ebenfalls in Schützenlöchern unter den Bäumen. Der Deich, der an den schmalsten Stellen nur vier Fuß breit, sonst aber stärker war, erhob sich über den davorliegenden Reisfeldern wie ein Schutzdamm. Von hier oben aus Schützenlöchern auf die vor Bac liegenden Reisfelder zu schießen, war etwa so, wie wenn man aus der dritten oder vierten Reihe einer Zuschauertribüne auf den davorliegenden Fußballplatz feuerte. Durch die unregelmäßige Anordnung der Felder verliefen weder der Wassergraben noch der Damm in gerader Linie, so daß dieser an mehreren Stellen in die Reisfelder vorsprang. Auf diese Weise konnten die Guerillas alles, was sich ihnen näherte, mit Kreuzfeuer bestreichen. Der Bataillonskommandeur stellte seine beiden MGs und die BARs auf diesen Vorsprüngen auf, um, wie man bei der US-Armee sagt, »ineinandergreifende Feuerzonen« zu erhalten. Die zweite Hälfte seiner Truppen, die durch einen Zug Provinzguerillas verstärkte 1. Kompanie des 514. Regionalbataillons, plazierte er in gleicher Weise auf den Deichen an den Bewässerungsgräben, die die drei exponierten Seiten des Weilers Tan Thoi säumten.

Vom Flugzeug und von den Reisfeldern aus waren die beiden Weiler nicht als Doppelbastion zu erkennen. Die Baumreihen bestanden aus dem im Delta üblichen Gewirr von Bananenstauden, Kokospalmen, Obstbäumen, Wasserpalmen, Bambusdickichten und als Baumaterial verwendeten Harthölzern. Unter der Aufsicht der Offiziere, die diese Methode im Krieg gegen die Franzosen entwickelt hatten, hoben Bauern und Soldaten Schützenlöcher aus, ohne das Laubwerk des dicht wachsenden Unterholzes zu beschädigen. Die ausgehobene Erde wurde weggeschafft und verstreut. Schien das Laubwerk nicht dicht genug, schnitt man frische Äste ab und steckte sie hinter oder neben den Schützenlöchern in den Boden. Selbst von einer niedrig fliegenden L-19 oder einem Hubschrauber aus wirkte alles völlig natürlich.

Die Schützenlöcher waren so tief, daß ein Mann darin aufrecht stehen konnte, die der MG- und BAR-Bedienungen entsprechend breiter, so daß Gewehrführer und Ladeschütze nebeneinander Platz hatten. Bei Bombenangriffen und Artilleriebeschuß konnten sich die Guerillas auf den Boden kauern. Um einen Mann auf dem Boden eines solchen Erdlochs zu töten, bedurfte es eines Volltreffers oder einer Napalmbombe, die nahe genug einschlug, um ihn zu verbrennen oder zu ersticken. Auch eine in der Luft detonierende Granate zeigte nur Wirkung, wenn sie direkt über dem Loch oder in unmittelbarer Nähe explodierte. Der Beschuß mit Bordwaffen und Raketen war praktisch nutzlos, es sei denn, ein Guerilla war verwegen genug, den Oberkörper aus dem Loch zu strecken, wenn das Flugzeug darüber hinwegflog.

Der Bewässerungsgraben hinter den Stellungen stellte eine Art Laufgraben dar. Man konnte sich darin in beide Richtungen bewegen, ohne von den vor dem Deich liegenden Feldern aus eingesehen zu werden. Der Graben war etwa zwei Meter breit und hüfthoch mit Wasser gefüllt. Die Guerillas konnten darin waten oder sich in einem der hölzernen Sampans fortbewegen, die die Bauern durch Aushöhlen oder Ausbrennen von Baumstämmen herstellten. Wenn ein Flugzeug erschien, konnten sie sich unter Wasser oder unter dem Laubwerk an den Ufern verbergen. Durch diesen Bewässerungsgraben war es möglich, die Soldaten in den Schützenlöchern mit der nötigen Munition zu versorgen, die Verwundeten wegzuschaffen und Ersatzleute heranzubringen. Die Offiziere und Unteroffiziere vermochten so in relativer Sicherheit die Stellungen zu inspizieren und ihre Leute zu ermutigen.

Als Alarm gegeben wurde, flüchteten sich die meisten Frauen, Kinder und alten Männer von den etwa zwölfhundert Einwohnern Bacs und Tan Thois in ein nahegelegenes Sumpfgebiet. Einige Erwachsene blieben zurück, um die Verwundeten zu versorgen oder als Meldeläufer zu fungieren.

Unvorhergesehenerweise lag an diesem Morgen über der gesamten Region dichter Bodennebel und verdeckte den Piloten die Sicht. Er hing über Reisfeldern und Baumreihen, er verhüllte die Schilfdächer von Bac, Tan Thoi und der meisten übrigen Weiler. Vann hatte nicht die dreißig Transporthubschrauber bekommen, die nötig gewesen wären, um ein ganzes ARVN-Bataillon auf einmal zu verlasten. Die Armee hatte Schwierigkeiten, die noch aus der Zeit des Koreakriegs stammenden H-21 flugtauglich zu halten. Außerdem hatte für Harkins an diesem Morgen eine andere, ebenso sorgfältig vorbereitete Operation Priorität. Unter dem Kodenamen »Brennender Pfeil« wurden nach intensiver Bombardierung 1250 Fallschirmjäger und, per Hubschrauber, ein Bataillon Infanterie abgesetzt, um die wichtigste Befehlszentrale der Kommunisten auszuschalten. Es handelte sich um das »Zentrale Büro für Südvietnam« in den Regenwäldern der Kriegszone C, der alten Duong-Minh-Chau-Bastion nordwestlich von Saigon, die Bumgardner acht Jahre zuvor durchquert hatte. (»Brennender Pfeil« erwies sich als Fehlschlag. Die Befehlszentrale wurde nicht gefunden.) Um das Divisionsbataillon mit den zehn verfügbaren H-21 in die Landezone nördlich von Tan Thoi zu bringen, mußte Vann es kompanieweise hintransportieren lassen.

Über dem Flugplatz von Tan Hiep lag besonders dichter Nebel. Die Hubschrauberpiloten schafften es trotzdem, kurz vor 7.00 Uhr mit der ersten Kompanie zu starten und oberhalb der Weiler eine nebelfreie Stelle zu finden, um sie abzusetzen. (Es handelte sich um die Landung, die Vann von der Cessna aus beobachtete.) Dann wurde der Nebel noch dichter. Die Piloten protestierten. Sie befürchteten, während des Fluges zu kollidieren oder sich mit den zwei restlichen Kompanien zu verirren. Vann und Dam mußten die beiden anderen Flüge um nahezu zweieinhalb Stunden verschieben, bis um 9.30 Uhr endlich die Sonne durchbrach. Die erste Kompanie rührte sich in der Zwischenzeit nicht von der Stelle. Wäre beim Transport des Divisionsbataillons nicht diese Verzögerung aufgetreten, hätten die Gefechte bei Tan Thoi begonnen und die Schlacht wäre anders verlaufen. Durch die Verspätung hatte jedoch die von Süden her anrückende Zivilgarde als erste Feindberührung. Sie geriet an den Guerillazug, der sich unter der Baumreihe am Wasserlauf südlich von Bac eingegraben hatte. Dieses unvorhergesehene Ereignis ließ die Kämpfe zu einem dramatischen und aufschlußreichen Zusammenprall werden, der für den Krieg und das Leben John Vanns von entscheidender Bedeutung sein sollte.

Die Guerillas wußten, daß die Zivilgarde im Anmarsch war. Ihr Bataillonskommandeur erteilte dem Kompaniechef in Bac die Anweisung, sein auf dem südlichen Flußufer eingegrabener Zug müsse im gegebenen Moment als erster das Feuer eröffnen. Die Funker hörten mit ihren erbeuteten US-Geräten auf den Frequenzen der Saigoner Truppen mit, so daß sie deren Bewegungen genau verfolgen konnten. Die ARVN kümmerte sich nicht um Fernmeldesicherheit. Sie übermittelte unchiffriert Koordinaten, die der Vietcong-Stab leicht auf seinen eigenen

Karten einzeichnen konnte. Kundschafter und Distriktguerillas, die sich vor den anrückenden Zivilgardisten zurückzogen, bestätigten die Angaben der Funkaufklärung. Schließlich sahen die Partisanen in ihren Schützenlöchern, wie die Soldaten des ersten Zivilgardebataillons sich in langen Reihen über Erdwege und schmale Deiche auf sie zubewegten. Die Distriktguerillas gingen nun in aller Eile auf der rechten Seite in einer Kokospalmengruppe in Stellung. Sie bekamen den Befehl, auf die Zivilgarde von der Flanke her das Feuer zu eröffnen, nachdem die regulären Vietcong sie frontal unter Beschuß genommen hatten.

Der das Zivilgardebataillon befehligende Hauptmann wußte, daß Baumreihen Überraschungen bergen konnten, und wurde deshalb vorsichtiger. Er ließ etwa 150 Meter davor an einem Deich halten und schickte einen Teil einer Kompanie auf Erkundung in das offene Reisfeld vor. Die Guerillas ließen die Männer bis auf dreißig Meter herankommen, dann eröffneten sie das Feuer. Während die Zivilgardisten eilig durch das schlammige Wasser zurückpatschten, um sich hinter dem Deich in Sicherheit zu bringen, nahmen die Distriktguerillas in der Kokospalmengruppe sie von der Flanke her unter Beschuß. Innerhalb weniger Sekunden wurden der Kompaniechef und sein Stellvertreter getötet. Jetzt hätte der vor dem Deich zurückgebliebene Rest des Bataillons seinen Kameraden Feuerschutz geben sollen. Statt dessen kauerten sich viele hinter dem niederen Erdwall auf den Boden, andere legten die Gewehre über sich auf die Deichkrone und feuerten, ohne zu sehen, wohin, so daß die Zurückweichenden aus zwei Richtungen beschossen wurden. Es war 7.45 Uhr.

Während der nächsten zwei Stunden versuchte der Hauptmann mit seinem Zivilgardebataillon erfolglos, die Guerillas durch Flankenbewegungen zu vertreiben. Sein Artilleriebeobachter war entweder inkompetent, oder der Gefechtsstand des militärischen Führungsstabs der Provinz wollte ihn die Schußwerte nicht verbessern lassen. Jedenfalls landeten die Salven, die er hin und wieder anforderte, hinter statt auf den Schützenlöchern der Vietcong. Das Flankenmanöver endete kurz vor 10.00 Uhr, als der Hauptmann eine leichte Beinverwundung erlitt.

Vann erfuhr von dem Gefecht an der südlichen Baumreihe erst, als es schon fast zu Ende war. Major Lam Quang Tho, Gouverneur der Provinz Dinh Tuong und Befehlshaber der Regionaleinheiten, der bei dieser Operation theoretisch als einer von Dams Regimentskommandeuren fungierte, hielt es nicht der Mühe wert, Dam über das Vorgefallene zu unterrichten. Tho war auch der Mann, den Diem zum Befehlshaber des Panzerregiments in My Tho gemacht hatte. Es war das eine Art Putschversicherung, da Thos Familie zu den Grundbesitzern im Delta gehörte, die sich mit den Ngo Dinh verbündet hatten. Nach Ausbruch des Gefechts hatte Tho seinem zweiten Zivilgardebataillon nicht befohlen, dem ersten sofort zu Hilfe zu eilen, so daß sie gemeinsam hätten angreifen können. Er unternahm auch nichts, um das Artilleriefeuer zu korrigieren, nachdem ein die Zivilgarde begleitender US-Leutnant sich ein Funkgerät ausgeborgt hatte, um ihn auf diese Notwendigkeit hinzuweisen. Er kam auch nicht, um selbst einen Angriff zu organisieren, obwohl der Schauplatz des Geschehens nur etwa drei Kilometer von der weiter südlich verlaufenden Hauptstraße entfernt war, an der er seinen Gefechtsstand aufgebaut hatte. Als die Verluste sich schließlich auf acht Tote und vierzehn Verwundete beliefen und sein Bataillonskommandeur am Bein verwundet war, reagierte Tho so, wie das von einem Saigoner Befehlshaber zu erwarten war: Er forderte jemanden auf, den Krieg an seiner Statt zu führen. Er ersuchte Dam mittels Funkspruch, die am Flugplatz von Tan Hiep als Divisionsreserve zurückbehaltenen Kompanien in den Reisfeldern hinter der südlichen Baumreihe absetzen zu lassen. Durch die Landung der Reserve in ihrem Rücken würden die Guerillas gezwungen sein, ihre Positionen aufzugeben. Dabei entging Tho allerdings, daß man diese Reserve in den offenen Reisfeldern vor dem westlichen Deich von Bac absetzen würde, unter dessen Baumreihe der Rest der regulären Guerillas in Stellung gegangen war.

Vann verfolgte nördlich von Tan Thoi an Bord der L-19 die Bewegungen der dritten Kompanie des Divisionsbataillons, die zehn Minuten vorher gelandet war, als sich plötzlich Ziegler aus dem Befehlszelt am Flugplatz meldete. Er teilte ihm Thos Ansuchen mit und sagte, Dam bitte ihn, Vann, nach Bac hinunterzufliegen und eine Landungszone für die Reserve ausfindig zu machen. Als Vann den Weiler erblickte, wurde er sofort argwöhnisch. Er hatte den Eindruck, daß die Guerillas in der südlichen Baumreihe Teil einer größeren Einheit waren, die sich vor der anrückenden Zivilgarde zurückgezogen hatte. Wenn das richtig war, dann mußte Bac ihr Versammlungsgebiet sein. Er suchte nun eine Viertelstunde lang vom Rücksitz seiner Cessna aus den Weiler und die umliegenden Baumreihen ab. Der Heerespilot auf dem Vordersitz ging auf etwa hundert Meter hinunter und ließ das kleine Flugzeug in weiten Achtern mit der Grazie eines vom Wind getragenen Falken über den Weiler gleiten. Auf Vanns Verlangen schob er von Zeit zu Zeit den Gashebel vor und drückte die Flugzeugnase nach unten, um mit vollem Tempo über die Baumkronen zu brausen.

So erfahren sein Auge auch war, Vann konnte nicht einen einzigen Guerilla entdecken. Auf die Präsenz der Vietcong in der südlichen Baumreihe ließ sich nur aus den Einschlägen rund um die Zivilgardisten schließen. Die Regulären unter der Baumreihe am Westrand von Bac beobachteten ihn aus ihren Schützenlöchern, ließen das kleine grüne Flugzeug jedoch straflos Runde um Runde drehen und widerstanden der Versuchung, darauf zu feuern. Sie wußten, worauf es ankam. Trotz der völligen Ruhe blieb Vann in bezug auf die Baumreihe argwöhnisch und ließ seinen Piloten mit einer anderen L-19 Verbindung aufnehmen. Sie führte eine Staffel H-21 an, die mittlerweile mit der ersten Reservekompanie gestartet war. Die plump wirkenden H-21 wurden von fünf »Gunships« begleitet, Kampfhubschraubern, die die Armee erst im Herbst nach Vietnam entsandt hatte. Es waren elegante, glatt und windschnittig geformte Maschinen mit einem leistungsstarken Wellenturbinen-Antrieb, der ihnen große Wendigkeit verlieh. Diese von Bell gebauten und offiziell als HU-1 Iroquois bezeichneten Kampfhelikopter wurden von den Heeresfliegern liebevoll »Huey« genannt. Sie hatten unterhalb des Rumpfes zu beiden Seiten je ein elektrisch betriebenes 7,62-mm-MG, darüber befanden sich Starter für 2,75-Zoll-Raketen. Der Kopilot bediente MGs und Raketenstarter mit Hilfe eines Visiergeräts, an dem sich die entsprechenden Druckknöpfe befanden. Vann übermittelte dem Führungspiloten der zehn H-21 den Befehl, die Reservekompanie an einer Stelle abzusetzen, die sowohl von der südlichen als auch von der westlich vor Bac verlaufenden Baumreihe 300 Meter entfernt lag. Außerdem gab er den Hubschraubern eine Route an, auf der sie beim Ein- und Ausfliegen dem Feindfeuer minimal ausgesetzt sein würden.

Die Befehlshierarchie war zu dieser Zeit noch nicht genau festgelegt, und die Hubschrauberkompanien betrachteten sich noch als von den Divisionsberatern unabhängige Einheiten. Vielen der dienstälteren Piloten war Vann unsympathisch, da er ihnen, autoritär und stolz auf seine Flugerfahrung, immer Vorschriften machen wollte. Vielleicht hätten sie sich von keinem Berater etwas befehlen lassen, aber bei Vann verspürten sie ganz besonders die Neigung zu zeigen, daß sie selbst am besten wußten, wie man Hubschrauber flog und wo man in einer Kampfzone Truppen abzusetzen hatte. Der Kommandant des Führungshubschraubers ignorierte Vanns Befehle und flog auf eine Landestelle zu, die nur 200 Meter von der Baumreihe westlich des Weilers entfernt war. Vann hatte ihm 300 Meter angegeben, eine Distanz, in der das Feuer leichter 0,30-Zoll-Infanteriewaffen praktisch wirkungslos wird. Da das Projektil während des Fluges an Höhe verliert, durch die veränderte Sicht und andere Faktoren kann eine Differenz von hundert Metern die Unendlichkeit sein, die den Unterschied zwischen Nichtgetroffen- und Getroffenwerden ausmacht.

Während Vann seine Befehle übermittelte, wies der Bataillonskommandeur des Vietcong seine Soldaten an, sich für die Abwehr der Hubschrauber bereitzumachen. Er war von seinen Funkern, die auf den ARVN-Frequenzen mithörten, von dem Landungsunternehmen benachrichtigt worden. Es war 10.20 Uhr, der Nebel hatte sich aufgelöst. Die großen, dunkelgrünen Silhouetten der »Winkelwürmer«, wie die Guerillas die gekrümmten H-21 nannten, und die Umrisse der »Taucher«, so ihr Spitzname für die Hueys, würden im Sonnenschein deutlich erkennbar sein.

Der 29jährige Oberfeldwebel Arnold Bowers von der 101. Luftlandedivision, der auf einer Milchfarm in Minnesota aufgewachsen war, hörte den Peitschenknall des ersten Geschosses, das den Aluminiumrumpf seines Helikopters durchschlug, als die Maschine noch 16 Meter über dem Boden war. Bowers flog im zweiten Hubschrauber der Kette. Vietnam war sein erster Krieg. Während der achteinhalb Monate, die er bereits hier war, hatte er, von ein paar Scharmützeln

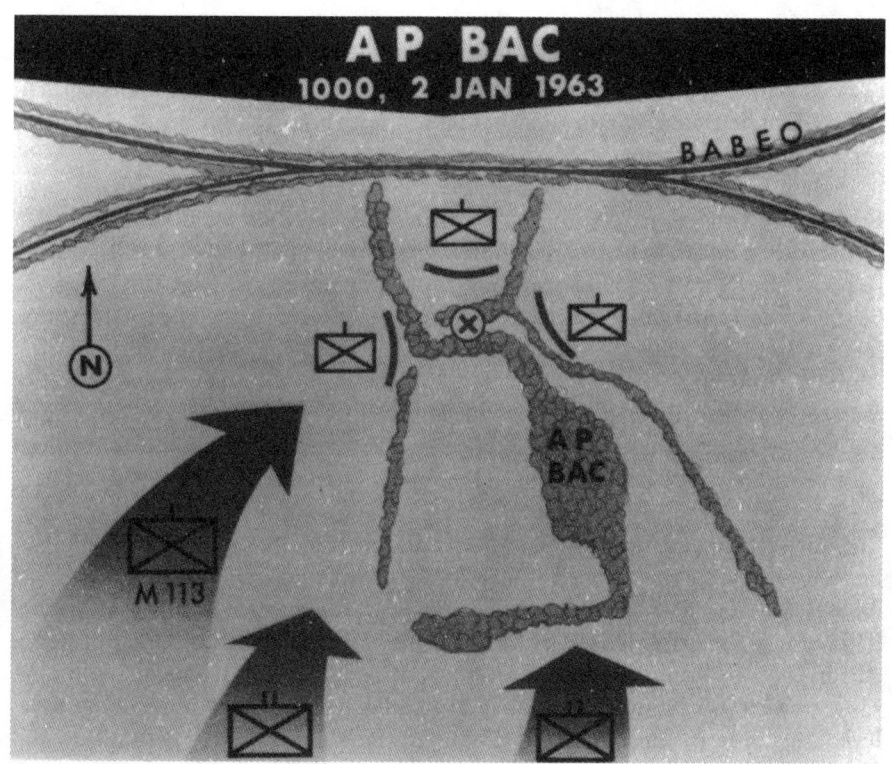

John Vanns Kartenskizze der Schlacht von Ap Bac, die er für den Vereinigten Generalstab der US-Streitkräfte anfertigte. Er ließ davon ein Farbdiapositiv herstellen, das er im Konferenzraum des Führungsstabs auf eine Leinwand projizieren konnte. Das Diapositiv bewahrte er mit seinen Unterlagen auf.

Das X im Kreis markiert das ursprüngliche Operationsziel, den von dem Weiler Tan Thoi aus operierenden Sender. Die drei Kompanien des Infanteriebataillons der 7. Division rücken von drei Seiten gegen den Weiler vor. Vann gebraucht für den die Schilfebene begrenzenden Kanal Tong Doc Loc den Namen Babeo. Der Pfeil rechts unten stellt das erste Zivilgardebataillon dar, das an den am Flußarm südlich von Bac eingegrabenen Guerillazug geriet. Der mittlere Pfeil bezeichnet das zweite Zivilgardebataillon, das sich noch auf dem Vormarsch befindet, während die auf den M-113 aufgesessene Kompanie an der äußeren Westflanke des Operationsgebiets vorrückt. Die Zahl vor dem Datum bedeutet 10.00 Uhr; 20 Minuten später werden die Hubschrauber die Reservekompanie in den offenen Reisfeldern absetzen, und zwar zwischen dem westlichen Rand von Bac, wo die Kompanie des 261. regulären Vietcong-Bataillons liegt, und der Baumreihe, die Vann am Rand eines noch weiter westlich verlaufenden Kanals skizziert hat.

mit Heckenschützen abgesehen, noch nie ein Gefecht erlebt. Wieder und wieder übertönte der Peitschenknall den Krach der Triebwerke, bis die Räder des Helikopters schließlich im Reisfeld aufsetzten. Bowers und der Kompaniechef, ein ARVN-Oberleutnant, sprangen mit einer Gruppe Infanteristen aus der Kabinentür ins knietiefe Wasser.

Sobald sie das Getöse des Triebwerks etwas hinter sich gelassen hatten, konnte Bowers aus dem grünen Laubwerk vor ihnen Gewehrschüsse und die ratternden Feuerstöße automatischer Waffen hören. Geschosse knallten ins Wasser, pfiffen ihm um die Ohren und zerrissen die Luft über ihm. Er spürte, wie der graue Schlamm an seinen Stiefeln saugte, während er in einer Art Reflex vorstürmte. Die größten Überlebenschancen, so war ihm bei der Ausbildung eingehämmert worden, hatte man dann, wenn man sich so lange fortbewegte und feuerte, bis man direkt vor dem Gegner stand und ihn töten konnte. Der Oberleutnant und die ARVN-Soldaten waren anderer Meinung. Etwa 15 Meter von der Landungsstelle entfernt warfen sie sich gleich hinter dem ersten Deich zu Boden.

Sergeant Bowers brüllte dem Oberleutnant zu, sie müßten das Feuer erwidern und aus ihrer ungeschützten Position herauskommen, sonst würden sie alle hier im Reisfeld ihr Leben lassen. Der Oberleutnant verstand nicht, was Bowers meinte. Als sie zuvor am Flugplatz darauf gewartet hatten, an Bord zu gehen, hatte er mit Bowers' Englisch keinerlei Schwierigkeiten gehabt. Immerhin war er Absolvent des Kompanieführerkurses der Infanteriekampfschule in Fort Benning. Bowers war der für Operationen zuständige Unteroffizier im Stab des Beraterkommandos, meldete sich jedoch immer wieder freiwillig für Patrouillen und Stoßtrupps. Vann, der seinen Schneid schätzte, hatte ihn am Morgen gefragt, ob er unter Umständen die Reserve begleiten würde, da die Einheit keinen regulären Berater hatte. Bowers hatte ja gesagt. Er brüllte noch einmal zum Oberleutnant hinüber. Der starrte ihn mit angstgeweiteten Augen an und preßte sich der Länge nach hinter dem flachen Deich ins Wasser, um sich so wenig wie möglich den Geschossen auszusetzen.

Bowers blickte nach rechts und sah, daß ein ARVN-Unteroffizier aus einem der zuletzt gelandeten Hubschrauber mit einer Schützengruppe hinter einem Deich in Richtung auf die südliche Baumreihe vorrobbte. Trotz der vorbeipfeifenden Geschosse sprang Bowers auf, sprintete, so gut das in dem Schlamm ging, zu der Schützengruppe hinüber, warf sich vor dem Unteroffizier zu Boden und begann vor ihm herzurobben. Er wollte die Gruppe in Bewegung halten, bevor sie es sich anders überlegte. Bei früheren Einsätzen hatte er bemerkt, daß die ARVN-Unteroffiziere im Gegensatz zu den Offizieren sich von den Amerikanern gerne helfen ließen. Sie betrachteten einen US-Sergeant als jemand Höherstehenden, dem man die Verantwortung zuschieben konnte, wenn etwas schieflief. Auch war ihm aufgefallen, daß sie keine gebildeten Stadtmenschen waren wie ihre Offiziere, sondern ehemalige Bauern, die sich kampfwilliger zeigten.

Während Bowers vorrobbte, überlegte er sich das nächste Manöver. Er würde mit der Schützengruppe in die südliche Baumreihe vorstoßen und versuchen, die Flanke der Guerillas in der westlich vor Bac liegenden Baumreihe zu umgehen. Möglicherweise würden andere Schützengruppen seiner Initiative folgen. Zumindest würde er im Schutz der Bäume eine Feuerstellung einrichten können, um auf diese Weise den auf der Kompanie im Reisfeld lastenden Druck etwas zu vermindern. Die Guerillas konzentrierten ihr Feuer auf die Stelle, wo der Oberleutnant mit dem Großteil der Kompanie zurückgeblieben war. Je weiter sich Bowers mit der Gruppe vorarbeitete, desto weniger Geschosse klatschten in den Deich. Sie hatten etwa 150 Meter geschafft und waren nahe an der Baumreihe. Bowers sah zwischen den Bäumen eine Gestalt laufen. Es mußte ein Meldegänger der Guerillas sein. Der Mann war ganz auf seine Aufgabe konzentriert und sah ihn nicht. Bowers war vor dem Abflug über die Lage in Bac nicht unterrichtet worden, und es war ihm nicht klar, daß sich auf dem jenseitigen Ufer des Wasserlaufs, auf den er sich zubewegte, Guerillas befanden. Der Meldegänger war zwar ein Anzeichen dafür, aber Bowers machte sich keine Sorgen, auch wenn er mit einem Karabiner und zwei 30-Schuß-Magazinen nicht besonders gut bewaffnet war. Die Bäume würden seiner Gruppe ebenso Deckung bieten wie den Vietcong.

Plötzlich rief ihm der Unteroffizier, der fünfzehn oder zwanzig Meter hinter ihm herkroch, in einer Mischung aus Vietnamesisch und Pidgin-Englisch etwas zu. Bowers blickte sich um. Der Vietnamese winkte ihm, er solle zurückkommen. Er zeigte auf sein Funkgerät und dann zurück zum Oberleutnant, um auszudrükken, daß er Befehl hatte umzukehren. Bowers fluchte. Er dachte, er müsse versuchen, sich über den Oberleutnant hinwegzusetzen. »Di, di!« schrie er, »Los, vorwärts!« und winkte dem Vietnamesen zu, ihm zu folgen. Dann drehte er sich um und robbte weiter auf die Bäume zu. Nach ein paar Metern wandte er sich nochmals um. Er führte sein Flankenmanöver im Alleingang durch. Unteroffizier und Schützengruppe robbten zurück in Richtung Oberleutnant.

Vann mußte von seiner L-19 aus hilflos zusehen, wie die Hubschrauber abgeschossen wurden. Die Vietcong-Offiziere hatten ihre Truppen schon seit Monaten auf eine Gelegenheit wie diese vorbereitet. Als man gegen Ende des vergangenen Sommers bei einem Angriff Truppen absetzte, erblickte ein in der Kabinentür stehender Pilot zu seiner Überraschung einen Guerilla, der in etwa 75 m Entfernung ungedeckt auf dem Boden kniete und auf ihn zielte. Während der Pilot seinen Karabiner in Anschlag bringen wollte, um zu feuern, schwenkte der Vietcong, anstatt auf ihn zu schießen, sein Gewehr, schoß vor dem Helikopter in die Luft, führte das Gewehr zurück, schwenkte es wieder vor und traf noch einmal vorbei. Der verdutzte Pilot hatte sich inzwischen gefaßt und erschoß den Guerilla. Die Geschichte machte unter sämtlichen Hubschrauberbesatzungen und Beratern die Runde, und alle lachten darüber. Heute sollte allen, die sich an diese Geschichte erinnerten, klar werden, daß sie damals besser gezittert hätten.

Der Guerilla hatte bloß einen kläglichen Anfang gemacht. Er hatte Vorhalt geben wollen, wie es Jäger tun, um mit der Schrotflinte Flugwild abzuschießen. Bei der Luftabwehr bewirkt man damit, daß die Flugbahnen von Flugzeug und Projektilen sich schneiden. Man schießt vor das Flugobjekt, das dann sozusagen in die Geschosse hineinfliegt. Die Ausbilder, deren Lager am 20. Juli an der kambodschanischen Grenze entdeckt worden war, hatten diese Technik ausgewählten Bedienungsmannschaften an 0,50-Zoll-MGs beigebracht. Gleichzeitig hatte die Vietcong-Führung begonnen, sämtliche Guerillatruppen darin zu unterweisen, ihre Handfeuerwaffen in derselben Weise einzusetzen. Es wurden Zettel verteilt, auf denen erklärt war, wie man aus Anflugwinkel und Geschwindigkeit des Flugzeugs den Vorhalt errechnete. Je größer der Winkel und die Geschwindigkeit, desto größer der Vorhalt. Bei den langsamen H-21 mußte man den kürzesten, bei den schnelleren Hueys einen etwas längeren, und bei den schnellen Jagdbombern, die, wie die Offiziere ihren Männern versicherten, ebenfalls verletzlich waren, den größten Vorhalt geben. Der günstigste Moment, das Feuer auf einen H-21 zu eröffnen, war, wenn er im Landeanflug vor dem Aufsetzen nur mehr minimale Geschwindigkeit hatte. »Beim Landungsmanöver sind normalerweise zwei Drittel der Rumpflänge der richtige Vorhalt«, hieß es auf einem der Flugblätter.

Daß es sich bei diesen Anweisungen eher um ein mathematisches Ratespiel handelte, war nicht so wichtig. Was zählte, war, daß man den Guerillas einhämmerte, vor das Flugzeug zu zielen. Offiziere und Unteroffiziere drillten ihre Männer darauf, ganz automatisch Vorhalt zu geben. Um nicht entdeckt zu werden und Munition zu sparen, wurde in Ausbildungslagern in der Schilfebene und anderen Ruhezonen und fast immer ohne scharfe Munition geübt. Man fertigte von den H-21, Hueys und Jagdbombern Kartonmodelle an und bewegte sie an einem zwischen zwei Stangen gespannten Seil, um ein vorbeifliegendes Objekt zu simulieren. Der Guerilla lernte, den Lauf so mitzuschwenken, daß er stets den richtigen Vorhalt hatte. Als Kontrolle dienten ihm rote und grüne Leuchtspurgeschosse, die in den erbeuteten amerikanischen Magazinen oder MG-Gurten alle paar Schuß eingefügt waren. Die MG-Schützen und BAR-Bedienungen, mit deren Waffen man bei entsprechender Übung sogar Jagdbomber abschießen konnte, erhielten die sorgfältigste Ausbildung.

Die Vietcong-Offiziere schärften ihren Soldaten ein, sich solange zurückzuhalten, bis die ganze Gruppe, der ganze Zug oder die gesamte Kompanie feuerbereit war. Mit massiertem Feuer hatte man die größten Chancen, ein Flugzeug manövrierunfähig zu schießen. Bei einem gelandeten Helikopter war natürlich kein Vorhalt erforderlich.

Der Führer der H-21-Staffel hätte dem Vietcong keinen größeren Gefallen erweisen können als durch die Art, in der er Vanns Anweisungen mißachtete. Nachdem man ihm mitgeteilt hatte, daß in der südlichen Baumreihe »Victor

Charlies« waren, nahm er an, daß sich in der am Westrand von Bac gelegenen Baumreihe keine befanden. Er ließ die Hubschrauberkette zunächst in geringer Höhe über die Westseite von Tan Thoi fliegen. Einige der hier postierten Guerillas vom 514. Regionalbataillon feuerten los und machten ihre in Bac liegenden Kameraden nervös, die darauf brannten, die »Eisenvögel« vor die Rohre zu bekommen. Die zehn H-21 überflogen dann die Baumreihe am Bewässerungsgraben von Bac, drehten nach Westen und landeten nacheinander einzeln oder paarweise in den überfluteten Reisfeldern etwa 200 Meter vor dem Damm. Die Guerillas hatten reichlich Zeit, ihre anfängliche Angst und Nervosität unter Kontrolle zu bringen und sich auf die Maschinen so lange einzuschießen, bis sie Treffer um Treffer erzielten.

Als die Vietcong das Feuer eröffneten, gingen die Piloten der fünf Begleitschutz fliegenden Hueys sofort auf Schußhöhe hinunter. Die Kopiloten richteten die Fadenkreuze ihrer Zielgeräte auf die Bäume und betätigten die Druckknöpfe ihrer MGs und Raketenstarter. Normalerweise genügte ein solcher Durchgang mit Bordwaffenbeschuß, um das Abwehrfeuer der Guerillas auszuschalten. Dieses Mal war es anders. Die Vietcong zahlten es den Hueys mit gleicher Münze heim. Sooft einer der Kampfhubschrauber auf Schußhöhe ging, geriet er in die Bahnen der Leuchtspurgeschosse, die ihm auch dann folgten, wenn der Pilot die Maschine nach dem Durchgang wieder hochzog. Die Hueys verschwendeten einen großen Teil ihrer Feuerkraft auf die südliche Baumreihe, aus der die einfliegenden H-21 gar nicht beschossen wurden, da den auf dem Südufer des Wasserlaufs eingegrabenen Guerillas durch die Bäume die Sicht nach Norden versperrt war. Außerdem konnten die Kopiloten in den Hueys die Schützenlöcher auf dem Damm durch die Baumkronen und das Unterholz hindurch nicht ausmachen und waren durch den unerwarteten Widerstand und die in die Maschinen einschlagenden Geschosse verwirrt.

Jeder der H-21 bekam zahlreiche Treffer ab. Am schlimmsten getroffen wurden die zuletzt einfliegenden Maschinen, da die Vietcong hier auf weniger Flugzeuge schießen mußten und ihr Feuer besser konzentrieren konnten. Ein Hubschrauber mit Aluminiumrumpf, besonders ein so großer wie der H-21, kann sehr oft getroffen werden und trotzdem weiterfliegen, sofern kein lebenswichtiges Teil beschädigt ist. Mit einer einzigen Ausnahme gelang es allen, wieder zu starten. Ein Pilot meldete über Funk, daß seine Steuerung nicht mehr ansprach. Er sagte, er werde das Triebwerk wieder abstellen und sich mit dem Kopiloten und den beiden anderen Besatzungsmitgliedern der ARVN-Infanterie im Reisfeld anschließen.

In der kurzen Zeit der Unschuld, als der Krieg noch ein Abenteuer war, einer Zeit, die an diesem Tag zu Ende ging, herrschte unter den Hubschrauberbesatzungen ein strikt beachteter Kodex der Kameradschaft. Er besagte, daß eine abgeschossene oder notgelandete Crew unverzüglich gerettet werden mußte, selbst wenn Saigoner Truppen bei ihr waren. In diesem Sinne kurvte einer der H-21 zurück, um die Besatzungen aufzunehmen. Die Möchtegernretter landeten an der schlechtestmöglichen Stelle, zwischen dem manövrierunfähigen Helikopter und dem Schutzdamm. Ihre Maschine wurde augenblicklich außer Gefecht gesetzt. Der Kodex verlangte einen weiteren Rettungsversuch. Dieses Mal galt es, zwei Besatzungen zu bergen. Der Kommandant der Kampfhubschrauber kündigte über Funk an, daß er sie herausholen werde. Vann, der Draufgänger, kreiste in seiner L-19 über dem Schauplatz des Geschehens und fluchte über diese selbstmörderische Ritterlichkeit, unternahm aber nichts dagegen. Er wußte, daß die Piloten ihn nicht beachten würden. Der Führungshubschrauber der Hueys kreiste im Tiefflug über den beiden H-21, da die beiden Piloten und der MG-Schütze die Männer auf dem Boden lokalisieren wollten. In einem weiteren wirren und verzweifelten Versuch, das Abwehrfeuer der Vietcong niederzuhalten, nahmen indessen die vier anderen Kampfhubschrauber noch einmal beide Baumreihen unter Beschuß. Der Führungshubschrauber wendete und kurvte zum Landeanflug hinter die beiden H-21, von denen er sich einige Deckung gegen die Geschoßgarben aus der Baumreihe versprach. Als er vor dem Aufsetzen in den Schwebeflug überging, konnten die Guerillas ihre Trefferzahl wesentlich erhöhen. Sie jagten Schuß um Schuß in die Maschine, bis schließlich ein Projektil das Hauptrotorblatt traf. Der Huey kippte rechts ab und stürzte etwa 50 Meter hinter den beiden H-21 ins Reisfeld. Die Vietcong hatten einen neuen Rekord aufgestellt. Nach etwa fünf Minuten Schußwechsel waren vier Hubschrauber außer Gefecht. (Ein dritter H-21 war so stark beschädigt worden, daß er etwa zwei Kilometer entfernt in einem Reisfeld landen mußte. Seine Besatzung konnte unverletzt geborgen werden.) Von den fünfzehn Hubschraubern hatte nur ein Huey keinen Treffer abbekommen.

Bowers sprang auf und lief zu dem abgestürzten Huey. Auf dem Streifen, zu dem er sich mit der Schützengruppe vorgearbeitet hatte, stand das Wasser weniger hoch, und an der Absturzstelle war der Boden kaum mehr als naß, so daß er schnell vorwärtskam. Vom Wrack her ertönte ein durchdringendes Heulen. Das Turbinentriebwerk war von der Last des abgebrochenen Hauptrotors befreit und lief Amok. Bowers befürchtete, es könne jeden Moment zu glühen beginnen, explodieren und die Treibstofftanks entzünden. Der Pilot auf dem Rücksitz hatte es geschafft herauszuklettern und taumelte auf eine Bodenerhebung zu, die einigen Schutz gegen die Geschosse versprach. Bowers rief ihm etwas zu, aber er antwortete nicht. Bowers nahm an, daß er zu benommen war, um ihm bei der Rettung des anderen Piloten und des MG-Schützen zu helfen, die noch in der Maschine waren.

Der Hubschrauber lag auf der Seite. Die Kabinentür rechts war teilweise in den Boden gedrückt, doch Bowers konnte das Schiebefenster soweit öffnen, daß er den Sitzgurt auf dem Vordersitz lösen und den Piloten herausziehen konnte.

Dieser war ebenfalls benommen und hatte sich beim Absturz eine Schnittwunde am Bein zugezogen, war aber doch genügend bei Bewußtsein, um ihm den Arm über die Schulter zu legen und neben ihm herzuhüpfen, während er ihn zu der Bodenerhebung führte.

Bowers rannte zurück, um den MG-Schützen zu holen, einen älteren farbigen Sergeant namens William Deal. Das Triebwerk heulte immer noch, und vereinzelt knallten Geschosse in den Rumpf. Deal war an den Seitensitz hinter seinem MG gegurtet, mit dem er auf die Vietcong gefeuert hatte. Durch die Neigung des Rumpfes hing er fast senkrecht nach unten. Um ihn rechtzeitig aus der Maschine herauszubekommen, mußte Bowers versuchen, ihn zum Bug zu schaffen und herauszuziehen. Er trat die Windschutzscheibe der Cockpitverglasung ein und kletterte hinein. Offenbar hatte Deal durch den Aufprall das Bewußtsein verloren. Die Plastiksturzhelme, die die Piloten und anderen Besatzungsmitglieder trugen, hatten eingebaute Kopfhörer sowie ein Mikrophon für Sprechfunk und die Verständigung an Bord. Der Draht an Deals Helm hatte sich verheddert. Bowers löste ihm zunächst den Kinnriemen, um den Verwundeten nach Lösen des Sitzgurts gleich freizubekommen. Als er ihm den Helm abnahm, sah er, daß er eine Leiche bergen wollte. Deal hatte einen Kopfschuß erhalten und war wahrscheinlich auf der Stelle tot gewesen.

Das Triebwerk hatte zu heulen aufgehört. Es war wohl ausgebrannt, ohne zu explodieren. Bowers beschloß, Deal trotzdem aus dem Wrack zu ziehen. Die Arbeit auf der Farm und das Training bei der Armee hatten ihn stark gemacht. Seine Eltern stammten in der dritten Generation von deutschen und irischen Einwanderern ab, die von Iowa über die Kohlenbergwerke Norddakotas nach Minnesota gekommen waren. Er war größer als Vann, hatte ein kantiges Gesicht, lange Arme, war aber mit seinen 68 Kilogramm ebenso schlank und drahtig wie Vann. Deal war groß und schwer, und ihn zu schleppen war keine Kleinigkeit. Bowers zog ihn aus der Maschine und schleifte ihn zu der Erhebung hin, indem er seine Finger in den groben Nylonstoff des grauen Fliegeranzugs krallte, den die Heeresflieger damals trugen. Ein Knall, der sich wie die Detonation einer Bazooka-Rakete anhörte, ließ Bowers die unsinnige Gefährlichkeit seines Tuns erkennen. »Ich kann ihm ohnehin nicht mehr helfen«, sagte er sich und legte Deals Leiche auf den Boden. Da das Feld an der Absturzstelle nicht überflutet war, hatte er nicht das Gefühl, pietätlos zu handeln.

In diesem ersten vom Fernsehen übertragenen US-Krieg hatte Deals siebenjähriger Sohn an dem Tag, an dem er erfahren sollte, daß Daddy tot war, in Mays Landing, New Jersey, seinen Vater auf dem Bildschirm im Einsatz erlebt. Die Familie sah sich eine Nachrichtensendung an, in der ein Filmbericht über eine frühere Hubschrauberoperation eingeblendet wurde. »Schau, da ist Daddy!« rief der Junge seiner Mutter zu. Sechs Stunden darauf kam das Telegramm aus dem Pentagon.

Bowers kroch auf den H-21 zu, der bei der Landung im Reisfeld als zweiter abgeschossen worden war. Er sah, daß ein Besatzungsmitglied neben einem Rad des Hubschraubers im Wasser kauerte. Die Explosion, die Bowers für eine Bazooka-Rakete gehalten hatte, war die Ankündigung gewesen, daß der Bataillonskommandeur der Vietcong nun dem Erfolg seiner Männer die Krone aufsetzen wollte. Er hatte eine Schützengruppe in eine Baumreihe vorgeschickt, die weiter nördlich parallel zu den Helikoptern verlief. Sie sollte versuchen, die Hubschrauberwracks mit Gewehrgranaten in Brand zu schießen. Gewehrgranaten werden auf den Lauf aufgesetzt und durch Zündung einer Platzpatrone abgefeuert. Bowers hatte die erste Detonation dieser Gewehrgranaten gehört. Zum Leidwesen der Guerillas und ihres Kommandeurs befanden sich die Hubschrauber jedoch außer Reichweite. Die paar Gewehrgranaten, die sie abschossen, detonierten in der Luft, ohne Schaden anzurichten. Brennende Helikopter würden von großer psychologischer Wirkung sein, und der Bataillonskommandeur wollte sich diese Gelegenheit nicht entgehen lassen. Sein schwerer Zug opferte daher ein halbes Dutzend der kostbaren Granaten von den 60-mm-Mörsern, den schwersten Waffen, die er besaß. Auch damit verfehlte er die Hubschrauber und jagte bloß Fontänen schlammigen Wassers in die Luft. 1963 waren die Männer an den Mörsern noch Amateure. Als Bowers den H-21 erreichte, hatte der Beschuß aufgehört.

Der junge Mann, der neben dem Rad im Wasser lag, war ein Obergefreiter, der MG-Schütze von der hinteren Kabinentür. Er sagte, die Piloten seien bei der ARVN hinter dem Deich und hätten ihn und seinen Kumpel, den 21jährigen Donald Braman, hier zurückgelassen. Der war verwundet und noch in der Maschine drinnen. »Ich kann ihn nicht herausholen. Sooft ich versuche, wieder hineinzuklettern, schießen sie auf mich«, sagte er und deutete auf die Baumreihe vor ihnen. Bowers trug ihm auf, ebenfalls zum Deich hinüberzukriechen, wo die Piloten und der vietnamesische Oberleutnant in Deckung lagen. Um seinen Kumpel werde er sich kümmern.

Bowers schnellte hoch, um durch die Kabinentür zu klettern. Sofort eröffneten mehrere Guerillas das Feuer. Die aus dem Reisfeld ragende Silhouette des H-21 verleitete sie, zu hoch zu schießen, und sobald er im Inneren war, verloren sie ihn aus dem Blick. Die Geschosse schlugen unter dem Kabinendach durch. Bowers hatte Angst, sagte sich aber, daß er eine gute Überlebenschance hätte, solange er auf dem Boden blieb, wo zwischen den beiden Türen der Verwundete lag. Nach ein paar Minuten hörten die Guerillas auf, ihre Munition an ein Wrack zu verschwenden.

Braman konnte sich klar ausdrücken, seine Verletzung schien nicht schwer zu sein. Er war getroffen worden, als er bei der Landung selbstvergessen aus der Kabinentür mit seinem Karabiner auf die Vietcong feuerte. Als das Magazin leer war und er sich vorneigte, um ein neues einzusetzen, durchschlug ihm ein Schuß die

Schulter. Die Ironie des Schicksals wollte es, daß die vier Besatzungsmitglieder des ersten H-21, die Bramans Hubschrauber zu retten versuchte, unverletzt ins Reisfeld flüchten konnten. Bowers zerschnitt Bramans Fliegerkombination und sah sich die Verletzung an. Sie schien nicht schlimm zu sein. Das offenbar aus US-Beständen stammende Stahlmantelgeschoß hatte eine glatte Wunde verursacht. Der Einschuß war oben auf der Schulter, ausgetreten war das Projektil direkt unter dem Schulterblatt. Diese Stelle blutete leicht. In fast allen Armeen tragen die Soldaten am Gürtel ein Verbandspäckchen mit sich. Bramans Verband benützte Bowers für die Einschußstelle, seinen eigenen für das Loch unter dem Schulterblatt; er schlang die Schlaufen um Bramans Hals und Schultern, so daß sich nichts verschieben konnte. Dann sagte er Braman, er solle sich auf den Rücken legen, damit der Druck die Blutung zum Stillstand brachte. Bowers war der Meinung, daß Braman im Hubschrauber ebenso sicher war wie im Reisfeld. Außerdem konnte hier kein schmutziges Wasser in die Wunde dringen und eine Infektion verursachen. Er sagte das Braman, und der Junge fand das vernünftig.

Bowers gab dem Verwundeten aus seiner Feldflasche zu trinken und legte sich für ein paar Minuten neben ihn, um mit ihm zu plaudern. Er sah, daß Braman sich bemühte, ruhig zu bleiben, und er wollte ihm dabei helfen. Braman hatte seine Brieftasche herausgenommen und neben sich auf den Boden gelegt. Seinen gesunden Arm bewegend, hob er sie auf und zeigte Bowers ein Foto von seiner Frau, das sich in einer der Plastikhüllen befand.

»Ich hoffe stark, daß ich wieder nach Hause kommen werde und sie wiedersehen kann«, sagte er. »Aber klar«, versicherte ihm Bowers, »Sie brauchen sich keine Sorgen zu machen, die Wunde ist nicht schlimm.« Er erklärte ihm, daß er nun wieder gehen müsse; er wolle aber in der Nähe bleiben und ihn nicht verlassen. Dann kroch er zur Kabinentür auf der anderen Seite und ließ sich ins Reisfeld fallen. Sofort knallten wieder Schüsse.

Als Bowers beim vietnamesischen Oberleutnant anlangte, konnte dieser plötzlich wieder Englisch. Warum hatte er ihm denn sein Flankenmanöver vor der südlichen Baumreihe zurückgepfiffen? Der andere antwortete, daß es zu gefährlich gewesen wäre, die Kompanie in einer solchen Situation zu teilen, sie mußten alle beisammenbleiben. Wie Bowers beim Zurückkriechen gesehen hatte, war seine Annahme richtig gewesen, daß die Kompanie hier im Reisfeld wesentlich mehr Verluste erleiden würde, als wenn sie sich vorgearbeitet hätte. Da sie sich ohnehin nicht von der Stelle rührte, hatten die Guerillas ihr Feuer zuerst auf die Hubschrauber konzentriert, um sich dann nach Herzenslust auf die Infanteristen einzuschießen. Eine Anzahl der Toten und Verwundeten hatte Schußwunden in Rücken und Gesäß. Um die Männer hinter dem Deich auf diese Weise zu treffen, mußten einige der Guerillas in den Baumkronen hocken und Steilfeuer geben. Bowers konnte nicht wissen, daß die auf der Dammkrone postierten Guerillas das Reisfeld von schräg oben einsehen konnten. Die Partisanengruppe, die an der nördlichen Baumreihe ausgeschwärmt war, um die Helikopter in Brand zu schießen, hatte der Reserve von dieser Flanke her ebenfalls arg zugesetzt. Die Überlebenden, verwundet oder nicht, preßten sich nun alle, dem Beispiel ihres Oberleutnants folgend, gegen den Deich. Die meisten von ihnen versuchten erst gar nicht, das Feuer der Vietcong zu erwidern, das jetzt nur mehr zeitweise zu hören war. Die Kühneren, die, wie am Morgen die Zivilgardisten, ihr Gewehr auf die Deichkrone legten und einige Male ohne zu zielen den Abzug betätigten, wurden vom Vietcong sofort wieder in die Schranken gewiesen. Zehn oder fünfzehn wohlgezielte Schüsse, die über ihnen in die Deichkrone knallten, und das Gewehr wurde eilig zurückgezogen und nie wieder sichtbar.

Bowers hatte sich ein Mittel ausgedacht, um alle aus dieser mißlichen Lage zu befreien und Braman und die verwundeten Vietnamesen abtransportieren zu lassen. Er wollte die Vietcong in der Baumreihe mit Artillerie und Bombenangriffen vertreiben. Er konnte sie nicht sehen (den ganzen Tag hatte er lediglich drei Guerillas bemerkt, zuerst den Meldeläufer und später zwei auf dem Schutzdamm), doch den Abschußgeräuschen und Geschoßbahnen nach zu schließen mußten sie unter den Bäumen auf dem Schutzdamm sein. Der Oberleutnant hatte ein Mehrkanal-Feldfunkgerät. Bevor Bowers in den Hubschrauber geklettert war, hatte man ihm vorsichtshalber die Frequenz mitgeteilt, auf der Vann, der in seiner L-19 ein ähnliches Funkgerät mitführte, mit Ziegler im Divisionsgefechtsstand in Verbindung stand. Auch Vanns Rufzeichen hatte man ihm angegeben: »Topper Six«. Bowers wollte mit dem Funkgerät des Oberleutnants Verbindung mit Vann aufnehmen und ihm die Not der Kompanie und der Hubschrauberbesatzungen schildern. Vann würde Bowers' Anweisungen an den Artillerieleitstand oder an einen vorgeschobenen Fliegerleitoffizier durchgeben. Bowers kannte sich bei diesen Dingen aus. Er war als vorgeschobener Beobachter einer 81-mm-Mörserkompanie ausgebildet worden und hatte später als Unteroffizier eines Mörserzugs gedient, bevor er für Stabsarbeiten herangezogen wurde. 105-mm-Haubitzen und schwere 4,2-Zoll-Mörser waren weiter südlich entlang der Hauptverbindungsstraße im Delta und an einem östlich gelegenen Kanal in Stellung gegangen. Sie konnten die gesamte Operationszone unter Beschuß nehmen. Bowers sagte dem Oberleutnant, er brauche sein Funkgerät und erklärte ihm den Grund. Sich von den Vietnamesen ein Funkgerät auszuleihen war noch nie ein Problem gewesen, deshalb hatte er seines nicht mitgebracht. Der Oberleutnant lehnte ab. Er mußte das Funkgerät auf seiner Frequenz belassen, um Befehle von der Division entgegenzunehmen. Artillerie und Luftangriffe würden ihre Rettung sein, argumentierte Bowers. Der Vietcong konnte aus der Baumreihe hervorbrechen und die Kompanie überrennen. Der Oberleutnant blieb bei seiner Weigerung.

Der vorgeschobene Artilleriebeobachter der Kompanie, ein Leutnant, der neben dem Oberleutnant als einziger über ein Mehrkanal-Funkgerät verfügte, lag etwa zehn Meter vom Kompaniechef entfernt. Er war mit der Feuerleitstelle des Divisionsgefechtsstands am Flugplatz Tan Hiep in Verbindung, die die Anweisungen an die Batterien weitergab. Von Zeit zu Zeit forderte er ein paar Granaten an, hatte aber zu sehr Angst, den Kopf zu heben und nachzusehen, wo sie landeten, um so die Längenkorrektur durchgeben zu können, so daß die Salven die ganze Schützenlochreihe bestreichen würden, wie Bowers es veranlassen wollte. Bowers sah, daß die Granaten zwischen den Guerillas und der ARVN-Kompanie im Reisfeld landeten. Er kannte den Beobachter von früheren Einsätzen her und wußte, daß er nur begrenzt Englisch verstand. Bowers formulierte seine Anweisung so einfach wie möglich: »Einhundert Meter dazu«, rief er. In seiner Angst schien der Beobachter nicht zu hören oder nicht zu verstehen. Bowers wiederholte die Anweisung im Brüllton, dann bat er den Kompaniechef, sie ins Vietnamesische zu übersetzen. Der Fort-Benning-Absolvent hatte seine Englischkenntnisse erneut vergessen. Bowers kroch zum Beobachter hinüber. »Geben Sie mir das Funkgerät«, sagte er, »ich übernehme das Einschießen.« Artilleriebeobachter und Kompaniechef entgegneten auf englisch, daß Bowers das Funkgerät nicht haben könne. Der Beobachter müsse mit der Artillerie sprechen, fügte der Kompaniechef hinzu. Nun ging Bowers ein Licht auf. Die beiden Leutnants hatten Angst. Wenn man das Funkgerät ihm überließ, konnte das letztlich dazu führen, daß sie den Befehl bekamen, irgend etwas zu unternehmen. Sie würden dann hinter dem Deich hervorkommen müssen. Nachdem man acht Granaten nutzlos verpulvert hatte, verwundete ein Vietcong-Geschoß den Soldaten, der das Funkgerät des Beobachters auf dem Rücken trug, ein weiteres setzte das Gerät außer Betrieb. Der Artilleriebeobachter preßte sich ganz tief in den Schlamm.

Nachdem sie etwa eine halbe Stunde im Reisfeld gelegen hatten, erschien die Aussicht auf Rettung in Form von zwei Jagdbombern des Typs Skyraider AD-6. Sie warfen zuerst Napalm ab, das allerdings nicht auf die Guerillas, sondern auf die schilfgedeckten Hütten hinter dem Bewässerungsgraben fiel, von denen einige schon durch die Raketen der Kampfhubschrauber in Brand geschossen waren. Trotzdem war die dadurch verursachte Hitze so stark, daß man im gesamten Reisfeld einige Minuten lang kaum atmen konnte. Wenn es schon hier so schlimm war, wie konnten dann erst die Vietcong die Hitze und die Erstickungswirkung von diesem Zeug aushalten, fragte sich Bowers und begab sich in die Hocke, um zu sehen, ob die Guerillas davonrannten. Viele der Saigoner Infanteristen glaubten, daß ihre Leiden zu Ende seien und standen auf, um sich das Sturzflugspektakel der Skyraider anzusehen, die nun mit konventionellen Bomben angriffen und die brennenden Häuser mit MGs und Raketen beschossen. Plötzlich fielen neben Bowers zwei Soldaten tot um. Sie waren von Gewehrschüssen aus der Baumreihe getroffen worden. Die anderen warfen sich wieder zu Boden. Bowers blieb noch einige Augenblicke in der Hocke, da er nicht glauben konnte, daß die Vietcong standhielten. Er suchte die Baumreihe nach Bewegungen ab. Es war nichts zu sehen. Die Guerillas zogen sich offensichtlich nicht zurück. Zum ersten Mal, seit er in Vietnam war, empfand Bowers für die Vietcong so etwas wie Bewunderung. »Los, geben Sie mir dieses Funkgerät«, rief er dem Oberleutnant zu, der sich nicht hinter dem Deich hervorrührte. »Wir werden sie ausräuchern. Ich werde dafür sorgen, daß das Napalm mitten auf die Baumreihe fällt.« Der Oberleutnant schüttelte den Kopf. »Nein, nein, Napalm zu nahe, zu nahe für uns«, sagte er.

Bowers dachte einen Augenblick daran, den Oberleutnant zu erschießen und das Funkgerät an sich zu nehmen, wie er es bei einem feigen US-Offizier getan hätte, der eine ganze Kompanie in Gefahr brachte. Er verwarf aber diese Idee gleich wieder. Er war ein braver Unteroffizier, der Befehle befolgte. Die Armee hatte ihm gesagt, daß er nur als Berater in Vietnam war, daß er keine Befehlsgewalt hatte, daß das der Krieg der andern und nicht »ihr Krieg« war. Während eines einwöchigen Einführungskurses im Special Warfare Center in Fort Bragg in North Carolina, den er vor seiner Abreise im letzten März absolviert hatte, war ihm aufgetragen worden, mit den Vietnamesen »taktvoll und diplomatisch« umzugehen. Die abgeschossenen Hubschrauberpiloten waren ihm bei den Verhandlungen mit dem Oberleutnant in keiner Weise behilflich gewesen. Dieser Bodenkrieg war nicht ihre Sache. Er ließ seine Blicke den Deich entlanggleiten. Die vor Angst erstarrten Infanteristen preßten sich gegen die Böschung. Wenn die Guerillas einen Vorstoß unternahmen, würde er diese Leute nie und nimmer dazu bringen, das Feuer zu erwidern. Die Kompanie würde überrannt werden, sie würden hier alle umkommen. Als er im Hubschrauber Bramans Wunde verband, hatte er in einer offenen Kiste eine Packung Zigaretten und Streichhölzer herumliegen sehen. Er hatte sie an sich genommen und in die Brusttasche gesteckt. Vor einem Monat hatte er sich das Rauchen abgewöhnt und mit einem anderen Sergeant um eine Flasche Whisky gewettet, daß er es durchhalten würde. Nun war ihm das egal. Er legte sich mit dem Kopf gegen den Deich auf den Rücken und zündete sich eine Zigarette an.

Vann saß wie ein Gefangener auf dem Rücksitz seines Beobachtungsflugzeugs und war vor Zorn und Frustration halb wahnsinnig. Ein Berater und drei Hubschrauberbesatzungen befanden sich auf dem Boden, ob tot oder verwundet, wußte er nicht. Sie liefen Gefahr, samt der ARVN-Infanterie überrannt zu werden, und er konnte niemanden dazu bringen, ihnen zu Hilfe zu kommen.

Als der Huey abstürzte, drehte Vann den Schalter des tragbaren Feldfunkgeräts, das er in der engen Kanzel der L-19 zwischen die Oberschenkel geklemmt hatte, auf die Frequenz von Captain James Scanlon und Captain Robert Mays. Sie begleiteten die Schützenpanzerkompanie, die Vann zuvor eineinhalb Kilometer nordwestlich ausgemacht hatte. Der kleine und stämmige Scanlon fungierte als Berater des Panzerregiments in My Tho, das Provinzgouverneur Major Tho unterstand. Der mit seinen 32 Jahren kaum ältere Mays, ein flinker Texaner mit gemessener Sprechweise, war Scanlons Stellvertreter und zugleich Berater von Hauptmann Ly Tong Ba, dem Kommandeur der Schützenpanzerkompanie. Scanlon war im Prinzip für das gesamte Regiment zuständig, da aber Bas Kompanie und eine andere M-113-Einheit, die man der 21. Division in der südlichen Deltahälfte angegliedert hatte, von allen Panzereinheiten die aktivsten waren, verbrachte Scanlon die meiste Zeit bei ihnen im Feld.

»Walroß, hier Topper Six, over«, sagte Vann und nahm den Finger von der Sprechtaste des Hörers, so daß Mays oder Scanlon antworten konnten. (»Walroß« war das chiffrierte Funkrufzeichen der bei den M-113 eingesetzten Berater.)

»Topper Six, hier Walroß, over«, antwortete Scanlon.

»Walroß, mir sind drei, wiederhole, drei Hubschrauber abgeschossen und eine Kompanie Infanterie festgenagelt worden, und zwar in den Reisfeldern genau südöstlich von euch auf X-Koordinate Sierra drei, null, neun, fünf, drei, neun.« Vann wiederholte die Koordinaten, um sicherzugehen, daß Scanlon sie einwandfrei verstand. »Sagen Sie Ihrem Partner« – es war klar, daß hier Hauptmann Ba gemeint war –, »er soll seine Schützenpanzer so schnell wie möglich herüberschicken. Und machen Sie ihm begreiflich, daß es dringend ist.«

»Roger, Topper Six«, gab Scanlon zurück.

Vann quittierte Scanlons Antwort mit einem »Hier Topper Six, Ende« (im Funkverkehr der US-Army wird das Gespräch von dem beendet, der es begonnen hat) und wies seinen Piloten an, hinunterzugehen und im Tiefflug den abgestürzten Huey und die hinter dem Deich kauernde Reserve zu überfliegen. Er sah, daß die ARVN-Soldaten keinen Versuch unternahmen, das aus der Baumreihe am Westrand von Bac kommende »vernichtende Feuer«, wie er es später in einem Kampfbericht nennen sollte, zu erwidern. Das Rattern der automatischen Waffen und die Bahnen der Leuchtspurgeschosse, die hinter der Cessna von Zeit zu Zeit zu sehen waren, zeigten deutlich, daß die Vietcong sich bemühten, das Beobachtungsflugzeug ihrer Jagdstrecke hinzuzufügen. Mit seiner kurzen und schmalen Silhouette war es allerdings ein wesentlich schwierigeres Ziel als die Hubschrauber. Vann ließ den Heerespiloten trotz der Schießerei noch einige Durchgänge fliegen, um die Kompanie und die Hubschrauberbesatzungen so genau wie möglich zu lokalisieren. Das kleine Flugzeug wurde nicht getroffen.

Als sie nach dem letzten Durchgang wieder aufstiegen, meldete sich Scanlon mit schlechten Nachrichten zurück. »Ich habe ein Problem, Topper Six«, sagte er. »Mein Partner will nicht vorrücken.«

»Verdammt nochmal, kapiert er denn nicht, daß das eine Notsituation ist?« fragte Vann zurück.

»Ich habe ihm die Situation genau so geschildert, wie Sie sie mir beschrieben haben, Topper Six. Aber er sagt, daß er von Amerikanern keine Befehle entgegennimmt«, antwortete Scanlon.

»Ich werde Sie gleich wieder zurückrufen, Walroß«, sagte Vann und schaltete auf eine andere Frequenz, um mit Ziegler im Befehlszelt am Flugplatz Verbindung aufzunehmen. Er schilderte ihm kurz, was passiert war, und trug ihm auf, Dam zu ersuchen, Hauptmann Ba mit seinen M-113 unverzüglich nach Bac in Marsch zu setzen. »Die Lage ist äußerst kritisch«, sagte Vann. Da man im Gefechtsstand den Funkverkehr mithörte, hatte man vom Abschuß der Hubschrauber bereits erfahren. Nach ein paar Sekunden war Ziegler wieder da. Er sagte, Dam sei einverstanden und gebe den Befehl über die Funkkanäle der Division durch.

Vann, der in 300 Meter Höhe über Bac kreiste, konnte in der Ferne die rechteckigen Formen der dreizehn Schützenpanzer erkennen. Er wies den Piloten an, darauf zuzusteuern. Sobald sie über den Fahrzeugen angelangt waren, schaltete er um und meldete sich noch einmal bei Scanlon. Er wies ihn auf die Rauchsäule über Bac hin, die von den brennenden Häusern aufstieg. »Sie sagen Ihrem Mann, daß ich einen Befehl seines Divisionskommandeurs übermittle«, sagte Vann. »Er soll einfach auf diese Rauchsäule zuhalten. Er hat den Befehl, sofort loszufahren!«

Hauptmann Ba ließ seine M-113 in Richtung Bac vorrücken. Nach kürzester Zeit standen sie vor einem Kanal mit hohen Böschungen. Solche Kanäle waren neben Wasserläufen und Flüssen die einzigen Hindernisse, die die Bewegungen der Schützenpanzer im Delta ernstlich behinderten. Da es Amphibienfahrzeuge waren, konnten sie zwar Kanäle ohne Schwierigkeiten schwimmend durchqueren, aber die Ketten fanden in dem weichen Boden des Steilufers nicht genügend Halt, um das zehn Tonnen schwere Fahrzeug aus dem Wasser zu ziehen. Die aufgesessenen Infanteristen und die Besatzung mußten Bäume fällen oder Unterholz abschneiden, um den Wasserlauf damit aufzufüllen. Durch zehn Tonnen Gewicht wurde diese Holzunterlage allerdings rasch in den Grund gedrückt. Der jeweils zuletzt am anderen Ufer angelangte Kampfwagen mußte dann den folgenden an einem Drahtseil hinüberziehen, bis es schließlich alle geschafft hatten. Die Überquerung des Kanals, vor dem sie sich befanden, würde ungefähr eine Stunde dauern. Als Alternative bot sich an, eine andere Stelle ausfindig zu machen, wo die Uferböschung weniger hoch war und die Ketten am anderen Ufer Halt finden würden. Das wollte Hauptmann Ba nicht. Statt dessen unterhielt er sich minutenlang über Funk. Scanlon, der etwas Vietnamesisch verstand, hatte den Eindruck, daß er bei seinen Vorgesetzten nachfragte, wie er weiter vorgehen sollte. Dann blockte er wieder ab. Er wollte nicht vorrücken. Den Kanal zu überqueren würde zu lange dauern. »Warum schicken die nicht die Infanterie vor?« sagte er und zeigte auf die Schützen, die auf den Deichen neben ihnen in langen Reihen vorbeimarschierten. Es handelte sich um die dritte Kompanie des Divisionsbataillons, das von Norden her gegen Tan Thoi vorrückte. Sie war vor etwas mehr als einer Stunde gelandet. Da die Verlastung der zweiten und der dritten Kompanie sich um zweieinhalb Stunden verzögert hatte, waren diese auf Vanns Anordnung hin weiter südlich als ursprünglich geplant abgesetzt worden, um Anschluß an die erste Kompanie zu bekommen, die schon um 7.03 Uhr gelandet war. Scanlon war über Bas erneute Weigerung überrascht. Seine Kampfbereitschaft hatte sich bisher von der übertriebenen Vorsicht der meisten anderen ARVN-Offiziere angenehm abgehoben.

Ly Tong Ba war etwa gleich alt wie seine amerikanischen Berater. Anstatt gegen sie zu opponieren, arbeitete er mit ihnen zusammen, denn er war der Sohn eines wohlhabenden Deltabauern, der dem französischen Kolonialreich treu gedient hatte. Sein Vater war gegen Ende des Ersten Weltkriegs zur französischen Armee eingezogen und nach Frankreich geschickt worden. Der Waffenstillstand vom 11. November 1918 hatte ihn vor dem Tod im Schützengraben bewahrt, und nach seiner Heimkehr war er zum *sergent-major* der Garde Indigène ernannt worden. In seinen späteren Jahren bewirtschaftete er mit zweien seiner Brüder etwa hundert Hektar Reisland im südlichen Delta. Bas Spielkameraden waren die Söhne der besitzlosen Landarbeiter gewesen, die für seinen Vater Reis anbauten. Er hatte mit ihnen die Wasserbüffel seines Vaters gehütet und war auf dem breiten Rücken der Tiere geritten. Als Sonnenschutz hatte er den gleichen kegelförmigen Strohhut getragen wie die Bauernjungen auf den Reisfeldern, die er nun mit seinen metallenen Ungetümen zerpflügte. Als ihn sein Vater ans französische Gymnasium in Can Tho schickte, verlor er seine Spielkameraden aus den Augen. Vom Gymnasium hatte ihn sein Weg an eine Schule geführt, die von der französischen Armee für die Söhne von Kolonialoffizieren eingerichtet worden war; anschließend hatte er die neue vietnamesische Offiziersakademie in Dalat besucht, die er 1952 mit Auszeichnung abschloß. Seine Jugendfreunde wurden durch ihre Herkunft in ganz andere Bahnen gelenkt. Viele schlossen sich den Vietminh an. Sein Vater hielt mit den Familien seiner Landarbeiter Kontakt, bis dieser erneute kommunistisch geführte Aufstand ihn zwang, seinen Besitz zu verlassen und sich nach Can Tho in Sicherheit zu bringen. Zum Teil wußte er noch die Namen der »Büffeljungen«, mit denen sein Sohn einst gespielt hatte und die nun Vietcong-Offiziere waren.

Ba war intelligent und stach in einem Volk, dessen Frauen oft durch ihre Schönheit auffallen, während die Männer nicht als schön gelten, durch sein blendendes Aussehen hervor. Seine Abstammung war typisch für die Leute im Delta. In seinen Adern floß vor allem vietnamesisches und etwas chinesisches Blut, die etwas dunklere Hautfarbe deutete auf einen kambodschanischen Einschlag hin. Er war eine fröhliche Natur, und Soldat zu sein machte ihm richtig Spaß. Er neigte etwas zum Übertreiben und zum Husarentum, weswegen er vielleicht zu den schnellen Panzertruppen gegangen war und die letzten Jahre des Kolonialkriegs einen Zug Panzerkampfwagen in Tonking befehligt hatte. Zwischen dem ersten Indochinakrieg und dem jetzigen war er in Frankreich und Amerika weiter ausgebildet worden. Zuerst hatte er ein Jahr lang die Panzeroffiziersschule von Saumur im Loire-Tal besucht, 1957/58 war er in der Panzerschule von Fort Knox in Kentucky gewesen.

Scanlon war über Bas Weigerung erstaunt, da dieser sonst nie zögerte. Wann immer Guerillas ausgemacht wurden, fuhr Ba geradewegs auf sie los. Die M-113-Kompanie wurde von allen als eine praktisch unbesiegbare Verbindung von gepanzerter Beweglichkeit und Feuerkraft angesehen. Angeblich verfügten die Vietcong über einige rückstoßfreie 57-mm-Kanonen, mit denen man die M-113 knacken konnte, aber niemand hatte jemals eine davon im Gefecht gesehen. Auf dem Dach der Schützenpanzer war ein schweres 0,50-Zoll-MG lafettiert, das ebenfalls aus der Werkstatt John Brownings stammte. Zwölf der Kolosse waren mit dieser äußerst wirksamen Waffe ausgerüstet, deren große Stahlmantelgeschosse Bäume durchsägten und Erdwälle durchschlugen. Vor kurzem war ein dreizehnter Kampfwagen hinzugekommen. Statt eines MGs hatte er einen drehbaren Turm mit Flammenwerfer. In jedem M-113 fuhr eine Gruppe von zwölf Infanteristen mit. Sie waren mit BARs und M-1 bewaffnet und darauf trainiert, abzusitzen und zusammen mit dem Kampfwagen anzugreifen. Man hatte Ba bereits eine Reihe von Einsätzen im Alleingang durchführen lassen, da seine Einheit als stark genug galt, um mit allem fertig zu werden, was der Vietcong gegen sie aufbieten konnte. Bas Kampfgeist und die Schockwirkung, die die Ungetüme bei den Guerillas auslösten, hatten dazu geführt, daß die Schützenpanzerkompanie mehr Vietcong getötet und gefangengenommen hatte als jede andere Einheit der 7. Division. Das Gemetzel vom 18. September war ein Beispiel ihrer Effizienz gewesen.

Bas Erklärung, er werde nicht vorrücken und man sollte besser die Infanterie vorschicken, führte zu einer halbstündigen, emotionsgeladenen Konfrontation. Als Mays und Ba einen kurzen Erkundungsgang durchführten, zeigte sich, daß hinter dem ersten noch ein zweiter Kanal mit Steilufern verlief. Zur Überquerung dieser beiden Kanäle würden die M-113 mehr als zwei Stunden brauchen, was für Ba einen Vorwand darstellte, nichts zu tun. Er schien sich von Scanlons und Mays' Appellen an seine humanitären Gefühle — drei Hubschrauberbesatzungen und eine Kompanie Infanterie liefen Gefahr, getötet oder gefangengenommen zu werden — nicht beeindrucken zu lassen. »Wir kommen da nicht hinüber«, antwortete er und wiederholte immer wieder, daß das Infanteriebataillon Bac viel schneller erreichen könnte. Nach ein paar Minuten war es soweit, daß Scanlon und Mays, die auf Bas Fahrzeug standen, ihn anschrien und er sie. Hoch droben kreiste Vann in seinem Beobachtungsflugzeug und war wütend auf alle drei. Er bearbeitete die Berater per Funk, auf Ba einzuwirken, und wollte Ba zum Vorrücken provozieren. Ba, der gut Englisch sprach, konnte alles mithören: Scanlons tragbares Funkgerät hatte keinen Telephonhörer, sondern einen Lautsprecher für hereinkommende Funksprüche und ein Mikrophon mit Sprechtaste zum Antworten.

Scanlon hörte, daß Vann immer mehr in Rage geriet. Seine Stimme wurde bei jedem Rückruf um eine Vierteloktave schriller. »Ich hab euch da unten doch gesagt, ihr sollt was tun, und ihr tut nichts«, fluchte es aus dem Lautsprecher, »reißt doch diesem Kerl endlich das Blei aus dem Arsch. Er hat einen Befehl vom Divisionskommandeur.«

Scanlon fiel über Ba her. »Haben Sie denn Angst, da hinüberzufahren?« Ba verneinte. »Warum tun Sie es dann nicht?« brüllte Scanlon. »Wir sitzen hier herum und glotzen auf zwei Kanäle. Ich weiß, daß wir eine Stelle zum Übersetzen finden können, wenn wir zu suchen anfangen.« Ba wiederholte seine bereits geäußerten Vorwände.

»Himmel, Herrgott, so was gibt's doch nicht!« schrillte Vanns näselnde Stimme aus dem Lautsprecher. »Dieser Mistkerl hat Panzerfahrzeuge mit Fünfzigerkalibern und fürchtet sich vor einem Haufen Vietcong mit Handfeuerwaffen. Was ist mit dem eigentlich los?«

»Wir tun, was wir können, Topper Six«, gab Scanlon zurück.

»Was ihr könnt, ist einen Scheißdreck wert, Walroß«, fluchte es zurück. »Das ist hier eine Notsituation. Die Leute liegen da draußen im Feuer. Machen Sie, daß dieser Scheißkerl endlich loszieht!«

Scanlon wußte, daß Vann einen Tobsuchtsanfall bekam, wenn man ihn ärgerte. Bisher hatte er den Eindruck gehabt, daß Vann viel von ihm hielt. Daß er ihn so zusammenbrüllte, war noch nie dagewesen. Er stellte sich Vann auf dem Rücksitz der Cessna vor, knirschend vor Wut und mit einem Gesicht, das rot war wie sein sonnengeröteter Hals, an dem vor Zorn die Adern anschwollen. Freilich wußte er, daß dieser Zorn nicht wirklich ihm oder Mays galt, und daß Vann sich gehen ließ, weil er dachte, die einzige Aussicht auf Erfolg bestehe darin, die beiden Berater so zu reizen, daß sie auf Ba noch mehr Druck ausübten, und Ba so zu provozieren, daß er schließlich doch handelte. Er fand aber auch, daß Bas Argument, die Infanterie würde früher in Bac sein als die M-113, nicht falsch war. Vann war kein Panzerspezialist und wußte wahrscheinlich nicht, wie zeitraubend es war, mit Kettenfahrzeugen einen Flußlauf zu durchqueren, selbst wenn es eine Furt gab. Bis Bac würden noch mehr Kanäle kommen. Da er aber Vann kannte, sagte er sich, daß dieser noch andere Gründe haben mußte, die Schützenpanzer zu Hilfe zu rufen. Mit dieser Annahme lag Scanlon richtig. Er irrte jedoch, wenn er glaubte, daß Vann die Schwierigkeiten der Schützenpanzer beim Überqueren von Kanälen unterschätzte.

Vann kannte diese Probleme nur zu gut, und das machte ihn noch wütender. Er hatte im September des Vorjahrs transportables Brückengerät angefordert, damit Besatzungen und Infanteristen nicht an jedem Kanal absitzen mußten, um

Unterholz abzuschneiden und Bäume zu fällen. Wie fast alle seine Anforderungen war auch diese von Harkins' Hauptquartier nicht berücksichtigt worden. Die Schützenpanzer mußte er jetzt trotzdem losschicken, weil er wußte, daß es völlig sinnlos war, das auf Tan Thoi vorrückende Divisionsbataillon als Entsatz nach Bac umzudirigieren. Dem Kommandeur des Bataillons würde nämlich sehr schnell klar werden, daß ihn ein Befehl zum Frontalangriff auf die eingegrabenen Guerillas erwartete. Er würde deshalb dafür sorgen, daß sein Bataillon nie in Bac eintraf. Auf diese Weise würde Vann nicht die Amerikaner und die festsitzende Reserve retten, sondern den Guerillas eine geschützte Rückzugsroute durch die sich nordwärts erstreckenden Baumreihen öffnen. Der Teufel sollte ihn holen, wenn er die Vietcong so entkommen ließ. Sie hatten vier Chopper abgeschossen und sein Blut in Wallung gebracht. Bas Kampfwagen waren das einzige Mittel, das Leben der Leute im Reisfeld zu retten und die Guerillas zu vernichten.

Vann hatte Ba beschimpft und seine Galle an Scanlon und Mays ausgelassen, weil er die seit dem Fiasko vom 20. Juli fünfeinhalb Monate lang aufgestaute Wut und Frustration nicht mehr zurückhalten konnte. Nachdem Cao Mitte Oktober begonnen hatte, Einsätze schlichtweg vorzutäuschen, war Vanns Zorn über die eigene Ohnmacht von Woche zu Woche größer geworden. Nichts von dem, was heute geschah, wäre eingetreten, hätte das Oberkommando in Saigon richtige Arbeit geleistet. Vann hatte warnend darauf hingewiesen, daß es sich eines Tages rächen werde, wenn Harkins Cao nicht zum Kämpfen brachte und den Kommunisten weiterhin gestattete, sich in den Außenposten mit US-Waffen zu versorgen. Dieser Tag war nun gekommen, und der Hauptmann der Schützenpanzerkompanie, einer der wenigen anständigen Offiziere in dieser stinkenden Armee, verhielt sich plötzlich genau wie die übrigen Feiglinge. Er, John Vann, mußte nun auf dem Rücksitz eines Beobachtungsflugzeugs den Zauberstab schwingen und dreizehn zehn Tonnen schwere Schützenpanzer durch eineinhalb Kilometer Reisfelder und Kanäle bringen, um eine Katastrophe zu verhindern. Er nahm noch einmal mit Ziegler Verbindung auf, um sich zu vergewissern, daß Dam den Marschbefehl wirklich erteilt hatte. Dam blieb dabei. Ja, er hatte Ba diesen Befehl gegeben. Man konnte sich auf das, was diese Leute über Funk erzählten, nie verlassen. Sie logen die Amerikaner genauso an, wie sie sich gegenseitig anlogen.

Vann, der in seiner Wut nicht mehr klar genug denken konnte, um den wahren Grund für Bas Zögern zu erkennen, begriff nicht, daß Ba sich durch die Putschangst des Diem-Klans in einem Dilemma befand. Dams Befehl zum Vorrücken reichte nicht aus. Der Befehl mußte von Major Tho kommen, aber niemand von der ARVN hätte Vann das gesagt. Bas Kompanie war bis Dezember direkt der 7. Division unterstellt gewesen. Diem erkannte schließlich, daß Schützenpanzer, mochten sie bei der Durchführung oder Abwehr eines Staatsstreichs auch weniger wirkungsvoll sein als Tanks, für das Überleben seines Regimes von großer Bedeutung sein konnten. Aus diesem Grund beschloß er, sich noch zusätzlich gegen einen Putsch abzusichern. Im Rahmen der Neuorganisation seiner Streitkräfte im Dezember entzog er die beiden im Delta operierenden Schützenpanzerkompanien dem Divisionskommando, um sie Thos Panzerregiment anzugliedern. Nun hatte zwar Dam Ba den Befehl erteilt, nach Bac vorzurücken, aber Ba hatte Tho nicht erreichen können, um herauszufinden, wie dessen Befehl lautete. Er hatte Angst, ohne Thos Genehmigung loszumarschieren, denn aus dem, was er hörte, ging hervor, daß man im Präsidentenpalast über die Ereignisse in Bac nicht gerade erfreut sein würde. Tho hatte sicherlich kein Interesse daran, daß einer seiner Untergebenen in die Sache verwickelt wurde. Wenn Ba vorrückte und Tho das mißbilligte, dann würde Ba gemaßregelt und entlassen werden. Seine Karriere hatte sich aus politischen Gründen ohnehin schon verzögert. Er war Buddhist, und man hatte ihn ungerechterweise beschuldigt, mit den Führern des mißglückten Fallschirmjägerputsches von 1960 sympathisiert zu haben. Obwohl es ihm gelungen war, sich von diesem Verdacht reinzuwaschen, hatte Diem weiter ein wachsames Auge auf ihn und hielt seine Beförderung zum Major zurück.

Bei all seinem Husarentum war Ba ein vorsichtiger Mensch. Er hatte Mut, aber anders als Vann war er nicht bereit, grundsätzlich alles aufs Spiel zu setzen. Er war ein Offizier der Kolonialarmee gewesen, die ihren Krieg verloren hatte. Nun führte er diesen zweiten Krieg für das reaktionäre Regime seiner Klasse. Und er verhielt sich genau so, wie man es von einem Mann erwarten konnte, der in einem System großgeworden war, in dem man im Zweifelsfall am besten gar nichts tat: Er wartete ab.

Vanns Gebrüll aus dem Funkgerät machte alles nur noch schlimmer und Ba noch unwilliger. Diese Amerikaner mit ihrem Überlegenheitskomplex hatten seinen Stolz verletzt. Vann war ihm gegenüber stets freundlich gewesen, ihre Beziehung offen und problemlos, manchmal wurde Vann jedoch anmaßend. In diesen Fällen hatte ihn Ba als ausgesprochen unangenehm empfunden. Ihm war weder klar, welche Emotionen sich in Vann aufgestaut hatten, noch wußte er, wie sehr Vann Gefangener des amerikanischen Systems war. Wenn in der US-Armee ein höherer Offizier in einer kritischen Gefechtslage die Führung übernahm, dann erteilte er strikte Befehle, die von jedermann augenblicklich befolgt wurden. In seiner Zwangslage mußte Vann instinktiv in dieses Verhalten zurückfallen.

Nachdem eine halbe Stunde lang herumgebrüllt worden war, gab Ba schließlich soweit nach, daß er Scanlon einen Schützenpanzer überließ. Er sollte damit in südliche Richtung zurückfahren und eine Stelle zum Übersetzen finden, die Scanlon während des Marsches zu ihrem jetzigen Standplatz als geeignet erschienen war. Vann flog weg, um zu versuchen, die Zivilgardisten soweit zu bringen, daß sie sich von der Stelle bewegten und die Vietcong aus Bac hinausdrängten.

Er ließ den Piloten einige Male das erste Zivilgardebataillon überfliegen, das auf die Guerillas in der südlichen Baumreihe gestoßen war. Er sah, daß die Soldaten auf dem Boden herumlungerten, die Köpfe an die Deichböschungen gelehnt, sich ausruhten oder ein Nickerchen machten. Wenn sich unter der Baumreihe vor ihnen noch Vietcong befanden, dann hatten sie ganz offensichtlich zu schießen aufgehört, und die Saigoner Truppen erwiderten diese Höflichkeit. Vann schloß daraus, daß diese Guerillas nach dem mißglückten Vorstoß der Zivilgarde ihre ganze Aufmerksamkeit der in ihrem Rücken gelandeten Reserve zugewandt hatten. Jedenfalls befanden sich die Zivilgardisten nun in der passenden Position, um die rechte Flanke zu umgehen und die Stellungen der Vietcong auf dem Schutzdamm am Westrand von Bac aufzurollen. Vann nahm Verbindung mit Ziegler auf. Er sollte Dam empfehlen, Tho die Zivilgarde an dieser verwundbaren Flanke angreifen zu lassen.

Vanns Leutnant bei der Zivilgarde, der ebenfalls an kein Funkgerät herankam, mit dem er hätte seinen Chef hoch droben erreichen können, hatte seit der Landung der Reserve um 10.20 Uhr vergeblich versucht, den vietnamesischen Hauptmann zu genau diesem Flankenmanöver zu überreden. Die Guerillas vor ihnen hatten das Feuer eingestellt, sobald die Hubschrauber mit der Reserve eingetroffen waren. Er hatte daraufhin den Bataillonskommandeur, dessen Beinverwundung völlig belanglos war, dazu gedrängt, seine Leute in die Kokospalmengruppe vorzuschicken, wo die Distriktguerillas gelegen hatten. Die Zivilgardisten sollten darin Deckung suchen und es den Vietcong heimzahlen. Der Hauptmann verwies beharrlich darauf, daß Major Tho ihm befohlen habe, an seinem gegenwärtigen Standplatz in »Riegelstellung« zu verbleiben. Dieser Ausdruck hatte jeden Bezug zu der »Hammer-und-Amboß«-Taktik verloren, die Vann am 20. Juli hatte anwenden wollen, und war zu einem von den Saigoner Kommandeuren gebrauchten Euphemismus für Nichtstun geworden. Tho wünschte nicht, daß seine Zivilgarde noch weitere Verluste erlitt. Als Dam ihm auf Vanns Verlangen auftrug, seine Truppen die Flankenbewegung ausführen zu lassen, ignorierte er diesen Befehl einfach.

Vom Flugzeug aus konnte Vann das zweite Zivilgardebataillon sehen, das immer noch aus südwestlicher Richtung anmarschierte und unterwegs Weiler durchsuchte. Tho legte keinen Wert darauf, daß es bald vor Bac anlangte. Das Divisionsbataillon, das von Norden her gegen das oberhalb von Bac liegende Tan Thoi vorrückte, hatte sein Ziel ebenfalls noch nicht erreicht.

Aus Vanns Funkgerät tönte plötzlich eine Stimme, die Englisch mit vietnamesischem Akzent sprach — wahrscheinlich war es der hinter dem Deich kauernde Oberleutnant —, und teilte mit, daß zwei Mann von den Hubschrauberbesatzungen ernstlich verwundet waren. Vann versuchte, das Gespräch fortzuführen, um mehr zu erfahren, erhielt jedoch auf seine Fragen keine Antwort.

Er gab nun dem Piloten Befehl, zu den M-113 zurückzufliegen und in geringer Höhe über ihnen zu kreisen. Sie befanden sich immer noch an derselben Stelle. Es war 11.10 Uhr. Seit der Huey abgestürzt war und er Ba aufgefordert hatte, ihm mit seinen rollenden Festungen zu Hilfe zu kommen, waren fünfundvierzig

Minuten vergangen. Daß Ba in dieser kritischen Situation die Zusammenarbeit verweigerte, erschien Vann schier unfaßbar. Als er zehn Minuten zuvor weggeflogen war, um zu versuchen, die Zivilgarde zum Handeln zu bewegen, hatte er vorher noch über Ziegler an Dam appelliert, seinen Befehl zu wiederholen, und zwar so, daß er Ba diesmal direkt ansprach und ihm persönlich befahl, unverzüglich auf Bac vorzurücken. Befehle vom Divisionskommando wurden normalerweise durch das Regiment übermittelt, das mit den M-113 Kontakt hatte. Dam hatte bestätigt, daß er Vanns Wünschen nachgekommen sei. Als Vann nun über den Schützenpanzern eine Schleife zog, konnte er Mays neben Ba auf dessen Fahrzeug stehen sehen.

»Walroß, hier Topper Six, over«, meldete er sich. Mays bestätigte.

»Will Ihr verdammter Partner jetzt reagieren, Walroß?« fragte Vann.

»Negativ, Topper Six«, antwortete Mays. »Er meint immer noch, daß wir zu lange brauchen, um den Kanal zu überqueren, und daß die Division die Infanterie vorschicken soll.«

Vann hatte genug. »Walroß, können Sie diese Kompanie herüberbringen? Können Sie das, verdammt nochmal?« Die Stimme aus Mays' Lautsprecher überschlug sich.

Mays fragte sich, ob Vann nun von ihm verlangen würde, das Kommando über die Kompanie zu übernehmen. Natürlich konnte er die M-113 über die Kanäle nach Bac bringen, aber er wußte, daß ihm die Leute nicht folgen würden, wenn Ba es ihnen nicht befahl. Da er Vanns Zorn fürchtete, beschloß er, die Frage hypothetisch zu beantworten. »Roger, Topper Six, könnte ich schon«, gab er zurück.

»Dann erschießen Sie diesen gemeinen Scheißkerl auf der Stelle und setzen Sie sich in Marsch«, kreischte Vann zurück.

Mays antwortete nicht. Er blickte Ba an. Die beiden Männer waren einander sympathisch. In den vier Monaten, die Mays schon Kompanieberater war, hatten sie sich angefreundet. Auch Ba sagte nichts, aber sein Blick sprach für sich: »Würden Sie mich erschießen?« Mays erinnerte Ba daran, daß sie heute morgen den Kanal wahrscheinlich schon einmal überquert hatten, aber eben an einer Stelle, die vor der Gabelung lag. Warum sie denn nicht zurückfuhren, ihn noch einmal überquerten und von dort aus ostwärts auf Bac vorrückten? Der Vietnamese stimmte zu.

Ba setzte den Kopfhörer seines Funkgeräts auf und erteilte der Kompanie den Marschbefehl. Die Fahrer starteten die Motoren, und die Kettenungetüme begannen ihren Marsch durch Schlamm und Wasser.

Vann wandte nun seine Aufmerksamkeit den Fliegern im Reisfeld zu. Aufgrund der Nachricht, zwei von ihnen seien ernstlich verwundet, hielt er es für unbedingt erforderlich, noch einmal einen Rettungsversuch per Hubschrauber zu unternehmen, der diesmal allerdings besser geplant sein mußte. Er flog nach Tan Hiep zurück, um die L-19 aufzutanken und sein Vorhaben mit Ziegler und den Hubschrauberführern zu besprechen. Die Situation der Reserve verbesserte sich offenbar. Soweit er es vom Flugzeug aus beurteilen konnte, wurden auf sie nur mehr vereinzelte Schüsse abgegeben. Da auch die Zivilgarde vor der südlichen Baumreihe nicht mehr beschossen wurde, waren die Vietcong möglicherweise im Begriff, sich aus der Zone zurückzuziehen. Vann beauftragte die Fernmeldezentrale der Division, in Erfahrung zu bringen, ob Bowers noch am Leben war, und dem Oberleutnant zu befehlen, ihm das Funkgerät zu überlassen, so daß man endlich verläßliche Informationen bekam. Er hatte damit keinen Erfolg. Offenbar gab der Oberleutnant dem Regimentsgefechtsstand, der ihm die Befehle übermittelte, keine Antwort. Trotzdem war Vann der Meinung, man sei es den verwundeten Fliegern schuldig, etwas zu unternehmen, um so mehr, als sich der Vietcong ohnehin zurückzuziehen schien.

Vann legte seinen Plan vor. Er und der Pilot der L-19 würden mit ihrer Cessna den Lockvogel spielen, um herauszufinden, ob die Guerillas noch in großer Zahl da waren. Sie würden einige Male ganz knapp über die Baumkronen fliegen, um das Feuer auf sich zu ziehen. Der Pilot hielt Vann für verrückt und fragte ihn, ob er denn Selbstmord begehen wollte, willigte aber dann doch ein. Drei der Hueys waren noch in der Lage, mit Bordwaffen anzugreifen. (Ein vierter hatte einen Treffer in einem kritischen Bereich erhalten, so daß er bis zu seiner Reparatur als nicht mehr flugsicher galt.) Wenn das Beobachtungsflugzeug nur wenig oder gar kein Abwehrfeuer provozierte, die Guerillas in Bac also nicht mehr richtig gefechtsbereit waren, würden die Hueys die südliche und die westliche Baumreihe beschießen, um eventuell zurückgebliebene Partisanen auszuschalten, während ein H-21 die Rettung versuchte. Ein zweiter H-21 würde in der Luft bleiben, um notfalls einzugreifen. Vann hatte immer noch den Eindruck, daß die Guerillas in der südlichen Baumreihe mitgeholfen hatten, die Helikopter abzuschießen, und immer noch eine Bedrohung darstellten. Die Hubschrauberpiloten wollten ihre Verwundeten retten und akzeptierten den Plan.

Bowers war nicht klar, daß es sich bei der Maschine, die da plötzlich auftauchte und die Baumkronen abzurasieren begann, um Vanns L-19 handelte. Er dachte, es sei wieder dieser halsbrecherische Luftwaffenmajor, Herb Prevost, der die Guerillas immer wieder provozierte, ihn doch endlich einmal abzuschießen. Heute würden sie es vielleicht schaffen. Bowers wußte, daß die Vietcong immer noch auf dem Schutzdamm waren. Braman hatte kurz zuvor im Rumpf des H-21 Krach gemacht, worauf die Guerillas augenblicklich zu schießen begannen. Bowers war hingekrochen und an der Kabinentür hochgeklettert, was sofort wieder einen Feuerstoß auslöste. Braman sagte ihm, es sei plötzlich alles so still gewesen, er habe geglaubt, die anderen seien weg und hätten ihn zurückgelassen. Er hatte Angst gehabt, seine Wunde würde wieder zu bluten beginnen, wenn er aufstand, deshalb war er auf dem Rücken liegengeblieben und hatte mit den Absätzen auf den Aluminiumboden gehämmert, um auf sich aufmerksam zu machen. Bowers versicherte ihm, daß niemand weggegangen sei und daß er die falschen Leute auf sich aufmerksam machte, die auch noch da waren, wie er ja selbst hören konnte. Zum Glück war Braman nicht wieder getroffen worden. Die große Silhouette des H-21 hatte den Guerillas abermals einen optischen Streich gespielt. Sie hatten wieder zu hoch geschossen. Im oberen Teil des Rumpfes waren ein paar Einschußlöcher mehr.

Bramans Zustand schien stabil zu sein. Bowers sah sich seine Wunde an. Sie hatte nicht wieder zu bluten begonnen, und er zeigte keinerlei Anzeichen eines Schocks. Er begann allerdings, unruhig zu werden. Das einsame Warten zermürbte ihn langsam. Bowers gab ihm noch einmal zu trinken und legte sich wieder neben ihn hin, um ihm Mut zuzusprechen. Es müsse schon Hilfe unterwegs sein, sagte er. Hier drinnen war er wirklich sicherer, solange er sich ruhig verhielt. Wenn er ihn jetzt hinaustrug und er noch eine Kugel abbekam oder sich in dem schmutzigen Wasser ein Infektion holte, würde er ihm das nachher bestimmt nicht danken. Bevor er wieder ging, stellte er eine Feldflasche neben Braman. Wenn er Durst verspürte, konnte er danach greifen. Aus irgendeinem Grund feuerten die Vietcong nicht mehr, als Bowers sich aus der Kabinentür rollen ließ, um zum Deich zurückzukriechen. Er war aber sicher, daß sie ihn beobachteten.

Verführerischer konnte der Köder nicht sein, den Vann und sein L-19-Pilot den Guerillas vor der Nase herumbaumeln ließen. Vann gab sich nicht damit zufrieden, unmittelbar über den Baumkronen zu fliegen, eine Aufklärungstaktik, die einen gewissen Schutz bietet, da es schwierig ist, durch das Laubwerk hindurch ein dicht darüber hinwegfliegendes Flugzeug zu sehen und zu treffen. Vielmehr ließ er den Piloten zweimal im Tiefflug die Hubschrauber im Reisfeld überfliegen, und zwar parallel zur Baumreihe auf dem Schutzdamm, so daß er den Vietcong ein geradezu ideales Ziel bot. Abschließend überflog die Cessna die Hubschrauber noch in einem Winkel von 45 Grad, wodurch sie sich auch einem Beschuß aus der südlichen Baumreihe aussetzte. »Dieser Höllenhund von Prevost will unbedingt eins draufkriegen«, dachte Bowers.

Es fiel kein einziger Schuß. Die Vietcong beachteten die Regel, auf Beobachtungsflugzeuge nicht zu schießen. Sie warteten ab, um zu sehen, was passieren würde. Bowers hörte, daß sich von hinten ein Hubschrauber näherte. Als er sich umblickte, sah er einen H-21 direkt auf sich zufliegen. Der Pilot versuchte, die abgeschossenen Hubschrauber als Deckung zu benutzen, wie es auch schon der Pilot des abgestürzten Huey hatte tun wollen. Gleichzeitig erschienen die drei Kampfhubschrauber und begannen, die beiden Baumreihen mit MGs und Raketen zu beschießen. In diesem Moment ertönte aus der Baumreihe auf dem Schutzdamm das tödliche Krachen von Gewehren und automatischen Waffen. Der Kommandeur des Vietcong-Bataillons hatte den H-21 erblickt und Befehl zum Feuern gegeben. Wieder verschwendeten die Hueys die Hälfte ihrer Feuerkraft auf die südliche Baumreihe. Dieser Irrtum sowie die Wirkungslosigkeit der leichten 7,62-mm-MGs und der Raketen gegen Truppen, die unter Bäumen und Laub unsichtbar eingegraben waren, hatten zur Folge, daß der Geschoßhagel, der über Bowers' Kopf hinweg dem H-21 entgegenschlug, nicht aufhörte. Der Pilot setzte etwa 30 Meter hinter dem Wrack des Huey zur Landung an, gab aber sofort durch, er müsse die Maschine wieder hochziehen, da er zu viele Treffer abbekomme. Einige seiner Systeme seien zerschossen, er habe große Schwierigkeiten, die Maschine in der Luft zu halten. Mit Hilfe der Anweisungen von Vanns Piloten schaffte er es, zu wenden und etwa einen Kilometer weit zu der Stelle zurückzufliegen, wo Bas M-113 gerade einen Kanal überquerten.

Es war fast Mittag, und die Guerillas hatten den Rekord des Krieges aufgestellt. An einem einzigen Tag hatten sie fünf Hubschrauber außer Gefecht gesetzt. Und sie hatten Vann ein zweites Mal zum Narren gehalten. Vann hatte sich lächerlich gemacht. Er war entschlossener denn je, sie dafür bezahlen zu lassen.

Es wäre Vann ein gewisser Trost gewesen, wenn er gewußt hätte, daß auch auf der anderen Seite die Dinge nicht besonders gut liefen. Der Kommandeur des 261. regulären Bataillons und das Provinzkomitee hatten ursprünglich geplant, der Saigoner Armee eine Lektion zu erteilen und sich dann geordnet zurückzuziehen. Sie hatten beabsichtigt, den Hinterhalt, in den der Ranger-Zug am 5. Oktober gelaufen war, in größerem Umfang zu wiederholen. Da sich aber die Gefechte immer mehr ausweiteten, ging ihnen die Rückzugsmöglichkeit verloren. Als es Mittag wurde, sah der Bataillonskommandeur seine 350 Mann in einen ungleichen Kampf verwickelt, der vor Einbruch der Dunkelheit keine Möglichkeit zum Rückzug bieten würde. Er hatte gezögert, sich nach dem Abschuß der vier Hubschrauber am Vormittag über Tan Thoi zurückzuziehen, da das von Norden her anrückende Divisionsbataillon infolge von Vanns Entscheidung nicht nach Bac umdirigiert wurde. Es erreichte um 12.15 Uhr endlich Tan Thoi. Anstatt zunächst einmal die Lage zu erkunden, ließ der Kommandeur seine Infanteristen in das Feuer der rings um den Weiler in Stellung gegangenen Kompanie des 514. Regionalbataillons stolpern. Diese nagelte das ARVN-Bataillon zwar fest, aber der Fluchtweg über Tan Thoi war dadurch abgeschnitten. Die einzige offene Seite des Gefechtsfeldes waren die deckungslosen Reisfelder und Sümpfe im Osten. Jeder Versuch, sie bei Tag zu überqueren, mußte die Jagdbomber auf den Plan rufen und mit einem neuerlichen Gemetzel enden.

Die Stellungen der beiden Guerillakompanien in Bac und Tan Thoi verstärkten einander, sie waren aber auch voneinander abhängig. Rannten in einem der Weiler die Leute davon, so hatte dies wahrscheinlich zur Folge, daß auch im anderen die Männer in Panik gerieten und die Stellungen verließen. Wenn sie aber aushielten, würden sie auf zu engem Raum und von zu vielen Seiten her unter zu starken Druck kommen, um wirksamen Widerstand leisten zu können. Vann, der sie zu vernichten suchte, und der Bataillonskommandeur, der sie retten wollte, wußten, welche Wahl sich bot. Die 350 Guerillas konnten sich zum Kampf stellen. Einige würden zwar den Tod finden, wenn sie aber bis zum Abend durchhielten, würden die meisten überleben. Oder sie konnten aufgeben und davonlaufen, dann würden die meisten umkommen. Man muß gegen überlegene Gegner gekämpft haben und inmitten von Gewalt und Verwirrung einen klaren Kopf behalten können, um in einer Schlacht die Alternativen so nüchtern zu sehen. Vann und der Kommandeur der Guerillas hatten diese Erfahrung und diese Fähigkeit. Vann tat sein Bestes, um diese Männer zum Aufgeben und Davonlaufen zu veranlassen, damit man sie töten konnte. Der Führer der Vietcong setzte sein ganzes Geschick ein, das er sich in den Jahren des Krieges gegen die Franzosen und durch das Studium der bisherigen Gefechte dieses Krieges erworben hatte, um seine Männer zum Kampf zu ermutigen, damit sie überlebten und weiterkämpfen konnten.

Der einfache Soldat sieht vor allem die unmittelbare Gefahr und nicht so sehr die größere, die noch kommen wird. Die beiden Züge der Vietcong, die jenseits des Wasserlaufs südlich von Bac lagen, begannen gegen Mittag den Mut zu verlieren. Der Zugführer der Regulären war beim ersten Gefecht leicht verwundet worden und zum Notverbandplatz der Kompanie nach Bac zurückgetragen worden. Seine Leute wurden von den Zivilgardisten nach deren mißglückten Flankenmanövern in Ruhe gelassen, fühlten sich aber durch die in ihrem Rücken gelandete Reserve bedroht. Offenbar merkten sie nicht, daß die Reservekompanie niemandem mehr schaden konnte, nachdem ihre vor Bac postierten Kameraden mehr als die Hälfte der 102 Mann getötet oder verwundet hatten. Kundschafter hatten ihnen gemeldet, daß ein weiteres Bataillon Zivilgardisten aus südwestlicher Richtung gegen sie vorrückte. Eines ihrer BARs funktionierte nicht, und es war ihnen nicht gelungen, es zu reparieren. Sie übermittelten deshalb ihrem Kompaniechef in Bac die Meldung, daß ihre Stellung »in schlechter Verfassung« sei und baten, sich mit dem Zug Distriktguerillas, der sich ihnen angeschlossen hatte, zurückziehen zu dürfen. Er gab die Erlaubnis in der Absicht, die beiden Züge in Stellungen am unteren Ende des Schutzdamms zu postieren, wo sie seine Südflanke immer noch schützen konnten. Sie führten ihren Rückzug jedoch ohne ausreichende Tarnung durch, so daß ein VNAF-Fliegerleitoffizier an Bord einer L-19 einige von ihnen entdeckte und einen Jagdbomber anforderte. Bei dem nun folgenden Angriff wurden zwar nur wenige von ihnen getötet oder verletzt, aber die Züge wurden auseinandergerissen. Die meisten setzten sich auf dem Wasserlauf in Richtung auf das scheinbar sichere Tan Thoi ab, anstatt sich bei ihrem Kompaniechef in Bac zurückzumelden. Einer Gruppe von Kundschaftern gelang es zwar, sie zu finden, sie hatten jedoch Angst und weigerten sich zurückzukehren. Der Kompanieführer war gezwungen, seine Hauptverteidigungslinie zu schwächen, indem er vom Schutzdamm, auf den sich nun die M-113 langsam zubewegten, eine Gruppe abzog und sie an die Südflanke verlegte. Er nahm an, daß Thos Zivilgardisten in die geräumte südliche Baumreihe einrücken und ihn angreifen würden, wie Vann und der US-Leutnant es verlangt hatten. Eine einzige Schützengruppe ist ein dürftiger Schutz gegen ein Bataillon. Hätte die Zivilgarde mit auch nur etwas Schwung angegriffen, hätte sie diese Flanke ohne Zweifel aufrollen oder umgehen können, um in den Rücken der Stellungen auf dem Schutzdamm zu gelangen. Bac wäre unhaltbar geworden.

Der Kompanieführer in Bac war besorgt und forderte von der Kompanie in Tan Thoi Verstärkung an, um seinen verlorenen Zug zu ersetzen. Der Bataillonskommandeur lehnte ab. Die Provinzguerillas in Tan Thoi mochten das ARVN-Bataillon zum Stehen gebracht haben, aber sie waren eine verstärkte Kompanie, der drei Kompanien eines Bataillons gegenüberstanden. Dieses Bataillon konnte jeden Augenblick Unterstützung von einer vierten Kompanie erhalten, einer Rangereinheit, die ebenfalls zur Divisionsreserve gehörte und nur mehr zehn Marschminuten vom Weiler entfernt war. Angesichts dieser Übermacht wollte der Kommandeur des Vietcong-Bataillons nichts tun, was seine Männer in Tan Thoi beunruhigen konnte. Die Situation war so heikel und die beiden Positionen voneinander so abhängig, daß er nichts riskieren durfte, was zum Verlust eines der beiden Stellungssysteme führen konnte. Bac müsse von den Männern gehalten werden, die noch dort waren, teilte er dem Kompanieführer mit.

Von den Guerillas auf dem Schutzdamm vor Bac waren während der Gefechte am Vormittag lediglich fünf verwundet worden, aber auch ihre Entschlossenheit litt unter den wiederholten Luftangriffen und der Aussicht, eine unmöglich erscheinende Leistung vollbringen zu müssen: die Panzerwagen mit den Waffen zum Stehen zu bringen, die sie in ihren Händen hielten. Gegen Mittag setzte der Artilleriebeschuß wieder ein, blieb aber weiterhin wirkungslos. Der nächste Bodenbeobachter befand sich bei dem Bataillon vor Than Toi. Er konnte nicht mehr tun, als anhand der Rauchsäulen gelegentlich einschlagender Phosphorgranaten das Feuer irgendwie auf Bac zu dirigieren. Seit dem letzten Rettungsversuch mit dem Hubschrauber war Vann klar, wo die Guerillas eingegraben sein mußten, und er versuchte immer wieder, die hochexplosiven Granaten auf die Baumreihe zu lenken. Trotz wiederholter Versprechungen aus dem Divisionsgefechtsstand, daß ein VNAF-Beobachter in einer L-19 im Begriff sei, die Schußwertverbesserung durchzuführen, schaffte es der Artillerieoffizier nie, den Beobachter so weit zu bringen, dies tatsächlich zu tun. Die auf dem Gebiet des Weilers einschlagenden Granaten zerstörten vor allem die Hütten von Bauern.

Theoretisch hatte Vann die Möglichkeit, seinen Artillerieberater mit dem Auftrag loszuschicken, eine der feuernden Batterien zu übernehmen und vom Beobachtungsflugzeug aus die Schußwerte selbst durchzugeben. Das wagte aber nicht einmal Vann. Die Kontrolle über die Artillerie zu ergreifen bedeutete, den Saigoner Offizieren eine ihrer Hauptwaffen aus den Händen zu nehmen. Dam, sein Artillerieoffizier und der betroffene Batteriechef hätten ein solches Ansinnen einhellig abgelehnt. Vann hätte dann zurückstecken müssen, und deshalb hatte er diese Möglichkeit nie ernsthaft erwogen. In dieser frühen Phase des Krieges wurde auf die Berater zu sehr Druck von oben ausgeübt, damit sie auch Berater blieben und nicht offen Führungsfunktionen anstrebten, als daß sie einen so radikalen Schritt versucht hätten. Ihre Saigoner Partner wußten das genau. Vann blieb keine andere Wahl, als weiterhin zu fordern, der Artillerieoffizier solle mit dem vietnamesischen Beobachter in der L-19 Verbindung aufnehmen. Das Problem war, daß es einfach nicht möglich schien, die Saigoner Armee endlich zum Funktionieren zu bringen. Was für die Artillerie galt, das galt auch für die Luftwaffe, auch an diesem Tag, an dem Vann sie am meisten gebraucht hätte.

Die vorgeschobenen vietnamesischen Fliegerleitoffiziere in den L-19 sowie die Jagdbomberpiloten der von General Anthis und seinem Stab geschaffenen gemischten Luftwaffe machten schon den ganzen Tag lang das, was sie immer machten, wenn man ihnen sagte, daß aus einem Weiler auf Infanteristen geschossen wurde. Sie jagten die schilfgedeckten Behausungen und Viehställe in Bac und Tan Thoi mit Bomben und Raketen in die Luft oder brannten sie mit Napalm nieder. Da sie sich niemals auf dem Boden bewegten, um zu sehen, wie Guerillas kämpften, war ihnen die Nutzlosigkeit ihres Tuns nicht bewußt. Ein Pilot erfaßt nur schwer die Logik einer Landschaft, über die er hinwegfliegt. Er kommt nicht automatisch zu dem Schluß, daß Guerillas aus den Häusern eines Weilers heraus nicht auf im Reisfeld liegende Infanterie schießen können, weil ihnen nämlich die Bäume rings um den Weiler die Sicht versperren. Außerdem scheint die visuelle Beziehung eines Piloten zur optischen Fülle des ländlichen Areals, auf das er im Sturzflug zurast, so zu sein, daß sich seine Aufmerksamkeit stets auf die jeweils größte von Menschen errichtete Konstruktion konzentriert, die ihm in den Blick gerät. Die französischen Piloten hatten es im Indochinakrieg nicht besser gemacht. Sie bombardierten die Häuser der Bauern, während die Vietminh aus ihren Schützenlöchern unter den Bäumen zusahen. Als die US-Luftwaffe in den späteren Jahren dieses Krieges Nordvietnam bombardierte, jagten die Piloten versehentlich Schulen und Pagoden in die Luft, weil diese in einer vietnamesischen Landgemeinde gewöhnlich die größten Gebäude sind.

Vann hatte nicht versucht, sich an Prevost zu wenden, um mit dessen Hilfe die Flugzeuge dazu zu bringen, den Damm zu treffen. Er glaubte, Prevost sei nach Tan Tho unterwegs, um im Korpshauptquartier eine regionale Fliegerleitzentrale einzurichten. Tatsächlich war Prevost gerade beim Packen gewesen, als er vom Abschuß der Hubschrauber hörte. Er war daraufhin sofort zum Gefechtsstand nach Tan Hiep gefahren, um sich von der VNAF eine L-19 zu borgen und damit den Kampfplatz zu überfliegen. Da Vann gerade in der Luft war, hatten die beiden

Männer keine Gelegenheit gehabt, sich zu besprechen. Einen US-Piloten direkt ansprechen und die Leitung eines Luftangriffs persönlich übernehmen konnte Vann nicht, dazu hatte er kein Recht. Da die VNAF eifrig auf ihre Vorrechte bedacht war und Anthis und sein Stab ihren Schützling unterstützten, hatte Harkins dem Drängen Vanns nicht entsprochen, ein funktionierendes System einzurichten, das es den Amerikanern ermöglicht hätte, die Leitung zu übernehmen, wenn die Jagdbomber von Amerikanern geflogen wurden, wie es heute weitgehend der Fall war. Die vietnamesischen Fliegerleitoffiziere allein hatten das Recht, die Luftangriffe zu überwachen. Vann flehte Dam an, diese Leute aufzufordern, doch endlich die Häuser zu vergessen und statt dessen die Jagdbomber ihr Napalm über der Baumreihe abladen zu lassen. In welcher Sprache man es auch sagte, nichts schien geeignet, das automatenhafte Verhalten der Flieger zu beeinflussen.

Was Vann als wirkungslos beklagte, war für die Guerillas nicht leicht zu ertragen. Das Rauschen der heranrasenden Granaten, die unter Bombenexplosionen erzitternde Erde, die von den brennenden Häusern ausgehende Hitze, die Atemnot, wenn das Napalm plötzlich allen Sauerstoff aus der Luft saugte, der Höllenlärm der schweren MGs, der Schnellfeuerkanonen und Raketensalven, die dröhnenden Motoren der im Tiefflug angreifenden Jagdbomber, all das war eine Zerreißprobe für Ohren und Nerven. Kurz vor ein Uhr nachmittag schließlich sahen die Guerillas, daß über die Reisfelder langsam die M-113 auf sie zurückten. Bis zum Einbruch der Dunkelheit waren es fast noch sieben Stunden, so daß keine Möglichkeit bestand, dem Kampf gegen diese schrecklichen Maschinen auszuweichen. Die Männer in den Schützenlöchern hatten im Geist die grausigen Bilder der Massaker vor sich, die die Ungetüme bei früheren Kämpfen angerichtet hatten.

Das Problem war, daß die Vietcong keine panzerbrechenden Waffen besaßen und es ihren Führern nicht gelungen war, eine wirksame Taktik zur Abwehr der M-113 zu entwickeln. Um ihre Soldaten zu ermuntern, den Schützenpanzern mit leichten Waffen und Handgranaten entgegenzutreten, hatten sie eine Liste mit angeblichen Schwächen der Fahrzeuge zusammengestellt und diese in den Ausbildungskursen ausführlich besprochen. Ihre Behauptungen trafen jedoch nur in zwei Punkten zu: Sie hatten bemerkt, daß der MG-Schütze bis zur Hüfte ungedeckt war, wenn er in der Kommandantenkuppel hinter seinem 0,50-Zoll-MG stand, und sie dachten, daß man den Fahrer durch den Sehschlitz treffen konnte. Es gab zwar keinen Sehschlitz, aber man hatte hier eine verwundbare Stelle entdeckt. Die Fahrer steckten gewöhnlich den Kopf durch die geöffnete Frontluke, weil das Fahren dann leichter war und mehr Spaß machte. Sie konnten so schneller fahren, und das Risiko, getroffen zu werden, war bei den bisherigen Einsätzen nicht hoch genug gewesen, um sie davon zu überzeugen, daß es besser war, sich »zugeknöpft« fortzubewegen. Wenn sie die Luke schlossen, mußten sie über einen kugelsicheren Winkelspiegel hinausblicken. Den M-113 auf diese Weise zu lenken erforderte viel Erfahrung, denn die Sicht war dann auf einen Winkel von 100 Grad nach vorne beschränkt. Dem Fahrer blieb dadurch weniger Manövrierfreiheit, und er mußte langsamer fahren. Die Vietcong-Führer hatten ihre Truppen auch angewiesen, die M-113, genau wie Flugzeuge, stets unter massiertes Feuer zu nehmen. Jede Gruppe oder jeder Zug mußte sich den Schützenpanzer heraussuchen, der am wenigsten weit entfernt war, und mit allen verfügbaren Waffen zugleich darauf feuern.

Die M-113 waren von US-Panzeroffizieren nach Vietnam entsandt worden, die ganz im Bann der Armee-Doktrin von der überlegenen Feuerkraft standen. Der Schütze des 0,50-MGs, so dachten sie, brauchte keinen Schutzschild, weil er mit einigen Feuerstößen aus seiner tödlichen Waffe jeden Widerstand ausschalten konnte. Das 0,50-Zoll-MG besaß eine doppelt so große Wirkschußweite und eine dreimal so hohe Zerstörungskraft wie die 0,30-Kaliber der Guerillas. Dieses Kalkül war auch richtig, vorausgesetzt, der MG-Schütze konnte sein Ziel sehen und mit seiner Waffe so gut umgehen, daß er ständig traf. Nur ist das Schießen mit einem 0,50-Zoll-MG etwa so schwer wie das Reiten auf einem wilden Pferd. Durch den Rückstoß neigt sein Lauf dazu, nach oben zu ziehen, vor allem wenn es von einem schmächtigen Vietnamesen bedient wird. War der MG-Schütze nicht darauf trainiert, seinen Fuß gegen den Lukenrand zu stemmen und die Schulterstütze hochzudrücken, damit der Lauf unten blieb, dann schoß er immer wieder Löcher in die Luft. Die meisten von Bas MG-Schützen waren nicht ausreichend ausgebildet.

In dem Abschnitt, auf den sich die M-113 zubewegten, hatte der Kommandeur des Vietcong-Bataillons etwa 75 Mann und zwei 0,30-Zoll-MGs stehen. Ein MG war auf dem überhöhten, südlichen Dammvorsprung postiert, vom Reisfeld aus gesehen am rechten Ende der Baumreihe, das andere befand sich links, etwas unterhalb des nördlichen Endes, an einer Stelle, wo der Damm ebenfalls in das Reisfeld vorragte. Auf diese Weise konnten die beiden MGs alles, was sich dazwischen befand, mit Kreuzfeuer bestreichen.

Um die Moral seiner Truppen aufrechtzuerhalten, hatte der Kommandeur den ganzen Vormittag lang für wechselseitige Ermutigung gesorgt. Als die Kompanie in Bac die Hubschrauber abgeschossen hatte, benachrichtigte er die Kompanie in Tan Thoi von diesen »Siegen«, um ihr Selbstvertrauen für den Kampf mit dem Divisionbataillon zu stärken. Nachdem die Männer in Tan Thoi das Bataillon zum Stehen gebracht hatten, ließ er die Botschaft von ihrem »Sieg« an die Guerillas in Bac übermitteln, die sich für die Abwehr der anrückenden M-113 bereitmachten. Um die Stellungen zu inspizieren, benutzten der Kompaniechef in Bac und die Zug- und Gruppenführer den Bewässerungsgraben hinter dem Damm als Laufgraben, wo sie sich an den Böschungen entlangbewegten, um von den Flugzeugen nicht entdeckt zu werden. Einmal mehr wateten sie durch das hüfthohe

Wasser von Schützenloch zu Schützenloch, schärften jedem einzelnen noch einmal die angeblichen Schwachstellen der Kampfwagen ein und versuchten, ihre Leute zu überzeugen, daß sie die Maschinen besiegen konnten, wenn sie ihre Waffen und ihren Verstand gebrauchten. Auf jeden Fall, so betonten sie, gebe es vor Anbruch der Dunkelheit keine Möglichkeit zum Rückzug. Wenn sie schon sterben mußten, dann war es besser, kämpfend unterzugehen, als wegzurennen und sich wie Büffel abschlachten zu lassen. Jeder Guerilla mußte noch einmal seine Waffe überprüfen, um zu sehen, ob sie auch wirklich funktionierte. In kleinen Sampans schaffte man erneut Kisten mit erbeuteter US-Munition heran. Einige verwundete Schützen wurden in Booten weggebracht, an ihre Stelle traten Freiwillige aus den Reihen der Dorfguerillas. Drei der in den Gefechten am Vormittag verwundeten Vietcong waren Kader und offensichtlich Parteimitglieder wie alle Offiziere und Unteroffiziere der Kompanie. Um ein Beispiel zu geben, lehnten sie es ab, die Stellungen zu verlassen und den Notverbandplatz aufzusuchen. Die Kader erfanden eine Parole, die die Männer von Schützenloch zu Schützenloch weitersagen mußten: »Es ist besser, auf seinem Posten zu sterben. Es ist besser, auf seinem Posten zu sterben.«

Bowers beobachtete den Anmarsch der Schützenpanzer aus seiner Deckung hinter dem Deich. Sie brauchten zum Überqueren der noch verbleibenden Kanäle derart lange, daß er sich fragte, ob die Besatzungen nicht Mittagspause machten. Auch Vann in seinem Flugzeug droben ärgerte sich über ihre Saumseligkeit. Würde er es denn jemals schaffen, diese M-113 nach Bac zu bekommen? Konfrontiert mit der deprimierenden Aussicht auf das vor Tan Thoi steckengebliebene Bataillon im Norden und das im Schneckentempo von Südwesten her anrückende zweite Zivilgardebataillon, kreiste er in seiner L-19 über den Kettenfahrzeugen und bearbeitete Mays per Sprechfunk, Ba zur Eile anzutreiben. Da sich nirgends brauchbare Furten finden ließen, mußten zur Überquerung jedes Kanals Bäume gefällt und Büsche abgeschnitten werden. Die Soldaten ließen sich Zeit. Sie waren Söldner und verspürten kein Verlangen, ihr Leben unnötig aufs Spiel zu setzen. Wenn man sie nicht antrieb, bewegten sie sich grundsätzlich wie bei einem Bummelstreik. Die Erfahrung hatte sie gelehrt, daß sie nur lang genug herumzutrödeln brauchten, bis der Vietcong von allein abzog. Ba unternahm nichts dagegen, er hatte heute seine eigenen Gründe, sich nicht zu beeilen. Erst um ein Uhr nachmittags gelang es ihm, über Funk Major Tho zu erreichen und sich von ihm den Befehl zum Angriff auf Bac geben zu lassen.

Als die Schützenpanzer sich dem letzten Kanal näherten, der etwa 500 Meter vor den Hubschraubern und 700 Meter vor dem Schutzdamm verlief, entschloß sich der Kommandeur der Vietcong, ein halbes Dutzend seiner sorgfältig gehorteten 60-mm-Mörsergranaten zu riskieren, um die Ungetüme nach Möglichkeit zum Stehen zu bringen. Einige davon explodierten nahe genug, um den Besatzungen und den auf dem Dach aufgesessenen Schützen zweier M-113 einen Schreck einzujagen, doch keine davon erreichte ihr Ziel. Bei Granatwerfern, Waffen für indirekten Beschuß, verläuft die Geschoßbahn in einem steilen Bogen. Offensichtlich waren sie zur Bekämpfung dieser Maschinen nicht besonders geeignet. Wenn die Guerillas überleben wollten, dann mußten sie mit ihren leichten Waffen und Handgranaten Taten vollbringen, die noch niemand vollbracht hatte.

Mays war der Meinung, die Mörsergranaten stammten von einer anderen ARVN-Einheit, die über ihr Ziel hinausgeschossen hatte. »Topper Six, bitte Granatwerferfeuer einstellen«, gab er über Funk durch.

»Das würde ich gern tun, Walroß, aber es kommt leider nicht von uns«, antwortete Vann mit einem Anflug seines Galgenhumors, den er in solchen Momenten immer aufzubringen schien.

Als Mays ein paar Minuten später Vanns Antwort dem auf einem anderen M-113 mitfahrenden Scanlon übermittelte, wußte dieser Vanns Humor zu schätzen, meinte aber, er liege falsch mit seiner Annahme, die Granaten stammten vom Vietcong. Scanlon glaubte nicht, daß in Bac noch Guerillas waren. Von seinem Fahrzeug aus gesehen war dort alles ruhig. Auf die Helikopter wurde nicht geschossen, und rechts, unterhalb der südlichen Baumreihe, wo am Morgen der Guerillazug postiert gewesen war, konnte er die Lagerfeuer der Zivilgardisten sehen. Sie kochten ihren Reis und die den Bauern gestohlenen Hühner. »Die Sache ist gelaufen«, dachte Scanlon. » Wir müssen jetzt nur noch die Hubschrauberbesatzungen und die Verwundeten abtransportieren.«

Die Soldaten der Schützenpanzerkompanie schienen ebenso zu denken und ließen sich am letzten Kanal mit dem Bäumefällen noch mehr Zeit als zuvor. Scanlon hatte nicht den Eindruck, daß sie dadurch dem Kampf ausweichen wollten. Sie schienen vielmehr der Überzeugung zu sein, daß durch ihr bisheriges Hinauszögern im Verein mit der Rückzugstaktik des Vietcong bereits das stillschweigende Arrangement zustande gekommen war, das sie suchten. Anstatt sich an die Arbeit zu machen, standen die meisten am Kanalufer herum und beobachteten die Jagdbomber, die einen Angriff gegen Bac flogen. Wenn Flugzeuge einen von Guerillas verlassenen Weiler bombardierten, war das immer wieder ein sehenswertes Schauspiel. Scanlon dachte an die verwundeten Amerikaner und Vietnamesen und ging deshalb zu einer Gruppe hin, um sie zum Arbeiten aufzufordern. Die Soldaten lächelten ihn an. Er kehrte zu seinem Fahrzeug zurück, holte eine Axt heraus und überreichte sie einem von ihnen. Widerwillig machten sie sich daraufhin ans Bäumefällen.

Als Mays sah, daß es noch einmal eine Dreiviertelstunde dauern würde, alle Schützenpanzer über den Kanal zu bringen, schlug er Ba vor, ihm das Kommando über die aufgesessene Infanterie zu überlassen. Er könne zwei der 0,50-MGs abmontieren, und wenn die Leute ein bißchen Tempo machten, könnten sie damit innerhalb von fünf Minuten drüben sein. Auf diese Weise würde Vann endlich Ruhe geben. Mit den Guerillas, die möglicherweise noch im Weiler waren, könnten zwei 0,50-MGs und eine Kompanie Infanterie leicht fertigwerden. Ba war einverstanden. Er sperrte sich jetzt nicht mehr, da Tho das Unternehmen abgesegnet hatte. Außerdem hatte er den Eindruck, daß die Vietcong ohnehin schon weg waren.

Mays' Ansicht nach hielten sich in Bac immer noch Guerillas auf. Er wußte, wie genau Vann im Kopf behielt, wer auf einem Kampfplatz was tat, und glaubte nicht, daß er sich in bezug auf die Herkunft des Mörserfeuers geirrt hatte. Da es aber von so kurzer Dauer gewesen war, nahm Mays an, daß es nur der Deckung des Rückzugs gedient hatte. Er konnte sich nicht vorstellen, daß die Vietcong, die so lange Gelegenheit gehabt hatten, sich vom Anmarsch der M-113 zu überzeugen, in nennenswerter Zahl in Bac zurückgeblieben waren.

Um so überraschender war für ihn Vanns Reaktion, als er ihm vorschlug, die Infanterie mit zwei MGs vorzuschicken. »Nein, zum Teufel«, funkte Vann wütend zurück, »bringen Sie die Schützenpanzer herüber!« Vann mußte einem erfahrenen Soldaten nicht erst erklären, worum es ging. Mays verstand sofort. Vann war überzeugt, daß die Vietcong in voller Stärke in Bac geblieben waren und wollte die M-113 so schnell wie möglich herüberbekommen, so daß man die Guerillas aus ihren Verstecken scheuchen und töten konnte, wenn sie versuchten, über das deckungslose Gelände nach Osten zu flüchten. Wie für Vann stand auch für Mays außer Frage, daß die Guerillas einen Hagel Geschosse auf die angreifenden M-113 abfeuern und dann weglaufen würden.

Es war 13.45 Uhr, drei Stunden und zwanzig Minuten nach Vanns erstem Notruf an die nur eineinhalb Kilometer entfernte Schützenpanzerkompanie, als drei Kampfwagen — Bas Führungsfahrzeug und zwei andere — endlich den letzten Kanal überquert hatten. Einer davon war der von Leutnant Cho, Bas angriffslustigstem Zugführer. Mays kletterte auf Chos Fahrzeug und fuhr mit diesen beiden M-113 in Richtung auf die Hubschrauber los, während Ba zurückblieb, um mit einem Drahtseil einen vierten herüberzuziehen. Mays wollte die verwundeten Amerikaner in die gepanzerten Kasten nehmen, damit sie in Sicherheit waren, falls geschossen wurde. Der Bataillonskommandeur der Vietcong gab den Befehl aus, die Waffen noch ein letztes Mal zu überprüfen. Der Kampf, der sich so schleppend angebahnt hatte, begann sehr schnell.

Als die beiden Schützenpanzer durch das Reisfeld auf die abgeschossenen Hubschrauber zupreschten, verfeuerten die Guerillas ihre letzten drei Mörsergranaten. Mays tat die Explosionen und Schlammfontänen als letzte Zuckung eines Rückzugsgefechts ab. »Wir haben ihnen einen heiligen Schrecken eingejagt, und jetzt ziehen sie sich zurück«, dachte er. Cho stand hinter dem 0,50-MG, Mays saß neben ihm auf dem Dach des M-113. Hinter dem Deich erblickte er drei der Piloten. Sie lagen unweit des H-21, der am nächsten an der Baumreihe stand und in dem der verwundete Braman lag. Er winkte Cho zu, seinen Fahrer auf die Piloten zudrehen zu lassen. Als sie bei ihnen hielten, beugte er sich hinunter und fragte sie nach dem Verbleib ihrer Verwundeten und Mannschaften. Von Offizieren war zu erwarten, daß sie sich in einer Notsituation um ihre Männer und die Verwundeten kümmerten. Die beiden Überlebenden des abgestürzten Huey waren noch zu benommen, der dritte, ein Offiziersanwärter von einem der H-21, wußte es nicht. Mays wurde zornig. In diesem Moment kam Sergeant Bowers durch das Reisfeld gepatscht und teilte ihm mit, er habe in dem Hubschrauber vor ihnen einen Verwundeten liegen, den man wegbringen müsse. Mays sprang von seinem Schützenpanzer herunter. Kaum hatte er den ersten Schritt getan, als aus der Baumreihe die erste Salve krachte. Bowers ließ sich davon nicht beirren, Mays behielt die Nerven und blieb trotz des Knallens und der einschlagenden Geschosse dicht hinter ihm. Chos 0,50-MG und das schwere Maschinengewehr auf dem anderen M-113 ratterten los wie Preßlufthämmer, um die Guerillas niederzuhalten. Durch den Krach hindurch konnte Mays die trotzigen Trommelwirbel vernehmen, mit denen der MG-Schütze vom rechten Dammende her antwortete.

Sie kletterten in den Hubschrauber, um Braman, der schon fast dreieinhalb Stunden auf Rettung wartete, in Sicherheit zu bringen. Der Junge war tot. Bowers war wie betäubt und konnte es nicht glauben. Er drehte ihn um und untersuchte ihn. Braman war kein zweites Mal getroffen worden, und die Wunde in seiner Schulter zeigte keine Anzeichen einer Blutung. Als sich die Lage ein paar Stunden später wieder beruhigt hatte, überkam Bowers der Gedanke, es sei vielleicht trotz des Risikos einer erneuten Verwundung oder einer Infektion falsch gewesen, Braman im Hubschrauber zurückzulassen. »Etwas Gesellschaft hätte ihm vielleicht Hoffnung gegeben, und er wäre noch unter uns«, dachte er. Die Vorstellung, für Bramans Tod irgendwie verantwortlich zu sein, sollte Bowers in den folgenden Jahren nicht mehr loslassen.

Eine unbedachte Bewegung Mays' riß Bowers aus seiner Fassungslosigkeit. Mays war aufgestanden, ein Vietcong hatte ihn in einem Kabinenfenster erblickt und mit ein paar schnellen Schüssen nur knapp verfehlt. Man sollte die drei Piloten lieber in die M-113 bringen, schrie Mays. Sie patschten durch das Reisfeld zum Schützenpanzer zurück, wo Bowers ihm half, die Flieger über die herabgelassene Heckrampe ins Innere zu verfrachten. Mays war der Meinung, es sei verrückt, jetzt zu versuchen, noch andere zu retten. Bowers hatte ihm gesagt, daß Deal tot war. Von den Fliegern schien keiner so schwer verwundet, daß man ihn sofort hätte wegbringen müssen. Mays bot Bowers an, sich im Schützenpanzer in Sicherheit zu bringen, doch Bowers lehnte ab. Er wollte versuchen, die Überlebenden der vietnamesischen Infanteriekompanie zu sammeln, und startete zu einem geduckten Sprint hinter dem Deich.

Im Schützenpanzer erfuhr Mays, daß sie ihren Fahrer durch einen Kopfschuß verloren hatten. Cho war zuvor vom MG heruntergekommen, um Verbindung mit Ba aufzunehmen. Hätte er seinen Posten nicht verlassen, wäre er jetzt wahrscheinlich auch tot, dachte Mays. Durch die Aluminiumpanzerung des M-113 war das Geräusch der abprallenden Geschosse zu hören. Mays nahm mit Vann Verbindung auf, der über ihnen kreiste. Er meldete, daß drei Piloten in Sicherheit, aber zwei von den Mannschaften tot seien. Dann fiel sein Funkgerät aus. Die Antenne auf dem Fahrzeugdach war weggeschossen worden.

Vom Kanal her kamen die beiden nächsten M-113 angerollt. Bas Anweisung an sie lautete, in einem Bogen links vor die Hubschrauber zu fahren, um den Männern im Reisfeld von der Flanke her Feuerschutz zu geben. Der zweite hatte sich bereits in Bewegung gesetzt, als Scanlon sich am Heck festhielt und in den Besatzungsraum schwang.

Auch für Scanlon war das der erste Krieg. Gleich Bowers und Mays war er während des Koreakriegs zum Militär gekommen. So wie Bowers und Mays hatte auch ihn das Bestreben der Armee, ihre Streitkräfte in Europa angesichts der sowjetischen Bedrohung auszubauen, vor einem Einsatz in Korea bewahrt. Er war dabeigeblieben, weil ihm ein Leben als US-Offizier mit Sendungsbewußtsein und Reisemöglichkeiten weit interessanter und sinnvoller erschien, als in St. Louis für einen Makler Dividenden auszurechnen. Scanlon war Fallschirmjäger und Panzeroffizier. Er war erfüllt vom Kredo der US-Armee, daß Angriff die beste Verteidigung ist und man Schlachten und Kriege nicht durch Abwarten gewinnt. Dieser Glaube war der Grund dafür, daß er nun mit einer 0,45-Zoll-Dienstpistole bewaffnet in einem M-113 durch ein Reisfeld rollte und hörte, wie die Geschosse unsichtbarer Guerillas an der Panzerung abprallten.

Die zwei Schützenpanzer Scanlons fuhren von links in einem Bogen auf die Hubschrauber zu, wie Ba es angeordnet hatte, um dann geradewegs das MG auf dem nördlichen Dammvorsprung anzusteuern. Auf der Höhe der Hubschrauber gaben die MG-Schützen ein paar Feuerstöße auf die Baumreihe ab. Die Antwort war auch hier massiertes Abwehrfeuer, wie es vorher Mays' Fahrzeugen auf der rechten Seite entgegengeschlagen hatte. Die Kampfwagen hielten an, die Heckrampen klappten herunter, die Schützen drängten ins Freie und schwärmten aus. Dann setzten sich die Fahrzeuge wieder in Bewegung, und Männer und Maschinen begannen ihren Sturmangriff. Die Infanteristen hielten ihre Gewehre im Hüftanschlag und verspritzten die Munition magazinweise wie Wasser aus dem Gartenschlauch. Sie waren von Scanlon und den anderen US-Beratern auf dieses Manöver gedrillt worden, es lief also ganz automatisch ab. Man hatte es schon einige Male praktiziert, wenn ein Haufen Guerillas das Pech gehabt hatte, nicht rechtzeitig fliehen zu können, und verwegen genug gewesen war, auf die M-113 zu schießen. Es hatte den Zweck, die Wirkung der MGs durch die voll entfaltete Feuerkraft der Schützengruppe zu verstärken. Scanlon war als einer der ersten draußen. Schon auf der Heckrampe hatte er die Pistole gezogen, nun patschte er neben dem Fahrzeug durch das Reisfeld. Er hatte nicht die Absicht, selbst auf jemanden zu schießen. Die Pistole gehörte zur Ausrüstung der Offiziere, sie war eine Art Rangabzeichen und ein Mittel zur Selbstverteidigung. Sie aus dem Halfter zu ziehen war bloß ein Reflex. Sein Job war, diesen Leuten beizubringen, wie man kämpfte, und er wollte mit draußen sein, um zu sehen, was passierte.

Ein paar Schritte vom Schützenpanzer entfernt wurde einer der Infanteristen getroffen und brach zusammen. Der MG-Schütze auf dem M-113 war durch das Feuer der Guerillas zunächst verwirrt. Er dachte, es komme vor allem aus einer Gruppe Bananenstauden, die etwas weiter links in das Reisfeld hineinragte, in der sich jedoch gar keine Vietcong befanden. Er bestrich sie mit dem MG, während die letzten Infanteristen das Fahrzeug verließen. Der Rückstoß drückte den Lauf sofort nach oben, und Scanlon sah, wie die Geschosse die Bananenstauden köpften. Als durch einen erneuten Feuerstoß aus dem Vietcong-MG wieder Geschosse auf den Schützenpanzer prasselten, erkannte er seinen Irrtum, schwenkte die Waffe herum und begann die vor ihnen liegende Baumreihe zu bestreichen, wobei er einige Bäume auf halber Höhe kappte. »Dieser Idiot zerschießt ihnen bloß die Luft über den Köpfen«, fluchte Scanlon.

Das Problem war, daß weder der MG-Schütze noch Scanlon oder sonst jemand auch nur einen Guerilla erblickte. Scanlon sah vor sich nur eine grüne Mauer. Die Guerillas mußten sich am Fuß dieser Mauer befinden, aber das Laub war so dicht, daß Scanlon nicht einmal das Aufleuchten des Mündungsfeuers sehen konnte, durch das sich MG-Nester und Schützenlöcher normalerweise verrieten.

Ein BAR-Schütze, der auf dem Dach neben dem MG postiert war, wurde ebenfalls schon nach wenigen Metern getroffen. Der Mann hinter dem MG verlor daraufhin die Nerven, tauchte in der Kuppel unter und begann in die Wolken zu schießen. Die überraschenderweise in ihren Stellungen gebliebenen Guerillas verhielten sich im Angesicht der Schützenpanzer ganz anders, als Scanlon es gewöhnt war. Ihre wilde Flucht hatte ihn immer an einen Schwarm Wachteln erinnert, die aus ihrer Deckung aufflogen, wenn die Jäger hinter ihren Vorstehhunden mit schußbereiter Schrotflinte auf sie zumarschierten. Ihm wurde allmählich klar, daß sie bald alle zusammen tot oder verwundet im Reisfeld liegen würden, wenn sie nicht augenblicklich in den Schutz ihrer gepanzerten Kisten zurückkehrten. Scanlon sprach etwas Vietnamesisch. Er rief dem Fahrer zu anzuhalten, schrie und winkte, damit die Infanteristen umkehrten, und rannte selbst zurück und über die Heckrampe in den sicheren Besatzungsraum.

Das reflexhafte, auf die eigene Feuerkraft vertrauende Angreifen war Scanlon von der Ausbildung her so in Fleisch und Blut übergegangen, daß er gar nicht auf die Idee kam umzukehren, die Lage zu besprechen und es mit einer Lösung zu versuchen, die vernünftiger war als ein sturer Frontalangriff. Man hatte ihm immer wieder gesagt, daß er einem für ihn unsichtbaren Gegner aus nächster Nähe aufs Fell rücken müsse. Im Jargon der Taktiklehrer hieß dies »das Feuergefecht auflösen«. Wenn er die MG-Schützen soweit bekam, daß sie die Baumreihe knapp über dem Boden beschossen, konnten sie die Vietcong solange niederhalten, bis man weit genug vorgerückt war, um die automatischen Waffen des Feindes zu lokalisieren. Auf diese Weise würde man die Hauptstützen der Verteidigungslinie mit den 0,50-MGs ausschalten, so daß die Infanteristen einen weiteren Sturmangriff durchführen konnten. Die noch verbliebenen Guerillas würden dann »auseinanderspritzen wie ein Schwarm Wachteln«.

Scanlon befahl dem MG-Schützen, aufzustehen und auf die Baumreihe zu zielen, doch dieser weigerte sich. »Verdammt nochmal, steh auf und halte unten auf die Baumreihe!« brüllte Scanlon in seinem besten Vietnamesisch, wobei er ihn an seiner Bluse packte und so lange zog und zerrte, bis er wieder hinter dem MG stand und feuerte.

Der andere M-113 begann sich zurückzuziehen. Scanlon sah, daß die Infanteristen einen Schützen zurückließen, der verwundet auf dem Boden lag. Er schrie und winkte mit beiden Armen. Der Fahrer hörte ihn und fuhr wieder zu ihm zurück, doch niemand wollte das Fahrzeug verlassen, um ihn hineinzuschaffen. Scanlon sprang ab und lief zu ihm hin. Als er bei ihm angelangt war, kam einer der Schützen des anderen M-113 nach, der, mutiger als seine Kameraden, mithalf, den Verwundeten hochzuheben und durch die Hecktür ins Innere zu schaffen. Inzwischen wurde ein weiterer Infanterist getroffen, der sich noch im Reisfeld befand. Auch ein auf dem zweiten Kampfwagen sitzender BAR-Schütze wurde verwundet. Sein Kamerad hinter dem 0,50-Zoll-MG hatte ebenfalls die Nerven verloren; er kauerte in der Kuppel und zerlöcherte den Himmel. Nachdem sie den zweiten Verwundeten geborgen hatten, zerrte Scanlon fluchend auch diesen MG-Schützen solange hoch, bis er versuchte, wieder gezielt zu feuern. »Auf die Baumreihe — aber unten draufhalten!« brüllte Scanlon.

Die Besatzungen der beiden M-113 hatten Angst. Die Fahrer lenkten die Schützenpanzer hinter die H-21, um vor den Geschossen der Guerillas Deckung zu finden. Sofort stellten die Vietcong das Feuer ein. Die Fahrer nahmen zuerst Richtung auf die rechte Seite der Hubschrauber, wo Mays' M-113 in das Gefecht verwickelt worden waren. Als sie von dieser Seite Kampflärm hörten, überlegten sie es sich wieder und wandten sich dem Kanal zu. Scanlon brüllte sie an, sie sollten stehenbleiben. Er winkte dem Fahrer seines M-113 zu, wieder vor die Hubschrauber zu fahren, doch dieser schüttelte den Kopf. Scanlon machte dem Kommandanten, einem Unteroffizier, und den anderen Besatzungsmitgliedern klar, daß sie wieder vorrücken mußten, um die Vietcong anzugreifen. Die Infanteristen saßen mit ihren Verwundeten im Reisfeld fest, ihre Rettung hing von ihnen ab. Der Unteroffizier entgegnete, sie hätten selbst drei Verwundete, das sei genug.

Der M-113 nahm seine Fahrt in Richtung Kanal wieder auf. Scanlon wollte bei dieser Abseilaktion nicht mitmachen. Als er Bowers erblickte, der ganz in der Nähe hinter einem Deich hockte und ihm zuwinkte, sprang er ab und lief zu ihm hin.

Bowers hatte alle Hoffnung fahren lassen, mit den unverletzten Angehörigen der Reservekompanie etwas Nützliches anzufangen. Ebensogut konnte er sich einem der US-Offiziere anschließen. Einige Minuten zuvor noch hatte er sich erneut bemüht, einen Angriff auf die Beine zu stellen, nun fühlte er, wie lächerlich er sich damit gemacht hatte. Als Scanlons zwei M-113 an der linken Flanke der Helikopter angekommen waren, hatte er versucht, die Überlebenden in eines dieser klassischen Tank-Infanterie-Manöver zu führen, für die man ihn ausgebildet hatte. Das Motto der Infanteriekampfschule in Fort Benning lautete »Mir nach!« Ganz in diesem Sinne war Bowers gebückt den Deich entlang gelaufen und hatte dabei auf vietnamesisch »Angriff!« geschrien. Dann hatte er sich aufgerichtet, hatte, den Karabiner schwingend, die Saigoner Infanteristen aufgefordert, ihm zu folgen, und war mit den Schützenpanzern gegen die Guerillas in der Baumreihe vorgestürmt. Nach zwanzig Schritten hatte er zum zweiten Mal an diesem Tag das Gefühl, allein vorzustürmen. Er blickte sich um. Niemand war ihm gefolgt. Im gleichen Augenblick begannen die M-113 sich wieder zurückzuziehen. Bowers rannte zum Deich zurück und war froh, daß die anderen nicht hinter ihm hergelaufen waren. Vielleicht hätten durch ihn dann noch mehr vietnamesische Soldaten den Tod gefunden, ohne daß etwas erreicht worden wäre, wie es hier schon den ganzen Tag lang geschah. Er teilte Scanlon mit, daß Braman und Deal tot waren und Mays drei Piloten aufgenommen hatte. Scanlon wollte wissen, wo die anderen Flieger waren. Bowers führte ihn zu dem Deich vor den Hubschraubern, wo sie in Deckung lagen und den Beginn des Entscheidungskampfes zwischen den Guerillas und den gepanzerten Maschinen beobachteten.

Zu der Zeit etwa, da Scanlon von dem zurückfahrenden M-113 sprang und zu Bowers hinüberlief, traf Ba auf der rechten Flanke ein, wo sich bereits Mays mit zwei Fahrzeugen befand. Ba hatte mit seinem Kampfwagen zwei andere über den Kanal gezogen. Einer davon war zurückgeblieben, um die restlichen herüberzuziehen, mit dem anderen zusammen war Ba vorgeprescht, um die Leitung des Angriffs zu übernehmen. Ba saß auf dem Dach seines Schützenpanzers hinter dem 0,50-Zoll-MG, den Rücken gegen den aufgeklappten Lukendeckel gelehnt. Aus dieser Position dirigierte er normalerweise seine Kompanie, da er hier rundum freie Sicht hatte und auch gern selbst das MG bediente. Mays, der auf Chos Kampfwagen saß, sah ihn kommen und griff nach dem Druckknopf-Mikrophon. Er wollte ihm sagen, daß es besser sei, nicht frontal anzugreifen, sondern ganz weit nach rechts zu fahren, um sich der Schützenlochlinie vom Ende des Damms her zu nähern. Sie würden sich dann zwar immer noch dem MG- und Gewehrfeuer der dort eingegrabenen Guerillagruppe aussetzen, es aber mit einer kleineren Zahl von Waffen zu tun haben, und nicht mit der ganzen Verteidigungslinie. (Mays konnte die Gruppe nicht sehen. Er hatte jedoch den MG-Schützen ausgemacht, da an dieser Stelle des Dammes die Vegetation am wenigsten dicht war.) Durch dieses Manöver würden sie die Feuerkraft der Guerillas drastisch vermindern, gleichzeitig aus ihrer eigenen den größtmöglichen Vorteil ziehen und sich dem Abwehrfeuer am wenigsten aussetzen. Sobald sie den MG-Trupp ausgeschaltet hatten, würden sie die Schützenlochreihe von diesem rechten Ende her unter Flankenfeuer nehmen und die Guerillas vertreiben.

Als Bas Fahrzeug herankam und Mays mit ihm sprechen wollte, stieg Ba in die offene Kuppel hinab, wahrscheinlich um etwas am Funkgerät zu verstellen. Cho hatte ihm mitgeteilt, daß die Guerillas Widerstand leisteten, und Ba sprach gerade über das Kopfhörergerät mit ihm und den anderen Kommandanten, um das Vorgehen der vier Kampfwagen zu koordinieren. Während Ba hinabstieg, holperte sein Fahrzeug zufällig über einen Erdhügel oder einen der niederen Deiche, das 0,50-MG schwang auf dem Drehzapfen herum, und sein schwerer Lauf schlug gegen Bas Stirn, so daß er halb ohnmächtig in die Kuppel sank.

Die Kompanie war vorübergehend führerlos. Bas Stellvertreter, ein kompetenter und erfahrener Offizier, der das Kommando sofort hätte übernehmen können und auch Englisch sprach, was Mays die Verständigung wesentlich erleichtert hätte, lag mit Typhus im Krankenhaus. Cho war trotz seiner verwegenen Einzelaktionen offenbar nicht in der Lage, die Führung zu übernehmen, sonst hätte er es getan. Mays hatte mit Ba vor dem Unfall nicht sprechen können, deshalb hatte Ba Cho auch nicht den Befehl übermittelt, die rechte Flanke zu umgehen. Chos Englisch beschränkte sich auf ein paar Wörter, und Mays Vietnamesisch war ähnlich bescheiden. Er kannte einige Ausdrücke wie »Angriff« und »zusammen«. Diese wiederholte er vor Cho einige Male mit entsprechender Gestik, doch es kam während der folgenden zwanzig Minuten zu keiner koordinierten Aktion. Die vier M-113 sowie drei weitere, die sich ihnen in dieser Zeit anschlossen (die Besatzungen der beiden Wagen, bei denen Scanlon gewesen war, sowie zwei oder drei andere blieben aus Furcht am Kanal zurück), unternahmen Einzelvorstöße gegen die Baumreihe, die jedoch alle zurückgeschlagen wurden.

Diese zwanzig Minuten waren entscheidend. Bei den konfusen Einzelaktionen wurden zumeist die MG-Schützen verwundet oder getötet. Sie waren für die Vietcong am leichtesten zu treffen, da sie sich auf dem Dach des Fahrzeugs gegen den Himmel abhoben. Nun waren diese MG-Schützen meistens die Unteroffiziere, die sowohl die eigentliche Besatzung als auch die aufgesessenen Infanteristen befehligten. Dieses System war von den Amerikanern konzipiert worden, um aus Kampfwagen und Infanteristen ein eingespieltes Team zu machen. Die Unteroffiziere waren dazu übergegangen, ihre Fahrzeuge und Schützengruppen vom schweren MG aus zu führen, und zwar aus denselben Gründen, die Ba dazu gebracht hatten, die ganze Kompanie von diesem Platz aus zu leiten. Hier oben hatte man unbehinderte Sicht, und mit dem MG zu schießen machte Spaß. Da die Amerikaner ihnen gesagt hatten, sie könnten der Wirksamkeit des 0,50-MGs uneingeschränkt vertrauen und frühere Einsätze weniger gefährlich gewesen waren, hatten die Unteroffiziere es nicht gelernt, ihre Fahrzeuge und Schützengruppen von einem sicheren Platz aus zu leiten. Als der Kampf ausgebrochen war, handelte jeder, wie man es ihm beigebracht hatte, ohne an die Folgen zu denken. Der Oberfeldwebel, Bas engster Freund innerhalb der Einheit, versorgte den Benommenen so gut es ging und kletterte dann selbst zum MG hinauf. Er ließ den Schützenpanzer auf das MG-Nest am rechten Ende der Baumreihe zuhalten und fiel nach einigen Feuerstößen mit durchschossener Kehle ins Fahrzeug zurück. Ba brauchte zwanzig Minuten, ehe er wieder in der Lage war, seine Kompanie zu führen, und in dieser Zeit verlor er nach und nach die Kontrolle über die einzelnen Kampfwagen. Die toten oder verwundeten Fahrzeugkommandanten wurden durch weniger erfahrene Leute ersetzt, und die Moral der Besatzungen begann brüchig zu werden.

Jetzt war der Augenblick gekommen, wo die amerikanische Technologie in die Bresche springen mußte. Der mit einem Flammenwerfer ausgestattete M-113 preschte auf den Damm zu. Das lange Rohr stand aus dem drehbaren Turm wie eine Kanone hervor. »Jetzt ist es soweit. Der Bursche wird die ganze Baumreihe abfahren und sie alle zusammen ausbrennen«, sagte Scanlon siegesgewiß zu einem der Hubschrauberpiloten, der neben ihm hinter dem Deich lag. Das Ungeheuer fuhr bis auf etwa 100 Meter an die Baumreihe heran, damit sein Flammenstrahl die angsterfüllten Gestalten, deren Geschosse an seiner Panzerung abprallten, auch wirklich erreichte. Der Mann im Turm schwenkte das Rohr einige Male drohend hin und her und richtete es dann geradeaus, um mit dem Rösten der Guerillas zu beginnen. Er schaltete die Vorrichtung ein. Eine zwanzig bis dreißig Meter lange Feuerzunge schoß auf den Schutzdamm zu und verlosch wieder. Der Flammenwerfertrupp hatte dem Benzin nicht genügend Geliermittel beigemengt, so daß die Mischung nicht richtig brannte.

»Oh Gott, das ist ja wie ein Taschenfeuerzeug«, stöhnte Scanlon. Der Pilot neben ihm war am Arm verwundet und zeigte sich philosophisch. »Das paßt genau«, sagte er. »Alles andere ist ja auch schiefgegangen, also was soll's.«

Vann hatte in seinem Beobachtungsflugzeug fast den Verstand verloren, als er mitansehen mußte, wie die Guerillas die MG-Schützen von den Kampfwagen schossen und diese sich einer nach dem anderen zurückzogen. Jetzt versagte auch noch der Flammenwerfer. Das war an diesem ohnehin schon verrückten Tag der Moment, total verrückt zu werden. Vann fluchte über Ba, weil dieser nicht sämtliche M-113 zugleich angreifen ließ, und über Harkins, weil er es ihm unmöglich machte, den Ablauf des Kampfes zu beeinflussen. Er war genauso überrascht wie alle anderen, daß die Guerillas vor den Schützenpanzern nicht wegrannten. Völlig unerträglich aber war für ihn, daß er gegen diesen unerwarteten Rückschlag nichts unternehmen konnte. Er wollte Mays und seinem vietnamesischen Idioten sagen, daß die MG-Schützen, wenn sie bei diesem Abwehrfeuer zu stark exponiert waren, sich doch in die Kuppeln zurückziehen und die Deckel zumachen sollten. Die Kampfwagen mußten in die Baumreihe eindringen und auf dem Damm oben die Infanteristen abladen, damit diese die Guerillas in ihren Erdlöchern erledigen konnten. Da Mays ihm auf dem Feldfunkgerät nicht mehr antwortete, hatte Vann keine Möglichkeit, mit ihm oder Ba zu sprechen. Die in den M-113 eingebauten Funkgeräte hatten andere Frequenzen als die der L-19, deswegen hatten Vann und die Berater tragbare Feldfunkgeräte mitgenommen. Vann forderte von Saigon schon seit Monaten vergeblich eine Cessna, deren Funkgerät mit den Funkgeräten der M-113 kompatibel war.

Die Vietcong in den Schützenlöchern hatten keine Zeit zum Fluchen. Sie kämpften, um der Vernichtung zu entgehen. Ba hatte sich schließlich wieder soweit erholt, daß er sieben oder acht Fahrzeuge zusammenziehen und an der rechten Seite der Baumreihe einen koordinierten Angriff beginnen konnte. Er war aber immer noch etwas benommen, stand unter dem Schock des Todes seines Oberfeldwebels und war über den Widerstand überrascht. Er konnte nicht klar genug denken, um Mays zu antworten, als dieser über Funk wiederholt eine Umgehung der rechten Flanke forderte. Seine Verwirrung war so groß, daß er sogar vergaß, die vier oder fünf am Kanal herumstehenden Kampfwagen zu sich zu beordern, damit diese seinen Angriff unterstützten. Er wußte nur, daß er einen Frontalangriff unternehmen mußte, wie man es ihm beigebracht hatte. Instinktiv verwarf er die Taktik, die Vann ihm empfehlen wollte, nämlich die Luken zu schließen und in die Baumreihe einzubrechen. Vann konnte nicht wissen, daß man Ba als Panzeroffizier instruiert hatte, niemals diese jedem Infanteristen richtig erscheinende Taktik zu versuchen. Die Ausbilder in Saumur und Fort Knox hatten warnend darauf hingewiesen, daß nur Narren blindlings mit Panzerwagen in Wälder fuhren. Zwischen den Bäumen konnten die feindlichen Infanteristen von allen Seiten auf sie zukommen, eine Handgranate in die Luke schleudern, sobald sie jemand öffnete, um auszusteigen, oder die Besatzung beim Herausklettern abschießen wie Ratten, die aus einer Kiste krochen. Ba war auch klar, daß es hinter dem Schutzdamm einen Wasserlauf gab. Wenn er von vorn auf den Damm hinauffuhr, dann würden seine Fahrzeuge durch den Schwung über die Dammkrone rollen und in den dahinterliegenden Graben plumpsen. Das Wasser würde durch die Lufteinlässe einströmen und die Motoren überfluten. Die Schützenpanzer würden in einer unmöglichen Schräglage hängenbleiben und ihre MGs nicht mehr einsetzen können, während ringsum alles voller Guerillas steckte. In seiner Verwirrung erschien ihm als einzig mögliche Lösung, sich den Weg zur Baumreihe mit den 0,50-MGs, den BARs und der zusätzlichen Feuerkraft der Schützengruppen freizuschießen. Die M-113 mußten dann vorsichtig auf den Damm hinauffahren und die Schützlochreihe von der Seite aufrollen, falls die Guerillas nicht schon vorher das Weite gesucht hatten.

Die Kettenfahrzeuge arbeiteten sich in einer unregelmäßigen Reihe durch den Schlamm des Reisfelds vor. Zwanzig Minuten konfuser Einzelaktionen und der Verlust so vieler Unteroffiziere hatten Unentschlossenheit zur Folge, als Entschlossenheit am meisten vonnöten war. Ba hatte Schwierigkeiten, die Panzerwagen zu koordinieren, die Besatzungen zeigten erste Anzeichen sinkender Moral. Der Angriff erfolgte zögernd, die Angreifer waren unsicher. Die Fahrer wollten ihre Köpfe nicht mehr hinausstecken. Sie blieben im Inneren und versuchten, mit Hilfe der Winkelspiegel zu steuern. Die mangelnde Praxis und die verminderte Sicht bewirkten, daß sie zu langsam fuhren. Auf diese Weise waren die MG-Schützen und die Infanteristen, die auf dem Dach kauernd aus ihren BARs und M-1-Gewehren Magazin um Magazin verschossen, dem Abwehrfeuer der Guerillas zu lange ausgesetzt. Die ungewohnte Fahrweise machte es den Fahrern auch unmöglich, die M-113 so in Reihe zu halten, daß die gesamte Feuerkraft der sieben oder acht Panzerwagen gleichzeitig zur Wirkung kam. Von den Ersatzschützen wollten einige das MG nicht stehend bedienen. Sie kauerten in der Kuppel und feuerten mit hochgestemmten Armen, wodurch sie wieder einmal in die Wolken schossen.

Bowers' Bewunderung für den Mumm, den dieser Feind zeigte, wuchs mit jedem Augenblick. Es faszinierte ihn, daß die Guerillas einen kühlen Kopf behielten, während die plumpen dunkelgrünen Ungeheuer auf sie zurollten. Anstatt ihr Feuer über die gesamte Angriffsreihe zu streuen, konzentrierten sie es auf das jeweils vorderste Fahrzeug. Er sah, wie die Geschosse von der Panzerung abprallten, wenn die beiden MG-Trupps und die anderen Guerillas einen M-113 ins Kreuzfeuer nahmen, bis sie den Mann hinter dem 0,50-MG oder einen anderen Schützen getötet oder verwundet hatten. Der Fahrer verlangsamte dann und hielt an; die Vietcong stellten ihr Feuer für ein paar Augenblicke ein, um Munition zu sparen, oder lenkten den Geschoßhagel auf den nächsten Schützenpanzer. »Das muß man ihnen lassen«, dachte Bowers, »die sitzen in ihren Löchern wie festgekrallt.« Der Sturmangriff geriet ins Stocken. Einige drehten um. Als sein 0,50-MG-Schütze getroffen wurde, gab sogar der angriffslustige Cho, bei dem Mays mitfuhr, seinem Fahrer den Befehl zur Umkehr.

Bas Kampfwagen und ein oder zwei andere drangen ungeachtet der Verluste weiter vor und waren nur mehr fünfzehn oder zwanzig Meter vom Schutzdamm entfernt. Für eine solche Art des Kampfes hatten sich Bas Söldner nicht verdingt, aber sie waren Vietnamesen, und jetzt, da es hart auf hart ging, zeigten einige von ihnen, daß sie Mut hatten. Die Guerillas begannen nervös zu werden. Wenn sich in wenigen Augenblicken eines dieser 10-Tonnen-Ungeheuer den Damm heraufwälzte, würde ihr Widerstandswille zusammenbrechen. Die Besatzungen der zurückgeschlagenen Panzerwagen würden wieder Mut fassen und erneut vorrücken. Die Offiziere und Unteroffiziere der Vietcong würden die ausbrechende Panik nicht mehr niederbrüllen können. Ihre Männer würden aus den Erdlöchern springen und weglaufen, es würde wieder ein Gemetzel geben wie schon so oft vorher.

Gruppenführer Dung brachte die Maschinen zum Stehen. Er sprang vor sein Schützenloch, um sich den metallenen Monstren in den Weg zu stellen. Ihre Häßlichkeit war einer der Gründe, weshalb sie ihm und seinen Kameraden stets Angst eingejagt hatten. Die vorderen Enden glichen zwei breiten, geduckten Schnauzen, aus denen die Frontscheinwerfer wie zwei riesige Glotzaugen hervortraten. Dung riß eine Handgranate aus dem Gürtel, zog den Stift, streckte seinen Arm zurück und schleuderte sie einem der Monstren entgegen. Sie landete auf dem Dach und explodierte blitzend und mit lautem Knall. Von seinem Beispiel angefeuert, überwanden Dungs Männer ihre Angst und kletterten aus den Erdlöchern, um ebenfalls ihre Handgranaten auf die M-113 zu schleudern. Auf der linken Seite sprang ein Guerilla namens Son auf und feuerte eine Gewehrgranate auf die Panzerwagen. Bowers sah aus seiner Deckung heraus, wie zwei der Handgranaten direkt über den Schützenpanzern explodierten. Dung war offensichtlich unverletzt geblieben, doch drei seiner Kameraden waren tot. Sämtliche Soldaten seiner Gruppe waren verwundet worden, entweder durch Geschosse von den M-113 oder durch die Splitter ihrer eigenen Handgranaten. Ob diese auch Männer an Bord der Kampfwagen töteten oder verwundeten, ließ sich später nicht feststellen. Es war auch nicht wichtig. Das ohrenbetäubende Knallen und die Feuerblitze der explodierenden Handgranaten genügten, um das bißchen Kampfgeist zerstieben zu lassen, das den Besatzungen noch verblieben war. Ba erlaubte seinem Fahrer kehrtzumachen, die beiden anderen Schützenpanzer, die mit ihm bis hierher durchgehalten hatten, folgten ihm. Der Angriff war gescheitert. Ba war zu benommen und geistig zu erschöpft, um noch einmal einen Angriff zu organisieren. Wäre er dazu in der Lage gewesen, so hätten ihm seine demoralisierten Besatzungen nicht gehorcht. Mays machte noch zwei letzte Versuche, mit Chos M-113 die Flanke zu umgehen und dabei den MG-Trupp auf dem rechten Dammende auszuschalten. Beide Vorstöße wurden zurückgeschlagen, wobei zwei weitere Besatzungsmitglieder den Tod fanden. Es war etwa zwei Uhr nachmittags. Die Vietcong hatten das Unmögliche wahrgemacht.

Den absoluten Tiefpunkt bildete eine von Cao inszenierte makabre Farce. Gleich nachdem er um 11.30 Uhr vom Abschuß der vier Hubschrauber erfahren hatte, war er von seinem neuen Korpshauptquartier in Can Tho nach Tan Hiep geflogen. Er hatte Angst vor dem Aufsehen, das der Verlust der Hubschrauber verursachen würde, und mit dem Eintreffen immer neuer Verlustmeldungen wuchs seine Besorgnis, Diem könne ihn dafür bestrafen. Er würde ihn bestimmt zur Verantwortung ziehen, da Dam sein Mann war. Cao war wütend über Vann und Dam, weil sie ihn in etwas hineingezogen hatten, was für ihn die denkbar mißlichste

Situation darstellte. Sie hatten ihn in eine Lage gebracht, in der er gezwungen war, gegen die Vietcong zu kämpfen. Als die Nachrichten von Bas Kompanie erkennen ließen, daß es nicht einmal den Schützenpanzern gelungen war, die Guerillas aus ihren Stellungen zu vertreiben und zu massakrieren, begann er einen Plan auszuhecken, um sich aus der Affäre zu ziehen und die Schuld für die Verluste einem anderen in die Schuhe zu schieben.

Vann erfuhr von Caos Plan zur Rettung Caos durch einen Funkruf Dan Porters, als er noch über Bac kreiste und Chos letzten Vorstoß gegen die MG-Stellung am rechten Dammende beobachtete. Porter war am Morgen mit Cao nach Tan Hiep geflogen. Er informierte Vann durch einen verschlüsselten Funkspruch, daß Cao ein Bataillon Fallschirmjäger von der dem Vereinigten Generalstab in Saigon unterstellten Reserve angefordert habe. Vann bat Porter, Cao zu veranlassen, die Fallschirmjäger in den Sumpfgebieten und Reisfeldern östlich von Tan Thoi und Bac abspringen zu lassen, an der einzigen offenen Flanke, über die sich die Guerillas tagsüber nicht zurückziehen konnten, die jedoch bei Dunkelheit den logischen Fluchtweg bildete.

»Topper Six, das habe ich ihm bereits gesagt. Er will sie aber auf der anderen Seite absetzen«, antwortete Porter.

»Ich bin gleich bei Ihnen, Sir«, gab Vann zurück und ließ den Piloten auf dem schnellsten Weg zum Flugplatz zurückkehren. Er hatte Caos Spiel sofort durchschaut. Wie er später in seinem Bericht an Harkins formulierte, wollte Cao das Luftlandebataillon nicht benutzen, die Vietcong zu stellen und zu vernichten, sondern »um Macht zu demonstrieren, in der Hoffnung, die Vietcong-Einheiten würden sich absetzen und der Kampf wäre damit beendet«.

Vann kletterte aus der Cessna und eilte zum Befehlszelt. Er erklärte Cao, er könne an diesem Tag nicht all das Blut für nichts vergießen. Er müsse jetzt die Schlinge zuziehen und die Guerillas vernichten. Porter unterstützte ihn. Beide machten Cao deutlich, daß er als verantwortungsbewußter Kommandeur keine andere Wahl habe. »Sie müssen die Fallschirmjäger dort drüben absetzen«, sagte Vann und hämmerte auf der großen Operationskarte mit den Fingern auf die offene Flanke östlich der beiden Weiler. Er war derart in Zorn geraten und schlug so kräftig auf die Landkarte, daß er dabei fast über den Ständer stürzte.

Cao wollte von dieser militärischen Logik nichts wissen. »Das ist nicht vorsichtig«, sagte er immer wieder. Es sei besser, die Fallschirmjäger im Westen abzusetzen, hinter den M-113 und den Zivilgardisten, dann könnten sie sich mit diesen beiden Einheiten vereinigen. »Wir müssen verstärken«, sagte er.

Vann resümierte später Caos Logik mit der bissigen Bemerkung: »Sie entschieden sich dafür, die Niederlage zu verstärken.«

Und wieder einmal riß ihm der Geduldsfaden. »Verdammt nochmal«, schrie er, »Sie wollen sie loswerden. Sie haben Angst vor dem Kampf. Sie wissen ganz genau, daß sie auf dieser Seite davonschleichen werden, und genau das wollen Sie.«

In die Ecke getrieben, half sich Cao aus der Verlegenheit, indem er den verärgerten Vorgesetzten spielte: »Ich bin der kommandierende General, und es ist meine Entscheidung«, sagte er. Brigadegeneral Tran Thien Khiem, der Chef des Vereinigten Generalstabs, der auf Ersuchen Caos aus Saigon gekommen war, erhob keine Einwände. Harkins war nicht erschienen, um herauszufinden, wie denn fünf Hubschrauber verlorengehen konnten, noch war irgend jemand von seinem Stab anwesend, um mit seinen Generalssternen Vann und Porter zu Hilfe zu kommen. Cao versuchte noch, Vann zu beschwichtigen, indem er vorgab, den Zeitpunkt des Absprungs vorzuverlegen: »Wir werden um sechzehn null null (vier Uhr nachmittags) abspringen.« Da Vann wußte, daß es keinen Sinn hatte, noch länger herumzustreiten, ging er zu seinem Flugzeug zurück, in der Hoffnung, das Luftlandebataillon werde wenigstens zeitig genug kommen, um noch zu irgend etwas gut zu sein.

Den Rest des Nachmittags verbrachte er damit, nachzufragen, wann die Fallschirmjäger denn kommen würden, und zu versuchen, Cao, Dam und Tho zu überreden, das, was sich als die größte Niederlage des Krieges abzeichnete, in den größten Sieg zu verwandeln. Es lag immer noch in ihrer Hand, diesen Tag zu retten. Sie mußten nur die beiden Bataillone der Zivilgarde und Bas Kompanie für einen gemeinsamen Angriff auf Bac zusammenfassen. So demoralisiert Bas Leute auch waren, sie konnten zumindest mit ihren 0,50-Kalibern die Zivilgardisten unterstützen. Diesem gemeinsamen Vorgehen würden die Guerillas nicht standhalten. Weder Cao noch Tho, die das Sagen hatten, sahen ein, daß Vernunft und Moral nun erforderten, vorzurücken und relativ geringe weitere Verluste in Kauf zu nehmen, damit die bisherigen Opfer nicht völlig umsonst waren.

Während Ba versucht hatte, einen organisierten Angriff durchzuführen, war das zweite Zivilgardebataillon eingetroffen. Es wurde von einem jungen und kompetenten Leutnant befehligt. Dieser sah, daß er Ba augenblicklich zu Hilfe kommen könnte, wenn er eine Flankenbewegung nach rechts vollführte und von hinten in die Verteidigungslinie der Guerillas einbrach, wie es das erste Bataillon schon längst hätte tun sollen. Er suchte bei Tho um die Erlaubnis zum Angriff nach und verlegte in Erwartung einer zustimmenden Antwort eine seiner Kompanien in die vorderste Linie, um gleich vorrücken zu können. Tho befahl ihm, noch abzuwarten. Als nach Bas erfolglosem Angriff der Nachmittag nutzlos verstrich, da die Guerillas, von einigen Artillerie- und Luftangriffen abgesehen, in Ruhe gelassen wurden, suchte der Leutnant noch dreimal vergeblich um die Erlaubnis zum Angriff nach.

Prevost machte ihm den Weg frei, indem er das MG am rechten Ende des Dammes durch den einzigen wirksamen Luftangriff dieses Tages zum Schweigen brachte. Das geschah um 15.40 Uhr, für Ba mehr als eine Stunde zu spät, doch früh genug, um der Zivilgarde noch mehrere Stunden Zeit zum Angriff zu geben. Unmittelbar nach der Auseinandersetzung über den Absprungsort der Fallschirmjäger war Vann Prevost auf dem Flugplatz begegnet. Er hatte ihn gebeten, etwas gegen das Versagen der Fliegerleitoffiziere zu unternehmen. Bevor er zu seiner Cessna zurückgekehrt war, hatte er ihm auf der Karte die Position der Schützenlöcher und des MG-Nests gezeigt. Das MG hatte er während des fehlgeschlagenen Versuchs zur Rettung der Hubschrauber ausgemacht. Prevost entlieh sich von der VNAF eine L-19, und Dam beauftragte einen am Flughafen wartenden vietnamesischen Fliegerleitoffizier, auf dem Rücksitz mitzufliegen und einen A-26-Invader von der »Farm-Gate«-Staffel in Bien Hoa herzulotsen.

Prevost hielt sich zunächst an die Spielregeln und ließ den vietnamesischen Fliegerleitoffizier den zweimotorigen Jagdbomber einweisen. Das Resultat war, daß der amerikanische Pilot die beiden Napalmkanister und vier der 50-Kilo-Bomben vergeudete. Prevost verstieß daraufhin gegen die Regeln und überredete den Vietnamesen, die Führung des A-26 ihm zu überlassen. Er ließ ihn mehrere Angriffe fliegen und mit seinen 0,50-MGs die Baumlinie bestreichen. Den Piloten des A-26 ärgerte es anfangs, daß Prevost ihn dazu anhielt, langsam und flach anzufliegen und den Steuerknüppel während des Bordwaffenangriffs nach vorn zu drücken. Er ging zu steil in den Sturzflug und fing die Maschine zu rasch ab. Die Geschosse aus den 0,50-MGs verfehlten das MG-Nest in der Baumreihe. Der Stab im Joint Air Operations Center in Tan Son Nhut überwachte den Funkverkehr. Einer der älteren Offiziere erkannte Prevost an der Stimme. »Hört einmal«, sagte er zu den anderen, »Herb bringt dem Burschen bei, wie man einen Angriff fliegt.« Nachdem der Pilot gelernt hatte, die Flugzeugnase nach unten zu halten, ließ ihn Prevost eine Raketensalve auf das Dammende abfeuern. Das Vietcong-MG verstummte, die Besatzung mußte tot oder verwundet sein. Die Feuerleitstelle im Befehlsstand in Tan Hiep beorderte dann den A-26 irrtümlich zurück, damit die Artillerie wieder ihren Beschuß aufnehmen konnte. Aber nicht durch diesen Fehler des Artillerieoffiziers wurde Prevosts Leistung wieder zu einer nutzlosen Aktion. Jedesmal, wenn der Leutnant von der Zivilgarde um Erlaubnis zum Angriff bat, befahl Tho ihm zu warten. Dieses Warten kostete die vordere Kompanie drei Tote und zwei Verwundete.

Vann sprach wiederholt mit Ziegler, um nachzufragen, aus welchen Gründen das Luftlandebataillon noch nicht da war. Wenn Ziegler wiederum bei Cao nachfragte, ging Cao zum Zelt hinaus, blickte zum Himmel und sagte: »Die sollten eigentlich schon hier sein. Saigon hat Verspätung.« In Wirklichkeit hatte er den Absprung der Fallschirmjäger für 18.00 angesetzt, eineinhalb Stunden vor Anbruch der Dunkelheit. Sie würden dann gerade genug Zeit haben, um sich zu sammeln und eine Rundumverteidigung für die Nacht einzurichten, aber nicht mehr in den Kampf eingreifen können. Damit sollte Cao den Vietcong einen großen Gefallen erweisen.

Die Fallschirmjäger wurden in sieben walförmigen C-123 Providers der US-Luftwaffe herangeflogen. Der Absprung begann um 18.05 Uhr. Da die Vietcong den Funkverkehr der ARVN abhörten, hatte ihr Kommandeur schon zwei Stunden zuvor von der Operation erfahren. Die wichtigste Information konnte er allerdings nicht bekommen, nämlich die genaue Lage der Absprungzone. Aus diesem Grund erteilte er dem Kompanieführer in Tan Thoi den Befehl, die Verlegung eines Teils seiner Truppen vorzubereiten, um sie den Fallschirmjägern entgegenzustellen, falls diese an einer gefährlichen Stelle landeten.

Anders als die erschöpften Regulären in Bac waren die Regionalguerillas in Tan Thoi noch relativ frisch. Ihr Kampf mit dem Divisionsbataillon war niemals mehr als ein Schußwechsel gewesen. Vanns Liebling unter den Beratern, der beliebteste Offizier der ganzen Abteilung, Captain Kenneth Good, ein 32jähriger Kalifornier, West Point Jahrgang 1952, wurde verwundet, als er auf Erkundung ging, um zu versuchen, das festgenagelte Bataillon wieder in Marsch zu setzen. Er verblutete hilflos, weil der ARVN-Hauptmann es unterließ, seine Verwundung zu melden. Es dauerte zwei Stunden, bis ihn ein anderer Berater zufällig fand und Vann ihn zum Flugplatz zurückbringen lassen konnte, wo er einige Minuten nach seiner Ankunft starb. Als zweieinhalb Stunden nach Goods Tod die Fallschirmjäger landeten, jubelten ihnen die Soldaten seines Bataillons zu, und ihr Hornist blies ein mitreißendes Angriffssignal. Aber kein einziger ging vor oder feuerte auch nur einen Schuß ab, um sie zu unterstützen.

Entweder der Staffelführer der amerikanischen Transportflugzeuge oder der vietnamesische Absetzer (wer für den Irrtum verantwortlich war, wurde niemals herausgefunden), beging den Fehler, durch den Cao dem Kommandeur der Guerillas nun in die Hände arbeitete. Statt am Anfang der Absprungzone begannen die Fallschirmjäger an ihrem Ende abzuspringen, wodurch sich die Landezone um fast einen Kilometer verschob. Viele von ihnen kamen direkt vor den Stellungen der Vietcong westlich und nordwestlich von Tan Thoi herunter anstatt hinter den Zivilgardisten und den M-113 vor Bac, wie Cao es geplant hatte. Die Gefahr eines solchen Irrtums bestand bei Luftlandeoperationen immer, nicht zuletzt deswegen hatten Porter und Vann auf einen früheren Absprung gedrängt. Den Fallschirmjägern schlug das Abwehrfeuer schon entgegen, als sie noch in der Luft waren.

Im Gegensatz zur regulären ARVN waren die Saigoner Luftlandetruppen harte Soldaten. Die französischen Para-Offiziere waren die todgeweihten Ritter der Kolonialarmee gewesen, Männer, die den Kameradschaftsgeist hochhielten und ein tapferes Sterben sozusagen als Wiedergutmachung der zahlreichen Unsinnigkeiten ansahen, mit denen ihr Dasein verbunden war. Ihre vietnamesischen Waffenknechte waren zurückgeblieben und hielten ihr Andenken aufrecht, indem sie versuchten, mit dem gleichen Schneid zu kämpfen wie ihre Vorbilder. Ohne es zu wollen, hatte Cao sie unter den schlechtestmöglichen Bedingungen in ein Gefecht verwickelt. Es wurde schnell dunkel, der Feind war nahe, sie wurden beschossen. In dieser Lage war es ihnen umöglich, sich richtig zu organisieren. Sie konnten nicht mehr tun, als in kleinen Einheiten einzelne Vorstöße zu versuchen, bei denen sie empfindliche Verluste hinnehmen mußten. Neunzehn wurden getötet, dreiunddreißig verwundet, darunter die beiden amerikanischen Bataillonsberater, ein Hauptmann und ein Unteroffizier. Die Dunkelheit setzte dem Kampf ein Ende.

Um sicherzustellen, daß sich die Guerillas während der Nacht zurückzogen, erlaubte Cao einer von Prevost angeforderten C-47 nicht, ihren Rückzugsweg mit Leuchtbomben zu erhellen. Vann wollte die Reisfelder und Sumpfgebiete östlich von Bac und Tan Thoi erleuchten und mit 500 Artilleriegranaten belegen lassen. Cao genehmigte zunächst 100 Granaten, dann erteilte er den Batterien den Befehl, vier Granaten pro Stunde abzufeuern. Die Begründung für sein Leuchtbombenverbot lautete, die Fallschirmjäger wollten nicht, daß ihre Verteidigungsstellungen sichtbar würden. Es war zweifelhaft, daß sie einen solchen Einwand je erhoben hatten. Vann wies darauf hin, daß die Leuchtbomben nicht über den Fallschirmjägern niedergehen würden, die sich ja auf der anderen Seite von Tan Tho befanden. Caos Plan, sich aus der ganzen Angelegenheit herauszumanövrieren, hatte Vorrang. Die C-47 warf ihre Leuchtbomben nicht ab.

Die »kleinen Lumpenärsche« hatten es den Amerikanern gezeigt. 350 Guerillas hatten einer vierfachen Übermacht standgehalten und eine moderne, mit Panzerfahrzeugen und Artillerie ausgerüstete Streitmacht gedemütigt, die von Hubschraubern und Jagdbombern unterstützt wurde. Ihre schwerste Waffe war der kleine 60-mm-Mörser gewesen, der sich als nutzlos erwies. Sie hatten 18 Tote und 39 Verwundete zu beklagen, was nicht viel war angesichts der Tatsache, daß die Amerikaner und ihre vietnamesischen Schützlinge sie mit Tausenden von Gewehr- und MG-Geschossen überschüttet und den Explosionen und Splittern von 600 Artilleriegranaten sowie dem Napalm, den Bomben und Raketen von 13 Jagdbombern und fünf Kampfhubschraubern ausgesetzt hatten. Allein die fünf Hueys verfeuerten 8400 Schuß MG-Munition und 100 Raketen auf die Baumreihen um Bac. Mit den Waffen, die sie in der Hand hielten, töteten oder verwundeten die Vietcong fast vier Feinde für jeden Mann, den sie verloren. Etwa achtzig Saigoner Soldaten waren tot, mehr als hundert verwundet. Außerdem töteten die Guerillas drei Amerikaner, verwundeten acht weitere und schossen fünf Hubschrauber ab. (Saigon gab später 63 Tote und 109 Verwundete zu. Die Verlustzahlen wurden niedriger gehalten, indem man die Verluste der im Reisfeld gelandeten Reservekompanie falsch angab.) Bei all dem schafften es die Guerillas, mit ihren Geschossen sparsam umzugehen. Von den ersten Schüssen auf die Zivilgarde bis zu den letzten Kämpfen mit den Fallschirmjägern verfeuerten sie etwa 5000 Schuß Gewehr- und MG-Munition.

Der Bataillonskommandeur setzte den Abmarsch für 22.00 Uhr fest und bestimmte das Haus eines Bauern namens Muoi am südlichen Ende von Tan Thoi als Sammelpunkt. Seit Tagesanbruch war er der unentbehrliche Führer auf dem Schlachtfeld gewesen und hatte die das Schicksal aller bestimmenden Entscheidungen getroffen, wie das nur ein Soldat mit Erfahrung und Urteilsvermögen tun konnte. Er war mit dem Leben seiner Männer gewissenhaft umgegangen, um den Sieg zu erringen. Nun organisierte er mit derselben Sorgfalt ihren Rückzug, um später erneut kämpfen zu können. Er befahl, die beiden verstärkten Kompanien etappenweise in die Umgebung des Hauses zu verlegen. Die vor Bac liegende Kompanie hatte am späten Nachmittag begonnen, ihre Stellungen auf dem Schutzdamm zu räumen und sich längs des Wasserlaufs nach Norden abzusetzen. Auf dem Rückmarsch zum Sammelpunkt übernahm bei jeder Kompanie ein Zug die Rückendeckung für den Fall, daß die ARVN einen Nachtangriff unternahm, obwohl das völlig unwahrscheinlich war. Ungefähr zwei Stunden vor dem Abmarsch schickte der Kommandeur lokale Aufklärungstrupps los. Sie sollten die Rückzugswege nach Osten erkunden und dafür sorgen, daß auf einem Kanal Sampans bereitstanden, um die Verwundeten zu einem Lazarett in eines der nächstgelegenen Basislager zu bringen. Nachdem sich die Kundschafter zurückgemeldet hatten, besprach er sich mit den Kompaniechefs, um die sicherste Route zu wählen. Außerdem sandte er eine Gruppe nach Bac zurück, um die Leichen Dungs und seiner Kameraden zu holen. Man wollte sie zum Basislager des Bataillons bringen und dort mit militärischen Ehren bestatten. Der Mann, dessen Mut sie alle ihr Leben verdankten, war bei einem Luft- oder Artillerieangriff ums Leben gekommen, als seine Kompanie sich im Weiler durch einen Obstgarten zurückzog. Die Soldaten kamen ohne die Leichen zurück. Sie sagten, sie hätten Dung und seine Kameraden in der Dunkelheit nicht finden können; sie hätten Angst gehabt, im Weiler Lärm zu verursachen, da an der Baumreihe Bas M-113 biwakierten. »Genosse Dung konnte nicht mitkommen«, hieß es im Bericht des Vietcong über die Schlacht.

Um 22.00 Uhr setzte sich die Kolonne in Marsch. Ziel der beiden Kompanien waren die Basislager in der Schilfebene. (Die Dorfguerillas und Bauern aus Bac und Tan Thoi, die während des Kampfes Hilfsdienste geleistet hatten, verließen den Sammelplatz über eine andere Route, um sich in ihre Verstecke in den Wasserpalmendickichten der Umgebung zu flüchten.) Die Regulären vom 261. Hauptmachtbataillon, die Bac gehalten hatten, bildeten den vorderen Teil der Kolonne. Die Männer vom schweren Zug marschierten in der Mitte, sie trugen die Verwundeten und die Toten. Es folgten die Provinzguerillas des 514. Regionalbataillons, einer ihrer Züge bildete die Nachhut. Diese Leute kannten sich hier aus und waren an Nachtmärsche gewöhnt. Als die Kolonne am Kanal ankam, standen die Sampans bereit, um die Verwundeten aufzunehmen. Die Kompanien folgten dem Kanal bis zu einer Furt, wateten durch das Wasser und marschierten bis lange nach Tagesanbruch, ohne entdeckt zu werden, so daß sie die Lager um

7.00 Uhr sicher erreichten. Sie hatten mehr als nur eine Schlacht gewonnen. Sie hatten einen vietnamesischen Sieg nach Art ihrer Vorfahren erkämpft. Sie hatten einen überlegenen Gegner überwunden.

Um die Zeit etwa, da die Vietcong den Rückmarsch antraten, zollte Vann ihnen Tribut. Wer hätte sich dafür besser geeignet? Er war in dieser Schlacht der Arm des Schicksals gewesen. Ohne ihn hätte Ba vielleicht mit dem Vorrücken auf den Weiler gezögert, bis es für den Kampf zu spät gewesen wäre. In seiner Entschlossenheit, die Guerillas zu vernichten, hatte Vann die Schützenpanzer nach Bac dirigiert. Er hatte die Schlacht zu einer sich steigernden Demütigung der Saigoner Truppen und zu einem Triumph der Vietcong gemacht.

Mit Nicholas Turner, einem Neuseeländer, der Reuters-Korrespondent für Südvietnam war, und Nguyen Ngoc Rao, der für UPI arbeitete, war ich in dieser Nacht nach Tan Hiep hinunter gefahren, um zu sehen, was los war. Die in Saigon eintreffenden Meldungen — fünf abgeschossene Hubschrauber und ein mitten in der Schlacht abgesprungenes Luftlandebataillon — waren so außergewöhnlich, daß wir diese Fahrt unbedingt unternehmen mußten, auch wenn wir Angst hatten, an einer der Straßensperren, die die Guerillas nachts manchmal errichteten, gefangengenommen oder getötet zu werden. Gefährlicher aber war wahrscheinlich gewesen, daß wir in Turners kleinem Triumph auf der zweispurigen Asphaltstraße mit hundert Stundenkilometern dahinbrausten.

Cao war nicht in der Lage, mit uns zu sprechen. Ich traf ihn an, als er vor dem Befehlszelt auf- und ablief und sich in einer Art nervöser Krise mit beiden Händen immer wieder über das Haar strich. Als ich zu ihm hinging und ihm eine Frage stellte, starrte er mich einen Augenblick an, murmelte etwas Unverständliches und wandte sich ab.

Einer der Berater machte Vann für uns ausfindig. Dieser zog uns aus dem schwachen Licht, das die im Zelt an Drähten herabhängenden Glühbirnen nach draußen warfen, in die Dunkelheit am Rande der Startbahn. Er wollte nicht, daß ihn Cao, Dam oder ein anderer ARVN-Offizier mit uns sprechen sahen. Er nahm sich kein Blatt vor den Mund, bemühte sich aber, das ganze Ausmaß seines Zorns zu verbergen. Wenn wir die schlimmsten Einzelheiten dieses Debakels veröffentlichten, hatte er Schwierigkeiten zu befürchten. Er schilderte uns, wie die Guerillas trotz des Angriffs der Schützenpanzer und all der Granaten, Bomben und Napalmkanister standgehalten hatten. Dabei blickte er in die Dunkelheit, in Richtung Bac, wo trotz Caos Verbot ein gelegentliches Leuchtgeschoß den Himmel erhellte und das von Cao genehmigte symbolische Artilleriefeuer zu hören war. Es donnerte so gedämpft, wie das Artillerie nachts immer zu tun scheint.

»Das waren tapfere Männer«, sagte er. »Sie haben sich heute von ihrer besten Seite gezeigt.«

Der Kampf gegen das System

BUCH IV

Er konnte keine Niederlage hinnehmen. Er war Oberstleutnant der Armee der Vereinigten Staaten. Mochte er auch nur Berater ohne Befehlsgewalt sein, dieser Krieg war sein Krieg geworden, und er konnte nicht verstehen, warum man ihn zwang, ihn zu verlieren. Die Achtung vor sich selbst und seiner Institution, die Achtung vor der Würde seiner Nation und ihrer dominierenden Stellung in der Welt wurden stärker mit Füßen getreten, als er ertragen konnte. Für die vietnamesische Revolution im Süden war die Schlacht von Ap Bac ebenso entscheidend wie für John Vann. Sie trieb ihn nun auf die Bahn, der er sich nach und nach genähert hatte. Er mußte Harkins in Saigon überzeugen. Wenn aber Harkins nicht hören wollte, dann würde er über seinen Kopf hinweg der militärischen und politischen Führung in Washington klarmachen, daß die USA keine Wahl hatten. Wenn man in Vietnam eine Niederlage vermeiden wollte, dann mußte man die Strategie radikal ändern und Saigon zwingen, sich von ihm und den anderen bei der Truppe stehenden US-Offizieren führen zu lassen. Harkins war sich nicht bewußt, daß das amerikanische Unternehmen in Vietnam und die Vietnamesen, die mit den USA auf Gedeih und Verderb verbunden waren, durch seine Schuld auf eine Katastrophe zusteuerten. Vann sah das Herannahen dieser Katastrophe klarer als sonst jemand in Vietnam, und er war entschlossen, alles zu tun, um sie zu verhindern. Für einen Oberstleutnant war das ein ehrgeiziges Unternehmen. Wie ehrgeizig, war ihm anfangs nicht bewußt, denn jeder seiner Schritte war eine Reaktion auf die Ereignisse. Die Armee hatte ihn darauf programmiert, Regeln zu befolgen. Nun war er bereit, auszubrechen und gegen die Regeln zu verstoßen, um einen Wechsel in der Politik herbeizuführen und den Krieg zu gewinnen. Das erste Anzeichen dafür war, daß er sich am Morgen nach der Schlacht in keiner Weise bemühte, das ganze Ausmaß des Debakels und seinen Zorn darüber vor den Reportern zu verbergen.

So wie im Januar 1963 die USA noch nicht Hunderttausende Soldaten in Vietnam stehen hatten (was erst nach 1965 der Fall war), so war damals auch das ausländische Pressekorps noch nicht durch Hunderte von Personen beiderlei Geschlechts und aller Nationalitäten vertreten, wie sie später nach Vietnam kommen sollten, um über den »großen Krieg« zu berichten: Zeitungs-, Fernseh- und Rundfunkkorrespondenten, Standphotographen, Kameraleute, Tontechniker und diverse als Freiberufler auftretende Militär-Groupies. Zur Zeit der Schlacht von Ap Bac gab es in Vietnam etwa ein Dutzend ständige Korrespondenten, einschließlich der französischen Journalisten, die allerdings nicht besonders aktiv waren, da es sich nicht mehr um ihren Krieg handelte. Das amerikanische Expeditionskorps war auf 11.300 Mann angewachsen, die bei der Truppe stehenden Berater machten jedoch nur etwa ein Viertel davon aus, ungefähr dreitausend Offiziere und Mannschaften. Die Dimensionen des Krieges waren noch so, daß die Reporter mit den höherrangigen Beratern und vielen ihrer Untergebenen persönlich bekannt waren.

So beeindruckt Harkins von Vanns hohen Leichenzahlen auch sein mochte, sein oberster Presseoffizier brauchte die Reporter nicht erst aufzufordern, über die 7. Division und ihre Beraterabteilung zu berichten. Journalisten sind hinter einer Story her: 1962 und 1963 war diese Story der alles entscheidende Kampf um das nördliche Delta. Vann verstärkte diese Neigung noch, indem er uns im Seminar freundlich aufnahm. Er liebte es, wenn über ihn geschrieben wurde, es schmeichelte ihm. Anfangs begrüßte er diese Reklame auch mit Blick auf seine Bestrebungen, Cao zum »Tiger von Südvietnam« zu machen. Immer wenn er einen von uns dazu gebracht hatte, über Caos Angriffswut zu schreiben, beeilte er sich, den Zeitungsausschnitt Cao unter die Nase zu halten. Aufgrund seiner freimütigen Art bekamen wir jedoch viel zu hören und zu sehen, was die Tatsachenverdrehung als solche erkennbar machte. Er sorgte dafür, daß die Offiziere seines Stabes uns über das berichteten, was uns interessierte, und daß wir seine Captains und Lieutenants auf ihren Einsätzen begleiten konnten. Seine Untergebenen machten es ihm nach: Die jüngeren US-Offiziere bei den kämpfenden Einheiten sprachen unverhüllt über die Schwachpunkte der Saigoner Truppen.

Wenn ein Journalist zeigte, daß er Strapazen ertrug und sich Gefahren aussetzte, sozusagen als Kriegstaufe mit durch die Reisfelder marschierte und die Nacht draußen im Feld verbrachte, wurde er von diesen freundlichen und ehrlichen Männern akzeptiert, und man diskutierte ganz offen. Beim nächsten Ausflug wurde das Gespräch noch freimütiger. Die Berater ersahen auch aus den Berichten in »Pacific Stars & Stripes« und den Zeitungsausschnitten, die ihnen ihre Ehefrauen oder Familienangehörige zuschickten, daß wir sie ohne Nennung des Namens zitierten oder die Quelle anders verschleierten, wenn es sich um eine abträgliche Bemerkung oder Information handelte. Vor der Schlacht von Ap Bac waren ich und das halbe Dutzend anderer US-Korrespondenten mit der 7. Division schon auf zahlreichen Operationen gewesen, so daß wir mit Vann und seinen Leuten bereits gut bekannt waren. (Nick Turner von Reuters und Peter Arnett, ein Neuseeländer, der für Associated Press arbeitete, galten als Amerikaner, da sie im wesentlichen die gleiche Einstellung wie ihre amerikanischen Kollegen hatten.) Die amerikanischen Reporter teilten das Engagement der Berater für diesen Krieg. Wir sahen die Welt durch das gleiche ideologische Prisma, und unsere kulturellen Präferenzen unterschieden sich in keiner Weise. Auch wir betrachteten den Konflikt als unseren Krieg. Wir glaubten an die Ziele, die sich unsere Regierung in

Vietnam gesetzt hatte, und wir wünschten uns genauso leidenschaftlich wie Vann und seine Offiziere, daß unser Land diesen Krieg gewann.

Nachdem wir am Abend der Schlacht mit Vann gesprochen hatten, fuhren Turner, Rao und ich wieder nach Saigon. Wir gaben unsere Berichte durch, duschten, nahmen das Abendessen ein und kehrten noch bei Dunkelheit nach Tan Hiep zurück, um von dort, sobald die Hubschrauber bei Tagesanbruch ihre Operationen aufnahmen, nach Bac zu fliegen. Merton Perry, der damals für das Magazin »Time« arbeitete, ein rundlicher, 110 Kilo schwerer Mann, dessen Fröhlichkeit und Energie seinem Umfang entsprachen, kam mit uns. Wir erreichten Tan Hiep kurz nach Sonnenaufgang, gerade rechtzeitig, um zu sehen, wie Cao in einem olivgrünen, auf Hochglanz polierten Jeep vorfuhr. Er kam von My Tho, wo er die Nacht verbracht hatte, und wirkte jetzt wieder einigermaßen gefaßt. Er trug eine frisch gestärkte Bluse mit den zwei Sternen seines neuen Ranges, die nach französischer Art vorne auf dem Hemd aufgenäht waren. Zum Empfang des Korpskommandeurs hatte Dam vor dem Befehlszelt eine Ehrenformation der Divisionsgarde antreten lassen. Die Soldaten hatten weiße Helme, weiße Stoffkoppel mit polierten Messingschlössern und schwarze Stiefel mit weißen Schnürsenkeln. Als Cao dem Jeep entstieg, stand die Ehrengarde stramm und präsentierte das Gewehr. Er quittierte den Gruß, indem er sein Offiziersstöckchen mit dem Handgelenk kurz hochschnellen ließ, lächelte uns im Vorübergehen nervös zu und schritt schnell zum Zelt. Es war klar, daß er noch immer nicht zu sprechen war. Vann zeigte auf zwei H-21. Sie würden jeden Moment starten, um nach Bac zu fliegen und die Toten zu holen. Turner und ich kletterten in einen hinein, Mert Perry sprach noch mit Vann, Rao blieb in Tan Hiep zurück, um bei den jüngeren vietnamesischen Offizieren soviel wie möglich in Erfahrung zu bringen.

Unsere H-21 näherten sich von Westen her vorsichtig dem Weiler, aus dessen Trümmern immer noch Rauch aufstieg. Wir flogen in sicherer Entfernung von der Baumreihe und landeten schließlich in einem Reisfeld, nicht weit vom letzten Kanal, zu dessen Überquerung Bas Kompanie so lange gebraucht hatte. Turner und ich konnten an der Baumreihe Bas M-113 stehen sehen. Es wurde nicht geschossen, und wir gingen über einen Deich zu den abgeschossenen Hubschraubern. Überall auf den Deichen waren Leichen aufgereiht. Auf einem zählte ich an die zwanzig Tote, alles Vietnamesen. Sie lagen auf dem Rücken, ihre Drilliche waren blutverschmiert, die Spitzen ihrer kleinen Stiefel zum Himmel gerichtet.

Scanlon kam mit zwei M-113 heran, um die Leichen zu den Hubschraubern zu transportieren. Er sagte, die Guerillas hätten sich am Vortag gegen Abend aus der Baumreihe zurückgezogen. Trotzdem hätten die Piloten Befehl, in einiger Entfernung zu landen. Die Infanteristen auf den beiden Schützenpanzern waren so demoralisiert, daß sie die Leichen ihrer Kameraden nicht anfassen wollten.

Scanlon schrie sie an und zog einige von den Kampfwagen herunter, um sie zu zwingen, die Leichen hineinzuschaffen. Turner und ich halfen mit, die Toten aufzuheben, einschließlich Bramans und Deals. Bei den Hubschraubern hatte Scanlon erneut Schwierigkeiten, die Lebenden zu veranlassen, ihre toten Kameraden ihren Familien zur Bestattung zurückzubringen. Er mußte wieder herumbrüllen und Bas Soldaten mit Gewalt dazu bringen, die Leichen zu den Helikoptern zu tragen. Turner und ich waren inzwischen auch zornig geworden und begannen ebenfalls herumzuschreien. Wir hatten noch niemals erlebt, daß US-Berater und ARVN-Soldaten sich so betrugen, und fragten uns, welches Ausmaß dieses Debakel wohl haben mußte.

Kurz nachdem wir die Leichen in die H-21 geladen hatten, traf an Bord eines dritten Hubschraubers Brigadegeneral Robert York ein. Er befehligte eine Sonderabteilung, die im Auftrag des Pentagons Waffen und Taktiken testete. York, 49, aus Hartselle im Roterdgebiet des hügeligen Nordens von Alabama stammend, war einer jener Südstaatler der Krisengeneration, die von der Möglichkeit des kostenlosen Studiums an die Militärakademien gelockt worden waren, dann aber entdeckten, daß sie sich im Soldatenberuf wohl fühlten. Er war in West Point Boxer gewesen und hatte sich seine sportliche und muskulöse Figur bis in die Endvierziger erhalten. Seine Jahrgangskameraden beneideten ihn wegen seiner großartigen Karriere als Infanteriekommandeur. Er hatte zunächst in der berühmten 1. Infanteriedivision »The Big Red One« ein Bataillon und anschließend ohne die kleinste Panne mehr als zwei Jahre lang ein Regiment befehligt – von den ersten Probeschlachten gegen die Deutschen in Tunesien über Sizilien, Italien und die Landung in der Normandie bis zum abschließenden Aufräumen in den letzten Tagen des Dritten Reiches.

Von den zwölf amerikanischen Generälen, die sich im Januar 1963 in Vietnam aufhielten – ein Drittel mehr, als bei den gesamten Streitkräften Saigons im aktiven Dienst standen – war York der einzige, der sich verpflichtet fühlte, nach Bac zu fliegen, um sich über das Geschehen persönlich zu unterrichten. Einer der Gründe für diesen ungewöhnlichen Wunsch war John Vann. York hatte seit seiner Ankunft in Saigon im Oktober des Vorjahrs die Freiheit seiner Stellung benutzt (Yorks Abteilung war Harkins und seinem Kommando nur nominell unterstellt), um durch die Lande zu ziehen und sich selbst ein Bild vom Fortgang des Krieges zu machen. Vann hatte die Ernsthaftigkeit von Yorks Absichten erkannt und versucht, ihm ein Gefühl für die Menschen, das Terrain und die besonderen Probleme dieses Konflikts zu vermitteln, so etwa für die vergeblich geforderte Schleifung der Außenposten. Vann sprach mit York freimütig darüber auf Jeepfahrten durch Gebiete, die auch York als gefährlich erkannt hatte. Je länger sie sich darüber unterhielten, desto mehr war York Vanns Fähigkeit aufgefallen, sich für eine Sache zu engagieren und trotzdem auf Distanz zu bleiben, die auf seiner Seite kämpfenden Vietnamesen objektiv zu sehen und ihre Fehler zu benennen. Vann gehörte nicht zu den Beratern, die versucht waren, »ihren« Vietnamesen Erfolge zu bescheinigen, weil ein Vorankommen dieser Leute ihrer eigenen Laufbahn nützen konnte. Es war schon ein Glück, wenn man einen jungen Oberstleutnant fand, der auf seiner Ebene kreativ dachte. Doch Vann konnte auf Harkins' Ebene kreativ denken.

York verstand Vanns Argumente, da er sich von den anderen Generälen durch eine besondere Erfahrung unterschied. Der einzige US-General in Vietnam, der sich nach Bac bemüht hatte, war zugleich der einzige, der in Asien schon einen kommunistisch geführten Aufstand miterlebt hatte: 1952 war York für dreieinhalb Jahre als Beobachter der US-Armee nach Malaya entsandt worden, wo die Briten sich bemühten, einen von der chinesischen Minderheit geführten Guerillakrieg zu beenden. Was er dort gesehen hatte, ließ ihn schon vor seinem Eintreffen in Vietnam befürchten, daß sich der Kampf gegen den Vietcong weit schwieriger gestalten würde, als die anderen sich das vorstellten. Die Briten waren mit ihren Polizeieinheiten und Truppen dem Gegner um das Zwanzigfache überlegen gewesen. Die Zahl der Guerillas einschließlich ihrer zivilen Sympathisanten und Handlanger hatte 10.000 niemals überschritten, was einen Bruchteil der Vietcong und ihrer Anhängerschaft in der vietnamesischen Bevölkerung darstellte. Zudem hatten die Briten die malaiische Bevölkerungsmehrheit auf ihrer Seite, weil diese die Chinesen haßte. Trotzdem dauerte der Krieg zwölf Jahre.

General York war auch aus ganz persönlichen Gründen nach Bac gekommen. Er und seine Verwandten gehörten zu den ersten Amerikanern, die den Vietnamkrieg in der eigenen Familie schmerzlich zu spüren bekommen hatten. Im Juli 1962, drei Monate nach seiner Ankunft, war sein Neffe, Captain Donald York, dessen Werdegang er mit Stolz beobachtete und der sich freiwillig als Berater für ein Luftlandebataillon gemeldet hatte, bei einem Hinterhalt auf der *Route 13* ums Leben gekommen. Die Straße führte durch ein altes Schutzgebiet der Vietminh in den Kautschukplantagen nördlich von Saigon. Als York spätabends die Meldungen über Ap Bac hörte, beschloß er, sich am folgenden Morgen bei der ersten Gelegenheit an den Schauplatz der Ereignisse zu begeben.

Als wir — York, Leutnant Willard Golding, sein Adjutant, Turner und ich — die Schützenlochreihe entlanggingen und anschließend den Weiler durchstreiften, fanden wir nur drei tote Guerillas. Im Bewässerungsgraben hinter dem Schutzdamm lag, durch eine Rakete halb versenkt, einer der aus ausgehöhlten Baumstämmen gefertigten Sampans, die die Guerillas zum Abtransport von Verwundeten und zum Heranschaffen von Munition benutzten. Als wir zwischen den Schützenlöchern auf dem Damm standen, wurde uns klar, welche Sicht die Männer des Vietcong hier wie von einer Zuschauertribüne aus über die Reisfelder und auf die gelandeten Hubschrauber gehabt hatten. Die Guerillas hatten diese Position so perfekt ausgewählt und genutzt, daß Scanlon später erklärte, es habe sich geradezu um ein »Schulbeispiel« aus Fort Benning dafür gehandelt, wie eine zahlenmäßig unterlegene Infanterie ihre Verteidigung organisieren müsse. Uns fiel auf, daß trotz der Belastung, die ein Rückzug unter Bomben- und Artillerieangriffen darstellte, die Vietcong, sparsam wie immer, den Großteil der Patronenhülsen eingesammelt hatten, um sie im Basislager wieder mit Geschossen und Pulver füllen zu können.

Ich hatte damals schon genug Erfahrung, um mir selbst ein Urteil zu bilden. Von einem Reporter wird jedoch erwartet, daß er eine Autorität an seiner Stelle urteilen läßt. York kam mir als Autorität sehr gelegen, und ich fragte ihn, wie es den Guerillas denn seiner Ansicht ergangen sei. »Ja, zum Teufel, sehen Sie denn nicht?« rief er angesichts dieser dummen Frage etwas gereizt. »Wie es ihnen ergangen ist? Entkommen sind sie!«

Turner, York, Leutnant Golding und ich hatten dann eine Zeitlang das Gefühl, daß wir nicht so viel Glück haben würden wie die Guerillas. Cao, der ein und denselben Vietcong-General schon mehrmals getötet haben wollte und jedesmal wieder vergaß, daß er seinen Tod schon einmal behauptet hatte, wäre es diesmal fast gelungen, einen echten US-General, seinen Adjutanten und zwei Reporter zur Strecke zu bringen. Wir standen alle vier auf einem Deich in der Nähe der abgeschossenen Hubschrauber und sahen zu, wie ein an diesem Morgen eingetroffenes Bataillon der 7. Division in den Weiler einmarschierte. Turner und ich befanden uns schon seit mehr als vier Stunden in Bac. Wir spürten, daß das unsere bisher größte Vietnam-Story war, und brannten darauf, von Vann und seinem Stab in Tan Hiep eine ausführlichere Darstellung der Schlacht zu bekommen. Anschließend würden wir nach Saigon zurückkehren, um die Welt wissen zu lassen, was wir erfahren hatten. York hatte sich bereit erklärt, uns in seinem Hubschrauber mitzunehmen, der in Kürze starten sollte. Plötzlich war in südlicher Richtung eine Haubitze zu hören, dann jagte eine Rauchgranate hinter der Baumreihe, in deren Laubwerk gerade eine Kolonne des neu eingetroffenen Bataillons verschwunden war, eine Schlammfontäne in die Luft.

»He, das war verdammt nahe!« schrie Golding, während die beiden nächsten Haubitzen losdonnerten. Wir hörten, wie die Granaten mit dem entnervenden Geräusch eines durch die Nacht brausenden Schnellzugs auf uns zusausten; sie detonierten neben einer anderen Infanteriekolonne, die in etwa 70 Meter Entfernung auf den Weiler zumarschierte. Mehrere Soldaten wurden durch die Explosionen vom Deich geschleudert, die übrigen taumelten schreiend vor Angst in das Reisfeld hinunter.

»Wir müssen hier weg!« schrie York, während etwa 30 Meter von uns weitere Granaten explodierten. Unter Yorks Führung rannten wir auf dem schmalen, von der Sonne ausgedörrten Deich vom Weiler weg, um aus der Einschlagzone herauszukommen. Die Granaten folgten uns. Wir waren erst eine kurze Strecke gesprintet, als eine so nahe explodierte, daß uns der Luftdruck fast aus den Schuhen blies. »Deckung!« brüllte York. Wir warfen uns in den Schlamm und preßten uns gegen den Deich, während ringsum die Detonationen zu hören waren.

Nach dem Abzug der Vietcong hatte Cao beschlossen, einen Angriff auf Bac vorzutäuschen. Der Palast sollte glauben, daß er etwas unternahm, um die Scharte auszuwetzen. In diesem Sinn hatte er das zusätzliche Infanteriebataillon nach Bac beordert, damit es mit einem Teil von Bas Truppen gemeinsam den Angriff durchführte. Schließlich hatte er sich im Hubschrauber zu Thos Gefechtsstand bringen lassen und Tho aufgetragen, den Feind mit Trommelfeuer »sturmreif« zu schießen. Er war nicht etwa über Bac geflogen, um zu sehen, ob sich Teile seiner Truppen schon innerhalb des Weilers befanden. Tho hatte seinem Stellvertreter einfach den Feuerbefehl erteilt. Vielleicht wären Cao und Tho noch zu stoppen gewesen, wenn der dem neuen Bataillon als Artilleriebeobachter zugeteilte ARVN-Leutnant mehr vom Kartenlesen verstanden hätte. Der Artillerieoffizier hatte sich Sorgen gemacht und den Leutnant per Funk angewiesen, die Position des Bataillons zu überprüfen. Dieser hatte daraufhin Koordinaten durchgegeben, denen zufolge das Bataillon mehr als einen Kilometer südwestlich von Bac stand.

Anders als Cao und Tho mußte der Leutnant für seinen Irrtum büßen. Als das Trommelfeuer einsetzte und der Bataillonskommandeur mit ansehen mußte, wie seine Männer vom Deich geschleudert wurden, zog er in einem Anfall von Wut die Dienstpistole und schoß den Leutnant durch den Kopf. Bevor dessen Funker wieder mit dem Artillerieoffizier Verbindung aufnehmen konnte, um den Beschuß einzustellen, waren durch die fast 50 Granaten vier Soldaten getötet und zwölf verwundet worden. Hätten der Schlamm und das Wasser nicht die Splitterwirkung abgeschwächt, wären die Verluste noch höher gewesen. Auch von uns vieren wären einige oder alle tot oder verwundet gewesen, hätte York uns einmal nicht angeschrien, aufzuspringen und über den Deich wegzulaufen. Dreißig Sekunden hatten wir dazu gehabt. Die beiden folgenden Granaten explodierten genau dort, wo wir gelegen hatten. So fuhr bloß ein faustgroßer Granatsplitter drei Meter vor Turner in den Deich.

Ich machte einen von Bas Unteroffizieren ausfindig, der noch aus seiner Zeit in der Kolonialarmee Französisch sprach, und übersetzte ihm Yorks Befehl, vom Flugplatz Hubschrauber zum Abtransport der Verwundeten anzufordern. Ba, die Berater und Herb Prevost, der ebenfalls hergeflogen war, um sich die Sache anzusehen, befanden sich bei der Infanterie im Weiler. York überwachte das Einladen aller Verwundeten und Toten, die die Truppen finden konnten.

Am Flugplatz sahen wir General Harkins. Er war mit dem Flugzeug aus Saigon gekommen, um sich von Vann berichten zu lassen. Ich hatte ihn bereits viele Male gesehen und gesprochen, und nichts an seiner Erscheinung war mir fremd. An diesem Tag nach Ap Bac jedoch erstaunte mich sein Anblick, und das wohl um so mehr, als Golding, Turner und ich mit Schmutz bedeckt waren. Ich war 26 Jahre alt, Turner und Golding hatten etwa das gleiche Alter. Der Granatbeschuß war unsere erste Erfahrung am falschen Ende der Geschoßbahn gewesen. In unserer Panik hatten wir uns in den Morast gepreßt, um den Granaten zu entgehen. York war der einzige, der noch präsentabel wirkte. Mit meisterhafter Selbstbeherrschung hatte er sich auf seine Ellenbogen gestützt und auf diese Weise die Vorderseite seines Hemds saubergehalten. »Ich wollte nicht, daß meine Zigaretten naß werden, mein Sohn«, sagte er, als ich gleich nach dem Artilleriebeschuß auf sein sauber gebliebenes Hemd hinwies und ihn fragte, wie er das geschafft hatte.

Harkins war für uns vier wie aus einer anderen Welt. Er trug ein kurzärmeliges Hemd, Hosen aus gelbbraunem Tropenkammgarnstoff und Straßenschuhe. Seine Kragenspiegel waren mit vier Silbersternen geschmückt, den Rand seiner Mütze zierte eine goldene Tresse. Er spielte mit seinem Offiziersstöckchen und der ihm liebgewordenen langen weißen Zigarettenspitze. Harkins befragte York über den Zwischenfall mit den Granaten, dann stieg er in seine zweimotorige Beechcraft und flog nach Saigon zurück. Wie David Halberstam von der »New York Times« und Peter Arnett von der AP mir erzählten, hatten sie ihn kurz zuvor angesprochen und gefragt, was er zu dieser Schlacht meine: »Wir haben sie in der Falle sitzen, und in einer halben Stunde werden wir sie zuschnappen lassen«, war die Antwort gewesen. Halberstam und Arnett hatten Harkins verblüfft angeblickt. Sie waren gerade von einem Hubschrauberrundflug über Bac und Tan Thoi zurückgekehrt und hatten selbst gesehen, daß die Weiler ruhig waren. Auch aus Berichten, die die Piloten über Funk erhielten, und von Vann und den Beratern am Flugplatz hatten sie erfahren, daß der Vietcong schon lange weg war.

Mir und den anderen Reportern erschien das alles reichlich obszön. Während seine Leute verstümmelt und getötet wurden, ließ sich ein vietnamesischer General, der viel besser in ein Operettenensemble als in eine Armee gepaßt hätte, von seiner Garde militärische Ehren erweisen und inszenierte eine makabre Farce nach der anderen. Und ein amerikanischer Viersternegeneral mit Offiziersstöckchen und Zigarettenspitze, der die Jagdbomber, die Hubschrauber und den Strom von Waffen und Munition befehligte, die diese Schlacht und diesen Krieg möglich machten, sich aber nicht dazu herabließ, seine Uniform und seine Schuhe in einem Reisfeld schmutzig zu machen, um zu sehen, was wirklich vorging, erzählte etwas von Guerillas, die in der Falle saßen.

Sobald Harkins abgeflogen war, kam Vann zu uns herüber und entschuldigte sich für das Artilleriefeuer. »Um Himmels willen, John, wie konnte das passieren?« fragte ich.

Vann wußte noch nicht, daß der Artillerieeinsatz in erster Linie auf Caos Konto ging. »Das war dieser gottverdammte Feigling Tho«, sagte er. Dieser allerneueste Schwachsinn schien ihm die Zurückhaltung zu rauben, die er sich Reportern gegenüber stets auferlegt hatte. Er erging sich in einer Schimpftirade gegen die Blödheit und Feigheit, die er in den letzten beiden Tagen hatte erleben müssen.

»Das war eine ganz miserable Leistung«, sagte er. »Diese Leute wollen einfach nicht hören. Sie machen die gleichen gottverdammten Fehler wieder und wieder.« Dann zog er über Cao her, der den Vietcong die Flucht ermöglicht hatte. »Wir haben gebeten, wir haben gebettelt und gefleht, daß die Fallschirmjäger im Osten abgesetzt werden; als sie dann endlich gekommen sind, hat man sie ganz bewußt im Westen abgesetzt.«

Was Vann nicht sagte, erzählten seine Untergebenen an seiner Statt. Die Indiskretion entsprach dem Ausmaß ihres Ekels. Auch die Hubschrauberpiloten nahmen sich kein Blatt vor den Mund. Sie waren genauso wütend. Man hatte das Leben ihrer Leute weggeworfen und ihre Maschinen nutzlos vergeudet.

Wie andere Reporter versuchte auch ich, Vann und seine Leute und die Piloten zu decken. Ich zitierte sie, ohne Namen zu nennen und schrieb Vanns Äußerungen einem »amerikanischen Offizier« zu. Ein Redakteur vom »Rochester Democrat & Chronicle« griff seine freimütigen Äußerungen über das klägliche Versagen der Saigoner Truppen auf. Die Zeitung brachte meinen Bericht auf der Titelseite unter der Schlagzeile »Eine ganz miserable Leistung«. Mary Janes Mutter, Mary Allen, die noch in ihrer Heimatstadt Rochester lebte, erkannte die ungeschminkte Ausdrucksweise ihres Schwiegersohns sofort. Bevor Vann sich nach Vietnam gemeldet hatte, war er in Fort Bliss in der Nähe von El Paso in Texas stationiert gewesen. Mary Jane war mit den Kindern dortgeblieben. Ihre Mutter schickte ihr den Zeitungsausschnitt mit der Anmerkung: »Das klingt, als ob John es gesagt hätte.«

Fast hätte Harkins Vanns ehrgeizigen Plan zur Änderung der Kriegspolitik zunichte gemacht. Als der General am Morgen des 4. Januar noch einmal nach Tan Hiep kam, um sich berichten zu lassen, wollte er Vann hinauswerfen. Die Texte unserer Reportagen waren über den Fernschreiber hereingekommen, wie man sie in den Staaten gedruckt und im Rundfunk gesendet hatte. Vor Ap Bac hatte die Kennedy-Administration die amerikanische Öffentlichkeit davon abzuhalten vermocht, sich mehr als nur vage bewußt zu werden, daß die USA in einem Land namens Vietnam in einen Krieg verwickelt waren. Man hatte ihren Blick auf Krisenherde wie Berlin, Kuba, Laos oder den Kongo gelenkt, die die US-Außenpolitik beschäftigten. Jetzt brachte Ap Bac Vietnam auf die Titelseiten und in die Abendnachrichten im Fernsehen, und das mit einer Dramatik, die noch kein anderes Ereignis erreicht hatte. Harkins war wütend, denn alle diese Berichte waren peinlich für ihn. Sie waren gespickt mit Beispielen von feiger Stümperei und gepfefferten Bemerkungen wie Vanns »ganz miserabler Leistung«. Die Schlacht wurde als schlimmste Demütigung des Saigoner Regimes beschrieben, die all die Schwächen von Diems Streitkräften schlagartig aufgedeckt habe. Präsident Kennedy und Verteidigungsminister McNamara forderten eine Erklärung.

Harkins stand auch unter dem Druck Saigons, Vann zum Sündenbock zu machen. Die Diems und ihre Gefolgsleute waren über den Gesichtsverlust außer sich. Als Cao am 3. Januar endlich mit den Reportern sprach, erzählte er uns, Vann und Dam hätten einen fehlerhaften Plan ausgearbeitet und es unterlassen, ihn ihm vorzulegen, so daß er ihn hätte verbessern können. In seiner Erklärung an den Palast schob er die gesamte Schuld am Debakel Vann zu. Madame Nhu sagte, es wäre alles tadellos gelaufen, wenn nicht ein amerikanischer Oberstleutnant den ganzen Tag in einem Kleinflugzeug über der Kampfzone gekreist wäre und dauernd die Befehle der Kommandeure ihres Schwagers umgestoßen hätte.

»Wir müssen ihn loswerden«, sagte Harkins zu Generalmajor Charles Timmes, der als Chef der Military Assistance and Advisory Group sein wichtigster Untergebener innerhalb der Armee war. Timmes hatte sich am Tag der Schlacht auf einer Informationsreise durch den nördlichen Teil des Landes befunden und deshalb erst am 4. Januar vormittag Gelegenheit gehabt, nach Tan Hiep zu fliegen. Er war kurz nach dem kommandierenden General eingetroffen. Harkins nahm ihn augenblicklich zur Seite und befahl ihm, Vann sofort als Divisionsberater der 7. Division abzulösen. Theoretisch unterstand Vann Timmes. Obwohl sie ihre Anweisungen aus Harkins' Hauptquartier erhielten, waren die Militärberater in diesen frühen Jahren der MAAG zugeteilt. Timmes hatte Harkins treu gedient und sich sein Vertrauen erworben. Harkins erachtete es deshalb nicht für notwendig, das verbindlich-höfliche Gebaren aufrechtzuerhalten, das er sonst im Umgang mit anderen an den Tag legte. Er ließ Timmes sehen, wie zornig er war.

Timmes war über Harkins' Befehl erschrocken. Er war der Sohn eines Arztes und hatte immer schon Soldat werden wollen. In seiner Jugend hatte er wiederholt vergeblich versucht, in West Point aufgenommen zu werden. Statt dessen war er nach Fordham gegangen und hatte sich während der Wirtschaftskrise als Anwalt durchgeschlagen, bis es ihm 1939 gelang, aus der Reserve in den aktiven Dienst als Leutnant beim Civilian Conservation Corps übernommen zu werden und schließlich drei Monate vor Pearl Harbour zur Armee zu kommen. Obwohl er sich im Zweiten Weltkrieg als Fallschirmjägerkommandeur genügend bewährt hatte, flößten ihm West-Point-Insider wie Harkins Ehrfurcht ein, vielleicht weil er sich vergeblich bemüht hatte, in ihre Bruderschaft aufgenommen zu werden. Er war überzeugt, daß Harkins' optimistische Einstellung in bezug auf den Krieg die richtige war und daß Vann in seinen Berichten die Dinge zu negativ darstellte. Als kämpfender Soldat hingegen war ihm Vann sympathisch. Wutausbrüche gehörten eben zu seinem Charakter. Timmes war bereit, ihm seine Schwächen zu vergeben, um von seinen Qualitäten zu profitieren. Davon abgesehen war er der Ansicht, daß eine Entlassung Vanns unter den gegebenen Umständen die Moral der übrigen Divisionsberater untergraben würde. Diese mußten zu dem Schluß kommen, daß sie, wenn sie Risiken eingingen, um den Krieg zu gewinnen, und es dann Probleme mit den Vietnamesen gab, von Harkins und Timmes fallengelassen wurden und ihre Karriere ruiniert war. Vor allem aber wollte er Harkins vor einem übereilten Schritt bewahren, der zu einem neuen Presseskandal führen würde.

»Das können Sie nicht machen«, sagte er, »die reißen Sie in Stücke.« Er erinnerte Harkins daran, daß die Presseoffiziere des MACV Vann zum Starberater erhoben hatten. Vann wußte, wie man mit der Presse umging, und die Reporter mochten ihn. Auf seine Entlassung, selbst wenn sie gerechtfertigt war, würden sie sich nur so stürzen und sie als feige Kapitulation vor dem Saigoner Regime darstellen. Das ganze würde ein Public-Relations-Desaster ergeben.

Timmes sah, daß sein Argument die erwünschte Wirkung zeigte. Harkins beruhigte sich etwas und hörte ihm zu. Timmes sprach noch einmal von der Gefahr, die Moral der anderen Berater zu unterminieren, wies aber vor allem auf den unausbleiblichen Skandal hin. »Lassen Sie das bitte mich machen«, drängte er ihn. Vanns Dienstzeit in Vietnam lief in drei Monaten ab. Timmes schlug vor, ihn noch eine gewisse Zeit in My Tho zu belassen. Er würde ihn dann ablösen und auf eine Rundreise durch das Zentrale Hochland und den mittleren Küstenabschnitt schicken. Als Begründung würde er angeben, daß er eine unabhängige Beurteilung des dortigen Kriegsgeschehens benötige. Harkins stimmte zu.

Einige Tage darauf testete Timmes die Haltung Porters. Harkins, so sagte er, sei wütend auf Vann und wolle, daß er, Porter, ihn entlasse. Timmes und Porter kannten sich seit Jahren und waren Freunde geworden. Porter wurde äußerst erregt. »Eher würde ich mich selbst hinauswerfen«, antwortete er. Das kam der Drohung gleich, um seine eigene Ablösung nachzusuchen, falls man ihm befahl, Vann abzulösen. Den Reportern würde ein derartiger Schritt nur zusätzlichen Stoff für einen Skandal liefern. Da Porter erst Mitte Februar in die USA zurückgehen sollte, genoß Vann für die unmittelbare Zukunft einen gewissen Schutz.

Auch Vann entschärfte Harkins' Zorn, und zwar mit der Doppelzüngigkeit, die er gekonnt einsetzte, wenn es in seinem Interesse lag. Er schwor, nicht mit uns gesprochen zu haben. Wir hätten seine Berichterstattung an Harkins und andere belauscht, was aber nicht seine Schuld sei, da nicht er den Zugang zum Gelände des Befehlsstands kontrolliere. Das unterliege der Verantwortung der Saigoner Offiziere, die »zu höflich« gewesen seien, uns zum Verlassen des Geländes aufzufordern. Während unserer unerwünschten Anwesenheit hätten wir auch im Befehlsstand seine Funksprüche aus der L-19 mitgehört. Niemand in Harkins' Umgebung kam auf die Idee nachzuprüfen, ob während der Gefechte irgendwelche Reporter im Befehlszelt gewesen waren und die Funksprüche mithören konnten.

Harkins' Unmut legte sich. Er erhob keinen Einspruch gegen Porters Empfehlung, Vann aufgrund der Tatsache, daß er sich im Beobachtungsflugzeug dem Abwehrfeuer der Vietcong ausgesetzt hatte, das »Distinguished Flying Cross« zu verleihen. (Mitte Dezember 1962 hatte Präsident Kennedy die Fiktion eines Nichtkriegs in Vietnam soweit aufgegeben, daß er die Verleihung von Frontauszeichnungen bis zum »Bronze Star for Valor«, dem dritthöchsten Orden, gestattete. Das Fliegerverdienstkreuz war dessen Entsprechung für Heldentaten in der Luft.) Darüber hinaus versuchte Harkins, Vann zu zeigen, daß er bereit war, ihm sein undiplomatisches Betragen zu verzeihen, weil er genau wußte, daß er ihn nicht zu einer Bande furchtloser Gurkhas als Berater geschickt hatte. Einer seiner Stabsoffiziere zeigte ihm einen Zeitungsausschnitt mit einer Karikatur über Ap Bac. Sie stammte von Bill Mauldin, der Willie und Joe, die beiden archetypischen GIs des Zweiten Weltkriegs geschaffen hatte. Die Karikatur zeigte einen ARVN-Infanteristen, der in einem Schützenloch kauerte. Ein US-Sergeant, dem die Kugeln um die Ohren pfiffen, kniete neben dem Schützenloch und streckte flehend die Hände aus:»Wenn ich Angriff sage, dann dürfen Sie sich nicht bloß vorlehnen!« »An Col. Vann« schrieb Harkins auf eine Kurzmitteilung, setzte seine Initialen darunter und schickte Vann die Karikatur nach My Tho.

Hätte Harkins gewußt, mit welch kompliziertem Menschen er es zu tun hatte und welche Sorgen Vann ihm noch bereiten würde, dann hätte er ihn ohne Zweifel hinausgeworfen, Porter gehen lassen und die Kreuzigung durch die Medien als das kleinere Übel hingenommen. Vann hatte nicht die Absicht, sich in Zukunft Zurückhaltung aufzuerlegen. Verstellen wollte er sich nur, um zu gewinnen. Seine Berufsehre erlaubte ihm nicht, Ergebnisse zu verfälschen, wenn er der Meinung war, daß diese Lügen sein Land in eine Niederlage führten.

Als erstes versuchte Vann, die Schlacht von Ap Bac zu seinem Vorteil zu nutzen. Er wollte anhand des Debakels beweisen, daß diese Armee, die Südvietnam für die USA halten sollte, für ihre Aufgabe hoffnungslos ungeeignet war. Zu diesem Zweck stellte er einen Bericht über die Schlacht zusammen, der der längste und detaillierteste seiner Art in der Geschichte dieses Krieges war.

Jeder einzelne der ihm unterstellten Berater mußte seine Erfahrungen zu Papier bringen; Vann fügte diese Aufzeichnungen seinem Bericht als Ergänzung hinzu. Scanlon übertraf seine Erwartungen mit sechseinhalb engzeilig getippten Seiten. Zusammen mit den Berichten von Mays und Bowers ergab Scanlons Schilderung eine erschütternde Darstellung der Dinge. Major Thos Berater schrieb fünf Seiten über das Versagen des Provinzgouverneurs und fügte die Kopie eines zwei Seiten umfassenden Briefes hinzu, den er am Tag nach der Schlacht mit Vanns Erlaubnis an Tho gesandt hatte. Es handelte sich um einen sarkastischen Verweisbrief, in dem Thos Handlungen aufgezählt waren »zu Ihrem [Thos] weiteren Vorteil, Ihrer Erleuchtung und Besserung«. Prevost produzierte einen vierzehn Seiten umfassenden Kommentar.

Nachdem Ziegler alle sechzehn Berichte überarbeitet hatte, um sie so kurz wie möglich zu fassen, legte Vann sie seinem 21 Seiten chronologische Beschreibungen und Analysen umfassenden Hauptbericht bei. Er gab darin seinen Gefühlen über die »ganz miserable Leistung« Ausdruck, ohne Wörter wie »Debakel« oder »Niederlage« zu gebrauchen, da er wußte, daß jedes Anzeichen von Emotion seinem Bericht schaden würde. Harkins und andere Vorgesetzte, die diese schlechten Nachrichten nicht hören wollten, hätten dies als Beweis seines beeinträchtigten Urteilsvermögens angesehen. Er schrieb deshalb in der für Armeeberichte vorgeschriebenen zurückhaltenden Sprache. Die Authentizität der persönlichen Berichte seiner Berater und seine genaue chronologische Auflistung aller Stümpereien und Erbärmlichkeiten sprengten jedoch die Formen dieses höflichen Kodes und drückten aus, was er sagen wollte. Das unterzeichnete Endprodukt – 91 Seiten mit Planpausen – sandte er eine Woche nach der Schlacht an Porter ins Hauptquartier von Caos IV. Korps in Can Tho. Der Amtsweg erforderte, daß Porter zuerst einen Kommentar zu dem Bericht verfaßte, ehe er ihn an Harkins' Hauptquartier weiterleitete.

Für einen nüchternen, weißhaarigen Oberst wie Porter war das ein erstaunliches Dokument. Sein Memorandum las sich wie eine für das Kriegsgericht bestimmte Schilderung des Tathergangs, der Vanns Bericht sozusagen als Beweis für die Anklageerhebung beigefügt war. »Vorliegender Bericht ist wahrscheinlich der bestdokumentierte, umfassendste, wertvollste und aufschlußreichste von allen, die mir innerhalb der letzten zwölf Monate unterbreitet wurden«, begann Porter. »Der Ablauf der Operation ließ zahlreiche krasse Defizite erkennbar werden«, schrieb er weiter und erinnerte Harkins daran, daß Vann und die anderen Divisionsberater in ihren Einzelberichten über die drei Divisionen im Delta und in den Provinzen um Saigon die meisten dieser Schwachpunkte bereits aufgezeigt hatten. Dann wählte Porter die schlimmsten in Vanns Bericht angeführten Fehlleistungen der Saigoner Truppen aus und listete sie alphabetisch geordnet auf – eine Litanei, die so ziemlich alle Todsünden umfaßte, die man im Waffenhandwerk begehen kann. Porter fand keine einzige versöhnliche Formulierung. In seiner Schlußbemerkung wies er warnend darauf hin, daß es keinen Sinn hatte, sich in bezug auf die Saigoner Armeeführung irgendwelchen Illusionen hinzugeben. »Viele der genannten Defizite sind charakteristisch für praktisch alle höheren Offiziere der vietnamesischen Streitkräfte«, schrieb er.

Um den Reformprozeß in Gang zu setzen, mußte Harkins, so Porters Empfehlung, von Diem die Einwilligung erhalten, »eine Reihe gemeinsamer amerikanisch-vietnamesischer Konferenzen oder Seminare zu veranstalten, und zwar in ganz Südvietnam und für alle vietnamesischen Generäle, die wichtigsten Offiziere der höheren Stäbe sowie die Divisions- und Brigadekommandeure« und ihre Berater. Bei diesen Zusammenkünften würden die Amerikaner mit ihren vietnamesischen Partnern »offen und freimütig diskutieren«, was zu tun sei. Porters Liste der zu besprechenden Themen und Reformen umfaßte wieder so ziemlich alle Kennzeichen einer anständigen Armee, angefangen von »Prinzipien des Sturmangriffs« bis zu einer Maßnahme, die sich unmittelbar auf Cao und Tho bezog, nämlich der »Notwendigkeit, unfähige Kommandeure abzulösen«. Kurz, man würde ganz von vorne anfangen müssen.

General York, der Caos »Artillerieunterstützung« nur knapp entronnen war, was seinen Kommentaren über die Führung der ARVN eine gewisse Heftigkeit verlieh, erhielt als erster einen Hinweis, wie Harkins die Schlacht sah und wie er auf Vanns Bericht und Porters Beurteilung reagieren würde. Auch York war der Ansicht, Ap Bac habe so viele Mängel der Saigoner Armee zutage gefördert und die Zukunft in einem derart düsteren Licht erscheinen lassen, daß ein besonderer Bericht an den kommandierenden General angebracht war. Er nahm an, daß seine persönliche Analyse für Harkins nützlich sein würde, da seine Glaubwürdigkeit als kampferprobter Infanterieoffizier des Zweiten Weltkriegs und — unter US-Generälen eine Seltenheit — seine Erfahrungen aus dem Guerillakrieg in Malaya dahinterstanden. Er kam einige Tage nach der Schlacht wieder ins Seminar, befragte Vann erneut und sprach mit mehreren Beratern. Seine für Harkins bestimmte kurzgefaßte Analyse kam in vielen Punkten zu denselben Schlüssen, zu denen Vann und Porter in ihren detaillierten Darstellungen gelangt waren. Er ließ sie in zweifacher Ausfertigung tippen. Der Durchschlag war für seinen Aktenordner bestimmt, das Original überbrachte er Harkins persönlich. Als die beiden Männer noch am Abend desselben Tages zu einem gemeinsamen Dinner zusammenkamen, teilte ihm Harkins mit, er habe noch nicht die Zeit gefunden, seinen Bericht zu lesen, freue sich aber schon auf die Lektüre. Dann begann er, über Ap Bac zu sprechen. York mußte zu seiner Verblüffung feststellen, daß Harkins es offenbar ernst gemeint hatte, als er eine Woche nach der Schlacht bei einer weiteren Begegnung mit Reportern behauptete, Ap Bac sei ein »Sieg« für die Saigoner Streitkräfte gewesen. Er schien sich tatsächlich einzureden, daß Ap Bac für seine vietnamesischen Schützlinge alles in allem ein Gewinn war. Er sei zu einer ganz anderen Beurteilung gekommen, sagte York, deshalb werde ihm sein Bericht nicht viel Freude bereiten. Harkins blickte ihn kurz an und ging zu einem anderen Thema über.

Auch wir Reporter wären über das erstaunt gewesen, was York hier gehört hatte. Niemand von uns wäre auf den Gedanken gekommen, daß Harkins im Ernst glaubte, Saigon habe die Schlacht gewonnen. »Ich betrachte das als einen Sieg. Wir haben unser Angriffsziel erreicht«, hatte er zu uns gesagt. Wir waren davon ausgegangen, daß diese Bemerkung ein weiterer ungeschickter Versuch war, die Dinge zu beschönigen. Wir nahmen als sicher an, daß er den Krieg, auch wenn sein ungerechtfertigter Optimismus ihm den Blick trübte, insgeheim mit einem Minimum an Realitätssinn sah.

Wir irrten. Als Harkins zu Halberstam und Arnett gesagt hatte: »Sie sitzen in der Falle, und in einer halben Stunde werden wir sie zuschnappen lassen«, war er überzeugt gewesen, daß die Vietcong Bac und Tan Thoi noch nicht geräumt hatten. Obwohl Vann ihm erklärt hatte, daß sie bereits weg waren, hatte er Cao geglaubt, der ihm vormachte, sie seien noch da und daß er, Cao, die Schlinge zuziehen werde. Auf die gleiche Weise glaubte er nun wirklich, daß die Schlacht für die Saigoner Truppen keine Niederlage darstellte. Er war überzeugt von der Richtigkeit dieser Behauptungen, die uns ärgerten, da wir sie als eine Beleidigung unserer Intelligenz empfanden. So wie Vann, Porter und York hatten wir alle zusammen Harkins' Fähigkeit zur Selbsttäuschung weit unterschätzt. Er war nicht der einziges seines Ranges und seiner Stellung, den wir unterschätzt hatten.

Bevor Harkins eineinhalb Jahre später zu seiner Pensionierung in die USA zurückkehrte, hatte er Zeit, sich zu einer Zielscheibe des Spottes zu entwickeln. »Einen Harkins drehen« sollte unter jüngeren US-Offizieren in Vietnam zu einer Wendung werden, die eine ungeheuerliche Dummheit bezeichnete. Harkins war auf dem besten Weg, als eine Verirrung der amerikanischen Militärführung angesehen zu werden, als Muster des selbstgefälligen, albernen Optimisten. Im Lauf der Jahre sollte sich allerdings zeigen, daß Harkins eine repräsentative Erscheinung der amerikanischen Militärhierarchie der sechziger Jahre war, ein Mann, dessen Wertvorstellungen und vorgefaßte Meinungen von der Mehrheit der militärischen Führung geteilt wurden. Harkins schien nur deswegen eine Verirrung zu sein, weil er der erste war, auf den man aufmerksam wurde. Wie sich noch erweisen sollte, waren Vann, Porter und York Vertreter einer atypischen Minderheit.

Das Magazin »Time«, dessen Redakteure in den sechziger Jahren unter der Führung von Henry Luce amerikanische Generäle fast ausnahmslos als Heroen porträtierten, hatte Harkins im Mai 1962 in einer biographischen Skizze mit George Patton verglichen, seinem Schutzherrn im Zweiten Weltkrieg. Die beiden Männer hatten sich äußerlich nicht geglichen – »Patton, ein schießender, fluchender Eisenfresser, Harkins hingegen ruhig, bestimmt und stets höflich«. »Nichtsdestoweniger«, fuhr »Time« fort, einen ungenannten Bekannten Harkins' zitierend, »bin ich wirklich der Meinung, daß Patton und er einander innerlich mehr als ähnlich sind.«

Die beiden Männer glichen einander weder äußerlich noch innerlich. Patton war kein Führer gewesen, der einfach in Richtung Feind losstürmte. Er war den Reportern behilflich gewesen, sein von »Time« konserviertes »Kraft-und-Mumm«-Image zu pflegen (seinen Beinamen »Old Blood and Guts« hatte er selbst geprägt), weil dieses Image sein neurotisches Ego ansprach und er glaubte, daß es den Soldaten gefiel. Davon abgesehen war Patton ein sehr überlegter Mensch gewesen, außerordentlich belesen in bezug auf Kriege und Heerführer alter und neuer Zeit, ein Mann, dessen Interesse für seinen Krieg seiner Energie entsprach. Keine Einzelheit war ihm zu unbedeutend oder langweilig erschienen, keine Aufgabe zu gering gewesen, allem hatte er seine Aufmerksamkeit geschenkt, ob es sich um Schützengruppentaktik handelte oder um Panzerung, Chassis und

Motoren von Kampfwagen. Um sich bei Fahrten über Land geistig zu beschäftigen, studierte er das Gelände und stellte sich vor, wie er diesen Hügel angreifen oder jenen Höhenzug verteidigen würde. Er machte an Infanteriestellungen halt und blickte durch das Visier von MGs, um zu überprüfen, ob die Waffe so aufgestellt war, daß man damit deutsche Gegenangriffe stoppen konnte. War sie das nicht, dann gab er Offizieren und Mannschaften eine Lektion über das richtige Aufstellen von MGs. Mit tadelloser Bügelfalte und glänzendem Koppelzeug war er die Freude jedes Uniformschneiders. Seine Pistole hatte einen Elfenbeingriff, denn er hielt sich für einen Kavalier, der solcher Zier bedurfte. Wenn er aber an einem im Schlamm steckengebliebenen Lkw vorbeikam, hinter dem Soldaten herumtrödelten, dann sprang er aus seinem Jeep, schalt die Leute wegen ihrer Faulheit und half ihnen, ihr Fahrzeug herauszuschieben, so daß sie die Fahrt zur Front fortsetzen konnten. Patton hatte auf diese Weise aus der 3. Armee eine Streitmacht geformt, die seinen Idealvorstellungen entsprach. Mit der Zeit war es ihm gelungen, die Fähigkeiten seiner Truppen richtig einzuschätzen, und über den deutschen Feind war er schließlich besser unterrichtet als jeder andere alliierte General der Westfront. Er hatte die Fehler, die bei der Ausübung der tödlichen Kunst anfangs unterlaufen, ausgemerzt und als Kommandeur eine sichere Hand bewiesen; er war nicht an persönlichen Exzentritäten und öffentlichen Ausrutschern gescheitert, die einen anderen ruiniert hätten, denn er war mit der Realität des Krieges stets in Berührung geblieben.

Harkins hingegen interessierte sich nicht für seinen Krieg. Er war nicht davor zurückgescheut, sich nach Bac zu begeben, weil er etwa feige war: Er watete einfach nicht durch Reisfelder. Als Horst Faas, der deutsche Photograph von Associated Press, ihn bat, ihn im Feld mit ARVN-Truppen photographieren zu dürfen, sagte Harkins: »Ich gehöre nicht zu dieser Art von Generälen.« Die Tatsache, daß er sich im Schlamm nicht schmutzig machen wollte, um zu erfahren, was los war, verstärkte seine Aversion gegen schlechte Neuigkeiten. Seine Gewohnheit, sich Südvietnam aus der Luft anzusehen, war symptomatisch für seine Einstellung. Sein Geist berührte vietnamesischen Boden nicht.

Harkins faule Selbstzufriedenheit und seine chronischen Stabsoffiziersgewohnheiten waren allerdings keine Erklärung dafür, daß Generäle, die diese Eigenschaften nicht besaßen, dem Krieg gegenüber ebenso eingestellt waren. Die Generäle, die nach ihm nach Vietnam kamen, hatten sich an der Front bewährt. Sie lieferten im Feld zahlreiche Beweise ihres Mutes und ihrer Energie. Sie schossen auf Guerillas und wurden von ihnen beschossen. Einige von ihnen fielen. Doch die meisten von ihnen gingen von Annahmen aus, die im wesentlichen diejenigen waren, von denen auch Harkins ausgegangen war. Sie sahen stets das, was sie zu sehen erwartet hatten, ehe sie in die Nähe eines vietnamesischen Schlachtfeldes kamen.

Was im zweiten Jahrzehnt nach dem Zweiten Weltkrieg die Führung der

US-Streitkräfte charakterisierte, war fachliche Arroganz, Gefühllosigkeit und Mangel an Phantasie, Eigenschaften, aufgrund deren intelligente Menschen wie Harkins sich wie Dummköpfe verhielten. Es waren die Symptome einer institutionalisierten Krankheit, der Krankheit der Sieger, einer Folge des militärischen Triumphs über Nazideutschland und Japan. Nicht nur die Streitkräfte litten daran, auch zivile Institutionen waren davon befallen: die CIA, das Außenministerium und andere, weniger bekannte Behörden, die zusammen mit den Streitkräften die Wahrung amerikanischer Interessen im Ausland sicherten. Diese Überheblichkeit hatte auch den Großteil der politischen, akademischen und wirtschaftlichen Führung der USA erfaßt. Der Zweite Weltkrieg hatte Amerika zu einem solchen Triumph seiner Ressourcen, seiner Technologie und seiner industriellen und militärischen Potenz geführt, die Prosperität, die der Krieg und der darauf folgende Einfluß im Ausland nach den langen Hungerjahren der Wirtschaftskrise gebracht hatten, war eine solche Genugtuung gewesen, daß die amerikanische Gesellschaft Opfer ihrer eigenen Leistung wurde. Die amerikanische Elite war berauscht durch zuviel Geld, zu große materielle Ressourcen, zuviel Macht und zuviel Erfolg.

Als im Februar 1943 die US-Armee am Kasserine-Paß in den Bergen Westtunesiens zum ersten Mal mit den Deutschen zusammenstieß, liefen die Amerikaner davon. Ein britischer General mußte die Sache in die Hand nehmen und ihre Flucht stoppen. Eisenhower rief Patton an, der sich bei den Besatzungstruppen im sicheren Marokko befand, und teilte ihm mit, daß er ihn am Flughafen von Algier erwarte. Es kam zu einer eiligen Unterredung. Eisenhower befahl Patton, die demoralisierten US-Truppen neu zu gruppieren und einen Gegenangriff vorzubereiten. Er kritzelte auf ein Blatt Papier einen Vermerk, der Patton ermächtigte, nach seiner Landung in Tunesien den Befehl über die vier amerikanischen Divisionen zu übernehmen. Patton machte sich auf den Weg zur Front. Eisenhower ließ dem Vermerk ein Memorandum folgen. Darin instruierte er Patton, »nicht einen Augenblick lang« einen Offizier zu behalten, der seiner Aufgabe nicht gewachsen war. »Wir können es uns nicht leisten«, aus Scheu, »die Gefühle alter Freunde zu verletzen, Soldaten, Ausrüstung ... und Effektivität zu vergeuden«, schrieb Eisenhower. Rücksichtslosigkeit dieser Art gegenüber alten Bekannten erfordere oft ein hohes Maß an moralischem Mut, er erwarte von Patton jedoch, daß er sich »in dieser Hinsicht völlig kaltblütig« zeige. Der erste alte Bekannte, der gehen mußte, war der General, der bei diesem ersten Zusammenstoß am Kasserine-Paß den Befehl geführt hatte und den Eisenhower bis dahin als seinen besten Kampftruppenkommandeur nach Patton angesehen hatte. Er wurde nach Hause geschickt und verbrachte den Rest des Krieges damit, seine hervorragenden Kenntnisse als Ausbilder in gehobener Stellung unter Beweis zu stellen.

Der Verfasser dieses Memorandums war ein General, der eben erst seinen vier-

ten Stern erhalten hatte und dreieinhalb Jahre zuvor Oberstleutnant in der
Armee einer »drittklassigen Macht« gewesen war, wie deren neuernannter Stabschef, General George Marshall, es formulierte. Es hatte sich um eine Armee
gehandelt, die zahlenmäßig kleiner war als die portugiesische und deren beste
Panzerfahrzeuge 28 alternde Tanks aus der Zeit zwischen den beiden Weltkriegen
waren. Der Verfasser des Memorandums war auch nicht frei von Nervosität. Wenn
nämlich Patton Eisenhowers nunmehr lädierten Ruf, nur fähige Untergebene auszuwählen, nicht durch einen Sieg über die Deutschen wiederherstellte, dann
würde George Marshall ihm seinen frisch erworbenen Titel eines Oberkommandierenden der Alliierten Streitkräfte wieder wegnehmen. Patton, der Empfänger
des Memorandums, war wie ein Amateurboxer, der sich wohl im Training ausgezeichnet hatte, dem aber sein erstes Profimatch noch bevorstand. Dieses erste
Match sollte gegen den Weltmeister im Schwergewicht stattfinden: »Wüsten-
fuchs« Rommel und sein deutsches Afrikakorps. Kurz bevor es dazu kam, wurde
der Feldmarschall als Kommandeur der Heeresgruppe Afrika abgelöst, was Patton
zu dieser Zeit aber noch nicht wußte. Eisenhower und Patton samt ihrer
US-Armee waren damals kleine Leute in einer Welt großer Männer. Ihr persönliches Überleben, das Überleben ihrer Armee und ihrer Nation stand auf dem
Spiel. Und sie hatten Angst zu unterliegen.

Zwanzig Jahre nach dem Debakel am Kasserine-Paß war es schwierig, in der
US-Armee einen General zu finden, der befürchtete, er oder seine Kameraden
könnten Ausrüstungen oder das Leben von Soldaten vergeuden. Die jungen Offiziere des Zweiten Weltkriegs waren Generäle geworden und hatten sich von den
letzten Jahren dieses Krieges her so an das Siegen gewöhnt, daß sie sich gar nichts
anderes mehr vorstellen konnten. (Das Versagen in Korea schob man einer schwachen politischen Führung in die Schuhe, die sich geweigert hatte, Amerikas volles
Militärpotential auf China »loszulassen«.) Sie gingen davon aus, daß sie in Vietnam einfach aufgrund ihrer Persönlichkeit siegen würden.

Indem Vann, Porter und York Harkins die Wahrheit über Bac mitteilten und
ihn drängten, von Diem die dringend nötige Reform seiner Armee zu fordern,
verlangten sie von ihm, einen Bericht vorzulegen, in dem ein »Versagen« eingestanden wurde. Unter den Zehntausenden von den US-Streitkräften bisher
gedruckten Berichten hatte es so etwas nicht gegeben. Ein vietnamesischer Kom-
munistenführer konnte seine Erfolglosigkeit melden, ohne deshalb gleich seine
Position zu riskieren, solange er nach Alternativen zur Lösung seiner Probleme
suchte. Sein System förderte die Selbstkritik, die Kritik durch Kollegen und Untergebene, die Analyse dessen, was die Partei als »objektive Bedingungen«
bezeichnete, mit denen es die Revolution in einer gegebenen Situation zu tun
hatte. Die vietnamesischen Kommunisten kämpften für die nationale Unabhängigkeit und für ihr Überleben. Sie mußten die dunklen Stunden aufzeichnen können, um aus ihnen zu lernen, wenn sie lichte Stunden erleben wollten. Das ameri-

kanische System nach dem Zweiten Weltkrieg war nur für lichte Stunden emp-fänglich. Ein Bericht war von Natur aus ein »Fortschrittsbericht«, und so lautete auch der Titel von Harkins' wöchentlichem Bericht an den vereinigten General-stab und McNamara. »Rückschrittsberichte« für einen Zwischenfall wie Ap Bac waren nicht vorgesehen.

Dieser Mentalität entsprechend hatte Harkins schon lange vor Ap Bac eine Strategie ersonnen, von der er überzeugt war, daß sie ihm in Vietnam den Sieg bringen würde. Es war eine Strategie der Abnutzung, die sich auf die amerikani-sche Materialfülle und Feuerkraft verließ. Harkins glaubte, daß er im Begriff war, die Saigoner Truppen in eine Tötungsmaschine zu verwandeln, die den Vietcong aufreiben würde, wie Patton es mit der Wehrmacht in Europa getan hatte. Er über-wachte die Wirksamkeit seiner Strategie mit Meßtechniken, die die Armee im Zweiten Weltkrieg entwickelt und in Korea perfektioniert hatte. Zahlen, die für Vann unwichtig oder sogar Indikatoren von Kontraproduktivität waren, hatten für Harkins große Bedeutung. In diesem Sinn konzentrierte er sich ganz auf die Leichenzahlen als Erfolgskriterium, das sich aus einer schon früher praktizierten Meßmethode ableitete, dem sogenannten »Tötungsverhältnis«, d. h. der Zahl der eigenen Toten im Vergleich zu den getöteten Feinden. Aus demselben Grund war sein Blick stets auf die Gesamtzahl der gemeldeten Operationen gerichtet, auf die Anzahl der Feindflüge und der Tonnen abgeworfener Bomben sowie die Ausbil-dung und Ausrüstung zusätzlicher Truppen, die den Schwung seines Vormarsches in Richtung Sieg erhöhen sollten. Die Generation der Eisenhowers und Pattons hatte im Zweiten Weltkrieg nicht einfach gekämpft, indem sie eine Tötungs-maschine aufbauten und darauf warteten, daß sie ihnen den Sieg brachte. Sie waren Generäle der taktischen Bewegung; Abnutzung war in ihrer Strategie nur ein Element unter anderen. Die Bürokratisierung des Offizierskorps entstellte nach und nach die Erinnerung an die Strategien, mit denen man den Zweiten Weltkrieg gewonnen hatte. Harkins' Strategie orientierte sich an der Vergangen-heit, so wie sie in seiner Phantasie existierte. Doch diese Phantasie war zugleich Realität, weil sie institutionalisiert war und er, wie die meisten seiner Generalskol-legen, daran glaubte.

Als Maxwell Taylor im September 1962 in Saigon auf Besuch weilte, erläuterte ihm Harkins seine Strategie bei einer Besprechung im Saigoner Hauptquartier. Wäre Vann dabeigewesen, hätte er verstanden, warum Harkins bei dem anschlie-ßenden Mittagessen alles abblockte, was er, Vann, dem Vorsitzenden des Vereinig-ten Generalstabs zu sagen versuchte. Harkins hob in der Besprechung hervor, was er für wichtig hielt: Männer, Geld und Material, wovon man schon große Mengen in diesen Krieg steckte. Die ARVN wurde um fast 30.000 Mann verstärkt und würde bald zwei neue Infanteriedivisionen ins Feld stellen, und eine ähn-liche Entwicklung gab es bei Zivilgarde und Miliz. Die Kosten für das eigene Expeditionskorps nicht gerechnet, gaben die Vereinigten Staaten 1962 insgesamt 337 Millionen Dollar für Militär- und Wirtschaftshilfe aus – im Vergleich zu 215 Millionen im Vorjahr. Die Vervierfachung der Feindflüge bei den Jagdbombern, die Vann so bestürzte, weil sie zu einem Anwachsen der Verluste unter der Zivilbevölkerung führte, war eine weitere statistische Größe, deren Harkins sich rühmte. Es bestand kein Zweifel, daß die Kommunisten das Gewicht seiner Strategie zu spüren bekamen, versicherte er Taylor. Und er wies ihn auf die ständig steigenden Leichenzahlen beim Feind hin.

Ende 1962, so sagte Harkins, würden alle von ihm initiierten Programme zur Reife gelangen. Er erläuterte, wie er sie verflechten wollte, um den Kommunisten in einem koordinierten Feldzug endgültig den Garaus zu machen. Der Kodename von Harkins' Plan lautete »Unternehmen Explosion«. Phase I und II, Planung und Vorbereitung, waren so gut wie abgeschlossen – er hatte das Konzept bereits Diem vorgelegt –, die Zündung war für Mitte Februar 1963 vorgesehen. Sie würde den Beginn von »Phase III – Ausführung« darstellen, einer landesweiten Offensive dieser nunmehr für den Kampf gestählten Saigoner Truppen und ihrer amerikanischen Verbündeten. Es würde eine Offensive sein, die anhalten würde, bis die Vietcong als organisierte Streitmacht zerbrochen und auf einen Bruchteil ihrer gegenwärtigen Größe reduziert waren. »Phase IV – Ausnutzung des Sieges und Konsolidierung« würde den Krieg beenden. Man würde mit den Überresten der Guerillas aufräumen und die Autorität von Diems Regime im ganzen Land wiederherstellen.

Auch das Beiprogramm von Harkins Abnutzungsstrategie, die Errichtung von Wehrdörfern, machte gute Fortschritte, wie Taylor bei der Besprechung im September erfuhr. Die dank des Wehrdörferprogramms erzielte Isolierung der Guerillas von der bäuerlichen Bevölkerung würde Harkins' Tötungsmaschine in die Lage versetzen, den Vietcong nach Beginn der Nonstop-Offensive im Februar noch schneller zu zerschlagen. Zum Zeitpunkt der Besprechung existierten bereits 2800 Wehrdörfer. Wie der mit der Überwachung des Programms betraute hohe Botschaftsbeamte erklärte, sei nach Überzeugung des Country Teams, eines Exekutivrats, der sich aus Harkins, Botschafter Frederick Nolting, Jr., dem örtlichen CIA-Chef und den Leitern der anderen in Vietnam tätigen US-Dienststellen zusammensetzte, das Programm viel zu weit fortgeschritten, als daß der Vietcong dagegen noch wirksam hätte vorgehen können.

Verteidigungsminister McNamara – mit seiner anmaßenden Selbstsicherheit und der Naivität, mit der er seinen Generälen Glauben schenkte, geradezu die Verkörperung der Hybris der politischen Führung – hatte die sich selbst bestätigende Erfolgsmaschine in Gang gesetzt, als das militärische Engagement Amerikas erst fünf Monate alt war. Am Ende seines ersten Vietnambesuchs im Mai 1962 gab er eine Pressekonferenz im Wohnzimmer von Noltings Saigoner Residenz. Er war seit zwei Tagen im Land und brannte darauf, seinen viermotorigen Jet zu besteigen und nach Washington zurückzufliegen, um Präsident Kennedy Bericht zu erstatten. Die Welt zu verwalten war eine Menge Arbeit, und deswegen hatten es die hohen US-Beamten der Generation McNamaras stets eilig. Sie beeilten sich, Entscheidungen zu treffen, um gleich darauf zur nächsten Entscheidung eilen zu können. McNamara wurde wegen seiner Fähigkeit bewundert, Entscheidungen im Trab zu fällen. Seine Mitarbeiter rechneten einmal aus, daß er in einem einzigen Monat 629 wichtige Entscheidungen getroffen hatte. Die Tatsache, daß er nie besorgt zu sein schien, einen Fehler zu machen, und niemals zurückblickte, wurde ebenfalls als eine Tugend angesehen.

Zur Pressekonferenz erschien er unrasiert. Er hatte an diesem Morgen keine Zeit mit Rasieren verlieren wollen. Hemd und Hose aus Khakistoff waren verknittert, seine Schuhe noch staubbedeckt von einer Tour durch die Provinz. Er hatte seine Notizbücher mit Zahlen gefüllt, indem er jeden amerikanischen und vietnamesischen Offizier oder Beamten, den man ihm auf den verschiedenen Stationen präsentierte, mit Fragen bombardierte. Die Reporter wollten von ihm wissen, welchen Eindruck er zum Präsidenten mit nach Hause nehme. »Ich habe nichts als Fortschritte gesehen und vielversprechende Anzeichen für weitere Fortschritte in der Zukunft«, lautete die Antwort. Die Reporter insistierten. Soviel Optimismus zu einem so frühen Zeitpunkt? Er ließ sich von ihren Fragen nicht weichkriegen – ein Fels des Optimismus. Ich nahm an, daß er während seiner Jahre bei den Ford-Werken eine unglückliche Auffassung von guter Werbung entwickelt hatte. Es gelang mir, ihn abzufangen, als er gerade in sein Auto stieg. Ich sagte, ich wolle die Wahrheit wissen, würde ihn aber nicht zitieren und seine Einschätzung vertraulich behandeln. Wie konnte ein Mann seines Kalibers so zuversichtlich in bezug auf einen Krieg sein, den wir gerade erst begonnen hatten? Er fixierte mich durch seine randlose Brille und schenkte mir einen seiner berühmten McNamara-Blicke. »Alle uns vorliegenden quantitativen Messungen zeigen, daß wir diesen Krieg gewinnen«, erklärte er und setzte sich in den Fond seiner Limousine. Ein Marineinfanterist knallte die Wagentür zu, und das Fahrzeug schoß in Richtung Flughafen davon.

Auf einer Strategiebesprechung in Honolulu am 23. Juli 1962, drei Tage nach dem Fiasko in der Schilfebene, bei dem Cao 300 Guerillas nach Kambodscha entkommen ließ, fragte McNamara Harkins, wie lange es dauern werde, »den Vietcong als störende Kraft auszuschalten«. Er stellte diese Frage, nachdem Harkins seinen Bericht über die militärische Lage abgegeben hatte. Bevor Harkins von Saigon nach Honolulu geflogen war, hatte er von Vann einen besonderen Bericht über die Kämpfe vom 20. Juli angefordert und erhalten. Das streng geheime Protokoll der Konferenz zeigt, daß er sich durch Vanns Bericht nicht davon abhalten ließ, der illustren Versammlung zu erzählen, was er ihr erzählen wollte. In seinem geliebten Briefing-Stil präsentierte er eine äußerst optimistische Lagebeurteilung:

Wir haben mit dem VC täglich Feindberührung. Im April wurden 434 Bodenoperationen durchgeführt. Ihre Zahl erhöhte sich im Mai auf 441. Im Juni wurden mehr als 1000 Feindflüge durchgeführt. Die Regierung von VN muß noch ihre Organisation verbessern, aber es werden bereits Fortschritte erzielt. Präsident Diem hat darauf hingewiesen, daß er zahlreichere und längere Einsätze seiner Truppen plant.

Er beendete seinen Lagebericht mit einem Ausspruch, der Vann verblüfft hätte: »Es besteht kein Zweifel, daß wir im Lager der Sieger stehen.«

McNamara war verständlicherweise hocherfreut: »Vor einem halben Jahr haben wir praktisch mit nichts angefangen, und doch haben wir bis heute enorme Fortschritte gemacht.« Nun beantwortete Harkins McNamaras Frage, wie lange es bis zum Sieg über den Vietcong noch dauern werde: »Ein Jahr, sobald wir [die Saigoner Truppen] voll einsatzbereit haben und den VC wirklich in allen Regionen unter Druck setzen können.« Dies werde Anfang 1963 der Fall sein, wenn sein »Unternehmen Explosion« wie geplant losgehen sollte.

Der Verteidigungsminister fand solchen Optimismus übertrieben. »Wir müssen vorsichtig sein und davon ausgehen, daß das nicht ein Jahr, sondern drei Jahre dauern wird«, sagte McNamara. »Wir müssen den schlimmsten Fall annehmen und unsere Pläne darauf abstimmen.« Er war besorgt, daß die öffentliche Meinung und der amerikanische Kongreß die Regierung zwingen könnten, sich aus Vietnam zurückzuziehen, sobald dort die ersten Amerikaner fielen. »Wir müssen langfristige Programme aufstellen, da es schwierig werden könnte, für unsere Operationen in Vietnam die Unterstützung der Öffentlichkeit zu erhalten«, erklärte er. »Wenn weiterhin US-Verluste zu verzeichnen sind, wird der politische Druck steigen.«

Nachdem dieses Szenario für einen Sieg nach schlimmstenfalls drei Jahren feststand, instruierte McNamara Harkins, einen Plan für den stufenweisen Rückzug des US-Expeditionskorps auszuarbeiten. Mit den letzten Resten des Vietcong sollten die Saigoner Truppen ab Ende 1965 selbst fertig werden. Bis dahin mußte Harkins genug Vietnamesen für die Jagdbomber, die Hubschrauber und das andere Gerät ausbilden, das man in Südvietnam zurücklassen wollte. Gehorsam erarbeitete Harkins' Stab einen Abzugsplan, den »Dreijahres-Gesamtplan für Südvietnam«. Dieser sah vor, das US-Militärpersonal in Südvietnam bis Dezember 1965 auf 1600 Mann zu reduzieren. Diese Zahl würde zwar nicht dem in den Genfer Vereinbarungen von 1954 vorgesehenen 685-Mann-Limit entsprechen, aber doch so niedrig sein, daß die amerikanische Öffentlichkeit über die Sache hinweggehen würde. Im Vergleich zu Korea, wo nach Beendigung des Krieges neun Jahre lang 40.000 US-Soldaten stationiert blieben, würde diese Präsenz völlig unbedeutend sein.

Möglicherweise täuschte Harkins McNamara, Taylor und andere Vorgesetzte ganz bewußt. Er dachte vielleicht, er werde ohnehin gewinnen und dürfe die Ergebnisse ruhig ein bißchen frisieren, um diese Leute glücklich zu machen. Wenn dem so war, dann ließ er es jedenfalls niemanden in seiner Umgebung merken, auch nicht Männer wie Charlie Timmes, denen er vertraute. Wahrscheinlicher ist, daß Harkins nicht log, sondern sich selbst dazu zwang zu glauben, was er wahrhaben wollte, und zu leugnen, was nicht wahr sein durfte.

Der von Vann mit soviel Engagement zusammengestellte Bericht über Ap Bac und die Beurteilung, die Porter mit der Logik und Erfahrung eines alten Infanterieoffiziers dazu abgab, bereiteten dem kommandierenden General bloß Ärger. Er stufte Porter und Vann nicht viel höher ein als die Reporter, die ihm aus demselben Grund auf die Nerven fielen. Sie leugneten alle zusammen die Wahrheit, den Sieg, den er so deutlich näherrücken sah. York ließ Porter wissen, daß Harkins erzürnt war. Er dürfe sich nicht wundern, wenn er mit Vann zusammen gefeuert werden sollte. Porter und York waren Freunde aus ihrer gemeinsamen Zeit in Fort Benning in den fünfziger Jahren. Ein anderer Brigadegeneral, der ebenfalls mit Porter von Benning her befreundet war, ließ ihm die gleiche Warnung zukommen. Doch die Angst vor einem Skandal, die Harkins schon davon abgehalten hatte, Vann hinauszuwerfen, und sein unmittelbar bevorstehender Abgang schützten Porter, obwohl er sich dieses Schutzes damals nicht bewußt war. Das Mißvergnügen des kommandierenden Generals bekam er aber schnell zu spüren. Harkins kam zu einem Rundflug ins Delta und lud Porter diesmal nicht ein, in der zweimotorigen Beechcraft mitzufliegen. Obwohl er ihn nach wie vor höflich behandelte, fühlte Porter seinen schwelenden Ärger.

Harkins sah keinen Grund, den Beginn seiner »Operation Explosion« zu verschieben. Im Gegenteil, er wollte die Zündung von Mitte Februar auf Ende Januar vorverlegen. Am 19. Januar 1963, drei Tage, nachdem Porter Vanns Bericht und seine eigene Katastrophenwarnung nach Saigon weitergeleitet hatte, übersandte Harkins Admiral Harry Felt, dem Oberkommandierenden im Pazifik, nach Honolulu den abschließenden Entwurf für das Programm zum Sieg bis Ende 1965, den »Dreijahres-Gesamtplan für Südvietnam«, den McNamara gefordert hatte. Harkins war weiterhin überzeugt, daß er keine drei Jahre benötigen werde.

Paul Harkins brauchte zu diesem Zeitpunkt, als der Krieg in eine entscheidende Phase eingetreten war, noch nicht das letzte Wort zu haben. Der Vereinigte Generalstab beschloß per Abstimmung, eine Untersuchungskommission einzusetzen, die sechs Generäle, einen Admiral und diverse Obersten und Oberstleutnants der drei Waffengattungen und des Marine Corps umfaßte. Sie sollten so lange wie nötig in Südvietnam bleiben und hatten alle erdenklichen Vollmachten. Ihr Auftrag lautete, »eine militärische Beurteilung zu erarbeiten bezüglich der Aussichten, den Konflikt innerhalb einer vernünftigen Zeitspanne erfolgreich zu beenden«, und in ihrem Bericht Empfehlungen zu »wünschenswert erscheinenden Veränderungen unseres Programms« auszusprechen. Der Vorsitzende der Kommission, ein Armeegeneral, formulierte die zu beantwortende Frage so: »Gewinnen oder verlieren wir?«

Die von den Joint Chiefs ernannte Kommission war ein erlesenes Team, von dem man annehmen konnte, daß es seiner Aufgabe gewachsen war. Als Teamchef fungierte einer der prominentesten Generäle der Armee. Die übrigen Mitglieder waren hohe Offiziere aus dem Pentagon oder designierte Nachfolger von Mitgliedern der obersten militärischen Führung. Die Delegationen der drei Teilstreitkräfte standen jeweils unter der Leitung ihres stellvertretenden Stabschefs für Operationen, der auch innerhalb des Vereinigten Generalstabs als Bevollmächtigter seines Chefs fungierte. (Die Stellvertreter treffen ebenso regelmäßig zusammen wie die Generalstabchefs selbst, um die laufenden Angelegenheiten zu erledigen und die ersten Vorgefechte über Themen zu führen, die später den Chefs der Teilstreitkräfte selbst vorgelegt werden.) Die Marines als mit Abstand jüngste Truppengattung begnügten sich mit einem Brigadegeneral, der einen guten Ruf als Pilot genoß. In Wirklichkeit war das Marine Corps jedoch besonders stark repräsentiert, da einer seiner Vertreter über ungewöhnliche Möglichkeiten verfügte, den Bericht der Kommission zu beeinflussen. Major General Victor Krulak war ein fünfzigjähriger Haudegen, der für seine Heldentaten gegen die Japaner im Pazifik das »Navy Cross« bekommen hatte, einen Orden, der unmittelbar unter der »Congressional Medal of Honor« rangiert. Krulak war zudem der einzige General der Kommission, der bereits in Vietnam gewesen war. Er hatte Verteidigungsminister McNamara bei seinem ersten Besuch im Mai 1962 begleitet und war dann Ende Sommer 1962 noch einmal nach Vietnam gekommen, als Vann dem Vietcong im nördlichen Delta eindrucksvolle Verluste beibrachte. Der Krieg in Vietnam war Krulaks Geschäft, er war sein Generalinspekteur. Als den Joint Chiefs und McNamara beigeordneter Sonderberater für Guerillabekämpfung und Sonderaktivitäten überwachte er den Konflikt von Washington aus Tag für Tag. Dieses Mal reiste er als Beauftragter des den Joint Chiefs unterstehenden Vereinigten Generalstabs.

Wenn es 1963 in der Hierarchie der US-Streitkräfte einen Mann gab, der weitblickend genug war, die Bedeutung dieses Moments zu erkennen und ihn entsprechend zu nutzen, dann war das wohl Victor Krulak. Während seiner achtundzwanzigeinhalbjährigen Dienstzeit hatte er eine Fähigkeit für innovatives militärisches Denken entwickelt, das man ohne zu übertreiben als genial bezeichnen konnte. Durch den Krieg gegen Spanien und die um die Jahrhundertwende erwachenden imperialen Bestrebungen war aus den ursprünglich an ihre Schiffe gebundenen Marines eine Landungs- und Sturmtruppe entstanden, die stolz darauf war, schon die Notwendigkeiten des folgenden Krieges vorauszusehen und die Ausbreitung amerikanischer Macht auf die Karibik, Mittelamerika und, über den Pazifik, nach Asien zu gewährleisten. Krulaks Laufbahn spiegelte den Geist dieses Korps wider. Der Sohn des Geschäftsführers einer Goldmine bei Denver, der genug Gold geschürft hatte, um in den Ruhestand zu treten und seinen Sohn in der ruhigen Atmosphäre von San Diego aufwachsen zu lassen, wurde 1930 im Alter von 16 Jahren in die Marineakademie aufgenommen, nachdem sein Vater ein Jahr zuvor beim Börsenkrach sein Vermögen verloren hatte und nach Denver zu seinem Bergwerk zurückgekehrt war. Krulak bestand die Aufnahmeprüfung, obwohl er bloß neun Jahre an der Schule gewesen war. Seine Kameraden in Annapolis gaben ihm den Spitznamen »Brute«, um sich über seine geringe Körpergröße lustig zu machen; er war 1,62 m groß und wog 62,5 kg, weshalb er auch eine besondere Genehmigung brauchte, um Offizier der Marines werden zu können.

Als frischgebackener Oberleutnant in der Nachrichtenabteilung des 4. Marineregiments in Schanghai leistete Victor Krulak schon 1937 einen Beitrag zum Sieg im Zweiten Weltkrieg, der ihm in der Geschichte des Korps einen Ehrenplatz einräumen sollte. Für den Krieg gegen das kaiserliche Japan, den die Marines bereits kommen sahen, fehlte ihnen ein wesentliches Werkzeug: Landungsfahrzeuge, die in der Lage waren, auf einem Strand Infanterie, Fahrzeuge und schwere Waffen wie Artillerie und Tanks abzuladen. 1937 machten sich die japanischen Militaristen an die Eroberung Chinas. Im Herbst erreichten die japanischen Truppen Schanghai, Chinas wichtigsten Seehafen, und führten ein Landungsunternehmen durch, um die Stadt zu stürmen (mit Ausnahme der von den Marines bewachten Internationalen Niederlassung, einer privilegierten Handelsenklave). Nun wußte Krulak aus Berichten des Nachrichtendienstes, daß die Japaner amphibische Operationen probten. Dabei konnte man vielleicht allerlei Wissenswertes erfahren. Er überredete einen Nachrichtenoffizier der Flotte, ihm ein Schleppboot und ein Teleobjektiv mit dazugehörigem Photographen zur Verfügung zu stellen. Die japanischen Kapitäne respektierten die Regeln der Seefahrt. Als das Boot mit dem Spion an Bord einem der feuernden Zerstörer in die Quere kam, verstummten dessen Geschütze, die Besatzung entbot den traditionellen Flaggengruß, die Besatzung des US-Schleppers erwiderte ihn, der Schlepper fuhr weiter, und der Zerstörer nahm den Beschuß der Küste wieder auf.

Kurz nach Beginn der Landungsoperation erspähte Krulak genau das, was das Marine Corps suchte. Einige der japanischen Landungsboote hatten einen viereckigen Bug, der aus einer aufklappbaren Rampe bestand. Wenn das Boot das Ufer erreichte, wurde diese Landungsklappe heruntergelassen: Die Infanteristen stürmten an Land, die Fahrzeuge fuhren über die Rampe ans Ufer. Anschließend wurde die Rampe hochgeklappt, und das Boot fuhr zu einem Transporter zurück, um weitere Truppen oder Fahrzeuge an Bord zu nehmen. Nichts brauchte hier mühselig über die Bordwand gehievt zu werden wie bei den Landungsbooten der Marines. Krulak befahl dem Photographen, sich auf die Boote mit den Rampen zu konzentrieren, die er auch zum Hauptthema seines Berichts machte. Er wählte die Photos aus, auf denen sie am besten zu sehen waren, und fügte Skizzen hinzu, um zu zeigen, wie schnell man mit diesem einfachen System entladen konnte. Krulaks Vorgesetzte lobten den Bericht und leiteten ihn nach Washington weiter. Lieutenant Krulak begnügte sich nicht mit diesem Beifall. Wie er fast zwei Jahre später an seiner neuen Dienststelle bei Washington erfuhr, hatte das Hauptquartier des Marine Corps den Bericht dem Bureau of Ships der Kriegsmarine vorgelegt. Hier wiederum waren zwei Beamte in einem besenkammergroßen Büro — »Buships« kleinster Abteilung — zu dem Schluß gekommen, Krulak sei ein so grüner Leutnant, daß er Bug und Heck nicht unterscheiden könne (das Heck der japanischen Landungsboote war etwas spitz, wie es normalerweise der Bug ist), und hatten seine Entdeckung als Kuriosität in einem Aktenschrank abgelegt. »Irgendein Spinner im fernen China« lautete eine Randnotiz.

Krulak suchte sich seinen Bericht wieder heraus und brachte ihn nebst einem selbstgefertigten Bootsmodell aus Balsaholz zu einem der weitestblickenden Offiziere, die jemals Marines befehligten, dem damaligen Brigadegeneral Holland M. »Howling Mad« Smith, dem Vater der modernen amphibischen Kriegsführung. Er sollte den Vormarsch über den Pazifik führen und erleben, wie seine Männer auf Iwo Jima das Sternenbanner über dem Berg Suribachi hißten. Die Marines hatten die für sie am besten geeignete Rumpfform in einem Boot gefunden, das ein Schiffsbauer namens Andrew Jackson Higgins während der Prohibitionszeit in New Orleans geschaffen hatte, um darin Rum zu transportieren. Durch die aufklappbare Bugrampe wurde aus Higgins' Transportmittel ein Sturmboot, das sogenannte LCVP (Landing Craft, Vehicle and Personnel), das Standardlandungsboot für Fahrzeuge und Mannschaften des Zweiten Weltkriegs. Ein größeres Modell, das einen 30 Tonnen schweren Sherman-Panzer an Land bringen konnte, erhielt die Bezeichnung LCM (Landing Craft, Mechanized). Das Resultat von Krulaks Eingebung beförderte amerikanische und mit ihnen verbündete Truppen, Panzer, Lastwagen, Artillerie, Munition und anderen Nachschub zu allen Landeköpfen der Alliierten von Saipan bis zur Normandie. Der Bericht, den der Oberleutnant 1937 in Schanghai verfaßt hatte, sollte eines Tages mit Zeichnungen und Photos in einer Vitrine im Museum des Marine Corps im Washingtoner Navy Yard ausgestellt werden.

Krulaks Sinn für Neuerungen wurde durch den Zweiten Weltkrieg nicht beeinträchtigt. 1948, als der Hubschrauber allgemein noch als Spielzeug galt, sah er bereits, daß sich daraus sehr schnell leistungsfähige Maschinen entwickeln würden. Auf seine Veranlassung hin inszenierte das Korps am 23. Mai 1948 das erste Hubschrauberangriffsmanöver der Geschichte. Man benutzte Sikorsky-Hubschrauber der ersten Generation, von denen jeder nur drei Marines an Bord nehmen konnte. Sie starteten von einem vor Camp Lejeune in North Carolina ankernden Flugzeugträger. Die im Jahr 1963 noch als so neu empfundene Hubschraubertaktik war also schon 15 Jahre zuvor von Krulak konzipiert worden; als

Oberstleutnant im Stab der Marine Corps Schools in Quantico bei Washington verfaßte er damals ein Handbuch für Hubschrauberoperationen, dessen wesentliche Elemente in das entsprechende Handbuch der Armee übernommen wurden.

Daß Krulak auf die von den Joint Chiefs nach Vietnam entsandte Untersuchungskommission Einfluß nehmen konnte, lag aber nicht nur an der Originalität seines Denkens. Es war ihm gelungen, eine beneidenswerte Beziehung herzustellen, durch die er beim Präsidenten und bei anderen Leuten an der Staatsspitze eine ungewöhnliche Glaubwürdigkeit genoß. Er hatte im Zweiten Weltkrieg, in dem er zeigte, daß er nicht nur denken, sondern auch kämpfen konnte, zufällig Gelegenheit gefunden, sie zu begründen. Holland Smith hatte Krulak zu seinem Adjutanten gemacht, und in den Tagen von Pearl Harbor war Krulak Hauptmann in seinem Stab in San Diego. Er hatte dort erkannt, daß der schnellste Weg, von der Stabsarbeit weg und an die Front zu kommen, darin bestand, sich freiwillig für die erstbeste gefährliche Aufgabe zu melden. Sie präsentierte sich in Form einer Ausbildung zum Fallschirmspringer. Bereits im Herbst 1943 war Hauptmann Krulak Oberstleutnant an der Spitze des 2. Fallschirmjägerbataillons der Marines im Südpazifik. Krulaks »Para-Marines« bekamen allerdings niemals Gelegenheit, über einem Kampfgebiet abzuspringen; sie kämpften statt dessen als eigenständige amphibische Landungseinheit für Admiral William »Bull« Halsey.

Ende Oktober 1943 erhielt Krulak den Befehl, eine Reihe von Nachtangriffen auf Choiseul, eine der Salomon-Inseln, durchzuführen. Die Japaner sollten glauben, Halsey wolle die Insel erobern, und so dazu gebracht werden, Verstärkungen von der Hauptinsel Bougainville abzuziehen, wo die Amerikaner für den 1. November 1943 die Landung von 14.000 Marines planten. Nach einem dieser Angriffe fuhr bei einem Rückzugsgefecht eines von Krulaks Landungsbooten mit etwa dreißig Mann, von denen etliche verwundet waren, auf ein Korallenriff auf und drohte zu sinken. Ein Torpedoboot eines zur Unterstützung bereitstehenden Navy-Geschwaders rauschte heran und nahm viele der Marines an Bord, darunter drei Schwerverwundete. Diese Rettungsaktion war eine mutige Tat; das Riff war nahe am Strand, und die Japaner beschossen das Torpedoboot, das am Landungsboot längsseits gegangen war, um die Marines an Bord zu nehmen. Ohne das Torpedoboot wären zumindest einige der Marines von den Japanern getötet worden, die Verwundeten wären sicherlich ertrunken. So starb nur einer der Schwerverwundeten kurz nachher im Bunker des Kapitäns, eines 26jährigen Marineleutnants. Als das Torpedoboot an Krulaks Führungsschiff längsging, um die geretteten Marines zu übergeben, wollte Krulak seine Dankbarkeit zeigen. Privilegien gab es 1943 auf den Salomon-Inseln kaum, und Whisky war besonders schwer zu bekommen. Krulak hatte eine Flasche Three Feathers bei seinem Marschgepäck auf Vella Lavella, einer Insel, die sein Bataillon erobert hatte. »Wenn ich jemals lebend nach Vella Lavella zurückkomme, dann gehört diese Flasche Three Feathers Ihnen«, sagte er zu dem Leutnant.

Der Leutnant mußte lange auf seinen Whisky warten. Krulaks Ablenkungsmanöver funktionierten zu gut. Als seine 600 Marines den letzten Angriff
unternahmen, stießen sie auf mehrere tausend Japaner, die sie von Bougainville
hergelockt hatten. Es gab ein Kopf-an-Kopf-Rennen zurück zum Landungsboot.
Krulak wurde zweimal verwundet. Für seine Weigerung, das Kommando abzugeben und sich versorgen zu lassen, ehe die Evakuierung abgeschlossen war, erhielt
er das »Navy Cross«. Er verbrachte dann längere Zeit in amerikanischen Militärkrankenhäusern und vergaß sein Versprechen.

Er sollte sich daran erst wieder erinnern, als der vormalige Leutnant zum Präsidenten der Vereinigten Staaten gewählt wurde. Nicht lange nach John Kennedys
Amtseinführung im Januar 1961 kaufte Krulak, nunmehr Generalmajor, eine
Flasche Three Feathers und schickte sie ins Weiße Haus mit einer Notiz, die,
soweit er sich Jahre später noch erinnerte, folgendermaßen lautete:

Sehr geehrter Herr Präsident!
Sie haben das wahrscheinlich vergessen, aber ich habe mich daran erinnert.
Hier ist die Flasche Whisky, die ich Ihnen versprochen habe.

Der Präsident war entzückt. Kennedy erinnerte sich an den versprochenen
Whisky und den heldenhaften Oberstleutnant der Marines, den er als junger
Navy-Offizier bewundert hatte, mit der gleichen Nostalgie, mit der er an seine
sonstigen Kriegserlebnisse zurückdachte. Er sprach über diese Abenteuer gerne
und bei jeder Gelegenheit. Auch er war als Kriegsheld heimgekommen: Nachdem
ein von ihm befehligtes Torpedoboot von einem japanischen Zerstörer gerammt
und versenkt worden war, brachte er einen verwundeten Matrosen in Sicherheit,
indem er ihn mehr als sechs Kilometer im Wasser neben sich her zog, die Bänder
der Schwimmweste des Mannes mit den Zähnen festhaltend, um die Hände zum
Schwimmen frei zu haben. Er wurde dafür mit der »Navy and Marine Corps
Medal« ausgezeichnet. Die Story von dem Torpedoboot und seinem tapferen
Kapitän trug dazu bei, daß er 1946 als Abgeordneter von Massachusetts in den
Kongreß einzog. Die Kriegsabenteuer waren aber für John Kennedy mehr als ein
Mittel, in der Politik vorwärtszukommen. Die Erlebnisse im Zweiten Weltkrieg
hatten ihn geformt. Diese einfachen und ruhmreichen Jahre waren eine Zeit, in
der er seine Mannhaftigkeit ebenso erprobte wie die Wertvorstellungen der Neu-
england-Staaten, in denen er aufgewachsen war. PT-Torpedoboote waren die
schwierigsten Schiffe der Kriegsmarine. Kennedy hatte sich freiwillig dazu gemeldet, und das trotz chronischer Rückenschmerzen, die unbedeutendere Leute dazu
benutzt hätten, dem Krieg überhaupt fernzubleiben. Der junge Offizier des Zweiten Weltkriegs, der nun Oberbefehlshaber wurde, brachte in sein Amt Einstellungen mit, die der Krieg in ihm hatte entstehen lassen, und er neigte dazu, Leute zu
bevorzugen, die bei derselben Prüfung ihren Mann gestanden hatten. Er lud Kru-

lak ins Weiße Haus ein. In feierlichem Gegenüber kosteten sie den Three Feathers und schwelgten in Erinnerungen. Kennedy verschloß die angebrochene Flasche dann wieder, um sie als Andenken aufzubewahren.

Als man im Februar 1962 für eine von Kennedy eingeführte Neuerung einen General brauchte, nämlich einen Spezialisten für Guerillabekämpfung im Stab der Joint Chiefs, ließ der Präsident seinen Bruder Robert, der als Justizminister und Aufsichtsorgan des Kabinetts fungierte, dafür sorgen, daß Krulak den Posten bekam. Die meisten Generäle wären von einer solchen Ernennung enttäuscht gewesen; Guerillabekämpfung ist keine zentrale Aufgabe und somit einer Karriere langfristig wenig förderlich. Krulak hingegen war nicht unglücklich. Er wußte, daß der Präsident eine Welle von kommunistisch geführten »Befreiungskriegen« befürchtete und daß man ihn für diesen Job ausgewählt hatte, weil er des Präsidenten liebster General der Marines war. Bei einer dem Präsidenten besonders wichtig erscheinenden Aufgabe gute Arbeit zu leisten konnte einen schon weiterbringen.

Zum liebsten General der Marines wurde Krulak im darauffolgenden Jahr auch für den Bruder des Präsidenten. Bobby Kennedy und Brute Krulak verstanden einander glänzend; beide bewunderten aneinander Eigenschaften, die sie an sich selbst schätzten. Krulak fiel auf, daß Bobby Kennedy »schnell kapierte«; auch gefiel ihm die Härte, die der Bruder des Präsidenten an den Tag legen konnte, wenn die Lage es erforderte.

Als der vierstrahlige Jet mit Krulak und den anderen Mitgliedern der von den Joint Chiefs entsandten Kommission am Morgen des 18. Januar 1963 in Tan Son Nhut aufsetzte, wußte Krulak, was der Präsident und sein Bruder von ihm erwarteten. Befanden sie sich noch auf dem richtigen Weg, dann hatte er sie in ihrer Entschlossenheit zu bestärken; waren sie auf dem falschen, so mußte er ihnen sagen, was sie anders machen sollten. McNamara, der Krulak ebenfalls schätzte, hatte aus seiner Besorgnis keinen Hehl gemacht. Er war wegen der Presseberichte über das Verhalten der Saigoner Truppen bei Bac beunruhigt; der Abschuß von fünf Hubschraubern in einer einzigen Schlacht war erschreckend. Bevor die Gruppe das Pentagon verließ, teilte er Krulak mit, die Regierung benötige eine neue Beurteilung des Krieges. Wenn McNamara besorgt war, so sagte sich Krulak, dann waren der Präsident und Bobby Kennedy es auch.

Der Viersternegeneral an der Spitze der Delegation folgte dem damaligen Brauch und ließ die Route für seine südvietnamesische Reise von Harkins und dessen Stab festlegen. Harkins war telegrafisch über den Zweck des Unternehmens informiert worden. Die meisten Kämpfe fanden südlich von Saigon statt, Harkins ließ das Team jedoch den größten Teil seiner Zeit in der Hauptstadt und nördlich davon in den Bergen des Zentralen Hochlands oder den Küstenprovinzen verbringen. Er glaubte in diesen Regionen schnellere Fortschritte zu machen, weil man hier — von gewissen Abschnitten des Hochlands abgesehen — auf weniger Widerstand stieß. In Wirklichkeit war die Lage in Zentralvietnam deswegen ruhiger, weil die Vietcong hier so große Teile der Landbevölkerung kontrollierten, daß sie es nicht für erforderlich hielten, sie zu offenem Widerstand anzustacheln. Sie konzentrierten ihre Anstrengungen auf das Gebiet Vanns, wo der Ausgang des Kampfes noch ungewiß war.

Ein einziger von den acht Tagen, die die Kommission in Vietnam verbrachte, war dem Delta vorbehalten. Dieser Tag schloß nicht etwa einen Besuch in My Tho oder sonstwo im Abschnitt der 7. Division ein, wo man hätte Vann oder seine Berater über die Ereignisse befragen können, die die vom Weißen Haus ermunterten Joint Chiefs veranlaßt hatten, das erlauchte Team nach Vietnam zu entsenden. Vielmehr verbrachte man diesen Tag mit dem Anhören von Lageberichten im Hauptquartier von Caos IV. Korps in Can Tho und einer Visite in Fred Ladds Zone der 21. Division in der südlichen Deltahälfte, die größtenteils von den Kommunisten kontrolliert wurde. Die Protokolle enthalten keinen Hinweis darauf, daß irgendein Mitglied der Kommission einschließlich Krulaks das Gefühl hatte, dies sei vielleicht nicht die beste Methode, eine Untersuchung zu führen. (Noch konnte sich nachher irgend jemand erinnern, daß er sich besorgt gefühlt hätte.) Es war nicht Zeitmangel, der die Gruppe von einem Besuch in My Tho abhielt und ihre Visite im Delta auf einen Tag beschränkte. Ihr Aufenthalt in Vietnam verlängerte sich von den ursprünglich vorgesehenen vier Tagen auf acht Tage, weil der an der Spitze der Delegation stehende prominente Armeegeneral an Grippe erkrankte. Als man nach Can Tho fliegen wollte, war er noch zu krank, um mitzufliegen, und mußte sich von seinem ersten Adjutanten vertreten lassen, einem hochangesehenen Colonel, der 1958/59 ein Jahr als Berater im Saigoner Kommando verbracht hatte. Krulak und der damalige Operationschef der Armee, ein Generalleutnant, kamen ebenfalls mit, um sich von Porter und Cao berichten zu lassen.

Als ich Porter Jahre später über diese Besprechung befragte, konnte er sich nicht mehr an Einzelheiten erinnern. Er war jedoch sicher, daß er diesen Generälen nichts verheimlicht hätte. Durch seinen Kommentar und seine Empfehlung an Harkins war er bereits stärker in Ungnade gefallen als jemals zuvor in seiner Karriere. Er hätte somit keinen Grund mehr gehabt, sich ein Blatt vor den Mund zu nehmen. Zwei Tage vor der Ankunft der Kommission in Vietnam hatte er Vanns Bericht und seinen Kommentar dazu nach Saigon weitergeleitet. Zur Zeit des Briefings konnte er annehmen, daß Harkins einer so hochkarätigen Kommission den Bericht nicht vorenthielt. Er mußte damals, dessen war er sich sicher, völlig offen gesprochen haben, weil er ja davon ausging, daß diese Generäle seine Ansichten bereits kannten und ihm zu allem, was sie genauer wissen wollten, Fragen stellen würden. Er erinnerte sich aber, daß ihn damals kein einziger in irgendeiner Weise befragte. Die Probleme waren mit so vielen Emotionen befrachtet, daß er, hätte ihn eine dieser hochrangigen Persönlichkeiten dazu näher befragt, diese Fragen bestimmt nicht vergessen hätte.

Bob York befand sich damals zufällig in Can Tho. Soweit er sich erinnern konnte, fragte ihn niemand von der Gruppe an diesem oder einem anderen Tag die Hauptfrage, die die Joint Chiefs gestellt hatten: »Gewinnen oder verlieren wir?« York hatte die Abordnung vorher über die Erprobung von Waffen und Taktiken unterrichtet, die er im Auftrag des Pentagons durchführen ließ. Er hatte die Rolle der Hueys in Bac beschrieben, weil sie in seine Zuständigkeit fielen. Davon abgesehen hatte er sich nicht weiter zur Schlacht geäußert. York hatte die gleiche Stärke und die gleiche Schwäche wie Porter. Er war ein lernbegieriger Individualist von einwandfreiem Charakter, aber er war von seiner Institution geprägt und glaubte an ihren Verhaltenskodex. Er war nicht der Mann, der die Kommandokette durchbrochen und diesen hohen Offizieren eine unangebrachte Predigt gehalten hätte. Er hatte dem kommandierenden General seine vertrauliche Analyse übergeben und auf die warnenden Vorzeichen hingewiesen. Nun trug Harkins die Verantwortung; die Entscheidung, der Kommission diese Analyse vorzulegen oder nicht, lag bei ihm. Kopien davon anzufertigen und sie unter den Generälen zu verteilen wäre für York eine Mißachtung des Oberkommandierenden gewesen. So benahm man sich nicht. Er hätte seine Meinung sagen können, wenn ihn einer der Besucher danach gefragt hätte. Das tat aber keiner. Er erinnerte sich, daß die Konversation beim Mittagessen nach den Besprechungen mit Porter und Cao einen sehr ungezwungenen Charakter annahm. Diese Generäle aus dem Pentagon waren in keiner Weise besorgt.

Nach dem Essen flog Fred Ladd mit Krulak, dem Adjutanten des Kommissionsleiters und dem stellvertretenden Generalstabschef für Operationen ins südliche Delta, um einer Operation der 21. Division beizuwohnen und einen Außenposten der Miliz an der Küste des Südchinesischen Meeres zu besuchen. Ladds Tagebuchaufzeichnungen zeigen, daß diese Exkursion etwas war, was man im Zivilleben als »sich mal umsehen« bezeichnen würde. Er machte ein Photo von dem Außenposten und klebte es später in sein Tagebuch. Er konnte sich nicht erinnern, daß man ihn über irgendwelche Einzelheiten zur militärischen Lage befragt hätte.

Porter lag mit seiner Annahme völlig richtig: Harkins verheimlichte den Generälen Vanns Bericht und seinen Katalog der Mißstände keineswegs. Der Adjutant des Kommissionsleiters, ein wesentlich einsichtigerer Offizier als sein sternengeschmückter Chef, las sie sorgfältig und zeigte sie seinem General. Er beorderte Vann sogar nach Saigon und ließ sich von ihm über die Schlacht und den Krieg generell berichten. Wie er sich später erinnerte, war Vanns Beurteilung das Gegenteil dessen, was man von Harkins hören konnte. Krulak sprach damals nicht mit Vann. Er war sich jedoch sicher, seinen Bericht und Porters »Anklage-

schrift« gelesen zu haben. Es ist auch anzunehmen, daß ihn der Oberst darüber
informierte, was Vann ihm gegenüber geäußert hatte, da bereits feststand, daß er
und Krulak den schriftlichen Bericht der Delegation an die Joint Chiefs ausarbeiten würden.

Obwohl die Generäle den größten Teil ihrer Zeit auf den von Harkins organisierten Ausflügen verschwendeten, wurden sie also durchaus mit der Wahrheit
konfrontiert. Und sie erhielten mehr als die fehlbaren Beurteilungen von Porter und
Vann: Als Ergänzung des Hauptberichts bekamen sie die Augenzeugenberichte
von sechzehn US-Beratern zu Gesicht, die den Scherbenhaufen persönlich miterlebt hatten. Doch ihr Geist verwarf, was ihre Augen lasen. Krulak etwa konnte sich
an den Bericht nur vage erinnern. Er sagte, er habe damals den Eindruck gehabt,
daß Vann, Porter und die Berater das Verhalten der Saigoner Truppen ungebührlich streng beurteilten, weil sie es mit dem Niveau der US-Armee verglichen. Man
konnte jedoch, so habe er damals gemeint, von Diems Streitkräften ein solches
Niveau nicht erwarten. Wichtig war, daß die Saigoner Truppen im Feld standen.

Der Schluß, eine Armee könne sich so jämmerlich verhalten wie Diems Truppen in der Schlacht von Ap Bac und dann trotzdem gegen einen kompetenten
und motivierten Gegner den Krieg gewinnen, war ganz offensichtlich absurd.
Und dennoch kam die von den Joint Chiefs entsandte Abordnung auf Betreiben
von Harkins und Krulak genau zu diesem Schluß.

Auf einer streng geheimen Besprechung, die kurz nach der Landung der Delegation in Hawaii für die Admiräle und Generäle im Hauptquartier des Oberkommandierenden für den pazifischen Raum einberufen wurde, zeigte sich der die
Kommission leitende Armeegeneral begeistert über die Entwicklung des Krieges
in Vietnam. Admiral Felt war nicht anwesend, er wurde von seinem Stabschef vertreten. Man fertigte eine Niederschrift der Tonbandaufnahme an, damit auch
andere abwesende hohe Offiziere sich darüber informieren konnten. »Es besteht
kein Zweifel«, so resümierte der Kommissionsleiter die Erkenntnisse seiner
Experten, »daß wir im vergangenen Jahr auf militärischem Gebiet etwas aufgebaut
haben, was ich die menschliche und technische Infrastruktur nennen würde, die
als Grundlage eines erfolgreichen militärischen Vorgehens dienen kann.« Er
führte diesen ermutigenden Zustand auf Harkins' inspirierte Feldherrnkunst zurück. »Ohne General Harkins wäre der Stand der Dinge in keiner Hinsicht so, wie
wir ihn vorgefunden haben«, sagte er. »Ohne ihn wäre die Lage ziemlich bekla-
genswert. General Harkins' Einstellung und Führungskraft haben das gesamte
Kommando durchdrungen . . .«

Angetan war der Leiter der Kommission auch von dem Politiker, den Lansdale
in Saigon installiert hatte. »Herr Diem beeindruckte mich als ein energischer und
kenntnisreicher Mann, der sehr beredt ist.« Wenn nicht, wie der General weiter
ausführte, zu beredt: Harkins hatte ihn zu einem zweieinhalbstündigen Gespräch
mit Diem mitgenommen, bei dem der Viersternemann aus dem Pentagon Schwie-

rigkeiten gehabt hatte, auch etwas zu sagen. »Das große Problem mit dem Präsidenten ist, daß man bei ihm kaum zu Wort kommt, denn beim Reden ist er ganz schön schnell.« Nichtsdestoweniger kam der Leiter der Abordnung zu dem Schluß, daß Diem »bestimmt sein Land kennt, und, so denke ich, auch sein Volk. Er ist ein Führer in dem Sinn, in dem wir uns eine erfolgreiche politische Führung vorstellen.« Diems Regierung sei zwar »unreif« und »bei der Ausführung signifikanter Programme noch etwas tapsig«, doch diese Unzulänglichkeiten, so mutmaßte der General, waren in erster Linie auf die soziale und geistige Rückständigkeit »des asiatischen oder vietnamesischen Charakters« zurückzuführen und nicht auf Diems mangelnde Fähigkeiten.

Ein Mittel, mit dem das Regime sein Volk kontrollierte, faszinierte den General von der Army; man hatte ihm gesagt, dieses Mittel sichere der Regierung das Wohlwollen der Landbevölkerung. Es war Vorschrift, daß jeder Bewohner eines Wehrdorfes eine Identitätskarte mit Photo und Daumenabdruck bei sich trug. Eine solche Karte zu erwerben und zu tragen »würde der amerikanischen Bevölkerung ... zweifelsohne wenig zusagen«, sagte der General, aber vietnamesische Bauern waren da eben anders. »Die Leute halten das für die schönste Sache seit dem Dosenbier, denn sie ersehen daraus, daß die Regierung sie liebt und sich für sie interessiert ... Sie betrachten diese Karte nicht als eine Schikane oder als ein Überwachungsmittel, was sie natürlich schon ist. Aber so sind sie eben.«

Krulak ließ keinerlei Zweifel aufkommen, als ein General im Hauptquartier des Oberkommandierenden für den pazifischen Raum ihn fragte, wann Harkins sein »Unternehmen Explosion« beginnen wolle, um die Vietcong zu isolierten Banden zu reduzieren. Dem Leiter der Kommission zufolge hatte Harkins sich hier »sehr bedeckt« gehalten. Auf eine diesbezügliche Frage habe ihm Harkins geantwortet: »Ich werde niemandem sagen, wann ich diesen Feldzug beginne.« (Harkins hatte allen Grund, sich in dieser Frage geheimnisvoll zu geben. Offenbar hatte er den Kommissionsleiter nicht darüber informiert, daß Diem ihn blockierte. Er hatte mit seinem Stab einen Plan ausgearbeitet und ihn ins Vietnamesische übersetzen lassen, konnte aber Diem nicht dazu überreden, diesen Plan als den seines Vereinigten Generalstabs herausbringen zu lassen. Obwohl Diem glaubte, Harkins gezähmt zu haben, quälte ihn weiterhin der Argwohn, Harkins könne versuchen, ihn in schwere Kämpfe mit den Vietcong zu verwickeln. Diese Befürchtung war durch Ap Bac noch verstärkt worden. Die sogenannte Offensive sollte schließlich trotz Harkins' ständiger Appelle erst am 1. Juli 1963 beginnen, und das auch nur auf dem Papier.) »Es ist vielleicht zweckmäßig, davon auszugehen, daß sie [Harkins' Offensive] bereits begonnen hat — und das hat sie auch«, sagte Krulak. »Sie unternehmen so viel mehr als noch vor einem Jahr, daß ich meine, man sollte sich über den Beginn der Offensive nicht länger den Kopf zerbrechen und sagen, daß es keinen Beginn gibt. Das Unternehmen ist vielmehr die natürliche Weiterentwicklung dessen, was seit einem Jahr läuft.« Der Delegationsleiter unterstrich Krulaks Logik. »Ich ließ mir von ihnen [Harkins und seinem Stab] unlängst eine genaue Übersicht über sämtliche Operationen geben, die im Land stattfinden, ... und Harkins sprach von durchschnittlich 450 pro Monat ... Das ist ein Schritt in die richtige Richtung, wie Sie sehen. Es ist eine Offensive.«

»Selbst wenn sie nicht auf Vietcong stoßen, ist es gut«, sagte der General.

(Ein ironischer Zufall wollte, daß diese Parodie der hohen Strategie im Camp H. M. Smith stattfand, das nach Krulaks Vorgesetztem und Idol im Zweiten Weltkrieg benannt war. Es handelte sich um das frühere Marinekrankenhaus von Pearl Harbor, das die Navy in den fünfziger Jahren aufgegeben hatte. Es sollte damals an einen Bauunternehmer verkauft werden, der es niederreißen lassen wollte, um an seiner Stelle ein Hotel zu errichten. Krulak war es jedoch gelungen, seine Vorgesetzten zu überreden, die Gebäude als Hauptquartier zu benutzen und nach Holland Smith zu benennen.)

Nach den Besprechungen in Camp Smith übersiedelte die Kommission in einige VIP-Bungalows in Fort de Russy, einer kleinen militärischen Enklave an der Waikiki Beach in Honolulu. Dort sollten Krulak und der Adjutant des Delegationsleiters die nötige Ruhe finden, ihren Bericht abzufassen. Es ist klar, daß der Beitrag des Adjutanten die Ansichten seines Generals widerspiegelte. Die anderen genehmigten den Entwurf, dann wurde die Reinfassung getippt.

Der Bericht der von den Joint Chiefs entsandten Kommission lieferte eine unzweideutige Antwort auf die Frage, ob die Vereinigten Staaten und ihre Stellvertreter in Saigon verloren oder gewannen. »Die Situation in Südvietnam hat sich im Zeitraum von eineinhalb Jahren so entwickelt, daß eine nahezu verzweifelte Lage einem Zustand gewichen ist, in dem sich der Sieg als eine hoffnungsvolle Perspektive abzeichnet.« Drastische Veränderungen waren nicht notwendig. »Die gegenwärtige Stoßrichtung führt uns langsam zum Sieg, und ... es besteht kein zwingender Grund, eine Änderung vorzunehmen.« Optimistisch wie die allgemeinen Feststellungen waren auch die Spezifika. Was Harkins' Explosionsoffensive betraf, so brachte Krulak seine Ansicht ein, daß diese »bereits begonnen« habe und »begründete Aussichten auf eine merkliche Verbesserung der militärischen Lage« eröffne. Der Drei-Jahre-bis-zum-Sieg-Plan, den Harkins und sein Stab auf McNamaras Verlangen hin ausgearbeitet hatten, sei eine »gesunde Grundlage zur Planung des Abbaus der US-Hilfe« Ende 1965. Die Zeitungsmeldungen, die der Präsident, Robert Kennedy und McNamara gelesen hatten und denen zufolge Berater darüber klagten, daß die Saigoner Offiziere ihre Ratschläge ignorierten, waren im besten Fall übertrieben und im schlechtesten falsch. »Je mehr das Vertrauen der Regierung Vietnams in sich selbst und in ihre Berater wächst, desto mehr werden die Ratschläge der Vereinigten Staaten befolgt werden.«

Von Ap Bac war in dem 29 Seiten umfassenden Bericht nur einmal die Rede.

Es handelte sich um den Hinweis, daß die in Vietnam tätigen Korrespondenten unwissentlich eine erfolgreiche Politik sabotiert hatten:

Die unglücklichen Nachwirkungen von Berichten über die Kämpfe um Ap Bac am 2. Januar 1963 sind ein hervorragendes Beispiel für den Schaden, der den Kriegsanstrengungen [durch die ständigen Korrespondenten] zugefügt wird. Pressevertreter... betonen, daß sich ihre Meldungen auf US-Quellen stützen. Letzteres trifft zu, aber nur insofern, als diese Meldungen auf unbedachten Äußerungen basieren, die einige amerikanische Offiziere in einem Moment höchster Erregung und Frustration von sich gaben.

»Die wichtigsten Elemente für den Enderfolg in Südvietnam sind jetzt vorhanden«, schloß der Bericht. »Nun wird eine hohes Maß von Ausdauer im Feld und zu Hause erforderlich sein, um zu diesem Erfolg zu gelangen.«

Einige der Männer, die in Washington zählten — so W. Averell Harriman, damals Staatssekretär für Fernostangelegenheiten im Außenamt —, waren angesichts dieser beruhigenden Nachrichten skeptisch. Präsident Kennedy und sein Bruder und Berater glaubten sie, ebenso McNamara, Außenminister Dean Rusk und der größte Teil der übrigen politischen und militärischen Hierarchie. John Kennedy hatte Vertrauen in das System, das ihm die Führung der Welt anvertraut hatte. Brute Krulak hatte der Kommission angehört, und Kennedy hatte Krulak im Krieg als Befehlshaber kennengelernt. Er war sicher, daß man einem solchen Mann vertrauen konnte.

Ein anderer General der Marines, der Krulaks Aufstieg beobachtet hatte, äußerte lange Zeit danach die Meinung, daß Krulaks damaliges Verhalten möglicherweise mit seinem Ehrgeiz zu erklären war. Sein Gespür für Aufstiegschancen, das er unter Beweis stellte, als er Kennedy den Whisky übersandte, war bekannt. Natürlich wollte er seine Laufbahn krönen, indem er der Liste der Kommandeure des Korps den Namen Krulak hinzufügte. Der damalige Kommandeur, General David Shoup, der sich auf Tarawa seine »Congressional Medal of Honor« erworben hatte, sollte Ende 1963 in den Ruhestand gehen. Es war möglich, daß der Präsident aus Wertschätzung für Krulak ältere Kandidaten übergehen und Krulak zum neuen Kommandeur ernennen würde. Daß auch Robert Kennedy zu seinen Bewunderern zählte, erhöhte seine Chancen nur. Wenn er sein Ziel dieses Mal nicht erreichte, weil er in der Hierarchie des Marine Corps noch zu weit unten stand, dann konnte ihm die Gunst der Kennedy-Brüder das nächste Mal dazu verhelfen. Kennedy hatte 1960 nur äußerst knapp über Richard Nixon gesiegt, war jedoch im Januar 1963 ein beliebter Präsident. Es wurde allgemein angenommen, daß er keine Schwierigkeiten haben würde, sich wiederwählen zu lassen. 1967 würde es erneut Zeit sein, einen Kommandeur für das Korps zu ernennen; bis dahin würde Krulak neben seinem Ansehen auch das nötige Alter haben. Der Kollege Krulaks war der Ansicht, daß dieser damals wohl nicht seine Karriere aufs Spiel setzen wollte, indem er, die etablierte Meinung herausfordernd, Harkins verärgerte und sich den Zorn von dessen Beschützer Maxwell Taylor zuzog, der zu jener Zeit als der Fachmann in militärischen Dingen galt und den Kennedy-Brüdern sowie McNamara als die Quelle höchster Weisheit in Sachen Krieg erschien. (Robert Kennedy nannte einen seiner Söhne Matthew Maxwell Taylor.) »Brute Krulak ist viel zu clever, als daß er nicht gesehen hätte, was in Südvietnam los war«, sagte sein Kollege. »Er war diesen Army- und Air-Force-Generälen im Denken haushoch überlegen.« Es mag sein, daß Krulaks Verhalten vielleicht unbewußt auch von seinem Ehrgeiz bestimmt wurde, doch ist das keine ausreichende Erklärung. Bei allem Ehrgeiz und Talent zur Förderung seiner Karriere war Krulak kein Zyniker, und es fehlte ihm auch nicht an Zivilcourage. Er sollte später eine Haltung zum Krieg einnehmen, die die Erfüllung seiner Ambitionen ernstlich in Gefahr brachte.

Wie die von den Joint Chiefs im Januar 1963 nach Vietnam entsandte Untersuchungskommission bewies, waren die militärischen Institutionen der USA dermaßen von der Siegerkrankheit befallen, daß sie auf Ereignisse nicht reagieren und sich nicht an die Realität anpassen konnten, auch wenn diese sie an den Schultern packte und schüttelte. Daß selbst ein Denker und Kämpfer vom Format eines Krulak von dieser Arroganz erfaßt war und sich nicht davon befreien konnte, obwohl er wußte, daß der Präsident, dessen Bruder und der Verteidigungsminister durch ihn die Wahrheit erfahren wollten, zeigt deutlich, wie das nur ein persönliches Beispiel zeigen kann, welch enorme Veränderung in den einst so großartig geführten US-Streitkräften vor sich gegangen war. Als John Kennedy Krulak zum Sonderberater für Guerillabekämpfung gemacht hatte, war Krulak der Meinung gewesen, er werde diese neue Art von Krieg erlernen, indem er Logik und Phantasie anwandte wie in der Vergangenheit. Statt dessen hatte er auf seinen früheren Vietnamreisen das Wort des berühmten Paul Harkins für bare Münze genommen; Taylors Glauben an Harkins hatten seine Illusionen noch verstärkt. Trotz des Menetekels von Ap Bac hielt er an seinen vorgefaßten Meinungen fest und half mit, sie den anderen Mitgliedern der Kommission einzupflanzen. Das war nicht schwierig. Sie neigten dazu, auf ihn zu hören: aufgrund der Persönlichkeit, die er war, und aufgrund der Persönlichkeiten, die er kannte.

Präsident Kennedy hätte besser daran getan, sich von seiner Zeit bei der Navy her zu erinnern, daß man um so mehr vom Wesen eines Kampfes erfährt, je näher man daran ist. Er hätte dann dem Staatssäckel die Kosten ersparen können, die daraus entstanden, daß eine so distinguierte Gesellschaft sich mit einem vierstrahligen Düsenflugzeug auf eine 30.000 Kilometer lange Rundreise begab. Er hätte einfach einen der Hubschrauberpiloten kommen lassen können, die dem

Vietcong in Bac vor die Gewehre geflogen waren, irgendeinen Piloten oder ein Besatzungsmitglied, das hätte völlig ausgereicht. Vorausgesetzt, er hätte einigermaßen singen können. Denn nach der Schlacht hatte ein Mann von den Hubschrauberbesatzungen — niemand konnte sich später an seinen Namen erinnern — eine Ballade über die Schlacht verfaßt. Man sang sie am Abend bei Gin, Whisky, Wodka und kühlem Bier in den Klubs von Soc Trang, im Seminar und in Tan Son Nhut. Ziegler hörte sie zum ersten Mal von einem Unteroffizier. Er ließ den Mann die Worte langsam wiederholen und schrieb den Text in sein Tagebuch. Die Verse wiesen eine Anzahl sachlicher Irrtümer auf. Lieder über Schlachten, die von den Männern geschrieben werden, die sie geschlagen haben, enthalten oft sachliche Unrichtigkeiten aufgrund des Durcheinanders, das im Kampf herrscht, doch diese Fehler tun der Wahrheit keinen Abbruch. Aus der Ballade mit dem Titel »Ap Bac«, die zur Melodie von »On Top of Old Smokey« gesungen wurde, hätte der Präsident erfahren, was er wissen wollte:

> Man rief uns nach Tan Hiep
> Am Tag nach Neujahr,
> Ihr werdet's nicht glauben,
> Und doch ist es wahr.
> Wir halfen der Arvin,
> Dem Klub ohne Mumm,
> Beim Sturm auf Ap Bac,
> Die standen bloß rum.
> Die Hubschrauber starten,
> An Bord hundert Mann,
> Drei Flüge gehn glatt, und
> Der vierte fängt an.
> Der Charlie gibt Feuer
> Und bläst uns den Marsch,
> Die Arvin geht baden
> Und sitzt auf dem Arsch.
> Ein Chopper bleibt liegen,
> Ein zweiter dazu,
> Der wollte ihn retten
> Mitsamt seiner Crew.
> Ein Huey probiert's und
> Fliegt wieder zurück,
> Der Rotor krepiert ihm,
> Auch er hat kein Glück.
> Zwei Leute sind tot und
> Verletzt vier Piloten,

Da ist nichts zu machen,
Heut' gewinnen die Roten.
Nun liegt ihr im Reisfeld
Acht Stunden im Dreck,
Die Sonne verbrennt euch
Ganz höllisch den Speck.
Ein Bataillon Panzer
Rückt ewig nicht vor,
Und steht vor dem Graben
Wie der Ochs vor dem Tor.
Die Luftlandetruppen,
Ist das eine Pracht,
Die kommen zum Nahkampf,
Doch nun wird es Nacht.
Und dann kommt die Nachricht,
Daß die Arvin gewann,
Da lachen die Victors
Und Charlies sich an.
Piloten, ich sag' euch:
Wenn ihr Baumreihen seht,
Bleibt bloß davon weg, denn
Sonst ist es zu spät.

Eines der Überbleibsel der Genfer Vereinbarungen von 1954 war eine Dreier-organisation namens Internationale Überwachungs- und Kontrollkommission. Man hatte sie geschaffen, um sicherzustellen, daß sich alle Beteiligten an die Vereinbarungen hielten. In diesem Sinn setzte sie sich aus Delegationen Kanadas, Polens und Indiens zusammen, das zugleich den ständigen Vorsitz führte und als Schiedsrichter fungierte. 1963 hatte die ICSC längst aufgehört, irgendeinem Zweck zu dienen, die Delegationen unterhielten jedoch immer noch Büros und Wohneinrichtungen in Saigon und Hanoi. Ihre Mitglieder reisten in einem Sonderflugzeug hin und her und genossen durch ihren Diplomatenstatus in beiden Hauptstädten relative Bewegungsfreiheit. Sie galten als Leute, die über die Meinungen in beiden Lagern stets informiert waren.

Im Jahr 1963 stand die polnische Delegation unter der Leitung eines engagierten jüdischen Intellektuellen namens Mieczyslaw Maneli, der, wenn nicht in diplomatischen Diensten, an der Universität Warschau Internationales Recht lehrte. Als Mitglied eines Inspektorenteams der ICSC hatte er 1954 den Vietnamesen geholfen und genoß deshalb ihre Achtung. Eines Abends wurde er auf einem Empfang in Hanoi von einem anderen engagierten Mann beiseite genommen. Aufgrund seines groben, gutmütigen Gesichts hätte man ihn eher für einen vietnamesischen Reisbauern gehalten als für den Sohn des obersten Sekretärs des letzten Nguyen-Kaisers, den die Franzosen abgesetzt und ins Exil geschickt hatten: Ho Chi Minhs Premierminister Pham Van Dong. Ein Dolmetscher war nicht nötig, beide sprachen Französisch.

»Sagen Sie einmal«, sagte der Premierminister, »die amerikanischen Generäle behaupten immer, daß sie den Krieg im Süden gewinnen. Glauben die das wirklich?«

»Ja«, antwortete Maneli, »soweit ich sehe, glauben sie das.«

»Sie scherzen wohl«, setzte Pham Van Dong fort und sah Maneli prüfend an. »Vielleicht äußern sie das aus propagandistischen Gründen, aber die CIA muß ihnen doch in ihren Geheimberichten sagen, was wirklich los ist.«

»Was die CIA ihnen sagt, weiß ich nicht«, antwortete Maneli. »Aber soweit ich es beurteilen kann, glauben sie offenbar, was sie sagen.«

»Ich kann mir das kaum vorstellen«, entgegnete der Premierminister, »so naiv können die amerikanischen Generäle doch nicht sein.«

Als die kommunistische Führung daranging, die Schlacht von Ap Bac als Katalysator für die Ausweitung der Revolution im Süden zu nutzen, sollte sie feststellen, daß Maneli recht hatte — und noch mehr: Sie sollte erfahren, daß ihre amerikanischen Gegner sie mit allem Nötigen versorgten, um die militärische Situation im Süden völlig zu verändern; daß so gut wie alles, was die USA und ihre Saigoner Verbündeten unternahmen, ihr die Aufgabe erleichtern würde.

Bis Februar 1963 hatten die USA so viele Waffen ins Land geschafft, daß die Kommunisten im Süden eine Armee aufstellen konnten, die in der Lage sein würde, die ARVN herauszufordern und zu schlagen. Die Amerikaner hatten an die Zivilgarde, das SDC und eine ganze Menagerie von irregulären Einheiten, die von der CIA ausgerüstet und finanziert wurden, mehr als 130.000 Feuerwaffen verteilt — Karabiner, Gewehre, Maschinenpistolen, BARs, MGs, Granatwerfer und rückstoßfreie Kanonen, dazu große Mengen an Munition und Handgranaten sowie Tausende von Funkgeräten. Durch die Fortführung der Ausbildungs- und Ausrüstungsprogramme für Zivilgarde, Miliz und irreguläre Einheiten verdoppelten sich die für die Kommunisten indirekt bereitgestellten Waffen bis Mitte 1963 auf annähernd 250.000. Natürlich lieferte ihnen auch die ARVN Waffen, bloß legte sie diese nicht so praktisch in leicht einnehmbaren Weilern oder in Außenposten bereit, die Diem um keinen Preis aufgeben wollte.

Schon mit einem kleinen Teil dieser Viertelmillion US-Waffen konnten Ho Chi Minh und seine Bundesgenossen ihre wichtigsten Kampfverbände im Süden, die Hauptmacht und die Provinzeinheiten, die im Januar 1963 auf etwa 23.000 Mann geschätzt wurden, verdoppeln bis verdreifachen. Mit einem größeren Teil würden die vietnamesischen Kommunisten in der Lage sein, sehr wirksam die etwa 100.000 lokalen Partisanen der Volksarmee zu verstärken, die den örtlichen Vietcong-Verwaltungen Nachrichten beschafften und den Hauptmacht- und Provinzeinheiten als Rekrutierungsreserve dienten. Diese Dorfguerillas würde man dann nicht länger mit selbstgemachten Flinten aus verzinkten Rohren ausrüsten müssen, die für den Schützen ebenso gefährlich waren wie für sein Ziel. Zum ersten Mal in diesem Krieg würde man jeden Dorfguerilla mit einer modernen Waffe ausstatten können. Die Kommunisten würden schließlich ihre Herrschaft über die Landgebiete immens ausdehnen können, und die regulären und regionalen Guerilleinheiten, die bis dahin nur Kompanie- oder Bataillonsstärke hatten, würden sich zu Regimentern und Divisionen ausbauen lassen.

Die wichtigsten Infanteriewaffen für diese neue Vietminh-Armee waren nicht alles, was bereitstand oder unwissentlich bereitgestellt wurde. Man sorgte auch dafür, daß diese Armee genügend Soldaten bekam und vermittelte der Landbevölkerung die richtige politische Einstellung, so daß sie den Vietcong nachhaltig unterstützte. Das erreichte man durch ständiges Bombardieren und eine noch größere Provokation, die die Empörung der Landbevölkerung auf die Spitze trieb: die Zwangsumsiedlung von Millionen von Bauern in die neuen Wehrdörfer, eine Maßnahme, die alles in den Schatten stellte, was dieses vom Ausland installierte Regime den geplagten Bauern bisher zugemutet hatte.

Cao hatte soviel gesunden Menschenverstand bewiesen, vor dem Wehrdörferprogramm zu warnen. Die Religion der meisten Bauern im Delta war eine Mischung von Buddhismus, Ahnenverehrung und Animismus, der Anbetung von Geistern, die nach ihrem Glauben die Flüsse, Felsen und Bäume rings um ihre Weiler bewohnten. Cao wies Vann darauf hin, daß im Delta viele Bauern in vergleichsweise angenehmen Wohnverhältnissen lebten. Die Regierung würde sie zutiefst erzürnen, sagte er, wenn sie ihre Heimstätten systematisch zerstörte und sie zwang, ihre Felder und Ahnengräber zu verlassen. Auch Robert (später Sir Robert) Thompson gegenüber – dem britischen Befriedungsspezialisten, der eine Schlüsselrolle bei der Unterdrückung des chinesischen Aufstands in Malaya gespielt hatte und nach Saigon gekommen war, um hier seinen Einfallsreichtum in den Dienst der Pazifizierung zu stellen – war Cao kühn genug, darauf hinzuweisen, daß diese Taktik in Vietnam nicht funktionieren würde. (Es paßte zu Cao, daß er zu denen gehörte, die die Bauern besonders eifrig hinter den Stacheldraht trieben, nachdem Diem und Nhu ihm mitgeteilt hatten, sie erwarteten seine Unterstützung für dieses Programm, das wesentlicher Bestandteil ihrer Strategie sei.) Gerade im Delta wurden massive Zwangsumsiedlungen vorgenommen, nicht nur um die Bauern aus den vom Vietcong beherrschten Gebieten herauszuführen, sondern auch um viele Weiler so zu verkleinern, daß man sie mit Stacheldraht umzäunen und befestigen konnte. Die größeren Weiler erstreckten sich oft, manchmal auf beiden Ufern, über einen Kilometer oder mehr die Flüsse und Kanäle entlang. Das bedeutete, daß man, von beiden Enden des Weilers her beginnend, ungefähr die Hälfte der Häuser zerstören mußte, um das Areal auf die gewünschte Größe schrumpfen zu lassen.

Die wütenden Bauern konnte man in zwei Gruppen einteilen. Da waren einmal diejenigen, denen man die Häuser niederriß oder niederbrannte, um sie zu zwingen, durch eigene Arbeit und auf eigene Kosten neue zu errichten, die mit den früheren nicht vergleichbar waren. Andere, die aus kommunistisch kontrollierten Gebieten in von Grund auf neuerbaute Weiler umgesiedelt wurden, mußten oft noch die Demütigung erleben, daß ihre früheren Heimstätten mit Bomben und Napalm vernichtet wurden. Mit Schilf gedeckte Behausungen auf diese Weise zu zerstören war zwar kostspielig, doch Anthis liebte diese Methode, weil man damit die Zahl der Feindflüge seiner Jagdbomber erhöhen und die für Washington bestimmten Statistiken mit noch mehr zerstörten »Konstruktionen« auffüllen konnte. Die das Regime charakterisierende Korruption setzte der Umsiedlungsqual die Krone auf. Die örtlichen Beamten »verkauften« den Bauern das verzinkte Dachblech und anderes von den USA gratis zur Verfügung gestelltes Baumaterial. Vann übersandte Harkins einen Bericht über die Geschäftstüchtigkeit, die ein Provinzgouverneur mit dem gebräuchlichsten von der US-Regierung gratis gelieferten Material praktizierte: dem Stacheldraht. »Er legte einen Meterpreis fest und berechnete jedem Bauern den Stacheldraht, der vor seinem Quartier aufgezogen wurde«, meldete Vann unter Benutzung des militärischen Ausdrucks »Quartier« für die neuen Behausungen dieser Bauernfamilien. (Dieser Handel sollte zu einer allgemein geübten Praxis werden.) Die zweite Gruppe zorniger Bauern waren jene, denen man es gestattete, ihre Heimstätten zu behalten, die aber nun unter für sie kaum tragbaren Bedingungen leben mußten, nämlich mit Nachbarn, die man ihnen in auf ihrem Land erbaute Häuser gesetzt hatte. Beide Kategorien waren verbunden in ihrem gemeinsamen Zorn über die langen Tage der Zwangsarbeit, die sie einschieben mußten, um die Siedlung mit einem Graben zu umgeben, einen Sperrzaun aus Stacheldraht und eine Brustwehr für die Miliz zu errichten und Bambusspieße in den Boden zu rammen, wie die Vietminh sie gegen die Franzosen verwendet hatten und die Vietcong sie in Fallgruben gegen die Saigoner Truppen benutzten. Die wohlhabenden Bauern bezahlten verärgert Bestechungsgelder, um sich diesen Arbeiten zu entziehen, wodurch die Belastung der ärmeren noch größer wurde. Das wenige, was die Bauern als Gegenleistung für diese Misere erhielten — kostenlose ärztliche Versorgung, Yorkshire-Schweine und weitere Annehmlichkeiten —, war kaum geeignet, sie dazu zu bringen, ihren Peinigern zu vergeben.

In ihrem Wetteifern um die Gunst des Palasts errichteten die Provinzchefs diese Wehrdörfer, wo immer es ihnen einfiel. Das Regime hatte für die Pazifizierung der verschiedenen Gebiete keine zeitlichen Prioritäten vorgegeben. CIA und AID, die das Programm finanzierten, hatten ebenso wie Robert Thompson Regionen pazifizieren wollen, die strategisch und wirtschaftlich von Wert waren, um anschließend nach dem französischen Vorbild der *tache d'huile* (des sich ausbreitenden »Ölflecks«) zu weniger wichtigen Regionen überzugehen. Diem und Nhu hingegen hatten beschlossen, im gesamten Süden gleichzeitig vorzugehen. Harkins' Stab war der Meinung, daß etwa die Hälfte der Tausenden bis Januar 1963 errichteten Wehrdörfer schon soweit befestigt war, daß man sie als funktionierende Gemeinwesen ansehen konnte. Die Frage war nur, zu wessen Nutzen diese Wehrdörfer funktionierten. Die Amerikaner und die Diems schufen damit jedenfalls keine Siedlungen, in denen man die Bauern wunschgemäß überwachen konnte. Statt dessen sorgte man für die vorübergehende Unterbringung von Leuten, die mehr denn je motiviert waren, den Vietcong zu unterstützen. Tagsüber mochte es aussehen, als befänden sich diese Siedlungen unter der Kontrolle des Regimes. Diese äußerliche Ruhe bestärkte die Amerikaner in ihrer falschen Überzeugung, die vietnamesische Landbevölkerung sei zutiefst passiv und vor allem auf Sicherheit bedacht. Wenn alles unter Kontrolle zu sein schien, dann weil die Vietnamesen im Kampf gegen die Franzosen die Kunst der Verstellung erlernt hatten und die Saigoner Beamten vom Dorfvorsteher bis zum Provinzchef ihre Vorgesetzten belogen, um ihre Posten zu behalten. Die CIA- und AID-Beamten machten sich auch Illusionen über Zwangsmittel wie die plastikbeschichteten Identitätskarten, deren Ausgabe man dem Regime eingeredet hatte. Die Kontrolle, die tagsüber ausgeübt wurde, war ziemlich dürftig. Morgens mußte man die Bauern, ihre Frauen und die größeren Kinder zur Arbeit auf bis zu zehn Kilometer entfernte Felder gehen lassen. Sie waren also den ganzen Tag außer Sicht- und Hörweite, bis sie bei Sonnenuntergang wieder zurückkamen. Sobald die Dunkelheit hereinbrach, zogen sich die Milizionäre mit dem Dorfvorsteher in eine Ecke der Siedlung in ihr von Erdwällen umgebenes Fort zurück. Oftmals tauchten dann Vietcong-Kader auf, um zu agitieren. Auch die Angehörigen der neuen »freiwilligen« Dorfmiliz richteten sich in ihrem Außenposten für die Nacht ein, es sei denn, sie wurden als lokale Guerillas aktiv, denen die von der CIA zur Verfügung gestellten halbautomatischen Gewehre, Karabiner und Handgranaten sehr gelegen kamen.

Ap Bac kam zu einem äußerst günstigen Zeitpunkt, es stellte eine Gelegenheit dar, wie Ho Chi Minh und seine Mitarbeiter sie sich nicht besser wünschen konnten. Es war genau die Art von Ereignis, die sie brauchten, um die Aufstellung einer Vietcong-Armee mit dem patriotischen Geist zu umgeben, der schon die Schaffung des Vietminh begleitet hatte. Nachdem sie im März ihre Analysen und Vorbereitungen abgeschlossen hatten, machten sie Ap Bac zur Sammelparole der Revolution im Süden. Im Delta tauchten in Mehrfarbendruck hergestellte Plakate auf, die den Sieg und die Kämpfer priesen, die ihn errungen hatten. Das Politbüro in Hanoi ließ über das Zentralkomitee der Nationalen Befreiungsfront ankündigen, daß nun die erste dreimonatige Runde der »Ap-Bac-Operationen« beginnen würde, die sich über insgesamt zwei Jahre erstrecken sollten. Überall ging es mit voller Kraft voran. Harkins' Nachrichtenabteilung war der Meinung, daß die Infiltration aus dem Norden während der Trockenzeit 1962/63 der Größenordnung des Vorjahrs entsprechend sich auf 6000 Mann pro Jahr belief. (Die Trockenzeit beginnt im Oktober nach dem Ende der Regenzeit, wenn die Pisten durch Südlaos und das Hochland wieder passierbar werden, und dauert bis zum Wiederbeginn des Monsuns Ende April oder Anfang Mai.) Wie sich später herausstellte, hatte Hanoi in einem — durch Ap Bac belohnten — Akt des Vertrauens den Strom von durchschnittlich 850 Mann, die in der Trockenzeit 1961/62 jeden Monat über die Pfade nach Süden gekommen waren, für die laufende Saison auf 1700 erhöht. Die Infiltranten waren ehemalige Vietminh aus dem Süden, die 1954 in den Norden gegangen waren: »Herbstkader«, die nun den »Winterkadern« zu Hilfe kamen, die Diems Terrorwelle überlebt und 1957 den Aufstand entfacht hatten. Fast alle diese Infiltranten waren Militärangehörige und hatten seit 1954 in der regulären nordvietnamesischen Volksarmee gedient. Sie stellten zusätzliche Offiziere und Unteroffiziere für die neue Vietminh-Armee dar, Spezialisten für Nachrichten- und Fernmeldewesen, für schwere Waffen und anderes sowie Ausbildungstrupps wie jene, die Cao hatte entkommen lassen. Ein kleiner Teil davon waren Zivilisten, Angehörige von nordvietnamesischen Behörden, die mithelfen sollten, die geheime Vietcong-Verwaltung auszubauen, oder für besondere Aufgaben wie Propaganda, Gründung von Massenorganisationen, Gegenspionage und Terroranschläge vorgesehen waren. Charakteristisch für alle diese Infiltranten war, daß sie geschulte Leute waren. Sie und die Veteranen, die sie im Süden erwarteten, waren wie das Stahlgerüst eines modernen Bauwerks; die eilig rekrutierten südvietnamesischen Bauern stellten den Beton dar, aus dem man die Mauern goß. In der Provinz Kien Hoa etwa, die sich unmittelbar südlich von My Tho unterhalb des oberen Mekong-Arms erstreckte, meldeten sich im Frühjahr 1963 2500 junge Bauern als Freiwillige. Der Gouverneur dieser Provinz war der Liebling der mit der Durchführung des Wehrdörferprogramms befaßten CIA-Leute; er hatte mit den Vietminh fast vier Jahre lang gegen die Franzosen gekämpft, bevor er schließlich desertierte. Er sprach die Sprache des Guerillakriegs und nahm die Pazifizierung ernst. Dennoch rekrutierten die Vietcong-Kader den Großteil der in Kien Hoa benötigten 2500 Freiwilligen direkt in seinen Wehrdörfern.

Nicht nur qualifizierte Kader gelangten in gesteigertem Tempo nach Südvietnam. Ap Bac veranlaßte Hanoi, nunmehr ernsthaft schwere Waffen für eine Vietcong-Armee in den Süden zu schmuggeln. Vor 1963 hatten Ho und seine Genossen das Einschmuggeln von Waffen auf ein Minimum beschränkt; die Erfahrung hatte sie gelehrt, daß eine Guerillabewegung lernen mußte, mit Beutewaffen auszukommen, wenn sie lebensfähig sein wollte. Was mit den amerikanischen Waffen passierte, war die Illustration einer Binsenwahrheit, deren sich jede Großmacht erinnern sollte, wenn sie sich in die Angelegenheiten einer kleineren

Nation einmischt: Ressourcen, die man in eine in sich zerstrittene Gesellschaft pumpt, nutzen nicht unbedingt dem beabsichtigten Empfänger, sondern kommen eher der Gruppe zugute, die am besten organisiert ist, um davon zu profitieren. Von mehreren Leuten zu bedienende schwere Waffen konnten die Guerillas nicht in den benötigten Mengen erbeuten, und deshalb hatte Hanoi ihre Lieferung seit jeher geplant. Die neue Vietminh-Armee würde 12,7-mm-Flugabwehr-MGs benötigen, das sowjetische Gegenstück zu Brownings 0,50-Zoll-MG, um die Hubschrauberpiloten abzuschrecken und die Jagdbomber zu zwingen, höher zu fliegen und dadurch noch weniger effektiv zu sein, als sie ohnehin schon waren; sie würde 81-mm-Granatwerfer brauchen, um ihre Saigoner Gegner nervös zu machen, die es nicht gewohnt waren, mit Granaten beschossen zu werden (das 81-mm-Modell und seine sowjetische 82-mm-Variante feuerten vier Kilo schwere Sprenggranaten drei Kilometer weit); und schließlich brauchte sie rückstoßfreie 57-mm- und 75-mm-Kanonen, um in den Außenposten Bunker zu zerstören und Panzerfahrzeuge in Metallsärge zu verwandeln.

Unter den amerikanischen Stabsoffizieren in Saigon lief der ewige Witz vom Vietcong-Träger, der zweieinhalb Monate damit verbringt, drei Mörsergranaten durchs Gebirge und über die Dschungelpisten des Ho-Chi-Minh-Pfads zu schleppen. Er kommt schließlich zu einem Kampfplatz und übergibt sie der Mörserbedienung, die sie schneller verfeuert, als der Träger zählen kann. Dann sagt man zu ihm: »Jetzt geh wieder zurück und hol noch drei!« Die diesen Witz erzählten, machten sich über sich selbst lustig, ohne es zu ahnen. Die Pfade durch Laos waren für Männer da, die in den Süden marschierten; zum Schmuggeln schwerer Waffen und der zugehörigen Munition waren sie nicht geeignet. Das geschah zweckmäßiger auf dem Seeweg mit Hilfe von hochseetüchtigen Fischtrawlern; in einem 40 m langen Trawler mit Stahlrumpf konnte man bequem 100 Tonnen Waffen und entsprechende Munition transportieren. Die Ladung wurde in einer der zahllosen kleinen Buchten, Lagunen oder Flußmündungen an der fast 2500 km langen Küste Südvietnams im Schutz der Nacht den Guerillas übergeben. Vor Ap Bac waren solche Trawler nur vereinzelt nach Süden gefahren, nach der Schlacht begann ein regelmäßiger Schiffsverkehr.

Die Reise war oft schwierig und erforderte höchste seemännische Kunst: Die flache Küste des Deltas, wo viele Anlandungen gemacht wurden, hebt sich nicht vom Horizont ab; Vorgebirge, die als Anhaltspunkte dienen könnten, gibt es nicht. Dazu kam, daß die Landungen in mondlosen Nächten erfolgten, um das Risiko einer Entdeckung zu verringern. Schmuggeln war in Asien immer schon ein raffiniert betriebenes Handwerk, und die vietnamesischen Kommunisten hatten sich während der neun Jahre des Kampfes gegen die Franzosen eine Menge Praxis im Waffenschmuggel erworben. Stellte China die Waffen zur Verfügung, wurde der Trawler in einem südchinesischen Hafen beladen. (Die chinesischen Waffenfabriken wurden nach 1949 mit neuen Maschinen ausgerüstet, um sowjetische Waffen nachbauen zu können. China hatte auch große Mengen amerikanischer Waffen von den Truppen Tschiang Kai-scheks und in Korea erbeutet.) Der Trawler fuhr an der Insel Hainan vorbei und wandte sich dann dem vietnamesischen Festland zu. Er blieb dabei auf hoher See, fuhr aber doch nah genug an der Küste, um sich unter den Tausenden Fischkuttern und Dschunken des Küstenverkehrs zu verstecken. Die stählernen Trawler waren im Lande hergestellt und sahen genau so aus wie die der südvietnamesischen Fischer. Außerdem tauschten die Schmuggler das Kennzeichen aus. Sobald sie sich südlich des 17. Breitengrads befanden, wurde eine Tafel mit der Nummer eines in Südvietnam registrierten Schiffes angebracht. Am Tag der Landung nahm der Trawler mit Hilfe seines Kompasses — seines einzigen Navigationsinstruments — einen Kurs auf, der so berechnet war, daß das Schiff mitten in der Nacht an einem bestimmten Punkt vor der Küste eintraf, wo es von einem Sampan mit einem Lotsen an Bord erwartet wurde. Der Lotse kletterte an Bord und brachte den Trawler an eine Stelle in einer Bucht, einer Lagune oder in einer der Flußmündungen, wo schon die Träger bereitstanden. Während des Entladevorgangs tarnte man das Schiff. In der folgenden Nacht — oder zwei Nächte später, wenn das Löschen der Ladung länger dauerte — brachte der Lotse den Trawler zurück auf See und stieg wieder auf seinen Sampan um, während der Trawler die Rückfahrt antrat, ehe er in der nächsten mondlosen Nacht zu einer weiteren Reise aufbrach. Fla-MGs, Mörser, rückstoßfreie Kanonen und Munition wurden ins Landesinnere transportiert und sorgfältig versteckt. Hanoi erteilte den Befehl, sie erst dann auszugeben, wenn die Einheiten aufgestellt und ausgebildet waren, die sie fachgerecht bedienen konnten. Ihr erster Einsatz am Beginn der nächsten Kriegsphase sollte dem Gegner eine große Überraschung bereiten.

Nicht nur Ho und seine Gefolgsleute sollten Ap Bac für ihre Zwecke gebrauchen. Auch die ständigen Korrespondenten in Südvietnam profitierten davon. Wir reagierten, als ob wir schon darauf gewartet hätten; und wir hatten tatsächlich darauf gewartet, weil wir uns beargwöhnt fühlten. Der Widerspruch zwischen unserer Berichterstattung und den von Harkins und Botschafter Nolting verbreiteten offiziellen Berichten hatte sich zu einer erbitterten Konfrontation ausgewachsen.

Diese Kontroverse war eine weitere der Auseinandersetzungen, die auf die Zeit des Zweiten Weltkriegs zurückgingen. Als damals die Kampfhandlungen einsetzten, gab es für Streit nicht viel Stoff. Daß die nationale Sicherheit bedroht war, stand außer Frage; die Generäle und Admiräle waren manchmal brillant und im Normalfall fähig — oder sie wurden entlassen. Die Reporter gewöhnten sich an eine Rolle, die eher in Unterstützung als in Kritik bestand. Von einigen Ausnahmen abgesehen, verloren sie dadurch die Fähigkeit, auf Distanz zu gehen und sich ein unabhängiges und kritisches Urteil über die grundlegende Politik und die jeweilige Autorität zu bilden. Während der Nachkriegszeit blieb die amerikanische Presse zwar die energischste der Welt, in bezug auf die auswärtigen Angelegenheiten aber war die Berichterstattung, so talentiert sie auch sein mochte, auf die Förderung der antikommunistischen Kreuzzüge ausgerichtet. Wenn die Presse Krach schlug, dann immer wegen Details und nie wegen der Substanz. Die Medien wurden überdies von der Regierung in einem Ausmaß manipuliert, dessen sie sich nicht bewußt wurden.

Anfang der sechziger Jahre waren die Verhältnisse im wesentlichen unverändert. Die militärischen und — zwecks Wahrung amerikanischer Auslandsinteressen — mit dem Militär verbundenen Institutionen wie etwa das Außenministerium standen weiterhin im Ruf einer Kompetenz und Scharfsicht, die sie nicht mehr besaßen. Die Reporter waren damals nicht daran gewöhnt, militärische Führer und Diplomaten als irregeleitet zu betrachten. Umgekehrt waren diese keine Reporter gewohnt, die ihnen ständig bescheinigten, im Unrecht zu sein. Die Geheimhaltung, mit der die Treffen und der Schriftverkehr der Leute an der Spitze abgeschirmt wurden, half mit, den irrigen Eindruck aufrechtzuerhalten, daß sie in ihren Diskussionen Fakten suchten und gegeneinander abwogen. Hatte diese Geheimhaltung in den vierziger Jahren die Nation noch beschützt, so verdeckte sie in den sechziger Jahren die Tatsache, daß das System nicht länger rational war.

Auch die ständigen Korrespondenten in Vietnam stellten nur Einzelheiten und nicht die Substanz in Frage. Wir hielten es für unsere Pflicht mitzuhelfen, den Krieg zu gewinnen, indem wir die Wahrheit über die Ereignisse berichteten. Wir wollten die Leserschaft informieren und die Fakten vor die Mächtigen bringen, damit sie die richtigen Entscheidungen treffen konnten. (Unser Unwissen und unsere amerikanische Ideologie hinderten uns daran, die größeren Wahrheiten zu erkennen, die sich in Vietnam unter der uns sichtbaren oberflächlichen Realität verbargen. Für unsere berufliche Laufbahn war diese Unwissenheit ein wahres Glück. Wäre irgendein Reporter genügend unterrichtet und vorurteilsfrei gewesen, um die Berechtigung und Vernunft der US-Intervention in diesen Jahren in Frage zu stellen, wäre er zu einem Umstürzler erklärt und hinausgeworfen worden.) Zu der Konfrontation war es gekommen, weil wir mit noch nie dagewesener Beharrlichkeit Details hinterfragten.

Unsere Kritikbereitschaft und -fähigkeit hatten nichts mit Genialität zu tun. Eine der immer wieder vorgebrachten Klagen, die Harkins und Nolting über uns äußerten, lautete, wir seien »unreif und unerfahren«. Unsere Jugend und Unerfahrenheit ermöglichte es uns, die Fähigkeit zur Kritik zu erwerben. Vietnam war unser erster Krieg. Was wir sahen und was uns die Männer erzählten, die wir am meisten respektierten und mit denen wir uns am stärksten identifizierten, nämlich die bei der Truppe tätigen Berater wie Vann, stand im Widerspruch zu den

Aussagen der höheren Stellen. Wir wurden am Beginn unserer beruflichen Laufbahn gezwungen, uns mit einer ständigen Diskrepanz auseinanderzusetzen, dem Unterschied zwischen unserer Sicht der Realität und der Version, die höhere Stellen von dieser Realität gaben. Das war das genaue Gegenteil der Erfahrungen, die die Journalistengeneration des Zweiten Weltkriegs gemacht hatte.

Der Kontrast zwischen dem, was wir sahen, und dem, was die Führung sah, äußerte sich in knappster Form in einem Schlagabtausch, den sich Anfang 1962 Nolting und François Sully lieferten. Sully war damals Korrespondent von »Newsweek«. Dieser amerikanische Krieg war für den Franzosen Sully nicht der erste. Er war 1949 nach Indochina ausgewandert und berichtete über den Kolonialkrieg als »Stringer« (ein Reporterausdruck für einen Korrespondenten, der nicht zum Redaktionsstab gehört) für »Time«. Die Irrtümer seines Landes hatten seinen Blick geschärft für die Irrtümer, die die Vereinigten Staaten begingen, und seine Berichterstattung Anfang 1962 war wesentlich kühner als die der anderen Korrespondenten. Er brachte den Botschafter mit einem Artikel über das »Unternehmen Sonnenaufgang« in Rage — die erste Zwangsumsiedlung im Rahmen des Wehrdörferprogramms —, weil er darin Photos brachte, die zeigten, wie man die Häuser der Bauern niederbrannte. Nolting sprach ihn deswegen bei einem Abendessen an, das kurze Zeit später stattfand.

»Monsieur Sully, warum sehen Sie immer nur den Wurm im Apfel?« fragte ihn der Botschafter sarkastisch.

»Nun, Herr Botschafter, weil in dem Apfel ein Wurm ist«, antwortete Sully.

(Im September 1962 wurde Sully unter dem öffentlichen Protest des Botschafters und zu dessen innerer Erleichterung von Diem des Landes verwiesen.)

Harkins und Nolting hörten nie auf, sich über uns zu beklagen. Sie hofften, unsere Redaktionen würden uns hinauswerfen und durch kooperativere Leute ersetzen. Sie behaupteten, unsere Artikel seien bizarre Schnappschüsse, die nicht die größere Realität des Krieges widerspiegelten, wie sie sich in dem »großen Bild« darstellte, das sie aus den Informationen zusammenstellen konnten, die ihnen aus einer Vielzahl von Quellen zuflossen.

Ap Bac war ein großes Bild, das Harkins' und Noltings großem Bild widersprach. Wir nutzten daher die Schlacht, soweit wir es wagen konnten, und als Vann uns nachher aus Zorn und Interesse stillschweigend ein Bündnis anbot, nahmen wir sein Angebot begierig an. Vann tat das nicht ohne Zögern und Überlegen. Vor Vietnam hatte er mit der Presse niemals regelmäßigen Umgang gepflegt; von seiner Institution geprägt, benutzte er die Medien im Interesse seiner Vorgesetzten und nicht gegen sie, wie er es seit der Schlacht tat. Es war ihm nicht bewußt, daß der Text seines Berichts und Porters Kommentar an der von den Joint Chiefs entsandten Kommission völlig abgeprallt war. Hingegen wußte er durch seine Gewährsleute im Saigoner Stab, was Harkins Washington erzählte, und er beschloß, es nicht länger hinzunehmen, daß Harkins ihm den Weg versperrte. In seinem Drang, die Führung zu warnen, um eine Katastrophe zu verhindern, faßte er den Entschluß, Harkins zu übergehen und die Reporter mit seiner Stimme sprechen zu lassen.

Es gab auch noch andere US-Berater und Vietnamesen, die uns in bezug auf den Krieg die Augen öffneten. Viel lernten wir aus unseren eigenen Beobachtungen. Das meiste aber erfuhren wir von Vann. Man kann ruhig sagen, daß ohne ihn unsere Berichterstattung nicht dieselbe gewesen wäre. Erst durch Vann war Ap Bac zu einer in welchem Sinn auch immer entscheidenden Schlacht geworden. Auf die weiteren dramatischen Ereignisse des Jahres 1963 zurückblickend, kann man die Wirkung seines Willens in der Wirkung unserer Berichte sehen. Er gab uns ein Fachwissen, das uns fehlte, eine Sicherheit, die unseren Texten eine andere Qualität verlieh. Er befähigte uns, den offiziellen Optimismus mit immer mehr Einzelheiten und immer gründlicher zu attackieren. Er verwandelte uns in eine Truppe von Journalisten, die John Vanns Einschätzung des Krieges darlegten.

Vann war der geborene Lehrer, diese Rolle machte ihm Spaß. Es fiel ihm schwer, seine Erkenntnisse anderen nicht mitzuteilen, wenn er wußte, daß sie sich für das Thema interessierten. Schon vor Ap Bac hatte er uns eine Schulung über das »Wesen des Guerillakriegs« zuteil werden lassen, wie David Halberstam Vanns frühe Lektionen in seinem 1965 erschienenen Buch »The Making of a Quagmire« (deutscher Titel: »Vietnam oder Wird der Dschungel entlaubt?«) nennen sollte. Eine von Vanns berühmtesten Maximen, im Lauf der Jahre immer wieder zitiert, stammte aus einer dieser ersten Lehrstunden: »Das ist ein politischer Krieg, und deshalb muß man sich überlegen, wen man tötet. Die beste Waffe wäre ein Messer, aber so können wir leider nicht arbeiten. Die schlimmste ist das Flugzeug, die zweitschlimmste die Artillerie. Nach dem Messer ist die beste Waffe das Gewehr; man weiß, wen man damit tötet.«

Der prominenteste Absolvent der Vannschen Kriegsschule, der Reporter, mit dem Vann in diesen frühen Jahren die engste Beziehung unterhielt, war Halberstam von der »New York Times«. Durch Halberstam sollte Vann in dieser Anfangsphase des amerikanischen Krieges die Ereignisse am stärksten beeinflussen. Was Halberstam von Vann lernte, half mit, ihn zu einem der bekanntesten Journalisten der Epoche zu machen. Im Gegenzug sollte Halberstam Vanns öffentliche Legende schaffen: im November 1964 mit Hilfe eines ausführlichen Porträts im Magazin »Esquire« und im darauffolgenden Frühjahr mit »The Making of a Quagmire«. (Der im Magazin erschienene Artikel war ein Auszug aus dem Buchmanuskript.)

Die beiden Männer fühlten sich voneinander angezogen, weil sie ungewöhnliche Geister mit einem ungewöhnlichen Werdegang waren; wenn jedoch Vann Halberstam auserkoren hatte, um ihm seine ganz spezielle Aufmerksamkeit zu widmen, dann war das ebensowenig Zufall wie seine Entscheidung, die Reporter zu benutzen, um sich über Harkins hinwegzusetzen. Halberstams Berichte waren das sicherste Mittel, an Präsident Kennedy und alle anderen Größen in Washington heranzukommen. Es gab Reporter und es gab den Korrespondenten der »Times«. Ganz wie die Londoner »Times« der Epoche, in der die Uniformen der britischen Monarchie ein Viertel des Erdballs scharlachrot färbten, war auch die »New York Times« in dieser lichten Zeit des US-Imperiums die renommierteste Zeitung der Welt. Präsident Kennedy las Halberstams Berichte ebenso sorgfältig wie die Telegramme von Nolting und Harkins. Er erwartete nicht, in Halberstams Berichten mehr Wahrheit zu finden. Er vertraute seinem Botschafter und seinem General. Obwohl die allgemein herrschende Meinung war, daß durch die »New York Times« früher oder später »alles herauskommt«, war es so, daß jeder, der in der geheimen Welt der höheren Sphären des amerikanischen Staates von 1963 lebte, sich einfach bewußt sein mußte, wie sehr er und seine Umgebung sich regelmäßig vor der »Times« versteckten. Das minderte Kennedys Sorge über die Berichte der »Times« nicht. Reporter und Redaktion versuchten, der Zeitung ihre Ehrlichkeit zu erhalten. Sie ließen sich nicht wissentlich manipulieren. Die meisten Leser glaubten, daß die »Times« die Wahrheit druckte oder wenigstens doch etwas, das der Wahrheit ziemlich nahekam. Halberstams Berichte beeinflußten die Meinung in den USA und auf internationaler Ebene, und keine amerikanische Regierung konnte es sich leisten, sie zu ignorieren.

Die Freundschaft zwischen Vann und Halberstam entwickelte sich schnell. Beide waren Außenseiter, die in einer von der protestantisch-angelsächsischen Kultur der Nordoststaaten beherrschten Gesellschaft etwas werden wollten. Vann war sich seiner Herkunft aus den weißen Armenvierteln Norfolks bewußt. Halberstam war in New York City als Sohn eines Arztes zur Welt gekommen, allerdings in der Bronx und nicht in Manhattan, wo die Familien arrivierter jüdischer Ärzte lebten; er war in der Bronx aufgewachsen, in Yonkers, und in Städten in Connecticut, wo seine Mutter als Lehrerin arbeitete, um ihn und seinen Bruder zu ernähren — der Vater war frühzeitig an einem Herzanfall gestorben, als Halberstam erst sechzehn war. Dieser hielt an seinem Gefühl für jüdische Eigenart fest, da er nicht vergessen konnte, daß ihn nur zwei Generationen von den Ghettos Polens und Litauens trennten. Seine Unsicherheit zeigte sich, ganz wie bei Vann, in seinem Drang nach Anerkennung und seinem Bedürfnis, sich zu bewähren.

Mit 28 Jahren trat David Halberstam seinen zweiten Auslandsjob für die »Times« an. Er hatte sich im September 1962 freiwillig für Vietnam gemeldet, nachdem er 14 Monate in Belgisch-Kongo, dem späteren Zaïre, verbracht hatte. Dieses Land war in Chaos und Bürgerkrieg versunken, nachdem Belgien ihm Mitte 1960 die Unabhängigkeit gewährt hatte. Halberstam erlebte hier einen vielversprechenden Karrierebeginn aufgrund der Art und Weise, wie er die gefährliche und strapaziöse Aufgabe erledigte, aus diesem Durcheinander so viel Sinn wie möglich zu machen. Er hatte den »Overseas Press Club Award« bekommen, und die »Times« hatte ihn für den Pulitzerpreis für internationale Berichterstattung vorgeschlagen. (Er unterlag dann dem inzwischen verstorbenen Walter Lippmann, dem Doyen der Kolumnisten, der ihm nach seiner Rückkehr die Ehre erwies, ihn zum Essen einzuladen, um ihn über Afrika zu befragen.) In Vietnam sah Halberstam eine noch wichtigere Story, mit der er sich nach diesem glücklichen Beginn einen Ruf als führender Auslandskorrespondent erwerben konnte.

Halberstam war vom Äußeren her das Gegenteil Vanns. Er maß 1,86 m und wog 81 kg, an denen kein bißchen Fett war. Mit seinem Appetit und seiner Kondition versetzte er seine Kollegen in ehrfürchtiges Staunen. Er konnte zum Mittagessen einen Teller Suppe, zweimal Filet mignon, Pommes frites, Salat und Kuchen verdrücken, um anschließend in der Hitze des Tropennachmittags jede Kalorie in fieberhafter Aktivität zu verbrennen. Seine langen Arme mit den großen Händen, die breiten Schultern, die er beim Gehen immer etwas vorneigte, und sein langsam federnder Schritt verliehen ihm das Auftreten eines Footballspielers oder Boxers. Dieser Eindruck wurde durch sein Gesicht verstärkt. Er hatte eine viereckige Kinnlade und einen Bergrücken von Nase, die beide durch den dunklen Schleier seiner nachmittäglichen Bartstoppeln und das militärisch kurzgeschorene schwarze Haar noch stärker hervortraten. Er trug eine dicke Brille mit einem schweren, uneleganten, teils schwarzen, teils farblosen Plastikgestell. Hinter den dicken Gläsern versteckten sich dunkelbraune Augen, die das sanfteste Element seines Gesichtes darstellten und, wenn ihn etwas erheiterte, als erste lachten.

Seinen aggressiv wirkenden Körper benutzte er, um seine geistige Kampfbereitschaft auszudrücken. Wenn er sprach, waren Arme und Hände in ständiger Bewegung. Um Argumente zu unterstreichen, streckte er einen Finger aus. Wenn er plötzlich etwas entdeckte, das ihm entgangen war, oder wenn er mit einer Formulierung zufrieden war, ballte er die rechte Hand zur Faust und schlug sie mit einem kurzen Lachen in die offene linke. Wenn er eine komplizierte Sachlage erklärte, preßte er seine Hände an den Fingerspitzen gegeneinander, so daß sie wie ein Paar gebeugter Flügel aussahen, und bewegte sie rasch vor und zurück wie ein Flugzeug, das in einem Luftkampf im Zickzack auf- und absteigt. Währenddessen rollte er die ganze Zeit über seine vorgebeugten Schultern samt Armen und Händen. Man hatte den Eindruck, daß er beim Sprechen geistig mit einer Situation boxte, daß er sich durch das, was er als wahr ansah, selbst überzeugte und gleichzeitig Ideen niederkämpfte, die er als falsch erachtete.

Diese geistige Kampfbereitschaft war Ausdruck von Qualitäten, die aus Halberstam den Journalisten machten, der Vanns Engagement in idealer Weise unterstützte. Es waren dies auch Eigenschaften, durch die er zu einem jener raren Reporter wurde, die den Meinungen ihrer Zeit ihren persönlichen Stempel aufdrückten, anstatt bloß interessante Informationen zu liefern, die anschließend in der Archiven verschwanden. Er sah die Welt in hellen und dunklen Farben, dazwischen gab es für ihn nur wenige Abstufungen. Eine seiner Hauptmotivationen war, daß er sich über Unrecht und Mißstände empören konnte. Diese Fähigkeit hatte sich im Lauf der fünf Jahre weiterentwickelt, die er als Zeitungsreporter in den Südstaaten verbrachte, wo er, nachdem er 1955 in Harvard abgeschlossen hatte, über die Anfänge der Bürgerrechtsbewegung berichtete. Artikel über diesen Kampf, die er in seiner Freizeit für »Reporter« geschrieben hatte – ein Magazin, das, der damaligen Mode folgend, eine Synthese von Antikommunismus, Liberalismus im Inland und politischem Interventionismus im Ausland predigte –, hatten den Kolumnisten James »Scotty« Reston, damals Leiter des Washingtoner Büros der »Times«, veranlaßt, Halberstam anzubieten, fortan für seine Zeitung zu schreiben.

Ein weiterer Zug Halberstams und seiner Berichterstattung war eine gewisse Rücksichtslosigkeit. In Harvard hatte er bei einem Wettbewerb um die Redaktionsleitung von »Crimson«, der College-Tageszeitung, gegen einen Freund antreten müssen. Der Wettstreit hatte so heftige Formen angenommen, daß Halberstam darüber gemütskrank wurde. Als er den Posten schließlich bekam und man ihn fragte, warum er aus dem Wettbewerb nicht ausgestiegen sei, wenn ihm die Notwendigkeit, seinen Freund zu demütigen, so zu Herzen ging, antwortete er nach einigem Überlegen: »Ich glaube, ich bin ein Killer.« Mit dieser Antwort war er ungerecht gegen sich selbst, da er sich in anderen Situationen Freunden und Kollegen gegenüber freundlich und hilfsbereit zeigte; aber es lag auch Wahrheit darin. Seine Härte äußerte sich in seiner Neigung, Metaphern aus dem Gebiet des Krieges und der Kampfarena zu verwenden. Ein guter Reporter, so pflegte er zu sagen, müsse einen »Tötungstrieb« haben, um auf das Entscheidende zuzugehen, wenn er über eine Situation berichtete. Er müsse seine Munition solange aufbewahren, bis er in den Augen der Leser glaubwürdig war; dann müsse er, wenn die Ereignisse ihm die Gelegenheit boten, die Leser in einer Reihe von Artikeln wie durch ein Trommelfeuer mit der Wahrheit überwältigen.

Halberstam konnte seine Urteile im Lauf der Zeit und aufgrund veränderter Umstände auch modifizieren. Wenn zu seiner Empörung über Mißstände und Ungerechtigkeiten schließlich die Gewißheit kam, daß er die Wahrheit in Erfahrung gebracht hatte, dann garnierte er in seinem Eifer, diese Wahrheit anderen mitzuteilen, seine Berichterstattung mit festen moralischen Urteilen über die betroffenen Personen und Fakten. Er ließ seine Leser nicht im Zweifel, wer die Guten und wer die Bösen waren, und sein »Tötungsinstinkt« richtete sich gegen jeden, der seiner gerechten Sache im Weg stand.

David Halberstams Generation der fünfziger Jahre und der folgenschweren, als »Kalter Krieg« bekannt gewordenen Konfrontation, war die letzte Generation von Amerikanern, die so naiv in die Welt hinausging. Sie sollte diese Unschuld im Krieg verlieren und gezwungen sein, sich mit den Folgen des Erwachens auseinanderzusetzen. Halberstam erhob 1972 Anklage: In seinem vielgelesenen Buch »The Best and the Brightest« (deutsch: »Die Elite«) wandte er sich gegen die Männer — Robert McNamara, Maxwell Taylor, Dean Rusk, McGeorge Bundy und Walter Rostow —, deren Weltsicht er in diesen Anfangsjahren der Vietnam-Ära, als er Vann kennenlernte, so engagiert unterstützt hatte. 1963 war Halberstam mit Vann noch eins; auch er war ein Janitschar, ein Handlanger der amerikanischen Ordnung. Er und Vann und so viele andere waren Beispiele für die Fähigkeit der angelsächsischen Gesellschaft der Nordoststaaten, begabte und loyale Außenseiter in ihrer sozialen Demokratie zu integrieren. Eine Gesellschaft, die für einen ungehobelten »Rothals« einen geachteten Platz im Offizierkorps ihrer Armee bereithielt, den Enkel eingewanderter jüdischer Hausierer in Harvard studieren ließ und ihm einen Posten bei der »New York Times« gab, war ihrem Wesen nach gut und unfähig, in anderen Ländern Böses zu tun. Dieser Gesellschaft gegenüber waren sie von Dankbarkeit erfüllt und wollten ihre Wohltaten verbreiten.

Was Halberstam in den Wochen und Monaten nach Ap Bac, als die beiden Männer sich immer besser kennenlernten, besonders beeindruckte, war die erstaunliche Karriere, die Vann vor sich hatte, und die Unbekümmertheit, mit der er sie aufs Spiel setzte. Mit achtunddreißig war Vann für seinen Rang und den Posten eines der neun Divisionsberater relativ jung; mit seinem Gespür für die Führung von Soldaten war er der Star. Aufgrund seiner Eigenschaften würde er es in der Army weit bringen. Halberstam schrieb 1964 in seinem Porträt im »Esquire«: »Vann ... war klar auf dem Weg in Richtung Oberst und hatte alle Chancen, zu einem Generalsstern zu kommen, ... eindeutig ein Mann, dessen Karriere einen steilen Aufschwung nehmen würde, einer von denen, der die Mitte der Dreißiger erreicht und dann anfängt, seinen Altersgenossen davonzulaufen.« Daß Vann seine Zukunft so unbekümmert aufs Spiel setzte, hob ihn von seinen Kameraden noch deutlicher ab. Gerade an diesem Punkt seiner Karriere steht für einen Offizier am meisten auf dem Spiel, und da er von seinem Beruf geprägt ist, sieht er sich außerstande, Reportern wirklich alles zu sagen. Die Mehrheit der Oberstleutnants, die den Beraterabteilungen bei den acht anderen Divisionen vorstanden, stimmten Vann in unterschiedlichem Maße zu, aber sie äußerten sich nur diskret. Fred Ladd von der 21. Division etwa, der mit seinen Ansichten Vann am nächsten stand, äußerte sich freimütig, hielt sich aber doch einigermaßen zurück, wenn er uns seine Sorgen mitteilte. Vann, der wohl mehr als jeder seiner Kameraden zu verlieren hatte, war der einzige, der sich um eventuelle negative Folgen seiner Direktheit nicht kümmerte.

Nicht lange nach Ap Bac wurde allgemein bekannt, daß Vann die wichtigste Quelle der Kritik war, mit der die Presse die offizielle Strategie immer schärfer angriff. Um Harkins zu bluffen und zu vermeiden, daß er disziplinarisch gegen ihn vorging, dementierte Vann ebenso lauthals wie schon einmal, als er erklärt hatte, er habe nicht mit Reportern über die Schlacht gesprochen. Davon abgesehen versuchte Vann nicht, sein Spiel zu verheimlichen. Während die Gereiztheit in Harkins' Hauptquartier immer stärker wurde, stellte er, statt die Kontakte mit

Halberstam und den anderen ständigen Korrespondenten einzuschränken, sich und seine Untergebenen uns großzügiger zur Verfügung denn je. Er unternahm nichts, um sich gegen die inoffiziellen und wirksamen Vergeltungsmittel zu schützen, die mächtigen Leuten wie Harkins in einer Institution wie der Armee gegen Geringere zur Verfügung stehen. Trotz des Wertes dessen, was Vann tat, bekam Halberstam Schuldgefühle wegen der möglichen Folgen für Vanns Karriere. Er drängte ihn, vorsichtiger zu sein. Vann sagte, er solle sich keine Sorgen machen und weiterhin nach My Tho kommen. Er schien die Konfrontation mit Harkins zu suchen. Halberstam konnte sich Vanns Unbekümmertheit nur als moralisches Heldentum erklären. Zu diesem Schluß kamen alle von uns. Vann gab uns die gleiche Antwort, wenn wir ihn warnten. Wir kamen zu der Überzeugung, daß er seine Karriere opfern wollte, um die Nation vor einer Niederlage in diesem Krieg zu warnen.

Vanns Verhalten hatte für Halberstam eine besondere Bedeutung, da er darin eine Parallele zum Verhalten seines Vaters im Zweiten Weltkrieg sah. Charles Halberstams Praxis für interne Medizin und Chirurgie in der Bronx hatte durch das Ende der Wirtschaftskrise gerade zu florieren begonnen, als die Japaner am 7. Dezember 1941 Pearl Harbor attackierten. Man fing an, Ärzte einzuziehen, aber Charles Halberstam mußte nicht zum Militär. Mit fünfundvierzig hatte er bereits die Altersgrenze überschritten. Außerdem hatte er vor seinem Medizinstudium im Ersten Weltkrieg gedient. Er hatte sich zur Armee gemeldet und war dann als Sanitäter in einem Feldlazarett in Frankreich tätig gewesen, wo er es zum Sergeant brachte und die Ärzte ihn ermunterten, Medizin zu studieren. Zur Enttäuschung von Halberstams Mutter Blanche, die sich nach der Not der Krisenjahre schon auf ein ansehnliches Einkommen gefreut hatte, meldete sich Charles Halberstam sehr schnell als Sanitätsoffizier zur Armee. Er verließ die USA 1943 und wurde erst im Herbst 1946 als Oberstleutnant aus der Armee entlassen. Weniger als vier Jahre, nachdem er seine Praxis in New York wieder aufgenommen hatte, starb er an einer Herzattacke. Halberstams Familie hatte für den Patriotismus des Vaters gelitten. Sie war darauf auch stolz gewesen. Für Halberstam als Jude war die Tatsache, daß er Sohn eines Arztes war, in der amerikanischen Gesellschaft keine Legitimierung; aber Sohn eines Oberstleutnants zu sein, war zumindest eine Hilfe. Auch wenn Halberstam das Gefühl, als Jude etwas anderes zu sein, nicht abschütteln konnte, war er mit der Idee aufgewachsen, daß sein Vater den Halberstams das Recht auf einen Platz in Amerika erkämpft hatte. Er sah Vanns Tun im Lichte dessen, was sein Vater getan hatte. Vanns Aktionen waren Patriotismus und Selbstaufopferung höchsten Grades.

Halberstam gewann die Überzeugung, daß Vann trotz aller seiner analytischen Fähigkeiten im Grund ein einfacher Mann war, der aufgrund seiner Zivilcourage und Integrität keine Kompromisse schließen konnte, wenn es um die fundamentale Frage von Recht oder Unrecht ging. Vann bestätigte dies, als er einmal Halberstam gegenüber bemerkte, das Problem bei Kompromissen sei, daß man Recht und Unrecht vermenge und am Ende weder das eine noch das andere habe. Der Krieg, so sagte Vann, sei dafür eine viel zu ernste Sache. Vann erschien Halberstam in der Hingabe an seine Mission, diesen Krieg zu gewinnen, fast puritanisch. Er hatte die Gewohnheit, am Ende seiner Rundreise, die er jede Woche durch die sieben Provinzen der Zone unternahm, bei einem der Provinzgouverneure als Gast über Nacht zu bleiben. Das Abendessen und das anschließende Beisammensein waren für ihn eine Gelegenheit, sich von den Provinzchefs ein Bild zu machen. Halberstam fand einmal heraus, an welchem Tag er startete, und richtete es so ein, daß er ihn begleiten konnte. Als sie in der Provinzhauptstadt landeten, in der man die Nacht verbringen wollte, begann Vann in der intensiven Weise, in der er seine Lehrstunden erteilte, auf ihn einzureden: »Halberstam, jedesmal wenn ich einen Abend mit einem dieser Provinzchefs verbringe, kommen sie mit Frauen daher. Ich lehne immer ab. Unser Prestige würde darunter leiden. Sie versuchen immer wieder, uns irgendwie unter Kontrolle zu bekommen. Viel zu viele Amerikaner schlafen mit Vietnamesinnen. Das ist nicht gut für unser Image. Die Leute hier sehen das nicht gern. Das ruft Groll hervor.« Halberstam bekam Schuldgefühle. Er hatte in Saigon eine vietnamesische Freundin. »Großer Gott«, dachte er, »sabotiere ich die amerikanischen Kriegsanstrengungen?«

Obwohl Vann beschlossen hatte, sich an die Presse zu wenden, hörte er nicht auf, sich weiterhin innerhalb seines Systems zu bemühen. Seine fast zwanzigjährige Dienstzeit bei der Armee lehrte ihn, daß man Geduld haben mußte. Jeden Monat sandte Drummond an Harkins' Hauptquartier einen Bericht darüber, wie weit das Saigoner Regime und wie weit der Vietcong die Divisionszone kontrollierte. Der Bericht bestand aus zwei Teilen: einer farbigen Planpause für die Landkarte und einer Beschreibung, die auf Einzelheiten einging, wie etwa, welche Straßen zu welcher Tages- oder Nachtzeit sicher und welche unsicher waren. Von Saigon kontrollierte Gebiete waren auf dem Pauspapier blau koloriert, vom Vietcong beherrschte rot. Drummond sandte den Januar-Bericht Anfang Februar ab. Einige Tage später rief ein Major von Harkins' Nachrichtenstab an und sagte, Drummond habe auf seiner Planpause zuviel Rot. Anderen dem Hauptquartier vorliegenden Informationen zufolge, so der Major, sei eine Anzahl rot kolorierter Gebiete noch unter Kontrolle der Saigoner Behörden. Der Major trug Drummond auf, seine Informationen zu überprüfen und einen neuen Bericht vorzulegen.

Drummond wußte sofort, was los war. Er hatte mit diesen Berichten Schwierigkeiten gehabt, seit Cao im Oktober Operationen vorzutäuschen und der Vietcong sich zu erholen begann. Harkins wollte Washington gegenüber nicht zugeben, daß die Informationen seines Nachrichtendienstes auf eine Verschlechterung der Position des Regimes in der nördlichen Deltahälfte hinwiesen. Die Klage war immer die gleiche: Drummond hatte auf seiner Planpause zuviel Rot. Bei einer früheren Gelegenheit hatte er den Major gebeten, ihm einige der angeblich noch unter Saigoner Kontrolle stehenden Gebiete anzugeben. Drummond war der Sache nachgegangen und hatte herausgefunden, daß Dam und die Provinzchefs sich höchstens mit einem Bataillon in diese Regionen wagten. Um sagen zu können, er habe selbst nachgesehen, unternahm Drummond einen Aufklärungsflug. Sein Flugzeug kam mit mehreren Einschüssen zurück. Er informierte Harkins' Mitarbeiter, daß sie, wenn sie dieses Gebiet als sicher aufführten, die Sicherheit auf die falschen Leute bezogen, zweifelte jedoch daran, daß das an der Einteilung etwas ändern würde. Ein paar seiner Bekannten in Harkins' Stab ließen ihn wissen, daß der erste Bericht aufgrund seiner Weigerung, ihn abzumildern, nicht hinausgegangen sei. Auf der nach Washington gesandten Planpause waren weit mehr Gebiete als von Saigon kontrolliert ausgewiesen worden. Drummond jedoch war entschlossen, beim Januar-Bericht nicht nachzugeben, da er die bisher schlimmste Verschlechterung anzeigte.

Die Guerillas waren kühner und aktiver geworden; zum Beispiel unternahmen sie tagsüber Angriffe gegen Außenposten, was sie bisher nur nachts gewagt hatten. Zwei Berater, die vom Flugplatz in Tan Hiep zurückkamen, wären von einem Guerilla, der an der Straße vor einem Bananendickicht in der Nähe des Seminars stand, fast getötet worden. Zum Glück hatten sie rechtzeitig bemerkt, daß dieser dort herumlungernde Bauer mit einem Karabiner bewaffnet war, und sich geduckt, als er ihn in Anschlag brachte. So zerschoß er nur die Windschutzscheibe ihres Jeeps. Der Vorsteher des Weilers an der Straßengabelung oberhalb des Seminars hatte weniger Glück gehabt. Ein Killerkommando war in seinen Weiler einmarschiert und hatte ihn erschossen. In ihrem Kampfbericht über Ap Bac hatten die Vietcong sich selbstkritisch beschuldigt, sie seien »dem Feind gegenüber zu passiv« gewesen, und von der Notwendigkeit gesprochen, ihre Aktionen auf allen Ebenen besser zu koordinieren, um die Landgebiete für ihre Gegner in eine Hölle zu verwandeln. Drummond sah die ersten Ergebnisse dieser Selbstkritik. Besonders spürbar war die Verschlechterung zwischen My Tho und Saigon auf der *Route 4*, der wichtigsten Verbindung zwischen dem Delta und der Hauptstadt, über die diese den Großteil ihrer Nahrungsmittel erhielt.

Nach dem Anruf des Majors kontaktierte Drummond die Captains, die in den Provinzhauptstädten der Divisionszone als Nachrichtenberater tätig waren, und fragte sie, ob sie oder ihre vietnamesischen Partner irgend etwas, was sie ihm mitgeteilt hatten, wieder zurücknehmen wollten. Niemand wollte seine Berichte abmildern, einige meinten sogar, sie hätte das Anwachsen der Guerillaherrschaft untertrieben. Mit Vanns Erlaubnis berief Drummond sämtliche Nachrichtenberater der Provinzen samt ihren Partnern zu einer Besprechung mit ihm und Binh nach My Tho. Die neue Planpause, die dabei für Harkins' Hauptquartier entstand, hatte noch mehr Rot als die ursprüngliche, und der schriftliche Bericht fiel noch düsterer aus.

Vann beschloß, eine bestürzende Nachricht so abzuschicken, daß sie gleichzeitig mit dem Bericht eintraf. Am 8. Februar 1963 sandte er ein geheimes dreiseitiges Memorandum an Porter in Can Tho, wie die Kommandokette es verlangte, gleichzeitig aber eine »Informationskopie« direkt nach Saigon, so daß Harkins das Memorandum sofort erhalten würde. Vann hoffte, daß sein Schreiben und das zusätzliche Rot auf Drummonds Planpause Harkins letztlich zwingen würden, die Tatsachen zur Kenntnis zu nehmen. Er teilte Harkins mit, daß Drummond und Binh über verläßliche Informationen verfügten, denen zufolge sich an zehn verschiedenen Stellen reguläre oder regionale Vietcong-Kompanien aufhielten; ebenso verläßliche Nachrichten besagten, daß an 35 Orten Guerillas in Zugstärke operierten. Er hatte versucht, Dam zu überreden, sie anzugreifen, doch Dam habe es offensichtlich auf Befehl Caos abgelehnt, einer dieser 45 Einheiten zu nahe zu kommen. Statt dessen imitiere Dam Caos Farcen vom vergangenen Herbst und inszeniere eine Großoperation nach der anderen mit 1000 bis 3000 Soldaten in Gebieten, von denen man aufgrund der Nachrichten wußte, daß sich dort keine Vietcong oder allerhöchstens ein paar Dorfguerillas aufhielten. Vann schlug vor, Drummond in Verbindung mit Porters Nachrichtenoffizier eine Liste prioritärer Ziele aufstellen zu lassen; diese Liste sollte Harkins dann dem Vereinigten Generalstab mit dem Ersuchen vorlegen, Dam zu befehlen, die Ziele anzugreifen.

Das Memorandum brachte Harkins erneut in Rage. Er erteilte seinem Nachrichtenoffizier, Colonel James Winterbottom von der Air Force, den Befehl, sich mit einer Gruppe seiner Leute nach My Tho zu begeben. Sie sollten Vann und Drummond befragen, die Nachrichtenakten im Seminar und im Hauptquartier der 7. Division mit dem Memorandum vom 8. Februar und Drummonds Bericht vergleichen und sorgfältig nach Diskrepanzen suchen. War irgend etwas übertrieben worden, dann würde Harkins Vann hinauswerfen.

Der Leiter der Nachrichtenabteilung in Harkins' Stab war deshalb ein Offizier der Air Force, weil aufgrund der Bürokratisierung der amerikanischen Militärhierarchie jede Teilstreitkraft in das Unternehmen eingebunden sein mußte. Winterbottoms Spezialität war die Auswertung von Photos für das Strategische Luftwaffenkommando gewesen — für die Bekämpfung von Guerillas eine etwas ungewöhnliche Referenz. Wie Drummond jedoch festgestellt hatte, war das ärgste Hindernis für Winterbottoms Leistungsfähigkeit nicht seine frühere Tätigkeit, sondern die Tatsache, daß er direkt für Harkins arbeitete. Winterbottom war ein vernünftiger und für Argumente zugänglicher Mensch. Er verbrachte mit seinem Team acht Stunden in My Tho, wo er sich von Drummond berichten ließ, ihn und Vann befragte und die Unterlagen durchsah. (Einer seiner Stabsoffiziere ließ Drummond gegenüber durchblicken, wie verärgert der kommandierende General über das Rot auf den Planpausen war.) Als Winterbottom und sein Team nach Saigon zurückkehrten, hatten Vann und Drummond Grund zur Hoffnung, daß sie dem System vielleicht doch noch ein Stück Wahrheit aufgezwungen hatten. »Für mich steht außer Frage«, versicherte Winterbottom Drummond gegenüber, »daß Sie die notwendigen Daten haben, um Ihren Bericht zu untermauern.« Er teilte Vann mit, daß aus seiner Sicht auch das Memorandum vom 8. Februar die Lage ehrlich und treffend darstellte.

Vann hoffte auch, daß Porter als oberster Korpsberater mit seinem abschließenden Bericht, den er kurz vor seiner Abreise am 17. Februar vorlegen wollte, bei Harkins etwas mehr als nur Ärger auslösen werde. Porter sollte danach in einem Stab in Fort Hood in Texas arbeiten. Vann wußte, was Porter im wesentlichen sagen würde; Porter hatte ihn und Fred Ladd nach Can Tho beordert, um sich mit ihnen zu besprechen, bevor er einen ersten Entwurf des Abschnitts abfaßte, der die Meinungen der Berater resümierte. Die folgendene Entwürfe und die Niederschrift des Gesamtberichts waren zur Gänze Porters Arbeit. Er wollte den Bericht so abfassen, daß er Vietnam und die Armee mit reinem Gewissen verlassen konnte. Er hatte um eine Versetzung nach Fort Hood in der Nähe seiner Heimatstadt Belton angesucht, wo seine alte Mutter lebte, um die er sich kümmern mußte. Fort Hood würde aller Voraussicht nach die letzte Station seiner Laufbahn sein, bevor er sich in seiner Heimatstadt zur Ruhe setzte.

Porter wollte seinen letzten Bericht noch alarmierender gestalten als seinen Kommentar zu Vanns Chronik über Ap Bac. Er skizzierte, welche grundsätzlichen Irrtümer den USA und Saigon bei ihren militärischen Bemühungen im Delta und im Gebiet der Gummiplantagen nördlich der Hauptstadt unterliefen. (Er war berechtigt, auch über diese Region zu sprechen, da sie früher zum Gebiet des III. Korps gehört hatte und in seine Zuständigkeit gefallen war.) Er verschwieg nichts, auch nicht, daß das Wehrdörferprogramm zur Isolierung der Guerillas ein Fehlschlag war. Besonderen Wert legte er darauf, daß der Bericht nicht als persönliche Meinung Dan Porters abgetan werden konnte. Vann und Ladd waren nicht die einzigen Berater, die er konsultierte. Er diskutierte seine Ergebnisse mit den Offizieren seines Stabes, mit dem Divisionsberater der nördlich von Saigon stationierten 5. Division und sämtlichen Regimentsberatern. Er unterstrich dies in seinem Bericht und wies darauf hin, daß seine Erkenntnisse sich auf die übereinstimmenden Meinungen der Berater stützten. In Harkins' Terminologie des Zweiten Weltkriegs übersetzt, lautete Porters Aussage, daß die meisten von Harkins' Kommandeuren im kritischsten Frontabschnitt dessen Lageeinschätzung als ein Luftschloß ansahen.

Da Porter wußte, wie sein alter Freund Bob York dachte, zeigte er ihm seinen letzten Entwurf. War er vielleicht zu schonungslos? General York erklärte, er habe wiederholt versucht, Harkins zu beeinflussen, dabei aber jedesmal auf Granit gebissen. Porter schien ihm mit der Erfahrung eines Mannes zu sprechen, der seit einem Jahr im Lande war. Sein Bericht gab die Meinung aller wieder. Nein, er drücke sich nicht zu unverblümt aus. York drängte ihn, den Bericht so schnell wie möglich an Harkins zu übersenden.

Als Porter im Hauptquartier zu einem kurzen Abschiedsgespräch vorbeikam, gab sich Harkins wie gewohnt herzlich. Eine Empfehlung, Porter für ein Jahr hervorragender Dienste den »Legion of Merit« zu verleihen, sei bereits unterwegs, sagte der General. Über Porters Abschlußbericht äußerte er sich nicht. Einige seiner Stabsoffiziere waren weniger schweigsam gewesen. Bevor er zum General hineinging, hatten sie ihm mitgeteilt, Harkins sei über ihn empört und betrachte ihn als illoyal. Porter fühlte, daß unter Harkins' Höflichkeit Zorn schwelte. Er wußte, was Harkins dachte: »Wer zum Teufel glaubt dieser Bauer von Reserveoberst eigentlich zu sein, daß er mir erzählen will, wie man einen Krieg führt?« Mit einem Viersternegeneral zu sprechen machte Porter normalerweise etwas nervös, selbst wenn er freundlich war — wie Harkins in besseren Zeiten. Dieses Mal jedoch war Porter völlig ruhig. Zum ersten Mal in seiner fast 31jährigen Dienstzeit, seit er sich bei der texanischen Nationalgarde die Leutnantsstreifen verdient hatte, kümmerte es ihn wenig, ob ein General einverstanden war oder nicht. Wenn er Harkins in Rage bringen mußte, um ihn zu zwingen, die Wahrheit zu erkennen, dann hatte es eben auf diese Weise zu geschehen. Er hatte seine Arbeit getan, nun würde er nach Hause fliegen.

In großen, von manipulierfreudigen Individuen regierten Bürokratien kann sich die peinliche Beachtung von Anstandsregeln als kontraproduktiv erweisen. Seine Korrektheit kostete Porter den Abschlußbericht, den er zurücklassen wollte. Aufgrund des wachsenden Unmuts der Berater über Harkins' Haltung hatte er solche Angst, jemand könne eine Kopie davon der Presse zuspielen, daß er die endgültige Fassung selbst tippte, alle vorherigen Entwürfe vernichtete, den Bericht von Winterbottom als »streng geheim« einstufen ließ und ihn persönlich in einem versiegelten Umschlag Harkins' Stabschef übergab. Seine Skrupel ließen nicht einmal zu, daß er eine Kopie davon für sich behielt, wie Offiziere seines Ranges es bei einem so wichtigen Dokument oft tun. Sobald Porter Vietnam verlassen hatte, vergewisserte sich Harkins, daß sonst niemand über eine Kopie verfügte. Anschließend teilte er seinem Stab mit, Porters Bericht werde, falls überhaupt, nur in gebührend aufpolierter Form nach Washington gehen. Der Bericht verschwand dann. Porter wurde auf seinem Weg nach Fort Hood nicht zur abschließenden Berichterstattung nach Washington gerufen, wie das bei Beratern seines Ranges sonst üblich war. Auch dafür hatte Harkins gesorgt.

Winterbottom äußerte ehrlich seine Meinung zu Vanns Memorandum vom 8. Februar. »Das einzige Unrechte an seinem Text ist«, so erklärte er vor dem kommandierenden General auf einer Stabsbesprechung, »daß alles darin richtig ist.« Er habe, wie er sagte, auch zahlreiche Beweise für die Richtigkeit von Drummonds Planpause gesehen, die die Verschlechterung der Lage im Delta darstellte. Auch diese Erklärung änderte an Harkins Einstellung nichts, er wollte Vann hinauswerfen. Vanns Beziehungen zu Dam ließen sicherlich zu wünschen übrig, wenn er so viele Probleme hatte. Diesmal ergriff Brigadegeneral Gerald Kelleher für Vann

Partei. Harkins' Operationschef war ein polternder Infanterist, der sich seinen Stern durch seine Tapferkeit als Befehlshaber auf verschiedenen Kriegsschauplätzen verdient hatte. (Das »Distinguished Service Cross« hatte er gleich zweimal erworben, im Zweiten Weltkrieg und in Korea als Regimentskommandeur.) Kelleher war ein streitsüchtiger und gewöhnlich engstirniger Typ, doch Vann hatte kurz zuvor begonnen, ihn zu seiner Sicht des Krieges zu bekehren. Er war der einzige höhere Offizier in Harkins' Stab, der sich jemals offen zu ihr bekannte. Auch York verteidigte Vann, und Timmes, der die für Vanns Ablösung benötigte Anstandsfrist immer länger ausdehnte, drängte erneut zur Zurückhaltung, um einen allgemeinen Aufschrei zu verhindern. Harkins gab nach.

Durch den Mittelbau der Stäbe von Harkins' Hauptquartier und Timmes' MAAG lief ein tiefer Riß. Vann kam sehr bald zu Ohren, was mit Porters Bericht geschehen war und zu welchem Ergebnis Winterbottoms Ausflug nach My Tho geführt hatte. Wie Drummond durch einen seiner Gewährsmänner erfuhr, hatte Winterbottom sich in My Tho davon überzeugt, daß Saigon die Landgebiete immer weniger kontrollierte, »dies aber nicht nach Washington gemeldet wurde«. Harkins ließ Winterbottom Drummonds Planpause durch eine andere ersetzen, auf der weit weniger Rot und dafür mehr Blau zu sehen war. Ein auf diese Weise veränderter Bericht war in der Sprache des amerikanischen Militärs der sechziger Jahre kein gefälschter Bericht, sondern ein »Bericht auf Anordnung«. Der Kommandeur übernahm dafür die Verantwortung, der Untergebene war die moralische Bürde los.

Im Unterschied zu Porter war es Vanns Art, sein Handeln rational zu rechtfertigen, wenn der Kampf dies erforderte. Er wollte es nicht hinnehmen, daß Harkins durch Manipulation der Regeln ihn daran hinderte, Alarm zu schlagen. Er faßte den Entschluß, seinerseits diese Regeln ganz massiv zu verletzen und machte Halberstam zu seinem Instrument. Bei Halberstams folgendem Besuch im Seminar Ende Februar führte Vann ihn in die Operationszentrale, verschloß die Tür, plazierte ihn vor die Karte der Divisionszone, die fast eine ganze Wandseite bedeckte, und sagte:»Halberstam, ich bin Offizier der Armee der Vereinigten Staaten und habe geschworen, als geheim eingestufte Informationen nicht weiterzugeben; ich bin aber auch amerikanischer Bürger und habe somit meinem Land gegenüber eine Verpflichtung. Hören Sie mir jetzt gut zu!« Er informierte Halberstam über das Memorandum, das er am 8. Februar an Harkins gerichtet hatte, wobei er auf der Landkarte die Standorte der Vietcong-Einheiten anzeigte und darlegte, wie Cao und Dam Drummonds verbesserte Aufklärungsmethoden dazu benutzten, gerade dort zu operieren, wo keine Guerillas waren. Vann erklärte, seine Mittel, dagegen etwas zu unternehmen, seien nun erschöpft.

Er erzählte Halberstam von Harkins' Weigerung, bei Diem vorstellig zu werden und ihn zu zwingen, seine selbstmörderische Politik aufzugeben; er schilderte ihm, wie wütend Harkins wurde, wenn jemand versuchte, ihn mit den Realitäten zu konfrontieren, um ihn zum Handeln zu veranlassen; er erzählte die Geschichte von Winterbottoms Reise nach My Tho und auf welche Weise dessen Erkenntnisse in Saigon aufgenommen wurden. Man durfte die Dinge nicht treiben lassen. Der Vietcong wurde von Tag zu Tag stärker. Wenn man nichts unternahm, würden die USA und ihre vietnamesischen Verbündeten für diese Vogel-Strauß-Politik teuer bezahlen müssen.

»Himmel, ich habe eine höllisch gute Story«, schrie Halberstam ganz außer sich, als er an jenem Nachmittag in unser provisorisches Büro stürmte, das wir im vorderen Zimmer meiner Wohnung in einer Saigoner Seitenstraße eingerichtet hatten. (Halberstam und ich hatten uns zu einer Arbeitsgemeinschaft zusammengeschlossen. Da ich für die Nachrichtenagentur UPI arbeitete und er als Zeitungskorrespondent, waren wir keine Konkurrenten.) In dem Bericht, den er am 28. Februar durchgab, wurden die Leser der »Times« vom 1. März 1963 zunächst darüber informiert, daß hohe ARVN-Offiziere die Aufklärung dazu benutzten, Operationen vorzutäuschen und den Guerillas überall im Land, in der Zone der 5. Division nördlich Saigons ebenso wie im gesamten Mekong-Delta, aus dem Weg zu gehen. (Vann sagte, dieser Schwindel sei allgemein verbreitet; Halberstam und ich konnten das aufgrund der Aussagen Ladds und seiner Leute sowie der Berater der 5. Division nur bestätigen.) Im Verlauf des Berichts wurden Einzelheiten genannt, die jedem, dem der Nachrichtenschmuggel aus dem Seminar vertraut war, sofort zeigten, wo die Quelle dieser ungewöhnlichen Reportage zu suchen war. Halberstam nannte die genaue Anzahl der Kompanien und Züge des Vietcong, die Vann in seinem geheimen Memorandum angegeben hatte. Die Amerikaner, so schrieb er, könnten Diems Armee nicht dazu bringen, auch nur eine dieser Einheiten anzugreifen, »nicht einmal mit einer Übermacht von mindestens 7 zu 1«; und er beschrieb den jüngsten Scheinangriff in Vanns Gebiet: »Eine dieser Operationen fand letzte Woche statt. Es wurden dabei 2000 Mann eingesetzt. Ein Guerilla wurde getötet, eine Frau und ein Kind kamen bei Luftangriffen ums Leben, eine Frau und ein Kind wurden durch Bordwaffenbeschuß schwer verletzt.«

»Ein amerikanischer Berater«, schrieb Halberstam weiter, sei über diese mörderischen Farcen und die Konsequenzen, die sich aus der Weigerung, die Guerillas zu bekämpfen, für die Zukunft ergaben, derart schockiert gewesen, daß er einen »äußerst kritischen Bericht« nach Saigon geschickt habe. Der Bericht sei »so umstritten« gewesen, daß er eine Untersuchung nach sich gezogen habe. Dann zitierte Halberstam Wort für Wort Winterbottoms Antwort an Harkins: »Das einzige Unrechte an seinem Text ist, daß alles darin richtig ist.« Am Schluß seiner Story wiederholte er Vanns Anklage, der zufolge Harkins letztendlich mehr daran interessiert war, mit Diem und seiner Familie in gutem Einvernehmen zu bleiben, als den Krieg zu gewinnen.

Das war eine Ungeheuerlichkeit, für die Vann gefeuert worden wäre, hätte ihn nicht wieder einmal das sprichwörtliche »Vann-Glück« gerettet. Porters Empfehlung, Vann für seine Tapferkeit im Beobachtungsflugzeug über Ap Bac das »Distinguished Flying Cross« zu verleihen, war in Washington zufällig Ende Februar genehmigt worden. Zwei Tage, bevor Halberstam seinen telegrafischen Bericht absandte, hatte Timmes die Auszeichnung bei einer Zeremonie im MAAG-Hauptquartier Vann ans gestärkte Khakihemd geheftet. Vann zu diesem Zeitpunkt hinauszuwerfen hätte äußerst eigenartig gewirkt und einen noch schlimmeren Presseskandal verursacht. Timmes riet erneut zur Zurückhaltung, und Harkins wartete weiter ab.

Vann war diesmal nur knapp davongekommen, was ihn aber nicht im geringsten davon abschreckte, den ihm in Vietnam noch verbleibenden Monat zu nutzen. Er hielt an seiner neuen Rolle fest und kritisierte über die Zeitungsberichte die Saigoner Politik; er kümmerte sich weiterhin um unsere »Erziehung« und prägte unsere Berichterstattung, wodurch unsere Bewunderung für seine Zivilcourage immer größer wurde. Um ihm wenigstens eine Woche lang Schwierigkeiten zu ersparen, entschied sich Timmes schließlich für den Weg, den er schon Harkins vorgeschlagen hatte, und schickte Vann unter dem Vorwand, seine persönliche Einschätzung zu benötigen, auf Inspektionsreise ins Zentrale Hochland und in die Küstenprovinzen. Vann war erfreut über diese Gelegenheit, den Krieg auch in den anderen Gebieten kennenzulernen. Anschließend durfte er sich zu einem zweitägigen Besuch der Britischen Dschungelkriegsschule nach Malaya begeben. Er kam zurück und erzählte, er habe es geschafft, den Gurkhas zugeteilt zu werden, die bei der Übung den Hinterhalt legten. Die US-Armee könnte vielleicht ein paar Gurkhas als Berater engagieren, sagte er. Er richtete es ein, daß er genug Zeit für die zusätzliche Aufgabe fand, die er sich für diesen letzten Monat gestellt hatte. Es ging darum, sein Material für eine Kampagne zu ordnen, die er im Pentagon zu führen vorhatte, um sämtliche Armeegeneräle, die ihm zuhören wollten, davon zu überzeugen, daß Harkins die Führung der Nation täuschte und daß der von Vann gewünschte radikale Wechsel in der Politik vollzogen werden müsse, um eine Niederlage zu vermeiden. Er sollte Mitte August 1963 einen zehnmonatigen Kurs am Industrial College of the Armed Forces in Fort McNair in Washington beginnen. Von Ende Mai bis zum Beginn des Kurses würde er der Leitung für Sonderkriegsführung im Pentagon zugeteilt sein, und während dieses Zeitraums wollte er seinen persönlichen Kreuzzug führen.

Als Grundlage für diese Informationsgespräche faßte er seine Ansichten in einem viereinhalbseitigen Dokument zusammen, das offiziell sein für Harkins bestimmter Abschlußbericht als Divisionsberater war. Dieser Bericht war eine exakt formulierte und an vielen Stellen witzige Attacke gegen die offizielle Politik und deren Optimismus. Er verglich die Anstrengungen, die das Diem-Regime für den Krieg tatsächlich machte, mit den Anstrengungen, die es eigentlich hätte

machen können, wollte es den Krieg ernsthaft vorantreiben: »Die Kriegsanstrengungen in dieser taktischen Zone sind mit etwa 10 bis 20 Prozent dessen zu beziffern, was man angesichts der verfügbaren Truppen und Ressourcen vernünftigerweise erwarten könnte.« Eines der als Beweis beigefügten Dokumente war eine
Analyse, die anhand zahlreicher Statistiken zeigte, daß die Verteilung der regulären und territorialen Truppen in den sieben Provinzen des nördlichen Deltas in
keinem Bezug zur Bevölkerungsdichte, zur wirtschaftlichen und geographischen
Bedeutung und zur feindlichen Bedrohung stand. Die Verteilung wurde ausschließlich von Diems zwanghaften Maßnahmen zur Verhinderung eines Staatsstreichs und seinem persönlichen Verhältnis zum jeweiligen Provinzgouverneur
bestimmt. Vann nahm auch eine Akte mit früheren Kampfberichten mit nach
Hause, die neben seinem Memorandum über Ap Bac und Porters Kommentar
eine Reihe von Darstellungen umfaßte, die er selbst vorgelegt oder von seinen
Beratern bekommen hatte. Er beabsichtigte, das gesamte Material zu benutzen,
um eines Tages eine Doktorarbeit in öffentlicher Verwaltung zu schreiben, ein
Projekt, das er nie ausführen sollte.

Am Morgen des 1. April 1963, als sein erstes Jahr in Vietnam zu Ende war, übergab
Vann das Kommando über die Beraterabteilung an seinen Nachfolger in derselben Weise, wie er es übernommen hatte — ohne Zeremoniell. Er verließ das Seminar, um noch ein paar Tage in Saigon zu verbringen, bevor er in die USA zurückflog. Am Vortag hatte er sich von Dam und dem Stab der 7. Division verabschiedet. Er hatte Mitte März eine Abschiedsbotschaft an die Division gerichtet, sie ins
Vietnamesische übersetzen, vervielfältigen und an den Divisionsstab, die Regiments- und Bataillonskommandeure und alle Provinzgouverneure verteilen lassen. Es gab darin keine Vorwürfe wegen der vergangenen Streitigkeiten. Die lange,
vier Seiten umfassende Botschaft war herzlich und taktvoll gehalten, ein wenig
rührend auch, da er darin etwas von der seelischen Bindung an das Land und
seine Leute einfließen ließ, die in ihm gewachsen war. Er wollte von den Vietnamesen, die er nun kennengelernt hatte, in freundlicher und hoffnungsvoller Stimmung scheiden. Er war, wie er sagte, »stolz, mit Ihnen einen wenn auch nur kleinen Teil der Last getragen zu haben, den Kommunismus einzudämmen und
zurückzudrängen«. Er sprach von »Ihren wunderbaren Kindern und jungen Leuten«; er sei sicher, daß sie eines Tages »Frieden, Wohlstand und Freiheit« erlangen
würden. Wie immer verbarg sich hinter seinen diplomatischen Formulierungen
eine Absicht. Der größte Teil der Botschaft bestand aus höflichen, aber energischen Kurzfassungen der Lehren, die zu vermitteln er in den letzten zehn Monaten vergebens versucht hatte. Eine Kopie des englischen Originals ging als eine
Zusammenfassung dessen, was zu lehren sie sich bemühen sollten, an alle seine
Berater. (Zehn Jahre später nahm ein Oberstleutnant der Armee, der unter Vann

als Hauptmann gedient hatte und nun bei einer Rangereinheit der ARVN kämpfte, in den Bergen des Zentralen Hochlands eine verschlissene Kopie der Botschaft aus der Brusttasche seiner Bluse und zeigte sie mir. Er sagte, ein Freund habe sie ihm 1963 zugeschickt. Sie habe ihn aufgrund des konzentrierten Wissens so beeindruckt, daß er sie aufbewahrt und immer bei sich getragen habe, um sie von Zeit zu Zeit durchzulesen und sich daran zu erinnern, was es zu erreichen galt.)

Bowers, der Vietnam ebenfalls verließ, fuhr auf Vanns Einladung mit ihm im Jeep nach Saigon zurück. Er wußte, daß über Vanns Abschied ein seine Karriere bedrohender Schatten lag; es gehörte sich aber nicht, daß ein Sergeant mit einem Oberstleutnant über dessen Streit mit dem kommandierenden General sprach. Sie unterhielten sich statt dessen über die zehn Monate, die sie zusammen im Delta verbracht hatten. Zwei Wochen zuvor hatte Vann zu Ziegler vor dessen Abreise gesagt, er werde nun herausfinden müssen, ob er sich seine Aussichten in der Armee durch die dreiste Herausforderung Harkins' verdorben hatte.

Am frühen Nachmittag des 3. April 1963 versammelte sich eine kleine Schar in dem im ersten Stock des Abfertigungsgebäudes von Tan Son Nhut gelegenen Restaurant, um Lebewohl zu sagen. Mehrere Captains aus My Tho waren gekommen, die Kommandeure, einige Piloten von zwei Hubschrauberkompanien, und wir, die wir von ihm so viel gelernt hatten: Halberstam, ich und eine Handvoll Korrespondenten. Wir waren stolz auf ihn und traurig; stolz auf den Mann und das, was er hatte erreichen wollen, traurig, weil wir befürchteten, er würde nun für seinen Patriotismus bezahlen müssen. Halberstam hatte vorgeschlagen, ihm ein Souvenir zu schenken: ein Zeichen der Dankbarkeit gegenüber unserem Lehrmeister und unserer Bewunderung für seine Zivilcourage und berufliche Integrität. Vann war zwar Nichtraucher, doch in einem Geschäft in Saigons Hauptstraße Tu Do, die immer noch Rue Catinat genannt wurde, gab es hübsche runde Zigarettendosen, die von kambodschanischen Silberschmieden gefertigt wurden. Wir sammelten Geld, und Halberstam ließ seitlich unsere Namen unter folgender Inschrift eingravieren:

> Für Oberstleutnant John Paul Vann
> Dem guten Soldaten und guten Freund
> Von seinen Bewunderern im amerikanischen Pressekorps

Halberstam übergab Vann die Dose und sagte in wenigen bewegten Worten, wieviel wir und unsere Leser ihm schuldeten. Die Saigoner Zollbeamten und Paßkontrolleure waren zu dieser Zeit noch großzügig. Als es Zeit war, an Bord zu gehen, begab sich alles nach unten und begleitete Vann zum Flugzeug. Er habe ihm noch ein letztes zu sagen, meinte Halberstam: Immer, wenn wir einen Bericht durchgegeben hatten, waren wir um seine Karriere besorgt gewesen. Wir alle hofften, daß wir ihm beruflich nicht geschadet hatten. Vann blickte ihn kurz an. Halberstam erinnerte sich später an sein kurzes, verkniffenes Lächeln. »Sie haben mir niemals mehr geschadet, als ich es selbst wollte«, sagte er.

Durch Zufall flog ich mit Vann zusammen in die USA. Während der Gespräche, die wir auf dem langen Flug nach San Francisco führten, zeigte er sich über seine Zukunft bei der Armee in keiner Weise beunruhigt. Ich wollte einen Monat Urlaub in den Vereinigten Staaten verbringen, da ich meine Eltern in Massachusetts seit drei Jahren nicht mehr gesehen hatte. Weder Vann noch ich hatten daran gedacht, ein Buch mitzunehmen, und so konnten wir außer reden und schlafen nicht viel tun. Sich von den Ereignissen der letzten zehn Monate unterkriegen zu lassen wäre reiner Luxus, meinte Vann. Den wollte er sich jetzt nicht leisten. Er hatte sein Bestes gegeben und eine Menge dazugelernt. Er freute sich auf sein Jahr am Industrial College of the Armed Forces und auf seine Beförderung zum Obersten zu Beginn seiner nächsten Verwendung. (Das Industrial College ist auf der obersten Stufe der Schulen angesiedelt, die ein Berufsoffizier besuchen kann, und entspricht dem National War College oder dem Army War College, ist jedoch auf das Fachgebiet Logistik ausgerichtet, das Vann sieben Jahre zuvor als Major in Deutschland gewählt hatte, um rascher befördert zu werden.) Er zeigte mir seine Abschiedsbotschaft an die Division und gab mir eine Kopie davon. Ich hatte ihn darum gebeten, weil mich ihr katechismushafter Charakter so beeindruckt hatte. Am Ende der Botschaft drückte er seine Entschlossenheit aus, in der Armee nicht lockerzulassen. Er lud alle Berater und vietnamesischen Offiziere ein, ihm nach Fort McNair zu schreiben oder, falls sie zufällig nach Washington kamen, ihn und Mary Jane und die Familie zu besuchen. Normalerweise, so sagte er mir, kam ein als Unruhestifter verrufener Offizier nie über die Adler des Obersten hinaus. Er aber wolle gerne sehen, ob er zu einer Ausnahme werden könne. Die Army sei sein Leben; er werde sich von Harkins nicht aus ihr hinausdrängen lassen. Mit der Zeit und durch den Lauf der Ereignisse, so sagte er, werde ihm Gerechtigkeit zuteil werden. In der Zwischenzeit wollte er so viele Generäle wie möglich zu seinem Standpunkt bekehren. Er hoffte, auf diese Weise hochgestellte Verbündete zu gewinnen, um Harkins zu diskreditieren.

Mitte Mai 1963, nach sechs Wochen Urlaub in El Paso — die Kinder mußten noch das Schuljahr abschließen —, verkaufte er mit Mary Jane das Haus, verfrachtete die Möbel wie schon bei so vielen Umzügen und übersiedelte nach Washington. Patricia und John Allen, die beiden Ältesten, genossen das Privileg, nach Baltimore vorauszufliegen, um Mary Janes Schwester und ihren Mann zu besuchen und mit ihnen Williamsburg und Jamestown in Virginia zu besichtigen. Die drei Jüngsten, Jesse, Tommy und Peter, mußten die ganze Strecke im Kombiwagen zurücklegen. Vann brachte die Familie zunächst im Washingtoner Vorort McLean in Virginia bei einem Methodistenpfarrer unter, den er von seiner Kindheit in Norfolk her kannte. Dann drängte man sich in einer Wohnung in Alexandria zusammen, bis er ein Haus an der Chesapeake Bay etwa 40 Kilometer östlich der Hauptstadt fand. Die Anfahrt ins Pentagon dauerte zwar lange, doch die Miete war nicht hoch und das Gebiet noch fast ländlich. Die Jungen hatten hier eine Menge Platz, um zu spielen, und konnten fischen und Krabben fangen.

Ich kam rechtzeitig nach Vietnam zurück, um zu sehen, wie das Regime einen Aufstand in den Städten provozierte. Es ging hier mit derselben Arroganz und Brutalität vor, durch die es die Bevölkerung in den Landgebieten zur Revolte getrieben hatte. Die Ngo Dinh lösten am 8. Mai 1963 jene Ereignisse aus, die als Buddhistenkrise in die Geschichte eingehen sollten. Eine Kompanie Zivilgardisten unter dem Kommando eines katholischen Offiziers feuerte in der einstigen kaiserlichen Hauptstadt Hue in die Menge. Neun Menschen, darunter auch Kinder, wurden getötet, vierzehn weitere verletzt. Die Menge hatte sich zu einer Protestdemonstration gegen ein neues Dekret versammelt, das die Beflaggung mit buddhistischen Fahnen zur Feier von Buddhas 2587. Geburtstag untersagte. Die Verordnung war von Diem auf Betreiben seines älteren Bruders Thuc erlassen worden, des Erzbischofs von Hue und höchsten katholischen Würdenträgers in Südvietnam. Als Thuc einige Wochen zuvor den 25. Jahrestag seiner Bischofsweihe gefeiert hatte, waren in der Heimatstadt der Ngo Dinh überall die Fahnen des Vatikans zu sehen gewesen. Nach dem Massaker verhielten sich Diem und sein Clan, wie es ihrer Art entsprach. Sie versuchten nicht, die Führer der durch neun Jahre Diskriminierung aufgebrachten Mönche zu besänftigen. Vielmehr wollten sie die buddhistische Führung zerschlagen, so wie sie 1955 die Sekten und das Gangstersyndikat der Binh Xuyen zerschlagen hatten.

Die Mönche reagierten auf vietnamesische Art. Am Morgen des 11. Juni 1963 setzte sich in Saigon ein 73jähriger Mönch namens Quang Duc einige Blocks von Botschafter Noltings Residenz entfernt auf eine Straßenkreuzung. Er kreuzte seine Beine in der Lotusstellung, während ihm ein anderer Mönch aus einem Plastikkanister Benzin über den rasierten Schädel goß. Rasch erhoben sich die Hände des alten Mönches aus seinem Schoß, um ein Streichholz zu entzünden und sein benzingetränktes oranges Gewand in Brand zu setzen: ein Symbol des Opfers und des Zorns, das in den Städten des Südens die Rachegefühle wie trockenes Stroh entflammte.

Die Buddhistenbewegung wurde zum Sammelpunkt für alle Unzufriedenheit, die sich seit 1954 in den Städten Südvietnams aufgestaut hatte. Während die Mönche von den Ressentiments profitierten, die sich gegen die Katholiken als auslandshörige Minderheit richteten, waren die Ngo Dinh schon so verhaßt, daß die Buddhistenführer insgeheim sogar von einigen Katholiken unterstützt wurden. Das Photo, das Malcolm Browne, der Leiter von Associated Press Saigon, von dem brennenden Quang Duc gemacht hatte, überraschte die Weltöffentlichkeit und brachte die Kennedy-Administration in Verlegenheit.

Die Ngo Dinh setzten Tränengas und Schlagstöcke ein. Sie errichteten Straßensperren aus Stacheldraht, um der Menge den Zugang zu den Pagoden zu verwehren. Sie verwarfen die Mahnungen Noltings, der einen Europaurlaub abbrach und versuchte, Diem zur Vernunft zu bringen, und ignorierten sogar die Appelle Kennedys. »Wenn die Buddhisten noch eine Grillparty veranstalten wollen«, erklärte Nhu am Ende eines Abendessens, an dem Nolting und eine Anzahl hoher amerikanischer Beamter im Juli teilnahmen, »werde ich mit Vergnügen das Benzin und ein Streichholz zur Verfügung stellen.« Wie Madame Nhu bei Presseinterviews erklärte, waren die Mönche alle Kommunisten oder wurden von den Kommunisten manipuliert. Die Demonstranten sollten von der Polizei »zehnmal sooft verprügelt werden«. Bei einem weiteren Selbstmord würde sie »Beifall klatschen«. Und sie kam Richard Nixon um fast ein Jahrzehnt mit einem Ausdruck zuvor, der durch ihn berühmt werden sollte: Die Familie werde von einer »schweigenden Mehrheit« unterstützt, sagte sie. Die Ngo Dinh nahmen an, daß die Amerikaner nach und nach die Ausschaltung der Buddhistenführer gutheißen würden, so wie sie 1955 die Liquidierung der Sekten und der Binh Xuyen gutgeheißen hatten. Der einzige, der sich für eine Beilegung des Konflikts aussprach, Ngo Dinh Can, einer von Diems jüngeren Brüdern, der in Hue lebte und die Oberherrschaft über Zentralvietnam ausübte, war von Diem wegen seines gesunden Menschenverstands seiner Befugnisse weitgehend enthoben worden. Madame Nhus Wunsch gemäß schwang die Polizei die Knüppel noch eifriger, warf noch mehr Tränengasgranaten und spannte noch mehr Stacheldraht; die Mönche antworteten mit weiteren Selbstverbrennungen, und die Empörung über die Herrscherfamilie wurde noch größer. Die Demonstrationen griffen auch auf die kleineren Städte über.

John Mecklin, ein Auslandskorrespondent von »Time«, hatte sich beurlauben lassen, um ein Stück Erfahrung im Staatsdienst zu sammeln. Als er 1963 Leiter der USIS in Vietnam war, hatte er einmal einen Alptraum. Er träumte, daß er im Theater war und ein Stück sah, in dem die Angehörigen der US-Botschaft nach und nach entdeckten, daß die örtliche Regierung, mit der sie jahrelang zu tun gehabt hatten, aus lauter Verrückten bestand, deren Worte keinen Sinn ergaben, und daß nichts von dem, wovon die Amerikaner meinten, es habe sich in diesem seltsamen Traumland zugetragen, sich jemals wirklich ereignet hatte. Er erwachte, ehe er erfuhr, wie das Stück endete.

Vann startete seine Kampagne einige Tage nachdem er sich am Morgen des 24. Mai 1963 beim Directorate of Special Warfare zum Dienst gemeldet hatte. Er sprach bei dem Offizier vor, der die heimgekehrten Berater im Rahmen des Programms »Erfahrungsberichte« über Vietnam befragte. Vann wollte sich, wie er sagte, zur Verfügung stellen. Der Offizier gab ihm zu verstehen, daß man »auf Wunsch Saigons« von einer Befragung Abstand nehmen werde. Vann hatte diese Reaktion erwartet. (Kelleher, der einzige hochrangige Militär in Harkins' Stab, der sich zu Vanns Meinung bekehrt hatte, war im April zurückgekommen, um in den Ruhestand zu treten. Wie Porter war auch er »auf Wunsch Saigons« nicht befragt worden.) Vann ging nun daran, von sich aus Briefings zu veranstalten. Zunächst führte er einfach Gespräche mit Kollegen. Um seine Argumentation zu untermauern, zeigte er ihnen Kopien seines Abschlußberichts, seines Memorandums vom 8. Februar, die Chronik über Ap Bac und ähnliche Unterlagen. Seine offizielle Aufgabe im Direktorat lag in der Ausarbeitung neuer Verfahren zur Finanzierung und Durchführung der weltweiten Guerillabekämpfung der Special Forces, für einen Mann mit Vanns Ausbildung in Finanzverwaltung keine sehr anspruchsvolle Tätigkeit. Er hatte dadurch genug Zeit, sich seiner wahren Aufgabe zu widmen. Im Verlauf des folgenden Monats arbeitete er sich in der Armeehierarchie immer höher. Aus seinen Gesprächen wurden Informationsbesprechungen für hohe Offiziere und ihre Stäbe, auf denen er Diapositive mit Statistiken und Landkarten zeigte und Vietnamerlebnisse erzählte, um dem Vortrag Authentizität und eine menschliche Note zu verleihen. Seine Begabung für dramatische Gestaltung half ihm, die Argumente anzubringen, aber es gelang ihm nicht, seine Zuhörer wirklich zu überzeugen. Sein Publikum fühlte sich angezogen, weil er soviel Substantielles zu sagen hatte. Trotzdem konnte ein Offizier der US-Armee in Washington den Krieg damals noch als auswärtige Angelegenheit betrachten; er konnte die Leistung der Saigoner Streitkräfte mit einer gewissen Distanziertheit sehen, die sich durch die geographische Entfernung und das Gefühl erklären ließ, es handle sich nicht um die eigene Armee.

Ende Juni hatte Vann im Pentagon bereits mehrere hundert Offiziere unterrichtet. Fast alle waren von der Armee, darunter ein halbes Dutzend Generäle in Stabspositionen. Einer der wenigen, die nicht dem Heer angehörten, war ein Luftwaffengeneralmajor namens Lansdale. Es war das erste Treffen zwischen Vann und seinem Helden. Lansdale hörte ihm zu und unternahm nichts, da er nichts unternehmen konnte. Er war im Kreis der Mächtigen in Ungnade gefallen. Nachdem seine Feinde den Vorschlag sabotiert hatten, ihn Ende 1961 zum Botschafter in Südvietnam zu machen — Diem hatte darum ersucht und Kennedy hatte zugesagt —, war er mit einem unter äußerster Geheimhaltung betriebenen Projekt betraut worden, das für Kennedy nach der Demütigung in der Schweinebucht enorme emotionale Bedeutung hatte. Es handelte sich um das »Unternehmen Mungo«. Ziel dieser Operation war, Fidel Castro, der trotzig damit drohte, in der Karibik und Lateinamerika weitere kommunistische Nattern heranzuzüchten, durch eine Revolution oder direktere Methoden auszuschalten. Der Präsident und Robert Kennedy waren nicht allzu wählerisch, was die Mittel betraf. Sie wollten Ergebnisse sehen. Nach der Kuba-Krise vom Oktober 1962 war der Druck gestiegen, doch Lansdale konnte seinem Ruf als Magier von Geheimunternehmen nicht gerecht werden: Es gelang ihm nicht, die Schlange in Havanna unschädlich zu machen. Nun wollte man ihn in den Ruhestand drängen. Sein philippinischer Freund Ramón Magsaysay war 1957 bei einem Flugzeugabsturz ums Leben gekommen, ohne die sozialen und wirtschaftlichen Reformen durchgeführt zu haben, die den Philippinen möglicherweise einen dauerhaften Frieden gebracht hätten.

Gegen Ende Juni drang Vann endlich zu einem einflußreichen Offizier vor. Es handelte sich um Generalmajor Harold Johnson, die rechte Hand des stellvertretenden Stabschefs der Armee für Operationen. (Johnson sollte etwas mehr als ein Jahr später Operationschef, dann zum General befördert und Stabschef werden.) Er hörte Vann an und empfahl ihm daraufhin, sich an General Barksdale Hamlett, den stellvertretenden Stabschef, zu wenden. Hamlett fand Vanns Ausführungen so bestürzend, daß er für den 8. Juli 1963 einen Vortrag Vanns vor den Joint Chiefs ansetzte.

Vann war begeistert und eingeschüchtert zugleich. In seinem Kampf, die Wahrheit über den Krieg an jene heranzutragen, die die Macht besaßen, etwas zu verändern, zeichnete sich endlich ein Erfolg ab. Hamletts Reaktion bestätigte seine Überzeugung, an der er in Vietnam trotz aller Frustrationen festgehalten hatte: die Überzeugung, daß Harkins eine Verirrung war, daß die falschen Strategien auf Ignoranz und fehlgeleitete Absichten zurückgingen, daß sein Gedankengebäude doch auf Vernunft beruhte.

Als Vann am 8. Juli vor den Vereinigten Stabschefs Bericht erstatten wollte, kreuzte wieder Victor Krulak seinen Weg, der Anfang Juli von einer weiteren Inspektionsreise nach Südvietnam zurückgekehrt war. Krulak berichtete McNamara, Taylor und den Joint Chiefs über seine einwöchige Visite. Die Verteilerliste der Kopien seines 129 Seiten umfassenden Berichts ist zwar nicht erhalten, doch gingen solche Dokumente in der Regel an zahlreiche Persönlichkeiten der Washingtoner Führung. Aller Wahrscheinlichkeit nach fand Krulaks Bericht über McGeorge Bundy, Kennedys Sonderberater für Fragen der nationalen Sicherheit, den Weg ins Weiße Haus und ins Büro des Justizministers.

»Die Kampfhandlungen bewegen sich einem Höhepunkt entgegen«, verkündete Brute Krulak. Die Jungs würden gemäß McNamaras Dreijahresplan heimkommen und wieder einen Krieg hinter sich gebracht haben. »General Harkins ist der Ansicht, daß man schon jetzt eine Reduzierung um 1000 Mann vornehmen könnte, ohne den Fortgang des Krieges negativ zu beeinflussen.« Wäre der Bericht — aufgrund nachrichtendienstlicher Einzelheiten und der Diskussion über die Benutzung Kambodschas durch Hanoi und die amerikanisch-vietnamesischen Vorstöße auf laotisches Gebiet — nicht als geheim eingestuft worden, so hätte man ihn sofort als Pressemitteilung benutzen können. Persönlich verfaßt hatte Krulak nur die 15 Seiten lange Einführung. Der Rest bestand aus von ihm gestellten Fragen und den entsprechenden, unter Führung des damaligen Brigadegenerals Richard Stilwell vorbereiteten Antworten. Dieser war im April in Saigon eingetroffen, um Kelleher als Operationschef abzulösen. Sein Glaube an die Autorität hatte ihn sofort dazu gebracht, die Ansichten des kommandierenden Generals zu verbreiten und jeden Dissens zu unterdrücken, in Harkins' Stab und überall, wo er ihn finden konnte. Krulak hatte sich Stilwells Antworten zu eigen gemacht und sie mit einer enthusiastischen Einführung verziert.

Die Vietcong wuchsen demnach keineswegs zu einem noch gefährlicheren Feind heran, wie Vann behauptete. Im Gegenteil, Harkins' Abnutzungsstrategie machte aus ihnen eine zum Aussterben verurteilte Spezies. »Abgefangene Dokumente haben gezeigt, daß zahlreiche Guerillas bereits mit halben Rationen auskommen müssen und dringend Medikamente benötigen ... Den Aussagen von Kriegsgefangenen zufolge ist die Moral der Vietcong aufgrund fehlender Logistik und mangelnder Unterstützung durch die Bevölkerung im Sinken«, lautete eine von Stilwells Antworten. Die neuesten nachrichtendienstlichen Erkenntnisse zeigten, daß die Zahl der kommunistisch geführten Aufständischen von einer Rekordhöhe von insgesamt 124.000 Guerillas im Januar 1963 auf eine »mit großer Verläßlichkeit« geschätzte Anzahl von 102.000 bis 107.000 im Monat Juni gesunken sei.

Was machte die kommunistisch geführten Guerillas so anfällig gegen diese Abnutzungsstrategie? Das Wehrdörferprogramm, »das Herz der Guerillabekämpfung«, wie Krulak sagte. Mitte Juni 1963 lebten 67 Prozent der Landbevölkerung Südvietnams in den 6800 Wehrdörfern, die man seit Beginn des »Unternehmens Sonnenaufgang« im April 1962 errichtet hatte. Der Großteil der Bauern schien dem Programm gegenüber »positiv eingestellt« zu sein. Ende 1963, wenn die USA und das Diem-Regime alle 11.246 im Süden geplanten Wehrdörfer errichtet hätten, würden die Vietcong totale Außenseiter darstellen. Obwohl es den Vereinigten Staaten gelungen sei, Diem zu überreden, ein Amnestieprogramm für Guerillas zu gestatten, werde die Zahl der Überläufer dramatisch zurückgehen, »weil es nicht mehr sehr viele Leute geben wird, für die dieses Amnestieprogramm in Frage kommt«, schrieb Krulak.

(Der nachrichtendienstliche Teil von Krulaks Bericht enthielt Informationen, die durchaus hätten aufhorchen lassen müssen. Der Vietcong war dabei, in den Kampfgebieten der Regenwälder nördlich Saigons mit der Aufstellung von Regimentern zu beginnen; auch die Nummer eines dieser Regimenter wurde genannt. »Spezialisten für Artillerie« wurden zu »Infanteriegeschützbataillonen« zusammengefaßt. Weiteren, unbestätigten Meldungen zufolge hatten die Vietcong rückstoßfreie 75-mm-Kanonen und 12,7-mm-Flugabwehr-MGs erhalten, die »angeblich ›versteckt‹ werden sollen, bis die Zeit für ihren Einsatz gekommen ist«. Weder Krulak noch Stilwell verstanden die Bedeutung dieser Einzelheiten. Sie nahmen offenbar mit Harkins an, Guerillaregimenter würden größere und somit leichtere Ziele darstellen.)

Einige Tage vor dem 8. Juli begann Krulaks Stab beim Directorate of Special Warfare eine Kopie von Vanns Bericht anzufordern. Die Kunde von Vanns Kampagne gegen Harkins hatte sich offenbar im Pentagon herumgesprochen und war auch Krulak zu Ohren gekommen. Da Vann nun vor den Vereinigten Stabschefs berichten sollte, wurde der übliche Kurs eingeschlagen, nichts dem Zufall zu überlassen. Vann war dabei, einen Text vorzubereiten. Er wollte ihn im »Tank« vortragen, wie der Konferenzraum der Joint Chiefs im Pentagon respektlos genannt wurde, und dazu Diapositive mit Tabellen und Landkarten zeigen. Er probte dieses Briefing vor seinen Kollegen im Direktorat, wobei er auf ihr Anraten den Text so formulierte, daß er die Aufmerksamkeit seiner hohen Zuhörer erregen würde, ohne sie durch Radikalismus oder offensichtlich gegen Harkins persönlich gerichtete Attacken vor den Kopf zu stoßen. Vanns unmittelbarer Vorgesetzter, Oberstleutnant Francis Kelly, ein früherer New Yorker Polizist, der später die Special Forces in Vietnam befehligen sollte, riet ihm, Krulak so lange wie möglich hinzuhalten.

Jeder, der im Bann von Harkins' Illusionen stand, mußte über Vanns Ausführungen empört sein. Hingegen mußte jemand, dessen Meinung nicht schon feststand, den zwölfseitigen Bericht mit seinen Tabellen und Landkarten als eindringliche Darstellung des Krieges empfinden, so wie ihn ein Mann fast ein Jahr lang im nördlichen Delta selbst erlebt hatte. Vann wollte die Informationen auf seine Erfahrungen und sein Einsatzgebiet beschränken, so daß man ihm aufgrund seiner persönlichen Kenntnis der Sachlage nicht widersprechen konnte.

Den Joint Chiefs sollte zuerst eine Landkarte gezeigt werden, auf der das nördliche Delta sich farblich vom Rest des Landes abhob. Vann wollte ihnen die Bevölkerung, die Geographie und die wirtschaftlichen Ressourcen erklären, um deutlich zu machen, was in dieser an Saigon grenzenden Hälfte der Reisschale auf dem Spiel stand. Anschließend wollte er anhand von Statistiken versuchen, gewisse Mythen zu zerstören und eine Einführung in die »Grundsätze des Guerillakriegs« zu geben, wie er sie sich angeeignet und an die Reporter weitergegeben hatte. So wollte er etwa eine Tabelle vorführen, die für die zehn Monate seiner Tätigkeit als Divisionsberater in der Zone der 7. Division insgesamt 9700 »als getötet gemeldete« Vietcong auswies. (Die Leichenzahlen aus Harkins' »Fortschrittsberichten« wollte er nicht erwähnen, da sie den Vereinigten Generalstabschefs bereits bekannt waren.) »Ich verwende den Ausdruck ›als getötet gemeldet‹«, wollte er sagen. »Tatsächlich ist die Zahl in hohem Maße irreführend. Wir, das heißt über zweihundert bei der Truppe stehende Berater, schätzen – und ich betone, daß dies nur eine Schätzung sein kann –, daß die Gesamtzahl der Getöteten sich auf weniger als zwei Drittel der genannten Zahl beläuft. Außerdem meinen wir, daß zwischen dreißig und vierzig Prozent der Getöteten keine Vietcong

waren, sondern Leute, die das Pech hatten, sich zufällig im Kampfgebiet aufzuhalten.« Die Joint Chiefs sollten auch erfahren, daß »wir niemals genügend verläßliche Nachrichten hatten, um vorbereitende Angriffe mit Flugzeugen, Artillerie oder Mörsern zu rechtfertigen«, daß aber von allen Waffen »das Gewehr . . . die
Waffe war, die man am wenigsten verwendete«. Sie sollten mit Vann die Außenposten der Divisionszone besuchen, deren Besatzungen »in ihren Betten erschossen wurden«, Caos Feldzug im Herbst 1962 mitmachen — »Pläne, die so vorsichtig
erstellt wurden, daß wir nur drei Mann verloren« — und die Baumreihen von Bac
und Tan Thoi sehen, wenn Vann eine farbige Skizze projizierte, um in einem
kurzen Bericht über die verheerenden Konsequenzen zu sprechen, die Spiegel-
fechterei im Krieg nach sich zog.

John Vann hatte nicht die Absicht, seinen Bericht vor den Joint Chiefs in
einem Lamento enden zu lassen. Er wußte, daß ihn das bei diesen Leuten nicht
weiterbringen würde, außerdem gab es dazu seiner Meinung nach keinen Anlaß.
Noch war es für einen Sieg nicht zu spät, man brauchte nur den Kurs zu ändern.
Wenn man eine andere Politik wählte und das Saigoner Regime zwang, amerikanische Ratschläge anzunehmen, »könnte man den Streitkräften des Vietcong [im
nördlichen Delta] innerhalb eines halben Jahres das Rückgrat brechen«. Die vollständige Pazifizierung der Region werde zwar Jahre dauern, doch eine das Potential Saigons voll ausschöpfende militärische Anstrengung und ein intensiver
halbjähriger Feldzug »könnten die militärischen Möglichkeiten des Vietcong . . .
von Einsätzen regulärer Verbände in Bataillonsstärke auf Überfälle lokaler
Guerillas in Zugstärke reduzieren«.

Das Briefing war für einen Montag vorgesehen. Er ließ dafür von Mary Jane
eigens eine Uniform zur Reinigung bringen. »Als er am Morgen das Haus verließ,
war keine einzige Falte an ihm«, erinnerte sie sich später. Sein Auftritt vor den
Joint Chiefs war für 14.00 Uhr vorgesehen. Er riskierte es, mit der Übersendung
seiner Vorlage an Krulak bis 10.00 Uhr zu warten, dann begab er sich in das äußere
Büro von General Earle Wheeler, dem Generalstabschef der Armee. Vielleicht
würde es in letzter Minute Fragen von Wheelers Adjutanten geben, die bereits
eine Kopie erhalten hatten.

Um etwa 11.00 Uhr, eine Stunde, nachdem Vann die Vorlage an Krulaks Stab
gesandt hatte, klingelte auf dem Schreibtisch eines Adjutanten das Telefon. Vann
hörte, wie der Adjutant den Offizier am anderen Ende der Leitung fragte: »Wer
möchte den Punkt von der Tagesordnung streichen?« Die Antwort war offenbar
nicht eindeutig.

»Ist es der Verteidigungsminister oder das Büro des Vorsitzenden?« fragte der
Adjutant. Er schien einige Klarstellungen zu erhalten. »Ist das ein Befehl oder ein
Ersuchen?« fragte er. Vom anderen Leitungsende kam eine weitere Erklärung.
»Lassen Sie mich das zusammenfassen«, sagte der Adjutant, um sicherzugehen,
daß er richtig verstanden hatte: »Der Vorsitzende ersucht, daß der Punkt gestri-

chen wird.« Er werde Taylors Ersuchen an den Stabschef weitergeben und zurückrufen, fügte er hinzu. Dann legte er auf.

»Na, Kamerad, sieht ganz so aus, als ob Ihr Briefing heute entfallen würde«, sagte er zu Vann. Dann ging er in das innere Büro, wo Wheeler arbeitete, kam kurz darauf wieder heraus und rief Taylors Büro zurück. »Der Chef ist damit einverstanden, den Punkt von der Tagesordnung zu streichen«, sagte er.

Krulak mußte gleich nach der Lektüre von Vanns Vorlage Taylor vor diesem unglaublichen Briefing gewarnt haben. Taylor handelte. Er konnte es nicht ertragen, daß man ihm in militärischen Fragen widersprach. Weder er noch Krulak glaubten, daß dieser verärgerte Emporkömmling von Oberstleutnant recht haben konnte. Es gab aber noch andere Gründe, ihn zu stoppen. Sie wollten nicht sämtliche Stabschefs mit einem solchen Dissens konfrontieren und diesen auch noch aktenkundig werden lassen. Eine Attacke gegen Harkins war vor allem eine Attacke gegen Krulak. In den Augen des Washingtoner Establishments war dessen Position zu dieser Zeit bereits mit der von Harkins identisch. Und es war auch eine Attacke gegen Taylor. Auch er hatte sich in seinen Berichten an McNamara und den Präsidenten immer sehr optimistisch gezeigt. Außerdem hatte Taylor die politische Verantwortung für die Leistungen seines Protegés in Saigon. Als es im Dezember 1961 darum gegangen war, einen General für das neue Kommando in Vietnam zu finden, mochte Kennedy den Krieg nicht Harkins anvertrauen. Er empfand ihn als zu pedantisch und wünschte sich einen jüngeren und weniger orthodoxen Mann, von dem er sich Ideen erhoffte. Taylor überredete den Präsidenten, Harkins zu nehmen. Er versicherte ihm, daß dieser genau die benötigten Talente besaß.

Wollte man Vann zum Schweigen bringen, so war von seiten Wheelers keinerlei Widerstand zu erwarten. Er war der prominente Armeegeneral, der die von den Joint Chiefs entsandte Delegation geleitet hatte. Er war der Mann, der die bisher wichtigste Untersuchung des Krieges geführt hatte, indem er, statt Harkins zu überprüfen, sich auf eine von ihm organisierte Rundreise begab und auf Krulak hörte, Harkins' Bekannten und Gleichgesinnten. Wheeler war vor dem 8. Juli über die Inhalte von Vanns Briefing offenbar nicht informiert gewesen. Der Termin war von seinem Stellvertreter Hamlett, der bald in den Ruhestand treten sollte, in eigener Verantwortung festgesetzt worden, nachdem Vann ihm berichtet hatte. Zudem war auch Wheeler ein Protegé Taylors, er verdankte ihm seine Position als Generalstabschef. Taylor hatte im Sommer des Vorjahrs seinen Einfluß beim Präsidenten geltend gemacht, damit dieser ihn zum Armeechef ernannte. Wheeler war fünfundfünfzig, schlank und höflich in der Art Taylors, jedoch ohne dessen Reserviertheit. Seine Kollegen von den anderen Teilstreitkräften schätzten ihn aufgrund seiner freundlichen und unparteiischen Haltung in dienstlichen Angelegenheiten. Sein Spitzname lautete Bus. Er war der kompetente Stabsoffizier, der ein Gewinn für jede Armee ist, solange er jemanden über sich hat, der das

Denken besorgt. War er sich selbst überlassen, dann zeigte sich die Begrenztheit des Schreibtischsoldaten anhand seiner orthodoxen Reaktionen und der Leichtgläubigkeit, die er den rotumrandeten Dokumenten mit dem Vermerk »Streng geheim« ebenso entgegenbrachte wie den vertraulichen Worten eines Kollegen mit Sternen und goldener Borte.

In seiner Wut und Verzweiflung machte Vann Krulak und Taylor für seine Niederlage verantwortlich, gab aber auch sich selbst die Schuld. Er hatte einen Fehler begangen, indem er Harkins geholfen hatte, den Mythos vom bevorstehenden Sieg zu schaffen: Er selbst hatte für die Generäle und Beamten aus Washington diese »Hunde- und Ponyshow-Briefings« mit Cao inszeniert, weil er glaubte, er könne Landsdale nachahmen und Cao zu seinem Instrument machen, um die Vietcong zu vernichten. »Auch wir waren ein Teil der großen Lüge, die man allen vorführte, die dort hinüberkamen«, sagte er, zwei Wochen nachdem man ihm seinen Vortrag vor den Joint Chiefs gestrichen hatte, in einem Gespräch mit einem Armeehistoriker. Das Interview wurde als streng geheim eingestuft, Niederschrift und Bandaufnahme verschwanden in einem Aktenschrank.

Krulak konnte sich an den Zwischenfall mit dem Briefing nicht erinnern, als er lange Zeit danach darüber befragt wurde. Er war aber überzeugt, daß er nicht versucht hatte, Vann in die Quere zu kommen. Wie das vielbeschäftigten Persönlichkeiten bei solchen Episoden oft passiert, schien er tatsächlich vergessen zu haben, welche Rolle er damals gespielt hatte.

Es gelang ihnen nicht, ihn zum Schweigen zu bringen. Die Schüler, die er in Vietnam zurückgelassen hatte, sprachen an seiner Statt. Es bedurfte dazu keiner transpazifischen Indiskretionen. Wir hatten seine Lektionen so gut gelernt, daß wir aus eigener Kraft weitermachen konnten. Als Vann im Juli in einem seiner Briefe auf unsere mutige Berichterstattung über die Buddhistenkrise einging, dankte ihm Halberstam in seinem Antwortbrief dafür: »Das war der Moment, alles zu riskieren und unsere ganze Munition zu verschießen — solange die Leute wirklich zusahen.« Und weiter: »Die ganze Zeit denken wir an Sie und reden von Ihnen, und wenn wir schreiben, sind wir oft im Geist bei Ihnen. Aber wichtiger ist, und das sollten Sie wissen, daß das, was wir von Ihnen über das Mekong-Delta gelernt haben, von entscheidender Bedeutung für unsere Berichterstattung ist, daß es jetzt fast unmöglich ist, uns etwas vorzumachen, daß wir ... genau wissen, worauf wir zu achten haben und was der Kern der Sache ist. Gegen die kolossalen Anstrengungen, die man hier unternimmt, um uns reinzulegen, haben wir die geistigen Schutzwesten angelegt, die Sie uns gegeben haben.«

Anfang August erhielten wir Informationen über das Ausmaß der Fortschritte, die der Vietcong im Delta machte. Wir erfuhren davon relativ spät, weil es uns aufgrund der buddhistischen Demonstrationen und weiterer Selbstmorddrohungen seit Juni unmöglich gewesen war, Saigon zu verlassen. Mert Perry von »Time« kam etwas über ein schweres Gefecht in der Provinz Kien Hoa zu Ohren, bei dem im Juli elf Hubschrauber getroffen worden waren. Von einem gemeinsamen Marsch durch die Reisfelder kannte ich den Berater des Bataillons, das bei diesem Gefecht mit dem Vietcong zusammengestoßen war. Als er Anfang August nach Saigon auf Wochenendurlaub kam, begegnete ich ihm zufällig auf der Straße. Er hatte noch nie Guerillas gesehen, die so zu kämpfen verstanden. Sie schienen den 300 Mann seines Bataillons auch zahlenmäßig überlegen zu sein, auf jeden Fall aber, was die Kampfkraft betraf. Ein solches Trommelfeuer aus automatischen Waffen war ihm noch nicht untergekommen. Die Guerillas hatten die Saigoner Truppen sofort festgenagelt und nicht mehr von der Stelle kommen lassen, bis sie den Kampf bei Einbruch der Nacht schließlich abbrachen, und dies trotz des MG- und Raketenbeschusses durch Kampfhubschrauber und wiederholter Jagdbomberangriffe. Hätten die Vietcong den Mut besessen, aus ihren Stellungen in den Baumreihen herauszukommen und vorzurücken, wäre es ihnen bestimmt gelungen, eine Kompanie oder sogar das ganze Bataillon zu überrennen, meinte der Captain. Sein Partner, ein immer schon etwas zaghafter ARVN-Hauptmann, war nun durch den Zusammenstoß mit diesem neuen Vietcong völlig eingeschüchtert.

Ungefähr zur gleichen Zeit kehrte Pham Van Dong, ein ARVN-Oberst, dessen Fähigkeiten wir und fast alle Berater schätzten — er trug den gleichen Namen wie der Premierminister in Hanoi —, in Alarmstimmung von einer Tour durch das Delta zurück. Die Eskalation des Kampfes gegen seine Armee und die USA erinnerte ihn an das Erstarken der Vietminh im Krieg gegen die Franzosen. Oberst Dong gehörte einer ethnischen Minderheit im Norden an. Er hatte sein Offizierspatent in der französischen Armee erhalten, also nicht in Bao Dais vietnamesischer Nationalarmee, und war einer der beiden ARVN-Offiziere, die im regulären französischen Expeditionskorps eine Einheit in Brigadestärke befehligt hatten. (Harkins hatte im Dezember versehentlich seine Ablösung als stellvertretender Kommandeur des III. Korps bewirkt, indem er Diem in einem Schreiben empfahl, ihn zum Brigadegeneral zu machen. »Nun wird mich Diem garantiert hinauswerfen«, sagte Dong, als er einen Durchschlag des Briefes erhielt, den ihm Harkins zusandte, um ihm Freude zu bereiten. »Wenn mich die Amerikaner so gern haben, wird Diem glauben, daß sie mich für einen Putsch verwenden könnten.« Ein paar Wochen später ernannte Diem Oberst Dong zum Wehrdorf-Inspektor.)

Solche warnenden Vorzeichen erforderten natürlich, daß man darüber berichtete. Da mit dieser neuen Story viele Recherchen verbunden sein würden und die Buddhistenkrise unsere Zeit und Energie völlig in Anspruch nahm, beschlossen Halberstam und ich, mit Perry ein Team zu bilden. Oberst Dong war einer unserer hilfreichsten Informanten. Von einem General des Vereinigten Generalstabs, einem früheren Untergebenen aus der Zeit des Kolonialkriegs, erhielt er die benötigten Statistiken und Einzelheiten über die Aufstellung der neuen, verstärkten Vietcong-Bataillone. Ich verbrachte einen Abend bei ihm zu Hause, um alle Informationen zu kopieren. Trotz der Lügen, die Cao verbreitete, schafften es die Nachrichtenoffiziere der ARVN im Delta immer noch, eine Menge seriöser Informationen nach oben weiterzugeben. Der Vereinigte Generalstab schien diese Daten nicht an den Präsidentenpalast weiterzuleiten, da sie dort unerwünscht waren. Harkins' Nachrichtenstab ignorierte sie ebenfalls; die US-Nachrichtenoffiziere wußten, daß sie ihrem Chef in gleicher Weise unwillkommen waren. Oberst Dongs Vergleich zwischen den Vorgängen im Delta und dem französischen Indochinakrieg gründete in einem Gefühl des *déjà vu*. In der Zeit von Ende 1949 bis Herbst 1950, als Giap seine ersten Vietminh in kriegsstarke Divisionen umwandelte und an der *Route Coloniale 4* in der Nähe der chinesischen Grenze das Massaker an den französischen Truppen vorbereitete, das bereits Dien Bien Phu ankündigen sollte, hatte das französische Oberkommando für die Berichte von einem »neuen Vietminh«, der die Truppen Frankreichs in diesem Karstgebiet weit im Norden verwegen herausforderte, nur ein Lachen übriggehabt.

Wir überprüften und ergänzten die Informationen aus dem Vereinigten Generalstab anhand weiterer vietnamesischer und amerikanischer Quellen. Halberstam fuhr eines Nachmittags ins Seminar hinunter, um mit einigen Captains zu sprechen, deren Dienstzeit bald ablief und die den im Delta eintretenden Wechsel beobachteten. Die Leute von der CIA und der AID, die den amerikanischen Teil des Wehrdörferprogramms leiteten, begannen sich Sorgen zu machen und waren nun ebenfalls aufrichtiger. Die Vietcong hatten begonnen, die verhaßten Palisaden buchstäblich niederzureißen. Die Taktik der Guerillas bestand darin, vor allem die Außenposten der Miliz zu zerstören, die sich in oder neben den Wehrdörfern befanden. Die unbezahlt kämpfenden Milizionäre wurden entwaffnet und überredet, das Lager zu wechseln; oder sie entpuppten sich ohnehin als Dorfguerillas. Den Bauern wurde gesagt, es stünde ihnen frei, in ihre Heimatdörfer zurückzukehren. Bevor sie weggingen, rissen sie die Blechdächer ab, um sie beim Wiederaufbau ihrer alten Häuser zu verwenden. Hatten die Saigoner Behörden sie gezwungen, die Häuser mit Schilf oder Palmblättern zu decken, weil kein Blech vorhanden war, dann sollten die Bauern die Dächer zerstören, um die Häuser unbewohnbar zu machen. Sie sollten auch die Stacheldrahtumzäunungen entfernen — die »amerikanischen Spaghetti«, wie einige Saigoner Witzbolde sie nannten — und den Stacheldraht in kurze Stücke schneiden. Damit wollte man allen sichtbar machen, daß die Sache Ho Chi Minhs über das Programm der Amerikaner und ihrer vietnamesischen Handlanger triumphierte. Die Stacheldrahtstücke wurden nicht weggeworfen, sondern fanden als Geschosse in Sprengladungen und Minen Verwendung.

Es ergab sich, daß Perry und ich freiwillig bei Halberstams Berichten mithalfen, da er der einzige war, der es schaffte, unsere Entdeckungen sofort in Druck gehen zu lassen. Als Reporter einer Nachrichtenagentur mußte ich die Informationen durchgeben, sobald ich sie bekam, weil ich für Presse- und Rundfunkeinrichtungen in der ganzen Welt arbeitete, und nicht für eine einzige Zeitung. Da es zu einer Welle von Selbstverbrennungen und Demonstrationen kam, hatte ich nicht genug Zeit, selbst über die Aufrüstung des Vietcong zu schreiben. Halberstam hatte es natürlich mit dem Schreiben eilig und konnte nicht warten. Ich mußte mich damit begnügen, das Material für spätere Analysen zu benutzen. Perrys Bericht an »Time« verschwand in einer Schublade. Der verstorbene Henry Luce und Otto Fuerbringer, sein Chef vom Dienst, waren über die Berichte aus Vietnam ebenso unglücklich wie Harkins selbst.

Am 15. August 1963 — etwas mehr als fünf Wochen nach Vanns Tag des Zorns und der Verzweiflung im Pentagon — erschien eine aktualisierte Version von Vanns Einschätzung des Krieges unter Halberstams Namen auf der Titelseite der »New York Times«. Halberstam wagte es nicht, rundheraus zu sagen, daß der Vietcong dabei war, den Krieg zu gewinnen. So etwas riskierte damals noch keiner der ständigen Korrespondenten. Er wußte, daß die Redaktion in New York über seine Berichte erschrocken war. Die unumwundene Feststellung, der Vietcong sei im Begriff zu siegen, hätte sie noch nervöser gemacht. Man hätte eine solche Aussage als subjektiv aufgefaßt und sich geweigert, sie zu drucken. Halberstam hatte sich daher entschlossen, die Fakten für sich sprechen zu lassen. Der für den Titel Verantwortliche erkannte, was gemeint war, und überschrieb den Artikel mit VIETNAM: ERFOLGE DER ROTEN IN SCHLÜSSELREGION.

»Die militärische Situation Südvietnams im lebenswichtigen Mekong-Delta hat sich im letzten Jahr verschlechtert. Informierte Beamte weisen auf drohende Vorzeichen hin«, so begann Halberstams Bericht. In der von ihm als guter Reportagestil empfohlenen Trommelfeuermanier nannte er eine Flut von Fakten, um die kommunistische Aufrüstung zu beschreiben. Noch vor einem Jahr habe keine der Guerilla-Einheiten mehr als 250 Mann umfaßt. Gegenwärtig seien die Vietcong schon in Verbänden von »600 und sogar 1000 Mann« massiert, wie er mit Bezug auf eine Meldung schrieb, der zufolge zwei verstärkte Bataillone sich als Verband durchs Land bewegten. Vor einem Jahr noch seien die Vietcong der ARVN aus dem Weg gegangen und hätten ihre Angriffe auf die unterlegenen Zivilgarden und die SDC-Miliz konzentriert. Heute suchten sie aufgrund ihrer »neuen Stärke ... dank erbeuteter US-Waffen den Kampf« mit den regulären Saigoner Einheiten. »Sie sind fast stolz darauf«, schrieb er, einen ungenannten US-Berater zitierend. Saigoner Kommandeure »haben in ihren Gebieten Bataillone gesichtet, die sie nicht identifizieren können«. Und »was noch bedrohlicher ist«, hieß es weiter, »die Vietcong stellen einheitliche Bataillone auf«. Diese umfaßten je 400 Mann und bestünden aus drei Schützenkompanien und einer schweren Einheit. »Immer größere Mengen von Waffen und Munition kommunistischer Provenienz« würden in den Süden geschmuggelt, um die erbeuteten US-Waffen zu ergänzen. Auch die »Funkverbindungen der Guerillas« seien »gewaltig verbessert« worden. Der Zweck dieser Vorbereitungen sei noch alarmierender. Halberstam zitierte die Warnung einer »informierten Quelle«, daß die Führung in Hanoi auf eine Strategie des »schnellen, beweglichen und harten Zuschlagens« hinarbeite, um die ARVN niederzukämpfen.

Halberstam, ich und die anderen Korrespondenten hatten die Buddhistenkrise ebenso aufgegriffen wie zuvor Ap Bac. Wir hatten sie als Beweis dafür präsentiert, daß das Regime nicht nur militärisch, sondern auch politisch am Ende war. Harkins hatte sich auf das Argument zurückgezogen, in den Städten habe sich in der Buddhistenbewegung zwar Unzufriedenheit artikuliert, die erfolgreiche Weiterführung des Krieges in den Landgebieten sei dadurch aber nicht behindert worden. Bevor Krulak im Juli Vanns Briefing vor den Joint Chiefs sabotierte, hatte er sich in dem Bericht über seine letzte Vietnamreise Harkins' Argument angeschlossen. Halberstams Artikel vom 15. August war nun eine gezielte Enthüllung der Wahrheit, eine Faktenbombe, die Harkins' neuestes Illusionstheater hinwegblasen und die Administration zwingen sollte, die Realität der sich abzeichnenden Niederlage zu akzeptieren.

Der Bericht schlug in Washington tatsächlich wie eine Bombe ein, was jedoch die Illusionen keineswegs aus der Welt schaffte, wie Halberstam, Perry und ich gehofft hatten. Kennedy fragte nach, ob an der Geschichte etwas Wahres sei. Krulak wandte sich an Harkins, und Stilwell sandte über Fernschreiber ein langes Memorandum, in dem er Halberstam Punkt für Punkt widerlegte. Durch Stilwell und Krulak und ihre eigene Verblendung vertrauten Kennedy und die Mehrheit der Regierungsmitglieder weiterhin den Generälen. Dean Rusk gab sich auf einer Pressekonferenz des Außenministeriums große Mühe, Halberstams Artikel am Tag nach seinem Erscheinen als Verdrehung der Wahrheit zu verurteilen.

Es war eigenartig, daß ausgerechnet Krulak damals zur Aufrechterhaltung und Verbreitung von Harkins' Illusionen beitrug. Sein Talent zum Kriegführen war zu groß, als daß er ewig blind bleiben konnte. Als er einige Jahre danach die Vergeblichkeit der vielgepriesenen Abnutzungsstrategie erkannte und versuchte, das System, dem er diente, zu rationalem Handeln zu bewegen, sollte er die gleichen Qualen erleiden wie Vann vor ihm.

Ende Sommer 1963 war die Behauptung, junge Reporter vor Ort erfänden schlechte Nachrichten, lächerlicher denn je; die Mehrheit der in Asien tätigen Korrespondenten, die regelmäßig nach Vietnam kamen, sahen den Krieg im wesentlichen wie wir. Dazu gehörten Peter Kalischer und Bernard Kalb von CBS, James Robinson von NBC, Stanley Karnow, der zuerst für »Time« und 1963 bei der »Saturday Evening Post« arbeitete, Pepper Martin vom »U.S. News & World

Report« und Charles Mohr, der Chefkorrespondent von »Time« für Südostasien. Diese Leute ließen sich nicht von einem Haufen junger Reporter hinters Licht führen. Die amerikanische Botschaft, Harkins' Hauptquartier und das Regime waren über die Reportagen der meisten dieser Besucher niemals froh gewesen. Einen Monat, nachdem die Ngo Dinh François Sully von »Newsweek« hinausgeworfen hatten, wurde Robinson von Diem des Landes verwiesen. Er durfte erst neun Monate später wieder einreisen.

Jedem amerikanischen Journalisten, der den Krieg sah wie wir, standen andere gegenüber, die darauf bedacht waren, sich die offizielle Sicht der Dinge zu eigen zu machen und zu verteidigen. Diese Leute konnten sich einfach nicht vorstellen, daß die militärische und politische Führung so massiv versagte – das war noch nie dagewesen. Ein Beispiel dafür war eine bekannte Auslandskorrespondentin, die in der Branche ein Ansehen genoß, wie es Halberstam 1963 noch fehlte: Marguerite Higgins von der »New York Herald Tribune«. Sie hatte 1951 für ihre unerschrockene Berichterstattung über die anfänglichen Niederlagen in Korea den Pulitzerpreis bekommen. Die von den Joint Chiefs entsandte Kommission hatte empfohlen, »reife und verantwortungsbewußte Journalisten« zu ermuntern, sich nach Vietnam zu begeben, um die hysterischen Meldungen der dort tätigen Reporter zurechtzurücken. Auf Drängen des Pentagons flog Miss Higgins daraufhin im August nach Saigon. Während ihres vierwöchigen Aufenthalts in Südvietnam verfaßte sie eine Reihe von Berichten, denen zufolge die Buddhistenkrise eine Erfindung machiavellistischer Mönche und einfältiger Reporter war, General Harkins und das Diem-Regime gerade den Vietcong besiegten und einige »Reporter hier gerne hätten, daß wir den Krieg verlieren, nur um zu beweisen, daß sie recht haben«.

Joseph Alsop, der Vann 1963 noch nicht kannte und ihm damals auch nicht recht gegeben hätte, kam im September nach Vietnam und beschuldigte uns, Diems Autorität zu untergraben, so wie angeblich im Zweiten Weltkrieg einige Korrespondenten mitgeholfen hätten, Tschiang Kai-shek zu diskreditieren, indem sie die Aufmerksamkeit auf die Korruption und Inkompetenz seines Regimes lenkten. Unsere Berichterstattung lief auf einen »weiteren dieser ungeheuerlichen Kreuzzüge« hinaus, wie Alsop in einer seiner Spalten schrieb. »Der ständige Druck der Reporterkampagne auf sein Regime hat auch stark dazu beigetragen, daß aus Diem, einem mutigen und durchaus entwicklungsfähigen nationalen Führer, ein Mann mit galoppierendem Verfolgungswahn geworden ist, der an allen Ecken und Enden Komplotte wittert und deshalb alles falsch auslegt.« Alsop machte sich die Harkins-Krulak-Linie zu eigen, der zufolge die Buddhistenkrise in den Städten politische Unruhen verursacht hatte, während in den ländlichen Gebieten der Krieg planmäßig weiterging. Wir hätten, so Alsop, fälschlicherweise »ein düsteres und empörendes Bild« der militärischen Situation gezeichnet. Er riet uns, weniger Zeit bei Demonstrationen und Selbstmorden zu verbringen und uns mehr »an der kämpfenden Front« umzusehen. Für den Krieg, so wie wir ihn erlebt hatten, meinte Halberstam, sei das schon ein recht drolliger Ausdruck. Halberstam bekam mit seiner Redaktion in New York ernsthafte Schwierigkeiten. Er kämpfte gleichermaßen um sein berufliches Überleben wie für den Sieg im Krieg. Die »Times« hielt nichts von Kreuzzugsjournalismus; mochten einige von Halberstams Lesern überzeugt sein, daß er das Regime und den Krieg richtig einschätzte, seine Vorgesetzten waren es nicht. Die beiden höchstrangigen New Yorker Nachrichtenredakteure, Turner Catledge, der Chef vom Dienst, und sein Stellvertreter, der mit Margaret Truman verheiratete Clifton Daniel, waren Südstaatler und Zeitungsmenschen der Wirtschaftskrisen- und Weltkriegsgeneration. Sie empfanden kein Bedürfnis, die »Times« der Administration als Propagandaplattform zur Verfügung zu stellen, sondern freuten sich über einen gelegentlichen Krach mit der jeweils amtierenden Regierung. Halberstam hatte die Zeitung jedoch in eine ständige Opposition zur Kennedy-Administration gedrängt. Das Vietnam-Jahrzehnt sollte das Denken von Catledge und Daniel verändern. Beide sollten Verfechter einer aggressiven und streng unabhängigen Presse werden; 1963 war ihnen diese Oppositionsrolle allerdings noch neu und gefiel ihnen überhaupt nicht. Die Geschäftsleitung der »Times« hatte auch die Kontroverse wegen Herbert Matthews' wohlwollender Berichterstattung über die vorkommunistische Phase von Castros Revolution in Kuba noch nicht vergessen. Sie fürchtete, Halberstam könnte ihr nun einen ähnlichen Skandal bescheren. Diems Anhänger in der Presse wie etwa Alsop, dessen Ton die Hexenjagd der fünfziger Jahre heraufbeschwor, als es um die Frage gegangen war, wer China »verspielt« habe, zögerten nicht, diese Furcht auszunutzen. Anfang September begannen »New York Journal-American« und die anderen Hearst-Zeitungen Halberstam zu beschuldigen, dem Kommunismus gegenüber naiv zu sein und einem vietnamesischen Fidel Castro den Weg zu bahnen.

Die Zweifel an Halberstams Berichterstattung wuchsen, wenn man in die unteren Etagen der »Times«-Redaktion hinabstieg, weil hier noch Verärgerung hinzukam. Halberstams Stärke als Journalist lag darin, daß er seine ganze Zeit und Energie auf eine Story verwandte, sie lag im Gewicht und in der Qualität der Information, die diesem Engagement entsprang, und der Geschwindigkeit, mit der er unter Termindruck schreiben konnte. Im August und im September verweigerte uns das Regime de facto drei Wochen lang die Benutzung des Telegrafenamts, indem es eine Zensur verhängte, die lediglich Propagandameldungen durchließ. Wir mußten sämtliche Berichte mit Linienflugzeugen abschicken und aus anderen Städten Südostasiens telegrafisch übermitteln lassen. Eines Morgens kamen vier verschiedene Artikel mit insgesamt 4000 Worten aus Halberstams Schreibmaschine hervorgesprudelt, gerade noch rechtzeitig, um mit der Mittagsmaschine von Tan Son Nhut abzugehen: der Nachrichtenbericht des Tages, ein Artikel über eine damit verbundene Entwicklung, das Porträt einer Persönlichkeit, von der in den Tagesmeldungen die Rede war, und eine Analyse für den Wochenrückblick in der »Sunday Times«. Emanuel Freedman, zuständig für Auslandsnachrichten, und Nathaniel Gerstenzang, sein verantwortlicher Redakteur, waren niemals Reporter gewesen. Sie hatten keine Ahnung von der Anspannung, unter der Halberstam arbeitete. Anstatt Halberstams Stärken zu schätzen, sahen sie nur seine chronischen Fehler: die überlangen Sätze, den fehlerhaften Satzbau, Berichte, die länger waren, als die Story ihrer Meinung nach rechtfertigte. Durch ihre Vorliebe für Klarheit fielen ihnen immer nur die Schwächen auf; das gleiche bewirkten die Klagen der Redakteure, die jeden Abend zu kämpfen hatten, ehe Halberstams Berichte druckreif waren.

Durch diese Ärgernisse verstärkt, kamen die Zweifel ganz massiv, als Marguerite Higgins in Saigon eingetroffen war und sich daranmachte, allem, was Halberstam schrieb, zu widersprechen. Die Auslandsredaktion setzte ihm mit Telegrammen zu, in denen unterstellt wurde, daß sie mit ihren Artikeln vielleicht recht habe. Er solle sich vorsichtiger ausdrücken oder seine Darstellungsweise ändern. Halberstam war wütend und verzweifelt, als nach allen diesen Monaten ihm seine eigenen Redakteure nicht glaubten. Er verlor völlig die Beherrschung. »Gerstenzang, wenn Sie noch einmal den Namen dieser Frau erwähnen, dann gehe ich, wiederhole, dann gehe ich, und das ist mein Ernst, wiederhole, mein Ernst«, telegrafierte er, als ihn eine erneute Anfrage rasend machte. In New York wollte man Halberstam nicht von Saigon abziehen oder hinausekeln, da sich die Zeitung dadurch vielleicht dem Vorwurf der Feigheit ausgesetzt hätte. Die Anfragen wurden eingestellt, doch die Zweifel blieben.

Wie wenig seine New Yorker Redakteure Halberstam Glauben schenkten, und wie sehr sie statt dessen der Regierung vertrauten, zeigte sich Ende August, als das Regime Massenverhaftungen vornahm und die US-Botschaft und die CIA der Administration eine Version lieferten, die das Gegenteil dessen war, was Halberstam berichtete. Das Außenministerium veröffentlichte in Washington die offizielle Version. Die New Yorker Redakteure wollten sie auf der Titelseite abdrucken und Halberstams Bericht im Inneren des Blatts begraben. Das Unternehmen wurde vom Leiter des Washingtoner Büros Scotty Reston gestoppt, der Halberstam zur »Times« geholt hatte und ihn zu schützen versuchte. Er wehrte sich dagegen, daß man den »Mann vor Ort« desavouierte. Er überredete die Redaktion, beide Versionen nebeneinander auf die Titelseite zu setzen, unter derselben Überschrift und mit der Bemerkung, der Widerspruch spiegle »die wirre Situation in Südvietnam« wider. So etwas hatte es bei der »Times« noch nie gegeben. Drei Tage später wurde das Außenministerium durch die Ereignisse gezwungen, die offizielle Version zurückzunehmen.

Ebenso wie über die radikal kritische Art seiner Berichterstattung waren Catledge und Daniel in New York auch über Halberstams persönliches Verhalten bestürzt. Sie hatten davon durch Journalisten und durch die Klagen von Beamten des Außenministeriums und des Pentagons erfahren. Als Adolph Ochs 1896 eine bankrotte Zeitung kaufte und die moderne »New York Times« gründete, hatte er die Londoner »Times« vor Augen gehabt. Er wollte eine Zeitung, die solide, umfassende und verläßliche Informationen lieferte. Anfang der sechziger Jahre ließ sich diese Zeitung immer noch durch die Anekdote von dem englischen Butler charakterisieren, der seinem adeligen Herrn mitteilt, es sei ein halbes Dutzend Reporter eingetroffen, um ihn zu interviewen: »Fünf Leute von der Presse und ein Gentleman von ›The Times‹ warten auf Sie.« Die »New York Times« versuchte nicht, das Privatleben ihrer Korrespondenten zu überwachen, wünschte jedoch, daß sie in der Öffentlichkeit gewisse Formen wahrten. Von einem »Times«-Reporter erwartete man einfach nicht, daß er sich in Halberstams heftiger Art danebenbenahm.

Jeder von uns machte den Kampf zu seinem Kampf, doch Halberstam mehr als alle anderen. Alle von uns empfanden für Harkins Verachtung, aber wir übrigen beachteten die Anstandsregeln und verhielten uns ihm gegenüber höflich. Halberstam zeigte ihm seine Verachtung ganz offen. Als am 4. Juli in der Residenz des Botschafters wie jedes Jahr ein Empfang stattfand, weigerte er sich, ihm die Hand zu reichen, und brachte damit einen General in Verlegenheit, der an eine Welt gewöhnt war, in der man seine feindseligen Gefühle verbarg.

Richard Holbrooke, der dann unter Carter mit fünfunddreißig der jüngste Staatssekretär für Fernostangelegenheiten aller Zeiten wurde, erinnerte sich Jahre später an ein Abendessen im Sommer 1963 in einem französischen Restaurant in Saigon. Holbrooke war damals ein frischgebackener Beamter des Foreign Service und in einer Provinz des südlichen Deltas als Pazifizierungsberater tätig. Wir hatten ihn eingeladen, mit uns essen zu gehen, wie wir das nach einem langen Tag oft taten. Halberstam fing an, sich darüber auszulassen, daß dieses Schwein von Harkins Berichte fälschte und das Leben von Amerikanern und Vietnamesen vergeudete. Je mehr er sprach, desto zorniger und lauter wurde er. Schließlich erhob er seine riesige Faust, schlug auf den Tisch und beendete die Tirade mit den Worten: »Paul D. Harkins sollte vors Kriegsgericht gestellt und erschossen werden!« Holbrooke blickte unauffällig im Restaurant umher. Hoffentlich war niemand da, der ihn kannte.

Es gab keine amerikanischen Anstandsregeln, die uns Zurückhaltung in der Konfrontation mit dem Regime auferlegten. Die Ngo Dinh wollten, wie Madame Nhu sagte, die Mönche und die buddhistischen Gläubigen verprügeln, die mit ihnen auf die Straße gingen, doch sie wollten es tun, ohne dabei beobachtet zu werden. Die Anwesenheit ausländischer Korrespondenten ließ die Buddhistenführer hoffen, daß bei Fortsetzung ihrer Kampagne sympathisierende Offiziere schließlich gegen das Regime vorgehen würden oder der Meinungsumschwung in den USA und der übrigen Welt die Kennedy-Administration dazu bringen könnte, einen Putsch zu unterstützen. Im Juli war ihnen klar geworden, daß der Friede mit der Familie, der schon seit jeher schwer möglich schien, nun ganz gewiß nicht mehr aufrechtzuerhalten war, und daß sie nach gewaltsamer Wiederherstellung der Ruhe einer nach dem anderen ins Gefängnis wandern würden. Die Mönche und ihre ständig anwachsende Gefolgschaft waren bereit zu sterben, um das Regime zu stürzen. »Auf den orangen Gewändern ist Blut«, rief ein Mönch durch einen der batteriegespeisten tragbaren Lautsprecher, deren — ebenso wie der Vervielfältigungsmaschinen für ihre Pamphlete — sich diese antik aussehenden Gestalten schnell zu bedienen wußten. Die Menge gab zur Antwort, daß sie bereit war, für die gemeinsame Sache noch mehr Blut zu vergießen.

Die Ngo Dinh begriffen nicht, daß sie den Buddhisten mit jeder repressiven Maßnahme neuen Zulauf verschafften. Sie begriffen jedoch, daß Photos, Fernsehberichte und Zeitungsartikel über Unterdrückungsmaßnahmen und Selbstverbrennungen die schlechtestmögliche Propaganda für ihr Regime waren. Wenn bei einer Demonstration die Stunde der Wahrheit kam, knieten die Mönche, Nonnen und Gläubigen zum Gebet auf der Straße nieder. Kampfeinheiten der Polizei mit Helmen und Tarnuniformen, die von der CIA ausgebildet und bewaffnet worden waren, um in den Weilern auf Guerillajagd zu gehen, fielen dann über die Knienden mit Fußtritten und Schlagstöcken her. Sie packten die Mädchen in den weißen *ao dai* an ihrem langen schwarzen Haar und zerschlugen ihnen mit Knüppeln und Pistolengriffen die Gesichter, ehe sie sie auf Lastwagen zusammenpferchten, um sie ins Gefängnis zu transportieren. Die Ngo Dinh scheuten sich, uns als Gruppe des Landes zu verweisen. Sie befürchteten einen Aufschrei im Kongreß; das konnte die Militär- und Wirtschaftshilfe unterbrechen, von der der Süden abhängig war, und einen Putsch verzweifelter ARVN-Offiziere auslösen. Sie zogen es daher vor, uns Angst einzujagen, damit wir den Demonstrationen fernblieben.

Am Morgen des 7. Juli warteten wir auf den Beginn einer Demonstration, die von einer der kleinen Pagoden der Stadt ihren Ausgang nehmen sollte. Plötzlich fiel ein halbes Dutzend in Zivil gekleidete Sûreté-Beamte über Peter Arnett her. Der Ort war für einen Hinterhalt ideal, da wir mit den Männern von der Sûreté und uniformierten Polizisten in eine enge, ungepflasterte Seitenstraße gedrängt worden waren, die von der Hauptstraße zur Pagode führte. Die Sûreté-Leute warfen Arnett zu Boden, um ihn mit ihren modisch spitzen Schuhen in die Nieren zu treten. Bevor es ihnen gelang, Arnett ernstlich zu verletzen, ging Halberstam brüllend zum Gegenangriff über. Er rempelte die schmächtigen Vietnamesen zur Seite, stellte sich mit vorgebeugten Grizzlybärenschultern und erhobenen Riesenfäusten über Arnett und schrie: »Weg, ihr Hundskerle, weg, oder ich prügle euch die Scheiße aus dem Bauch.« Einige von uns zogen Arnett wieder hoch. Malcolm Browne schaffte es, den hinter Halberstam in Deckung gegangenen Arnett zu photographieren, als plötzlich hinter ihm ein Zivilist auftauchte und ihm die Kamera mit einem Stein zerschlug. Der Film wurde jedoch nicht beschädigt. Die Sûreté-Leute zogen sich zurück. Offenbar hatten sie den Auftrag, keine Schlagstöcke zu benutzen, und mit den bloßen Händen war ihnen Halberstam zuviel. Die Polizisten unternahmen nichts, um uns zu schützen. Arnett kam mit einigen Abschürfungen und Quetschungen davon.

Am folgenden Tag wurde er mit Browne zusammen auf ein Polizeirevier beordert und vier Stunden lang verhört. Man behauptete, sie hätten die Leute von der Sûreté »angegriffen«. Von verschiedenen Stellen war zu erfahren, die Familie wolle den Zwischenfall benutzen, um Arnett und Browne zu verhaften und wegen Körperverletzung strafrechtlich zu verfolgen. Einen Bericht gleichen Inhalts fing die CIA von der Polizei auf. Einige regelmäßige Vietnambesucher wie Kalischer von CBS waren ebenfalls in der Seitenstraße gewesen und hatten den Vorfall beobachtet. Sie schlossen sich unserem an Präsident Kennedy gerichteten Protesttelegramm an. Er antwortete darauf, indem er Robert Manning losschickte, einen ehemaligen »Time«-Korrespondenten, der damals Staatssekretär für öffentliche Angelegenheiten war. Manning war ein freundlicher und geduldiger Mensch, der nach seiner Zeit im Staatsdienst Chefredakteur von »Atlantic Monthly« werden sollte. Er hörte sich unsere Klagen über den Überfall nebst unseren anderen Kümmernissen an und überredete Diem, keine gerichtlichen Schritte gegen uns einzuleiten.

Die Ngo Dinh stellten das Verprügeln von Reportern vorübergehend ein und wechselten zur finsteren Taktik der Morddrohungen. Insbesondere bei Nhu und seiner Frau konnte man nie wissen, ob sie einen Nervenkrieg führten und blufften oder ihre Drohung wahr machen wollten. Als Madame Nhu einem britischen Korrespondenten sagte, daß man Halberstam grillen sollte und sie sich liebend gerne um Brennspiritus und Streichhölzer kümmern würde, konnte man noch nicht wissen, daß das ernstgemeint war.

Den ersten Hinweis bekamen wir von der Polizei. Auch hier war die Verdrossenheit zu spüren, die große Teile der Beamtenschaft erfaßt hatte. Um ihre Posten zu behalten, führten die Polizisten weiterhin die Befehle des Palastes aus, aber viele von ihnen machten sich Sorgen um die Zukunft und wurden, obwohl sie an schmutzige Angelegenheiten gewöhnt waren, von Schuldgefühlen geplagt. Ende Juli kam während einer Demonstration ein Ziviler zu einem vietnamesischen Kameramann, der in meinem Auftrag für UPI Movietone News arbeitete. »Sagen Sie Ihrem Chef, er soll aufpassen, wenn er abends ausgeht«, sagte er. »Vielleicht bekommen wir den Befehl, ihn zu töten und es dem Vietcong anzuhängen.«

Zu dieser Zeit hatte Nguyen Ngoc Rao, der vietnamesische Reporter des UPI-Büros, bereits hervorragende Verbindungen zur Polizei geknüpft. Er erfuhr, daß die Nhus eine Mordliste aufgestellt hatten. Sie umfaßte eine Reihe von Reportern und hohen ARVN-Offizieren sowie Zivilbeamte des vietnamesischen Nachrichtendienstes, die als Verräter und potentielle Putschisten galten. Die Nhus meinten es ernst, sagten die Informanten von der Polizei; vielleicht werde man bald den Befehl erhalten, die Morde auszuführen. Halberstam und ich standen auf der Liste. Da die Polizeibeamten nichts gegen uns persönlich hatten, gaben sie Rao den Rat, uns zur Vorsicht zu mahnen. Einige CIA-Quellen konfrontierten uns mit den gleichen Meldungen. Aus ihnen ging hervor, daß auch Leute von der CIA auf der Liste standen, da die Nhus sie als Verschwörer verdächtigten.

Halberstam und ich nahmen diese Drohung immer noch nicht recht ernst. Wir waren an Spannungen gewöhnt. Doch einer der auf der Liste genannten vietnamesischen Nachrichtenoffiziere (es handelte sich angeblich um den stellvertretenden Leiter für Informationswesen) lieferte uns die Bestätigung. Er war ein Junggeselle und Frauenheld und verkehrte in einem Nachtklub, der einigen Saigoner Gangstern als Treffpunkt diente. Sie sagten ihm, die Nhus hätten sie angeheuert und er sei eines ihrer potentiellen Ziele. Er möge doch bitte aufpassen. Er war ihr Freund, und Freunde brachten sie nicht gerne um.

Im Juli gab das Weiße Haus bekannt, Henry Cabot Lodge, Jr., werde mit Ende des Sommers Frederick Nolting als Botschafter ablösen. Als Nolting Mitte August abreiste, meldete »Radio Catinat«, wie Saigons Gerüchteküche aufgrund der Klatschversammlungen in den Kaffeeläden und Cafés der Hauptstraße genannt wurde, die Ernennung Lodges sei das Ende der bisherigen, die Ngo Dinh unterstützenden US-Politik. »Ich glaube nicht, daß Mr. Cabolodge Präsident Diems Fall sein wird«, erklärte Halberstam gegenüber der Mönch, der als Pressesprecher der Buddhistenführer fungierte. Am 18. August zeigten die Buddhisten ihre wachsende Stärke, als wollten sie den in wenigen Tagen eintreffenden Lodge durch entsprechende Zeitungsberichte beeindrucken. Sie versammelten etwa 15.000 Menschen an der zentralen Xa-Loi-Pagode. Die Mönche hielten stundenlange Reden vor einer der größten und erregtesten Menschenmengen, die jemals zusammengekommen waren, um die Tyrannei des Regimes und seine Frevel am vietnamesischen Buddhismus anzuprangern. Zwischen den Reden wurde gebetet, und von Zeit zu Zeit brachen die Mönche die Spannung mit einem frechen Witz über Madame Nhu. Trotz der Provokation erhielt die Polizei diesmal vom Palast nicht den Befehl einzugreifen. Die Versammlung ging friedlich zu Ende.

Die vom Regime geübte Zurückhaltung war ein schlechtes Vorzeichen. Zwei Nächte später, am 20. August, eine halbe Stunde nach Mitternacht, ließen sich Diem und Nhu auf ein brutales Spiel ein, um die Buddhistenkrise mit einem Schlag zu beenden und die Kennedy-Administration zu zwingen, gute Miene zum bösen Spiel zu machen. Tausende von Polizisten und Angehörige von Sondertruppen der ARVN stürmten die Pagoden in Saigon, Hue und den anderen

Städten, in denen die Buddhisten ihre Bastionen hatten. Dank der Französischkenntnisse von Mert Perry erreichten Halberstam und ich die Hauptpagode Xa Loi zusammen mit den Angreifern. Perry wohnte mit seiner Frau Darlene in der Wohnung über mir. Wir hatten zusammen dieselbe Telefonnummer. (1963 waren Telefone in Saigon rar.) Ein anonymer Informant, wahrscheinlich ein Offizier von der Polizei oder vom Nachrichtendienst, rief kurz vor Mitternacht an. Perry war gerade dabei, zu Bett zu gehen. Der Anrufer wollte mich sprechen. Perry sagte, ich sei nicht da. (Ich hatte, nachdem wir noch einmal bei den Pagoden vorbeigefahren waren, Halberstam abgesetzt und befand mich in einem dieser Renault-Klapperkastentaxis auf dem Weg nach Hause.) »Sagen Sie ihm, daß sie gleich nach Mitternacht alle Mönche verhaften werden«, erklärte der Anrufer auf französisch.

Als ich einen Augenblick später aus dem Taxi stieg, stand Perry am Fenster und rief mir die Nachricht zu. Ich sprang sofort wieder in das Auto, um zu Halberstam zurückzufahren. (Er hatte kein Telefon.) Einige Häuserblocks von seinem Haus entfernt befand sich ein Bezirkshauptquartier der Polizei. Als wir daran vorbeikamen, sah ich im Schein des Flutlichts Soldaten in Kampfausrüstung und Polizisten in Lkws klettern. Es waren im Rahmen des US-Militärhilfeprogramms gelieferte 2,5-Tonner, die im Hof zur Abfahrt bereitstanden. Wir trafen einige Minuten später auf den Konvoi, als die Lkws die Kaserne verließen und in Richtung Xa Loi fuhren, und das Taxi, nunmehr mit Halberstam an Bord, in dieselbe Richtung losratterte. Durch Gestikulieren und Schreien in einer Mischung von Französisch und Pidgin-Vietnamesisch bearbeiteten wir den Fahrer solange, bis er den winzigen Renault zwischen den zweiten und den dritten Lkw des Konvois zwängte. Begreiflicherweise hatte er Angst. Wir nahmen an, daß die am Ende des Konvois mitfahrende Polizei die Straße absperren würde, sobald die Lkws bei den Pagoden angekommen waren.

Der Angriff gegen Xa Loi wurde wie die Angriffe gegen die anderen Pagoden mit großer Präzision durchgeführt. Ich mußte an eine Szene aus einem Film über die französische Widerstandsbewegung denken, in der die Pariser Gestapo vor einem Versteck der Résistance eintrifft. Als die Lastwagen vor den Pagoden scharf abbremsten und anhielten, trafen aus anderen Richtungen zwei weitere Konvois ein. Polizisten und Soldaten sprangen von den Fahrzeugen, Offiziere riefen Befehle und ließen ihre Einheiten Aufstellung nehmen. Von der Spitze der Pagode ertönte ein Gong durch die Nacht. Die Mönche verstärkten diesen hilflosen Alarm, indem sie auf Töpfe und Pfannen schlugen. Polizisten öffneten gewaltsam das Tor, dann zogen martialisch ausstaffierte Sondertruppen der ARVN in schmucken Tarnjacken und Baretten mit erhobenen Maschinenpistolen vor dem Tor auf, um den Angriff zu eröffnen.

Die Special Forces der ARVN waren eine weitere Schöpfung der CIA, die von den Ngo Dinh für ihre privaten Zwecke eingesetzt wurden. Von der CIA ausgebildet und bewaffnet, sollten sie Kommandounternehmen gegen Guerillas und Vorstöße nach Laos und Nordvietnam durchführen. Die Ngo Dinh hatten jedoch stets anderes im Sinn gehabt, woraus sich erklärte, warum diese Eliteeinheit zurückgehalten und niemals wirklich gegen die Vietcong eingesetzt wurde. Die Familie hatte die CIA hereingelegt und sich von ihr eine Prätorianergarde aufstellen lassen. Sie hatte dafür gesorgt, daß diese sich hauptsächlich aus zentral- und nordvietnamesischen Katholiken zusammensetzte und sie dem Befehl eines Mannes unterstellt, dem sie absolut vertraute, Oberstleutnant Le Quang Tung, einem Katholiken aus Zentralvietnam.

Durch die Straßenlaternen und die Lkw-Scheinwerfer war es genügend hell, so daß Halberstam und ich die Schulterabzeichen der Angreifer erkennen konnten. Keiner von ihnen war regulärer ARVN-Soldat oder Fallschirmjäger. Es waren ausschließlich Leute von Tung. Diem und Nhu vertrauten der Armee bei dieser Säuberung nicht und setzten dafür ihre Hausstreitmacht ein. Tung war im wahrsten Sinne des Wortes ein Mann ihres Hauses. Bevor er Unteroffizier im französischen Expeditionskorps wurde, war er Diener bei den Ngo Dinh gewesen. Diem hatte ihn zum Offizier gemacht. Die übrigen Sturmtruppen waren Angehörige der ebenfalls von der CIA aufgestellten, in spezielle Tarnanzüge gekleideten Kampfpolizei und der regulären, weiß uniformierten Nationalpolizei, eines Erbes der französischen Epoche.

Ein Offizier schrie einen Befehl. Die erste der schmucken Kampfgruppen stürmte durch das Pagodentor, gefolgt von Sondertruppen und Polizisten. Man hörte Glasscheiben brechen, Türen unter Fußtritten und Kolbenschlägen zersplittern, das Geschrei der Mönche, die aus ihren Zimmern geschleift wurden, und dazwischen immer wieder Schüsse. Hinter der Pagode waren Feuerstöße aus automatischen Waffen zu hören: Sondertruppen schossen mit BARs auf Mönche, die versuchten, über die hintere Mauer zu entkommen. Lastwagen mit großen dunkelgrünen Planen zum Verdecken der Ladung fuhren im Rückwärtsgang an das Tor heran. Die Polizisten stießen Gestalten in orangen Gewändern auf die Ladeflächen. Wenn ein Lastwagen voll war und in Richtung des Chi-Hoa-Gefängnisses startete, nahm ein anderer seinen Platz ein.

Das Drama dauerte zwei Stunden, da einige der Mönche sich mit Möbelstücken in ihren Zimmern verbarrikadiert hatten. Zwei von ihnen schafften es, trotz des Beschusses durch die BARs über die hintere Mauer zu entkommen und sich in ein US-Gebäude in der Nähe der Pagode zu flüchten. Es handelte sich um das dreistöckige Saigoner Hauptquartier der AID. Der militanteste Buddhistenführer, Thich Tri Quang (Thich ist der vietnamesische Ehrentitel für Mönche), der die erste Prostestversammlung in Hue organisiert hatte und wußte, daß er auf der Todesliste stand, hatte sich mit zwei anderen Mönchen noch vor dem Angriff aus der Pagode gestohlen und versteckt. In dieser Nacht wurden in Xa Loi und anderen Pagoden etwa 1400 Mönche und Nonnen verhaftet. Man nahm auch einige Laien fest, die sich aus Solidarität in den Pagoden aufhielten. In Xa Loi gab es dreißig Verletzte; von sieben Mönchen hörte man niemals wieder. Am blutigsten waren die Sturmangriffe in Hue, wo etwa dreißig Mönche und Laien erschossen oder zu Tode geprügelt wurden. Die große Buddhastatue in der Hauptpagode Tu Dam wurde zerstört.

Diem verhängte das Kriegsrecht. Er stellte Saigon unter das Kommando von Brigadegeneral Ton That Dinh, einem polternden Fallschirmjäger, der dem Whisky und den Ngo Dinh ergeben war. Ab 21.00 Uhr war Ausgangssperre. Soldaten und Polizei hatten Befehl, jeden zu erschießen, der nach diesem Zeitpunkt ohne Passierschein angetroffen wurde und sich der Verhaftung entziehen wollte. Im Schutz der Nacht und der Ausgangssperre durchsuchten Polizisten Häuser und Wohnungen und verhafteten weitere Personen, die oppositioneller Aktivitäten verdächtigt wurden. Die Angst war in diesen Tagen so greifbar wie die eigene Haut. Der abtrünnige Nachrichtenoffizier, der die Warnung seiner Gangsterfreunde weitergegeben hatte – er war in einen fehlgeschlagenen Staatsstreich verwickelt und hatte Halberstam als Zeugen der Vorgänge in die Verschwörerzentrale eingeladen –, mußte für sein Leben fürchten und war untergetaucht. Ein ehemaliger Klassenkamerad vom Gymnasium, der nun mehrere Frachter besaß, verschiffte ihn mit einer Ladung Kunstdünger nach Yokohama.

Halberstam und ich wagten nicht mehr, in unseren Wohnungen zu schlafen. Wir übernachteten während der folgenden drei Wochen im Haus des USIS-Direktors, John Mecklin, der uns freundlicherweise Obdach gewährte. Ich nahm Nguyen Ngoc Rao mit, der sich trotz der Bitten seiner Angehörigen standhaft geweigert hatte, aufzugeben und sich zu verstecken. Mecklins Haus genoß keine diplomatische Immunität, war jedoch amerikanisches Eigentum. Wir nahmen an, daß wir hier nachts vor der Verhaftung oder Schlimmerem sicherer waren. Tran Van Chuong, Madame Nhus Vater und Botschafter in Washington, trat von seinem Amt zurück und erklärte, daß »die Chancen für einen Sieg gegen die Kommunisten nicht einmal mehr eins zu hundert« ständen, solange seine Tochter, ihr Gatte und ihr Schwager an der Macht seien. Ihre Mutter, Saigons offizielle Beobachterin bei der UNO, trat wie der größte Teil der Botschaftsbeamten ebenfalls zurück.

Der Pressesprecher des Außenministeriums, der sonst nie etwas bekanntzugeben hatte, meldete sich mit einem hysterischen Anruf. Der Außenminister, ein sanfter Mann namens Vu Van Mau, war ebenfalls zurückgetreten, hatte sich den Schädel wie ein Mönch rasiert und Diem um die Erlaubnis gebeten, auf Pilgerfahrt nach Indien gehen zu dürfen. Diem hatte sein Einverständnis gegeben. Die Presse und das diplomatische Korps versammelten sich in Tan Son Nhut, um den Pilger zu verabschieden, der allerdings niemals erschien. Nhu hatte General Dinh befohlen, ihn auf dem Weg zum Flughafen zu verhaften. Ein anderer General überredete Dinh, den ehemaligen Außenminister nicht in eine Zelle zu sperren, sondern nur unter Hausarrest zu stellen und ihm seinen Reisepaß zu belassen. »Morgen bekommen Sie vielleicht den Befehl, mich zu verhaften«, sagte der General zu Dinh. »Dann müssen Sie aber nett zu mir sein. Ich möchte eine gemütliche Zelle, in der ein schönes Mädchen auf mich wartet.«

Die Saigoner Studenten gingen auf die Straße. Hunderte wurden verprügelt und verhaftet. Diem ließ die Universität schließen. (Die Universität in Hue war wegen der Demonstrationen bereits vorher geschlossen worden.) Nun gingen die Gymnasiasten auf die Barrikaden. Zuallererst rebellierten die besten Gymnasien Südvietnams, an die die Kinder von Staatsbeamten und Offizieren gingen.

In Trung Vuong, einer renommierten Mädchenschule, stellten sich der Polizei im Schulhof lange Reihen in blaßblaue *ao dai* gekleideter junger Damen entgegen, die sich an den Händen hielten und mit hoher Stimme sangen: »Da Dao Ngo Dinh Diem!« (Nieder mit Ngo Dinh Diem!), »Da Dao Ngo Dinh Nhu!«, »Da Dao Tran Le Xuan!« (Madame Nhus Mädchenname, was eine Beleidigung darstellte) Die Jungen benahmen sich wilder. Sie zerschlugen mit Tischen und Stühlen die Fenster und behängten die Fassaden mit Fahnen, auf denen gegen Madame Nhu gerichtete Beschimpfungen standen, die deutlicher formuliert waren.

Die Ngo Dinh begannen, die Kinder der Leute zu verhaften, die das Land für sie verwalteten. An einem Morgen brachten die Lastwagen mehr als 1000 Gymnasiasten ins Gefängnis. Wenn die Polizei in die Schulhöfe stürmte, fuhren Jeeps und Stabsfahrzeuge vor: Offiziere kamen gelaufen, um zu versuchen, ihre Kinder vor der Verhaftung zu retten. Dieser langsame Selbstmord der von Lansdale gegründeten Dynastie wurde zu einem bizarren Theater. Eines Morgens stieß im Hof eines Gymnasiums ein Zivilbeamter einen Jungen mit brutalen Tritten zu einem wartenden Wagen. Ein hoher Polizeioffizier geriet darüber so in Rage, daß er den Mann in Zivil packte und wie verrückt mit dem Schlagstock auf ihn einprügelte. Diem ließ auch die Gymnasien schließen.

General Dinh rühmte sich vor Lou Conein, seinem alten CIA-Bekannten aus früheren Jahren, auf französisch: »Ich, Dinh, bin ein großer nationaler Held. Ich habe Cabot Lodge geschlagen, den Amerikaner. Er war auf dem Weg hierher, um einen Staatsstreich zu inszenieren, aber Dinh, der Held, hat ihm einen Strich durch die Rechnung gemacht.«

Es nieselte, als er zwei Nächte nach der Erstürmung der Pagoden in Tan Son Nhut landete. Den Fernsehleuten bot sich ein etwas altmodischer Anblick, als er mit dem Strohhut in der Hand aus der Flugzeugtür ins Licht der Scheinwerfer trat. Der hochgewachsene, eckige Mann, der die Stufen der Gangway hinabstieg, entsprach den Vorstellungen, die man sich allgemein von einem richtigen Yankee aus Neuengland macht. Das starke Kinn und eine leichte Hakennase verliehen ihm ein markantes Profil. Seine einundsechzig Jahre hatten ihm die Schultern etwas gerundet, Kopf und Nacken vorgebeugt und das Haar grau werden lassen. Davon abgesehen war in ihm immer noch der Mann zu erkennen, den die Photos in der Fülle seiner Kraft zeigten; der neugewählte Senator von Massachusetts des Jahres 1936, der einzige republikanische Lichtblick bei Roosevelts Triumph über Alfred Landon; der Oberstleutnant der Armee an der Westfront im Zweiten Weltkrieg; der führende republikanische Senator der Nachkriegszeit, der politische Stratege, der Eisenhower überredete, für die Präsidentschaft zu kandidieren und 1952 für ihn den Wahlkampf leitete; der UN-Botschafter Eisenhowers zu einer Zeit, als dieser Posten fast genauso wichtig und angesehen war wie der des Außenministers; der Mann, den Eisenhower beauftragt hatte, Nikita Chruschtschow 1959 auf seiner historischen Rundreise durch die Vereinigten Staaten zu begleiten; und, was für seine Laufbahn ein unbefriedigender Abschluß zu sein schien, Nixons Partner im Wahlkampf gegen Kennedy im Jahre 1960.

Der Strohhut war der Schlüssel zu dem Menschen. Henry Cabot Lodge, Jr., war im öffentlichen Leben der sechziger Jahre ein Anachronismus geworden: eine unabhängige politische Persönlichkeit aus alter Familie, ein Mann mit Charakter. Als Vorbild hatte ihm sein Großvater gedient, dessen Namen er trug: Senator Henry Cabot Lodge war 31 Jahre lang republikanischer Senator von Massachusetts gewesen, der engste Freund und Mitarbeiter Theodore Roosevelts und Mitbegründer des amerikanischen Imperiums. Wenn zwei Männer die Hauptverantwortung für die Präsenz auf den Philippinen und die Umwandlung der USA in eine Weltmacht beanspruchen konnten, dann waren es der alte Lodge und Theodore Roosevelt. Als Redner war Lodges Großvater brillant, und das nicht nur, als er am Vorabend des Krieges gegen Spanien, mit dem die imperiale Epoche begann, das Land zu seiner neuen Bestimmung aufrief. Wenn er sprach, waren die Sitzreihen im Senat vollbesetzt. Von ihm stammt die berühmte Beschreibung des Beginns dieses Zeitalters: »Es war ein wunderbarer kleiner Krieg.« Wieder war es eine Ironie des Schicksals, daß 65 Jahre nach diesen Anfängen der Enkel eines der beiden Gründerväter nach Saigon entsandt wurde, um dort eine schwere Krise zu lösen, durch die schließlich die Rolle der USA in der Welt in Frage gestellt werden sollte – eine Rolle, die der Großvater mitbegründet und der Enkel mit zur Reife gebracht hatte.

Halberstam, ich und die anderen Korrespondenten hätten uns wohler gefühlt, wenn wir von der geheimgehaltenen Diskussion in Washington gewußt hätten. Uns war nicht bekannt, daß Averell Harriman, der zum Staatssekretär für politische Angelegenheiten aufgerückt war, und Roger Hilsman, sein Nachfolger auf dem Posten für Fernostfragen, es aufgrund unserer Berichte leichter gehabt hatten, Kennedy zum Sturz Diems zu überreden. Wir wären noch mehr ermutigt gewesen, wenn wir gewußt hätten, wie sehr unsere Berichterstattung – und die darin zum Ausdruck kommenden Ansichten Vanns über den Krieg – dazu beigetragen hatte, das Urteil des Mannes zu formen, der nun mit Beginn des

Herbstes in Vietnam die Macht der Vereinigten Staaten in die Hand nehmen und nach seinem Gutdünken einsetzen würde.

Kurz nach der Ankunft des neuen Botschafters wurden Halberstam, Browne und ich von ihm und seiner Frau Emily, einer lebhaften und geistreichen Dame aus der Bostoner Kaufmannsfamilie Sears, einzeln zum Lunch eingeladen. Das Essen, so wurde uns mitgeteilt, sollte privater Natur sein. Mr. Lodge wollte sich »Rat« holen. Als ich an der Reihe war, stellte er mir — bei Tisch und dann beim Kaffee im Salon der Botschafterresidenz — eine Stunde lang Fragen über das Regime, die Buddhistenkrise und den Krieg. Die Fragen waren sehr sachlich. Ich beobachtete ihn genau, um zu sehen, was er über meine Antworten dachte, doch sein Gesichtsausdruck blieb stets freundlich und neutral. Ich sagte ihm, die Ngo Dinh seien so verrückt und derart verhaßt, daß sie nicht in der Lage seien zu regieren, daß die Vietcong in den ländlichen Gebieten schnelle Fortschritte machten und daß wir, wenn Diem und seine Familie an der Macht blieben, den Krieg sicher verlieren würden. Ersetzte man sie durch eine Offiziersjunta, so gäbe es zwar keine Garantie, daß diese es besser machen würde, aber dann bestünde wenigstens Hoffnung. Mit den Ngo Dinh hingegen steuere man unausweichlich auf eine Niederlage zu.

Man hatte uns gesagt, es sei an Lodge, Fragen zu stellen, wir sollten nicht versuchen, ihm etwas zu entlocken. Trotzdem wollte ich mich nicht einfach nur so verabschieden. »Und wie ist Ihr Eindruck, Herr Botschafter?« fragte ich, als es Zeit war zu gehen.

Er saß auf der Couch neben seiner Frau, mit lässig gekreuzten Beinen, den Arm um ihre Hüfte geschlungen. Er lächelte. »Ungefähr so wie Ihrer«, sagte er.

Ich war angesichts dieser Freimütigkeit skeptisch. Mochte er auch noch so ehrlich bemüht sein, sich zu informieren, ich fragte mich, ob diese Offenheit nicht ebenso Schmeichelei war wie die Einladung an uns junge Reporter, Henry Cabot Lodge einen »Rat« zu geben.

Später sah ich, daß ich mich geirrt hatte. Wir ließen unsere anfängliche Skepsis damals auch bald fallen. Lodges Verhalten in der Öffentlichkeit und später die Geheimtelegramme aus den Pentagonpapieren zeigten, daß er seine Entscheidung praktisch schon vor seiner Ankunft getroffen hatte. »Wir befinden uns auf einem Kurs, von dem abzukehren uns der Anstand verbietet: dem Sturz des Diem-Regimes«, teilte er Kennedy in einem streng geheimen Telegramm eine Woche nach seiner Ankunft und noch vor der Befragung der Reporter mit. Er nannte dem Präsidenten den »elementaren« Grund, aus dem die Vereinigten Staaten vor diesem unangenehmen Geschäft nicht zurückschrecken durften: »Meiner Ansicht nach besteht keine Möglichkeit, mit einer Diem-Administration den Krieg zu gewinnen.«

Unsere Berichterstattung und Vanns Beiträge dazu mochten bei den meisten bedeutenden Persönlichkeiten der US-Regierung Zeitverschwendung gewesen sein, bei Lodge hatten unsere Bemühungen Früchte getragen. Die Erklärung dafür war nicht, daß er den größten Teil seines dritten Lebensjahrzehnts als Reporter und Kolumnist verbracht hatte, zuerst bei »Boston Transcript« und anschließend bei der »New York Herald Tribune.« Die Erklärung lag in der besonderen Mischung seines Charakters – der Selbstbeherrschung des Aristokraten, der Sensibilität des Politikers für den Faktor Mensch und einer Einschätzung der militärischen Führung der sechziger Jahre, die noch auf die Zeit vor dem Zweiten Weltkrieg zurückging. Anders als Kennedy, McNamara und Rusk war er nicht der Meinung, daß diese Generäle für die Beurteilung von Kriegen notwendigerweise kompetenter waren als er selbst. Taylor und Harkins, letzterer auch aus Boston und eine alte Militärbekanntschaft Lodges, waren in der Armee seine Altersgenossen gewesen. Er war der kriegerischen Tradition seiner Familie gefolgt und 1923 in Boston als Reserveoffizier zur Kavallerie gegangen, hatte jeden Sommer an Manövern teilgenommen und in den zwanziger und dreißiger Jahren von Pferden auf die Tanks der neuen 2. Panzerdivision Pattons umgesattelt. 1942 hatte er am ersten Panzergefecht des Krieges teilgenommen, in das amerikanische Truppen verwickelt wurden. Im Auftrag Marshalls und Eisenhowers war er gerade dabei, auf Erkundungsmission zur 8. Britischen Armee in Libyen vorzudringen, als Rommel unerwartet angriff. Henry Stimson, der Kriegsminister, hatte dafür gesorgt, daß Lodge als inoffizieller Vertreter der Armee bis Anfang 1944 im Senat verblieb. Als die Schlacht um Europa näherrückte, konnte Lodge nicht länger widerstehen. Er gab seinen Sitz ab, um als Oberstleutnant zu dienen, was seit dem Sezessionskrieg noch kein Senator getan hatte. Nach dem Zweiten Weltkrieg behielt er sein Interesse für militärische Angelegenheiten und war 1963 Generalmajor der aktiven Reserve.

Bei Besprechungen im Pentagon und im Hauptquartier von Admiral Felt in Honolulu hatte man ihm versichert, daß die Geschichten von den Defiziten bei den Saigoner Streitkräften und den Fortschritten des Vietcong eine Erfindung der Zeitungsleute seien. Daß eine ganze Gruppe von Reportern systematisch falsche Informationen brachte, mochte er aber nicht recht glauben. Außerdem war er zu dem Schluß gekommen, daß ein Regime nie den Krieg gewinnen konnte, wenn es sich politisch so grotesk verhielt wie das Diem-Regime. Er wußte, daß seine Einladungen zum Lunch uns schmeicheln würden. Im Umgang mit Reportern gab er sich große Mühe, um die bestmögliche Presse zu bekommen. Gleichzeitig hatte er uns befragt, um sich ein Bild von uns zu machen. Vielleicht wußten wir auch noch etwas, was ihm bei seinem Unternehmen von Nutzen sein konnte.

Zwei Monate lang arbeitete er an seiner Aufgabe. In der Öffentlichkeit isolierte er Diem und seine Familie und untergrub ihre Position, indem er in Worten und Gesten zu verstehen gab, daß die USA in der Person von Henry Cabot Lodge nichts lieber sehen würden als ihren Sturz. An seinem ersten Morgen in Saigon beleidigte er die Ngo Dinh, indem er demonstrativ das nahe der Xa-Loi-

Pagode gelegene AID-Hauptquartier aufsuchte, in das sich die beiden Mönche geflüchtet hatten. Sie waren ihm willkommen. Da sie als buddhistische Mönche vegetarisch lebten, ordnete er an, ihnen jeden Tag frisches Gemüse zu kaufen. Als einige Tage danach der oberste Buddhistenführer, Tri Quang, und die beiden anderen Mönche, die die Pagode rechtzeitig verlassen und sich versteckt hatten, in die Wandelhalle der Botschaft gelaufen kamen und um Asyl baten, stellte ihnen Lodge einen neuen Konferenzraum als provisorische Wohngelegenheit zur Verfügung.

Um die Ngo Dinh loszuwerden, setzte er Lou Conein als Verbindungsmann zu drei oppositionellen ARVN-Generälen ein. Sie gehörten zu jener Gruppe von ARVN-Offizieren, mit denen Conein 1955 auf Anweisung Lansdales zusammengearbeitet hatte, um Diem als Mann Amerikas in Saigon zu installieren. Sie hatten damals im Rang von Obersten gestanden, nach ihrem Übertritt in sein Lager hatte Diem sie zu Generälen gemacht. Später war es zu einer Entfremdung gekommen. Diese Generäle zählten zu der kleinen im Kolonialsystem entstandenen frankovietnamesischen Elite. Da sie vor 1955 französische Staatsbürger gewesen waren, wären sie mit dem Expeditionskorps abgezogen, hätten amerikanischer Einfluß und amerikanisches Geld und ihre Vertreter wie Lansdale und Conein sie nicht ermuntert, in Südvietnam zu bleiben und zu versuchen, die koloniale Gesellschaft zu erhalten, in der sie aufgewachsen waren.

Der Anführer der Verschwörer war der zweithöchste General der ARVN, ein 47jähriger Generalmajor namens Duong Van Minh, »Big Minh«, wie er aufgrund seiner Größe von 1,80 m genannt wurde. Er entstammte einer wohlhabenden Familie, war in My Tho geboren und hatte das beste französische Gymnasium von Saigon besucht, das Lycée Jean Jacques Rousseau, an das auch Prinz Sihanouk von Kambodscha gegangen war. Vor 1945 hatte er zu jener exklusiven Gruppe von fünfzig Vietnamesen gehört, die Offiziere der französischen Armee waren. Nicht nur Minhs Größe und Statur verliehen seiner Erscheinung etwas Ungewöhnliches: 1945, als die Kaiserliche Armee plötzlich die französischen Vichy-Truppen in Indochina entwaffnete, waren ihm von Mitgliedern der Kempeitai, der gefürchteten japanischen Militärpolizei, während eines Verhörs die beiden mittleren oberen Schneidezähne ausgebrochen worden. Er lehnte es ab, sich Ersatzzähne machen zu lassen. Anfang 1955 unterstützte Minh als Kommandeur der Saigoner Garnison Diem während der Straßenkämpfe mit den Binh Xuyen und gegen die Machenschaften von Bao Dais Offizieren, die Lansdales Mann ausbooten wollten. Später war er beauftragt worden, die Armee der Hoa-Hao-Sekte im Delta zu vernichten. 1963 hatte ihn Diem auf den Posten eines militärischen Beraters des Präsidenten abgeschoben; als solcher hatte er keinerlei Einfluß. (»Da Diem keinen Rat annimmt, hat Minh eine Menge Zeit, alles mögliche auszuhecken«, bemerkte Oberst Dong.)

Auch Minhs wichtigster Mitverschwörer war ein Offizier, der sich im Frühjahr

1955 auf Lansdales und Coneins Betreiben hin Diem angeschlossen hatte. Anders als Minh hatte er es verstanden, sich etwas von Diems Vertrauen zu erhalten: Generalmajor Tran Van Don, 46, war Stabschef der ARVN. Don entstammte einer Adelsfamilie und sah ungewöhnlich gut aus. In der Nähe von Bordeaux geboren, hatte er vor dem Zweiten Weltkrieg und dem Dienst in der französischen Armee die École des Hautes Études Commerciales in Paris besucht.

Der dritte Verschwörer war Dons Schwager, der 45jährige Brigadegeneral Le Van Kim. Er war 1963 schon seit fast drei Jahren General ohne Verwendung. Diem hatte ihn 1960 seines Postens als Leiter der Militärakademie enthoben, weil er ihn verdächtigte, an dem fehlgeschlagenen Fallschirmjägerputsch beteiligt gewesen zu sein. Kim hatte in Marseille Mathematik und Philosophie studiert, war 1939 zur französischen Armee gegangen und hatte gegen die Deutschen gekämpft. Nach dem Krieg war er zum Offizier befördert worden. Aufgrund seiner Gelehrsamkeit galt er als der Intellektuelle der ARVN-Führung.

Lodge besaß das Talent, Leute auszusuchen, die zur Ausführung bestimmter Aufgaben befähigt waren. Mit Conein hatte er den perfekten Verbindungsmann zu den Verschwörern, da diese ihm wie keinem anderen CIA-Mann vertrauten. Er war für sie ein alter Kamerad, was durch seine französische Abstammung noch verstärkt wurde. Conein, der geistig in beiden Kulturen lebte, merkte in ihrer Gesellschaft, wie seine französische Seite herauskam, die den anderen angenehm war. Nachdem er sich in den letzten Jahren als Pazifizierungsberater des Innenministers gelangweilt hatte, stand er nun vor einer weit größeren Herausforderung als 1955. Nur wenigen Geheimagenten ist es vergönnt, ihre berufliche Laufbahn mit der Vorbereitung eines Umsturzes zu krönen. Conein war der Transmissionsriemen der amerikanischen Macht, er mußte diese Generäle so beeinflussen, daß sie das Gebot Amerikas erfüllten. Die geheimen Treffen, das Hin und Her von Nachrichten zwischen Lodge und den Verschwörern, die Schmeicheleien gegenüber den Generälen – das alles übte auf ihn eine stark stimulierende Wirkung aus. Es standen Menschenleben auf dem Spiel, darunter sein eigenes, und, so glaubte er, die Schicksale zweier Nationen.

Harkins war gegen einen Putsch. Den Krieg, den er zu gewinnen glaubte, wollte er jetzt nicht unterbrechen. Diem war für ihn ein lokaler Herrscher, mit dem man sich abfinden konnte. Die Buddhistenkrise stellte eine vorübergehende Komplikation dar, die Angriffe gegen die Pagoden waren ein unglücklicher Temperamentsausbruch, für den man die Nhus verantwortlich machen mußte. Mit der Zeit würde man Diem überreden, sich von ihnen rechtzeitig zu trennen. Harkins hatte in Washington nicht nur Taylor als Verbündeten. Auch McNamara und Rusk sahen die Situation im wesentlichen wie er.

Lodge wußte, daß er bei aller Wertschätzung, die Kennedy ihm als unabhängigem Politiker entgegenbrachte, den Kampf gegen Harkins und das System verlieren würde. Aus diesem Grund umging er Harkins, der sich als Meister des bürokratischen Spiels betrachtete, bei dem er nun überlistet wurde. Lodge verhielt sich ihm gegenüber stets höflich. In einem seiner Telegramme nannte er ihn einen »großartigen General und meinen alten Freund«. Er verheimlichte ihm jedoch seine für Washington bestimmten Berichte über Coneins Besprechungen mit den Generälen (die aus Sicherheitsgründen über das eigene CIA-Fernmeldesystem gingen), bis es für ihn zu spät war, um wirksam einzugreifen. Minh und Don halfen Lodge, indem sie Harkins sogar über das Komplott selbst täuschten. Da sie Angst hatten, er könne sie an Diem verraten, logen sie und sagten, daß sie keinen Putsch planten. Lodge desavouierte Harkins auch in bezug auf die militärische Situation. Er sandte Kennedy unabhängige Lagebeurteilungen (wieder ohne Kopien an den General), die Harkins' Optimismus widersprachen. Wieder hütete sich Lodge vor einer Konfrontation. Er behauptete nicht einfach, daß man dabei sei, den Krieg zu verlieren; er sagte es, indem er seine Berichte mit den schlechten Neuigkeiten füllte, die Harkins unterdrückte, und indem er es andere an seiner Statt sagen ließ. Auch in dieser Hinsicht waren ihm die Verschwörer eine Hilfe. Die Generäle wußten, daß sie den Krieg verloren, was für sie einen weiteren Grund darstellte, die Ngo Dinh schnellstmöglich zu stürzen. Am 19. September sandte Lodge ein streng geheimes Telegramm mit der Bemerkung »nur für den Präsidenten«, das Minhs Ansicht wiedergab. Minh sah die Lage so:

Die Vietcong gewinnen ständig an Stärke; sie haben größere Teile der Bevölkerung auf ihrer Seite als die Regierung Südvietnams; die Gefängnisse sind voll, aber die Verhaftungen gehen weiter; immer mehr Studenten schließen sich dem Vietcong an; in der von den USA unterstützten Administration gibt es sehr viel Bestechung und Korruption; und die »Armee ist mit dem Herzen *nicht* im Krieg.« (Hervorhebung durch Lodge)

Diese Einschätzung des »vietnamesischen Generals Nr. 1« (Minh galt bei den Amerikanern einschließlich Harkins' als der kompetenteste aller Saigoner Generäle) fand ihr »Echo« bei dem bisher Diem ergebenen amtierenden Verteidigungsminister Nguyen Dinh Thuan, »der das Land verlassen möchte«, wie Lodge Kennedy weiter mitteilte. In anderen Telegrammen warnte er davor, Harkins' Behauptung Glauben zu schenken, man werde Diem, der an sich ein guter Mann, aber eben das Opfer der Nhus sei, schließlich überreden können, sich von ihnen zu trennen. Er unterstrich, daß die beiden Brüder die gleichen Ansichten hätten und Diem überzeugt sei, daß er Nhus Geschick für die Manipulation der Polizei und der Nachrichtendienste benötigte, um die Armee in Schach zu halten. Diem »wünscht sich mehr Nhus, nicht weniger«, sagte Lodge.

Kennedy wurde unsicher und schwankte. Er hatte so gut wie kein Verständnis für die politische und soziale Revolution in Asien und wenig Gefühl für die Realitäten der Guerillabekämpfung. Er befürchtete eine Welle von kommunistisch geführten Aufständen in unterentwickelten Ländern und war entschlossen, sie niederzuschlagen, wußte jedoch über das, was er fürchtete, nicht Bescheid. Hätte er etwas Gefühl für die Probleme dieses Krieges gehabt, dann hätte er Anthis und Harkins befohlen, das Bombardieren der vietnamesischen Landgebiete einzustellen. Er erteilte der Armee über seinen militärischen Adjutanten Generalmajor Chester Clifton, Jr., ständig Anweisungen und Vorschläge zur Bekämpfung von Guerillas. Dabei gingen seine Vorstellungen kaum über Einsätze der Special Forces in an Abenteuerfilme erinnernden Unternehmungen und jene technischen Gadgets und Superagententricks hinaus, von denen seine geliebten Spionageromane voll waren. Kennedy selbst hatte den Special Forces oder Green Berets, wie sie aufgrund ihrer Mützen genannt wurden, ihre romantischen Kopfbedeckungen gegeben, um sie als Sturmtruppe seines »Krieges im Schatten« herauszustellen.

Bei einer Sitzung des Nationalen Sicherheitsrats im Weißen Haus am Freitag, dem 6. September 1963, nahm er den Vorschlag McNamaras an, Krulak nach Vietnam fliegen zu lassen. Krulak sollte sich über die »Fakten« informieren und dem Rat am Dienstag darüber berichten. Hilsman warf ein, daß auch ein Repräsentant des Außenministeriums mitfliegen sollte, um sich selbst eine Meinung zu bilden. Kennedy stimmte zu. McNamara versuchte, Hilsman auszutricksen, indem er Krulak schon einige Minuten nach der Sitzung ins Flugzeug steigen ließ. Hilsman rief an und ließ ihn das Flugzeug zurückhalten, bis er seinen Mann, Joseph Mendenhall, den früheren politischen Berater der Botschaft, zum Luftwaffenstützpunkt Andrews bei Washington hinausgebracht hatte. Das Flugzeug war eine fensterlose Boeing 707, eine tankerartige Air-Force-Version des vierstrahligen Passagierjets, der durch den Einbau von Schreibtischen und Schlafkojen für den Transport hoher Persönlichkeiten umgerüstet worden war. In Anspielung auf die Begeisterung des Verteidigungsministers für Flug-und-Sprint-Reisen wurde dieser Flugzeugtyp auch als »McNamara Special« bezeichnet. Nach 32.000 Kilometern und vier Tagen gaben Krulak und Mendenhall am 10. September im Weißen Haus in einer weiteren Sitzung des Nationalen Sicherheitsrats zwei Berichte mit diametral entgegengesetzten Inhalten ab.

»Sie haben doch beide dasselbe Land besucht?« fragte Kennedy.

»Das kann ich schon erklären, Mr. President«, sagte Krulak. »Mr. Mendenhall war in den Städten und ich in den Landgebieten. Und der Krieg findet in den Landgebieten statt.«

»Ich möchte Sie nachher in meinem Büro sprechen«, sagte Kennedy zu Krulak.

McNamara begleitete Krulak nach der Sitzung in das Oval Office. Der Präsident unterbrach seine Lektüre. »Ich möchte Ihnen bloß mitteilen, daß ich verstehe«, sagte er zu Krulak, wobei er zu erkennen gab, daß er etwas überdenken wollte und ihn nicht zu sprechen wünschte. Krulak und McNamara gingen wieder. Auf der

Rückfahrt zum Pentagon zeigten sich McNamara und Taylor sehr erfreut. Sie interpretierten Kennedys Bemerkung im Oval Office als: »Ich verstehe, was geschehen ist, und ich stimme Ihnen zu.« Auch Krulak war zufrieden. Er interpretierte die Bemerkung des Präsidenten in ähnlicher Weise und war überzeugt, daß Mendenhall nun ausgebootet war.

Kennedy mochte Krulaks Bericht akzeptiert haben, zwei Wochen später jedoch entsandte er McNamara und Taylor nach Vietnam, damit sie noch mehr »Fakten« heimbrachten. Vielleicht hatte ihn eine von Lodges Beurteilungen dazu veranlaßt, vielleicht auch das Telegramm, das Minhs düstere Einschätzung wiedergab. Als Ende September in Tan Son Nhut der Jet mit McNamara und Taylor samt ihrem neuen Bericht abhob, konnte man auf der Fahrt nach My Tho zu beiden Seiten der Straße die geisterhaft wirkenden Reste der Wehrdörfer sehen. Reihen von stählernen Zaunpfählen, an denen zerschnittener Stacheldraht herabhing, zeigten, wer die meisten Abschnitte dieser Hauptverkehrsverbindung beherrschte. Vom Hubschrauber aus war der Anblick der Geisterdörfer noch unheimlicher. Die Reihen der dachlosen Häuser wirkten wie Hütten auf einem Spielplatz, die Kinder errichtet und dann aus einer plötzlichen Laune heraus verlassen haben.

McNamara und Taylor versicherten Kennedy, daß »die militärischen Operationen große Fortschritte gemacht haben und auch weiterhin machen«, und das trotz »ernstlicher politischer Spannungen in Saigon«. Nach wie vor sei nicht daran zu zweifeln, daß man den Krieg bis Ende 1965 gewonnen haben werde. Im Kautschukplantagengebiet, im Hochland und in den mittleren Küstenprovinzen nördlich von Saigon würde ihn Harkins voraussichtlich schon früher gewinnen, erklärten sie in einem streng geheimen Memorandum vom 2. Oktober. Dort werde er die Vietcong vermutlich schon Ende 1964 vernichtet haben. Der langsamere Fortschritt im Delta würde die Niederlage der Guerillas südlich der Hauptstadt bis Ende 1965 hinauszögern; »bis zu diesem Zeitpunkt sollte es möglich sein, den größten Teil des US-Personals abzuziehen«. Sie empfahlen, bis Ende 1963 1000 Amerikaner heimzubringen, um zu zeigen, wie gut man die Siegespläne in die Praxis umsetzte. Das Weiße Haus folgte der Empfehlung und kündigte die baldige Heimkehr der ersten 1000 Soldaten an.

Der Präsident fand keinen Seelenfrieden. Die Statistiker der CIA teilten ihm mit, daß die militärische Situation Saigons sich verschlechtere. Dem Bureau of Intelligence and Research des Außenministeriums zufolge war es seit Juli zu »einer ungünstigen Veränderung des militärischen Gleichgewichts« gekommen. Das Regime, so hieß es weiter, wäre in den ländlichen Gebieten auch ohne die Buddhistenkrise in Schwierigkeiten geraten.

Seine Verwirrung und seinen Zorn über den Nachrichtenübermittler, der ihn am meisten ärgerte, zeigte Kennedy, als Arthur Ochs Sulzberger, der neue Verleger der »Times«, am 22. Oktober dem Weißen Haus einen Höflichkeitsbesuch abstattete. Sobald man die üblichen Liebenswürdigkeiten ausgetauscht hatte, fragte Kennedy: »Was halten Sie von unserem jungen Mann in Saigon?« Sulzberger sagte, daß er sich seiner Meinung nach gut hielt. »Glauben Sie nicht, daß er zu nah an der Story ist?« fragte Kennedy. Nein, Sulzberger war nicht dieser Meinung. Kennedy ließ nicht locker. Ob Sulzberger über eine Versetzung Halberstams nachgedacht habe? Sulzberger hatte keine derartigen Pläne. Wäre Kennedy nicht so durcheinander gewesen, dann hätte er wahrscheinlich nicht so direkt gefragt. Sulzberger reagierte defensiv, wie Verleger es fast immer tun, wenn man ihre Reporter angreift. Catledge, der Chef vom Dienst in New York, der über Halberstam so entsetzt gewesen war und Sulzberger auf dieser Visite begleitete, wäre glücklich gewesen, Halberstam von Saigon abzuziehen, konnte es aber nicht tun, solange die Zeitung dadurch ihr Gesicht verloren hätte.

Halberstam, der nicht wußte, daß der Präsident persönlich seine Versetzung angeregt hatte, war der Meinung, daß die Ngo Dinh dafür sorgen würden. Wie er am 29. Oktober Vann in einem Brief mitteilte, hatte er sie im Verdacht, daß sie ihn bald hinauswerfen wollten. Sein Visum lief Mitte November ab. Er schrieb Vann, um ihm dafür zu danken, daß er unsere Reportagen in Briefen an die Redaktionen von »Newsweek« und »Time« verteidigt hatte. (»Newsweek« veröffentlichte Vanns Brief in der Ausgabe vom 21. Oktober 1963; »Time« lehnte eine Veröffentlichung ab.) »Wir alle vermissen Sie immer noch und beziehen uns auf Sie wie auf die Bibel«, schrieb Halberstam. »Es macht herzlich wenig Spaß, über etwas zu berichten, das für unser Land so eine herbe Enttäuschung ist«, fügte er hinzu. »Der lichteste Moment ist Lodge, der für meine Begriffe bisher eine fast perfekte Leistung erbracht hat. Er ist zäh und intelligent und hat wenig Illusionen über die Situation; er hat nicht die Absicht, sich anzusehen, wie die USA herumgestoßen werden, und . . . seiner Meinung nach ist dieser ganze Ngo-Verein keinen Pfifferling wert.« Bewaffnung und Feuerkraft der Vietcong-Bataillone im Delta würden »besser und besser . . ., ein sehr schlechtes Vorzeichen«, schrieb Halberstam. »Und einen Polizeistaat in Aktion zu sehen, vor allem einen von den USA finanzierten, ist eine triste Erfahrung. Aber ich denke, daß uns immer noch eine Chance bleibt, und mir gefällt, wie Lodge die Sache angeht.«

Kennedy fügte sich schließlich dem Urteil von Lodge. Dieser hatte Ende September von McNamara und Taylor während ihres Besuchs erhalten, was er brauchte. Als Antwort auf seine Argumente hatten sie in ihrem für Kennedy bestimmten Memorandum eingeräumt, daß »weitere Unterdrückungsmaßnahmen seitens Diems und Nhus die günstige militärische Entwicklung negativ beeinflussen könnten«, und die Einstellung der Wirtschaftshilfe sowie der Unterstützung für Tungs Sondertruppen empfohlen, um auf diese Weise einen politischen Ausgleich und Reformen zu erzwingen. Lodge hatte diese Maßnahmen gewünscht, um den opponierenden Generälen so deutlich wie möglich »grünes Licht« zu geben. Am 5. Oktober entschloß sich Kennedy, Lodge freie Bahn zu lassen. Das Komplott, das man vorübergehend auf Sparflamme gesetzt hatte, nahm nun seinen Lauf. Kennedy verlangte von Lodge lediglich eine Erfolgsgarantie, um sich die Schande einer zweiten Schweinebucht zu ersparen. Lodge wollte dem Präsidenten nichts vormachen. Seiner Ansicht nach werde der Putsch gelingen, eine Garantie dafür könne er nicht geben. »Sollte der Putsch fehlschlagen«, so telegrafierte er, »werden wir die Scherben auflesen müssen, so gut es eben geht.« Diem und Nhu errichteten sich ihr Schafott selbst. Als sie gegen Ende Oktober das von Lodge geschmiedete Komplott aufdeckten, beschlossen sie, diese Entdeckung auszunutzen, um einen von ihnen ausgeheckten Plan in die Tat umzusetzen. General Dinh, der seit dem Überfall auf die Pagoden als Militärgouverneur über Saigon herrschte, wurde in den Palast beordert. Die Brüder trugen ihm auf, Pläne für Truppenbewegungen auszuarbeiten, um einen »Scheinputsch« zu inszenieren. Damit verfolgten sie ein doppeltes Ziel. Langfristig wollten sie die Amerikaner davon abhalten, jemals wieder die Herrschaft der Ngo Dinh in Frage zu stellen. Zu diesem Zweck sollte der Scheinputsch als das Werk von Neutralisten erscheinen. Seit der neutralistische Fallschirmjägerkommandeur Kong Le 1960 in Laos überraschend geputscht hatte, befürchtete Washington, irgendeine antiamerikanische oder opportunistische Gruppe könnte in Saigon in ähnlicher Weise handeln und dann den Abzug der Amerikaner fordern. Dies würde die Behauptung Amerikas lächerlich machen, daß die USA auf Verlangen der vietnamesischen Regierung da waren, um den Süden gegen eine »Aggression von außen« zu verteidigen. Die Nationale Befreiungsfront rief zur Ablösung der Ngo Dinh durch eine neutrale Koalition auf. Charles de Gaulle, der damalige Präsident der französischen Republik, unterstützte ebenfalls diese Idee als eine Möglichkeit zur Beendigung des Krieges. Die Kennedy-Administration sah darin zu Recht ein mögliches Arrangement für eine Machtübernahme Ho Chi Minhs ohne amerikanischen Gesichtsverlust. Nhu hatte mit Washingtons Angst gespielt, indem er Verhandlungen mit Hanoi vorgetäuscht hatte, die über Maneli, den polnischen Chefdelegierten bei der ICSC, und den französischen Botschafter geführt wurden. Er hatte auch von der Möglichkeit gesprochen, die Amerikaner zum Abzug aufzufordern und aus Vietnam ein Land wie Jugoslawien zu machen, das Hilfe von kommunistischen wie nichtkommunistischen Ländern annehmen würde.

Nhu hatte die Tatsache, daß die Schnur, an der er und Diem geführt wurden, nicht ganz straff gespannt war, für Unabhängigkeit gehalten. Es war ihm nicht klar, daß er mit seiner Erpressung Kennedy noch mehr alarmiert und damit Lodge in die Hände gespielt hatte. Um die Schuld von sich abzuwälzen, hatten die Brüder nach der Erstürmung der Pagoden eine große Story herausgebracht, indem sie über Radio Saigon und die amtliche Presseagentur die Meldung verbreiten ließen, die Angriffe seien von der Armee durchgeführt worden und die Generäle hätten von Diem die Verhängung des Kriegsrechts gefordert. Bei ihrem Scheinputsch sollten der Rundfunk und ihre Presseagentur die Bildung einer neutralistischen Koalition melden, die den Abzug der Vereinigten Staaten aus Vietnam forderte. Anschließend sollte Dinh die Straßen und wichtigsten öffentlichen Gebäude mit Panzern und Truppen besetzen, so daß sie dann mit der Erklärung aufwarten konnten, Südvietnam durch die Niederschlagung des Staatsstreichs gerettet zu haben. Während der allgemeinen Verwirrung wollten sie sich dem eigentlichen Zweck ihres falschen Putsches widmen, d. h. ein kleines Blutbad veranstalten. Tungs Sondereinheiten und Nhus gedungene Gangster sollten Minh, Don, Kim sowie eine Anzahl weiterer Generäle und hoher ARVN-Offiziere ermorden, die im Verdacht standen, in das Komplott verwickelt zu sein, und mehrere zivile Komplizen der Generäle wie Diems nominellen Vizepräsidenten Nguyen Ngoc Tho sowie einige Amerikaner beseitigen. Diese Morde sollten dann »neutralistischen und prokommunistischen Elementen« in die Schuhe geschoben werden. Wie viele und welche Amerikaner auf der Todesliste standen, konnte niemals herausgefunden werden. Angeblich gehörte auch Lodge dazu, aber auch das wird sich nie mit Sicherheit feststellen lassen. Conein war ganz offensichtlich darunter, da Diem und Nhu mittlerweile erfahren hatten, welche Rolle er bei dem Komplott spielte. Nhu gab dem Plan den Kodenamen »Operation Bravo Eins«.

Diem und Nhu war nicht bewußt, daß Dinh im Rahmen der für »Bravo Eins« nötigen Truppenbewegungen die Truppen, Panzer und Mannschaftstransporter nach Saigon brachte, die er für einen Plan mit dem Kodenamen »Operation Bravo Zwei« brauchte. Von Cao abgesehen, der in Can Tho saß und von dem Komplott nichts wußte, hatten Diem und Nhu keine Generäle mehr. Ihr treuer Dinh – derselbe, der sich noch vor zwei Monaten zuvor vor seinem alten CIA-Freund Conein gebrüstet hatte, »ein großer nationaler Held« zu sein, weil es ihm gelungen sei, »Cabot Lodge, den Amerikaner«, hinters Licht zu führen – war an ihnen zum Verräter geworden. Minh und Don hatten es geschafft, daß Diem ihn beleidigte. Sie hatten Dinh gesagt, er sei ein großer nationaler Held und sollte deshalb von Diem als Belohnung den Posten des Innenministers verlangen. Als Dinh das tat, stieß er bei Diem auf Ablehnung. (Er und Nhu hatten sich bei ihm bereits mit einer bedeutenden Summe in bar bedankt.) Die Verschwörer gewannen nun den verärgerten Dinh mit dem Versprechen für sich, ihm in ihrer Regierung das Innenministerium zu geben. Zur Sicherheit brachten sie auch gleich seine Offiziere auf ihre Seite. Sie sollten ihn erschießen und das Kommando über seine Truppen und Panzer übernehmen, falls er es sich im letzten Moment anders überlegte und versuchte, die Verschwörer zu verraten.

»Bravo Zwei« begann am 1. November 1963 um 13.30 Uhr. Ein Bataillon Saigoner Marines stürmte das Hauptquartier der Nationalen Polizei. Drei Stunden danach rief Diem vom Palast aus Lodge an. Zum Zeitpunkt dieses Anrufs, der auf Band aufgezeichnet wurde, wußte Diem bereits genug, um zu erkennen, daß seine Lage aussichtslos war. Tan Son Nhut und die gesamte Stadt außer dem Palast und der nahegelegenen Kaserne der Präsidentengarde waren in den Händen der Rebellen. Dinh hatte ihn verraten. Tung, seine zweite Säule, war zu einem Treffen mit den Generälen ins Hauptquartier des Vereinigten Generalstabs gelockt und erschossen worden. Cao war in Can Tho blockiert und konnte mit seinen Truppen nicht zu Hilfe kommen. Minh und Don hatten Diem vom Vereinigten Generalstab aus angerufen. Für den Fall, daß er sich ergab und sein Amt als Präsident niederlegte, garantierten sie ihm und Nhu freies Geleit. Sie hatten dann sämtliche Generäle, die sich ihnen angeschlossen hatten, einzeln zu ihm sprechen lassen, damit er die Sinnlosigkeit seines Widerstands einsah. Sie hatten das Angebot auch über Radio Saigon ausstrahlen lassen. Dieses Angebot war möglicherweise eine Falle. Ergab sich Diem, konnte das ihn und Nhu das Leben kosten. Aber er würde dadurch das Leben der Soldaten retten, die ihm im Palast und in der Kaserne der Präsidentengarde die Treue hielten.

»Einige Einheiten haben rebelliert, und ich möchte wissen, welche Haltung die Vereinigten Staaten einnehmen«, fragte Diem bei Lodge an.

Der Botschafter wich der Frage aus. Er sagte: »Ich mache mir Sorgen um Ihre physische Sicherheit.« Dann stellte er selbst eine Frage: »Mir liegt ein Bericht vor, dem zufolge die Leute, die diese Aktionen leiten, Ihnen und Ihrem Bruder freie Ausreise zusichern, falls sie Ihr Amt niederlegen. Sind Sie darüber informiert?«

Lodge hatte den Generälen gegenüber auf diesem Angebot bestanden. Ein Mord hätte einen schlechten Eindruck gemacht. In seiner Frage war eine andere Frage enthalten, die Diem nach neunjährigem Umgang mit amerikanischen und anderen ausländischen Politikern unbedingt herausgehört haben mußte. Wenn Lodge selbst auf das Angebot zu sprechen kam, dann stand er dazu und gab Diem zu verstehen, daß es keine Falle war. Die US-Regierung würde ihn und seinen Bruder mit dem Flugzeug in Sicherheit bringen, wenn er formell auf sein Amt verzichtete.

Diem antwortete Lodge in jener doppelbödigen Sprache, die Staatsmänner gebrauchen, wenn sie etwas klar ausdrücken, aber nicht offen aussprechen wollen. Nein, antwortete Diem, er habe von einem solchen Angebot nichts gehört.

Lodge war darauf bedacht, das Angebot aufrechtzuerhalten, falls Diem es sich noch anders überlegen sollte: »Wenn ich irgend etwas für ihre physische Sicherheit tun kann, dann rufen Sie mich bitte an.«

»Ich versuche, die Ordnung wiederherzustellen«, antwortete Diem. Er rief nicht mehr zurück.

Am Ende war er, was er zu Beginn gewesen war: ein eigensinniger Anachronismus, ein halsstarriger, von einer imaginären Vergangenheit träumender Pseudomandarin. Niemals würde er zurücktreten und auf seine Herrscherrolle verzichten, zu der ihm Lansdale verholfen hatte. »Schließlich bin ich Staatschef«, hatte er zu Lodge am Beginn des Telefonats gesagt. »Ich habe versucht, meine Pflicht zu tun ... Pflichterfüllung geht mir über alles.«

Die Kaserne der Präsidentengarde wurde noch vor Mitternacht von einem Bataillon Fallschirmjäger gestürmt. Der Palast selbst fiel im Morgengrauen. Während der Nacht waren Diem und Nhu heimlich geflohen. Sie versteckten sich im Haus eines chinesischen Geschäftsmanns in Cholon, der seinen Reichtum ihrer Gunst verdankte. Cholon liegt an der südlichen Peripherie Saigons: Offenbar hofften die Brüder, Cao würde ihnen aus dem Delta zu Hilfe kommen. Als die Gardisten bei Tagesanbruch das Verschwinden Diems entdeckten, merkten sie erst, daß sie für eine Fassade starben. Mit dem Palast fiel das Symbol von Diems Autorität, und entsprechend sank der Wert seiner Demission.

Am frühen Morgen des 2. November teilte er Minh telefonisch mit, daß er mit ihm im Palast zusammentreffen wolle, um sich zu ergeben und zurückzutreten. Die Vorbereitungen für die Rücktrittszeremonie waren schon seit dem Vortag abgeschlossen. Die Generäle hatten in einem Konferenzzimmer im Hauptquartier des Vereinigten Generalstabs einen mit grünem Flanell bedeckten Tisch und einen Stuhl bereitstellen lassen, auf den er sich setzen konnte, um die Rücktrittsurkunde zu unterschreiben. Minh begab sich in den Palast. Diem erschien nicht. Die Brüder wurden am Vormittag in einer Kirche in Cholon aufgespürt, wo sie einer Messe beiwohnten. Man verhaftete sie.

Minh hatte von Diems Tricks genug. Er hatte Angst, der Fuchs könne ihm noch schaden, und kam zu dem Schluß, daß seine eigene Sicherheit den Tod der beiden Brüder erforderte. Mit der Exekution beauftragte er seinen Adjutanten, einen Major. Dieser erschoß sie, während sie mit auf den Rücken gebundenen Händen in einem Schützenpanzer zum Sitz des Vereinigten Generalstabs zurückgebracht wurden. Die Soldaten verstümmelten Nhus Leiche mit zahlreichen Bajonettstichen.

Zum ersten Mal seit Beginn des Krieges jubelten die Menschen spontan den ARVN-Soldaten zu. Mädchen überreichten ihnen Blumensträuße, Männer kauften ihnen Bier und Limonade, Frauen brachten Nahrungsmittel und Kannen mit Tee in die Parkanlagen und Schulen, in denen sie biwakierten.

Madame Nhu widerfuhr nichts, da sie sich gerade in den USA auf einer Rundreise befand, um für das Regime die Werbetrommel zu rühren. Sie war dabei bemerkenswert erfolglos geblieben. Meinungsumfragen zeigten, daß dreizehn von vierzehn Befragten ihre Argumente ablehnten. Lodge sorgte dafür, daß ihre Kinder, die sich am Tag des Putsches in der Familienvilla im Erholungsort Dalat befanden, unter Schutz gestellt und dann zu ihr nach Rom geflogen wurden.

Diems älterer Bruder, Erzbischof Thuc, entkam ebenfalls. Der Vatikan hatte ihn nach Rom gerufen. Die Kirche sollte sich vom Vorgehen des Regimes gegen die Buddhisten distanzieren.

Weniger Glück hatte Can, der jüngere Bruder und oberste Herrscher über Zentralvietnam, der als einziger der Familie um einen Kompromiß mit den Buddhisten bemüht gewesen war. Er hatte sich mit einer Reisetasche voll Blattgold und

Dollarscheinen in das US-Konsulat von Hue geflüchtet. Im Glauben, daß man Can auf die Philippinen bringen würde, trickste Lodge ihn aus dem Konsulat heraus und in ein amerikanisches Flugzeug. Die Maschine machte in Tan Son Nhut Zwischenlandung. Er wurde an die Generäle ausgeliefert und später vor ein Hinrichtungskommando gestellt. Auch Cao dachte, daß man ihn erschießen würde; er wurde aber bloß entlassen.

Lodge war nicht gerade unglücklich, daß Diem und Nhu das freie Geleit ins Ausland abgelehnt hatten. »Was würden wir jetzt mit ihnen anfangen, wenn sie noch am Leben wären?« sagte er zu Halberstam.

Die Hoffnung, die Halberstam in seinem Brief an Vann drei Tage vor dem Staatsstreich ausgedrückt hatte, erfüllte sich nicht. Der Sturz der Ngo Dinh kam zu spät, um das Delta zu retten und die von Vann befürchtete Katastrophe aufzuhalten. Innerhalb einer Woche nach dem Putsch startete der Vietcong eine Offensive im gesamten Nordteil des Deltas und in den Gummiplantagenprovinzen der 5. Division nördlich Saigons. Auch im südlichen Delta erfolgten Angriffe von bisher nie gekannter Stärke. Sie erregten weniger Aufsehen, da die vietnamesischen Kommunisten ihre Kontrolle über diese Gebiete bereits konsolidiert hatten. Die durch den Putsch in Saigon bedingte Störung der Befehlskette erleichterte die Offensive, war aber weder der Anlaß, aus dem die Vietcong ihren Schlag führten, noch eine Erklärung für ihren Erfolg. Ho und seine Genossen hatten nach Ap Bac zehn Monate hindurch auf diese Offensive hingearbeitet (oder länger als ein Jahr, wenn man Vanns Standpunkt vertrat, daß der Niedergang der ARVN Mitte Oktober 1962 begann, als Cao anfing, Operationen zu simulieren). Während dieser Zeit war die Position Saigons ständig schwächer geworden. Hanoi hatte den Beginn der Offensive unabhängig von der Frage festgesetzt, wer in Saigon gerade an der Macht sein würde. Die Nationale Befreiungsfront nannte sie die »Zweite Phase nach Ap Bac«. Als die neuen Bataillone in der Woche nach dem Putsch angriffen, war die Tragfähigkeit des Regimes in den Landgebieten der eines wurmstichigen Balkens vergleichbar, der unter einer Belastung zerbricht, wobei sich herausstellt, daß sein Inneres nur mehr Staub ist.

Die Offensive begann urplötzlich und ging ohne Unterlaß weiter. Überall wurden Außenposten angegriffen, ständig wurde man von Heckenschützen beschossen, es gab kaum einen Straßenabschnitt, in dem man vor Hinterhalten sicher war. Im Konvoi zu fahren war eine Nervenprobe: Die Frage war nicht mehr, ob der Konvoi auf eine Mine fuhr oder nicht, sondern nur mehr, welcher Lkw oder Jeep in die Luft flog. Selbst tagsüber in einem Zivilfahrzeug nach My Tho zu fahren — ein Jahr zuvor noch kein besonderes Risiko — wurde aufgrund der Guerillagruppen, die ständig wechselnde Straßensperren errichteten, zu einem gefährlichen Unternehmen.

In jenem November fielen die Außenposten dutzendweise. In der Provinz Dinh Tuong rund um My Tho waren es 25, viele davon mit Garnisonen von 40 bis 50 Mann. Morgens konnte man über die Reisfelder hinweg die Anzeichen der nächtlichen Ernte erkennen. Nach der Einnahme wurden die Posten von den Guerillas niedergebrannt, und wenn der Tag kam, stieg über den Ruinen und Leichen immer noch Rauch auf. Im Seminar konnte man kaum mehr richtig schlafen. Die verängstigten Garnisonen forderten Artillerieunterstützung an, und die ganze Nacht hindurch donnerten die Haubitzen. Wenn sie schwiegen, warfen Flugzeuge Bomben, um zu versuchen, wenigstens einige Posten zu retten.

Das Seminar verschloß sich nachts jetzt wie ein Außenposten. Den Beratern wurde untersagt, nach Einbruch der Dunkelheit die 400 Meter lange Strecke in die Stadt zu fahren. Gegen Ende des Monats wurden die Guerillas so dreist, daß sie Außenposten bei My Tho sogar tagsüber angriffen. Als ich eines Nachmittags gegen Ende November im Klubraum des Seminars saß und einige Berater interviewte, fielen plötzlich die Bomben in so großer Nähe, daß in den Gläsern die Eiswürfel zu hüpfen begannen. Um die kleinen Posten und winzigen Wachtürme kümmerten sich die Partisanen kaum noch. Ihre Besatzungen liefen weg. Wenn sie nicht flohen, überlebten sie nur, weil die Vietcong sie als Munitionslieferanten benötigten. Der Standardpreis für einen Monat Überleben waren 10.000 Schuß Munition. Die demoralisierten Milizionäre übergaben sie den Vietcong und forderten 10.000 neue an, um auf diese Weise auch den folgenden Monat zu überleben. Dem Distriktchef erzählten sie, sie seien angegriffen worden und hätten die Munition verfeuert.

Was in der Dinh-Tuong-Provinz vorging, entsprach den Ereignissen im gesamten nördlichen Delta und im Gürtel der Provinzen nördlich Saigons. Von den Tausenden Wehrdörfern, die in Harkins' Statistiken aufgeführt waren, hörten die meisten auf zu existieren. Am Jahresende hielt das Regime — mit Ausnahme der katholischen und anderer isolierter Gemeinden, die aus bestimmten Gründen schon immer gegen den Vietcong gewesen waren — kaum mehr als die Distrikt- und Provinzhauptstädte. Die Saigoner Truppen konnten sich in die Landgebiete nur um einen hohen Preis wagen, den die Partisanen immer höher schraubten, um sie von solchen Störaktionen abzuschrecken. Gebiete, in die Saigon früher mit einer Kompanie eindringen konnte, erforderten nunmehr ein durch Schützenpanzer verstärktes Bataillon mit Luft- und Artillerieunterstützung. An vielen Vormittagen war sogar die Hauptverkehrsstraße von My Tho nach Westen und ins südliche Delta blockiert. Dann mußte die ARVN einen Konvoi in Bataillonsstärke losschicken, um sie wieder befahrbar zu machen. Es war eine mühevolle Aufgabe: Die Truppen mußten nach Minen suchen, sie vorsichtig ausgraben und die Gräben auffüllen, die die Guerillas nachts quer über die Straße gezogen hatten. Oft stopften die Vietcong einfach einen Durchlaß unter der Straße mit einer Verbindung von Kaliumchlorat und rotem Phosphor voll — man schmuggelte sie von Hanoi über Kambodscha als Kunstdünger ein —, die sie dann mit einem Zünder zur Explosion brachten. Auch aus anderen Städten rückten Konvois zu dieser morgendlichen Zeremonie aus, einer altvertrauten Übung für alle, die schon im ersten Indochinakrieg mitgekämpft hatten. Mit ihrer Neigung zum Feierlichen hatten die Franzosen dieser Zeremonie einen Namen gegeben: »*L'Ouverture de la Route*« — Öffnung der Straße. Hinter dem Schutzschild, den die Partisanen auf diese Weise errichteten, konnten die Vietcong-Kader an die Arbeit gehen und die Bauern für die letzte Phase der Revolution im Süden bereitmachen.

Die amerikanische Führung hatte die Bemühungen Hos und seiner Gefährten in einer Weise unterstützt, von der sie sich keine Vorstellung machte. Um die Jahresmitte hatten es Harkins' Kommando und die CIA mit vereinten Kräften geschafft, mehr als 250.000 Waffen zu verteilen. Anfang November waren bereits an die 300.000 US-Waffen ausgegeben worden: an die Zivilgarde, die Selbstschutzmiliz, die Milizen in den Wehrdörfern und andere nichtreguläre Truppen. Wie viele von diesen Waffen die Vietcong erbeuteten, läßt sich nicht genau feststellen. Jedenfalls hatten die Guerillas schon vor dem Monat November so viele davon in ihren Besitz gebracht, daß sie ihre Offensive erfolgreich beginnen konnten. Im November tippten sie das Füllhorn an, und die Waffen ergossen sich zu Zehntausenden über sie. Rechnet man die Zeit vorher und von November bis einschließlich Juni 1964, so kann man davon ausgehen, daß die Vietcong an die 200.000 US-Waffen erhielten. Von den Spezialisten für schwere Waffen abgesehen, rüsteten die Vereinigten Staaten praktisch jeden einzelnen Partisanen bis hinunter zu den Dorfguerillas aus. Die anfangs so verbreiteten Schrotflinten aus verzinkten Rohren und die anderen selbstgemachten Waffen wurden nun zu Kuriositäten für Sammler. Wenn Hanoi anfänglich halbautomatische Karabiner und andere Kleinwaffen sowjetischer Bauart in den Süden schmuggelte, damit es dem neuen Vietminh nicht an Infanteriewaffen fehlte, so scheint es diese Transporte später reduziert zu haben. Diese Waffen wurden nicht mehr gebraucht, außerdem war dafür eine eigene Munition notwendig. Da die Vietcong-Kommandeure ihr Nachschubsystem so einfach wie möglich gestalten wollten, machten sie die US-Munition zur Standardmunition.

Washington reagierte mit mehr Gewalt. Am 20. November trat in Camp H. M. Smith in Honolulu erneut eine Konferenz zusammen, um eine Strategie für das Vietnam nach Diem festzulegen. Sie empfahl, der Präsident solle einen von Krulak entworfenen Plan annehmen, der einen großangelegten Untergrundkampf gegen Nordvietnam vorsah. Krulak stützte sich bei diesem Plan auf seine Erfahrungen als Nahkampfspezialist der Marines. Die offene nordvietnamesische Küste eignete sich seiner Meinung nach gut für schnelle Kommandounternehmen. Krulak wollte mit seinem Großprojekt ein etwas kärglich bemessenes Programm William Colbys ersetzen, der versucht hatte, im Norden mit von der CIA ausgebildeten Infiltranten einen Guerillakrieg zu organisieren. (Colby hatte in

Saigon bis Sommer 1962 dreieinhalb Jahre als örtlicher CIA-Chef gewirkt, Ende 1963 war er Leiter der Abteilung für Geheimoperationen im Fernen Osten.)

Auf der Konferenz vom 20. November erhielt Krulaks Idee die Unterstützung McNamaras. Auf amerikanischer Seite wurde das Denken immer noch von der Annahme beherrscht, man könne den Krieg im Süden unter Kontrolle halten – einen »begrenzten Krieg« führen –, indem man militärischen und psychologischen Druck auf den Norden ausübte. Die zivile und militärische Führung der USA in den sechziger Jahren neigte dazu, Stärke als Allheilmittel anzusehen, und glaubte, daß ihr Stärke in unbegrenzten Mengen zur Verfügung stand. Sie meinte, man könne Hanoi so lange einschüchtern, bis es die Vietcong fallenließ. Das Ende der Infiltration und anderer Unterstützung aus dem Norden würde dann die Gewalt im Süden wesentlich verringern. Niemand sah sich die Sache gut genug an, um zu erkennen, daß der Aufstand den größten Teil seiner Kraft vom Saigoner Regime und den Vereinigten Staaten bezog.

Colby war gegen Krulaks Plan. Wie er später selbst zugab, war sein Programm ein »offenkundiger Mißerfolg« gewesen. Sämtliche über Nordvietnam per Fallschirm oder mit Booten abgesetzten Teams hatten entweder schon nach kurzer Zeit den Funkverkehr eingestellt oder waren als gefangen gemeldet. Zwei davon hatte Hanoi »umgedreht«. Sie sandten Nachrichten, um noch mehr Gruppen in die Gefangenschaft oder den Tod zu locken. Noch im Mai hatte McNamara Colby aufgetragen, die Zahl der über Nordvietnam abspringenden Gruppen zu erhöhen und vor allem Sabotagetrupps einzusetzen. Sie kamen einer nach dem anderen um, ganz wie die ersten Teams. Colby gelangte schließlich zu der Erkenntnis, daß diese Kommandounternehmen im Stil des Zweiten Weltkriegs wirkungslos waren und es »gewissenlos« wäre, weitere Menschenleben auf diese Weise zu opfern. Er sagte das auch McNamara.

Der Verteidigungsminister hatte sich durch die Verluste im Mai nicht abschrecken lassen und ließ sich auch jetzt nicht abschrecken. »Er hörte mir mit kaltem Blick zu und verwarf dann meinen Rat«, erinnerte sich Colby. McNamara stand unter dem Einfluß Krulaks, der meinte, der Fehler bei Colbys Programm sei sein geringer Umfang. Ein großangelegtes, vom Militär organisiertes Programm hingegen würde funktionieren. Er verwarf Colbys Rat auch deshalb, weil Kennedy den Plan Krulaks ausprobieren wollte. Dieser entsprach Kennedys romantischen Vorstellungen von Geheimoperationen. McNamara spielte, was er so oft spielte: den Strohmann des Präsidenten. Er achtete darauf, daß Kennedy für eine Entscheidung, die er ohnehin treffen wollte, moralische Unterstützung in Gestalt einer formellen Empfehlung seiner Berater erhielt.

Zwei Tage nach der Konferenz in Honolulu wurde John Kennedy in Dallas von einem psychotischen Scharfschützen namens Lee Harvey Oswald ermordet. Der Krieg in Vietnam, den Lyndon Johnson erbte, war im Vergleich zu dem, was noch kommen sollte, kein wirklich amerikanischer Krieg. In Südvietnam standen

17.000 US-Militärangehörige. Weniger als 120 waren getötet worden, die Zahl der im Krankenhaus behandelten Schwerverwundeten lag noch unter 250. Und trotzdem war es ein amerikanischer Krieg. John Kennedy hatte das Sternenbanner erhoben und Blut vergossen. Er hatte die südlich des 17. Breitengrades gelegene Landeshälfte – den Genfer Vereinbarungen gemäß bloß Waffenstillstandszone, aber von amerikanischen Staatsmännern zu einem souveränen Staat namens Südvietnam gemacht – in den Schutz und die Selbstachtung der Vereinigten Staaten gehüllt. Lyndon Johnson war ebensowenig gewillt wie Kennedy, der erste Präsident zu sein, der einen Krieg verlor. Außerdem weist alles darauf hin, daß er, wäre er 1960 an Stelle Kennedys zum Präsidenten gewählt worden, den Krieg bis zu diesem Punkt in keiner Weise anders geführt hätte. Vier Tage nach Kennedys Tod legte Johnson in einem streng geheimen Memorandum zur nationalen Sicherheit formell seine Absicht fest, den Krieg fortzusetzen. Er nahm die Empfehlung der Konferenz vom 20. November an, einen großangelegten Untergrundkrieg zu führen.

McNamara lieferte dem neuen Präsidenten die rettende Erklärung für die Tatsache, daß er das Abbröckeln der Saigoner Position und die Fortschritte des Vietcong vor dem Putsch nicht bemerkt hatte. In der zweiten Dezemberhälfte flog er wieder für zwei Tage nach Vietnam. In seinem Johnson vorgelegten Bericht vom 21. Dezember gab er den Ngo Dinh und ihren Gefolgsleuten wie Cao die Schuld. Wie McNamara sagte, habe sich, »soweit ich es beurteilen kann, ... die Situation in den ländlichen Gebieten seit Juli weit stärker verschlechtert, als wir dachten, da wir in übermäßiger Weise von den die Tatsachen verzerrenden vietnamesischen Berichten abhängig waren«. Wenn er Juli als Beginn des Niedergangs bezeichnete, dann akzeptierte er damit die Analyse, die das Bureau of Intelligence and Research des Außenministeriums im Oktober erstellt hatte, um Kennedy zu warnen. Doch niemand interessierte sich für die Zeit vor Juli, niemand wollte sehen, welche Art von Berichten Vann, Porter, Ladd und andere weitblickende Militärberater schon vor dem Putsch vorgelegt hatten.

Taylor und McNamara konnten es sich nicht leisten, Harkins zu überprüfen, denn sie waren fast ebenso schuldig wie er. Harkins wurde nicht abgelöst und in Unehren nach Hause geschickt, wie Patton mit dem General verfahren war, der 1943 die Schlappe am Kasserine-Paß zu verantworten hatte. Harkins wurde überhaupt nicht offiziell beschuldigt. McNamara und Taylor unterminierten sein Ansehen privat und gewährten ihm immer weniger Schutz gegen den immer stärker werdenden öffentlichen Spott. Schließlich beleidigten sie ihn als Militär, indem sie zu einer der strategischen Konferenzen in Honolulu nicht ihn, sondern seinen neuen Stellvertreter General William Westmoreland einluden, den sie im Januar 1964 nach Saigon entsandten. Sie beließen ihn bis Juni 1964 im Amt, also nach dem Putsch noch fast acht Monate. Als sie ihn dann in die USA zurückholten, wurde er in den East Room des Weißen Hauses geführt, wo ihn der Präsident mit der »Distinguished Service Medal« auszeichnete, um einem treuen Diener »im Namen der dankbaren Nation« zu sagen: »Gut gemacht!«

Der Plan für einen großangelegten Geheimfeldzug mit dem Kodenamen »Operation Plan 34A« wurde dem Präsidenten Anfang Januar 1964 in einem Memorandum Krulaks vorgelegt. Dieser bezeichnete darin die vorgesehenen Angriffe als »Zerstörungsoperationen«, mit denen man Nordvietnam »zermürben« wollte. Tempo und Umfang sollten im Verlauf des Jahres 1964 in drei Stufen erhöht werden, und zwar bis hin zu »Zielen, auf denen Nordvietnams wirtschaftliche und industrielle Existenz beruht«. Die Angriffe sollten nicht vom Regime in Saigon, sondern von Harkins' Hauptquartier vorbereitet und gesteuert werden. – Johnson erteilte seine Zustimmung. Die Operationen begannen am 1. Februar 1964. Man hatte dafür Söldner angeworben, Vietnamesen, Chinesen und Filipinos. Die Angriffe weiteten sich bald aus: Schnellboote beschossen Radarstationen und andere technische Einrichtungen an der Küste, Kommandos gingen an Land, um küstennahe Eisenbahnstrecken und Straßenbrücken zu sprengen, per Fallschirm wurden Sabotagetrupps für Aktionen im Hinterland abgesetzt. Nachts sprangen auch Gruppen von Vietnamesen ab, die, in psychologischer Kriegsführung geschult, versuchen sollten, das Vertrauen der Bevölkerung in ihre Regierung zu untergraben. Fischerboote wurden aufgebracht, ihre Besatzungen gekidnappt, zwecks Befragung nach Süden gebracht und dann vor der nordvietnamesischen Küste wieder freigelassen.

Lodge befand sich nach dem Staatsstreich auf einem Meer, das seine Navigationskünste überforderte. Wahrscheinlich war die Situation in Südvietnam ab November 1963 für keine Saigoner Regierung mehr zu retten. »Big Minh« jedenfalls bewies, daß er sich aufs Putschen besser verstand als aufs Regieren. Er zeigte sich unentschlossen und unternahm nichts, um zu einem koordinierten militärischen Vorgehen zu gelangen. Abgesehen von anderen, für die konservative Mandarinklasse typischen Mängeln, war das Handicap von Minh, Don und Kim (Dinh nahmen sie als viertes Mitglied in die Junta auf und gaben ihm wie versprochen das Innenministerium), daß sie im Volk keine Wurzeln hatten.

Im Unterschied zu Vann war Cabot Lodge nicht der Ansicht, daß die USA in diesem Krieg das Kommando übernehmen sollten. Er war mit dem Stellvertretersystem aufgewachsen, hatte dessen Erfolg in anderen Ländern gesehen und meinte, die Saigoner Regierung sollte den Befehl über ihre Streitkräfte und die Leitung der Kriegsführung behalten. Er formulierte diese Ziele noch vor dem Putsch in einem Telegramm, dessen Wortlaut nichts anderes als die Beschreibung des Stellvertretersystems darstellte. Er wollte ein Regime, das zumindest den »ziemlich unbefriedigenden Regierungen« gleichkam, »deren wir uns bei unseren zahlreichen und schließlich von Erfolg gekrönten Bemühungen bedienen mußten, um diese Länder so stark zu machen, daß sie jetzt auf eigenen Füßen stehen können«. Dieses minimale Niveau sah er in Minhs Junta nicht erreicht. Er ließ es zu, daß Minh und seine Gefährten Ende Januar 1964 in einem erneuten Putsch von einem ehrgeizigeren General gestürzt wurden. Er hieß Nguyen Khanh, war 36 Jahre alt und gehörte ebenfalls zur frankovietnamesischen Elite.

Mit der roten Mütze der Fallschirmjäger auf dem Kopf legte Khanh zunächst einen großartigen Start hin. (Er hatte 1949 die Luftlandetruppenschule in Pau in den Pyrenäen abgeschlossen und war im ersten Fallschirmjägerbataillon der Armee Bao Dais Kompaniechef gewesen.) Er erwies sich jedoch bald als ebenso unentschlossen und regierungsunfähig wie seine Vorgänger. Er verwandte seine ganze Energie auf Intrigen gegen Generäle und Obersten, die ihn stürzen wollten, so wie er Minhs Junta gestürzt hatte. »Jeder von diesen Mistkerlen fährt am Palast vorbei und stellt sich vor, wie schön es wäre, mit seinen Mätressen da drinnen zu hausen«, meinte der von Komplotten und Gegenkomplotten angewiderte Conein.

Auch auf amerikanischer Seite war nicht mehr Kohärenz festzustellen. Lodge und Harkins hielten untereinander kaum Kontakt, da sie einander wegen des Putsches grollten und Harkins sich angesichts der Gebietsgewinne, die der Vietcong nach seinen erfolgreichen Offensiven vom November und Dezember erzielte, erneut in Phantasien über einen kommenden Sieg flüchtete.

Im Frühjahr 1964 ging das Zentrale Hochland denselben Weg wie das nördliche Delta und das Kautschukplantagengebiet. Die Arbeit der CIA bei den Bergstämmen im Hochland und die Operationen der Special Forces waren umsonst gewesen, da Diem sich geweigert hatte, den Stämmen die lokale Autonomie zu gewähren, die die Minderheiten im Norden genossen. Er hatte auf ihrer »Assimilierung« bestanden, die für die Montagnards permanente Schikanen in der von Vietnamesen beherrschten Gesellschaft bedeutete. Anfang 1964 gaben die Vietcong auch die Geheimhaltung ihrer Kontrolle auf und manifestierten in den Reisdeltas des zentralvietnamesischen Küstenlands, den Vietminh-Bollwerken des Indochinakriegs, ganz offen ihre Präsenz. Sie begannen, das Saigoner Regime aus großen Teilen der dichtbevölkerten Landgebiete zu verdrängen, so wie sie es im Mekong-Delta getan hatten. Lodge konnte den kommandierenden General hinters Licht führen und den amerikanischen Beitrag zu einem Putsch selbst organisieren. Doch er brauchte den kommandierenden General, wenn er auch den amerikanischen Teil der Kriegsanstrengung organisieren wollte. Nachdem William Westmoreland als Harkins' Stellvertreter eingetroffen war, bot ihm Lodge ein Büro in der Botschaft an, in dem sie zusammen arbeiten konnten. Der überraschte Westmoreland entgegnete, er sei Offizier der Armee und sein Chef heiße Harkins.

Während die Nachrichtenoffiziere auf ihren Landkarten von Monat zu Monat größere Flächen rot kolorierten, behielten die Amerikaner, die in erster Linie dafür verantwortlich waren, ihre einflußreichen Posten oder wurden sogar noch befördert. Johnsons Vertrauen in McNamara wuchs; vielleicht verließ er sich auf ihn mehr, als Kennedy es je getan hatte. Krulak bekam Anfang 1964 seinen dritten Stern und wurde schließlich zum kommandierenden General der Pazifikstreitkräfte des Marine Corps ernannt. Seinen Posten als Aufseher über die Guerillabekämpfung beanspruchte die Luftwaffe, um sich einen größeren Anteil am Krieg zu sichern; sie holte Anthis aus Vietnam zurück, damit man ihn zum neuen Sonderberater für Guerillabekämpfung und Sondereinsätze machen konnte. Niemand unterzog sich der Mühe, noch einmal Wheelers Bericht über die Untersuchungsmission nach der Schlacht von Ap Bac zu lesen. Auf Anraten McNamaras und Taylors wurde Wheeler Ende Juni von Johnson zum Vorsitzenden der Joint Chiefs befördert. Taylor gab diesen Posten ab, um die Nachfolge von Lodge in Saigon anzutreten. (Lodge kehrte Anfang Juli in die USA zurück, vorgeblich, um die Nominierung Barry Goldwaters zu verhindern, der als republikanischer Präsidentschaftskandidat die Partei im Herbst in eine Niederlage führen sollte, in Wirklichkeit jedoch deshalb, weil er ein müder und frustrierter Mann war, dem die Ideen ausgegangen waren. Er empfahl, Nordvietnam zu bombardieren.)

Johnson hatte in Taylor nicht weniger Vertrauen als in McNamara. Eine Vereinbarung zwischen dem Pentagon und dem Außenministerium, die Harkins dem Botschafter gleichgestellt hatte, wurde annulliert. Als Taylor in Saigon eintraf, verfügte er über die vollen zivilen und militärischen Vollmachten eines Statthalters. Westmoreland löste Harkins als kommandierenden General ab, war jedoch Taylors Untergebener. Taylor sollte eine uneingeschränkte Autorität ausüben, um eine effektive Fortführung des Krieges zu gewährleisten. Nur Harkins trat Mitte August mit allen Ehren in den Ruhestand.

Colby sollte mit seiner Vorhersage recht behalten. Krulaks großangelegter Untergrundfeldzug kostete nur Menschenleben. »Operation Plan 34A« blieb genauso wirkungslos wie zuvor Colbys kleines Programm. Weder ließ sich die Führung in Hanoi einschüchtern, noch verringerten sich die Aktivitäten des Vietcong im Süden. Die Offiziere in der Studies and Observations Group in Saigon (der geheimen Abteilung von Harkins' und später Westmorelands Hauptquartier), die die Einsätze vorbereiteten und, wenn Washington grünes Licht gab, ihre Ausführung überwachten, konnten das Programm niemals zur Zerstörung industrieller Ziele steigern, wie Krulak es geplant hatte. Die Aufgabe überstieg die Fähigkeiten der aus Vietnamesen und Angehörigen anderer asiatischer Länder zusammengesetzten Sabotagetrupps. Selbst wenn ihnen der ein oder andere Anschlag gelungen wäre, hätte dies keinen Unterschied gemacht.

Das einzige greifbare Resultat von Krulaks Plan war, daß damit der Beginn eines größeren Krieges erleichtert wurde, in dem Krulak den gleichen ohnmächtigen Zorn wie Vann empfinden sollte. Im August 1964 kam es durch die 34A-Angriffe zum Tonking-Zwischenfall, einem Zusammenstoß zwischen nordvietnamesischen Torpedobooten und Zerstörern der US-Navy. Johnson benutzte den Vorfall, um sich vom Senat im voraus eine Kriegserklärung geben zu lassen und somit die militärische Eskalation zu rechtfertigen, die seiner Meinung nach wohl notwendig war, um Hanoi seinem Willen unterwerfen. McNamara und Dean Rusk halfen ihm dabei, indem sie bei ihrer geheimen Anhörung durch den Senatsausschuß für auswärtige Angelegenheiten diesen über die geheimen Angriffe täuschten. Der Präsident wie Rusk und McNamara waren der Meinung, daß diese Täuschung ganz im Interesse der Nation lag. Johnson wollte sich nicht dem gleichen Vorwurf aussetzen wie Truman, der ohne entsprechenden Senatsbeschluß in den Koreakrieg gezogen war. Er wünschte aber auch keine öffentliche Debatte, die die Vietnampolitik in Frage stellen konnte. Er vertraute auf den Sieg und dachte, er könne sich mit dieser Form von Erklärung begnügen und niemand würde den Trick bemerken.

Die politische und militärische Führung der USA hatte nicht begriffen, daß sich ihre vietnamesischen Gegenspieler im Jahr 1964 nicht mehr einschüchtern ließen und bereit waren, jede ihnen von der stärksten Macht der Welt zugedachte Strafe auf sich zu nehmen. Walt Rostow, der interventionistische Intellektuelle, der damals Berater für politische Planung im Außenministerium war, versicherte Rusk im Februar in einem Memorandum, daß die Führer in Hanoi mit Bombardements leicht zu erpressen seien. Ho Chi Minh verfüge »jetzt über Industrieanlagen, die er schützen muß, er ist nicht mehr der Partisanenführer, der nichts zu verlieren hat«. Auf Betreiben von Lodge bewirkte Rusk, daß der Leiter der kanadischen Delegation bei der ICSC am 18. Juni 1964 im Büro des Premierministers in Hanoi vorsprach, um ihm eine geheime Botschaft zu übergeben. Sie sollte unterstreichen, was Washington durch die 34A-Angriffe ebenso mitzuteilen suchte wie durch den vorbereitenden Truppenaufmarsch in Asien, über den es die Medien groß berichten ließ. Der Kanadier teilte Pham Van Dong mit, die Geduld der Vereinigten Staaten werde bald erschöpft sein. Eine weitere Eskalation des Krieges würde »natürlich vor allem zu einer Verwüstung der Demokratischen Republik Vietnam [d. h. Nordvietnams] führen«. Am 10. August, nachdem Johnson den Tonking-Zwischenfall benutzt hatte, um auf den Norden eine erste Welle von Bombenangriffen loszulassen und damit seine Bereitschaft zu demonstrieren, mit der furchtgebietenden US-Streitmacht zuzuschlagen, wurde der Kanadier abermals nach Hanoi geschickt, diesmal mit einer detaillierteren Drohung. Er erhielt wieder die gleiche Antwort. »Pham Van Dong zeigte sich völlig unbeeindruckt und fest entschlossen, den bisherigen Kurs beizubehalten, auf dem die DRV, dessen war er ganz sicher, zu einem erfolgreichen Ergebnis kommen würde«, schrieb ein Historiker des Pentagons aufgrund des vom kanadischen Delegationsleiter verfaßten Berichts.

1964 waren Ho Chi Minh und Pham Van Dong und die anderen vietnamesischen Revolutionäre in Hanoi bereit, die Industrien aufs Spiel zu setzen, die sie voll Hoffnung und unter Opfern aufgebaut hatten. Sie waren bereit, jede Stadt des Nordens zu Schutt zerbomben zu lassen. Sie waren bereit, alles zu riskieren.

Für Ho und seine Gefolgsleute war es kein »begrenzter Krieg«, wie Maxwell Taylors Bezeichnung der Tatsache lautete, daß man einer beschäftigungslosen US-Armee Arbeit verschaffte. Sie waren bereit für den totalen Krieg. Sie konnten physisch vernichtet, der Wille ihres Volkes konnte gebrochen werden: Die USA brauchten dazu nur ihre Bombenmaschine ohne Einschränkung loszulassen und das Dammsystem im Delta des Roten Flusses und die Bevölkerung selbst als Ziel zu nehmen, um Millionen Menschen zu töten, wie Curtis LeMay, Stabschef der Luftwaffe, es tun wollte. »Bombt sie in die Steinzeit zurück!« sagte er. Die Männer in Hanoi waren bereit, auch dieses Risiko einzugehen. Nur abschrecken lassen wollten sie sich nicht.

Mitte der fünfziger Jahre hatten sich die kommunistischen Mandarine Nordvietnams ihrem Schicksal entzogen. Sie waren damit beschäftigt gewesen, ihre marxistische Gesellschaft aufzubauen und die Schäden ihrer verheerenden Landreform wiedergutzumachen. Die Kader im Süden, die Diems Terror überlebt hatten und 1957 unter Mißachtung der Befehle Hanois gegen die Ngo Dinh und die Amerikaner rebellierten, riefen sie wieder zu ihrem Schicksal zurück. Männer wie Gruppenführer Dung banden sie an den Krieg. 1964 gab es für sie kein Zurück mehr, was immer die Amerikaner androhten oder unternahmen. Die Männer in Hanoi wußten, daß sie die Kontrolle über die Vietcong-Kader verlieren würden, wenn sie ihnen Halt geboten. Viele würden diesen Befehl nicht beachten und den Krieg fortsetzen, den sie bereits gewannen. Sie wollten einen solchen Befehl auch gar nicht erteilen, denn sie hätten damit den Zweck ihres Lebens verleugnet. »Vietnam ist eine Nation«, hieß es in ihrer Verfassung.

Ihre Aktionen waren der Beweis für die Wirkungslosigkeit der amerikanischen Drohungen. Das ganze Jahr 1964 hindurch arbeiteten sie an der Bildung des neuen Vietminh, um die Revolution im Süden zum Abschluß zu bringen. Die schweren Waffen, die die Trawler in mondlosen Nächten nach Süden gebracht hatten, kamen in diesem Frühjahr erstmals zum Einsatz. Das 12,7-mm-MG sowjetischer Bauart war zur Abwehr von Hubschraubern und Jagdbombern besser geeignet als das Browning-0,50-Zoll-MG, da sein Lauf auf einem hohen und schweren Untersatz aufruhte und sich dadurch leichter schwenken ließ. Im April unternahmen die Vietcong-Kommandeure im südlichen Delta erstmals eine Operation in Regimentsstärke. Sie hatten hier ein sicheres Gebiet, wo sie den gleichzeitigen Einsatz dreier Bataillone im Gefecht versuchen konnten. Die Kämpfe, die Ausbildung und die Organisationsarbeit dauerten den Sommer und den Herbst hindurch, und Ende 1964 hatte die Führung in Hanoi ihr Ziel fast erreicht. Am 2. Januar 1963 war der Vietcong eine zögernde Truppe von etwa 23.000 regulären und regionalen Guerillas gewesen, die sich in 25 Bataillone von 150 bis 300 Mann sowie diverse Provinzkompanien und Distriktzüge gliederten. Im Dezember 1964 waren daraus etwa 56.000 gut ausgebildete und selbstbewußte Soldaten geworden. Aus 25 zusammengewürfelten Bataillonen und entsprechenden Kompanien und Zügen waren 73 gleich starke Bataillone, 66 Infanterieeinheiten und sieben zusätzliche, mit Flugabwehr-MGs ausgerüstete schwere Bataillone geworden. Jedes der Infanteriebataillone war 600 bis 700 Mann stark und bildete einen äußerst wirksamen Kampfverband. (Aus dem Nachrichtenmaterial des Vereinigten Generalstabs war schon im Sommer 1963 hervorgegangen, daß die Vietcong sich auf 600 Mann starke Bataillone zubewegten; angesichts des Drucks, dem er ausgesetzt war, hatte sich Halberstam in seinem Bericht vom 15. August mit der bescheideneren Zahl von 400 begnügt, was damals bedrohlich genug klang.) Die meisten dieser Bataillone waren bereits zu Regimentern zusammengefaßt, die über Fernmeldeeinrichtungen, Pionier- und andere Kampfunterstützungseinheiten verfügten. Auch die Zusammenfassung dieser Regimenter zu Divisionen hatte man schon in Angriff genommen. Zu den insgesamt 56.000 Mann Kampftruppen kamen als Unterstützung weitere 40.000 Mann, die in der Grundausbildung standen oder im Sanitätsdienst und beim Nachschub oder damit verbundenen Aufgabenbereichen eingesetzt wurden.

Fast sechs Jahre des Leidens und des Todes waren notwendig gewesen, um den verzweifelten Überrest der 2000 Vietminh des Frühjahrs 1957 in die 23.000 Mann umfassende unsichere Guerilla-Streitmacht zu verwandeln, aus denen sich die Vietcong-Bewegung am Tag von Ap Bac zusammensetzte. Dank der Hilfe Diems und der Amerikaner hatte es nicht einmal zwei Jahre gedauert, bis die furchterregenden Bataillone aufgestellt waren, die im Dezember 1964 zum Angriff bereitstanden.

Sie begannen die ARVN in Stücke zu schlagen. Am 9. Dezember kam es auf einer Straße im Kautschukplantagengebiet, 65 Kilometer östlich von Saigon, zu einem spektakulären Hinterhalt. Eine ganze Kompanie M-113 wurde vernichtet, rückstoßfreie 57-mm- und 75-mm-Kanonen verwandelten alle 14 Schützenpanzer in Schrott. Eine L-19 und zwei der Huey-Kampfhubschrauber, die ihnen zu Hilfe kamen, wurden abgeschossen. Niemand in Saigon wußte, daß die im Hinterhalt liegenden Einheiten zwei Bataillone eines der neuen Vietcong-Regimenter waren. Ende des Monats lockten, wieder in diesem Gebiet, die Vietcong-Kommandeure die Saigoner Befehlshaber in eine Schlacht, indem sie wiederholt eine Distriktstadt angriffen und die Außenposten überrannten, die einen benachbarten Weiler mit katholischen Flüchtlingen aus dem Norden namens Binh Gia schützten. Am 31. Dezember 1964 wurde in der Nähe von Binh Gia eine Saigoner Eliteeinheit, ein Bataillon Marines mit 326 Offizieren und Mannschaften, in einen riesigen Hinterhalt gelockt und aufgerieben. Fast zwei Drittel der Marineinfanteristen wurden getötet, verwundet oder gefangengenommen. 29 der 35 Bataillonsoffiziere fanden den Tod. Ganz in der Nähe operierte am selben Tag ein weiteres Saigoner Elitebataillon, eines der neuen Rangerbataillone, die Westmoreland aufgestellt hatte, um die ARVN zu stärken. Es erlitt in einem zweiten Hinterhalt ein noch schlimmeres Schicksal und wurde buchstäblich ausgelöscht. Fast 400 Offiziere und Mannschaften wurden getötet oder verwundet. Die beiden für diese Hinterhalte verantwortlichen Guerilla-Regimenter waren Teile einer noch größeren Einheit, deren Existenz Westmoreland und den ARVN-Generälen ebenfalls nicht bekannt war: der 9. Vietcong-Division, der ersten des neuen Vietminh, die im Süden einsatzbereit war.

Nur das Eingreifen der regulären Streitkräfte der Vereinigten Staaten konnte jetzt noch den Zusammenbruch des Saigoner Regimes und die Vereinigung Vietnams unter Führung Hanois verhindern. Die Alternative, die nach Vanns Überzeugung keine war — der große Luft- und Bodenkrieg der Amerikaner in Vietnam —, war unvermeidbar geworden. Ziegler erinnerte sich später an Vanns Äußerungen zu der Frage, ob die US-Armee und das Marine Corps den Krieg übernehmen sollten. Vann zufolge war das die schlechtestmögliche Lösung. Man mußte die ARVN dazu bringen, daß sie kämpfte. Den Krieg mit einer vietnamesischen Armee zu führen war der einzig gangbare Weg. Schon die Saigoner Truppen hatten Schwierigkeiten, zwischen Landbevölkerung und Vietcong zu unterscheiden, Freund und Feind auseinanderzuhalten. Vann meinte, man solle sich einmal vorstellen, welche Probleme die Amerikaner da erst hätten. Die amerikanischen Soldaten würden bald die gesamte Landbevölkerung als Feind sehen. Armee und Marine Corps würden mit den vietnamesischen Bauern in einem blutigen Morast versinken. »Am Ende würden wir auf alles schießen — auf Männer, Frauen, Kinder und Büffel«, sagte Vann.

Die beginnende Katastrophe war natürlich keine Befriedigung, aber Halberstam, ich und Vanns sonstige Freunde bedauerten, daß er nicht mehr in der Armee war, um die Bestätigung zu erhalten, die er verdiente, jetzt, da die Wahrheit so an den Tag trat, daß man sie sich früher oder später eingestehen mußte. In seinem Brief vom Juli 1963 teilte er uns mit, daß er zum Ende des Monats seinen Abschied nehmen werde, um einen Posten als leitender Angestellter bei der Luft- und Raumfahrtsabteilung von Martin-Marietta in Denver anzutreten. Er schrieb, daß die Personaloffiziere der Armee sich weigerten, ihm das Truppenkommando zu geben, auf das er nach Abschluß seiner Kurse am Industrial College of the Armed Forces im Juni 1964 ein Anrecht haben würde. Er konnte die drei oder vier Jahre gehobenen Schreibstubendaseins nicht akzeptieren, die man ihn nachher als Logistiker im Pentagon absitzen lassen wollte. Er gab uns auch ein Resümee seiner Kampagne im Pentagon und berichtete über die Annullierung seines Vortrags vor den Vereinigten Stabschefs drei Stunden vor dem angekündigten Beginn. Einen ähnlichen Brief sandte er an das Beraterteam in My Tho. Wie bewegt er war, zeigte sich am Ende des Briefes. Er unterschrieb mit: »Euer Kamerad John.« Wir und Vanns Freunde in der Armee nahmen an, er habe sich aus Ekel zurückgezogen, nachdem ihm die Anhörung vor den Joint Chiefs verweigert worden war, daß er frei sein wollte, um über den Krieg in der Öffentlichkeit zu sprechen. Diese Annahme bestätigte er später in Presseinterviews, in denen er erklärte, daß dies der wahre Grund für seinen Abschied gewesen sei.

Der Mißerfolg seiner Informationskampagne im Pentagon hätte Vanns Chancen, den Krach mit Harkins zu überwinden, nicht beeinträchtigt. Er hätte bloß Wohlverhalten zu zeigen und seine Kurse am Industrial College zu machen brauchen, bis sich sein Zorn wieder legte und die Ereignisse ihm recht gaben. Wenn er sich das Mißfallen Wheelers zugezogen hatte, der Taylor als Vorsitzender des Vereinigten Generalstabs ablösen sollte, so hatte er sich doch auch zahlreiche Bewunderer geschaffen. Einer davon war Harold Johnson, der als Stabschef an Wheelers Stelle treten sollte. Mit dem Stabschef als Bewunderer konnte man etwas bösen Willen aus anderen Abteilungen schon ertragen. Vanns Abschied ließ unsere Ehrfurcht vor seiner Courage noch größer werden.

Vanns Heldenmut wurde das Herz seiner Legende. Ende September 1963, zwei Monate nach seinem Abschied, erschien auf der Titelseite von »New York Journal-American« ein langer Artikel über die Streichung seines Berichts vor den Joint Chiefs nebst einem Photo von Vann und Cao. Vann hatte alle Details samt Photo einem Redakteur gegeben, der von dem Vorfall gehört und ihn in Denver angerufen hatte.

Halberstam, dessen Berichterstattung nach seiner Rückkehr in die USA im Dezember 1963 mit einem Pulitzer-Preis rehabilitiert wurde, verlieh Vanns Legende dann richtiges Leben, indem er sie groß herausbrachte: mit seinem Porträt im »Esquire« und mit seinem Buch. Als Halberstam im Frühjahr 1964 nach Denver flog, um Vann für »The Making of a Quagmire« zu interviewen, schilderte ihm dieser noch einmal seinen Kreuzzug im Pentagon und wie Krulak und Taylor sein Briefing verhindert hatten. Nach dieser Enttäuschung, so sagte er, sei es ihm unmöglich, bei der Armee zu bleiben. Es war das perfekte dramatische Ende des Epos von Lieutenant Colonel John Paul Vann, dem Offizier mit den außergewöhnlichen Karrierechancen, der als Mann der kompromißlosen Prinzipientreue auf die Generalssterne verzichtete, um der Nation die Wahrheit über den Krieg in Vietnam zu sagen.

Dieses Ende kam Halberstams Art von Journalismus entgegen. Während er das Buch schrieb, dachte Halberstam so sehr in Begriffen eines Rücktritts aus Protest, daß er »den Dienst quittieren« und »zurücktreten« als Synonyme gebrauchte.

Deshalb quittierte er den Dienst und trat eine Stellung bei einem Flugzeughersteller in Denver an. Er hatte ... sich entschlossen, etwas zu tun, das noch kein Staatsdiener in diesem Land getan hatte, in dem zwischen Theorie und Praxis ein solcher Graben klafft: Er war überzeugt, daß angesichts dieses Versagens und dieser Verlogenheit der Rücktritt, die tradi-

tionelle amerikanische Form des Protests, die angemessene Handlungs-
weise darstellte.

Aus dieser beschämenden Phase trat Vann als der einzige wahre Held hervor. Der
Heroismus blieb an ihm haften, der Heroismus eines David, der gegen einen
Goliath von Lügen und institutioneller Unredlichkeit aufgestanden war. In dieser
Weise wurde auch weiterhin über ihn geschrieben. Noch 1969 war davon die
Rede, als der damalige Außenminister William Rogers ihm eine Auszeichnung der
Association of the Foreign Service verlieh, und zwar für »außerordentliche Lei-
stungen auf dem Gebiet der Kreativität, des geistigen Mutes und der Integrität«.
Fragte man einen seiner Freunde, warum Vann die Armee verlassen habe, bekam
man zur Antwort, daß Vann aus Protest zurückgetreten sei.

Die Erinnerung an Vanns Zivilcourage war die Grundlage seines späteren
Rufes in Vietnam: Vann war aufrichtig, er war gewillt, die dortigen Tatsachen
anzugehen, wie schmerzhaft dies auch sein mochte. Obwohl er niemals so weit
ging, den Krieg selbst zu verurteilen, verlieh sein Ruf, die Wahrheit zu sprechen,
seinen Aussagen Glaubwürdigkeit; und das selbst in den Augen jener, die sich mit
ihm in der Grundsatzfrage uneins waren, ob die USA in Vietnam überhaupt Krieg
führen sollten. Diese Erinnerung war auch in der Kapelle von Arlington präsent,
in der man sich versammelte, um ihm das letzte Geleit zu geben. Alte Widersacher aus der Armee und Freunde wie Ellsberg, der sich mittlerweile gegen den
Krieg gestellt hatte, erwiesen hier einem Mann die Ehre, der die Armee – das, woran er am meisten hing – lieber verlassen hatte, als bei Lügen und Täuschungs-
manövern mitzumachen.

Das war nicht die Wahrheit. Er hatte nicht auf seine Karriere verzichtet und
den Dienst quittiert, um das Land vor der drohenden Niederlage zu warnen.
Zivilcourage besaß er. Er hatte Harkins herausgefordert, er hatte im Pentagon
dafür gekämpft, daß man die Wahrheit akzeptierte, und sein Briefing vor den
Joint Chiefs war von Krulak und Taylor verhindert worden, als die langerwartete
Anhörung schon in greifbarer Nähe lag. Das war jedoch alles nicht der Grund für
seinen Abschied aus der Armee. Er belog Halberstam und manipulierte ihn mit
demselben Talent, das er auf Cao verwandt hatte. Er hatte in Vietnam alle Welt
getäuscht. Wir hatten die Unbekümmertheit in bezug auf seine Karriere als
Selbstopfer angesehen. Wir hatten uns Sorgen gemacht, daß unsere Berichte ihm
schadeten, da wir glaubten, er opfere die Generalssterne. Er wollte, daß wir das
dachten. Er wollte, daß seine Captains wie Ziegler und seine Soldaten wie Bowers
es glaubten – sonst hätte er Ziegler nicht gesagt, er mache sich Sorgen, daß er sich
durch die Konfrontation mit Harkins seine Aussichten in der Armee verdorben
habe. Die ganze Zeit über täuschte er uns, denn er wußte, daß er keine Karriere zu
ruinieren und keine Generalssterne zu verlieren hatte. Schon bevor er im März

1962 nach Vietnam ging, wußte er, daß er nach der Rückkehr wahrscheinlich seinen Abschied nehmen würde. Wenn er bei der Verabschiedung auf dem Flughafen mit seinem leichten, gepreßten Lächeln sagte: »Sie haben mir niemals mehr geschadet, als ich es selbst wollte«, dann drückte er damit mehr aus, als Halberstam ahnen konnte. Und als er in dem Gespräch mit dem Armeehistoriker erklärte: »Auch wir waren ein Teil der großen Lüge, die man allen vorführte, die dort hinüberkamen«, sagte er mehr über sich selbst, als er sagen wollte.

Er hatte die Armee verlassen, weil ihn ein dunkler Drang zu einer Tat getrieben hatte, die ihm seiner Überzeugung nach den Generalstitel für immer verwehren mußte. Vann war ein zwiespältiger Mensch. Rigoros und unerschütterlich ehrlich in beruflichen Dingen, war er auch ein Mann des Trugs. Zwei Jahre bevor er durch die Schwingtüren von Dan Porters Büro in der alten französischen Kavalleriekaserne in Saigon geschritten war, wäre er wegen seines heimlichen Lasters fast vor ein Militärgericht gestellt worden. Durch schlaue Manöver hatte er erreicht, daß die Anklage fallengelassen wurde. Die Art, in der die Armee die Personalakte eines Offiziers führte, hatte es ihm ermöglicht, den Zwischenfall in Vietnam vor jedermann zu verbergen. In seinem Leben gab es vieles, was er verborgen oder verdrängt hatte.

Es war ihm klar gewesen, daß er vor einer Kommission, die sich mit der Beförderung von Obersten zu Generälen befaßte, den dunklen Fleck nicht verheimlichen konnte. Eine Beförderungskommission würde zu seinen gesamten Personalunterlagen Zugang haben, und damit auch zu einer Akte mit seinem Namen, die in der Strafverfolgungsabteilung der Militärpolizei aufbewahrt wurde, sowie den Aufzeichnungen über das militärgerichtliche Vorverfahren, die sich möglicherweise noch im Aktenschrank des Leiters der Militärjustiz befanden. Bevor er nach Vietnam ging, hatte er vergeblich versucht, diese Aufzeichnungen zu stehlen und zu vernichten, um seinen Makel zu tilgen. Jede Beförderungskommission, dessen war er sicher, mußte zu der Ansicht kommen, daß die Armee sich nicht das Risiko eines Generals leisten konnte, der eines solchen Verbrechens beschuldigt worden war. Als Junge hatte er sich geschworen, daß er es im Leben ganz weit bringen würde. Er konnte es nicht ertragen, auf den zweiten Platz verwiesen zu werden. Er mußte beim Kampf um den ersten Platz dabeisein. Als ihm bewußt wurde, daß man ihn nicht bis zur Spitze der Armee hinaufklettern lassen würde, faßte er den Entschluß, seinen Abschied zu nehmen, ehe er zu alt war, um eine neue Laufbahn zu beginnen.

Wenn er die Armee auch aus seinen eigenen, verborgenen Gründen verließ, so wollte er sie doch nicht verlassen, und sobald er den Schritt vollzogen hatte, bedauerte er ihn auch schon wieder. Er kam sich in Denver wertlos vor, so als ob die Armee ihn ausgestoßen hätte. Dieses Gefühl kannte er nur zu gut. Er war als Ausgestoßener geboren. Seine Mutter hatte ihn nicht gewollt. Sie hatte ihm weder einen rechtmäßigen Namen noch Liebe geben können.

Vorgeschichte eines Mannes

BUCH V

Er war ein uneheliches Kind. Sein Vater hieß nicht Vann, sondern Spry, Johnny Spry, und nach ihm wurde er John Paul genannt. Der Name seiner Mutter war Myrtle Lee Tripp. Sie war nicht einmal neunzehn, als sie ihn am 24. Juli 1924 in einem alten Viertel des Hafens von Norfolk, Virginia, in einem herunter-gekommenen, in Wohnungen aufgeteilten Herrenhaus zur Welt brachte. Er war das Ergebnis einer der wenigen echten Bindungen seiner Mutter, deren Leben aus einer Reihe fragwürdiger Beziehungen bestand, bis sie schließlich durch den Alkohol und infolge von Mißhandlungen, die sie eines Abends im Rausch erlit-ten hatte, mit 61 Jahren verstarb.

Johnny Spry, 1924 Mitte der Zwanzig, war Fahrer bei der städtischen Straßen-bahn. Sein richtiger Name lautete John Paul, aber alle nannten ihn Johnny. Selbst wenn er Myrtle Tripp eines Tages hätte heiraten wollen, wäre das schlecht möglich gewesen. Johnny Spry hatte schon eine Frau, einen dreijährigen Sohn namens John Paul, Jr., und einen zweiten, neun Monate alten Jungen. Der andere John Paul, der den Familiennamen des Vaters nicht tragen durfte, war »ein Kind der Liebe«, wie man im Süden sagte, ein Euphemismus, der die Schande seiner Geburt nicht mindern konnte.

Als ihr Sohn vier Jahre alt war, lernte Myrtle Tripp den Busfahrer Aaron Frank Vann kennen. Er war von einer Farm in North Carolina nach Norfolk gekommen wie Myrtle und die meisten ihrer Verwandten, als sie noch Kinder waren. Als sie dann schwanger wurde, beschloß sie, ihn zu heiraten. Vanns Halbschwester wurde auf den Namen Dorothy Lee getauft. Den Jungen, den Myrtle in die Ehe mit-brachte, adoptierte Frank Vann schließlich. Die Ehe sollte, zumindest der Form nach, zwanzig Jahre dauern.

John Paul Vann war ein echter weißer Südstaatler. Sein Stammbaum reichte Jahr-hunderte zurück, bis in die Anfänge des Südens, und die Umstände seiner Geburt entsprachen der Stellung seiner Vorfahren, die größtenteils gesellschaftliche Randfiguren gewesen waren.

Die Puritaner, die sich in Neuengland niederließen, um religiöser Verfolgung zu entgehen, waren eine Gemeinschaft von Bauern, Handwerkern und gelehrten Predigern. Die von ihnen gegründeten Siedlungen zogen Gleichgesinnte an, gebildete Leute, die zusammen die Dorf-Kleinstadt-Stadt-Zivilisation aufbauten, durch die Amerika zu einem Industriegiganten werden sollte.

In den Süden kamen im 17. und 18. Jahrhundert vor allem die Verurteilten und Verzweifelten aus England und Irland nebst ein paar unruhigen Schotten, die man nur zu gerne loswurde. Man brachte sie vor allem des Tabaks wegen hierher. Die neue Droge war eine Kulturpflanze der Indianer gewesen, die nun ausgerottet wurden. Großbritannien und das übrige Europa verlangten solche Mengen davon, daß die Sklavenhändler die Schwarzen, jene anderen Pioniere des Südens, gar nicht schnell genug aus Afrika herbeischaffen konnten, um den Bedarf an Arbeitskräften in den Küstengebieten zu decken, die heute Maryland, Virginia, Georgia, North und South Carolina heißen.

Irland war eine militärisch beherrschte Kolonie, deren aufsässige Bauern mit Gewehr und Galgen in Schach gehalten wurden, und das ländliche England stellte ein Schlachtfeld des Klassenkampfes dar. Der Landadel vergrößerte seinen Grundbesitz, indem er sich nach und nach das Gemeindeland aneignete, Kleinbauern ruinierte, Pächter vertrieb und die Hungerlöhne der Landarbeiter noch mehr herabdrückte. Die Armen und Ausgebeuteten setzten sich zur Wehr. Sie organisierten Streiks und brannten Scheunen und Mühlen nieder. Während der immer wiederkehrenden Hungersnöte zettelten sie Revolten an und plünderten die Kornspeicher. Es herrschte eine Atmosphäre, die jeder Art von Verbrechen förderlich war. In den Städten lief man dazu noch Gefahr, von einer der zahlreichen Krankheiten dahingerafft zu werden, die im Schmutz ihren Nährboden fanden. Im London des 18. Jahrhunderts war die Zahl der Todesfälle doppelt so hoch wie die der Taufen.

Der britische Landadel nutzte den Bedarf der Pflanzer an Arbeitskräften, um alle Unerwünschten loszuwerden. Das Parlament erließ Gesetze, die die Richter ermächtigten, ein Todesurteil in lebenslanges »Exil« in den Kolonien (ein Euphemismus für Deportation) umzuwandeln. Wenn Menschen an den Galgen kamen, weil sie aus Hunger revoltiert oder ein halbes Pfund Tabak gestohlen hatten (insgesamt wurden etwa zweihundert Delikte mit Hängen geahndet), herrschte kein Mangel an Todesurteilen, die man umwandeln konnte. Die Deportation wurde zu einer üblichen Strafe, auch bei weniger schweren Verfehlungen. Die Mindestdauer betrug sieben Jahre — die Zeitspanne, die diese Unglücklichen in der Regel auf den Tabakfeldern arbeiten mußten, um dem Pflanzer die Summe zu ersetzen, die er dafür zu entrichten hatte, daß man ihm einen »Strafarbeiter« in Ketten über den Atlantik brachte.

Von den Ketten abgesehen war der Großteil der anderen weißen Einwanderer von den Sträflingen beiderlei Geschlechts kaum zu unterscheiden. Die von Malaria, Cholera und Gelbfieber heimgesuchte Küste der südlichen Kolonien zog nicht die Siedler an, die nach Neuengland kamen. Die meisten waren Waisen, zugrundegerichtete Bauern, verjagte Pächter und mittellose Landarbeiter mit

Frau und Kindern. Wenn sie durch den Hunger jeder Hoffnung beraubt und bereit waren, die Strapazen einer zwei- bis dreimonatigen Überfahrt auf zerbrechlichen Segelschiffen und die Schwerarbeit in den Plantagen auf sich zu nehmen, verkauften sie sich an einen Pflanzer, der für sie die Überfahrt nach Amerika bezahlte. Man nannte das »Vertrag«. Es war die gleiche Sklaverei wie bei den Sträflingen, bloß über einen kürzeren Zeitraum, normalerweise vier Jahre. Auch diese Nichtsträflinge waren für die Zeit der Vertragsdauer Leibeigene des Pflanzers. Liefen sie weg, so wurden sie verfolgt und zwangsweise zurückgebracht; verweigerten sie die Arbeit, konnten sie ausgepeitscht werden.

Die Hälfte bis zwei Drittel aller Weißen, die vor der Revolution in den Süden kamen, waren Strafgefangene oder solche Vertragsarbeiter. Ihr Glück war, daß sie nicht ihr Leben lang Sklaven bleiben mußten wie die Schwarzen. Einige besaßen genug Ehrgeiz und Schlauheit, um die Zeit der Knechtschaft hinter sich zu bringen, Grundbesitz und Sklaven zu erwerben und ihrerseits Landsleute über den Atlantik zu holen, die für sie Tabak pflanzten. Ihre Familien wurden nach einigen Generationen so reich, daß sie sich Lebensart und Bildung erwarben und den britischen Landadel nachahmten, der ihre Vorfahren als Ausgestoßene behandelt hatte. Sie wurden die Granden des alten Südens, die Kavaliere der Konföderation.

Repräsentativer für die Straf- und Vertragsarbeiter blieb jedoch die unterhalb der Pflanzeraristokratie existierende Masse der Farmer. Diese weißen Südstaatler der Anfangszeit stellten unter den vielen Völkern, aus denen das amerikanische entstehen sollte, ein ganz eigenes Volk dar. Die sozialen Bedingungen, unter denen die zukünftigen Auswanderer im Mutterland lebten, und das brutale Hineingeworfenwerden in die Neue Welt verliehen ihnen Eigenschaften, die sie von den anderen unterschieden. Es waren zumeist zähe Leute. Die Schwächeren gingen schon auf den Schiffen zugrunde; oder durch die langen Arbeitstage auf den Feldern und die schlechte Ernährung; oder durch Seuchen. Charakteristisch für sie war auch eine Art Wildheit. Die viktorianische Epoche und die Industrialisierung zähmten die Massen in Großbritannien. Die Leute, die dieses Land ausgestoßen hatte, wurden niemals gezähmt. Auch wenn ihnen ihre Methodisten-, Baptisten- und presbyterianischen Prediger mit Hölle, Pech und Schwefel drohten, konnten sie ihnen einen gewissen Hang zum Hedonismus nicht austreiben. Auch eine gewisse Tendenz zur Gewalttätigkeit war ihnen eigen. Das zeigte sich darin, daß sie den physischen Mut schätzten, die Fähigkeit eines Mannes, zu reiten, zu schießen und seine Fäuste zu gebrauchen. Sie folgten ihren Pflanzer-Offizieren begierig in den Sezessionskrieg, und nach der Niederlage und der Besetzung durch die Nordstaaten-Armee trösteten sie sich mit der Erinnerung an ihre Tapferkeit. So schien ihnen noch etwas von dem anzuhaften, was sie in jenem unruhigen Großbritannien längst vergangener Zeiten gewesen sein mußten.

Die Vorfahren John Vanns ließen sich nicht weit von der Küste nieder, an der sie gelandet waren. Man weiß wenig über die Sprys, von denen Vann die meisten seiner äußeren Merkmale und die übergroße nervöse Energie zu haben schien; auch Johnny Spry schlief selten mehr als vier, fünf Stunden pro Nacht und mußte tagsüber ununterbrochen etwas tun. Clarence Spry, Vanns Großvater väterlicherseits, folgte der traditionellen Route der Arbeitssuchenden von North Carolina nach Norfolk. Er heiratete eine junge Frau namens Olive Savells, deren Familie Bauern und Fischer im Marschland südlich von Norfolk gewesen waren.

Von den Vorfahren seiner Mutter, den Tripps und Smiths, schien Vann einen Großteil seiner Charaktereigenschaften geerbt zu haben, insbesondere seinen Willen zu herrschen. Offenbar war er seiner Großmutter Queenie Smith und Mollie, der älteren Schwester seiner Mutter, nachgeraten, beide unabhängige und mutige Frauen. Von seiner Tante Mollie hatte er auch die beiden äußeren Merkmale, die auf seinen Charakter schließen ließen: die schmalen Raubvogelaugen und den geraden Mund mit der festen Oberlippe.

Im pinienbewachsenen Tiefland des nordöstlichen North Carolina hatte es Smiths und Tripps gegeben, seit das Land in der zweiten Hälfte des 17. Jahrhunderts und zu Beginn des 18. Jahrhunderts von Weißen besiedelt wurde. Das Land der Tripps und Smiths lag in Pitt County in der Nähe der Stadt Greenville, wo das sumpfige Marschland in die Küstenebene übergeht, die sich in sanften Wellen bis zu den Ausläufern der Appalachen erstreckt. Ihr Besitz war nicht so groß, daß man sie unter die Pflanzer zählen konnte, doch sie waren Großfarmer mit einigen hundert Hektar Land, auf dem ihre Sklaven Tabak und später Baumwolle anbauten, die neue Quelle des Reichtums der Südstaaten. Der sandige Lehmboden der oberen Küstenebene North Carolinas ist einer der besten Böden Nordamerikas. Hier gedeiht fast alles, und die Tripps und Smiths lebten in Wohlstand bis zum Sezessionskrieg.

Die Niederlage brachte die Ausbeutung durch den Norden, die die Farmer der Südstaaten in die Armut stürzte. 1880 kam eine weltweite Landwirtschaftskrise hinzu, die bis über die Jahrhundertwende andauerte. Der Baumwollpreis fiel von 14 Cent pro Pfund im Jahr 1873 auf 4,5 Cent im Jahr 1894. Auch der Tabakpreis fiel ins Bodenlose. Der Norden nutzte diese Situation, um dem unterworfenen Süden die klassische Beziehung zwischen Industriemacht und Agrarkolonie aufzuzwingen. Der von den Nordstaaten beherrschte Kongreß beschloß Prohibitivzölle, wodurch die europäischen Fabriken als Konkurrenten ausfielen. Die Industrie des Nordens konnte nun in den Südstaaten billig Rohstoffe einkaufen und die Preise der dort abgesetzten Fertigprodukte im Schutz der Zölle künstlich hochhalten.

Henry Tripp, Vanns Urgroßvater mütterlicherseits, war der letzte der Familie, der eine große Farm sein eigen nennen konnte. Er hatte acht Kinder, die alle Land brauchten, doch die Ernteerträge waren nicht so, daß er ihnen hätte helfen kön-

nen, eigenen Grund und Boden zu kaufen. Er begann daher, seine Farm aufzutei-
len. Als im Jahr 1902 John William »Bill« Tripp, Vanns Großvater mütterlicherseits, Inelline Smith heiratete (sie nannte sich lieber Queenie), gab Henry Tripp
ihm 16 Hektar Land, ein Maultier und genug Bauholz aus dem farmeigenen Wald,
um damit ein Haus, eine Scheune und einen Schweinestall zu errichten.

Queenie hielt das Eheleben zwölf Jahre und fünf Kinder lang durch. Sie
bekam vier Töchter und einen Sohn, die alle in dem eisernen Doppelbett geboren
wurden, in dem sie mit Bill schlief und das im größten der vier Räume des Farmhauses stand. Dieser Raum diente der Familie zugleich als Eß- und Wohnzimmer.
Hier kamen abends alle zusammen, bis es Zeit war, schlafen zu gehen. Es gab
weder elektrischen Strom noch fließendes Wasser. Das Licht kam aus Kerosinlam-
pen, Wasser wurde mit Eimern vom Brunnen geholt, der Abort war draußen.
Nichts in oder an dem aus Pinienholz erbauten Haus war gestrichen, denn Farbe
wäre eine unnütze Ausgabe gewesen. Die Kinder kamen mit Hilfe einer
Hebamme zur Welt. Ein Arzt hätte zuviel Geld gekostet. Er blieb ernstlicheren
medizinischen Problemen vorbehalten als Geburten. Myrtle Lee, Vanns Mutter,
kam am 18. Juli 1905 als drittes Kind zur Welt. Soweit man sich zurückerinnerte,
hatte es bei den Tripps und Smiths niemals Lees gegeben. Wie so viele Kinder in
den Südstaaten bekam Myrtle diesen Namen, um das Andenken an Robert
E. Lee, den großen Südstaaten-General, hochzuhalten.

Bill Tripps Tabak, seine Baumwolle und sein Mais brachten nie genug Geld,
um den Kaufmann zu bezahlen. Jedes Jahr mußte Bill erneut Kredit aufnehmen —
die Zinssätze lagen niemals unter 30 Prozent —, um Kunstdünger, Pflugscharen
und andere Bedarfsartikel zu erstehen. Damit die Familie überleben konnte,
brauchte Queenie auch Mehl, Salz, eine Menge Melasse und Zucker, Kerosin für
die Lampen und Stoffballen, um Kleider zu schneidern. Wenn im Herbst das frische Gartengemüse wegfiel, mußten sich die Tripps mit der Pellagra- und Rachitis-
kost begnügen, die nach dem Sezessionskrieg auf dem Süden wie ein Fluch
lastete: Schweinefleisch mit Bratensaft und Brötchen bei der einen, Schweinefleisch mit Bratensaft und Maisbrot bei der folgenden Mahlzeit. Myrtle, Mollie
und die drei anderen Geschwister hatten das Glück, trotz des Vitaminmangels
nicht krank zu werden. Zehntausende weißer und farbiger Kinder in den Südstaaten hatten weniger Glück.

Die Armut machte vieles, was schwer genug zu ertragen war, noch schwerer.
Auch das Sterben. Es gab weder verzierte Särge noch feierliche Aufbahrungen in
Leichenhäusern, um den Schmerz zu lindern. Die Angehörigen wuschen den Verstorbenen, zogen ihm sein bestes Gewand an oder Kleider, die sie entbehren
konnten, legten ihn in einen Kiefernsarg und nagelten einen Deckel darauf. Am
folgenden Morgen versammelten sich Freunde und Verwandte, der Prediger kam,
und der Tote wurde begraben.

Durch die mangelnde Hygiene ging die Ruhr um. Sie schlug zu wie später

Frost und sonderte unter den Kindern die Schwächsten aus. Vanns Onkel, William Arthur »Buddie« Tripp, Queenies und Bills einziger Sohn, erinnerte sich noch daran, wie bei einer Epidemie sein Vetter Moses erkrankte. Er war sein liebster Spielkamerad, und Buddie ging zu ihm, um ihn etwas aufzuheitern. Moses war so krank, daß er nicht sprechen konnte. Er lag in seinem Bett und blickte ihn bloß an. Der Arzt kam jeden Tag in seinem einspännigen Wagen vorbei und verabreichte ihm ein Medikament. Es nützte überhaupt nichts. Moses war ein kräftiger Junge. Er brauchte mindestens eine Woche, bis er starb. Auch Mollie war an Ruhr erkrankt. Sie war älter als Moses und wohl auch zäher; ihr Körper wurde mit der Krankheit fertig. Niemand hatte ihr gesagt, daß Moses auch krank war. Als sie eines Morgens durch das Fenster des Schlafzimmers blickte, zog zu ihrem Erstaunen eine Prozession von Verwandten vorbei.

Sie stand auf und ging zu ihrer Mutter. »Momma, was ist denn los? Ich weiß, daß etwas nicht stimmt.«

»Dein Vetter Moses ist gestorben, Mollie«, sagte Queenie. »Sie bringen ihn zum Friedhof hinauf.«

Die Tripps hatten ihren eigenen Friedhof in einem Feld am Wald, das hinter dem Haus der Großeltern lag, ein weiteres Andenken an die Zeit vor dem Sezessionskrieg. Buddie ging im Trauerzug mit. Auf Moses' Sarg waren keine Blumen. Die Kiste aus Kiefernholz, in der sein Spielkamerad lag, wurde auf einem vierrädrigen, flachen Karren zum Grab gefahren.

Queenie bearbeitete Bill, damit er die Farm aufgab und mit der ganzen Familie nach Norfolk zog. Er verstand sich aufs Zimmern und war ein guter Maurer, und in Norfolk konnte man schon Arbeit finden. Der Hafen war innerhalb des Südens eine der Inseln relativer Prosperität geworden. Durch die neuen Eisenbahnlinien war Norfolk der Endpunkt eines wichtigen Transportwegs, auf dem Kohle und Baumwolle herangebracht wurden, die für Neuengland und Europa bestimmt waren. Die modernen Ozeanfrachter mußten in Norfolk beladen werden, da sie aufgrund ihres Tiefgangs nicht über den James River bis Richmond fahren konnten wie ihre kleineren Vorgänger.

Bill Tripp war ein wortkarger Mann, der wenig Liebe geben konnte, ein weiterer Grund, warum die Ehe so schwierig war. Er liebte sein Land und wollte es nicht aufgeben. 1914 verließ Queenie ihn. Sie gab die fünf Kinder zu ihren Eltern und ging nach Norfolk auf Arbeitssuche. Zu Bill sagte sie, daß sie schon genug verdienen werde, um sie besser durchzubringen, als er es geschafft hatte.

Vanns Großvater blieb in dem leeren Haus nicht lang Farmer. Kurz nachdem ihn Queenie verlassen hatte und ehe günstige Umstände ihn retten konnten, erfuhr er, daß der Besitzer des Kaufmannsladens wegen seiner Schulden eine Zwangsversteigerung erwirkt hatte. Der Amtsrichter erließ eine gerichtliche Verfügung, und der Sheriff versteigerte die 16 Hektar und alles, was sich darauf befand, so daß Bill Tripps Schulden getilgt werden konnten. Bill lud seine Schrotflinte und ging damit zum Sheriff, um ihn zu erschießen. Er war nicht wegen der Versteigerung wütend auf ihn; Versteigerungen gehörten zu den Aufgaben des Sheriffs. Er war wütend, weil der Sheriff die Farm selbst ersteigert hatte. Vielleicht hatte er schon vorher ein Auge darauf geworfen und den Kaufmann überredet, die Zwangsversteigerung zu beantragen.

Bill wurde verhaftet, ehe er den Sheriff erschießen konnte. Der Richter verurteilte ihn zu zwei Jahren Straßenbau als Kettensträfling. Ein Schmied legte ihm oberhalb der Knöchel Fußeisen an, und ein Aufseher zog eine Kette durch die Ösen, um ihn mit den anderen Sträflingen zusammenzuketten. Die Männer arbeiteten den ganzen Tag lang aneinandergekettet, aßen zusammen, verrichteten zusammen ihre Notdurft und schliefen auch aneinandergekettet. Fußeisen und Kette wurden Bill erst abgenommen, als er freigelassen und für zwei Jahre aus Pitt County verbannt wurde, da der Sheriff immer noch Angst vor ihm hatte. Als Bill zurückkehrte, verschaffte ihm einer seiner Brüder eine kleine Pacht. Er sollte niemals wieder eigenen Grund und Boden besitzen.

Queenie hatte die Farm zum richtigen Zeitpunkt verlassen. Im August marschierten die europäischen Armeen gegeneinander los, und die Schlachten an der Marne, an der Somme und bei Verdun waren in bezug auf Menschenleben und Material gleichermaßen verschwenderisch. Europas extravagante Selbstzerstörung gab dem amerikanischen Süden wieder Leben. Man konnte nun Gewinne in einer Größenordnung machen, wie man sie seit der Zeit der Baumwollkönige nicht mehr erzielt hatte. Nirgends sollte sich der Segen des Ersten Weltkriegs reichlicher einstellen als in Norfolk.

Die Baumwolle boomte. Aufgrund der Schwierigkeiten, die den britischen, französischen und deutschen Textilfabriken aus den Kriegshandlungen erwuchsen, hatte Amerika bald das weltweite Monopol für Baumwolltextilien. Vanns Großmutter fand Arbeit in einer Wäschefabrik, die Unterhemden und lange Unterhosen aus Baumwolle herstellte, die »long johns«, wie sie die Männer bei kaltem Wetter trugen. Queenie arbeitete im Akkord. Sie holte Mollie zu sich nach Norfolk. Sie mußte ihr helfen, größere Stückzahlen zu erreichen. Mollie war erst zehn und noch nicht groß genug für die Nähmaschine. Sie mußte auf einer Kiste stehen, um die Unterhemden und Unterhosen zu wenden, damit die Mutter schneller nähen konnte.

Mutter und Tochter nähten zusammen so schnell Unterhosen, daß Queenie weniger als ein Jahr später genug gespart hatte, um die vier anderen Kinder nach Norfolk zu holen und eine Pension zu eröffnen. Sie mietete ein dreigeschossiges Gebäude mit etwa zwanzig Räumen im ältesten Teil Norfolks in der Nähe der Lagerhäuser am Elizabeth River. Es handelte sich um ein ehemaliges Herrenhaus aus der Zeit vor dem Sezessionskrieg (nach 1960 wurde es im Rahmen einer Altstadtsanierung niedergerissen). Für eine Frau vom Land, die kochen und für Männer sorgen kann, ist eine Pension eine gute Sache. Queenie hatte auch klug gewählt, denn die Unterbringung von Arbeitern in Kriegszeiten ist ein einträgliches Geschäft. Nachdem Woodrow Wilson den Kongreß überredet hatte, sich am Kampf zu beteiligen, und im April 1917 Deutschland der Krieg erklärt wurde, bestand Queenies Problem darin, Platz für zusätzliche Stühle an den Eßtischen und Raum für noch mehr Betten zufinden.

»Mars erbaut eine großartige Stadt«, so der Titel, den ein enthusiastischer Historiker Norfolks für sein Kapitel über den Ersten Weltkrieg wählte. In einer Zeit, in der Millionen von Dollars den Effekt von Milliarden hatten, wurden buchstäblich über Nacht millionenschwere militärische Projekte in Angriff genommen und ohne Rücksicht auf die Kosten vorangetrieben. Norfolk »wurde von einer Flutwelle des Fortschritts erfaßt« und dazu gebracht, »auf den Wogen der Prosperität« zu schwimmen, wie eine Lokalzeitung es formulierte. Die Navy ergriff die Gelegenheit, sich die Mittel für eine 320 Hektar große Basis bewilligen zu lassen, wie sie sich in Friedenszeiten kein Admiral erträumt hätte. Das Areal befand sich am Ende der Halbinsel unmittelbar nördlich der Stadt. Reihen von Piers für Schlachtschiffe, Kreuzer und Zerstörer, ein Dock für U-Boote, ein Landebecken für Wasserflugzeuge, ein Flugplatz, Hangars, mehrstöckige Lagerhäuser aus Beton, Kasernen, Maschinenhallen und Hunderte von anderen Gebäuden wurden errichtet. Der alte Norfolk Navy Yard in Portsmouth am anderen Ufer des Elizabeth River wurde völig umgestaltet und mit einem Trockendock für Schlachtschiffe ausgestattet, das damals als die größte und komplizierteste Betonkonstruktion galt, die man in Amerika je gesehen hatte. Angesichts der Überbeanspruchung der Häfen von Boston, New York und Philadelphia kam die Army zu dem Schluß, Norfolk sei die beste Alternative, um Truppen und Nachschub für das in Frankreich operierende Expeditionskorps zu verschiffen. Das Ergebnis waren die Lagerhäuser, Bahnhöfe und Verladeanlagen des landesweit größten Transportstützpunkts der US-Armee. Immer wieder kamen in Norfolk vollbesetzte Militärzüge an, und Tag und Nacht schifften sich Soldaten nach Frankreich ein. Alles, was dazu beitragen konnte, des Kaisers graugekleidete Armee zu besiegen, wurde an Bord gebracht, von Socken über Maulesel bis hin zu Lokomotiven. Männer und Frauen aus dem ganzen Süden, aus Texas, Kansas und sogar Minnesota kamen, um für den Krieg zu arbeiten. Vor dem Krieg hatte Norfolk 68.000 Einwohner gezählt, nun stieg ihre Zahl auf 130.000. Im Verlauf der eineinhalb Jahre bis zum Waffenstillstand vom 11. November 1918 wurde aus der kleinen Stadt am Meer ein bedeutender Seehafen und die größte Marinebasis der westlichen Hemisphäre.

Als 1921 die letzten Arbeiten zum Ausbau der Basis abgeschlossen waren und der Geldstrom versiegte, gab Queenie die Pension auf und kaufte mit ihrem Gewinn ein kleines Haus in einem anderen Stadtteil. Sie fand Arbeit als

Stewardeß auf Passagierdampfern, die nachts zwischen Norfolk und New York verkehrten. Während der Jahre in der Pension hatten die Kinder begonnen, selbständig zu werden, was Queenie nicht störte. Norfolk war in ihren Augen eine Verbesserung für die Kinder. 1918, auf dem Höhepunkt der goldenen Zeiten, war Mollie mit einem Pensionsgast, einem Schiffsschweißer, durchgebrannt. Sie war erst vierzehn (ihr Schweißer neunzehn), doch jung heiraten war üblich, und sie wollte eine eigene Wohnung. Auch ihre ältere Schwester Lillian heiratete einen Pensionsgast. Er arbeitete in einer chemischen Reinigung. Nach der Geburt eines Sohnes ließ sie sich scheiden und ehelichte einen Norfolker Polizisten.

Anders als ihre Schwestern suchte sich Mertie, wie Vanns Mutter in der Familie genannt wurde, keinen Mann, der sie versorgen konnte. Sie mochte sich auch an keine feste Arbeit gewöhnen. Sie konnte entweder einen Arbeiter heiraten, der eine Familie gründen wollte, oder sich einen relativ angenehmen Job suchen wie ihre Mutter. Für etwas anderes reichte ihre Schulbildung nicht. Sie war nach der Grundschule in North Carolina nicht mehr zur Schule gegangen, da Queenie die Mädchen als Serviererinnen, Zimmermädchen und für Hausarbeiten in der Pension brauchte. Auch Myrtle hätte leicht einen Versorger finden können. Ihr Gesicht war nicht eben schön, ihr Mund etwas gekrümmt und die Nase zu groß, doch ihr langes, brünettes Haar wirkte attraktiv und ihr Lächeln anziehend. Noch anziehender wirkte ihre schlanke Figur, insbesondere ihre hübschen Beine. Hätte sie allein bleiben wollen, wäre sie sicher imstande gewesen, einen Job zu finden, wie ihn ihre Mutter gefunden hatte. Doch Myrtle traf nicht gerne konkrete Entscheidungen. »Ich bin Myrtle, und es gibt auf der Welt niemanden wie mich. Ich liebe mich«, so faßte Mollie den Charakter ihrer Schwester zusammen.

Myrtle war eine Träumerin. Sie machte sich niemals Sorgen über den nächsten Tag. Sie tanzte, lachte und trank gerne. Und sie liebte die Liebe, ohne über die Folgen für sich und andere nachzudenken. Wenn sie Arbeit gefunden hatte, blieb sie nicht lange dabei. Hatte sie etwas Geld verdient, gab sie es sofort für Kleidung und Make-up aus. Im Frühjahr 1923, drei Monate vor ihrem 18. Geburtstag, begann sie eine Beziehung mit einem französischen Matrosen namens Victor LeGay. Sie nahm einen Zug nach Elizabeth City, North Carolina, nahe der Grenze zu Virginia, um ihn in aller Eile zu heiraten. Ein halbes Jahr lang wohnten sie zusammen. Etwa einen Monat, nachdem LeGay weggegangen war, wurde sie von Spry schwanger. Es gibt Anzeichen dafür, daß sie sich schon vorher mit ihm getroffen hatte.

Johnny Sprys Vergnügungen waren das Glücksspiel und die Schürzenjägerei. Er hatte Myrtle schon als Kind gekannt, da er im selben alten Viertel von Norfolk aufgewachsen war, in dem Queenie ihre Pension hatte. Einer der Vorteile seiner Tätigkeit als Straßenbahnfahrer war die Gelegenheit, Frauen kennenzulernen.

Vielleicht hatte er Myrtle auf diese Weise wiedergesehen. Sie schien ihn zu lieben, so gut sie einen Mann eben lieben konnte. Ihre Ansprüche meldete sie an, indem sie sich in der Straßenbahn auf den Platz hinter ihm setzte. Sprys Frau, die seine Neigungen kannte, wußte über die Affäre bald Bescheid. Eines Tages stürmte sie in den Straßenbahnwagen und fiel über Myrtle her, um die Rivalin zu verscheuchen. Die beiden Frauen rauften kreischend und zogen einander an den Haaren. Spry fand die Szene lustig und erzählte davon viele Jahre später einem seiner Söhne. Myrtle ließ sich nicht abschrecken. Sie wollte sich von LeGay so schnell wie möglich trennen (unter der Beschuldigung des Ehebruchs erwirkte sie später in Norfolk die Scheidung). Offenbar wollte sie von Spry schwanger werden, da sie hoffte, ein Kind werde ihn dazu bringen, sich von seiner Frau scheiden zu lassen und sie zu heiraten. Johnny Spry war nicht der Meinung, daß ein kluger Mann eine Frau wie Myrtle ehelichen sollte. Als das Kind am 2. Juli 1924 geboren wurde, hatte er bereits mit ihr Schluß gemacht.

Myrtles Sohn brauchte kein uneheliches Kind zu werden. Dem Gesetz nach war sie immer noch verheiratet. Aus Verlegenheit belog sie den Arzt, der sie entband, und sagte, LeGay sei der Vater. Durch diese Lüge bekam der Knabe auf der Geburtsurkunde pro forma einen Familiennamen. Ihre Angehörigen wußten von der Affäre. Sie wußten auch, daß LeGay schon zu lange weg war, um der Vater zu sein (Lillian war Myrtles Wohnungsnachbarin); sie hätten dem Kind zuliebe das Geheimnis bewahrt, so daß der Junge in Unkenntnis seiner wahren Abstammung aufgewachsen wäre.

Myrtle selbst machte aus ihrem Sohn ein uneheliches Kind. Sie erzählte jedem, wer sein wirklicher Vater war. Auch ihrem Sohn sagte sie es, sobald er alt genug war, nach dem Vater zu fragen. Spry meinte immer, sie habe den Jungen »aus Bosheit« nach ihm John Paul genannt.

Da der Grund der Zeugung bei seiner Geburt nicht mehr gegeben war, wollte Myrtle ihren Sohn nicht mehr. Sie überließ ihn der Obhut Lillians, während sie sich auf die Suche nach Vergnügungen und einem anderen Mann machte. Lillian legte ihn ins Kinderbett zu ihrem ersten Sohn aus zweiter Ehe, Vanns Vetter George Dillard, der zwei Wochen zuvor mit Hilfe desselben Arztes zur Welt gekommen war. John und sein Vetter teilten sich auch das Fläschchen. Lillian gab ihm die gleiche Liebe wie ihrem Sohn George. Einige Monate später nahm ihn Myrtle wieder zu sich; sie hatte einen Mann gefunden, der ihr eine Zeitlang die Miete für eine Wohnung zahlen konnte. Das Kind erlebte damals seinen ersten Schmerz: die Vernachlässigung und Zurückweisung, die ihn seine Mutter durch ihre Egozentrik und ihren Lebenswandel erfahren ließ. Mollie entschloß sich eines Tages, nach ihm zu sehen. »Ich kenne doch meine Schwester; sie kümmert sich nicht richtig um ihn«, dachte sie. Sie fand ihn verlassen vor. Er lag in seinem Schmutz und schrie vor Hunger. Sie nahm ihn zu sich, wusch ihn und beschloß, ihn mit ihren beiden kleinen Söhnen aufzuziehen. Von Zeit zu Zeit kam Myrtle, um ihn zurückzuverlangen. Ihr Ego trieb sie dazu, eine Mutter darstellen zu wollen. Ihre Schwestern hatten ein Auge auf sie. Sobald sie sich erneut davonmachte, holten sie ihn wieder. Auf diese Weise verbrachte er den größten Teil seiner ersten viereinhalb Lebensjahre mit Lillian oder Mollie, bis Myrtle mit seiner Halbschwester Dorothy Lee schwanger wurde und im Januar 1929 Aaron Frank Vann heiratete. Seine Tanten kauften ihm Kleidungsstücke oder gaben ihm welche von seinen Vettern, und er litt niemals Hunger.

Das Auftreten eines Stiefvaters, der ihm ein Heim geben würde, schien ein Glücksfall zu sein, denn Little Johnny, wie man ihn nannte, verlor den Schutz seiner Tanten. Mollie übersiedelte 1928 nach New York, im Herbst 1929 folgte ihr Lillian samt Familie, nachdem ihr Mann seinen Posten bei der Polizei in Norfolk verloren hatte. Im Oktober, kurz nach ihrer Ankunft, begann mit dem Börsenkrach vom Schwarzen Dienstag die große Wirtschaftskrise. Zu den Umzügen hatte Queenie geraten. Da sie als Stewardeß auf den Küstendampfern arbeitete, kannte sie New York bereits, eine wunderbare Stadt mit tausend Möglichkeiten. Sie überredete Mollie, das Schiff zu nehmen und sich die Stadt anzusehen. »Wir ziehen nach New York«, verkündete Mollie ihrem Mann, als sie nach Norfolk zurückkehrte. Ihr Schiffsschweißer war inzwischen zu einem gutbezahlten Kranführer auf einem der Kohlenpiers avanciert. Er wurde Techniker bei der New Yorker U-Bahn. Lillians Mann wurde als Sicherheitsbeamter in der Zentrale der Irving Trust Company in der Wall Street angestellt.

Mollie färbte ihr langes schwarzes Haar blond, engagierte Babysitter für ihre beiden Jungen und wurde Empfangsdame im Tearoom des Hotels Taft, das damals als das »Menger« bekannt war. Das Hotel lag neben dem »Roxy Theater«, dem größten der New Yorker Kinopaläste. Die Stammgäste des Roxy kamen nach den Erstaufführungen und den täglichen vier vom hauseigenen 110-Mann-Orchester musikalisch untermalten Varietévorstellungen auf einen Snack oder eine leichte Mahlzeit in den Tearoom des Hotels. Der Oberkellner des einen Stock tiefer gelegenen Restaurants war ein gutaussehender Italiener, der einem anderen Einwanderer ähnlich sah, Rudolph Valentino, dem Idol der Stummfilmära der zwanziger Jahre. Er war auf diese Ähnlichkeit so stolz, daß er sich von den Leuten Valentino nennen ließ. Mollie verliebte sich in ihn. Sie ließ sich von ihrem Mann aus Norfolk scheiden und wurde Mrs. Terzo Tosolini, behielt jedoch das Sorgerecht für ihre beiden Söhne. »Meine Mutter war eine sehr fortschrittliche Frau«, sagte Mollie über Queenie und beschrieb sich damit gewiß auch selbst.

Frank Vann schien ein verantwortungsbewußter Mann zu sein. Als er Myrtle 1929 heiratete, war er dreißig, sieben Jahre älter als sie. Er stammte aus der Gegend von Murfreesboro in der Küstenebene von North Carolina nahe an der Grenze zu Virginia. Sein Vater war ein ungewöhnlich kluger und fleißiger Landpächter, der neun

Kinder aufgezogen hatte und mit Hilfe der Baptistenkirche und dem, was die Familie selbst verdiente, einige von ihnen auf eine pädagogische Hochschule schickte. Frank Vann hatte die High School abgeschlossen und in einem Laden als Verkäufer gearbeitet, bevor er nach Norfolk zog. Er war ein wohlmeinender Mensch, nett und freundlich im Umgang mit anderen, schadete jedoch durch seine Schwäche und Passivität allen, die von ihm abhängig waren.

Die ersten Jahre seiner Ehe mit Myrtle waren wahrscheinlich die annehmbarsten, auch wenn er immer wieder arbeitslos wurde. Nachdem ihn die städtische Busgesellschaft entlassen hatte, fand er Arbeit am Fließband bei den Ford-Werken in Norfolk. Als sich die Krise verschärfte, mußte er auch hier wieder gehen. Nach Dorothy Lee hatte er mit Myrtle noch zwei weitere Kinder: Vanns erster Halbbruder Aaron Frank, Jr., kurz Frank Junior genannt, kam Ende 1931 zur Welt, Eugene Wallace im Frühjahr 1933. Bald darauf zog Frank Vann mit der ganzen Familie nach North Carolina, da er an einem Ort namens George unweit der Farm seines Vaters Arbeit in einer Reißverschlußfabrik fand. Nach ein paar Monaten hatte ihn Myrtle so weit, daß er kündigte und wieder nach Norfolk zog. Sie liebte weder das Landleben, noch vertrug sie sich mit seiner Familie. Am Tisch von Franks Vater wurde vor jeder Mahlzeit ein Gebet gesprochen, seine Schwestern und ihre Familien arbeiteten aktiv in der Baptistenkirche mit. Sie waren schockiert über die Verachtung, die Myrtle gegenüber Hausarbeit und Kindererziehung zeigte, und stellten sich Fragen über ihre Sitten.

Als sie nach Norfolk zurückkehrten, wurden Johnny und seine Geschwister Entbehrungen ausgesetzt, die Myrtles Kindheit in Pitt County angenehm erscheinen ließen. Wenn zwischen zwei Arbeitseinstellungen plötzlich die Produktion wieder anlief, kam Frank Vann bei Ford unter, zwischendurch verdiente er sich etwas Geld als Taxifahrer. Über die Arbeitsbeschaffungsbehörde, die Franklin Roosevelt ins Leben gerufen hatte, fand er zeitweise Beschäftigung bei der Anlage von Parks und anderen öffentlichen Arbeiten, die meiste Zeit jedoch war er stellungslos. Es gab in diesen Jahren weder Arbeitslosenunterstützung noch eine Sozialhilfe, die diesen Namen verdient hätte. Da sie die Miete nicht bezahlen konnten, zogen die Vanns dauernd um, aber sie zogen nirgendwo hin. Sie wechselten bloß von einem dunklen, schmutzigen Haus in ein anderes, wenn dort gerade jemand ausziehen mußte und Frank Vann es mit viel Reden gelang, als Nachmieter akzeptiert zu werden. Immer blieben sie in der tristen Welt zweier Arbeiterviertel: in Lamberts Point, hinter den Kohlenpiers an der Mündung des Elizabeth River, oder im benachbarten ehemaligen Textilfabriken- und Sägewerksviertel namens Atlantic City.

Das Haus und die Gegend in Lamberts Point, wo die Vanns ihre Bleibe hatten, als 1936 die Wirtschaftskrise den Höhepunkt erreichte, waren typisch für ihre sonstigen Domizile und deren Umgebung. Die Stadt hatte die Straßen pflastern, Abwasserkanäle anlegen und Stromleitungen spannen lassen. Dem Haus gegenüber war auf einem freien Gelände eine große Grundschule aus rotbraunen Ziegeln errichtet worden. Dann war alles zum Stillstand gekommen. Es gab keine Bürgersteige, sondern nur ungepflasterte Wege vor und zwischen den Häusern. Hier und dort hatte man einen Baum als Schattenspender stehen lassen, so die große Robinie vor dem Haus der Vanns. Nur wenige Familien machten sich die Mühe, den kleinen Vorgarten mit Rasen zu bepflanzen. Man begnügte sich mit dem Unkraut, das dort wuchs, wo Kinder und Hunde den Boden noch nicht abgetreten hatten. Alle Gebäude, einschließlich der Schule, waren zweigeschossig. Von den Holzhäusern waren viele schon seit Urzeiten nicht mehr gestrichen worden und hatten die graubraune Farbe verwitterten Holzes angenommen.

Zu dieser Kategorie gehörte auch das Haus der Vanns. Es war von einer Bauweise, die man vor dem Krieg in den Armenbezirken der Städte des Südens so häufig antraf, daß man sie als südlichen Arbeiterviertelstil bezeichnen könnte. Die zweigeschossigen Häuser hatten ein steiles Dach und waren seitlich mit Schindeln verkleidet. Die Fronten waren schmal, Raum boten diese Häuser aufgrund ihrer Länge. Sie waren nicht unterkellert. Die überdachte Veranda erhob sich nicht einmal einen halben Meter über den Boden, das Geländer war längst umgestürzt. Niemand stellte ein neues auf: Von der Veranda direkt in den Hof zu steigen war ohnehin praktischer. Die schmale Front ließ nicht viel Licht ein, im Inneren war es dunkel. Dazu trugen auch das Alter und der angesammelte Schmutz bei. Irgend jemand hatte einmal alle Innentüren schwarz gestrichen. Auf den Holzfußböden gab es weder Teppiche noch Linoleum, durch die Abnützung waren sie uneben geworden und voller Vertiefungen. Sie blieben schmutzig, da Frank Vann sich zwar ein bißchen um den Haushalt kümmerte, es in dieser Hinsicht aber nicht so genau nahm.

Der erste Raum links von der Diele war das Wohnzimmer. Es war mit einem alten Sofa unbekannter Herkunft möbliert, einem hölzernen, verkratzten Schaukelstuhl und zwei Holzstühlen mit gerader Rückenlehne. Auf dem Boden stand eine leere Pfeifentabaksdose, die Frank Vann als Spucknapf diente. Er kaute zuerst Tabak, dann wechselte er zu einer anderen, auf dem Land verbreiteten Gewohnheit über, dem sogenannten »Schnupftabakbaden«: Man steckte sich eine Prise zwischen Lippen und Schneidezähne und wartete, bis der Tabak sich auflöste. Auch der Kanonenofen diente ihm als Spucknapf. Im Winter stellte er das wichtigste Heizgerät des Hauses dar. In die Zimmerdecken hatte man Öffnungen geschnitten, damit die warme Luft in die Schlafzimmer im ersten Stock aufsteigen konnte. Frank Vann heizte den Ofen mit Holzabfällen oder, wenn er an den Kais welche aufsammeln konnte, mit Kohle. Gab es weder das eine noch das andere, dann blieb das Haus ungeheizt. Am Ende der Diele befand sich die Küche. Durch den viereckigen, schwarzen, mit Holz geheizten Kochherd waren die Küche und das Schlafzimmer darüber die Räume, die zuletzt kalt wurden. Über dem Tisch und den Stühlen in der Mitte der Küche hing an einem Draht eine einzige Glühbirne von der Decke. Die Spüle hatte einen Messinghahn, aus dem nur kaltes Wasser floß. Bei Bedarf mußte man es auf dem Herd heiß machen. Wenn jemand baden wollte, trug man das heiße Wasser in Eimern ins Badezimmer in den ersten Stock und goß es in die altmodische, auf Füßen stehende Badewanne.

Da Myrtle nicht kochen wollte, tat Frank Vann auch das. Er stand um 5 Uhr auf, wusch sich und machte für sich und die Kinder das Frühstück. Während er Wasser zum Rasieren wärmte, pfiff er vor sich hin oder sang Kirchenlieder. (Myrtle und er waren nicht religiös. Auch wenn sie die Kinder manchmal in die baptistische Sonntagsschule schickten, gingen sie nie selbst zur Kirche.) In den bittersten Wintermonaten auf Bill Tripps Farm hatte Myrtle zu Queenies Brötchen oder Maisbrot immer etwas Schweinefleisch mit Bratensaft gehabt. Das übliche Essen von Myrtles Kindern waren Brötchen zum Frühstück, Bratkartoffeln und Brötchen zum Mittagessen und nochmals Bratkartoffeln und Brötchen zum Abendessen. Dazu tranken sie Kaffee, obwohl Milch nahrhafter gewesen wäre. Die Südstaatler lieben Kaffee, und Frank Vann, mochten die Zeiten auch noch so schwer sein, schien dafür immer Geld zu haben. Kartoffeln kaufte er, weil sie das billigste Gemüse waren. Er trug sie in 50-Pfund-Jutesäcken nach Hause.

Er kochte nicht schlecht. Die Kartoffeln schälte er sorgfältig, schnitt sie in ganz dünne Scheiben und mischte in Würfel geschnittene Zwiebeln darunter, um ihnen mehr Geschmack zu geben. Die Brötchen wechselte er mit etwas ab, das er »Mehlbrot« nannte: Er strich die Bratpfanne mit Brötchenteig aus und bereitete daraus Fladen zu. Oft servierte er auch seine spezielle »Tomatensauce«, die man über die Brötchen oder die Fladen goß. Tomaten waren das billigste Dosengemüse; eine große Büchse kostete nur drei oder vier Cent. Frank mischte in der Bratpfanne etwas Mehl unter die Tomaten, und die »Sauce« war fertig. Zu seltenen Anlässen brachte er ein paar Dosen Lachs, den er mit Mehl vermischte, um daraus Lachskuchen zu backen, zu noch selteneren, wenn er bei Kasse war, kam er mit Eiern heim, um zum Lachs Rührei zu servieren, oder er tischte gebratenes Schweinehirn mit Rührei auf. Sein häufigster Leckerbissen, auf den sich die Kinder stets freuten, waren »Käsebrötchen«. Er kaufte ein kleines Stück Käse, zerschnitt es und versteckte vor dem Backen in jedem dritten Brötchen ein Stückchen davon. Frank Junior lernte, nach einem Brötchen Ausschau zu halten, aus dem etwas geschmolzener Käse in den Backofen geronnen war, so daß er es von dem großen Holzteller schnappen konnte, ehe es die anderen sahen. Wenn dessen Vater, der Sicherheitsbeamte bei der Irving Trust in der Wall Street, seinen jährlichen Urlaub hatte, kam Johnnys Vetter George Dillard mit seinen Eltern nach Norfolk herunter. Er war mit Johnny eng befreundet und verbrachte oft die Nacht bei den Vanns. Später erinnerte er sich, welchen Tumult es jedesmal gab, wenn jemand ein Brötchen mit einem Stückchen Käse erwischte. »Das war dann ein Fest«, erzählte er. »Oder man hatte Pech und bekam bloß ein trockenes Brötchen.« Die Kinder Vanns hatten bei den meisten Mahlzeiten Pech und aßen trockene Brötchen und Bratkartoffeln.

Dorothy Lee streute sich eines Abends Salz und Pfeffer auf ihr Brötchen, damit es besser schmeckte.

Diese städtische Variante der Pellagra- und Rachitis-Kost war gefährlicher als die ländliche, da Frank Vann hinter dem Haus keinen Garten hatte, um die Kinder im Frühjahr und im Herbst mit frischem Gemüse zu versorgen. Gene wurde ein Opfer davon. Der Vitaminmangel machte ihn am meisten anfällig, weil er 1936 mit erst drei Jahren der Jüngste war. Er entwickelte eine schwere Form von Rachitis, die zu mangelhafter Knochenbildung führte, wodurch er groteske O-Beine bekam. »Dem Jungen hätte man ein Faß Nägel zwischen den Beinen durchschieben können, und er hätte es nicht gemerkt«, meinte Frank Junior später.

Ein von einer Wohlfahrtsorganisation finanziertes Krankenhaus sandte regelmäßig eine Krankenschwester aus, damit diese die Kinder in den Armenvierteln Norfolks untersuchte. Die Vann-Kinder kannten sie als eine gütige und imposante Dame, die in einem Wagen mit Chauffeur vorfuhr, eine blaue Uniform trug und mit deutsch oder skandinavisch klingendem Akzent sprach. Ihr Name war Miss Landsladder. Sie ersparte Gene das Dasein eines Krüppels, denn sie erreichte, daß die Chirurgen des Krankenhauses sich ihn ansahen. Zuerst brachen sie ihm den linken Unterschenkelknochen und richteten ihn gerade; als dieser gut verheilt war, holten sie ihn wieder in die Klinik und taten in einer einzigen Operation mit den restlichen Hauptknochen der beiden Beine das gleiche. Er blieb dann acht Monate in einem Gipsverband, der von der oberen Brusthälfte über die beiden Oberschenkel und Beine hinab zu den Füßen reichte. Mit Hilfe einer in Kniehöhe eingesetzten Querschiene wurden ihm die Beine in Spreizstellung auseinandergehalten. Er konnte sich nicht einmal im Bett umdrehen. Sobald die Knochen verheilt waren und Gene keine Schmerzen mehr hatte, machte sein Bruder Johnny aus dem Problem ein Gaudium. Er steckte die Arme unter den Verband und warf Gene blitzschnell herum. Er ließ ihn auch nicht zu Hause, wenn die andern draußen Ball spielten oder einen Ausflug machten. Er schleppte ihn auf dem Rücken in die Straßenbahn und scherzte mit den Kontrolleuren, so daß sie kein Fahrgeld verlangten, das die beiden ohnehin nicht hatten. Die Chirurgen gaben Gene ein Paar gerade Beine. Hauttransplantationen waren damals noch nicht üblich, und sie versuchten nicht, die breiten Narben zu beseitigen, die über seine Oberschenkel bis hinunter zu den Schienbeinen liefen. Die Krankheit hemmte auch das Wachstum seiner Beine, so daß Gene der Kleinste in der Familie blieb und als Erwachsener bloß 1,67 m groß war. In fortgeschrittenem Alter bekam er als Spätwirkung der Operation eine schmerzhafte Osteoarthritis in den Hüften.

Zu Hunger, Schmerz und zerlumpter Kleidung kam die Schande. Den Nachbarn war nicht entgangen — und das wußten die Vann-Kinder —, daß Myrtle sich verkaufte und eine Menge Geld hatte. Sie stellte das recht geschickt an. Sie ging nicht auf den Straßenstrich, da die Polizei sie dann sofort verhaftet hätte. Bis in die fünfziger Jahre hinein war die Prostitution in Norfolk durch ein inoffizielles Arrangement geregelt, das den Politikern, der Polizei und dem organisierten Verbrechen nützte und die Unmoral von den Augen der Kinder fernhielt. Im alten Teil Norfolks gab es ein Vergnügungsviertel mit Bordellen verschiedener Kategorien und Preisklassen. Eines davon war eine Touristenattraktion. Der Besucher konnte sich hier in einem Zimmer betreuen lassen, in dem angeblich Lafayette geschlafen hatte, als er Norfolk 1824 einen Besuch abstattete.

Myrtle entdeckte eine Marktlücke. Sie spezialisierte sich auf Männer aus dem Mittelstand, die Angst hatten, beim Gang ins Bordell gesehen zu werden. Als angebliche Amateurin wirkte sie weniger einschüchternd und hatte bald eine Reihe von Stammkunden. Sie ließ die Freier ins Haus kommen oder traf sie dort, wo sie sich sicher fühlten. Einer ihrer Kunden war ein Laienführer und Leiter einer Sonntagsschule einer Kirche in Norfolk. Dorothy Lee erinnerte sich an einen anderen Kunden ihrer Mutter, mit dem sich diese jede Woche vor derselben Hot-Dog-Bude im Stadtzentrum traf, um ein Treffen auszumachen. Es war ein gutgekleideter Herr mittleren Alters, der immer lächelte und Dorothy Lee jedesmal ein paar Münzen gab. Dorothy Lee mußte sich damit einen Hot Dog kaufen gehen, während ihre Mutter sich mit dem Herrn besprach. Wenn er dann im Haus erschien, normalerweise Mittwoch nachmittags, schickte Myrtle Dorothy Lee zum Spielen nach draußen. Wahrscheinlich nahm sie das Kind zu den Treffen mit, weil es sie schützte. Eine Frau, die ihre Tochter bei sich hatte, konnte man kaum verhaften, weil sie Männer ansprach. (Myrtle war der Polizei offenbar bekannt, es gibt aber keinen Hinweis darauf, daß sie jemals strafrechtlich verfolgt wurde. Wahrscheinlich wollte die Polizei ihre Kunden nicht kompromittieren.)

Hätte sie sich um ihrer Kinder willen verkauft, wäre es für diese angesichts der schweren Zeiten vielleicht leichter zu ertragen gewesen. Abgesehen von Dorothy Lees wöchentlichem Hot-Dog-Geld sahen die Kinder Geld immer nur an Myrtle. Sie gab alles für sich aus, für modische Kleidung, Schmuck, Kosmetika und Whisky. Der Schrank im Schlafzimmer, das sie mit Frank teilte, war voll mit schönen Kleidern und Kostümen. Sie besaß Hüte, Schuhe, Seidenstrümpfe und passende Handtaschen. Eines ihrer Kostüme war aus schwarzem Samt und hatte einen Fuchspelzkragen. Zu einer Zeit, da die Monatsmiete für ein ganzes Haus sechs Dollar betrug, hätte man mit dem Geld dafür die Miete für mehrere Monate bezahlen können. Sie hatte auch ein Abendkleid und genug Schmuck, um die Familie damit Monate durchzubringen: einen großen Solitär, eine dazu passende brillantbesetzte Armbanduhr, ein goldenes Armband mit Brillanten für den anderen Arm, einen Ring aus Weißgold mit Brillanten und kontrastierenden schwarzen Steinen. Schließlich vervollständigte sie ihre Ausstattung mit Mantel und Hut aus Grauhörnchenpelz. Viel Geld ging zum Friseur, wo sie sich Dauerwellen machen ließ, denn um ihre Frisur wollte sie sich nicht selbst kümmern. Finger- und Zehennägel lackierte sie sich im Schaukelstuhl auf der Veranda. Oft stellte sie ihn auch in den Vorgarten, um sich von der Sonne bräunen zu lassen — und um Kunden anzulocken. Eine in modischen Kleidern posierende Frau vor einem heruntergekommenen Haus ist eine Werbung, die keines Begleittextes bedarf.

Frank war mit Myrtles Aktivitäten nicht nur einverstanden, er überließ ihr auch einen Großteil des Geldes, das er verdiente. Sie gab auch das aus. Dadurch und aus seinem passiven Verhalten erklärt sich, warum die Kinder solche Not litten. Bei karitativen Einrichtungen gab es reichlicheres und besseres Essen, als er heimbrachte, und es gab mehr Arbeit zu bekommen, als er fand. Einer von Johnnys Freunden, dessen Vater ebenfalls oft arbeitslos war, fragte sich, warum die Vanns nicht mehr zu essen hatten, bis ihm schließlich auffiel, daß sein Vater sich ständig Lebensmittel über Sozialhilfestellen besorgte und alle Arten von Arbeiten annahm, während Frank Vann meistens zu Hause anzutreffen war. Er saß gerne im Schaukelstuhl im Wohnzimmer und las. Er war nicht zu faul zum Arbeiten. Wenn man ihm Arbeit anbot, dann nahm er sie an. (Als im Zweiten Weltkrieg Mangel an Arbeitskräften herrschte, hatte er zwei Stellen zugleich: Tagsüber arbeitete er als Zimmermann in der Marinebasis von Norfolk, nachts als Feuerwehrmann; Myrtle schaffte es, die beiden Gehälter gleich wieder auszugeben, wenn er ihr seine Lohnschecks übergeben hatte.) Aber er wollte sich nicht energisch um Arbeit bemühen. Er versuchte niemals, seine Schulbildung zu nutzen, um sich eine Stelle als Angestellter zu verschaffen, bis er schließlich Mitte der sechziger Jahre seine Tätigkeit als Zimmermann aufgab und aus Gesundheitsgründen in den Ruhestand trat. Er schien ein Bedürfnis nach ständiger Demütigung zu haben, das ihm Myrtle erfüllte.

Sie verwünschte ihn, weil er nicht mehr Arbeit fand, um mehr Geld zu verdienen, und verhöhnte ihn mit ihrer Promiskuität. Sie kommandierte ihn herum wie einen Hausdiener, und er gehorchte. Statt Frank nannte sie ihn Vann. Daß eine Frau ihren Ehemann beim Familiennamen nannte, war im Süden durchaus üblich. Das Besondere lag in Myrtles Ton, wenn sie »Vann« rief. Dorothy Lee hatte Alpträume und Wadenkrämpfe. Wenn sie nachts durch ihr Schreien die Mutter weckte, rief Myrtle aus dem Doppelbett ihrem Gatten zu: »Vann, steh auf und geh nachsehen, was mit Dorothy Lee los ist!« Sie selbst kümmerte sich nie um die Kinder, wenn sie krank waren. Frank Vann war ein liebevoller Krankenpfleger. Er verwandelte Myrtles leere Whiskyflaschen in Wärmflaschen, die er in Tücher wickelte und sie Dorothy Lee ins Bett legte, um ihre Krämpfe zu mildern. Die Kinder hatten Angst vor Myrtles Zornausbrüchen, denn auch ihre Sprache und ihr Temperament waren aus der Gosse. Wenn sie Frank Vann beschimpfte, saß er meistens still da. Sein Schweigen machte sie noch wütender. Ihre Stimme wurde schriller und ihre Sprache vulgärer, und sie versuchte, ihn zu provozieren. Nur selten wehrte er sich dagegen. Einmal ergriff er eine Axt und schrie sie an, sie solle gehen. Sie ging, kam aber nach einigen Tagen wieder, und ihre Beziehung begann von neuem. Offenbar verstärkte sie ihre Macht über ihn, indem sie ihn von Zeit zu Zeit mit sich schlafen ließ.

Durch Frank Vanns Passivität bekamen Johnny und seine Geschwister die Grausamkeit Myrtles voll zu spüren. Die Vann-Kinder wuchsen auf, ohne jemals einen Christbaum gehabt zu haben. Einmal fanden Frank Junior und Gene eine Woche nach Weihnachten in einer Seitenstraße einen weggeworfenen Baum. Sie schleiften ihn zum Haus und beschlossen, ihn im Wohnzimmer aufzustellen. Auf dem Baum war noch Lametta. Myrtle ertappte sie im Zimmer. Sie schrie und schimpfte, und die Kinder mußten ihn wieder auf die Straße zurückbringen. Am Morgen des ersten Weihnachtstags machten die Nachbarjungen draußen Krach mit ihren neuen Spielzeugpistolen und zeigten sich in ihren neuen Cowboy-Anzügen. Die Mädchen konnten auf ihre Puppen stolz sein. Für die Vann-Kinder gab es am Morgen des 25. Dezember vier Strümpfe, die Frank Vann hinter dem Kanonenofen aufgehängt hatte. In jedem befanden sich ein Apfel, eine Orange, ein paar Nüsse und Weihnachtsbonbons. Erst Ende der dreißiger Jahre, als er anfing, mehr zu arbeiten, bekamen die Jungen einen Cowboy-Anzug und Dorothy Lee eine Puppe.

Zum Erntedankfest gab es niemals Truthahn. Wenn die Familie Glück hatte, backte Myrtle einen Kuchen. (Sie konnte herrliche Kuchen backen, vorausgesetzt sie dachte daran, die Zutaten zu kaufen, was selten genug vorkam. Sie überzog die Kuchen mit einer dicken Schokoladenglasur.) Geburtstage wurden nicht gefeiert. Als Dorothy Lee einmal Scharlach hatte, brachte ihr Miss Landsladder etwas, was fast wie ein Geburtstagskuchen aussah: einen Schokoladenapfkuchen mit einer Kerze darauf.

Myrtles Grausamkeit konnte sich auch unverhofft und physisch äußern. Sie war schnell mit Ohrfeigen bei der Hand. Wenn die Kinder ihre Anordnungen nicht augenblicklich befolgten oder zurückredeten, schlug sie sie ins Gesicht oder auf den Kopf.

Sie war sich ihrer Grausamkeit nicht richtig bewußt. Ihre Selbstsucht war so ausgeprägt, daß sie gar nicht merkte, was sie anderen antat. Ihre Eitelkeit brachte sie dazu, eine Kodak-Box zu kaufen, um sich in ihrem modischen Putz photographieren zu lassen. Sie machte auch Bilder von ihren Kindern in ihren abgetragenen Kleidern, von den schmutzigen Häusern, in denen sie lebten, vom kleinen Gene mit seinen krummen Beinen und im Gipsverband, den er nach der zweiten Operation ein Jahr lang tragen mußte. Die Photos klebte sie in Alben und zeigte sie ihr Leben lang gerne her. Sie kam nicht auf den Gedanken, daß andere in dem, was für sie ein Andenken war, etwas anderes sehen konnten. Ihr Ego schützte sie auch gegen die Schande ihres Gewerbes. Von Männern bezahlt zu werden, gab ihr das Gefühl, jung und begehrenswert zu sein. »Die Männer sagen, daß ich die schönsten Beine von Norfolk habe«, pflegte sie vor ihrer Tochter freudig zu erklären.

Die Schande war für die Kinder oft schwerer zu ertragen als die Entbehrungen. Norfolks weiße Arbeiterviertel der dreißiger Jahre waren nicht mit den Slums vergleichbar, die in den verfallenden Städten des Nordens nach dem Zweiten Weltkrieg entstanden. Es waren keine Stätten des Verbrechens und der moralischen Verkommenheit, wo dann viele Kinder ohne Vater aufwuchsen und ihre Schwestern und Mütter Prostitution als Neben- oder Haupterwerb betrieben. Viele der Väter waren Trinker. Freitags und samstags abend versammelten sich die Kinder vor den Kneipen, um bei den Boxkämpfen zuzusehen, die hier ausgetragen wurden. Auch einige der Frauen tranken, stritten sich lauthals mit ihren Ehemännern und verirrten sich wie diese in fremde Betten. Trotzdem hatte man in diesen armen und schäbigen Vierteln Norfolks das Gefühl, in einer großen Familie zu leben, sicher zu sein. Raubüberfälle und Vergewaltigungen waren selten, kaum jemand schloß nachts die Haustür ab. Es gab auch eine Art bessere Gesellschaft. Einige Mittelstandsfamilien blieben hier wohnen, statt in schönere Stadtbezirke zu ziehen. Es waren dies Leute, zu denen man aufblickte und die zumeist die Führung in der Kirchengemeinde und bei sozialen Angelegenheiten übernahmen. Scheidungen waren nichts Ungewöhnliches; ein oder beide Partner heirateten meistens wieder. Sogar die weniger achtbaren Frauen neigten dazu, zwischen ihren Alkoholexzessen Gattin und Mutter zu sein. Die meisten Frauen nahmen diese Rolle ernst, sie führten den Haushalt und kümmerten sich um Ehemann und Nachkommenschaft. Myrtle bildete eine Ausnahme. Der Ausdruck »weißes Gesindel« hatte kaum etwas mit der Armut einer Familie zu tun, sondern vor allem mit einer bestimmten Art zu leben. Weißes Gesindel wurden die Vanns erst durch Myrtle.

Johnny trug an der Last doppelt schwer, weil er ein uneheliches Kind war. Da Myrtle die Umstände seiner Geburt niemandem verheimlichte, konnte er annehmen, daß die meisten seiner Bekannten Bescheid wußten. Die Arbeiterklasse Norfolks hatte die Wertvorstellungen der ländlichen Kultur mit in die Stadt genommen. Unehelich geboren zu sein, bedeutete, keine Familie zu haben, nichts zu sein. Laut Geburtsurkunde war er John Paul LeGay. Der französische Matrose Victor LeGay hatte mit ihm nicht das geringste zu tun gehabt. Johnny wollte einen richtigen Namen haben und einen richtigen Daddy, und er wollte einer richtigen Familie angehören. Irgendeine Familie und irgendein Daddy waren besser als nichts. Deshalb wollte er John Paul Vann heißen.

Seine Mutter verhinderte, daß er von der Schande seiner Geburt befreit wurde. Sie erlaubte Frank Vann nicht, den Jungen zu adoptieren. Wäre sie nicht dagegengewesen, hätte Frank Vann ihn am Beginn ihrer Ehe adoptiert, als Johnny viereinhalb Jahre war. Er war zu Myrtles Sohn genauso nett wie zu seinen eigenen Kindern. Er behandelte Johnny als seinen Sohn und niemals als seinen Stiefsohn, und er achtete darauf, daß Dorothy Lee, Frank Junior und Gene ihn als ihren Bruder bezeichneten. Obwohl Zurückweisung das Gegenteil von Liebe ist, ruft sie ebenso starke Reaktionen hervor wie die Liebe selbst. Daß Spry Myrtle nicht wollte, schien in ihr das Bedürfnis geweckt zu haben, jeden anderen Mann daran zu hindern, das »Kind ihrer Liebe« durch seinen Namen zu beanspruchen. Der Junge war alles, was ihr von der Beziehung geblieben war. Sie warnte Frank Vann wiederholt davor, ihrem Johnny Vorschriften zu machen oder ihn zu bestrafen. »Er gehört dir nicht«, sagte sie. »Er ist mein Sohn, nicht deiner.«

Es drängte sie, ihre Männer durch ihre Promiskuität zu verhöhnen, und sie spürte auch, wie verletzlich ihr Sohn in bezug auf seine Geburt war. Damit hatte sie eine weitere Waffe, um ihn zu verwunden. Er gab ihr oft dazu Gelegenheit, da er die Frage niemals ruhen ließ und sie dauernd anbettelte, sie solle Frank doch erlauben, ihn zu adoptieren. »Ich hatte nie einen anderen Daddy als ihn, und ich wollte nie einen anderen Namen als Vann«, sagte er immer.

Dann zeigte Myrtle mit dem Finger auf ihren Mann und höhnte: »Er ist nicht dein Daddy. Du heißt nicht Vann. Du hast keinen Daddy.«

Myrtle hatte recht. Er hatte keinen Daddy. Er hatte Frank Vann trotz seiner Schwäche gern, da er immer freundlich zu ihm war, aber Frank Vann konnte niemals ein richtiger Daddy sein. Wäre er dazu fähig gewesen, hätte er für die Kinder auf irgendeine Art und Weise Nahrung und Kleidung besorgt, die Miete bezahlt und Myrtle gezähmt oder hinausgeworfen. Die ambivalenten Gefühle des Jungen gegenüber Frank Vann spiegelten sich in der Art wider, in der er von ihm sprach. Innerhalb der Familie redete er ihn als Daddy an. Vor Vettern und anderen Außenstehenden nannte er ihn Vann. Er hatte niemanden, an den er sich wenden konnte, um die Unterstützung zu erhalten, die er von einem Vater erwarten durfte.

Spry lebte immer noch in Norfolk, war aber keine große Hilfe. Der Junge nannte ihn Johnny. Er hatte gegen Ende der zwanziger Jahre das Straßenbahnfahren aufgegeben, um in der Prohibitionszeit mit Schwarzbrennerei das große Geld zu machen. Von seiner Frau hatte er sich scheiden lassen. Nachdem er aufgeflogen war und sechs Monate im Gefängnis verbracht hatte, kam er zu dem Schluß, daß das für ihn doch nicht das richtige war. Er heiratete eine junge Frau und bändigte seine Schürzenjägerei und Spielsucht so weit, daß er diese zweite Ehe nicht kaputtmachte. In der zweiten Hälfte der dreißiger Jahre hatte er einen ständigen Job als Fahrer bei einer Backwarenfabrik und sorgte für drei Söhne, denen er ein guter Vater war. Die Erfordernisse dieser zweiten Familie, ein bißchen Glücksspiel und ein paar Liebesabenteuer, die er sich trotz allem noch gönnte, ließen ihm nur wenig Zeit und Geld für die beiden Söhne aus erster Ehe und für den anderen John Paul. Wenn der Junge hin und wieder zu ihm kam und ihn um Geld für Essen bat, gab er ihm welches. Er konnte ihm auch gelegentlich eine kleine Verdienstmöglichkeit als Mitfahrer im Lieferwagen bieten. Davon abgesehen überließ er den Jungen seinem Schicksal bei Frank Vann und Myrtle.

Norfolk, Virginia

Frank Vann, John Pauls Stiefvater, war der Koch der Familie; er bemühte sich, die ewigen Bratkartoffel und Brötchen so schmackhaft wie möglich zu machen. Johnny mit Franks Hut, Frank Junior, Dorothy Lee und der kleine Gene, der den Pfadfinderhut seines großen Bruders als Cowboyhut trägt.

Gene wurde ein Opfer der vitaminarmen Kost. Er litt an Rachitis und bekam groteske O-Beine, die ihm die Ärzte brachen und geraderichteten. Er mußte acht Monate im Gipsverband bleiben.

John Paul Vanns Mutter, Myrtle Lee Tripp, in modischer Aufmachung. »Ich bin Myrtle, und es gibt auf der Welt niemanden wie mich. Ich liebe mich«, so faßte Mollie den Charakter ihrer Schwester zusammen.

Sein Vater, Johnny Spry, in einer kurzen Periode des Wohlstands, bevor seine Schwarzbrennerei ausgehoben wurde. Nach ihm nannte Myrtle ihren Sohn John Paul.

Flucht nach Ferrum

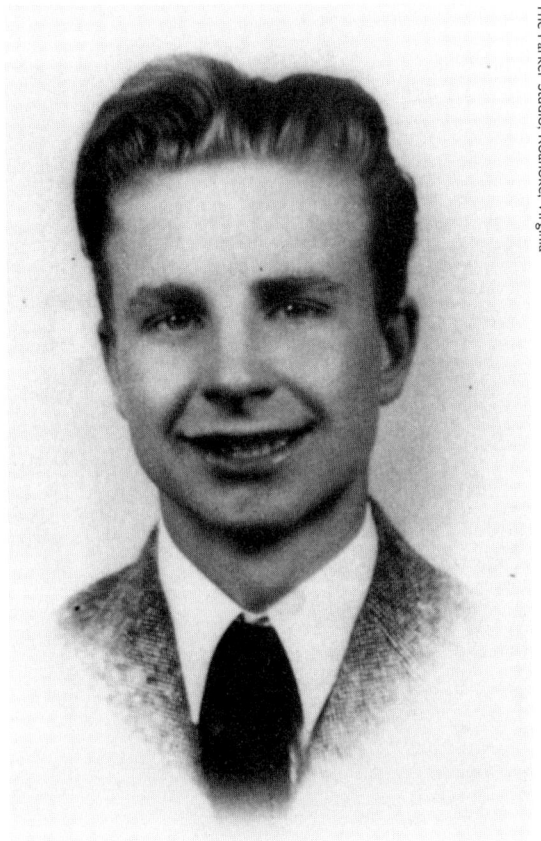

Ein reicher Austernhändler aus Norfolk kaufte Johnny ein Sport-sakko und eine Hose und stellte einen Scheck aus, der ihm den Besuch der Ferrum Training School in den Ausläufern der Blue Ridge Mountains ermöglichte.

Ein glücklicher Johnny Vann in »Der Leuchtturm« von 1943, dem Jahrbuch seiner Klasse:

»Klug wie er, das Auge hell und rein,
So sollen die jungen Apostel der Freiheit sein.«

Als Ritter der Lüfte, der er gerne sein wollte, auf einem Photo, das er Mary Jane schickte: »In Liebe, Johnny.«

Myrtle kam ihn mit Frank Vann im Ausbildungszentrum in Nashville, Tennessee, besuchen, bevor er seine Fliegerausbildung antrat. Myrtle trug ihren Grauhörnchenpelz.

Am Tag vor der Hochzeit: John Paul Vann zwischen Myrtle und Mary Jane

Das Air Corps und ein Mädchen

Das Hochzeitsphoto: Leutnant John Paul Vann und Mary Jane Allen, 6. Oktober 1945

Familienleben

Glückliche Tage in Osaka vor dem Ausbruch des Korea-Kriegs: Patricia, John Allen und ihre Eltern

Mitte der fünfziger Jahre in Westdeutschland, bei einem Radausflug auf einer Forststraße: Tommy hört seinem Vater zu, links der flachsblonde Jesse, hinter Tommy John Allen mit dem Sohn eines Bekannten.

Das erste Jahr in Vietnam

Aus den Unterlagen John Vanns

Oberst Daniel Boone Porter in Zivil

August 1962, Vann und Cao: »Das beste amerikanisch-vietnamesische Team zur Bekämpfung des Kommunismus.«

Hauptmann Thuong, der Kompaniechef der Ranger, der Gefangene mit dem Bowiemesser verhörte.

Dick Zieglers Kriegstagebuch begann mit zwei Seiten über die Schlacht von Ap Bac.

Bild oben: (stehend) Ziegler; (von links nach rechts) Major Essex, Oberstleutnant Bui Dinh Dam und Hauptmann Linh, Operationsoffizier der 7. Division, bei der Operationsplanung

Bild Mitte: Die Fallschirmjäger werden zu spät und am falschen Ort abgesetzt.

Bild unten: Ein A-26-Invader wirft über Bac Napalm ab.

Die Schlacht von Ap Bac

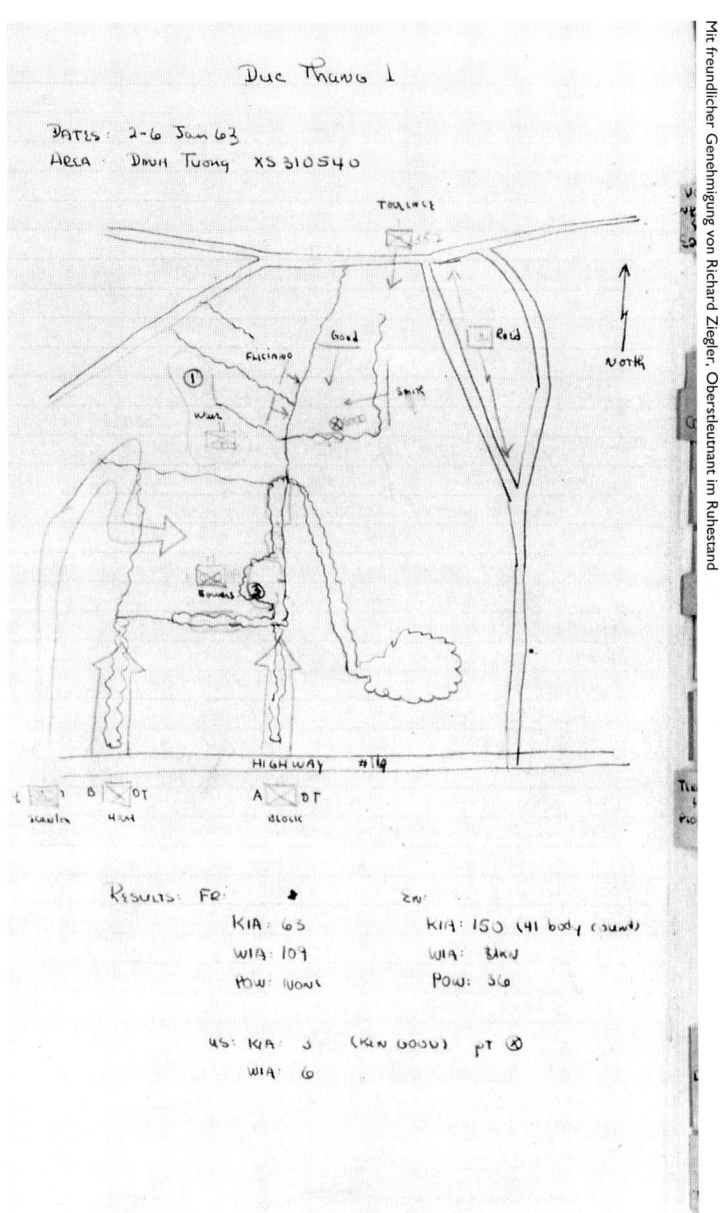

Zieglers Skizze der Schlacht: Die Drei im Kreis bezeichnet den Weiler Bac.

Zwei manövrierunfähige H-21 stehen verlassen in einem Reisfeld vor Bac; links im Hintergrund der abgestürzte Huey.

Jim Scanlon und Ly Tong Ba auf Bas M-113 bei einem früheren Einsatz.

David Halberstam von der »New York Times« einen Fluß durchwatend oder »Knietief im Dreck«, wie er es später formulierte.

Generalleutnant Victor »Brute« Krulak vom Marine Corps war unter den amerikanischen Militärs eine Ausnahme: Er lernte, wie die Führung in Hanoi zu denken.

Paul Harkins, rechts, ist General Earle Wheeler behilflich, als dieser nach der Schlacht von Ap Bac Harkins' Kriegsführung überprüfen soll.

Rückkehr nach Vietnam

Dan Ellsberg, rechts, der nach Ramseys Gefangennahme durch den Vietcong Vanns neuer Kampfgefährte wurde. Er begleitet Vann auf einer Inspektionsreise durch Hau Nghia. Sie haben haltgemacht, um mit einem örtlichen Saigoner Beamten (links im Bild) zu sprechen.

1965 in Hau Nghia: Doug Ramsey, der fröhliche Mann aus dem Westen, der Vann in dieser unsicheren Provinz ein perfekter Assistent und Partner war.

John Vann mit General Fred Weyand, seinem Freund, vor dessen Hauptquartier in Long Binh. Weyand rettete während der kommunistischen Tet-Offensive Saigon. Er verhalf Vann später zu seinen Generalsternen.

Paul Avery

Der Autor, damals Korrespondent der »New York Times«, im Gespräch mit Brigadegeneral Du Quoc Dong, dem Kommandeur der ARVN-Luftlandedivision, während der Kämpfe zwischen rivalisierenden Saigoner Einheiten in Da Nang.

John Vann übernimmt das Kommando · 15. Mai 1971

U. S. Army

Der zivile General mit seinem Stab vor dem Hauptquartier des II. Korps in Pleiku. Links von Vann sein Stabschef Oberst Joseph Pizzi; rechts sein militärischer Stellvertreter, Brigadegeneral George Wear. Vanns Kommando erstreckte sich über das Zentrale Hochland und die Reisdeltas des mittleren Küstenabschnitts.

John Vann in der Sportjacke, die er im Hubschrauber als Schutz gegen die Kälte trug, am Gefechtsstand einer ARVN-Luftlandebrigade während der Kämpfe um das »Raketengebirge« zwischen Tan Canh und Kontum.

John Vann in Bong Son, wo er sich vergeblich bemühte, eine Verteidigung zu organisieren; der Ort und der gesamte Nordteil der Provinz Binh Dinh sollten kurz darauf den Kommunisten in die Hände fallen.

Die B-52 werden zu Hilfe gerufen. Die Kämpfe um das belagerte Kontum haben ihren Höhepunkt erreicht. John Vann erläutert amerikanischen Militärberatern seine Pläne zur Niederringung der NVA; rechts von ihm Brigadegeneral Nguyen Van Toan, der neue Kommandeur des II. Korps. Er hatte Befehl, Vanns Anordnungen Folge zu leisten.

Der Tod eines Soldaten

10. Juni 1972, auf dem Flugplatz Camp Holloway: Der Sarg John Vanns wird zu einer C-130 getragen, die ihn nach Saigon bringen wird.

16. Juni 1972, im Oval Office des Weißen Hauses, nach dem Begräbnis auf dem Soldatenfriedhof Arlington; von links nach rechts: Aaron Frank Vann, Jr., Eugene Wallace Vann, Dorothy Lee Vann Cadorette, Jesse Vann, Thomas Vann, Peter Vann, Mary Jane Vann, Präsident Richard Nixon, John Allen Vann, Verteidigungsminister Melvin Laird, Außenminister William Rogers

In Myrtles Sohn war etwas, was sie daran hinderte, ihn zu zerstören. Er sagte seinen Grundschullehrern so oft und so beharrlich, er heiße John Vann und nicht John LeGay, daß sich die Schule schließlich zu einem Kompromiß entschloß und ihn als John LeGay Vann führte. Sein Temperament zeigte sich in seiner Begeisterung für Basketball, Leichtathletik und Turnen. Letzteres schien ein Talent zu sein, das er ebenfalls von seinem Vater hatte: Spry konnte auf den Händen gehen und mit einem Arm Klimmzüge machen. Johnny unterhielt seine Geschwister mit Radschlagen und indem er auf den Händen die Treppe hinauf- und hinunterlief. Um seine Vettern zu verblüffen, die auf Besuch gekommen waren, machte er vom Verandadach einen Rückwärtssalto in den Vorhof.

Er wandte sich jedem zu, der ihm eine vorübergehende Flucht aus dem Gefängnis der Familie ermöglichte. Darunter war auch ein exzentrischer Hauptmann der Heilsarmee und ehemaliger Kapellmeister der Navy, den alle Jungen im Viertel gern mochten. An Stelle der blau-kastanienbraunen Uniform, die seinem neuen religiösen Rang entsprochen hätte, trug er einen schicken Anzug und einen weichen, breitkrempigen Al-Capone-Hut. Er gründete und betreute einen Basketball-Klub, um armen Jungen eine Freizeitbeschäftigung zu bieten und sie von Dummheiten abzuhalten. Sein bestes Team gewann die Jugendliga-Meisterschaft des CVJM von Norfolk Stadt mit fünf glatten Siegen. Der »Virginian Pilot« veröffentlichte ein Photo der Sieger. Das kleinste Mitglied des Teams war ein blonder Junge, der in die Kamera blickte. Auf seinem Pullover, der sich über einer viel zu großen Gürtelschnalle bauschte, stand in großen Lettern »SA« für »Salvation Army«.

Weitere Gelegenheiten zur Flucht boten die Pfadfinder. Er trat einer Gruppe bei, die sich in seiner Schule in Lamberts Point traf, wo die Vanns lebten, als er zwölf war. Nach vier Monaten war er zum stellvertretenden Patrouillenführer aufgestiegen, und der Führer der Gruppe verschaffte ihm eine getragene Uniform. Er posierte für Myrtles Album vor der Möbelschreinerei neben dem Haus, den breitrandigen Pfadfinderhut aus der Stirn und über das kurzgeschnittene Haar geschoben, um lässig zu wirken. Sein glückliches Lächeln zeigte, daß er viel zu stolz auf diese Uniform war, als daß er etwas Unpassendes an dem Khakihemd und der ausgestellten Reithose gefunden hätte, die den schmächtigen Körper umhüllten: 32 kg schwer und 1,38 m groß war in dem Pfadfinderausweis zu lesen, der auf den Namen John Paul Vann lautete.

Im Herbst 1937 zogen die Vanns wieder einmal um, diesmal zurück nach Atlantic City, dem anderen Arbeiterviertel. Frank Vann hatte dort ein Haus finden können. Johnny war dreizehn und im Begriff, in die achte Klasse der Junior High School einzutreten. Durch diesen Umzug lernte er seinen ersten guten Freund kennen. Bis dahin schien er ein Einzelgänger gewesen zu sein. Das ständige Heimlichtun, der Kampf gegen Not und Mißlichkeiten und die zahlreichen Umzüge hatten ihn offenbar daran gehindert, mit jemandem Freundschaft zu schließen, wenn man von seinen Brüdern und den Vettern, die auf Besuch kamen, einmal absieht. Sein erster Freund war ein Junge, dessen Temperament und Lebensumstände ganz anders waren. Er sollte sich als Erwachsener mit einer kurzen Laufbahn bei der Norfolker Polizei begnügen, wechselte dann in die Klimaanlagenbranche und ging nach Florida. Der Junge hieß Edward Crutchfield und wurde aufgrund seines zweiten Vornamens Gene genannt. Er war ein halbes Jahr jünger und eine Klasse unter Vann. Crutchfields Erinnerungen zufolge kamen sie einmal auf der Straße miteinander ins Gespräch. Seiner Meinung nach wurden sie aus mehreren Gründen Freunde: Er selbst wußte vor der Begegnung nichts über Vann und seine Familie und hatte im Unterschied zu diesem ein richtiges Heim; sie waren im Sport keine Rivalen (Crutchfield war kräftiger und spielte Baseball) und gerieten auch sonst nie aneinander; und er verstand es, Vann geduldig zuzuhören.

Crutchfield nannte seinen Freund nicht Johnny, sondern John, da er sich als John Vann vorgestellt hatte und sich offenbar lieber mit seinem richtigen Vornamen ansprechen ließ. Als sie sich öfter trafen, bemerkte Crutchfield, daß John zwar immer sauber war, aber Tag für Tag dieselben Kleidungsstücke anhatte. Offenbar besaß er nur diese. Seine Schuhe hatte er sich bestimmt nicht selbst ausgesucht. Man sah, daß sie vorher ein anderer getragen hatte. Für jemanden, der so fit war, fand Crutchfield John reichlich mager. Seine Mutter gab ihm kurz nach ihrer ersten Begegnung zwei Äpfel. Er überließ einen davon seinem neuen Freund. John bedankte sich und schlang den Apfel hinunter, als würde dieser sich in Luft auflösen, wenn er ihn nicht augenblicklich aß.

Wenn Crutchfield ihn zum Abendessen einlud, dann aß er ordentlich, aber rasch. Crutchfield war auf sein Zuhause stolz, besonders auf seine Mutter. Er erinnerte sich, daß John beeindruckt war. Die Crutchfields waren eine von den wenigen Arbeiterfamilien in Atlantic City, die sich ein eigenes Haus leisten konnten. Crutchfields Vater war Maschinist auf einem kleinen Schiff, das das Pionierkorps der Armee vor Fort Norfolk zur Überwachung der Küste und für ähnliche Aufgaben einsetzte. Er trank zwar, aber nicht so viel, daß er seinen Posten verloren oder die Familie nicht genug zum Leben gehabt hätte. Crutchfields Mutter kompensierte das Laster ihres Gatten durch ihre Charakterstärke und die Liebe, mit der sie ihren Verpflichtungen nachkam. Immer wenn einer ihrer Söhne einen Kameraden einlud, versuchte sie, ein besonders gutes Essen auf den Tisch zu stellen. Auch an jenem ersten Abend, an dem er John mitbrachte, enttäuschte sie ihren Sohn nicht.

Die beiden Jungen machten es sich zur Gewohnheit, auf einem Holzplatz in Atlantic City zu spielen, auf dem sich nach Arbeitsschluß sonst niemand mehr aufhielt. John konnte hier auf einem riesigen Haufen Sägemehl seine Kunststücke üben. Crutchfield war von der Intensität fasziniert, mit der sein Freund sich dazu zwang, seine Rückwärtssaltos und andere Übungen für die Schulwettkämpfe zu perfektionieren. John kletterte auf den Sägemehlhaufen, schwang sich in die Luft, überschlug sich, landete auf dem Boden, kletterte wieder hoch, schleuderte sich erneut in die Luft, und so fort und wieder und wieder.

An einem späten Nachmittag entdeckten die Jungen einmal an einer über den Holzplatz führenden, durch Schuppen und Bretterstapel gegen Blicke geschützten schmalen Straße einen Wagen. Das Nummernschild wies seinen Besitzer als Arzt aus. Auf der Rückbank waren Bewegungen zu erkennen, die zeigten, daß sich hier ein Paar liebte. Sie schlichen sich heran, um sich die Sache aus der Nähe anzusehen. Als sie sich langsam aufrichteten, um durch das Wagenfenster zu blikken, sahen sie zu ihrer Überraschung, daß Myrtle einen Kunden bediente. Sie krochen wieder weg, ohne das Stelldichein zu stören. John versuchte nicht, seine Bestürzung zu verbergen. Sein Freund wußte, wer die Frau im Auto war, da John ihn ein paar Tage zuvor zu sich nach Hause genommen hatte, um ihn Myrtle vorzustellen. Er hatte Crutchfield gesagt, sie sei genau wie seine Mutter. Er hatte ihn auch Frank Vann vorgestellt und ihm erzählt, daß er sein richtiger Vater sei. Crutchfield war aufgefallen, wie heruntergekommen das Haus war; John hatte es vermieden, ihn zum Abendessen einzuladen.

Nach der Demütigung auf dem Holzplatz versuchte John nicht länger, den Schein zu wahren, und schüttete sein Herz aus. »Gene, warum konnte ich nicht eine nette Mutter bekommen wie deine?« fragte er.

»Es tut mir leid, John, aber ich weiß nicht, was ich sagen soll«, antwortete Crutchfield.

»Ich bin dir dankbar, daß du so ein guter Freund bist«, sagte John, »ich bin dir wirklich dankbar.«

Crutchfield wollte ihn trösten, wußte aber nicht wie.

Ein anderes Mal spazierten sie durch die Seitenstraße neben dem Haus. John blieb vor einer leeren Whiskyflasche stehen. Er versetzte ihr einen Fußtritt. »Wir hätten mehr zu essen, wenn sie ihr Geld nicht dafür ausgeben würde«, sagte er und erzählte, daß Frank Vann ihr fast sein ganzes Geld überließ. Er verwünschte ihn wegen seiner Schwäche. Seine Miene wurde zornig, er gab der Flasche noch einen Tritt und sagte: »Sie hat mich nie gewollt.«

Jedesmal, wenn John traurig war, hörte Crutchfield diesen Satz. Vann sprach niemals über seine uneheliche Geburt. Crutchfield erfuhr davon über einen seiner Vettern, der von Spry wußte. Das half ihm, Johns Worte besser zu verstehen.

Crutchfield begann auch zu begreifen, warum sein Freund auf dem Holzplatz so verbissen den Rückwärtssalto übte. Er reagierte damit etwas von dem Zorn ab, den Myrtle in ihm entfachte. Auch andere Jungen spürten die Wut in ihm. Sie kicherten über Myrtle, die sich mit Männern herumtrieb, aber niemals vor John, da sie Angst hatten, ihn zu provozieren. Er stand in dem Ruf, daß man bei ihm keinen einzigen Boxhieb anbringen konnte. Die Kämpfe, die Crutchfield sah, dauerten niemals lange. Manche Jungen kannten John noch nicht und wollten seine Künste einmal testen. Sie holten zum Schlag aus, John duckte sich und versetzte dem Gegner einen kräftigen Hieb. Dieser holte wieder aus, verfehlte ihn wieder, geriet in Panik und drosch wild drauflos, während John ihn mit den Fäusten bearbeitete. Vann hatte auch eine Technik, den Gegner, der ins Leere getroffen hatte, zu Fall zu bringen und ihm während des Stürzens einen Hieb zu versetzen. Crutchfield staunte über Johns Reaktionsfähigkeit. Er schien die Gefahr zu spüren. Einige der Jungen, die die Familie kannten, erklärten seine Schnelligkeit mit der Fertigkeit, die er sich darin erworben hatte, Myrtles Schlägen auszuweichen. Einmal verprügelte John einen größeren Jungen, der ihm das nachtrug. Ein paar Tage danach spazierten Crutchfield und John um eine Hausecke. Plötzlich sprang aus einer engen Mauernische dieser Junge hervor. Da John an der Mauer ging, wurde der andere für ihn erst sichtbar, als er sich auf ihn stürzte. Eigentlich konnte er John gar nicht verfehlen. Dieser wich ihm aus, riß ihn um und versetzte dem Fallenden noch einen Fausthieb. »Du blöder Mistkerl, wirst du nie was dazulernen?« schrie er den auf dem Boden Liegenden an.

Crutchfield stellte fest, daß John nie Raufereien provozierte. Er war selbstbewußt, aber er wollte von seinen Altersgenossen akzeptiert werden. Er schien eine Herausforderung nur dann zu schätzen, wenn der andere größer oder ein Schläger war, der Frank Junior oder Gene geärgert hatte. Er holte sich jeden einzelnen von ihnen und verprügelte sie, wenn eine Warnung nicht ausreichte. Einer von den Schlägern, die er bestrafte, schloß nach dem Kampf Freundschaft mit seinen Brüdern und wurde zu einem zusätzlichen Beschützer. Crutchfield sah John niemals einen Kampf oder das Vertrauen in den Ausgang eines Kampfes verlieren. »Vor dem habe ich keine Angst«, sagte Vann, wenn er sich auf dem Schulhof oder auf der Straße für eine Rauferei bereitmachte.

John liebte ein Spiel, das Crutchfield Angst einflößte. Er rannte auf die Straße und sprang vor ein Auto, so daß der Fahrer eine Vollbremsung machen mußte, um ihn nicht zu überfahren. Ehe der verblüffte Mann am Steuer zu fluchen beginnen konnte, war John auf der anderen Seite der Straße.

»Hör auf, das kann dich das Leben kosten«, schrie ihm Crutchfield nach, als er zum ersten Mal Zeuge dieses Spiels wurde.

John lachte nur. »Das macht Spaß!« rief er von der anderen Straßenseite herüber. Auf dem Weg zu Crutchfields Haus sprang er vor einen Bus. Lastwagen und Busse waren ihm am liebsten. Im Herbst 1938, als sie seit etwa einem Jahr befreundet waren, kam Crutchfield eines Abends, um seinen Freund abzuholen. Vann wartete bereits auf der Veranda. Im Haus konnte man Myrtle hören, die Frank vulgär beschimpfte. »Nichts wie weg«, sagte John, »hier ist die Hölle los.«

Er war verzweifelt. Zu Hause war es nicht mehr auszuhalten. Er wußte nicht, was er machen sollte. Auszureißen schien ihm die einzige Lösung zu sein. Crutchfield war überzeugt, daß John wirklich entschlossen war wegzulaufen, fragte sich aber, was dann aus ihm werden sollte. Wenn er es nicht tat, würde die Wut, die

Myrtle in ihm heranzüchtete, ihn früher oder später zu selbstzerstörerischen Handlungen führen und mit dem Gesetz in Konflikt bringen. Die Methodistenpfarre, zu der Crutchfields Familie gehörte, war von einem jungen Priester übernommen worden, der mit seiner Energie und seinen Ideen die ganze Pfarrgemeinde aufrüttelte. Crutchfield brachte John zu ihm.

Garland Evans Hopkins war ein Mann mit Charisma und voller Widersprüche. Für Vann wurde er zu einer Vaterfigur. Mütterlicherseits entstammte er den Evans, einer jener alten Familien Virginias, die so reich an Ahnen wie arm an Mitteln waren. Er sah in sich selbst einen noblen Kämpfer für die Unterdrückten und sollte sich in den nur 27 Jahren, die ihm noch zu leben blieben, tatsächlich einen solchen Ruf erwerben. Die Methodistenkirche entsandte ihn 1947 nach Palästina. Hopkins kehrte von dieser Reise mit der Erkenntnis zurück, daß die Opfer des nationalsozialistischen Holocaust nun die Araber zu Opfern machten. Er wurde in Amerika zum wichtigsten Verfechter der Rechte der Palästinenser, und das zu einer Zeit, in der es Mode war, ausschließlich mit Israel zu sympathisieren. Er baute die erste große Organisation auf, die sich für die Sache der Araber einsetzte und die Beziehungen zu den arabischen Staaten zu fördern suchte: The American Friends of the Middle East. Die Organisation wurde insgeheim von der CIA finanziert, doch die Leitung oblag Hopkins.

Als Crutchfield 1938 seinen verzweifelten Freund zu ihm brachte, war Hopkins 24 Jahre alt und Pfarrer von LeKies Memorial, der methodistischen Kirche von Atlantic City. Er hatte diese Pfarre ein Jahr zuvor übernommen und trug einen Schnurrbart, um älter auszusehen. Der Bart paßte zu seinen Hornbrillen und verlieh dem sonst wenig auffälligen, mittelgroßen Mann etwas Distinguiertes. Schon Vater und Großvater waren Methodistenpfarrer gewesen, doch hatte er das Jurastudium nicht aufgrund dieser Familientradition abgebrochen, um seinerseits Pfarrer zu werden. Ihn hatten die Ideen fasziniert, die damals in der methodistischen Kirche Virginias gefördert wurden, Ideen, die in Amerika inzwischen eine Selbstverständlichkeit geworden sind: Nahrung und Sozialhilfe für bedürftige Kinder, kostenlose ärztliche Betreuung für arme und alte Leute, das Recht der Arbeiter auf Gründung von Gewerkschaften, auf einen gesetzlichen Mindestlohn und auf Streik, Zusammenarbeit der Rassen. In seiner Jugend waren solche Ideen neu und »liberal« gewesen, ja radikal, was die Arbeit und das Zusammenleben der Rassen betraf. Seine erste Aufgabe in der Kirche hatte darin bestanden, in einer Pfarre in Richmond, die als Experimentierstätte für Sozial- und Wohlfahrtsprogramme diente, die Leitung der Sozialarbeit zu übernehmen. Anschließend war er nach LeKies versetzt worden, um seine Erfahrung in Atlantic City zur Anwendung zu bringen.

Durch die Wirtschaftskrise war die Arbeiterklasse in den Städten des Südens empfänglich für Veränderungen. Die Pfarrgemeinden in den Arbeitervierteln hatten gerne einen »fortschrittlichen Pfarrer«. Die Inhalte von Hopkins' Predigten waren nicht die einzige Neuerung, die ihn in LeKies so beliebt machte. Seine Dynamik erfüllte jeden Bereich des kirchlichen Lebens, vom Gottesdienst bis zur Sozialarbeit, und bei allem hatte er die Führung inne. Der Kirchenchor wurde besser, da Hopkins ein ausgezeichneter Pianist war und den Chormitgliedern beibrachte, schöner zu singen. Die Kirche hatte keine Pfadfindergruppe, also gründete er eine und übernahm selbst ihre Leitung. Er veranstaltete Pfadfinderlager und wetteiferte mit den Jungen, wenn es etwa darum ging, Lebensrettungsabzeichen zu erwerben. Abends erzählte er am Lagerfeuer die tollsten Gespenstergeschichten. Die Jungen waren von ihm ebenso begeistert wie ihre Eltern.

Aus dem, was Crutchfield sah, und aus der späteren Beziehung zwischen Hopkins und Vann geht hervor, daß der 14jährige Junge dem jungen Priester sein Herz in einer Weise ausschüttete, wie er es noch vor niemandem getan hatte. Crutchfield war aufgefallen, wie gut John die Beziehung zwischen Myrtle und Frank Vann erfaßt hatte und wie sehr er bestrebt war, von ihnen loszukommen. Hopkins merkte, daß das nicht nur ein Junge war, der gerettet werden wollte, sondern einer, um den es besonders schade gewesen wäre. Nicht lange nach ihrer Begegnung sprach er in einem Brief von einem »außergewöhnlich klugen Jungen«. Ende 1938 nahm er Vann in seine Gemeinde auf, indem er ihn zusammen mit elf weiteren Jugendlichen und Erwachsenen beim Sonntagsgottesdienst aufstehen und sich zum christlichen Glauben bekennen ließ. Hopkins brachte ihn auch dazu, der Pfadfindergruppe von LeKies beizutreten. Aufgrund seiner familiären Schwierigkeiten war Vann inzwischen aus seiner ersten Gruppe an der Grundschule ausgetreten.

Ob er psychisch durchhalten würde, bis es Hopkins gelang, ihn von Myrtle loszueisen, blieb eine Zeitlang ungewiß. Crutchfield erinnerte sich, daß John in seinem labilen seelischen Zustand eine Woche in die Pfadfindergruppe kam und die Woche darauf aus einem wenig einleuchtenden Grund wieder fehlte. Hopkins Ratschläge stärkten ihn. Er wies auf die Möglichkeit hin, ihn im Herbst auf ein methodistisches Internat zu schicken, falls er die 9. Klasse der Junior High School in Norfolk erfolgreich abschloß. Auch seine Glanzleistungen im Sport halfen Vann, diese Probe zu bestehen. Im Frühjahr 1939 belegte er in seiner Alters- und Gewichtsklasse den ersten Platz beim Jugendsportfest, einer Mischung von Leichtathletik- und Turnwettkämpfen. Er brachte einen goldenen Pokal und Auszeichnungen heim. Myrtle bewahrte sie auf. Sie begann, auf ihren ältesten Sohn stolz zu werden, und photographierte den Pokal für ihr Album. Unter das Photo schrieb Vann stolz die Worte MEIN POKAL.

In diesem Herbst wurde Hopkins zu Vanns gutem Geist. Er hob die Hand und ein reicher Austernhändler, der sein Vermögen mit der Kirche teilte, um ihre guten Werke zu unterstützen, brachte den Jungen zum besten Herrenausstatter Norfolks. John wurde mit einem Sportsakko und einem Paar Hosen, mit Schuhen,

Hemden, Krawatten und einem Pullover ausgestattet. Hopkins hob nochmals die Hand, und der Austernhändler stellte einen Scheck aus, der dem Jungen den Besuch der Ferrum Training School in den Ausläufern der Blue Ridge Mountains im südwestlichen Teil Virginias ermöglichte. Ferrum war eine von den Methodisten betriebene Schule, die, kurz vor dem Ersten Weltkrieg als »Bergmission« gegründet, den Kindern aus den abgelegenen Siedlungen dieser Gegend eine Grundschulausbildung bieten sollte. Die Prosperität während des Ersten Weltkriegs, die die Wirtschaft des Südens wiederbelebt und Norfolk ein öffentliches Schulwesen gegeben hatte, von dem arme Kinder wie Vann profitierten, hatte die Methodistische Kirche Virginias in die Lage versetzt, Ferrum zu einer auf das College vorbereitenden Schule auszubauen. Mitte September 1939, zwei Wochen nach dem Überfall Hitlers auf Polen, kam Vann in die 10. Klasse der Training School, der High-School-Abteilung von Ferrum.

Die vier Jahre in Ferrum waren die ersten schönen Jahre seines Lebens. Er hatte manchmal Depressionen, die sich in schlechten Zensuren äußerten. Die meiste Zeit jedoch war er glücklich, denn Ferrum war eine andere Welt, eine Welt, die ihm Hoffnung auf ein Leben in Würde und Bildung gab. Die Schule lag in einem Talkessel inmitten der Hügel südlich von Roanoke. Er war hier von Eichen- und Ahornwäldern umgeben. Die Schul- und Wohngebäude aus rotem Ziegel waren im üblichen und doch so ansprechenden pseudogeorgianischen Stil erbaut. Er schlief in einem Zimmer mit Zentralheizung. Die Bettlaken waren sauber, zum Frühstück bekam er Eier und frische Milch, ofenwarmes Weißgebäck und Brot, Butter zum Aufstreichen, und zu Mittag aß er jeden Tag Fleisch und Gemüse.

In Ferrum war kaum etwas von den Klassenunterschieden zu spüren, durch die er an der Schule in Norfolk Minderwertigkeitsgefühle bekommen hatte. Die meisten seiner 35 Klassenkameraden hatten ein Teil- oder Vollstipendium und kamen nicht aus dem exklusiven Norfolk, sondern aus den Provinzstädten und Dörfern Virginias und North Carolinas. Jeder Schüler mußte pro Woche fünfzehn Stunden arbeiten, damit die Schule die Verwaltungs- und Betriebskosten so niedrig wie möglich halten konnte. Es gab lediglich ein paar Personen zur Beaufsichtigung. Die Schüler kochten, servierten, fegten die Fußböden, besorgten die Wäsche, arbeiteten in den Büros, molken die Kühe, fütterten die Hühner und schaufelten Mist auf der schuleigenen Farm, die einen Großteil der Nahrungsmittel lieferte. Vann wurde die ersten beiden Jahre der Wäscherei zugeteilt, bis die Studienberaterin entdeckte, daß er gern die Führung übernahm und unterrichten konnte. Sie gab ihm einen Job als Hilfslehrer an einer Landschule in einem nahegelegenen Weiler. Ferrum unterhielt noch einige solcher Schulen für die Kinder in dieser Bergregion.

Sein Glück zeigte sich in seiner Stimmung. Der Johnny Vann, den seine Lehrer und seine Klassenkameraden in Ferrum sahen, war nicht der Junge, den Crutchfield kennengelernt hatte. Er war entspannt wie eine Bogensehne nach dem Schuß. Für die Schulleiterin war er »eine angenehme ... sehr liebenswerte Persönlichkeit ..., die leicht Freunde findet, ... ein ›Allroundman‹«. Seine ehemaligen Klassenkameraden erzählten, wie lustig er war und wie gern er scherzte. Eines der Mädchen erinnerte sich an sein schelmisches Lächeln und daran, daß er sie wegen eines anderen Jungen neckte, mit dem sie sich traf. Er ließ sich nie anmerken, was er hinter sich hatte, und vermied es, über seine Familie und sein Zuhause zu sprechen. Wenn er nach den Sommer-, Weihnachts- oder Frühjahrsferien aus Norfolk zurückkam, erzählte er niemals, wie er sie verbracht hatte.

Die Situation zu Hause wurde nicht besser. Im Gegenteil, sie verschlimmerte sich. Myrtle vernarrte sich in einen trunksüchtigen Taxifahrer, mit dem sie ihre und Franks Einkünfte verjubelte und den sie über längere Zeiträume im Haus behielt. Frank Vann schlief dann in einem anderen Zimmer. Ihr Sohn war aufgrund der Aussicht, im Herbst wieder wegzufahren, gegen sie immun. In der Zwischenzeit ging er einer Beschäftigung nach. Mit Hilfe von Johnny Spry konnte er sich nun für die Schule etwas Geld verdienen. Spry war in der Backwarenfabrik zum Leiter der Versandabteilung aufgestiegen und konnte Johnny als Beifahrer auf einem Lastwagen unterbringen. Der Junge und sein Vater begannen sich besser zu verstehen. Hopkins sorgte dafür, daß der reiche Geschäftsmann, der für das Stipendium aufkam, ihm jeden September neue Kleidung und Schuhe kaufte. 1940, während der ersten Sommerferien in Norfolk, gab er ihm auch Privatunterricht in europäischer Geschichte, englischem Aufsatz und englischer Literatur, so daß John die elfte Klasse überspringen und die drei High-School-Klassen in zwei Jahren abschließen konnte. Er ließ Vann die vom Lehrplan vorgeschriebenen Bücher lesen und die Semesterarbeiten schreiben und nahm die erforderlichen Prüfungen ab. In einem Brief an die Schule gab er seinem Schützling hervorragende Noten und bestätigte, daß Vann beide Kurse bestanden hatte: 96 Punkte in Geschichte und 94 in Englisch. Vann schloß die Ferrum Training School im Juni 1941 ab und trat im Herbst desselben Jahres in das Junior College ein.

Nachdem Myrtle schließlich doch ihre Einwilligung gegeben hatte, adoptierte Frank Vann John im Juni 1942. Aus John Paul LeGay wurde auf Beschluß des Landgerichts Norfolk John Paul Vann. Er hatte seiner Mutter damit gedroht, er werde bei Erreichung des 21. Lebensjahrs selbst seinen Namen auf Vann ändern lassen, falls sie das Adoptionsverfahren verhinderte. In Ferrum war er wie zuvor an der öffentlichen Schule unter dem Behelfsnamen John LeGay Vann eingeschrieben gewesen. Myrtle war nun stolz genug auf ihn, um ihm seinen Willen zu lassen. Sie erzählte Mollie, sie habe ihm das Stipendium in Ferrum vermittelt. 28 Jahre später mußte Myrtles Sohn seine Adoption in seinem Lebenslauf im Rahmen der Sicherheitsüberprüfung erwähnen. Er verlegte den Zeitpunkt um zehn Jahre vor und gab das Jahr 1932 an.

Nach dem japanischen Angriff auf Pearl Harbor im Dezember 1941 wollte er
das Junior College nicht mehr abschließen. Wahrscheinlich war es Garland Hopkins, der ihn wieder umstimmte. Vann hatte sofort in den Krieg ziehen wollen.
Keiner seiner Freunde und Bekannten bedauerte, daß die Japaner den USA einen
triftigen Grund geliefert hatten, sich am Kampf zu beteiligen. In diesem Teil der
USA war wenig von dem Isolationismus zu spüren, der Woodrow Wilson daran
gehindert hatte, sich eher am Ersten Weltkrieg zu beteiligen, und der Franklin
Roosevelt veranlaßte, Japan in einen Erstschlag hineinzumanövrieren, von dem
er nicht ahnte, daß er so nahe, in Hawaii, erfolgen würde. Auch wenn sich die
Mehrheit der Amerikaner gegen eine neuerliche Kriegsbeteiligung stellte, war viel
von dem, was die Historiker des Zweiten Weltkriegs als Isolationismus interpre-
tieren sollten, keineswegs das Echo von George Washingtons Warnung, sich aus
den Streitigkeiten der Europäer herauszuhalten, sondern hatte ethnische Ursachen: den Widerstand der deutschstämmigen Amerikaner, die ihr Vaterland noch
als das sanft autoritäre, doch fortschrittliche Deutschland der Kaiserzeit in Erinnerung hatten, und den Haß der Iren gegen die Engländer. Letzterer war besonders stark in den Städten des Nordostens ausgeprägt, die Roosevelt aber brauchte.
Das Andenken der Iren an die fünfjährige Revolution, die ein jahrhundertelanges
Ringen beendet und Südirland nach dem Ersten Weltkrieg die Unabhängigkeit
gebracht hatte, war noch frisch. Ihre Politiker wetterten dagegen, daß man nun
zum zweiten Mal amerikanisches Blut vergießen wollte, um das britische Imperium zu retten.

In Vanns Virginia mit seiner vorherrschend englischstämmigen Bevölkerung
fühlten viele mit Großbritannien, lang bevor die japanischen Sturzkampf- und
Torpedoflugzeuge den Streit über den Kriegseintritt entschieden. Die Stimme
Winstons Churchills, der sich über das Wunder des Radios an sein Volk wandte
und damit auch andere freie Menschen erreichte, ließ Amerikaner aller Schichten
die Bedrohung der Zivilisation erkennen. In Virginia fühlten sich die Menschen
jedoch nicht bloß aufgerüttelt. Die sentimentale Erinnerung an ihre Wurzeln im
Mutterland verlieh ihnen ein Gefühl der Verwandtschaft mit Britannien, jener
Insel der Hoffnung und des Widerstands vor einem von der Barbarei der Nazis
verfinsterten Kontinent.

Einer von Vanns Altersgenossen in Vietnam, Samuel Vaughan Wilson, war in
einer Familie aufgewachsen, die auf der roten Erde Südvirginias schon seit Beginn
des 18. Jahrhunderts Tabak und Mais pflanzte. An einem Junitag des Jahres 1940
hörte Wilson Churchills Rede vor dem britischen Unterhaus. Großbritannien
erwartete die Invasion. Das britische Expeditionsheer war in einer dramatischen
Aktion aus Dünkirchen evakuiert worden, wo es außer Gewehren und MGs fast
alles zurückgelassen hatte. Durch den schlechten Empfang auf Kurzwelle erhöhte
sich die Dramatik seiner Worte und die barsche Majestät seiner Stimme: »Wir werden auf den Stränden kämpfen, wir werden auf den Landeplätzen kämpfen, wir

werden auf den Feldern kämpfen und in den Straßen . . . Wir werden uns niemals ergeben.«

Die lokale Einheit der Nationalgarde Virginias traf sich jeden Montag abend in einer Übungshalle in der elf Kilometer entfernten Stadt Farmville. Sam Wilson, der mit Merills Marauders in Burma kämpfen, den Vietnamkrieg kennenlernen und schließlich als Generalleutnant aus der Armee scheiden sollte, marschierte am folgenden Montag abend durch den Regen nach Farmville, um seine Hand zum Diensteid zu erheben.

Aufgrund der Wirtschaftskrise war man auch in Vanns Virginia zu einem Krieg bereit. Nach zwölf Jahren Not waren die Menschen nicht nur hungrig, sondern auch gelangweilt. Der Krieg fegte Elend und Langeweile hinweg. Auch die Ärmsten, die nur gelegentlich Arbeit gehabt hatten, verdienten plötzlich eine Menge Geld und beteiligten sich noch dazu an einer geheiligten Sache. Frank Vann bekam Anfang 1942 zum ersten Mal seit zwölf Jahren eine dauernde Beschäftigung. Er arbeitete als Zimmermann beim Bau der größten US-Ausbildungsbasis für amphibische Einheiten, die in der Little-Creek-Bucht errichtet wurde. Niemand hätte einen Krieg begonnen, um Geld zu machen; wenn Kriege im Ausland und Prosperität stets zusammen auftraten, dann war das Zufall. Aber wer konnte sich schon daran stoßen, daß der Geldspringbrunnen noch einmal zu sprudeln begann, nachdem er so lange Jahre versiegt gewesen war?

Johns Arbeit in den Sommerferien 1942 bestand darin, durch den Verkauf von Getränken und Sandwiches Tante Mollies Anteil an diesem Geldsegen sicherstellen zu helfen. Queenie, seine Großmutter, war stolz gewesen auf ihre Pension in der Zeit des Stützpunkt-Baubooms im Ersten Weltkrieg. Noch größer war ihr Stolz, daß sie nun von Mollie übertroffen wurde. Als Mollie im Frühjahr 1942 zu einem kurzen Besuch nach Norfolk gekommen war, hatte sie einen Jugendfreund wiedergetroffen. Er war Bauunternehmer und mit der Ausführung eines Abschnitts der Massivbaukonstruktion an der Little-Creek-Bucht beauftragt. Er fragte sie, wieviel sie in der Woche als Empfangsdame im Tearoom des Hotels Menger verdiene. Sie sagte es ihm.

»Das kannst du innerhalb einer Stunde verdienen, wenn du herunterkommst und eine Kantine für meine Leute aufmachst«, sagte er und erklärte ihr, daß seine Arbeiter sich zu Mittag nirgends Sandwiches und Getränke kaufen konnten.

»Das ist einen Versuch wert«, antwortete Mollie.

Am nächsten Morgen kaufte sie Aufschnitt, Brot und Obstkuchen. Sie machte Sandwiches und teilte den Kuchen in Stücke. Zu Mittag fuhr sie an die Baustelle und verkaufte alles so schnell, wie sie die Sandwiches und Kuchenstücke aushändigen und von den Männern, die ihren Wagen umdrängten, das Geld kassieren konnte. Ihr Jugendfreund hatte recht gehabt. Als sie wieder in der Stadt war, zählte sie das Geld. Sie hatte einen Gewinn von 38 Dollar erzielt. Sie rief ihren Ehemann, den gutaussehenden italienischen Oberkellner, an und teilte ihm mit, daß er auf ihre beiden Söhne aus erster Ehe aufpassen müsse. Sie werde ein paar Wochen in Norfolk bleiben und ihr Glück versuchen.

Am folgenden Tag verdoppelte sie die Zahl der Sandwiches und Kuchenstücke und ihren Gewinn. Der Bauunternehmer ließ von seinen Zimmerleuten eine alte Baracke zu einer Kantine umbauen. Sie stellten hinter einem Klappfenster an der Vorderseite einen Ladentisch auf. Er war für weiße Arbeiter bestimmt. Die »farbigen« mußten sich mit einem kleineren an der Rückseite begnügen. Mollie verkaufte Sandwiches, Kuchen, Limonade, Milch, Zigaretten und allerlei Krimskrams. Sie benutzte 240-Liter-Fässer, die mit Wasser und Eis gefüllt waren, um die Limonade- und Milchflaschen kühlzuhalten. Nachdem eine Kaserne fertiggestellt war, zogen dort Matrosen und Marines ein, die ebenfalls in ihrer Kantine einkauften. Ihre Verkaufsmenge stieg allein schon bei der Milch auf etwa tausend Viertelliter-Flaschen pro Tag. Sie mußte so schnell arbeiten, daß sie die Banknoten nur zusammenknüllen und erst abends in Norfolk auseinanderfalten konnte. »Ich hatte nicht einmal eine Registrierkasse«, erinnerte sie sich 33 Jahre später, »bloß eine Zigarrenkiste für das Hartgeld, die Scheine kamen drunter. Und die Hände waren naß, weil man ständig Limonade- und Milchflaschen aus dem Wasser holen mußte. Kühlschrank hatten wir keinen. Wir verkauften nur Zeug, das schnell wegging. Die Geldscheine waren auch ganz naß, und wenn man versuchte, sie in die Tasche zu stecken, mußte man sie richtig reinstopfen. Wenn man dann heimging, hatte man einen Sack voll Geld. Heute würde man damit nicht herumlaufen wollen.«

Alle paar Wochen fuhr Mollie mit ihrem Buick nach New York hinauf, um ein Wochende mit Tosolini und ihren Jungen zu verbringen. Sie war die ganze Nacht unterwegs und traf bei Tagesanbruch ein. In ihrer Unterkleidung waren mit Nadeln jeweils 6000 bis 7000 Dollar in großen Scheinen befestigt. Sie hortete das Geld in einem Haus in Jackson Heights, das sie und Tosolini gekauft hatten, als die Zeiten noch hart waren. (Sie hatten dazu eine Hypothek aufnehmen müssen.) Ihr Bekannter, der Bauunternehmer (»Das hat er mir gesteckt«), hatte ihr gesagt: »Bring nicht zuviel Geld auf die Bank.« Das Finanzamt würde sonst neugierig werden.

Eineinhalb Jahre später beschloß die Navy, eine offizielle Einkaufsstelle einzurichten. Der kommandierende Admiral befahl Mollie, ihren Laden dichtzumachen. Sie weigerte sich. Er mußte die Küstenstreife schicken, damit sie ihre Kantine schloß. Mollie hatte jedoch in ihrer Unterwäsche schon so oft Banknoten nach New York gebracht, daß sie zufrieden sein konnte. Sie investierte das Geld in eine Imbißstube. Dann veräußerte sie das Haus in Jackson Heights und kaufte ein anderes in Great Neck, Long Island. Es war ein großes Haus, wie es sich im Süden, als Mollie auf der Kiste gestanden und Queenie beim Nähen geholfen hatte, nur Fabrikdirektoren leisten konnten.

Als Vann gegen Ende 1942 die Hälfte seines zweiten Jahres am Junior College abgeschlossen hatte, konnte er nicht mehr länger warten. Einige seiner Klassenkameraden hatten das College schon verlassen und waren in den Krieg gezogen. Sie meinten, das Land sei in Gefahr, und wollten etwas tun. Die meisten jungen Männer, die bereits achtzehn und damit wehrpflichtig waren wie er, aber noch keine Uniform trugen, begannen sich zu schämen. Er hatte seine Meldung zum Militär aufgeschoben, weil er Jagdflieger werden wollte. Hopkins hatte ihn offenbar davon überzeugt, daß er nach Abschluß des Junior College größere Chancen haben würde, für die Fliegerschule ausgewählt zu werden.

Ein Ritter der Lüfte zu werden war ein Traum, den Vann mit vielen Altersgenossen teilte. Die Piloten waren die legendären Gestalten des Ersten Weltkriegs gewesen, und auch in diesem Krieg waren sie von Romantik umwittert. Vann sah sie in den Wochenschauen im Kino: die Unsterblichen der Royal Air Force, die mit weißen Lammfelljacken und Schals bekleidet in ihre Spitfires kletterten, um Görings hochmütige Luftwaffe zu demütigen. Fliegen hieß bei der Elite zu kämpfen. Vanns Begeisterung für das Fliegen ging jedoch über eine bloße Schwärmerei, wie sie weit verbreitet war, hinaus. Mollie meinte, bei ihm sei es der Drang nach der Freiheit gewesen, die er fühlte, wenn sein Körper im Rückwärtssalto vom Verandadach durch die Luft wirbelte. Wenn er sich als Kind ein paar Cents verdient hatte, gab er sie oft nicht für Essen aus. Statt dessen kaufte er sich einen Bausatz für ein Modellflugzeug aus Balsaholz. Er schnitt die einzelnen Bauteile aus, klebte sie zusammen und bemalte sie genau nach Anweisung. Diese Modelle jener primitiven Flugzeuge, in denen sich die heldenhaften Piloten des Ersten Weltkriegs ihre Duelle geliefert hatten, waren der einzige Besitz, den er nicht mit Frank Junior und Gene teilen wollte.

Er träumte davon, einer dieser lächelnden Männer mit dem nach oben gestreckten Daumen zu werden, die in den Wochenschauen auf dem Deck der Flugzeugträger die Motoren anließen, um sich vom Wind emportragen zu lassen und sich hoch über dem Pazifik den japanischen Zeros entgegenzuwerfen. Als er 1942 in den Weihnachtsferien nach Hause kam, trug er ein Schreiben des Rektors von Ferrum bei sich, der ihn zum Dienst bei den Marineluftstreitkräften empfahl. Offenbar erteilte ihm das Rekrutierungsbüro in Norfolk eine abschlägige Antwort. Er kehrte nach Ferrum zurück, um so viele Kurse wie möglich abzuschließen, damit das Junior College die im Krieg übliche Ausnahme machte und ihm zwei volle Jahre bestätigte, auch wenn er schon vorher einrücken sollte. Im März, als seine Chancen gestiegen waren, nahm er den Zug nach Richmond und versuchte es hier bei der Rekrutierungsstelle des Heeresfliegerkorps. Dieses Mal war die Antwort nicht entmutigend. Es gab zwar viel zu viele Möchtegernhelden der Lüfte, als daß man irgend etwas versprechen konnte; falls er sich aber zur Armee meldete, hatte er die besten Chancen, in die Fliegerschule zu kommen. Vielleicht um eine Entschuldigung vor Myrtle zu haben — sie hatte Angst, er könnte getötet werden, und drängte ihn, sich einen zivilen Posten zu suchen, durch den er sich zurückstellen lassen konnte —, meldete er sich unter der Bedingung, daß er zum Fliegerkorps kam.

Am 10. März 1943 nahm er frühmorgens den Zug nach Richmond, um sich im Einberufungszentrum einer medizinischen Untersuchung zu unterziehen. Er war 18 Jahre und acht Monate alt. Aus der Armeeakte geht hervor, daß er damals 1,69 m maß und 56 kg wog. Der untersuchende Arzt beschrieb sein Gesicht als »rötlich«. Er verbrachte mehrere Stunden in einer Reihe mit anderen jungen Männern, die ebenfalls in ihren Unterhosen darauf warteten, über die Ernährung in ihrer Kindheit und über ihre Trinkgewohnheiten befragt zu werden; einen Sehtest zu machen; sich vorzuneigen und von einem Finger auf lästige Weise sondieren zu lassen; von einer Nadel zwecks Feststellung der Blutgruppe gestochen zu werden (er hatte A) und sich zur Tuberkuloseuntersuchung den Brustkasten röntgen zu lassen (das Ergebnis war negativ). Dann durfte er sich wieder anziehen und wurde mit den anderen Rekruten in einen großen Raum geführt, um den Eid zu leisten, alle gesetzmäßigen Befehle seiner Vorgesetzten auszuführen. Zuletzt gab man ihm eine Rückfahrkarte nach Norfolk und die schriftliche Anweisung, sich in einer Woche in Camp Lee, Virginia, zu melden. Zu diesem Zweck erhielt er einen Gutschein für die Bahnkarte von Norfolk nach Camp Lee. Die letzte Woche seines Zivildaseins verbrachte er damit, in Mollies Kantine Sandwiches und kalte Getränke zu verkaufen und die nassen Geldscheine unter die Zigarrenkiste zu stecken. Das Geld, das er hier verdiente, würde er brauchen. Der Sold für einen einfachen Soldaten betrug 1943 fünfzig Dollar pro Monat.

Bei seiner Ankunft in Camp Lee unterschrieb er ein Formular, dem zufolge er in derselben körperlichen Verfassung war wie bei seiner Aufnahme eine Woche zuvor, mit »Johnny Vann«. Seine Jugend scheint mit der Einführung in das Verhalten des Soldaten geendet zu haben. Von nun an mußte er alle Formulare mit einem formellen »John P. Vann« unterzeichnen.

An seinem ersten Tag in Camp Lee und den vier folgenden Tagen versetzte ihm die Armee jenen Schock der Desorientierung und des Neuanfangs, der die Umwandlung von Jungen in Soldaten erleichtert. Er mußte seine Zivilkleidung einschließlich der Unterwäsche ablegen und erhielt statt dessen khakifarbene und olivgrüne Kleidung; man schor ihm den Kopf; man untersuchte ihn noch einmal, um festzustellen, ob er bei seiner Ankunft durch seine Unterschrift die Wahrheit bestätigt hatte; und er wurde erneut gegen Pocken, Typhus und Tetanus geimpft. Ein brüllender Sergeant ließ ihn und seine Kameraden immer wieder zum Appell antreten und sie, abermals unter Brüllen und Fluchen, in der Kolonne losmarschieren — zum Essen oder wo immer sie hingehen mußten. Die Army prüfte auch den Geist jedes einzelnen. Er und seine Kameraden machten eine Reihe von Befähigungstests durch, deren Resultate angeblich erkennen ließen, auf welche Weise die Armee ihre Talente am besten nutzen konnte. Vann erhielt 97 Punkte beim Eignungstest für die Fliegerausbildung. Auf seine Akte kam der Vermerk »qualifiziert für die Bestellung zum Fliegeroffiziersanwärter«. Der Schreiber vermerkte auch, daß ihm die Armee am Tag nach seiner Ankunft eine »Belehrung über sexuelle Moral« erteilt habe.

Trotz seiner guten Ergebnisse beim Eignungstest und dem Vermerk des Einberufungszentrums Norfolk, er trete den Dienst zwecks Aufnahme in das Fliegerkorps an, war Vann von einem Flugzeug noch weit entfernt; er erfuhr, was ihn alles erwartete, falls sein Wunsch zu fliegen nicht erhört werden sollte. Camp Lee (später Fort Lee) war im Zweiten Weltkrieg die größte Ausbildungsstätte für Quartiermeister. Die Zuteilungsstelle schickte ihn zu den Versorgungstruppen und bestimmte ihn dazu, den Krieg mit dem Reparieren von Jeeps und Lkws zu verbringen. Am 22. März 1943 schickte man ihn per Bahn in das Feldzeugdepot von Atlanta zur Infanteriegrundausbildung und Einführung in Kfz-Mechanik.

Er wandte sich an Ferrum mit der Bitte um weitere Empfehlungsschreiben und legte ein Gesuch um Aufnahme in die Fliegerschule vor. Diese Papiere verhalfen ihm zu einer Anhörung durch die Luftkadetten-Prüfungskommission in Atlanta. Die Studienberaterin in Ferrum, die ihn zum Hilfslehrer an der Landschule gemacht hatte, teilte der Kommission mit, daß sie mit »außergewöhnlichen Leistungen« Vanns rechne. »Ich *erwarte* von ihm, daß er mehr tun wird, als nur dem Ruf der Pflicht nachzukommen«, schrieb sie.

Am 19. Juni 1943, fast drei Monate nach seiner Ankunft in Atlanta, erhielt der Soldat John P. Vann der 3037. Feldzeuginstandsetzungs-Komp., 139. Feldzeuginstandsetzungs-Bat., ein von einem Leutnant, dem Sekretär der Kommission, gezeichnetes Schreiben. »Wir freuen uns, Ihnen mitzuteilen, daß Ihre Eignung für eine Ausbildung beim fliegenden Personal des Army Air Corps festgestellt wurde«, hieß es in dem Brief, in dem davon die Rede war, daß man ihn »bald« versetzen werde. (Das Heeresfliegerkorps wurde 1942 offiziell in Army Air Forces umbenannt, aber weiterhin als Air Corps bezeichnet, sogar im offiziellen Schriftverkehr.)

»Bald« bedeutete zunächst einen weiteren Monat in Atlanta und dann zwei Monate in einem Ausbildungszentrum des Air Corps in Miami Beach, ehe ihn erreichte, was er wollte: ein Schreiben, das ihn zum 51. College Training Detachment (Fliegendes Personal) nach Rochester, New York, versetzte. Das Air Corps hatte einen Teil des Rochester Business Institute übernommen und benutzte es als Zentrum für vorfliegerische Ausbildung, in dem die Kandidaten in die Grundlagen der Fliegerei eingeführt wurden, bevor sie sich gründlichere Kenntnisse erwarben und Flugstunden bekamen.

Vann kam am 18. September 1943 nach Rochester und blühte hier richtig auf. Wieder erkannten seine Ausbilder sehr bald seine Führungsbegabung und ernannten ihn zum Offiziersanwärter. Im Juni hatte man ihm aus Ferrum mit dem Abschlußdiplom ein Exemplar des »Leuchtturms« von 1943, des Jahrbuchs seiner Klasse, übersandt. Neben den Photos der Klassenangehörigen stand jeweils ein Spruch. Der Text neben dem Bild des lächelnden Jungen, der Johnny Vann in Ferrum gewesen war, lautete:

Klug wie er, das Auge hell und rein,
So sollen die jungen Apostel der Freiheit sein.

Sie begegneten einander in Critics Eisdiele am Sonntag vor Weihnachten. Es war etwa drei Uhr. Mary Jane und ihre Freundin Nancy kamen hier nach der Nachmittagsvorstellung im Kino immer auf einen Fruchteisbecher vorbei. Da sie guterzogene junge Damen waren, hatten sie an einem Tisch für zwei Personen Platz genommen. Er saß mit fünf anderen Air-Corps-Kadetten am Tisch gegenüber. Sie hörte, wie er bei der Serviererin gedeckten Apfelkuchen bestellte, den es in Critics Eisdiele nicht gab. Ihre Mutter machte herrliche Apfelkuchen. Dann wandte er sich ihr zu und begann ein Gespräch. Er sagte, sie sei ihm aufgefallen, als sie vergangenen Samstag während einer Nachmittagsparade vom Bürgersteig aus zusah, wie er an der Spitze seiner Kadettengruppe vorbeimarschierte.

Obwohl auch sie ihn bemerkt hatte und sich sofort an ihn erinnerte, antwortete sie zuerst nicht. Sie hatte sich noch nie von einem jungen Mann ansprechen lassen. Sie war sechzehn Jahre alt und in der Abschlußklasse der West High School. Sein kräftiger Virginia-Akzent war ihr nicht unangenehm und nicht das einzige, wodurch er anders war als die Jungen von der Schule, mit denen sie sich manchmal getroffen hatte. Sein damals noch blondes Haar war der Mode entsprechend in einer hohen Welle nach hinten gekämmt. Seine dunkelgrüne Kadettenuniform mit den kleinen silbernen Flügeln auf den Jackenaufschlägen und dem runden Flügel-und-Propeller-Abzeichen des zukünftigen Piloten auf dem linken Ärmel wirkte sehr attraktiv. Beim Sprechen lächelte er und beugte sich etwas vor. Sie hatte den Eindruck, daß er eine Menge mehr über Frauen wußte als sie über Männer. Er war das, was sie und ihre Freundinnen einen »Wolf« nannten, ein Casanova. Alles, wovor sie sich bei jungen Männern hüten sollte, gefiel ihr an ihm. Deshalb brach sie die Regel, auf die sie ihre Mutter eingeschworen hatte, und antwortete ihm. Ja, sie hatte auf dem Bürgersteig gestanden und ihn auch gesehen. An den Rest des Gesprächs konnte sich Mary Jane nach all den Jahren nicht mehr erinnern, außer daß er sie am Ende um ein Treffen bat. Sie lehnte ab. Ihre Mutter, so sagte sie, erlaube ihr nicht, mit Fremden auszugehen.

Am Nachmittag des folgenden Tages erschien er in der Bilderrahmen-Abteilung des Kaufhauses, in dem sie nach der Schule als Verkäuferin arbeitete. Er erstand einen Photorahmen und bat sie erneut um ein Treffen. Das sei nicht möglich, sagte sie, aber vielleicht ließ ihre Mutter sie mit ihm ausgehen, wenn er sich vorher bei ihren Eltern vorstellte. Warum er denn nicht am Heiligen Abend zum Essen kommen wollte und für ihre Freundin auch einen Kadetten mitbrachte? Sie

427

sah das Lächeln, das ihr so gefiel. Wo sie denn wohnte und um welche Zeit er kommen sollte?

Er erschien pünktlich mit einem Freund und beeindruckte ihre Eltern durch seine Höflichkeit und die Tatsache, daß er ihre Fragen über seine Ausbildung direkt und verständlich beantwortete, ganz anders als die anderen Neunzehnjährigen aus ihrem Bekanntenkreis. Zum Nachtisch servierte ihm ihre Mutter gedeckten Apfelkuchen. Mary Jane hatte sie darum gebeten. Nach dem Essen ließen die Großen die beiden Paare allein, damit sie den Baum schmückten. Während sie sprachen und lachten, flirtete er mit ihr. Als es für ihn und seinen Freund Zeit war zu gehen, verabschiedete er sich von ihrer Mutter und erklärte, es sei der schönste Weihnachtsabend gewesen, den er je erlebt habe. Doris, die ältere Schwester, erbot sich, die beiden Kadetten zum Hotel zurückzufahren, in dem sie einquartiert waren. Während der Fahrt flirtete er wieder mit Mary Jane.

Ein gutes Jahr lang sahen sie einander nicht wieder. Sein Kurs in Rochester war zu Ende. Er mußte den Weihnachtstag in einem Zug verbringen, der ihn nach Nashville, Tennessee, in ein Einstufungszentrum brachte. Vor der Abfahrt rief er noch einmal an, um sich zu verabschieden. Er nannte sie »Liebling« und sagte noch eine Reihe anderer netter Dinge. In Nashville ließ man ihn in einem Verbindungsflugzeug, einer Piper Club, mitfliegen. Es war sein erster Flug. Er sandte ihr einen Liebesbrief mit einem Schnappschuß, der ihn als jene legendenumwobene Gestalt zeigte, die er zu werden hoffte. Er posierte vor dem kleinen Flugzeug in einer mit Lammfell gefütterten Fliegerjacke, auf den Schultern die Gurten des Fallschirms, die behandschuhte Rechte auf der Strebe der rechten Tragfläche. Die Mütze saß schief auf seinem Kopf, über seiner Stirn kräuselte sich das Haar. Auf das Photo schrieb er dasselbe wie unter den Brief: »In Liebe, Johnny«.

Ihre Antworten waren ermutigend, und je mehr Briefe und Photos hin und her gingen, desto mehr gedieh die Romanze. Er war für sie die impulsive Vitalität, das Aufregende, das Abenteuer, das sie in ihrem ruhigen Leben niemals gekannt hatte. Sie war für ihn nicht nur äußerlich anziehend. Sie verkörperte die Welt des geachteten Mittelstands, der harmonischen Familie und der Ehrbarkeit, von der er geträumt hatte, wenn er auf dem Weg zur Junior High School in den besseren Vierteln Norfolks zu den gepflegten Häusern aufgeblickt und sich vorgestellt hatte, wie wunderbar das Leben darin sein mußte.

Sie hieß Mary Jane Allen. Sie hatte alles gehabt, was ihm gefehlt hatte. Sie war eines dieser kleinen Mädchen gewesen, die Norman Rockwell auf den Titelblättern der »Saturday Evening Post« idealisierte. Ihr Vater, Justus Smith Allen, hatte in Rochester eine bescheidene, aber geachtete Stellung inne. Er war oberster Gerichtsstenograph der Stadt und korrespondierender Sekretär der Richtervereinigung von Monroe County, New York. Sein Zweig der Allen-Familie war ursprünglich in Maine beheimatet gewesen und leitete seine Abstammung von Ethan Allen in Vermont ab, der während der Revolution Fort Ticonderoga im

Namen des »Großen Jehovah und des Kontinentalkongresses« befreit hatte. Justus Allen (er wurde von seiner Frau und seinen Freunden »Jess« genannt) war ein Mann von angenehmem Äußeren, ausgeglichen, nicht groß, etwas untersetzt, mit festem Kinn. Er hatte einen Mittelscheitel, trug eine randlose Brille und zu seinen Anzügen eine Weste. Er kam jeden Nachmittag um 17.30 Uhr nach Hause, um vor dem Abendessen die Zeitung zu lesen.

Mary Janes Mutter, Mary Andrews, war die Tochter von Solomon und Catherine Eleck, rumänischen Einwanderern, die den Familiennamen geändert und sich schnell dem amerikanischen Lebensstil angepaßt hatten. In Gary, West Virginia, einer Kohlenstadt, wo Solomon Arbeit als Bergmann gefunden hatte, waren sie Presbyterianer geworden. Mary war elf, als die Familie nach Detroit übersiedelte, wo der Vater in den Ford-Werken Arbeit am Fließband fand. Jess lernte sie an einem Juninachmittag in einem Vergnügungspark am Stadtrand von Detroit kennen. Auch sie war damals gerade erst sechzehn. Jess war siebenundzwanzig und als Stenograph bei General Motors angestellt. Sie trafen sich ein Jahr lang und heirateten im Juni. Vielleicht hatte Mary Andrews gerade aufgrund ihrer Abstammung von Einwanderern eine Passion für die rechtschaffene, protestantische Art und die Unverletzlichkeit von Ehe und Familie. Im Herbst nach der Hochzeit zog sie mit Jess nach Rochester, wo die Stelle eines Gerichtsstenographen freigeworden war. Jess hatte einen großen Teil seiner Jugend in New York City verbracht, wo noch ein Bruder von ihm lebte. Nach seiner Bekanntschaft mit Mary hatte er bei Ford in Detroit eine bessere Stenographenstelle bekommen, aber es mißfiel ihm, jeden Tag an die Stempeluhr zu gehen. Er hatte den Eindruck, daß das Stenographieren bei Gericht interessanter und eine sicherere Stellung sein würde.

Er hatte sich nicht getäuscht. Das menschliche Narrenspiel der Verbrechen und Prozesse ist gegen Wirtschaftskrisen gefeit, und Jess Allens Stellung schützte die Seinen vor dem Elend, das Millionen anderer amerikanischer Familien nach 1929 heimsuchte. Als Mary Jane in die Grundschule ging und die Krise auf dem Höhepunkt war, übersiedelte die Familie, die bisher ein einfaches Heim in einem Vorort bewohnt hatte, in ein geräumiges Haus in der Stadt. In der Elmdorf Avenue und den sie umgebenden Straßen waren die Bürgersteige stets in tadellosem Zustand, die großen, schattenspendenden Alleebäume wirkten gepflegt. Wie bei den Nachbarn war das Haus der Allens von einem hohen Rasen und einer Buchsbaumhecke umgeben. Es war ein zweigeschossiges Haus, dessen Seitenwände im Erdgeschoß mit sauberen weißgestrichenen und sorgfältig aneinandergefügten Brettern verkleidet waren — nicht mit schlampigen Schindeln wie im Süden. Im ersten Stock wurden die Mauern durch eine grüngestrichene Holzverschalung geschützt. Auf der Veranda an der Vorderfront zu sitzen war tags wie abends ein Vergnügen. Mary Allen ließ, um sie gegen Sonne und Regen zu schützen, Markisen anfertigen und möblierte den Vorbau mit Schaukelstühlen und Sitzschaukeln. Jess pflegte den Rasen. Auf der Rückseite neben der Doppelgarage, in der er seinen Chrysler unterstellte und das Gartengerät aufbewahrte, hatte er Sträucher gepflanzt. Im ersten Stock gab es vier Schlafzimmer und eine geschlossene Schlafveranda für warme Sommernächte. Das Speisezimmer im Erdgeschoß zierten Erkerfenster, Eichenbalken und ein Kronleuchter. Im Kellergeschoß ließ Jess einen Freizeitraum einrichten, in dem man Tischtennis spielen und mit einem Kurbelgrammophon Musik machen konnte. Obwohl die Sommer in Rochester nicht besonders heiß sind, mieteten die Allens jedes Jahr für Juli und August ein Ferienhaus am Lake Conesus, einem der Finger-Seen im nördlichen Teil des Staates New York, die ungefähr eine Autostunde von der Stadt entfernt liegen. Mary Allen zog mit den Kindern bereits Ende Juni hin. Jess fuhr freitags nach der Gerichtssitzung hinaus, um übers Wochenende bei ihnen zu sein. Auch seinen Sommerurlaub verbrachte er am See.

Da die Allens nur zwei Kinder hatten, konnten sie jedem Kind ein eigenes Schlafzimmer geben und hatten zudem noch ein Gästezimmer. Mary Jane, ihre zweite Tochter, wurde am 11. August 1927 geboren. Sie war klug, aber es fehlte ihr die geistige Neugier, um eine überdurchschnittliche Schülerin zu werden. Ihr Interesse galt dem Haushalt und den traditionellen Beschäftigungen der Mädchen: Puppen und Puppenhäusern, Nähen und Hausfrau spielen.

Als kleines Mädchen war sie ein Engel aus Lächeln, Locken, Haarschleifen und entzückenden Kinderkleidern. Shirley Temple war der Kinderstar ihrer Zeit, und das Publikum bewunderte und imitierte damals Filmstars noch etwas naiver als in späteren Jahren. Alle kleinen Mädchen wollten wie Shirley Temple aussehen, und wenn ihre Mütter die Geduld aufbrachten, ihnen die Locken einzudrehen, trugen sie das Haar wie sie. Aber nicht viele kleine Mädchen besaßen genügend von dem zu diesen Locken passenden Charme, um in den Kaufhäusern Rochesters Shirley-Temple-Kleider vorzuführen. Mary Jane Allen gehörte zu den wenigen Auserwählten. Am 23. April 1934, dem 6. Geburtstag des Kinderstars, zeigten Mary Jane und acht weitere Kindermannequins im Kaufhaus McCurdy »exakte Kopien von Kleidern, die für Shirley persönlich gefertigt wurden. Der Kindermodenschau wohnten fast 500 interessierte Mütter und aufgeregte kleine Jungen und Mädchen bei«, berichtete die »Rochester Times-Union«. Das Photo über dem Artikel zeigte Mary Jane, die dem Anlaß entsprechend den Leser mit großen Kinderaugen anblickte. An Shirley Temples 7. Geburtstag führte sie bei der B. Forman Company vor und war dann im »Rochester Journal-American« zu sehen, lächelnd und die Nase in Falten ziehend, wie sie es oft tat, wenn sie etwas amüsierte. Auch diesmal trug sie in ihrem brünetten Haar eine übergroße Schleife. Und als in der Westminster Presbyterian Church, in der die Familie jeden Sonntag um 11 Uhr dem Gottesdienst beiwohnte, ein Weihnachtsspiel aufgeführt wurde, war es nur natürlich, daß Mary Jane Allen die Rolle der Jungfrau Maria bekam.

Ihre Eltern erzogen sie entsprechend ihren Wertvorstellungen von Familie, Kirche und Vaterland. Sie stellte nie etwas in Frage. Besonderen Einfluß übte Großmutter Allen auf sie aus, mit der sie offenbar vieles gemeinsam hatte. Wenn die kleine blasse Frau die Allens in Rochester besuchte oder mit ihnen im Sommer ein paar Wochen im Ferienhaus am See verbrachte, wich Mary Jane ihr nicht von der Seite. Die Großmutter lehrte sie nähen, stricken und häkeln und erzählte ihr aus ihrer Jugend. Von ihren zehn Kindern waren zwei im Säuglingsalter einer Grippeepidemie zum Opfer gefallen, ihr Mann war verstorben, als Jess Allen noch ein kleiner Junge war. Es hatte immer an Geld gefehlt, und sie hatte kämpfen müssen, um ihre Kinder großzuziehen. Sie war stolz auf ihre Leistung und daß aus Jess und seinen sieben Geschwistern etwas Ordentliches geworden war. Eine Frau sollte stolz darauf sein, Kinder zu haben, sagte sie. Auch wenn der Mann für die Familie sorgte, die Kinder aufzuziehen war vor allem die Aufgabe der Frau. In schwierigen Zeiten sollte die Frau für ihre Kinder Opfer bringen, ihnen eine feste Stütze sein und sie sicher ins Erwachsenenalter führen. Wenn eine Frau ihre Pflichten der Familie gegenüber erfüllte, dann erfüllte sie auch ihre Pflicht gegenüber Gott und ihrem Land, denn ohne Familie konnten Kirche und Nation nicht existieren, sagte Mary Janes Großmutter.

Sobald sie als Teilzeitkraft im Kaufhaus anfing, begann Mary Jane — schon vor ihrer Bekanntschaft mit John — sich eine Aussteuertruhe für die Hochzeit, von der sie träumte, anzulegen. Sie kaufte Tischtücher, Servietten, hübsche Aschenbecher und andere Nippsachen. Ihre Mutter erhob niemals Einwände, da Mary Jane einen angeborenen guten Geschmack besaß. Auch die meisten ihrer Freundinnen hatten Aussteuertruhen. Nachdem sie John kennengelernt hatte, war die Frage des Mannes erledigt. Mit Ausnahme der High-School-Abschlußfeier im Juni 1944, zu der sie mit einem Freund aus ihrer Kinderzeit ging, traf sie sich in den fast 16 Monaten bis zu ihrem Wiedersehen mit John niemals mehr mit einem jungen Mann. Es war romantisch, in einen Soldaten verliebt zu sein, der im Feld stand oder sich auf den Kampf vorbereitete, der die Welt retten würde. Es verging kaum eine Woche, ohne daß im Gesellschaftsteil der Zeitungen von Rochester das Photo einer »Kriegsbraut« veröffentlicht wurde. Die Abschlußfeier an der West High School entsprach ganz diesem Geist. Einer der Jungen las seinen Aufsatz vor: »Wofür ich kämpfe«; ein Mädchen den ihren: »Händedruck über das Meer«. Eine junge Frau sang ein Solo: »Gebet britischer Kinder«.

Im Einstufungszentrum Nashville hatte Vann das Glück, für die Pilotenausbildung ausgewählt zu werden, obwohl er bei den Eignungstests für Bombenschützen und Beobachter etwas bessere Ergebnisse erzielt hatte. Winter, Frühjahr und Sommer 1944 verbrachte er mit Flugtraining im Süden: Er absolvierte die Primary School in Bainbridge, Georgia, wo er nach acht oder zehn Stunden Unterricht seinen ersten Test im Alleinflug bestand, die ersten Kurse für Formationsflug auf schnelleren Schulflugzeugen, die Instrumentenausbildung an Simulatoren in der

Basic School in Maxwell Field, Alabama, und schließlich die Advanced Flying School in Dorr Field, Florida.

Sein Überschwang und seine Liebe zur Freiheit im Raum, die ihn von Anfang an zum Fliegen hingezogen hatten, zerstörten ihm seinen Traum vom Piloten. Zu Beginn des Monats August vollführte er mit seinem Schulflugzeug einige verbotene Kunststücke und wurde deshalb aus der Schule entlassen. Die Sprache der Bürokratie verbarg den genauen Charakter seiner Verfehlung. In seiner Akte hieß es lediglich: »Aufgrund flugtechnischer Mängel von der weiteren Pilotenausbildung ausgeschlossen«. Er war durch diese Strafe völlig geknickt; seinen jüngsten Bruder Gene, der ihn geradezu verehrte, beschwindelte er und erzählte ihm, die Ärzte hätten auf seiner Lunge einen Fleck entdeckt, der auf eine Tuberkulose in seiner Kindheit zurückging (erst Jahre später gestand er Mary Jane die Wahrheit). Seine Ausbilder vermerkten seine Eignung und sein meist vorbildliches Verhalten (man hatte ihn wegen seiner guten Führung in Maxwell Field für eine Auszeichnung vorgeschlagen); sie empfahlen ihn für die Navigation School des San Marcos Army Air Field in Texas. Er kam dort im Oktober hin, schloß Ende Januar 1945 ab und erhielt Mitte Februar seine Navigator-Flügel und die goldenen Rangabzeichen des Leutnants.

Er sandte Mary Jane ein Photo, das ihn in seiner neuen Offiziersuniform zeigte – mit einer kurzen, engsitzenden Bluse, die man »Ike Jacket« nannte, weil Eisenhower sie gerne trug. Der Schnellphotograph hatte ihn vor einem gemalten Hintergrund mit Meer und Wolken abgelichtet. Vann hatte seine Mütze an den Seiten eingedrückt, um als verwegener Flieger zu wirken, und starrte, die Hand auf die Hüfte gestützt, links an der Kamera vorbei auf sein Schicksal. »Ehrenwort«, schrieb er auf die Rückseite, »der Bursche, der das Photo gemacht hat (auf einem 25-Cent-Volksfest), hat mich einfach so mit dem Blick in die *wilde* blaue Ferne hingestellt, weiß der Kuckuck, warum.«

Im April meldete sich John in einem Ferngespräch. Anläßlich seiner Versetzung nach Lincoln, Nebraska, hatte er einen Kurzurlaub bekommen und konnte sie zum ersten Mal seit dem Essen am Weihnachtsabend besuchen. Er ließ sich von Flugplatz zu Flugplatz mitnehmen und kam am 12. April 1945 in Rochester an. Mary Jane behielt das Datum im Gedächtnis, weil an diesem Tag Roosevelt verstarb und Harry Truman Präsident wurde. Sie gingen in die Stadt zu einem Juwelier. Er kaufte ihr einen Verlobungsring. Er sprach nicht vom Heiraten, und auch sie hatte noch nie das Gespräch darauf gebracht. Es war für sie einfach selbstverständlich, daß sie heiraten würden.

Mary Allen zwang sie, noch zwei Jahre zu warten. Die Allens hatten von dem jungen Mann zwar einen guten Eindruck, wollten ihn aber besser kennenlernen, bevor er ihre Tochter nahm. Da Mary Allen der Familie große Bedeutung beimaß, wollte sie sehen, ob auch seine Familie ihren Vorstellungen entsprach. Außerdem sollte ihre Tochter eine bessere Ausbildung bekommen, als sie selbst gehabt hatte, und vor der Heirat zumindest zwei Jahre aufs College gehen. Nach dem High-School-Abschluß 1944 hatte Mary Jane Miss McCarthys Kaufmännische Schule besucht, um Schreibmaschine und Kurzschrift zu lernen, und danach als Sekretärin gearbeitet. Ihre Mutter hatte für sie Geld zur Seite gelegt, damit sie sich im Herbst 1945 an der Universität Rochester einschreiben konnte.

Zum ersten Mal in ihrem Leben rebellierte Mary Jane. John rief im Sommer aus New Mexico an. Er absolvierte dort einen dreimonatigen Spezialkurs für Radarnavigation auf den B-29, den viermotorigen Bombermonarchen des Zweiten Weltkriegs. Er lud sie ein, den Zug zu nehmen und ihn besuchen zu kommen. Sie nahm an, ohne ihre Eltern um Erlaubnis zu fragen. Sie waren verreist und schwer zu erreichen. Sie überredete ihre ältere Schwester Doris, als Anstandsdame mitzukommen. John verschaffte den beiden Mädchen ein Zimmer in einem Gästehaus in der Luftwaffenbasis und arrangierte eine Verabredung für Doris. Die beiden Mädchen verbrachten eine herrliche Zeit im Schwimmbad und auf Parties. Im August drängte sie ihre Mutter, die Verlobung bekanntzugeben. Die »Rochester Times-Union« brachte die Nachricht am 18. August 1945 in der Abendausgabe mit einem Porträtphoto von Mary Jane.

Im September rief John wieder an. Er wurde zu einer regulären B-29-Staffel in Smoky Hill, einem Armeeflugplatz in der Nähe von Salina in Kansas, versetzt. Obwohl Japan am 14. August kapituliert hatte, lief sein Dienst für unbestimmte Zeit weiter, da er noch nicht im Ausland eingesetzt worden war. (Die Dienstdauer errechnete sich mittels eines Punktesystems, das die im Ausland und im Kampfeinsatz verbrachte Zeit erfaßte.) Er konnte Anfang Oktober zwei Monate Urlaub nehmen und am 3. Oktober in Rochester sein. Sobald sie die amtliche Erlaubnis hätten, könnten sie heiraten, und Mary Jane könnte mit ihm nach Kansas gehen, wo sie in einer Wohnung in der Nähe des Flugplatzes leben würden. Mary Jane sagte ja. Sie fragte ihre Mutter, ob sie das Geld, das sie für die Universität zusammengespart hatte, für eine Hochzeit ausgeben wollte. Als ihre Mutter ablehnte, erklärte Mary Jane, daß sie, falls ihre Eltern sich weigerten, sie John in Rochester heiraten zu lassen, den Zug nach Kansas nehmen und ihn im Fliegerhorst heiraten werde. Sie war achtzehn und brauchte die Einwilligung ihrer Eltern nicht mehr. John war einundzwanzig. Die Zeit sei zu kurz, um für Anfang Oktober eine ordentliche Hochzeit vorzubereiten, meinte ihre Mutter. Sie müßten das trotzdem irgendwie hinbekommen, insistierte Mary Jane. Ihre Mutter stimmte zu, weil ihr keine Wahl blieb. Die Hochzeit wurde für den 6. Oktober festgesetzt, so daß die Trauung am traditionellen Samstagnachmittag stattfinden würde, wenn alle Bekannten problemlos beiwohnen konnten. Mary Jane rief John zurück und nannte ihm das Datum. Bis dahin würde er mit Leichtigkeit in Rochester sein, antwortete er ihr.

John war von den in Frakturschrift gedruckten Hochzeitsanzeigen so beeindruckt, daß er Mary Jane eine Liste von Personen sandte, die zwar nicht kommen konnten, denen er aber stolz Einladungen schicken wollte, so auch seinem Retter, Garland Hopkins, der damals in Südostasien als Militärgeistlicher diente. Von Johns Angehörigen sollten nur drei eingeladen werden: Mollie, ihr älterer Sohn Joe Raby, den er bat, sein Trauzeuge zu sein, und Myrtle. Er wollte die Allens nicht argwöhnisch machen, indem er von seiner Familie niemanden kommen ließ. (Für Frank Vann, der wegen der üblichen Geldknappheit in Norfolk blieb, erfand er eine Entschuldigung.)

Mollie erinnerte sich, daß ihr Neffe recht klare Anordnungen erteilte: »Ich überlasse meine Mutter deiner Obhut, Tante Mollie«, sagte er. »Du achtest darauf, daß sie nicht aus dem Rahmen fällt und sich nicht betrinkt oder so etwas.« Er hatte Angst, daß sie sich unter Alkoholeinfluß zu irgendwelchen Gemeinheiten hinreißen lassen könnte. »Wenn sie zuviel getrunken hätte, wäre sie vielleicht gesprächig geworden«, sagte Mollie. »›Wissen Sie, eigentlich ist Vann gar nicht sein richtiger Name.‹ Irgend so etwas hätte sie vielleicht gesagt.«

Mollie sorgte dafür, daß ihre Schwester nüchtern blieb, doch Myrtles Eitelkeit verursachte eine kleine Krise. Sie nahm einen Zug nach New York und fuhr dann am Tag vor der Hochzeit mit Mollie und Joe Raby im Auto nach Rochester. Mary Allen bestand darauf, daß Johns Mutter und seine Tante in ihrem Haus übernachteten. John und Joe nahmen ein Hotelzimmer. Als Myrtle und Mollie am folgenden Nachmittag mit Mary Allen zur Kirche fuhren, entdeckte Myrtle an einem ihrer Strümpfe eine Laufmasche. »Ich kann so nicht zur Kirche, ich habe eine Laufmasche«, sagte sie zu Mollie.

»Du mußt aber«, antwortete Mollie. »Wir können jetzt nicht Strümpfe kaufen gehen. Die Trauung beginnt gleich. Es sind schon alle losgefahren, wir müssen jetzt auch hin.«

»Mollie, ich geh mit einer Laufmasche im Strumpf nicht in diese Kirche«, beharrte Myrtle.

»Die sieht doch kein Mensch, die kommen doch alle wegen der Braut«, sagte Mollie. »Die schauen doch nicht dich an, die schauen alle auf die Braut.«

Myrtle blieb unerbittlich.

»Machen Sie sich keine Sorgen, wir bekommen schon irgendwo Strümpfe, Mrs. Vann«, sagte Mary Allen. »Wir holen welche für Sie.«

Niemand konnte sich mehr erinnern, woher Mary Allen neue Strümpfe nahm, ob sie vor einem Kaufhaus hielten oder noch einmal nach Hause fuhren, um welche zu holen. Jedenfalls hatte Myrtle keine Laufmasche mehr, als sie die Kirche betraten.

John verzögerte den Beginn der Trauung um eine halbe Stunde. Er und Joe verirrten sich mit Mollies Wagen auf der Fahrt zur Kapelle der Colgate-Rochester Divinity School. Die neugotische Kapelle war ein romantischer Rahmen für eine Hochzeit, und wie so viele Bräute in Rochester hatte auch Mary Jane sie der eigenen Kirche vorgezogen. Die von den Allens engagierte Dame, die sich um den

Blumenschmuck, Mary Janes Brautkleid und andere Glanzpunkte gekümmert hatte, gelangte zu der Überzeugung, daß sie es mit einer sitzengelassenen Braut zu tun hatte, und war nahe daran, die Nerven zu verlieren. Mary Janes Pastor von der Westminster Presbyterian Church, der die Trauung vollziehen sollte, beruhigte die Gäste mehr als sich selbst, indem er ankündigte, daß sie noch warten müßten, da sich der Bräutigam verspätet habe. Mary Jane erinnerte sich, daß sie die einzige zu sein schien, die nicht beunruhigt war. Sie und John waren füreinander bestimmt, und sie war sicher, daß er kommen werde, um sie zu heiraten. Für einen Ortsfremden war die Kapelle schwer zu finden, und Vann kannte sich in Rochester nur in der Innenstadt aus. Die Probe am Vortag hatte in der Westminster Presbyterian Church stattgefunden. Er und Joe schafften es schließlich, einen Polizisten mit Motorrad zu Hilfe zu rufen. Das Eintreffen des Bräutigams wurde von einer Polizeisirene angekündigt.

Trotz der Hast, zu der sie ihr zukünftiger Schwiegersohn mit seiner plötzlichen Entscheidung gezwungen hatte, war die Hochzeit, die die Allens ihrer Tochter boten, etwas ganz anderes, als man in Atlantic City zu sehen bekommen hätte. Der Altar war mit Kerzen in Kandelabern erhellt, zu beiden Seiten standen, vor einem Hintergrund von Palmen, große Körbe mit rosa und weißen Gladiolen. Mary Jane trug das langärmelige Kleid aus weißem Satin, das ihr in der Abteilung für Hochzeitskleider bei Sibley am besten gefallen hatte. Der herzförmige Ausschnitt war von mehreren Reihen winziger Perlen gesäumt, und um den Hals trug sie eine Perlenkette. Das Kleid hatte eine lange Schleppe; der von einem Orangenblütenkranz herabfallende Schleier reichte bis zum Boden. Doris, in rosa Taft gekleidet, war die erste Brautjungfer, als weitere Brautjungfern fungierten drei Freundinnen Mary Janes. Die Braut und ihr Gefolge trugen aus Rosen, Margeriten und Löwenmäulchen gebundene und mit rosa Kugelblüten aufgeputzte Bukets. Jess, in feierlichem Zweireiher mit gestreifter Silberkrawatte und Nelke im Revers, war der Brautführer.

Der Bräutigam und die anderen Uniformträger unter den Hochzeitsgästen verliehen der Trauung eine Aura des Zweiten Weltkriegs, denn obwohl Japan kapituliert hatte, war der Krieg immer noch gegenwärtig. John wirkte in seinem »Rosa und Grün«, dem kleinen Dienstanzug der Armeeoffiziere dieser Epoche, äußerst elegant. Er bestand aus einer langen dunkelgrünen Jacke mit Gürtel und einer durch den Kontrast leicht rosa wirkenden hellbeigen Hose. Während der Trauung und dem nachfolgenden Empfang, bei dem sie die vierstöckige Hochzeitstorte anschnitten, fiel Mary Jane auf, daß John nervös war. Diese Nervosität war auch auf den Bildern erkennbar, die der von den Allens engagierte Photograph machte. Vielleicht war er von all dem Mittelstandspomp etwas eingeschüchtert, vielleicht hatte er auch Angst, Mollie werde es nicht gelingen, seine Mutter im Zaum zu halten. Die Photos zeigten aber auch, daß er glücklich war, daß er sich über den Preis freute, den er an diesem Tag errungen hatte. Mary Jane war eine hübsche Braut. Der dunkelrote Lippenstift, den die Frauen in den vierziger Jahren bevorzugten, betonte die regelmäßige Form ihres Mundes und ihre schönen weißen Zähne. Die Fülle ihres brünetten, anmutig gewellten Haars lenkte die Aufmerksamkeit auf ihre braunen Augen, und sein Glanz paßte gut zum Satin ihres Kleides.

John Vann hatte in den zweieinhalb Jahren bei der Armee eine Menge gelernt. Dazu gehörte als wichtigste Erkenntnis, daß die Uniform einen anderen Menschen aus ihm machte. In seiner Uniform war er nicht Klein-Johnny Vann oder LeGay oder Dingsda, der Bastard der mannstollen Myrtle auf dem Barhocker. Er war Leutnant John Paul Vann vom U.S. Army Air Corps. Die Armee und der Krieg hatten ihn von diesem Gesindelmilieu in Norfolk in einer Weise befreit, wie es Ferrum nie gelungen war, und er wollte niemals mehr dorthin zurückkehren. Was immer er in Norfolk tun mochte, und selbst wenn er es schaffte, reicher als der Austernhändler zu werden, der ihm seine ersten guten Kleider gekauft hatte, er würde niemals die Selbstachtung empfinden, die er als Leutnant der Armee empfand. In Norfolk würde es immer jemanden geben, der sich erinnerte und auf ihn zeigte. In dieser Uniform erkannte ihn niemand. Solange er sie anbehielt, war er von Leuten aus anständiger Familie nicht zu unterscheiden.

Der Beweis dafür war die Frau, die er geheiratet hatte. Ihre Eltern hatten ihn akzeptiert, weil er Armeeoffizier war. Sie hätten sie ihm nie gegeben, hätten sie durch seine Uniform hindurchblicken und sehen können, wer er war und wo er herkam. (Mary Allen mußte einige Jahre später erfahren, daß Johns Familie nicht ihren Vorstellungen entsprach, doch Jess ersparte ihr die Details. Als die Allens einmal durch Norfolk fuhren, hielt Jess am Polizeipräsidium und brachte aufgrund seiner Stellung am Gericht die Beamten dazu, ihm mitzuteilen, was sie wußten. Er war darüber so bestürzt, daß er sich weigerte, es Mary zu erzählen. Offenbar hatte man ihm über Myrtle gehörig Bescheid gegeben. Jess und Mary waren ihrem Schwiegersohn deshalb aber nicht böse. Im Gegenteil, sie bewunderten ihn, weil er es trotzdem so weit gebracht hatte.)

Er wollte es noch viel weiter bringen, und dafür schien ihm die Armee der geeignete Platz zu sein. Während der vergangenen zweieinhalb Jahre hatte er auch bemerkt, daß er pfiffiger und ausdauernder war als die meisten seiner Altersgenossen und daß er zweimal so viel arbeiten konnte wie sie, ja dreimal soviel, wenn es sein mußte. Er konnte einer von diesen respekteinflößenden Obersten mit Adlern auf den Schultern werden, die Befehlsgewalt über Kolonnen von Menschen und Maschinen hatten. Eines Tages würde er vielleicht Generalssterne tragen. Es schien zwar kaum möglich, daß ihm etwas so Großartiges widerfahren sollte, aber er hegte trotzdem die Hoffnung.

Spry spürte, was die Armee für seinen Sproß bedeutete. Nachdem John im

April 1945 Mary den Verlobungsring gekauft hatte, fuhr er zu einem triumphalen Besuch nach Norfolk. Er erschien in seiner grün-rosa Uniform, auf der die Leutnantsstreifen und die Navigator-Flügel besser zur Geltung kamen. Spry war im Ersten Weltkrieg bei der Küstenwache immer einfacher Matrose geblieben. Er erzählte einem seiner Söhne, der ebenfalls beim Militär war und nach dem Krieg nach Norfolk zurückkehren wollte, von Johns Besuch. »Johnny werden wir hier wohl nicht mehr oft sehen«, sagte er zu ihm.

Dieser war erst seit wenigen Monaten verheiratet, als man ihn von Kansas nach Guam versetzte; seine Aufgabe war, B-29-Bomber von Saipan und anderen pazifischen Stützpunkten nach Hawaii und in die USA zurückzufliegen. Mary Jane fuhr nach Rochester, um bis zu seiner Rückkehr bei ihren Eltern zu wohnen. Im Frühjahr 1946 schrieb er ihr von Guam, er habe sich zu einer Laufbahn bei der Armee entschlossen und lege zur Zeit Prüfungen ab, um als Berufsoffizier eingestellt zu werden. Bisher war er nur Offizier der Reserve gewesen und konnte als solcher jederzeit entlassen werden. So aber sei es ihm möglich, sein College-Studium auf Staatskosten abzuschließen; später könne er den Dienst immer noch quittieren.

Mary Jane erwartete ihr erstes Kind, das dann Patricia genannt wurde. Er hatte sie vor seiner Entscheidung nicht um ihre Meinung gefragt. Zuerst wunderte sie sich darüber. Die meisten ihrer Bekannten hätten den Dienst bei der Armee nicht als eine Grundlage angesehen, die es ermöglichte, eine Familie zu ernähren und Kinder großzuziehen. Aber schließlich war die Berufswahl seine Sache, und der Beruf sollte ihm Freude bereiten. Warum sollte ihr sein Dienst bei der Armee das Familienleben vorenthalten, das sie sich von der Ehe versprochen hatte? Mit zeitweiligen Trennungen würde sie sich abfinden, so wie sie sich mit dieser abfand. Im Juli 1946 wurde Vann zum Berufsoffizier ernannt. Es war sein erster Sieg auf dem selbstgewählten Weg. Für jede verfügbare Stelle hatten sich zehn Reserveoffiziere beworben.

Zeugnisse über abgelegte Prüfungen sind eine wesentliche Voraussetzung für einen Offizier, der vorwärtskommen möchte. Vann erreichte, daß man ihn im Herbst 1946 an die Rutgers University in New Jersey schickte. Es handelte sich um einen zweijährigen Kurs in Wirtschaftswissenschaften für neuernannte Berufsoffiziere, durch den er den Grad eines Bachelors erhalten würde. Mary Jane schuf ihnen und der kleinen Patricia in einem der winzigen Wohnwagen, die die Universität verheirateten Studenten zur Verfügung stellte, so gut es ging ein Heim. Im Mai 1947 erklärte er plötzlich, er werde sein Studium vorerst abbrechen und sich zur Infanterie versetzen lassen. Aufgrund des Gesetzes über die nationale Sicherheit von 1947 spaltete sich das Air Corps von der Armee ab, um eine eigenständige Air Force zu bilden. Vann gehörte zu den relativ wenigen Air-Corps-Offizieren, die sich entschlossen, in der Armee zu verbleiben. Er erkannte, daß in einer eigenständigen Luftwaffe Piloten und nicht Navigatoren das Sagen haben würden und daß er bei der Infanterie die besseren Aufstiegschancen hatte. Bei der Infanterie war der Spielraum für ihn größer. Die Gelegenheit, Bodentruppen zu führen, würde eine größere Herausforderung darstellen als das Steuern von Flugzeugen. Falls es wieder zu einem Krieg kam, dann bedeutete die Infanterie das größere Risiko, aber auch die größere Chance, sich im Kampf auszuzeichnen und aufzusteigen.

Im Juni verkaufte er ihr erstes Auto, ein altes Chevrolet-Coupé, das er für 200 Dollar erstanden hatte, da der Kühler ständig überkochte und sie damit auf der bevorstehenden Reise nicht weit gekommen wären. Er erwarb nun einen Ford jüngeren Datums. Mary Jane legte die acht Monate alte Patricia in einen Tragkorb auf den Rücksitz, und sie machten sich auf den Weg nach Georgia in die Infanterieschule von Fort Benning, wo John den dreimonatigen Grundkurs absolvieren mußte, den jeder Infanterieleutnant braucht, um im Kampf einen Zug oder eine Kompanie führen zu können. Er beschloß, auch eine Fallschirmspringer- und Segelfliegerausbildung zu machen, damit er später auch Luftlandetruppen befehligen konnte. Wieder hatte er seiner Frau vorher nichts gesagt, und wieder erhob sie keine Einwände. Sie hatte nicht erwartet, daß das Leben an seiner Seite normal sein würde. Sie hatte ein Abenteuer erwartet, und bisher war es ein gutes Abenteuer gewesen.

Der Geruch von trocknendem Fisch war für sie etwas völlig Ungewohntes. Auf den Gestellen an den Docks trockneten Tausende von Fischen. Noch nie hatte sie einen so seltsamen und beißenden Geruch verspürt, und noch nie zuvor hatte sie so leuchtende Orange- und Rottöne gesehen wie an jenem Aprilabend des Jahres 1949, als die Sonne über dem Meer unterging und das Schiff in den Hafen von Yokohama einfuhr. Am Ende der Landungsbrücke wartete John auf sie, um sie zu küssen, sie an sich zu drücken, die Kinder hochzuheben und ihr Leben wieder in seine Obhut zu nehmen. Nach neun Monaten Dienst bei den amerikanischen Besatzungstruppen in Korea war er nach Japan versetzt worden und hatte sie gefragt, ob sie zu ihm kommen wolle. (Nach Korea durften die Familien von Militärangehörigen, von wenigen Ausnahmen abgesehen, nicht nachkommen, obwohl in der militärischen Führung niemand mit einem Krieg rechnete.)

Vanns Laufbahn als Infanterieoffizier hatte nicht gerade verheißungsvoll begonnen. Seine Ausbilder in der Luftlandetruppenschule in Fort Benning waren von ihm beeindruckt gewesen und hatten darauf gedrängt, daß man ihn einer regulären Fallschirmjägereinheit als Zugführer zuteilte. Die Personaloffiziere im Pentagon entschieden anders und schickten ihn als Truppenbetreuungsoffizier nach Korea, wo er sich um Soldatenklubs und Unterhaltung für die Truppe zu kümmern hatte. Auch seine Aufgabe in Japan war nicht so, daß ein ehrgeiziger Infanterieoffizier sie sich unbedingt ausgesucht hätte, obwohl sie im Grunde recht angenehm war. Er war Beschaffungsoffizier der 25. Infanteriedivision in Osaka, einer Hafenstadt auf der japanischen Hauptinsel Honschu, 385 Kilometer südwestlich von Tokio. Seine Arbeit bestand im wesentlichen darin, über die den Besatzungstruppen unterstellte japanische Verwaltung für Nachschub zu sorgen und beschlagnahmte Gebäude sowie andere von der Division benutzte Immobilien zu verwalten.

Sie war froh, daß sie nicht gewußt hatte, wie mühselig die Reise nach Japan sein würde, sonst hätte sie vielleicht nicht den Mut gehabt, ja zu sagen. In den späten vierziger Jahren betrachtete die Armee bequemes Reisen als ein Vorrecht der Offiziere und sah das Heranschaffen der Familie als eine lästige Pflicht an. John hatte während seiner Pazifiküberquerung die Kabine mit einem anderen Offizier geteilt und sich die Zeit mit Bridge und Lesen vertrieben. Mary Jane hatte nach einer Bahnfahrt quer durch die USA mit der nun zweieinhalbjährigen Patricia und John Allen, ihrem ersten Sohn, der am Weihnachtstag 1947 in der Garnisonsklinik von Fort Benning zur Welt gekommen war, drei Wochen in Seattle darauf warten müssen, an Bord eines Truppentransporters gehen zu können. Sie sollte die einzige Offiziersfrau an Bord sein, genoß als solche aber keinerlei Vorrechte. Während der dreiwöchigen Wartezeit in Seattle wohnte sie in einer Kaserne, wo sie zusammen mit den Frauen und Kindern von Soldaten und Unteroffizieren in einem Schlafsaal untergebracht war. Eine Masernepidemie brach aus. Ihre Kinder wurden davon nicht angesteckt, doch John Allen bekam eine Ohren- und Mandelentzündung. An Bord ging das Schlafsaalleben inmitten der anderen Familien weiter. Die Tür zur Gemeinschaftstoilette war aus schwerem Stahl und schlug zu, sooft das Schiff schlingerte. Einem Kind wurde ein Finger zerquetscht, wodurch Mary Jane in ständiger Angst lebte, ihren eigenen Kindern könne ähnliches widerfahren. Sie ließ die Hand des vierzehn Monate alten John Allen und den Riemen von Patricias Laufgeschirr nicht mehr los. Der Junge hatte immer noch hohes Fieber und litt an Durchfall. Während der zweiwöchigen Überfahrt verbrachte sie mit ihm die meiste Zeit des Tages in der Schiffsapotheke oder in der Warteschlange davor.

Mary Janes Ärger über die Strapazen der Reise verwandelte sich angesichts der optischen Eindrücke und Gerüche in diesem Land in Überraschung. Sie hatte sich seine Bewohner als böswillige kleine Monster vorgestellt, die mürrisch die amerikanische Herrschaft ertrugen. Nun sah sie fröhliche und fleißige Leute. Auf den Docks von Yokohama lächelten die Träger den Kindern zu, während sie das Gepäck in das Taxi verfrachteten. Es stand bereit, um sie und John zum Bahnhof zu bringen, von dem sie nach Osaka fahren würden, wo sie ihr neues Heim erwartete.

In einem Vorort südlich von Osaka führte er sie in ein an einem Hügel gelegenes Paradies. Zuerst konnte sie nicht glauben, daß sie ein solches Haus haben würden, nachdem aus ihren Träumen zunächst ein Wohnwagen und dann ein zu einem Ferienhaus umgebauter Farmschuppen bei Fort Benning geworden war. Sie wußte noch nicht, daß in diesen Jahren der Besatzungszeit Amerikaner in Japan den Status von Halbgöttern hatten. Schon ein Leutnant hatte Anrecht auf ein Herrenhaus, dessen japanischen Eigentümer man einfach vor die Tür setzte. Zuvor hatte hier ein Offiziersanwärter mit seiner Frau gewohnt. Da sie keine Kinder hatten, war es ihnen zu groß gewesen; sie hatten es deshalb John überlassen und waren in ein kleineres gezogen.

Das Haus war ganz in Weiß gehalten und stand am Fuß der Erhebung. Es war von einer hohen Steinmauer umgeben, die ihm eine private Atmosphäre verlieh und die Perfektion der Azaleenbüsche und Zierbäume, die den Garten schmückten, den Augen der Bewohner vorbehielt. Vom Gartentor führte ein mit flachen, unregelmäßigen Steinen gepflasterter, sanft geschwungener Weg zum Hauseingang. Neben den drei Stufen, über die man zu der dunklen Holztür hinaufstieg, hatte der Gärtner eine japanische Zuchtpinie als Wächter gepflanzt. Von ihrem hohen, leicht gebogenen Stamm ragten die Äste mit den graugrünen Nadeln wie gemeißelte Fächer in den Himmel. Als John die Tür öffnete, war Mary Jane erneut von der mit sicherer Hand geschaffenen Schönheit überwältigt. Die Diener — ein weiteres Privileg der Frau eines Eroberers — hatten eine Vase mit Azaleenblüten gefüllt und sie auf ein Podest am Ende des Flurs gestellt, um die neue Herrin des Hauses willkommen zu heißen. An der Wand hinter der Vase hing eine Schriftrolle. Das Rot der Azaleen schien die kalligraphierten chinesischen Schriftzeichen zu erleuchten, deren tiefschwarze Formen sich dadurch von dem gelblichen Reispapier noch schärfer abhoben.

Der Grundriß des Hauses war U-förmig. Der rechte Flügel war in westlichem Stil gestaltet: ein mit Teppichboden ausgestattetes Speisezimmer, ein Wohnzimmer und, im ersten Stock, Schlafzimmer mit sanitären Installationen europäischer Art. Der linke Flügel, in dem sich die Küche befand, war traditionell japanisch gehalten, mit *Tatami*-Strohmatten auf den Fußböden. Der freie Raum zwischen den beiden Flügeln war einmal ein Innengarten gewesen. Der Offiziersanwärter und seine Frau hatten daraus einen Innenhof gemacht und Flutlichter angebracht, um hier abends Gäste empfangen zu können. Mary Jane war froh darüber, denn zum ersten Mal seit ihrer Hochzeit hatte sie ein Zuhause, in dem sie Gastgeberin sein konnte. In Fort Benning war ihr Gesellschaftsleben beschränkt gewesen, da John sich dort nur vorübergehend aufgehalten hatte. Nun, da er Stabsoffizier der 25. Division war, hatte sie mehr Pflichten.

Japan brachte Mary Jane die Bekanntschaft mit dem Garnisonsleben und führte sie in eine Gruppe ein, die in der Armee etwas merkwürdig als »weibliche Linie« bezeichnet wurde — das Korps der Offiziersfrauen. Sie entdeckte, daß ihr dieses Leben und die Zugehörigkeit zu diesem besonderen Kreis aus denselben Gründen gefiel, aus denen sie die Mittelstandswelt von Rochester liebte, in der sie großgeworden war. Die hierarchischen Strukturen und die geschäftige gruppenorientierte Atmosphäre sprachen sie an und vermittelten ihr den Eindruck, in der Gesellschaft einen sicheren Platz einzunehmen. Die Offiziersfrauen hatten das Gefühl, eine eigene Teilstreitkraft zu bilden, da die Verantwortlichkeit für die meisten gesellschaftlichen Aktivitäten der Garnisonsgemeinde und für die Wohlfahrtsaktionen traditionellerweise ihnen zufiel. Die Frauen begrüßten das, denn es verschaffte ihnen Autorität und Beschäftigung. Die Armee begrüßte es ebenfalls, denn die Talente und die Arbeitskraft der Frauen kosteten den Staat nichts. Der Glaube, daß die Einstellung einer Ehefrau den Gatten beeinflusse und seiner Laufbahn entweder förderlich oder hinderlich sei, trug ebenfalls zu diesem Gefühl bei, einer geschlossenen Gruppe anzugehören. Die Rangordnung innerhalb des Korps der Ehefrauen entsprach der offiziellen ihrer Männer. An der Spitze stand die Frau des kommandierenden Generals. Die Ehefrauen der höheren Offiziere verhielten sich gegenüber den jüngeren Frauen wie Mütter und berieten sie auf dieselbe Art und Weise, wie die älteren Offiziere die jüngeren beraten sollten. Mary Jane fand, daß die Gattinnen der Vorgesetzten Johns, eines Majors und eines Oberstleutnants, warmherzige und fürsorgliche Frauen waren, denen sie in gleicher Weise begegnete. Sie war in bezug auf John ehrgeizig und wollte, daß er vorwärtskam. Wenn sie ihre Gäste zu Cocktailparties und Abendessen in ihrem Paradies am Hügel empfing, Tanzabende und Bridgeabende organisieren half und Geld sammelte oder freiwillig für Organisationen wie das Rote Kreuz arbeitete, dann versuchte sie, ebenso »bereitwillig und fähig« zu sein, wie John es im Dienst bei der Division war. Sie hatte in Fort Benning ein Buch mit dem Titel »Die Ehefrau des Armeeoffiziers« erworben und studierte es eifrig, um sich richtig zu verhalten.

Sie sah, daß ihre anfängliche Befürchtung, die Armee sei kein passender Platz für eine Familie, nicht gerechtfertigt war. Die Doppelbeanspruchung durch Familie und Garnisonsaktivitäten füllte ihre Tage und Abende aus, und die Gelegenheit, dieses außergewöhnliche Land und seine Leute unter höchst privilegierten Umständen zu beobachten, verliehen ihrem Leben eine Vornehmheit, die es zu Hause niemals gehabt hätte. Die Armee erschien ihr wie eine große internationale Bank oder eine andere große Gesellschaft mit Niederlassungen in Übersee. Ihr Mann mußte von Zeit zu Zeit im Ausland arbeiten, und als Gegenleistung wurden er und seine Familie mit Abenteuern und einem angenehmen Leben belohnt. Eine der Amerikanerinnen, mit denen sie in Japan Freundschaft schloß, war die Frau des Coca-Cola-Repräsentanten. Er hatte etwa Johns Alter, und er und seine Frau lebten ebenso komfortabel wie die Vanns. John paßte sich seinem Status als Besatzungsoffizier an, indem er Golfspielen lernte. Weihnachten 1949 erwartete Mary Jane ihr drittes Kind.

Paradiese schienen allerdings nicht nur schwer erreichbar, sondern auch kein ungetrübtes Vergnügen zu sein. Das Haus am Hügel war mit Küchenschaben, Tausendfüßern und Ratten gesegnet. Die Kammerjäger der Armee räucherten die

Insekten aus; mit denen, die überlebten, lernte Mary Jane sich abzufinden. Viel schwieriger fand sie es, mit den Ratten zu leben. Sie hatte sie zuerst nicht bemerkt, da sie ihre Schlupfwinkel in den Mauern hatten und die Stille der Nacht abwarteten, um auf Futtersuche zu gehen. Sie bemerkte sie erst, als sie eines Tages in der Morgendämmerung aufstand, um John das Frühstück zu machen, da er zu einer ungewöhnlich frühen Besprechung fahren mußte. Unter dem Küchentisch hockte eine große graue Ratte und blickte sie an. Mary Jane schrie nach John. Er kam barfuß und nur in der Unterhose die Treppe herabgestürmt. Die Ratte rannte aus der Küche in das Arbeitszimmer. Die meisten Männer hätten sich damit begnügt, die Ratte aus der Küche zu jagen, und sie in ihren Bau zurückkehren lassen; Ratten werden sehr aggressiv, wenn man sie in die Enge treibt. Vann packte einen Küchenhocker und einen Stock und lief unter Mary Janes entsetzten Blicken der Ratte nach, um sie in eine Ecke zu drängen. Als das verschreckte Tier mit gefletschten Zähnen auf ihn lossprang, schlug er es mit dem Hocker zu Boden und drosch darauf ein. Die Ratte sprang ihn immer wieder an, und erst nach einiger Zeit gelang es ihm, sie mit dem Hocker gegen die Wand zu drücken und mit einigen Stockschlägen zu töten. Mary Jane zitterte, Vann war außer Atem, schien jedoch zufrieden zu sein.

Die Ratten trotzten den Bemühungen der Armee-Kammerjäger, die sie mit Fallen und vergifteten Ködern bekämpften. Da Mary Jane nicht ausziehen wollte, versuchte sie, sie zu ignorieren, doch sie störten ihren Seelenfrieden: Sie konnte sie tagsüber in den Mauern herumhuschen hören; während der Nacht mußte sie auf Patricia und John Allen aufpassen, damit sie nicht gebissen wurden; wenn sie nachts oder frühmorgens aufstand, bewegte sie sich nur ganz vorsichtig.

Im Frühjahr 1950 setzte eines der japanischen Dienstmädchen, das in einer Pfanne Bodenwachs verflüssigen wollte, mit einer elektrischen Kochplatte das Haus in Brand. John war gerade von einer Golfpartie zurückgekommen. Er ergriff einen Handfeuerlöscher und bemühte sich vergeblich, der Flammen Herr zu werden; Mary Jane nahm die Kinder, raffte die Papiere zusammen und rannte zu einem nahegelegenen Haus, um Hilfe zu holen. Obwohl die japanische und die Armee-Feuerwehr schnell zur Stelle waren, wurde ein großer Teil des Hauses durch die Flammen, den Rauch und das Wasser zerstört oder schwer beschädigt. Die Feuerwehrleute stemmten große Löcher in die Mauern, um Wasser hineinzugießen und so zu verhindern, daß sich die Flammen durch den ganzen Bau fraßen. Durch die Löcher wurden Dutzende von Rattennestern sichtbar.

Am folgenden Tag erschienen die Pioniere von der Division, um sich das Haus anzusehen. Sie kamen zu dem Schluß, daß sich eine Reparatur aufgrund der Brandschäden und der Rattenverseuchung nicht lohnte. Die Vanns zogen näher zum Stadtzentrum von Osaka. Das neue Haus hatte Frank Lloyd Wright vor dem Zweiten Weltkrieg für eine reiche japanische Familie entworfen. Es war noch größer, dreigeschossig, hatte schöne holzgetäfelte Wände, eine blau geflieste, versenkte Badewanne, die groß genug war, um vier Personen Platz zu bieten, und eine ganz mit Fliesen – Boden, Wände und Theken – verkleidete Küche. Im Garten war ein kleiner Swimmingpool. Dieser Luxus hielt Mary Jane davon ab, sich zu beklagen, aber ihr gefiel die strenge Architektur nicht. Außerdem war das Innere etwas dunkel. Ihr fehlten die Azaleenbüsche, das japanische Licht und der Charme ihres Hauses am Hügel.

Mitten in der Nacht zog John in den Krieg. Im Morgengrauen des 25. Juni 1950 hatten 90.000 nordkoreanische Soldaten den 38. Breitengrad überschritten und waren in Südkorea eingefallen. An der Spitze ihrer Marschkolonnen rollten von den Sowjets gebaute Panzer. Patricia war bereits alt genug, um sich später zu erinnern, wie ihre Mutter sie und John Allen weckte, damit sie ihrem Vater Lebewohl sagen konnten. Er trug einen Helm und am Gürtel eine Pistole. Ihre Mutter weinte. Er nahm sie und John Allen in seine Arme und küßte sie. Er werde eine Weile fortbleiben, sagte er. Patricia lachte. Sie war froh, daß diese strenge Autoritätsperson, die stets mustergültiges Benehmen forderte, nicht mehr da sein würde. Ihre Mutter fragte sie, warum sie lachte. Patricia antwortete nicht. Jahre später begriff sie, daß er hätte fallen können, und bekam wegen dieses Lachens Schuldgefühle.

Nachdem die 25. Infanteriedivision Befehl erhalten hatte, schnellstmöglich nach Korea überzusetzen und sich den Streitkräften anzuschließen, die Douglas MacArthur dort versammelte, um den nordkoreanischen Vormarsch aufzuhalten, galt Leutnant John Vanns Sorge die ersten Wochen hindurch Zügen und Schiffen. Durch seine Ernennung zum stellvertretenden Versorgungs- und Transportoffizier wurde er über Nacht mit der Koordinierung der Fahrpläne beauftragt; er war verantwortlich für die rasche Abwicklung der Ver- und Entladung von 15.000 Offizieren und Soldaten samt Artillerie, Lkws, Panzern, Schützenpanzerwagen und diversen anderen Kampfausrüstungen. Seine Fähigkeit, pro Nacht mit ein oder zwei Stunden Schlaf auszukommen, erwies sich dabei als hilfreich, denn für mehr sollte es während der folgenden zwei Monate ohnehin nicht reichen. Achtzig Züge waren nötig, um die drei Infanterieregimenter und die ihnen unterstellten Einheiten aus ihren Garnisonen im südlichen Teil der Insel Honschu zu den Schiffen in Yokohama zu bringen. Die Aufgabe bestand nicht bloß darin, Männer und Ausrüstungen einfach in Züge und dann auf Schiffe zu verladen. Die Stabsabteilung für Logistik, der Vann zugeteilt war, mußte die Truppen mit so viel Munition, Nahrungsmitteln und anderen Gütern ausstatten, daß sie die ersten Kampftage durchhalten konnten. Nachdem sie die Straße von Korea überquert hatten, mußte Vann mithelfen, das beim Entladen im Hafen von Pusan drohende Chaos zu verhindern und Ordnung zu halten. Alles mußte in großer Hast geschehen und improvisiert werden, da keiner der Befehlshaber in Washington

oder in MacArthurs Hauptquartier in Tokio die nordkoreanische Invasion vorhergesehen hatte.

Vanns Job als Bahnaufsichtsbeamter und oberster Schiffsbelader war in dieser
Situation viel wichtiger als das Kommando über eine kämpfende Kompanie, das
er anstrebte. (Er wußte, daß in der Personalakte eines Infanterieoffiziers ein Vermerk über den Dienst in einer Stabsabteilung, so wichtig dieser auch gewesen sein
mochte, nach Kriegsende wenig beeindrucken würde.) Es ging darum, US-Truppen nach Südkorea zu schaffen, solange es noch ein Südkorea gab. MacArthurs
Stabschef, Generalleutnant Walton Walker, versuchte den Panzerspitzen der
Nordkoreaner zuvorzukommen und oberhalb von Pusan einen Verteidigungsring
aufzubauen, ehe der Feind ganz Südkorea überrannt hatte. Vann bekam seine
erste »Bronze Star Medal« für den Elan und den Einfallsreichtum, die er an den
Tag legte, als es galt, die Division in diesen alles entscheidenden Wochen an die
Front zu bringen. Obwohl die 25. Infanteriedivision ihren Marschbefehl bereits
am 30. Juni erhalten hatte – dem Tag, an dem MacArthur nach Korea geflogen
war, sich die Kämpfe angesehen und nach Washington berichtet hatte, daß die
südkoreanische Armee auseinanderbrach –, verging eine Woche mit Planungsarbeiten und Truppenzusammenführung, ehe Vann seine erste Zugladung nach
Yokohama abfertigen konnte. Es dauerte zwei weitere Wochen, bis die letzten
Einheiten der Division am 19. Juli in Pusan an Land gingen. Einen Tag später eroberten die Nordkoreaner die Stadt Taejon, die vom 38. Breitengrad aus gesehen
auf halbem Weg zur Südspitze Koreas liegt.

Der Koreakrieg sollte außer 54.246 Amerikanern Millionen von Koreanern
und Chinesen das Leben kosten. Schätzungen besagen, daß allein im ersten
Kriegsjahr 120.000 südkoreanische Zivilisten umkamen. Eigenartigerweise wollten die amerikanischen Politiker Südkorea erst halten, als sie im Begriff waren, es
zu verlieren. Sie hatten zum Ausbruch dieses Krieges beigetragen, indem sie
Gegner, für die ihnen jegliches Verständnis abging, zur Meinung gelangen ließen,
sie seien an Korea nicht interessiert.

Der Konflikt ging darauf zurück, daß man Korea – bis dahin eine japanische
Kolonie – am Ende des Zweiten Weltkriegs längs des 38. Breitengrads in eine
sowjetische und in eine amerikanische Besatzungszone geteilt hatte. Im Norden
errichteten daraufhin die Sowjets ein Regime unter Kim Il Sung, einem ehemaligen Guerillaführer, der gegen die Japaner gekämpft hatte. Kim tendierte zum
Kommunismus, weil er in den Sowjets und den chinesischen Kommunisten seine
natürlichen Verbündeten sah. Im Süden installierten die USA ein Konkurrenz-
regime unter Syngman Rhee, einem koreanischen Rechtsnationalisten, der von
Hawaii und dem amerikanischen Festland aus eine Unabhängigkeitsbewegung
geleitet hatte. Kim und Rhee hatten von der koreanischen Gesellschaft völlig verschiedene Vorstellungen, waren jedoch beide glühende Nationalisten, die ihr
Land vereinigen wollten. Sie attackierten einander ständig durch subversive

Aktionen, provozierten Zwischenfälle und trieben zu einem Krieg, in dem entschieden werden sollte, wer über ein wiedervereinigtes Korea regieren durfte.

Korea hat aufgrund seiner Lage zwischen dem japanischen Archipel, den fernöstlichen Gebieten der Sowjetunion und China eine tragische Geschichte. Angesichts der Nähe von Koreas Nordosten zur sowjetischen Marinebasis Wladiwostok interessierte sich Stalin für das Land. Die Truman-Administration hingegen beschloß zweimal offiziell, daß Südkorea eines der wenigen Länder am Rande des »Sowjetblocks« sei, das die USA nicht verteidigen wollten. Der zweite derartige Beschluß wurde vom Nationalen Sicherheitsrat gefaßt und vom Präsidenten nur vierzehn Monate vor Ausbruch des Krieges gutgeheißen. Man bekräftigte die schon einmal vorgebrachte Argumentation, Japan sei aufgrund der amerikanischen Vorherrschaft in der Luft und zur See hinreichend geschützt und Südkorea somit von »geringer strategischer Bedeutung«.

Obwohl man diese Beschlüsse unter Ausschluß der Öffentlichkeit gefaßt hatte, wurde diese darüber informiert. Zuerst stellte MacArthur Anfang 1949 in einem Interview mit einem britischen Korrespondenten Südkorea außerhalb des amerikanischen Verteidigungsbereichs. Ähnlich äußerte sich Acheson im Januar 1950 in einer Rede vor dem Nationalen Presseklub in Washington. Dem entsprachen auch die Aktionen der USA, die sich deutlich vom Verhalten der Sowjets unterschieden. Mitte 1949 verließ der letzte US-Besatzungssoldat das Land. Die Armee Syngman Rhees bekam gebrauchte Infanteriewaffen, veraltete Kanonen und eine 482 Mann starke Abteilung amerikanischer Militärberater. Rhee bat um moderne Artillerie, Panzer und Kampfflugzeuge, wie die Sowjets sie seinem Feind im Norden lieferten. Dieser Bitte wurde nicht entsprochen. Er verlangte daraufhin die Garantie, daß die Vereinigten Staaten Südkorea im Falle einer Invasion zur Hilfe kommen würden. Auch das wurde ihm abgeschlagen. Die Vereinigten Stabschefs stellten einen – erneut vom Präsidenten gutgeheißenen – Geheimplan auf, dem zufolge im Fall eines Angriffs aus dem Norden alle Amerikaner evakuiert werden sollten.

Im Verlauf des Winters 1949 und des Frühjahrs 1950 gelang es Kim allmählich, Stalin zu überzeugen, daß er seinen Rivalen im Süden ausschalten könne und das Risiko einer US-Intervention minimal sei. Kim war sich seiner Sache so sicher, daß er seinen Truppenkommandeuren mitteilen ließ, sie brauchten die Möglichkeit eines amerikanischen Eingreifens nicht zu berücksichtigen. MacArthurs Hauptquartier, das für die Aufklärung in Nordostasien zuständig war, nahm weder von den Scharmützeln Notiz, die sich die beiden Seiten in jenem Frühjahr immer häufiger lieferten, noch von der Massierung nordkoreanischer Angriffstruppen und Panzer am 38. Breitengrad. Möglicherweise war die Überraschung, die man dann erlebte, einer der Gründe für die Umkehr der Politik Washingtons.

Als die nordkoreanische Invasion begann, übersahen Truman und Acheson die lokale Rivalität als den unmittelbaren Anlaß für diesen Krieg und vergaßen, welche Signale sie ausgesandt hatten. Sie sahen den Angriff am 38. Breitengrad, wie Acheson später in seinen Memoiren schrieb, »in seinem globalen Zusammenhang der Konfrontation mit unserem sowjetischen Widersacher«. Kim war ein bloßer Strohmann, sein Angriff auf Rhees Südkorea der erste wirklich kühne Zug im Rahmen von Stalins Gesamtplan zur Eroberung der Welt. »Angesichts unserer Fähigkeit, dieser Herausforderung zu begegnen, wäre es der Macht und dem Prestige der USA höchst abträglich, sie nicht anzunehmen«, schrieb Acheson. »Unter Prestige verstehe ich den Schatten, den die Macht wirft und der für die Abschreckung von großer Bedeutung ist.« Wie die Ereignisse zeigten, war die Umwandlung von Schatten in Substanz schwieriger, als Acheson sich das vorstellte. Die Soldaten hatten schwer mit dem Unterschied zu kämpfen, der zwischen der grundsätzlichen Fähigkeit, der Herausforderung zu begegnen, und den ihnen im Moment zur Verfügung stehenden Mitteln bestand.

Daß Kim Il Sung zum Stehen gebracht wurde, bevor er sein Ziel erreichte, verdankte sich dem Einfallsreichtum, den Amerikaner wie Vann in der Not bewiesen, Männer, die der Zweite Weltkrieg aus ihrer obskuren Welt hervorgeholt hatte und die nun an der neuesten Westgrenze der USA in vorderster Linie standen. Sie mußten durchhalten, bis die höheren Instanzen der Armee den Bedürfnissen des Krieges gerecht wurden, eine schwierige Aufgabe, für deren Bewältigung ihnen in diesen ersten Monaten nicht viel zur Verfügung stand. Diese Erfahrung formte Vanns Haltung gegenüber dem Krieg. Korea lehrte ihn, daß ein Krieg kein Unternehmen ist, in dem man kühl und klar den Einsatz seiner Stärke berechnet. Er lernte den Krieg als einen Wirrwarr der Gewalt kennen, in dem Männer durch ihre geistige Wendigkeit und ihre innere Kraft allen Rückschlägen zum Trotz weiterkämpfen.

Als Hauptgrund für die mangelnde Einsatzbereitschaft der Armee nannte man später die mageren Militärbudgets der späten vierziger Jahre und die Priorität, die man darin der Luftwaffe und der Marine eingeräumt hatte. Sie waren die beiden Nuklearstreitkräfte, die im Fall eines Dritten Weltkriegs die Städte und Industrieanlagen Osteuropas, der Sowjetunion und Chinas vernichten sollten. (China kam nach dem Sieg der Kommunisten 1949 auf die Zielliste.) In Wahrheit hatte die Armee Mitte 1950 durchaus die nötigen Waffen und mit ihren fast 600.000 Mann auch die zahlenmäßige Stärke, um die Nordkoreaner innerhalb weniger Wochen zum Stehen zu bringen und vernichtend zu schlagen. Daß das nicht gelang, lag an der Armeeführung. Sie hatte ihre erste Pflicht vernachlässigt und es verabsäumt, die Truppen kampfbereit zu halten. Die Soldaten waren weder genügend ausgebildet noch ausreichend organisiert. Die Waffen waren in schlechtem Zustand oder lagerten in Depots. Von den zehn aktiven Divisionen war nur die in Europa stationierte auf Sollstärke. Bei allen anderen fehlte den Regimentern das übliche dritte Bataillon, die Artilleriebataillone bestanden nur aus zwei statt aus drei schießenden Batterien.

Besonders spürbar war der Rückgang der Kampfbereitschaft bei den vier in Japan stehenden Divisionen. MacArthur hatte sich ganz auf seine Aufgabe als Statthalter konzentriert, um der japanischen Gesellschaft demokratische Strukturen zuverleihen. Seine Landstreitkräfte hatten seit 1948 dem Befehl Walton Walkers unterstanden. Der kommandierende General der 8. Armee hatte sich allerdings zu sehr auf seinen Weltkriegslorbeeren als Pattons bester Korpskommandeur ausgeruht; das Ausbildungsprogramm für seine Truppen war über das Hektographieren auf den Vervielfältigungsapparaten seines Hauptquartiers nicht sehr weit hinausgediehen. Auf diese Weise waren die Soldaten nicht über Gebühr von dem abgelenkt worden, dem zuliebe sich die meisten in diesen Jahren ohne Einberufung gemeldet hatten: fügsamen Japanerinnen und billigem Whisky. Im Korea-Krieg mußten viele von ihnen sterben, weil sie dem Kampfeinsatz physisch einfach nicht gewachsen waren.

Generalmajor William Kean, Vanns Divisionskommandeur, hatte sich weniger entgegenkommend verhalten als andere Befehlshaber. Er war einer dieser bescheidenen, unauffälligen Generäle, die ihre Fähigkeiten im Augenblick der Gefahr beweisen. Die 25. Division litt unter den für die gesamte 8. Armee typischen Ausrüstungsmängeln: Sie hatte Lkws, die nicht ansprangen, Funkgeräte, mit denen man nicht senden konnte, Gewehre, deren Ladevorrichtung klemmte, MGs, für deren heißgeschossenen Lauf kein Ersatz zur Verfügung stand; sie hatte nicht einmal Landkarten, weil niemand erwartet hatte, daß man in diesem Land kämpfen würde. (Nach der Landung der US-Truppen in Korea mußten von Flugzeugen aus Kopien alter japanischer Landkarten abgeworfen werden.) Eines von Keans Bataillonen verließ Japan mit Funkgeräten, von denen nur das des Kommandeurs funktionierte, ein anderes besaß lediglich eine einzige rückstoßfreie Kanone. Immerhin hatte Kean nach seiner Befehlsübernahme im Jahr 1948 darauf bestanden, daß seine Division ein Mindestmaß an Übungen abhielt. Seine Soldaten waren besser in Form als der Durchschnittssoldat der 8. Armee, und mit Ausnahme eines Regiments hatten sie ein gewisses Vertrauen in sich selbst und in ihre Offiziere.

Diese Ausnahme war das 24. Infanterieregiment, das sich aus Farbigen zusammensetzte, während die Offiziere großteils Weiße waren. Hätte es 1950 in der Army nicht immer noch Rassentrennung und Rassismus gegeben, so hätte es Keans bestes Regiment sein können. Es war damals das einzige Regiment außerhalb Europas, das seine Sollstärke erreichte, also drei Infanteriebataillone und ein Artilleriebataillon mit drei schießenden Batterien umfaßte. Die Südstaatler, die seit ihrer Rückkehr in die Streitkräfte während des Spanisch-Amerikanischen Krieges im Offizierskorps der Armee den Ton angaben, hatten die farbigen Kampfeinheiten ein halbes Jahrhundert lang schlechtgemacht. (Die Einheiten waren von der Union im Sezessionskrieg aufgestellt worden und hatten sich damals ebenso bewährt wie in den Indianerkriegen und im Krieg gegen Spanien.)

Jahrzehntelang hatte man farbige Soldaten in Versorgungseinheiten gesteckt, die Nachschub für weiße Krieger heranschafften. Diese Politik forderte nun ihren Preis. Viele der Soldaten des 24. Regiments glaubten an den Mythos ihrer Minderwertigkeit und rannten vor den Nordkoreanern immer wieder davon. 1951 wurde das Regiment schließlich aufgelöst. Während zahlreiche schwarze Amerikaner in Korea tapfer kämpften, mußten schwarze Einheiten die Veränderungen abwarten, die die Bürgerrechtsbewegung und die Integration brachten, um in Vietnam zu beweisen, daß Mut keine Hautfarbe hat.

Die beiden anderen Regimenter Keans, das 27. und das 35., gewannen nach den ersten Gefechten Selbstvertrauen. Vanns Vorgesetzter, der G-4-Offizier der Division, Lieutenant Colonel Silas Gassett, ein energischer und pflichtbewußter Artillerist, lag den Nachschuboffizieren der 8. Armee ständig in den Ohren, um mehr und bessere Waffen und Ausrüstungen zu bekommen. Bis es dazu kam, mußten sich die Offiziere und Unteroffiziere mit dem behelfen, was sie hatten. Die Kompanien und Züge ohne funktionierende Funkgeräte griffen auf die älteste Form militärischer Nachrichtenübermittlung zurück: den Meldegänger. Die Regimenter wurden bald um dritte Bataillone verstärkt, die man einer anderen Division der 8. Armee wegnahm. Das 27. Regiment funktionierte unter der Führung von Oberstleutnant John Michaelis so gut, daß General Walker es zur Feuerwehr der 8. Armee machte. Er sandte Michaelis Ende Juli in aller Eile quer durch die Halbinsel, um eine Flankenbewegung der Nordkoreaner zu stoppen, die sonst vielleicht zum Fall von Pusan geführt, den Nachschub- und Verstärkungskorridor durchtrennt und die Amerikaner zum Abzug aus Korea gezwungen hätte. Mit ihren Berichten an die »New York Herald Tribune« sollte Marguerite Higgins »Mike« Michaelis und sein 27. Infanterieregiment, die »Wolfhounds«, in eine Armeelegende verwandeln. Michaelis trat schließlich als General in den Ruhestand.

Walton Walker sah nicht nur so aus, sondern war auch so resolut wie eine Bulldogge. In Korea machte er seine Schwächen wieder wett und gab einem Leutnant ein Beispiel, das dieser einmal nach Vietnam mitnehmen sollte. Walker lehrte ihn, wie man die Stellung hält und kämpft, wenn der Feind dagegen anstürmt. MacArthurs Plan sah vor, daß sich Walker so lange halten mußte, bis er selbst in Inchon, dem Hafen von Seoul, weit im Rücken der Nordkoreaner, landen konnte, um ihnen den Rückzug abzuschneiden und sie zu vernichten. MacArthur flog Ende Juli nach Korea, um Walker mitzuteilen, daß eine Räumung nicht in Frage komme. Walker seinerseits hatte schon das Gebiet ausgesucht, in dem er sich zum Kampf stellen wollte. Am Tag vor MacArthurs Eintreffen informierte er Kean und die anderen Divisionsbefehlshaber sowie die Kommandeure der geretteten koreanischen Einheiten, daß sie sich für einen baldigen Rückzug in dieses Gebiet bereitzumachen hatten. Es handelte sich um eine rechteckige Zone an der Ostküste, die sich auf einer Breite von ungefähr neunzig Kilometern etwa einhundertsechzig Kilometer nach Norden erstreckte. Sie sollte nach der am südlichen Rand gelegenen Hafenstadt Pusan benannt werden. Walker hatte sich für diese Zone entschieden, weil der größte Teil davon vom Naktong-Fluß begrenzt war: Hinter diesem natürlichen Hindernis konnte er seine Truppen zusammenziehen und zum Gegenstoß ansetzen, wo immer die Nordkoreaner in großer Zahl durchgebrochen waren.

Ende Juli, als der Tag näherrückte, an dem man sich ein letztes Mal zurückziehen würde, erschien Walker in einem Schulhaus der Stadt Sangju, in dem die 25. Division ihr Hauptquartier eingerichtet hatte. Er sprach zuerst mit Kean unter vier Augen, anschließend ließ er ihn seinen Stab zusammenrufen. Einer der Offiziere machte sich Notizen über die Rede des Generals und faßte sie später für das Kriegstagebuch der Division zusammen. Leutnant Vann stand hinter den Majoren und Oberstleutnants ganz hinten an der Wand. »Wir kämpfen gegen die Zeit«, erklärte General Walker. Auch der Raum war knapp geworden: »Hinter uns liegt jetzt keine Linie mehr, auf die wir uns zurückziehen können.« Flucht oder Kapitulation kam nicht in Frage.

Es wird kein Dünkirchen geben und kein Bataan. Ein Rückzug auf Pusan würde zu einer der größten Schlächtereien der Geschichte führen. Wir müssen kämpfen bis zum Ende. Diesen Leuten lebend in die Hände zu fallen wäre schlimmer als der Tod. Wir werden zusammen kämpfen. Wenn einige von uns sterben müssen, so im gemeinsamen Kampf. Jeder, der zurückweicht, kann verantwortlich werden für den Tod von Tausenden seiner Kameraden.
Ich möchte, daß sie das allen Männern der Division mitteilen. Jedem muß klar sein, daß wir diese Verteidigungsstellung halten und siegen werden.

Der Abschnitt, den Walker der 25. Division gab, war am schwersten zu verteidigen. Es handelte sich um die südwestliche Ecke, wo Michaelis den Vorstoß der Nordkoreaner auf Pusan zum Stehen gebracht hatte. An diesem Tor zum Sieg rüttelte der Feind nun heftiger, und die beiden Armeen begannen einen Kampf auf Leben und Tod. Das Gelände war hier für die Nordkoreaner günstiger, da der Naktong kein Hindernis mehr darstellte: Der Fluß verläuft nicht mehr in südlicher Richtung, sondern wendet sich etwa fünfundzwanzig Kilometer oberhalb der Südküste nach Osten. Die Schlacht wurde schnell zu einem Schlagabtausch, dessen Ergebnis auf beiden Seiten ebenso von den Nachschuboffizieren abhing wie vom Mut und der Ausdauer der Infanterie. Die Nordkoreaner befanden sich am Ende einer langen Versorgungslinie. War genügend Nachschub angekommen, griffen sie an, bis ihnen nach einigen Tagen die Munition auszugehen begann und sie an Schwung verloren. Aber auch bei den Amerikanern wurde dann die

Munition knapp, da sie dem Druck des Feindes nur unter Einsatz aller verfügbaren Mittel standgehalten hatten. Gassetts Nachschuboffiziere arbeiteten wie besessen, um die Truppen mit allem Nötigen auszustatten, damit sie zum Gegenangriff antreten und die verlorenen Stellungen zurückerobern beziehungsweise ihre Positionen auch beim folgenden Angriff halten konnten. Die amerikanische Infanterie vermochte sich gegen die Übermacht zu behaupten, da sie von August an eine hervorragende Artillerie- und Luftunterstützung bekam. Die Nachschubsituation hingegen war völlig verworren, und es bestand ständig die Gefahr, daß der Artillerie plötzlich die Munition ausging. Gassett unterwies Leutnant Vann diesmal in der Kunst, die Bürokratie zu umgehen, wenn sie dem Sieg im Weg stand. Statt sich mit den für die Anlieferung der Granaten zuständigen G-4-Offizieren der 8. Armee herumzustreiten, kopierte Gassett in ihrem Hauptquartier die Ladungsverzeichnisse und Abfahrtsdaten der aus den USA kommenden Frachter. Die Dauer der Reise von den verschiedenen US-Häfen nach Pusan war bekannt. Sie betrug von der Westküste aus im Schnitt sechzehn Tage. Sobald ein Schiff anlegte, schickte Gassett Vann oder einen anderen Offizier mit einem Lkw-Konvoi in den Hafen, damit sie sich nahmen, was die 25. Division brauchte.

Als Anfang September die Kämpfe ihren Höhepunkt erreichten, ermöglichte der Mann, der als Junge in Norfolk zum Spaß vor Busse und Lastwagen gesprungen war, vielen Soldaten die Fortsetzung des Kampfes und rettete wahrscheinlich Hunderten von ihnen das Leben. Ende August waren Kim Il Sung und seine Generäle darauf aus, Walkers Verteidigungszone oberhalb von Pusan zu überrennen und den Sieg an sich zu reißen, der schon so nah war und doch so schnell wieder entschwinden und der Vernichtung ihrer Armee Platz machen konnte. Sie wußten nicht, daß MacArthur eine amphibische Landungsoperation vorbereitete, und sie wußten erst recht nicht, daß sie in Inchon stattfinden sollte. Es war ihnen aber klar, daß er an einen solchen Gegenschlag dachte, da er vor Korrespondenten in Tokio damit geprahlt hatte. Sie verfügten nicht über genügend Truppen, um ihren Angriff gegen Walker erfolgreich fortzusetzen und sich gleichzeitig auf die Verteidigung der zahlreichen Stellen vorzubereiten, an denen MacArthurs Verbände landen konnten. Deshalb konzentrierten sie sich auf Walker. Sie transportierten jede Granate und jede Patrone, die sie hatten, per Zug, Lastwagen oder Fischerboot nach Südkorea und dann auf den Rücken von Menschen zu den kämpfenden Einheiten abseits der Straßen. Diesmal wollten sie so lange angreifen, bis Walkers Verteidigungslinie zusammenbrach.

Die Offensive begann am 31. August 1950, eine halbe Stunde vor Mitternacht. Auf die Stellungen des 35. Infanterieregiments nordwestlich der Stadt Masan brach mit Zischen und Krachen das intensivste Mörser- und Artilleriefeuer herein, das man in diesem Krieg bisher erlebt hatte. Der Feuerwalze folgten Tausende nordkoreanische Infanteristen. In der Morgendämmerung des 1. September fluteten im Abschnitt des 35. Regiments schätzungsweise 3000 feindliche

Soldaten an den Kompaniestellungen auf den Höhenkämmen vorbei und drangen etwa zehn Kilometer nach Osten vor. Das einzige Hindernis, das die Nordkoreaner davon abhielt, sich neu zu formieren und ihren Vormarsch fortzusetzen, war die Weigerung jedes einzelnen Elements des 35. Regiments, sich von der Stelle zu bewegen. Die Männer verteidigten sich mit dem Mut der Verzweiflung. Die Kanoniere der vorderen Batterien wurden zu ihrer eigenen Infanterie. Sie forderten die anderen Batterien auf, Sperrfeuer um sie zu legen, dann senkten sie die Rohre, um in die Nordkoreaner direkt hineinzufeuern. An einigen Stellen kam es zum Kampf Mann gegen Mann mit Handgranaten und Bajonett.

Viele der Soldaten des 35. Infanterieregiments waren über Walkers Befehl, »zu kämpfen oder zu sterben«, zunächst verärgert gewesen. Sie meinten, der General habe ihnen befohlen, »zu kämpfen *und* zu sterben«. Später erkannten sie, daß es ein weiser Befehl war, und hielten sich daran. Sie hatten gesehen, daß angesichts der nordkoreanischen Taktik, ihre Flanken zu umgehen, um ihnen in den Rücken zu fallen und sie in Panik zu versetzen, der Versuch, sich zurückzuziehen, die schlechteste Lösung darstellte. Wenn sie sich hielten, bis Entsatz eintraf, dann starben einige von ihnen, aber die meisten überlebten, und sie brauchten nicht ihre Verwundeten zurückzulassen, was deren sicheren Tod und zuvor Folterung und Verstümmelung durch die wütenden Nordkoreaner bedeutet hätte. Das Problem war diesmal nur, daß Kean nicht die Möglichkeit hatte, Entsatzkolonnen zur vordersten Linie durchzubringen, ehe einigen der umzingelten Kompanien die Munition ausging.

Vann hatte über dieses Problem schon bei früheren Gefechten nachgedacht und eine Idee gehabt, wie man in einer solchen Notsituation Munition heranschaffen könnte. Er wollte vom Rücksitz eines L-5-Aufklärungsflugzeuges, dem Vorläufer der L-19, in der er sich ein Dutzend Jahre später vor Bac das »Distinguished Flying Cross« erwarb, Munition für die Infanteristen abwerfen. Die L-5 hatte einen weniger starken Motor als ihr Nachfolgemodell, war jedoch äußerst wendig. Die Sitzanordnung war die gleiche: Vorne saß der Pilot, hinten der Beobachter. Zwei Tage vor der Offensive hatte Vann Gassett überredet, ihn seine Idee ausprobieren zu lassen, um eine Kompanie zu versorgen, die durch einen Vorstoß der Nordkoreaner in Bedrängnis geraten war. Seine Technik hatte funktioniert.

Am Morgen nach Beginn der Offensive weigerte sich die Fliegerabteilung der Division, die Flugzeuge zur Verfügung zu stellen. Die Piloten erklärten, Vanns Plan sei reiner Selbstmord. Amerikanische Geschütze und Mörser unterstützten die eingeschlossenen Infanteristen mit Sperrfeuer, gleichzeitig beschoß die nordkoreanische Artillerie die Stellungen. Zwischen all diesen Geschoßbahnen würden sie hindurchfliegen und ihre Maschinen noch dazu dem Feuer der feindlichen Infanteriewaffen aussetzen müssen. Vann meinte, die Piloten seien übervorsichtig. Gassett wandte sich an Kean: Angesichts dessen, was auf dem Spiel stand, könne man das Risiko schon eingehen. Kean stimmte ihm zu und unterstellte einige L-5 Leutnant Vann. Die protestierenden Piloten wurden zu je einem Flug verpflichtet, und zwar in der Reihenfolge ihrer normalen Einsätze, die der Dienstplan für diesen Tag vorsah. Ein Flug umfaßte drei Munitionsabwürfe. Ein einziger Pilot meldete sich freiwillig für einen zweiten.

Vann flog bei sämtlichen Einsätzen mit und zeigte weder vorher noch nachher Anzeichen von Nervosität. Er packte in aller Ruhe die Munition in Kisten und belud das Flugzeug für den nächsten Start. Die Kisten faßten etwa 50 kg Patronen für M-1-Gewehre und MGs sowie Handgranaten. Sobald sie vollgepackt waren, wickelte er sie in Decken und verschnürte sie, um zu verhindern, daß sie beim Aufprall zerbrachen und der Inhalt verstreute wurde. Obwohl jede davon fast vier Fünftel von Vanns Gewicht ausmachte, schaffte er es, die Kisten allein hochzuheben. Er zwängte zwei davon in die Kanzel neben den Rücksitz, eine dritte stellte er sich auf den Schoß. Die Positionen der Kompanie waren bekannt. Vor dem Start breitete Vann die Karte aus und informierte den Piloten über Ziel und Anflugsroute. Mit drei Zentnern Munition war das Flugzeug überladen, doch Vanns geringes Gewicht schuf einen gewissen Ausgleich. Die Start-Lande-Piste neben dem Divisionshauptquartier in Masan war lang genug und der Motor genügend stark, so daß die Piloten ihre L-5 trotz allem in die Luft bekamen. Sobald sie abgehoben hatten, erteilte Vann über die Bordsprechanlage weitere Anweisungen.

An diesem Morgen überflog ein Major der Aufklärungsabteilung den Kampfplatz, um sich ein Bild von der Lage zu machen und über den Nordkoreanern Flugblätter abzuwerfen, die sie zur Kapitulation aufforderten. Er traute seinen Augen nicht, als er sah, wie plötzlich eine andere L-5 im Sturzflug auf den Boden zuraste und dann über die Köpfe der nordkoreanischen Infanteristen hinweg geradewegs auf einen der Hügel zusteuerte, auf denen eine US-Kompanie die Stellung hielt. Der Feind konnte das Flugzeug von allen Seiten her unter Beschuß nehmen, denn es gab weder Waldstücke noch Baumreihen, die dem Piloten wenigstens vorübergehend Deckung geboten hätten. Das Gelände war nur mit Gras oder überhaupt nicht bewachsen. Etwas verdeckt wurde das Flugzeug zeitweise durch den Rauch und die Staubwolken, die von den unmittelbar darunter einschlagenden Mörser- und Artilleriegranaten hochgewirbelt wurden. Auf die Besatzung konnte das schwerlich beruhigend wirken. Knapp vor dem Fuß des Berges zog der Pilot den Steuerknüppel zurück, strich am Hang entlang hoch und brauste über die amerikanische Stellung auf dem Kamm in einem Höhenabstand von sieben bis zehn Metern hinweg. In diesem Moment sah der Major eine Kiste herausfallen und zwischen den Schützenlöchern landen. Nun wurde ihm klar, wer an Bord dieser L-5 war. Er hatte Vann auf der Startbahn beim Munitionsverladen gesehen. Auf seine neugierigen Fragen hin war er über die neue Nachschubmethode informiert worden.

Vann befahl den Piloten diesen geraden, bodennahen Anflug, um sicher zu sein, daß er die Munitionskiste nicht an der falschen Stelle abwarf. Die meisten Stellungssysteme waren bereits auf etwa dreißig Meter Durchmesser zusammengeschrumpft und daher bei einem Lastabwurf leicht zu verfehlen. Ursprünglich waren die Kompanien zugweise in Stellung gegangen, und zwar in einander unterstützenden, mit Stacheldraht und Minenfeldern befestigten Schützenlochgruppen. Durch die Verluste waren diese Stützpunkte immer schwächer geworden. An einigen Stellen hatten sich die Züge konsolidiert, da die Überlebenden eine Feuerpause oder das amerikanische Sperrfeuer genutzt hatten, um mit den Verwundeten in die Nachbarstellung hinüberzuwechseln. Verwundete, die gehen konnten, galten als kampffähig. Eine der Kompanien war auf Zugstärke zusammengeschmolzen. Sie umfaßte 22 kampffähige Männer.

Wenn das Flugzeug wieder an Höhe gewonnen hatte und der Pilot sich anschickte, dieselbe Position noch einmal anzufliegen oder auf eine benachbarte zuzusteuern, wenn sich die Züge noch nicht vereinigt hatten, packte Vann die nächste Kiste, um sie wieder im richtigen Moment durch die Einstiegstür zu stoßen. Dann ließ er den Piloten erneut umkehren, um die dritte abzuwerfen.

Der Major von der Aufklärung sah voll Ehrfurcht, wie das kleine Flugzeug die weiteren Durchgänge flog. Es raste durch Staub und Rauch die Talsohle entlang, immer den Geschossen der Nordkoreaner voran. Ein Konturenflug war unter diesen Umständen tatsächlich die klügste Anflugmethode, da Soldaten, wenn sie nicht speziell dafür ausgebildet sind, dazu neigen, die Geschwindigkeit eines über sie hinwegbrausenden Flugzeugs zu unterschätzen, und dahinter vorbeischießen. Wurde allerdings die Maschine in dieser geringen Höhe beschädigt, hatte der Pilot keinen Raum mehr für entsprechende Manöver; überlebte er mit Vann den Absturz, so würden die Nordkoreaner sie ohnehin töten. Der Major sah, daß der Pilot Schwierigkeiten hatte, genau auf den Hügel zuzuhalten. Die Explosionen der Granaten erschütterten die Maschine und brachten sie vom Kurs ab, so daß er sie stets neu auf den Hügel ausrichten mußte. Jedesmal, wenn er den Kamm überflog, fiel eine Kiste heraus und landete zwischen den Schützenlöchern.

Ein Zentner Patronen und Handgranaten ist eine Menge Munition für Schützen, die so sparsam damit umgehen, wie die US-Soldaten es an diesem 1. September 1950 auf den Höhen vor Masan taten. Vann brachte ihnen an diesem Tag 27 Kisten mit je einem Zentner, dann zwang ihn der Einbruch der Dunkelheit, die Flüge einzustellen. Manche Einheiten hatten ihre Munition fast aufgebraucht. Die Männer begannen, aus den letzten MG-Gurten Patronen für ihre Gewehre herauszunehmen.

Während der folgenden Tage kämpften sich die von General Kean geschickten Entsatzkolonnen zu den Kompaniestellungen durch, verstärkten die Züge und holten mit ihren gepanzerten Mannschaftstransportern die Verwundeten heraus. Vann versorgte die umzingelten Infanteristen so lange mit Munition, bis eine

Entsatzkolonne eintraf. Auf diese Weise führte er an den drei folgenden Tagen noch 42 weitere Abwürfe durch. Wenn der Pilot nach dem Munitionsabwurf abdrehte, bombardierte Vann die Nordkoreaner auf der anderen Seite des Hügels gleich noch mit Handgranaten, die er in einem Sack mit sich führte. Über Beschädigungen an den Flugzeugen liegen keine Berichte vor. Offenbar bekam keines mehr als ein paar Einschüsse in den Rumpf ab. Ohne daß die Piloten es wußten, flog auf ihrem Rücksitz das »Vann-Glück« mit. Vann nahm die Versorgung aus der Luft so oft wie nötig wieder auf, bis schließlich am 15. September MacArthurs Gegenschlag in Inchon den Nordkoreanern die Hauptnachschubs- und Rückzugslinie abschnitt und der Angriff ins Wanken geriet. Zwei Tage davor war John Vann zum Hauptmann befördert worden.

Natürlich wurde die Schlacht um die Pusan-Zone nicht durch die Leistung John Vanns entschieden. Walker verfügte Ende August über ausreichende Reserven und hätte den Vormarsch der Nordkoreaner früher oder später auf jeden Fall zum Stehen gebracht. Der Sieg verdankte sich Walkers beherzter Führung sowie der Entschlossenheit der Soldaten des 35. Regiments und der anderen Einheiten der 8. Armee. Der einsame Kampf der Schützen auf dem Höhenrücken war etwas anderes. Ihr Leben hing von der Furchtlosigkeit eines einzelnen Mannes ab.

Der Konflikt in Korea war wie ein Vorspiel zum Krieg in Vietnam. Es war der erste Krieg in der Geschichte der USA, in dem die militärische Führung und die Politiker den Sinn für die Realitäten verloren und den Gegner so unterschätzten, daß sie die Armee und die Nation in eine Katastrophe stürzten. MacArthur machte Walkers Erfolg in der Pusan-Zone wieder zunichte, indem er seine Truppen in die Berge Nordkoreas schickte, ein Hasardspiel, gegen das weder die Befehlshaber der Streitkräfte noch die politische Führungsspitze in Washington Einwände erhoben. Er vergeudete den Heldenmut und Einfallsreichtum Vanns und anderer, die sich so tapfer geschlagen hatten; er verschwendete das Leben Tausender, die für den Sieg gefallen waren, und aber Tausender, die nun für eine unverdiente Niederlage sterben mußten.

Vanns Abenteuer im Zusammenhang mit dem Desaster in Nordkorea wurden in Vietnam Teil seiner Legende. Er erzählte diese Episode oft als Lehrstück, um zu zeigen, daß es ein sinnloses Unterfangen war, wenn die US-Armee versuchte, auf dem asiatischen Festland einen Abnutzungskrieg zu führen. Kurz nachdem wir uns in My Tho kennengelernt hatten, erzählte er die Geschichte auch mir. Er beschrieb mir, wie er die Rangerkompanie der 8. Armee organisiert und geführt hatte, die erste dieser Kommando- und Aufklärungseinheiten, die von der Armee aufgestellt wurden, nachdem sie ihre berühmten Rangerbataillone nach dem Zweiten Weltkrieg aufgelöst hatte; er schilderte, wie er, nachdem die Armee Maos im November 1950 in den Bergen südlich des Yalu-Flusses über MacArthurs Truppen hergefallen war, seine Ranger in einer Nacht verlor, in der die Chinesen ihre Menschenmassen ohne Rücksicht auf Verluste vorstürmen ließen. Er erzählte dieselbe Geschichte noch vielen anderen. Einer von ihnen war der designierte Präsident Richard Nixon. Er bekam sie in einem Brief vorgesetzt, den Vann in einem anderen Monat November mitten im Vietnamkrieg schrieb:

> In der Nacht des 26. November 1950 befehligte ich in Korea eine Kompanie Ranger, die die volle Wucht der beginnenden chinesischen Offensive zu spüren bekamen. Am 27. um drei Uhr morgens hatte meine Rangerkompanie der 8. Armee drei Angriffe der Chinesen abgewehrt, die in Menschenwellen vorgestürmt waren. Wir hatten ausgezeichnete Artillerieunterstützung und gute Gefechtspositionen, so daß wir sie zu Hunderten töteten. Trotzdem wurde mir nach dem dritten Sturmangriff klar, daß ich meine Kompanie verlieren würde, und beim sechsten Angriff, kurz vor Tagesanbruch, verlor ich sie tatsächlich. Als die sechste Menschenwelle über uns hinwegrollte, waren nur mehr ich und fünfzehn Mann übrig, die meisten davon verwundet. Wir kamen von unserem Hügel herunter, indem wir den Hang hinuntergingen, über den die Chinesen heraufgekommen waren. Meiner Schätzung zufolge lagen vor unseren Stellungen mehr als 500 tote Chinesen.

Vann befehligte in Korea tatsächlich einmal die Rangerkompanie der 8. Armee, doch die Wahrheit über die Ereignisse sieht anders aus und ist interessanter als die Legende.

Vor November 1950 blickte Vann eine Zeitlang nicht ohne Neid auf einen 23jährigen Leutnant namens Ralph Puckett, Jr., der die der 25. Division unterstellte Rangerkompanie der 8. Armee befehligte. Puckett und Vann liebten beide das Kriegshandwerk und fanden einander deshalb sympathisch. Puckett, aus Georgia stammend, West Point Jahrgang 1949, war ebenso arglos wie tatendurstig. Er hatte sich direkt aus dem Fallschirmspringerkurs in Fort Benning nach Korea gemeldet, da er den Krieg für ein großes Footballmatch hielt. Er hatte bloß Angst, man könnte ihn schon gewonnen haben, bevor er zum Kämpfen gekommen war. Vann machte sich gern über Puckett lustig, wenn dieser in die Nachschubabteilung des Divisionshauptquartiers kam, um etwas für seine Kompanie anzufordern. Puckett war noch ganz vom Geist der West-Point-Kadetten geprägt: Er liebte es, zackig zu salutieren, schon vor einem Captain strammzustehen und auf die Scherze seiner Vorgesetzten mit einem schneidigen »Sir!« zu antworten.

»Was ist denn mit euch Rangern los, wo haben Sie wieder gesteckt, Puckett?« pflegte Vann grinsend zu fragen.

»Draußen im Einsatz, Sir!« antwortete Puckett, ebenfalls grinsend.

Und Vann wieder: »So 'n Scheiß, ihr Burschen habt da draußen die ganze Zeit herumgeblödelt.«

Wenn Puckett das Ansuchen in seinem schneidigsten Kommißstil vorgetragen hatte, sandte ihn Vann zu Gassett, damit auch er ihn ein bißchen aufziehen konnte. Anschließend gaben sie ihm, was er wollte.

Der Gegenstand von Vanns Neid, Pucketts Rangerkompanie, war im Sommer des Vorjahrs auf Initiative eines Obersten vom Stab der 8. Armee aufgestellt worden. Sie sollte ursprünglich in einem Frontkeil eingesetzt werden, den die Nordkoreaner im Nordosten in die Pusan-Zone getrieben hatten. Zu ihrer Aufstellung hatte der Oberst Puckett auserwählt, da dieser laut Akte angriffslustig war und der Colonel dachte, daß ein frisch von der Militärakademie abgegangener Leutnant mehr Schneid an den Tag legen werde als ein Offizier, der schon im Feuer gestanden hatte. Puckett bestätigte die Annahme des Obersten in der Befragung, der dieser ihn unterzog. Auf die Frage, ob er denn gerne eine Rangerkompanie befehligen würde, antwortete Puckett: »Colonel, ich habe schon immer ein Ranger sein wollen. Ich werde alles tun, um Ranger zu werden. Sie können mich auch zum Gruppenführer oder zum Schützen machen, wenn Sie wollen.«

Puckett fand Gleichgesinnte unter den Köchen, Schreibern und Mechanikern der 8. Armee. Ausgebildete Infanteristen zu rekrutieren war ihm untersagt, da die Kämpfe in der Pusan-Zone ihren Höhepunkt erreicht hatten und es schon für die regulären Kompanien kaum Ersatzleute gab. Er sah sich deshalb bei den Versorgungseinheiten in Japan um, wo er Freiwillige für eine »geheime und gefährliche Mission hinter den feindlichen Linien« anwarb. Puckett war überrascht, wie schnell er die vierundsiebzig bewilligten Mann beisammen hatte. Als Zugführer engagierte er zwei seiner Klassenkameraden aus West Point. Kaum hatte er die Ausbildung seiner Kompanie beendet, als deren Aufstellung durch die Landung in Inchon schon wieder hinfällig geworden war. Die Nordkoreaner versuchten, über den 38. Breitengrad zu fliehen, die 8. Armee setzte zu ihrer Verfolgung an. Pucketts Ranger wurden Keans 25. Division unterstellt und sollten versprengte Nordkoreaner aufspüren. Die 8. Armee stieß im Herbst eilig nach Norden vor und besetzte die nordkoreanische Hauptstadt Pyongyang, um sich schließlich am Rand der Gebirgskette südlich des Yalu-Flusses, der die Grenze zu China bildet, neu zu formieren. Bevor MacArthur am 24. November 1950 den Befehl gab, durch das Gebirge an den Yalu vorzustoßen und den Krieg zu beenden, waren Pucketts Ranger in ein paar Scharmützel verwickelt worden, hatten jedoch nie an einem ernsthaften Gefecht teilgenommen.

Rückblickend gesehen war Inchon das Zeichen, daß MacArthurs Selbstgefälligkeit das Maß des Erträglichen überschritten hatte. Eine amphibische Landung weit im Rücken des Feindes war ein vernünftiger Plan, der sich seiner im Zweiten Weltkrieg erworbenen strategischen Erfahrung verdankte. Indem er aber auf Inchon als Landungsort bestand, ließ er sich aus Eitelkeit auf ein schweres und unnützes Risiko ein, auf ein Glücksspiel mit dem Leben seiner Soldaten und den Interessen der Nation. Er hatte sich für Inchon entschieden, weil es der Hafen von Seoul war. Wie jedoch einer der Offiziere des Planungsstabs der Marine bemerkte, hatte eine Überprüfung des Ortes gezeigt, daß Inchon bei einem amphibischen Angriff »alle nur vorstellbaren natürlichen Nachteile« haben würde. Die Einfahrtskanäle waren gewunden und schmal und wiesen eine Anzahl von »Sackgassen« auf, in denen ein von Minen oder den Küstenbatterien havariertes Schiff alle nachfolgenden blockieren und allen voranfahrenden den Rückzug abschneiden würde. Die Marines hatten eine Stadt zu stürmen, die durch ihre Bauten, Hafenanlagen und Kaimauern leichter zu verteidigen war als ein offener Strand. Bevor sie die Stadt besetzen konnten, mußten sie eine vor dem Hafen liegende befestigte Insel sichern. Der Gezeitenhub in Inchon war dermaßen hoch (am 15. September 1950 betrug er etwa 9,5 Meter), daß die Marines die Insel in der Morgendämmerung nehmen und dann den Abend abwarten mußten, bis der Wasserstand ihnen gestattete, mit den Landefahrzeugen auf die Stadt vorzurücken. Auf diese Weise würde der Überraschungseffekt zunichte werden, und die angreifenden Regimenter würden gerade zwei Stunden Tageslicht haben, um an Land zu gehen. Durch die Ebbe würde es unmöglich sein, vor Anbruch des folgenden Tages Verstärkungen heranzubringen. Falls Inchon über eine starke Garnison verfügte oder die Nordkoreaner von MacArthurs Plan erfahren und eine Falle vorbereitet hatten, konnte die Landung in einem spektakulären Massaker enden.

Die betroffenen Befehlshaber der Navy und des Marine Corps sowie die Joint Chiefs versuchten, MacArthur zu bewegen, eine andere Landungsstelle zu wählen. Die Marines machten etwa fünfzig Kilometer südlich von Inchon eine Stelle ausfindig, die keines der genannten Risiken mit sich brachte. Sollte man Seoul dadurch einige Tage später erreichen, war das militärisch gesehen unerheblich. MacArthur ließ nicht mit sich reden. Er hatte sich Inchon in den Kopf gesetzt, also mußte es Inchon sein. Die Risiken und Hindernisse tat er mit theatralischen Erklärungen ab. »Ich kann fast das Ticken der Uhr des Schicksals hören«, sagte er, als er bei einem Kriegsrat in Tokio, an dem zwei Mitglieder des Vereinigten Generalstabs teilnahmen, zum Schlußteil eines dreiviertelstündigen Monologs ansetzte. »Wir müssen jetzt handeln, oder wir werden sterben ... Inchon wird ein Erfolg sein. Wir werden damit 100.000 Leben retten.« Als sein Hasardspiel am 15. September gut ausging, verstärkte das nur noch seinen Glauben an die eigene Unfehlbarkeit und verunsicherte alle jene, die ihm weiterhin widersprechen wollten.

Im November 1950 tickte die Uhr des Schicksals noch einmal. MacArthur hörte sie nicht, denn dieses Mal tickte sie für ihn. Seit langem schon hatte er das Interesse an den konkreten Problemen der kämpfenden Truppe verloren, jenem Kompaß, an dem sich die militärische Führung orientieren muß. Ihm stand der Sinn nach höheren Dingen. Dean Acheson bemerkte einmal, MacArthur sei

»praktisch ein Staatsoberhaupt« geworden, »der Mikado von Japan und Korea«. Im Grunde war diese Feststellung keine Übertreibung. Als Truman ihn im Oktober zu einem Treffen nach Wake Island beorderte, grüßte MacArthur seinen Oberkommandierenden nicht, wie die militärische Höflichkeit es erfordert hätte, durch Salutieren, sondern schüttelte ihm die Hand von gleich zu gleich. Er war auch nicht einfach der Herrscher von Japan, er war ein Herrscher, den die Japaner verehrten. Dieser hochmütige Armeegeneral mit den fünf Sternen hatte aber auch noch andere Seiten. Für die Japaner war er der zivile Verfechter der Willensfreiheit und Missionar des American Way of life. Sie hatten 1945 Strenge und Härte erwartet, er hatte sie mit Großmut und Weisheit behandelt und ein demokratisches Regierungssystem und Sozialreformen eingeführt, die sie nach den Schrecken des Militarismus begierig aufnahmen. Mit siebzig war er nun entschlossen, sein ruhmreiches Leben mit neuen Taten zu krönen, die seiner früheren Leistungen würdig waren. Er machte sich daran, Achesons Meinung zu bestätigen, indem er den totalen Sieg errang und sein segensreiches Wirken über ganz Korea bis an die Grenzen Chinas und der Sowjetunion ausdehnte.

Die Männer in Washington entschieden sich für vier Fünftel Koreas. Sie sahen das Land jetzt als eine bedeutende Ausgangsbasis an und wollten die Sowjets in die Schranken weisen. Ihre Hauptsorge galt jedoch weiterhin Europa, da sie eine unbegründete, aber tiefsitzende Angst vor einem militärischen Abenteuer Stalins hatten. Der Koreakrieg war der Anlaß für ein umfassendes Wiederaufrüstungsprogramm. Die Produktion von Flugzeugen sollte Anfang 1951 wieder so stark ansteigen, daß sie nach einiger Zeit die Rekordzahlen von 1944 erreichte. Das Programm führte zu einer Stärkung der NATO, erbrachte jedoch kaum etwas für die Truppen in Korea. MacArthur wurde mitgeteilt, er müsse seinen Krieg mit den etwa acht Divisionen umfassenden Streitkräften gewinnen, die er bis Inchon erhalten hatte. Der Vereinigte Generalstab wies ihn an, die Chinesen und Stalin nicht zu provozieren und an einer Linie etwa achtzig Kilometer nördlich von Pyongyang haltzumachen. Das nördlichste Fünftel des Landes, die gebirgigen Provinzen am Yalu und die nordöstliche Ecke an der Grenze zur Sowjetunion, sollte als Pufferzone ausgespart bleiben.

MacArthur ignorierte diese Anweisung. Er wußte doch genau, wie man mit den Chinesen umzugehen hatte. Während einer Pressekonferenz an Bord der »Mount McKinley«, auf der er nach Inchon unterwegs war, wurde er gefragt, ob er einen Kriegseintritt Chinas befürchte. »Wenn die Chinesen wirklich eingreifen sollten«, sagte er, »wird unsere Luftwaffe den Yalu in den blutigsten Fluß der Geschichte verwandeln.« Bei der Konferenz auf Wake Island Mitte Oktober sprach ihn Truman darauf an, wie er die Wahrscheinlichkeit eines chinesischen Eingreifens einschätze. »Sehr gering«, antwortete er. Davon abgesehen könne seine Luftwaffe verhindern, daß die Chinesen mehr als 50.000 bis 60.000 Mann über den Yalu brächten; die weiteren Luftangriffe würden nur wenige überleben.

»Ein Versuch der Chinesen, nach Pyongyang vorzustoßen, würde mit einem gigantischen Massaker enden«, erklärte er. Niemand aus der Begleitung des Präsidenten widersprach MacArthur, auch nicht Omar Bradley, der Vorsitzende des Vereinigten Generalstabs, ebensowenig der zweite damals aktive Fünfsternegeneral. MacArthur hielt ihr Schweigen für Zustimmung. Truman versicherte er, bis zum Erntedankfest werde der »organisierte Widerstand« in ganz Korea gebrochen sein. Er hoffe, die 8. Armee an Weihnachten wieder nach Japan zurückzuführen. Bradley versprach er, im Januar 1951 eine Division nach Europa zu schicken.

Als Ende Oktober in dem ursprünglich als Pufferzone vorgesehenen Gebiet die Chinesen erschienen und der »organisierte Widerstand« dadurch weiter anhielt, sandte MacArthur die B-29 seiner Far East Air Forces aus, um die Brücken zur Mandschurei zu zerstören, und Jagdbomber, die die Straßen nach Süden unterbrechen sollten. Er befahl seinen Luftwaffenkommandeuren, »sämtliche Anlagen, Fabriken, Städte und Dörfer« Nordkoreas, die den Chinesen in irgendeiner Weise von Nutzen sein konnten, in Schutt und Asche zu legen. An der Beurteilung, die er Truman in Wake Island gegeben hatte, hielt er fest. Aus Washington kam kein Haltebefehl. Am 24. November 1950 flog er zu Walkers Befehlsstand am Chongchon-Fluß am südlichen Rand der Gebirgskette, um den Beginn der Schlußoffensive zu beobachten. Er versicherte seinen Soldaten in einem Kommuniqué, sie brauchten »die neuen roten Armeen«, denen sie in Korea gegenüberstanden, nicht zu fürchten. Man werde im Rahmen eines »massiven Umfassungsangriffs« an den Yalu vorrücken, die Luftwaffe, »das schneidende Element der Zange«, habe die Chinesen im wesentlichen schon isoliert und für die Vernichtung bereitgemacht. Seine Truppen in die tödliche Kälte des mandschurischen Winters zu schicken machte ihm nichts aus. Wenn alles nach Plan lief, konnten sie »an Weihnachten zu Hause« sein.

Am späten Nachmittag des 25. November 1950 bezogen Ralph Pucketts Ranger die Schützenlöcher, die sie in die gefrorene Erde von Höhe 205 etwa fünfundzwanzig Kilometer nördlich von Chongchon gegraben hatten. (Die US-Armee bezeichnet Hügel durch ihre Höhe in Metern.) Ihr Auftrag war die routinemäßige Sicherung eines etappenweisen Vormarsches. Sie hielten die Anhöhe auf der rechten Flanke der Task Force Dolvin, eines zwei Bataillone starken Kampfverbandes aus Panzern und Infanterie, der unter dem Befehl von Oberstleutnant Welborn Dolvin die Spitze der vorrückenden Division bildete. Am folgenden Morgen sollte der Verband einen weiter nördlich gelegenen Ort namens Unsan sichern und dann, immer vor der ihm nachziehenden Division, etappenweise bis zum Yalu vorrücken.

Leutnant Puckett fragte sich, warum die 25. Division eigentlich auf dem Vormarsch war. Am Vortag hatte bei einer Einsatzbesprechung für die Befehlshaber des Kampfverbandes ein Nachrichtenoffizier darauf hingewiesen, daß sich »im unmittelbaren Bereich« der Division 25.000 chinesische Soldaten befanden. Wenn das stimmte, dann sollte sich die 25. Division jetzt eigentlich eingraben und auf die Verteidigung vorbereiten, statt zum Angriff vorzurücken. Im Grundkurs für Infanterieoffiziere in Fort Benning hatte man ihm gesagt, für einen Angriff sei eine Überlegenheit von zwei oder drei zu eins nötig. Der Schätzung des Nachrichtenoffiziers zufolge waren die Chinesen der 25. US-Division um zwei Drittel überlegen, da diese im November 1950 aufgrund von Krankheiten und hohen Verlusten nur mehr etwa 15.000 Mann umfaßte. Einer von Pucketts Männern besaß ein Radio. In den Nachrichten kam immer wieder die Meldung, daß Horden chinesischer »Freiwilliger« aus der Mandschurei im Anmarsch waren, um sich MacArthurs Armee entgegenzustellen.

Die Ranger waren bei der Besetzung von Höhe 205 kaum auf Widerstand gestoßen. Dolvins Panzer hatten sie auf der Straße herangebracht und dann neben dem Hügel abgesetzt. Als sie über die zugefrorenen Reisfelder zum Hang marschierten, wurden sie von den benachbarten Höhen herab vereinzelt aus automatischen Waffen beschossen. Beim Ersteigen des Hügels wurden lediglich zwei Mann verwundet. Auf dem mit kümmerlichen Pinien bewachsenen Höhenkamm, auf dem sie dann ihre Schützenlöcher aushoben, setzte man ihnen keinen Widerstand entgegen. Puckett positionierte seine MGs und BARs mit großer Sorgfalt, um optimale Schußfelder zu bekommen. Er hatte nur mehr einen Zugführer. Als es darum gegangen war, unter feindlichem Beschuß die Reisfelder zu durchqueren, hatte einer der beiden Klassenkameraden aus West Point die Nerven verloren. Er war zum Befehlsstand des Kampfverbandes ins Tal hinuntergelaufen und hatte sich geweigert, zum Hügel zurückzukommen. Niemand schoß auf Puckett, als dieser später ebenfalls hinunterging, um mit dem Artillerieoffizier für den Fall eines chinesischen Angriffs einen Feuerunterstützungsplan auszuarbeiten. Ein solcher Plan war eine routinemäßige Vorsichtsmaßnahme, die er jedoch nie außer acht ließ. Auch beim Hinaufgehen wurde er nicht beschossen.

Puckett war froh, daß die Verluste am Nachmittag so gering gewesen waren. Obwohl seine Ranger an keinen ernsthaften Gefechten teilgenommen hatten, war die Kompanie seit Pusan auf ihrem Weg nach Norden durch Krankheiten und Scharmützel um ein Drittel geschrumpft: Von den 74 Soldaten, die er viereinhalb Monate zuvor in Japan rekrutiert hatte, blieben ihm noch etwa fünfzig und der zweite Leutnant und Jahrgangskamerad, der ebenfalls die Nerven eines Soldaten hatte. Für den schweren Kampf gegen die Chinesen würde er jeden einzelnen Mann benötigen. Dieser Kampf, das spürte er, kam mit Sicherheit auf sie zu.

Die Aussicht, mit 25.000 Chinesen zusammenzustoßen, flößte Puckett keine Angst ein. Schließlich war das hier die US-Armee und nicht Mussolinis wüster Haufen, und für ihr Vorrücken gab es bestimmt einen vernünftigen Grund. Es berührte ihn bloß etwas eigenartig, ja amüsierte ihn beinahe, daß angesichts dessen, was die Army ihre Leutnants lehrte, die Generäle bei diesem Kräfteverhältnis eine Offensive befahlen. Er war gespannt, wozu diese seltsame Taktik führen würde. Als auf den Höhen um ihn die letzten Lichter erloschen, nahm er aufgrund des bloß symbolischen Widerstands vom Nachmittag an, daß der Zusammenstoß mit den Chinesen auf irgendeiner anderen, weiter nördlich gelegenen Höhe stattfinden würde.

Nicht 60.000, wie MacArthur sich vorgestellt hatte, sondern 300.000 chinesische Soldaten warteten in den Bergen Nordkoreas darauf, über seine Armee herzufallen. Als am 25. November 1950 die Nacht hereinbrach, trabten die Kolonnen, die ihre Sturmstellungen noch nicht erreicht hatten, über die Pfade längs der Flüsse heran, um rechtzeitig angreifen zu können. MacArthurs Luftwaffe hatte die Chinesen nicht ernstlich behindert. Einer der jüngsten Offiziere im Stab von General Peng De-huai war ein 19jähriger nordchinesischer Leutnant namens Yao Wei. Er sollte nach dem Krieg Amerikanistik studieren und dreißig Jahre später zu einem Forschungsaufenthalt in die USA kommen. Yao Wei erinnerte sich, daß das Stabspersonal mehr Verluste durch Lkw-Unfälle als durch Bomben erlitt. Bevor sie den Yalu überquerten, hatte man ihnen gesagt, daß ihnen die Flugzeuge nichts anhaben konnten, solange sie die Ortschaften mieden und nachts fuhren. Das erwies sich als richtig, bloß hatten die Fahrer auf den unbefestigten und kurvenreichen Straßen Schwierigkeiten, da sie die Scheinwerfer nicht einschalten durften.

Die chinesische Infanterie hatte keine Fahrzeuge. Die Lkws der chinesischen Armee — von einigen wenigen abgesehen, die dem Personal höherer Stäbe vorbehalten blieben —, dienten dem Transport von Nachschub und als Kraftzug für die Artillerie. Chinesische Infanteristen gingen zu Fuß. Sie marschierten fast ebenso schnell wie die Legionäre Cäsars in Gallien, die pro Tag zwanzig Meilen in fünf Stunden zurücklegten; die Chinesen mußten allerdings ein unwegsameres Gebiet durchqueren, und das bei Nacht. Ihr Tag begann um sieben Uhr abends. Von Essens- und Ruhepausen abgesehen, marschierten sie bis drei Uhr morgens, um wieder ein Lager aufzuschlagen. Um 5.30 Uhr, wenn es zu dämmern begann, waren jeder Mann, jede Waffe, jedes Stück ihrer Ausrüstung und die mandschurischen Ponys, die Pferde und Wagen mit den Granatwerfern und der Munition gegen Luftaufklärung getarnt. Bei Tageslicht bewegte sich niemand von der Stelle, ausgenommen kleine Spähtrupps, die vorgeschickt wurden, um Lagerplätze für den folgenden Tag auszusuchen. Auf diese Weise gelangten 30 chinesische Infanteriedivisionen, insgesamt etwa 300.000 Mann mit Artillerie und Unterstützungseinheiten, nach Korea. Sie marschierten Ende der dritten Novemberwoche vor MacArthurs Armee auf, ohne von den Aufklärungsflugzeugen der US-Luftwaffe entdeckt worden zu sein, die oben flogen, wenn die Chinesen unten schon schliefen. Als MacArthur Mitte Oktober vor Truman auf Wake Island erklärt hatte, China könne höchstens 60.000 Soldaten nach Nordkorea entsenden, waren bereits doppelt so viele dort oder dorthin unterwegs gewesen.

Mao Tse-tung, Tschou En-lai und die anderen Führer der chinesischen KP hatten gerade eine achtundzwanzig Jahre dauernde Revolution zu Ende geführt, deren Ziel es war, China die Unabhängigkeit zu sichern, es von ausländischer Ausbeutung zu befreien und zu einer modernen Nation zu machen. Sie betrachteten die USA als eine ernste Bedrohung für alles bis dahin Erreichte. Der von der Truman-Administration favorisierte Chiang Kai-shek war nach seiner Niederlage mit den Überresten der Kuomintang-Armee nach Taiwan geflohen. Die Kriegsschiffe der 7. Flotte schützten ihn durch eine Blockade der Formosa-Straße, und die USA erkannten sein Regime weiterhin als legitime Regierung Chinas an. Die CIA schmuggelte Spione und Guerillas in die Volksrepublik. Von Zeit zu Zeit sprach ein prominenter amerikanischer Politiker davon, daß die US-Marine die Armee Chiangs zwecks Rückeroberung Chinas auf das Festland zurückbringen müsse. Jetzt waren die Amerikaner dabei, eine Armee über die koreanische Halbinsel an den Yalu zu schicken. Ein geheimer Vorstoß im Jahr zuvor, bei dem Tschou En-lai die Beilegung der Differenzen angeboten und die USA gebeten hatte, China bei der Bewahrung seiner Unabhängigkeit gegenüber der Sowjetunion behilflich zu sein, war zurückgewiesen worden. Gleich Ho Chi Minhs Mannschaft konnten auch Tschou und seine Genossen nach amerikanischer Sicht nur Werkzeuge der sowjetischen Bedrohung sein. Für die Chinesen wiederum war eine amerikanische Armee an ihrer Grenze mehr, als sie ertragen konnten. Auch Stalin, der sich um die Sicherheit von Wladiwostok sorgte, ermunterte sie zu einer Reaktion und versprach ihnen heimlich Unterstützung mit sowjetischen Waffen und Ausrüstungen.

Die Chinesen wollten keinen Krieg und versuchten, die Amerikaner davon abzuschrecken. Anfang Oktober sprach Tschou über den indischen Botschafter in Peking eine Warnung aus. (Die Vereinigten Staaten hatten keine diplomatischen Beziehungen mit der Volksrepublik China.) Der Generalstabschef des chinesischen Heeres ließ über einen holländischen Diplomaten die gleiche Warnung ergehen. Die Chinesen ließen verlauten, sie würden sich auch durch atomare Drohungen nicht dazu bringen lassen, ihre Unabhängigkeit aufs Spiel zu setzen. Als die Geheimdiplomatie keine Ergebnisse zeitigte, begann Radio Peking, Warnungen zu verbreiten und gemeinsam mit der chinesischen Presse die Öffentlichkeit auf einen Krieg in Korea vorzubereiten. Trotz des Versagens der Luftaufklärung gab es Ende November genug alarmierende Nachrichten über das Ausmaß des chinesischen Aufmarsches. Die Informationen stammten von Gefangenen, die man bei Gefechten mit chinesischen Einheiten gemacht hatte, und aus dechiffrierten Funksprüchen.

Alle diese warnenden Zeichen blieben unbeachtet, die Meldungen der Nachrichtendienste wurden fehlgedeutet oder ignoriert. Zwar machte man sich manchmal Sorgen, aber nie genug, um die Haltung zu ändern, die sich in Achesons Reaktion auf Tschous Warnung vom Oktober ausdrückte. »Wir sollten vor dem, was wahrscheinlich ein Bluff der chinesischen Kommunisten war, nicht zu sehr Angst haben«, erklärte er den Briten, die eben doch Angst hatten. Später sagten Acheson und Omar Bradley, sie und ihre Mitarbeiter (Staatssekretär für Fernostangelegenheiten war Dean Rusk) seien zu dem Schluß gekommen, Peking werde es nicht wagen, die USA ernsthaft herauszufordern. Auch Truman war dieser Meinung. Diese amerikanischen Politiker und Generäle dachten, daß chinesische Politiker und Generäle, bloß weil sie Chinesen waren, etwas hinnehmen würden, was Amerikaner unter den gleichen Umständen niemals hingenommen hätten. Wie später bei den Vietnamesen verwechselten die Amerikaner ihre käuflichen Freunde auf Taiwan mit den Chinesen, denen sie gegenüberstanden. Am Vorabend der Schlacht teilte Generalmajor Charles Willoughby, MacArthurs Nachrichtenchef, dem Vereinigten Generalstab telegrafisch mit, daß den Chinesen in Korea Lebensmittel und Munition ausgingen. Er glaube nicht, daß Peking viel unternehmen werde, um seine Armee zu versorgen. »Am westlichen Standard gemessen, haben die Chinesen ihre Soldaten bekanntlich immer schon sehr schlecht versorgt«, erklärte er.

MacArthur vergrößerte das Unheil, indem er seinen chinesischen Widersachern die Aufgabe noch erleichterte. Er teilte seine Armee in fünf Divisionen entsprechende Einheiten unter Walker im Westen und ein unabhängiges Korps im Osten, das aus der 1. Marinedivision und zwei Heeresdivisionen bestand und von seinem Stabschef, Generalleutnant Edward Almond, befehligt wurde. Die südkoreanischen Divisionen teilte er unter beiden auf. Walker und Almond hatten untereinander keine Verbindung. MacArthur übernahm es, ihre Bewegungen von seinem 1300 Kilometer entfernten Hauptquartier jenseits des Japanischen Meeres aus persönlich zu koordinieren. Mit seiner Rhetorik und Aura der Unfehlbarkeit hypnotisierte er fast alle seine Generäle. Walker offenbarte seine Geisteshaltung, als er einem Vorschlag aus dem Pentagon zustimmte, die Zahl der ihm zugesagten Ersatztruppen zu reduzieren. Als der Kommandeur der 1. Marinedivision Almond mitteilte, er müsse einen Flugplatz an einem Ort namens Hagaru-ri anlegen, um seine Männer mit Nachschub zu versorgen und die Verwundeten abzutransportieren, fragte Almond: »Was für Verwundete?«

Mit seinem »Weihnachten-zu-Hause«-Gerede wurde Douglas MacArthur zum Rattenfänger der Soldaten. Da diese den Krieg im Geist schon gewonnen hatten, wollten sie ihrem Körper keine Lasten mehr zumuten. Viele trugen während des Marsches zum Yalu keine Helme mehr, sondern Wollmützen. Die Mützen wärmten sie, die Helme waren nur im Kampf nützlich und wurden deshalb als unnützes Gewicht zurückgelassen. Aus dem gleichen Grund warfen auch viele die Spaten weg, mit denen sie Schützenlöcher graben sollten. Was die Munition betraf, so hatten viele bloß ein paar Magazine und ein oder zwei Handgranaten statt dem Gürtel und einem Schultergurt voll Patronen nebst einer ausreichenden Anzahl Handgranaten, wie sie kampfbereite Soldaten mit sich getragen hätten.

Wenn die Chinesen vorerst in den Bergen in Wartestellung blieben, verfolgten sie damit einen doppelten Zweck: In der Hoffnung, die Amerikaner würden ihre Warnungen doch noch beachten, zögerten sie den Kampf so lange wie möglich hinaus; falls es aber wirklich zum Krieg kam, konnten sie sicher sein, daß die erste Schlacht zu ihren Bedingungen ablief. In dem gebirgigen Gelände konnten die Amerikaner ihre technische Überlegenheit, ihre Artillerie, die Panzer und Jagdbomber, nicht richtig zur Geltung bringen. Der »massive Umfassungsangriff«, den MacArthurs Armee durchführen sollte, bestand in Wahrheit darin, daß sich eine Reihe von isolierten, an die Straßen gebundenen Marschkolonnen durch Engpässe schob. Die Chinesen konnten in den Bergen auf ihre zahlenmäßige Überlegenheit und die Kampfkraft ihrer Infanterie setzen. Ihr Plan war, mit einigen ihrer Angriffseinheiten die Spitzen von MacArthurs Kolonnen festzuhalten, während die Hauptmasse der Infanterie von den Höhen herab in die Täler strömen sollte, um die Amerikaner zu umgehen und weit in ihrem Rücken mit voller Wucht anzugreifen. Die chinesischen Generäle mochten noch ungeübt sein, aber sie waren von dem Geist erfüllt, der Eisenhower und Patton 1943 in Nordafrika beflügelt hatte. Sie machten keine Halbheiten und ließen vor den Truppen Walkers, MacArthurs Hauptmacht, ihre beste Armee aufmarschieren. Es handelte sich um ihre Vierte Routearmee unter General Lin Biao: achtzehn Divisionen mit insgesamt 180.000 Mann.

China hatte seit Jahrhunderten keine Streitmacht ins Feld gestellt, die der Armee Lin Biaos gleichkam. Sie war das einzigartige Ergebnis des Talents und der Energie, die ein Land während einer nationalen Revolution hervorbringt. Es sollte auch keine solche Armee mehr geben, denn sie wurde in den folgenden Kriegsjahren, in denen die Chinesen sich der amerikanischen Feuerkraft aussetzten, geopfert. Yao Wei hatte als junger Mann in ihr gedient, bis er, kurz vor der Verlegung nach Korea, zum Stab in General Peng De-huais zentralem Hauptquartier abkommandiert wurde. Die meisten Soldaten waren älter als er, Ende Zwanzig. Ohne nennenswerte Niederlagen hatten sie sich im Bürgerkrieg ihren Weg durch China erkämpft, von der Mandschurei, wo die Armee aufgestellt worden war, bis zur Insel Hainan vor der Südküste, die ihr im Frühjahr 1950 im Rahmen einer Landungsoperation in die Hände fiel. Es waren nordchinesische Truppen, die für einen Winterfeldzug bestens ausgestattet waren. Sie trugen dicke, gesteppte Baumwolluniformen und mit Schaffell gefütterte Mützen, deren Klappen die Ohren gegen Erfrierungen schützten. Der Gedanke, gegen Amerikaner zu kämpfen, machte ihnen keine Angst, wie sich Yao Wei erinnerte. Sie wußten, daß ein Krieg gegen die Amerikaner etwas anderes sein würde als der Kampf gegen die

Kuomintang, aber sie waren Veteranen, die aus ihren siegreichen Schlachten Selbstvertrauen schöpften.

Puckett und seine Ranger erhielten auf ihrer Höhe 205 keinerlei Warnung. Fünfzehn Minuten vor Mitternacht stob unterhalb ihrer Positionen ein Funkenregen durch das Dunkel, dann explodierten zwischen ihren Schützenlöchern Handgranaten. Lautlos hatten sich chinesische Infanteristen über den Hang bis auf Wurfweite herangearbeitet; die Funken waren beim Aufziehen der Handgranaten entstanden. Gleich darauf krachten in schneller Folge Salven von Mörsergranaten auf die Stellungen nieder, dann stürmten die Chinesen vor: Sie hofften, die Amerikaner gleich im ersten Ansturm zu überrennen, wie sie es von ihren Kämpfen gegen die Kuomintang her gewohnt waren.

Ralph Puckett hatte seine Köche und Schreiber gut trainiert. Statt auf den Trick der Chinesen hereinzufallen und sich in den Erdlöchern zusammenzukauern, um den detonierenden Handgranaten und Mörsergeschossen zu entgehen, hoben sie den Kopf, nahmen die durch die Nacht heranstürmenden Gestalten ins Visier und feuerten. Um ihnen das Zielen und das Handgranatenwerfen zu erleichtern, forderte Puckett über Funk Leuchtgranaten an. In ihrem Licht konnte er weitere Gruppen von Chinesen ausmachen, die hinter den Voraustrupps den Hang heraufkamen. Er ließ die nächste Runde Sprenggranaten aus den 105-mm- und 155-mm-Haubitzen mitten unter sie legen. Da Puckett ein gewissenhafter Leutnant war und weiter nördlich einen Kampf erwartet hatte, mußten seine Männer nicht mit Munition sparen. Er hatte dafür gesorgt, daß jeder Mann neben der Grundausstattung zusätzliche Munition und zahlreiche Handgranaten mit sich trug. Der Höhenkamm war ein Gewirr von Karabinern, Gewehren, BARs und MGs, mit denen die Chinesen niedergemäht wurden; die Sprenggranaten zerfetzten ihre Körper und wirbelten sie in die Luft.

Der Angriff geriet ins Stocken. Die Kombination von Artilleriebeschuß und massiertem Abwehrfeuer aus den Stellungen der Ranger war zu viel für die Chinesen. Bald liefen weniger Gestalten den Hang herauf und schließlich gar keine mehr. Die Überlebenden zogen sich aus dem erleuchteten Gelände in die Dunkelheit zurück. Von vereinzelten Schüssen abgesehen, hatten die Amerikaner Ruhe. Puckett robbte von einem Schützenloch zum anderen, um seine Männer zu ermutigen und zu sehen, wie es ihnen ergangen war. Die Kompanie war glimpflich davongekommen, es gab nur ein halbes Dutzend Verwundete. Da sie noch schießen konnten, lehnten sie es ab, sich in den Gefechtsstand des Kampfverbandes hinunterbringen zu lassen. Puckett mußte erfahren, daß er es mit einem ausdauernden Gegner zu tun hatte. Einer der überlebenden Chinesen schaffte es, sich heranzuschleichen und eine Handgranate zu werfen. Puckett wurde durch einen Splitter am Arm verwundet. Er konnte noch nicht wissen, daß diese Nacht erst begonnen hatte: daß er, sein Klassenkamerad und ihr halbes Hundert Ranger Ziel einer Angriffstruppe waren, die später auf ein 600 Mann starkes Bataillon geschätzt wurde.

Das Geschehen wiederholte sich während der folgenden zwei Stunden dreimal – der Funkenregen, die Handgranaten, die Mörser, der Sturmangriff –, und jedesmal hatten die Ranger mehr Furcht. Mit Unterstützung der Artillerie schafften sie es, die drei Angriffe zurückzuschlagen, aber bei jedem wurden einige von ihnen verwundet oder getötet, und langsam wurde die Munition knapp.

Der fünfte Sturmangriff um 2.45 Uhr war schlimmer als die vier vorhergehenden. Es wurden mehr Handgranaten geworfen, der Mörserbeschuß war länger und intensiver. Als Puckett Unterstützung durch die Haubitzen erbat, antwortete ihm der Offizier im Artillerieleitstand, daß er sich gedulden müsse. »Wir führen gerade einen anderen Auftrag aus«, erklärte er. »Sobald wir damit fertig sind, bekommen Sie Ihre Unterstützung.« Puckett kniete vornübergebeugt in einem Zweimannloch, das er mit seinem Klassenkameraden teilte, den Hörer des Funkgeräts unter dem Helm gegen das Ohr gepreßt und mit der hohlen Hand einen Trichter über dem Mundstück formend, um sich trotz des Krachs verständigen zu können. Obwohl selbst die Verwundeten weiterkämpften, sofern sie sich noch aufrechthalten konnten, klafften in der Schützenlochreihe bereits Lücken. Auch die Munition war den Männern fast ausgegangen. Puckett hatte für seinen Karabiner nur mehr ein einziges Magazin mit fünfzehn Schuß. »Aber wir brauchen sie jetzt«, antwortete er dem Artillerieoffizier, »wir müssen sie einfach bekommen.«

In diesem Augenblick explodierten hinter Puckett im Schützenloch innerhalb von Sekundenbruchteilen zwei Mörsergranaten. Sein Klassenkamerad war auf der Stelle tot. Normalerweise hätte auch Puckett tot sein müssen. Diese Nacht hatte er jedoch Vanns Glück und wurde bloß durch Splitter an beiden Füßen, an der linken Schulter und am Arm verwundet. Sein rechter Fuß war so böse zugerichtet, daß er die Ärzte später nur mit Mühe überreden konnte, ihn nicht zu amputieren.

Sobald Puckett seine Sinne wieder soweit beisammen hatte, daß er ins Funkgerät sprechen wollte, begann er zu lachen. Diesmal kämen die Chinesen aus zwei Richtungen, sagte er dann dem Artillerieoffizier; es schienen mehr zu sein als jemals bisher, und er mußte das Sperrfeuer sofort haben, wenn sie die Stellung halten sollten. Als der Offizier wiederholte, daß man die Geschütze doch für eine andere Einheit benötige, die ebenfalls angegriffen werde, blickte Puckett aus dem Schützenloch und sah, daß es ohnehin schon zu spät war: Chinesische Soldaten drangen in das Stellungssystem ein. Er trug dem Offizier auf, Oberst Dolvin mitzuteilen, daß die Kompanie überrannt wurde.

Die Ranger, die dazu noch in der Lage waren, sprangen aus ihren Schützenlöchern und liefen an Puckett vorbei den Hügel hinunter. Nach einer Weile bekamen drei von ihnen Gewissensbisse wegen ihres Leutnants und rannten zurück, um ihn zu holen. »Lieutenant, wie geht's Ihnen?« fragte ihn einer, während er sich vor das Schützenloch hinkauerte.

Ringsherum waren feindliche Soldaten. Puckett sah, wie in etwa fünfzehn Meter Entfernung ein Chinese mit der Maschinenpistole in ein Schützenloch feuerte, um noch einen seiner Ranger zu erledigen. Nur die allgemeine Verwirrung und die Dunkelheit verhinderten, daß er und seine Retter ebenfalls getötet wurden. »Mich hat's schlimm erwischt«, sagte er, »wir müssen von diesem Hügel herunter.« Der Mann fragte ihn, ob er gehen könne, wenn man ihn stützte. »Nein, Sie müssen mich schleppen«, erwiderte Puckett. Er spürte, daß er durch den Schock und den Blutverlust benommen wurde.

Zwei der Männer zogen ihn aus dem Schützenloch. Sie trugen ihn den Hang hinunter und über die gefrorenen Reisfelder, während der dritte hinter ihnen sicherte, um mit den letzten paar Schuß Feuerschutz geben zu können. Die beiden, die ihn trugen, hörten, wie er vor sich hinmurmelte: »Ich bin ein Ranger, ich bin ein Ranger.«

MacArthurs Überheblichkeit und das Versagen seiner zivilen und militärischen Vorgesetzten in Washington, die ihn gewähren ließen, führten zum längsten Rückzug in der Geschichte der amerikanischen Streitkräfte. Walker war über die Wucht des Angriffs verblüfft. Ehe er sich wieder fassen und manövrieren konnte, zermalmten die Chinesen die rechte Flanke seiner Armee. Der chinesische Flankenstoß zerriß zuerst ein südkoreanisches Korps von drei Divisionen und traf dann die 2. US-Infanteriedivision. Deren Kommandeur beschloß, die Hauptmasse seiner Truppen in einer einzigen Panzer- und Fahrzeugkolonne nach Süden zurückzuziehen, und zwar auf einer Straße, die durch eine Felsschlucht führte. Vor lauter Eile unterließ er es, erst einmal die Höhen beiderseits der Straße zu nehmen. Das war der überstürzte Entschluß, auf den die Chinesen gehofft hatten. Als die Amerikaner die Straße hinunterfuhren, wartete der Feind auf den Anhöhen. Der Rückzug führte die 2. Division in einen großangelegten Hinterhalt.

Walker zog sich über Pyongyang 250 Kilometer nach Süden zurück, bevor er es wagte, sich an der früheren Demarkationslinie am 38. Breitengrad nördlich von Seoul zum Kampf zu stellen. Nachdem er Ende Dezember auf einer vereisten Straße mit seinem Jeep tödlich verunglückt war, wurde die 8. Armee um weitere 90 Kilometer nach Süden gedrängt, wobei Seoul zum zweiten Mal verlorenging. Nach einer Umgruppierung gelang es schließlich Walkers Nachfolger Matthew Ridgway, eine Reihe von Gegenoffensiven einzuleiten.

Das autonome Korps, das unter dem Kommando von MacArthurs Stabschef Almond im Osten vorgerückt war, wurde mit Schiffen evakuiert. Zuvor hatte es durch die Angriffe der 120.000 Mann starken chinesischen Dritten Routearmee

mehrere seiner südkoreanischen Divisionen und einen großen Teil der
7. US-Infanteriedivision eingebüßt. Almond, genauso unbekümmert gebieterisch
wie sein Mentor, hatte der 7. Division befohlen, die gesamte Strecke bis zum Yalu
im Alleingang zurückzulegen. Die Chinesen ließen sie bis an die Grenze vorstoßen, dann stellten sie sich ihnen plötzlich entgegen. Die Soldaten, die diese
Angriffe und die winterliche Kälte überlebten, schafften das nur, weil sie die Einkreisung durchbrechen und sich schnell genug nach Süden zurückziehen konnten, um sich mit den Marines zu vereinigen.

Die Marineinfanteristen sollten als einzige ruhmreich aus dem Desaster her-
vorgehen. Ihr Kommandeur, Generalmajor Oliver Smith, war der einzige General
in Korea, der den Wahnsinn von MacArthurs Plan erkannte und die Courage
besaß, der eigenen Überzeugung gemäß zu handeln, um seine Soldaten zu retten.
Offenbar war Smith während des Disputs über MacArthurs Pläne für eine
Landung in Inchon argwöhnisch geworden. Er kam zu dem Schluß, daß das
Risiko, das MacArthur in Nordkorea einging, militärischer Irrsinn war, und bereitete auf dem Vormarsch schon den Rückzug vor. Zu Almonds Ärger beschränkte
er das Tempo seiner 1. Marinedivision im November auf eine Meile pro Tag, ließ
seine Pioniere die Straße verbessern, die durch das Gebirge zur Küste zurück-
führt, und in Hagaru-ri, an der Südspitze des Changjin- oder — japanisch —
Chosin-Stausees, einen Stützpunkt mit Flugplatz anlegen. Als die Chinesen los-
schlugen und die Marines umgingen, um ihnen den Rückzug abzuschneiden,
konnte Smith ohne Schwierigkeiten eine Schwenkung vollziehen und buchstäblich in der Gegenrichtung angreifen. Der Rückzug seiner 1. Marinedivision vom
Stausee wurde ein weiteres Kapitel in der Geschichte der Heldentaten des Korps.

Smiths Scharfblick und Courage sowie die Disziplin und Tapferkeit seiner
Marines konnten nichts an der Tatsache ändern, daß MacArthur die entscheidende Schlacht des Korea-Kriegs verloren hatte. Die USA sollten sich nunmehr
mit der Hälfte Koreas statt mit vier Fünfteln zufriedengeben müssen, und das um
den fünffachen Preis an Gefallenen. Von den 54.246 Amerikanern, die in Korea
den Tod fanden, fielen etwa 10.000 bei den Kämpfen um die Pusan-Zone und der
Verfolgung der Überreste der nordkoreanischen Armee. Die übrigen 44.000
kamen bei dem Debakel in den Bergen südlich des Yalu um und während der mit
wechselndem Erfolg geführten Kämpfe, die noch zweieinhalb Jahre andauern
sollten, bis der Konflikt schließlich im Juli 1953 wieder an einer Waffenstillstandslinie endete, die in etwa dem 38. Breitengrad folgte.

Von den zweiundfünfzig Soldaten, die Höhe 205 besetzt hatten, kamen
Puckett und neunzehn Mann zurück. Viele von ihnen waren ebenfalls verwundet,
aber sie konnten gehen oder allein den Hang hinunterhumpeln. Von den Schwerverwundeten war Puckett der einzige, der überlebte, die anderen starben in ihren
Stellungen. Wenn sie nicht von den Chinesen getötet wurden, fanden sie durch
die Bomben und Phosphorgranaten den Tod, mit denen Oberst Dolvin den Berg-

kamm belegen ließ, um zu verhindern, daß der Feind seinen Kampfverband von den beherrschenden Höhen aus angriff. Auf Befehl General Keans wechselte die Task Force am folgenden Morgen ihre Marschrichtung und begann sich über die Straße zurückzuziehen.

Puckett sollte ein Jahr — zuerst in Japan, dann in den USA — in Armeekrankenhäusern verbringen, wo man ihm durch operative Eingriffe Füße und Schulter wiederherstellte. Als er in einem vorgeschobenen Feldlazarett in Korea zum ersten Mal wieder erwachte und einen asiatischen Sanitäter erblickte, war er sich nicht sicher, ob er wirklich davongekommen war. »Ist der Bursche Chinese oder Koreaner?« fragte er die Krankenschwester.

»Koreaner«, antwortete sie.

Sobald Vann erfuhr, was mit den Rangern geschehen war, bat er Gassett um die Erlaubnis, bei Kean vorzusprechen. Diesem erklärte er — so drängend, wie ein Hauptmann das vor seinem General tun durfte —, er verdiene es, daß man ihm nun Gelegenheit gebe, die Kompanie mit den Überlebenden und frisch angeworbenen Freiwilligen neu aufzustellen. Es war nicht das erste Mal, daß Vann bei Kean mit der Bitte um eine Kompanie vorsprach. Er hatte niemals aufgehört, Gassett wegen seiner Versetzung in den Ohren zu liegen. Um Ruhe zu haben, hatte Gassett ihn schon einmal zu Kean gehen lassen, und Vann hatte Kean um den Befehl über eine Kompanie des 24. Infanterieregiments gebeten. Garland Hopkins und Ferrum hatten ihn von Rassenvorurteilen befreit. Er war überzeugt, daß farbige Soldaten ebenso gut kämpfen würden wie weiße — vorausgesetzt, jemand zeigte ihnen, daß sie es konnten. Der General hatte ihn damals mit der Erklärung enttäuscht, er leiste durch seine Arbeit im Divisionsstab den denkbar besten Beitrag. Im Moment war Kean damit beschäftigt, die 25. Division zu retten, hatte aber nicht das Herz, ein zweites Mal nein zu sagen. Auch Gassett wollte Vann nicht länger im Weg stehen. Vann bekam die Ranger. Er mußte inmitten der Rückzugshektik rekrutieren und organisieren, doch bot ihm Kean gute Voraussetzungen für seine Arbeit, da er die 25. Division relativ intakt aus den Kämpfen herausholte und einen Rückzug durchführte, der den Umständen entsprechend geordnet verlief. Obwohl geistig nicht so unabhängig wie Oliver Smith, war Kean doch vorsichtiger gewesen als seine Generalskollegen der Armee. Anstatt den Großteil seiner Division in einer dünnen Frontlinie für MacArthurs Offensive aufzustellen, hatte er seine Einheiten in die Tiefe gestaffelt. Das chinesische Einkreisungsmanöver stieß daher bei der 25. Division auf Widerstand. Kean nutzte diesen Zeitgewinn, um die Task Force Dolvin und andere Vorausabteilungen zurückzuziehen, ehe sie zu sehr angeschlagen waren. Auf diese Weise konsolidierte er seine Division und erhielt sich ausgeglichen starke Einheiten, die in der Lage waren, sich gemeinsam den Rückweg freizukämpfen.

Mary Jane erfuhr vom ersten Kommando ihres Gatten, als er ihr im nächsten Brief auftrug, im PX-Laden von Osaka zum Schneider zu gehen und Schulterabzeichen mit dem aufgestickten Wort »Ranger« anfertigen zu lassen, damit seine Männer sie auf die Uniformjacken nähen konnten. Er empfand den gleichen Stolz wie Puckett über diese Unterscheidung von der gewöhnlichen Infanterie und benutzte die Abzeichen als eines von vielen Mitteln, um ihn auf seine Männer zu übertragen. Er war außer sich vor Freude über dieses erste Kommando, denn die Ranger waren eine autonome Einheit; außerdem war Vann war am glücklichsten, wenn er an der Spitze stand. Aufgrund des Korea-Kriegs und der Erhöhung der Truppenstärke in Europa hatte die Armee beschlossen, eine Anzahl ständiger Rangerkompanien aufzustellen. Vann wurde gestattet, innerhalb der 25. Division und unter den in Korea eintreffenden Ersatztruppen zu rekrutieren; und er durfte der Kompanie einen dritten Zug hinzufügen, ihre Stärke also auf insgesamt fünf Offiziere und 107 Unteroffiziere und Soldaten erhöhen. Sein Enthusiasmus steckte weit mehr Freiwillige an, als er tatsächlich nehmen konnte.

Für eine reguläre Ausbildung war keine Zeit. Vann mußte die Kampfkraft seiner Ranger nebenbei entwickeln, vor Ort und in freien Augenblicken – eine Methode, die man bei der Army als OJT (»on-the-job-training«) bezeichnet. Mitte Dezember 1950, sobald die Kompanie auf vollem Stand war und er die Männer nach einer Reihe von Übungen so weit getrimmt hatte, daß sie einigermaßen als Einheit funktionierten, wurden die Ranger mit Landefahrzeugen der Navy auf die Insel Kangwha nahe der Westküste Koreas südlich der Mündung des Imjin-Flusses gebracht. Die Mündung bildete das westliche Ende der Verteidigungslinie, die Walker entlang des 38. Breitengrades errichten wollte. Vanns Kompanie bekam zwei Aufgaben. Die erste bestand darin, etwaige Landungsversuche der Chinesen im Rücken der 8. Armee zu melden. Die zweite war gefährlicher und erforderte schon etwas mehr Mut. Es ging darum, nachts in kleinen Booten die Flußmündung zum Festland hin zu überqueren, um hinter den chinesischen Linien Erkundungsaufträge durchzuführen.

Als die 8. Armee nach Walkers Tod sich noch weiter zurückzog, wurden auch die Ranger von Kangwha abgezogen. Zu neuen Aufklärungsunternehmen sandte man sie erst wieder aus, als die Gegenoffensive vorbereitet wurde, die General Ridgway für Ende Januar plante. Vann mußte während dieser Operationen alles vermeiden, was über ein Scharmützel hinausging. Ein Zusammenstoß mit einer starken chinesischen Einheit hätte die sinnlose Opferung seiner Männer bedeutet. Er hoffte, seine Qualitäten zeigen zu können, als am 10. Februar 1951 die Ranger zusammen mit den Panzern der motorisierten Aufklärungskompanie der 25. Division mithelfen sollten, Inchon zurückzuerobern. Da die Stadt von den Chinesen aber kampflos geräumt wurde, stießen sie nur auf einige Versprengte.

Vann stahl die Geschichte von Pucketts Heldentum nicht sofort. Er verhielt sich loyal, wie er es einem tapferen Offizierskameraden gegenüber immer tat, und setzte sich dafür ein, daß Puckett mit dem »Distinguished Service Cross« ausgezeichnet wurde. Er befragte Überlebende von Höhe 205, sammelte eidliche Erklärungen über Pucketts tapfere Truppenführung und legte der Empfehlung für die Medaille einen Textvorschlag für die schriftliche Anerkennung bei. Desgleichen erwirkte er Auszeichnungen für die Männer, die Puckett in Sicherheit gebracht hatten. Als er mit Puckett später in Fort Benning zusammentraf, wollte er die schriftliche Anerkennung sehen; und er sagte, wie sehr es ihn freue, daß man den von ihm vorgeschlagenen Text im Wortlaut übernommen hatte.

Vann stahl Pucketts Geschichte mehr als ein Jahrzehnt später in Vietnam. Er eignete sie sich aus verschiedenen Gründen an. Er konnte in Vietnam nicht der John Vann sein, der er sein wollte, ohne seine Rangerkompanie in Korea durch eine Nacht des heldenhaften Widerstands geführt zu haben. In der Überzeugung, daß er sich genauso tapfer verhalten hätte wie Puckett, baute er die Geschichte in seine eigene Legende ein. Da er den Text für die Belobigung geschrieben hatte, erinnerte er sich recht gut an die Einzelheiten und fügte noch einige hinzu, um der Episode eine höhere Bedeutung zu verleihen, so z. B. die »mehr als 500 toten Chinesen«, die er in der Morgendämmerung gesehen haben wollte, als er den Hang hinunterging, »über den die Chinesen heraufgekommen waren«. (Puckett wußte nicht, wie viele Chinesen sie getötet hatten. Es wäre unmöglich gewesen, sie zu zählen.)

Das Bild Hunderter und aber Hunderter Leichen und Vanns Beschreibung der chinesischen »Menschenwalze« untermauerten auch sein Argument, daß die Amerikaner auf dem asiatischen Festland einen Abnutzungskrieg nie gewinnen könnten. So stark unsere Feuerkraft auch sein mochte, die anderen würden immer zahlreicher sein als wir, erklärte er und erzählte dann, wie es ihm und seiner Rangerkompanie ergangen war. Die Art, wie er die Einzelheiten verändert hatte — »als die sechste Menschenwelle über uns hinwegrollte« —, zeigte auch, welches Bild Chinas er nach Vietnam mitbrachte. Für Vann waren Chinas Millionen Menschen weder ein nur vorläufig zu berücksichtigender militärischer Faktor noch ein ständiges Hindernis auf dem Weg zur Modernisierung, durch die ein Staat erst wirklich zur Großmacht wird. Sie waren vielmehr eine ständig wachsende Bedrohung, die man unter Kontrolle halten mußte. Er teilte diese Vorstellung mit den meisten Amerikanern seiner Zeit, und Korea machte sie für ihn lebendig und greifbar.

Gleich vielen anderen Armeeoffizieren seiner Generation neigte auch Vann dazu, für die Geschehnisse in Nordkorea eine plausible Erklärung zu finden. Die Armee hatte noch nicht genügend Distanz zu ihrem Sieg im Zweiten Weltkrieg, um sich einzugestehen, daß ihre Führer die schlechteren Strategen waren und die amerikanischen Soldaten — mit einigen Ausnahmen wie Pucketts Rangern oder den Marines — von den Chinesen besiegt wurden, weil sie unvorbereitet und falsch informiert waren. Vann äußerte später Mary Jane gegenüber, MacArthur habe einen schrecklichen Fehler begangen, als er sich auf einen Kampf mit den

Chinesen einließ, versuchte jedoch, die Niederlage mit der zahlenmäßigen Überlegenheit des Gegners zu entschuldigen. MacArthurs Verdienste waren zu groß, er
hatte sich zu geschickt in die Fahne und den Stolz der Nation gehüllt, und seine
Ausreden waren für Amerikaner wie Vann zu überzeugend, als daß man seine
Charakterschwächen und den Verlust der Beziehung zu seinem Beruf erkannt
hätte. Truman sollte viereinhalb Monate brauchen, bis er ihn ablöste, und er entließ ihn nur deshalb, weil der General in dem Bestreben, seinen militärischen Ruf
wiederherzustellen, öffentlich Meinungsmache für einen totalen Krieg gegen
China betrieb. Als MacArthur heimkehrte, bereitete ihm das Land, das ihn immer
noch liebte, einen hysterischen Empfang.

Eigenartigerweise sollte Vann niemals die Auszeichnung erhalten, die er sich
mit der Rettung der Infanteriekompanien in der Pusan-Zone eigentlich verdient
hätte. Der Major von der Nachrichtenabteilung, der Vanns Bravourstücke von seinem Aufklärungsflugzeug aus verfolgt hatte, war mit seiner eigenen Arbeit
beschäftigt und erwähnte Gassett gegenüber nichts. Durch Vanns Gelassenheit
beim Einladen der Munition und den glücklichen Umstand, daß keines der Flugzeuge ernsthaft beschädigt wurde, mußte Gassett den irrigen Eindruck gewinnen,
daß die Piloten das Risiko tatsächlich übertrieben hatten. Vann hatte keine Hemmungen, Gassett darauf hinzuweisen, daß er Züge und Lkw-Konvois schneller
hin- und herfahren und Truppen und Nachschub prompter an Ort und Stelle
bringen ließ als jeder andere Divisionstransportoffizier der 8. Armee. (Er erhielt
einen zweiten »Bronze Star« für seine effiziente Arbeit bei der Verfolgung der
flüchtenden Nordkoreaner nach der Landung in Inchon.) Er prahlte mit diesen
Leistungen vor Gassett auf die gleiche Weise wie früher vor Crutchfield über die
Sportabzeichen, die er in der Junior High School in Norfolk gewonnen hatte: Er
maß seinen Wert an seiner Tüchtigkeit. Trotzdem erwähnte er vor Gassett niemals,
wie gefährlich die Munitionsabwürfe über den eingeschlossenen Kompaniestellungen gewesen waren. Sein Schweigen bedeutete nicht, daß er keine Medaille
wollte; Mary Jane erzählte er später, wie sehr er gehofft hatte, in Korea eine eindrucksvolle Auszeichnung zu erhalten. Wenn er diese Flüge aber Gassett schilderte, mußte dieser den Eindruck gewinnen, daß er ihn um eine Medaille bat.
Eine Tapferkeitsmedaille war jedoch eines der wenigen Dinge, die er so hoch-
schätzte, daß er nicht darum bitten oder darauf hinwirken wollte. Wenn sie nicht
von selbst auf ihn zukam, dann brauchte er sie auch nicht. Er sagte nichts, und
Gassett, der konservativ dachte und davon ausging, daß ein Offizier die mit der
Ausübung seines Berufes verbundenen Risiken als selbstverständlich auf sich
nahm, empfahl ihn bloß für eine »Air Medal« mit Eichenlaub, die dadurch einer
zweimaligen Auszeichnung entsprach. (Die »Air Medal« ist eine prosaische Deko-
ration für eine bestimmte Anzahl von Flügen über Kampfzonen unabhängig vom
Grad ihrer Gefährlichkeit.) Diese Empfehlung ging jedoch an irgendeiner Stelle
des Instanzenwegs verloren.

(Acht Jahre später begegnete der Nachrichtenoffizier Gassett in Heidelberg wieder und erzählte ihm von der Tollkühnheit, die er damals beobachtet hatte. Die beiden Männer verfaßten eine Beschreibung von Vanns Heldentat, der Nachrichtenoffizier fügte eine eidliche Erklärung hinzu, und Gassett empfahl, Vann mit dem »Silver Star for Gallantry« zu dekorieren. Vann bekam die Auszeichnung nicht, und zwar aufgrund einer jener hinterhältigen Formalitäten, die zu erfinden Militärbürokraten offenbar ein besonderes Talent besitzen. Das Gesetz hätte Vann die Auszeichnung ermöglicht. Dazu hätte man Gassetts ursprüngliche Empfehlung für die »Air Medal« mit Eichenlaub nur zu einer Empfehlung für den »Silver Star« anheben müssen. Das Gesetz sah sogar die Berücksichtigung einer verlorengegangenen Empfehlung vor, sofern sich Beweise erbringen ließen, daß sie tatsächlich ausgesprochen worden war. In Vanns Fall waren diese Beweise ein Durchschlag der Empfehlung in seiner Personalakte und Gassetts Wort, sie ausgesprochen zu haben. Das Büro des Generaladjutanten entschied aber, daß das nicht ausreichte; es müßten gesonderte Beweise erbracht werden, daß die Empfehlung »in militärische Kanäle« geleitet worden sei, bevor sie verlorenging. Diese Beweise konnten aber nicht erbracht werden. Vann sollte bis Ap Bac warten müssen, ehe er mit dem »Distinguished Flying Cross« seine erste Tapferkeitsmedaille erhielt.)

Vielleicht hätte Vann in Korea trotz allem die gewünschte Medaille erhalten, hätte er seine Ranger so lange führen können, bis er Gelegenheit fand, sich in einem schweren Gefecht gegen die Chinesen auszuzeichnen. Er behielt die Kompanie jedoch nur zweieinhalb Monate. Jesse, der sich später so entschieden gegen Vanns zweiten Krieg wenden sollte, beendete vorzeitig seinen ersten.

John Vann hatte seinen zweiten Sohn noch nie gesehen. Jesse war am 5. August 1950 zur Welt gekommen, als sein Vater und die 25. Division gerade verzweifelt versuchten, die südwestliche Ecke der Pusan-Zone zu halten. Als Mary Jane mit Wehen eingeliefert wurde, war das Armeekrankenhaus von Osaka dermaßen überlastet, daß die Krankenschwester keine sauberen Bettücher für sie finden konnte. Der Geburtshelfer war im Operationssaal und versorgte eben aus Korea eingetroffene Verwundete. Er rannte erst in den Entbindungsraum hinüber, als die Preßwehen einsetzten.

Jesse war ein hübsches Baby. Er hatte hellblondes Haar und große blaue Augen, war aber kränklich und litt an Appetitlosigkeit. Mary Jane machte sich deshalb Vorwürfe. Es war töricht von ihr gewesen, auf den Arzt in der Schwangerschaftsberatung zu hören und sich an die von ihm verordnete Diät zu halten. Anstatt dem alten Spruch von Großmutter Allen zu folgen und für zwei zu essen wie bei Patricia und John Allen, hatte sie oft außer Sellerie und Karotten kaum etwas zu sich genommen. Anfang Februar 1951, als Jesse sechs Monate alt war, wurde sein Atem flach, und seine Augen begannen aus den Höhlen zu treten. Er bewegte sich dauernd zum unteren Bettende hin, ein zusätzliches Krankheits-symptom, wenn man den Diagnosen alter Frauen Glauben schenken durfte. Mary Jane konnte sich nicht erklären, was ihm fehlte, denn er war fieberfrei. Der Kinderarzt in der Klinik hatte vor seiner Versetzung nach Japan zufällig mit Meningitisfällen zu tun gehabt. Er nahm eine Lumbalpunktion vor. Die Analyse der Flüssigkeit ergab, daß Jesse eine Gehirnhautentzündung hatte. Er könne das Kind vielleicht mit Hilfe einer neuen Behandlung retten, erklärte er Mary Jane, die Chancen stünden aber nicht gut. Auf dem Flur begegnete sie einer Bekannten, die, ebenfalls Offiziersfrau, in der Klinik als freiwillige Rotkreuzhelferin arbeitete. Mary Jane brach in Tränen aus und erzählte ihr alles. Die Bekannte sandte über Rotkreuzkanäle eine Eilnachricht nach Korea. Vann bekam Sonderurlaub und nahm ein Flugzeug nach Japan.

Völlig überraschend stand er plötzlich vor der Haustür. Die Bekannte hatte zwar angerufen, um zu sagen, daß er unterwegs war, aber er hatte in ein anderes Flugzeug umsteigen müssen, und Mary Jane war nicht klar gewesen, wann er in Osaka eintreffen würde. Trotz des traurigen Anlasses war sie überglücklich, ihn wieder bei sich zu haben und von ihm in die Arme genommen zu werden. In der Entlausungsstation des Flughafens Tokio hatte man ihm eine saubere Uniform gegeben. Er nahm die Mütze ab, um ihr zu zeigen, daß man ihm auch den Kopf geschoren hatte. Sein kahler Schädel belustigte ihn. »Du brauchst keine Angst zu haben, daß du von mir Läuse bekommst«, sagte er und erklärte ihr, wie gründlich man ihn desinfiziert hatte.

Sie fuhren sofort zur Klinik. Während der paar Tage, die die Nachricht bis zum Divisionshauptquartier und dann Vann für die Reise nach Osaka gebraucht hatte, war in Jesses Befinden eine Besserung eingetreten. Er schien der Krankheit zu widerstehen, der Arzt hatte neuen Mut geschöpft. Vann tröstete Mary Jane. Sie hätten mit Patricia und John Allen Glück gehabt, sagte er, und Jesse werde sich erholen und eines Tages ebenso gesund sein wie seine Geschwister.

Als das Kind über die Krise hinweg war und der Arzt Vann nach Hause schicken wollte, da sein Sohn eine lange Erholungszeit benötige und in den Vereinigten Staaten eine bessere Behandlung bekommen würde, lehnte Vann eine Rückkehr ab. Das Divisionshauptquartier wurde über den Wunsch des Arztes informiert. Ende Februar, als sein zweiwöchiger Urlaub fast zu Ende war, erhielt Vann die Nachricht, daß man ihm eine Versetzung aus dringenden familiären Gründen genehmigte. Er rief in Korea an und sagte, er brauche nicht nach Hause zu fahren, Mary Jane könne Jesse und die beiden größeren Kinder allein zur ihren Eltern nach Rochester bringen. Er beabsichtige, zu seiner Kompanie zurückkehren. Das Hauptquartier nahm an, daß Vann sich nur wie ein guter Soldat verhalten wollte, und kam seiner Bitte nicht nach. Man teilte ihm mit, daß er als Hauptmann im Sommer ohnehin für den nächsten Fortgeschrittenenkurs an der Infanterieschule in Fort Benning vorgesehen sei. Bis dahin benötigte man dort einen Offizier mit seiner Erfahrung für das neueingerichtete Ranger Training Command. Seine Versetzung war bereits beschlossene Sache. Vann hatte keine Wahl.

Mary Jane spürte, wie sehr es ihn ärgerte, den Krieg und seine Rangerkompanie aufgeben zu müssen. Seine Einstellung verletzte sie zutiefst. Sie hatte sich so sehr darauf gefreut, ihn wieder bei sich zu haben und den Alltag mit ihm zu teilen. Körperlich hatte sich zwischen ihnen nichts geändert. Die körperliche Anziehung war immer stark gewesen, und sie erneuerten ihre Beziehung mit unverminderter Intensität. Aber John sprach nicht mehr über seine Erinnerungen, wenn sie beisammen waren. Auch was ihn beschäftigte, sagte er ihr nicht mehr. Sie versuchte, ihm von dem Leben zu erzählen, das sie und die Kinder während seiner Abwesenheit geführt hatten. Er ging darauf nicht ein. Sie fühlte, daß er im Geist bei seiner Kompanie in Korea war. Vielleicht hatte sie die Veränderung in ihm auch deshalb bemerkt, weil sie beide so unterschiedlich auf den Krieg reagierten. Für ihn war der Krieg die Erfahrung, die ihn in seinem Leben bisher am meisten erfüllt hatte. Nie war ihm die Zeit zu lang geworden, nichts hatte er als banal oder öde empfunden. Jeder Tag war bedeutend, jede Handlung wichtig und dringend gewesen. Es hatte ihn fasziniert zu sehen, wie glänzend er den Erfordernissen des Krieges gerecht wurde, wie weit er sich bei dieser Prüfung über andere Männer erheben konnte. Geistig hatte sie die Berechtigung des Krieges fraglos akzeptiert, wie sie es bei allem tat, was man ihr sagte. Vom Gefühl her lehnte sie den Krieg jedoch ab, denn er hatte John von ihr weggeführt, und was sie sah, erfüllte sie mit Schrecken.

General Kean hatte alle Offiziersfrauen aufgefordert, entweder als Hilfskrankenschwestern und freiwillige Rotkreuzhelferinnen in Krankenhäusern zu arbeiten oder auf dem Flugplatz mitzuhelfen, die aus Korea ankommenden Verwundeten zu betreuen. Mary Jane hatte sich für die Arbeit auf dem Flugplatz entschieden, da die Anfahrt weniger lang war. Die gehfähigen Verwundeten wurden in einen Hangar geführt und mußten auf Bänken warten, bis ein Arzt und einige Sanitäter sie für die Busse eingeteilt hatten, die sie in die verschiedenen Krankenhausabteilungen brachten. Die schweren Fälle mit zerschossenen Gliedmaßen oder schweren Bauch-, Brust- oder Kopfverletzungen wurden von den Flugzeugen direkt zu den Ambulanzen getragen. Bevor sie den gehfähigen Verwundeten Kaffee und Kakao servierten und ihnen in die Busse steigen halfen, gingen Mary Jane und die anderen Frauen zu den Ambulanzen, um zu versuchen, die Schwerverletzten zu trösten. Der Anblick dieser menschlichen Wracks war schockierend, niemals hätte sie sich vorstellen können, daß es etwas so Grausames gab. Ihr ganzes Leben sollte sie die Gesichter der jungen Männer und ihre verstümmelten Körper nicht mehr vergessen. Nachdem sie ihre erste Reaktion überwunden hatte, die Angst nämlich, daß eine der Gestalten auf den Tragbahren John sein könnte, mußte sie sich die Verwundeten immer als Jungen vorstellen. Mit dreiundzwanzig war sie nicht viel älter als die meisten dieser achtzehn- bis zwanzigjährigen Soldaten, aber sie war bereits Mutter, sie hatte selbst Söhne. Was mit diesen Jungen hier geschah, empfand sie als Unrecht. Eigentlich sollten sie aufs College gehen oder ihren ersten Job haben oder sich mit einem Mädchen treffen, anstatt in Korea verstümmelt zu werden. Sie fragte sich, ob eines Tages einer ihrer Söhne in den Krieg ziehen müßte und dann auch so zerfetzt daliegen würde. Es wunderte sie, daß sie so naiv gewesen war zu glauben, die Armee sei wie Coca Cola oder eine andere große Aktiengesellschaft, die Ehemännern samt Familie regelmäßig angenehme Auslandsaufenthalte ermöglichte. Nun wurde ihr klar, daß das Geschäft der Armee das Kriegführen war.

Johns Ärger darüber, daß man ihn zwang, den Krieg aufzugeben, würde schon wieder vergehen, dachte sie. Aber es gab etwas, das die Zeit nicht zu ändern schien, obwohl sie sich körperlich so gut verstanden. Sie hatte es bemerkt, bevor er nach Korea ging. Es war Johns unersättlicher Sexualtrieb — eine weitere dieser beunruhigenden Entdeckungen, die sie im Haus am Hügel machen mußte. Ihr Mann schlief mit den beiden japanischen Hausmädchen. Zuerst war sie zutiefst empört, daß er sie betrog und diese Schändlichkeit noch dazu in ihrem Haus beging. Dann bekam sie Angst, da sie dachte, es würde ihre Ehe zerstören, wenn sie ihn deshalb zur Rede stellte; aber alles, was sie unternahm, um ihre stille Mißbilligung zu zeigen, machte seinen Widerstand nur noch stärker. Die beiden Japanerinnen, die sechzehn bis achtzehn Jahre alt sein mochten, konnten ihn angesichts der Tatsache, daß Arbeit und Nahrung knapp waren, schwerlich abweisen. Trotzdem beschloß sie, das Mädchen, hinter dem er besonders her war, zu entlassen; sie hoffte, er würde diesen Hinweis verstehen. Er ignorierte ihn: Auch mit dem neuen Hausmädchen, das sie einstellte, begann er eine Beziehung. Als Mary Jane es ebenfalls entließ und keine Nachfolgerin mehr einstellte, engagierte er einfach selbst eine, ohne sie vorher zu fragen. Sie wußte genau, daß auch diese neueste Haushaltshilfe fürs Bett bestimmt war. Als Mary Jane auch sie entließ, brachte er wieder eine neue. Seine Aktivitäten bei den Hausmädchen schienen jedoch in keiner Weise seine Fähigkeit oder den Wunsch zu beeinträchtigen, auch mit ihr zu schlafen. Er schien jede Menge überschüssiger sexueller Energie zu haben. Mary Jane sagte nichts, aber zum ersten Mal in ihrer Ehe kam es zu Spannungen. Er machte ihr klar, daß er seinen Harem haben wollte, wobei er offenbar erwartete, daß sie sein Verhalten hinnahm. Schuldgefühle zeigte er nicht.

In Fort Benning, wo die Vanns nach einem langen Besuch bei den Allens in Rochester Anfang Mai 1951 ankamen, ersetzte John die japanischen Hausmädchen durch Amerikanerinnen. Die Familie wohnte in einem der neuen Wohnkomplexe mit Gartenanlage, die die Armee hier aus Mitteln für den Koreakrieg errichtet hatte. John ging abends nach dem Essen oft aus. Er spielte bei einem Basketballmatch oder mußte noch in der Bibliothek arbeiten. Mary Jane schwieg weiterhin. Nur wenn sie ihren Ärger nicht mehr unterdrücken konnte, wurde sie gehässig. Meistens hielt sie sich zurück und nahm seine Untreue hin. Das Fallschirmspringen und andere anstrengende Übungen beim Ranger Training Command sowie die anschließenden acht Monate im Fortgeschrittenenkurs der Infanterieschule hielten ihn in Stimmung. Er hatte Verständnis für ihr Bedürfnis, nicht immer nur bei den Kindern zu sein, und nahm sie auf Parties und Bridge-Abende zu Offizierskameraden und ihren Ehefrauen mit. Oft trafen sie sich mit Ralph Puckett und seiner Verlobten, um Steaks zu grillen; für die Männer war es ein Anlaß, über den Krieg zu sprechen. (Pucketts Schulter und seine Füße wurden von den Chirurgen des Krankenhauses in Fort Benning wiederhergestellt.)

An vielen Abenden, an denen John sich mit Frauen amüsierte, mußte Mary Jane Jesse pflegen, der während der ersten drei Lebensjahre immer wieder Lungenentzündung bekam. Die Ärzte hatten ihr geraten, ein Verdampfungsgerät in sein Bett zu stellen und ein Laken darüberzuspannen. Sie hatte Angst, ihn allein zu lassen und saß stundenlang bei ihm. Sein Kopf war für den kleinen Körper viel zu groß. Durch den Druck auf das Gehirn hatte er immer noch hervortretende Augen. Einmal mußten die Ärzte durch eine Punktion Flüssigkeit aus dem Schädelinneren entfernen. Die Meningitis verursachte zudem Gehirnläsionen. Sie vernarbten allmählich wieder, aber das ständige Kranksein verzögerte Jesses geistige und körperliche Entwicklung. Er lernte spät laufen und konnte erst mit zwei Jahren das erste Wort sprechen.

Als Vann im Frühjahr 1952 seinen Kurs an der Infanterieschule abschloß und als Ausbilder des Reserve Officers' Training Corps an die Rutgers University versetzt wurde, begann für Mary Jane eine noch schlimmere Zeit. Er hatte um diese Versetzung angesucht, um in Abendkursen den Bachelor in Betriebswirtschaft zu machen. Ein Bachelor war das mindeste, was er für eine Offizierskarriere benötigte. Angesichts seiner Begabung für Mathematik und Statistik und der Tatsache, daß er in Rutgers bereits ein Jahr lang Wirtschaftswissenschaften studiert hatte, bot es sich an, daß er nun Betriebswissenschaft machte. Er fuhr nach New Jersey und mietete ein Haus in Parlin, einer Kleinstadt östlich von New Brunswick, wo die Universität lag. In seinen Augen war das eine vernünftige Entscheidung, da in Parlin die Miete für ein geräumiges Haus weniger hoch und sein täglicher Anfahrtsweg nicht zu lang war.

Nach der Kameradschaft unter den Familien der 25. Division in Japan und der dichten Atmosphäre des Garnisonslebens in Fort Benning bedeutete Parlin für Mary Jane eine plötzliche Isolation. Das Haus befand sich in einem hauptsächlich von Polen bewohnten Viertel, zumeist Einwanderer aus der Zeit vor dem Zweiten Weltkrieg, ältere Ehepaare, die nicht richtig Englisch konnten und deren inzwischen erwachsene Kinder weggezogen waren. Als Hausnachbarin hatte sie eine Witwe angelsächsischer Abkunft, die dauernd kochte und Obstkuchen oder Töpfe mit Nudelauflauf herüberschickte oder sich anbot, etwas für die Kinder zu tun. Eine freundliche Nachbarin war jedoch noch keine Gemeinschaft und kein Ersatz für Geselligkeiten. John ging um 8 Uhr nach dem Frühstück aus dem Haus, und meistens sah ihn Mary Jane erst spätabends wieder.

Sie hatte nicht das Geld, einen Babysitter zu nehmen und mit dem Bus zur Bowlinghalle oder ins Kino zu fahren oder in einem schöneren Ortsteil einen Schaufensterbummel zu machen. John kaufte ihr einen klapperigen Gebrauchtwagen, der die meiste Zeit kaputt war. Das neue Auto benutzte er selbst, um zur Universität zu fahren. Er teilte das Geld ein, größere Beträge wie die Miete bezahlte er persönlich. Mary Janes Budget bemaß er knapp. Jeden Samstag fuhr er sie zu einem PX-Laden der Armee, wo sie Lebensmittel einkaufen konnte. Benötigte sie unter der Woche noch Lebensmittel, Kleider für die Kinder oder andere notwendige Dinge, so knauserte er. Wenn sie auf die steigenden Preise hinwies, bekam sie zur Antwort, daß er als Kind barfuß herumgelaufen sei; seine Kinder könnten bei Gott mit einem Paar Schuhe auskommen, die soundso viel kosteten, wobei er einen in seiner Jugend oder im Zweiten Weltkrieg üblichen Preis nannte. Da er die Einkäufe für die Familie nicht selbst tätigte, hatte er vom Anstieg der Lebenshaltungskosten kaum eine Vorstellung.

Wenn Mary Jane sich über ihre Einsamkeit beklagte, erklärte er, daß er in dieser Phase seiner Laufbahn für sie und die Kinder keine Zeit habe. Er vertrat den Standpunkt, daß er mit dem Erhalt der Familie seinen Verpflichtungen nachkam. In ein Haus umzuziehen, das in größerer Nähe zur Universität lag, lehnte er ab. Das konnte er sich nicht leisten. An Beschäftigung mangelte es ihm nicht. Er bildete Reserveoffiziere aus, nahm nebenher Tages- und Abendunterricht, um den Bachelor zu machen, und war außerdem Nachschuboffizier der Dienststelle. Wie es seinem Ehrgeiz entsprach, meldete er sich später noch als Ausbilder für die Paradetruppe »Scharlachrote Schützen« und für die Kurse in Leibesertüchtigung. Mary Jane wußte nun, daß er immer Zeit für das fand, was er tun wollte, und daß er an seinen freien Abenden hinter Frauen her war. Es wurde ihr auch klar, daß er für diese Freizeitgestaltung Geld benötigte und sich deshalb ihr und den Kindern gegenüber so knauserig zeigte.

Selten genug nahm er sie zu kleinen Abendgesellschaften mit, zu Reserveoffizieren und deren Ehefrauen und Bekannten, bei denen sie einige Leute kennenlernte. Als sie begann, sich bei ihnen über seine Beziehungen zu erkundigen, entdeckte sie, daß er neben flüchtigeren Abenteuern auch ein Verhältnis mit einer Sekretärin hatte. Mary Jane war dieser Frau auf einem der Abende begegnet, sie hatte etwa das gleiche Alter wie sie. Daß John sie ihretwegen verlassen würde, befürchtete sie nicht. Es handelte sich um eines dieser lebenslustigen Partygirls, mit denen die Männer sich eine Zeitlang amüsieren. Aber sie zu kennen machte es schwieriger, seine Untreue zu tolerieren. Wenn die Kinder eingeschlafen waren, stellte sie sich ihn mit dieser Sekretärin im Bett vor. Dann bekam sie Depressionen und Weinkrämpfe.

Ihren Mann zu verlassen kam für Mary Jane nicht in Frage. Drei Kinder mit dem großzuziehen, was sie als Frau ohne Berufsausbildung verdienen würde, erschien ihr unmöglich; außerdem wäre eine Scheidung für sie das öffentliche Eingeständnis gewesen, daß sie im Leben genau bei dem Unternehmen gescheitert war, dessen Erfolg sie sich am meisten gewünscht hatte. Diese Schande hätte sie nicht ertragen. Sie brachte es nicht einmal fertig, sich durch eine Liebesaffäre an ihm zu rächen.

Hätte er ihr wenigstens dem Schein nach die Ehe ermöglicht, die sie ersehnte, hätte sie sich vielleicht nach und nach mit seiner Promiskuität abgefunden. Oft bat sie ihn inständig, an dem und dem Abend nach der Universität heimzukommen. Er versprach es ihr. Sie kochte etwas Besonderes, stellte Kerzen auf den Tisch, kaufte Wein — alles nur für sie beide und in der Erwartung, nachher mit ihm beisammen zu sein. Er erschien nicht. Wenn er schließlich lang nach Mitternacht heimkam, hatte sie einen hysterischen Anfall. Sie weinte, sie schrie ihn an. Sie war doch seine Frau, er hatte ein Ehegelöbnis abgelegt, es war seine Pflicht, zu ihr nach Hause zu kommen. Einmal versprach er, abends zeitig zurückzusein und mit ihr und den Kindern zu essen, da Patricia Geburtstag hatte. Mary Jane machte eine Geburtstagstorte. Es wurde Mitternacht, und Patricias Vater kam nicht nach Hause. Patricia erinnerte sich an die nicht angeschnittene Torte, die nicht angezündeten Kerzen und an ihre Mutter, die auf dem Ehebett lag und hemmungslos schluchzte.

Mary Jane begann, sich mit ihm zu streiten: weil er knauserig war, den Kindern nicht genug Zuwendung schenkte, wegen seiner Herumtreiberei und anderer Kümmernisse, die ihr gerade einfielen. Die Streitereien wurden immer heftiger. Wenn sie in Wut geriet, kreischte sie und warf ihm Teller oder was sonst bei der Hand war an den Kopf. Es war Selbstzerstörung. Die Auseinandersetzungen machten die Ehe noch mehr zur Hölle, als sie ohnehin schon war, und lieferten John ein weiteres Argument, nicht nach Hause zu kommen. Oft blieb er die ganze Nacht weg. Er sagte, er müsse bis spätabends lernen und würde dann gleich im Auto schlafen, duschen und rasieren könne er sich morgens in der Turnhalle. Wenn er wieder heimkam, verweigerte sie sich ihm, um ihn zu bestrafen. Aufgrund der körperlichen Anziehung, die er auf sie ausübte, dauerten diese Verweigerungen niemals lange. Im Sommer 1953, als die Ehe in eine ihrer schlimmsten Krisen geriet, wurde sie erneut schwanger.

In früheren und glücklicheren Jahren hatte ihr John mehr von seiner Kindheit erzählt, als er jemals einem anderen Menschen erzählte. Er hatte ihr auch gesagt, daß er ein uneheliches Kind war. Als sie 1947 zum ersten Mal nach Fort Benning gefahren waren, stellte er sie bei einem Halt in Norfolk Johnny Spry vor. Sie war überrascht, daß er seinem natürlichen Vater so ähnlich sah. Vann erzählte ihr, wie er als kleiner Junge auf den Whiskyfässern saß, wenn Spry ihn auf Lieferfahrten mitnahm, ehe seine Schwarzbrennerei ausgehoben wurde; wie Mollie ihn aus dem Kinderbett holte, in dem ihn seine Mutter zurückgelassen hatte; von Frank Vanns ewigen Bratkartoffeln mit Brötchen und wie Garland Hopkins ihn davon befreite. Sie fuhren nach Ferrum, wo er ihr die Schule zeigte und sie seinen Lehrern vorstellte. Myrtle hatte damals ein Verhältnis mit einem Oberstabsbootsmann von der Navy und sollte Frank Vann seinetwegen kurz darauf verlassen. Aus dem, was John von ihr erzählte, ersah Mary Jane, daß sie eine totale Egozentrikerin war, eine Trinkerin, eine sittenlose Person, die sich um ihre Kinder nie gekümmert hatte. Seine früheste Erinnerung an seine Mutter war, wie sie vor ihrer Frisierkommode saß und sich das Haar bürstete.

Auf jede Episode, die er ihr erzählte, kamen viele andere, die er verdrängte oder sogar ihr verheimlichte, weil er sich schämte. Sie konnte in dieser unglücklichen Phase ihrer Ehe nicht wissen, warum John sich so verhielt. Sie konnte nicht wissen, wie sehr Myrtle ihn verunsichert hatte. Der Junge, der sich durch seine Wagestücke beweisen wollte, daß er den Mut eines Mannes hatte, war nun ein Mann, der sich seine Männlichkeit in einem endlosen Marathon der Verführung bestätigen mußte. Was bei Spry eine Neigung zur Schürzenjägerei gewesen war, das war bei John ein Hunger, den keine noch so große Zahl von Frauen zu stillen vermochte. Frauen zu benutzen, um sich vorübergehend Selbstsicherheit zu verschaffen, genügte ihm nicht. Er brauchte Frauen als Opfer, auch Mary Jane zählte dazu. Indem er sie quälte, übte er sozusagen Rache an seiner Mutter.

Zu den Dingen, die er verschwieg, gehörte, daß auch Garland Hopkins von einer dunklen Neigung beherrscht wurde und die Befreiung durch ihn ihren Preis gekostet hatte. Hopkins' tragisches Laster war die Pädophilie. Er erzählte die Geistergeschichten am Lagerfeuer nicht nur, um seine Pfadfinder zu unterhalten. Er wählte sich in der Schar einen Jungen aus, dem seine Erzählungen Angst eingejagt hatten, dann kroch er unter dem Vorwand, ihn zu beruhigen, zu ihm in den Schlafsack. Hopkins ging in seiner Neigung nicht bis zum Äußersten; er beschränkte sich auf das Betasten der Genitalien, wie es kleine Jungen untereinander als Sexspiel praktizieren. (Mit seiner Frau hatte er eine normale Beziehung und war Vater dreier Kinder.) Männer wie Hopkins fühlen sich meistens zu schmächtigen blonden Bürschchen hingezogen, wie Vann mit vierzehn eines war. Ohne Zweifel kam es zwischen ihnen zu sexuellen Kontakten. Häufig endet diese Art von Beziehung mit zunehmendem Alter des Jungen, und an ihre Stelle tritt eine Freundschaft zwischen den beiden Männern. Das geschah offenbar auch bei Vann und Hopkins. Vann war Hopkins grenzenlos dankbar und bewunderte seine Fähigkeiten als Sozialreformer und politischer Aktivist. Ihre Beziehung scheint jedoch die von Myrtle erzeugte Unsicherheit Vanns verschlimmert und seine heterosexuelle Gier noch verstärkt zu haben.

Im Frühjahr 1954 war in der Ehe so wenig Wärme, daß John in der Nacht, in der Tommy geboren wurde, Mary Jane und die Kinder allein ließ. Als sie am Nachmittag in die Wehen kam, brachte er sie in die Klinik. Sie dachte, er würde wieder nach Hause fahren, um bei den Kindern zu bleiben. Die nette Witwe von nebenan war herübergekommen, um auf sie aufzupassen, bis John zurückkehrte. Als sie später anrief, um ihm zu sagen, daß sein viertes Kind wieder ein Sohn war, hob die Nachbarin ab. John war nicht nach Hause gekommen. Mary Jane konnte ihn erst am folgenden Morgen im ROTC-Büro der Universität erreichen.

Nach seiner Diplomierung in Rutgers im Juni wurde er zum 16. Infanterieregiment nach Schweinfurt in Deutschland versetzt. Er versprach ihr, sie und die Kinder nachkommen zu lassen, sobald er eine Bleibe für die ganze Familie gefunden hätte. Im Moment sei in den Wohnanlagen der Armee in Schweinfurt nichts frei. Auf seinen Vorschlag hin zog Mary Jane mit den Kindern inzwischen zu den Allens nach Rochester. Auf diese Weise sparte man Geld. Nach seiner Versetzung ins Ausland bezahlte ihm die Armee keine Miet- und Lebensmittelzuschüsse für New Jersey mehr. Sein bei der Abreise gegebenes Versprechen schien ernst gemeint. Er nahm Mike mit, den Haushund, eine Mischung aus Cockerspaniel und anderen Rassen, den er im Tierasyl von Fort Benning vor dem Einschläfern bewahrt hatte, da die Kinder ohnehin ein Tier zum Spielen brauchten.

Sobald er in Deutschland war, wurde die Versuchung, von Mary Jane und ihrer Brut durch einen Ozean getrennt zu bleiben, zu groß, als daß er ihr hätte widerstehen können. Er schrieb oder implizierte in seinen Briefen nicht, daß er eine Trennung oder Scheidung anstrebte. Seinen Offizierskameraden vermittelte er den Eindruck, daß ihm Mary Jane und die Kinder fehlten, so wie er später in Vietnam David Halberstams Aufmerksamkeit auf das große Farbphoto seiner Söhne lenkte, das er in My Tho auf dem Schreibtisch stehen hatte. Mary Jane dachte, daß er die Ehe weiterführen wollte, weil die Beförderungskommissionen der Armee verheirateten Männern angeblich den Vorzug gaben. In Wirklichkeit war seine Motivation komplex. Er spielte seine Rollen nicht nur, um andere zu beeindrucken, sondern auch, um sich selbst zu gefallen. Er sah sich gerne als Ehemann und Vater und sprach gern von seinen Kindern — doch immer aus sicherer Entfernung.

Monate vergingen, und er blieb bei seiner Ausrede, in der Wohnanlage sei nichts frei. Mary Jane übersiedelte in die Kleinstadt im Norden des Staates New York, in der ihre Schwester Doris und ihr Schwager Joseph Moreland lebten. Sie hatten eine Wohnung für sie gefunden. Für Mary Jane war es untragbar gewesen, als verheiratete Frau mit vier Kindern bei ihren Eltern in Rochester zu wohnen, und die Schecks, die John den Allens für ihre Unterbringung übersandte, waren nicht gerade großzügig. Ihre Schwester und ihr Mann hatten selbst keine Kinder. Ihr Schwager, ein korpulenter, warmherziger Ire, mochte Kinder gern. Er war für die kleinen Vanns Onkel Joe, der sie immer auf Ausflüge mitnahm. Joe und Doris erkannten aus dem, was sie selbst sahen und was Mary Jane ihnen erzählte, daß das keine Ehe war. Sie erboten sich, ihr bei einem Neubeginn behilflich zu sein. Wieder dachte sie an Scheidung wie schon einmal in New Jersey. Aber auch diesmal konnte sie sich nicht dazu entschließen.

Weihnachten 1954 verbrachte sie mit den Kindern bei ihren Eltern in Rochester. Am Weihnachtstag rief sie John an. Angesichts der Erinnerungen, die sich mit diesem Tag verbanden, wurde sie von ihren Gefühlen überwältigt. Sie dachte, er werde vielleicht auch bewegt sein. Sie weinte am Telefon, sagte, wie sehr sie ihn liebe und vermisse, daß ein halbes Jahr zu lange sei und er sie mit den Kindern nun nachholen müsse. Er war äußerst ungehalten. Mußte sie denn immer gleich so emotional werden? In Schweinfurt gab es noch immer keine Wohnungen für Familien. Sie sollte Geduld haben und warten. Mary Jane hörte zu weinen auf und wurde ebenfalls unangenehm. Über die Wohnmöglichkeiten hatte sie etwas ganz anderes gehört. Sie würde sich Geld für Tickets leihen und mit den Kindern in New York das erste Flugzeug nehmen, das sie bekommen konnte.

Als John seine Familie am Frankfurter Flughafen abholte, schien er sich zu freuen, sie wiederzusehen. Mary Jane hatte ihm ein Telegramm mit der Ankunftszeit der Pan-Am-Maschine geschickt. Seine Stimmung war ein gutes Vorzeichen. Die folgenden zweieinhalb Jahre gehörten zu den besseren Perioden in ihrer Ehe; es waren Jahre, in denen sich seine Laufbahn vielversprechend entwickelte.

Die um die Mitte der fünfziger Jahre in Deutschland stationierte US-Armee konnte einen Mann wie John Vann gebrauchen. Diese Armee war auf der Hut, sie bereitete sich auf den Zusammenprall mit den Russen vor, den jeder einzelne, vom General bis zum einfachen Soldaten, für unausweichlich hielt. John Vann war ein Offizier, der durch seine militärische und zivile Schulung und die Erfahrungen, die er im Kampf und unter schwierigsten Umständen gesammelt hatte, zur beruflichen Reife gelangt war. Seine Leistungen in einer Armee, die sich zwar im Frieden, stimmungsmäßig aber im Krieg befand, stachen deshalb um so mehr hervor.

Als er im Juni 1954 beim 16. Infanterieregiment eintraf, war er zunächst diensttuender stellvertretender, anschließend eine Woche lang diensttuender Bataillonskommandeur. Die kühne und erstaunlich kompetente Art, mit der er die Aufgabe erledigte, erweckte die Aufmerksamkeit eines Mannes, der einer seiner Förderer in der Armee werden sollte. Bruce Palmer, Jr., der damals als Oberst das Regiment befehligte, brauchte einen neuen Chef für seine 4,2-Zoll-Mörser-Kompanie. Seine Wahl fiel auf Vann. Der Befehl über eine schwere Mörserkompanie, wie die Einheit genannt wurde, war innerhalb eines Infanterieregiments für einen Hauptmann die ideale Position, da es sich um ein eigenes Kommando handelte, das dem eines Oberstleutnants, d. h. der Führung eines Infanteriebataillons, am nächsten kam. Die 4,2-Zoll-Mörser sind die schwersten, über die die US-Armee verfügt. Ihre Reichweite beträgt ungefähr vier Kilometer, die Granaten entsprechen in etwa denen der 105-mm-Geschütze. Eine Kompanie hatte zwölf Mörser. Sie wurden mit Lkws in Stellung gebracht und dienten als regimentseigene Artillerie. Palmer wählte seine Untergebenen mit großer Sorgfalt aus. Er hatte das 16. Infanterieregiment zum besten Regiment der 1. Infanteriedivision gemacht, die in der Mitte der BRD beiderseits der vermutlichen sowjetischen Einfallsroute aus der DDR und der Tschechoslowakei stand.

In der schweren Mörserkompanie spiegelte sich die unübertroffene Einstellung ihres Kommandanten wider. Palmer schrieb in einer Beurteilung, daß Vanns Neigung, von seinen Männern strengste Disziplin zu fordern, diese nicht daran hinderte, loyal zu ihm zu stehen, denn »er treibt sich selbst mit phantastischem Tempo an und erwartet von seinen Untergebenen das gleiche Leistungsniveau«. Als bei Manövern auf dem Truppenübungsplatz Grafenwöhr nahe der tschechoslowakischen Grenze die Infanterie Sperrfeuer anforderte, standen Vanns Mörser bereit; die Granaten lagen im Ziel; das Mörserfeuer war mit dem der Artillerie genauestens koordiniert; die Plazierung der Mörser war mustergültig und hätte ein Lehrbeispiel abgeben können. Bei Inspektionen in der Garnison befanden sich Waffen und Ausrüstung in einwandfreiem Zustand; die Aufzeichnungen waren genau den Vorschriften entsprechend angelegt; das äußere Erscheinungsbild des Kompaniechefs, seiner Zugführer und Mannschaften war ein Muster an blitzblanker Sauberkeit.

Die Mörserkompanie und ihr Chef zeichneten sich auch noch bei anderen Aktivitäten aus, mit denen sich eine Armee in Schuß hält. Bei den athletischen Wettkämpfen des Regiments errang die Kompanie mehr Siege als jede andere. Sie stellte auch mehrere Basketballspieler für das Regimentsteam, das bei den Meisterschaften der 1. Infanteriedivision mit Vann als Trainer über die Mannschaften der beiden anderen Regimenter siegte. »Ich war besonders von dem Kampfgeist und dem Siegeswillen beeindruckt, den sämtliche Mitglieder des Teams zeigten«, schrieb Palmer in einem Anerkennungsschreiben an Vann. »Mag sein, daß sie manchmal weniger gut gespielt haben als ihre Gegner, aber weniger gut gekämpft haben sie nie.«

Als Vann nach einem Jahr im Juni 1955 in das Hauptquartier der U.S. Army Europe in Heidelberg versetzt wurde (im April war er zum Major befördert worden), gab sich Palmer jede erdenkliche Mühe, um zukünftige Beförderungs- und Auswahlkommissionen auf Vanns Potential hinzuweisen. In einer abschließenden Beurteilung bezeichnete er Vann als einen der »wenigen ganz hervorragenden Offiziere, die ich kenne«. Palmer drängte darauf, Vann »bald Gelegenheit« zu geben, das Command and General Staff College in Fort Leavenworth in Kansas zu besuchen, das praktisch die Voraussetzung für die Beförderung zum Oberstleutnant darstellt. Um seine Bewertung von Vanns Talent zu unterstreichen, fügte Palmer Vanns Personalakte ein besonderes Anerkennungsschreiben hinzu:

Sie sind ein hervorragender Kompaniechef gewesen und haben es in jeder Hinsicht verstanden, Menschen zu führen. Als die schwere Mörserkompanie unter ihrem Kommando stand, hatte ich vollstes Vertrauen, daß sie jeden ihr erteilten Auftrag ausführen konnte.

Bei allen Gelegenheiten spiegelte die schwere Mörserkompanie den höchst kämpferischen, angriffsfreudigen und enthusiastischen Geist wider, den Sie durch Ihr Beispiel vorlebten ... Ich meine, daß ein großer Teil des Erfolgs Ihrer Kompanie sich Ihrer Integrität verdankt, Ihrer Ausdauer und Ihrer Zielstrebigkeit.

Im Heidelberger Hauptquartier, wo Vann der Logistical Management Section der G-4-Abteilung zugeteilt wurde, lobten ihn seine Vorgesetzten bald in ähnlich überschwenglicher Weise. »Ich halte diesen Offizier für einen der herausragenden jungen Männer unserer Armee«, schrieb sein unmittelbarer Vorgesetzter in seiner ersten Beurteilung.

Vanns Privatleben beeinträchtigte die Wertschätzung nicht, die seine Vorgesetzten ihm entgegenbrachten. Sie, Palmer eingeschlossen, priesen in ihren Beurteilungen einstimmig seinen »hohen moralischen Charakter«. Was seinen Beruf betraf, war Vann auch ein höchst moralischer Mensch. Er glaubte bedingungslos an die Ideale des amerikanischen Offiziers – Sorge für die Truppe, Führung durch das persönliche Vorbild, wahrheitsgetreue Berichte an die Vorgesetzten –, und nur die Erfüllung dieser Ideale genügte seiner Selbstachtung. Die Armee kümmert sich auch nicht um das Privatleben ihrer Offiziere, solange sie Skandale vermeiden und nicht etwa homosexuelle Beziehungen eingehen, die sie erpreßbar machen könnten. Durch die mit dem Leben des Offiziers verbundenen häufigen Trennungen tendiert der Ehebruch dazu, zur bloßen Transaktion auf einer Couch zu werden, als die ihn Napoleon einmal bezeichnete. Ehepartner, die wie Mary Jane treu bleiben, tun dies, weil sie ein emotionales Bedürfnis nach Monogamie haben oder sie einfach vorziehen. Einige von Vanns Kameraden wußten von seinen Aktivitäten nach Dienst, da er mit seinen sexuellen Leistungen prahlte. Die meisten fanden seine Geschichten amüsant oder beneideten ihn wegen seiner Männlichkeit. Er verstand es auch, den Schein für sich wirken zu lassen. Einem von seinen Bekannten in Schweinfurt fiel auf, daß Vann, obwohl er bald einen Schwarm deutscher Freundinnen hatte, sehr diskret war. Auch vor Mary Janes Ankunft brachte er nie ein Mädchen in den Offiziersklub mit, wie einige der anderen Offiziere taten, die fern von ihren Ehefrauen lebten. Zweifellos kam Vanns Vorgesetzten etwas von seinen außerehelichen Aktivitäten zu Ohren. Doch sie sahen, daß er vorsichtig war, und in ihrem Wertesystem galt Diskretion so viel wie Anständigkeit. Vann schien auch in bezug auf seine anderen Gewohnheiten ein rechtschaffener Mann zu sein. Er trank niemals zuviel; eigentlich trank er fast überhaupt nie. Auch Schulden machte er nicht. Mary Jane wiederum hatte ihre eigenen Gründe, ihn nicht durch Geschichten und Szenen außerhalb der Familie zu verraten.

Das Leben in Deutschland war viel glücklicher, als sie nach der Ehehölle in New Jersey erwarten konnte. Die Stationierung im Ausland hielt John bei guter Stimmung, und er neigte dazu, ihr den Schein der Ehe zu vermitteln, die sie ersehnte. Er befaßte sich mit den Kindern und unternahm oft sonntags mit der ganzen Familie Radausflüge, die sie auf Forststraßen durch die Nadelwälder führten. Mary Jane setzte Peter, den Jüngsten, der im November 1955 zur Welt gekommen war, in ihren Fahrradkorb; der kleine Tommy kam in Johns Fahrradkorb, der fünfjährige Jesse in den Sitz auf dem Gepäckträger. Patricia, die im Herbst 1955 neun, und John Allen, der an Weihnachten acht wurde, folgten auf ihren Kinderrädern. Mary Jane hatte Lunchpakete vorbereitet, und John schnallte Federballschläger und ein Netz samt Stangen auf die Räder, so daß sie auf einer Lichtung picknicken und spielen konnten. Alle sechs Monate etwa hatte John Urlaub. Dann lud er die ganze Familie in den Wagen, und man fuhr in die Ferien, einmal in die bayerischen Alpen, ein anderes Mal nach Holland; die Vanns besuchten auch Westberlin, das ungeachtet seiner Isolierung durch die Sowjets in geschäftiger Freiheit lebte.

In Patricias Erinnerung war Weihnachten stets die schönste Zeit des Jahres, da ihr Vater immer einen solchen Aufwand trieb. Einmal malte er sogar eine Landschaft mit Santa Claus und einem Rentier auf das Panoramafenster im Eßzimmer ihrer Wohnung in Patrick Henry Village, der Wohnanlage der US-Armee in Heidelberg. Er mußte immer einen großen Baum haben, den er mit großem Eifer dekorieren half. Ein paar Tage vor Weihnachten kaufte er im PX-Laden für jeden eine Menge Geschenke. Mary Jane erzählte Patricia später, daß er nichts ihr überlassen wollte und sämtliche Weihnachtseinkäufe allein erledigte. Wenn die Kinder am Heiligen Abend schlafen gegangen waren, verpackten die Eltern die Geschenke. Am Weihnachtsmorgen weckten sie sie und sahen zu, wie sie zum Christbaum stürmten und sich unter Freudenschreien auf die Gaben stürzten.

Eines Nachmittags — Peter und Tommy schliefen — klingelte es an der Tür. Als Mary Jane öffnete, stand ein deutsches Mädchen draußen, das englisch sprach. Es handle sich um eine Privatangelegenheit. Mary Jane führte sie ins Wohnzimmer und brachte ihr eine Tasse Kaffee. Die Besucherin zitterte; als sie trinken wollte, schüttete sie sich etwas davon auf ihr Kleid. Sie begann zu schluchzen und erzählte Mary Jane eine lange Geschichte: wie John sie verführt hatte, indem er ihr sagte, daß er sie liebe und sich scheiden lassen wolle, um sie zu heiraten; ein paar Wochen danach habe er sie plötzlich verlassen; wenn sie in seinem Büro anrief, antwortete ihr seine Sekretärin, er sei nicht da; ihre Briefe, in denen sie ihn um ein Wiedersehen anflehte, blieben unbeantwortet; zuerst wollte sie mit Mary Jane nicht darüber sprechen, aber nun war sie zu dem Schluß gekommen, daß das der einzige Weg sei, die Wahrheit zu erfahren. Sie war in John so verliebt, daß sie einfach wissen mußte, was wirklich los war. Er schien so aufrichtig zu ihr zu sein, deshalb war sie mit ihm ins Bett gegangen. Stimmte es denn, daß Mary Jane und er sich nicht mehr liebten und sich scheiden lassen wollten?

Mary Jane tat das Mädchen leid. Wahrscheinlich hatte John diese Technik bei Dutzenden angewandt; bei dem Tempo, mit dem er Frauen konsumierte, waren es vielleicht sogar Hunderte. Sie glaube, daß John sie auf seine Art immer noch liebe, sagte sie ihr; von Scheidung sei nicht gesprochen worden. Falls es aber dazu kommen sollte, werde sie sich gegen eine Scheidung zur Wehr setzen. Sie riet dem Mädchen, in Zukunft bei Männern vorsichtiger zu sein, und gab ihr ein Taschentuch, damit sie sich schneuzen und die Tränen wegwischen konnte. Sie müsse nun gehen, die größeren Kinder würden gleich von der Schule heimkommen. Das Mädchen hatte sein Alter nicht genannt, es schien jedoch noch keine zwanzig zu sein.

John leugnete nicht, mit ihr geschlafen zu haben, bestritt jedoch seine Liebeserklärungen und Heiratsversprechen. Er sollte sich lieber in Zurückhaltung üben, meinte Mary Jane, sonst würde er noch eine schwängern oder einer über den Weg laufen, die Stunk machte, wenn er sie wieder verließ. Das würde seiner Karriere und seiner Familie schaden. Er meinte, sie solle ihn gefälligst in Ruhe lassen. Er wisse schon, was er zu tun und zu lassen habe.

Der Beifall, den man ihm in der G-4-Abteilung des Heidelberger Hauptquartiers spendete, übertraf sogar noch die Bewunderung, die man ihm beim 16. Infanterieregiment entgegengebracht hatte. Waren Vanns Energie und Schwung schon bei einer Kampftruppe eine Seltenheit, so erst recht in der Welt der Versorgungsoffiziere. »Major Vann erledigt alle Arbeiten mit unglaublicher Dynamik«, schrieb einer seiner Vorgesetzten in der Beurteilung. »Um seine tägliche Arbeitsleistung aufzuwiegen — sei es im Büro, im Stab oder im Feld —, wäre die Arbeit von drei bis vier durchschnittlichen Offizieren nötig.«

Vanns Aufgabe in der Logistical Management Section bestand darin, das Nachschubsystem der Armee in Europa zu analysieren und Verbesserungen vorzuschlagen. Wie bei allen beruflichen Aufgaben wandte er sich zunächst einmal den Grundlagen zu. Man gab ihm die Erlaubnis, Reisen zu unternehmen. Er fuhr zu den Depots, machte sich ein Bild von den Lagerbeständen und der Verteilung der Güter. Er besuchte die Kampfeinheiten, um zu sehen, was sie benötigten und ob sie es tatsächlich bekamen. Bald wußte Major Vann besser als alle anderen Offiziere der G-4-Abteilung, wie das Nachschubsystem der US-Armee in Europa wirklich funktionierte. Er faßte seine Erkenntnisse in Berichten zusammen, in denen er klar und überzeugend argumentierte, eine Menge Fakten brachte — die allgemein überraschten, da niemand daran gedacht hatte, sich mit diesen Dingen zu beschäftigen — und seine Argumentation mit Statistiken untermauerte.

Er legte einen Plan zur Neuorganisation des Systems und zur Beseitigung der Engpässe und Mängel vor. Der Plan wurde vom Leiter der G-4-Abteilung, einem Zweisternegeneral, und vom Viersterne-Befehlshaber der US-Armee in Europa

genehmigt; mit der Ausführung betraute man Vann selbst. Im Verlauf der Neu-
organisation traten weitere Probleme zutage. Wieder stimmte man Vanns
Lösungsvorschlägen zu, und wieder wurde er mit der Ausführung betraut. Man
ernannte ihn zum Chef der Logistical Management Section und übertrug ihm die
Öffentlichkeitsarbeit der G-4-Abteilung. Immer wenn ein Politiker, ein General
oder Admiral auf Europatour in Heidelberg erschien, stieg im Briefing Room
Major Vann aufs Podest, um den prominenten Besucher mit der hervorragenden
Arbeit der G-4-Abteilung der U.S. Army Europe zu verblüffen. Im Juli 1956 stat-
tete Wilbur Brucker, Präsident Eisenhowers Armeeminister, auf einer Inspektionsreise dem Hauptquartier einen Besuch ab. Major Vann erstattete ihm Bericht über
die Durchführung von Versorgungsmaßnahmen. Die Abteilung G-4 hatte in diesen Jahren der Spannung sehr viel zu tun; daß ihre Leistungen vorbildlich waren,
davon war Vann angesichts der Qualität seiner eigenen Leistung überzeugt.

Brucker und die anderen Besucher schrieben nachher Lobesbriefe, die in
Vanns Personalakte kamen. Die dankbaren Vorgesetzten achteten darauf, daß mit
Blick auf spätere Beförderungen auch seine anderen Leistungen vermerkt wurden. Zweimal durfte er neuangekommene Generäle auf Orientierungsreisen zu
ihren zukünftigen Einheiten begleiten. Diese Reisen waren ein Kompliment für
den jungen Major. Er beriet die Generäle in bezug auf die Fragen, die sie stellen
sollten, und hinsichtlich des Werts der Antworten, die sie darauf erhielten.

»Vann ist ein ... Offizier, der eine strahlende Zukunft vor sich hat«, hatte
Bruce Palmer gesagt. Er sollte recht behalten. Im Sommer 1957 verließ Vann
Deutschland; er schiffte sich mit seiner Familie ein, um in die USA zurückzukehren und einen ausgedehnten Urlaub anzutreten; im Herbst würden die Kurse am
Command and General Staff College in Fort Leavenworth beginnen. Als sich im
Frühjahr seine beiden Heidelberger Jahre dem Ende näherten, hatte man ihn für
die Teilnahme ausgewählt. Seine Vorgesetzten im Hauptquartier gaben ihm die
höchste Einstufung: »ein hervorragender Offizier von außerordentlichem Wert
für die Armee, für Stabsarbeit und Truppenführung gleichermaßen begabt. In
ihm erwächst der Armee einer ihrer zukünftigen Führer.«

In Fort Leavenworth entsprach John Vann voll und ganz den Erwartungen. Die
Position, die er innerhalb seiner Klasse einnahm, spiegelte die berufliche Entwicklung wider, die er im Lauf der Jahre dank seines Fleißes durchlaufen hatte. Als
er 1947 den Grundkurs an der Infanterieschule abschloß, zählte er leistungsmäßig
zu den unteren 50 Prozent, den Fortgeschrittenenkurs von 1952 beendete er in
der Gruppe der ersten 20 Prozent, und den neunmonatigen Kurs am Command
and General Staff College schloß er im Juni 1958 von 532 Teilnehmern als Elft-
bester ab.

Das College mußte ihm sein Diplom per Post nachschicken. Eine Woche vor der Verleihungsfeier war er mit der Familie in seinem aus Deutschland mitgebrachten Volkswagenbus in Richtung Syracuse, New York, abgereist. Er wollte an der dortigen Universität die Vorlesungen des Sommersemesters besuchen. In Heidelberg hatte er sich aus Karrieregründen auf Logistik spezialisiert, da für einen Offizier, der nicht aus West Point kam, Spezialisierung den sichersten Weg zur baldigen Beförderung darstellte. Im Gegenzug hatte die Armee sein Gesuch über ein ziviles Aufbaustudium an der Universität Syracuse genehmigt, wo er den Magister in Betriebswirtschaft anstrebte. Anfang Mai 1959 war er nur mehr drei Monate davon entfernt. Außerdem hatte er an mehreren Seminaren über öffentliche Verwaltung teilgenommen; auf diese Weise brauchte er nach seinem Abgang aus Syracuse nur mehr zwei Scheine und die Dissertation zu machen, um in diesem Fach den Doktorgrad zu erlangen. Er plante, die beiden Seminare und die Doktorarbeit in Washington zu machen, und zwar während seiner drei- bis vierjährigen Stabstätigkeit als Logistiker, die er im Pentagon im Sommer 1959 antreten sollte. Die Zivildiplome strebte er um ihrer selbst willen an, aber auch weil sie ihm helfen würden, schneller Oberstleutnant und mehr zu werden. Er hatte nicht die Absicht, in der Logistik zu bleiben, da er wußte, daß ihn das auf die Dauer langweilen würde. Er wollte nach seiner Beförderung zum Oberstleutnant so rasch wie möglich Kommandeur eines Infanteriebataillons werden, hier wieder Spektakuläres vollbringen und dann seinen Jahrgangskollegen genügend überlegen sein, um innerhalb der Infanterie weiterhin beschleunigt befördert zu werden. Seine Zukunft war gesichert. Er würde es bis zum General bringen. Doch plötzlich holte ihn sein anderes Leben ein.

Am Vormittag des 7. Mai 1959 erschien ein Beamter der Strafverfolgungsabteilung (CID) der Militärpolizei in Syracuse und ließ Vann aus dem Vorlesungsraum holen. Er informierte ihn über sein verfassungsmäßig verbürgtes Recht, die Aussage zu verweigern, da man ihn im Zusammenhang mit einer Beschuldigung verhören werde, die zu einer formellen Anklage wegen sexuellen Mißbrauchs von Minderjährigen führen könne. Er war von einem Offizier beschuldigt worden, während seines Studiums in Fort Leavenworth eine Affäre mit einer Fünfzehnjährigen gehabt zu haben. Verführung von Minderjährigen ist laut Militärgesetz ein Verbrechen. Erklärte man ihn für schuldig, konnte er zu fünfzehn Jahren Haft verurteilt werden. Aufgrund seiner Personalakte würde sich das Militärgericht höchstwahrscheinlich gnädig zeigen und ihn bloß aus der Armee entlassen. Bei einem Offizier bedeutet das jedoch soviel wie unehrenhafte Entlassung bei Unteroffizieren und Mannschaften. Kam es dazu, würde er auch im Zivilleben ruiniert sein. Vor dem Vietnamkrieg, in den fünfziger und frühen sechziger Jahren, hatten es unehrenhaft entlassene Soldaten schwer, eine annehmbare Arbeit zu finden. Welche Firma würde einen entehrten Offizier als Führungskraft einstellen?

Vann war vorsichtig. Die Fragen, so sagte er dem Beamten, kämen für ihn nicht überraschend. Das Mädchen habe bereits einem Priester in Fort Leavenworth gesagt, daß er mit ihr eine Liebschaft gehabt hätte. Kurz nach seiner Ankunft in Syracuse habe er von dem Priester einen entsprechenden Brief bekommen und ihm geantwortet, daß das nicht zutreffe. Das Mädchen sei seelisch gestört und phantasiere. Auf Verlangen des Beamten unterschrieb er eine eidliche Erklärung, nicht mit ihr geschlafen zu haben.

Als er am Nachmittag heimkam, war Mary Jane mit Näharbeiten beschäftigt. Er erzählte ihr die Wahrheit. Als er ihr sagte, wer das Mädchen war, begann sie zu schreien und warf mit einer Schachtel Knöpfen nach ihm. Mary Jane hatte sie einige Male zum Babysitten kommen lassen. Sie war fünfzehn Jahre alt, übergewichtig, nicht hübsch, introvertiert und verstand sich nicht mit ihren Eltern. Sexuell instabile Männer wie Vann fühlen sich von solchen Mädchen manchmal angezogen. Mary Jane wußte nicht, wie sie das auch noch durchhalten sollte, sie hatte ohnehin schon genug Sorgen. Peter lag seit vier Monaten in der Klinik der Luftwaffenbasis Rome, die etwa 55 Kilometer von Syracuse entfernt war. Anfang Januar, ungefähr eineinhalb Monate nach seinem dritten Geburtstag, hatte Vann ihn auf Mary Janes Bitte zu einer Untersuchung hingefahren, da seine Haut sich gelb verfärbt hatte. Die Ärzte sprachen von einer Hepatitis. Im Krankenhaus verschlechterte sich sein Zustand. Er verlor an Gewicht, und die Haut wurde am ganzen Körper gelb. Die Ärzte schienen nicht recht zu wissen, wie sie ihn behandeln sollten. Mary Jane hatte mit Vann wegen der Krankheit des Jungen schon fürchterliche Auftritte gehabt. Er hatte sie beschuldigt, sie habe Peter vernachlässigt und dadurch die Hepatitis verursacht. Sie mißtraute den Luftwaffenärzten und wollte Peter in eine zivile Klinik bringen. Das Krankenhaus in Rome war das einzige Militärkrankenhaus in der Gegend. Den staatlichen Vorschriften zufolge mußten Offiziere und Mannschaften für zivile ärztliche Behandlung ihrer Person und ihrer Familienangehörigen bezahlen, wenn die Möglichkeit der Behandlung in einem Militärkrankenhaus bestand. Vann wollte sich nicht unnötig in Ausgaben stürzen. Zivilärzte würden das Kind auch nicht besser behandeln, meinte er.

Drei Tage nach dem Erscheinen des CID-Beamten beschlossen die Luftwaffenärzte, Peter aus dem Krankenhaus zu entlassen, da sich sein Zustand stabilisiert hatte. Der Gewichtsverlust war zum Stillstand gekommen und die Gelbsucht im Rückgang begriffen. Mary Jane hatte nicht den Eindruck, daß Peter viel besser aussah, aber sie war froh, ihn von den Luftwaffenärzten wegzubekommen. Er war noch nicht lang zu Hause, als sein Magen anschwoll und die Gelbsucht in ihrer ganzen grausigen Farbe wiederkehrte. Auch Vann begann sich nun Sorgen zu machen und erhob keine Einwände, als Mary Jane sagte, sie werde das Kind nach Rochester ins Strong Memorial Hospital bringen, wo sie als Kind behandelt worden war. Die Ärzte in Rochester bestätigten die Hepatitis-Diagnose ihrer Kollegen von der Luftwaffe, unterzogen Peter der gleichen Kortisonbehandlung und hatten ebensowenig Erfolg.

Mitte Juni war Mary Jane fest davon überzeugt, daß sie ihren Sohn verlieren würde. Mit seinem geschwollenen Bauch und den spindeldürren Gliedmaßen erinnerte Peter sie an die Fotos von abgemagerten Kindern aus KZ-Lagern. Vom Klinikpersonal war offenbar auch jemand der Meinung, daß Peter bald sterben würde, und gab einem dynamischen Vertreter eines Bestattungsunternehmens einen Hinweis. Der Vertreter sprach Vann und Mary Jane eines Abends bei einem Krankenhausbesuch an und fragte sie, ob er ihnen ihre Sorgenlast erleichtern könne. Mary Jane bekam einen Wutanfall und begann den Mann so anzuschreien, daß Vann, obwohl er selbst wütend war, sie wieder beruhigen mußte. Sie brachten Peter nun in die Klinik der Syracuse University Medical School. Die Ärzte dort wußten nicht recht, was er hatte, und tippten auf eine Blutkrankheit. Sie rieten, ihn ins Children's Hospital von Boston zu bringen, das beste Kinderkrankenhaus der Welt. Vann trug Peter in eine Decke gehüllt aus der Klinik und legte ihn auf den Rücksitz des Wagens. Mary Jane setzte er zu Hause ab, damit sie auf die anderen Kinder aufpassen konnte, dann fuhr er durch die Dunkelheit geradewegs nach Boston.

Einen Tag später kehrte er nach Syracuse zurück und erzählte ihr, was er alles durchgemacht hatte, um für Peter im Kinderkrankenhaus ein Bett zu bekommen. Als er frühmorgens mit dem Kind auf den Armen in die Aufnahme kam, sagte man ihm, die Klinik habe derart viele Patienten, daß man nicht einfach jemanden so ohne weiteres nehmen könne. Er brauche für seinen Sohn erst einmal einen Termin, um ihn in der Klinik untersuchen zu lassen. Im Moment sei gar kein Bett frei, man könne Peter höchstens auf die Warteliste setzen. Er stürmte daraufhin am Aufnahmeschalter vorbei und irrte mit Peter durch die Korridore, bis er einen Arzt fand, der sich überreden ließ, Peter zu untersuchen. Er sagte ihm, daß die Kosten keine Rolle spielten, daß er alles bezahlen werde, was die Klinik forderte, er solle doch bitte seinen Sohn retten. Um Peter stünde es ziemlich schlecht, meinte der Arzt, er werde jedoch sein möglichstes tun; dann sorgte er dafür, daß Peter aufgenommen wurde. Da gerade einer seiner kleinen Patienten gestorben war, wurde ein Bett frei. Vielleicht mußte man Peter operieren, um herauszufinden, was ihm fehlte. Mary Jane gab sofort das Haus in Syracuse auf — die Kinder kamen zu ihrer Mutter nach Rochester —, stellte die Möbel ins Depot und zog nach Boston in eine Pension, um bei Peter zu sein. Vann blieb in Syracuse, um sein Semester abzuschließen.

Nach einer einwöchigen Testreihe entschlossen sich die Ärzte des Kinderkrankenhauses zu einer Operation. Hepatitis hatte Peter jedenfalls nicht. Durch die Kortisonbehandlung, die ihm die Ärzte im Strong Memorial Hospital und vorher die Luftwaffenärzte wegen der vermeintlichen Leberentzündung verordnet hatten, war sein Zustand nur noch schlimmer geworden. Sein Leben war zwar nicht so gefährdet, wie es aussah, doch seine schlechte körperliche Verfassung und eine weitere Fehlbehandlung hätten schließlich zum Tod geführt. Die Operation zeigte, daß eine vorübergehende Entzündung der Bauchspeicheldrüse den Verbindungsgang zum Dünndarm verstopft hatte. (Die Bauchspeicheldrüse sondert eine basische Lösung ab, die für den Verdauungsvorgang erforderlich ist.) Diese Entzündung des Pankreas und der verstopfte Durchgang hatten alle möglichen Störungen verursacht, insbesondere einen Gallerückstau in die Leber. Peters Körper war dermaßen in Unordnung geraten, daß sein Blut den höchsten Cholesterinspiegel aufwies, den man in der Klinik je festgestellt hatte. Der Chirurg, der die Operation durchführte und die Diagnose stellte, beseitigte im gleichen Zug die Verstopfung. Peter war bereit für eine Genesung. Zwei Wochen später, in der ersten Julihälfte, wurde er aus der Klinik entlassen; bis zu seiner völligen Wiederherstellung sollte es jedoch noch viele Monate dauern. Vann holte Mary Jane und seinen Sohn ab und brachte sie zu den Allens.

Die Geschichte von Vann, der Peter das Leben rettete, indem er den Arzt anbettelte, ihn doch ins Krankenhaus aufzunehmen, wurde Teil der Familienüberlieferung. Peter dachte daran, als er in Arlington vor dem offenen Grab stand und ihm der Geistliche die zusammengefaltete Flagge überreichte. Sicherlich rettete Vann seinem Sohn das Leben, indem er auf Anraten der Ärzte in Syracuse unverzüglich handelte. Auch Mary Jane hatte zu seiner Rettung beigetragen, als sie ihren Mann überredete, Peter in ein Zivilkrankenhaus zu bringen. In Boston hatte man Vann jedoch keinerlei Schwierigkeiten gemacht. Das Children's Hospital schickte keine Kinder weg, die behandelt werden mußten. Nach Vanns Eintreffen wurde Peter in der Notaufnahme vom diensthabenden Arzt untersucht und für aufgenommen erklärt, dann wurden ein Kinderarzt und ein Chirurg mit seinem Fall befaßt. Vann hatte das ganze Drama erfunden, damit Mary Jane gut über ihn dachte, als sie allen Grund hatte, anders über ihn zu denken.

Die Strafverfolgungsabteilung hatte ihre Ermittlungen inzwischen vorangetrieben. Verschiedene Beamte hatten Einzelheiten der Aussagen des Mädchens nachgeprüft, die sich alle als richtig erwiesen. Dazu gehörte auch ihre Behauptung, sie sei während ihres Verhältnisses mit Vann in Leavenworth, der in der Nähe des Forts gelegenen Garnisonsstadt, beim Arzt gewesen, da sie Angst hatte, schwanger zu sein. Diese Einzelheiten stellten sich als richtig heraus. Das Mädchen war auch bereit, sich einem Test mit dem Lügendetektor zu unterziehen. Die Maschine stellte fest, daß sie die Wahrheit sagte. Die Beamten boten Vann an, sich ebenfalls dem Lügendetektor zu stellen, um auf diese Weise seine Gegendarstellung zu bestätigen. Er lehnte ab. Als er Ende Juli an der Universität Syracuse seinen Magister in Betriebswirtschaft erworben hatte, wurde er, statt wie geplant ins Pentagon zu kommen, in Wartestellung gehalten. Zwei Wochen später legte die CID einen ausführlichen Bericht mit der Empfehlung vor, Vann wegen Unzucht mit Minderjährigen und Ehebruchs vor das Militärgericht zu stellen. Der Ehebruch war ein Vergehen, das man noch hinzugefügt hatte, um den Hauptanklagepunkt zu stützen. Als Delikt galt Ehebruch aufgrund eines Gummiparagraphen des Militärgesetzbuchs, der »Verhaltensweisen« untersagt, »die eines Offiziers und Ehrenmanns unwürdig sind«. Mary Jane, die von den Beamten nicht vernommen worden war, figurierte unter dem Anklagepunkt Ehebruch als »Opfer«.

Das Hauptquartier der 1. Armee, damals in Fort Jay, New York, beauftragte einen Offizier, eine zweite Untersuchung durchzuführen, die als »Verfahren nach Paragraph 32« bekannt ist und in der amerikanischen zivilen Gerichtsbarkeit den Erhebungen durch die Anklagegeschworenen entspricht. Kam der ermittelnde Offizier zu der Ansicht, daß genügend Belastungsmaterial vorlag, konnte Vann formell angeklagt und vor ein Militärgericht gestellt werden. Bis man darüber entschieden hatte, wurde er als stellvertretender Finanzkontrolleur in dem unweit des Ontariosees im Norden des Staates New York gelegenen Camp Drum (später Fort Drum) eingesetzt, das damals als Ausbildungsstätte für Reservisten und Nationalgardisten diente. Für Mary Jane und die Kinder mietete Vann das Erdgeschoß eines großen Farmhauses in einem Weiler in der Nähe seiner Dienststelle.

Vann wußte, daß Mary Jane für ihn lügen würde. Nachdem ihr erster Zorn verraucht war, hielt sie wieder zu ihm. Sie war ihm dankbar für das, was er für Peter getan hatte. Außerdem hatte sie die Affäre von Anfang an als eine Bedrohung empfunden, die sich ebenso gegen sie selbst und die Kinder richtete wie gegen Vann. Welche Zukunftsaussichten hatte die Familie, wenn John ruiniert war oder im Gefängnis saß? Vann hatte bereits einen Plan entwickelt, in dem sie als Zeugin zu seinen Gunsten lügen würde. Bevor er sich Mitte Juli in Fort Jay erneut einer Befragung durch die CID stellen mußte, konstruierte er eine Story. Er hatte einem seelisch gestörten Mädchen helfen wollen, das seine Unzufriedenheit mit dem Elternhaus durch Liebesaffären mit älteren Männern kompensierte. Da er bereit war, ihr zuzuhören, erzählte sie ihm von ihren Problemen. Sie hatte Vertrauen zu ihm und bat ihn, niemandem etwas zu sagen. Deshalb sprach er darüber nie mit ihren Eltern; davon abgesehen, ging er davon aus, daß diese ohnehin zu unsensibel waren, um sie zu verstehen. Aufgrund seiner Depression machte sich das Mädchen schließlich auch an ihn heran und behauptete dann vor dem Priester fälschlicherweise, daß sie auch mit ihm, Vann, ein Verhältnis habe. Der CID-Beamte sagte, er solle diese Geschichte niederschreiben. Er legte daraufhin einen siebzehn Seiten umfassenden Bericht vor, dessen zahlreiche Details Mary Jane bezeugen konnte. Sie hatte einmal gehört, wie das Mädchen am Telefon der Vanns mit einem ihrer älteren Liebhaber sprach. Vann· beauftragte seine Frau daraufhin, sie nicht mehr telefonieren zu lassen. Er neutralisierte gewisse Einzelheiten aus den Aussagen des Mädchens wie etwa ihren Arztbesuch in Leavenworth (die CID hatte ihn unter anderem auch dazu befragt), indem er schrieb, daß die Mutter des Mädchens Mary Jane gebeten hatte, ihr einen Gynäkologen für ihre Tochter zu empfehlen.

Als schwerstes Hindernis erschien ihm der Lügendetektor. Mary Janes Aussagen würde man mit Argwohn aufnehmen. Um ernsthafte Zweifel an der Glaubwürdigkeit des Mädchens zu erwecken, mußte er die Herausforderung annehmen und sich einer Befragung mit dem Lügendetektor unterziehen. Nachdem im August die Ermittlungen nach Paragraph 32 begonnen hatten, stand ihm das Recht zu, sich bei seiner Dienststelle in Camp Drum so viel Zeit freizunehmen, wie er zur Vorbereitung seiner Verteidigung brauchte. Er trug alle verfügbare Fachliteratur zusammen und wurde zu einem Experten für Polygraphen, die gebräuchlichste Art von Lügendetektor, die von den Ermittlungsabteilungen der Streitkräfte, der CIA und anderen staatlichen Behörden verwendet wird. Der Polygraph mißt den Blutdruck, den Puls, den Atem und den Schweiß der Hände; er läßt auf eine Lüge schließen, wenn unter der seelischen Spannung, die ein Täuschungsversuch hervorruft, eine Veränderung dieser Körperfunktionen eintritt.

Vann kaufte ein Gerät zum Messen des Blutdrucks und ergaunerte sich Beruhigungsmittel und Medikamente, um ihn niedrig zu halten. Er zählte seinen Puls mit der Uhr. Er stellte eine Liste mit Fragen über seine Beziehung zu dem Mädchen zusammen und ordnete die Fragen in der für den Test erwartbaren Reihenfolge an. Er simulierte Verhöre, wobei er die Fragen und deren Abfolge immer wieder veränderte, um sich gegen Überraschungen zu schützen. Er befragte sich mit und ohne Einnahme von Medikamenten und machte sich Notizen über seine physischen Reaktionen. Er kam zu dem Ergebnis, daß er sie am besten kontrollieren konnte, wenn er — statt das Risiko einzugehen, sich durch die Einnahme von Medikamenten zu verraten — einfach 48 Stunden wach blieb und die Fragen ruhig und sicher zu beantworten versuchte.

Als Mary Jane vor dem Offizier erschien, der die Ermittlungen leitete, trug sie einen Tweedrock mit passender Bluse und Jacke. Es war Herbst geworden. Sie wußte, daß sie in dieser Kleidung am attraktivsten wirkte. Der Offizier hatte wahrscheinlich ebenfalls Familie. Er würde sehen, daß sie eine anständige Person war, und dazu neigen, ihr Glauben zu schenken. Obwohl sie es nicht zeigte und nur oberflächlich nervös wirkte, war sie von Angst erfüllt, als sie die Hand auf die Bibel legte und schwor, nichts als die Wahrheit zu sagen. Im Gegensatz zu Vann war sie gläubig. Die Bibel hatte ihr in den schwierigsten Abschnitten ihres Lebens Trost gespendet. Als Peters Zustand besonders schlecht gewesen war, hatte sie jeden Tag mehrere Male in der Bibel gelesen, auch nachts, wenn sie um seine Rettung betete. Nun hoffte sie, daß Gott diese Blasphemie verstehen und vergeben würde. Sie beantwortete die Fragen, wie John es mit ihr geprobt hatte, und erhärtete seine Aussagen. Sie erklärte auch von sich aus, daß John und sie einander liebten und eine glückliche Ehe führten.

Vann nahm dann freiwillig den Lügendetektortest auf sich. Er legte die Maschine herein. Gleich zivilen Geschworenen müssen auch die Offiziere eines Militärgerichts zu der Ansicht kommen, daß die Schuld des Angeklagten zweifelsfrei erwiesen ist. Durch Vanns Erfolg gegen den Lügendetektor stand nunmehr sein Wort gegen das Wort des Mädchens. Auf dieser Grundlage würde ihn kein Militärgericht schuldig sprechen. Der ermittelnde Offizier empfahl, die Anklagen fallenzulassen.

Das Hauptquartier der 1. Armee brauchte bis Mitte Dezember, um sich der Beurteilung des ermittelnden Offiziers anzuschließen. Der Schnee und die Kälte am Ontariosee setzten Mary Jane hart zu. Sie hustete und fing schließlich an, Blut zu spucken. Die Untersuchungen ergaben, daß sie Tuberkulose hatte.

An dem Nachmittag, an dem sie erfuhren, daß man die Anklagen fallengelassen hatte, war zur Abwechslung einmal warmes Wetter. Mary Jane ging mit John auf der Straße spazieren, die am Farmhaus vorbeiführte. Die Sonne hatte den Schnee unter ihren Füßen weich werden lassen. Immer wieder sagte er ihr, wie erleichtert er nun war. Am liebsten hätte er Purzelbäume geschlagen, so froh war er über seinen Sieg.

»Ich glaube, du hast aus der ganzen Sache gelernt«, sagte sie.

»Und ob ich das habe«, antwortete er. »In Zukunft werde ich verdammt aufpassen, daß sie alt genug sind.«

John Vann wurde in das Flugabwehrraketenzentrum der Armee in Fort Bliss bei El Paso, Texas, versetzt. Man machte ihn zum Chef der Programm- und Budgetabteilung im Büro des Finanzkontrolleurs. In El Paso nahm er seinen früheren Lebenswandel wieder auf, und die Ehe geriet in eine neue Krise. Im Dienst wirkte Vann stets enthusiastisch und erhielt hervorragende Beurteilungen, in Wirklichkeit langweilte er sich in seinem Dasein als Oberbuchhalter tödlich. Er hatte sich über seine Tätigkeit bei der Armee Mary Jane gegenüber nie beklagt. Nun beklagte er sich. Er fühlte sich in zweifacher Hinsicht betrogen: zum einen von der Armeebürokratie, die er hatte überlisten wollen, als er einwilligte, sich auf Logistik zu spezialisieren, um akademische Grade zu erwerben und dadurch schneller befördert zu werden; zum anderen durch diese Frau und ihre Kinder. Tatsächlich verdankte er — ohne es je zu erfahren — die zwei Jahre und zwei Monate, die er in El Paso verbringen sollte, einer List Mary Janes. Während sie noch auf den Ausgang des Ermittlungsverfahrens warteten, hatte ein Bekannter der Heerespersonalabteilung des Pentagons angerufen und gefragt, ob er irgend etwas für sie tun könne. Mary Jane sagte, wie sehr das Klima am Ontariosee ihrer Gesundheit schade. Falls man die Anklage gegen John fallenließ, sollte er ihm bei der nächsten Verwendung doch keine Wahl lassen und ihn einfach in eine Gegend mit freundlichem Klima schicken. Der Bekannte, der über die häuslichen Verhältnisse der Vanns Bescheid wußte, antwortete, man werde ihren Wunsch erfüllen.

Schon im Mai 1961 wurde Vann zum Oberstleutnant befördert. Er wußte, daß er Aussichten hatte, schon vor seinen Altersgenossen die Adler eines Obersten zu erwerben. Doch so hervorragend seine zukünftigen Leistungen auch sein mochten, der Sprung zum General würde ihm für immer versagt bleiben, wenn die gegen ihn erhobenen Beschuldigungen in seiner Personalakte erwähnt wurden. Es gibt mehr Kandidaten für Generalssterne, als Sterne zu vergeben sind, und die Armee wünscht keine Generäle, deren Gewohnheiten Skandale verursachen könnten. Die Beförderungskommission würde sich an eine Norm halten, die das Gegenteil von der des Militärgerichts war. Schon allein die Möglichkeit seiner Schuld würde sie zu einer Ablehnung veranlassen.

Trotzdem versuchte er, seine Karriere zu retten. Einer seiner früheren Vorgesetzten in Deutschland schickte ihn zu einem gemeinsamen Bekannten, der kurz zuvor die Armee verlassen hatte, um bei Martin Marietta eine Stellung in einem Raketenwerk anzutreten. Es handelte sich um Colonel Francis Bradley, der später in die Leitung des Rüstungs- und Raumfahrtunternehmens aufsteigen sollte. Er war ein enger Freund von Vanns früherem Vorgesetzten und hatte Vann in Deutschland kurz kennengelernt. Frank Bradleys letzter Posten in der Armee war der eines Assistenten im Büro des Stabschefs, wo er immer noch gute Verbindungen hatte. Als Vann ihn besuchte und ihm seine Geschichte erzählte, war Bradley überrascht, daß Vann keinerlei Reue zeigte, mit dem Mädchen geschlafen zu haben. Es tat ihm lediglich leid, daß man ihn erwischt hatte und dadurch seine Karriere verdorben war. Er brüstete sich vor Bradley, den Lügendetektor hereingelegt zu haben. Wenn es ihm nicht gelinge, das Belastungsmaterial verschwinden zu lassen, werde er 1963, wenn er nach zwanzig Jahren Dienst mit halbem Sold in Pension gehen könne, seinen Abschied nehmen. Er bat Bradley, ihm die Möglichkeit zu verschaffen, in einem Raum des Pentagons, in dem er allein sein konnte, seine gesamte Personalakte einzusehen. Er sagte nicht, daß er die Aufzeichnungen über die Ermittlungen stehlen wollte; es war jedoch klar, daß er das vorhatte. Bradley vertröstete ihn mit einer vagen Antwort.

Vann und Bradley sahen sich Anfang 1962 wieder, als dieser im Verlauf einer Geschäftsreise nach El Paso kam. Vann bereitete sich damals auf seine Abreise nach Vietnam vor. Er sagte noch einmal, daß er die Absicht habe, den Dienst zu quittieren. Bradley war beeindruckt von dem, was er über Vanns Begabung gehört hatte, und vertraute auch dem Lob von Vanns früherem Vorgesetzten in Deutschland. Außerdem war er in bezug auf die Lebensart anderer Menschen tolerant. Er bot ihm einen Posten bei Martin Marietta an. Vann zeigte sich interessiert.

Weniger als zwei Monate später schritt John Vann durch die Schwingtüren von Dan Porters Saigoner Büro, um sein erstes Vietnamjahr zu beginnen, sich mit Huynh Van Cao und den anderen Strohmännern in Diems Armee herumzuschlagen und dem Vietcong in Bac entgegenzutreten; um zu versuchen, die Niederlage der Saigoner Truppen und die Katastrophe eines großen amerikanischen Krieges zu verhindern, indem er mit Paul Harkins, Victor Krulak und Maxwell Taylor einen Kampf um die Wahrheit focht; um mit der Arroganz und Unlauterkeit des amerikanischen Militärapparats der sechziger Jahre fertigzuwerden. Ein Mann wie John Vann könnte sehr wohl seine Karriere um dieses größeren Kampfes willen geopfert haben. »Könnte sehr wohl« drückt aber immer noch eine Unsicherheit aus. Sicher ist nur, daß Vann diesen Kampf in der Überzeugung führte, seine Karriere sei bereits kaputt, und daß er für seine außerordentliche Zivilcourage dekoriert wurde, während er Halberstam, mich und alle anderen Bewunderer täuschte.

Anfang Herbst 1962, noch bevor Cao damit begann, systematisch Operationen gegen die Guerillas vorzutäuschen, schrieb Vann, der damals noch der Star unter Harkins' Beratern war, an Frank Bradley, um ihm seine Absicht zu bestätigen, im Jahr darauf den Dienst zu quittieren. Im Mai 1963, kurz nach seiner Rückkehr in die USA, flog Vann nach Denver zu einem Vorstellungsgespräch bei Martin Marietta, wo man ihn als leitenden Manager im Verkauf einstellte. Ende Mai, als er im Pentagon seine Kampagne begann, um vor dem Desaster zu warnen, das sich durch Harkins in Vietnam zusammenbraute, legte er das Gesuch vor, zum 31. Juli 1963 pensioniert zu werden. Als Taylor am 8. Juli Vanns für diesen Tag geplanten Vortrag vor den Joint Chiefs absagte, hatte Vann noch drei Wochen aktiven Dienst vor sich.

Kaum hatte Vann in Denver begonnen, seinen Weg zum Gipfel in der Welt der Industrie anzutreten, als ihm auch schon klar wurde, daß es ein schwerer Fehler gewesen war, die Armee zu verlassen. In der Armee für immer auf dem zweiten Platz zu bleiben war immer noch besser als alles, was er im Geschäftsleben erreichen würde. Da gab es keine Sterne zu gewinnen. Was hier passierte, war völlig belanglos.

Bob York, den man vor einiger Zeit zum Generalmajor ernannt hatte, schrieb kurz vor Weihnachten aus Vietnam, er werde in die USA zurückkehren und das Kommando über die 82. Luftlandedivision in Fort Bragg, North Carolina, übernehmen. York, der den wahren Grund nicht kannte, war über die Nachricht von Vanns Pensionierung bestürzt gewesen, weil er diese als einen schweren Verlust für die Armee empfand. Er bot Vann die Führung eines Bataillons der 82. Luftlandedivision an, falls er den Dienst wieder antreten wollte. Vann war vor Freude außer sich.

Die Armee wollte ihn nicht mehr. Der im Pentagon für das Offizierskorps zuständige General teilte York mit, er werde Vanns Gesuch um Rückkehr in den aktiven Dienst nicht vorlegen, da er wisse, daß Taylor oder McNamara es ablehnen würden. Vann wandte sich an Bruce Palmer, der damals ebenfalls Generalmajor war, aber schon länger als York. Auch Palmer konnte nichts ausrichten.

Äußerlich war John Vann ein aktiver und erfolgreicher Mann. Sein Aufstieg bei Martin Marietta war beständig, und er begann auch, sich politisch zu betätigen. Er leitete in Colorado die Kampagne für die Nominierung von Henry Cabot Lodge zum republikanischen Präsidentschaftskandidaten 1964; als Barry Goldwater Kandidat wurde und die Partei spaltete, organisierte er die Unterstützung der Republikaner für Lyndon Johnson. War er nicht mit Business oder Politik beschäftigt, so ging er auf Reisen, um die Öffentlichkeit durch Vorträge oder Presse- und Fernsehinterviews über den Krieg in Vietnam zu informieren. Zwischen Ende Juli 1963, dem Zeitpunkt seiner Pensionierung, und Ende 1964 kam er auf ein halbes Hundert Vorträge und Interviews.

Innerlich war Vann zermürbt – von der Langeweile, die ihm seine Arbeit verursachte, und der Nervenprobe, die die Kinder und Mary Jane für ihn darstellten. Sie war verbittert und gab ihrer Verbitterung Ausdruck, indem sie sich ständig mit ihm zankte. Er hatte in Littleton, einem unweit des Marietta-Werks gelegenen Vorort von Denver, ein Haus gekauft. Jetzt mied er es soweit wie möglich, ging schon frühmorgens weg und kam erst spätnachts wieder. Sollte er einmal nicht mehr essen, was sie kochte, sagte Mary Jane eines Tages zu ihm, werde ihre Ehe sicherlich zu Ende sein. »So ist es«, antwortete er.

Im Sommer 1964, als sich York noch einmal vergeblich bemüht hatte, ihm die Rückkehr in die Armee zu ermöglichen, wandte er sich an die Fernostabteilung der Agency for International Development in Washington. Der AID war vom Weißen Haus die Oberaufsicht über das zivile Pazifizierungsprogramm in Vietnam übertragen worden; sie hatte jedoch Schwierigkeiten, passende Mitarbeiter zu finden. Die meisten ihrer für wirtschaftliche Entwicklung zuständigen Berufsbeamten waren für die anfallenden Aufgaben ungeeignet. Auch wollten sich viele nicht von ihren Familien trennen, um irgendwo in Vietnam feindlichen Kugeln als Ziel zu dienen. Die AID begann daher, sich an pensionierte Offiziere zu wenden, da diese den Erfordernissen am ehesten entsprachen. Die Beamten im Fernostbüro waren über die Bewerbung eines Mannes mit Vanns Kenntnissen und Erfahrungen mehr als erfreut. Im Moment war die AID, wie das bei den meisten Washingtoner Behörden alle vier Jahre der Fall ist, in Wartestellung. Man mußte erst die Präsidentschaftswahlen abwarten. Er solle im November wiederkommen, falls er dann noch Interesse hätte.

Er kam wieder, sobald er seinen kleinen Beitrag zu dem Erdrutsch geleistet hatte, der Barry Goldwater den Weg nach Washington versperrte. Man bot ihm den Posten eines regionalen Pazifizierungsleiters im Mekong-Delta an. Er akzeptierte, flog nach Hause und erklärte Mary Jane: »Ich werde nie wieder mit dir zusammenleben.« Maxwell Taylor, der im Sommer 1964 den Vorsitz des Vereinigten Generalstabs abgegeben hatte, um Lodge als Botschafter in Saigon abzulösen, legte gegen die Einstellung Vanns ein Veto ein. Ein Telegramm der Botschaft teilte der AID mit, daß Vann »zu streitsüchtig« sei. Vann bot an, als einfacher Provinzleiter zu arbeiten. Die Botschaft antwortete, er sei in keiner Funktion erwünscht. Er erklärte, er könne auch nach Thailand gehen, wo ein kleinerer Aufstand ausgebrochen war. Die Beamten der Fernostabteilung wollten über sein Angebot nachdenken.

Mary Jane wurde klar, daß er nach Vietnam zurückgehen mußte, um zu überleben. Sie hatte ihn noch nie so niedergeschlagen gesehen wie in jenem Winter 1964/65. Abends und an den Wochenenden lag er stundenlang im Wohnzimmer auf der Couch und starrte ins Leere. Er marschierte nicht mehr, wie ihr John es immer getan hatte, mit raschen und kühnen Schritten dem Leben entgegen. Er schlich dahin und ließ den Kopf hängen. Sie konnte deutlich sehen, daß er im Begriff war, die Selbstachtung und den Glauben an sich und seine Fähigkeiten zu verlieren.

Wie gewöhnlich gab er nicht völlig auf. Er wandte sich an Lodge und York, damit sie für ihn intervenierten. Er überredete die Beamten des Fernostbüros, Taylor zu ersuchen, seine Entscheidung noch einmal zu überprüfen. Er sandte Taylor sogar einen freundlichen Brief, in dem er seine Bemühungen beschrieb, durch Interviews und Vorträge über Vietnam die Unterstützung der Öffentlichkeit für den Krieg zu erhalten.

Er wurde von einem Landsmann aus Virginia gerettet, der zu seinen Bewunderern zählte — von jenem Sam Wilson, der 1940 auf seiner Farm im Radio die Stimme Winston Churchills vernommen und dann zehn Kilometer im Regen zurückgelegt hatte, um sich zur Nationalgarde zu melden. Zweieinhalb Jahrzehnte später war Wilson Armeeoberst und der AID als Chef des Pazifizierungsprogramms zugeteilt. Während Vanns Informationskampagne war er Lansdales Assistent im Pentagon gewesen. Vanns brillante Kritik hatte Wilson beeindruckt, und die beiden Männer hatten einander sofort sympathisch gefunden. Wilson erfuhr von Vanns Bemühungen, nach Vietnam zurückzukehren, als er eine Kopie des Schreibens der Fernostabteilung sah, in dem Taylor ersucht wurde, den Fall noch einmal zu überprüfen. Wilson begab sich zu Taylor und erklärte, man könne es sich nicht leisten, einen Mann von Vanns Qualitäten abzulehnen. Taylor gab nach. Vann durfte als Provinzleiter kommen.

Kurz vor der Abreise hatte Vann noch eine schmerzliche Begegnung mit seiner Jugend. Als er sich im Februar und März zu einem dreiwöchigen Vorbereitungskurs im AID-Hauptquartier in Washington aufhielt, wohnte er bei Garland Hopkins in dessen Haus im Vorort McLean. Hopkins war die Pädophilie zum Verhängnis geworden. Die CIA hatte ihn als Direktor der American Friends of the Middle East entlassen, der von ihr finanzierten proarabischen Lobby, die er aufgebaut hatte. Anschließend war er als Pastor einer bekannten Kirche in Arlington abgesetzt und aus der Vereinigung methodistischer Priester Virginias entfernt worden, in der sein Vater und sein Großvater angesehene Stellungen bekleidet hatten. Sein Frau hatte sich scheiden lassen, nachdem er unter der nervlichen Belastung seines Unglücks begonnen hatte, sie und den jüngsten Sohn zu schlagen. Er konnte seine Neigung immer noch nicht unterdrücken und belästigte einige Jungen aus der Nachbarschaft. Die Eltern erstatteten Anzeige, und dieses Mal sollte er angeklagt werden. Diese Schande wollte er nicht ertragen. Er verfaßte ein Testament und einen Nachruf, in dem er seine Leistungen aufzählte. Dann schrieb er noch einige Zeilen an Vann und nahm ein strychninhaltiges Rattengift. Er starb eines qualvollen Todes. Vann fand seine Leiche, als er an einem Sonntagabend ins Haus zurückkehrte. Hopkins bat ihn in dem Schreiben, den Nachruf an die Zeitungen weiterzugeben. Des weiteren waren darin Familienangehörige und Bekannte aufgeführt, die Vann benachrichtigen sollte. Auch für die Einäscherung von Hopkins' Leiche sollte er sorgen. Vann verständigte die Polizei und tat dann, was der Mentor seiner Jugend von ihm erbeten hatte. »Laß diese wenigen Besorgungen ein letztes Zeichen unserer langen und schönen Freundschaft sein«, hieß es in dem Schreiben. Das Grauen, das sie ihm einflößten, ließ Vann mehr denn je wünschen, endlich wegzukommen.

Da seine Anstellung bei der AID zeitlich begrenzt war, beurlaubte ihn Martin Marietta. In Washington glaubte man nicht, daß der Krieg lange dauern werde. In bezug auf Mary Jane und die Kinder hatte er ein reines Gewissen. Er hatte sie in dem Haus in Littleton untergebracht, und sein Vertrag mit der AID gab ihm das Recht, einmal im Jahr auf Staatskosten nach Hause zu fliegen und sie dreißig Tage lang zu besuchen.

Er nahm einen Jet der Pan American und flog von San Francisco nach Westen. Er folgte der Route, über die die Nation im vergangenen Jahrhundert nach Asien vorgedrungen war: nach Honolulu, nach Guam, nach Manila und dann weiter bis Saigon, dieser neuen und umstrittenen Etappe. Am Samstag, dem 20. März 1965, kreiste sein Flugzeug kurz nach 11.00 Uhr hoch über der Stadt, zog dann eine scharfe Kurve, um sich nicht dem Feuer der Heckenschützen auszusetzen, von denen die Umgebung Saigons nun voll war, und schwenkte auf die Rollbahn von Tan Son Nhut ein. Er verließ den klimatisierten Passagierraum und stieg über die Gangway in die feuchte Hitze hinunter, die jetzt, kurz vor Beginn der Monsunzeit, ihren Höhepunkt erreichte. Er mochte dieses Klima. Fast zwei Jahre lang war er weggewesen, dreiundzwanzig Monate und zwei Wochen. So lange würde er dem Krieg nie mehr fernbleiben. Er war wieder in Vietnam, wo er hingehörte.

Wieder in Vietnam

Als John Vann Ende März nach Vietnam zurückkehrte, stand das Land an der Schwelle des blutigsten Krieges seiner Geschichte. Lyndon Johnson hatte Anfang des Monats mit der »Operation Rollender Donner« die Bombardierung Nordvietnams angeordnet. Als erste von vielen waren in Danang zwei Bataillone Marines an Land gegangen, um den Flugplatz als Stützpunkt für die Bombenflugzeuge zu sichern. Im MACV-Hauptquartier in Saigon hatte William DePuy, damals Brigadegeneral und Operationschef Westmorelands, die erste Phase der Planung abgeschlossen, aufgrund deren Hunderttausende US-Soldaten mit Artillerie, Panzern und ganzen Flotten von Jagdbombern nach Südvietnam kommen sollten, um die Kommunisten und ihre Gefolgsleute zu vernichten. »Wir werden sie zu Brei zerstampfen«, kündigte DePuy an.

Am Sonntag, dem 21. März 1965, dem Tag nach seiner Rückkehr, klingelte in Vanns Hotelzimmer schon zeitig das Telefon. Es war Cao. Es entsprach Vanns komplizierter Art, daß er die Verbindung mit allen seinen vietnamesischen Bekannten aufrechterhalten hatte, mochte er sich mit ihnen noch so gestritten haben. Cao stellte keine Ausnahme dar. Er war Vann dankbar, weil dieser ihm in der Zeit nach Diems Sturz von Denver aus finanzielle Hilfe angeboten hatte. Damals sah es ganz so aus, als würde man ihn aus der ARVN hinauswerfen. Wie sollte er dann seine Familie ernähren? Vann wußte, daß Cao kaum über Ersparnisse verfügte, denn eine seiner wenigen beruflichen Tugenden war relative Ehrlichkeit im Umgang mit Geldern. Vann bat deshalb Bob York und den Stellvertreter von Cabot Lodge, für Cao alles in ihrer Macht Stehende zu tun und diesen wissen zu lassen, daß er auf ihn, Vann, zählen konnte, bis er wieder eine Stellung hatte. Cao brauchte Vanns Hilfe dann doch nicht in Anspruch zu nehmen. Es gelang ihm, sich mit einer Anzahl seiner Saigoner Generalskollegen in dem politischen Wirrwarr gutzustellen, das einsetzte, als Lodge nach Diems Sturz an der Junta verzweifelte und zuließ, daß diese durch Generalleutnant Nguyen Khanh gestürzt wurde. Der ehrgeizige Mann aus der französischen Fallschirmjägerschule wurde schließlich selbst gestürzt. (Seinem Flugzeug ging über Nhatrang buchstäblich der Treibstoff aus, als er versuchte, in der Luft zu bleiben, um nicht zurücktreten zu müssen.) Er mußte einen Monat vor Vanns Rückkehr ins Exil gehen. Die eben an die Macht gelangte Gruppe waren die sogenannten »Jungtürken« um Nguyen Cao Ky, Generalmajor der Luftwaffe und Befehlshaber der VNAF.

Huynh Van Caos größter Vorzug bestand darin, daß er für keinen anderen

General eine Gefahr darstellte. Zudem war der zweithöchste Mann innerhalb der Jungtürken-Gruppe, Brigadegeneral Nguyen Van Thieu, ebenfalls ein Katholik aus Zentralvietnam. Cao hatte bisher als Leiter der Abteilung für psychologische Kriegsführung für den Vereinigten Generalstab gearbeitet. Er teilte Vann aufgeregt mit, daß der Rat der Generäle ihn am Vortag zum neuen Stabschef des Vereinigten Generalstabs ausersehen hatte, der zweithöchsten Position nach dem Vorsitzenden selbst. Ob Vann ihn in seinem Haus im Komplex des Vereinigten Generalstabs in der Nähe des Flugplatzes besuchen und bei ihm zu Abend essen wolle? Er komme gern, antwortete Vann.

Den größten Teil des Abends verbrachte Cao damit, Vann über Putsche und Gegenputsche der Generäle und der mit ihnen jeweils verbündeten Politiker zu informieren, über die Krawalle, die buddhistische und katholische Gruppierungen auf den Straßen der Hauptstadt veranstalteten, während in den Landgebieten der Vietcong immer mächtiger wurde. Trotz seiner jüngsten Beförderung blieb Cao, was er immer schon gewesen war. Er befürchtete, als Stabschef in eine Intrige verwickelt zu werden. »Es ist klar, daß Cao niemals an einem Putsch teilgenommen hat und nie an einem teilnehmen wird«, schrieb Vann an diesem Abend in sein Tagebuch, in das er während der ersten sechs Monate nach seiner Rückkehr unregelmäßig Eintragungen machte. »Er hat fürchterliche Angst und tut sein möglichstes, um es allen und jedem recht zu machen.« (Cao war erleichtert, als die Generäle es sich kurz darauf wieder anders überlegten und ihn auf seinem Posten als Chef der Abteilung für psychologische Kriegsführung beließen.)

Ein ganz anderer Empfang erwartete Vann am Montagmorgen im Saigoner Büro der U.S. Operations Mission (USOM), wie die AID in Vietnam damals genannt wurde. Während das AID-Hauptquartier in Washington für sein Pazifizierungsprogramm sehr gerne pensionierte Militärs einstellte, befürchteten seine Zivilbürokraten in Vietnam, ihre Behörde könne von der Armee übernommen werden. Pensionierte Offiziere wie Vann waren für sie Leute, die die AID unterwanderten. Der einzige Mensch, der ihn freundlich empfing, war Colonel Sam Wilson, jener von der Armee entliehene Eindringling, der das Programm leitete und Taylor überredet hatte, Vann wieder nach Vietnam kommen zu lassen. AID Washington hatte es geschafft, Vann auf Rangstufe 3 der Foreign Service Reserve einzustellen, womit er, militärisch gesprochen, zwischen Oberstleutnant und Oberst rangierte, also hoch genug, um die USOM-Arbeit in einem der vier Korpsgebiete zu leiten. Wilson teilte Vann mit, daß — einmal abgesehen von Taylors Anordnung, er müsse als gewöhnlicher Provinzleiter arbeiten — der Chef der AID in Vietnam, James Killen, alle Regionalleitungen für Zivilbeamte reserviert habe. Vann müsse eben seinen Wert vor Ort beweisen und dann aufsteigen, um vielleicht im Sommer stellvertretender Gebietsleiter zu werden. Im Herbst des Vorjahrs hatte Westmoreland die sechs Saigon umschließenden Provinzen als vordringliche Pazifizierungszone eingestuft. Angesichts von Vanns Talenten dachte

Wilson daran, ihn in eine relativ neue Provinz zu entsenden, Hau Nghia, die unsicherste von allen.

Hau Nghia, zwischen Saigon und der Grenze zu Kambodscha gelegen, umfaßte etwa 1300 Quadratkilometer Schilfzonen, Reis- und Zuckerrohrfelder. Fast eine Viertelmillion vietnamesische Bauern lebte hier. Die Gründung der Provinz war eine von Diems letzten Amtshandlungen gewesen. Er hatte die vier unruhigsten Distrikte von drei aneinandergrenzenden Provinzen zusammengelegt, offenbar in der Hoffnung, die Unruheherde durch diesen Zusammenschluß beseitigen zu können. Das Resultat war, daß seine Nachfolger sich nun mit einer Provinz herumschlagen mußten, die dem ihr von Diem gegebenen Namen Hohn sprach: Hau Nghia war ein literarischer Ausdruck, der »wachsende Rechtschaffenheit« bedeutete. Die Provinz galt als strategisch wichtig, weil hier der sogenannte »Papageienschnabel« von Kambodscha nach Südvietnam hineinragt, so daß Saigon weniger als 55 Kilometer von der Grenze entfernt liegt. Außerdem war Hau Nghia für die Vietcong ein natürliches Durchzugsgebiet. Die Provinz lag zwischen den Reisanbauzonen und der Schilfebene des Mekong-Deltas im Süden und dem Kautschukplantagengebiet am Rand des Regenwalds, der die Ausläufer der Annamitischen Kordillere nördlich von Saigon bedeckt.

Eine Woche nach seinem ersten Treffen mit Wilson, als man seinen Einsatz bestätigt und alle Formalitäten erledigt hatte, begab sich Vann in die Botschaft, um sich über die politische Lage in seiner Provinz informieren zu lassen. Da die zuständige Abteilung ihre wenig umfangreiche Akte über Hau Nghia nirgends finden konnte, machte er sich wieder auf den Heimweg. Zehn Minuten später hielten zwei Vietcong-Terroristen unter dem im ersten Stock gelegenen CIA-Büro, um für die Bombenangriffe auf Nordvietnam Vergeltung zu üben. In einem alten grauen Peugeot hatten sie 350 Pfund Plastiksprengstoff herangeschafft. Der US-Botschaft war während der letzten Jahre wiederholt geraten worden, die Straßen um das Gebäude für den Verkehr zu sperren, splitterfreie Fensterscheiben aus Plexiglas einsetzen zu lassen und andere simple Vorsichtsmaßnahmen zu treffen. Weder Lodge noch Taylor hatten darauf reagiert, da sie befürchteten, daß solche Anzeichen von Angst dem Ansehen der Vereinigten Staaten abträglich sein würden. Der C-4 genannte Plastiksprengstoff war von bester amerikanischer Machart und ebenso wie der Augenblickszünder von den Saigoner Truppen erbeutet oder gekauft worden. Das Auto wurde zu einer riesigen Handgranate, deren Metallsplitter mit den Betonbrocken aus einem vier Fuß weiten Loch in der Straßendecke in alle Richtungen flogen. Die Fensterscheiben des sechsgeschossigen Gebäudes zerbarsten zu Myriaden von Splittern, die zusammen mit dem Verputz, dem Holz und den metallenen Rahmenteilen ins Innere geschleudert wurden.

Als Vann den Knall hörte, kehrte er sofort um und zur Botschaft zurück, um bei der Versorgung der Verwundeten zu helfen. Die meisten der zwanzig Toten waren unbeteiligte Vietnamesen – Passanten, Gäste eines Terrassenrestaurants,

Angestellte von Büros auf der anderen Straßenseite. 126 Vietnamesen erlitten Verletzungen. (Die Kommunisten nahmen nun die Massaker, die solche Terrorakte unter ihren Landsleuten anrichteten, in Kauf und entschuldigten sie gleichsam, indem sie die Bevölkerung durch Flugblätter und Radiosendungen immer wieder aufforderten, sich von amerikanischen Einrichtungen fernzuhalten.) Die beiden Terroristen und mehrere vietnamesische Polizisten, die das Gebäude bewacht hatten, fanden den Tod. Einer der beiden getöteten US-Staatsangehörigen war ein Unteroffizier von der Marine; das andere Opfer war eine junge Frau, die als Sekretärin für den örtlichen CIA-Chef gearbeitet hatte. Dieser wurde selbst schwer verletzt und verlor beinahe das Augenlicht. Zwei seiner Beamten erblindeten. Eine Anzahl der weiteren 51 Personen, die im Botschaftsgebäude verletzt wurden, erlitt zum Teil schwere Gesichtsverwundungen. Vann sah, daß ein Stück Beton oder Metall in die über dem Dach wehende amerikanische Fahne ein großes Loch gerissen hatte.

Am folgenden Tag brach John Vann nach Hau Nghia auf. Daß er durch die Provinzhauptstadt Bau Trai schon durchgefahren war, wurde ihm erst nachher klar. Er kehrte wieder um. Der Ort war, wie er in sein Tagebuch schrieb, »die Provinzhauptstadt Vietnams, die am wenigsten danach aussah«. Das letzte Mal war er bei einem Einsatz Anfang 1963 nach Bau Trai gekommen (zwei der vier Distrikte Hau Nghias waren Teil der Provinz Long An in der früheren Zone der 7. Division gewesen). Der Ort war zu dieser Zeit ein vom Vietcong kontrollierter Weiler mit tausend Einwohnern gewesen. Diem hatte ihn zur Provinzhauptstadt erhoben, da er an der Kreuzung zweier Pisten lag, die drei der Distriktzentren miteinander verbanden. Als der Ort eine Garnison wurde, stieg die Einwohnerzahl durch die Soldaten und deren Familien nahezu auf das Doppelte; auch einige Gebäude sowie Wohnungen für die Beamten der Provinzverwaltung und ihre amerikanischen Berater waren hinzugekommen. Diem hatte versucht, den wenig schönen Namen (Bau Trai bedeutet »runder Bauernhof«) durch eine seiner literarischen Bezeichnungen zu ersetzen, und den Ort Khiem Cuong genannt, was »bescheiden, aber stark« bedeutet. Dieser Phantasiename hatte nicht gegriffen. Alle Welt sagte weiterhin Bau Trai. Obwohl sich die Einwohnerzahl fast verdoppelt hatte, betrug die größte Breite des Ortes – dort, wo er sich beiderseits der Straße erstreckte – nur etwa zweihundert Meter. Als Vann noch einmal genauer hinsah, erkannte er den Weiler wieder.

Noch mehr Enttäuschung bereitete ihm eine nähere Besichtigung. In einem von Militärberatern bewohnten Haus im Zentrum fragte er nach dem Weg zum USOM-Büro. Man schickte ihn zu einem langen, mit Wellblech gedeckten Lagerhaus, wo ihn »ein völlig entmutigender Anblick« erwartete. Das Innere war gerammelt voll, ein Durcheinander von »Weizen- und Maissäcken, Schaufeln, Lackfarben, Kleidung, Medikamenten, Speiseöl, Zement, Trockenmilch, Mistgabeln, Matratzen, Reisschälmaschinen, Stühlen, Kisten, Sägen, Winkeleisen, Nägeln und anderen Artikeln, die, wie ich später feststellte, vom Schrottplatz stammten«. William Pye, sein Vorgänger, ein 52jähriger Oberstleutnant der Reserve, der zwar ein tapferer und anständiger Mann, aber äußerst unordentlich war, stand mit Block und Schreibfeder inmitten seines Sammelsuriums und war »offenbar dabei, Inventur zu machen«. Das USOM-Büro befand sich in einer Ecke des Lagers. Es bestand aus zwei Schreibtischen. Vann sah, daß hier die gleiche staubige Unordnung herrschte.

Als er sich nach den Unterkünften erkundigte, schickte man ihn ein Stück weiter zu einem jener modernen Ziegelbungalows, die man jetzt überall hinstellte. Abgesehen von dem Stacheldraht, der ihn unnötigerweise umgab, sah er mit seinen hölzernen Fensterläden von außen recht schmuck aus, im Innern hingegen herrschte das gleiche Durcheinander wie im Lagerhaus. Strom für Licht und Ventilatoren gab es nicht, die Benzinlampen machten nachts die Luft noch stickiger. Vann konnte sich auch nicht auf Entspannung beim Essen freuen. Da er mit den Vietnamesen leben mußte, wenn er etwas erreichen wollte, hatte er sich entschlossen, die Mahlzeiten nicht mit den US-Beratern in der Messe einzunehmen. Aß er aber im einzigen Restaurant von Bau Trai, dann war es, wie er einem Bekannten nach Denver schrieb, »sehr schwierig, einen Bissen in den Mund zu schieben, ohne gleich noch ein paar Fliegen zu verspeisen«.

Fliegen waren in Hau Nghia für die Gesundheit eines vietnamesischen oder amerikanischen Beamten nicht die größte Bedrohung. Der für den Wagenpark der USOM zuständige Mann in Saigon hatte Vann den Kombiwagen für die Fahrt nach Bau Trai nur widerwillig zur Verfügung gestellt. Er befürchtete, sein Fahrzeug nicht mehr wiederzusehen. Vann war seit Monaten der erste, der ohne Eskorte fuhr. Alle anderen bewegten sich auf den Straßen von und nach Saigon und allen übrigen noch offenen Straßen der Provinz nur in bewaffneten Konvois fort. Da aber auch diese oft in Hinterhalte gerieten oder auf Minen fuhren, bediente man sich nach Möglichkeit eines Hubschraubers. Der größere Teil der Provinz war mit Saigon überhaupt nicht mehr in Kontakt. Im Sommer 1964 hatten sich die vier Distrikte auf drei reduziert; der vierte, die nordöstliche Ecke der Schilfebene am Vam-Co-Dong-Fluß, mußte zur Gänze den Guerillas überlassen werden (dem Distriktchef hatte man drei Dörfer eines anderen Bezirks zu verwalten gegeben). Als Vann Ende März 1965 eintraf, waren auch die direkten Verbindungen zwischen Bau Trai und zwei der verbliebenen Distriktzentren unterbrochen. Ebenso war es nicht mehr möglich, auf direktem Weg von Saigon nach Bau Trai zu fahren, obwohl die Entfernung nur etwa 35 Kilometer betrug. Vann hatte einen Umweg machen müssen. Er war zuerst auf der Route 1, der wichtigsten Verbindung mit Kambodscha, nach Nordwesten gefahren und dann erst in südliche Richtung, und zwar über eine Nebenstraße, die von Cu Chi, dem dritten Distriktzentrum der Provinz, nach Bau Trai führte.

Hau Nghia war eine derartige »Sibirienmission«, wie Vann schrieb, daß das

Regime keinen Provinzchef dafür finden konnte. Der letzte hatte sich im Februar an einem fehlgeschlagenen Putsch beteiligt und war deswegen in Haft. Mittlerweile hatte man den Job erfolglos zwei anderen ARVN-Offizieren angeboten. Mit Ausnahme von Bau Trai und den Distriktzentren, einem halben Dutzend Weilern und den von den Guerillas noch tolerierten Außenposten befand sich Hau Nghia in der Hand des Vietcong.

Obwohl Vanns Tätigkeit für die USOM darin bestand, den Bau von Schulen, Maßnahmen der Flüchtlingshilfe, Schweinezucht und andere zivile Projekte zu überwachen, waren ein Vakuum in der Führung und eine Konfrontation mit dem Vietcong genau die Umstände, unter denen er seine Fähigkeiten zeigen konnte. Er machte sich unverzüglich an die Planung zur Rückeroberung der Provinz. Gleich für den ersten Abend beraumte er eine Besprechung mit dem amtierenden Provinzchef an, einem Saigoner Zivilbeamten, um den Finanzbedarf der Provinz für das kommende Rechnungsjahr festzustellen. Am folgenden Morgen unternahm er eine Besuchsreise in die Distriktzentren. Er wollte die Distriktchefs und ihre amerikanischen Berater kennenlernen und sich von ihnen informieren lassen. Westmoreland hatte im Sommer 1964 angeordnet, das Hauptquartier der 25. Infanteriedivision der ARVN und zwei ihrer Regimenter von Zentralvietnam nach Hau Nghia zu verlegen. Vann besuchte an diesem ersten Morgen auch das Divisionshauptquartier und einen der Regimentsbefehlsstände. Er erfuhr, daß trotz Westmorelands Prioritätsanweisung niemand einen Pazifizierungsplan für Hau Nghia erstellt hatte. Vann setzte den Prozeß in Gang. Zunächst gab er den vietnamesischen USOM-Arbeitern in Bau Trai etwas zu tun und ließ sie das Lagerhaus aufräumen. Dem amtierenden Provinzchef sagte er, er brauche ein anständiges Büro im Gebäude des Provinzhauptquartiers. Es hatte eine große Veranda und war im ganzen Ort das einzige, das in Frage kam.

Vann erklärte seinem Assistenten Douglas Ramsey – der 35jährige Beamte des Foreign Service Office war selbst erst seit einem Monat in Bau Trai –, daß sie es sich nicht leisten könnten, der Absicht der Guerillas entsprechend den Kontakt mit der Bevölkerung abzubrechen und sich im Helikopter fortzubewegen, statt auf der Straße zu fahren. (Ramsey war ein fröhlicher, schlaksiger Mann aus dem Westen und sah immer unrasiert aus. 1965 war er unter den Amerikanern eine Seltenheit: Er sprach und las fließend Vietnamesisch.) Außerdem würden sie mit den Konvois nicht die nötige Bewegungsfreiheit haben, sagte Vann. Am wenigsten gefährlich sei es, allein zu fahren. Die Vietcong untersagten allen dienstlichen Verkehr und errichteten nach Belieben Straßensperren, um von zivilen Lkws Abgaben zu erheben und aus Zivilbussen einzeln reisende Soldaten herauszuholen. Davon abgesehen, erlaubten sie Zivilfahrzeugen, sich auf den noch befahrbaren Straßen frei zu bewegen.

Sämtliche USOM-Fahrzeuge waren zivile Wagentypen. Neben mehreren schweren Lkws mit vietnamesischen Fahrern, die Nachschub heranbrachten, gab es zwei kleinere Fahrzeuge, die Ramsey und Vann zur Verfügung standen. Eines davon war ein International Harvester Scout mit unsichtbarer Panzerung. Bei dem anderen handelte es sich um einen kanariengelb lackierten, ungepanzerten Kleinlaster, ebenfalls einen International. Vann zog ihn vor, weil er schneller war. Der Scout fuhr durch die schwere Panzerung langsamer. Vann war der Ansicht, daß sie sich mit guten Überlebenschancen zu jeder beliebigen Zeit an jeden beliebigen Ort begeben konnten, vorausgesetzt, sie fuhren so unregelmäßig wie möglich und besprachen sich vorher mit der örtlichen Polizei oder Miliz. Die bisherige Tätigkeit Ramseys in Vietnam war nicht gefährlich gewesen, aber er hatte auch schon in ländlichen Gebieten gearbeitet und war mit Vanns Vorschlag einverstanden.

Nach eineinhalb Wochen mußte sich Vann nicht mehr mit den Fliegen im Restaurant herumschlagen. Ramsey und er wurden von den Provinzbeamten und Offizieren eingeladen, mit ihnen in der Gemeinschaftsmesse zu essen (die vietnamesischen Beamten und Offiziere hatten eine Messe eingerichtet, da der Mangel an annehmbaren Wohnungen und die Unsicherheit im Ort sie davon abhielten, ihre Familien nach Bau Trai zu holen). Durch die Amerikaner würde das Essen besser werden: Vann und Ramsey konnten im PX-Laden in Saigon einkaufen. Trotzdem wäre die Einladung nicht ausgesprochen worden, wenn die Vietnamesen Vann nicht sympathisch gefunden hätten. Er war darüber hocherfreut, da Mahlzeiten die Gelegenheit boten, Probleme zu regeln und über neue Programme zu sprechen. Vann erwartete auch keinerlei Konflikte mit dem Chef der Militärberater in der Provinz, einem jungen Oberstleutnant namens Lloyd Webb, der von Vann schon viel gehört hatte und ihn aufgrund seiner Erfahrung respektierte.

Gegen Ende April traf schließlich ein neuer Provinzgouverneur ein: Major Nguyen Tri Hanh, ein südvietnamesischer Katholik, bislang stellvertretender Provinzchef im Gummiplantagengebiet. Um ihn dazu zu bringen, nach Hau Nghia zu gehen, hatte man ihm versprochen, ihn baldigst zum Oberstleutnant zu befördern. Hanh war 45, kräftig und von ruhiger Wesensart. Er sorgte für allgemeine Überraschung, denn er sagte freimütig seine Meinung, wirkte aufrichtig und schien die ehrliche Absicht zu haben, die Provinz effizient zu verwalten. »In einem Monat habe ich ihn völlig in der Hand«, prophezeite Vann vor Ramsey.

Zwei Nächte später wurde er vom Vietcong daran erinnert, daß guter Wille und harte Arbeit nicht ausreichen würden, um Hau Nghia zu retten oder den Krieg in Südvietnam zu gewinnen. Davon war Vann eigentlich ausgegangen, aber in der positiven Stimmung, mit der er an jede neue Aufgabe heranging, hatte er die Implikationen dessen, was er um sich beobachten konnte, nicht richtig bedacht. Am 28. April 1965 um 2.30 Uhr brachten ihm die Guerillas das wieder zum Bewußtsein. Sie begannen, Bau Trai mit 81-mm-Mörsergranaten zu beschießen, um die dort stationierten Artilleristen davon abzuhalten, eine südvietnamesische Rangerkompanie zu unterstützen, die der Vietcong in einem dreieinhalb Kilometer entfernten Weiler gleichzeitig angriff. Der Funkkontakt mit dieser Kompanie brach sofort ab.

Als Vann frühmorgens in den Weiler fuhr, sah er, daß die Kompanie ausgelöscht war – 35 Tote, 16 Vermißte und elf zurückgebliebene Verwundete. Die Guerilla-Einheit war einer dieser von Harkins bewaffneten Alpträume gewesen, wie sie Vann schon bei der 7. Division erlebt hatte: Teile eines regionalen Bataillons, das bestens mit amerikanischen MGs und anderen automatischen und halbautomatischen Waffen sowie aus Nordvietnam per Schiff eingeschmuggelten rückstoßfreien Kanonen und Granatwerfern ausgerüstet war. (Wenn der Vietcong 1962 noch froh war, pro Bataillon ein paar amerikanische MGs zu haben, besaß jetzt jeder Zug drei, genau wie in der US-Armee.)

Die Partisanen hatten ihre schweren Waffen kaum einzusetzen brauchen. Obwohl in diesem Weiler im Oktober schon einmal eine Rangerkompanie aufgerieben worden war, hatten die Offiziere und Unteroffiziere nicht einmal die elementarsten Vorsichtsmaßnahmen getroffen. Es waren weder vorgeschobene Horchposten eingerichtet, noch Leuchtminen gelegt, noch Schützenlöcher für eine Rundumverteidigung gegraben worden. Die Kompanie hatte einfach ihr Nachtlager um ein Haus neben der Grundschule am Rand des Weilers aufgeschlagen. Die Bauern sagten, die Ranger seien im Schlaf überrascht worden. Vann hatte das bereits vermutet, da die meisten Toten nur mit Unterhosen bekleidet waren. Er zählte elf Mann, die Schüsse ins Gesicht erhalten hatten, als sie offenbar völlig nichtsahnend dalagen. Vann erfuhr, daß gleich nach dem Angriff Frauen und Kinder aus dem Weiler gekommen waren, um beim Schein von Fackeln die Waffen der Ranger für die Vietcong aufzusammeln. Sie hatten auch mitgeholfen, einige verwundete und zwei tote Guerillas wegzutragen; ein paar Soldaten waren doch erwacht und hatten Widerstand geleistet. Die Ranger waren wegen ihrer Übergriffe bei der Bevölkerung der Gegend verhaßt. Vann fiel auf, daß die Guerillas darauf geachtet hatten, keines der anderen Häuser zu beschießen. Nur das eine Haus neben der Schule und die Schule selbst waren beschädigt.

Die Situation bei den Saigoner Truppen war weit schlimmer, als Vann in Denver es sich je vorgestellt hätte. Bau Trai war nicht nur deshalb ein gefährlicher Ort, weil ihn die Vietcong bedrohten. Die demoralisierte Saigoner Soldateska selbst war eine Gefahr. Eines Abends begannen vier betrunkene Soldaten der M-113-Kompanie der 25. Division im Restaurant Krach zu schlagen. Um Mitternacht versuchte die Polizei, sie zur Ruhe zu bringen. Die Soldaten verscheuchten die Polizisten mit ein paar Feuerstößen aus ihren Maschinenpistolen. Dabei entdeckten sie, daß es Spaß machte, Polizisten und höhere Vertreter der Obrigkeit zu erschrecken. Während der folgenden dreieinhalb Stunden – bis ihnen schließlich langweilig wurde und sie schlafen gingen –, wankten die vier wild um sich schießend durch Bau Trai. Sie forderten Hanh, den neuen Provinzchef, den Major, der sein militärischer Stellvertreter war, und alle anderen Offiziere des Ortes laut schreiend auf, sich doch zu zeigen und zu versuchen, ihnen Einhalt zu gebieten.

Der USOM-Bungalow lag kaum dreißig Meter vom Restaurant entfernt. Ramsey war in Saigon, doch der Polizeiberater verbrachte den Abend bei Vann. Beiden fehlte die Autorität, dem Treiben ein Ende zu machen. Es blieb ihnen nichts anderes übrig, als sich jedesmal, wenn ein Soldat auf den Bungalow schoß, zu Boden zu werfen und zu fluchen. Am folgenden Morgen zählte Vann etwa zwanzig Einschläge im Verputz an den Außenwänden. Es war für ihn einfach nicht faßbar, daß kein einziger Offizier etwas unternommen hatte, um vier Trunkenbolde davon abzuhalten, im ganzen Ort herumzuknallen. Beim Frühstück machte er vor Hanh aus seiner Verachtung keinen Hehl. Zu Vanns Verwunderung behaupteten nun Hanh und sein militärischer Stellvertreter, daß gar nichts passiert sei. Vann sollte bald erfahren, daß die beiden der Meinung waren, sie könnten nichts tun. Die Soldaten waren verzweifelt. Sie hatten jeden Respekt vor ihren Offizieren verloren und würden meutern, falls man versuchte, sie zu bestrafen.

Bei der 7. Division hatte sich Sandy Faust einst gefragt, ob Cao nicht für den Vietcong arbeitete. Der Nachrichtenoffizier im militärischen Beraterstab der Provinz war überzeugt, daß der Kommandeur der 25. Division in Hau Nghia, Oberst Phan Trong Chinh, ein kommunistischer Agent war. Zu diesem Schluß war schon sein Vorgänger gekommen. Es schien undenkbar, daß jemand, der ein so gerissener Kerl zu sein schien, aus bloßer Inkompetenz und Feigheit mit solcher Konsequenz zum Nutzen des Feindes handelte. Chinh stand im Ruf eines Dichters. Er untersagte alle Hinterhalte, sowohl nachts als auch tagsüber, ausgenommen auf »eigenem« Gebiet. Nicht nur, daß er selbst alles unternahm, um jeden Angriff gegen die Guerillas zu vermeiden, er gab sich die größte Mühe, auch die anderen davon abzuhalten. Er störte die militärischen Operationen so häufig – indem er die Pläne veränderte und Hanh zwang, die Truppen dorthin zu schicken, wo kein Feind war –, daß selbst der Provinzchef zu argwöhnen begann, Chinh arbeite für die andere Seite. Wenn Chinh Artilleriebeschuß mit Luftdetonation anordnete, wurden die Zeitzünder so eingestellt, daß die Granaten hoch über dem Boden explodierten. Das verminderte die Splitterwirkung.

Natürlich war Chinh ebensowenig ein kommunistischer Agent, wie Cao einer gewesen war, und zehn Jahre später kam Ramsey zu der Erklärung, daß Chinh damals wahrscheinlich nur höllische Angst vor dem Vietcong hatte und meinte, seine Truppen würden einen ernsthaften Zusammenstoß mit dem Feind nicht überstehen. Chinh war den Bauern gegenüber zu grausam – er ließ Weiler bombardieren und Häuser und Leute mit Kopfzündergranaten in die Luft jagen –, um ein Sympathisant der Kommunisten zu sein. Ohne ihn gleich für einen Verräter zu halten wie der Nachrichtenoffizier, wußten damals auch Vann und Ramsey nicht recht, was sie von Chinh denken sollten. Sie witzelten ständig, er müsse nachts immer nach Hanoi berichten.

Wenn es Chinhs Absicht war, das Leben seiner Männer zu schonen, so verheimlichte er das sehr geschickt. Er und seine Regimentskommandeure ließen ständig Marschkolonnen ohne Vorhut und ohne Flankensicherung über die Straßen ziehen. Das Ergebnis war eine monotone Reihe von Massakern. Durch die Hinterhalte und die nächtlichen Angriffe der Guerillas büßte Chinh pro Monat durchschnittlich eine Kompanie ein. Der Vietcong brauchte seine Division nicht erst in Stücke zu reißen. Chinh ließ sie ausbluten.

Die Frage, wo Inkompetenz und Dummheit endeten und Verrat und Sabotage begannen, war schwer zu beantworten. Die Unterwanderung der Saigoner Truppen durch den Vietcong war seit jeher ein Hauptproblem gewesen, und dieses Problem wurde um so größer, je mehr die Überlebenschancen des Regimes sanken. Die Menschen hängten ihre Fahne nach dem Wind, um sich für die Zukunft abzusichern. Noch zerstörerischer waren die Verdächtigungen, die durch die Subversion genährt wurden. Keiner traute dem anderen. Im Dorfhauptquartier von Trung Lap nördlich von Bau Trai, wo sich ein Ausbildungslager der Ranger befand, beschuldigten einander der Dorfvorsteher, der örtliche Milizkommandeur und der Chef des Ausbildungslagers, Vietcong-Agenten zu sein. Nachdem eines Tages ein Kommando als Ranger verkleideter Guerillas in die Ortschaft gekommen war und sieben echte Ranger erschossen hatte, begann der Dorfvorsteher, für sein Leben zu fürchten und zog woanders hin.

Es konnte schwerlich überraschen, daß die Truppen in dieser Atmosphäre verzweifelten. Vann hatte in seinem ersten Vietnamjahr nur selten beobachtet, daß Saigoner Soldaten im Feld Alkohol genossen. Nun betranken sich viele nachts beim Biwakieren. Auch Marihuana wurde geraucht. Vielleicht ließ sich auf diese Weise erklären, warum die Ranger in tiefem Schlaf lagen, als die Vietcong angriffen. Die Verzweiflung der Saigoner Truppen schien den Teufelskreis, in dem sie sich befanden, nur noch schlimmer zu machen und in ihnen das Gefühl der Entfremdung gegenüber dem eigenen Volk zu verstärken. Die Plünderungen wurden immer ärger, und sie brachten immer mehr Bauern dazu, dem Vietcong beim Kampf gegen sie zu helfen, wie es bei der Rangerkompanie der Fall gewesen war. In ihrer Hoffnungslosigkeit schienen sich die Soldaten dem Tod fast anzubieten, um der nervlichen Anspannung ein Ende zu setzen. Weniger als zwei Wochen nachdem die Ranger im Schlaf den Tod gefunden hatten, wurde eine etwa sechs Kilometer südlich von Bau Trai kampierende Kompanie auf ähnliche Weise ausgelöscht. Die Gewohnheit, sich ohne jede Sicherung zum Schlafen zu legen, hatte sich früher auf die Milizionäre in den Außenposten beschränkt. Inzwischen war sie bei fast allen Saigoner Einheiten üblich geworden.

Unter diesen Umständen konnte der Vietcong so gut wie ungestraft agieren. Ein zwanzig Mann starkes Kommando brach eines Nachts in den Distriktort Cu

Chi ein, um zwei Angehörige des Nachrichtendienstes zu entführen oder zu ermorden, weil deren gewissenhafte Arbeit dem Vietcong Probleme bereitete. Die beiden Männer hatten das unwahrscheinliche Glück, daß sie aus ihren Häusern fliehen konnten, als die Guerillas sich gewaltsam Zutritt verschafften. Die verärgerten Guerillas jagten daraufhin ihre Opfer mit Schreien und Schüssen durch die Straßen und über die Hausdächer. Die beiden entkamen, doch die Guerillas erachteten es nicht für notwendig, den Ort zu verlassen. Zwei Stunden lang durchstöberten sie Cu Chi, um sie zu finden. Von den Zivilgarden, die den Ort angeblich schützten – sie wurden nun als »Regional Forces« oder »RF« bezeichnet und von den Beratern verächtlich »Ruff Puffs« genannt –, bewegte sich niemand aus den Quartieren, um den Verfolgten zu Hilfe zu kommen. Der Distriktchef wurde von den Guerillas nicht behelligt und erwiderte dieses Entgegenkommen, indem er nichts unternahm, um seinen Nachrichtenleuten beizustehen. Auch das einen halben Kilometer entfernt in einer Kautschukplantage am Rande von Cu Chi gelegene Hauptquartier eines Regiments von Chinhs Division schickte keine Entsatzeinheit. Vann und Ramsey fanden später heraus, daß man im Regimentshauptquartier genau gewußt hatte, was in der Nachbarschaft vorging.

An einem anderen Abend beschloß ein Propagandatrupp des Vietcong, die Einwohner eines großen Dorfes an der Straße nach Saigon einige Kilometer westlich von Cu Chi zu unterhalten. Die Truppe veranstaltete ihre Show im Dorfkino, das bloß über die Straße gegenüber einer Schule lag, in der eine ARVN-Kompanie einquartiert war. Der Propagandatrupp war bewaffnet und hatte eine kleine Eskorte. Als der Kompaniechef seinen Leuten befahl, die Guerillas anzugreifen, weigerten sie sich. Er bestieg daraufhin seinen Jeep und fuhr nach Cu Chi, um sich beim Distriktchef Rat zu holen. Sie diskutierten eine Weile über das Problem, dann gingen sie sich betrinken.

Nach der Vernichtung der ersten Rangerkompanie in dem dreieinhalb Kilometer von Bau Trai entfernten Weiler schrieb Vann an einen Bekannten in Denver, er solle sich keine Hoffnung machen, daß die Bombardierung des Nordens die Ereignisse im Süden beeinflussen könne, denn »bedauerlicherweise werden wir diesen Krieg verlieren«.

Wir werden verlieren, weil der Dekadenz in Südvietnam die hervorragende Disziplin des Vietcong gegenübersteht. Dieses Land [Südvietnam] verpaßt seit Jahren eine Gelegenheit nach der anderen, und daran wird sich offensichtlich nichts ändern.
Ich bin verbittert ... – nicht über diese lächerlichen kleinen orientalischen Operettensoldaten –, sondern über unsere gottverdammten militärischen Genies und Politiker, die sich weigern, das Offensichtliche zuzugeben und entsprechend zu handeln, nämlich das Kommando über die ganze Sache mit allem Drum und Dran zu übernehmen. Obwohl in dieser hoffnungslosen

Situation nichts anderes helfen wird, halten sie lieber diese vietnamesischen Hampelmänner an der Macht. Diese Jammerfigur von einem Ky hat heute eine Rede gehalten und verlangt, daß wir Nordvietnam angreifen sollen, um es zu befreien. Der arme Narr braucht schon eine Meile außerhalb Saigons einen bewaffneten Konvoi und möchte den Norden befreien! Kann man sich denn noch lächerlicher machen?

Während seines ersten Jahres in Vietnam hatte Vann vor allem eine militärische Lösung im Blick gehabt: Er wollte durch die Vernichtung der regulären Vietcong-Bataillone die für die Pazifizierung der Landgebiete nötige Sicherheit schaffen. Als Mittel der Vernichtung sah er eine ARVN, die zu kämpfen bereit war. Um das zu erreichen, mußte in Saigon eine Junta oder ein starker Mann regieren, jemand, der willig amerikanische Ratschläge annahm oder durch die Drohung mit der Einstellung der für Südvietnam lebensnotwendigen Wirtschafts- und Militärhilfe gezwungen werden konnte, die amerikanische Führung zu akzeptieren. In Hau Nghia erkannte Vann, daß die USA vor einer wesentlich schwierigeren Aufgabe standen. Er sah, daß der Saigoner Militär- und Verwaltungsapparat ein todkranker Parasit war und die Saigoner Gesellschaft sich von Grund auf ändern mußte, wenn sie sich gegen ihre kommunistischen Widersacher behaupten wollte.

Das größte Übel, dem er begegnete und in dem die allgemeine Demoralisierung und Disziplinlosigkeit zu gründen schien, war die Korruption. Er hatte bis dahin nicht gewußt, wie sehr sie alles durchdrang. In Hau Nghia entdeckte er, daß die gesamte Gesellschaft davon erfaßt war, angefangen bei Ky und so gut wie sämtlichen Jungtürken-Generälen, die in der Hauptstadt ihre Macht festigten, über die Korps- und Divisionskommandeure, die Provinz- und Distriktchefs und ihre Verwaltung bis hinunter zum Dorfpolizisten, der einen Bauern mit der Drohung erpreßte, ihn als mutmaßlichen Vietcong anzuzeigen.

Die Saigoner Spielart der Korruption war von ihrem Ausmaß und Wesen her etwas völlig anderes als die Korruption, die man in den USA bei staatlichen oder kommunalen Behörden am häufigsten antraf. Die amerikanische Version richtete Schaden an, wenn sie außer Kontrolle geriet, war aber sonst ein wenn auch übelriechendes Schmiermittel für die politische Maschinerie, die über den Bau von Einkaufszentren, Autobahnen und staatlich geförderten Wohnungen entschied. Die Saigoner Korruption hingegen war etwas Lähmendes, ein bösartiges Geschwür, das das gesamte Regierungs- und Verwaltungssystem befallen hatte. Vann mußte feststellen, daß im Saigoner Lager Schmiergeldern das Hauptinteresse galt. Die Bestechung nahm mehr Zeit und Denken in Anspruch als jedes andere Problem und bewirkte eine beachtliche Genialität in Leuten, die sonst unfähig waren, die ihnen gestellten Aufgaben auszuführen. Gerade zu einer Zeit, da die Saigoner Gesellschaft selbstlos und aufopfernd zusammenstehen sollte, um ihren eigenen Untergang zu verhindern, beschleunigte sie ihren Verfall noch. Je größer die Bedrohung wurde, desto rücksichtsloser beutete man einander aus. Man glaubte offenbar, man werde sich und seine Familie vor der allgemeinen Katastrophe im letzten Moment retten können oder die Amerikaner würden rechtzeitig eingreifen. Vann sah jedoch, daß in den meisten Fällen die Leute in ihrer Geldgier die Konsequenzen, die sich letztlich ergeben würden, überhaupt nicht bedachten.

Es war Hanh, der Vann in bezug auf dieses Problem die Augen öffnete. Als Provinzgouverneur hatte er das Recht, die Mahlzeiten in seiner Wohnung einzunehmen. Nach Hanhs Eintreffen Ende April begannen Vann und Ramsey mit ihm zu essen. Hanh lud oft einen oder zwei seiner Mitarbeiter ein, ebenso oft aß man aber auch nur zu dritt. Am Tisch des Provinzchefs zu essen war für einen zivilen US-Berater etwas Selbstverständliches. Außerdem paßte es zu Vanns Plänen, da er Hanh soweit bringen wollte, in Hau Nghia eine konzertierte Aktion gegen den Vietcong auf die Beine zu stellen. In diesen ersten Jahren erfuhren die meisten zivilen oder militärischen US-Berater relativ wenig über die Verwicklungen der Korruption in Südvietnam. Über dieses Thema sprach man nicht. Die Berater wußten, daß die Korruption offiziell als Schande galt, daß aber Berichte darüber in der Botschaft oder in Westmorelands Hauptquartier nicht willkommen waren. Das wußten auch ihre Saigoner Partner, und wenn sie untereinander über Korruptionsgeschichten klatschten, so sprachen sie doch nie mit den Amerikanern darüber. Hanh, der innerhalb seines Systems eine Ausnahme darstellte, erkannte in Vann eine Ausnahme unter den Amerikanern. Außerdem stellte sich Vann als jemand dar, der Verbindungen zu höheren Stellen hatte, die vielleicht etwas ändern konnten.

Eines der ersten Dinge, über die Vann von Hanh aufgeklärt wurde, war, daß Verluste, Desertionen und Rekrutierungsprobleme nicht die einzige Ursache für den chronischen Soldatenmangel waren, an dem die Saigoner Kampfeinheiten litten. Auf Vanns Vorschlag hin erklärte sich Hanh bereit, sämtliche Einheiten seiner Regional Forces an einem Auffrischungskurs teilnehmen zu lassen. Um zu versuchen, die Kampfeinheiten zu konsolidieren, hatten die Amerikaner beim Verteidigungsministerium erreicht, daß eine Einheit eine gewisse Mindeststärke haben mußte, bevor sie in ein Ausbildunglager aufgenommen wurde. Hanh meinte, daß er bei der ersten von ihm ausgewählten Einheit keine Probleme haben würde, da die Verzeichnisse etwa 140 Namen enthielten und die für den Kurs erforderliche Mindestzahl hundert Mann betrug. Bei der Inspektion stellte er fest, daß es fünfzig Mann waren. Die restlichen neunzig Namen waren »Geistersoldaten« oder »Topfpflanzen«, wie die Vietnamesen sagten. Die »Geistersoldaten« waren Gefallene oder Deserteure, die »Topfpflanzen« hatten sich die Entlassung oder eine Beurlaubung erkauft, um zu ihren Familien oder in ihren Zivilberuf zurückkehren zu können; daher die Anspielung auf Zierpflanzen, die es sich zu Hause in ihrem Topf gemütlich machten. Die Befehlshaber kassierten den monatlichen Sold und die Zulagen und teilten den Profit mit höheren Offizieren, von denen sie gedeckt wurden. Anstatt nach Möglichkeiten für die Rekrutierung von Soldaten zu suchen, verhinderte damit das Saigoner Offizierskorps, daß die Einheiten auf Kampfstärke blieben.

Natürlich waren auch Hanh diese Praktiken bekannt; aufgrund der auf der Liste genannten 140 Mann hatte er jedoch wenigstens 100 Mann erwartet. Er ließ seinen Assistenten für militärische Angelegenheiten Nachforschungen anstellen, um herauszufinden, wie schwach die übrigen Einheiten waren. Der Bericht, den der Major ihm vorlegte, war bestürzend. Der RF-Kommandeur von Hau Nghia schien »zuviel zu essen« – womit man einen Mann bezeichnete, der selbst für Saigoner Begriffe zu geldgierig war – und seine Untergebenen zu ermuntern, die Listen exzessiv aufzublähen. Der Major schlug vor, Hanh und er sollten sich beim nächsten Inkasso beteiligen. Hanh wurde klar, daß er in seinem Stab niemandem trauen konnte. Er erzählte Vann und Ramsey von der Geschichte und bat sie, auf ihren Fahrten durch die Provinz Photos von RF- und PF-Einheiten zu machen (auch die SDC-Miliz war umbenannt worden und hieß jetzt »Popular Forces«, kurz »PF«). Er wollte diese Photos mit den Verzeichnissen vergleichen, um herauszufinden, wieviele Soldaten er nun wirklich hatte.

Nguyen Tri Hanh war nicht allein aus persönlichem Ehrgefühl eine Ausnahme. Er hatte sein Amt nicht gekauft und mußte daher auch keine Bestechungsgelder aufbringen, um dafür zu bezahlen. Die meisten Provinz- und Distriktchefs kauften ihre Posten. Hanhs Vorgänger, der wegen seiner Beteiligung an dem mißglückten Putsch vom Februar im Gefängnis gesessen hatte, war Ende des Frühjahrs wieder freigekommen, aber aus einem anderen Grund immer noch in Schwierigkeiten. Er hatte sein Gouverneursamt 1964 gekauft, als in Hau Nghia noch etwas mehr Sicherheit herrschte. Als er dann inhaftiert wurde, war seine Schuld noch nicht abgezahlt. Nun drängte ihn der Korpskommandeur, der ihm die Provinz verkauft hatte, wegen des restlichen Geldes. Von Hanh hatte man nichts verlangt. Zum einen wollte Hau Nghia im Frühjahr 1965 ohnehin niemand mehr nehmen, zum anderen war Hanh von einem vergleichsweise ehrlichen zivilen Premierminister ernannt worden, den die Generäle bald darauf aus der Regierung drängten.

Die Korruption sorgte für Inkompetenz in hohen und niederen Ämtern. Nicht die berufliche Leistung bestimmte, ob Männer wie Chinh das Kommando über eine Division behielten oder nicht. Sie blieben auf ihren Posten, weil sie mit Vorgesetzten und Untergebenen Korruptionsketten bildeten, die dafür sorgten, daß Geld nach oben gelangte. (Das gleiche System von Beamten, die Gelder für sich und ihre Vorgesetzten kassierten, hatte schon unter Diem vorgeherrscht, doch hatten die Beamten hier ihre Position zunächst aufgrund ihrer Loyalität zur Diem-Familie erhalten.) Die Autoritätsketten, die funktionieren mußten, wenn das Land rational verwaltet werden sollte, und die durch die verwandtschaftliche, religiöse und parteiliche Klüngelei ohnehin schon geschwächt waren, wurden durch diese Netze innerhalb des Korruptionsnetzes total untergraben. Hanh hatte praktisch keinen Einfluß auf drei der Distriktchefs seiner Provinz, da sie Korruptionspartner von Divisionskommandeur Chinh waren und von ihm gedeckt wurden. Chinh versuchte, Hanh zu zwingen, den vierten Distriktchef zu entlassen, da dieser Mann kompetent, aber unabhängig und für Chinhs Geschmack nicht genügend kooperativ bei den Korruptionsgeschäften war.

Das Saigoner Regime hatte ein System entwickelt, in dem niemand saubere Hände behalten konnte. Damit jeder geschützt war, mußte jeder darin verwickelt sein. »Das System war darauf ausgelegt«, wie Ramsey einmal sagte, »daß eine Hand die andere waschen mußte, weil alle schmutzige Hände hatten.« Während der Diem-Zeit hatte die Inflation die Gehälter ausgehöhlt, und die Korruption hatte jeden Anreiz zunichte gemacht, sie auf ein realistisches Niveau anzuheben. Sie waren so lächerlich niedrig (Hanhs Monatsgehalt belief sich nach dem offiziellen Wechselkurs auf weniger als 200 Dollar), daß ein Mann einfach stehlen mußte, wenn er seine Familie ernähren und sich seine gesellschaftliche Position erhalten wollte. Die einzige Möglichkeit, die ein Amerikaner hatte, zwischen ehrlichen und unehrlichen Beamten zu unterscheiden, bestand darin, einen Strich zu ziehen zwischen denen, die sich nahmen, was sie zum Leben brauchten, und denen, die sich bereicherten. An diesem Kriterium gemessen war Hanh ehrlich, wie Cao es bei der 7. Division gewesen war. Für einen Amerikaner war es vergleichsweise einfach, den Unterschied zu erkennen; einem Vietnamesen, der einmal zu stehlen begonnen hatte, fiel es schwer, sich an die Unterscheidung zu halten. Die Korruption ernährte sich selbst. Nur wenige, die einen Posten gekauft hatten, waren bereit, auf einen Gewinn aus ihrer Investition und einen zusätzlichen Profit für die physische Gefährdung zu verzichten. Die Versuchung, sich innerhalb des Systems einen Anhängerkreis zu schaffen, war groß. Die Provinz- und Distriktchefs, die sich bei ihren Mitarbeitern der größten Beliebtheit erfreuten, waren gewöhnlich die, die von ihrem Gewinn etwas abgaben, so daß alle etwas davon hatten.

Das System hatte zu einer Vielzahl weiterer Verzerrungen geführt, die der Korruption Vorschub leisteten. Dazu gehörte auch die Rolle der Ehefrauen. Oft wurden Frau General X oder Madame Colonel Y zu Agentinnen ihrer Gatten und machten Geschäfte mit einer anderen Frau General oder Madame Colonel. Die Frauen liebten diese Rolle, denn sie verlieh ihnen Macht. Eine Frau, die im Schutz der Autorität ihres Gatten ein Bestechungsnetz leitete, erwarb sich einen Anteil an dieser Autorität. Im allgemeinen gefiel den Männern dieses Arrangement, weil es sie von lästigen finanziellen Einzelheiten befreite. Zugleich konnten sie behaupten, daß sie selbst keine Gauner und ihre Gattinnen eben Geschäftsfrauen waren. Für einen Mann gab es gar keine Möglichkeit, eine verantwortliche Position innezuhaben und zugleich integer zu bleiben. Selbst wenn er seine Frau unter Kontrolle hielt und nur nahm, was er brauchte, mußte er die Korruption um sich dulden. Oft mußte er Gelder unterschlagen, um Forderungen seiner Vorgesetzten zu befriedigen. Beharrte er auf seiner Ehrlichkeit und verwehrte dadurch den anderen die Beteiligung an Korruptionsgeschäften, wurde er zum Außenseiter gestempelt und aus dem Amt gedrängt. Hanh hatte es bisher geschafft, mit tragbaren Zahlungen an Chinh davonzukommen. Ob es für ihn noch lange so billig abgehen würde, war keineswegs sicher.

Vann hatte schon vor Hanhs Amtsantritt festgestellt, daß die USOM-Pazifizierungsprogramme von der Korruption untergraben wurden und auch Amerikaner gegen Versuchungen nicht gefeit waren. Er entdeckte, daß ein anderer AID-Beamter (nicht William Pye, sein unmittelbarer Vorgänger) dem vietnamesischen Bauunternehmer der Provinz erlaubt hatte, im Austausch gegen Frauen USOM-Zement und andere Baustoffe zu stehlen. Baumaterialien erbrachten auf dem Saigoner Schwarzmarkt spektakuläre Preise, da vietnamesische und chinesische Spekulanten verstärkt den Bau von Wohnungen betrieben, um sie den Amerikanern zu vermieten, die zu Tausenden ins Land kamen. Der Bauunternehmer hatte dem AID-Beamten unter anderen auch seine eigene Frau zur Verfügung gestellt. Es schien schwer, sich Umstände vorzustellen, unter denen Vann kostenlosen Sex ablehnte, doch bei Sex als Bestechungsmittel war dies der Fall. (Natürlich verzichtete er wegen seines Dienstes in Hau Nghia nicht auf Frauen. Er verhielt sich wie früher bei der 7. Division und beschränkte seine Liebesabenteuer auf seine Besuche in Saigon, während er sich in seiner Provinz als ein Muster an Rechtschaffenheit darstellte.) Der Gedanke, daß ein Amerikaner in Kriegszeiten sich durch Bestechung dazu bringen ließ, vor dem Diebstahl von US-Material die Augen zu verschließen, schockierte ihn. Er war empört über den Mann und empört über den Bauunternehmer, der dessen Schwäche ausgenützt hatte.

Die Geldgier sabotierte die USOM-Programme nicht nur durch regelrechten Diebstahl, sondern auch auf subtilere Weise. Die von der USOM finanzierten Grundschulen in den Weilern übten auf die Bauern eine starke Anziehung aus, da diese ihren Kindern eine Schulbildung ermöglichen wollten. Wenn der Bauunternehmer in Hau Nghia eine Schule errichtete, dann baute er sie so schäbig wie nur möglich, und die Tische und Bänke waren von so minderer Qualität, daß sie nicht einmal ein Jahr hielten. Der AID-Beamte war dazu gebracht worden, über solche Dinge hinwegzusehen, die Provinz- und Distriktbeamten verschlossen davor ebenfalls die Augen, weil auch sie von dem Bauunternehmer bestochen waren. In ähnlicher Weise wurden für »Selbsthilfe«-Projekte der Bauern bestimmte USOM-Fonds dazu verwandt, in den Dörfern Büros zu errichten, die dann wieder verlassen oder vom Vietcong zerstört wurden. Die Provinzbeamten empfahlen weiterhin den Bau solcher Büros, weil sie für jedes davon Bestechungsgelder kassierten. Vann wollte dem ursprünglichen Zweck des Programms gerecht werden und die Bauern wählen lassen, was sie wollten — wahrscheinlich eine zweite Schule oder eine Klinik —, um ihnen dann Zement, Dachbeläge und andere Baustoffe zu geben, damit sie die Gebäude selbst errichten konnten. Sie würden sie auf diese Weise schonend behandeln und die Guerillas davon abbringen, sie zu beschädigen. Die Provinzbeamten wandten sich gegen seinen Plan, da bei dieser Vorgehensweise ihre Geldquelle versiegt wäre.

Der wichtigste Kunde des Korruptionssystems war der Vietcong. Es bot den Guerillas alle möglichen Vorteile. Ein von den Amerikanern initiiertes »Resources and Population Control«-Programm sollte die Bewegungsfreiheit von Vietcong-Sympathisanten einschränken und verhindern, daß Medikamente und andere nützliche Dinge in die Hand der Guerillas gelangten. Amerikaner, die in Südvietnam noch neu waren, führten die Beharrlichkeit komplizierter Erlässe und Vorschriften des Saigoner Regimes auf den immer noch spürbaren Einfluß des französischen Kolonialismus zurück. Sie begriffen nicht, daß jede Vorschrift und jedes Verbot ein Vorwand für Bestechungsgelder waren. Die Vorschriften, die im Rahmen des Kontrollprogramms erlassen wurden, ermöglichten es, für die der anderen Seite gelieferten Artikel höhere Preise zu verlangen. Die Guerillas beschränkten ihre Käufe nicht auf vom Verkaufsverbot betroffene Waren wie Antibiotika, chirurgische Instrumente und Trockenzellenbatterien für Handzünder, mit denen sich Minen hochjagen ließen. Sie kauften Waren, die die Amerikaner auf die Verbotsliste zu setzen vergessen hatten — etwa gefälschte Identitätskarten und Unbedenklichkeitsbescheinigungen für Spione, die eine Anstellung bei US-Behörden suchten, praktisch alles, was sie wollten —, indem sie einfach die geforderten Preise und Bestechungsgelder bezahlten.

Umgekehrt beschaffte die Korruption Geld, um dem Vietcong zu helfen, seine Käufe und Bestechungen zu finanzieren. In dem nordwestlich von Bau Trai gelegenen Hiep Hoa zum Beispiel war eine große Zuckerfabrik, die das von den Bauern angelieferte Zuckerrohr verarbeitete. Sie war Eigentum französischer Unternehmer und der Saigoner Regierung. Der Anteil des Regimes war an chinesische Geschäftsleute in Cholon verpachtet, die die Profite mit den jeweiligen Machthabern teilten. Obwohl die Fabrik sich mitten im Guerillagebiet befand, hatte sie nie Schwierigkeiten. Vann fiel auf, daß der Direktor und andere führende Angestellte sich vor Kugeln und Explosionen sicher genug fühlten, um in ihren Häusern normales Fensterglas zu haben. Die Lastwagen der Fabrik wurden beim Transport des Zuckers nach Saigon niemals angehalten. Vann erfuhr schließlich, daß der Vietcong von dem Unternehmen pro Jahr Steuern in der Höhe von 1,7 Millionen Piastern erhielt. Es handelte sich um keinen Einzelfall. Firmen, von denen Saigoner Beamte Gewinne und der Vietcong Steuern bezogen, gab es in ganz Südvietnam. Die Steuereinnehmer des Vietcong stellten für die bezahlten Beträge Quittungen aus, die mit dem Stempel der Nationalen Befreiungsfront versehen waren.

Geschäfte mit den Guerillas führten zwangsweise zu immer neuen Geschäften, da sie – zumindest offiziell – mit der Todesstrafe geahndet wurden. Befand sich jemand aus dem Saigoner Lager einmal auf dieser schiefen Ebene, so war er erpreßbar, und die Kommunisten konnten immer größere Forderungen stellen. Amerikanische Nachrichtenoffiziere fragten sich manchmal, warum nicht wenigstens durch Zufall, wenn schon aus keinem anderen Grund, mehr Angehörige der kommunistischen Distrikt- und Provinzkomitees gefangen wurden. Gelegentlich wurden tatsächlich welche gefangen, aber dann aus ihren Zellen freigekauft, ehe die Amerikaner gewahr wurden, was für einen wertvollen Fang man gemacht hatte.

Natürlich hatten auch die Kommunisten in Nordvietnam einige Korruptionsprobleme, doch im Süden untersagten die Umstände des Kampfes jede Korruption innerhalb ihrer Organisation. Der Weg zu einer verantwortungsvollen Position beim Vietcong und zur Parteimitgliedschaft war zu steil und zu gefährlich, als daß er Männer angezogen hätte, die durch Geld motiviert waren. Außerdem ergriff die kommunistische Führung Maßnahmen, um das Eindringen der Korruption in die Reihen der Guerillas zu verhindern. Sie wiesen auf dieses Übel im Saigoner Lager immer wieder hin und bestraften Käuflichkeit, sooft sie darauf stießen, mit einem Prozeß und einem langen »Umerziehungsaufenthalt« in einem Arbeitslager im Regenwald oder einer Kugel in den Hinterkopf.

Vann begann zu begreifen, daß die Guerillas den Krieg nicht nur aufgrund der ruinösen Korruption und der anderen Krankheiten des Saigoner Regimes gewannen. Der Vietcong initiierte in den ländlichen Gebieten Südvietnams eine soziale Revolution und stellte deren Energie in den Dienst seiner Sache. Vann hatte für diese soziale Revolution Verständnis, denn aufgrund seiner Kindheit und Jugendzeit konnte er sich mit den Bestrebungen und dem Zorn der besitzlosen Vietnamesen identifizieren. Da er darauf bestand, weiterhin die Straßen zu benutzen, hatte er Gelegenheit, die Ausbreitung der Revolution zu beobachten. An den meisten Tagen fuhr er mit Ramsey hinaus unter die Landbevölkerung. Sie begleiteten die Lastwagen, die kostenlose US-Güter wie Bulgurweizen (den die Vietnamesen ungenießbar fanden und ihn als Schweinefutter verhökerten, um sich mit dem Erlös Reis zu kaufen), Speiseöl, Milchpulver und anderes in Flüchtlingslager brachten, oder sie versuchten eines ihrer Programme voranzutreiben, mit denen man die Sympathie der Bevölkerung gewinnen wollte. Wenn sie zusammen unterwegs waren, nahmen sie den kanariengelben Kleinlaster; fuhren sie getrennt, benutzte einer der beiden den langsameren, gepanzerten Scout. In diesem Fall nahm Vann einen Dolmetscher mit.

Die Beliebtheit des USOM-Programms zur Errichtung von Grundschulen in den Weilern öffnete Vann die Augen für die soziale Revolution, die unter der

Führung des Vietcong stattfand. Da Saigon in Hau Nghia nur sechs Weiler kontrollierte, mußten Vann und Ramsey Schulen, wollten sie überhaupt welche bauen, in von den Guerillas beherrschten Ortschaften errichten. Diese Aufgabe ließ Vann erkennen, warum der Vietcong die vietnamesischen Bauern für sich gewann. Sie führte ihn in jene Grauzone, in der die Guerillas die Kontrolle ausübten und die Mehrheit der Bevölkerung mit ihnen sympathisierte, in der die Vietcong-Verwaltung aber noch nicht genügend Zeit gehabt hatte, die Dorfgemeinschaft ihren Vorstellungen entsprechend zu organisieren und die Überreste der Saigoner Herrschaft sowie jegliche Spur amerikanischer Präsenz im Land zu beseitigen. In Gebieten, in denen sie ihre Herrschaft konsolidiert hatten, bauten sie ihr eigenes Schulsystem auf. Anderswo tolerierten sie das US-Schulbauprogramm, da die Bauern begierig waren, ihre Kinder zur Schule zu schicken, und viele von ihnen auch selbst in Abendkursen Lesen, Schreiben und Rechnen lernen wollten. Die Dorfguerillas, ihre Kinder, ihre Verwandten — alle profitierten davon. Obwohl die Lehrer Beamte des Saigoner Regimes waren, wurden die meisten von ihnen, sofern sie ihren Unterricht politisch neutral gestalteten, damals nicht behelligt.

Die Grundschulen in den Weilern erinnerten Vann an die Landschulen in den Ausläufern der Blue Ridge Mountains, wo er während seiner Zeit in Ferrum als Hilfslehrer tätig gewesen war. Ein Lehrer unterrichtete alle fünf Klassen. Vann stellte mit Erstaunen fest, daß in einer Schule an die 300 Kinder eingeschrieben waren. Die Überbelegung war jedoch kein großes Problem, da die Schule keine Mauern besaß. Sie bestand aus einem Holzgerüst mit einem Dach aus Aluminiumblech, in das Granatsplitter mehrere Löcher gerissen hatten. Der Lehrer unterrichtete in drei Schichten.

Vann schloß gleich von Anfang an Freundschaft mit der Lehrerin jenes nördlich von Bau Trai gelegenen Weilers, in dem die Rangerkompanie ausgelöscht worden war. Sie war eine freundliche, mitteilsame, nicht mehr ganz junge Frau. Die Tatsache, daß sie in So Do, wie der Weiler hieß, zugleich für den Vietcong die medizinische Betreuung durchführte, schien ihre Haltung gegenüber Vann und Ramsey nicht zu beeinflussen. Vann erwarb sich ihre Dankbarkeit, weil er die zweiklassige Schule, die bei dem Angriff beschädigt worden war, wieder reparieren ließ und weil er mehreren Kindern, bei denen er eine Hasenscharte bemerkt hatte, eine Operation ermöglichte. (Diese Deformation der Oberlippe ist in industrialisierten Ländern kaum noch anzutreffen, weil sie sofort nach der Geburt korrigiert wird.) Diese Kinder erinnerten ihn an Gene und dessen rachitische Beine. Es handelte sich um ein unnötiges Leiden, das die moderne Medizin heilen konnte. Vann rief ein Programm ins Leben, um sie von philippinischen und südkoreanischen Chirurgenteams, die für die USOM arbeiteten, operieren zu lassen. Einige Monate später sollte er entdecken, daß die Lehrerin in So Do ihm und Ramsey dreimal das Leben gerettet hatte. Sie brachte Guerillas, die in der Straße eine Mine vergraben hatten und auf die beiden warteten, davon ab, ihr Auto in die Luft zu sprengen.

Vann schloß auch mit vielen Kindern Freundschaft. Ihre leuchtenden und wißbegierigen Gesichter bewegten ihn. Vietnamesische Bauernkinder hatten eine gewinnende Art, und das vor allem im Delta. Die proteinreiche Ernährung — Fisch, Gemüse und Obst — machte sie kräftig. Sie lachten und spielten gerne. Mit ihren nackten Füßen, ihren kurzen Hosen und weiten Hemden erinnerten sie Vann an die Kinder, die er und seine Brüder in glücklichen Stunden in Norfolk gewesen waren. Sie hüteten den Wasserbüffel der Familie oder lärmten und spielten mit einer Konservendose Fußball, da sie keinen wirklichen Ball oder anderes Spielzeug hatten. Es wurde ihm bald klar, daß die Kinder ihn schützen konnten. Sie wollten den Amerikaner, der ihnen Bonbons und Kaugummi schenkte, wiedersehen und warnten ihn manchmal, wenn im Weiler oder draußen an der Landstraße Guerillas waren.

Doug Ramsey war für Vann der perfekte Untergebene und Mitarbeiter, zugleich beeinflußte er ganz wesentlich sein Denken. Gleich Halberstam war Ramsey einer dieser messianischen Ahnungslosen aus der Generation der fünfziger Jahre. Sein Engagement entsprach seiner Körpergröße. Er war als Einzelkind zwischen den riesigen Kiefern und Ponderosa-Pinien am Rand des Grand Canyon und in der Oasensiedlung Boulder City in Nevada aufgewachsen. Der Vater hatte eine untergeordnete Stellung in der Nationalpark-Verwaltung, die Mutter war chronisch krank, und das zu einer Zeit, als die Angehörigen von öffentlich Bediensteten noch keinen Anspruch auf praktisch unbegrenzte medizinische Betreuung hatten. Mit Hilfe von Stipendien und Darlehen hatte Ramsey das Occidental College in Los Angeles besucht und es 1956 als einer der wenigen Schüler in der Geschichte des College in unüberbietbarer Weise abgeschlossen: vier Jahre lang in sämtlichen Fächern Note »A«. Nach einem Jahr Graduiertenstudium in Harvard war er den Lockungen des Außenministeriums erlegen, das Abenteuer und anspruchsvolle Aufgaben zu bieten schien. Bevor er allerdings seiner Berufung in den Foreign Service folgen konnte, mußte er noch zwei Jahre bei der Luftwaffe dienen — die meiste Zeit als Nachrichtenoffizier —, um einer Verpflichtung nachzukommen, die er im Reserve Officers' Training Corps des Occidental College eingegangen war. Anschließend wurde er vom Außenministerium im Empfangszentrum für ausländische Besucher in Honolulu eingesetzt, das gegenüber dem Royal Hawaiian Hotel in Waikiki lag.

Um diese allzu bequeme Beschäftigung loszuwerden, meldete sich Ramsey freiwillig für Vietnamesischkurse und den Außendienst in Südvietnam, wo er im Mai 1963 kurz vor Ausbruch der Buddhistenkrise eintraf. Auch hier bekam er einen angenehmen Job, diesmal als USIS-Zweigstellenleiter im Gebirgserholungsort Dalat, wo Diem und die Nhus ihre Landhäuser hatten. Der Ort war ebenso exklusiv wie hochpolitisch. Durch Ramseys Wißbegier und seine Vietnamesischkenntnisse wurde die Zeit, die er hier verbrachte, zu einem Lehrgang über die Saigoner Gesellschaft. Nach und nach brachten ihm die beim USIS geknüpften Verbindungen Aufgaben, die ihm mehr zusagten, so etwa Befragungsaktionen unter der Landbevölkerung des mittleren Küstenabschnitts und im nördlichen Mekong-Delta: Er sollte herausfinden, welche besonderen Beschwernisse die Bauern dazu brachten, den Vietcong zu unterstützen. Nach fast zwei Jahren geduldigen Wartens und weiterer freiwilliger Meldungen gab ihm das Außenministerium endlich den Job, den er wirklich haben wollte: Er wurde zur AID abkommandiert und kam im Februar 1965 als stellvertretender Provinzleiter nach Hau Nghia.

Bevor Vann einen Monat darauf eintraf, hatte Ramsey über seinen neuen Chef nichts gewußt. Vann stellte sich vor, indem er ihm eine Kopie von Halberstams Artikel aus dem »Esquire« präsentierte. Ramsey hatte 1962 und 1963 Halberstams Berichte aus Vietnam mit Begeisterung gelesen. Die Tatsache, daß sein neuer Vorgesetzter Halberstam zu einem großen Teil dieser Reportagen inspiriert hatte und in dieser beklagenswerten Geschichte der Held gewesen war, beeindruckte ihn zutiefst. Obwohl es einem jungen Mann mit Ramseys Neigungen ohnehin schwergefallen wäre, Vann nicht zu folgen, konnte er aus dessen Unternehmungen ersehen, daß er Halberstams heroischem Porträt voll und ganz entsprach. Die beiden Männer waren auf derselben Wellenlänge – in ihrem Engagement für den Krieg und in ihrer Liebe zu dem Land, das sie um jeden Preis halten wollten. Ramsey schrieb später, daß sie manchmal wider alle Vernunft auf einer abgelegenen Straße eine abendliche Spritztour unternahmen, um zu sehen, wie die Strahlen der sinkenden Sonne die Reisfelder in »im Abendrot erglühendes Kupfer« verwandelten. Sie hielten dann in »einem Weiler mit roten Ziegeldächern oder schilfgedeckten Häusern, wo die Leute sich für die Nacht einrichteten, wie sie es seit Hunderten von Jahren taten«. Und sie genossen den Anblick und die Gerüche dieses Landes »wie kleine Stadtkinder, die zum ersten Mal im Ferienlager sind«.

Nach dem Abendessen bei Hanh gingen Vann und Ramsey in ihr Büro im Provinzhauptquartier (sie hatten hier Strom und Ventilatoren) und diskutierten bis spät in die Nacht hinein über den Krieg und die Tagesereignisse. Ramsey wies Vann darauf hin, daß der Bildungshunger, den Vann bei den Bauernkindern festgestellt hatte, bei den intelligenteren und unternehmungsfreudigeren in Frustration enden würde. Ramsey wußte inzwischen genug über die südvietnamesische Gesellschaft, um sagen zu können, daß das von den Franzosen etablierte und von Saigon beibehaltene Schulsystem die mittlere und höhere Schulbildung – und damit die Führungspositionen in der nichtkommunistischen Gesellschaft – der städtischen Mittel- und Oberschicht und den Kindern der in die Städte geflüchteten Grundbesitzer vorbehielt. Wenn ein Bauernkind die fünf Jahre Grundschule schaffte, stand es am Ende einer Sackgasse. Die nächsten Sekundarschulen befanden sich in den Distriktorten. Die Bauernfamilien hatten gewöhnlich nicht das Geld, ihre Kinder dorthin zu schicken; davon abgesehen gingen die Distriktschulen nicht über die vier Mittelstufeklassen hinaus.

Um sich im Leben einen gewissen Status zu erwerben, blieb Bauernkindern praktisch nur die Möglichkeit, sich dem Vietcong und der Nationalen Befreiungsfront anzuschließen, was die talentiertesten unter ihnen offenbar auch taten. Da die Kommunisten Führungspersönlichkeiten aus der bäuerlichen Bevölkerung heranziehen mußten, stellten sie keine starren Forderungen an die Schulbildung und versuchten, begabte Kader innerhalb ihres eigenen Systems weiterzubilden. Der Kommandeur des Vietcong-Bataillons, das in Hau Nghia den Saigoner Truppen die meisten Verluste beibrachte (eine seiner Einheiten hatte auch die Ranger in So Do aufgerieben), war ein hochgeachteter 45jähriger Mann aus dem aufgegebenen Duc-Hue-Distrikt in der nordöstlichen Ecke der Schilfebene. Seine Position entsprach zu dieser Zeit der eines ARVN-Majors, er sollte jedoch bald in den einem Oberstleutnant entsprechenden Rang aufrücken, da sein Bataillon sich zu einem Regiment vergrößerte. Er hatte von der Pike auf gedient, was bedeutete, daß ihm das Saigoner System, an dessen Sturz er nun arbeitete, wahrscheinlich nur ein paar Jahre Grundschule ermöglicht hatte.

Vanns Denken wurde in dieser Zeit auch durch zwei Freunde Ramseys beeinflußt, die auch seine Freunde und Kameraden werden sollten. Der eine war Ev Bumgardner, der Spezialist für psychologische Kriegsführung, der zehn Jahre zuvor Zeuge von Diems Ansprache in Tuy Hoa geworden und nun nach Vietnam zurückgekehrt war, um die Pazifizierungsoperationen von USIS zu leiten. Der andere war Frank Scotton, Bumgardners rechte Hand. Vann war Bumgardner und Scotton schon während seines ersten Vietnamjahrs begegnet, hatte aber niemals Gelegenheit gefunden, sie näher kennenzulernen. Ramsey stellte ihn den beiden vor. Beide gehörten zu der Art von Menschen, von deren originellem Denken Vann sich angezogen fühlte.

Der 27jährige Frank Scotton war in einem vom unteren Mittelstand geprägten Viertel eines Bostoner Vororts groß geworden. Seine Mutter hatte ihn liebevoll aufgezogen, nachdem sein Vater, ein Feuerwehrmann, im Zweiten Weltkrieg gefallen war. Er war unternehmungslustig und freundlich, aber von der Art her etwas rauh und auch mißtrauisch. Seine Lieblingswaffe war eine schwedische K-9-mm-Maschinenpistole, die er sich bei den Special Forces verschafft hatte. Seine Art zu denken war unorthodox, und die Faszination des Guerillakriegs sowie die Lektüre der Schriften von Mao Tse-tung und Vo Nguyen Giap hatten diesen Zug in ihm noch verstärkt.

Er und Bumgardner versuchten, die vietnamesischen Kommunisten mit ihren eigenen Methoden zu bekämpfen und kommunistische Gußformen mit antikommunistischer Ideologie zu füllen. Ein neues Programm zur Motivierung und politischen Indoktrinierung der Saigoner Milizionäre war aus einem Experiment entstanden, das Scotton im Vorjahr in der Provinz Quang Ngai im mittleren Küstenabschnitt durchgeführt hatte. Mit Unterstützung Bumgardners, eines einfallsreichen Armeemajors namens Robert Kelly und einiger CIA-Agenten hatte Scotton mehrere 40 Mann starke Einheiten aufgestellt, die die bewaffneten Propagandateams des Vietcong kopierten. Scottons Kommandos hatten nicht verhindern können, daß die Guerillas fast ganz Quang Ngai unter ihre Kontrolle brachten (im Mai 1965 erwog das Regime sogar, die Provinzhauptstadt aufzugeben), aber sie hatten gearbeitet wie keine andere Saigoner Einheit je zuvor. Sie hatten Bauern geholfen, sie hatten in Guerillagebieten Propagandarbeit geleistet, Vietcong-Trupps in nächtliche Hinterhalte gelockt und sich in Weiler geschlichen, um örtliche Vietcong-Führer zu ermorden.

Auf den ersten Blick war Bumgardner der Mentor, den ein tatendurstiger Typ wie Scotton zu brauchen schien, ein intellektueller, zurückhaltender Mann, klein, mit vierzig Jahren schon fast kahl. Bei aller Ruhe und Bescheidenheit hatte er jedoch die gleiche unorthodoxe Art zu denken und zu handeln wie Scotton. Die Leidenschaft Bumgardners zeigte sich in seinem hartnäckigen Festhalten am Krieg und in dem heimlichen Vergnügen, das er empfand, wenn er hörte, wie es knallte und die Geschosse an ihm vorbeizischten.

Immer wenn Ramsey und Vann aus dienstlichen Gründen nach Saigon fuhren und dort übernachteten, trafen sie sich mit Bumgardner und Scotton, um über den Krieg zu sprechen. Obwohl Bumgardner und Scotton ebensowenig wie alle ihre Landsleute in der Lage waren, die nationalistische Basis des vietnamesischen Kommunismus zu erkennen, wußten sie über die damaligen sozialen und politischen Gegebenheiten in Südvietnam Bescheid. Beide sprachen fließend Vietnamesisch. Bumgardner hatte eine Chinesin geheiratet, deren Familie seit Generationen in Vietnam lebte. Wie Ramsey waren auch er und Scotton überzeugt, daß der Vietcong seine Stärke vor allem den Zuständen verdankte, die den Wunsch nach einer sozialen Revolution nährten. Sie sahen im antikommunistischen Nationalismus immer noch eine lebensfähige Alternative für den Süden, vorausgesetzt, daß das Saigoner Regime eine totale Wandlung durchmachte. Die USA konnten nicht einfach die Führung übernehmen, wie Vann es hatte tun wollen, und das Land über vietnamesische Strohmänner regieren. Irgendwie mußte ein ganz anders geartetes Regime an die Macht gelangen, ein Regime, das den Wünschen der Landbevölkerung entgegenkam. Ohne diesen Wechsel, so glaubten Bumgardner und Scotton, war der Krieg nicht zu gewinnen. Auch wenn die US-Armee das ganze Land besetzen und die Guerillas vernichten sollte, nach ihrem Abzug würde die Rebellion erneut ausbrechen.

Was Ramsey, Bumgardner und Scotton sagten, fand Vann durch seine Erfahrungen in Hau Nghia bestätigt. Ende Mai hatte er genug gesehen und gehört, um seiner neuen, für ihn außergewöhnlichen Einschätzung des Krieges in einem Brief an General York Ausdruck zu geben:

Wäre Vietnam nicht bloß ein Pfand im umfassenden Ost-West-Konflikt und wäre unsere Präsenz hier nicht unabdingbar, um die Ressourcen dieses Gebiets dem kommunistischen China vorzuenthalten, so wäre es verdammt schwierig, unsere Unterstützung für das gegenwärtige Regime zu rechtfertigen. In diesem Land findet eine Revolution statt – und die Prinzipien, Ziele und Bestrebungen der *anderen* Seite liegen viel näher an dem, woran Amerikaner glauben, als die der Saigoner Regierung. Mir wird hier klar, daß es, falls sich die chinesische Spielart des Kommunismus durchsetzen sollte, für diese »Revolutionäre« eine bittere Enttäuschung geben wird. Dann wird es aber für sie zu spät sein – und es wird auch für uns zu spät sein, sie für unsere Seite zu gewinnen. Die Nationale Befreiungsfront wird von den Kommunisten beherrscht. Ich bin jedoch überzeugt, daß die große Mehrheit derjenigen, die sie unterstützen, es nur deshalb tut, weil sie die einzige Aussicht auf Änderung und Verbesserung ihrer Lebensbedingungen darstellt. Wenn ich achtzehn wäre, auf dem Land lebte und vor der gleichen Wahl stünde – Saigoner Regime oder Befreiungsfront –, dann würde ich sicher die Befreiungsfront wählen.

Vann zufolge hatten die USA elf Jahre lang vietnamesisches und amerikanisches Blut und Hunderte Millionen Dollar verschwendet, um zu versuchen, die zum Untergang verurteilte alte Ordnung Südvietnams zu erhalten. Die Aufgabe, vor der er nun stand, überstieg alles, was er sich in Denver vorgestellt hatte. Er mußte eine Strategie entwickeln, die nicht destruktiv, sondern konstruktiv war. Südvietnam mußte zu einer Nation werden, die im Kampf um die unterentwickelten Länder an der Seite der USA stand. Diese Strategie würde er in ein Programm umsetzen müssen, das man höheren Ortes genehmigte. Dann erst würde er Maßnahmen treffen können. Der Idealismus, den Garland Hopkins und Ferrum in ihm gezüchtet hatten, äußerte sich bei ihm als Wunsch, die Welt zu amerikanisieren. Er sah in diesen Bauernjungen nicht einfach nur vietnamesische Kinder. Er sah sie als künftige Entsprechungen zu Lansdales Filipinos – einheimische Führungspersönlichkeiten, die, von amerikanischen Wertvorstellungen erfüllt, für die Hilfe Amerikas so dankbar waren, daß sie die Sache der USA wie selbstverständlich zu ihrer eigenen machten. »Hätten wir vor elf Jahren begonnen«, sagte er, als er während eines Heimaturlaubs im Herbst jenes Jahres in Denver einen Vortrag hielt, »dann hätten wir jetzt die Führer, die wir haben wollen. Ich denke, wir können es mit solchen Kindern immer noch schaffen.«

Der Krieg war nun in eine Phase getreten, die Vann günstig erschien, um eine neue Strategie durchzusetzen. Anfang Juni 1965 hatte Westmoreland in Südvietnam mehr als 50.000 Angehörige der US-Streitkräfte unter seinem Kommando, darunter neun Bataillone Marineinfanteristen und Luftlandetruppen der Armee. Während die Johnson-Administration die Öffentlichkeit über ihre Entscheidungen mehr oder minder im unklaren ließ, wurden weitere US-Einheiten nach Vietnam verlegt. Sie sollten gerade zur rechten Zeit eintreffen. Die Saigoner Regierung bereitete die Räumung der fünf nördlichen Provinzen des mittleren Küstenabschnitts vor – des gesamten Gebiets des I. Korps, in dem die Marines den Flugplatz Phu Bai unweit der früheren Kaiserstadt Hue und, weiter südlich, den Marine- und Luftstützpunkt Da Nang hielten. Die Saigoner Generäle hatten sogar schon einen Geheimplan ausgearbeitet, um das Hauptquartier des Vereinigten Generalstabs aus dem modernen Gebäudekomplex, den de Lattre de Tassigny bei Tan Son Nhut erbaut hatte, in die alte französische Armeeschule auf der Landspitze von Vung Tau (Cap-Saint-Jacques), 65 Kilometer südöstlich Saigons, zu verlegen. Die Halbinsel war leicht zu verteidigen, und die Generäle konnten sich hier innerhalb weniger Minuten einschiffen und auf hoher See sein. Sie waren sich nicht mehr sicher, ob es gelingen würde, die ihnen noch verbliebenen Gebiete des Zentralen Hochlands zu halten, bis die Amerikaner die Last übernahmen. Die wichtigsten Bergstädte wie Kontum, Pleiku und Banmethuot waren zu bedrohten Inseln geworden, die man nur mehr auf dem Luftweg erreichen konnte.

In Hau Nghia mehrten sich die Anzeichen, daß das Regime ohne amerikanische Rettungsaktion das Jahr 1966 nicht mehr erleben würde. Auf der *Route 1*, der Hauptverbindung nach Saigon, waren Minen und Hinterhalte so häufig geworden, daß Vann und Ramsey an gesprengten Jeeps und Lkws vorbeifuhren, in denen die Leichen liegenblieben, weil niemand sich die Mühe machte, sie herauszuholen. Immer wieder sahen sie Leichenteile neben den Wracks liegen. Manchmal sprengten die Guerillas frühmorgens Militärfahrzeuge zweihundert Meter vor den Polizeiposten an den beiden Ortsausgängen von Bau Trai in die Luft. Wahrscheinlich hatten die Polizisten nachts gehört, daß die Guerillas Minen vergruben, oder im Mondlicht beobachten können, wie sie die Drähte zu den Zündern in den nahegelegenen Büschen spannten. Trotzdem hatten sie nichts gesagt. Es kam auch immer häufiger zu Desertionen. Die Vorsteher zweier bei Bau Trai gelegener Weiler – zwei der sechs angeblich pazifizierten Weiler der Provinz – wollten nicht länger im Schutz der Versicherung leben müssen, die sie sich mit ihrer heimlichen Hilfe an den Vietcong erkauften, und liefen ganz zu den Guerillas über. Einer der beiden nahm seinen Stellvertreter und den gesamten Milizzug des Weilers mit. Vann und Ramsey hatten diesen RF-Zug gemocht. Die meisten seiner Angehörigen waren Jugendliche aus dem Weiler, die den Amerikanern zujubelten, wenn sie ihnen Bulgurweizen und Speiseöl brachten, um ihre lächerlichen Gehälter etwas aufzubessern. Die fröhlichen Jungen schockierten ihre amerikanischen Freunde, indem sie mehrere Mitarbeiter eines in der Nähe arbeitenden Pazifizierungsteams erschossen, bevor sie zum Vietcong überliefen.

Die Nerven derjenigen, die nicht desertierten, waren so angespannt, daß es zu einer Panik nur wenig bedurfte. Das etwas nördlich von Bau Trai gelegene Dorfzentrum von Duc Lap war in den vergangenen Monaten mehrmals angegriffen worden. Eines Morgens ging hier das Gerücht um, eine Gruppe Guerillas – eine einzige Gruppe – befinde sich im Anmarsch. Zuerst floh die reguläre Polizei, dann die schwerbewaffnete Kampfpolizei, dann der Stab eines Rangerbataillons und eine von dessen Kompanien. Nachdem sich das Gerücht als falsch herausgestellt hatte, kamen alle wieder zurück. Wäre diese Panik um zwei Uhr nachts entstanden, wenn die Guerillas vielleicht im Schutz der Dunkelheit einen Angriff vorbereiteten, hätte das Vann und Ramsey weniger gewundert. Es war jedoch zehn Uhr morgens gewesen.

Vann war nie von der schon 1962 Ziegler gegenüber geäußerten Ansicht abgegangen, daß es verrückt sei, den Krieg mit US-Truppen gewinnen zu wollen. »Wenn man den Krieg gewinnen will«, hatte er dem Stellvertreter Lodges im Frühjahr 1964 aus Denver geschrieben, »dann muß das durch die Vietnamesen geschehen. Nichts wäre verrückter als der massive Einsatz von US-Truppen (oder anderen ausländischen Truppen). Wir könnten unsere gesamte Armee nach Vietnam schicken und würden trotzdem nichts Nennenswertes erreichen.« Ähnlich dachte er ein Jahr später, als die ersten Marineinfanterie- und Armeeeinheiten eintrafen.

Er war über ihre Ankunft nicht unglücklich. Ohne sie wäre Südvietnam, wie er bemerkte, »den Bach hinuntergeschwommen«. Nach ihrem Eintreffen brauchte man nicht mehr zu befürchten, daß angesichts des nahenden Zusammenbruchs eine Gruppe neutralistischer oder prokommunistischer Politiker in Saigon eine Regierung bilden und den Abzug der USA verlangen könnte. Solange amerikanische Gewehre sie schützten, würden Ky und die anderen Generäle aushalten. Die vietnamesischen Kommunisten hatten nicht die Stoßkraft, um eine von der See und aus der Luft unterstützte amerikanische Streitmacht aus dem Land zu jagen. Sorge bereitete Vann, daß man diese amerikanischen Soldaten aussenden würde, um den Vietcong und die nordvietnamesische Volksarmee (NVA) zu bekämpfen, die begonnen hatte, über den Ho-Chi-Minh-Pfad nach Süden zu marschieren, um die Guerillas zu verstärken. Die amerikanischen Truppen würden Freund und Feind nicht unterscheiden können, und es würde zu einer endlosen Kette unsinniger Gemetzel kommen.

Für Vann bestand die vernünftige Strategie darin, mit den amerikanischen Truppen die Häfen und Flugplätze sowie die Städte und Ortschaften zu sichern, die man aus Prestigegründen nicht an die Kommunisten verlieren durfte. Die US-Soldaten würden in diesen Garnisonen eine Eingreifreserve bilden. In Ausnahmefällen, wenn man große Vietcong- oder NVA-Einheiten lokalisiert hatte, die Umstände für die Amerikaner günstig und die Gefahren für die Zivilbevölkerung gering waren, konnte man die US-Truppen auch offensiv einsetzen. Ihre unausgesprochene und zugleich wichtigste Aufgabe war jedoch politischer Natur. Sie sollten die Kraft sein, die das Bacchanal der Putsche und Gegenputsche beendete und die Saigoner Generäle zur Vernunft brachte. Hinter dem Schild der

US-Armee und des Marine Corps würden die Vereinigten Staaten allmählich ein Regime installieren, das nicht durch und durch korrupt war. In den Landgebieten sollten die ARVN und die Milizen die Hauptlast des Kampfes und der Pazifizierung tragen, nicht die Amerikaner. Zu diesem Zweck würde man die Saigoner Streitkräfte reorganisieren und reformieren müssen. Dieses Ziel konnte man Vann zufolge mit Hilfe eines »gemeinsames Kommandos« erreichen, in dem die Amerikaner den Ton angeben würden. Es war ihm bewußt geworden, daß die Saigoner Truppen von ihrer Führung genauso angeekelt waren wie er selbst. Er war überzeugt, daß sie auf Kompetenz, Disziplin und den damit verbundenen Erfolg positiv reagieren würden. Seine nächtlichen Gespräche mit Ramsey und die gemeinsamen Saigoner Diskussionen mit Bumgardner und Scotton konzentrierten sich nunmehr auf diesen Kern einer neuen Strategie: die Maßnahmen zur Wiedergewinnung der Landbevölkerung und die Veränderung der Saigoner Gesellschaft.

Bis es so weit war, mußte er zuerst einmal etwas in Hau Nghia bewirken. Vann beschloß, mit einem Korruptionsfall zu beginnen, bei dem man etwas unternehmen konnte. Es handelte sich um den betrügerischen Bauunternehmer. Seit Vann hinter die Affäre um den AID-Beamten gekommen war, hatte er gegen den Unternehmer einen Privatkrieg geführt. Dabei stand ihm eine wirksame Waffe zur Verfügung. Laut USOM-Vorschrift war eine von Vann unterschriebene Anweisung nötig, damit der Unternehmer für die Ausführung der Bauarbeiten bezahlt werden konnte. Vann machte es sich nun zur Aufgabe, ihm den Diebstahl von Aluminiumblechen nachzuweisen. Er fuhr zu einer kurz zuvor fertiggestellten Frauenklinik und zu einer Schule, kletterte aufs Dach und zählte die Bleche. Dann prüfte er nach, wie viele Bleche der Unternehmer für diese Bauten tatsächlich erhalten hatte, und weigerte sich solange, die Anweisung zu unterschreiben, bis der andere sich bereit erklärte, den Betrag für das fehlende Material zurückzuerstatten.

Der Konflikt eskalierte in der zweiten Maihälfte, als der Unternehmer bei Hanh vorsprach, um ihm das gleiche 10-Prozent-Arrangement für Bauverträge vorzuschlagen, das er mit seinem Vorgänger getroffen hatte. Dabei riet er Hanh, Vann nicht ernstzunehmen. Der von ihm bestochene AID-Beamte, der nun im Saigoner USOM-Hauptquartier in leitender Position tätig war, hatte ihm mitgeteilt, daß Vann als Unruhestifter galt und ohnehin bald abgelöst werden sollte. Hanh reagierte auf das Angebot nicht und informierte noch am gleichen Abend Vann darüber. Vann verlangte, sämtliche für die Provinz geltenden Verträge des Bauunternehmers zu annullieren. Eine so drastische Maßnahme wollte Hanh nicht schon jetzt und von sich aus ergreifen, schien aber dazu bereit zu sein, falls es Vann gelang, den anderen genügend zu diskreditieren.

Eine Woche später kam der Bauunternehmer noch einmal zu Hanh und erweiterte sein Angebot, um es attraktiver zu machen. Das Resources and Population Control Program, durch das man dem Vietcong wichtige Güter vorenthalten wollte, schrieb für Rohstoffe und Produkte, die die Provinzgrenzen überschreiten sollten, wie z. B. Zucker, Export-Import-Genehmigungen vor. Diese Genehmigungen wurden üblicherweise gegen entsprechende Bestechungsgelder erteilt. Der Bauunternehmer hatte die Verkäufe für den früheren Provinzgouverneur abgewickelt. Er bot nun auch Hanh diese Dienstleistung an, natürlich wieder gegen entsprechende Beteiligung. Diesmal lehnte Hanh das Angebot ausdrücklich ab und informierte Vann erneut über das Gespräch. Dem Unternehmer wurde nun klar, daß Vann sich bemühte, ihn aus der Provinz zu vertreiben. Der neue Gouverneur hätte sich wohl kaum so seltsam verhalten, wenn er von Vann nicht dazu ermutigt worden wäre. Den Saigoner Geschäftemachern war es im Lauf der Jahre zur Gewohnheit geworden, sich in die Pose der Unschuld und des verletzten Nationalstolzes zu werfen, wenn Amerikaner eine Angelegenheit von so wahrhaft nationalem Interesse wie die Korruption in Gefahr brachten. Auch der Bauunternehmer, Mitglied einer prominenten katholischen Familie, verstand sich auf dieses Spiel. In einem Brief schalt er Vann, sich wie »die französischen Kolonialisten aufzuführen, die früher unser Land beherrschten«.

Der nächste Zug in diesem Spiel war, daß der Vietnamese mit Hilfe seines Freundes im USOM-Hauptquartier eine Kopie dieses Briefes über den Instanzenweg nach oben gelangen ließ, um Vanns Versetzung zu erreichen. Vann verfaßte ein Antwortschreiben an ihn, in dem er die Fakten des Betrugs darlegte, behielt jedoch den Durchschlag, der normalerweise an das USOM-Hauptquartier gegangen wäre. Er nahm an, daß der bestechliche AID-Beamte ihn verschwinden lassen oder als Machwerk hinstellen würde. Wie erwartet wurde Vann bald darauf zu einem Gespräch mit Wilsons Stellvertreter nach Saigon beordert. Dieser fing sofort an, Vann über den Umgang mit Vietnamesen zu belehren. Vann konnte sich schließlich nicht mehr zurückhalten und fragte ihn, ob er nicht auch seine Version der Geschichte hören wolle. Der Stellvertreter verneinte. Er wolle Vann lediglich helfen. Wenn er seine Version nicht vorbringen dürfe, dann müsse er diese Unterredung leider abbrechen, antwortete Vann. Der andere erklärte sich widerwillig bereit, ihn anzuhören. Vann beschrieb die Beziehungen zwischen dem bestochenen Beamten und dem Bauunternehmer sowie dessen Korruptionsgeschäfte mit dem früheren Provinzgouverneur. Er präsentierte den Durchschlag seiner Antwort an den Unternehmer sowie Kopien ihrer früheren Korrespondenz über verschiedene Baumaterialien. Vann merkte, daß sein Gesprächspartner verlegen wurde. Offensichtlich befürchtete er einen Skandal. Aus Vanns Bericht und dem gesamten Briefwechsel, so sagte er, gehe etwas ganz anderes hervor, als man ihm erzählt habe.

Am 22. Juni fuhr Vann gegen Mittag in seinem kanariengelben Kleinlaster auf der *Route 1* in Richtung Cu Chi. Die Ergebnisse seines ersten Feldzugs gegen die Korruption in Hau Nghia stimmten ihn optimistisch. Der bestechliche AID-Beamte hatte bei seiner Befragung keine gute Figur gemacht. Vann war gebeten worden, ein vertrauliches Memorandum über die Beziehungen des Mannes zu dem Bauunternehmer zu verfassen. Der Beamte war daraufhin im USOM-Hauptquartier in eine so schwierige Lage geraten, daß er sich schließlich in ein anderes Land versetzen ließ. Wilsons ziviler Stellvertreter änderte seine Meinung über Vann und sollte später innerhalb der AID zu einem seiner engagiertesten Förderer werden. Hanh hatte den letzten Auftrag des Unternehmers noch nicht gestrichen, schien es aber tun zu wollen. Eine Woche zuvor war Vann bereits so siegesgewiß gewesen, daß er in Gegenwart Hanhs und eines seiner Assistenten erklärte, solange er in Hau Nghia die USOM repräsentiere, werde er, unabhängig vom Ergebnis der offiziellen Ermittlungen, an den Bauunternehmer keinen einzigen Sack Zement und kein einziges Dachblech mehr ausgeben.

Vann war allein unterwegs. Früh am Morgen hatte er in Trang Bang mit dem Distriktchef über einige Selbsthilfeprojekte gesprochen. Nun sollte er in Cu Chi mit Hanh zusammentreffen. Auch der Gouverneur war an diesem Vormittag unterwegs. Er brachte einige Ferkel zu Bauern, die beim Schweinezucht- und Maisanbauprogramm mitmachten. Obwohl Vann etwas gegen Konvois hatte, wollte er sich Hanhs Konvoi aus Höflichkeit anschließen. Sie würden dann zusammen nach Bau Trai zurückfahren und dort mit einem USIA-Beamten zu Mittag essen, der sich auf einer Informationsreise befand. Vann hatte gerade eine gefährliche Stelle passiert, eine Brücke, die nach dem Fluß Sau den Namen »Suoi Sau« trug. Wegen der zahlreichen Hinterhalte und Minen hatten die US-Berater sie »Suoi Cide« genannt, um auf diese Weise den suizidären Charakter eines Aufenthalts in dieser Gegend hervorzuheben.

In einiger Entfernung vom rechten Rand der zweispurigen Asphaltstraße erblickte Vann eine Gruppe von Männern. Drei davon waren bewaffnet und trugen wie die Bauern, Guerillas und Milizsoldaten schwarze pyjamaartige Hosen und Blusen. Ihnen folgten sechs junge Männer, die bis zur Hüfte nackt waren. Die drei Bewaffneten winkten Vann zu, er solle anhalten. Vann glaubte, es seien Milizionäre, die aus irgendeinem Grund Hilfe brauchten, und bremste ab. Plötzlich brachte einer der Männer sein Gewehr in Anschlag. Vann wurde klar, was für Leute ihm hier zugewinkt hatten. Er trat die Kupplung durch, legte den zweiten Gang ein, winkte lächelnd durch das offene Fenster zurück und gab Gas. Wenn diese Männer Vietcong mit Gefangenen waren, würden sie, so hoffte er, lang genug zögern, so daß er ihnen entkommen konnte. Der Mann, der ihm am lebhaftesten zugewinkt hatte, drückte das Gewehr seines Kameraden nach unten und erwiderte lächelnd Vanns Gruß.

Wenige Augenblicke später hatte Vann sie hinter sich gelassen und brauste mit hundertzehn über die löcherige Fahrbahn. Noch nie zuvor hatten ihn Guerillas zum Anhalten aufgefordert und sich so seltsam benommen. Während er sich noch fragte, ob das wirklich Vietcong gewesen waren, hörte er plötzlich Schüsse knallen und Projektile am Wagenfenster vorbeipfeifen. Gleich darauf durchschlugen einige die Windschutzscheibe. Instinktiv hatte er sich gerade noch rechtzeitig geduckt, um seine Augen gegen die Glassplitter zu schützen. Der Wagen schoß über die linke Fahrbahn hinaus in einen Friedhof, der sich beiderseits der Straße entlangzog. Als Vann sich aufrichtete, um das Fahrzeug wieder unter Kontrolle zu bekommen, erblickte er seine Feinde: An der linken Straßenseite stand, über eine Strecke von etwa hundert Metern verteilt, ein Dutzend Guerillas. Der Wagen raste genau auf sie zu.

Vann preßte den Fuß aufs Gaspedal, um nicht langsamer zu werden. Während er in einem wilden Slalom den Friedhof entlangraste und, mit dem Steuer kämpfend, versuchte, den Wagen wieder auf die Straße zu bringen, konnte er sehen, wie die Guerillas vor ihm auseinanderstoben. Zwei von ihnen, mit Thompson-Maschinenpistolen bewaffnet, waren ruhiger als ihre Kameraden. Sie blieben, wo sie waren, und feuerten weiter. Vann brachte sein Fahrzeug wieder auf die Fahrbahn, um an den Vietcong vorbeizurasen, behielt aber den zweiten MPi-Schützen im Auge. Der Mann schoß nicht auf den Motor oder die Reifen, sondern zielte direkt auf ihn.

Als Vann an ihm vorbeifuhr, peitschten die Geschosse durch das offene Seitenfenster und vor seinem Gesicht quer durch das Führerhaus. Eines der Projektile trat durch die rechte Ecke der Windschutzscheibe aus. Wieder kam er von der Fahrbahn ab — diesmal raste er auf der rechten Seite in den Friedhof —, als ihm die Guerillas einen Reifen zerschossen. Und wieder gelang es ihm, das Fahrzeug auf die Straße zurückzubringen. Er dachte schon, er sei dem Hinterhalt entkommen, als er hinter sich erneut Feuerstöße hörte. Er drehte sich um und erblickte drei weitere Guerillas, die auf ihn schossen. Offenbar handelte es sich um eine Reserve, die sich zu sehr auf das Geschick der Hauptgruppe verlassen und das Feuer zu spät eröffnet hatte.

Als er nach etwa einem Kilometer zu einem Kontrollposten der Polizei gelangte, hatte er noch soviel Tempo, daß er scharf abbremsen mußte, um anzuhalten. Einer der Polizisten kam mit einem Verbandkasten gelaufen. Soweit Vann jedoch sehen konnte, hatte er nur durch die Glassplitter zahllose Schnittverletzungen erlitten: auf dem rechten Arm, der das Steuer gehalten hatte, am Kopf und an der Stelle, wo das offene Hemd die Brust freiließ. Mit den Fingern zeigte er den Polizisten fünfzehn Guerillas an. Sie nickten. Von ihrem Wachhäuschen aus hatten sie die letzten drei Guerillas auf ihn schießen sehen.

Vann beschloß, trotz des zerschossenen Reifens die verbleibenden sieben Kilometer nach Cu Chi zu fahren. Er hoffte, zwei Kampfhubschrauber rufen zu können, die an diesem Morgen in der Gegend gewesen waren. Der Distriktberater brauchte eine halbe Stunde, bis er sie über Funk erreichen konnte. Als die Piloten den Schauplatz des Hinterhalts überflogen, war niemand mehr zu sehen. In der Zwischenzeit beschrieb Vann Hanh und dem Distriktchef den Hinterhalt und schloß sich, nachdem er das Rad ausgewechselt hatte, Hanhs Konvoi nach Bau Trai an. Der ARVN-Arzt im Provinzhauptquartier entfernte etwa hundert Glassplitter aus den Wunden, die er mit einem Desinfektionsmittel bestrich. Vann konnte zum Mittagessen mit dem USIA-Beamten pünktlich erscheinen.

Der Hinterhalt war offenbar kein Zufall gewesen. In Hau Nghia gab es nur ein einziges kanariengelbes Fahrzeug. Das Lächeln und Winken des Mannes, der beschloß, Vann den weiter unten wartenden Guerillas zu überlassen, und die Tatsache, daß diese das Feuer eröffneten, sobald sie den Wagen erblickten, zeigten, daß sie es auf ihn oder Ramsey abgesehen hatten — wahrscheinlich auf ihn, da er der Ranghöhere war und Hau Nghia so von Informanten wimmelte, daß die Guerillas keine Schwierigkeiten hatten, sich über seine für diesen Morgen geplanten Besuche und Fahrtrouten zu informieren. Er konnte nichts beweisen, verdächtigte aber den Bauunternehmer und den Distriktchef von Cu Chi, dessen aus Baumaterialien stammenden Profite er ebenfalls zu beschneiden begann, ihn verraten zu haben. Er war überzeugt, daß die beiden in dunkle Geschäfte mit den Guerillas verwickelt waren oder einen Teil ihrer Gewinne an den Vietcong als Schutzgelder abführten, oder auch beides. Seinen Tod zu verlangen wäre für keinen der beiden ein Problem gewesen. Höchstwahrscheinlich hatte der Bauunternehmer den Auftrag erteilt. Der Mann sollte bei seiner späteren Karriere als Saigoner Zeitungsherausgeber und Politiker für beide Seiten arbeiten und hatte 1965 in Hau Nghia wahrscheinlich bessere Verbindungen zum Vietcong als der Distriktchef. Außerdem hatte er mehr Gründe, sich Vanns Tod zu wünschen. Einen Tag nach dem Hinterhalt annullierte Hanh seinen letzten Vertrag.

John Vann änderte seine Fahrgewohnheiten nicht, beschloß jedoch, den Kleinlaster blau lackieren zu lassen. Außerdem hatte er nun immer einen Karabiner auf dem Schoß und einige Handgranaten neben sich. Er wußte, daß er sein Leben dem zufälligen Schlenker verdankte, durch den er von der Straße abgekommen und auf die Guerillas zugerast war, und der Tatsache, daß sie so schlecht geschossen hatten. Nach seinen Berechnungen mußten sie 150 bis 200 Schuß abgefeuert haben; er konnte aber in der Karosserie nur vier Einschüsse feststellen, darunter einen in der linken Wagentür. Eine Menge Geschosse hatten die Windschutzscheibe durchschlagen. Das Innere des Fahrerhauses war von Querschlägern beschädigt, die vom Innendach und den Seitenwänden abgeprallt waren. Insgesamt hatten sich die Guerillas als schlechte Schützen erwiesen. Sogar die beiden Vietcong mit den Maschinenpistolen hatten im Gangsterfilmstil aus der Hüfte geschossen, anstatt richtig zu zielen.

Der kleine Laster hatte durch seine Zähigkeit ebenfalls zu seiner Rettung beigetragen. Die Mechaniker des USOM-Wagenparks in Saigon entdeckten bei der

Reparatur, daß durch die Erschütterung beim Verlassen der Fahrbahn sämtliche Motorhalterungen gebrochen waren, aber weder Lenkbarkeit noch Motorleistung darunter gelitten hatten.

Vann genoß seinen Sieg über die Guerillas ebenso wie das Erlebnis der Todesgefahr. Noch am Abend schrieb er in sein Tagebuch: »Durch Hinterhalt gefahren — für VC bestimmt peinlich — so viele und kriegen einen einzigen Mann in seinem Vehikel nicht. Knapp!«

Sein kleiner Sieg über die Guerillas und den Bauunternehmer schien Vann ermutigt zu haben, einen offiziellen Vorschlag für die Strategie auszuarbeiten, die er mit Ramsey, Bumgardner und Scotton besprochen hatte. Die meiste Schreibarbeit verwandte er auf offizielle Berichte. Daß er im Monat Juli nichts in sein Tagebuch schrieb, zeigt, in welchem Ausmaß er die Zeit, die er sich sonst für private Aufzeichnungen nahm, in die Ausarbeitung seines Entwurfs steckte. Angespornt wurde er auch durch eine Ankündigung des Weißen Hauses, daß Henry Cabot Lodge im Laufe des Sommers nach Vietnam zurückkehren und Maxwell Taylor als Botschafter ablösen werde. Vann setzte große Erwartungen in die Führungsqualitäten von Lodge. Daneben hegte er wegen seiner politischen wie persönlichen Verbindung zum künftigen Botschafter auch Hoffnungen für sich selbst.

Aufgrund ihres Engagements fühlten sich Vann und die drei anderen Männer verpflichtet, sich etwas Besseres auszudenken als noch mehr Gewalt ohne Hoffnung auf eine sinnvolle Lösung. Sie waren sich darüber einig, daß der Krieg nun einen Punkt erreicht hatte, an dem nur Blinde behaupten konnten, seine unbegrenzte Fortführung liege im Interesse der Vietnamesen. So schlimm ein kommunistisches Vietnam auch sein mochte — Vann und seine Freunde sahen es als maoistischen Kolchosenstaat, in dem sogar der eheliche Sexualverkehr überwacht wurde —, im Vergleich zu der Tortur, die der endlose Krieg für die Bauern bedeutete, würde es immer noch das kleinere Übel sein.

Für Vann und Ramsey war insbesondere ein Vorfall maßgebend. Er hatte sich Ende April ereignet, am Nachmittag des Tages, an dem in So Do die Ranger umgekommen waren. Eineinhalb Kilometer vom Ort entfernt waren eine junge Bäuerin und ihre zwei Kinder auf einem Feld beim Zuckerrohrschneiden; zwei ihrer Bekannten mit ihren Kindern halfen ihr dabei. Wie nach jedem Debakel der ARVN waren VNAF- und US-Jagdbomber gerufen worden und befanden sich nun mit Beobachtungsflugzeugen auf der Suche nach den längst verschwundenen Guerillas. Zwei Jagdbomber flogen über das Zuckerrohrfeld. Um zu zeigen, daß sie keine Vietcong waren, liefen die Frau und ihre Bekannten mit den Kindern nicht weg. Die Flugzeuge überflogen das Feld noch einige Male, die Frauen und ihre Kinder setzten die Arbeit fort, um die Piloten von ihrer Harmlosigkeit zu überzeugen. Beim nächsten Durchgang warfen die Flugzeuge Napalm ab. Die junge Frau war die einzige Überlebende. Vann und Ramsey fanden heraus, was geschehen war, als sie in das Lazarett von Bau Trai kam, um sich behandeln zu lassen. Ihre beiden Arme waren so schlimm verbrannt, daß man sie amputieren mußte. Sie sollte beim Schlafen niemals mehr die Augen schließen, da ihre Lider verbrannt waren. Sie war im achten Monat. Sie würde ihr Kind nicht stillen können, da das Napalm ihre Brustwarzen verbrannt hatte.

Auch die Vietcong gingen immer rücksichtsloser vor. Je zahlreicher sie wurden, desto schwieriger war es für sie, die Disziplin aufrechtzuerhalten, und größere, wirksamere Waffen töteten weniger gezielt. Als Bau Trai während des Angriffs auf die Rangerkompanie mit Mörsern beschossen wurde, krachte eine Granate durch das Dach des Provinzgefängnisses und explodierte in der Gemeinschaftszelle, wodurch acht Gefangene getötet und sechsundzwanzig verwundet wurden. Viele der Toten und Verwundeten waren gefangene Guerillas. Gegen Ende Juli kam es erneut zu einem brutalen Anschlag, der Vann und Ramsey schockierte. Elf Zivilisten, darunter drei Kinder, wurden buchstäblich in Stücke gerissen, als ein dreirädriger Lambretta-Minibus auf der Straße von Cu Chi nach Bau Trai über eine neuartige Panzermine fuhr. Die altmodischen Vietcong-Minen mußten mit Hilfe eines an Drähten angeschlossenen Handzünders zur Detonation gebracht werden. Auf diese Weise konnte man sich das Opfer aussuchen. Die neuen Minen waren von der Art, wie sie moderne Armeen verwendeten. Sie waren mit einem Druckzünder versehen, wahrscheinlich amerikanischer Herkunft und aus ARVN-Beständen erbeutet oder gekauft, der durch das Gewicht des darüberrollenden Fahrzeugs ausgelöst wurde. Die Vietcong hatten einen gepanzerten Mannschaftstransporter in die Luft jagen wollen. Es traf den Lambretta-Bus, weil das Vehikel mit seinem Fahrer, zehn Passagieren und deren Gepäck sowie landwirtschaftlichen Produkten völlig überladen und so schwer war, daß es die Zündvorrichtung auslöste. Die zwanzig Kilogramm, die die Guerillas in solche Minen füllten, um einen Schützenpanzer mit Sicherheit zu zerstören, sorgten dafür, daß niemand überlebte. Das Loch, das die Explosion in die Straße riß, hatte zwei Meter Durchmesser und war einen Meter tief.

Vann drängte Hanh, diesen grausamen Anschlag für Propagandazwecke auszunutzen, und ließ ihn in einem Dorfzentrum in der Nähe des Schauplatzes eine Kundgebung gegen den Vietcong organisieren. Diese Propaganda war nicht nötig. Die Verwandten und Freunde der Opfer suchten tagelang das Sumpfgebiet um den Schauplatz ab, damit kein Leichenteil unbestattet blieb. Sie trugen die Überreste des Fahrzeugs zusammen und errichteten daraus am Straßenrand ein provisorisches Monument, auf dem sie Kerzen entzündeten; rundherum legten sie die Sandalen der Toten. Später erbauten sie an der Stelle eine Art Gedenksäule mit einem Schrein, in dem ein ewiges Licht brannte. Die Bauern zeigten, wie gut ihr Nachrichtensystem funktionierte, und die Schuldigen wurden gefangen: fünf abtrünnige Milizionäre, die in einem 400 Meter vom Tatort entfernten Außenposten stationiert gewesen waren. Einer der Verräter war der Vorsteher des Postens. Er hatte das Verlegen der Mine beaufsichtigt. Hanh ließ die fünf vor ein Kriegsgericht stellen und von einem Exekutionskommando auf dem Marktplatz des Dorfzentrums erschießen.

Obwohl sie der Ansicht waren, daß für den Durchschnittsvietnamesen ein schnelles Ende des Krieges das Beste wäre, und trotz der schockierenden Szenen, die sie Tag für Tag erlebten, wollten sowohl Vann und Ramsey als auch Bumgardner und Scotton nicht, daß die USA den Krieg beendeten und das Land sich selbst überließen. Obwohl sie über die Leiden der Bevölkerung besorgt waren und sie so gut es ging in Grenzen zu halten trachteten, glaubten sie fest daran, daß es keine andere Wahl gab, als die vietnamesischen Bauern den höheren strategischen Interessen der Vereinigten Staaten zu opfern. In diesem Punkt stimmten sie mit ihren Führern in Washington überein. John McNaughton, ein ehemaliger Harvard-Professor der Rechte, als Staatssekretär für Fragen der internationalen Sicherheit McNamaras außenpolitischer Berater, hatte im März die Ansichten Washingtons in einem Memorandum zusammengefaßt. Im damals modischen Stil der Rationalisierungsexperten quantifizierte er die Gründe für die Entsendung amerikanischer Soldaten nach Vietnam:

70 Prozent — um eine (für unseren Ruf als Schutzmacht) demütigende Niederlage der USA zu verhindern;

20 Prozent — um Südvietnam (und die angrenzenden Gebiete) nicht in die Hände der Chinesen fallen zu lassen;

10 Prozent — um dem südvietnamesischen Volk ein besseres und freieres Leben zu ermöglichen.

Ein anderes Volk den eigenen höheren strategischen Zielen zu opfern ist eine höchst unangenehme Sache, wenn man mit und unter denen lebt, die geopfert werden. Vann und seinen Freunden war dieses Vorgehen zu kaltblütig, wenn die Vietnamesen nicht als eine Art Ausgleich für die ihnen angetane Gewalt eine Belohnung erhielten. Sie waren außerdem fest davon überzeugt, daß man auf lange Sicht den Interessen Amerikas zuwiderhandelte, wenn man das Wohlergehen der vietnamesischen Bauern vernachlässigte.

In der zweiten Augustwoche hatte Vann seinen ersten Entwurf für eine neue Strategie fertiggestellt. Da Ramsey, Bumgardner und Scotton ihn guthießen, gab er auch anderen Personen Kopien davon. Ihre Kommentare sowie die Ergebnisse weiterer nächtlicher Besprechungen in Bau Trai und Saigon wurden in einen abschließenden, zehn Seiten umfassenden Entwurf aufgenommen, den er im Monat darauf in Reinschrift zu Papier brachte. Obwohl Vann seine Freunde nicht als Mitverfasser nannte, beanspruchte er die Autorenschaft nicht für sich allein. In seiner Einführung unterstrich er, daß der Entwurf eine Anzahl von Verfassern habe, die »ein breites Spektrum von Ausbildungsgängen und Fachkenntnissen« repräsentierten, wobei der »gemeinsame Nenner eine Kombination in Vietnam gesammelter Erfahrungen und der ungebrochene Glaube ist, daß hier noch eine lebensfähige nichtkommunistische, demokratisch orientierte Staatsform entstehen kann«. Die endgültige Fassung war mit 10. September 1965 datiert.

Der amerikanische Bodenkrieg begann nun mit aller Härte. Gegen Ende des Frühjahrs hatten die Vietcong ihren Feldzug zur Beseitigung des Saigoner Regimes mit einer Offensive im südlichen Hochland und im mittleren Küstenabschnitt begonnen. Zu Beginn des Sommers vernichteten sie ein ARVN-Bataillon nach dem anderen. Mitte Juli war das Überleben des Regimes so gefährdet, daß Johnson die Entsendung von fast 200.000 US-Soldaten bewilligte, nur damit Westmoreland durchhalten konnte. McNamara flog nach Saigon, um zu erfahren, wie viele zusätzliche Soldaten der General brauchte, wenn er den Krieg gegen die Guerillas und die als Verstärkung entsandten nordvietnamesischen Truppen gewinnen wollte. Westmorelands Schätzung zufolge würde man dazu weitere 100.000 Mann benötigen. Sollte sich ein noch größerer Bedarf einstellen, behielt er sich das Recht vor, noch mehr Truppen anzufordern. Johnson antwortete, Westmoreland könne auch die 100.000 Mann haben. Man werde die Armee-, Marine-Corps- und Luftwaffeneinheiten so schnell wie möglich entsenden. Vor der Küste Südvietnams postierten sich weitere Flugzeugträger, um ihre Jagdbomber auf das Festland loszulassen. (Im Unterschied zu den Flugzeugträgern der »Yankee Station«, die nördlich des 17. Breitengrads im Golf von Tonking für die Bombardierung Nordvietnams bereitlagen, wurde dieser Verband »Dixie Station« genannt.) Weihnachten 1965 sollte Westmoreland fast 185.000 Amerikaner in Südvietnam haben.

In der zweiten Augusthälfte, eine Woche nachdem Vann seinen ersten Entwurf abgeschlossen hatte, schlugen die Marines die erste Schlacht des neuen US-Kriegs. Sie griffen das 1. Vietcong-Regiment an, das in einem Labyrinth von befestigten Weilern und mit Hecken und Bambusdickichten umgebenen Reisfeldern im nördlichen Teil von Quang Ngai lag, der Heimatprovinz von Hos Jünger Pham Van Dong. Die Guerillas waren in das Gebiet eingedrungen, um einen Behelfsflugplatz anzugreifen, den die Marines auf einem Strandabschnitt jenseits der Grenze zur Nachbarprovinz Quang Tin angelegt hatten. (Victor Krulak, der als kommandierender General der Fleet Marine Force Pacific nun drei Sterne trug, hatte dieses Terrain schon im Vorjahr in weiser Voraussicht für den Bau eines Flugplatzes ausgesucht. Da der Strand keinen Namen hatte, nannte er ihn in Erinnerung an seine Zeit in Schanghai und die chinesische Aussprache seines

Namens »Chu Lai«.) Zwei Bataillone Marines griffen vom Meer her und gleichzeitig im Rücken der Guerillas mit Hubschraubern an. Sie kamen mit Panzern, die mit konventionellen Kanonen und Flammenwerfern ausgerüstet waren, mit gepanzerten Amphibienfahrzeugen und sogenannten »Ontos«, Kettenfahrzeugen, deren gepanzerter Rumpf vier rückstoßfreie 106-mm-Kanonen trug.

Eine Anforderung per Funk genügte und die 8-Zoll-Rohre auf den Türmen des Kreuzers »Galveston«, unterstützt von den 5-Zoll-Geschützen der Zerstörer »Orleck« und »Pritchett«, zerschmetterten den Horizont. Auch die Haubitzen der Marines und die schweren Mörser an Land traten in Aktion. Tausende von Granaten brachten die Rohre zum Glühen. Die Luft über der Kampfzone wurde von Jagdbombern beherrscht, die fünf korpseigenen Staffeln angehörten: Marineinfanteristen sind nicht auf die Launen der Air Force oder die Flugzeugträger der Navy angewiesen. Sie verfügen über ihre eigene Luftstreitmacht, deren Piloten sich meisterlich darauf verstehen, ihrer Infanterie den Weg freizubomben. Die A-4-Skyhawks und F-4-Phantoms brausten im Tiefstflug in die Kampfzone – zum Teufel mit den Vietcong-MGs –, um keine 60 Meter vor ihren bedrängten Brüdern die Napalm- und Sprengbomben abzuladen und zu zeigen, was ihre Raketen und Bordwaffen vermochten.

Von den Guerillas, die dazu noch in der Lage waren, sickerten die meisten nach Einbruch der Dunkelheit zwischen den Stellungen der Marines durch. Am Abend des zweiten Tages hörte jeder organisierte Widerstand auf. Ein Bataillon des 1. Vietcong-Regiments war zu einem verschreckten Häuflein zusammengeschrumpft, ein weiteres schwer angeschlagen. Die Marines meldeten 614 tote Guerillas und 109 erbeutete Waffen. Der Preis waren dafür waren 51 Tote und 203 Verwundete. Drei gepanzerte Amphibienfahrzeuge und drei Panzer waren durch rückstoßfreie Kanonen außer Gefecht gesetzt und eine Anzahl weiterer beschädigt worden. Die Hubschrauber wiesen zahlreiche Einschüsse auf.

Ich kam rechtzeitig nach Südvietnam zurück, um am Tag nach der Schlacht zum Kampfplatz zu fliegen. Nach meinen ersten zwei Vietnamjahren war ich von UPI zur »New York Times« gegangen und als Korrespondent nach Indonesien geschickt worden. Charlie Mohr, der 1963 Henry Luces »Time«-Magazin nach dessen Angriffen gegen die ständigen Vietnam-Korrespondenten verlassen hatte, war im Sommer 1965 Leiter des Saigoner Büros der »Times« geworden. Er lud mich ein zurückzukommen, um mit ihm gemeinsam über den Krieg zu berichten. (Später stieß noch R. W. »Johnny« Apple, Jr., zu uns.) Die Marines waren erstaunt über das Stehvermögen ihres neuen Gegners. Im Befehlsstand auf dem Schlachtfeld sprach ich mit Brigadegeneral Frederick Karch, der schon im Zweiten Weltkrieg auf Saipan, Iwo Jima und anderen Inseln dabeigewesen war. Ich fragte ihn, ob ihn der Widerstand der Guerillas überrascht habe. »Ich dachte, sie würden nach unserem ersten Angriff nicht lange weiterkämpfen«, antwortete er, »aber das war ein Irrtum.«

Angesichts der Tatsache, daß man nun daranging, das Blut amerikanischer Solda-
ten in großen Mengen zu vergießen, würden deren Führer in Saigon und
Washington sich endlich verpflichtet fühlen, so dachte Vann, dem Versagen des
Saigoner Regimes und »den Fehlern der USA in den vergangenen zwanzig Jahren«
Rechnung zu tragen, wie er in seinen Vorschlägen für eine neue Strategie schrieb.
Er gab der zehn Seiten umfassenden Schrift den Titel »Wie man sich der südvietnamesischen Revolution bedienen muß«. Grundsätzlich ging es darum, sich
die Sympathie der Bauern zu erwerben, indem man den Kommunisten die soziale
Revolution entriß und in den Dienst der amerikanischen Sache stellte. Das Nah-
ziel war, die Unterstützung der Bauern zur Vernichtung des Vietcong zu nutzen.
Das Fernziel mußte sein, in Saigon eine andere Art von Regime zu schaffen, »eine
nationale, ... für die Dynamik der sozialen Revolution empfängliche Regierung«,
eine südvietnamesisches System, das nach dem siegreichen Kampf und dem
Abzug der überlebenden Amerikaner weiterhin Bestand haben konnte.

Die US-Politik in Südvietnam war bisher blind und zerstörerisch gewesen, wie
Vann schrieb, weil die Amerikaner – was nicht einer gewissen Ironie entbehrte –
durch ihr Selbstverständnis blockiert waren. Sie sahen sich als ein Volk, das gegen
Kolonialismus und für Selbstbestimmung auftrat. »Offenbar aus Angst, unser für
uns selbst bestimmtes Image zu beschädigen, haben wir es bisher vermieden, in
die Regierungsgeschäfte unverhüllt und in einer Weise einzugreifen, die für das
Entstehen einer den Wünschen ihres Volkes aufgeschlossenen Regierung nötig
wäre«, schrieb er. »Wir haben unserem politischen Bewußtsein ein vernichtendes
Zeugnis ausgestellt, als wir müßig zusahen, wie zahlreiche patriotische und nichtkommunistische Vietnamesen buchstäblich gezwungen wurden, sich mit einer
kommunistisch beherrschten Bewegung zu verbünden, weil sie darin die einzige
Möglichkeit sahen, eine bessere Regierungsform durchzusetzen.«

Vann umriß dann ein Programm, mit dem er einen von den USA stimulierten
Prozeß der sozialen Veränderungen in Gang setzen wollte, eine »positive Alternative«, die die Mehrheit der Landbevölkerung ansprechen und die mit den Guerillas verbündeten »wahren Patrioten und Revolutionäre« allmählich von ihnen
abspalten würde. Er stellte sein Programm als Experiment vor. Ein stufenweiser
Übergang zur neuen Strategie, so hoffte er, würde helfen, den Widerstand gegen
die an das Verhalten einer Kolonialmacht erinnernde Vorgehensweise zu überwinden.

Das Experiment sollte im Januar 1966 in drei oder vier ausgewählten Provinzen beginnen, die man dem Einfluß der Saigoner Kriegsherren entziehen würde.
Von der Hauptstadt sollte, unter Umgehung der Korps- und Divisionskommandeure, ein direkter Befehlsweg zu den Gouverneuren der Pilotprovinzen führen,
die innerhalb ihrer Provinz die höchste Entscheidungsgewalt innehaben mußten.
Die Ministerien und die Streitkräfte würden ihnen qualifizierte Mitarbeiter für
die Provinz- und Distriktverwaltungen zur Verfügung stellen, die sie aber jeder-

zeit entlassen und ersetzen konnten. Sie würden sämtliche für ihre Provinz bestimmten Gelder und Hilfsgüter kontrollieren und sie mittels noch auszuarbeitender vereinfachter und flexibler Verfahren verteilen. Innerhalb ihres Bereichs sollten die Gouverneure auch den Oberbefehl über alle Militäreinheiten einschließlich der regulären ARVN-Truppen ausüben. Die Korps- und Divisionskommandeure würden ihnen nur bei provinzübergreifenden Operationen Befehle erteilen können, wobei darauf zu achten war, daß die Pazifizierungsprogramme keinen Schaden nahmen.

Die Gouverneure der Pilotprovinzen mußten von den Saigoner Kriegsherren unabhängig sein, so daß ihre amerikanischen Berater hinter den Kulissen die Kontrolle über sie ausüben konnten. Auch die Beratungsarbeit mußte völlig neu organisiert werden, um sicherzustellen, daß der eingeschlagene Weg der richtige war. Die Konfusion und Planlosigkeit in den von den Saigoner Ministerien geleiteten Pazifizierungsprogrammen fand ihre Entsprechung im Verhalten der in Südvietnam tätigen US-Behörden. Theoretisch trug die AID die Hauptverantwortung für das zivile Pazifizierungsprogramm. Tatsächlich betrieben daneben USIS und CIA ihre eigenen, aber nicht aufeinander abgestimmten Programme. Westmorelands MACV-Hauptquartier wiederum verfolgte ein eigenes militärisches Pazifizierungsprogramm. Vann wollte für die Pilotprovinzen eine einheitliche Beratungsstruktur. Sämtliche US-Berater, Zivilisten und Militärs, sollten zu einem einzigen Team zusammengefaßt werden, dessen Leiter in der Provinz als oberster Berater und Partner des Gouverneurs fungieren würde. Er konnte Zivilist oder Armeeangehöriger sein, wie Vann schrieb, mußte aber mit der seiner Position entsprechenden Sorgfalt ausgewählt werden. Da er die Kontrolle über den Provinzchef ausübte, würde dieser hochrangige US-Berater der eigentliche Gouverneur sein.

Ein weiterer Trick, durch den der Plan als Experiment erscheinen und somit akzeptierbar sein sollte, bestand in dem Vorschlag, die neue Strategie in den Pilotprovinzen drei Jahre lang zu erproben — »in der Hoffnung, höchst erfolgreiche Ergebnisse würden schon vor Ablauf dieser Frist eine Ausweitung diktieren«. Vanns Überzeugung nach würde man aufgrund der schnellen Fortschritte das Programm bald auf ganz Südvietnam ausdehnen. Zusammen mit den materiellen Anreizen, die die USA bieten konnten, würden diese Fortschritte unter den Bauern eine überraschende Reaktion auslösen, sobald die Korruption ausgeschaltet war und die amerikanischen Millionen bis zu den Armen hinuntergelangten, anstatt in die Futtertröge der Saigoner Schweine zu wandern.

Vann und seine Freunde dachten, daß es für die USA noch nicht zu spät war, um den Kommunisten die soziale Revolution zu entreißen. Es hatte sie überrascht, wie wenig in vielen Landgebieten die Vietcong-Verwaltung Fuß gefaßt hatte. Diese »dünne Kontrolle«, wie Vann es nannte, war der Hauptgrund dafür, daß er und Ramsey sich in Hau Nghia relativ frei bewegen konnten. Bumgardner und Scotton hatten zu ihrer Überraschung in anderen Gegenden das gleiche festgestellt. Die Guerillas hatten nach 1963 so rasche Fortschritte erzielt, daß es ihnen in weiten Gebieten noch nicht gelungen war, genug Verwalter für die Dörfer und Weiler auszubilden und die Bevölkerung ausreichend zu indoktrinieren. Vann und Ramsey bemerkten den Unterschied, wenn sie in die alten Gummiplantagengebiete des Cu-Chi-Bezirks fuhren. Die Kommunisten waren hier schon vor dem Zweiten Weltkrieg unter den Plantagenarbeitern aktiv gewesen, so daß der Vietminh für den Kampf gegen die Franzosen eine fertige Basis vorgefunden hatte. In den Weilern dieser Gegend gab es keine Kinder, die ihnen zulachten oder sie um Kaugummi und Bonbons baten. Wie die Erwachsenen hatten sie nur einen kalten Blick für sie übrig. Vann und Ramsey wagten es nie, länger als ein paar Minuten zu bleiben. Die Bauern empfanden die Amerikaner genauso als Feinde wie vorher die Franzosen. Die Partei, wie Ramsey später sagte, leitete den Kampf hier schon »so lange, daß sie allen, die da waren, ihren Stempel aufgedrückt hatte«.

In großen Teilen des übrigen Hau Nghia schienen die Bauern mit dem Vietcong nicht so verbunden zu sein, als daß man sie mit dem richtigen Programm und materiellen Anreizen nicht wieder von ihm losbringen konnte. Wie feindlich sie der Saigoner Soldateska und den Vertretern des Regimes auch gesinnt sein, was immer sie von den USA als Nation denken mochten, den einzelnen Amerikanern gegenüber verhielten sie sich freundlich. Sie schienen sie als anständige Leute mit ehrlichen Absichten anzusehen. Im schlechtesten Fall verhielt man sich ambivalent wie die Lehrerin in So Do. Vann und Ramsey hatten dies manchmal sogar bei jungen Männern festgestellt, von denen sie wußten, daß sie Dorfguerillas waren.

Vann plädierte in seinem Papier dafür, die vietnamesischen Bauern in ihren Weilern und auf ihrem Boden zu belassen, um sich ihre Gefolgschaft durch Verbesserung der Lebensbedingungen zu sichern und mit ihrer Hilfe die Landgebiete zurückzugewinnen. Seine Erfahrungen mit dem Wehrdörferprogramm in den Jahren 1962 und 1963 hatten ihn gelehrt, daß Zwangsumsiedlungen grausam und unsinnig waren. Er zeigte sich besorgt darüber, daß die amerikanischen Militärs genau wie Oberst Chinh, der Kommandeur der 25. Division in Hau Nghia, es für eine schnellere und bessere Methode hielten, die Landgebiete zu entvölkern und die Bauern in Flüchtlingslagern in der Nähe der Distriktorte zu versammeln, um Mao Tse-tungs Meer des Volkes, in dem sich die Guerillas wie Fische bewegten, einfach auszutrocknen.

Zu Vanns Bestürzung hatte Chinh mit Unterstützung der Berater der 25. Division mehrere dichtbevölkerte Abschnitte des Cu-Chi-Distrikts im August zu »Bomben-frei-Zonen« erklärt. Ein mit einem Lautsprecher ausgerüsteter Hubschrauber hatte sie überflogen und die Bauern aufgefordert, wegzuziehen oder die Bombardierungen in Kauf zu nehmen. Vann bezeichnete diese Aktion in seinem Monatsbericht an das USOM-Hauptquartier als »Idiotenmaßnahme«. In

Hau Nghia gab es bereits 8200 Flüchtlinge, die von USOM-Almosen lebten, weil sich die Saigoner Behörden um die meisten nicht richtig kümmerten.

Rollen Anthis hatte das System der frei bombardierbaren Zonen 1962 als zusätzliches Mittel zur Schaffung von Zielen ersonnen, um seine Piloten zu beschäftigen. Die Korps- und Divisionskommandeure sowie die Provinzchefs wurden ermuntert, bestimmte vom Vietcong beherrschte Zonen abzugrenzen, in denen alles, was sich bewegte, getötet und alles, was stand, eingeebnet werden durfte. (Diese Zonen wurden auch als »Feuer-frei-Zonen« bezeichnet, da sie, sobald sie einmal für die Bomber freigegeben waren, auch uneingeschränktem Artillerie-, Mörser- und Bordwaffenbeschuß offenstanden.) Im Sommer 1965 benutzte man dieses System, um ein Ausmaß an Zerstörungen anzurichten, wie es sich Anthis wahrscheinlich nicht vorgestellt hätte. Da auf den Landkarten mehr und mehr Vietcong-Gebiete rot umrandet wurden, weiteten sich die Zerstörung ständig aus. Anthis hatte sich zumeist mit dünn besiedelten Gebieten begnügt. Nun wurden, wie in Cu Chi, auch dichter bevölkerte Gebiete zum Bombentod verurteilt.

Hinzu kam, daß die Einführung dieser Zonen nur ein besonderer Aspekt der allgemeinen Entwicklung war. Obwohl noch nicht offiziell verurteilt, wurden viele andere von den Guerillas kontrollierte Gebiete aufgrund des von Anthis eingeführten Systems der »vorgeplanten Angriffe« zum Zweck der »Behinderungsbombardierung« praktisch genauso behandelt. Ende August 1965 meldete die Air Force, sie habe im abgelaufenen Monat in Südvietnam 5349 »Konstruktionen« zerstört und 2400 weitere beschädigt. Ramsey war im August von der USOM vorübergehend nach Binh Dinh versetzt worden, der dichtestbevölkerten Provinz des mittleren Küstenabschnitts, um mitzuhelfen, die aus den Landgebieten in die Lager strömenden Flüchtlingsmassen zu versorgen. Von den schätzungsweise 850.000 Einwohnern dieser Provinz hatten etwa 85.000 ihre Heimatorte verlassen, in erster Linie, um den Bomben und Granaten zu entgehen. Ramsey hatte Vann geschrieben, daß man ihm in Binh Dinh von Luftangriffen berichte, »die alles, was wir in Hau Nghia gesehen haben, zur Bedeutungslosigkeit verblassen lassen«.

Die offizielle Erklärung Washingtons lautete, daß die heimatlosen Landbewohner »vor dem Kommunismus« geflüchtet seien, daß sie »mit ihren Füßen abgestimmt« hätten. Einige, vor allem Katholiken und die Angehörigen von Milizionären, flohen vor dem Vietcong. Die Meinung in den oberen Rängen der Botschaft, des MACV und der USOM war, daß der Flüchtlingsstrom im Moment zwar Probleme aufwerfe, die Flüchtlinge aber langfristig einen Aktivposten darstellten, da sie nun unter der »Kontrolle« Saigons ständen. Man konnte sich um sie kümmern und sie indoktrinieren. Eines Tages würde man sie als gehorsame Bürger wieder nach Hause schicken und sie ihre Häuser aufbauen lassen; oder man würde ihnen eine Berufsausbildung und einen Job in einem der kleinen

Industrieparks geben, die man neben den überall entstehenden Barackensiedlungen errichten wollte. Ramsey war da ganz anderer Meinung: »Zu welchen Verbesserungen sich die USOM auch aufgerafft haben mag, niemand kann mir einreden, daß solche Ansammlungen von demoralisierten Leuten einen Aktivposten darstellen«, schrieb er an Vann.

Die großangelegte Umsiedlung der Landbevölkerung werde die Probleme der USA in Vietnam nur noch schlimmer machen, warnte Vann in seinem Strategieentwurf. Sie sei auch zutiefst ungerecht. »Wir ... sind naiv davon ausgegangen, daß eine einfache, mehr oder minder analphabetische bäuerliche Bevölkerung die Übel des Kommunismus erkennt und sich ihnen widersetzt, selbst wenn sich dieser geschickt hinter vorgeschobenen Organisationen verbirgt«, schrieb er. »Wir haben jene verurteilt, die nicht rückhaltlos hinter der Regierung von Südvietnam standen, ohne uns ernsthaft die Frage zu stellen, ob diese Regierung so geartet und motiviert war, daß sie von seiten ihres Volkes Loyalität und Unterstützung erwarten durfte.« Als Beispiel für die gedankenlose Grausamkeit, die in der Haltung der Amerikaner zum Ausdruck kam, zitierte Vann die Bemerkung eines Beraters der 25. Division, der die Maßnahme Chinhs im Cu-Chi-Distrikt zu rechtfertigen versuchte. »Wenn diese Leute dort bleiben und die Kommunisten unterstützen wollen, dann müssen sie sich auf Bomben gefaßt machen«, hatte er erklärt.

Angesichts des militärischen Engagements der USA habe diese Ignoranz etwas Masochistisches an sich. Darin zu verharren bedeute ein inakzeptables Risiko, nämlich »das Zunichtewerden des militärische Erfolgs durch die andauernde Unfähigkeit der Saigoner Regierung, ihr Volk für sich zu gewinnen«. Vann wies auch warnend darauf hin, daß der amerikanische Soldat bloß Zeit gewinnen half. »Die größte Herausforderung, der sich die USA ... jetzt gegenübersehen«, lag darin, diese Zeit zu nutzen, um das kommunistische Monopol auf soziale Umwälzungen zu brechen. Gerade weil die Notwendigkeit eines Wechsels unabdingbar war, hatten die Vereinigten Staaten das Recht, als wohlmeinende Kolonialmacht zu handeln und das Saigoner Regime zu beseitigen. »Es sollte keine Anstrengung gescheut werden«, die Saigoner Generäle und Politiker für die vernünftigen Gedanken des von ihm vorgeschlagenen Programms und die Mitarbeit an der Gesellschaftsreform zu »begeistern«, schrieb Vann, »wenn das aber nicht möglich ist, ohne die Grundgedanken des Programms in Frage zu stellen, muß man die Regierung zwingen, die Führung durch die USA zu akzeptieren. Die Lage ist viel zu kritisch und wir haben schon zu viel investiert, als daß wir uns diese Pfuscher, die ihr Volk und damit den Krieg verlieren, noch länger leisten könnten.«

John Vann hatte sich durch die unergründlichen Hirngespinste eines Paul Harkins, durch das Desinteresse Maxwell Taylors und die Streichung des Vortrags vor dem Vereinigten Generalstab nicht entmutigen lassen. Einmal mehr unternahm er den Versuch, seine Vorgesetzten dazu zu bringen, den Krieg in Vietnam auf seine Art zu führen. Dieses Mal erhielt er Unterstützung von Männern in einflußreichen Positionen. Er war nun nicht mehr ein Army-Oberstleutnant in My Tho. Mochte er im öffentlichen Leben immer noch eine bescheidene Rolle spielen, in Vietnam stellte er dank Halberstam eine Persönlichkeit dar. Er stand für Aufrichtigkeit und Integrität, selbst in den Augen von Bürokraten, die ihn als einen besessenen Außenseiter ansahen. Sein Ruf und seine Husarenstücke lockten natürlich die Reporter an, und da er schon bei der 7. Division die Vorteile guter Pressekontakte schätzengelernt hatte, verschloß er sich ihnen auch jetzt nicht.

Ich war nur einer seiner Freunde von der Presse aus der Zeit in My Tho, die zum Krieg zurückgekehrt waren. Mert Perry, der 1963 zusammen mit Charlie Mohr bei »Time« gekündigt hatte, war als Reporter für »Newsweek« im Land, als Vann im Juni in den Hinterhalt geriet. Er begab sich kurz darauf nach Bau Trai. Das Ergebnis war ein vier Spalten umfassender Bericht, der Ende Juli unter dem Titel »Das Land der schlechten Neuigkeiten« erschien. Er enthielt Photos von Hanh, von einem langen und schlaksigen Ramsey, der über die ungeteerte Hauptstraße von Bau Trai stakste, und einem ernst dreinblickenden Vann vor einem schilfgedeckten Haus in einem Weiler. Alle großen Kolumnisten, die nach Vietnam kamen, um über diesen neuen Krieg zu schreiben, machten auf ihren Rundtouren bei Vann Station. Scotty Reston von der »Times« kam im August und verbrachte einen ganzen Tag mit ihm. Bernard Fall, der frankoamerikanische Vietnam-Experte, der zwei Jahre danach den Tod finden sollte, verbrachte drei Tage bei Vann und schloß mit ihm Freundschaft.

Vann übte auf Reporter eine starke Anziehung aus, da man sich bei ihm immer auf Überraschungen gefaßt machen konnte. Edward Morgan von ABC News interviewte ihn eines Morgens vor laufender Kamera am südlichen Ortsende von Bau Trai vor der neuen Schule, in der ein Lehrerausbildungsprogramm lief. In der Ferne hörte man die Explosionen von Mörsergranaten und Bomben. Morgan, der auf »Action« aus war, lenkte die Aufmerksamkeit auf die Detonationen. Vann hatte gerade zu erklären begonnen, daß Lehrer und Schüler sich dadurch nicht gestört fühlten und Gefechtslärm in Hau Nghia zum täglichen Leben gehörte, als drei Heckenschützen auf die Idee kamen, die Ruhe der Polizisten an dem nahegelegenen Straßenkontrollpunkt zu stören. An der Schule pfiffen Kugeln vorbei, die Polizisten und ein paar Soldaten erwiderten das Feuer, und in einer weiter im Ortsinneren gelegenen Artilleriestellung begann eine 105-mm-Haubitze, deren Bedienung in der für die Saigoner Truppen charakteristischen nervlichen Verfassung war, wild draufloszuschießen. Lehrer, Schüler, Morgan und Vann gingen in Deckung, die Kameraleute drehten so lange wie möglich weiter und suchten dann ebenfalls Deckung. Morgan und sein Team waren über diesen Glücksfall begeistert. Sie hatten jetzt ein paar Meter Film mit richtigem Krieg im Kasten, um in ihre Dokumentation über die Pazifizierung etwas Leben zu bringen.

Einige von Vanns Vorgesetzten bei der USOM runzelten über seinen zwanglosen Umgang mit den Presseleuten die Stirn und ließen es ihn auch wissen. Ihre Kritik bewirkte, daß er diese Beziehungen nur noch intensiver pflegte. Er hatte erkannt, daß er sich bei seiner Karriere jetzt nicht mehr auf irgendein Amt verlassen konnte wie vorher auf die Armee. Mit seinem Abschied hatte er sich zum Außenseiter gemacht, nun mußte er den Weg nach oben im Alleingang schaffen. Er mußte Risiken eingehen, die andere nicht eingehen wollten, denn er mußte das System besiegen, um darin hochzukommen und gleichzeitig seine Vorstellungen durchzusetzen. In diesem Kampf waren die Medien seine Verbündeten. Seine guten Verbindungen zu den Reportern mußten die Bürokraten neidisch machen, da er im Rampenlicht stand, das sie selbst scheuten; sie mußten ihr Mißtrauen erregen, weil sie befürchteten, es könnten durch ihn irgendwelche peinliche Einzelheiten bekannt werden. Zugleich fühlten sie sich dadurch eingeschüchtert, was ihm die gleiche Art von Unabhängigkeit und Schutz verlieh, die er, ohne es zu wissen, schon bei den Auseinandersetzungen mit Harkins genossen hatte. Die Publicity verschaffte ihm Prestige und ein gewisses Profil. Sie bewirkte, daß hochgestellte Persönlichkeiten bereit waren, ihn anzuhören, und dies unabhängig davon, ob seine Ansichten ihnen gerade zusagten oder nicht.

Im Juli bot man ihm die Stelle eines Aufsichtsbeamten im USOM-Hauptquartier an. Er lehnte ab. Auch aus einer Beförderung zum stellvertretenden Leiter des gesamten Mekong-Deltas redete er sich heraus. Auf diesen beiden Posten wäre er hinter einen Schreibtisch verbannt gewesen. »Das Feld«, so schrieb er an einen Freund in Denver, »... ist nun einmal das Element, in dem ich mich am meisten heimisch fühle, und der Platz, auf dem ich die meiste Aufmerksamkeit erregen werde.«

Vann hoffte, sein Strategiepapier mit Hilfe der Kontakte an den Mann zu bringen, die er in den letzten beiden Jahren geknüpft hatte. Westmoreland hatte sich ihm gegenüber freundlich gezeigt und ihn eingeladen, nach Saigon zu kommen, um sich von ihm seine Eindrücke über die aktuelle Situation schildern zu lassen. Vann hatte daraufhin Anfang Juli Westmoreland und seinem Stellvertreter, Generalleutnant John Throckmorton, im Hauptquartier des MACV weit über eine Stunde lang berichtet. Trotzdem glaubte Vann, daß es angesichts des radikalen Charakters seiner Vorschläge günstiger wäre, wenn ein hochrangiger Offizier in Westmorelands Hauptquartier die Überzeugungsarbeit übernahm. Er dachte dabei an Westmorelands neuen Stabschef, General (später Generalmajor) William Rosson, der über eine lange Vietnamerfahrung verfügte.

Rosson war 1954, dem Jahr der französischen Niederlage, als Oberstleutnant und wichtigster Mitarbeiter des MAAG-Leiters Generalleutnant John »Iron Mike« O'Daniel nach Saigon gekommen. Er hatte mit Lansdale zusammengearbeitet, der Diem als Amerikas neuen Mann installierte. Mit Vann war Rosson 1963 im Pentagon bekanntgeworden, wo dieser gerade eine Verwendung als Leiter der Abteilung für »Special Warfare« beendete. Da auch er Harkins' Ankündigungen nicht ernst nahm, war er einer jener Generäle, die Vann damals zuhörten. Als Vann ihn im Juli nach der Unterrichtung Westmorelands besuchte, erneuerten sie ihre Bekanntschaft. Vann sprach über einige seiner Pazifizierungsideen, die er in Hau Nghia gerade entwickelte. Als neuer Stabschef des MACV stand Rosson extrem unter Druck, versprach aber trotzdem, mit dem Hubschrauber auf Besuch zu kommen, sobald er sich ein paar Stunden freimachen konnte.

In der zweiten Augustwoche, gleich nachdem der erste Entwurf seines Strategiepapiers abgeschlossen war, übersandte Vann Rosson eine Kopie davon. Gegen Monatsende antwortete ihm dieser. »Seien Sie darauf gefaßt, daß man auf hoher Ebene Interesse zeigen wird«, schrieb Rosson. Vann interpretierte dies so, daß Rosson versuchen würde, Westmoreland von seinen Ideen zu überzeugen. Rosson drängte ihn auch, die Vorschläge über offizielle USOM-Kanäle weiterzuleiten, was Vann auch tat, sobald er am 10. September den endgültigen Entwurf fertiggestellt hatte.

Obwohl das Papier von einem Mann stammte, der offiziell nur Provinzleiter war, erreichte es auch im zivilen Bereich einige hochrangige Persönlichkeiten. Ein Bekannter bei AID Washington, dem Vann den ersten Entwurf zur Begutachtung übersandte, gab eine Kopie an Rutherford Poats weiter, einen ehemaligen Reporter von UPI, der zum AID-Chef für den Fernen Osten bestellt worden war. Dieser wiederum sandte eine Kopie an William Bundy, der Roger Hilsman als Staatssekretär für Fernostangelegenheiten abgelöst hatte, und an Leonard Unger, Bundys Stellvertreter und Leiter der Vietnam Task Force, eines Komitees, das in Washington die Arbeit diverser mit dem Krieg befaßter Behörden koordinierte. In einem Brief, dessen Durchschlag er Vann freundlicherweise übersandte, merkte Poats an, das Papier schenke dem Vietcong »in bezug auf eine legitime soziale Zielsetzung mehr Glauben, als ich es tun würde«, und unterstrich, daß er das vorgeschlagene Pilotprojekt nicht unterstütze. Davon abgesehen, so Poats, beeindrucke ihn Vanns Analyse als »eine treffende Beschreibung des Problems«; das Papier enthalte auch »einige nützliche Gedanken«. Vann ließ sich nicht entmutigen. Die Tür war nicht zugeschlagen.

Von allen seinen Beziehungen zu hochrangigen Persönlichkeiten war es die zu Lodge, auf die Vann am meisten zählte. Der neue Botschafter landete am 20. August 1965 in Tan Son Nhut, um Taylor abzulösen und seine zweite Runde als Vertreter des Präsidenten in Saigon zu beginnen. Henry Cabot Lodge, wie ihn Vann kennenlernte, nachdem er in Colorado eine »Lodge for President«-Bewegung organisiert hatte, war ein Politiker mit sehr persönlichen Vorstellungen, der die Mitarbeiter, denen er vertraute, mit ungewöhnlichen Vollmachten ausstattete. Der letzte Empfänger solcher Befugnisse war Oberstleutnant John Michael Dunn gewesen, ein brillanter Armeeoffizier, den Vann vom Command and General Staff College in Fort Leavenworth her kannte.

Mike Dunn war ein Ire, der dem Image Robert Kennedys entsprach: das Lächeln eines Ministranten mit einem Schlagring in der Hosentasche. Nach dem Studium in Harvard war er zur Armee gegangen, weil ihn das amerikanische Abenteuer der Nachkriegszeit reizte. Seine Sporen hatte er sich in Korea verdient und war für seine Tapferkeit mit dem »Silver Star for Gallantry« ausgezeichnet worden. Seine intellektuellen Referenzen stammen aus Princeton, wo er in Internationalen Beziehungen promoviert hatte. Als Lodge 1963 zu seiner ersten Amtszeit als Botschafter nach Saigon gekommen war, hatte er Dunn als persönlichen Assistenten mitgebracht. Er gab ihm Macht und allen Handlungsspielraum, mit dem Dunn fertigwerden konnte – und das war nicht gerade wenig: Während der Manöver zum Sturz Diems und des anschließenden Gezerres hatte Dunn darauf zu achten, daß sich Lodge weiterhin gegen Harkins durchsetzen konnte. Er erfüllte die Wünsche seines Vorgesetzten so perfekt, daß Harkins, nachdem Lodge 1964 nach Amerika zurückgeflogen und Dunn nach Washington und zur Armee zurückgekehrt war, ein militärgerichtliches Verfahren gegen ihn anstrengte. Auch Westmoreland hatte daran Anstoß genommen, daß ein munterer Oberstleutnant einem zivilen Vorgesetzten zuliebe einen General aus dem Sattel heben wollte, und sich Harkins' Anklagen angeschlossen. Einer der Anklagepunkte lautete auf Falschaussage. Lodge seinerseits erklärte, er werde bezeugen, daß Dunn ausschließlich in seinem Auftrag gehandelt habe; falls das Verfahren weiterlaufe, werde er dafür sorgen, daß die ganze Angelegenheit vor die Öffentlichkeit komme. Harold Johnson, damals Generalstabschef der Armee, beorderte Dunn in sein Amt, um ihm mitzuteilen, daß man das Verfahren niederschlagen werde. Er solle das Ganze als ein Mißverständnis betrachten. Dunn dürfe nicht annehmen, daß Harkins und Westmoreland nachtragend seien, erklärte er. Sie seien in ihrem Eifer, die Interessen der Armee zu schützen, nur etwas zu weit gegangen.

Vann dachte, Lodge werde sich während seiner zweiten Amtszeit als Botschafter wie in der ersten verhalten und auf seine Weise und mit eigenen Ideen an den Krieg herangehen. Vann wollte der Mike Dunn dieses Unternehmens werden. Im Juli, kurz nachdem das Weiße Haus angekündigt hatte, daß Lodge nach Vietnam zurückkehren werde, hatte er ihm eine sorgfältig ausgearbeitete Zusammenfassung seiner Erfahrungen in Hau Nghia übersandt. Zugleich hatte er ihm vorgeschlagen, ein eigenes Verbindungsbüro für Operationen zu schaffen, dessen Aufgabe darin bestehen sollte, den Botschafter genauestens über alle militärischen Schritte und über alle Pazifizierungsmaßnahmen zu informieren, d. h. ihm die Informationen »ohne die Interpretationen zahlreicher Zwischeninstanzen« zukommen zu lassen. Dieses Büro sollte nicht mehr als ein oder zwei Mann umfassen. Sie würden befugt sein, sich an alle von Lodge gewünschten Orte zu begeben, um Beobachtungen zu machen, Fragen zu stellen und ihm darüber direkt zu berichten. Vann schlug vor, dieses Büro selbst zu leiten, wobei er auf die »einmalige Verbindung seiner Erfahrungen als Offizier und Zivilbeamter« in Vietnam hinwies und die Überzeugung äußerte, daß er als »Resonanzboden für Ideen und Programme [von Lodge] dienen könne«. Kurzum, das Verbindungsbüro für Operationen sollte aus John Vann und einem Assistenten bestehen.

Lodge legte sich nicht fest, doch seine Antwort war herzlich und ermutigend:

Lieber John!

Ich habe mich über Ihren Brief gefreut und denke darüber viel nach. Ich freue mich darauf, Sie nach meiner Rückkehr wiederzusehen, um mit Ihnen über alles zu sprechen.

Mit herzlichen Grüßen
Ihr Henry Cabot Lodge

Sollte Lodge nicht gleich die in Vanns Papier dargelegte Strategie oder eine Variante davon als Ansatz wählen, dann, so dachte Vann, konnte er ihm immer noch den Job eines Sonderbeauftragten anbieten, den er ihm vorgeschlagen hatte und für den er so hervorragend qualifiziert war. Wenn er dann Lodge über die Geschehnisse auf dem Kampfplatz und in den Weilern informierte, würde er die Gelegenheit nutzen, um ihn nach und nach von seinen Strategievorstellungen zu überzeugen. Nach Lodges Ankunft am 20. August wartete er ungeduldig auf einen Anruf aus der Botschaft.

Die Rückkehr von Lodge hob den bürokratischen Bann gegen die Präsenz Lansdales in Südvietnam auf. Lansdale kehrte Anfang September zurück, um noch einmal die Rettung des Landes zu versuchen, dessen Entstehung er zehn Jahre zuvor ermöglicht hatte. Einige Tage nach seiner Ankunft besuchte er Vann in Bau Trai in Begleitung des Teams, das ihm bei seinen neuerlichen Bemühungen zur Seite stehen sollte. Zu den Mitgliedern dieses Teams zählte ein 34jähriger Intellektueller aus dem Verteidigungsministerium und ehemaliger Angehöriger der Marines namens Daniel Ellsberg. Lansdales Aufgabenbereich war nicht klar umrissen. Offiziell sollte seine Gruppe als Verbindungsglied zwischen der Botschaft und dem Ausschuß für Wiederaufbau in den Landgebieten fungieren, einem Organ der Saigoner Regierung, das theoretisch die Pazifizierungsprogramme sämtlicher Ministerien koordinierte.

Vann war gesagt worden, man werde ihn wahrscheinlich einladen, in Lansdales Team mitzuarbeiten. Lansdale sprach während seines Besuchs keine Einladung aus; Vann wiederum dachte, daß er ein solches Angebot ohnehin dankend ablehnen würde. Seine Bestrebungen waren über Lansdale hinausgewachsen; zudem wußte er nicht, wieviel Einfluß Lansdale in Vietnam nunmehr haben würde. Bei allem Engagement und trotz aller Egozentrik besaß er einen scharfen Sinn für die Realitäten der Macht. Lansdale hatte keine Behörde unter sich, kein Geld und kein Personal, er würde somit in einer Welt der rivalisierenden Ämter kaum Gewicht haben. Lodge hingegen verfügte über reale Macht, mit der Vann etwas erreichen konnte, falls es ihm gelang, an ihrer Ausübung beteiligt zu werden. »Ich müßte eine Menge mehr über Lansdales Pläne erfahren, um mit ihm zusammenzugehen«, schrieb er an einen Bekannten in Denver am Abend des Tages von Lansdales Besuch. »Ich erwarte einen Anruf von Lodge und werde mich auf nichts einlassen, solange ich seine Vorstellungen nicht kenne.«

Der Anruf kam einige Tage später. Vann vertauschte die Jeans und das kurzärmelige Sporthemd, die zu seiner Arbeitskleidung geworden waren, gegen Anzug und Krawatte. Als er im 5. Stock der Botschaft aus dem Aufzug trat, hatte er ein frisch getipptes Exemplar der endgültigen Fassung von »Wie man sich der südvietnamesischen Revolution bedienen muß« in der Hand. Nachdem die riesige Autobombe fünfeinhalb lehrreiche Monate zuvor Vann um zehn Minuten verfehlt hatte, war das Gebäude wieder auf Glanz gebracht und mit splitterfreien Fensterscheiben ausgestattet worden. Auch die offizielle Abneigung gegen das Zeigen von Furcht war von der Explosion erschüttert worden, so daß die Botschaft nun größere Ähnlichkeit mit den Ministerien des Regimes besaß. Der Verkehr des geschäftigen Hafenviertels wurde durch eiserne, mit Stacheldraht umwickelte Barrikaden aus den die Botschaft unmittelbar umgebenden Straßen ferngehalten.

Lodge war sehr liebenswürdig und schien sich zu freuen, Vann wiederzusehen. Zu seinem Bedauern sei er jedoch gezwungen, die Unterredung kurz zu halten, da sein Terminplan durch die mit seiner Rückkehr verbundenen Geschäfte übervoll sei. Nach Austausch der üblichen Höflichkeiten hatte Vann gerade Zeit, Lodge sein Papier zu übergeben und ihm zu erklären, daß er und seine Freunde diese Strategie aufgrund ihrer gemeinsamen Erfahrungen ausgearbeitet hatten. Er hoffe, Lodge werde sich von seinen Ausführungen überzeugen lassen. Lodge erklärte, er freue sich über das Papier und werde es lesen. Vann brachte nun das Gespräch auf sein Verbindungsbüro für Operationen. Wieder legte sich Lodge nicht fest. Er versprach Vann einen »langen Plausch« für die nächste Zeit und sagte, er solle inzwischen in Hau Nghia nicht zu große Risiken eingehen; einen so wertvollen Mann wie ihn dürfe man nicht verlieren.

Gegen Ende der Woche begegnete Vann zwei Botschaftsbeamten aus der politischen Abteilung, denen Lodge das Papier zur Begutachtung übergeben hatte. Sie teilten Vann mit, er sei als USOM-Provinzleiter »nicht befugt«, dem Botschafter Papiere vorzulegen, die Fragen der hohen Strategie betrafen. Was sie von seinen Vorschlägen hielten? Sie wollten sich dazu nicht äußern.

Vann ließ sich nicht aus der Fassung bringen. Von Bürokraten hatte er nichts anderes erwartet. »Ich mache fast alle Beamten hier [in Saigon] verdammt unruhig«, stellte er in einem anderen Brief an einen Freund in Denver fest. Er wollte das ernsthafte Gespräch mit Lodge abwarten. »Jemand muß der Katalysator sein, wenn unsere Politik auch nur ein bißchen dynamisch sein soll«, berichtete er einem Bekannten im Pentagon.

General Rosson hielt sein Versprechen, sich für ein paar Stunden von seinen Pflichten als Stabschef Westmorelands freizumachen, und flog zu einer Informationsbesprechung mit Vann nach Bau Trai, wo er die Gedanken in Vanns Papier noch einmal ausdrücklich guthieß. James Killen wurde als Leiter der USOM in Vietnam von Charles Mann abgelöst, der bisher die AID-Aktivitäten in Laos geleitet hatte. Mann sollte am dritten Wochenende des Monats September nach Bau Trai auf Visite kommen. Vann hoffte, ihn zu seinen Ideen bekehren zu können.

In der ersten Septemberhälfte errang er einen, wie er sagte, »kleinen, aber bedeutsamen Sieg«. Er erreichte, daß man in Hau Nghia unbeobachtetes Artillerie- und Mörserfeuer untersagte. Ab sofort durften die Geschütze nur dann in Aktion treten, wenn ein Boden- oder Luftbeobachter die Granaten auf ein bestimmtes Ziel lenkte oder angegriffene Außenposten und Militäreinheiten Sperrfeuer anforderten. Da der willkürliche Beschuß bisher den Großteil der artilleristischen Tätigkeit ausgemacht hatte, war es plötzlich in Bau Trai und den Distriktzentren die meiste Zeit über ungewöhnlich ruhig. Vann hatte sich offenbar bei seinem Bericht vor Westmoreland im Juli über das ständige Artilleriefeuer beschwert und darauf hingewiesen, daß damit gegen die Direktive verstoßen werde, die der Artillerie das Planschießen in den — von Westmoreland als prioritäre Pazifizierungszone ausersehenen — Provinzen um Saigon untersagte. Es scheint, daß Westmoreland auf Vanns Klagen reagierte, indem er den Vereinigten Generalstab einen Befehl herausbringen ließ, durch den Planschießen in Hau Nghia verboten wurde. Oberst Chinh schäumte. Aus irgendwelchen Gründen verfiel er auf den Gedanken, Hanh stecke dahinter und war über ihn noch wütender als über Vann. Das Verbot galt nicht für Gebiete, die man zu »Bomben-frei-Zonen« erklärt hatte. Auch die vorgeplanten Luftangriffe gingen weiter. Der Pragmatiker John Vann aber sah die Hälfte des Übels beseitigt.

Vann stieß bei seinem Feldzug gegen die Korruption auf Schwierigkeiten, doch er gab nicht auf. Gegen Ende Juli, eine Woche nachdem Lyndon Johnson beschlossen hatte, Westmoreland 200.000 US-Soldaten zur Rettung Südvietnams zur Verfügung zu stellen, erfuhr er bei einem Abendessen mit Hanh von einem weit größeren Problem, als es der korrupte Bauunternehmer war. Hanh sagte ihm, er sei vor die Wahl gestellt worden, beim Geldbeschaffungsprozeß mitzumachen oder seinen Posten als Provinzgouverneur zu verlieren.

Die Militärregierung unter Luftwaffenmarschall Ky konsolidierte ihre Position und machte Druck. Hanhs Pate war verständlicherweise ein katholischer Glaubensbruder, Nguyen Van Thieu, der nun das Amt des Staatsoberhaupts innehatte (die Regierungsgewalt lag bei Ky als Premierminister). Um Gouverneur von Hau Nghia zu bleiben, so hatte man Hanh erklärt, müsse er 250.000 Piaster an das »Oberkommando« abführen. Hanh sagte Vann, er wisse nicht, wie es in den zentralvietnamesischen Küstenprovinzen und im Hochland sei; im Gebiet des IV. Korps, das das Mekong-Delta umfaßte, und des III. Korps, das aus den Provinzen um die Hauptstadt einschließlich Hau Nghias bestand, steige überall der Druck, um mehr Geld herauszupressen. Die Distriktchefs würden gedrängt, je nach Reichtum ihres Distrikts Summen zwischen 100.000 und 300.000 Piastern aufzubringen.

Wie üblich wurden die Transaktionen von den Ehefrauen der Generäle überwacht. Die Gemahlin des Kommandeurs des IV. Korps, eines rundlichen Brigadegenerals und engen Verbündeten Thieus namens Dang Van Quang, war eine Woche zuvor auf dem Luftweg von Can Tho nach Saigon gekommen und hatte die dort lebenden Gattinnen der Distriktchefs mit den Zahlungsbedingungen bekanntgemacht. Hanh war mitgeteilt worden, daß man von ihm 750.000 Piaster erwartete. Er sollte die Differenz von 500.000 Piastern mit den Distriktchefs in Hau Nghia teilen, um ihnen zu helfen, ihren Zahlungsverpflichtungen nachzukommen. Man schlug ihm vor, gefälschte Rechnungen über kostenlos geliefertes US-Material vorzulegen oder finanzielle Mittel für nichtexistierende Projekte anzufordern.

Hanh bat Vann, diese Forderung abzublocken, natürlich ohne ihn als Informanten nennen. Vann faßte daraufhin die wichtigsten Punkte des Gesprächs in einem als »persönlich und vertraulich« bezeichneten Memorandum zusammen; er gab Hanh als Quelle an, um dem Bericht Glaubwürdigkeit zu verleihen. Er übergab es Wilson, nachdem er ihm von dem Abendessen berichtet hatte, und bat ihn, es an Killen und Taylor weiterzuleiten, der zu dieser Zeit noch Botschafter war. Auf diese Weise würde man den Saigoner Generälen zeigen, daß die US-Regierung über ihre Spiele Bescheid wußte und diesen Filz nicht länger dulden wollte. Auch Wilson war über die Korruption besorgt. Er versprach, das Memorandum weiterzuleiten. Als Vann dann Anfang September Lodge seinen kurzen Besuch abstattete, hatte er noch von keiner Maßnahme erfahren. Falls nicht bald etwas geschah, wollte er Lodge persönlich unterrichten. Inzwischen ermutigte er Hanh, die Sache hinauszuzögern.

Ende September flog er auf zwei Wochen Heimaturlaub nach Littleton. Mary Jane und die Kinder bekamen ihn nicht oft zu sehen, da es ihm schwer fiel, Einladungen zu Vorträgen abzulehnen. Wenn er nicht gerade einen Vortrag hielt, telefonierte er mit Leuten von der Presse oder irgend jemandem in Washington.

Bei seiner Rückkehr nach Vietnam im Oktober erklärte ihm Charles Mann, der neue USOM-Direktor, er werde ihn Ende des Monats versetzen. Während Manns Wochenendbesuch war es Vann nicht gelungen, ihn für seine Hauptthese zu gewinnen. Der neue Direktor war jedoch ein praktisch denkender Individualist, dem eine Reihe von Ideen in Vanns Papier gefielen. Ebenso gefielen ihm Vanns Erfahrung, seine Dynamik und seine Fähigkeit, mit den Vietnamesen zusammenzuarbeiten. Er übertrug ihm die wichtige Aufgabe eines USOM-Repräsentanten und Beraters für Zivilangelegenheiten von Generalmajor (wenig später Generalleutnant) Jonathan Seaman, dem Kommandeur sämtlicher US-Streitkräfte im

Gebiet des III. Korps. Seaman war dabei, die 1. Infanteriedivision nach Südvietnam zu bringen. Er plante,»The Big Red One« mit der bereits eingetroffenen 173. Luftlandebrigade zu vereinigen, um mit der Bildung eines US-Armeekorps zu beginnen, das den Vietcong im Gebiet der elf Provinzen in die Knie zwingen sollte. Vann würde Seaman bei allem beraten, was die Zivilbevölkerung betraf, und als Verbindungsbeamter zu den Gouverneuren und USOM-Beratern der einzelnen Provinzen fungieren.

So schmeichelhaft diese Beförderung auch war, Vann bedauerte es, Hau Nghia verlassen zu müssen. Die Rückgewinnung der Provinz und ihrer Bevölkerung war noch längst nicht abgeschlossen. Er ertappte sich bei dem Gedanken, er könne eines Tages wiederkommen, um diese Aufgabe zu Ende zu führen. Er hatte nun auch persönliche Bindungen. Ramsey war nicht mehr bloß ein Assistent und Dolmetscher mit beeindruckender akademischer Bildung. Er war zu einem liebgewordenen Gefährten und Schützling geworden. Die Freundschaft mit Hanh hatte sich zu einer Freundschaft mit dessen ganzer Familie entwickelt. Bei jeder Rückfahrt aus Saigon lud Vann Frau Hanh zum Mitfahren ein, damit sie ihren Gatten besuchen konnte. Die Hanhs hatten ihn auch mehrmals zum Essen in ihre Wohnung in der Stadt eingeladen. Er brachte den Kindern immer Bonbons und ein paar Sachen aus dem PX-Laden mit, so daß sie ihn schließlich Onkel John nannten. Die freundliche Lehrerin in So Do gehörte ebenfalls zu den Menschen, die ihn an Hau Nghia banden. Der Bau der Schule, das Einstellen des Artilleriebeschusses und die Fortschritte im Kampf gegen die Korruption, das alles hatte ihm das Gefühl gegeben, daß seine zähen Bemühungen Früchte zu tragen begannen.

Ramsey erinnerte sich an Vanns letzten Tag als Provinzleiter. Es war der 1. November 1965, der Jahrestag von Diems Sturz, der unter den nachfolgenden Saigoner Regierungen als Nationalfeiertag begangen wurde. Vann hatte in Saigon Besprechungen über seine neue Verwendung geführt, für die offiziellen Zeremonien kam er nach Bau Trai zurück. Ramsey war überrascht, ihn in der weißen Sommergalauniform eines Oberstleutnants zu sehen. Da es sich um einen besonderen Tag handelte, sagte Vann, habe man ihm erlaubt, die Uniform aus seinem alten Armeekoffer herauszuholen, der ihm nun als Truhe diente. Auch seine Auszeichnungen hatte er angesteckt. Ramsey erinnerte sich noch an Abende im Büro, an denen sie nicht über den Krieg sprachen. Vann holte dann eine Aufnahme von MacArthurs Abschiedsrede vor den Kadetten in West Point hervor, um sie auf einem tragbaren Bandgerät abzuspielen. Er saß da und hörte ehrfürchtig zu, wie MacArthur von »fernen Trompeten« und »gedämpftem Trommelklang« sprach, von »dem seltsamen, trauernden Gemurmel des Schlachtfelds«, von »Pflicht, Ehre und Vaterland«. Diese Begeisterung für MacArthurs Rhetorik und die Galauniform zeigten Ramsey, daß John Vann die US-Armee niemals wirklich verlassen hatte. Vann hatte es eingerichtet, daß Ramsey zum amtierenden Provinzleiter und nicht zu seinem offiziellen Nachfolger befördert wurde, da er nicht sicher war, ob er nicht in ein paar Monaten zurückkehren würde. Am Nachmittag packte er seine Sachen zusammen, vertauschte die weiße Galauniform wieder mit einem Sporthemd und Jeans und machte sich auf den Weg in das provisorische Lager der 1. Infanteriedivision, einer Zeltstadt an der Straße nach Bien Hoa.

Schon wenige Wochen nach seiner Abreise begann das, was er in siebenmonatiger Arbeit aufgebaut hatte, wieder zunichte zu werden. Als erstes ging Hanhs Selbstachtung verloren. Da nichts unternommen worden war, um die Geldforderungen der Generäle zu stoppen, hatte Vann eine Kopie seines Memorandums direkt an Lodge gesandt. Lodge, der sich in dieser Sache offenbar ergebnislos an Ky gewandt hatte, war zu dem Schluß gekommen, daß diese Art von Käuflichkeit in Südvietnam nichts Außergewöhnliches darstellte und einen Streit mit der immer noch wackeligen Regierung nicht lohnte. Ramsey und Vann waren sich einig, daß man Hanh das Geld veruntreuen lassen müsse, falls es Vann nicht gelang, die Geldforderungen zu stoppen. Ramsey wartete deshalb auf einen verdächtigen Antrag. Nicht lange nach Vanns Abreise landete auf Ramseys Schreibtisch ein Antrag aus Hanhs Büro auf zusätzliche 750.000 Piaster für das Schulprogramm. Der Betrag entsprach genau der Bestechungssumme. Die Mittel für das Programm im laufenden Geschäftsjahr waren bereits in voller Höhe bewilligt worden, da sie sich dafür besonders eingesetzt hatten. Auch hatte Hanh Ramsey nicht gesagt, daß er zusätzliche Kredite anfordern werde. Ramsey nahm das Antragsformular und ging damit zu Hanh, um ihn darüber zu befragen. Als er ihm unterwegs begegnete, winkte er ihm mit dem Formular zu und bewegte es dann langsam an dessen Augen vorbei, so daß er es lesen konnte. Hanh senkte den Kopf. Keiner der beiden sagte etwas. Ramsey ließ den Antrag anstandslos durchgehen. Er, Vann und die US-Regierung hatten Hanh fallengelassen, und deshalb konnte man jetzt nichts anderes tun. »Wir haben ihn im Stich gelassen«, sagte Ramsey.

Chinh schaffte es, das Verbot für Planschießen wieder aufheben zu lassen. Vann versuchte vergeblich, es mit Hilfe seiner Beziehungen wieder einzuführen. Die US-Kommandeure in Hau Nghia wünschten Planschießen als Stör- und Behinderungsfeuer, deshalb konnte man es auch der ARVN nicht verbieten. Das einzige bleibende Ergebnis dieses Verbots war die Schwächung von Hanhs Position, da Chinh, der ihm deshalb gegrollt hatte, nun recht bekam. Chinh war auch mit Hanhs Leistungen bei der Geldbeschaffung nicht zufrieden. Hanh hatte zwar die 750.000 Piaster aufgebracht, weigerte sich aber immer noch, mehr und soviel zu stehlen, daß es dem Kommandeur der 25. Division genügte.

Das schlimmste war, daß Vann weder zu dem versprochenen »langen Plausch« mit Lodge eingeladen wurde, noch sonst eine hochrangige Persönlichkeit sich für seine Strategie interessierte. »Wie man sich der südvietnamesischen Revolution bedienen muß« sollte ein wichtiges Dokument der Geschichte dieses Krieges werden. Viele der Gedanken, die es enthielt, wie etwa die Zusammenfassung sämtlicher ziviler und militärischer Berater zu einem einzigen Provinzteam unter der Leitung eines Chefberaters, sollten sich in den folgenden Jahren langsam durchsetzen. Die Männer, die die Politik bestimmten, zeigten jedoch kein Interesse für Vanns Hauptanliegen, die soziale Revolution zu unterstützen und dadurch die vietnamesischen Bauern für sich zu gewinnen.

Vann kannte die Stärken und Grenzen von Henry Cabot Lodge nicht und hatte sein Schreiben nicht richtig verstanden. Er hatte die Komplimente Rutherford Poats' ebenso überinterpretiert wie die Tatsache, daß dieser sein Papier an William Bundy und Leonard Unger gesandt hatte. In Rossons ermutigende Worte hatte er Dinge hineingelesen, die der General gar nicht meinte. Er und Ramsey, Scotton und Bumgardner hatten eine irrige Vorstellung von den Prioritäten ihrer Vorgesetzten, und alle zusammen hatten sie die Wirkung einer offenen militärischen Intervention der USA falsch eingeschätzt. Anstatt politische und soziale Änderungen um so dringlicher zu machen, bewirkte die Entsendung amerikanischer Truppen, daß die US-Regierung jegliches Interesse an einer Reform des Saigoner Regimes verlor.

Für Vann und seine Freunde war der Einsatz amerikanischer Kampftruppen eine unvermeidliche, aber nutzlose Aktion in einem Konflikt, der immer weniger Alternativen bot. Sie betrachteten dieses Eingreifen als Gelegenheit, einen Prozeß der politischen und sozialen Umwälzungen in Gang zu setzen. Diese Gelegenheit mußte man ergreifen, ehe es zu spät war. Wenn sich die Verluste unter den US-Truppen erhöhten, würde die amerikanische Öffentlichkeit kriegsmüde werden wie schon im Korea-Krieg. Der innenpolitische Druck in Richtung auf eine Verhandlungslösung würde steigen. Je größer das Ausmaß der Zerstörungen in Nord- und Südvietnam wurde und je weniger die Verbündeten Washingtons die amerikanische Kriegsführung tolerierten, desto größer würde auch der internationale Druck werden. Akzeptierte man den politischen und sozialen Status quo, würde es wahrscheinlich viel schwieriger, wenn nicht unmöglich sein, später, nachdem viele tausend amerikanische Soldaten ihr Leben gelassen hatten und Reformen für das langfristige Überleben des Südens unumgänglich waren, ein radikales Reformprogramm durchzuführen.

Für Lyndon Johnson, Robert McNamara, Dean Rusk und fast alle anderen führenden Persönlichkeiten war die Entsendung amerikanischer Infanteristen ein Schritt zum Erfolg, ja bereits die Lösung an sich. Johnson hatte sich auf diese Maßnahme mit äußerstem Widerwillen eingelassen und sie deshalb so lange wie möglich hinausgezögert: Sie würde Blut und Geld kosten und die Durchführung seines Sozialprogramms der »Great Society« gefährden. Sobald jedoch der Schritt vollzogen war, hegten er und die Männer, auf deren Urteil er sich verließ, keine Zweifel, daß die Unbesiegbarkeit der amerikanischen Landstreitkräfte im Süden im Verein mit dem Luftkrieg gegen den Norden die Vernichtung des Feindes garantierte. (Die beredte geheime Warnung George Balls, des stellvertretenden Außenministers, scheint den Präsidenten lediglich von der Richtigkeit seines Urteils überzeugt zu haben. Johnson sagte sich, er habe nun zwar das intelligenteste Argument gegen seine Pläne gehört, konnte Ball aber trotzdem nicht beipflichten.) Sogar Lodge, der es eigentlich besser wissen mußte, wurde in der kritischen Anfangsphase seiner zweiten Dienstzeit in Saigon von Euphorie erfaßt und glaubte, nach der Ankunft der US-Armee würden sich alle Probleme lösen.

Die Politiker der Kennedy-Johnson-Ära hatten die negative Erfahrung des Korea-Kriegs als Ergebnis von MacArthurs Übereilung und mangelnder Vorbereitung abgetan. Ihre eigene Entscheidung hielten sie nicht für voreilig, und die US-Streitkräfte waren in einer Zeit offiziellen Friedens niemals besser vorbereitet gewesen als 1965. Sie konnten sich nicht vorstellen, daß dieser Krieg mit für sie ungünstigen Verhandlungen enden könnte. »Die Zahl der US-Gefallenen dürfte sich gegen Ende des Jahres um die 500 pro Monat bewegen«, erklärte McNamara dem Präsidenten in seinem Memorandum vom Juli 1965, aber »die öffentliche Meinung in den USA wird alle Aktionen mittragen, da es sich um ein mutiges und vernünftiges politisch-militärisches Programm handelt, von dem man annehmen kann, daß es zum Erfolg führen wird.«

Wie die Pentagon-Papiere noch zeigen sollten, verstand McNamara unter »politischer Aktion« eine diplomatische Offensive und eine Public-Relations-Kampagne, die mit den politischen und sozialen Verhältnissen in Südvietnam nichts zu tun hatten. Die Kampagne sollte die Unterstützung für den Krieg sowohl im Inland als auch bei den Verbündeten sichern, denen man den Eindruck vermitteln würde, daß der US-Regierung daran lag, eine »politische Kompromißregelung« zu erreichen. Gleichzeitig sollten diplomatische Schritte hinter den Kulissen Ho und seine Genossen überzeugen, daß die USA die Bombardierung des Nordens und die Tötung der vietnamesischen Kommunisten und ihrer Gefolgsleute im Süden erst einstellen würden, wenn der Vietcong die Waffen streckte und sich mit sämtlichen zu seiner Unterstützung entsandten nordvietnamesischen Einheiten wieder in den Norden zurückzog.

Westmoreland und seine Generäle waren von diesem »Keine Sorge, jetzt sind die amerikanischen Soldaten da« noch deutlicher geprägt. Vann hatte ganz bewußt den militärischen Aspekt seines Papiers auf die Truppenführung innerhalb einer Provinz beschränkt und seine Vorschläge für ein »gemeinsames Kommando« und andere Schritte zur Reform des Saigoner Militärs insgesamt weggelassen. Er war natürlich nicht der einzige, der solche Ideen hatte, und er nahm an, Westmoreland würde dafür empfänglicher sein, wenn sie von einer geachteten Persönlichkeit wie General York kamen, den Vann ermunterte, dafür zu werben.

York hatte Vann im Juni aus der Dominikanischen Republik geschrieben, wo er im Rahmen der US-Intervention unter Bruce Palmer die 82. Luftlandedivision führte. Er war ebenfalls der Meinung, »ein gemeinsames Kommando oder so etwas, wie wir in Korea hatten« sei »derzeit unsere einzige Hoffnung«, aus den Saigoner Truppen eine kampffähige Armee zu machen. Als Vann im Herbst auf Heimaturlaub war, hatte York seine Dienstzeit als Kommandeur der 82. Luftlandedivision beendet und war Leiter der Infanterieschule in Fort Benning geworden. York lud Vann ein, in der Klasse der Hauptleute, von denen viele als Kompaniechefs nach Vietnam gehen sollten, über seine Erfahrungen in Hau Nghia zu berichten. So fanden sie Gelegenheit, noch weiter über das Thema zu diskutieren.

York flog Anfang 1966 nach Saigon. Er versuchte Westmoreland zu überzeugen, daß man ein gemeinsames Kommando einführen müsse, indem man auf sämtlichen Ebenen der Saigoner Streitkräfte, vom Vereinigten Generalstab bis zu den Kompanien im Feld hinunter, US-Offiziere integrierte. Auf diese Weise würde Westmoreland schnell die Kontrolle über Hunderttausende Saigoner Soldaten erlangen, sie nutzbringend einsetzen und seine Kampfkraft in kürzester Zeit vervielfachen. Wenn sich Westmoreland nur auf amerikanische Soldaten verließ, so befürchtete York, dann würde Hanoi genügend NVA-Soldaten schicken, um die Präsenz der US-Truppen aufzuwiegen. Das Saigoner Regime bezifferte 1965 die Zahl seiner Soldaten (die RF und PF eingerechnet) mit insgesamt 679.000 Mann. Wenn man ein Drittel davon als »Geistersoldaten« und »Topfpflanzen« abzog, blieb immer noch ein Potential von 450.000 Kämpfern, die zum gegenwärtigen Zeitpunkt bloß verheizt wurden.

York drängte Westmoreland auch, amerikanisch-vietnamesische Einheiten aufzustellen. Er erinnerte sich dabei an eine Verlegenheitslösung, zu der MacArthur am Beginn des Korea-Kriegs gegriffen hatte. Da ausgebildete US-Soldaten einfach nicht in genügender Zahl verfügbar waren, hatte MacArthur in einige seiner Divisionen südkoreanische Rekruten, sogenannte KATUSA (Korean Augmentation to the U.S. Army) eingereiht. Jeder KATUSA wurde einem amerikanischen »Kumpel« zugeteilt. Die Sprachbarriere war relativ schnell überwunden. Ein Infanterist braucht von der in seiner Armee gesprochenen Sprache nur etwa hundert Wörter zu kennen. Die Armee in Korea hatte eine Mischsprache aus Englisch, Koreanisch und Japanisch entwickelt. (Einige Wörter davon gelangten auch nach Vietnam. So wurde z. B. jeder Bau, von der geflochtenen Hütte bis zur modernen Stahlkonstruktion, als »hootch« bezeichnet, eine Deformierung von »uchi«, dem japanischen Wort für »Haus«.) Nach einer gewissen Ausbildungszeit funktionierten die gemischten Einheiten — einige davon hatten Schützengruppen mit bis zu 50 Prozent Koreanern — beinahe genauso gut wie die rein amerikanischen Einheiten.

Der Zweck von Yorks Variante des KATUSA-Systems war es nicht, billiges asiatisches Kanonenfutter zu beschaffen. Er wollte, daß man im professionellen Rah-

men der US-Armee vietnamesische Offiziere, Unteroffiziere und Soldaten heran-
bildete, um damit die Grundlage für Saigoner Streitkräfte zu legen, die diese
Bezeichnung auch verdienten. Er schlug Westmoreland vor, mit gemischten Kompanien zu beginnen, in denen einer der drei Züge aus Vietnamesen bestand. Der
stellvertretende Kompaniechef konnte ebenfalls Vietnamese sein. Die Vietnamesen in einem eigenen Zug zu belassen, anstatt sie auf die ganze Kompanie zu verteilen, hatte den Vorteil, daß ihre Offiziere und Unteroffiziere durch die Führung
der eigenen Truppen lernten. Gemischte Einheiten würden der greifbare Beweis
für den gemeinsamen Kampf von Amerikanern und Vietnamesen gegen den
gemeinsamen Feind sein, sagte York. Außerdem würden auf diese Weise die Aus-
schreitungen gegen die Landbevölkerung zurückgehen: Man konnte den vietnamesischen Soldaten beibringen, wie wichtig es war, die Bevölkerung korrekt zu
behandeln. Die US-Armee könne auf die Saigoner Soldaten und Offiziere einen
bedeutenden moralischen Einfluß ausüben, meinte York, und dadurch die Korruption des Saigoner Systems einzudämmen helfen. Die Vietnamesen würden
zum ersten Mal eine von Korruption freie Armee erleben. Sie würden später,
wenn man aus ihnen wieder eigene Einheiten bildete, andere Menschen mit einer
ganz anderen Einstellung sein.

Westmoreland hörte sich Yorks Ratschläge an und beherzigte keinen einzigen.
Später schrieb er in seinen Memoiren, der Hauptgrund, warum er kein gemeinsames Kommando geschaffen habe, sei gewesen, daß »ich letztendlich die Macht
hatte, die Südvietnamesen zu beeinflussen, was sie auch wußten, daß aber beide
Seiten sich außergewöhnlich taktvoll verhielten«. Westmoreland hatte tatsächlich
die Möglichkeit, auf seine Saigoner Verbündeten Einfluß zu nehmen, und er war
in der Tat äußerst taktvoll. Er schreckte davor zurück, diesen Einfluß zu nutzen,
um Inkompetenz und Korruption zu bekämpfen, die so schlimme Ausmaße angenommen hatten, daß sogar er selbst ihre Existenz zugeben mußte. Er unternahm so gut wie nichts dagegen, und zwar aus dem gleichen Grund, aus dem er
kein gemeinsames Kommando einrichtete und keine gemischten Einheiten aufstellte. Er und fast alle seiner Generäle wollten mit ihren vietnamesischen Verbündeten so wenig wie möglich zu tun haben. Statt die Kontrolle über die ARVN,
die RF und die RP zu übernehmen und diese zu reformieren, wie Vann es vorschlug, um den Krieg in den Landgebieten von Vietnamesen führen zu lassen,
beabsichtigte Westmoreland, die Saigoner Streitkräfte links liegenzulassen und
den Krieg mit seiner US-Armee zu gewinnen.

Die institutionellen Gewohnheiten und Motivationen der Armee der sechziger Jahre zeigten ihre Wirkung. Westmoreland bewies dies mit seiner Antwort auf
einen weiteren Vorschlag Yorks, der amerikanisches Personal durch den Einsatz
vietnamesischer Soldaten als Lkw-Fahrer und bei ähnlichen Aufgaben einsparen
wollte. Westmoreland wünschte amerikanische Lkw-Fahrer; eine US-Armee
konnte sich für ihre Versorgung nicht von Vietnamesen abhängig machen. Seit

der durch den Korea-Krieg bedingten Wiedereinführung der Einberufung Wehrpflichtiger im Jahr 1950 war diese eine feste Einrichtung des amerikanischen Lebens geworden. Generäle wie Westmoreland waren an einen ununterbrochenen Fluß gesunder und patriotischer Rekruten und Freiwilliger gewöhnt, die sich meldeten, weil man sie früher oder später ohnehin eingezogen hätte. Warum sollte man Zeit und Energie mit Vietnamesen vergeuden, wenn man ein bereitwilliges Menschenreservoir hatte, auf das man sich verlassen konnte?

Es gab noch einen weiteren Grund. Anders als ihre französischen und britischen Vorgänger konnte ein Offizier der US-Armee an der Spitze eingeborener Truppen keine Lorbeeren ernten. Ruhm und Erfüllung boten sich ihm nur durch die Führung amerikanischer Soldaten. Der einzige Teil der Armee in Vietnam, der eine gewisse Anzahl einheimischer Truppen umfaßte, waren die Special Forces. Es war jedoch kein Zufall, daß ihr Kommandeur immer nur ein Oberst und kein General war, obwohl er, als die Special Forces ihre Höchststärke erreichten, das Äquivalent von zwei Infanteriedivisionen unter sich hatte: 42.000 einheimische Söldner, die von etwa 2650 US-Offizieren, Unteroffizieren und Mannschaften geführt wurden. (Auf dem Höhepunkt des Krieges von Mitte 1967 bis Mitte 1968 sollte Fred Ladd, Vanns Freund und Kamerad im Mekong-Delta, das Kommando über die Special Forces führen.) In regulären Armee-Einheiten befehligte ein Oberst eine Brigade von 3500 Mann.

Westmorelands Absicht war es, die Vietcong zu vernichten und die nach Süden entsandten NVA-Einheiten zu dezimieren, um das Land schrittweise dem Saigoner Regime zurückzugewinnen. Er empfand nicht das Bedürfnis, den Krieg von den Saigoner Verbündeten führen zu lassen. Er wollte die besten Einheiten ihrer Armee, die Fallschirmjäger und Marineinfanteristen, und gelegentlich auch eine der gewöhnlichen ARVN-Divisionen zu den Operationen der US-Truppen hinzuziehen. Davon abgesehen bedeuteten sie ihm wenig.

Rosson hatte nicht versucht, Westmoreland für Vanns »Wie man sich der südvietnamesischen Revolution bedienen muß« zu begeistern. Er war zurückhaltend und unterschied sorgfältig zwischen seinen persönlichen Ansichten und dem, was er als seine Pflicht ansah. Der Stabschef richtet sich nach den Wünschen des Kommandeurs. Westmoreland hatte Rosson angewiesen, sich auf den Aufbau eines Logistiksystems zur Unterstützung eines US-Expeditionskorps zu konzentrieren, was Rosson auch tat. Obwohl er Vanns zentrale Forderung nach einer Übernahme der Regierungsgewalt in Saigon nicht ablehnte, hielt er sie für nicht erfüllbar. Trotzdem sah er sein Papier aufgrund der darin enthaltenen Vorschläge für die Pazifizierung als wertvoll an. Rosson nahm an, daß Lodge Lansdale beauftragen würde, ein neues und umfassendes Pazifizierungsprogramm zu organisieren. Das waren die »höheren Stellen«, von denen er gesprochen hatte, als er Vann mitteilte, sich darauf gefaßt zu machen, daß man dem Papier Interesse entgegenbringen werde.

Der kommandierende General erhielt offenbar ein Exemplar von Vanns Papier, als Charles Mann, der neue USOM-Leiter, den endgültigen Entwurf in Umlauf brachte. Westmoreland reagierte auf Vanns Hauptargument nicht positiv. »Niemand verstand die Vietnamesen besser als John Vann«, schrieb er später in seinen Memoiren, »aber er neigte dazu, vor der Presse große Töne zu spucken, besonders was seine Theorie betraf, die USA sollten nach Art der Franzosen generell das Kommando übernehmen.« Auch an den Einzelvorschlägen Vanns konnte der General nichts Nützliches entdecken.

Westmoreland war wie ein Kanonenrohr auf den Aufmarsch seines US-Expeditionskorps fixiert. Männer mit begrenztem Vorstellungsvermögen, die eine so hohe Stellung erreichen wie er, neigen dazu, blindlings ihre Stärke einzusetzen, ganz gleich, ob das der Lösung des Problems dienlich ist oder nicht. Westmorelands Stärke waren militärische Aktionen. Politische und soziale Maßnahmen, wie Vann sie beschrieben und York indirekt angesprochen hatte, Maßnahmen, die den entscheidenden Punkt der Befriedung darstellten, interessierten den General nicht, da er sie nicht verstand. Für Pazifizierungsmaßnahmen hatte er sich nie besonders engagiert, und sein Interesse daran wurde noch geringer, als Johnson ihm mitteilte, er könne 300.000 Amerikaner haben.

Vann hatte das Gefühl, an einer Tür zu stehen, die klemmte, sich aber öffnen ließ. In Wirklichkeit stemmte er sich gegen eine Mauer. Er appellierte an ein Ethos, das den meisten US-Politikern und -Militärs fehlte, und er verlangte von ihnen, einen als unverzichtbar geltenden antikolonialistischen Mythos über Bord zu werfen. Vann, Ramsey, Bumgardner und Scotton mochten mit ihren Politikern und Generälen insofern übereinstimmen, als sie die Eindämmung der chinesischen Expansion und andere strategische Ziele als Rechtfertigung des Krieges ansahen. Vom Wohlergehen der Vietnamesen hatten sie andere Vorstellungen. McNaughtons für McNamara bestimmte 70/20/10-Prozent-Quantifizierung war nicht bloß eine Hierarchisierung der Gründe, aus denen amerikanische Politiker in Vietnam Krieg führen wollten. Sie spiegelte die zehn Prozent Gewicht wider, die sie der Aufgabe einräumten, »dem südvietnamesischen Volk ein besseres und freieres Leben zu ermöglichen«, wie McNaughton es formuliert hatte.

Der britische Staatsmann oder Militär des 19. Jahrhunderts hatte es als seine Pflicht angesehen, den Völkern des Empire eine anständige Regierungsform zu geben. Er war dieser Verpflichtung nur ungenügend nachgekommen, doch das, was er erreichte, verdankte sich der Tatsache, daß er sich dazu verpflichtet fühlte. Seinen amerikanischen Nachfolgern erlaubte das imperiale System der Stellvertreterregime, ohne diese moralische Verpflichtung zu leben. Die Amerikaner wollten das Los der armen Völker ihres überseeischen Reiches verbessern. Ausdruck dieses Wunsches waren Programme wie Kennedys »Allianz für den Fortschritt« in Lateinamerika. Wenn sich aufgrund der institutionalisierten sozialen Ungerechtigkeit und des ausbeuterischen Charakters des lokalen Regimes keine

Fortschritte erkennen ließen, so besaßen die Amerikaner kein Ethos, das sie gedrängt hätte, ihre zahlreichen Überredungs- und Zwangsinstrumente zugunsten der Unterdrückten einzusetzen. Schuldgefühle konnten sie überwinden, indem sie sich in den Mythos flüchteten, sie hätten es mit einem »souveränen Staat« zu tun. Ihre Ideale hießen Antikolonialismus und Selbstbestimmung, und damit war ihnen untersagt, sich in innere Angelegenheiten einzumischen. Der Mythos wurde zu einer Art heiligem Wasser, das sie von ihrem Eigennutz reinwusch.

Hinzu kam, daß die Amerikaner aufgrund ihrer Erfahrungen in Mittelamerika und der Karibik den Eindruck hatten, man könne mit einem korrupten Stellvertreterregime wie dem in Saigon das Land trotz allem in der amerikanischen Einflußsphäre halten. Der Zusammenbruch der Herrschaft Batistas in Havanna und die Machtübernahme durch Fidel Castro und die kubanischen Kommunisten hatten an dieser Einstellung nichts geändert. Sie basierte auf den Realitäten Mittelamerikas und der Karibik. Der spanische Kolonialismus hatte hier eine Schicht kreolischer Grundbesitzer hinterlassen, denen es nicht an Lebenskraft fehlte und die die Ausbeutung der Indios, Mestizen und ehemaligen schwarzen Sklaven als ein gottgegebenes Recht ansahen. Die Kreolen wollten mit einer großen ausländischen Macht zusammenarbeiten, um die Ausbeutung fortzusetzen.

Vann und seine Freunde waren genügend mit den vietnamesischen Realitäten vertraut, um zu wissen, daß die Saigoner Gesellschaft dekadent und unfähig war, sich zu reformieren oder zu erhalten. Die amerikanische Führung in Saigon und Washington sah die Junta, die früheren Kollaborateure der Franzosen und die antikommunistischen Nationalisten im Licht ihrer schmutzigen lateinamerikanischen Stellvertreter und glaubte, daß diese vietnamesischen Reaktionäre irgendeine Art von Substanz hätten. Henry Cabot Lodge, Dean Rusk und Johnson redeten sich ein, daß Nguyen Cao Ky, der sich von den anderen Generälen hatte zum Premierminister ernennen lassen, tatsächlich so etwas wie ein Premierminister war, und daß Nguyen Van Thieu, der sich seine Ernennung zum Staatschef erschlichen hatte, nicht nur sich selbst und seinen Titel repräsentierte. Diese Leute gaben zwar keine besonders attraktiven Verbündeten ab, doch im Kampf gegen die Kommunisten würden sie sich als nützliche politische Werkzeuge erweisen. Mit der Kampfkraft der US-Truppen im Rücken würden sie ausreichende Dienste leisten.

Das Jahr begann nicht gut. Im Februar wurde Hanh entlassen, da er sich ständig gegen Chinhs Geldforderungen sperrte. Man machte ihn zum Stabsoffizier für Pazifizierung im Hauptquartier des III. Korps, was innerhalb der ARVN nicht gerade einen großartigen Posten darstellte.

Vorher war etwas noch Schlimmeres geschehen. Doug Ramsey, der sich bemüht hatte, in Hau Nghia dem Stil John Vanns treu zu bleiben, war den Vietcong in die Hände gefallen. Es geschah am späten Nachmittag des 17. Januar 1966, kurz vor der traditionellen Waffenruhe zum Tet-Fest, dem Beginn des vietnamesischen Mondjahrs. Ramsey war in einem Lkw unterwegs, um eine Ladung Reis und andere dringend benötigte Nahrungsmittel zu Flüchtlingen zu bringen, die ihr Los einer der ersten Operationen der 1. US-Infanteriedivision verdankten. Sie waren im Dorfzentrum von Trung Lap im berüchtigten Gummiplantagengebiet des Cu-Chi-Distrikts untergebracht. Eine Brigade der 1. Division hatte hier im Ausbildungslager der ARVN-Ranger ihren Befehlsstand eingerichtet.

Die gut sechs Kilometer lange Zufahrtsstraße nach Trung Lap, eine von der *Route 1* abzweigende Piste, galt als gefährlichste Wegstrecke Hau Nghias, was bedeutete, daß sie die wahrscheinlich gefährlichste Straße im Gebiet des III. Korps überhaupt war. Hanh meinte, die Lieferung könne noch bis zum folgenden Morgen warten, die Fahrt würde dann weniger riskant sein. Ramsey wiederum befürchtete, die Flüchtlinge könnten Hunger leiden. Außerdem wollte er die Sache hinter sich bringen. Er hatte in den vergangenen zweieinhalb Monaten seit Vanns Abschied ganz allein gearbeitet, da das USOM-Hauptquartier ihm noch keinen Assistenten geschickt hatte, und wollte den Rückstand in seinem nach Art Vanns völlig überladenen Zeitplan aufholen. Er hätte den vietnamesischen Fahrer mit dem 5-Tonnen-Chevrolet allein losschicken können, wie er und Vann es immer getan hatten. (Die USOM-Fahrer waren niemals behelligt worden. Offenbar bezahlten sie dem Vietcong Schutzgelder wie die Fahrer der Firmen-Lkws.) Ramsey wollte sich jedoch von der Lage der Flüchtlinge in Trung Lap selbst ein Bild machen und hatte sich dazu − ganz im Stil Vanns − noch einige weitere dringende Gründe einfallen lassen, aufgrund deren er »unbedingt mitfahren mußte«.

Etwa eineinhalb Kilometer vom Dorfzentrum und dem US-Befehlsstand entfernt geriet er in einen von vier Dorfguerillas gelegten Hinterhalt. Der vietnamesische Fahrer wurde ins Bein getroffen, verlor die Nerven und hielt an. Ramsey hätte sich den Weg vielleicht freischießen können. Er führte eines der neuen vollautomatischen AR-15-Gewehre (die den M-16 der Armee entsprachen), zwei Magazine Munition und ein paar Handgranaten mit sich. Da er niemals eine Infanterieausbildung erhalten hatte, wußte er nicht recht, wie er vorgehen sollte. Er feuerte durch das Lkw-Fenster und verschwendete dabei kostbare Zeit und ein ganzes Magazin. Ein Geschoß der Guerillas durchschlug den Dieseltank zu seinen Füßen. Der austretende Treibstoff spritzte ihm ins Gesicht und machte ihn halb blind.

Ramsey klammerte sich an das einzige, dessen er sich zu bedienen wußte: sein Vietnamesisch. »Toi dau hang!« schrie er (»Ich ergebe mich!«), ließ das Gewehr fallen und kletterte aus dem Führerhaus. Mit seinen hoch über den Kopf erhobenen Händen wirkte der hochgewachsene Mann noch größer. Der Fahrer wurde sofort wieder freigelassen. Seine Verletzung am Bein war nur eine Fleischwunde. Er gelangte noch am Abend nach Bau Trai zurück, wo er von dem Vorfall berichtete.

Die vier Guerillas, etwa 25jährige Bauern, waren über ihren Fang so erfreut, daß sie fast freundlich zu ihm waren. Sie wollten von Ramsey wissen, wie man für »dau hang« auf englisch sagte. Um Ramsey hinter eine Baumreihe und außer Sicht zu bekommen, führten sie ihn in den nächsten Weiler. Die Bauern zeigten eine ganz andere Haltung. Soldaten von Chinhs 25. Division hatten ihre Häuser niedergebrannt. Ramsey hatte bereits mehrere niedergebrannte Weiler gesehen, aber immer erst Tage oder Wochen nach dem Brand, wenn die verzweifelten Bewohner bereits fort und die geschwärzten Ruinen erkaltet waren, so daß der Ort ein archäologisches Aussehen angenommen hatte.

Diesmal rauchten die Trümmer noch, und es war offensichtlich, daß diese Leute erst vor kurzer Zeit zurückgekehrt waren und entdeckt hatten, was mit ihren Heimstätten geschehen war. Man hörte das Wimmern von Kindern. Alte Leute standen da und schüttelten fassungslos den Kopf. Frauen stocherten in den schwelenden Trümmern ihrer Häuser nach Küchengeräten und anderen Habseligkeiten, die den Flammen vielleicht entgangen waren. Aus den Gesprächen entnahm Ramsey, daß die Bewohner des Weilers so gut wie alles verloren hatten. Sie waren nicht gewarnt worden und hatten keine Zeit gehabt, irgend etwas wegzuschaffen. Die Soldaten hatten auch allen Reis verbrannt, der nicht vergraben oder versteckt worden war. Die Wasserbüffel und das Vieh hatten sie erschossen und in die Brunnen geworfen, um das Wasser zu vergiften. Das einwöchige Tet-Fest, das für die Vietnamesen Weihnachten, Ostern, Neujahr und Erntedankfest in einem ist, begann in zwei Tagen. Die Bauern fragten sich, wie sie dieses Fest feiern sollten.

Wäre Ramsey noch ein freier Mann gewesen, hätte er angesichts dieser Szenen mit dem Krieg wahrscheinlich nichts mehr zu tun haben wollen. Durch seine mißliche Lage wurden solche Gewissensfragen zu reinen Gedankenspielen, aber er stellte sie sich trotzdem. Er empfand Ekel und ohnmächtigen Zorn, er fühlte sich betrogen und schuldig zugleich. Zwei Wochen zuvor hatte er während einer Einsatzbesprechung im Hauptquartier der 25. Division seine Besorgnis über die Verluste unter der Zivilbevölkerung und die unnütze Beschädigung von Häusern geäußert. Der als Chinhs Berater fungierende US-Oberstleutnant hatte ihm versichert, man werde nicht mutwillig Weiler zerstören. Chinh hatte dagesessen und nichts gesagt. Diese Bilder genügten Ramsey. Wenn das der Preis war, den man für die Erhaltung des American way of life bezahlen mußte, dann wollte er nicht zu denen gehören, die diesen Preis forderten.

Er hatte auch Angst. Eine Anzahl Bauern aus dem Weiler hatten sich um ihn versammelt und forderten für sich das Recht, ihn zu töten. Die vier Guerillas brachten sie zum Schweigen. Sie zitierten den Grundsatz der Nationalen Befreiungsfront von der »milden und humanen Behandlung« der Gefangenen. Ramsey merkte, daß sie sich ihre Beute bewahren wollten. Außerdem schienen sie gewissenhafte Leute zu sein, die die Ideologie ihrer Bewegung ernst nahmen. Als ihn ein alter Mann anspuckte, wiesen sie ihn zurecht. Ramsey sei kein Soldat, sagten sie, der sich vielleicht an der Zerstörung des Weilers beteiligt habe, sondern Zivilist. Sie hätten ihn gefangengenommen, als er einen für Flüchtlinge bestimmten Reistransport begleitete. Ein Bauer fragte Ramsey, für welche Organisation er arbeite.

»Für AID«, lautete Ramseys Antwort. Die vietnamesische Abkürzung für Agency for International Development hatte dieselbe Bedeutung wie die englische.

»Hilfe!« schrie der Bauer. »Schau dich einmal um«, fügte er hinzu, und wies mit ausgestrecktem Zeigefinger von einem schwelenden Trümmerhaufen zum anderen. »Da hast du die amerikanische Hilfe!« Er spuckte auf den Boden und ging weg.

Vann befand sich an diesem Abend zufällig im CIA-Büro in der Botschaft. Der neue Posten eines USOM-Repräsentanten bei den US-Streitkräften im Gebiet des III. Korps hatte sich als zweimonatiges Zwischenspiel erwiesen. Er war vor kurzem in eine höhere Position aufgerückt. Man hatte ihn zum USOM-Projektleiter eines neuen Ausbildungsprogramms für die vietnamesischen Pazifizierungsteams gemacht, die in ganz Südvietnam tätig werden sollten. Die Verantwortung für das Programm sollte die USOM gemeinsam mit der CIA übernehmen. Vann diskutierte gerade mit seinem CIA-Partner über die Frage, wie man die Teams organisieren und ein nationales Ausbildungszentrum errichten könnte, als ein Anruf für ihn kam. Die Nachricht ließ ihn erbleichen.

Sobald es hell wurde, fuhr er nach Bau Trai und rekonstruierte den Hergang, indem er den Fahrer befragte und zu dem ausgebrannten Lkw fuhr (die Guerillas hatten ihn in Brand gesteckt). Dann organisierte er den unter diesen Umständen bestmöglichen Rettungsversuch. Frank Scotton, dessen Vietnamesischkenntnisse in dieser Notlage äußerst nützlich sein würden, kam aus Saigon, um zu helfen. Vann meinte, es gebe zwar kaum eine Erfolgschance, man müsse es aber trotzdem versuchen. Vielleicht hatten sie Glück. Über Charles Mann erreichte er, daß die CIA-eigene Air-America-Luftflotte einen Helikopter für den Bedarfsfall in Bereitschaft hielt. Von Lodge bekam er die Erlaubnis, über einen katholischen Priester in Cu Chi, der Kontakte zu den Guerillas hatte, ein Lösegeldangebot an das Distriktkomitee des Vietcong zu richten.

Sobald am 20. Januar, dem ersten Tag des Tet-Festes, die dreieinhalbtägige Waffenruhe einsetzte, konnten Vann und Scotton auf der Suche nach Hinweisen auf Ramseys Verbleib die ganze Provinz mit einer Sorglosigkeit durchstreifen, die sich sonst nicht einmal Vann erlaubt hätte. Vann fuhr in seinem kleinen Triumph (die AID hatte ihn eigens aus Colorado bringen lassen, ein Privileg der Zivilbeamten), da er wußte, daß man den Wagen nicht für ein USOM- oder Militärfahrzeug halten würde. Es überraschte ihn zu sehen, wie sehr die Kommunisten ihre Kontrolle über Hau Nghia verstärkt hatten. Überall hingen Vietcong-Fahnen, an allen Straßen, einschließlich der *Route 1*, waren Spruchbänder mit antiamerikanischen Slogans angebracht. In vielen Weilern, in denen sie hielten, um nach Ramsey zu fragen, erwiderten Leute, die früher freundlich gewesen waren, seinen Gruß nicht mehr und blickten weg. Einige von denen, die ihn noch grüßten, warnten ihn. Er und sein Freund gingen trotz der beidseitig verkündeten Waffenruhe ein enormes Risiko ein.

Vann hatte sich auch an einen Dorfvorsteher gewandt, von dem er annahm, daß er Verbindungen zum Vietcong unterhielt. Er und Ramsey hatten mit ihm beim Bau einer Schule und anderen Wohlfahrtsprojekten gut zusammengearbeitet. Vann hoffte, der Mann würde ihm aus Rücksicht auf Ramsey behilflich sein. Als er mit Scotton in dem Weiler ankam, in dem sich die Dorfverwaltung befand, trafen sie den Dorfvorsteher in einem Restaurant an. Mit ihm am Tisch saßen zwei Männer, die Obst aßen. Scotton war sicher, daß es sich um Vietcong-Kader handelte. Andere, unverkennbar Guerillas, lungerten vor dem Restaurant herum. Vann und Scotton setzten sich an den Tisch und tauschten mit dem Dorfvorsteher Wünsche zum Tet-Fest aus. Die beiden Kader ließen sich beim Essen nicht stören. Der Dorfvorsteher schob eine handgeschriebene Nachricht über den Tisch, Vann steckte sie in seine Brusttasche. Er und Scotton verabschiedeten sich nun demonstrativ langsam, erhoben sich und gingen rasch und ohne sich umzudrehen oder zur Seite zu blicken – damit die Guerillas es sich nicht doch anders überlegten – zum Wagen zurück. Gleich nachdem Vann losgerauscht war, übersetzte Scotton die Botschaft. Sie trug keine Unterschrift. »Ich habe gehört, daß der Amerikaner am Leben ist«, hieß es darin. »Man wird ihn später freilassen, wenn wieder Ruhe sein wird.«

Nicht alle Guerillas waren so zurückhaltend. Vann beschloß, zur Zuckerfabrik in Hiep Hoa zu fahren, um dort mit jemandem zu sprechen. Unterwegs kam er mit Scotton durch So Do. Die Vietcong hatten auf einer freien Fläche des Weilers, die als Versammlungsplatz diente, einen Triumphbogen aus Bambus und Stoff errichtet. Die Inschrift darauf kündigte in großen Lettern den Sieg der Nationalen Befreiungsfront für das Jahr des Pferdes an. (Die chinesischen und vietnamesischen Mondjahre bilden einen zwölfteiligen Zyklus, bei dem jedes Jahr im Zeichen eines Tiers steht.) Neben dem Bogen hatte es sich eine Gruppe Vietcong gemütlich gemacht. Scotton sah, daß zwei davon offensichtlich Reguläre waren, die Tet-Urlaub bekommen hatten. Sie trugen grüne Uniformen und sogenannte Ho-Chi-Minh-Sandalen, die aus alten Autoreifen hergestellt wurden. Vann und Scotton mußten auf der Rückfahrt nach Bau Trai wieder dieselbe Straße benutzen. Nachdem das Gespräch in Hiep Hoa fruchtlos geendet hatte, beschloß Vann, auf dem Rückweg in So Do zu halten und mit seiner Bekannten, der Lehrerin, zu sprechen.

Als er an ihrem Haus vorfuhr, rief sie ihm durch die Tür zu, daß er drauf und dran war, getötet zu werden. Er gab sofort Gas und brauste durch den Weiler, ohne jedoch auf Höchstgeschwindigkeit zu gehen, da Scotton und er den Hinterhalt ausmachen wollten. Scotton wettete, daß man ihnen am Triumphbogen auflauerte, und ergriff vorsorglich eine der im Wagen bereitliegenden Handgranaten. Er gewann die Wette. Gleich hinter dem Triumphbogen warteten an der linken Straßenseite vier Guerillas, darunter die beiden Uniformierten. Sie hatten nun ihre Waffen und winkten Vann zu, er solle anhalten. Vann stieg aufs Gaspedal, stemmte sich gegen die Rücklehne und umklammerte das Steuer, um es länger ruhig halten zu können, falls er verwundet werden sollte. Die beiden Regulären brachten ihre Gewehre in Anschlag, um aus nächster Nähe zu feuern. Bevor sie abdrücken konnten, streckte Scotton den Arm aus dem rechten Wagenfenster und schleuderte schräg über das Wagendach eine Handgranate zu ihnen hinüber. Der überraschende Anblick des wohlbekannten Wurfgeschosses, das da plötzlich auf sie zugeflogen kam, ließ sie auseinanderstieben. Vann und Scotton brausten unbehindert davon.

Am nächsten Morgen kam die Lehrerin nach Bau Trai und warnte Vann. Er durfte nun lange Zeit nicht nach So Do kommen, da die Guerillas nach Rache dürsteten. Keiner der vier war verletzt worden. Sie waren weit genug gelaufen, um den Handgranatensplittern zu entgehen. Aber ihr Stolz und der ihrer Kameraden war verletzt. Sie hatten sich vor der Bevölkerung damit gerühmt, die amerikanischen Imperialisten auf der Rückfahrt gefangenzunehmen oder zu töten. Nun machten sich alte Frauen über sie lustig.

Vann kehrte noch am gleichen Tag nach Saigon zurück. Er mußte sich eingestehen, daß weitere Nachforschungen im Moment fruchtlos bleiben würden (außerdem lief am Abend dieses Tages die Waffenruhe ab). Trotz seiner von Anfang an realistischen Einschätzung bezüglich der Erfolgsaussichten des Unternehmens war er verzweifelt. Einige Tage darauf erhielt er die Antwort der Nationalen Befreiungsfront auf das Lösegeldangebot, das er über den katholischen Priester in Cu Chi gemacht hatte. »Der Amerikaner ist immer noch bei guter Gesundheit«, hieß es darin, Lösegeld könne man jedoch nicht annehmen: »Verbrechen lassen sich mit Geld nicht wiedergutmachen, auch nicht mit Dollars.« Der Vietcong ließ zwar gelegentlich zu Propagandazwecken amerikanische Gefangene frei, aber immer nur Leute, die aufgrund ihres niederen Dienstgrads als unwichtig angesehen wurden. Scotton erinnerte an die Botschaft des Dorfvorstehers und die Formulierung »wenn wieder Ruhe sein wird«. Das konnte bedeuten, daß man das Kriegsende abzuwarten hatte. Die Gefangennahme Ramseys war eine der wenigen Episoden in Vanns Leben, die in ihm Schuldgefühle hinterließen. Dies sollte sich in den folgenden Jahren zeigen, in denen er nie die Hoffnung aufgab, Ramsey eines Tages auf irgendeine Art freizubekommen.

Völlig deprimiert wäre Vann gewesen, hätte er erfahren, daß Ramsey zum Zeitpunkt der Befreiungsversuche schon längst außer Reichweite war, am Rand des annamitischen Regenwalds, der während der folgenden sieben Jahre sein Fegefeuer sein sollte. Am Tag nach seiner Gefangennahme war er an einen drei Mann starken Verbindungstrupp übergeben worden, der mit ihm noch am selben Abend zu einem mehrtägigen Marsch aufbrach. Ziel war ein Lager für ranghohe Gefangene beim Regionalhauptquartier der Kriegszone C im nördlichen Teil der Provinz Tay Ninh, dem Vietminh-Bollwerk des Kolonialkriegs, das Bumgardner 1955 im Jeep erkundete, nachdem sich die Guerillas daraus zurückgezogen hatten. Von kurzen Unterbrechungen abgesehen waren die Vietcong mit Ramsey die ganze Nacht hindurch unterwegs. Am folgenden Tag schlief er mit Fußeisen gefesselt in einem Bombentrichter unter einer von Guerillas errichteten Hütte, bis sie am Abend wieder weitermarschierten. Um Mitternacht sah er in der Ferne ein Feuerwerk und dachte, es handle sich vielleicht um den Beginn der Tet-Feiern in Trang Bang in Hau Nghia. Als in der Morgendämmerung die runde Masse des Nui Ba Den, der Schwarzen Jungfrau, erkennbar wurde, die sich über der Tay-Ninh-Ebene erhebt, wurde ihm klar, daß sie in nordwestliche Richtung marschiert waren, und zwar viel weiter, als er angenommen hatte. Die Stadt mit dem Feuerwerk war offenbar Tay Ninh gewesen. Sie setzten ihren Marsch auch nach Sonnenaufgang fort, da der 20. der erste Tag der Waffenruhe war und die Guerillas sich vor Luftangriffen sicher fühlten. Gegen Mittag bewegten sie sich auf die große Baumbarriere zu, die das Ende des bebauten Flachlands und den Beginn des Regenwalds auf den Ausläufern der Annamitischen Kordillere bildet.

Vor Ramsey lagen die Qualen der Gefangenenlager im Dschungel: die Kälteschauer und Fieberanfälle der beiden gewöhnlichen Malariaformen, die Krämpfe und das Koma der tödlichen Variante, die das Gehirn angreift; die schmerzhaften Muskelkrämpfe und geschwollenen Gliedmaßen, die von Beriberi verursacht werden; die Ruhr und die Blutegel; die Kobras, die sich nachts unter den Schlafstellen ringelten; die Gewaltmärsche, wenn das Kampfgeschehen eine Verlegung des Lagers erforderte; die Schrecken der amerikanischen Bombenangriffe; die Wachen, die das Essen der Gefangenen stahlen, weil sie selbst Hunger hatten; die gräßlichen Verhöre durch verbitterte Kader, die schon viele Kriegsjahre im Dschungel leben mußten und deshalb alle Weißen haßten. Als der Trupp im Regenwald an einem kleinen Fluß Halt machte, um kurz zu schwimmen und zu Mittag zu essen, hatte Ramsey noch keine Ahnung, was ihn erwartete. Die Guerillas lösten seine Fesseln, damit auch er sich erfrischen konnte. Ein Fluchtversuch schien ihm wenig zweckmäßig, deshalb entspannte er sich und genoß nach dem langen Marsch die Kühle des Wassers. Seine drei Bewacher hatten ihn human und für einen Kriegsgefangenen sogar freundlich behandelt. Ihr Anführer, ein älterer und erfahrener Mann, hatte ihm am Vorabend aus Anlaß des Tet-Festes einige süße Reiskuchen gekauft. Früh am Morgen hatten sie an einem abgelegenen Haus haltgemacht, so daß Ramsey rasten und anschließend am Festessen teilnehmen konnte, das inzwischen begonnen hatte.

Am meisten war Ramsey vom jüngsten Mitglied des Trupps beeindruckt, einem 16jährigen Bauernjungen. Er war für einen Vietnamesen hochgewachsen, wirkte lebhaft, und das Leben eines Guerillas machte ihm sichtlich Spaß. Kurz nachdem sie den Wald erreicht hatten, erspähte er auf einem Ast einen Habicht und schoß ihn für das Abendessen ab. Sein Jägerstolz amüsierte Ramsey. Der Junge schien nicht viel Schulbildung zu haben, war aber intelligent und trotz der intensiven politischen Indoktrinierung wißbegierig und freundlich. Einmal hatte er sich mit Ramsey so lebhaft unterhalten, daß ihn sein Vorgesetzter zurechtweisen mußte. Mit einem Gefangenen durfte er nicht so vertraut werden. Während er daraufhin eine Zeitlang schwieg, sagte sich Ramsey, daß dem Vietcong-Kader offenbar nicht klar war, welchen Eindruck dieser Junge auf einen Amerikaner ausübte, der bisher zu vielen elitären Saigoner Studenten, halbwüchsigen Rowdys und betrunkenen Nichtsnutzen von der ARVN begegnet war.

Als sie nach dem Schwimmen am Flußufer rasteten, fragte ihn der Junge, warum die Amerikaner in Vietnam Krieg führten. Ramsey führte den am häufigsten genannten Grund an — die Eindämmung der chinesischen Expansion —, da er annahm, daß das für einen 16jährigen vietnamesischen Bauernjungen am ehesten verständlich war. Er erklärte, daß sich der Krieg zwar gegen die unmittelbaren Interessen des vietnamesischen Volkes richte, die USA auf lange Sicht den Vietnamesen aber helfen würden, wenn sie verhinderten, daß China ihr Land und die anderen Länder Südostasiens unter seine Herrschaft brachte.

Doug Ramseys Erklärung schien den Jungen ärgerlich zu machen. Er sagte, er könne darin keinen rechten Sinn entdecken. Wenn die Amerikaner die Chinesen so haßten oder fürchteten, warum führten sie dann ihren Krieg nicht in China? In Vietnam gab es keine chinesischen Soldaten. Die einzigen fremden Soldaten in Vietnam waren Amerikaner und deren ausländische Verbündete wie etwa die Südkoreaner. (Die erste südkoreanische Division traf aufgrund eines Abkommens zwischen Seoul und Washington Ende 1965 in Vietnam ein.) Das letzte Volk, das chinesische Truppen nach Vietnam gebracht hatte, waren die Amerikaner gewesen. Sie hatten Chiang Kai-shek nach dem Zweiten Weltkrieg gestattet, den Norden des Landes zu besetzen. Nun sprachen sie davon, seine Truppen von Taiwan nach Südvietnam zu holen, damit sie hier für sie kämpften. Die Vietnamesen würden niemals zulassen, daß fremde Truppen ihr Land beherrschten. »Wir haben keine Angst, daß das gegenwärtige chinesische Regime uns angreifen oder besetzen könnte«, sagte der Junge. »Falls das aber einmal anders werden sollte und eine neue Regierung es jemals wagen sollte . . .« — und er begann zu erzählen, wie die Vietnamesen in vergangenen Jahrhunderten chinesische Invasionsheere vernichtet hatten.

Ramsey begann nun zu erklären, warum die Amerikaner die vietnamesischen

Kommunisten als Schachfiguren der Chinesen ansahen. Der Vietcong-Kader und der andere Guerilla protestierten. Ramsey irre sich. Daß China nun sozialistisch war, bedeutete noch lang nicht, daß es Vietnam beherrschen durfte. Die Vietnamesen würden keine fremde Herrschaft dulden, welche Ideologie die Fremden auch haben mochten. Am allerwenigsten würden sie eine chinesische Herrschaft hinnehmen. Die beiden Männer und der Junge führten Ramsey das Geschichtbild der vietnamesischen Kommunisten vor Augen. Es faszinierte ihn, daß diese Produkte einer kommunistischen Bewegung, die die Überreste des »Feudalismus« in der modernen Gesellschaft anprangerten, sich so leidenschaftlich mit den Gestalten ihrer feudalen Vergangenheit identifizieren konnten. Sie waren glühende Nationalisten. Ihre Haltung war völlig anders als die Einstellung, die er vom Saigoner System her gewöhnt war.

In gewisser Weise seien sie stolz darauf, daß die Aufgabe, den USA eine Niederlage zuzufügen, dem vietnamesischen Volk ihrer Zeit zugefallen war, meinten die Guerillas. Hatten die Amerikaner erst einmal aufgegeben und das Land verlassen, dann würden nähergelegene potentielle Feinde — sie dachten in erster Linie an China — es nicht wagen, das zu versuchen, was die mächtigste kapitalistische Nation der Geschichte nicht geschafft hatte. In ihrem Krieg gegen die USA würden sie es ihren Vorvätern gleichtun, davon waren sie überzeugt.

Am Nachmittag nahmen sie wieder ihren Marsch in Richtung auf das Gefangenenlager im Duong-Minh-Chau-Gebiet auf. Die geopolitische Erklärung, die USA dämmten China ein, indem sie dessen vietnamesischen Marionetten Halt geboten, hatte sich für Ramsey »in Luft aufgelöst«. Es wurde ihm klar, daß die Amerikaner nicht erst lange zu suchen brauchten: Dieser kommunistische Feind war ihre beste Barriere gegen die chinesische Expansion in Südostasien.

Westmorelands Plan zur Vernichtung der vietnamesischen Kommunisten war im wesentlichen eine Kopie von Harkins' Abnutzungsstrategie, diesmal mit amerikanischen Soldaten und ihrer tödlichen Technologie an Stelle der ARVN. Die Ähnlichkeiten gingen bis ins Detail. Beide Pläne umfaßten zwei Vorbereitungsphasen, in deren Verlauf man eine Tötungsmaschine aufbauen und die ersten Schlachten schlagen wollte, worauf eine siegreiche Phase III folgen würde, in deren Verlauf die Maschine auf höchste Touren gebracht und der Feind zermalmt werden sollte. Daß Westmoreland ganz automatisch für die Abnutzungsstrategie optierte, zeigte einmal mehr, wie sehr sich das Denken der amerikanischen Militärs der sechziger Jahre in Routineabläufen erschöpfte. William DePuy, Westmorelands Operationschef, der diesen Plan entworfen hatte, war ein erfahrener Infanterist, ein hochintelligenter Offizier, der als einer der besten Denker der US-Armee galt. Trotzdem hatte er die gleiche, durch die Erfahrung des Zweiten Weltkriegs bestimmte Sicht der Dinge wie Harkins — den Glauben, man brauche für einen

Sieg bloß eine Tötungsmaschine aufzubauen und dann auf den Feind loszulassen. Seine Ankündigung »Wir werden sie zu Brei zerstampfen« machte er 1965 in einem Gespräch mit Keyes Beech von den »Chicago Daily News«, als der Aufmarsch der US-Armee in Vietnam noch in der Anfangsphase war. Als eine Art Eingeständnis, so schien es Beech, fügte er hinzu: »Eine andere Lösung weiß ich nicht.«

Harkins hatte sich für den Sieg eineinhalb Jahre gegeben und war von einem eher vorsichtigen McNamara aufgefordert worden, sich auf einen längeren Zeitraum einzustellen. Westmoreland war bei seiner Planung zurückhaltender und sah drei bis dreieinhalb Jahre vor. Wahrscheinlich wollte man sich auf diese Weise genug Zeit geben, um bis zu den Präsidentschaftswahlen im November 1968 eindeutige oder zumindest vorzeigbare Fortschritte erzielen zu können. Außerdem war im Sommer 1965 ein solcher Zeitraum nach dem Empfinden des Saigoner Hauptquartiers eine für einen US-Krieg vernünftigerweise erwartbare Dauer. Für die Niederringung Nazideutschlands hatte man etwas weniger als dreieinhalb Jahre gebraucht, für den Kampf gegen Japan nicht viel mehr. Das militärische Patt des Korea-Kriegs hatte drei Jahre und einen Monat gedauert.

Westmoreland sagte, er werde »den Abwärtstrend bis Ende 1965 gestoppt haben«, und zwar sowohl durch defensive Maßnahmen als auch durch begrenzte offensive Vorstöße. Seine Phase II, die Vorbereitung des Sieges, würde er im ersten Halbjahr 1966 beginnen, indem er in »Zonen besonderer Priorität« mit »Such- und Vernichtungsoperationen« gegen die regulären Vietcong-Einheiten und die sie unterstützenden nordvietnamesischen Verbände vorging. Im Verlauf dieser Phase wollte er den Rest der angeforderten 300.000 Amerikaner und alle darüber hinaus benötigten Verstärkungen ins Land bringen. Desgleichen würde er alle Häfen, Flugplätze für Düsenjäger, Nachschubdepots und Reparaturwerkstätten, Basislager, Krankenhäuser, Fernmeldesysteme und anderen modernen logistischen Anlagen errichten lassen, die seine Kriegsmaschine erforderte.

Um eine Marge für unvorhergesehene Entwicklungen zu haben, machte er über die Dauer von Phase II keine genauen Angaben. Er ließ durchblicken, daß sie bis Ende 1966 oder im ersten Halbjahr 1967 abgeschlossen sein könnte. Hatten der Vietcong und Hanoi bis dahin nicht begriffen, daß es klüger war, den Kampf aufzugeben, würde er Phase III starten, eine großangelegte, landesweite Offensive mit dem Ziel, »die Niederlage und Vernichtung der verbleibenden Feindkräfte und ihrer Stützpunkte zu vollenden«. Diese Phase des Sieges würde »ein bis einhalb Jahre in Anspruch nehmen«, d. h. bis Mitte oder Ende 1968 dauern. Als der Statistiker McNamara dem Präsidenten in seinem Memorandum vom Juli mitgeteilt hatte, daß sich die Zahl der US-Gefallenen Ende 1965 auf monatlich 500 belaufen könnte, dann hatte er angesichts dieses auf drei bis dreieinhalb Jahre ausgelegten Zeitplans den möglichen Preis für Südvietnam mit 18.000 gefallenen Amerikanern angesetzt. Trotzdem konnte McNamara die Annahme von Westmorelands Plan noch empfehlen. Er versicherte Lyndon Johnson, daß der eingeschlagene Weg »eine reelle Chance« biete, »innerhalb einer vernünftigen Zeit zu einem annehmbaren Ergebnis zu kommen«.

Die drei Guerillas hatten Ramsey klar zu machen versucht, daß sie und ihre Kameraden entschlossener kämpfen und bereitwilliger sterben würden als die amerikanischen Soldaten, da sie ihre Heimaterde verteidigten. Was die US-Truppen betraf, die Westmoreland 1965 erhielt, irrten sie sich mit dieser Einschätzung. Mochte die Armeeführung auch Mängel haben, die Offiziere auf Brigade-, Bataillons- und Kompanieebene und die Soldaten, die ihren Vorgesetzten auf den Weg der Gefahr folgten, waren die beste Armee, die die USA jemals aus den Ausbildungslagern direkt auf ein ausländisches Schlachtfeld entsandt hatten. Oberst und Schütze kämpften für eine gemeinsame Überzeugung. Der Präsident sagte, man werde die Kommunisten, wenn man sie nicht in Vietnam aufhielt, in Honolulu oder auf den Stränden Kaliforniens zum Stehen bringen müssen, und Oberst und Schütze glaubten ihm. Ebenso vertrauten diese Soldaten auf ihre Waffen und ihre Kampfkraft. Die Welt war für sie eine große Gitternetzkarte, und sie waren bereit, in jedem beliebigen Planquadrat jeden beliebigen Feind zu bekämpfen.

Die US-Armee von 1965 war die Frucht von Maxwell Taylors Mahnung, man müsse die vernachlässigte Army der Eisenhower-Ära in ein wirkungsvolles Instrument für »begrenzte Konflikte« umwandeln, die einen festen Bestandteil der US-Außenpolitik bildeten. McNamara und Cyrus Vance, sein Armeeminister und späterer Stellvertreter, hatten vier Jahre daran gearbeitet und es dabei weder an Mühe noch an Geld fehlen lassen. Die Krönung ihrer Bemühungen war die 1. Kavalleriedivision, die erste voll luftbewegliche Kampfeinheit der Geschichte, die zur Verlegung ihrer Truppen und Entfaltung ihrer Feuerkraft die Möglichkeiten des Hubschraubers voll ausschöpfte. Die »Air Cav«, wie die Offiziere und Unteroffiziere ihre Division nannten, verhielt sich zu den mit Jeeps und Lkws transportierten Divisionen des Zweiten Weltkriegs und des Korea-Kriegs wie diese motorisierten Einheiten zu ihren Vorgängern, deren Fortkommen von Pferden, Maultieren und den Füßen der Soldaten abhing. Zu ihren Einsätzen flogen die Infanteristen der Air Cav in einer wendigen Transportversion jener Huey-Kampfhubschrauber, die in Vanns erstem Vietnamjahr versucht hatten, die schwerfälligen H-21, die Fliegenden Bananen, zu schützen. Es gab »Begleitkampfhubschrauber«, die diesen schicken Luftsturmtruppen-Transportern als Eskorte dienten, und Hueys, die in seitlich montierten Werfern Dutzende von Bord-Boden-Raketen mit sich führten, um den gelandeten Infanteristen Feuerschutz geben zu können. Jedem Bataillon war ein Luftwaffenleutnant als vorgeschobener Fliegerleitoffizier zugeteilt, der die als Unterstützung eingesetzten Jagdbomber dorthin dirigierte, wo sie am effektivsten waren. Ein neuer Helikopter für Schwertransporte, der Chinook CH-47, brachte die Geschütze dorthin, wo man sie brauchte: Eine komplette Batterie von sechs 105-mm-Haubitzen konnte trotz unwegsamen Geländes eine Stunde nach Verlastung der ersten Kanone an einem 35 Kilometer entfernten Ort wieder feuerbereit sein. Moderne Navigationssysteme befähigten die Chinooks, die Artillerie und die Truppen auch bei Nacht oder schlechtem Wetter mit fast unbegrenzten Mengen an Munition und anderem Kriegsmaterial zu versorgen.

Auch nicht greifbare Dinge waren in die Air Cav investiert worden. Soldaten, Unteroffiziere und Offiziere kannten und vertrauten einander. Die meisten hatten mehr als ein Jahr gemeinsamer Ausbildung als »experimentelle« 11. Luftsturmdivision hinter sich. Die Piloten der Hubschrauberverbände waren ein eingespieltes Team und konnten ihre Flugbewegungen in einem komplizierten Luftballett aufeinander abstimmen. Als Johnson im Juli 1965 Westmorelands Forderungen genehmigte, gab man der Versuchsdivision die Fahnen der 1. Kavalleriedivision und ergänzte sie mit zusätzlichen Bataillonen, um sie auf Kampfstärke zu bringen. Sie wurde im September nach Vietnam verlegt. Im Tal von An Khe an der Ostseite des Gebirges, unweit des zentralvietnamesischen Hafens Qui Nhon, wurde für die drei Brigaden mit ihren 435 Hubschraubern ein gigantisches Basislager errichtet.

Ich erfuhr von der ersten großen Schlacht zwischen der Air Cav und regulären nordvietnamesischen Truppen Mitte November 1965, als ich in Zentralvietnam Informationen für einen Bericht über Flüchtlinge sammelte. Ich hatte auf einem Küstenstreifen der Provinz Quang Ngai fünf Weiler entdeckt, die noch im Sommer des Vorjahrs ein blühendes Fischerdorf mit etwa 15.000 Einwohnern gewesen waren. Bei den Häusern hatte es sich nicht um das übliche schilf- oder palmblattgedeckte Flechtwerk gehandelt, sondern um feste Ziegelbauten, die sich den Ersparnissen von Generationen fleißiger Fischer verdankten. Nach zwei Monaten Bombenangriffen und Direktbeschuß aus den 5-Zoll-Geschützen der Zerstörer der 7. Flotte waren davon nur mehr Trümmer und groteske Skelette übrig. Aufgrund seiner Lage in einem von den Guerillas kontrollierten Gebiet war das Dorf zu einer Vietcong-Basis erklärt worden. Den Untersuchungen der Distriktbeamten zufolge hatten 180 Zivilisten den Tod gefunden, ehe die meisten Einwohner die Flucht ergriffen. Andere, glaubhaft erscheinende Schätzungen sprachen von 600 Toten. Die jungen Offiziere von der Provinzberatung sagten, sie hätten von mindestens zehn weiteren Weilern erfahren, die man aufgrund der gleichen vagen Annahme genauso gründlich eingeebnet hatte, 25 andere seien stark beschädigt worden. Die systematische Zerstörung weite sich aus, erklärten sie.

Am Abend rief ich das »Times«-Büro in Saigon an, um kurz zu schildern, was ich darüber schreiben wollte. Charlie Mohr, der Büroleiter, sagte, ich müsse damit noch warten. In der Nähe von Pleiku, der größten Stadt im Zentrum des Hochlands, hätten schwere Gefechte mit der NVA begonnen, und ich sollte mich lieber so schnell wie möglich dorthin begeben.

Ein netter Captain fuhr mich zum Provinzflugplatz. Am Abend flog ich mit verschiedenen Flugzeugen die Küste entlang nach Qui Nhon hinunter und dann über die Berge nach Pleiku, wo ich in der Nacht eintraf. Ich war an die Feierabendatmosphäre gewöhnt, die in den ARVN-Befehlsständen nach Sonnenuntergang herrschte. In Pleiku war die Nacht mit tosendem Leben erfüllt. Aus den Funkgeräten krächzten ohne Unterlaß Anforderungen, Befehle und Berichte. Lärmend landeten die riesigen Chinooks, wurden mit Granaten vollgeladen und hoben wieder ab, um die Haubitzen zu füttern, die im Südwesten, wo die Schlacht tobte, durch die vom Schein der Leuchtgranaten zerrissene Dunkelheit dröhnten.

Zwei Wochen vor dem Erntedankfest befand sich Oberst Thomas »Tim« Brown, Sproß einer Offiziersfamilie (sein Bruder George, ein General der Luftwaffe, wurde Mitte der siebziger Jahre Vorsitzender des Vereinigten Generalstabs), im Hauptquartier des II. Korps der ARVN auf einer Anhöhe bei Pleiku, wo ihm ein Nachrichtenoffizier die Lage schilderte. Brown befehligte die 3. Brigade der Air Cav. Sein Stellvertreter, Oberstleutnant Edward »Shy« Meyer, war der erste Offizier der Vietnamgeneration, der Ende der siebziger Jahre Generalstabschef der Armee werden sollte. Die 3. Brigade war im November in das Hochland entsandt worden, um zwei NVA-Regimenter zu stellen. Diese hatten versucht, ein Lager der Special Forces in dem Montagnarddorf Plei Me zu erobern, das etwa dreißig Kilometer südlich der Stadt lag. Browns drei Bataillone hatten südlich und südöstlich des Lagers mehrere Tage hindurch erfolglos das Gebiet durchkämmt, und er verfügte über keine neuen Aufklärungsergebnisse. Westmoreland hatte ihm über Generalmajor Harry Kinnard, den Divisionskommandeur, aufgetragen, nach Westen hin in Richtung auf die kambodschanische Grenze weiterzusuchen. Brown wußte nicht, wo er beginnen sollte. Er war jetzt im Hauptquartier des II. Korps, da er hoffte, hier irgendwelche Hinweise zu bekommen.

Brown mußte feststellen, daß ihm der ARVN-Nachrichtenoffizier wenig zu bieten hatte. Bei einem Blick auf die Karte bemerkte er einen roten Stern, der eine Stelle südwestlich von Pleiku nahe der kambodschanischen Grenze markierte und die Aufmerksamkeit auf ein Bergmassiv lenkte, eine Ansammlung mit dichtem Regenwald bedeckter Gipfel und Höhenrücken, die unvermittelt aus dem Flußtal des Drang westlich des Plei-Me-Lagers aufstiegen und sich über die etwa zwölf Kilometer weiter westlich verlaufende Grenze erstreckten. Dieses Massiv wurde nach seinem höchsten Gipfel Chu Prong (Berg Prong) genannt. Brown hatte es vom Flugzeug aus gesehen, es hatte unheimlich und bedrohlich gewirkt.

»Was bedeutet der rote Stern?« fragte Brown.

»Das ist eine geheime Vietcong-Basis, Sir«, antwortete der Nachrichtenoffizier.

»Und was ist dort?«

»Das wissen wir nicht, wir sind da nie drinnen gewesen«, lautete die Antwort. Der Chu Prong, sagte sich Brown, war ebenso gut wie jeder andere Ort, um mit der Suchaktion zu beginnen. Er instruierte seinen besten Bataillonskommandeur, Oberstleutnant Harold »Hal« Moore, Jr., 43, einen West-Point-Absolventen aus einer Kleinstadt bei Fort Knox in Westkentucky, eine geeignete Landezone in der Nähe des Bergmassivs ausfindig zu machen und dessen Rand zu erforschen. Moore sollte in das Massiv nicht weiter eindringen, da dieses Gelände ein Bataillon einfach verschlucken würde. Des weiteren trug ihm Brown auf, seine Kompanien immer in Unterstützungsabstand zu belassen. Trotz aller Ausbildung mußten die Männer von Moores 1. Bataillon und der beiden anderen Bataillone der 3. Brigade sich noch im Kampf bewähren. Sie waren seit zwei Monaten in Vietnam und hatten erst ein paar Scharmützel hinter sich. Brown befürchtete, daß ein plötzlicher Zusammenstoß mit einer starken nordvietnamesischen Einheit auf die Leute wie ein Schock wirken könnte.

Am Morgen des 14. November 1965, 35 Minuten nachdem man gelandet war, ohne auf Widerstand zu stoßen, nahm ein Zug von Moores Führungskompanie einen nordvietnamesischen Soldaten gefangen, der sich in einer Gruppe von Büschen verstecken wollte. Er war mit einer Hose und einem schmutzigen Khakihemd bekleidet und hatte lediglich eine leere Feldflasche bei sich. Moore verhörte ihn mit Hilfe eines Dolmetschers. Er entpuppte sich als Deserteur. Er habe die letzten fünf Tage von Bananen gelebt, sagte er. Moore fragte ihn, ob sich nordvietnamesische Truppen in der Nähe befänden. Ja, sagte er, und wies auf den Chu Prong. Zweihundert Meter von der Lichtung, die Moore als Landezone diente, ragte wie ein ins Tal vorgestreckter Finger der erste Höhenrücken auf. Im Chu Prong lägen drei Bataillone Nordvietnamesen, sagte er. Sie warteten nur darauf, Amerikaner zu töten.

»Röntgenstrahl«, wie Moore seine Landezone genannt hatte, war an jenem Montagmorgen aus der Luft leicht zu erkennen: eine grüne Insel in einem Meer von orangem Napalmfeuer, Bomben- und Granatexplosionen. Peter Arnett und ich überflogen sie in 800 Meter Höhe. Der Gedanke, in wenigen Minuten da unten zu landen, erfüllte uns mit Angst. Wir befanden uns an Bord eines Transport-Hueys, der Munition von der zehn Kilometer östlich gelegenen Artilleriestellung heranschaffte. Wir warteten darauf, daß zwei Düsenjäger ihren Angriff beendeten, um landen zu können.

Die Piloten gingen mit dem Huey plötzlich steil nach unten, dann jagten sie knapp über die Baumkronen hinweg, um uns so wenig wie möglich dem Abwehrfeuer auszusetzen. Über der Lichtung ließen sie die Maschine »aushungern«. Der Huey blieb in der Luft stehen wie ein sich öffnender Fallschirm und setzte zur Landung an. Während die Munitionskisten hinausgestoßen und einige Tragbahren mit Verwundeten an Bord gehievt wurden, knallte ein Geschoß in den Rumpf, einige andere zischten durch die geöffneten Türen. Arnett und ich sprangen von Bord und rannten gebückt zu einem riesigen Ameisenhaufen, der leidlich Deckung bot. Moore hatte hier seinen Gefechtsstand eingerichtet.

Er war ein hochgewachsener Mann mit blauen Augen. Sein zerfurchtes Gesicht spiegelte die Erleichterung wider, die ihn erfüllte, nachdem er den mehr als dreistündigen Angriff eines nordvietnamesischen Bataillons zurückgeschlagen hatte, der von Westen und Süden her erfolgt war. »Man hat uns hergeschickt, damit wir Kommunisten töten, und das tun wir auch«, rief er.

Viele der überlebenden Angreifer wollten nicht aufgeben und kämpften als Heckenschützen weiter. Sie waren überall. Sie waren in die Bäume am Waldrand geklettert, hatten sich Löcher unter dem Buschwerk und im eineinhalb Meter hohen Berggras gegraben oder sich in die seltsamen, oft übermannshohen Ameisenhügel gewühlt, die überall aus dem Boden ragten. Im Hochland hatte die Trockenzeit begonnen. Die bequemen khakifarbenen Drilliche der NVA hoben sich kaum von dem bräunlichgelben Gras und der verdorrten Vegetation ab. Die Nordvietnamesen tarnten sich auch mit Ästen. Immer wenn ein Hubschrauber landete oder sich etwas bewegte, feuerte einer von ihnen mit seinem sowjetischen AK-47-Sturmgewehr los. Oft wurde einer von Moores Männern getötet oder verwundet, ehe man den Heckenschützen zum Schweigen bringen konnte.

Die gesamte Bataillonsstellung hatte einen Durchmesser von knapp 300 Metern, die Lichtung, auf der die Hubschrauber landen konnten, war wesentlich kleiner. Sie wäre jetzt mit amerikanischen Leichen übersät gewesen, hätte Hal Moore, ein kühner und schlauer Mann, der seine Lehrzeit in Korea abgeleistet hatte, sich nicht so gut aufs Kämpfen verstanden. Seine Intuition und eine Feldfernsprechleitung, die ein Aufklärungshubschrauber an einem Pfad nördlich der Lichtung ausgemacht hatte (die NVA besaß nur wenige Funkgeräte und benutzte häufig Feldtelefone), hatten ihm am Sonntag gesagt, daß der Deserteur nicht log. Es war ihm sofort klar gewesen, daß eine über den Hang zur Lichtung herabrückende nordvietnamesische Einheit die Landung weiterer Hubschrauber verhindern und die bereits abgesetzten Truppen abschlachten konnte. Er mußte seinen Gegner um jeden Preis von der Lichtung fernhalten, bis der Rest oder zumindest der Großteil seines Bataillons gelandet war.

Ohne erst die Ankunft der noch fehlenden Teile der 2. Kompanie abzuwarten, hatte Moore deshalb der 1. Kompanie den Befehl erteilt, auf die Anhöhe vorzurücken. Das war keine Minute zu früh geschehen. Die drei NVA-Bataillone im Chu Prong zählten etwa 1700 Mann, Moore verfügte über 450. Zwei der NVA-Bataillone gehörten zu einem Regiment, das erst Anfang November eingetroffen war, das dritte setzte sich aus Überlebenden des Regiments zusammen, das erfolglos das Lager in Plei Me angegriffen hatte. Der NVA-Kommandeur hatte eines dieser Bataillone eilends bereitgemacht, und seine Führungseinheit stürmte in einem hastigen Angriff den Hügel hinunter, um zu versuchen, die Lichtung zu erreichen. Die beiden Gegner trafen unter den Bäumen am Waldrand aufeinander.

Es folgte ein unbarmherziges Ringen. Vietnamesen und Amerikaner töteten einander im Nahkampf. Da es an Raum fehlte, mußten Moores Leute auf Luft- und Artillerieunterstützung verzichten. Die Vietnamesen taten, was sie konnten, um einen reinen Infanteriekampf zu erzwingen, indem sie so nahe wie möglich an den Amerikanern blieben. Sie nannten diese Taktik »am Gürtel kleben«. Wären Moores Männer nicht mit dem neuen automatischen M-16 und der schnelladenden Granatpistole M-79 (die wie eine einläufige Flinte aussah und funktionierte) bestens ausgerüstet gewesen, hätten sie viel höhere Verluste hinnehmen müssen.

Tim Browns Sorge in bezug auf die große NVA-Einheit war berechtigt gewesen, wegen des Schocks hätte er sich jedoch keine Gedanken zu machen brauchen. Seine unerprobten Truppen zeigten den gleichen Kampfeseifer wie ihre Gegner, ein Zug sogar zu viel davon. Der Leutnant, der ihn befehligte, fiel auf den »Köder«-Trick der Nordvietnamesen herein. Er folgte einer scheinbar fliehenden NVA-Gruppe und ließ dabei den Rest der Kompanie hinter sich. Bald darauf waren der Leutnant und sein Zug auf dem Höhenrücken umzingelt und abgeschnitten.

Moore hatte angenommen, daß die NVA versuchen würde, die gesamte 1. Kompanie zu umzingeln, weil er das an der Stelle des feindliche Befehlshabers auch getan hätte. Er vereitelte diese Umzingelung, indem er, sobald die Hubschrauber mit dem Rest der 2. Kompanie eingetroffen waren, diese an die Flanke der ersten warf, wo sie an einem ausgetrockneten Flußbett am Berghang in ein unbarmherziges Gefecht verwickelt wurde. Einen Flankenangriff gegen die 2. Kompanie fing er ab, indem er die dritte gleich nach der Landung neben ihr in Stellung gehen ließ. (Dazu mußte er die Rückseite der Lichtung ungeschützt lassen, da der Rest seines Bataillons, seine schwere Kompanie mit den 81-mm-Mörsern und der Aufklärungszug, noch nicht eingetroffen waren. Er nahm jedoch mit Recht an, daß der NVA-Befehlshaber nicht die Absicht hatte, so weit auszuholen.) Moores 3. Kompanie erkannte das neuerliche Umgehungsmanöver der Nordvietnamesen, da diese nun das zum Talgrund hin offenere Gelände überwinden mußten. Sie deckten die Angreifer mit massivem Gewehrfeuer ein und vernichteten sie mit Hilfe der Artillerie, der Jagdbomber und der Raketensalven der Hueys.

Hal Moore befahl nun den Kompanien 1 und 2, die Anhöhe zu stürmen und den eingeschlossenen Zug zu befreien. Ihr Angriff kam sofort wieder zum Stehen, und sie mußten schwere Verluste hinnehmen. Leutnant Walter Marm, Jr., vernichtete im Alleingang ein vietnamesisches MG-Nest und tötete dabei acht Mann, ehe er selbst mit einer Schußverletzung im Gesicht zusammenbrach. (Er sollte für seine Tapferkeit mit der »Congressional Medal of Honor« ausgezeichnet werden.) Am Spätnachmittag, als das feindliche Feuer soweit abgeflaut war, daß man es riskieren konnte, Hubschrauber landen zu lassen, verstärkte Brown Moores Truppen mit einer Schützenkompanie eines anderen Bataillons. Moore zog seine Soldaten auf eine Verteidigungsposition für die Nacht zusammen.

Montag früh, kurz vor Tagesanbruch, geriet Moores 3. Kompanie, die C-Kompanie, in schwere Bedrängnis, nachdem sie es bis dahin geschafft hatte, sich die Nordvietnamesen vom Leib zu halten und mit geringen Verlusten davonzukommen. Man hatte ihr die südliche und die westliche Seite der Verteidigungszone zugewiesen. Der Kompaniechef hatte darauf verzichtet, nach Freiwilligen zu fragen, die in der Nacht auf vorgeschobenen Posten gehen sollten; sie hätten aufgrund des dichten Grases vor ihnen ohnehin nichts gesehen. Er dachte, daß er mit massiertem Artilleriefeuer bis hundert Meter vor seine Verteidigungslinie auskommen würde. Im Morgengrauen befahl Moore sämtlichen Kompanien, Aufklärungsvorstöße zu unternehmen, eine routinemäßige Vorsichtsmaßnahme. Der Chef der C-Kompanie ließ jeden Zug eine Schützengruppe aussenden. Die Männer liefen direkt in die Soldaten eines frischen NVA-Bataillons, die auf allen vieren auf sie zugekrochen kamen. Manche starben im hohen Gras, als sie versuchten, sich kämpfend zurückzuziehen, andere, als sie vorstürmten, um ihren Kameraden zu Hilfe zu kommen. Die Vietnamesen setzten zu einem großangelegten Sturmangriff auf die C-Kompanie an. Sie hofften, sie schnell zu überrennen und die Verteidigungsstellung aufzubrechen.

Der Kompaniechef forderte von Moore den Aufklärungszug als Verstärkung an. Moore lehnte ab. Er mußte diese Bataillonsreserve als allerletztes Mittel zurückhalten. Im Durcheinander des Kampfes konnte er nicht wissen, ob die C-Kompanie Ziel des Hauptstoßes war oder ob es sich um ein Ablenkungsmanöver handelte. Kurz danach wurde auch die Nachbarkompanie angegriffen. Der Kompaniechef der C-Kompanie wurde durch einen Schuß in den Rücken schwer verwundet, als er sich aufrichtete, um eine Handgranate auf zwei NVA-Soldaten zu schleudern, die in die Verteidigungsstellung eingedrungen waren. Moore versuchte nun, einen Zug einer anderen Kompanie als Verstärkung zu entsenden, der aber nicht durchkam. Zwei Mann fielen, zwei wurden verwundet. Aus ihren um die Ameisenhügel an der Süd- und der Südwestseite postierten MGs und automatischen Gewehren sowjetischer Bauart bestrichen die Vietnamesen die ganze Verteidigungsstellung mit dichten Geschoßgarben, und zwar so niedrig, daß selbst am Boden Kriechende getroffen wurden. Bald waren fast alle Offiziere und Unteroffiziere der C-Kompanie gefallen oder ebenso schwer verwundet wie ihr Kompaniechef. Auch der Druck auf die Nachbarkompanie wurde stärker.

Die Jagdbomber- und Artillerieunterstützung zeigte keine Wirkung. Als letztes Mittel befahl Moore per Funk allen Einheiten, Rauchhandgranaten zu werfen, und lenkte dann das Unterstützungsfeuer bis direkt vor den Rand der Verteidigungsstellung. Mehrere Granaten landeten innerhalb der eigenen Linien, und ein Thunderchief F-105 der Luftwaffe warf zwei Napalmkanister neben dem Ameisenhügel ab, an dem sich Moores Gefechtsstand befand, wodurch einige Männer verbrannten, ein Stapel M-16-Munition explodierte und ein Haufen Handgranaten fast in die Luft gegangen wäre.

Moore mußte schließlich den als letzte Reserve zurückbehaltenen Aufklärungszug ins Gefecht werfen, um zu verhindern, daß die neben der C-Kompanie liegende Kompanie überrannt wurde. Mittlerweile hatte ein Angriff gegen einen dritten Abschnitt der Verteidigungsstellung begonnen. Moore bildete eine Notreserve, indem er einen Zug aus einem noch nicht bedrohten Sektor abzog, und forderte von Brown eine weitere Schützenkompanie als Verstärkung an, als das Unterstützungsfeuer endlich Wirkung zeigte und der Beschuß durch die Nordvietnamesen nachzulassen begann.

Als der Angriff nach zwei Stunden ins Stocken geriet und in der Folge allmählich völlig zum Stillstand kam, hatte die C-Kompanie als Einheit zu existieren aufgehört. Von den etwa hundert Mann, die das erste Licht des Montagmorgens noch gesehen hatten, waren keine vierzig unverwundet geblieben. In der Verteidigungslinie klafften große Lücken, in denen nur Tote und Verwundete lagen. In keinem Augenblick waren genügend Nordvietnamesen durchgekommen, um die Bataillonsstellung ernstlich zu bedrohen: Die unerfahrenen Männer der C-Kompanie des 1. Bataillons der 7. Kavallerie hatten die Stellung gehalten, und die vielen, die starben, so viele Gegner in den Tod mitgenommen, wie sie konnten. Ein Leutnant, der einen der Züge angeführt hatte, lag tot in seinem Schützenloch. Um ihn herum lagen die Leichen von fünf Nordvietnamesen. Draußen im Berggras fand man einen Vietnamesen und einen Amerikaner, die einander erschossen hatten. Sie lagen Seite an Seite, die Hände des Amerikaners hielten die Kehle des Vietnamesen umklammert.

Als Arnett und ich am Montag morgen im Gefechtsstand »Röntgenstrahl« ankamen, ließ Moore die Artillerie- und Luftunterstützung noch auf vollen Touren laufen, da er befürchtete, das dritte NVA-Bataillon, von dem der Deserteur gesprochen hatte, könnte ebenfalls angreifen. Er wollte es deshalb schon vorher zerschlagen. Die Artillerie hatte innerhalb von 24 Stunden an die 4000 Granaten verfeuert, die Jagdbomber hatten nahezu 300 Einsätze geflogen.

Den Überlebenden des abgeschnittenen Zuges konnte schließlich am frühen Nachmittag Hilfe gebracht werden, als das 2. Bataillon der 5. Kavallerie, das drei Kilometer von Moores Landezone abgesetzt worden war, diese im Fußmarsch erreichte. Drei Kompanien arbeiteten sich vorsichtig auf die Anhöhe vor. Es bestand immer noch die Gefahr von Heckenschützen. Ein Hauptmann wurde in die Brust getroffen. Von dem befreiten Zug kehrten sieben Mann unverletzt zur Lichtung zurück, auf der am Vortag siebenundzwanzig gelandet waren. Die meisten der zwölf Verwundeten mußten auf mit Regenumhängen improvisierten

Bahren getragen werden. Unter den acht Toten, die man auf diese Weise von der Anhöhe trug, befand sich auch der übereifrige Leutnant. Die anderen verdankten ihr Überleben der soldatischen Tüchtigkeit von Feldwebel Clyde Savage, 22, aus Birmingham, Alabama, einem Gruppenführer, der als einziger der höheren Unteroffiziere unverletzt zurückkam. Als der Artilleriebeobachter mit einem Kehldurchschuß zusammengebrochen war, hatte er dessen Funkgerät an sich genommen und um die winzige Stellung auf dem Höhenkamm einen Sperrgürtel aus Splitter- und Sprenggranaten errichten lassen, die er bis 25 Meter heranholte, ohne auch nur eine davon in seinen verschreckten Haufen zu dirigieren. Dank dieser wirksamen Unterstützung schafften sie es, drei Nachtangriffe zurückzuschlagen. Wahrscheinlich vergaß die NVA dann im Durcheinander des Gefechts den einsamen Zug.

Der dritte Angriff, den Moore erwartete, erfolgte Dienstag früh vor Tagesanbruch. Er war schwächer als die vorangegangenen. Er wurde offenbar von zwei Kompanien vorgetragen und richtete sich auch diesmal gegen die westliche und die südwestliche Seite. Die C-Kompanie war durch eine vollzählige Kompanie ersetzt worden. Die Angreifer wurden entdeckt und dezimiert, ehe sie an die Schützenlöcher herankamen. Die wenigen, denen dies trotz allem gelang, konnten von den Amerikanern mit Handgranaten und gutgezielten Feuerstößen aus den M-16 getötet werden.

Dienstag nachmittag wurden Moores Soldaten von Einheiten eines frischen Bataillons abgelöst. Moore wollte nicht ohne drei seiner Sergeants von der C-Kompanie gehen. Er vermutete, daß sie noch draußen im Berggras lagen, wo sie am Vortag verschwunden waren. Die Artillerie- und Luftangriffe waren eingestellt worden, um die Flugbewegungen der Hubschrauber zu erleichtern. Einer der ablösenden Kommandeure befürchtete, daß die NVA die Pause nutzen könnte, um auf den Anhöhen Granatwerfer in Stellung zu bringen. Moore sollte sich beeilen. Er weigerte sich.

Er hatte 48 Stunden nicht geschlafen. Er war der Sieger. Auf dem Bergrücken und vor den Schützenlöchern lagen die Leichen Hunderter NVA-Soldaten. Die Nordvietnamesen waren in so großer Zahl gefallen, weil sie versucht hatten, die Sturmangriffe ohne Unterstützung durch schwere Waffen durchzuführen, aber auch, weil Moores Soldaten so tapfer gekämpft hatten. Jetzt, da alles vorbei war, wurde Moore mit dem Preis seines Sieges konfrontiert. 79 Amerikaner waren tot, 121 verwundet. Die meisten waren Männer, die Moore eineinhalb Jahre geführt und ausgebildet hatte. Die Leichen der drei Sergeants von der C-Kompanie waren bereits gefunden und abtransportiert worden; durch einen Irrtum hatte Moore davon nicht erfahren. Der Gedanke, ihre Leichen an diesem seltsamen Ort zurückzulassen, oder die noch unheimlichere Möglichkeit, so gering sie auch sein mochte, daß einer oder alle von ihnen verwundet da draußen lagen, war ihm unerträglich. »Ich gehe von hier nicht ohne meine Sergeants weg«, schrie er mit Tränen in den Augen und schüttelte das Gewehr in der Faust; dann befahl er, die Suche fortzusetzen. Auch ein Schütze wurde noch vermißt. Moore verzögerte den Abzug, bis man die Leiche des Mannes gefunden hatte und er sicher sein konnte, daß er keinen seiner Soldaten hier zurückließ.

Als ich Dienstag abend Tim Browns vorgeschobenen Befehlsstand in einer Teeplantage südlich von Pleiku besuchte, sagte er mir, daß er sich aus dem Drang-Tal zurückziehen wolle. Seine Aufgabe war es, die NVA aufzuspüren und so viele Feinde wie möglich zu töten. Moores Bataillon und die Verstärkungen, die er ihm geschickt hatte, waren dieser Aufgabe mehr als gerecht geworden. Noch länger in dieser Gegend zu bleiben und jetzt gleich mehr erreichen zu wollen, sei ein zu gefährliches Spiel, sagte er. Die NVA schien schnell über die Grenze herüberzusickern. Dort, wo Moore auf ein frisches Regiment gestoßen war, konnten sich noch mehr verstecken. Brown war mehrere Male zum »Röntgenstrahl« geflogen, um das Geschehen aus der Nähe zu verfolgen und sich persönlich ein Bild vom Gelände und vom Feind zu machen. Er wollte alle seine Truppen zurückziehen und erst einmal sorgfältig erkunden, ehe er sich wieder auf einen Kampf einließ.

»Und warum nehmen Sie dann Ihre Truppen aus diesem Gebiet nicht wieder heraus?« fragte ich.

»General Westmoreland wird mich das nicht tun lassen«, antwortete er. »Er meint, daß die Zeitungen das sofort als Rückzug darstellen würden.«

Am folgenden Tag geriet das 2. Bataillon des 7. Kavallerieregiments, eines der Bataillone, die Moores Truppe abgelöst hatten, etwa vier Kilometer nördlich des »Röntgenstrahls« in einen Hinterhalt und wurde als kämpfende Einheit vernichtet. Sein Kommandeur war nicht so umsichtig wie Moore und hatte den Fehler begangen, seine Truppe als Kolonne durch das Tal vorrücken zu lassen, noch dazu ohne Flankensicherung. Ein Element eines NVA-Bataillons legte schnell einen klassischen U-Hinterhalt, in den die beiden Führungskompanien hineinliefen, während ein weiteres Element die dritte Kompanie angriff, als sie im Berggras und unter den Bäumen ausschwärmte. Die Männer des 2. Bataillon leisteten tapfer Widerstand, und wieder starben zahlreiche Vietnamesen im Kampf Mann gegen Mann, der einen großen Teil des Nachmittags über andauerte. Die beiden Führungskompanien erlitten schwere Verluste, die dritte Kompanie wurde aufgerieben. 151 Amerikaner wurden getötet, 121 verwundet, vier als vermißt gemeldet. Das 7. Kavallerieregiment war Custers Regiment am Little Big Horn gewesen. Am 17. November 1965 »wiederholte sich die Geschichte«, wie einer der Überlebenden der 3. Kompanie es ausdrückte.

McNamara war über diese Verluste erschrocken. In der Schlacht von Ia Drang, wie Moores Kampf und der Hinterhalt später genannt wurden (»ia« bedeutet in der Sprache des örtlichen Bergstamms »Fluß« und wurde in den damaligen Berichten nicht übersetzt), waren innerhalb von vier Tagen 230 Amerikaner ums Leben gekommen (die vier Vermißten wurden für tot erklärt). In der Woche darauf erschrak McNamara noch über etwas anderes: Westmoreland verlangte zusätzliche 41.500 Mann. Als Grund nannte der General, daß unerwartet viele NVA-Soldaten eingesickert seien. Westmorelands Forderungen waren seit Juli stetig gestiegen. Berücksichtigte man diese neueste, so mußte man 375.000 Amerikaner nach Vietnam bringen. McNamara hatte zwar erwartet, daß Westmoreland mehr Soldaten haben wollte, aber nicht, daß das so schnell gehen würde. Er flog von einem NATO-Treffen in Paris nach Saigon, um in einer 30-Stunden-Visite die Kriegsaussichten neu einzuschätzen.

Sein an den Präsidenten gerichtetes Memorandum vom 30. November 1965 klang ganz anders als der von gläubigem Vertrauen erfüllten Bericht, den er im Juli verfaßt hatte. Westmoreland sei im Begriff, noch mehr US-Truppen anzufordern, als er bisher offiziell verlangt hatte – nämlich 400.000 bis Ende 1966. Im darauffolgenden Jahr könnte der General noch weitere Verstärkungen anfordern, »möglicherweise mehr als 200.000«. Wenn man Westmoreland die 400.000 Mann gab, die er letztlich verlangen würde, so wäre dies noch »keine Erfolgsgarantie«, schrieb McNamara. »Die Zahl der US-Gefallenen wird sich voraussichtlich auf 1000 pro Monat belaufen, und es könnte durchaus sein, daß wir selbst bei einer noch höheren Anzahl Anfang 1967 vor einem ›Patt‹ stehen werden.« Die Regierung könne versuchen, eine Art »Kompromißlösung« auszuhandeln und die Entsendung weiterer Amerikaner in der Zwischenzeit »auf ein Minimum« zu beschränken, erklärte McNamara, riet davon jedoch ab. Er wollte »an unseren Zielen und am Krieg festhalten und alles, was an Menschen und Material dafür erforderlich ist, zur Verfügung stellen«.

In seiner »Gesamteinschätzung« empfahl er als »die beste Möglichkeit, unsere Ziele zu erreichen«, einen Plan in drei Etappen. Hanoi sollte noch einmal Gelegenheit bekommen nachzugeben. Wenn Ho und seine Genossen sich erneut störrisch zeigten, sollte man den Luftkrieg gegen den Norden intensivieren, und Westmoreland sollte 400.000 Mann erhalten. Die neue Gelegenheit zum Einlenken würde man den Kommunisten in Form »einer drei- bis vierwöchigen Pause« im Bombenkrieg gegen Nordvietnam bieten. Als Johnson die »Operation Rollender Donner« im Mai 1965 fünf Tage lang unterbrochen hatte, war nichts geschehen. McNamara meinte, in diesen fünf Tagen habe Hanoi nicht genug Zeit zu überlegen gehabt. Die längere Bombenpause, die er nun empfahl, sollte auch die diplomatischen Bemühungen und die PR-Maßnahmen unterstützen, von denen er in seinem Memorandum im Juli gesprochen hatte. Ehe man jedoch weitere Schritte in Richtung Eskalation unternehme, so erklärte er dem Präsidenten, müsse man »im Denken der amerikanischen Öffentlichkeit und der Weltmeinung die Grundlage für eine solche erweiterte Phase des Krieges legen und ... Nordvietnam die Möglichkeit geben, seine Aggression einzustellen, ohne das Gesicht zu verlieren«.

Am Weihnachtsabend 1965 stellte Johnson, wie von McNamara gewünscht, die Bombardierungen ein. 37 Tage danach war Hanoi genauso unnachgiebig wie nach fünf Tagen. Am 31. Januar 1966 wurden die Bombenangriffe auf Anordnung des Präsidenten wieder aufgenommen. Zu diesem Datum war Westmorelands Truppenbedarf für seinen Abnutzungskrieg auf 459.000 Mann gestiegen. McNamara hatte sich auf Anweisung Johnsons auf ein kompliziertes bürokratisches Gefeilsche eingelassen, um Westmorelands Forderungen möglichst niedrig zu halten, was dazu führte, daß der General doch den Großteil der angeforderten US-Soldaten bekam.

Die Männer der Air Cav, die in der Wildnis des Gebirgstals gekämpft hatten, wurden nun in die Reisanbaugebiete der Bong-Son-Ebene an der Küste nördlich von Qui Nhon geschickt, einer der dichtestbevölkerten Regionen Zentralvietnams, einer Hochburg der Vietminh im Krieg gegen die Franzosen. Die Operation begann gegen Ende Januar 1966 unter dem Kodenamen »Stampfer«. (Lyndon Johnson nahm am schlechten Geschmack seiner Generäle Anstoß und ließ das Unternehmen in »Weißer Flügel« umbenennen, was an eine weiße Taube erinnern sollte.) Tim Browns Dienstzeit als Kommandeur der 3. Brigade war im Dezember zu Ende gegangen. Hal Moore, zum Obersten befördert, erhielt als Lohn für seinen Sieg am Chu Prong das Kommando über die Brigade. Wieder mußte die Unglückseinheit der Brigade, das 2. Bataillon des 7. Kavallerieregiments, die Hauptlast des Kampfes tragen, insbesondere die 3. Kompanie, die nach ihrer Dezimierung mit frisch aus den USA eingetroffenen Soldaten aufgefüllt worden war.

Östlich der Annamitischen Kordillere hatte der Monsun schon vor geraumer Zeit eingesetzt, und die Reisfelder standen unter Wasser. Auf die sandige Erhebung, die der Bataillonskommandeur als Landezone für die 3. Kompanie bestimmt hatte, waren von zwei Seiten her nordvietnamesische MGs gerichtet. Ihre Bedienungen, von Guerillas verstärkt, hatten sich in Kokospalmenhainen eingegraben. Als die Kompanie aus den Hubschraubern sprang, wurde sie augenblicklich durch MG-Feuer niedergehalten und im Laufe eines langen Tages nach und nach aufgerieben. Die Soldaten einer anderen Kompanie desselben Bataillons kämpften sich durch die Reisfelder vor und gelangten in der Nacht zu ihren gestrandeten Kameraden, doch erst einer größeren von Moore geführten Entsatzeinheit gelang es schließlich, die Rettungsaktion am folgenden Morgen zu Ende zu führen. Die in ihre Regenumhänge gehüllten Toten lagen verlassen im Sand.

Ein nordvietnamesisches Regiment der 3. Division »Gelber Stern« war über den Ho-Chi-Minh-Pfad — Teile davon auch auf dem Seeweg — in die Bong-Son-Ebene eingesickert, um sich mit einem regulären Vietcong-Regiment zu vereinen, das in diesem Gebiet so gut wie alle Spuren des Saigoner Regimes beseitigt hatte. Mit Hilfe der Bauern verwandelten die kommunistischen Soldaten fast jeden Weiler in eine Festung. Die Zugänge über die Reisfelder und andere offene Flächen stellten ein System ineinandergreifender Schußfelder dar, die aus unterirdischen, von Erdreich bedeckten Bunkern mit automatischen Waffen bestrichen werden konnten. Für diese Unterstände riß man an der Küste die Gleise der stillgelegten Bahnstrecken heraus und benutzte die Schienen und Schwellen als Träger für die Erdschicht. Die getarnten Erdlöcher in den Kanaldeichen waren mit einer praktischen Neuerung versehen: einem kleinen Nebenraum, der dem Soldaten, der sich hineinkauerte, bei Luft- oder Artillerieangriffen Schutz bot. Es gab sogar im Zickzack geführte Laufgräben, durch die man während des Kampfes Verstärkungen und Munition heranbringen und die Verwundeten abtransportieren konnte. Die kommunistischen Kommandeure hatten reichlich Zeit, ihre Dispositionen zu treffen, bevor die Männer von der Air Cav eintrafen. Wären sie nicht von ihren Spionen in der ARVN gewarnt worden, dann durch die Vorbereitungen ihrer Gegner. Die Planungsarbeiten für die Operation hatten 45 Tage in Anspruch genommen. Sie bildete das südliche Element einer Offensive, an der mehr als 20.000 amerikanische, südvietnamesische und südkoreanische Soldaten teilnahmen, die größte Unternehmung im mittleren Küstenabschnitt seit der »Opération Atlante«, der ehrgeizigen Offensive der Franzosen im Winter und Frühjahr 1954.

Moore und seinen Offizieren sowie den Führern der ARVN-Luftlandebataillone, die das andere Angriffselement des südlichen Flügels darstellten, konnte man schwerlich einen Vorwurf machen, wenn sie die gesamte ihnen zur Verfügung stehende Feuerkraft einsetzten, um das Leben ihrer Männer zu schonen. Das Drang-Tal hatte gezeigt, daß trotz einer bisher nie dagewesenen technischen Unterstützung der amerikanische Soldat, sobald er aus seinem Hubschrauber gesprungen war, immer noch mit den Gefahren des Dschungels, dem hohen Gras und anderen natürlichen Hindernissen fertig werden mußte, die er in den Berggebieten vorfand. Durch die Schlacht in der Bong-Son-Ebene war klar geworden, daß er auch im Tiefland auf Hindernisse stieß — die gleichen, die schon der ARVN zu schaffen gemacht hatten, als der Vietcong im Mekong-Delta immer stärker wurde. Brigadegeneral Howard Eggleston, 1963 einer von Charlie Timmes' Stellvertretern, sah das Wasser und den Schlamm mit den Augen des Pioniers. Er wies darauf hin, daß man, auch wenn man noch so viele Hubschrauber einsetzte, »in einem überfluteten Reisfeld nicht sehr beweglich« war. Diese Weiler hauptsächlich mit durch Reisfelder watender Infanterie zu nehmen hätte massive Verluste bedeutet. Die Schlappen der ersten Tage (auch die Fallschirmjäger der ARVN wurden anfangs schwer angeschlagen, als sie den Amerikanern zeigen wollten, daß sie keine Feiglinge waren) wirkten ernüchternd, und die Kommandeure gingen dazu über, die Weiler einfach so lange mit Bomben und Granaten zu belegen, bis der Feind seine Stellungen aufgab.

Nach vier Tagen verließen die Guerillas und die NVA ihre letzten Bastionen und zogen sich über die Berge in das enge An-Lao-Tal im Westen und dann weiter in die Annamitische Kordillere zurück, wobei sie Gefechte mit der nachsetzenden Air Cav möglichst vermieden. Die Kommunisten ließen mehrere hundert Tote und fünfundfünfzig Waffen zurück. Den Amerikanern gelang es nicht festzustellen, wie viele der Toten reguläre Vietcong, wie viele NVA-Angehörige und wie viele Dorfguerillas waren, deren überlebende Kameraden sich vorübergehend in nahegelegene Verstecke geflüchtet hatten. Wie hoch die Verluste der Kommunisten auch sein mochten, sie waren nicht hoch genug, um die Regimenter für lange Zeit auszuschalten.

Obwohl die Nordvietnamesen und die Vietcong diesmal weniger Verluste erlitten hatten als die NVA-Bataillone im Drang-Tal, hatte die »Operation Stampfer« ihrem Namen alle Ehre gemacht: Die Bauern waren zerstampft worden, man hatte fünfzehn Weiler ausgelöscht. In den drei Weilern, die ich am leichtesten erreichen konnte, weil sie neben der an der Küste entlangführenden Hauptstraße lagen, waren etwa tausend Häuser in die Luft gesprengt oder niedergebrannt worden. Der Army-Captain, der mich hinbrachte, war der Berater des Distriktchefs in Bong Son, einem Ort, der etwa 15 Kilometer entfernt am Südrand der Ebene lag. Bong Son war die einzige Gemeinde gewesen, die sich zu Beginn der Operation noch in den Händen Saigons befand. Der Hauptmann hatte die meisten der zwölf anderen umkämpften Weiler gesehen. Er und die Beamten im Distriktzentrum erklärten, daß diese Ortschaften ebenso schlimm zerstört waren. Das Ortsinnere und das Umland waren mit Bombentrichtern übersät — die der 500-Pfund-Bomben waren dreieinhalb Meter tief und hatten sieben Meter Durchmesser.

Gleich der ARVN wollte auch die US-Armee für die verwundeten Zivilisten keine Verantwortung übernehmen. Die Verluste unter der Bevölkerung waren schwer gewesen, wenn auch nicht annähernd so schwer wie die Zerstörungen. Alte Leute, Frauen und Kinder waren größtenteils geflohen oder hatten in den Bombenunterständen überlebt, die unter Anleitung der Vietcong unter den Häusern angelegt worden waren. In Tam Quan hingegen, einem Städtchen am nördlichen Rand der Ebene, das früher als Distriktzentrum und dann als Sitz der kommunistischen Verwaltung gedient hatte, waren schätzungsweise hundert Menschen ums Leben gekommen. Hunderte von leichtverwundeten Zivilisten kamen zu den Ärzten und Sanitätern der Air Cav und der ARVN-Fallschirmjäger, um sich von ihnen ambulant behandeln zu lassen. Schwerverwundete, die so lange überlebt hatten, daß jemand auf sie aufmerksam wurde, waren ein anderes Problem. Das Sanitätspersonal der Cav versorgte sie notdürftig und ließ sie dann in das

Provinzkrankenhaus von Qui Nhon bringen. Wie die Militärkrankenhäuser des Saigoner Regimes für die ARVN bestimmt waren, so waren die der US-Armee für amerikanische Soldaten und Zivilisten sowie Angehörige von Drittländern reserviert, wie etwa Filipinos und Koreaner, die für die USA in Vietnam tätig waren. Vietnamesen wurden nur ausnahmsweise aufgenommen.

Etwa neunzig schwerverwundete Zivilisten aus den Weilern der Bong-Son-Ebene wurden in das Krankenhaus von Qui Nhon gebracht. Hätte es sich dabei um ein Tierpflegeheim in den USA gehandelt, es wäre vom Tierschutzverein geschlossen worden. Die USOM hatte 1963 begonnen, das von den Franzosen errichtete Gebäude zu renovieren, doch waren aufgrund der üblichen Korruptionsgeschichten die Arbeiten nie abgeschlossen worden. Es gab weder Badewannen noch Duschen, nicht einmal die Latrinen waren fertig. Patienten, die gehen konnten, verrichteten ihre Notdurft im Hof. Es gab zu wenig Pflegepersonal, die vietnamesischen Ärzte und Krankenschwestern waren größtenteils faul und korrupt. Sie kümmerten sich nur um Patienten, die zahlen konnten. Die Armen waren auf Angehörige angewiesen, um sich von ihnen betreuen und die Fliegen verscheuchen zu lassen. Der größte Teil der Operationen und fachgerechten Behandlungen wurde von zwei neuseeländischen Chirurgen und einem Anästhesisten durchgeführt, die hier im Auftrag ihrer Regierung tätig waren. Was zwei Chirurgen und ein Narkosearzt leisten können, wenn sie ein hohes Maß an Pflichtbewußtsein haben, kann heroisch sein, aber sie können keine Wunder wirken. Die Art, wie im Verlauf der »Operation Stampfer« die verwundeten alten Leute, Frauen und Kinder hier eingeliefert und zusammengepfercht wurden, war sogar für die Verhältnisse des Krankenhauses von Qui Nhon ein schrecklicher Anblick.

Ich befragte Generalmajor Stanley Larsen, den Kommandeur des US-Korps, das im mittleren Küstenabschnitt und im Hochland zusammengestellt wurde, über seine Pläne zur Pazifizierung der Bong-Son-Ebene nach der Operation. »Swede« Larsen war ein umgänglicher Mensch, der mit seinen Vorstellungen gut in die damalige Armeeführung paßte. Er sollte in Kürze seinen dritten Stern erhalten und zum Generalleutnant avancieren. Wir kamen ins Gespräch, als er mich in seiner Maschine mitnahm und wir die Küste entlang nach Süden flogen. Er habe keine Pazifizierungspläne, sagte er. Nach Abschluß der Verfolgungsphase würde er die Air Cav abziehen und sich ein neues Schlachtfeld suchen. Die ARVN würde ihre Luftlandetruppen ebenfalls abziehen.

Ich war über diese Antwort erstaunt. Ich wäre niemals auf den Gedanken gekommen, daß ein amerikanischer General so viele Soldaten opfern und solche Zerstörungen anrichten würde, um dann einfach wieder wegzugehen. Warum er überhaupt in diese Weiler eingerückt sei, wenn er darin gar nicht bleiben und etwas Dauerhaftes erreichen wollte, fragte ich ihn. Er habe nicht genügend amerikanische Soldaten, um einen Teil von ihnen zum Schutz von Pazifizierungsteams zurückzulassen, sagte er. Das einzige was er tun konnte, war, den Vietcong und die NVA aus dem Gleichgewicht zu bringen, indem er sie durch Angriffe im Stil der »Operation Stampfer« zermürbte, während der amerikanische Aufmarsch so schnell wie möglich weiterging. Und warum setzte man dann nicht die ARVN ein? – Er hatte darüber mit seinem Partner, Brigadegeneral Vinh Loc, gesprochen. Der Kommandeur des II. ARVN-Korps in Pleiku konnte ebenfalls keine Truppen entbehren. Er würde nicht mehr als ein Regiment in die Bong-Son-Ebene schikken können.

Später entdeckte ich, daß der wahre Grund für Larsens Haltung darin lag, daß ihn Pazifizierung nicht interessierte. Wie die meisten Armeegeneräle war er ein Verfechter von Harkins' und Westmorelands Abnutzungstheorie, der zufolge man die Guerillas und die Nordvietnamesen in wiederholten Zusammenstößen zermürben und schließlich völlig aufreiben würde. Ich hatte diese amerikanischen Generäle von der Abnutzungsstrategie reden hören, was das aber für die Bevölkerung und das Land wirklich bedeutete, war mir bis dahin nicht recht klar gewesen. Ob er wisse, daß der Vietcong und die NVA in diese Weiler sofort wieder zurückkehren würden, fragte ich ihn. »Dann werden wir auch zurückkommen und noch mehr von diesen Typen töten«, lautete die Antwort.

Die Bong-Son-Ebene war für ihre schönen Kokospalmenhaine bekannt. Viele Bauern lebten vom Verkauf frischer Früchte und der Kopra, des getrockneten Marks der Kokosnuß, aus dem Öl gepreßt wird. Moores 3. Brigade und die Luftlandetruppen der ARVN hatten ihre Artillerieunterstützung zum Teil von den Zerstörern der 7. Flotte erhalten. Die Geschoßbahnen von Schiffsgeschützen sind relativ flach. Gerade in einem der neben der Küstenstraße gelegenen Weiler, die ich besichtigte, hatten die 5-Zoll-Geschosse Hunderte von Kokospalmen in halber Höhe gekappt. Der Distriktchef und der ihm als Berater zugeteilte US-Hauptmann erklärten, das Regiment, das Vinh Loc entsenden wollte, würde von Glück reden können, wenn es ihm gelänge, sein Lager zu verteidigen. Die frühere Feindseligkeit der Bevölkerung würde im Vergleich zu jetzt geradezu harmlos erscheinen. Kaum eines der Kinder in Tam Quan wollte lächeln. Wenn man sie befragte, starrten sie einen schweigend an. Vinh Loc mochte zwar nicht wissen, woher er seine Truppen für die Pazifizierung nehmen sollte, er und ein Verwandter, den er kürzlich zum Provinzgouverneur gemacht hatte, wußten jedenfalls die vorübergehende Sicherheit an der *Route 1* zu nutzen, die man mit dem Tod weiterer Soldaten Moores und der ARVN erkauft hatte. Der Korpskommandeur und sein Verwandter ließen durch chinesische Mittelsmänner bei den Bauern Kopra kaufen und ganze Lkw-Ladungen davon nach Qui Nhon bringen, um sie dort abzusetzen. Solange die Straße sicher war, konnte Vinh Loc mit seinem Koprahandel mehr verdienen. Normalerweise mußte er seinen Profit mit dem Vietcong teilen.

Tausende von Flüchtlingen kampierten neben der Straße unter freiem Himmel und in dem Städtchen Bong Son. Tausende, die ihr Heim verloren hatten, lebten noch in ihren Weilern, wo sie auf die Mildtätigkeit ihrer Verwandten oder Freunde angewiesen waren. Die neuen Flüchtlinge aus der Bong-Son-Ebene waren nur einer der vielen Bäche, die einen Strom von Entwurzelten nährten. Es gab in Südvietnam bereits weit über eine halbe Million Flüchtlinge, und ihre Zahl wuchs von Monat zu Monat. Die USOM-Repräsentanten aus Qui Nhon, ihre vietnamesischen Mitarbeiter und einige Arbeiter aus dem Distriktzentrum verteilten Notrationen: Bulgur und Speiseöl. Sie hatten auch einige Ballen Stoff und Nähkästen zu verschenken. Da nur ein paar hundert davon auf Lager waren, ging der Vorrat schnell aus. In einem Weiler, in dem ebenfalls Bulgur und Speiseöl ausgegeben wurde, verteilten einige Spezialisten für psychologische Kriegsführung auch Flugblätter über den Bombenterror des Vietcong in Saigon. Eine alte Frau wimmerte, weil die Flugzeuge ihr Haus zerstört und die großen Kanonen 47 ihrer 50 Kokospalmen gekappt hatten. Der Hauptmann, der den Distriktchef beriet, öffnete eines der gefalteten Flugblätter. Auf einigen Photos waren amerikanische Opfer von Vietcong-Anschlägen zu sehen. »Ich wette«, sagte er, »daß diese Leute beim Anblick solcher Bilder nur einen Gedanken haben: ›Ein Bravo für den Vietcong!‹«

John Vann bleibt

BUCH VII

Am 3. August 1965 steckten Marines in mehreren Weilern bei Da Nang Häuser in Brand. Es war das erste Mal, daß US-Truppen die Heimstätten vietnamesischer Bauern in Flammen aufgehen ließen. Morley Safer von CBS filmte die Brände und schockierte damit Millionen von Amerikanern, die sich auf diesem Programm die Abendnachrichten ansahen. »Wenn das unsere Politik sein soll«, schrieb Vann an York, »dann möchte ich damit nichts zu tun haben und mich an solchen Bemühungen nicht beteiligen. Ich warte auf die Ankunft von Lodge. Er wird sagen, in welche Richtung wir gehen sollen.«

Etwa ein Jahr danach erhielt Vann die Möglichkeit, Vietnam zu verlassen. Man bot ihm den Posten eines Direktors der Asienabteilung im Büro für Systemanalyse an, McNamaras Brain-Trust im Pentagon. Dan Ellsberg hatte mit dazu beigetragen, und McNamara hatte sein Einverständnis gegeben. Es war eine aussichtsreiche Position, die Gelegenheit, in die elitäre Welt der Intellektuellen und Militärs einzutreten, die innerhalb der Exekutive eine Art Unterregierung bilden. Im Jahr nach diesen ersten Bränden hatten die Generäle des Marine Corps das willkürliche Niederbrennen von Häusern verboten und dieses Verbot mit einigen Ausnahmen auch durchsetzen können. Westmoreland und die meisten Armeegeneräle zeigten sich da toleranter: »Feuerzeugaktionen« amerikanischer Soldaten in vietnamesischen Weilern wurden so häufig, daß sie das Fernsehpublikum in den USA nicht mehr schockierten. Auch Vann schrieb deswegen nicht mehr an York. Er benutzte das Angebot aus dem Pentagon als Hebel, um auf den Posten zu kommen, den er haben wollte: Leiter des gesamten Pazifizierungsprogramms im Gebiet des III. Korps.

Ellsberg hatte inzwischen in Vanns Leben den Platz eingenommen, den Ramsey innegehabt hatte. Er und Vann wurden engere Freunde, als Vann und Ramsey es je gewesen waren. Vann und Ellsberg waren ein ungleiches Paar, zwei schwierige Menschen aus verschiedenen Welten, die einander wechselseitig ergänzten. Als Ellsberg fünf Jahre alt gewesen war, hatte seine Mutter die erste Schritte gesetzt, um aus ihm einen berühmten Konzertpianisten zu machen. Er mußte jeden Tag nach der Schule vier, am Samstag acht Stunden lang üben. Damit er sich nicht die Hände verletzte, verbot sie ihm jeglichen Sport; nicht einmal Baseball durfte er spielen wie alle anderen Jungen. Wenn sie ihn beim Lesen antraf, nahm sie ihm das Buch weg und versteckte es, damit er nicht von der Musik abgelenkt wurde. Sein Vater, ein Bauingenieur russisch-jüdischer Abstammung, hatte eine bescheidene Stellung, zuerst in Chicago, wo Ellsberg geboren wurde, dann in Detroit. Als Ellsberg fünfzehn war, schlief sein Vater am Steuer ein, es kam zu einem Zusammenstoß. Ellsberg erlitt einen Kniebruch und eine Kopfverletzung, durch die er 36 Stunden im Koma lag. Sein Vater wurde nicht ernstlich verletzt, Mutter und Schwester wurden getötet. Das Regiment der Mutter hielt ihn über ihren Tod hinaus noch eine Weile am Klavier. Dann hörte er auf. Als er später berühmt wurde, wies sein Eintrag in »Who's Who in America« eine äußerst seltene Unterlassung auf. Er hatte den Namen seines Vaters angegeben, aber nicht den der Mutter.

1948 kam er nach Harvard. Es war das Jahr, in dem mit der kommunistischen Machtergreifung in Prag und Stalins Berlinblockade der Kalte Krieg begann. Harvard, wie Ellsberg es kennenlernte, war ein Ort, an dem ehrgeizige Intellektuelle die Gelehrsamkeit als Weg zu hohen Positionen im neuen US-Staat entdeckten. In der aktionsorientierten Atmosphäre des Zweiten Weltkriegs hatten die Intellektuellen in der Regierung ihren Platz gefunden, und viele fühlten sich dort recht wohl. Auch im Kalten Krieg hatte man etwas zu verteidigen, und dies gab dem Gedanken Auftrieb, Intellektuelle besäßen Kenntnisse, die den Bankdirektoren, Rechtsanwälten und Geschäftsleuten fehlten, mit denen man die höchsten Posten traditionellerweise besetzt hatte. Arthur Schlesinger, Jr., der Historiker, und John Kenneth Galbraith, der Nationalökonom, die später in der Kennedy-Administration wirken sollten, lehrten beide in Harvard, als Ellsberg dort zu studieren begann. McGeorge Bundy, der erste Akademiker, der das Amt eines Sonderberaters des Präsidenten für Fragen der nationalen Sicherheit bekleiden sollte — anfangs bei John Kennedy und nachher bei Lyndon Johnson —, hatte eine Berufung nach Harvard erhalten, nachdem er für Thomas Dewey, den Präsidentschaftskandidaten der Republikaner im Jahr 1948, als außenpolitischer Berater tätig gewesen war. Alle seine Kollegen in den Schatten stellen sollte Henry Kissinger. Sein Studium hatte sich durch den Militärdienst im Zweiten Weltkrieg verzögert. Als Ellsberg immatrikulierte, war Kissinger im dritten Studienjahr. Ellsberg wählte als Hauptfach Volkswirtschaft und schloß als Drittbester seines Jahrgangs ab. Nach seinem Postgraduierten-Jahr am King's College in Cambridge in England tat er etwas, was für seinen Charakter bezeichnend war.

In der Welt, die er nun betreten sollte, war es nicht erforderlich, daß man seine Waffentüchtigkeit unter Beweis stellte. Ellsberg hätte in diesen Jahren der allgemeinen Wehrpflicht mit einem halben Jahr aktivem Dienst in der Armee und anschließendem Reservistenstatus davonkommen können. Er meldete sich jedoch für zwei Jahre zu den Marines und zwang sich dazu, ein in jeder Hinsicht hervorragender Marineinfanterie-Offizier zu werden. Um die seltene Auszeichnung eines beidhändigen Eliteschützen mit der 0,45-Zoll-Pistole zu erhalten, stärkte er seine Pianistenhände und -unterarme, indem er die schwere Pistole während des Lesens stundenlang mit ausgestrecktem Arm in die Luft hielt. Er bemerkte, daß der Schlagbolzen einen Bleistift mehrere Fuß weit schleuderte,

wenn man den Bleistift mit dem Radiergummi-Ende voran in den leeren Pisto-
lenlauf schob und dann abdrückte. Ellsberg klebte eine Zielscheibe an die Wand
und schoß jeden Abend mit Bleistiften nach ihr. Er konnte schließlich so weich
abdrücken, daß er die Pistole beim Übungsschießen niemals verriß. Andere Leutnants in der 2. Marinedivision in Camp Lejeune wurden diensttuende Kompanieführer, mußten aber nach ein paar Wochen ihre Kompanien Hauptleuten übergeben, da diese Vortritt hatten. Leutnant Ellsberg behielt den Befehl über seine
Kompanie, weil sie unter seiner Führung mehr Auszeichnungen bekam als die
anderen Kompanien des Bataillons und bei Inspektionen und Manövern stets am
besten abschnitt.

Als Mitte 1956 das Ende seiner Dienstzeit näherrückte und er sich darauf vorbereitete, nach Harvard zurückzugehen, um sich den Traum jedes Jungakademi-
kers zu erfüllen, als Mitglied der renommierten Society of Fellows eine Dissertation zu schreiben, bemächtigte sich Nasser des Suezkanals. Ellsbergs Bataillon
wurde zur 6. Flotte ins Mittelmeer verlegt. Er schrieb einem berühmten Professor
in Harvard, daß die Society of Fellows noch warten müsse, und verlängerte seine
Dienstzeit bei den Marines um acht Monate. Eisenhower enttäuschte ihn und
griff in den Konflikt nicht ein.

1959 verließ er Harvard und ging zur Rand Corporation, dem zivilen For-
schungsinstitut der Air Force im kalifornischen Santa Monica. Ihn lockte die Aufgabe, die er als die Pflicht der Stunde erachtete: die Sowjetunion von einem Über-
raschungsangriff auf die Vereinigten Staaten abzuhalten, um einen Atomkrieg zu
verhindern. Er bekam Zugang zu Dokumenten der höchsten Geheimhaltungs-
stufe – die entsprechenden Genehmigungen wurden mit Kodewörtern bezeichnet, die ihrerseits geheim waren –, um die Aufklärungsergebnisse von U-2-Spio-
nageflugzeugen und andere Geheiminformationen auswerten zu können. Er untersuchte das Befehls- und Kontrollverfahren für den Einsatz von amerikanischen
H-Bomben und den Start von Interkontinentalraketen. Er schrieb streng geheime
Memoranden über die Möglichkeiten, es zu verbessern. Er las im Pentagon die
bestgehüteten Geheimnisse des »Joint Strategic Capabilities Plan«, des zentralen
Nuklearkriegsplans der Nation.

Was Ellsberg aus den Unterlagen ersah, erschreckte ihn. Zu einem Überra-
schungsangriff waren die Sowjets kaum in der Lage. Die Behauptung, die Russen
hätten einen großen Vorsprung auf dem Gebiet der Interkontinentalraketen
(Kennedy nutzte den sogenannten »missile gap«, den er offenbar für gegeben
hielt, 1960 im Wahlkampf gegen Nixon), entsprach nicht den Tatsachen. Noch
waren die Sowjets nicht durch die demütigende Erfahrung der Kubakrise zu einer
großangelegten nuklearen Aufrüstung getrieben worden. Das den Amerikanern
vorliegende Material zeigte, daß die Sowjetunion nur über vier Interkontinentalraketen und weniger als 200 Langstreckenbomber verfügte. Die amerikanischen
Luftwaffengeneräle und Admiräle hingegen hatten einen thermonuklearen Blitz-

krieg mit einer Vielzahl von land- und U-Boot-gestützten Raketen und Tausenden von Flugzeugen vorbereitet. Der Plan des Vereinigten Generalstabs sah die Tötung von etwa 325 Millionen Menschen in der Sowjetunion und in China vor. Rechnete man noch die Menschen hinzu, die durch die Angriffe auf Osteuropa und den radioaktiven Niederschlag in Randgebieten wie Finnland oder Pakistan und Japan den Tod finden würden, und bezog die Verluste mit ein, die vor der Vernichtung der Sowjetunion durch deren Angriffe gegen die USA zu erwarten waren, so würde die Summe der Toten eine halbe Milliarde überschreiten. Im Vergleich dazu würde Hitlers Holocaust als ein kleineres Vergehen erscheinen, dachte Ellsberg. In seinen Augen verriet der Plan der Joint Chiefs die Mentalität »toller Hunde«. Sie schien ihm besonders unter den Luftwaffengenerälen verbreitet zu sein, die der nach ihrem Begründer, dem italienischen General Giulio Douhet, benannten Theorie des totalen Luftkriegs anhingen. Ellsberg gelangte zu dem Schluß, daß die Lösung nur in strengerer und umsichtigerer ziviler Kontrolle liegen konnte.

Als 1960 die Intellektuellen durch die Wahl John Kennedys zu ihrem Lohn kamen (oder, wie Henry Kissinger es sarkastisch formulierte, »Professoren zum ersten Mal von Beratern zu Entscheidungsträgern avancierten«), führte Ellsbergs Karriere steil nach oben. Kennedy wünschte eine straffere Kontrolle des Militärs. Aufgrund seiner besonderen Kenntnisse und seines Rufs als Experte war Ellsberg auf höchster Ebene gefragt. Rand sandte ihn als ständigen Sonderbeauftragten zur neuen Administration nach Washington. Er schrieb Memoranden für McGeorge Bundy und McNamara, in denen er Veränderungen im Joint Strategic Capabilities Plan empfahl. Eine Anzahl seiner Vorschläge wurde angenommen. Als es im Oktober 1962 zur Kubakrise kam, wurde er Mitglied der von Paul Nitze im Pentagon und von Walt Rostow im Außenministerium gebildeten Krisenstäbe. 1964 hatte Ellsberg bereits so viel Format, daß man ihn zum Sonderberater John McNaughtons machte, des ehemaligen Professors für Rechtswissenschaften in Harvard, der kurz zuvor zu McNamaras Staatssekretär für auswärtige Angelegenheiten ernannt worden war. Er verließ die Rand Corporation und wurde im Rang eines GS-18, der höchsten Stufe, die der öffentliche Dienst zu bieten hatte, offizielles Mitglied der Administration.

Während ihn seine berufliche Karriere steil nach oben führte, ging seine Ehe in Brüche. Seine Frau teilte ihm mit, daß sie ihn nicht liebe, und bestand auf Scheidung. Die Ellsbergs hatten zwei Kinder. Das Scheitern seiner Ehe ließ Ellsberg in Depressionen verfallen. Durch seine Arbeit für John McNaughton hatte er sich intensiv mit dem Krieg in Vietnam beschäftigt. Wahrscheinlich wäre er aufgrund seines Wunsches nach Selbstbestätigung und der romantischen Ideale, die ihn dazu gebracht hatten, seine Dienstzeit bei den Marines zu verlängern, früher oder später ohnehin nach Vietnam gegangen. In seiner depressiven Stimmung wurde jedoch das Verlangen nach Konfrontation und die Sehnsucht nach einer neuen Sache, für die er einstehen konnte, noch drängender. Mitte 1965, nach Beginn des US-Aufmarsches, informierte er sich über die Möglichkeiten, als Chef einer Kompanie Marines nach Vietnam zu kommen. Man wies ihn darauf hin, daß ihn das Marine Corps aufgrund seiner Zivilbeamtenlaufbahn für eine Stabsarbeit vorsehen könnte, was ihn jedoch nicht interessierte. Er bat daraufhin Lansdale, ihn in sein Team aufzunehmen. Lansdale, für Elan und Intelligenz immer schon aufgeschlossen, hieß ihn willkommen. McNaughton versuchte nicht, ihn zurückzuhalten. Er begann, sich seinetwegen Sorgen zu machen. Aufgrund seines Bedürfnisses, mit seinem Wissen zu prahlen, neigte Ellsberg von Natur aus zur Gesprächigkeit. Durch die psychische Belastung war dieser Hang zur Indiskretion noch stärker geworden. Wenn bei Behörden Verschwiegenheit grundsätzlich zu den Voraussetzungen für das berufliche Überleben zählt, konnte ein Zuwenig davon in McNamaras Pentagon ein ungewöhnlich schnelles Aus bedeuten.

Vanns Name stand auf der »Muß«-Liste der Leute, die Ellsberg in Vietnam treffen wollte. Nachdem er Anfang September 1965 mit Lansdale zum ersten Mal in Hau Nghia gewesen war, kam er Mitte Oktober noch einmal, um fast drei Tage lang mit Vann zu sprechen und durch dessen Provinz zu fahren. Ellsberg war danach ein begeisterter Verfechter von Vanns Strategie der sozialen Revolution.

Wenn Ellsberg in der von Konkurrenzdenken bestimmten Welt der intellektuellen Staatsdiener seinen Kollegen durch seine Ichbezogenheit oft stark auf die Nerven gegangen war, so wurde diese Eigenschaft in seiner Beziehung zu Vann abgeschwächt. Die Zeit in Vietnam brachte in Ellsberg die Liebe zum Abenteuer, das Mitgefühl und die Sensibilität zutage, die nicht minder Züge seines komplexen Charakters waren. Mit seinen vierunddreißig Jahren, seiner sportlichen Figur, dem ironischen Lächeln, das sein schmales Gesicht manchmal erhellte, den vor Neugierde blitzenden blaugrauen Augen und seinem sarkastischen Humor war er eine ansprechende Erscheinung. Zwischen den beiden Männern herrschte keinerlei Konkurrenzdenken. Für Ellsberg war Vann unschlagbar, was das praktische Handeln betraf, Vann sah in Ellsberg den intelligentesten Menschen, den er jemals kennengelernt hatte. Wie er später vor Halberstam einmal bemerkte, sei Ellsberg der »brillanteste Geist« gewesen, der »je mit den Realitäten in Vietnam konfrontiert« war. Sein Armer-Junge-aus-dem-Süden-Komplex zeigte sich in der Art, wie er seinen Respekt vor Ellsbergs universitären Leistungen zum Ausdruck brachte. Dritten gegenüber, die nicht mit beiden von ihnen befreundet waren, bezeichnete er Ellsberg stets als »Dr. Dan Ellsberg«. Einen solchen Menschen für seine Ideen gewonnen zu haben schmeichelte ihm. Er hoffte, Ellsberg würde es eines Tages gelingen, seinen Ansichten Geltung zu verschaffen. Schließlich redete Ellsberg in Washington Leute mit dem Vornamen an, die nahe an den Hebeln der Macht saßen. Vanns Sympathie für Dan Ellsberg war jedoch mehr als eigennütziges Kalkül. Er fühlte sich in seiner Gesellschaft wohl, und Ellsberg war bereit, ihm überall hin zu folgen.

Wie sehr Vann sein Geistesverwandter war, entdeckte Ellsberg während eines Wochenendes im Dezember, als er mit ihm zwei der abgelegeneren Provinzhauptstädte der Region des III. Korps besuchte. Für Ellsberg war das nicht die erste Wochenendexpedition. Als Charles Mann Vann aus Hau Nghia geholt hatte, um ihn zum Berater für Zivilangelegenheiten bei Jonathan Seaman, dem kommandierenden General der US-Streitkräfte im Gebiet des III. Korps, zu machen, beschloß Vann, von Ende Oktober an das gesamte Gebiet der elf Provinzen systematisch zu erforschen. Er setzte Ellsberg von diesem Plan in Kenntnis, der für ihn die einzige Möglichkeit darstellte herauszufinden, was wem gehörte. Ellsberg äußerte sofort den Wunsch mitzumachen.

Frühere Fahrten hatten sie in Provinzen geführt, die vergleichsweise nahe an Saigon lagen. Diesmal brachen sie an einem Samstag früh am Morgen auf. Ihr erstes Ziel, Xuan Loc, lag tief im Gummiplantagengebiet, etwa hundert Kilometer nordöstlich von Saigon. Anschließend würden sie noch einmal an die hundertdreißig Kilometer zu fahren haben, um ihr Endziel zu erreichen: einen einsamen Ort nahe der Küste namens Ham Tan, die Hauptstadt der Provinz Binh Tuy. Vann wollte zu Mittag in Xuan Loc sein, um schnell etwas zu essen und sich mit den Beratern zu unterhalten, und gleich darauf nach Ham Tan weiterfahren, so daß sie noch vor Einbruch der Dunkelheit ankamen. Sie wollten dort die Nacht verbringen und am Sonntag auf dem gleichen Weg nach Saigon zurückkehren.

Freitag abend kamen Vann und Ellsberg zufällig in Gegenwart eines jungen Außendienstbeamten der Botschaft auf die bevorstehende Fahrt zu sprechen. Seine Aufgabe bestand darin, die Landgebiete zu besuchen, um über die politischen Einstellungen und die Sicherheitsverhältnisse zu berichten. Wie fast alle US-Beamten unternahm er seine Reisen nur mehr per Hubschrauber oder Flugzeug. Er sei schon eine Ewigkeit nicht mehr aus Saigon hinausgekommen, sagte er. Noch länger sei es her, daß er sich auf der Erde unten ein realistisches Bild von der Sicherheitslage gemacht habe. Er würde liebend gerne mitfahren. Vann war einverstanden.

Hinter der Abzweigung nach Bien Hoa etwas nördlich von Saigon wurde es einsam. Der Mann von der Botschaft sah die Zaunpfähle, an denen der Stacheldraht herunterhing, er sah die niedergebrannten Außenposten der Miliz und die Erdstreifen, die durch den Fahrbahnbelag liefen (von den Saigoner Truppen hastig aufgefüllte Gräben, die die Guerillas bei Angriffen oder Hinterhalten in die Straßen gesprengt hatten, um die Fahrzeuge anzuhalten). »John, ich darf das wirklich nicht tun«, sagte er. »Leute wie ich dürfen nicht auf die Landstraßen hinaus. Wir haben Befehl, nicht in Gefangenschaft zu geraten. Ich glaube, ich sollte lieber versuchen, einen Hubschrauber zu bekommen.« Vann hielt in einem ARVN-Lager und übergab ihn der Obhut der dort tätigen US-Berater. Als Vann und Ellsberg im Camp der Provinzberater in Xuan Loc eintrafen, erwartete sie der Mann von der Botschaft bereits. Im ARVN-Lager hatte man es geschafft, ihn mit einem Hubschrauber hinbringen zu lassen. Er wirkte etwas verlegen. Vann und Ellsberg wurden beim Mittagessen in Xuan Loc mit dem Respekt behandelt, den Militärs mutigen Männern entgegenbringen. Die Berater stellten Fragen über Fragen zu den Beobachtungen, die diese beiden Zivilisten während ihrer Fahrt gemacht hatten. Der Empfang, der Vann und Ellsberg hier zuteil wurde, entflammte die Begeisterung des Botschaftsbeamten erneut. »Zum Teufel«, sagte er, als es Zeit war weiterzufahren, »ich komme auch mit.«

Die drei Männer, die in dem gepanzerten Scout nach Ham Tan losfuhren, waren bald in ein lebhaftes Gespräch vertieft. Vann hatte für diese Fahrt den Scout gewählt, weil er Allradantrieb hatte; es konnte sein, daß sie ein Hindernis zu umfahren hatten und die Fahrbahn verlassen mußten. Er saß am Steuer, Ellsberg auf dem Beifahrersitz. Der Mann von der Botschaft saß, wie schon am Vormittag, in der Mitte der kleinen Sitzbank knapp hinter ihnen.

Ein kurzes Stück nach Xuan Loc begann die Straße durch einen der dichtesten Dschungel zu führen, die Ellsberg in Vietnam je zu Gesicht bekommen sollte. Er wußte, was zu tun war. Vann hatte ihn bei früheren Fahrten darauf trainiert. Mit einem kurzen Blick überzeugte er sich davon, daß eine Handgranate griffbereit neben ihm lag, und umfaßte den auf seinem Schoß liegenden Karabiner, um sofort durchs Fenster feuern zu können. Vann begann mit einer Hand zu lenken. Mit der anderen hob er das M-16-Schnellfeuergewehr, das er nun immer bei sich hatte, um gleich auf seiner Seite das Feuer eröffnen zu können. Ellsberg fragte sich, wie sie überhaupt schießen sollten, wenn jetzt Guerillas auftauchten. Durch mehrere Jahre Krieg hatte man sich um die Straße nicht mehr gekümmert, und der Dschungel reichte auf beiden Seiten so weit über den Fahrbahnrand, daß der Jeep gerade noch durchkam. Die Vegetation war dermaßen dicht, daß Ellsberg das Gefühl hatte, er würde seinen Arm nicht mehr zurückziehen können, wenn er ihn zum Fenster hinausstreckte: Das Dickicht würde ihn sofort umklammern. Die bis dahin gerade Straße war plötzlich in eine Folge von unübersichtlichen Kurven übergegangen. Auf dieser Fahrspur im Dschungel hätte seine siebenjährige Tochter mit einem Schnellfeuergewehr einem ganzen Regiment einen Hinterhalt legen können, dachte Ellsberg.

Auch nachdem die Straße unübersichtlich geworden war, sprachen Vann und Ellsberg weiter. Das war wichtig für sie. Sie genossen ihre Selbstbeherrschung und die Schärfung der Sinne, die sie angesichts der Gefahr in sich spürten.

Der Mann von der Botschaft sagte eine ganze Weile nichts. Etwa zwanzig Minuten nach Xuan Loc fand er plötzlich die Sprache wieder. »John, wie ist es mit der Sicherheit auf dieser Straße?« fragte er.

»Schlecht«, antwortete Vann.

»Nun, ich denke, ich sollte lieber zurückfahren«, sagte der Mann von der Botschaft.

Vann fand eine Stelle zum Umkehren. Er konnte sich nicht beherrschen und fluchte ohne Unterlaß, bis er den Beamten nach Xuan Loc zurückgebracht hatte und den Scout wieder auf der schmalen Straße durch den Dschungel lenkte. Diesmal hielt er das Steuer mit beiden Händen und raste durch die engen Kurven, um die verlorene Zeit aufzuholen. »Ich hätte mir nicht gedacht«, sagte er zu Ellsberg, »daß er genügend Mumm haben würde, eine zweites Mal auszusteigen.«

Ellsberg lächelte. »Warum zum Teufel hast du ihm das von der Sicherheit gesagt?« fragte er.

»Was hätte ich sonst sagen sollen?« antwortete Vann. Er lachte, ließ das Lenkrad einen Moment lang los, hob die Hände und wies auf den Dschungel, der zu beiden Seiten drohend über der Straße hing. »Schau dir das an!«

In Ham Tan hatten sie zum Abschluß noch ein amüsantes Erlebnis. Sie fuhren vor dem Gebäude vor, in dem die für die Provinz zuständigen Militärberater wohnten, traten ein und stellten sich vor. Einer der jungen Offiziere bemerkte, daß draußen ein Scout geparkt war. Er glaubte zu träumen. Er blickte Vann und Ellsberg an, zum Fahrzeug hin, dann wieder auf Vann und Ellsberg.

»Seid Ihr vielleicht mit diesem Auto gekommen?« fragte er. Sie bejahten so beiläufig, wie sie konnten.

»Ist diese Straße denn offen?« fragte ein anderer Berater erstaunt.

»Jetzt schon«, antwortete Vann.

Seit fast einem Jahr waren keine Amerikaner mehr im Auto nach Ham Tan gekommen.

Wie die Gefahr war auch Sex ein gemeinsames Interesse, das dazu beitrug, daß Vann und Ellsberg enge Freunde wurden. Ramsey hatte sich an diesem Thema, das für Vann so wichtig war, niemals besonders interessiert gezeigt. Wie bei anderen hatte Vann deshalb auch ihm gegenüber vorgegeben, seine Schürzenjägerei in Saigon sei für ihn bloßer Zeitvertreib im Ausland. Sonst war er der seriöse Familienvater, der Mary Jane liebte und sich um die Erziehung der Kinder sorgte. Anders als Vann hatte Ellsberg kein unersättliches Bedürfnis nach Frauen, doch sein Sexualleben war ihm wichtig und er äußerte sich relativ offen dazu. Wenn Vann einen Freund fand, für den Sex auch nur annähernd die Bedeutung hatte, die er ihm beimaß, so faßte er das als Aufforderung auf, Details von seinen Großtaten zu erzählen. Er neigte dann auch dazu, sich offener über andere persönliche Beziehungen und über seine Vergangenheit zu äußern. »Ich bin nur der Form nach verheiratet«, erklärte er Ellsberg. Er respektiere Mary Jane, empfinde aber nichts für sie. Sie hätten nichts mehr gemeinsam. Er erzählte Ellsberg auch von der Affäre mit der Fünfzehnjährigen und daß ihm trotz seines Sieges über den Lügendetektor der Weg zum General für immer versperrt war.

Ihre Freundschaft wurde durch die Tatsache gefördert, daß sie in Saigon Hausnachbarn waren. Obwohl Vann im Herbst 1965 die meisten Nächte in einem Zelt in General Seamans Hauptquartier oder irgendwo in der Provinz verbrachte, hatte er aufgrund seines AID-Vertrags ein Anrecht auf eine Wohnung in Saigon. Anfangs teilte er sich mit Oberst George Jacobson, einem anderen engen Freund, den er durch den Krieg kennengelernt hatte, ein Haus in der Tran-Quy-Cap-Straße, nicht weit von Westmorelands Villa. »Jake«, wie Jacobson von seinen Freunden genannt wurde, war einmal von Vann als »der vollendete Stabsoffizier« bezeichnet worden. Das war nicht spöttisch gemeint, denn Jacobson hatte zahlreiche Einsätze bei einer gepanzerten Aufklärungseinheit in Frankreich und Deutschland hinter sich. Der damals Fünfzigjährige war ein hochgewachsener, athletisch gebauter Mann mit Schnurrbart, Baritonstimme und einer angeborenen Würde, doch herzlich und voll Rücksicht anderen gegenüber. Bevor er zu Anfang des Zweiten Weltkriegs als Freiwilliger zur Army ging, hatte er sich seinen Lebensunterhalt als Zauberkünstler und Conférencier verdient. In seinen vierundzwanzig Armeejahren hatte er sich dazu erzogen, den Charakter und die Geisteshaltung seiner Vorgesetzten, ihre Wunderlichkeiten und Vorurteile zu studieren, um unnötigen Krach zu vermeiden. Probleme, mit denen man den Chef am besten nicht belästigte, weil er kein Ohr dafür hatte, regelte Jake selbst oder schob sie als vorübergehend unlösbar zur Seite. Er benutzte den Ruf, den er seiner diskreten Tüchtigkeit verdankte, um zu versuchen, seinen Chef mit anderen wichtigen Problemen zu konfrontieren, die er vielleicht lösen konnte.

Jacobson war zuerst 1954 als Oberstleutnant im Stab von John »Iron Mike« O'Daniel nach Vietnam gekommen. Anfang der sechziger Jahre kehrte er als Oberst zurück, 1962 leitete er die Organisations- und Ausbildungsabteilung der MAAG unter General Timmes. Er war von Vanns Leistungen bei der 7. Division beeindruckt gewesen und hatte versucht, einen Bekannten, Generalmajor William Yarborough, den Kommandeur des Special Warfare Center in Ford Bragg, zu überreden, Vann nach seiner Rückkehr in die USA dort einzusetzen. Hätte Jacobsons Initiative Erfolg gehabt, wäre Vann vielleicht in der Armee geblieben. 1965 war Jake zu der Ansicht gelangt, er habe sich für den Krieg genügend engagiert, um nun bei der Pazifizierung mitzuarbeiten, und hatte sich deshalb von der Armee zur AID abkommandieren lassen. Offiziell war er Vanns unmittelbarer Vorgesetzter als stellvertretender Direktor für Operationen und inoffiziell Vanns wichtigster Beschützer im Saigoner AID-Hauptquartier.

Auch hier handelte es sich um eine gute, weil komplementäre Beziehung: Vann war Jacobsons Prüfstein für die Realitäten in den Landgebieten. Es gab auch einen persönlichen Grund dafür, daß die beiden Männer ein Haus teilten. Auch Jacobson, wenngleich in bezug auf Frauen moderat und nicht zwanghaft wie Vann, betrachtete die Jagd auf Vertreterinnen des schönen Geschlechts als den angenehmsten Zeitvertreib. Ellsberg bewohnte das Haus, das man ihm gleich nebenan zugewiesen hatte, ganz allein. Durch seinen Rang (als er nach Vietnam ging, war seine Einstufung in FSR-1, den höchsten Rang der Foreign Service

Reserve, umgewandelt worden) hatte er das Recht auf ein Haus nur für sich. Er gab Vann einen Schlüssel und überließ es ihm als sturmfreie Bude. Vann fand Ellsbergs Haus besonders praktisch, wenn er ein Rendezvous hatte, durch das er Jacobson gestört hätte.

Vor 1965 hatte die Anwesenheit von amerikanischen Frauen und Kindern in Kreisen der mittleren und höheren US-Beamten die Einhaltung der gesellschaftlichen Konventionen gewährleistet. Der Genuß, in einem armen asiatischen Land zu leben, in dem es eine ungewöhnlich hohe Anzahl attraktiver Frauen gab, war den Mannschaften, jüngeren Offizieren und Zivilisten vorbehalten gewesen. Natürlich hatten einige Männer in verantwortlichen Positionen ihre Liaisonen gehabt. Um ihre Karriere nicht zu gefährden, mußten sie diskret sein, wie Vann es 1962 und 1963 gewesen war, als er seinen Vergnügungen in Saigon oder während eines gelegentlichen Wochenendes in Vung Tau (Cap-Saint-Jacques) nachgegangen war. Als die Familien Anfang 1965 evakuiert wurden, um für die Bombardierung des Nordens »das Schiff gefechtsklar zu machen«, wie Dean Rusk es ausdrückte, flogen die Konventionen mit ihnen in die USA zurück. Amerikanische Männer in Vietnam wurden zu sexuell Privilegierten. Ein bekannter Zivilbeamter lebte mit seiner Geliebten in seiner Villa und nahm sie zu offiziellen Anlässen mit, bei denen das diplomatische Korps und die Ehefrauen von hochrangigen Vietnamesen anwesend waren. In die Kritik an seinem Verhalten mischte sich Neid: Seine vietnamesische Mätresse war eine junge Frau von bemerkenswerter Schönheit. Nachdem er seine Dienstzeit beendet hatte und in die USA und zu seiner Frau zurückgekehrt war, liebte sie sich die US-Hierarchie hinauf, bis sie einen Liebhaber fand, der mächtig genug war, ihre Übersiedlung nach Paris zu arrangieren, als auch für ihn die Zeit gekommen war, Vietnam zu verlassen.

Die Geliebte als Hausbedienstete auszugeben, eine Frau zu sich nach Hause mitzunehmen oder Überstunden mit der vietnamesischen Sekretärin zu machen (die Frauen mußten sich fügen, wenn sie ihren Job behalten wollten), galt als völlig normal. Dies machten sich sogar Männer zur Gewohnheit, deren Frauen und Kinder in Bangkok und auf den Philippinen lebten, wo sie sie jeden Monat besuchen konnten. (Vann zog es vor, Mary Jane und ihre Brut in Colorado in sicherer Entfernung zu belassen.) Männer, die hart arbeiteten, hatten ein Anrecht auf Erholung. Wie Ellsworth Bunker, ein aufrechter Mann, der gerne zotige Witze machte, es ausdrückte: »Hier wird recht kräftig und phantasievoll gefickt, aber ich denke, das geschieht alles im Interesse unserer militärischen Anstrengungen.«

In dieser Atmosphäre konnte Vann seiner Neigung in einer Weise frönen, wie es ihm in den USA oder auf einem anderen Posten im Ausland nicht möglich gewesen wäre, ohne sich beruflich zu ruinieren. Ellsberg war nicht der einzige unter Vanns Freunden, dem auffiel, daß dieser bei seinen Besuchen in Saigon oft an einem Tag mit zwei oder drei verschiedenen Frauen schlief. Diese Sexualturniere, die die meisten Männer erschöpft hätten, schienen Vann erst richtig in Form zu bringen. Nach seinem letzten abendlichen Stelldichein setzte er sich nachts noch an den Schreibtisch, um Berichte zu lesen und Memoranden zu verfassen, wobei er sich bis in die frühen Morgenstunden voll konzentrieren konnte.

Neben seinen zahllosen Zufallsabenteuern hatte Vann mit zwei Vietnamesinnen eine dauerhafte Bindung und schaffte es mit beachtlichem Geschick, daß die beiden jahrelang nichts voneinander wußten. Lee, wie er seine erste Geliebte nannte, lernte er im November 1965 kennen, etwa drei Wochen nachdem er Hau Nghia verlassen hatte. Es war an einem Freitagnachmittag. Sie stand auf dem Bürgersteig vor dem Haus ihrer Eltern in einer der Hauptverkehrsstraßen Saigons. Sie wollte ein Taxi rufen, um zu ihrer Sprachenschule zu fahren, in der sie in Nachmittags- und Abendkursen Englisch unterrichtete. Er befand sich auf dem Weg zum neuen Befehlsstand der 1. Infanteriedivision in Di An unmittelbar nördlich der Stadt. Er hielt seinen Wagen etwa zehn Meter von ihr an und stieg aus, um sich einen Kaugummi von der Schuhsohle zu kratzen (den er gerade daraufgeklebt hatte – einer seiner zahlreichen Tricks). Er schlug ihr vor, sie mitzunehmen, und sie willigte ein. Er war richtig überrascht, daß sie fließend Englisch sprach. Er hatte sie für eine Studentin gehalten. Sie war einfach gekleidet und trug ihr langes schwarzes Haar offen über den Schultern. In fünf Tagen war sie einundzwanzig (und somit nur zwei Jahre älter als seine Tochter Patricia; Vann war einundvierzig). Während er sie zu ihrer Schule fuhr, fragte er sie, ob sie mit ihm Sonntag abend essen gehen wollte. Sie sah den Ehering an seiner Hand, willigte aber ein. Sie würden sich vor der Schule treffen müssen, sagte sie, ihre Eltern wollten nicht, daß sie mit einem Amerikaner ausging. Auch die Nachbarn würden darüber reden. Sie verabredeten sich für halb acht. Vann gestaltete seinen Wochenausflug mit Ellsberg kurz, um nicht zu spät zu kommen.

Als sie sich am Sonntagabend trafen, war der Ehering weg. Er trug nur den Klassenring von Rutgers, den er niemals ablegte. Sie sollte den Ehering nie wieder sehen. Während des Essens und beim Tanzen in einem exklusiven Nachtklub fragte sie ihn, wie viele Kinder er habe. Keines, antwortete er, seine Frau habe niemals welche bekommen können. Seine Frau und er seien seit vier Jahren getrennt. Er suche eine Frau, in die er sich verlieben und die er heiraten könne. Sie fragte ihn nach seinem Alter. Er sagte, er sei sechsunddreißig. Ihr 21. Geburtstag war am folgenden Mittwoch, und sie beabsichtigte, sich an diesem Tag freizunehmen, um zu feiern. Er wollte sich ebenfalls freinehmen. Sie gingen in ein Schwimmbad in der Nähe einer Wohnanlage für US-Offiziere in Cholon. Sie trug einen Bikini. Als er ihre Figur sah, sagte er, daß er erst jetzt merke, welcher Glücksfall es gewesen sei, ihr zu begegnen. Nach dem Abendessen fuhren sie zu dem Haus, das er zusammen mit George Jacobson bewohnte, um miteinander zu schlafen.

Lees Familie hatte im französischen Cochinchina ein angenehmes Leben geführt. Ihr Großvater war unter Bao Dai und dann unter Diem Finanzminister gewesen und hatte eine Zeitlang die Nationalbank geleitet. Ihr Vater war vor 1954 bei der Sûreté Générale gewesen und dann zu einer Bank gegangen. Er und ihre Mutter hatten die französische Staatsbürgerschaft und ihre französischen Pässe behalten. Auf Anregung ihres Vaters hatte sie an den französischen Schulen, die sie in Saigon besucht hatte, sechs Jahre lang Englisch als zweite Fremdsprache studiert. Außerdem hatte sie die Kurse besucht, die USIS über die Vietnamese-American Association anbot. (Zu Hause sprach sie ein französisiertes Vietnamesisch und mußte sich später die Sprache ihres Volkes in Wort und Schrift selbst beibringen.) Ihr Vater hatte sie an die Universität in Saigon oder nach Frankreich schicken wollen, um sie Medizin oder Pharmazeutik studieren zu lassen. Lee war zwar intelligent, aber keine Intellektuelle. Sie hatte genug von Büchern. Sie war voll Unternehmungslust und wollte finanziell unabhängig sein. Der Englischunterricht wurde ein florierendes Geschäft. Es schien, als ob jeder junge Mann, der dem Dienst bei der ARVN entging, und jede junge Frau, die es sich leisten konnte, Englisch lernen wollte, um einen Job bei den Amerikanern zu bekommen. Als Lee Vann kennenlernte, hatte sie in ihrer kleinen Schule etwa fünfzig Vollzeitstudenten und verdiente dabei sehr gut.

Lee war hübsch, aber keine jener schlanken Frauen, nach denen sich die Amerikaner umdrehten. Für eine Vietnamesin war sie etwas füllig, etwa wie Mary Jane, als Vann sie kennenlernte. Vann hatte eine Schwäche für Frauen, die, wie Lee es im amerikanischen Slang ausdrückte, den sie sich schnell aneignete, »gut gepolstert« waren. Sexuell stellte sie für ihn eine Herausforderung dar. Sie war, wie er Ellsberg sagte, gleich, wie oft er sie an einem Abend geliebt hatte, immer zu mehr bereit. Ihre guten Englischkenntnisse, ihre Intelligenz und ihre Lebhaftigkeit machten sie zu einer angenehmen Gefährtin.

Ihre Treffen verwandelten sich in ein richtiges Verhältnis, als Vann gegen Ende 1965 zum Leiter des neuen AID-Programms zur Ausbildung vietnamesischer Pazifizierungsteams ernannt wurde. Er mußte seine Zeit zwischen Saigon und dem Ausbildungslager in Vung Tau teilen. Oft flog er abends vom Lager nach Saigon zurück und holte Lee nach ihrem Unterricht von der Schule ab. Sie nahmen in seinem Haus das Abendessen ein (er hatte zusammen mit Jacobson einen Koch engagiert) und schliefen dann miteinander; dann brachte er sie nach Hause, um sich seinem Papierkram widmen zu können. An den Wochenden lud er sie zum Abendessen in ein französisches oder chinesisches Restaurant ein oder ging mit ihr in einen Nachtklub tanzen. Sonntags fuhren sie manchmal nach Vung Tau, um sich am Strand zu sonnen oder zu schwimmen. Vann ließ sich von einem befreundeten Pionierhauptmann der ARVN französische Nummernschilder für sein Auto prägen, und Lee machten die Handgranaten auf dem Sitz keine Angst. Sie war für eine Liebesaffäre mit einem aufregenden Amerikaner bereit gewesen, die nach Möglichkeit mit einer Ehe enden sollte. In ihren Teenagerjahren hatte sie beschlossen, keinen Vietnamesen zu heiraten. Sie war der Ansicht, daß vietnamesische Männer, von wenigen Ausnahmen abgesehen, ihre Ehefrauen grob und schikanös behandelten. Ihr Vater hatte sie in dieser Meinung bestärkt. Er hatte sich eine zweite Frau genommen und teilte seine Zeit zwischen dem Haushalt ihrer Mutter und dem Haus der anderen Frau, das er für diese unterhielt. Lee wollte nicht das Schicksal ihrer Mutter erleiden.

Nach einer gewissen Zeit bekam sie den Eindruck, daß Vann sie betrog. Wenn er in Saigon war, holte er sie oft früh ab, damit sie noch am Spätnachmittag miteinander schlafen konnten. Danach brachte er sie zu ihrem Abendkurs in die Schule zurück. Vorher duschte er noch schnell, zog sich eine elegante Hose und ein frisches weißes Hemd an und band sich eine Krawatte um. So konnte man durchaus in ein Saigoner Restaurant gehen, selbst wenn es klimatisiert war, denn draußen war eine Jacke unerträglich. Etwa einen Monat nachdem sie zum ersten Mal miteinander geschlafen hatten, gestand er ihr die Existenz seiner Kinder. Sie war unangenehm überrascht, als sie durch ständiges Fragen erfuhr, daß sie kaum älter als Patricia war. Er gab nun zu, doch ein wenig älter zu sein, als er ihr ursprünglich gesagt hatte. Er habe einfach lügen müssen, weil er sie so sehr liebte. Sie verzieh ihm. Er versicherte ihr noch einmal, daß er und Mary Jane sich getrennt hätten und er beim nächsten Heimaturlaub in den USA die Scheidung beantragen werde. Immer wenn er ein Hemd mit Krawatte anzog, um eine andere zu treffen, erzählte er ihr, er habe eine wichtige Verabredung.

Lees Argwohn war berechtigt. Im Frühjahr 1966 begann Vann eine Affäre mit einer jungen Vietnamesin, die seine zweite Geliebte und schließlich Mutter seines Kindes werden sollte. Bei dieser Nebenliaison zeigte er die gleiche Erfindungsgabe wie bei seinem Hauptverhältnis. Er war nicht nur der gute Samariter, der an einem verregneten Abend zufällig vorbeikam und zum Mitfahren einlud, oder der lässige Amerikaner, der an einem sonnigen Nachmittag aus dem Auto stieg, um sich einen Kaugummi von der Schuhsohle zu kratzen. Er tauchte auch immer wieder an den Treffpunkten vietnamesischer Mädchen auf. Dazu gehörte die Vietnamesisch-Amerikanische Gesellschaft, wo regelmäßig Englischkurse stattfanden. Am Samstag, dem 2. April 1966, begegnete er hier nach dem Abendkurs »Annie«.

Sie war siebzehn, romantisch und hatte ein für Mädchen ihres Alters nicht ungewöhnliches Problem. In Dalat, wo sie das Lycée Yersin besuchte, kannte sie eine Menge Jungen, doch keiner von ihnen hatte besonderes Interesse an ihr gezeigt. Sie hatte noch nie eine Verabredung gehabt. Wie jedes Jahr verbrachte sie ihre dreimonatigen Ferien in Saigon. Sie wollte sie diesmal dazu benutzen, ihre bescheidenen Englischkenntnisse zu verbessern.

Vann hatte einen Blick für einsame Mädchen. Er sprach sie an und machte ihr Komplimente über ihr Aussehen und ihre Kleidung. Er war gekommen, um einen Freund zu treffen, einen Hauptmann, der hier in seiner Freizeit Englischunterricht erteilte. (Der Captain unterrichtete hier tatsächlich, das angebliche Treffen hingegen war einer von Vanns Tricks.) Er würde gerne eine Freundin wie sie haben, um Vietnamesisch zu lernen. (Vann war dazu unfähig, da er kein Ohr für Tonhöhen hatte, und war deshalb auch aus einem Vietnamesischkurs der AID ausgestiegen.) Sie lächelte und sagte, daß sie gerne einen amerikanischen Freund hätte, mit dem sie Englisch sprechen könnte. Sein Angebot, sie nach Hause zu fahren, nahm sie an.

Im Auto bekam sie die vietnamesische Variante der unausbleiblichen Geschichte zu hören, die das weinende Mädchen zehn Jahre zuvor in Heidelberg erzählt hatte. In der »Getrennt-von-der-Frau«- und »Suche-neue-Frau-zum-Lieben-und-Heiraten«-Geschichte, die er Annie erzählte, war ein bißchen mehr Wahrheit als in der Version, die Lee gehört hatte. Seine Kinder zu verheimlichen hielt er nicht mehr für nötig. Er bat sie um ein Wiedersehen. Das ging nicht, sie hatte im Augenblick zu viel zu tun. »Okay, dann warte ich eben«, sagte er. Nach dem nächsten Abendkurs war er wieder zur Stelle, um sie nach Hause zu bringen. Sie gab ihm ihre Telefonnummer. Er rief mehrmals an und redete ihr solange zu, bis sie eine Einladung zum Abendessen in ein französisches Restaurant am Saigon-Fluß annahm. Sie erinnerte sich später an ihn als »einen idealen Mann, sehr freundlich, sehr zärtlich, sehr nett und immer sehr geduldig«. Nach dem Essen fuhr er sie zu seinem Haus. Er bat sie, mit hochzukommen, damit sie sehen könne, wie er wohne. Dieses Mal noch nicht, sagte sie.

Er war überrascht, als sie ein paar französische und chinesische Restaurants später mit ihm ins Bett ging. Er benutzte dazu Ellsbergs Haus, da Jacobson an diesem Abend Besucher hatte. Da sie sich am ersten Abend vor der Vietnamesisch-Amerikanischen Gesellschaft so leicht hatte ansprechen lassen, nahm er an, daß sie schon einige Erfahrung hatte, aber eben schüchtern war. Doch sie war noch Jungfrau.

Im Juli ging sie wieder ans Gymnasium nach Dalat zurück, konnte aber nicht mehr lernen. Ihre Gedanken waren bei Vann. Sie schrieb ihm glühende Liebesbriefe, er antwortete ihr. Zu ihrer Überraschung kam er an einem Wochenende nach Dalat, um sie zu besuchen. Daß etwas nicht stimmte, merkten ihre Eltern, als ihre bis dahin guten Leistungen radikal schlechter wurden. Als sie im September zum Begräbnis ihrer Großmutter heimkam, weigerte sie sich, nach Dalat zurückzugehen. Sie wollte in Saigon bleiben und sich hier Arbeit suchen. Ihr Vater war bestürzt. Er war chinesischer Abstammung, ein gebildeter Mann, der mit seinem ersten Kind große Pläne hatte. Die Familie war vermögend. Annie war die Koseform ihres angenommenen französischen Vornamens. Die Lehrer an ihrem Lyzeum hatten die Schüler veranlaßt, sich französische Namen zu wählen, mit denen sie sie aufriefen. Ihr Vater hatte in Frankreich und England Betriebs- und Volkswirtschaft studiert und zwölf Jahre im Ausland, vor allem in Frankreich, verbracht, ehe er nach dem Zweiten Weltkrieg heimgekehrt war, um dem Bao-Dai-Regime als Wirtschaftsberater zu dienen. Später war er ins Import-Export- und dann ins Versicherungsgeschäft gegangen. Sie hatte in Dalat bereits den ersten

Teil der Reifeprüfung abgelegt. Ihr Vater wollte sie nach Abschluß des letzten Schuljahrs und Ablegung des zweiten Teils nach Paris schicken, wo sie Medizin oder Chemie studieren sollte.

Vann ermunterte Annie, die Schule zu verlassen und in Saigon zu bleiben. Alles, was er sagte und tat, bestärkte sie in ihrer Überzeugung, daß er ihre Liebe erwiderte. Sie war in vielerlei Hinsicht ein Kontrast zu Lee. Auch sie hatte eine gute Figur, war aber schlank. Sie liebte ihn, war aber nicht die dynamische, stets zum Scherzen aufgelegte Gefährtin, die Lee war. Auch das Englische sollte sie niemals so gut beherrschen. Sie war ein sanftes, zurückhaltendes Wesen, fröhlich, doch auf eine ruhige Art. Von Lee fühlte Vann sich angezogen, weil mit ihr ins Bett zu gehen jedesmal ein neues Abenteuer war. Außerdem war sie eine der wenigen Frauen, mit denen er sich auf englisch unterhalten konnte. Für einen Menschen wie Vann mußte eine Beziehung zu einer Frau wie Lee aber auch immer etwas Bedrohliches haben. An Annie lag ihm gerade wegen ihrer gegenteiligen Eigenschaften.

Als die plötzliche Veränderung Annies ihren Vater auf ihre Liebesaffäre aufmerksam machte, ließ er über Vann Erkundigungen einziehen. Er erfuhr, daß er ein Schürzenjäger war und Frau und Kinder hatte. Eines Abends wartete er, bis Vann seine Tochter nach Hause brachte. Als Vann aus dem Wagen stieg, empfing er ihn mit einer Ohrfeige. »Was fällt Ihnen eigentlich ein?« schrie er. »Haben Sie überhaupt kein Verantwortungsgefühl? Wissen Sie nicht, daß Sie vor Gericht kommen können, wenn Sie einen Teenager verführen?« Vann machte keinen Versuch, sich zur Wehr zu setzen. Er sagte, er wolle die Sache erklären. »Es gibt nichts zu erklären!« rief Annies Vater. »Sie lassen meine Tochter in Ruhe!« Er gab Annie eine Ohrfeige und befahl ihr, ins Haus zu gehen.

Vann tat etwas, das er in den Vereinigten Staaten niemals zu tun gewagt hätte. Er setzte sein Verhältnis mit Annie fort. Um nicht wieder geohrfeigt zu werden, ließ er sie einen Block vor ihrem Haus aussteigen. Wenn er sie anrief und der Vater abhob, bekam er Verwünschungen zu hören. Annies Vater schämte sich zu sehr, als daß er den einzigen Weg gegangen wäre, der ihm offenstand: bei Lodge vorstellig zu werden. Er versuchte, seine Tochter zur Vernunft zu bringen. Er erklärte Annie, daß Vann nicht die Absicht habe, sie zu heiraten. Er sei ohnehin schon zu alt für sie und nutze bloß ihre Leichtgläubigkeit aus. Sie zerstöre sich ihre Zukunft, ihre Karriere und die Aussicht, eines Tages einen anständigen Mann und Kinder zu haben.

Vernünftiges Zureden blieb ohne Erfolg. Der Vater griff zu praktischen Maßnahmen. Wie in besseren Saigoner Vierteln üblich, war das Haus von einer Mauer umgeben. Annies Vater versperrte das Tor und nahm den Schlüssel an sich, um sie zu zwingen, abends zu Hause zu bleiben. Sie kletterte über die Mauer. Draußen wartete Vann, um ihr herunterzuhelfen. Das Treffen war vorher per Telefon oder Briefchen vereinbart worden. In seiner Wut und Verzweiflung begann der Vater, sie bei ihrer Rückkehr zu schlagen. Sobald es ihr gelungen war, sich mit Vann zu verabreden, kletterte sie wieder über die Mauer und kam zurück, um ihre Schläge zu empfangen. Unter ihrer scheinbaren Ergebenheit verbarg sich ein eigensinniger Charakter, sie war ein verwöhntes Mädchen, das nun seinen Willen durchsetzte. Vor allem aber war sie in ihrem romantischen Traum gefangen. Vanns trotzige Haltung ihrem Vater gegenüber war für sie ein weiterer Beweis seiner Liebe.

Als Vann Mitte 1966 von seinem Heimaturlaub zurückkam, erklärte er Lee, er habe versucht, von Mary Jane die Einwilligung zur Scheidung zu erhalten. Sie sei dazu aber nur unter unannehmbaren Bedingungen bereit. Er würde sich mit riesigen Unterhaltszahlungen zum Bettler machen. Lee sagte, sie würde warten, bis Mary Jane ihre Meinung änderte. Das Gespräch mit Mary Jane hatte nie stattgefunden. Hätte Vann sie in den ersten Jahren nach seiner Rückkehr nach Vietnam um ihre Einwilligung gebeten, hätte sie diese nicht gegeben. Er hatte aber beschlossen, es gar nicht erst zu versuchen. Den Schein von Ehe und Familie aufrechtzuerhalten war für Vanns ehrbares Selbstbild ebenso wichtig wie für seine Personalakte bei der AID. Außerdem war Mary Jane die perfekte Ausrede. Ein unauflösliche Ehe in Amerika erleichterte die sexuelle Freiheit in Vietnam.

Annie wurde Ende 1966 schwanger und wollte das Kind behalten. Ein uneheliches Kind würde seiner Karriere schaden, sagte Vann, und er überredete sie zu einer Abtreibung. Sie willigte widerstrebend ein. Die Abtreibung war für sie körperlich und seelisch eine Qual. So etwas wolle sie nicht noch einmal durchmachen. Er riet ihr nicht zu Verhütungsmaßnahmen. Lee wiederum mußte zweimal abtreiben lassen, bevor sie aus eigenem Antrieb zu Verhütungsmaßnahmen griff. Vann schien anzunehmen, er würde Annie im Falle einer erneuten Schwangerschaft wieder zu einer Abtreibung bringen können. Schwangerschaften waren für ihn ein Problem der Frau. Wahrscheinlich entsprang auch diese Einstellung dem zwanghaften Bedürfnis, das Myrtle in ihm hervorgerufen hatte: dem Drang, Frauen zu gebrauchen und zu mißbrauchen.

Im Herbst 1966 erlebte der Sohn so etwas wie einen Sieg über seine Mutter. An einem späten Septembernachmittag fand die Norfolker Polizei Myrtle halb bewußtlos im Hafenviertel, wo sie ein möbliertes Zimmer bewohnte. Sie roch nach Alkohol und umklammerte eine ungeöffnete Weinflasche. Die Polizisten nahmen an, daß sie wieder einmal betrunken war und sperrten sie in die Ausnüchterungszelle. Erst am nächsten Morgen um vier Uhr früh bemerkte man, daß sie nicht bloß alkoholisiert, sondern in ein Koma verfallen war. Sie verstarb am Abend im Krankenhaus. Offenbar war sie im Rausch von einem Sadisten geschlagen worden. Sie hatte einen Schädelbasisbruch, einen gebrochenen Knöchel und zahlreiche kleinere Verletzungen. Mit zunehmendem Alter hatte sie immer häufiger zur Flasche gegriffen. Nun war sie mit 61 Jahren durch den Alkohol so geschwächt, daß ihr die Ärzte nicht mehr helfen konnten.

Abgesehen von dem, was sie erbetteln und ergaunern konnte, war der Sohn, den sie am grausamsten behandelt hatte, schließlich ihre einzige finanzielle Stütze gewesen. Zum Ärger Mary Janes, die immer äußerst knapp gehalten wurde, hatte Vann seiner Mutter Jahre hindurch jeden Monat einen Scheck übersandt. Er erhöhte die Zahlungen Anfang der sechziger Jahre, als Myrtle sich von dem Oberstabsbootmann scheiden ließ, dem zuliebe sie Frank Vann verlassen hatte. Der Mann von der Navy war ein brutaler Mensch gewesen. Er hatte ihr bei einer Auseinandersetzung eine Bierdose an den Kopf geschleudert und das linke Auge ausgeschlagen, das dann durch ein Glasauge ersetzt wurde. Myrtle nannte ihren Gatten Arkie, weil er aus Gravelly in Arkansas stammte, wo sie nach seiner Pensionierung hingezogen waren. Arkie wurde in seinem Heimatstaat wegen schweren Diebstahls und Schwarzhandels mit Alkohol eingesperrt. Myrtle nutzte die Gelegenheit, um ihn zu verlassen und nach Norfolk zurückzuziehen. Die bescheidene Summe, die man ihr bei der Scheidung zugesprochen hatte, war rasch vertrunken. Zur Zeit ihres Todes schickte ihr Vann jeden Monat ein paar hundert Dollar.

Er bezahlte auch das Begräbnis. Er wollte nicht, daß seine Mutter in einem dieser Kiefernsärge unter die Erde kam, in denen sie ihre Toten auf der Farm in North Carolina begraben hatten. Als Frank Junior, sein ältester Bruder, ihm telefonisch Myrtles Tod mitteilte, antwortete er ihm, er werde sofort nach Hause fliegen, um ein anständiges Begräbnis und einen schönen Sarg zu bestellen. Er würde für sämtliche Kosten aufkommen.

Das Begräbnis war eine Art Familientreffen. Nach seiner Dienstzeit in der Armee als Fallschirmjäger und zwei Absprüngen im Korea-Krieg arbeitete Frank Junior, wie vorher sein Vater, in Norfolk als Zimmermann. Auch Dorothy Lee lebte hier und bemühte sich verzweifelt, fünf Kindern eine gute Mutter zu sein, während der Vater, ebenfalls Stabsbootsmann bei der Navy, ein Trinker und Spieler war. Sie hatte ihn geheiratet, als Myrtle und Frank Vann in Scheidung lebten. Sie wollte ein eigenes Heim haben und erkannte die Gewohnheiten ihres Seemanns erst, als es schon zu spät war. Frank Vann wohnte bei ihr. Wegen seines hohen Blutdrucks hatte er Ende 1963 seine Stellung als Zimmermann in der Marinebasis in Norfolk aufgeben müssen. Er hatte nicht wieder geheiratet und auch seine Gefühle für Myrtle nicht verloren. Wenn Vanns Scheck aufgebraucht war, kam sie oft auf Besuch, um sich Geld für die Miete oder für Alkohol geben zu lassen. Frank Vann gab ihr das Geld. Als sie einmal nach einer Serie von schlimmen Räuschen krank wurde, pflegte er sie wieder einigermaßen gesund. Gene hatte sich wie sein von ihm vergötterter großer Bruder mit Erfolg ins Militär geflüchtet. Er führte eine solide Ehe und war Mechaniker bei der Luftwaffe, wo er bald zum Oberstabsfeldwebel befördert werden sollte. Er konnte von seiner Luftwaffenbasis in Kalifornien nach Hause fliegen, um Frank Junior und Dorothy Lee bei der Vorbereitung des Begräbnisses zu helfen.

Sie ließen Myrtle in der Leichenhalle von Holloman-Brown in einem grauen Metallsarg aufbahren und setzten die Stunden, da Verwandte und Freunde von ihr Abschied nehmen konnten, für den Abend fest. Dorothy Lees engste Freundinnen wußten, daß sie nicht genug Geld hatte, deshalb legten sie zusammen und kauften für Myrtle ein schönes blaues spitzenbesetztes Kleid. Die Leute von der Leichenbestattung färbten ihr das Haar in der Farbe ihrer Jugend, einem rötlichen Braun, und sorgten für eine kunstvolle Frisur. Als Frank Vann an den Sarg kam, sagte er, sie sei »genauso hübsch wie am Tag, als ich ihr begegnete«. Mollie kam aus Long Island angereist. Ihr jüngerer Sohn, Melvin, der mit Vann 1943 ins Rekrutierungslager nach Richmond gefahren war, um zum Air Corps zu gehen und das Ende des Zweiten Weltkriegs bei den Marines erlebt hatte, fuhr sie nach Norfolk. Auf Vanns Bitte hin hatte Mollie, die nun verwitwet war, Myrtle bei sich aufgenommen, mußte sie aber bald wieder in einen Bus setzen und nach Norfolk zurückschicken. Myrtle hatte sich betrunken und in Mollies blitzsauberem Heim auf den Teppichboden erbrochen. Als nächste hatte Dorothy Lee versucht, ihre Mutter zu sich zu nehmen, was mit einem ähnlichen Ergebnis endete. Schließlich hatte Myrtle allein in dem möblierten Zimmer gewohnt. Auch die beiden anderen Schwestern Myrtles, Lillian und Roxie, kamen zu dem Begräbnis. Ohne ausgesprochene Alkoholikerinnen wie Myrtle zu sein, waren sie beide zu starken Trinkerinnen geworden. Sie kamen einmal angeheitert in die Aufbahrungshalle, ließen sich eine weißgebundene Bibel geben und legten sie in Myrtles rechte Hand. Frank Junior ging das zu weit. Er nahm die Bibel wieder weg und ersetzte sie durch das Spitzentuch, das die Leute von der Leichenbestattung ihr in die Hand gesteckt hatten. Die Firma Holloman-Brown hatte mit der Tradition gebrochen und verwendete keine schwarzen Leichenwagen mehr. Am Nachmittag des Begräbnistags wurde Myrtle in einem hellblauen Leichenwagen zum Grab gefahren.

Vann kam am Morgen in Norfolk an, gerade noch rechtzeitig, um seine Mutter zu sehen, ehe der Sarg geschlossen wurde. Bald nach dem Begräbnis begann er mit den Anstalten zu seinem zweifelhaften Sieg. Nach ihrer Scheidung hatte Myrtle den Namen ihres Seemanns behalten. Vanns erster Akt war, seine Mutter in die Familie zurückzuholen. Den Namen, den er auf dem Grabstein eingemeißelt haben wollte (den er ebenfalls bezahlen würde), hatte sie in den letzten siebzehn Jahren nicht mehr getragen – Myrtle Lee Vann. Dorothy Lee war dagegen. Das sei Heuchelei, meinte sie. Hätte ihre Mutter wieder Vann heißen wollen, hätte sie ihren Namen ändern lassen. Dorothy Lee war überzeugt, daß Myrtle den Namen ihres Seemanns behalten hatte, weil ihr an Arkie trotz allem noch etwas lag. Frank Junior und Gene verwarfen diesen Einwand und stellten sich auf Johns Seite. Sie hätten es nicht ertragen, daß der Name dieses Mannes auf dem Grabstein ihrer Mutter stand.

John kündigte nun an, was er auf den Grabstein schreiben wollte. Dorothy Lee fand diese Inschrift noch heuchlerischer, erhob jedoch keinen Einwand mehr, weil ihr das sinnlos erschien. Frank Junior und Gene wären mit Namen, Geburts- und Todesdatum ihrer Mutter zufrieden gewesen, waren aber bereit, allem zu- zustimmen, was John wünschte. Vann machte Myrtle im Tod zu der Mutter, die sie ihm im Leben nicht hatte sein wollen. Er ließ den Steinmetz in den grauen Mar- mor meißeln: »Myrtle Lee Vann . . . der lieben Mutter von John, Dorothy, Frank & Gene«.

Während sich Myrtles Leben seinem Ende genähert hatte, war John Vann in der US-Bürokratie in Vietnam immer höher gestiegen, wenn auch nicht ohne die üblichen Kollisionen. Nach seiner Ernennung zum Leiter des AID-Programms für die Aufstellung der Pazifizierungsteams hatte er mit dem Chef der CIA und dem rangältesten CIA-Beamten, der an dem Projekt mitarbeitete, eine scharfe Ausein- andersetzung, die beinahe dazu führte, daß er vorzeitig nach Hause flog.

Das neue Projekt stellte das größte Pazifizierungsvorhaben seit Diems Wehr- dörferprogramm dar. Der personelle Kern der Teams existierte bereits, denn man hatte die bewaffneten Propaganda-Einheiten, die Frank Scotton mit Unterstüt- zung der CIA 1964 in Quang Ngai geschaffen hatte, in großer Zahl kopiert. Die CIA war von Scottons Innovation so beeindruckt gewesen, daß sie noch im sel- ben Jahr in Vung Tau ein großes Lager errichten ließ, um dort weitere je vierzig Mann starke Kommandos auszubilden. Diese Kommandos wurden Political Action Teams oder kurz PATs genannt. Anfang 1966 standen der CIA bereits etwa 16.000 Vietnamesen dafür zur Verfügung. Das Lager in Vung Tau umfaßte genügend Baracken und Anlagen, um 5000 Mann zugleich aufzunehmen. Nunmehr sollte das Lager als nationales Ausbildungszentrum für Pazifizierungsarbeiter dienen. Die bisher hier ausgebildeten 16.000 PAT-Mitarbeiter sollten innerhalb der Pazi- fizierungsteams eingesetzt werden. Das Ziel, das Vann noch höherschrauben wollte, war zunächst, eine Streitmacht von etwa 45.000 Pazifizierungsarbeitern ins Feld zu stellen, ungefähr 30.000 davon bis Ende 1966. Sie sollten in die schwarzen Blusen und Hosen der Bauern gekleidet und offiziell als »Revolutio- näre Entwicklungskader« (RD) bezeichnet werden – ein weiterer Versuch der Amerikaner, die vietnamesischen Kommunisten zu kopieren.

Der Leiter der CIA-Vertretung in Saigon, Gordon Jorgenson, und Tom Dono- hue, sein mit dem Projekt betrauter Mitarbeiter, hatten den falschen Eindruck, daß die von ihnen bereits ausgebildeten und im Einsatz befindlichen PATs dem Vietcong ernstlichen Schaden zufügten. In Wirklichkeit war die besondere Quali- tät von Scottons innovativen Teams verlorengegangen, sobald man diese in gro- ßer Zahl produziert hatte. Nach erfolgter Ausbildung wurden die PATs auch den Provinz- und Distriktchefs zum Einsatz gegen die Guerillas zugeteilt. Die in den

Provinzen tätigen CIA-Beamten begleiteten die Teams gewöhnlich nicht auf ihren Einsätzen und waren damit auf die Provinz- und Distriktchefs angewiesen, um zu erfahren, wie effektiv die PATs arbeiteten. Die Saigoner Beamten, die auf mehr CIA-Geld und mehr bewaffnetes Personal aus waren, das sie beschützte, spielten das übliche Spiel der Erfolgsmeldungen.

Für Jorgenson und Donohue war Pazifizierung vor allem Repression, d. h. Identifizierung und Eliminierung der geheimen Vietcong-Verwaltungskader und der lokalen Guerillas. Der falsche Eindruck von der Effektivität ihrer Kommandos brachte sie auf den Gedanken, die PATs seien für diese Aufgabe geradezu ideal. Sie wollten das PAT-Trainingsprogramm und die Teamstärke von 40 Mann praktisch unverändert beibehalten, den PATs einen neuen Namen geben und sie für die Pazifizierung einsetzen.

Vann hatte nichts gegen die repressive Seite der Pazifizierung, sie war für ihn etwas Selbstverständliches, aber aufgrund seiner neuen Ideen über die soziale Revolution betrachtete er sie als unzureichend. Um die Bauern zur Mitarbeit zu gewinnen, bedurfte es gesellschaftlicher und wirtschaftlichen Veränderungen. Er wollte die Teams auf je 80 Mann aufstocken und darin genügend Experten für eine bessere Verwaltung der Dörfer und Weiler, für das Gesundheitswesen, für Erziehung und agrartechnische Verbesserungen aufnehmen. Erweiterte man die Teams in diesem Sinn, mußte man natürlich auch das Ausbildungsprogramm in Vung Tau entsprechend ändern.

Zu allem Überfluß hatten sich die CIA-Leute auch mit Oberstleutnant Tran Ngoc Chau überworfen, den sie als den vietnamesischen Leiter des Programms ausgesucht hatten. Er wiederum war der Mann, der Vann für das Projekt engagiert hatte und dessen engster vietnamesischer Freund werden sollte.

Tran Ngoc Chau war einer der ganz wenigen ARVN-Offiziere, die in den Reihen des Vietminh gegen die Franzosen gekämpft hatten. Bei Chau waren es fast vier Jahre gewesen. Er entstammte einer geachteten Mandarinfamilie aus Hue, die die Schande ihrer Klasse teilte, mit den Kolonisatoren, obschon schlechten Gewissens, zusammengearbeitet zu haben. Chau und zwei seiner Brüder waren im Zweiten Weltkrieg zum Vietminh gegangen. Chau hatte sich als tapferer Kämpfer erwiesen und war vom Gruppenführer zum stellvertretenden Bataillonskommandeur aufgestiegen. Sein Dilemma war, daß er zu viel Temperament besaß, um die Selbstverleugnung und Gruppendisziplin zu ertragen, die die Kommunistische Partei ihren Kadern abverlangte, aber auch zu ehrgeizig war, um nicht irgendwie Karriere machen zu wollen. Seine beiden Brüder hatten keine Schwierigkeiten, den Aufstieg vom Vietminh- zum Parteimitglied zu schaffen. Chau konnte sich nicht dazu entschließen, der Partei beizutreten. 1949 desertierte er und trat bald darauf in die von den Franzosen finanzierte Armee Bao Dais ein.

Chaus amerikanische Freunde sahen seine positiven Seiten, befragten ihn aber niemals gründlich genug, um zu verstehen, warum er mit den Kommunisten gebrochen hatte. In ihren Augen standen hinter den von ihm genannten Gründen eher politische Motive und Prinzipien als Fragen des Temperaments und des Charakters. Für Vann, Ellsberg, der sich auch mit ihm anfreundete, Bumgardner und andere war Chau der Inbegriff des »guten« Vietnamesen. Er war von gewinnendem Wesen und konnte gleich Vann erstaunlich aufrichtig sein, wenn er nicht gerade jemanden manipulieren wollte. Für Saigoner Verhältnisse war er ehrlich; Geld, so sehr er auf Ruhm und Karriere aus war, interessierte ihn nicht. Er hatte den aufrichtigen Wunsch, die Lebensbedingungen der Landbevölkerung zu verbessern, auch wenn das politische System, dem er diente, es nicht erlaubte, diesem Wunsch auch Taten folgen zu lassen. Durch die Erfahrungen aus dem fast vierjährigen Kampf in den Reihen der Vietminh und seine außerordentliche Intelligenz konnte er mit Einfühlungsvermögen und Verstand über Guerillakrieg, Pazifizierung, die Einstellung der Landbevölkerung und die Laster der Saigoner Gesellschaft diskutieren. Das Problem mit den Bewohnern Saigons bestand für ihn darin, daß sie, wie er sagte, »vietnamesische Ausländer« waren.

Chau und Vann hatten sich im Sommer 1962 in Ben Tre kennengelernt, nachdem Chau von Diem zum Gouverneur von Kien Hoa ernannt worden war, der damals unruhigsten Provinz im nördlichen Delta. Ihr Verhältnis war äußerst gespannt gewesen, da Chau, geschmeichelt durch die Beförderung, ein glühender Anhänger Präsident Diems war. Trotzdem hatten sich die beiden Männer in gegenseitiger Achtung voneinander verabschiedet und wurden nach Vanns Rückkehr im Jahr 1965 zu Freunden. In Kien Hoa hatte Chau auch seine Verbindung mit der CIA begründet. Er konnte zwar keine besseren Ergebnisse vorweisen als andere Provinzgouverneure (im Frühjahr 1963, nach Ap Bac, kamen in Kien Hoa die meisten der 2500 Freiwilligen für die neuen Vietcong-Bataillone aus Chaus Wehrdörfern), war aber insofern eine Ausnahme, als er ernsthaft versuchte, seine Provinz zu befrieden. Die für die Pazifizierung zuständigen CIA-Beamten fühlten sich zu ihm aus den gleichen Gründen hingezogen wie Vann. Die CIA hatte mehrere von Chau initiierte Versuchsprogramme finanziert, darunter auch eines zur Eliminierung der geheimen Vietcong-Verwaltung in den Weilern. Man setzte dazu Gruppen von Bewaffneten ein, die den Killerkommandos der CIA ähnelten, sogenannte Counter Terror Teams. Als Ende 1965 Gordon Jorgenson und Tom Donohue einen Vietnamesen als Leiter des Pazifizierungsarbeiter-Projekts benötigten, das die CIA gemeinsam mit der AID verwirklichen sollte, konnte ihre Wahl nur auf Chau fallen. Dieser wiederum forderte, daß Vann sein Berater werden müsse, in anderen Worten der Projektleiter seitens der AID.

Als im März 1966 endlich ein Kompromiß in bezug auf die Zusammensetzung und Größe der Pazifizierungsteams gefunden wurde, die nun 59 Mann umfassen sollten, hatte sich der Streit so erhitzt, daß Jorgenson und Donohue sich fragten, was ihnen an Chau eigentlich so gefallen hatte. Vann und Donohue kamen zu der Erkenntnis, daß sie einander trotz aller Meinungsverschiedenheiten gut leiden mochten, Jorgenson hingegen hatte von dem verdammten Vann die Nase voll. Als Ergebnis einer weiteren Strategiekonferenz, die Präsident Johnson im Februar nach Honolulu einberufen hatte, war William Porter, dem Stellvertreter von Lodge, die Aufsicht über alle zivilen Pazifizierungsaktivitäten übertragen worden. Jorgenson beklagte sich bei Porter, daß Vann ein wunderbar laufendes Programm sabotiere, bloß um es unter seine Kontrolle zu bringen und sich auf diese Weise seine Hausmacht zu schaffen. Porter, der 1966 von seinen einundfünfzig Jahren dreißig im Foreign Service verbracht hatte, war in Asien noch neu. Er war einer der Spezialisten des Außenministeriums für den Mittleren Osten und zuletzt Botschafter in Algerien gewesen. Möglicherweise hätte er dem Saigoner CIA-Chef Glauben geschenkt, hätte Vann nicht entdeckt, daß im Lager von Vung Tau etwas Ungewöhnliches vor sich ging.

Richard Holbrooke, der sich 1963 am liebsten versteckt hätte, als Halberstam im Restaurant auf den Tisch schlug und Harkins vor ein Hinrichtungskommando stellen wollte, war nun Porters Assistent. Als einer der wenigen Beamten des Foreign Service hatte er praktische Erfahrung bei der Pazifizierung. Er war bis Sommer 1964 fast ein Jahr lang AID-Repräsentant in der Provinz Ba Xuyen im unteren Delta gewesen. Holbrooke traute seinen Ohren nicht, als Vann plötzlich im Vorraum zu Porters Büro erschien und ihm über die Vorfälle in Vung Tau berichtete. Porters zweiter Assistent war Frank Wisner II, der älteste Sohn des berühmten Leiters für Geheimoperationen der CIA. Statt in die Fußstapfen seines Vaters zu treten, hatte er sich dafür entschieden, im Außenministerium Karriere zu machen. Er war 1964 nach Saigon versetzt worden und an Überraschungen bereits gewöhnt. Auch er fand Vanns Geschichte zu phantastisch, um wahr zu sein.

Das Ausbildungsprogramm der CIA war, so Vann, von einem Anhänger einer obskurantistischen politischen Sekte »gekapert« worden. Es wurde als Deckmantel benutzt, um die antikommunistischen, aber gleichzeitig gegen Saigon gerichteten Lehren der Sekte zu verbreiten. Verantwortlich dafür war der Kommandant und Ausbildungsleiter des Lagers von Vung Tau, ein Hauptmann der ARVN-Fernmeldetruppe namens Le Xuan Mai, seit Ende der fünfziger Jahre Mitarbeiter der CIA. Mai führte seine Indoktrinierung in den Kursen für politische Bildung durch und schleuste in jedes der einsatzbereiten PAT-Teams eine Viermann-Zelle ein, die er zu den Ideen seiner Sekte bekehrt hatte. Das alles geschah unter der Nase von Jorgenson und Donohue und ihren Untergebenen. Keiner der CIA-Leute im Lager sprach Vietnamesisch, und weder Jorgenson noch sonst jemand war auf die Idee gekommen, sich die Inhalte des politischen Unterrichts übersetzen zu lassen. Als Chau und Vann in Vung Tau waren, um das Lager für die neue Pazifizierungsmission zu reorganisieren, entdeckte Chau, was hier vorging und machte Vann darauf aufmerksam.

Holbrooke und Wisner gingen der Sache nach. Als sie feststellten, daß Vann recht hatte, merkten sie ihn für ein Gespräch bei Porter vor. Ein früheres Treffen, das Vann die Möglichkeit geben sollte, seine Ansichten über die Pazifizierungsteams vorzutragen, war für Vann mit einem Mißerfolg ausgegangen. Jorgenson hatte dem stellvertretenden Botschafter schon viel über Vann erzählt, und zwar immer nur Schlechtes. Dieses zweite Treffen war für Porter der letzte Termin seines Arbeitstags. Ungefähr eine halbe Stunde nach Gesprächsbeginn kam Porter aus seinem Amtszimmer und teilte Holbrooke und Wisner mit, daß er nun in seine Residenz zurückfahre. Vann folgte ihm durch den Haupteingang auf die Straße hinaus.

Wie Porter am nächsten Morgen in der Botschaft amüsiert erzählte, war Vann mit ihm im Aufzug hinuntergefahren und bis zum Auto mitgegangen und hatte unablässig auf ihn eingeredet. Ob er nicht mitfahren dürfe, um ihm noch mehr zu erzählen? Als er bejahte, sei Vann eingestiegen, habe sich neben ihn auf die Fondbank gesetzt und weitergeredet. Er habe erst zu sprechen aufgehört, als sie in einer der katastrophalen Saigoner Verkehrsstockungen festsaßen. Plötzlich sei er mit einem »Vielen Dank, Herr Botschafter« ausgestiegen und zwischen Stoßstangen und Abgasschwaden entschwunden. Porter begann hinter dieser Exzentrik den Wert des Mannes zu erkennen.

Dan Ellsbergs Freundschaft und Bewunderung waren in dieser schwierigen Zeit von großer Bedeutung. Lansdale ließ Ellsberg relativ frei entscheiden, wofür er seine Zeit und seine Energie verwenden wollte, denn Anfang 1966 war Lansdales zweite Vietnam-Mission bereits ein deutlicher Fehlschlag. Der eigentliche, wenn auch nicht ausdrücklich genannte Zweck von Lansdales Rückkehr — das Saigoner Regime von der Spitze herab durch Überzeugungskraft und die magnetisierenden Ideale der amerikanischen Revolution zu reformieren — war ein unsinniges Unterfangen gewesen. Westmoreland fand bei Ky, Thieu und den anderen Saigoner Generälen Gehör, weil er über Ressourcen gebot, an denen sie sich bereichern konnten. Lodge schenkten sie Aufmerksamkeit, weil er über Macht verfügte, die sie zugunsten ihrer persönlichen politischen Ambitionen manipulieren konnten. Lansdale brachte keine Handelsware, deshalb scherte man sich in Saigon den Teufel um seine Ratschläge. Die für Lansdale und sein Team vorgesehene Aufgabe — als Verbindungsleute zwischen der Botschaft und dem Rural Construction Council zu dienen, der, zum Ministerium erhoben, auf vietnamesischer Seite die oberste Verantwortung für die Pazifizierung innehatte — war durch die Entscheidung der Konferenz von Honolulu, Porter die Aufsicht über die zivilen Pazifizierungsprogramme zu übertragen, hinfällig geworden. Die Position Lansdales war unklar, daher hatte er kaum Möglichkeiten, etwas zu bewirken. Er diente Lodge und Porter als Berater für Pazifizierung und damit verbundene Aufgaben. Das Konstruktivste, was er unter diesen Umständen tun konnte, war, den ihm in der Botschaft verbliebenen Einfluß zu nutzen, um die Meinungen zu bestimmten Streitpunkten zu beeinflussen. Der Auftrag seines Teams erlaubte es Ellsberg, beim Streit über die Pazifizierungsteams und das Funktionieren des Lagers in

Vung Tau mitzureden, was er auch zur Genüge tat. Seine Berichte an Lansdale waren farbige und deutliche Plädoyers für Vann. Lansdale ließ sich überzeugen und ergriff ebenfalls Partei für Vann. Auch Porter sah die Berichte und wurde dadurch beeinflußt.

Trotz des grotesken Charakters der Situation dauerte es Monate — bis Juni 1966 —, ehe man den Sektenführer aus dem Lager bekam. Jorgenson wollte keinen Gesichtsverlust hinnehmen und eingestehen, daß er und sein Nachrichtendienst von einem so verläßlichen Mitarbeiter hinters Licht geführt worden waren. Als Direktor der CIA in Saigon verfügte er über genügend Freiheit, die Dinge in seinem Sinne laufen zu lassen.

Vann hatte Angst, ein Gezeichneter zu sein. Er war im April zum Leiter der Projektierung von Feldoperationen ernannt worden und führte damit — zusätzlich zu seiner Rolle als Vertreter der AID bei der Ausbildung der Pazifizierungsteams — die Oberaufsicht über alle Antiguerillaprogramme. Trotzdem befürchtete er, daß Jorgensons Freunde in der CIA beim AID-Hauptquartier in Washington laut genug Klage über ihn führen würden, um seine Hoffnungen auf einen weiteren Aufstieg zunichte zu machen. Als er unter der Hand erfuhr, daß dies tatsächlich der Fall war, entschloß er sich, eine Alternative zur ungeliebten Rückkehr zu Martin Marietta in Colorado zu suchen.

Als Teil seiner Bemühungen, die Kontrolle über die Streitkräfte zu gewinnen, hatte McNamara im Pentagon einen kleinen zivilen Brain-Trust geschaffen, der ihm unabhängige Analysen von Rüstungsprogrammen und Strategien vorlegen sollte. Es handelte sich um das Office of Systems Analysis, das mit intellektuellen Senkrechtstartern à la Ellsberg besetzt war. Sein damaliger Leiter, Alain Enthoven, und dessen Stellvertreter, Fred Hoffman, waren beide mit Ellsberg befreundet. Enthoven und Ellsberg waren zu gleicher Zeit bei der Rand Corporation gewesen. Vor 1966 hatte sich Systems Analysis nicht mit Vietnam befaßt und sich auf Nuklearstrategie und die NATO in Europa konzentriert. Nun wünschte McNamara, daß sein Brain-Trust die Kriegsführung in Vietnam untersuchte, und Enthoven und Hoffman waren begierig, ihren Beitrag zu leisten. Sie suchten einen Mann mit unorthodoxer Denkweise, praktischer Vietnam-Erfahrung und einer zu quantitativen Analysen befähigenden Ausbildung (die von Systems Analysis verwendeten analytischen Methoden basierten vor allem auf Statistiken). Ein Bekannter von ihnen hatte im Frühjahr in Saigon Vann kennengelernt und meinte, daß er für diesen Posten der ideale Mann sei.

Im Mai schrieb Hoffman an Vann und schlug ihm vor, während seines nächsten Heimaturlaubs im Juni ins Pentagon zu kommen; man könne dann über die Möglichkeit sprechen, ihn mit der Leitung der Asienabteilung zu betrauen, die Systems Analysis gerade aufbaue. Vann zeigte sich interessiert und ließ sich von

Ellsberg einen an Hoffman gerichteten Empfehlungsbrief schreiben. Ellsberg verfaßte drei engzeilig getippte Seiten mit außerordentlichem und überzeugendem Lob. Der Job würde Vann einen Kanal zu McNamara verschaffen und ihm die Möglichkeit bieten, sich weiterhin der Sache zu widmen, die ihm so viel bedeutete. Als Mitglied der Elite, die den Managern der Macht in Washington diente, würde er vielleicht eines Tages als hohe Persönlichkeit seinen Weg zurück nach Vietnam finden. Mary Jane und die Kinder waren in Colorado untergebracht, auf diese Weise würde es sich vielleicht vermeiden lassen, sie nach Washington zu holen.

Im Juni fand ein Gespräch mit Hoffman und Enthoven statt, bei dem Vann alles tat, um den beiden den Eindruck zu vermitteln, von dem er dachte, daß er ihren Erwartungen entsprach. Enthoven unterstrich, daß die Unabhängigkeit, die McNamara Systems Analysis gewährte, die Mitarbeiter verpflichtete, das Vertrauen des Ministers nicht zu enttäuschen, sollten sie sich von der Regierungspolitik distanzieren und ihr Amt wieder niederlegen. Vann versprach Diskretion und Verschwiegenheit. Noch wichtiger wurde die Aussicht auf diesen Posten für ihn, als ihm nach seiner Rückkehr nach Vietnam ein Bekannter aus Washington im Juli schrieb, daß Rutherford Poats, der AID-Direktor für den Fernen Osten, angesichts der Klagen, die die CIA über ihn führte, daran dachte, ihn auf ein Abstellgleis zu schieben.

Wenn Enthoven mit Einverständnis McNamaras Vann diesen Job anbot, dann verdankte sich das der Tatsache, daß Vanns Ruf, die Wahrheit zu sagen, Zivilcourage zu besitzen und der amerikanischen Sache dienen zu wollen, bis auf diese Ebene vorgedrungen war. Als Enthoven sich Ende September entschloß, Vann ein festes Angebot zu machen, war jedoch Vanns anfängliches Interesse an Systems Analysis nicht mehr gegeben. Bessere Einsicht und kompromittierende Publizität (von Vann durch Indiskretionen gefördert) hatten ihn rehabilitiert und Jorgenson und die CIA blamiert. Jorgenson war nach Ablauf seiner Dienstzeit von Saigon weggegangen. Auch wenn noch ein bißchen Rachsucht nachklang, betrachtete sein Nachfolger die Sache als erledigt. Vanns Position in Vietnam war auf diese Weise immer stärker geworden, so daß er nun glaubte, die Klagen, die man in Washington vor Poats und anderen über ihn geführt hatte, würden ihm nichts mehr anhaben können. Anfang Oktober, gleich nach seiner Rückkehr von Myrtles Begräbnis, wurde sein Rang bei der Foreign Service Reserve auf FSR-2 angehoben. Er wurde zum stellvertretenden Direktor für AID-Operationen im Gebiet des III. Korps ernannt.

Vann wußte, daß man in Washington eine umfassende Neuorganisation der Pazifizierungsprogramme in Betracht zog und daß der Präsident und McNamara mit dem Tempo der Fortschritte nicht zufrieden waren. Ein Vorschlag lautete, Westmoreland die gesamte Verantwortung für die Pazifizierung zu übertragen; ein anderer, die Trennung von zivilen und militärischen Aktivitäten beizubehal-

ten und die zivilen Ämter zusammenzulegen, indem man sämtliche AID-, CIA-
und USIS-Programme in einer einzigen Organisation zusammenfaßte, die Porter
unterstehen sollte. Die Leitung eines Korpsgebiets in dieser Dachorganisation
würde einen viel wichtigeren Posten darstellen als eine Regionaldirektion bei der
AID. Vann hatte ein Auge auf diesen Job. In Ellsberg besaß er dabei einen besonders günstig plazierten Anwalt. Lansdales Team war im Begriff, sich aufzulösen.
Ellsberg hatte begonnen, für Porter zu arbeiten und sollte bald darauf zu dessen
Sonderberater ernannt werden. Diese Stellung verdankte er der Qualität seiner
Berichte an Lansdale. Was er schrieb, war von unmittelbaren Eindrücken des
Kriegs geprägt. Nachdem er bei Vann gelernt hatte, daß Risikobereitschaft nicht
nur mit innerer Erfüllung, sondern auch mit einzigartigen Informationen
belohnt wurde, wagte sich Ellsberg weiterhin in die Landgebiete — auf eigene
Faust oder mit Scotton oder Bumgardner, falls Vann einmal keine Zeit hatte. Sie
akzeptierten ihn, wie sie Vann akzeptiert hatten, als neues Mitglied im Häuflein
der aufrechten Amerikaner, die sich engagierten und etwas wagten.

John Vann wußte auch, daß bei solchen Neuorganisationen der Weg des geringsten bürokratischen Widerstands darin bestand, die Spitzenpositionen mit
allgemein beliebten Leuten zu besetzen. Um seine Aussichten zu verbessern,
sorgte er dafür, daß das Angebot von Systems Analysis bekannt wurde: »Seht einmal, wer mich haben will!« Er teilte Enthoven mit, daß er dessen neue Asienabteilung natürlich gerne übernehmen würde, worauf dieser das Einstellungsverfahren
einleitete. Alles, was in Saigon Rang und Namen hatte, erfuhr von dieser attraktiven Alternative. Vann setzte auch das AID-Hauptquartier in Washington davon
in Kenntnis und versuchte, seine zeitweilige in eine ständige Anstellung zu verwandeln. In einem Brief an einen Bekannten in Denver schrieb er: »Ich benutze
das Angebot, um die AID ein bißchen zu erpressen.«

Wahrscheinlich brachte Porter Vann genügend Wertschätzung entgegen, um
den mutigen Schritt so und so zu tun. Washington entschloß sich für die zweite
Lösung: Beibehaltung der Trennung von militärischen und zivilen Aktivitäten
sowie Zusammenfassung der zivilen in einer Dachorganisation. Als man Ende
November 1966 die Gründung des Office of Civil Operations (OCO) ankün-
digte, ließ Porter — mit Zustimmung von Lodge — Vann die Wahl zwischen dem
III. und dem IV. Korps. Das Mekong-Delta war inzwischen zum Nebenkriegs-
schauplatz geworden. Vann wählte das Gebiet des III. Korps, da es für ihn aus
beruflichen wie persönlichen Gründen genau das Richtige war. Sein Büro in Bien
Hoa würde nur eine halbe Autostunde von der Saigoner Innenstadt entfernt sein.
Auf diese Weise konnte er in der Mitte der Bühne verbleiben und Zugang zum
Herzen der Macht in der Botschaft und Westmorelands Hauptquartier haben, zu
den auf Besuch erschienenen Politikern und anderen wichtigen Kriegstouristen
und natürlich auch zu seinen Leuten von der Presse.

Seine Ernennung wurde stark beachtet. So schrieb Ward Just von de

»Washington Post« in einer Titelblattgeschichte, Porter habe sich für »einen der legendären Amerikaner in Vietnam« entschieden. Sein amouröses Doppelleben mit Annie und Lee konnte Vann auf diese Weise ungestört weiterführen; auch auf seine nächtlichen Abenteuer in Saigon brauchte er nicht zu verzichten. Zugleich würde sich sein Aktionsraum über die elf Provinzen um die Hauptstadt erstrecken. Er würde sein Hauptquartier in den Bürogebäuden aufschlagen, die die AID nahe der Luftwaffenbasis Bien Hoa und dem Hauptquartier des im Coup-Jahr 1964 aus Saigon ausgelagerten III. Korps errichtet hatte. Jonathan Seamans im Aufbau begriffenes US-Armeekorps aus Vanns Zeit in Hau Nghia hatte die Stärke von vier amerikanischen Divisionen und einem 4500 Mann umfassenden australischen Kampfverband mit einem kleinen neuseeländischen Kontingent erreicht. Es wurde Second Field Force genannt und hatte sein Hauptquartier in der riesigen Basis, die in Long Binh gerade errichtet wurde.

Mit der Stellung als OCO-Leiter im Gebiet des III. Korps übte Vann seit den Tagen bei der 7. Division zum ersten Mal wirkliche Macht aus, und das elektrisierte ihn. In der von Porter unterschriebenen Ernennungsurkunde hieß es, er sei der »oberste US-Zivilbeamte der Region«, der als solcher »sämtliche regionalen zivilen US-Aktivitäten leiten, beaufsichtigen und koordinieren« werde. Die formelle Ernennung für den Posten bei Systems Analysis erfolgte zur selben Zeit wie Porters Entscheidung. Vann drückte Enthoven sein Bedauern aus und schrieb, Porters Wahl sei für ihn überraschend erfolgt. Zugleich versuchte er, sich für die Zukunft abzusichern, indem er darauf hinwies, daß ihn die Erfahrungen im Gebiet des III. Korps auf eine spätere Tätigkeit im Pentagon noch besser vorbereiten würden. Da Westmoreland sich nicht für Pazifizierung, sondern nur für die Kontrolle darüber interessierte, war das OCO nur die zivile Hälfte dessen, was Vann in seinem Papier »Wie man sich der südvietnamesischen Revolution bedienen muß« vorgeschlagen hatte, und auch das bloß in organisatorischer Hinsicht, weil die Voraussetzungen für eine Machtübernahme durch die USA und für soziale Reformen nicht gegeben waren. Immerhin würden die zivilen Berater einer Provinz nun endlich beginnen, in einem Team unter einem obersten Provinzberater zusammenzuarbeiten (der von jeder der Organisationen kommen konnte), der sie alle dem Saigoner Provinzgouverneur gegenüber vertreten würde. Wenn man die Militärberater der Provinz in einer gesonderten Kommandokette beließ, so bedeutete das freilich, daß die für die Pazifizierung unabdingbaren Sicherheitselemente — die Regional Forces und die Milizen — weiterhin von Amerikanern beraten wurden, die einem anderen Team angehörten.

Das Bewußtsein der Mängel, die das OCO aufwies, verringerte die Freude Vanns nicht, daß er nun auf der zivilen Seite das hatte, was einem Kommando bei der Truppe gleichkam. Wenn er die Angehörigen seines Stabs und die Provinzberater mit ihren Mitarbeitern zählte, hatte er 330 Amerikaner, beinahe 100 Filipinos und Südkoreaner und mehr als 550 vietnamesische Angestellte unter sich.

General Seaman, dem er sympathisch war, hieß in in der Messe des kommandierenden Generals der II. Field Force willkommen, gewährte ihm freien Zutritt zum Hauptquartier und räumte ihm ein Privileg wichtiger Persönlichkeiten ein – die beliebige Benutzung eines H-23, eines Raven-Helikopters, den die Army für Beobachtungs- und Verbindungsflüge verwendete. Der kleine Hubschrauber (unter der Plexiglaskuppel war gerade Platz genug für den Piloten und einen Passagier) ermöglichte es Vann, in einer Woche im Dezember alle elf Provinzen des Korpsgebietes zu besuchen. Er sprach in jeder einen halben Tag lang mit den Zivilberatern, erläuterte ihnen seine Pläne, beantwortete ihre Fragen, stellte selbst welche und wählte die Leute aus, die er als oberste Provinzberater haben wollte. In der Woche darauf hielt er vor Seaman und dem Stab der II. Field Force ein offizielles Briefing über die neue zivile Pazifizierungsorganisation und deren von ihm gewünschten Ziele. Dann unterrichtete er Seamans Divisionsbefehlshaber und ihre Stäbe. Es war für ihn erquickend, wieder Männer mit Sternen auf den Schultern vor sich zu haben. »Ich brauche nicht zu sagen, daß ich mit meinem neuen Job absolut glücklich bin«, schrieb er an Bob York.

Vann verlor sein Endziel nicht aus dem Blick. »Leider kann ich Ihnen nicht mitteilen, daß seit unserer Diskussion im letzten Frühjahr relevante Fortschritte gemacht wurden«, schrieb er in demselben Brief vom 23. Dezember 1966 an York. »Ich bin immer noch optimistisch in bezug auf das, was in Vietnam erreicht werden kann, mache mir aber weiterhin Sorgen, weil so wenig dafür getan wird.« Zu diesem Zeitpunkt waren bedeutende Dinge im Gang. General Westmoreland hatte in Südvietnam bereits 385.000 US-Soldaten stehen und befand sich mitten in Phase II seines Abnutzungskriegs: der Vorbereitung des Sieges. Vann konnte nicht sehen, inwiefern diese Gewaltanwendung dazu beitragen sollte, ein Saigoner Regime und ein Gesellschaftssystem zu etablieren, die Bestand haben konnten. »Ich fürchte, daß wir nie herausfinden werden, ob wir in Südvietnam hätten erfolgreich sein können«, schrieb er in einem anderen seiner Briefe. »Ich halte es für ziemlich sicher, daß dieser Krieg bis zu einem Punkt eskalieren wird, an dem wir Nordvietnam zum Verhandeln zwingen werden, und dann, am Verhandlungstisch, werden wir alles wegwerfen, was wir mit amerikanischem und vietnamesischem Leben erkauft haben, von den vielen Milliarden Dollar des amerikanischen Steuerzahlers ganz zu schweigen.« Immer wenn ich ihn in diesem Jahr sah, war er von Zorn erfüllt. Er war zornig über das Leid, das der Landbevölkerung zugefügt wurde, zornig über die von den Amerikanern geförderte Korruption, zornig über die Nachlässigkeit der ARVN, zornig über die Verwüstung des Landes, an dem ihm so viel lag.

Durch die vielen Heimatlosen – wie denen, den ich in der Bong-Son-Ebene gesehen hatte – war der Strom der Flüchtlinge auf mehr als zwei Millionen

Menschen angeschwollen. Die zumeist durch »eigenes Feuer« verursachten Verluste unter der Zivilbevölkerung beliefen sich vorsichtigen Schätzungen zufolge auf etwa 25.000 Tote pro Jahr, im Durchschnitt also auf 68 Männer, Frauen und Kinder pro Tag. Etwa 50.000 Nichtkombattanten wurden pro Jahr schwer verwundet. Verlassene Weiler und brachliegende Reisfelder stellten einen gewohnten Anblick dar. In mehreren Küstenprovinzen war nicht weniger als ein Drittel des Reislands aufgegeben worden. Mit den roten Einrahmungen auf den Landkarten vermehrten sich die »Feuer-frei-Zonen« so rasch, daß es nicht mehr möglich war, ihre Zahl und die Gesamtfläche, die sie darstellten, festzuhalten. (Offiziell nannte man sie jetzt euphemistisch »Besondere Angriffszonen«, aber alle Welt bezeichnete sie, außer in dienstlichen Berichten, weiterhin als Feuer- oder Bomben-frei-Zonen.) Die B-52 des Strategischen Luftwaffenkommandos mußten sich auf die Bombardierung vermuteter kommunistischer Basen in dünnbesiedelten Gebieten beschränken, da die Zerstörungskraft ihrer Bombenladungen der von taktischen Atomwaffen nahekam. Die achtstrahligen Jets waren in fliegende Bombenplattformen verwandelt worden, deren jede mehr als zwanzig Tonnen befördern konnte. Eine Formation von sechs B-52, die ihre Bomben aus 10.000 Meter Höhe ablud, konnte aus einer »Schachtel« von etwa 1 km Breite und 3 km Länge fast alles »herausnehmen«, wie die Piloten sagten. Immer wenn in der Morgendämmerung irgendwo in der Gegend um Saigon die B-52 zuschlugen, weckte das Beben die ganze Stadt.

Auf die B-52 entfiel nur ein Drittel der Bombentonnage. Die anderen zwei Drittel warfen die Jagdbomber ab, die solchen Beschränkungen nicht unterlagen. Ende 1966 flogen die Jagdbomber 400 Einsätze pro Tag. Berücksichtigte man die B-52, so wurden täglich 825 Tonnen Bomben und andere Geschosse auf ein Land losgelassen, das der Größe nach dem Staat Washington entsprach. Aus den Luken eines Flugzeugs oder durch die offene Tür eines Hubschraubers sah man überall die großen braunen Flecken der Bombenkrater, die die Schönheit der vietnamesischen Landschaft entstellten.

Die Flugzeuge warfen nicht nur Bomben ab. 1966 zerstörten besonders ausgerüstete C-123-Transporter im Verlauf der Operation »Ranch Hand« fast 350.000 Hektar Wald und Kulturen durch Versprühen von Herbiziden. Mit dem Einsatz von Entlaubungsmitteln hatte man Anfang der sechziger Jahre begonnen – ein weiterer Fehler John Kennedys; Diem in seiner Grausamkeit und McNamara auf der Suche nach technischen Lösungen hatten ihn dazu überredet. Nach der Ankunft der US-Streitkräfte im Jahr 1965 war die Verwendung von Entlaubungsmitteln wie alles andere auch exponentiell gestiegen. 1967 wurden 600.000 Hektar Wald und Kulturen vernichtet, um den kommunistischen Soldaten die Nahrung und die Möglichkeit zum Verstecken zu rauben. Undichte Sprühdüsen auf den C-123, Windabtrieb und Verdunstung der Herbizide durch die hohen Temperaturen vernichteten auch Obstbäume und große Teile von Feldkulturen, die nicht auf der offiziellen Zielliste standen. Über einem Fünftel der bewaldeten Fläche Südvietnams sollten insgesamt 70 Millionen Liter Herbizide versprüht werden. Das am meisten verwendete Entlaubungsmittel, Agent Orange, enthielt winzige Mengen des hochgiftigen Dioxin. Das durch die wiederholten Entlaubungsaktionen akkumulierte Dioxin blieb im Schlamm der Flußbetten zurück und drang in das Ökosystem Südvietnams ein. Nach dem Krieg zeigten wissenschaftliche Untersuchungen, daß die im Süden lebenden Vietnamesen dreimal soviel Dioxin im Körper hatten wie Einwohner der USA.

Die Menge der von Haubitzen und Mörsern verfeuerten Granaten entsprach ungefähr der der Bomben, denn wenn die ARVN Tausende davon verschoß, so verfeuerte sie die US-Armee auf ihren »Such- und Vernichtungsoperationen« zu Zehntausenden. Diese Mengen überstiegen bei weitem alles, was die Logistiker auf der Basis des im Zweiten Weltkrieg und in Korea festgestellten Verbrauchs vorgesehen hatten. DePuy wurde von Westmoreland im Frühjahr 1966 für die Planung des Abnutzungskriegs mit einem zweiten Stern und dem Kommando über die 1. Infanteriedivision belohnt. Er verschoß in der Gummiplantagenregion so viele Granaten, daß Seaman (die 1. Division war Teil seines Korps) sie ihm schließlich rationierte. »Die Lösung in Vietnam sind mehr Bomben, mehr Granaten, mehr Napalm . . . bis die andere Seite mürbe wird und aufgibt«, sagte DePuy zu Ellsberg beim Mittagessen in seinem Befehlszelt.

Das Armee-Feldhandbuch 27-10, das »Landkriegsrecht«, das die für das US-Militär gesetzlich verpflichtenden Haager und Genfer Konventionen interpretiert, hält Offiziere dazu an, »Kriegshandlungen unter Beachtung des Prinzips der Menschlichkeit und Ritterlichkeit« durchzuführen. Wie schon bei »Operation Stampfer« in der Bong-Son-Ebene sah die amerikanische Führung wieder darüber hinweg. Um die Opfer unter den Bauern mußte sich die AID kümmern. Ein mitfühlender Luftwaffenarzt, Generalmajor James Humphreys, den man zur AID als Chef des öffentlichen Gesundheitssystems in Vietnam abkommandiert hatte, unternahm einen Versuch. Er verlangte zwei Transportflugzeuge und fünf Hubschrauber, um verwundete Zivilisten in die Provinzkrankenhäuser fliegen und Patienten, die eine besondere Behandlung brauchten, in besser ausgestattete Krankenhäuser nach Saigon verlegen zu lassen: Schwerverletzte, die nicht das Glück hatten, in Militärhubschraubern transportiert zu werden, waren tot, ehe sie versorgt werden konnten; eine lange, holprige Fahrt in einer Ambulanz reichte manchmal aus, um jemanden mit schweren Kopfverletzungen sterben zu lassen, ehe er in Saigon eintraf. In einem Land, in dem ganze Staffeln von Transportflugzeugen und 2000 Hubschrauber stationiert waren (Ende 1967 sollten es mehr als 3000 sein), teilte man General Humphreys mit, die militärischen Bedürfnisse schlössen Einsätze zur regelmäßigen Evakuierung von Zivilisten aus.

Humphreys entwickelte einen Plan, nach dem drei US-Militärkrankenhäuser zur Behandlung verwundeter Zivilisten gebaut werden sollten. Er errechnete, daß die Zahl der verwundeten Zivilpersonen schnell auf 75.000 pro Jahr steigen würde. (1968 sollten es fast 85.000 sein.) Senator Edward Kennedy, der einzige Politiker Washingtons, der sich im Rahmen seines Senatsunterausschusses zur Untersuchung der Probleme von Flüchtlingen um die Not der Vietnamesen konsequent kümmerte, ermöglichte es Humphreys, im März 1967 dem Präsidenten bei einer weiteren strategischen Konferenz auf Guam seinen Plan zu erläutern. Lyndon Johnson gab seine Zustimmung.

Die Krankenhäuser hätten innerhalb von neunzig Tagen fertiggestellt sein können. Die Bürokratie der Sanitätstruppe wollte die Verantwortung für den Plan nicht übernehmen und versuchte, ihn durch Verzögern zu hintertreiben. Ein Team von hervorragenden amerikanischen Ärzten unter Leitung des geschäftsführenden Vizepräsidenten der amerikanischen Ärztevereinigung, das im Sommer 1967 von der AID nach Südvietnam entsandt wurde, wandte sich ebenfalls gegen die Idee. So äußerte man unter anderem die Befürchtung, die Armee würde für diese Krankenhäuser noch mehr Ärzte einziehen. Auf Kennedys hartnäckiges Insistieren stellte die Army im Oktober 1967 in ihren Krankenhäusern 300 Betten für verletzte Zivilisten zur Verfügung; weitere 200 kamen im Dezember hinzu. Die beiden ersten der zur Behandlung von Zivilisten vorgesehenen drei Militärkrankenhäuser wurden schließlich im Frühjahr 1968 eröffnet, das dritte um die Mitte des Jahres. Sie versorgten ungefähr zehn Prozent der verwundeten Zivilisten, ehe sie 1971 schlossen. Humphreys und sein Nachfolger bekamen nach und nach vom US-Militär und von Verbündeten wie Australien und Südkorea Ärzteteams für alle Provinzkrankenhäuser. Die AID schickte auch Freiwillige, die von der amerikanischen Ärztevereinigung für jeweils zwei Monate angeworben wurden. Trotz aller dieser Bemühungen brachte man es nie zuwege, aus den Provinzkrankenhäusern etwas Besseres als Leichenhallen zu machen.

Vann war überzeugt, daß diese »Erzeugung« von Flüchtlingen und der damit verbundene Blutzoll unter der Zivilbevölkerung keine zufällige Nebenerscheinung des Krieges waren, sondern eine vom Oberkommando bewußt geförderte Politik. Immer wenn er darüber sprach, geriet er in Rage, so wie schon über den Berater der 25. Division, der argumentiert hatte, daß die Bauern, wenn sie mit den Kommunisten leben wollten, »sich auf Bomben gefaßt machen« müßten. Hals und Gesicht liefen dabei in der für ihn typischen Weise rot an, und sein Beitrag zum Gespräch beschränkte sich auf ein Stakkato von Flüchen.

Aller Wahrscheinlichkeit nach hatte Westmoreland ursprünglich nicht beabsichtigt, eine Massenflucht der Bevölkerung und Verluste unter den Zivilisten zu verursachen. Er hatte sich offenbar mit dem für ihn und DePuy reflexhaften Gedanken ans Werk gemacht, den Feind zu »zerstampfen«. Sobald er jedoch die Begleiterscheinungen seiner Strategie sah, dürfte er beschlossen haben, das, was er als Vorteil ansah, zu ernten. Gleich denen, die ihre Macht über und unter ihm ausübten, war ihm sicher bewußt, was er tat. Er war ein liebenswürdiger Mensch und zeigte sich in diesen ersten Jahren des amerikanischen Krieges der Presse gegenüber entgegenkommend. Bevor ein ständiger Korrespondent an einen anderen Einsatzort abreiste, wurde ihm das Privileg eines Tages im Feld mit dem kommandierenden General zuteil, den er auf einem seiner regelmäßigen Hubschrauberrundflüge zur Inspektion amerikanischer Einheiten begleiten durfte. Kurz bevor ich im August 1966 nach Washington zurückflog, wo man mich im Büro der »Times« erwartete, machte ich von diesem Privileg Gebrauch. Unterwegs fragte ich den General, ob ihn die hohe Zahl der Opfer unter der Zivilbevölkerung nicht beunruhige. Er sah mich prüfend an. »Ja, Neil, das ist ein Problem«, sagte er, »aber dem Feind wird doch dadurch die Bevölkerung genommen, oder?«

Das Land wurde nicht nur durch Waffen zerstört. Die Errichtung der Tötungsmaschinerie war zum Selbstzweck geworden. In diesem kleinen Land mit seiner einfachen, auf Landwirtschaft basierenden Ökonomie begann Westmoreland, mit größtmöglicher Geschwindigkeit vier neue Düsenjägerbasen zu errichten (die Luftwaffe erwirkte bald noch eine fünfte), die zu den in Tan Son Nhut, Bien Hoa und Da Nang bestehenden hinzukamen (die überdies vergrößert wurden); sechs neue Häfen mit 28 Liegeplätzen für tiefgehende Frachter, um nicht vom Saigoner Hafen und der einzigen damals existierenden Pier in der Cam-Ranh-Bucht abhängig zu sein; vier zentrale Nachschub- und Instandsetzungsdepots; 26 ständige Basislager für Kampf- und Kampfunterstützungstruppen; 75 neue taktische Flugplätze, die für viermotorige C-130-Hercules-Transporter geeignet waren (1965 hatte er bereits 19 solcher Flugplätze, doch es war sein Ziel, so viele Punkte Südvietnams wie möglich von einer guten Landebahn schnell erreichbar zu machen); 26 Krankenhäuser mit 8280 Betten; und für ihn selbst, in der Nähe von Tan Son Nhut, ein neues, zweigeschossiges Hauptquartier mit klimatisierten Büro- und Arbeitsräumen für 4000 Mitarbeiter. Alles wurde mit modernsten Daten- und Fernschreiberanschlüssen versehen und durch ein Telefonnetz mit Durchwahl, das sogenannte Southeast Asia Automatic Telephone System, verbunden – insgesamt 220 Anlagen mit 13.900 Stellen.

Jede der Düsenjägerbasen bildete einen riesigen Komplex und umfaßte neben einer drei Kilometer langen Start-Lande-Bahn mit parallel verlaufender Rollbahn und zahlreichen Hochgeschwindigkeitsausfahrten Zehntausende von Quadratmetern Stell- und Manövrierflächen – anfangs aus Aluminium-, später aus Betonplatten – sowie ein Vorfeld mit Hangars, Reparaturwerkstätten, Büros und Operationszentralen, Kasernen, Kasinos und diversen anderen Gebäuden, die für Flugplätze dieser Größe erforderlich sind. Viele der Basislager waren kleine Städte. Long Binh, Seamans Hauptquartier unmittelbar nordöstlich von Saigon – an der Straße, an der auch Vanns Bürogebäude lag – sollte tatsächlich den Status einer Stadt erhalten. Es wurde Standplatz eines der vier zentralen Nachschub- und

Instandsetzungsdepots und dann zusätzlich Hauptquartier der US-Armee Vietnam (USARV), des zentralen Verwaltungs- und Unterstützungskommandos unter Westmorelands MACV. Long Binh erstreckte sich über 6500 Hektar und wurde auf dem Höhepunkt seiner Entwicklung von etwa 43.000 Amerikanern bewohnt.

Eine weitere Arsenalstadt entstand an der Ostseite der Landzunge, die die Cam-Ranh-Bucht vom offenen Meer trennt. Cam Ranh, etwa 300 Kilometer nordöstlich von Saigon gelegen, gilt nach Sydney als der beste Naturhafen der Welt. Trotzdem war die Region immer dünn besiedelt gewesen; die dunkelgrünen Ausläufer des Gebirgsdschungels reichen hier bis an das Smaragdgrün des Südchinesischen Meeres heran, und das wenige flache Land im Umkreis der Bucht ist sandiges Terrain oder einfach Sandstrand. Die Franzosen hatten hier eine kleine Marinebasis mit Flugplatz gebaut, die vom Saigoner Regime übernommen worden war. Nun zogen Schiffe große Schwimmdocks von der Ostküste der USA um Kap Hoorn und über den Pazifik. Die USA wollten in Cam Ranh den größten der neuen Häfen errichten; er sollte Liegeplätze für zehn Großfrachter bieten. Da hier auch der ideale Standort für das zweite der vier Nachschub- und Instandhaltungszentren war (das dritte und das vierte befanden sich weiter nördlich in Qui Nhon und Da Nang), war die öde Sandfläche der Halbinsel plötzlich mit Hallen, Munitionsdepots und Tankanlagen übersät, in denen Flugzeugtreibstoff, Öle und Schmiermittel lagerten. Auch einer der neuen Düsenjägerstützpunkte wurde hier errichtet: Den oberen, schmäleren Teil der Halbinsel durchschnitt bereits eine drei Kilometer lange Start-Lande-Bahn aus grauen Aluminiumplatten.

Das von Westmoreland im Eilzugstempo in ganz Vietnam begonnene Bauprogramm umfaßte 950.000 Quadratmeter Lagerhäuser, 500.000 Quadratmeter Munitionsdepots, Tanklager für 500 Millionen Liter Kraft- und Schmierstoffe sowie etwa 4000 Kilometer neue Asphalt- und Teerstraßen; dazu mußten 39 Millionen Kubikmeter Erde ausgehoben und 175.000 Hektar Land gerodet werden.

Im Rahmen des Monsterprogramms fanden auch die Annehmlichkeiten der amerikanischen Zivilisation ihren Weg nach Vietnam. Das begann bei den Mannschaften in den Basislagern mit gut durchlüfteten, auf Betonsockeln errichteten Holzbaracken, Warmwasserduschen und Toiletten mit Wasserspülung, bei den Obersten und Generälen in Long Binh mit klimatisierten Wohnwagen, die von Rasen und Blumenbeeten umgeben waren, um die sich vietnamesische Gärtner kümmerten. Um Hunderttausende von Männern in 16.000 Kilometer Entfernung mit frischem Obst, Gemüse, Fleisch und Molkereiprodukten zu versorgen und ihnen dreimal täglich Mahlzeiten zu bieten, die an die Qualität herankamen, die sie von den USA her gewöhnt waren, mußte man zahllose Kühlräume einrichten, ein Kunststück, das die Quartiermeister der US-Armee schon Anfang 1966 in Angriff nahmen. Die Lieferung von Milchprodukten wurde ab Dezember 1965 erleichtert, als Foremost Dairy in Saigon einen im Auftrag der US-Armee errichteten Molkereibetrieb eröffnete. In der Folge schloß die Army mit Meadowgold

Dairies einen Vertrag über den Bau und Betrieb zweier weiterer Fabriken an der Cam-Ranh-Bucht und in Qui Non. Um sicherzustellen, daß die Soldaten genug Speiseeis hatten, installierte die Armee an weniger verkehrsgünstig gelegenen Orten zusätzlich vierzig kleine Eisfabriken. Obwohl die Soldaten der kämpfenden Einheiten sich auf ihren gefahrvollen und strapaziösen Einsätzen meist mit C-Rationen begnügen mußten, aßen sie oft auch »A-Mahlzeiten«, die in den Basislagern gekocht, zwecks Warmhaltung in Isolierbehälter gefüllt und ihnen mit dem Hubschrauber nachgebracht wurden.

Da die hohen Offiziere in den Hauptquartieren ein klimatisiertes Dasein vorlebten, statteten auch alle anderen, denen dies nur irgend möglich war, ihre Wohn-, Klub- und Büroräume mit Klimaanlagen aus. Dem Strombedarf des US-Militärs waren die örtlichen Elektrizitätswerke nicht gewachsen. In Saigon mußte der Strom jeden Tag in einem anderen Stadtteil abgeschaltet werden. Feldstromaggregate erwiesen sich sehr schnell als untauglich. Die Armee kaufte in den USA und Japan mehr als 1300 Generatoren und ließ sie in aller Eile nach Südvietnam bringen. Zugleich zog sie Tanker aus dem Zweiten Weltkrieg aus der Reserveflotte ab und beauftragte die Vinelli Corporation, diese Schiffe in schwimmende Kraftwerke umzubauen und in den Festlandbasen Hochspannungsverteilungsanlagen zu errichten.

Vervollständigt wurden diese Annehmlichkeiten, indem man eine klimatisierte Welt von PX-Läden, Kinos, Bowlingbahnen und Soldatenklubs erstehen ließ, die großzügig mit alkoholfreien Getränken, Bier, Whisky, Eiswürfeln, Milchshakes, Hamburgern, Hot Dogs und Steaks versorgt wurden, welche man zu Spottpreisen anbot. Die PX-Läden waren nicht einfach Kantinen, in denen der Soldat Zigaretten, Rasiersachen und Süßigkeiten kaufen konnte, sondern Warenhäuser mit einem umfassenden Sortiment schöner Dinge, wie er sie von Amerika her gewöhnt war: Radios, Tonbandgeräte, Hi-Fi-Anlagen, Uhren, Hosen und Sporthemden, die er, sofern er die ersten sechs Monate seiner einjährigen Dienstzeit überlebte, während seines Erholungsurlaubs tragen konnte, und Kosmetika, die mithalfen, den Lebensstandard der vietnamesischen Frau zu heben (die Geschäftsführer der PX-Läden hatten nie genug Haarspray auf Lager). Wollte der Soldat einen Ventilator, einen Toaster, eine Kaffeemaschine, einen Fernseher, eine Zimmerklimaanlage oder vielleicht einen kleinen Kühlschrank, und das gewünschte Modell war nicht vorrätig, so konnte er es per Versandhauskatalog bestellen und sich zusenden lassen. Die offizielle Theorie war, daß man über diese Konsumparadiese die Ausgaben des amerikanischen Soldaten auf dem lokalen Markt reduzieren und dadurch die Inflation in Südvietnam niedrig halten konnte.

Diese Theorie mochte eine gewisse Berechtigung haben. Man bemühte sich zu verhindern, daß die Inflation 50 bis 60 Prozent überstieg, und das vor allem, indem man die von der AID finanzierten Warenimporte (650 Millionen Dollar im Jahr 1966) mehr als verdoppelte und Millionen von Tonnen amerikanischen Reis in ein Land brachte, das noch 1964 selbst Reis exportiert hatte. Angesichts der gewaltigen sozialen und moralischen Katastrophe fielen jedoch die paar Prozent, die man im Kampf gegen die Inflation gewann, kaum ins Gewicht. Die Südvietnamesen fanden sich in einer verkehrten Welt wieder. Hunderttausende begannen, sich ihren Lebensunterhalt als Dienstboten der verschwenderischen Fremden zu verdienen. Rechnete man ihre Familienangehörigen hinzu, so lebten noch weitere Hunderttausende von den Amerikanern. In Saigon brach die Müllabfuhr zusammen, weil die Arbeiter scharenweise wegliefen, um auf den Bauplätzen der Amerikaner für weit höhere Löhne zu arbeiten, als die Stadt Saigon ihnen bezahlen konnte.

Vor 1965 hatten zwei bekannte amerikanische Baufirmen, Raymond International und Morrison-Knudsen, im Rahmen des Militärhilfeprogramms in Südvietnam gemeinsam Stützpunkte errichtet. Um den unverhofften Selbstkostenplus-festen-Gewinnaufschlag-Segen auszunutzen, gründeten sie später mit Brown & Root und J. A. Jones ein Konsortium, das als RMK-BRJ bekannt wurde. Im Sommer 1966, der arbeitsintensivsten Phase des Bauprogramms, beschäftigte dieses Konsortium etwa 50.000 Vietnamesen. Die Pioniertruppen der Armee, der Marine und des Marine Corps sowie die Luftwaffe bauten ihre eigenen vietnamesischen Arbeiterkorps auf. So waren 1967 für das Pionierkommando der Armee 8500 vietnamesische Arbeiter tätig; Pacific Architects and Engineers (PA & E), eine andere große Gesellschaft, die von der Armee bezahlt wurde, um die Anlagen instandzuhalten, beschäftigte noch weitaus mehr. Natürlich benötigte das US-Militär auch Haushaltshilfen. Es gab vietnamesische »Hausmädchen« und »Hausboys« für Wäsche, Stiefelputzen und Kasernenreinigung, Serviererinnen für die Klubs und Messen und Hilfskräfte für das Geschirrspülen in den Küchen (in den meisten Basislagern waren die Mannschaften von solchen Arbeiten befreit). Das Personal von PA & E mit eingerechnet, arbeiteten allein in Long Binh 20.000 Vietnamesen.

Viele Tausende lebten davon, die Fremden zu unterhalten. Die Saigoner Zeitungen brachten Karikaturen, die die neue Rangordnung der Gesellschaft aus amerikanischer Sicht darstellten. Ganz oben standen die Prostituierten, gefolgt von den Zuhältern und den Taxifahrern, die die Amerikaner zu ihren Vergnügungen brachten. (Die Fahrer wollten keine vietnamesischen Fahrgäste mehr, weil sie sie nicht übervorteilen konnten.) GI-Kultur in Bars mit Namen wie »A-Go-Go«, »Chicago« und »Bunny« (nach der Schöpfung Hugh Hefners), billige Bekleidungsshops, »Türkische-Bäder«- und »Massage«-Bordelle machten sich in Saigon, Qui Nhon, Da Nang und den Barackenstädten breit, die über Nacht neben den Stützpunkten in vorher dünnbesiedelten Gebieten wie der Cam-Ranh-Bucht aus dem Boden schossen. Allein in Saigon gab es schließlich 56.000 *gemeldete* Prostituierte. Die Elite waren die Barmädchen. Sie erhielten einen Prozentanteil an den

Drinks aus gefärbtem Wasser — »Saigon-Tee« genannt —, die die Soldaten ihnen kaufen mußten, um sich ihrer Gesellschaft zu erfreuen und zu der Rockmusik zu tanzen, die aus den Bars plärrte. Sex nach der Sperrstunde mußte extra vergütet werden. Die Barmädchen und erst recht ihre weniger glücklichen Schwestern, die in den Bordellen und auf der Straße arbeiteten, boten einen lächerlichen Anblick. Sie paradierten in voller Kriegsbemalung und in Kleidern herum, die sie nicht zu tragen wußten, und streckten ihre mit Silikon gefüllten Brüste heraus, um die busengeilen Amerikaner anzulocken. Manche ließen sich durch kosmetische Operationen die Augenlider europäisieren, ein Eingriff, der auch bei jungen Frauen der Saigoner Oberschicht populär wurde.

Viele der Prostituierten waren Bauernmädchen. Auch das war eine Folge der Zerstörung der Landgebiete, die den Bedarf der Amerikaner an Arbeitskräften und Unterhaltung deckte. Die Flüchtlinge drängten in die ohnehin schon übervölkerten Barackensiedlungen der Arbeiterviertel Saigons und der anderen Städte, so daß an den Peripherien Slums entstanden. Man erkannte diese Slums sofort an der neuen Bauweise der Hütten. Die Neuankömmlinge sammelten auf den Müllkippen der Amerikaner leere Bier- und Limonadedosen, schnitten sie auf, hämmerten sie platt und nagelten sie auf Holzleisten, um auf diese Weise Metallwände zusammenzubasteln.

Nicht jeder konnte einen Job bei den Amerikanern finden oder sich von jemandem durchbringen lassen, der für sie arbeitete; nicht jeder hatte eine Tochter, die alt genug war, um sich zu verkaufen. Bettler hatte es in Südvietnam schon immer gegeben. In der Rue Catinat in Saigon hatten sie — meist waren es Krüppel — auf den Bürgersteigen ihre Stammplätze, wo sie Tag für Tag den Passanten grüßend zunickten und dank der vielen kleinen Gaben überleben konnten. Nun wurden Witwen, Waisen und Amputierte, die die Amerikaner anbettelten, ein allgegenwärtiges Element des städtischen Lebens. In einer Nation, in der die Armen immer schon auf Sauberkeit geachtet hatten, riefen vor Schmutz starrende Kinder, deren Beine mit Wunden übersät waren, den vorübergehenden Amerikanern »Hey, du!« oder »Hey, GI!« zu und beschimpften sie obszön, wenn sie ihnen kein Geld gaben. Sie bildeten Banden, die sich auf Diebstähle aller Art verstanden. Der Müll, der nur selten weggebracht wurde, weil die Müllmänner nun gegen höheren Lohn in den Basislagern arbeiteten und das Regime sich nicht hinreichend bemühte, unter den Flüchtlingen Ersatzleute zu finden, stapelte sich in Saigon, bis die Abfallhaufen einen halben Häuserblock lang waren. Wenn man nach der Sperrstunde durch die nächtlich stillen Straßen ging, störte man die Ratten beim Fressen. Eines Tages sah ich vor einem Müllhaufen einige mit Kreide in großen Buchstaben auf das Pflaster geschriebene Wörter. Auf meine Bitte hin übersetzte sie mir mein Begleiter, ein vietnamesischer Reporter. »Das ist das Ergebnis der amerikanischen Hilfe«, stand da auf dem Pflaster.

Die Generäle und ihre Gemahlinnen, deren Freundinnen, die Oberstengattinnen, die chinesischen Mittelsmänner in Cholon und die vielen kleinen Gauner innerhalb des Saigoner Regimes hatten ein noch nie gesehenes, gewaltiges Festmahl der Korruption vor sich. Thieu und seine Frau verdienten sich so viele Millionen, daß sie schließlich die Kontrolle über die Bank erlangten, in die sie ihre Gelder steckten. Aufgrund von Saigoner Zufälligkeiten waren zahlreiche Gebäude, die die Amerikaner als Wohnungen, Büros und zusätzliche Lagerräume anmieteten, Eigentum von Familien, die zum Regime gehörten oder gute Verbindungen zum Regime hatten. Da die US-Armee 1966 mehr als 24 Millionen Dollar an Mieten bezahlte, waren diese zufälligen Eigentümer tatsächlich Glückspilze. Die Chinesen und reichen Vietnamesen erlangten mit Bestechungsgeldern Genehmigungen zum Bau von noch mehr Wohnungen und Apartmenthotels, die man den Amerikanern vermieten konnte. Alle Neubauten mußten genehmigt werden, da Zement, Stahlträger und anderes Baumaterial angeblich zugunsten der Kriegsanstrengungen und sozialer Notfälle wie der Unterbringung von Flüchtlingen rationiert waren. Die von der AID zur Niederhaltung der Inflation vermehrt finanzierten Warenimporte im Wert von Hunderten Millionen Dollar brachten zusätzliche Bestechungsgelder aus dem Verkauf der Importlizenzen.

Der Durst der amerikanischen Soldaten machte auch Konzessionen für den Verkauf von japanischem und philippinischem Bier zu einer lukrativen Sache. Neben den vierzig Speiseeisfabriken ließ die US-Armee vierzig Eiserzeugungsanlagen nach Südvietnam bringen, die vor allem die Klubs und Kasinos mit Eiswürfeln versorgten. Offenbar konnten die Amerikaner jedoch niemals genug Eis bekommen und kauften alles Eis, das es an Ort und Stelle gab. Brigadegeneral Pham Quoc Thuan, der Kommandeur der 5. ARVN-Division in Ben Cat in der Gummiplantagenregion, kam den Bedürfnissen der Alliierten entgegen. Er ließ von seinen Divisionspionieren eine Eisfabrik bauen, ging ins Eisgeschäft und wurde von da an als Eishaus-General bezeichnet.

Bao Dai, sein Freund Bay Vien von den Binh Xuyen und ihre Kumpane hatten sich glücklich geschätzt, nach altehrwürdiger Sitte bei der Prostitution und dem damit verbundenen Unterhaltungsgewerbe abzusahnen. Durch die Scharen von Prostituierten, die von den Streitkräften der mächtigsten Nation der Erde angezogen wurden, deren Soldaten im Vergleich zu den französischen Soldaten, Fremdenlegionären und nordafrikanischen Söldnern reiche Männer waren, stiegen die Gewinne ihrer Nachfolger ins Unermeßliche. Ein unternehmerischer Geist brauchte sich auch nicht auf so herkömmliche Geldquellen wie die Schutzgelderpressung bei Prostituierten zu beschränken. Neue Geschäftsmöglichkeiten taten sich auf, die für den amerikanischen Kriegsstil charakteristisch waren: das Messinggeschäft zum Beispiel. Die noch nie dagewesene Munitionsverschwendung verursachte einen weltweiten Messingmangel. Die leeren Messinghülsen der Geschosse wurden gesammelt und zu Höchstpreisen an ausländische Altmetallhändler verkauft.

Mit den Amerikanern hielt noch eine weitere unheilvolle Quelle des Reichtums Einzug: Drogen. Opiumsucht war in Südostasien nichts Ungewöhnliches, und die ARVN-Soldaten versuchten, wie Vann schon 1965 feststellen mußte, durch Alkohol und Marihuana ihrer Hoffnungslosigkeit zu entfliehen. Heroinsüchtige waren unter den Einheimischen selten. Die Amerikaner waren da anders. Viele von ihnen brachten das Verlangen nach Marihuana und Heroin, das in den USA seit Mitte der fünfziger Jahre beständig angestiegen war, bereits nach Vietnam mit.

Die korsischen Gangster, die das Opium traditionellerweise aus Indochina nach Marseille brachten und es zu Heroin raffinieren ließen, um es in Europa und den USA zu verkaufen, konnten das plötzliche Vorhandensein eines großen amerikanischen Marktes in Südvietnam nicht nutzen. Sie waren nicht zahlreich genug und verfügten nicht über die entsprechenden Verbindungsnetze. Die großen chinesischen Gangster und Schieber in Cholon konnten mit der Sache schon eher fertigwerden. Sie hatten reichlich Kapital, ein sich über ganz Südostasien erstreckendes Netz von Brüdern, Vettern und Schwagern sowie Scharen von ärmeren Chinesen, die nur auf ihren Wink warteten, um die Verteilung in Südvietnam zu übernehmen. Die Korsen kauften weiterhin in Laos so viel Opium, wie sie konnten, um es nach Marseille zu bringen, doch der größte Teil des südostasiatischen Opiums ging nun an andere Leute und wurde in geheimen Labors in Burma und Thailand in Heroin umgewandelt. Marihuana, das vorher von den einheimischen Bauern in kleinem Rahmen und für den Direktverkauf gepflanzt worden war, wurde nun in viel größerem Maßstab angebaut und kam tonnenweise nach Südvietnam. Die Soldaten der Air Cav stellten fest, daß es in den Barackenstädten neben ihrem Basislager in An Khe inmitten eines Niemandslandes nicht nur so viel »Gras« zu kaufen gab, wie sie rauchen konnten, sondern auch billiges Heroin, mit dem man schnell »high« wurde, da es nicht verdünnt war wie der Stoff, den man zu Hause auf der Straße für weit mehr Geld bekam. Riesige Zahlungen waren nötig, um ein Geschäft zu schützen, das so gewinnbringend und heikel war wie der Drogenhandel. Die chinesischen Schmuggler mußten nicht jeden einzelnen Saigoner General bezahlen; es galt nur diejenigen bei Laune zu halten, die mächtig genug waren, den gewünschten Schutz zu gewähren.

Mit Ausnahme der Luftlandebataillone und der Saigoner Marineinfanteristen, die Westmoreland bei seinen Such- und Vernichtungsaktionen einsetzte, vermieden die regulären ARVN-Truppen nach 1965 beharrlich jedes Gefecht. »Die Leistung der ARVN ist erbärmlicher als je zuvor«, schrieb Vann in dem mit

23. Dezember 1966 datierten Brief an York, in dem er hervorhob, daß er, so sehr ihm sein neuer Posten als OCO-Leiter im Gebiet des III. Korps auch gefiel, in bezug auf den Krieg keine relevanten Fortschritte erkennen konnte. Er präsentierte die Statistiken über die Operationen kleiner Einheiten, die drei ARVN-Divisionen im Korpsgebiet in den vorangegangenen fünf Tagen gemeldet hatten. Die 25. Division unter Phan Trong Chinh, Vanns altem Bekannten aus Hau Nghia, der ein Bündnis mit Ky eingegangen und zum Brigadegeneral befördert worden war, die 5. Division unter »Eishaus« Thuan und die 18. Division in Xuan Loc hatten für diese fünf Tage 5237 Patrouillen und andere Kleineinsätze gemeldet und dabei dreizehnmal Feindberührung gehabt. »Ich allein kann an einem einzigen Tag mit Leichtigkeit mehr Feindberührungen herbeiführen«, schrieb Vann.

Je mehr amerikanische Truppen Westmoreland für seinen Abnutzungskrieg anforderte, desto stärker wurde der Druck auf ihn, dem Nichtfunktionieren der ARVN ein Ende zu setzen. Anfang 1967 hatte Lyndon Johnson zugestimmt, ihm 470.000 Amerikaner zu geben. Im März informierte der General Washington, daß er weitere 80.576 Mann brauchte, um »so schnell wie möglich, aber spätestens zum 1. Juli 1968« eine »erforderliche Mindeststreitmacht« von etwa 550.500 Mann zu haben. Er wies darauf hin, daß ihm weitere 207.838 Amerikaner lieber wären, um so über eine »optimale Streitmacht« von etwa 678.000 Mann zu verfügen. Der Präsident mahnte ihn, dafür zu sorgen, »daß wir von den südvietnamesischen Truppen gute Leistungen zu sehen bekommen«, und zu versuchen, sich an der KATUSA-Lösung des Korea-Kriegs zu orientieren, um US-Soldaten einzusparen.

Der General reagierte darauf, indem er seinen neuesten Antrag auf zusätzliche US-Soldaten wiederholte und gleichzeitig Maßnahmen traf, um sich gegen die Anschuldigung zu wehren, daß er die vietnamesischen Soldaten vernachlässige. Westmoreland ließ seinen Stab einen umfassenden Plan ausarbeiten. In der dikken, als »geheim« gekennzeichneten Broschüre wurden vierundvierzig Unterprogramme vorgestellt: Programme für mehr Ausrüstung, für bessere Ausbildung und Programme, die mehr Berater für die Saigoner Truppen forderten. Westmoreland teilte der ARVN weitere 3000 Berater zu. Außerdem erließ er Befehle, daß höhere Berater, wann immer möglich, »die positiven Kampfleistungen der südvietnamesischen Armee« herauszustellen und die Fehlleistungen herunterzuspielen hätten. Er hielt Reden, in denen er die ARVN lobte. Sein oberster Offizier für Öffentlichkeitsarbeit erklärte, der General wolle »das Image der ARVN« verbessern. Westmoreland führte auch Versuche zum Einsatz von vietnamesischen Soldaten durch. Der ernsthafteste, die Koppelung einer Einheit von ARVN-Rangern mit der 199. Leichten Infanteriebrigade, sollte noch vor Ende des Jahres wieder eingestellt werden.

Die meisten Soldaten der regulären ARVN-Divisionen konnten sich im

Moment drücken. Die Männer in den Regional Forces und den PF konnten das nicht, da man sie weiterhin in den Außenposten und Hinterhalten verheizte. 1966 wurden auf Saigoner Seite 11.953 Mann getötet, ungefähr zwei für jeden der 6053 Amerikaner, die während desselben Zeitraums ums Leben kamen; 1967 sollten 12.716 südvietnamesische Soldaten den Tod finden, ein Rekord, den die Amerikaner in diesem Jahr fast einholten.

Bei seiner Neigung zum Galgenhumor hätte Vann die Ironie des Schicksals sicher zu würdigen gewußt, wäre ihm bekannt gewesen, daß Ende 1966, als er York mitteilte, im Saigoner Lager habe sich nichts geändert, Victor Krulak vom Marine Corps, vor dreieinhalb Jahren sein Verhängnis im Pentagon, nun ebenso frustriert und zornig war wie er selbst als Militärberater im Mekong-Delta. Die besondere Qualität von Brute Krulaks Intellekt und seine Begabung für sein Handwerk hatten ihn schließlich so weit gebracht, daß er diesem Krieg gewachsen war. Im Unterschied zu den meisten anderen militärischen Führern der USA hatte er das Denken seiner Gegner zu verstehen begonnen.

Wie für einen guten Rechtsanwalt jeder Fall eine neue Herausforderung darstellt, so hatte 1965 die Verwandlung des Vietnam-Kriegs in einen amerikanischen Krieg Krulak dazu gebracht, ihn mit anderen Augen zu sehen. Die Abnutzungsstrategie, die er zu Harkins' Zeiten noch unhinterfragt akzeptiert hatte, erschien ihm nicht mehr sinnvoll, und dies vor allem angesichts der Charakteristiken des Geländes und der Bevölkerung in den fünf nördlichsten Provinzen des mittleren Küstenabschnitts (I. Korps), wo die Marines eingesetzt wurden. Krulak hielt sich während einer seiner zahlreichen Dienstreisen als kommandierender General der Fleet Marine Force Pacific zufällig in Vietnam auf, als im August 1965 der erste schwere Kampf stattfand. Die Beobachtung der Kämpfe mit dem 1. Vietcong-Regiment, bei denen 51 seiner Marines in den Hecken und Bambusdickichten in der Nähe des Flugplatzes umkamen, der nach der chinesischen Version seines Namens benannt war, und die Untersuchung der Berichte von Moores Gefechten und der Dezimierung des anderen Air-Cav-Bataillons im Drang-Tal im November gaben ihm noch mehr zu denken. Im Dezember 1965 hatte er sich entschieden. Schon seit dem Frühjahr hatte er nach und nach seine Ideen in Memoranden und Briefen an McNamara und andere dargelegt, aber nicht die erwünschten Antworten bekommen. Er beschloß daraufhin, alle seine Gedanken in einem Papier zusammenzufassen, das die nötige Aufmerksamkeit erregen würde. Es lag für ihn auf der Hand, daß Hanoi unter den schrittweise eskalierenden Luftangriffen nicht nachgeben würde und daß im Süden nun bald keine Umkehr mehr möglich war. Krulak wollte den Krieg unter Kontrolle bekommen und auf einen Kurs bringen, der zum Sieg führte, solange dazu noch Zeit war.

Er machte sich in seinem Büro auf dem Berg über Pearl Harbour an die Arbeit, wo er nun den Platz Holland Smiths innehatte. Er schrieb eine Woche daran. Er verwendete einen breiten Block linierten Papiers, wie er es bei allen wichtigen Schriftstücken tat. Das Endprodukt umfaßte siebzehn maschinegeschriebene Seiten. Krulak ging bei jedem seiner Punkte ins Detail und zeichnete sogar Diagramme, um seine Hauptargumente zu veranschaulichen. Was die Vietnamesen und die Geschichte des Landes betraf, war das Papier voll von den üblichen falschen Vorstellungen. Daß Krulak trotz dieses Sammelsuriums von Fehleinschätzungen die Dynamik dieses Krieges erkannte, war ein zusätzlicher Beweis für die Selbständigkeit seines Denkens.

Die Abnutzungsstrategie würde keinen Erfolg bringen, schrieb Krulak, denn damit spielte man das Spiel des Feindes. Mit Blick auf die Gefechte im Drang-Tal, die innerhalb von vier Tagen 233 Amerikanern das Leben gekostet hatten, wies er warnend darauf hin, daß die Kommunisten danach trachteten, »die US-Streitkräfte in heftigen Nahkämpfen zu zermürben, durch die die Wirksamkeit unserer Unterstützungswaffen (der Artillerie und der Jagdbomber) eingeschränkt wird«. Die Führer in Hanoi glaubten, daß sie, wenn sie über einen gewissen Zeitraum genügend US-Soldaten töteten, »den Willen der Nation abnutzen und uns veranlassen« würden, »die Unterstützung der Regierung von Südvietnam einzustellen«. Vo Nguyen Giap »war überzeugt, daß sich die Franzosen, sobald der Krieg sie genug Menschenleben und Francs gekostet hatte, in Paris selbst eine Niederlage bereiten würden. Er behielt recht. Es ist anzunehmen, daß er über die USA derselben Meinung ist.«

Krulak rechnete die Abnutzung durch, um zu beweisen, daß Hanoi für dieses makabre Spiel weit mehr Männer zur Verfügung hatte als die USA. Die vietnamesischen Kommunisten hatten im Norden und mittels der Vietcong im Süden eine vermutliches Potential von 2,5 Millionen Soldaten. Nahm man das offizielle Tötungsverhältnis von einem Amerikaner oder Saigoner Soldaten gegen 2,6 Vietcong oder Nordvietnamesen – einen Leichentausch, den Krulak als möglicherweise zu »optimistisch« ansah – und den proportionalen Anteil der US-Truppen und der Saigoner Soldaten am Sterben im Jahr 1965, dann mußten 10.000 Amerikaner und 165.000 ARVN-Soldaten ihr Leben lassen, »um das feindliche Potential (an Kämpfern) um bescheidene 20 Prozent zu reduzieren«.

Brute Krulak legte seinen Plan für einen Kurs vor, der zum Sieg führen sollte. Eine weitere Ironie des Schicksals, die Vann sicherlich geschätzt hätte, lag darin, daß Krulaks Plan dem seinen glich. Auch Krulak wollte eine Pazifizierungsstrategie, die die Unterstützung durch die vietnamesische Landbevölkerung mit Hilfe einer großzügigen Bodenreform und weiteren sozialen und wirtschaftlichen Veränderungen suchte. Um dies zu erreichen, empfahl auch er ein hohes Maß an US-Einfluß, der auf eine Machtübernahme in Saigon hinauslief. Er legte dar, daß eine Strategie der Pazifizierung mit sozialen und wirtschaftlichen Reformen der einzige Weg war, der zum Erfolg führen konnte. Die Abnutzung war im Verhältnis zum wirklichen Kampf ganz nebensächlich. Die großangelegten Gefechte mit den regulären Vietcong-Einheiten und der NVA »könnten sich heute auf einen anderen Planeten ausdehnen, und wir würden den Krieg noch immer nicht gewonnen haben«, denn »es geht um die vietnamesische Bevölkerung«. Ohne die Unterstützung, die diese über die örtlichen Guerillas und die geheime Vietcong-Verwaltung leistete, konnten die regulären Vietcong nicht bestehen. Die USA mußten deshalb ihre Truppen einsetzen, um die dichtbevölkerten Gebiete zu schützen, und sie gleichzeitig pazifizieren, indem sie »das Vertrauen und die Loyalität der Leute« gewannen.

Die regulären Vietcong-Einheiten und die NVA sollten in ihren Schlupfwinkeln im Dschungel und in den Bergen nicht völlig in Frieden gelassen werden. Krulak wollte sie mit allen erdenklichen Mitteln aufspüren und sie »ohne Unterlaß aus der Luft angreifen«. Er war bereit, in diesen dünn besiedelten Regionen Schlachten zu schlagen, wenn die Nachrichten über den Feind »überwältigende Erfolge« versprachen und »diese Operationen nicht Truppen binden würden, die wir zum Schutz bereits gesäuberter Gebiete benötigen«. Doch die Vereinigten Staaten durften nicht dem Plan des Feindes gemäß handeln und auf »die Initiativen der Kommunisten reagieren und sie ausfindig machen, bloß um ihnen Gefechte zu liefern«. Die Wahl der Strategie würde über das Ergebnis entscheiden. Pazifizierung, soziale und wirtschaftliche Reformen waren »ein Plan für den Sieg«. Abnutzung war »der Weg in die Niederlage«.

Das war nun kein abtrünniger Oberstleutnant, der die Aufmerksamkeit der Generäle im Pentagon erregen wollte, kein USOM-Provinzleiter, der mit verrückten Ideen hausieren ging. Es handelte sich um den dritthöchsten General im Marine Corps, um einen Mann, dessen Einfluß immer schon höher als sein Rang gewesen war. Außerdem hatte Krulak zwei höherrangige Verbündete. Der erste war sein Vorgesetzter in Hawaii, Admiral Ulysses S. Grant Sharp, der im Zweiten Weltkrieg Kommandant eines Zerstörers gewesen war und 1964 Harry Felt als Oberbefehlshaber im Pazifik abgelöst hatte. Schon Monate vorher, als Krulak anfing, seine Ideen zu entwickeln, war »Oley« Sharp zu dem Schluß gekommen, daß das der richtige Weg war. Krulaks zweiter Verbündeter war sein Mitstreiter, der Kommandeur des Marine Corps, General Wallace Greene, Jr., ein ebenfalls schmächtiger Mann mit rauher Stimme und bedachter Sprechweise. Krulak übersandte Greene eine Kopie seines Memorandums, sobald er eine an Sharp geschickt hatte. »Wally« Greene und Brute Krulak waren beruflich miteinander bekannt, seit Krulak als Leutnant beim 4. Marineinfanterie-Regiment in Schanghai Dienst getan und Greene als Hauptmann eine Kompanie befehligt hatte. Greene zögerte nicht mehr als irgendein anderer hoher US-Offizier der sechziger Jahre, als es darum ging, in Vietnam Krieg zu führen. Er wollte die Reserve mobilisieren und 500.000 Mann schnellstmöglich nach Vietnam schicken. Aber er wollte nicht, daß man die amerikanischen Soldaten in der Weise einsetzte, wie

Westmoreland beabsichtigte. Aufgrund seiner Geschichte gab es innerhalb der höheren Ränge des Marine Corps eine Schule von Pazifizierungsstrategen. Die Jahrzehnte der Pazifizierung in Mittelamerika und der Karibik vor dem Zweiten Weltkrieg, die im Korps-Handbuch für Kleinkriege beschrieben waren, stellten einen strategischen Präzedenzfall dar, der Kriege wie den in Vietnam zu Pazifizierungskriegen machte. Die Marines hatten einen Ansatz entwickelt, der fast von Beginn ihres Aufmarsches im Gebiet des I. Korps an der Pazifizierung vor großen Schlachten den Vorzug gab. Krulak war zwar der führende Kopf, der die speziellen Bedingungen des Vietnam-Krieges berücksichtigte und sich bemühte, die Strategie der Marines aus früheren Jahren um soziale und wirtschaftliche Reformen zu erweitern, doch Greene und andere hohe Offiziere glaubten ebenso fest an dieses Konzept.

Das Hindernis war Westmoreland. Greene hatte vergeblich versucht, ihn zu einer vereinfachten Version des Pazifizierungsansatzes zu überreden, als er sich kurz vor Beginn des Aufmarsches im April 1965 in Vietnam aufhielt. Sharp hatte sich bemüht, ihn umzustimmen, und Krulak hatte wiederholt mit ihm gestritten. Krulaks Plan war, sich über Westmoreland hinwegzusetzen, die Beziehung auszunutzen, die er mit McNamara während der Kennedy-Jahre geknüpft hatte, und mit seinem Papier den Verteidigungsminister zu bekehren. Sharp und Green waren einverstanden. Krulak flog Mitte Januar 1966 nach Washington zu einem Gespräch mit McNamara. Der Verteidigungsminister war von Krulaks Berechnungen der Vergeblichkeit beeindruckt: 175.000 Menschenleben für 20 Prozent von Hanois Truppenpotential. »Ich meine, Sie sollten darüber mit dem Präsidenten sprechen«, sagte er. In der Zwischenzeit sollte sich Krulak mit Averell Harriman über gewisse Ideen unterhalten, die Krulak in seinem Memorandum zum Luftkrieg gegen den Norden niedergeschrieben hatte und die McNamara nicht gefielen. Krulak wies darauf hin, daß es töricht sei, wenn man versuchte, das sowjetische und das chinesische Kriegsmaterial zu vernichten, wenn es bereits durch Nordvietnam nach Süden rollte. Um Wirkung zu zeigen, so schrieb er, mußte der Luftkrieg verhindern, daß das Kriegsmaterial überhaupt in den Norden gelangte. Man mußte Haiphong und die anderen Häfen bombardieren oder verminen und die nordvietnamesischen Eisenbahnstrecken angreifen, die nach China führten.

»Wollen Sie denn Krieg mit der Sowjetunion oder mit den Chinesen?« dozierte Harriman über seiner Suppe beim Essen in seinem Haus in Georgetown. Während er sprach, fuchtelte er mit einem schweren Silberlöffel vor Krulaks Gesicht herum. Krulak hat eine markante Nase und fühlte sich mit dem großen Löffel davor nicht besonders wohl. McNamara ließ seinem impliziten Versprechen, ein Treffen mit dem Präsidenten zu arrangieren, keine Taten folgen. Krulak war damals nicht bewußt, daß ihm McNamara nur einen Moment lang seine Aufmerksamkeit geschenkt hatte. Trotz des Schrecks, den ihm die Kämpfe im Drang-

Tal eingejagt hatten, stand er noch zu sehr im Bann Westmorelands und der anderen Generäle, um etwas auf Logik und eine simple Rechnung zu geben.

Wally Greene versuchte, seine Kollegen im Vereinigten Generalstab zum Standpunkt der Marines zu bekehren. Er hoffte, er würde sie überreden können, Westmoreland zu befehlen, ihre Strategie zu wählen. Er ließ seinen Stab im Hauptquartier der Marines eine eigene Studie ausarbeiten. Sie bestätigte Krulaks Schätzung der Menschenmassen, die den vietnamesischen Kommunisten zur Verfügung standen. Greene berichtete seinen Kollegen über seine Erkenntnisse und argumentierte für den Ansatz der Marines. Keinen von ihnen konnte er überzeugen. Keiner von ihnen stellte seine Schätzung und die sich daraus ergebenden Berechnungen in Frage. »Gegen diese Zahlen konnte man einfach nichts einwenden«, sollte sich Greene später im Ruhestand erinnern. Doch seine Kollegen reagierten wie Westmoreland. Sie vermieden es, sich mit den Zahlen und deren logischen Folgen für die Strategie auseinanderzusetzen. Die Armeegeneräle Earle Wheeler, nunmehr Vorsitzender der Joint Chiefs, und Harold Johnson, Generalstabschef der Armee, stellten sich auf die Seite des Armee-Oberkommandierenden in Vietnam. General John McConnell, der Curtis LeMay als Generalstabschef der Luftwaffe nachgefolgt war, und Admiral David McDonald, der Chef für Marineoperationen, sahen ebenfalls keinen Grund, mit Greene Front gegen ihre Kollegen von der Armee zu machen. Durch den Luftkrieg hatten Luftwaffe und Marine ihren Anteil am Kriegsgeschehen.

Anders als Vann war Krulak innerhalb des Systems prominent genug, um vor das höchste Gericht zu gehen. Er mußte allerdings Monate warten, bis Greene im Sommer 1966 endlich eine Audienz beim Präsidenten einrichten konnte. Krulak sandte zuvor eine Kopie seines Papiers ans Weiße Haus, damit Johnson es lesen konnte. Eine weitere Kopie hielt er in der Hand, als er das Oval Office betrat, um sich während seines Berichts darauf beziehen zu können. Johnsons erste Frage zeigte ihm, daß er das Papier nicht gelesen hatte. »Was wird der Sieg kosten?« fragte er. Krulak ging daran, es ihm zu sagen. Johnson ließ ihm Zeit. Er hörte ihm vierzig Minuten zu. Er stellte ein paar Fragen, und Krulak hatte den Eindruck, daß alles, was er sagte, »sieben Meilen über den Kopf des Präsidenten ging«. Als Krulak schließlich von der Pazifizierung zur Verminung von Haiphong überging, sah Johnson plötzlich aus, »als ob er sich auf einen Reißnagel gesetzt hätte«. Er stand auf, legte seinen Arm um Krulaks Schulter, und während er ihn zur Tür begleitete, versicherte er ihm, daß er ein großer General sei.

Brute Krulak war es nicht gewohnt, daß man ihn ausbootete. Er war entschlossen, die Marines die Vorteile seiner Strategie unter Beweis stellen zu lassen. Westmoreland würde dann keine andere Wahl bleiben, als sie in ganz Südvietnam anzuwenden. Das den Marines zugeteilte Gebiet des I. Korps war geographisch gesehen für Krulaks Plan bestens geeignet. Die Bevölkerung der fünf nördlichsten Provinzen des mittleren Küstenabschnitts von Quang Ngai bis Quang Tri an der entmilitarisierten Zone umfaßte etwa 2,6 Millionen Menschen. Mehr als 98 Prozent lebten in einem 40 Kilometer breiten Küstenstreifen (die meisten davon noch wesentlich näher am Meer), der sich zwischen der Annamitischen Kordillere und dem Südchinesischen Meer über weniger als ein Viertel des Landes dahinzieht und aus einer Unzahl kleiner Reisdeltas zusammensetzt. Die übrigen drei Viertel der Region boten den regulären Vietcong-Einheiten und den eingesickerten Nordvietnamesen zwar unzugängliche Bollwerke im Gebirgsdschungel, aber so wenig Reis, daß sich nicht einmal die kleine Anzahl von Stammesangehörigen, die sonst dort lebten, davon ernähren konnte. Die Marines hatten drei Basiszonen eingerichtet: eine um Chu Lai an der Grenze der Provinzen Quang Ngai und Quang Tin, die zweite im und um den Marine- und Luftwaffenstützpunkt Da Nang, die dritte weiter nördlich jenseits des Hai-Van-Passes um den Flugplatz Phu Bai unterhalb von Hue. Der Grundgedanke war, von den drei Basiszonen in beide Richtungen ausholend immer größere Teile der Bevölkerung unter Kontrolle zu bringen, bis schließlich der gesamte Küstenstreifen zu einer einzigen pazifizierten Zone vereinigt war. Wie viele reguläre Vietcong westlich in den Bergen lagen, würde dann völlig belanglos sein. Ohne den Fluß von Nahrungsmitteln, Rekruten und Nachrichten aus der Landbevölkerung würden ihre Bataillone ihre Kampfkraft verlieren, Hanoi würde für jeden eingesickerten NVA-Soldaten per Lastwagen Lebensmittel heranschaffen müssen.

Krulak hatte über die Marines in Vietnam keine operative Führungsgewalt. Als Chef des Kriegsschauplatzes waren ihm direkt nur die Reserve- und Unterstützungstruppen der Marines im Pazifik unterstellt. Seine formelle Aufgabe in Vietnam bestand darin, dafür zu sorgen, daß die Soldaten der III. Amphibienstreitmacht der Marineinfanterie entsprechend ausgebildet, ausgerüstet und versorgt wurden. In Lewis Walt, der von Greene zum Kommandeur der Marines in Vietnam bestimmt worden war, hatte er allerdings eine Zeitlang einen begeisterten Mitarbeiter. Zur Zeit seiner Ernennung im Sommer 1965 war Walt der jüngste Generalmajor des Marine Corps.

Walt arbeitete mit Krulak nicht aus Gehorsam zusammen, sondern war ganz und gar sein Mann. Greene hatte ihn einem halben Dutzend dienstälterer Kandidaten vorgezogen, da er ihn als den besten Kämpfer und Truppenführer im Marine Corps ansah. Lew Walt war bereits zweimal mit dem »Navy Cross« ausgezeichnet worden. Er hatte im Zweiten Weltkrieg während der ersten Gegenoffensive der Marines auf Guadalcanal begonnen, war dann nach Cape Gloucester auf New Britain gekommen, wo eine Hügelkette, die er den Japanern entrissen hatte, nach ihm benannt worden war, und schließlich auf Peleliu gelandet, wo er mithalf, den Weg für MacArthurs Rückeroberung der Philippinen freizumachen. Der Sohn eines Ranchers aus Kansas hatte nicht nur Football gespielt, sondern auch an der Colorado State University studiert, ehe er zu den Marines ging. 1965 war der bereits 52jährige immer noch eine sportliche Erscheinung mit kräftigen Händen und Armen und breiten Schultern. In der offiziellen Kommandokette unterstanden Walt und die Marines der III. Marine Amphibious Force (MAF) der operativen Führung Westmorelands; Walt war somit theoretisch einer von Westmorelands Korpskommandeuren. In der Praxis ist kein Marine fremder Autorität unterstellt, und Walt teilte Krulaks und Greenes Glauben an die Pazifizierung. Krulak kam immer wieder, um sich ein Bild von der Lage zu machen und Ratschläge zu geben. Er sollte während seiner vier Jahre als Befehlshaber der Fleet Marine Force Pacific fünfundvierzig Reisen nach Vietnam unternehmen. Außerdem sprach er über eine besondere Telefonverbindung zwischen Da Nang und Pearl Harbor häufig mit Walt. Beide hielten Greene auf dem laufenden, der sie moralisch unterstützte.

Lew Walt widmete etwa ein Drittel seiner Anstrengungen der Bekämpfung der regulären Vietcong-Einheiten und der NVA. Sein Ziel war, sie aus den bevölkerten Deltas zu vertreiben und sie, wie Krulaks Plan vorsah, im Hinterland, wenn die Ergebnisse der Aufklärung günstige Bedingungen erwarten ließen, zum Kampf zu stellen. Walts Hauptanstrengung, anders gesagt gut die Hälfte der von den Marineinfanteriebataillonen aufgewandten Zeit, galt einer intensiven Kampagne zur Säuberung der Weiler von örtlichen Guerillas und politischen Kadern, und das nicht nur durch deren Tötung oder Gefangennahme. Eineinviertel Jahre bevor die AID und die anderen zivilen Organisationen sich zu einer gemeinsamen Anstrengung entschlossen und Vann zum Leiter des Office of Civil Operations im Gebiet des III. Korps ernannt werden sollte, benutzte Walt seine Autorität, um die diversen Pazifizierungsprogramme im Gebiet des I. Korps unter der Führung der Marines zu vereinigen. Er bildete einen Koordinationsrat aus den regionalen Leitern der zivilen Organisationen und dem obersten US-Militärberater der ARVN — nunmehr einer von Walts Untergebenen — und überredete den Saigoner Korpskommandeur, Brigadegeneral Nguyen Chanh Thi, durch Entsendung eines Vertreters den Rat mit seiner Autorität auszustatten. Ratsvorsitzender wurde Walts Stellvertreter.

Um vietnamesische Truppen zu bekommen und die Kontrolle auf die Dörfer und Weiler auszudehnen, begann Walt, Schützengruppen der Marines in PF-Züge zu integrieren. Der die Gruppe führende Sergeant wurde zum Zugführer in der Miliz, der vietnamesische Führer des Milizzugs sein Stellvertreter. Auch die einzelnen Gruppen des Milizzugs bekamen einen Marineinfanteristen als Führer und einen Vietnamesen als dessen Stellvertreter. Mehrere dieser gemischten Züge wurden zu gemischten Kompanien vereinigt, die ihrerseits von einem Offizier der Marines und einem vietnamesischen Stellvertreter befehligt wurden. Es war geplant, in den fünf Provinzen nach und nach in praktisch jeden Milizzug Marines zu integrieren. Die regulären Bataillone der Marineinfanterie führten nicht nur Tausende von Tages- und Nachtpatrouillen und Hinterhalte durch (ab April 1966 waren es 7000 Zug- und Gruppenpatrouillen und 5000 nächtliche Hinterhalte pro Monat), sondern auch ein volles Zivilprogramm für die Bauern.

Walt und Krulak gerieten mit den Mächtigen in Saigon und Washington bald ebenso aneinander wie die Marineinfanteristen mit ihren vietnamesischen Gegnern. Westmoreland bearbeitete Walt, damit dieser die Pazifizierung den Zivilisten und die Dorfguerillas und politischen Kader der ARVN überließ. Er wollte die Bataillone der Marines so oft wie möglich auf Such- und Vernichtungsaktionen in den Bergen sehen und übte zunächst in den Gesprächen mit Walt und durch Vorschläge für besondere Operationen Druck aus. Es folgten Drohungen, diese Operationen per Befehl durchzusetzen. Gleichzeitig beschwerte er sich in Washington bei McNamara und anderen wichtigen Persönlichkeiten. Man konnte den Krieg nicht gewinnen, indem man Bauern verhätschelte; die Marines gingen zu zaghaft vor und überließen die Last des Kampfes der Armee. Der Druck äußerte sich auch in Form bürokratischer Nadelstiche. Eines der statistischen Instrumente, die Westmoreland verwendete, um die Effizienz seiner Kommandeure zu messen, wurde »Bataillonstage im Feld« genannt. Den Bataillonen der Marines wurden nur Tage angerechnet, die sie mit Such- und Vernichtungsaktionen verbrachten. Tage oder Nächte, die der Pazifizierung gewidmet waren, akzeptierte der MACV-Computer nicht.

Krulak wurde in die Defensive getrieben. Er versuchte, den auf Walt ausgeübten Druck zu reduzieren und zu verhindern, daß Westmoreland die Marines zwang, den Krieg auf seine Weise zu führen. Als er Anfang Mai 1966 nach Washington kam, war McNamara zwar bereit, ihm zuzuhören, wie er es aus Respekt für Krulak immer getan hatte, jedoch nicht einmal mehr vorübergehend für Krulaks Hauptargument offen. Die Strategie der Marines sei zu langsam, sagte er. Sie würde zu viele Männer zu lange Zeit in Anspruch nehmen. Nach seiner Rückkehr nach Hawaii übersandte Krulak dem Verteidigungsminister einen fünfseitigen, engzeilig beschriebenen Bericht, in dem er zu erklären versuchte, daß die Marines sich nicht daran berauschten, »Seife zu verteilen oder Guerillas aufzulauern, statt die Einheiten der Hauptmacht zu bekämpfen«. Die Frage, wer in den Bergen was besetzt hielt, sei »bedeutungslos, weil es dort nichts gibt, was von Wert ist«, schrieb Krulak. Er führte sicherere Straßen und Weiler sowie andere Anzeichen auf, um zu zeigen, daß die Marines einen gewissen Halt in Gegenden gewannen, auf die es ankam. Diese Anzeichen, »obschon schwieriger zu quantifizieren«, waren ein besseres Maß für den Fortschritt als Westmorelands Leichenzahlen. »Die gemeldete Zahl getöteter Vietcong ... ist nur ein zweifelhafter Erfolgsindex. Wenn nämlich mit dem Töten von Guerillas die Verwüstung eigener Gebiete einhergeht, dann haben wir am Ende mehr Schaden angerichtet als Gutes getan.«

Wie schon Vann feststellen mußte, machte sich die politische Führung Amerikas wegen der angerichteten Zerstörungen keine übermäßigen Sorgen. Im Juli

1966 kam Paul Nitze, damals Marineminister, auf Besuch nach Südvietnam. Er war ein Bewunderer Westmorelands, von dem er allerlei zu hören bekam. Als er dann auf dem Rückweg in Hawaii Station machte, bekam wiederum Krulak allerlei zu hören. Krulak schäumte über diesen Sermon. Er war gerade selbst aus Vietnam zurückgekommen und hatte in einem Dankesbrief an Walt geschrieben: »Überall, wo ich bei der III. MAF hinkam, habe ich nur Fortschritte gesehen.« Er erwähnte darin auch die Bemerkung eines Armeegenerals, daß die USA in Vietnam »militärisch siegten«, und wies darauf hin, wie »bedeutungslos« diese Feststellung war. »Man kann nicht militärisch siegen«, schrieb Krulak. »Entweder man siegt auf der ganzen Linie, oder man siegt überhaupt nicht.«

Die Marines hatten im Sommer 1966 noch nicht so große Fortschritte gemacht, wie Krulak dachte. Die Untergrundorganisation des Vietcong hatte zwar Schläge hinnehmen müssen, blieb aber bis weit hinter den Linien der Marines intakt. Sogar in den Außenbezirken Da Nangs wurden manchmal noch Beamte ermordet. Walt hatte durch Lodge einen ganz empfindlichen Rückschlag erlitten, als dieser Anfang Sommer 1966 den Fehler beging, Ky zu gestatten, den Kommandeur des I. Korps, Nguyen Chanh Thi, wegen eines politischen Streits zu entlassen. Thich Tri Quang, der ehrgeizigste unter den Buddhistenführern, der schon den Sturz Diems bewirkt hatte, ergriff die Gelegenheit, um sich in Szene zu setzen. Es folgten drei Monate der Unruhe – Demonstrationen, Streiks und in Da Nang eine Woche Bürgerkrieg zwischen Tri Quang und Thi ergebenen Einheiten und vietnamesischen Fallschirmjägern und Marines, die Ky aus Saigon einfliegen ließ. (Huynh Van Cao, Vanns alter Bekannter, machte während dieser Krise seine alten Schwächen wieder wett. Die anderen Generäle zwangen ihn, das Kommando über das I. Korps zu übernehmen, da keiner von ihnen diesen Job wollte. Kys Polizeichef verlangte von Cao, einen Angriff auf die Pagoden anzuordnen, in denen die Buddhisten und ARVN-Dissidenten in Da Nang ihr Hauptquartier eingerichtet hatten. Eine Pagode anzugreifen war ein Sakrileg, zu dem Cao nicht bereit war. Er weigerte sich, den Befehl zu erteilen. Der Polizeichef ließ einen seiner Gangster eine Pistole auf Caos Kopf ansetzen. Cao bereitete sich auf den Tod vor, als ein US-Berater hereinkam und ihn rettete. Ky schickte Cao in Pension. Cao ging nun in die Politik und wurde Vertreter der katholischen Gemeinde, eine Tätigkeit, für die er ohnehin besser geeignet war als für das Kriegshandwerk.)

Ungeachtet dieses Rückschlags waren Walt die Ausmaße seiner Aufgabe klar geworden, und er bemühte sich, mittels der gemischten Einheiten und anderer Techniken wie der Nachrichtennetze in den Dörfern und Weilern seine Kontrolle über die Landgebiete auszubauen.

Wenn in Zentralvietnam auch die meisten Bauern die Sache Ho Chi Minhs unterstützten, so hatten die Kommunisten hier doch eine Menge Feinde, und nicht jeder vietnamesische Bauer liebte die Unabhängigkeit so sehr, daß er der von den Marines angewandten Taktik von Zuckerbrot und Peitsche widerstanden hätte. Mit der Zeit und entsprechender Geduld hätte Walt vielleicht – zumindest eine Zeitlang – den dichtbevölkerten Küstenstreifen unterworfen. Wie viele Vietcong sich im Gebirge durch den Nachschub aus dem Norden halten mochten, war damals nicht die entscheidende Frage. Die regulären Einheiten wurden von den Marines vernichtet, sobald sie sich exponierten und in das Küstentiefland hinabwagten. Walt, der mit einem dritten Stern geschmückt und zum Generalleutnant befördert worden war, hatte Mitte 1966 in seiner III. Amphibienstreitmacht 55.000 Mann. Sie waren in zwei verstärkte Divisionen unterteilt: die 1. Marineinfanteriedivision hatte ihr Hauptquartier in Chu Lai, während die 3. von Da Nang aus operierte. Als Luftunterstützung diente ihm ein Marine-Corps-Geschwader. Die Stärke der III. MAF sollte bis Jahresende auf etwa 70.000 Mann anwachsen, womit die Grenze des Menschenpotentials der Marines erreicht war. Walt sollte niemals genug Marines bekommen, um gleichzeitig einen Abnutzungskrieg gegen die großen kommunistischen Verbände und eine Pazifizierungskampagne zu führen.

Die Männer in Hanoi regelten den Streit, wobei Westmoreland die Rolle des nichtsahnenden Werkzeugs zufiel. Im Sommer 1966 ließen sie eine Division, die 324 B, durch die entmilitarisierte Zone in den Süden einmarschieren. In der Nähe des Distriktorts Cam Lo nordwestlich der Provinzhauptstadt Quang Tri, wo die alte französische *Route 9*, die nach Laos führt, ins Vorgebirge hinaufsteigt, begannen Spähtrupps der Marines im Juni auf NVA-Truppen zu stoßen. Im Juli hatten Nachrichtenoffiziere der Marines von Gefangenen und aus erbeuteten Dokumenten erfahren, daß ihre Patrouillen sich mit den Vorausabteilungen einer Streitmacht von mindestens 5000, vielleicht aber auch der gesamten 10.000 bis 12.000 Mann umfassenden Division Scharmützel lieferten. Westmoreland fiel auf den Köder ebenso herein wie Moores Leutnant im Drang-Tal. Er flog nach Da Nang und ermutigte Walt, die Nordvietnamesen mit 8000 Marines anzugreifen. Die NVA leistete erbitterten Widerstand und zog sich dann zurück. Im August stießen die Nordvietnamesen etwas weiter westlich in den Bergen wieder vor. Westmoreland schickte Walt gegen sie los.

Die entmilitarisierte Zone und der Nordteil des 1. Korpsgebiets waren für die Vietnamesen das ideale Terrain, um die Zermürbungstaktik in Anwendung zu bringen, deren sich ihre Vorfahren gegen die Mongolen, die Ming und in jüngster Vergangenheit gegen die Franzosen so erfolgreich bedient hatten. Die Wege, über die Nachschub und Verstärkungen herangebracht wurden, waren an der entmilitarisierten Zone sehr kurz, und immer wenn eine vietnamesische Einheit einen Kampf abbrechen mußte, konnte sie jenseits der EMZ oder der nahen Grenze zu Laos leicht Schutz finden. Das Terrain ist selbst an der Küste nicht eben, sondern mit Hügeln, Dünen und Sümpfen zwischen den Reisfeldern durchsetzt. Die Vorberge und der Dschungel beginnen keine zwanzig Kilometer von der Küste, und das Gebirge im Hinterland zählt zu den unwegsamsten der Erde – ein urzeitliches Gewirr von einsamen Spitzen, steilen Rücken, gewundenen Tälern und versteckten Schluchten. Ein kleines Stück dieser unendlichen Weite reicht, um eine ganze Armee zu verstecken. Wo weder Bambusdickichte noch Berggras den Boden bedecken, wächst immergrüner Regenwald. Die bis zu zwanzig Meter hohen Bäume bilden über dem Stangenholz ein undurchdringliches Laubdach, durch das dichte Unterholz ist die Sicht oft auf fünf bis zehn Meter beschränkt.

Die Regenzeit im Nordteil des I. Korpsgebiets, in der die Nachttemperaturen auf fünf Grad absinken, bringt Erkältungen und Grippe mit sich. Auch sie erwies sich als ein rauher Freund der kommunistischen Soldaten. Der Nordostmonsun, der von Oktober bis Mai über Zentralvietnam bläst, unterscheidet sich vom Südwestmonsun, der von Mai bis Oktober das Mekong-Delta und das Zentrale Hochland erreicht. Die Regenzeit im Mekong-Delta und im Zentralen Hochland bringt normalerweise einen Regenguß am Nachmittag und Regentage auf dem Höhepunkt des Monsuns, wenn der Nebel dicht, aber meist nicht geschlossen über dem Land liegt. Auf dem Höhepunkt des Nordostmonsuns hingegen fällt ein kalter, feiner Dauerregen, der *crachin,* wie der französische Ausdruck lautet. Er hält oft zwei bis drei Tage an und wird häufig von einem alles bedeckenden Nebel begleitet, der unmittelbare Luftunterstützung unmöglich macht. Auch die Artillerie kann sich bei dichtem Nebel nur schwer einschießen. Der Nordostmonsun bläst im Norden des damaligen I. Korpsgebiets am stärksten. Es ist der regenreichste Teil Vietnams. Gegenüber 190 cm in Saigon beträgt die durchschnittliche Niederschlagsmenge in Hue 320 cm.

Lew Walt steckte in einer Zwickmühle. Westmoreland schickte ihn gegen die NVA los, Krulak beschwor ihn, nicht nachzugeben. Als Wally Greene im August wieder einmal nach Vietnam kam, versuchte er, Schützenhilfe zu leisten. Wie immer wandten er und Westmoreland sich erst nach dem Mittagessen in der Villa auf Kap Tran Quy, die Westmoreland von Harkins geerbt hatte, den dienstlichen Dingen zu. Für Greene wäre es untragbar gewesen, sich mit Westmoreland vor irgendeinem Angehörigen des MACV-Stabs herumzustreiten. Wie Greene sich erinnerte, wies er damals Westmoreland darauf hin, daß die Abnutzungstaktik nicht besser war als die Strategie Krulaks. Er hatte den Bericht einer Armee-Einheit gelesen, die sich durch den Dschungel zum Gipfel eines Berges durchgekämpft hatte, bloß um sich dann wieder den Rückweg ins Tal freizukämpfen. US-Soldaten für solche Unternehmen einzusetzen sei keine gesunde Taktik, meinte Greene. Er kam mit seinen Argumenten aber nicht weiter als bei früheren Treffen. Hätte sich Westmoreland eingestanden, daß diese Marine-Korps-Generäle recht hatten, wäre es ihm nicht möglich gewesen, den Krieg so zu führen, wie er ihn führen wollte: mit großangelegten Truppenbewegungen, Sperrfeuer, massivem Einsatz von Hubschraubern und Jagdbombern und dem Donner der B-52.

Im September 1966 kündigte Westmoreland an, daß er den schweren Pionier-bataillonen der Marines Befehl erteilen werde, einen kleinen Behelfsflugplatz in der nordwestlichen Ecke Südvietnams in ein Aluminiumplattenfeld zu verwandeln, auf dem C-130-Transporter starten und landen konnten. Er erteilte Walt den Auftrag, dort ein Bataillon Marines zu stationieren. Krulak hatte von diesem Fleck 29 Jahre zuvor zum ersten Mal gehört. Sein Bataillonskommandeur in Schanghai war nach Indochina gereist, um auf Tigerjagd zu gehen. Nach seiner Rückkehr erzählte er von einem malerischen Bergtal namens Khe Sanh und brachte Photographien mit, die Krulak immer noch aufbewahrte. Sie zeigten Angehörige des Bru-Stammes und einige französische Kaffeepflanzer, die sich um den erlegten Tiger versammelt hatten.

Krulak flog nach Vietnam, um zu versuchen, Westmoreland diesen Plan wieder auszureden. Sie arrangierten ein Treffen in Chu Lai an Bord von Westmorelands zweistrahligem Dienstjet. Ein Bataillon Marines wäre nicht ausreichend, argumentierte Krulak. Man würde zumindest ein zweites Bataillon abkommandieren müssen, um damit die Höhen zu besetzen, die das kleine Plateau in dem Tal überragten, in dem die Franzosen eine Start-Lande-Bahn gebaut hatten. Die Versorgung dieser Truppen würde den massiven Einsatz von Hubschraubern erfordern. Man würde Männer und Ausrüstungen für eine sinnlose Aufgabe von der Pazifizierungskampagne abziehen müssen.

Westmoreland sah die Aufgabe als durchaus sinnvoll an. Er nannte Krulak mehrere Gründe, warum er einen einsamen Flugplatz haben wollte, der nur zehn Kilometer von der laotischen Grenze und keine fünfzehn Kilometer von der entmilitarisierten Zone entfernt war. Unter anderem konnte man den Flugplatz gegebenenfalls als Ausgangspunkt (die *Route 9* verlief durch das Khe-Sanh-Tal) für einen Vorstoß nach Laos gebrauchen — sollte er dazu die Erlaubnis bekommen —, um den Ho-Chi-Minh-Pfad zu durchtrennen. (Der Präsident, McNamara, Rusk und die meisten anderen Regierungsmitglieder waren gegen einen Einmarsch in Laos, da sie einen Kriegseintritt Chinas befürchteten. Daß auch Westmoreland einem Einmarsch in Laos nur geringe Bedeutung beimaß, war eigenartig, mußte es doch eigentlich eine unerläßliche Bedingung jeder Abnutzungsstrategie sein, dem Vietcong die Möglichkeit zu nehmen, Nachschub und Verstärkungen aus dem Norden zu erhalten. In seinen Memoiren sollte er später schreiben, daß er vor 1968 nicht genügend US-Truppen zur Verfügung hatte, um einen Vorstoß nach Laos zu versuchen, und sich in dieser Richtung auch nicht als Lobbyist betätigen wollte. Westmoreland hatte 1966 bereits ein Lager der Special Forces in Khe Sanh und hätte mit der Sicherung durch die Marines natürlich warten können, bis er den Flugplatz zum Durchtrennen des Ho-Chi-Minh-Pfades tatsächlich brauchte.)

Je länger Westmoreland sprach, desto mehr wurde Krulak klar, daß er die Marines vor allem deshalb nach Khe Sanh schicken wollte, weil er hoffte, daß ein einsamer Stützpunkt in den Bergen Tausende von Nordvietnamesen anlocken würde, die man mit amerikanischer Feuerkraft zerstampfen konnte. Krulak flog nach Pearl Harbor zurück, die Pioniere der Navy und ein Bataillon Marines wurden nach Khe Sanh verlegt, und Westmoreland, entschlossener denn je, ihn zum Gehorsam zu bringen, übte auf Walt noch mehr Druck aus. Er setzte bald darauf durch, daß im nördlichen Teil der Quang-Tri-Provinz noch fünf weitere Bataillone Marines die Suche nach dem Kampf mit NVA-Einheiten zu ihrer einzigen Aufgabe machten.

Krulak appellierte an Walt, sich dem Wahnsinn zu widersetzen. Am Ende der ersten Oktoberwoche sandte er ihm ein Telegramm mit dem Vermerk »SPEKAT [Spezialkategorie] EXKLUSIV FÜR GENLT WALT VON GENLT KRULAK / NUR FÜR MARINE CORPS«. Das Telegramm war eine jener hochdelikaten Botschaften zwischen Generälen, die als »hintere Kanäle« bezeichnet wurden, weil sie zwecks besserer Geheimhaltung über gesonderte Verbindungen übermittelt werden. »Wenn ich der Feind wäre«, telegrafierte Krulak, dann würde er die Pazifizierung, und insbesondere die Demonstration der Marines, daß Pazifizierung erfolgreich sein kann, »als die größte Bedrohung für meine Pläne auf der indochinesischen Halbinsel ansehen«. Es gebe einen Weg, diese Bedrohung zu beseitigen. Er bestünde darin, die Marines abzulenken, und zwar »durch Maos taktische Doktrin ›Aufruhr im Osten, Angriff im Westen‹«. Diese Ablenkung sei die Aufgabe der 324-B-Division. »Außerdem ist das nördliche Schlachtfeld seine [des Feindes] Wahl und nach seinem Geschmack.« Krulaks Zorn zeigte sich in seinem Schlußsatz. »Unsere gegenwärtigen Aktionen in Quang Tri sind der NVA wahrscheinlich angenehm. Ich meine, es freut sie, daß wir ein Bataillon zur Verteidigung von Khe Sanh aufgeboten haben und daß wir fünf weitere in unwegsamen Dschungelgebieten operieren lassen, anstatt sie im Bereich der Revolutionären Entwicklungshilfe [der offizielle Terminus für Pazifizierung] einzusetzen. Wir dürfen von ihm [dem Feind] erwarten, daß er unsere Einheiten in Quang Tri so lange wie möglich umklammern wird.«

Westmoreland und die Kommunisten ließen Walt keinen Spielraum mehr. Die Streitfrage war zu einer einfachen Frage des Gehorsams gegenüber einem Vorgesetzten geworden. Wenn Walt sich Krulaks Appellen gemäß weiterhin sperrte, würde Westmoreland ihn ablösen lassen. Wäre Walt aufgrund einer prinzipiellen Frage seines Postens enthoben worden, hätte er die Strategie nicht mehr beeinflussen können. Außerdem hätte man seinen Trotz nicht verstanden. Lyndon Johnson war nicht der einzige Amerikaner, der William Westmoreland vertraute. Der General genoß bei der Presse und in der Öffentlichkeit große Popularität. Er war schon einmal auf der Titelseite von »Time« zu sehen gewesen; beim zweiten Mal, Ende 1966, war er für »Time« der Mann des Jahres. Walt schien nicht den Scharfblick Krulaks zu haben, um zu erkennen, daß die Marines, falls Westmoreland sich durchsetzte, zum Nutzen des Feindes sterben würden. Er schien zu glauben, er könne die Pazifizierung in verringertem Maße fortsetzen und gleichzeitig an der entmilitarisierten Zone einen Abnutzungskrieg führen.

Lew Walt war nicht der Mann für einen endlosen Kleinkrieg gegen einen Vorgesetzten. Er gehörte zu den Leuten, die Entscheidungen letzten Endes aus Gründen treffen, die mit Logik wenig zu tun haben. Es hatte sich später herausgestellt, daß die japanischen Truppen auf Cape Gloucester und Peleliu das Vorrücken MacArthurs auf die Philippinen niemals ernsthaft gefährdet hätten. Wie auf so vielen Pazifikinseln hätte man sie einfach ihrem Schicksal überlassen können. Die Tapferkeit von Walt und seinen Kameraden war ebenso unnötig gewesen wie die ungleich bekannteren Heldentaten der Marines auf Tarawa. Sie waren gefallen, ohne zu wissen, daß ihr Opfer überflüssig war, und am Ende hatte der Sieg es doch noch gerechtfertigt. In gewisser Weise sollte das Opfer der Marines auch in diesem Krieg noch gerechtfertigt werden.

Walt gab nach und zog die 3. Division der Marines im Oktober aus dem Gebiet um Da Nang ab, um sie in die Gegend nördlich des Hai-Van-Passes zu verlegen. Westmoreland ließ ihn eine Reihe von Stützpunkten an der EMZ errichten. Die östlichen Basen lagen direkt am Rand der Zone bei Gio Linh und Con Thien. Eine andere Gruppe, etwas weiter südlich, zog sich an der *Route 9* in westlicher Richtung gegen Khe Sanh hin: Cam Lo; Camp Carroll (nach einem Hauptmann, der bei der Eroberung eines nahegelegenen Höhenrückens den Tod gefunden hatte); eine Bodenerhebung, nur zwanzig Kilometer von Khe Sanh entfernt (bei deren Einnahme weitere Marines gefallen waren), die man »Felsenhaufen« nannte; und etwas südlich davon ein Ort namens Ca Lu.

Westmoreland schickte Walt Armeebatterien mit 175-mm-Geschützen. Die »Long Toms« konnten mit ihren 147-Pfund-Granaten 36 Kilometer entfernte Ziele erreichen und so das Gebiet von Khe Sanh und den Raum bis knapp vor die Grenze zu Laos sowie die EMZ in ihrer ganzen Tiefe bis nach Nordvietnam hinein unter Beschuß nehmen. Dieses »Stützpunktesystem«, so erklärte Westmoreland in seinen Memoiren, »hatte die Aufgabe, den Feind in genau abgegrenzte Kanäle zu zwingen, in denen man Luftwaffe und Artillerie zu voller Wirkung bringen konnte, um ihn anschließend mit beweglichen Bodentruppen anzugreifen«. Der Einsatzbereich der 1. Division der Marines wurde von Chu Lai bis nach Da Nang ausgedehnt. Westmoreland bildete eine provisorische Armeedivision aus drei Brigaden, die als »Kampfverband Oregon« bezeichnet und später nach einer provisorischen Division, die MacArthur im Zweiten Weltkrieg aufgestellt hatte, als »American« benannt wurde. Er entsandte sie im April 1967 in das Gebiet des I. Korps, wo sie die Verantwortung für die Provinz Quang Ngai und den Chu-Lai-Sektor übernahm. Die 1. Division der Marines war offensichtlich zu weit auseinandergezogen, und er wollte auch das Monopol der Marines im Gebiet des I. Korps brechen. Sein Plan war, im Lauf der Zeit noch mehr US-Divisionen in dieses Kampfgebiet zu entsenden. Walt stellte sein Pazifizierungsprogramm nicht ein, es verkümmerte einfach.

Krulak mußte von Pearl Harbor aus zusehen. Er war nun in einer ähnlichen Position wie Vann 1963: Er sah die Katastrophe kommen und konnte sie nicht verhindern. Das System mochte einem Mann seines Ranges und Verdiensts zuhören; auf ihn rational zu reagieren war eine andere Sache. Greene konnte nicht mehr tun, und Admiral Sharp, Oberkommandierender im Pazifischen Raum, war schon seit langem keine Hilfe mehr. Unter dem Druck der Joint Chiefs, Westmoreland in seinem ewigen Kampf mit McNamara zu unterstützen, um noch mehr Truppen zu bekommen, hatte Oley Sharp die Tendenz entwickelt, zu allem, was Westmoreland wollte, einfach ja zu sagen. Westmoreland beobachtete mit Befriedigung die Eskalation der Kämpfe an der EMZ. »Wir bluten sie einfach so lange aus, bis Hanoi begreift, daß es vor einer nationalen Katastrophe steht, von der Generationen betroffen sein werden«, erklärte er, als er seine erste Armeedivision in das Gebiet des I. Korps entsandte.

Am 24. April 1967, zehn Tage nach Westmorelands Prahlerei, geriet ein fünf Mann starker Spähtrupp aus Khe Sanh in einem Bambusdickicht auf Höhe 861 nordwestlich des Flugplatzes in einen Hinterhalt. Ein Marineinfanterist überlebte. Das erste und grausamste Kapitel der Schlacht um Khe Sanh, die »Hügelgefechte«, hatte begonnen.

Krulaks Einschätzung war richtig gewesen: Um Khe Sanh zu halten, mußten die Marines die das Tal beherrschenden Höhen nehmen. Auch die Vietnamesen hatten das begriffen und die Hügel besetzt. Ein Regiment der 325-C-Division der NVA marschierte im Nebel und unter tiefhängenden Wolken vor und besetzte Höhe 861 sowie die beiden dahinterliegenden Höhen 881 Süd und 881 Nord. Ein weiteres Regiment derselben Division hielt sich in Reservepositionen hinter den Höhenrücken versteckt. Später entdeckte man, daß nordvietnamesische Kampfpioniere auf den drei Hügeln wahrscheinlich monatelang unbemerkt gearbeitet hatten, ehe die Hauptmacht der NVA-Infanterie eintraf. (Walt hatte das im September nach Khe Sanh verlegte Bataillon im Februar auf eine verstärkte Kompanie reduziert, nachdem es dem Bataillon nicht gelungen war, nordvietnamesische Truppen in nennenswerter Zahl zu entdecken.) Westmoreland wollte den Flugplatz halten, deshalb mußten die Marines die Vietnamesen von den Anhöhen vertreiben. Sie wußten nichts über die Stärke ihres Feindes und nichts über die Natur des Kampfplatzes, den die Vietnamesen für sie vorbereitet hatten.

Drei Tage lang versuchten zwei Kompanien Marines — zunächst die in Khe Sanh stationierte, auf die schnell eine zweite unter einem Bataillonskommando folgte, das die Führung übernahm —, Höhe 861 freizukämpfen. Der Ausdruck »Höhe« ist ein von den Stäben gebrauchtes Kürzel für etwas, was in der militärischen Terminologie eigentlich »Bergmasse« heißt. Höhe 861 und die Höhen 881 Süd und 881 Nord waren verschiedene Gruppen ineinandergreifender Bergrükken, nach deren höchstem die jeweilige Gruppe in Metern Meereshöhe bezeichnet wurde. (Die Höhen 881 Nord und Süd waren zufällig gleich hoch.)

Die Vietnamesen auf Höhe 861 ließen die Marines den Hang ersteigen und auf fünfzehn bis zwanzig Meter herankommen, dann mähten sie sie aus ihren im Unterholz versteckten Stellungen nieder. Granaten aus 82-mm-Mörsern, die irgendwo in den Falten des Höhenzugs verborgen waren, schlugen unter den Amerikanern ein und töteten oder verwundeten noch mehr von ihnen. Das Gegenfeuer aus den Granatwerfern der Marines, Salven von Spreng- und Phosphorgranaten von den Haubitzen am Flugplatz, Bordwaffen- und Raketenbeschuß von den Kampfhubschraubern sowie Bomben und Napalm von den Düsenjägern des 1. Geschwaders der Marines unterbrachen zwar das Feuer der Mörser, brachten diese aber nicht zum Schweigen und konnten auch die nordvietnamesische Infanterie nicht entmutigen. Als die Marines versuchten, sich zurückzuziehen, ließen die Vietnamesen sie nicht einfach gehen, sondern folgten ihnen und beschossen sie aus Schnellfeuerwaffen. Die Marines konnten ihre Verwundeten nicht zurückbringen. Sobald sie einen Hubschrauber anforderten, deckten die Vietnamesen die Landezone mit Granatwerferfeuer ein.

Die beiden Kompanien waren getrennt. Die Kompanie aus Khe Sanh lag auf dem Nordwesthang von Höhe 861, die Kompanie mit dem Bataillonskommando auf dem Südhang. Der Bataillonskommandeur teilte dem Chef der Khe-Sanh-Kompanie mit, sie müsse den Anschluß an die ihm unterstellte Kompanie herstellen. Der Hauptmann antwortete ihm, er habe nach drei Tagen Kampf nicht mehr genügend Leute, die die Toten und Verwundeten so weit tragen konnten. Aufgrund des mystischen Kameradschaftsgeists in ihrem Korps verabscheuen es die Marines, ihre Toten zurückzulassen. Der Bataillonskommandeur befahl ihnen, es trotzdem zu tun. Der Captain antwortete, daß er nicht einmal für die Verwundeten genug Leute habe. Verwundete Marines dürfen unter keinen Umständen zurückgelassen werden. Er sagte, er werde sich in eine nahe Nebelbank zurückziehen, um sich vor den Mörsern zu verstecken, und dort »bis zum Untergang gegen die NVA-Infanterie kämpfen«, die ihnen sicherlich nachrücken würde.

Der Artillerieoffizier am Flugplatz ließ die Batterien sich durch den Nebel bis knapp an die Kompanie herantasten und sie so lange mit einem Sperrfeuergürtel umgeben — wie Sergeant Savage es getan hatte, um Moores abgeschnittenen Zug zu retten —, bis ein Zug von einer dritten Kompanie, die man als Verstärkung nach Khe Sanh geflogen hatte, schließlich in der Dämmerung zu ihnen durchsickern konnte. Tragbahren für die Verwundeten improvisierte man aus den Regenumhängen; auch die Toten hüllte man darin ein, um sie wegzutragen. Gewehre und Ausrüstungsgegenstände wurden aufgesammelt. Als die Kolonne bei Nacht und Regen den Rückmarsch antrat und der Nebel durch die sinkenden Temperaturen immer dichter wurde, trugen die Männer, die vorne und hinten sicherten, als einzige keine Lasten. Die immer neu einsetzenden Wolkenbrüche verwandelten die Pfade in Morast. Da sich die Regenzeit ihrem Ende näherte, war es heißer geworden. Die Leichen waren aufgedunsen. Immer wieder stolperten die Träger, so daß die Toten aus den Regenumhängen fielen und den Hang hinunterkollerten. Die Kolonne mußte anhalten, man ging die Leiche suchen und legte sie wieder in die Umhänge, dann ging der Marsch weiter. Bei Tagesanbruch waren die Marines in Sicherheit. Sie hatten keinen ihrer Kameraden zurückgelassen.

Auch die andere Kompanie konnte sich mit Hilfe der Verstärkungen zurückziehen. Die beiden dezimierten Einheiten wurden ersetzt, und die Marines stockten ihre Truppen in Khe Sanh auf zwei einem Regimentskommando unterstellte Bataillone auf, während die 105- und 155-mm-Haubitzen am Flugplatz sowie Westmorelands 175er, die von einem der Stützpunkte hinter den Bergen aus feuerten, im Verein mit den korpseigenen Jagdbombern einen Tag und eine Nacht lang auf Höhe 861 einhämmerten. Anschließend stürmte ein Bataillon den Höhenrücken. Die Vietnamesen waren fort. Offenbar hatten sie sich auf Höhe 881 Süd zurückgezogen, möglicherweise gleich nach dem Kampf mit den beiden Kompanien und noch ehe das Bombardement seinen Höhepunkt erreichte. Sie ließen viele ihrer Toten zurück. Davon abgesehen war, wie der abschließende Bericht des Regiments es formulierte, »der Kampfplatz vom Feind ordentlich geräumt worden, denn es war praktisch keinerlei Ausrüstung oder anderes nachrichtendienstlich verwertbares Material zurückgeblieben«. Die Marines zählten auf Höhe 861 25 Bunker und 400 Schützenlöcher und fanden auf den rückwärtigen Hängen eine Reihe von Mörserstellungen vor. Bei einer Anzahl von Bunkern bestand die Decke aus einer zwei Meter dicken Schicht aus Bambus, gestampfter Erde und Gras, die stark genug war, um die nordvietnamesischen Soldaten gegen einen Direkttreffer der Artillerie zu schützen. Die Bunker hätten die Bataillons- und Regimentskommandeure der Marines argwöhnisch machen sollen.

Das Bataillon, das nach einem weiteren einen Tag und eine Nacht während en Bombardement einen ungestümen Sturmangriff auf Höhe 881 Süd vortrug, geriet mit seiner Attacke geradewegs in eine Menschenfalle. Einmal mehr eröffneten die Vietnamesen das Feuer erst, als die Angriffsspitzen fünfzehn bis zwanzig Meter vor den im Unterholz getarnten Bunkern angelangt waren, so daß die ersten Salven den größtmöglichen Effekt hatten. Heckenschützen, die in von Bomben und Granaten verschonten Bäumen hockten, erledigten die Soldaten mit Funkgeräten und die MG-Schützen. Gleichzeitig schlugen Salven von 82-mm-Mörsergranaten in die Reihen der Marines ein. Die NVA schien sich nicht zu scheuen, das Granatwerferfeuer so nahe heranzuführen, daß es praktisch auf ihre eigenen Stellungen niederging.

Die Marines sind unübertroffene Sturmtruppen, und sie drangen mit der ihnen eingeimpften legendären Aggressivität in das vietnamesische Stellungssystem vor, gerieten aber in immer größere Schwierigkeiten. Das Abwehrfeuer aus den Bunkern, Schützenlöchern und Gräben vor ihnen wurde zwar schwächer, doch mittlerweile waren Besatzungen von Bunkern, an denen sie sich bereits vorbeigekämpft hatten, wieder aktiv geworden und schnitten ihnen den Rückweg ab.

Krulaks Warnung, daß die vietnamesischen Kommunisten »heftige Nahkämpfe« suchten, weil dabei die Luft- und Artillerieunterstützung »dazu neigte, an Wirksamkeit zu verlieren«, stellte sich als Untertreibung heraus. Die Marines auf Höhe 881 Süd bekamen die verminderte Wirksamkeit zu spüren. Während Westmoreland über Häfen und Lagerhäuser für seine Abnutzungsmaschinerie nachgedacht hatte, war es den Vietnamesen gelungen, bessere Methoden für ihren Kampf gegen die Amerikaner zu entwickeln. Auf 881 Süd waren nicht doppelt so viele Bunker, wie die Marines auf Höhe 861 gefunden hatten, sondern zehnmal so viele, und diese etwa 250 Bunker waren erstaunlich robust. Die kleineren, offenbar für zwei oder drei Mann gebaut, hatten Dächer aus zwei Lagen Balken, auf denen eineinhalb Meter Erde lagen. Viermannbunker waren noch besser geschützt. Sie mußten vor der Schlacht als Wohnräume gedient haben. Sie waren mit Lagerregalen, Bambusmatten auf dem Boden und Drainagesystemen ausgestattet. Die größten Bunker, ganz offensichtlich die Befehlsstände, hatten Decken mit vier bis acht Lagen Balken und darüber mehr als einen Meter gestampfte Erde. Sämtliche Bunker waren durch Feldtelefondrähte verbunden, so daß die Bataillonskommandeure, Kompaniechefs und Zugführer während des Gefechts miteinander sprechen und zusammen mit den vorgeschobenen Beobachtern die Mörser einschießen konnten, indem sie Befehle an die Bedienungsmannschaften in den Stellungen auf den hinteren Hängen durchgaben.

Das einen Tag und eine Nacht während Bombardement des Höhenrückens, das so schrecklich und vernichtend ausgesehen hatte, war vor allem ein großes Feuerwerk gewesen. Die Raketen detonierten auf den Ästen oder den Decken der Bunker, und die Geschosse der MGs und 20-mm-Kanonen richteten ebenfalls nichts aus. Vom Napalm wurden vor allem die Bäume verbrannt. Die Granaten der Haubitzen verursachten den Vietnamesen in den Bunkern Kopfschmerzen. Die Bombeneinschläge waren erschreckender und psychisch kaum zu ertragen. Durch die Druckwellen bekamen manche Vietnamesen Nasen- und Ohrenbluten, doch in der Regel töteten oder verwundeten auch sie niemanden.

Vor dem Sturmangriff am Morgen des 30. April hatten die Jagdbomber keine 750-Pfünder und nur eine kleine Anzahl von 1000- und 2000-Pfund-Bomben auf Höhe 881 Süd abgeworfen und sich praktisch auf 250- und 500-Pfund-Bomben des Typs »Snake-Eye« beschränkt, den die Piloten des Marine Corps und ihre Kameraden von Marine und Luftwaffe bevorzugten. Diese Bomben haben große Schwanzflossen, die sich nach dem Abwurf öffnen, um den Fall zu bremsen. Auf diese Weise kann die Bombe aus geringer Höhe langsam in einer parabolischen Flugbahn niedergehen, wodurch das Flugzeug der Explosion und den Bombensplittern entkommt. Düsenjäger können aus einem niederen, relativ flachen

Anflug ihre Bomben genau ins Ziel setzen, und auch das vietnamesische Wetter sprach für den Einsatz von »Snake-eyes«. Marine- und Luftwaffenpiloten mußten darauf gefaßt sein, unter allen Bedingungen zu fliegen. Da immer in einem Teil des Landes Monsun herrschte, stießen sie häufig auf geringe Bewölkungshöhen. Ende April und Anfang Mai 1967 sank um Khe Sanh die Wolkenuntergrenze oft auf dreihundert Meter und weniger. Um die schwereren 750-, 1000- und 2000-Pfund-Bomben wirksam abzuwerfen, ohne sich selbst zu gefährden, mußte der Pilot in steilem Winkel, fast im Sturzflug, anfliegen und schon in relativ großer Höhe wieder abdrehen. Ein solcher Anflug war gefährlich, wenn die Wolkendecke niedrig und der Luftraum um das Ziel frequentiert war. Die Vietnamesen hatten die Angriffstechniken der amerikanischen Piloten beobachtet. Die Bunker waren solide genug, um allem außer einem direkten oder nahen Treffer mit einer 250- oder 500-Pfund-»Snake-eye«-Bombe zu widerstehen. Solche Treffer kamen jedoch in der Praxis selten vor.

Die im Dschungel angelegten Bunkersysteme dienten den Vietnamesen sowohl für die Offensive als auch in der Defensive. Während der Anfangsphase einer Schlacht, wie beim Kampf um Höhe 861, unternahmen die Vietnamesen Vorstöße und führten Flanken- und Umzingelungsmanöver durch. Sie waren mit dem Gelände vertraut, da sie schon eine Zeitlang unbemerkt in diesem Gebiet verbracht hatten, um ihre Bunkersysteme fertigzustellen. Wenn die Kämpfe später ihren Höhepunkt erreichten — beim Sturm auf Höhe 881 Süd etwa —, konnten die Vietnamesen die Bombardements im Schutz ihrer Bunker aussitzen.

Freilich sollten die Bomben und Granaten schließlich doch ihren Blutzoll fordern. Die Vietnamesen, die Befehl hatten, ihre Stellungen zu halten oder Gegenangriffe durchzuführen, waren dem Tod geweiht. Während der zweieinhalb Wochen dauernden Kämpfe um die Anhöhen sollten sie zu Hunderten fallen. Durch sorgfältiges Planen, durch Befestigungsarbeiten und Festlegung eines Kampfplatzes, der die Amerikaner dazu verführte, Opfer ihrer erstarrten Kampfmethoden zu werden, konnten die Vietnamesen jedoch erreichen, was für sie am wichtigsten war: den Kampf in die Länge zu ziehen und den gegen sie eingesetzten Infanterie-Einheiten schwere Verluste beizubringen. Allein um die oberste Schicht der Baumkronen des Regenwalds, die darunter wachsenden jüngeren Bäume und schließlich das Unterholz abzutragen, so daß die Bunker erst einmal sichtbar wurden, mußten die Amerikaner tagelange Artillerie-Einsätze und Bombardements mit 250- und 500-Pfund-Bomben durchführen. Trotz aller Artillerievorbereitung und der intensiven Bombenangriffe gegen Höhe 881 Süd konnten die Marines die Bunker aber erst sehen, als sie praktisch schon davorstanden, und dann gab es immer noch genug Bäume, aus deren Laub unsichtbare Heckenschützen auf sie schossen.

Lew Walt war um das Leben seiner Leute besorgt. Als er den Bericht vom Aderlaß an den Hügeln erhielt, flog er sofort nach Khe Sanh, nahm sich eine Schützengruppe und kroch mit ihnen vor, um selbst zu sehen, was los war. Auf der Pazifikinsel Peleliu hatten die Japaner im Herbst 1944 zum ersten Mal auf Selbstmordangriffe verzichtet und sich in unterirdischen Bunkern und Unterständen aus Stahlbeton und Korallen verkrochen. Walt war nach den Kämpfen an die Marine-Korps-Schule in Quantico, Virginia, zurückbeordert worden, wo ihm die Leitung der Abteilung Angriffe übertragen wurde. Man arbeitete dort an einem Sonderkurs, der die Eroberung befestigter Stellungen behandelte. Walt kannte also die Grenzen konventioneller Bombardierungen von Bunkern, wie sie auf Höhe 881 Süd angelegt waren, und die Wirkungslosigkeit übereilter Infanterieangriffe. Er nahm die Marines wieder zurück und befahl seinem Geschwader den Abwurf von 750-, 1000- und 2000-Pfund-Bomben, die mit Verzögerungszündern versehen waren. Das hatte zur Folge, daß die Bomben vor der Detonation in die Erde eindrangen. Auf diese Weise zeitigten selbst Fehlwürfe Wirkung, da die unterirdischen Schockwellen oft Bunker beschädigten oder zum Einsturz brachten. Schon allein die durch diese riesigen Bomben verursachte Erschütterung setzte die Bunkerbesatzungen außer Gefecht (sie war tödlich, wenn der Treffer nahe genug lag), dem Piloten wiederum gab die Zündverzögerung Zeit, aus der Explosionszone herauszufliegen.

Doch Walt griff zu spät ein. Der Blutzoll der Schlacht um die Hügel belief sich bereits auf 99 Tote. Fast die Hälfte der Männer war bei dem ungestümen Angriff auf Höhe 881 Süd gefallen, wo die Marines ihre Toten zurücklassen mußten, um die Lebenden herauszubringen. Als sie zwei Tage danach auf den Kampfplatz zurückkehrten, um die Leichen ihrer Kameraden zu bergen und die kraterübersäten, mit zersplitterten Bäumen bedeckten Hänge zu besetzen, fanden sie fünfzig intakte Bunker vor. Wieder waren die Vietnamesen fort. Die Überlebenden des 18. NVA-Regiments hatten sich auf Höhe 881 Nord zurückgezogen, wo sie – unbemerkt von den Amerikanern – frische Truppen des 95. Regiments ablösten, die ihr Divisionskommandeur als Reserve zurückbehalten hatte.

Lew Walt hatte sein 1. Geschwader auch Höhe 881 Nord mit schweren Bomben angreifen lassen. Das Schlechtwetter konnte man aber nicht einmal mit 2000-Pfund-Bomben wegblasen. Als die Führungskompanie gegen Abend des Tages, an dem auch 881 Süd besetzt wurde, den Höhenkamm von 881 Nord erreichte, schlug ihr lebhaftes Abwehrfeuer von Heckenschützen entgegen. Die Marines meinten, sie würden damit schon fertig werden. Nicht fertig wurden sie allerdings mit dem Tropensturm, der ihnen den Regen ins Gesicht blies. Der Bataillonskommandeur mußte den Befehl zum Rückzug erteilen. Es war zu gefährlich, seinen Männern zu erlauben, ins Ungewisse vorzustoßen.

Die Vietnamesen nutzten diese Unterbrechung, um noch in der Nacht zwei verstärkte Kompanien zum Gegenangriff vorzuschicken. Diese durchbrachen die Stellung einer Kompanie und besetzten einige zuvor nicht benutzte Bunker in einer Baumreihe, um am Tag darauf mit Schnellfeuerwaffen und Handgranaten ihr Leben Bunker für Bunker so teuer wie möglich zu verkaufen. An den folgenden Tagen ging das Sterben weiter. Als die zweieinhalb Wochen während Schlacht um die Höhen beendet war, hatte man die Leichen von 155 Marineinfanteristen zur Registrierstelle auf dem Flugplatz von Khe Sanh geschafft. 425 waren verwundet worden. Das waren bisher die höchsten Verluste, die die Marines in diesem Krieg in einer einzigen Schlacht erlitten hatten.

So schnell die Vietnamesen die Gefechte im Westen abflauen ließen, so schnell verlegten sie das Kampfgeschehen in den östlichen Teil der EMZ, wo sie Anfang Mai die Basis Con Thien mit zwei Bataillonen angriffen. Der Artilleriebeschuß wurde zur schlimmsten Plage in diesem Krieg, schlimmer noch als die Infanterieangriffe, die Hinterhalte gegen Nachschubkolonnen und die Vorstöße von »Sappeuren« (wie die Amerikaner die Stoßtrupps der NVA und des Vietcong nannten), die, nur mit einer Unterhose bekleidet, durch den Stacheldraht krochen, um geballte Ladungen in Bunker und Artilleriestellungen zu werfen. Die Granaten forderten etwa gleich viele Opfer, waren aber eine größere Nervenbelastung. Im Mai gingen auf die Stellungen der Marines fast 4200 Geschosse nieder. Die Vietnamesen brachten alle möglichen Modelle des sowjetischen Geschützarsenals zum Einsatz: 85-mm-, 100-mm-, 122-mm- und 130-mm-Kanonen; 120-mm-Mörser, deren Geschosse eine extreme Splitterwirkung hatten; und die drei Meter langen 122-mm-Raketen des Typs Katjuscha. Von Juli an wurden die Marines mit 152-mm-Geschützen beschossen, deren Blindgänger vier Fuß tief in den Boden eindrangen.

Die Marines versuchten alle Arten von Gegenmaßnahmen. Ihre eigenen Batterien, Westmorelands »Long Toms« und die Kreuzer und Zerstörer der 7. Flotte verfeuerten Hunderttausende von Granaten. Die A-4-Skyhawks und F-8-Crusaders führten Punktzielbombenwürfe im Sturzflug durch, die B-52 und die A-6-Intruders des Marine Corps und der Navy, die jeweils respektable sieben Tonnen in die Luft brachten, warfen Zehntausende Tonnen in Form von Bombenteppichen ab. Nichts brachte den Marines mehr als eine Atempause: Zu den geistigen Vätern der asiatischen Artilleristen zählte Sébastien de Vauban, das Genie der französischen Artillerie- und Belagerungstechnik des 17. Jahrhunderts, gegen dessen direkte militärische Erben, die seine Lehren vergessen hatten, sich die Vietnamesen im Eingraben und Tarnen so viel Übung erworben hatten.

Die Kommunisten bauten Attrappen, die von den die Luftaufnahmen auswertenden Spezialisten für Geschützstellungen gehalten wurden. Sie ließen harmlose Sprengladungen hochgehen, um den Beobachtern Mündungsfeuer vorzutäuschen. Sie versteckten die echten Geschütze, Mörser und Raketenwerfer in tiefen Gruben und Tunnels, ließen sie in unregelmäßigen Zeitabständen feuern und zogen nach jedem Schuß Tarnnetze über die Stellungen. Eine beliebte Einsatzzeit war der Spätnachmittag, wenn das Mündungsfeuer am schlechtesten zu erkennen war. Für ihre schweren Mörser gruben sie tiefe und schmale Gänge in den Hang, der den Stellungen der Marines gegenüberlag. Am unteren Ende der Gänge wurden Kammern für die Mörser und ihre Bedienungen ausgehoben, die die gesamte Erdschicht als Schutz über sich hatten. Die abgefeuerte Granate sauste durch den Gang und aus der getarnten Öffnung. Eine ähnliche Technik wurde oft bei den Haubitzen angewandt. Natürlich wurden die Geschütze-, Mörser- und Raketenwerferstellungen früher oder später ausgemacht und mit Bomben und Granaten überschüttet. Die Sowjetunion, China und die osteuropäischen Länder erzeugten jedoch eine Fülle von Geschützen, mit denen das Arsenal der Vietnamesen erneuert wurde. Hanoi war beim Ersetzen der Bedienungen auch nicht kleinlich. Zählte man die kleineren 82-mm-Mörser mit, so wurde sehr bald die Hälfte der Verluste unter den Marines von Granaten und Raketen verursacht.

Als Lew Walt im Juni 1967 nach zwei Jahren Vietnam nach Hause flog, hatte er seine Lektion über die Bekämpfung von Bunkersystemen im Gepäck. Diese Lektion mußte immer wieder neu gelernt und mit dem Leben amerikanischer Soldaten bezahlt werden. Das US-Militärsystem der sechziger Jahre jedoch sorgte eher für das Verlernen als für das Lernen von Lektionen. Die einjährige Dienstzeit aus der Zeit der Militärberater, die Westmoreland übernommen hatte, weil er dachte, daß dies gut für die Moral sein werde, bedeutete, daß sämtliche Ränge, vom Schützen bis zum Obersten, das Land gerade dann verließen, wenn sie anfingen, etwas Erfahrung und Durchblick zu bekommen. Bei den Bataillonen und Brigaden (oder Bataillonen und Regimentern beim Marine Corps) erfolgte auf Führungsebene der Wechsel zweimal so schnell, nämlich alle sechs Monate, obwohl gerade eine erfahrene Führung am meisten benötigt wurde. Die Offiziere verbrachten das zweite Halbjahr in einem Stab oder als stellvertretende Kommandeure auf höherer Ebene. Es gab nur wenige Ausnahmen, und nur selten konnte jemand ein Kommando länger als ein halbes Jahr behalten; er mußte dann seine Dienstzeit in Vietnam freiwillig verlängern. (Oft erfolgte die Ablösung auch schon früher, wenn ein Offizier durch Krankheit, Verwundung oder Tod ausfiel.)

Die Personalabteilung der Armee neigte dazu, Vietnam als einen Ausbildungsgang anzusehen, und betrachtete den Halbjahresturnus als eine Möglichkeit, mehr Offizieren eine praxisnahe Ausbildung für den in Europa gegen die Sowjets bevorstehenden »großen Krieg« und weitere begrenzte »lokale Konflikte« zu geben. Der wirkliche Grund (der erst verständlich macht, warum diese Praxis verächtlich als »Fahrkartenentwertung« bezeichnet wurde) war jedoch — auch beim Marine Corps — das mechanistische Beförderungssystem und der daraus entstehende bürokratische Impetus. Um zu Adlern zu kommen, mußte ein Oberstleutnant ein Bataillon befehligt haben. Ein Oberst wiederum mußte, um einen Generalsstern zu erhalten, ein Regiment oder eine Brigade befehligt haben. Einem Offizier das Kommando eines Bataillons, einer Brigade oder eines Regiments länger als ein halbes Jahr zu belassen, galt als unfair gegenüber seinen Jahrgangskollegen. Das gleiche System war im wesentlichen auch bei den Generälen gültig, auch wenn diese 18 Monate in Vietnam blieben. Ein General durfte das Kommando über eine Division oder ein Korps selten länger als ein Jahr behalten, weil so viele andere, die sich für einen zweiten Stern qualifizieren wollten, hinter ihm Schlange standen. Walt hatte eine Ausnahme dargestellt, weil er der höchste Marineinfanterist war. Die Vietnamesen konnten also damit rechnen, daß sich ihre amerikanischen Gegner wie gewohnt verhielten.

Mehr als die Hälfte (52 Prozent) aller amerikanischer Soldaten, die ab 1967 in Vietnam fielen, sollten im Gebiet des I. Korps fallen. Davon wiederum sollte die Hälfte nahe oder entlang der EMZ oder in Quang Tri und Thua Thien, den beiden nördlichsten Provinzen des I. Korpsgebiets, den Tod finden. Die restlichen 27 Prozent aller Soldaten sollten in den drei unteren Provinzen fallen, weil man dort schnell zur Kriegsführung mit großen Einheiten überging, nachdem Westmoreland Krulak und Walt gezwungen hatte, die Pazifizierungsstrategie aufzugeben. Dieser Erfolg des Oberkommandierenden hatte den Effekt, daß der Rücken der Marines entblößt war, was den regulären Vietcong und der NVA ermöglichte, wieder einmal ungestört in den dichtbevölkerten Reisdeltas der Küste zu operieren.

In diesem Sommer 1966, in dem die Vietnamesen Westmoreland in die EMZ lockten, verlagerten sie den Brennpunkt ihrer zweiten Grenzfront ins Zentrale Hochland, wo Moore seine Schlacht geschlagen hatte. Sie zogen die Amerikaner weiter nach Norden in die abgelegenen Berge des nördlichen Teils der Provinz Kontum, wo die Annamitische Kordillere besonders schroff wird – in unmittelbare Nähe der Region, wo der Ho-Chi-Minh-Pfad endete. 1967 eröffnete die Führung in Hanoi eine dritte Grenzfront, und zwar im Gebiet des III. Korps entlang der kambodschanischen Grenze. Die Chinesen trafen eine Abmachung mit Prinz Sihanouk, die es ihnen gestattete, den Vietnamesen über den Hafen Sihanoukville Tausende Tonnen Waffen, Munition, Medikamente und andere Nachschubgüter (bis Ende 1969 waren es mehr als 26.600 Tonnen) zu liefern. Einen kleinen Teil dieser Waffen erhielt die kambodschanische Armee; Sihanouk und seine Generäle wurden bestochen. Die Lkw-Firma, die gegen entsprechende Bezahlung die Waffen vom Hafen in die vietnamesischen Arsenale brachte, gehörte einer von Sihanouks Ehefrauen.

Die Statistiken über die Zonen, wo Amerikaner gefallen waren, zeigten unverändert an, wie sehr Westmoreland dem Feind entgegenkam. Fast vier Fünftel aller ab 1967 in Vietnam Gefallenen fanden in nur zehn der insgesamt 44 Provinzen den Tod. Fünf davon bildeten das Gebiet des I. Korps. Drei weitere waren die Grenzprovinzen Kontum, Tay Ninh und Hau Nghia, in der Vann tätig gewesen war. Die neunte war Binh Duong; sie lag zwischen Tay Ninh und Hau Nghia und war somit Teil der Front an der Grenze zu Kambodscha. Die einzige nicht grenznahe Provinz war Binh Dinh im mittleren Küstenabschnitt. Sie hat ihr eigenes Bergland, das mit dem Zentralen Hochland verbunden ist.

Krulak fiel es schwer, sich die Verlustlisten anzusehen, die ihm jeden Morgen auf den Schreibtisch gelegt wurden. Er hatte ein gutes Gedächtnis für Namen und Gesichter und war mit vielen der Kompaniechefs, Zugführer, Unteroffiziere und einfachen Soldaten von seinen Besuchen bei den Einheiten her bekannt. Seine drei Söhne waren ihm in das Korps gefolgt: Sein Ältester, ein Priester der Episkopalkirche, war Militärgeistlicher, die beiden jüngeren waren Kompaniechefs. Ihre Berufung steigerte seine Qualen noch. Zu einem bestimmten Zeitpunkt befanden sich alle drei in Vietnam. Sein Jüngster, Charles Krulak, leistete zwei Dienstzeiten im Gebiet des I. Korps als Kompaniechef ab und erwarb sich eine silberne und drei bronzene Tapferkeitsmedaillen. Er wurde zweimal verwundet, das zweite Mal auf demselben Hügel, auf dem Hauptmann James Carroll drei Jahre zuvor den Tod gefunden hatte.

Krulak war der Ansicht, daß der Krieg vielleicht einen anderen Verlauf genommen hätte, wenn John Kennedy noch am Leben gewesen wäre. Die Faszination, die die Guerillabekämpfung auf Kennedy ausgeübt hatte, und die Lehren, die er bis 1965 gezogen hätte, würden ihn in die Lage versetzt haben, die Bedeutung von Krulaks Vorschlägen zu erkennen, die dieser in seinem Strategiepapier festgehalten hatte. Der Präsident würde die Generäle gezwungen haben, den Krieg mit Verstand zu führen.

Selbst wenn Krulak Kennedy richtig einschätzte und seine Annahmen zutrafen, so handelte es sich doch bloß um eines der vielen Gedankenspiele zum Vietnam-Krieg: »Was wäre gewesen, wenn . . .« In diesem Krieg sollten 14.961 Marines ihr Leben lassen, dreimal so viele wie in Korea. Das waren Verluste, die schwerer wogen als die 24.511 Marines, die im Zweiten Weltkrieg gefallen waren, denn schon vor dem Tod der meisten dieser Soldaten sollte Brute Krulak klar sein, daß sie völlig umsonst starben.

Als die vietnamesischen Kommunisten im Mai 1967 den Brennpunkt der Kämpfe auf die östliche Seite der EMZ verlagerten, war John Vann in eine bürokratische Schlacht verwickelt. Er wollte Robert Komer helfen, die Pazifizierungsorganisation zu gründen, die unter der Abkürzung CORDS (Civil Operations and Revolutionary Development Support) bekannt werden sollte. Diese Schlacht war eine der wenigen bürokratischen Auseinandersetzungen in Vanns Karriere, die mit einem relativ leichten Sieg endeten. Da Westmoreland eingesehen hatte, daß es nicht in seinem Interesse war, sich querzulegen, setzte er sich über seinen eigenen Stab hinweg. Komers großspuriges Auftreten brach jeden weiteren Widerstand.

Die Militärpolizisten der Army, die Westmorelands Hauptquartier bewachten, glaubten anfangs nicht, daß dieser Fünfundvierzigjährige mit beginnender Glatze im dreiknöpfigen Anzug mit Fliege der erste zivile General war. Komer überzeugte sie davon, wie er später andere überzeugen sollte, und zwar ganz auf seine Art. Als er in seinem ihm von Westmoreland zugeteilten Statussymbol, einem der drei schwarzen Chrysler Imperial, die es in Saigon gab (die beiden anderen benutzten Westmoreland und sein neuer militärischer Stellvertreter, General Creighton Abrams), zum ersten Mal am Tor des MACV vorfuhr, hielt ihn der diensthabende MP mit erhobener Hand an. Komer saß im Fond hinter dem zivilen vietnamesischen Polizeifahrer und seinem Leibwächter, einem vietnamesischen Polizisten. Der MP ging zur hinteren Wagentür, Komer ließ das Fenster hinunter.

»Wer sind Sie, Sir?« fragte der MP.

»Ich bin der große Pazifizierungsmanitu«, antwortete Komer und wies sich aus.

»Das muß ich überprüfen, Sir«, antwortete der MP, ging zum Wachlokal zurück und las die VIP-Liste durch. Dann rief er im Hauptgebäude an.

Der vietnamesische Leibwächter und der Fahrer begannen, sich zu unterhalten. Komer erkannte, daß sie über diese Verzögerung sprachen und er an Prestige verlor. Es gab aber bedeutendere Leute in Saigon, bei denen Komer nicht sein Prestige verlieren wollte. Komer sprach laut, gleich ob er seine stets präsente Pfeife im Mund hatte oder nicht. Er hatte zufrieden gelacht, als er 1966, während er vom Weißen Haus aus die Pazifizierung dirigierte, erfuhr, daß Lodge ihm wegen seines energischen Vorgehens den Spitznamen »Düsentrieb« verliehen hatte. Als er nun am Tor warten mußte, ging ihm ein Artikel durch den Kopf, den Ward Just, der Korrespondent der »Washington Post«, ein paar Tage zuvor geschrieben hatte. Just hatte darin die Meinung vertreten, daß Komer sich in Washington für einen harten Burschen gehalten haben mochte, aber nun entdecken werde, daß die Dinge im militärischen Vogelhaus von Saigon ganz anders liefen. Komer sei nun ein Hühnchen unter Habichten, wie Just andeutete, und die Generäle und Obersten von Westmorelands Stab würden ihn zum Lunch verspeisen.

Komer beschloß, Just Lügen zu strafen. Er hatte bemerkt, daß der MP, der ihn angehalten hatte, eine gewöhnliche olivgrüne Limousine, die vor seinem Chrysler angekommen war, durchgewinkt und dabei noch strammgestanden und salutiert hatte. Die Limousine hatte rote Nummernschilder, auf denen die zwei weißen Sterne eines Generalmajors zu sehen waren.

»Das ist es — das wirkt«, brüllte Komer seinem Assistenten, Oberst Robert Montague, entgegen, als er im Hauptquartier in sein Büro eintrat. »Ich möchte vier Sterne auf meinem Wagen. Westy hat vier. Abe« — der Spitzname von Creighton Abrams — »hat vier. Ich will auch vier. Sagen Sie dem Stabschef, er soll mir vier Sterne auf meinen Wagen machen.« Montague nahm den Telefonhörer und gab Komers Anordung durch.

Im MACV war nicht mehr William Rosson Stabschef. Er war nach Quang Ngai gegangen, um die provisorische Division zu übernehmen, die Westmoreland hier gebildet hatte. An seine Stelle war Generalmajor Walter Kerwin, Jr., getreten, ein energischer Artillerieoffizier mit einem an das Streifenmuster einer Krawatte erinnernden Sinn fürs Orthodoxe. »Dutch« Kerwin ersparte sich die Demütigung, mit Komer zu verhandeln, und entsandte einen Stellvertreter, einen Luftwaffengeneral.

»Sir, wir haben da ein Problem, aber wir können nicht eine Viersterneplakette auf ihren Wagen tun«, sagte der General von der Luftwaffe.

»Warum nicht?« brauste Komer auf.

Der General erklärte ihm, daß aufgrund der Vorschriften nur ein Militär mit vier Sternen ein Anrecht auf eine Nummernschild mit vier Sternen hatte.

»Diese Vorschriften sind abgefaßt worden, ehe irgend jemand sich vorstellen konnte, daß wir je einen solchen Krieg führen würden. Machen Sie mir vier Sterne auf mein Auto«, sagte Komer.

Der Luftwaffengeneral besaß die Kühnheit zu sagen, daß man die Vorschriften ernstzunehmen habe. Wieder zog Komer die Brauen hoch. Der Meinungsaustausch endete damit, daß der General »Ja, Sir« sagte und sich zurückzog.

Eine Stunde später war er zurück. »Sir, ich denke, wir haben eine Lösung für das Problem«, sagte er.

»Und wie sieht die aus?« fragte Komer.

»Wir werden Ihnen eine spezielle Nummerntafel machen. Sie wird vier Sterne, in jeder Ecke einen, und in der Mitte einen Adler haben. Sie wird genauso aussehen, wie die Nummerntafel des Armeeministers.« Er sah Komer mit einem verbindlichen Lächeln an.

»Schön, machen Sie mir das drauf«, sagte Komer.

»Ja, Sir«, sagte der Luftwaffengeneral und lächelte weniger verbindlich als zuvor.

Auch wenn sich die Militärpolizisten am MACV-Tor über die sonderbare Nummerntafel wunderten, so waren sie doch unheimlich schnell mit dem Durchwinken, Strammstehen und Salutieren. Bald brauchten sie auch nicht mehr den Adler mit den Sternen zu sehen. Sie wußten, der Mann im Fond mit der Fliege war Komer.

Als Lyndon Johnson ihn im Frühjahr 1966 zum Aufpasser des Weißen Hauses für den »anderen Krieg« in Vietnam gemacht hatte, wußte Robert Komer so gut wie nichts über Ostasien. Es war der Teil der Welt, mit dem er sich niemals befaßt und den er im Lauf seiner Karriere im Staatsdienst niemals besucht hatte. Nachdem er zweiundzwanzig Jahre zuvor im Zweiten Weltkrieg als Korporal der Nachrichtenabteilung der Armee begonnen hatte, war er, der Sohn einer wohlhabenden Familie aus dem Mittelwesten, der 1942 in Harvard magna cum laude abgeschlossen hatte, gleich nach dem Krieg an die Harvard Business School zurückgekehrt, um den M.B.A. zu machen. Er kam dann allerdings zu dem Schluß, daß nicht Geschäfte, sondern Nachrichten seine Berufung waren. Als oberster Analytiker im Office for National Estimates der CIA hatte er Stäben vorgestanden, die sich mit Westeuropa, dem Mittleren Osten und der Sowjetunion befaßten. Nach der Wahl John Kennedys zum Präsidenten und einem Angebot McGeorge Bundys, im Stab des Nationalen Sicherheitsrats mitzuarbeiten, war er dort als für den Mittleren Osten zuständiger Vertreter des Weißen Hauses tätig gewesen. Später hatte man seinen Kompetenzbereich auf Afrika erweitert, und er hatte es zum Stellvertreter Bundys gebracht.

Komer wies Kennedys Nachfolger darauf hin, daß er von Vietnam nichts verstehe. Lyndon Johnson ließ sich dadurch nicht beirren. Er hing der damals verbreiteten Idee an, daß einem gewiefter Amerikaner, vor allem wenn er an einer Elite-Universität wie Harvard studiert hatte, nichts unmöglich war. Der kulturelle Minderwertigkeitskomplex des Texaners verstärkte Johnsons Glauben an Männer mit exklusiver, in Neuengland erworbener Bildung. »Ihr Harvard-Leute«, sagte er zu Komer immer wieder. Komer hatte noch mehr als seine Elitebildung, um dem Präsidenten zu imponieren. Seine freche, skrupellose, ehrgeizige und arbeitsame Art gefiel Johnson. Komer war ein Mann des Systems, und trotzdem stand er außerhalb des Systems. Er würde nicht zögern, einen Hammer zu ergreifen und auf geheiligte Formen der Bürokratie einzuschlagen.

Viel von dem, was Komer nachher über Vietnam und Pazifizierung erfuhr, lernte er von Vann und Leuten, die unter dem Einfluß Vanns standen, wie etwa Dan Ellsberg und Richard Holbrooke. Komer zapfte Ellsberg als Informationsquelle an, nachdem Johnson ihn 1966 auf die Pazifizierung angesetzt hatte, weil sie sich von der Bruderschaft der dynamischen Intellektuellen im Staatsdienst her kannten. Als Holbrooke Porters Stab an der Botschaft verlassen und heimgekehrt war, wurde er von Komer als sein Zivilassistent im Weißen Haus engagiert. Ellsberg und Holbrooke hatten Komer erzählt, wie kompetent Vann war. Als dieser im Juni 1966 Urlaub hatte und nach Washington kam, um wegen seines Jobs beim Office of Systems Analysis im Pentagon Kontakte zu knüpfen, ließ Holbrooke ihn zu einer Unterredung mit Komer ins Weiße Haus kommen. Das Gespräch dauerte drei Stunden. Komer fand Vann »überwältigend, weil er sich so gut auskannte«, und »schrecklich verbittert« über sein jahrelanges fruchtloses Predigen. Die Widersprüchlichkeit der Aussagen Vanns verblüffte ihn. Der Sieg war eine Fata Morgana, wenn man den Krieg so weiterführte, aber »wenn wir es richtig anpacken, könnten wir gewinnen«. Immer rasch zur Stelle, wenn es galt, eine einflußreiche Beziehung zu pflegen, traf Vann Komer bei dessen häufigen Visiten in Vietnam immer wieder und blieb mit ihm in brieflichem Kontakt.

Obwohl die bei amerikanischen Politikern häufigen Beschränkungen Johnson davon abhielten, den ganz anderen Ansatz aufzugreifen, den Vann und Krulak vertraten, wünschte er ein Pazifizierungsprogramm als Ergänzung zu Westmorelands Abnutzungsstrategie. Der Versuch, dies Ende November 1966 durch Zusammenfassung der zivilen Behörden im Office of Civil Operations zu erreichen, hatte sich vor allem als Organisationsübung der zivilen Seite nützlich erwiesen. Vann schaffte es besser als jeder andere der regionalen OCO-Direktoren, seine Berater im Gebiet des III. Korps zu einem Arbeitsteam zu vereinen. Aber auch er wurde durch die ständige Rivalität zwischen AID, CIA und USIS sowie durch die Entscheidung behindert, die Militärberater in den Provinzen in Westmorelands separater Kommandokette zu belassen. Im Frühjahr 1967 machte sich Westmorelands Abwartespiel bezahlt. Der Präsident beschloß, ihm offiziell die gesamte Verantwortung für die Pazifizierung zu übertragen. Zugleich wollte er Komer im Mai nach Südvietnam entsenden und ihm die Koordination der Anstrengungen unter Westmorelands Aufsicht übertragen. Die Pazifizierungsarmee, die Komer dann unter der Bezeichnung CORDS aufzustellen begann, arbeitete ohne Vanns zentrales Konzept einer amerikanischen Kontrolle der Saigoner Führung und sozialer Reformen. Davon abgesehen verdankte CORDS sein Führungssystem und seine Organisationsstruktur weitgehend Vanns Denken.

Johnson gewährte Komer aus Protokollgründen den Rang eines Botschafters, so daß er auch als Botschafter angesprochen wurde, doch waren seine Aufgaben in Saigon kaum die eines Diplomaten. Er war weder Mitglied von Westmorelands Stab noch Sonderberater des Generals. Bob Komer war *der* stellvertretende Kommandeur für Pazifizierung, offiziell »Stellvertreter beim COMUSMACV für CORDS«. In einer militärischen Welt war diese Unterscheidung wichtig, denn sie bedeutete, daß Komer direkte Befehlsgewalt über jeden seiner Mitarbeiter und direkten Zutritt zu Westmoreland hatte. Er nahm im MACV hinter Creighton Abrams, Westmorelands militärischem Stellvertreter, den dritten Platz ein. Alle anderen im Hauptquartier mußten sich über Dutch Kerwin, den Stabschef, an Westmoreland wenden.

Vann hatte Komer gewarnt, daß ihn, falls er mit weniger Autorität und geringerem Rang daherkam, die Habichte fressen würden. Komer definierte daher seinen Status in einem Memorandum, das er dem Präsidenten zeigte und Westmoreland während eines Besuchs in Vietnam im Frühjahr überreichte. Er ließ den General wissen, daß der Präsident seine Position als stellvertretender Kommandeur guthieß, und versicherte ihm, daß er dabei nur gewinnen könne. Wenn Komer erfolglos blieb, würde der Präsident Komer verantwortlich machen, war dieser doch dessen Wahl. »Es wird mein Kopf sein, Westy«, sagte Komer. Sollte er jedoch Erfolg haben, so würde auch Westmoreland Erfolg haben, da Komer ja sein Stellvertreter war. Komer fügte noch eine Kleinigkeit hinzu, von der er hoffte, daß sie Westmorelands Managerstolz schmeicheln würde. Er erinnerte den General daran, daß sie beide die Harvard Business School absolviert hatten. (Westmoreland hatte dort einen 13wöchigen Kurs gemacht, als er in den fünfziger Jahren Brigadegeneral im Pentagon war.) Direkte Vollmachten und direkte Verantwortung, das sei eine Lösung im Stil der Harvard Business School, sagte Komer.

Dieses Zusatzargument war gar nicht notwendig. William Westmoreland war bereit, die Wünsche des Präsidenten zu erfüllen, wenn er das ohne Kosten für sich selbst tun konnte. Wenn es ihm in Fragen der Kriegsführung vielleicht an Scharfsinn fehlte, so war seine Schlauheit in bürokratischen Belangen einer der Hauptgründe für seinen Aufstieg. Er erkannte sofort, daß Komer recht hatte. Sein Imperium wurde auf die gesamte Pazifizierung ausgeweitet, zugleich wurde er der Bürde dieser Aufgabe enthoben. Er konnte das Ganze Komer überlassen und sich seinem großangelegten Krieg widmen. Als dann die Frage des Dienstwagens aufkam, bot er Komer den großen Chrysler an.

Die Komer unterstellte Behörde war ein einzigartiges militärisch-ziviles Kommando, das auf eine besondere Pazifizierungstruppe innerhalb der US-Streitkräfte in Vietnam hinauslief. In jedem der vier Korpsgebiete wurde ein neuer amerikanischer stellvertretender Kommandeur für die Pazifizierung ernannt. Er stand auf Korpsebene zum kommandierenden US-General im gleichen Verhältnis wie Komer zu Westmoreland und trug, wie Komer, den Titel Dep/CORDS. Er war Komer direkt unterstellt und de facto sein Kommandeur im jeweiligen Korpsgebiet. Ihm unterstanden die vereinigten Provinzteams, wie sie Vann zwei Jahre zuvor in seinem Papier »Wie man sich der südvietnamesischen Revolution bedienen muß« vorgeschlagen hatte. Die RF-, PF- und anderen Militärberater in der Provinz waren darin mit den Zivilberatern zu einem einzigen Team zusammengefaßt, das von einem obersten Provinzberater geleitet wurde.

Oberst Sam Wilson, Vanns Bekannter und früherer Vorgesetzter bei der AID, trug zur Entstehung von CORDS wesentlich bei, indem er im Herbst 1966 freiwillig in die Long-An-Provinz ging, um im Rahmen eines Versuchs die Leitung eines vereinigten Teams zu übernehmen. Er zeigte, daß Militärs und Zivilisten durchaus gut zusammenarbeiten konnten, und seine Gruppe wurde zum Modell für die in den anderen Provinzen entstehenden Teams. Einige der obersten Provinzberater waren Militärs, andere kamen von zivilen Behörden. Obwohl es nicht ohne bürokratischen Kuhhandel abging — jede Behörde mußte natürlich ihren Anteil bekommen —, entschieden bei ihrer Auswahl Talent und Erfahrung. Der oberste Provinzberater unterstand dem Dep/CORDS seines Korpsgebiets. Auf Drängen Vanns führte Komer sogenannte Erfolgsberichte ein, um die Disziplin zu stärken. Befehle wurden bei CORDS genau wie in einer militärischen Organisation erteilt.

Vann hatte Glück, daß der neue Kommandeur der US-Streitkräfte im Gebiet des III. Korps, Generalmajor Fred Weyand, Angst davor hatte, zu konventionell zu denken und unkonventionelle Leute schätzte, die ihm Einsichten vermittelten, die er von sich aus nicht gewonnen hätte. Andernfalls hätte Komer für Vann ein anderes, diesem weniger genehmes Korpsgebiet finden müssen, in dem er als Dep/

CORDS wirken konnte. Westmoreland hatte Weyand darauf hingewiesen, daß Vann ein Plagegeist war, den er nicht hinzunehmen brauchte. Weyand sah das anders. Er hatte sich zwei Sterne erworben und war im Begriff, einen dritten hinzuzufügen, indem er sich der Welt der US-Armee anglich, selbst wenn die Leichtigkeit, mit der er sich darin bewegte, ihm manchmal Unbehagen verursachte. Weyands konventionelle Seite hätte ihm wohl kaum Sterne eingebracht, wäre er nicht nach einem langen und zögernden Beginn aufgewacht.

Am Vorabend des Zweiten Weltkriegs war Weyand über das ROTC der Universität von Kalifornien in Berkeley Offizier bei der Küstenartillerie geworden. Es handelte sich um einen Zweig der Armee, dessen Angehörige noch nicht verstanden hatten, daß diese Waffengattung durch die Flugzeuge und die moderne amphibische Kriegstechnik überholt war. Angeblich beschützte die Küstenartillerie mit ihren weittragenden, in Betonforts untergebrachten Geschützen die Häfen Amerikas. Weyand verbrachte bei dieser anachronistischen Organisation die erste Hälfte des Zweiten Weltkriegs und meldete sich dann zur Gefechtsnachrichtenschule. Er hoffte, in Europa seine an der High School und im College erworbenen beachtlichen Deutschkenntnisse anwenden zu können. Die Army steckte ihn statt dessen in den Stab General Joseph Stilwells auf den chinesisch-burmesisch-indischen Kriegsschauplatz. Seine Aufgabe bestand darin, japanische Funksprüche auszuwerten, deren Kode man geknackt hatte. »Essig-Joe« Stilwell war einer der perfektesten Infanteristen in der Geschichte der US-Armee, aber Weyand, so interessant er die Arbeit für ihn auch fand, schlitterte nach dem Krieg wieder ins Nachrichtenwesen. Als 32jähriger Oberstleutnant begegnete er in Hawaii einem General. Er gab ihm einen Rat, den er befolgte: Um aufzusteigen, mußte man an die Front gehen.

Fred Weyand wechselte zur Infanterie und schloß gerade den Fortgeschrittenenkurs in Fort Benning ab, als Kim Il Sungs Panzer den 38. Breitengrad überrollten. Er fand bald Gelegenheit, das »Mir nach!« der Infanterieschule zu seinem Metier zu machen. Im Januar 1951 gab man ihm ein Bataillon der 3. Infanteriedivision, das durch MacArthurs nordkoreanisches Debakel auf 162 Mann reduziert war. Er baute es mit Ersatzleuten, darunter vielen KATUSAs, wieder auf, reorganisierte es und führte es, während er es ausbildete, zur Gegenoffensive, um die Chinesen wieder nach Norden zu treiben und am 38. Breitengrad eine Verteidigungslinie zu errichten. »Das waren noch Zeiten, als man sein Bataillon vom Führungszug aus befehligte«, erinnerte sich Weyand wehmütig. »Wenn man Erfolg hatte, dann deswegen, weil man dabei war.« Er war mit einem »Silver Star for Gallantry« und dem »Bronze Star for Valor« ausgezeichnet worden. Generalmajor Frank Milburn, der Kommandeur des I. Korps, hatte Weyands Bataillon als das beste des ganzen Korps hervorgehoben.

Weyands Leistung in Korea war der zündende Funke für seine Karriere. Er konnte nun die Art von Verwendungen bekommen, die ein Nicht-West-Pointer braucht, um vorwärtszukommen — er wurde militärischer Assistent des Armeeministers, Kommandeur einer Kampfgruppe in Berlin und kam Anfang der sechziger Jahre auf den heiklen Posten eines obersten Verbindungsoffiziers zum Kongreß. Seine äußere Erscheinung — er war 1,90 m groß und sah gut aus — und seine Art waren ihm dabei behilflich. Er konnte offen und ehrlich sein, war aber gleichzeitig gewandt und ein ungezwungener, freundlicher Mensch. Im offiziellen Schriftverkehr verkürzte er seinen elitär klingenden Namen Frederick Carlton zu Fred C. Er wartete nicht, bis Untergebene ihn grüßten. Er grüßte sie zuerst.

Weyand und Vann hatten sich kaum mehr als ein Jahr vor der Gründung von CORDS in Hau Nghia kennengelernt. Vann war wieder einmal auf einer seiner regelmäßigen Expeditionen gewesen, auf denen er herauszufinden versuchte, wo Ramsey gefangengehalten wurde. Weyand hatte gerade das Hauptquartier der 25. Infanteriedivision, die er damals befehligte, von Hawaii nach Vietnam verlegt und war dabei, ein Basislager in Cu Chi zu errichten. Ramseys letzte Berichte an die AID und eine umfassende Beschreibung, die er über Hau Nghia verfaßt hatte, lieferten Weyand eine Menge praktischer Informationen, doch fehlten ihm genaue Hinweise auf die Vietcong-Einheiten in der Provinz, »Nachrichten über die Kampfgliederung«, wie der militärische Ausdruck lautet. Die G-2-Abteilung im MACV und Seamans Stab bei der II. Field Force, so die Bezeichnung für das US-Kommando auf Korpsebene im Gebiet des III. Korps, hatten nichts Interessantes zu bieten.

Fred Weyand schätzte sich glücklich, als plötzlich eine wandelnde Akte mit Nachrichten über Hau Nghia auftauchte und sich als John Vann vorstellte. Auf Vanns folgenden Expeditionen und nachdem Vann gegen Ende 1966 zum OCO-Leiter im Gebiet des III. Korps ernannt worden war, lernten sich die beiden besser kennen. Vann kam dann an einem Samstag oder Sonntag in Weyands Hauptquartier zu einem spätnachmittäglichen Volleyballmatch vorbei und blieb über Nacht, so daß sie nach dem Abendessen miteinander sprechen konnten.

Einige Armeeoffiziere neigten in diesen Jahren dazu, John Vann als Abtrünnigen schief anzusehen. Weyand überprüfte, was Vann ihm berichtete, und stellte fest, daß Vann viel öfter recht hatte, als er sich irrte. Weyand bewunderte Vanns Engagement. Er war fasziniert von den Einzelheiten, die Vann durch seine zahlreichen vietnamesischen Freunde und Bekannten erfuhr oder von seinen Ausflügen auf gefährlichen Straßen und seinen Nächten in Weilern und Außenposten mitbrachte. Weyand konnte es sich von seiner Stellung her nicht erlauben, solche Dinge zu tun, und er kannte auch sonst niemanden, der so etwas tat. Bruce Palmer, Vanns früherer Vorgesetzter und Beschützer beim 16. Infanterieregiment in Deutschland, löste im März 1967 Seaman als Kommandeur der II. Field Force ab. Weyand stieg von der Division zum Stellvertreter Palmers auf. Zu Palmers Unglück kam Westmoreland dann zu dem Schluß, daß er ihn brauchte, um das Hauptnachschub- und Verwaltungskommando der US-Armee in Vietnam zu leiten. Weyand bekam das Korps. Als Westmoreland ihm mitteilte, daß Vann als Dep/CORDS vielleicht Unruhe stiften würde, war sich Weyand völlig bewußt, daß John Vann Unruhe bedeutete. Weyand erhielt dafür aber das, worauf es ihm ankam.

Als Vann im Juni 1967 Dep/CORDS bei der II. Field Force wurde, beließ er sein Büro im früheren OCO-Komplex in der Nähe des Hauptquartiers des III. ARVN-Korps am Rand von Bien Hoa. Sein Aufgabenbereich wurde einfach größer, und er beanspruchte ein zusätzliches Gebäude des Komplexes, um Platz für weitere Mitarbeiter zu haben. Nach der Eröffnungsbesprechung im Hauptquartier der II. Field Force in der Basis von Long Binh fragte Weyand, ob er für seinen neuen CORDS-Stellvertreter etwas tun könne. »Ja, ich würde gerne einen militärischen Adjutanten haben«, antwortete Vann. Ob er dabei an einen bestimmten Offizier dachte? »Nein, ein beliebiger Leutnant oder Offiziersanwärter reicht, solange er seinen Hubschrauber mitbringt«, sagte Vann.

Wenn Seaman Vann die beliebige Benutzung eines kleinen Raven-Hubschraubers gestattet hatte, so war das ein Privileg gewesen, an dem festzuhalten sich lohnte (und das weder von Palmer noch von Weyand zurückgezogen worden war), doch ein eigener Helikopter mit Pilot vermittelte einem schon eher das Gefühl, ein General zu sein. Vanns neuer »Adjutant« erschien kurz darauf mit seiner zweisitzigen Plexiglaskuppel-Flugmaschine. Vann ließ neben seinem Bürokomplex und dem nahegelegenen Haus, das die AID für ihn in Bien Hoa als Wohnhaus gemietet hatte, eine Start-Lande-Fläche aus Beton legen. Er richtete es ein, daß der Pilot in eine Fliegerunterkunft auf der anderen Seite der Straße einzog. Keine einzige Stelle der elf Provinzen des Korpsgebiets war weiter als eine Flugstunde entfernt. Vann hatte nun fast 800 amerikanische Mitarbeiter, die für ihn in seinem Stab und in den vereinigten Provinzteams arbeiteten, größtenteils Militärs. Wenn man die Helfer aus Südkorea und von den Philippinen sowie die vietnamesischen Angestellten hinzurechnete, unterstanden ihm etwa 2225 Personen. Amerikanische Soldaten — Oberstleutnants, Majore, Hauptleute, Leutnants, Unteroffiziere — nahmen wieder seine Befehle entgegen. »Ich bin in den Schoß der Armee zurückgekehrt und habe ein Kommando«, hieß es in einem Rundschreiben an seine Freunde.

Im Februar hatte er einen Brief Ramseys gelesen. Die Nachricht war mit Kugelschreiber in winziger Schrift auf ein Papiertaschentuch geschrieben und von einem Obergefreiten namens Charles Crafts aus einem Gefangenenlager im Dschungel herausgeschmuggelt worden. Crafts war mit einem zweiten US-Soldaten während des Tet-Festes 1967 zu Propagandazwecken freigelassen worden. Der Brief war an Ramseys Eltern in Boulder City in Nevada gerichtet. Crafts hatte ihn in seinem Brillenetui versteckt und ihn den amerikanischen Nachrichtenoffizieren übergeben, die ihn gleich nach seiner Freilassung befragten. Vann wurde in die Botschaft gerufen, die den Brief weiterleiten sollte. Er war mit Ramseys Eltern — Doug war ihr einziges Kind — in Verbindung geblieben und hatte ihnen jede auch noch so winzige Information übermittelt, die er erhalten konnte. (Einmal bot er ihnen sogar finanzielle Unterstützung an; sie dankten ihm, teilten ihm aber mit, daß sie sie nicht brauchten.) Er schrieb ihnen auf der Stelle, um sie zu benachrichtigen und ihnen eine Zusammenfassung des Briefinhalts zu geben. Die Botschaft behielt das Original für die Akte, die über jeden Gefangenen angelegt wurde, sandte jedoch Ramseys Eltern eine genaue Abschrift davon.

Ramsey hatte seinen Eltern geschrieben: »Der Gedanke, Euch wiederzusehen, und die Erinnerungen an zu Hause halten mich über Wasser.« Er hoffe zu überleben, »aber wir müssen realistisch denken«. Er verstand den Brief auch als Beweis dafür, daß »ich am 13. Januar [1967, dem Tag, an dem er ihn abschloß] noch am Leben war«, so daß seine Eltern sich sein bis zu diesem Datum laufendes Gehalt »ohne ernsthafte Schwierigkeiten« ausbezahlen lassen konnten, falls er umkommen sollte. Trotzdem versuchte Ramsey, ihnen Mut zu machen. Er hatte bereits eine gewöhnliche Malaria überstanden und war dann an Malaria tropica erkrankt, »die in dieser Region angeblich zu 90 Prozent tödlich verläuft«. (Diese sogenannte »Killermalaria« führt zu einer Störung der Hirn- und Nierenfunktionen.) »Wenn ich so etwas überlebt habe, so habe ich vollste Zuversicht, daß ich weniger gefährliche Krankheiten, die ich hier gesehen habe, auch überstehen werde.« Die »ärztliche Betreuung« durch die Vietcong »ist für die Verhältnisse hier im Dschungel nicht schlecht . . . Was den Schutz vor amerikanischer Artillerie, Bomben und Raketen angeht, so müßt Ihr euch auch keine Sorgen machen.« Sie hätten in ihrem Lager tiefe Erdlöcher und seien dabei, unterirdische Schlafräume zu graben. Ein ähnlich angelegtes Lager sei kurz zuvor von B-52 getroffen worden, dabei habe »nur eine einzige Person leichte Verwundungen erlitten«.

Vann konnte zwischen den Zeilen lesen, und die Informationen von Crafts und Sergeant Sammie Womach, dem zweiten Freigelassenen, vermittelten ihm ein realistischeres Bild von Ramseys Gefangenschaft. Trotzdem konnte er sich keine Vorstellung von den wirklichen Zuständen machen. Niemand hätte sich Ramseys Fegefeuer vorstellen können.

Ramsey war zunächst in ein Gefangenenlager im nordwestlichen Teil der Provinz Tay Ninh nahe der kambodschanischen Grenze gebracht worden. Die beiden Vietcong, die ihn hier verhörten, hielten ihn sofort für einen CIA-Agenten. Aus ihrer Sicht mußte jeder Amerikaner, der Ramseys Sprachkenntnisse besaß, in Zivilkleidung durch die Gegend fuhr, mit einem AR-15 bewaffnet war und eine Menge Geld bei sich hatte, ein Spion oder Geheimagent sein. Ramsey hatte bei seiner Gefangennahme etwa 31.000 Piaster bei sich. Er wollte diese Summe einem örtlichen Unternehmer für den Bau eines Amtshauses übergeben. Die beiden Vietcong nahmen an, daß er damit den Killerteams der CIA in Hau Nghia ihre

Gehälter ausbezahlen wollte. Ramseys Leugnen und seine Versuche zu erklären, worin seine Aufgabe wirklich bestand, verärgerten sie bloß. Für sie konnte sein Job bei der AID nur eine Tarnung sein. CIA-Agenten waren eine widerliche Spezies von Amerikanern. Die Tatsache, daß die CIA seit den fünfziger Jahren die Nachrichten- und Abwehrdienste des Saigoner Regimes einschließlich der Sûreté, jetzt Special Branch genannt, unterstützte, ihre Verwicklung in den Terror von Diems Kampagne zur Denunzierung von Kommunisten und ihre Rolle beim Wehrdörferprogramm und so vielen anderen Aktionen, die der Vietcong als Verbrechen ansah, verlieh ihr in ihren Augen eine mythische Aura des Bösen.

Physische Folter sahen die beiden Vernehmungsspezialisten offenbar als nicht sinnvoll an. Anders war es mit psychischen Torturen. Sie setzten die Wachen auf ihn an. Um ihren Haß gegen das aufzustacheln, was er ihrer Ansicht nach repräsentierte, und um sich abends zu unterhalten, begannen die Wachen Spottlieder auf Ramsey zu verfassen, die in richtige Kleinkunst ausarteten. Ramsey wurde in den Texten als archetypischer US-Aggressor hingestellt, »an dessen Händen das Blut Tausender Vietnamesen« klebte. Die Lieder schlossen mit der Ankündigung, aus Anlaß des Ablebens des CIA-Agenten mit der humanitären Maske, »Mr. USOM Ramsey«, ein Monument einzuweihen. Das Monument sollte mit dem Blut des hingerichteten Ramsey geweiht werden, den man darunter auch gleich begraben wollte. Jede Wache, die an dem Text mitdichtete, schlug eine passende Todesart vor: Man sollte ihn nach einem öffentlichen Prozeß erschießen, ihn lynchen oder von den Bauern zu Tode prügeln lassen. Da das Lager im Dschungel nicht groß war, hörte Ramsey diese Texte wieder und wieder. Er war in einen großen hölzernen Käfig gesperrt. Mit den drei anderen amerikanischen Gefangenen durfte er keinerlei Kontakt aufnehmen. Über seinem Käfig wohnte eine Wache, die ihn ständig beobachtete. Nachts brannte darin eine Kerosinlampe, so daß man ihn auch von einer nahegelegenen Wachhütte aus beobachten konnte.

Die beiden Vietcong, die ihn verhörten, spürten bald, daß die Tötung von Zivilisten und die Zerstörung von Weilern in Ramsey Schuldgefühle hervorriefen, und insistierten bei ihren Verhören auf diesen Grausamkeiten. Einer seiner Inquisitoren war ein reizbarer und verbitterter älterer Vietcong-Offizier. Ramsey erfuhr später, daß ihn die anderen Gefangenen Opa nannten. Er beschimpfte Ramsey und beschuldigte ihn aller möglichen Greueltaten. Die Verbrechen eines Zivilisten waren viel schlimmer als die eines Soldaten, da dieser wenigstens in Uniform kam und damit seinen Auftrag zu erkennen gab. Der andere Befrager, ein jüngerer, aber ranghöherer Kader mit dem Spitznamen Alex, war ruhiger, aber zugleich waren seine Drohungen unheimlicher. Er behauptete, das Recht zu haben, einen Gefangenen zu töten. 1965 habe er die Gefangenen ausgesucht, die erschossen wurden, um die öffentliche Exekution eines jungen Vietcong namens Nguyen Van Troi auf einem Marktplatz in Saigon zu rächen, der versucht hatte,

McNamaras Wagen in die Luft zu sprengen, als der Verteidigungsminister sich wieder einmal in Vietnam aufhielt. Er hoffe jedoch, daß er weder Ramsey noch einen der drei anderen Amerikaner aus einem ähnlichen Anlaß auszuwählen haben würde.

Auch die Hütte, in der die Verhöre stattfanden, befand sich innerhalb des Lagers. Auf diese Weise konnten die Wachen die Zornesausbrüche von Opa und Alex hören, wenn Ramsey beteuerte, ihnen nicht die Namen vietnamesischer CIA-Agenten oder ähnliche Informationen geben zu können, wie sie es von ihm verlangten. Ramseys offensichtliche Halsstarrigkeit erweckte in den Wachen noch mehr Haßgefühle. Sie wandten sich an das Regionalhauptquartier, das offenbar ganz in der Nähe lag, und ersuchten, das Monument tatsächlich errichten und Ramsey töten zu dürfen. Als ihnen das abgeschlagen wurde, baten sie andere Stellen um Unterstützung. Einige ihrer Texte wurden im Jugendprogramm des Vietcong-Rundfunks in der Tay-Ninh-Region ausgestrahlt. Kuriere und andere Guerillas, die im Hauptquartier Dienst machten, kamen, um das Monster Ramsey in seinem Käfig zu besichtigen.

Die Monate der Angst, die Isolationshaft, die Schuldgefühle und Beschimpfungen brachten Ramsey an den Rand der Hysterie. Als die Wachen sahen, daß er die Kontrolle über sich zu verlieren begann, verhöhnten sie ihn noch brutaler. Offenbar hofften sie, daß er, falls es ihnen gelang, ihn in den Wahnsinn zu treiben, seinen potentiellen Nutzen verlieren würde, so daß sie ihn töten konnten. Vielleicht würde er ihnen dabei helfen und Selbstmord begehen. Alex und Opa waren allem Anschein nach bereit, seinen Tod in Kauf zu nehmen, wenn er vorher zusammenbrach und ihnen die CIA-Geheimnisse verriet, von denen er ihrer Ansicht nach Kenntnis haben mußte. Wenn er sich nicht kooperativ verhielt, so warnten sie ihn, »würde das nicht der Weg zum Leben sein«.

Auch die Schlafprobleme zehrten an Ramseys Nerven. Die Berater, die bei den ARVN-Bataillonen im Delta gelebt hatten, waren trotz guter vietnamesischer Kost bald einen Teil ihres Gewichts losgeworden. Amerikaner brauchen mehr Kalorien und Proteine als Vietnamesen. Die Verpflegung der Wachen und der Gefangenen in den Dschungellagern war für vietnamesische Verhältnisse normalerweise schlecht; es fehlte insbesondere an Proteinen und Vitamin B 1. Ramsey bekam anfangs am ganzen Körper Furunkel. Sein Bett war ein primitives Gestell aus Baumstämmen, das mit Bambusleisten bedeckt war, auf denen dünne Schilfmatten lagen. Die Bambusleisten spürte er durch die dünnen Matten hindurch, sie reizten seine Furunkel. Er bekam schmerzhafte Beinkrämpfe mit einer beginnenden Beriberi, einer Krankheit, die durch den Mangel an Vitamin B 1 hervorgerufen wird. Manchmal konnte er durch das Licht der Kerosinlampe nachts nicht schlafen. Die Lampe bestand aus einer großen Büchse, die seitlich eine Öffnung hatte, durch die das Licht herausfiel. Immer wenn die Wachen Flugzeugmotoren hörten, blendeten sie das Licht ab, indem sie an einer Liane zogen, um über die seitliche Öffnung der Büchse eine Klappe herunterzulassen. Auch das Auf und Ab der Klappe hinderte ihn am Schlafen. Wenn er trotzdem einschlief, hatte er Alpträume und begann zu schreien. Die Wachen drohten, ihn zu erschießen, wenn er nicht ruhig blieb. Ramsey hatte nun Angst einzuschlafen.

In einer Nacht im August 1966, nach fast sieben Monaten des Schreckens, erreichte Ramseys Seelenqual ihren Höhepunkt. Einige seiner Wachen sagten, daß man ihn auf jeden Fall loswerden müsse, da er zu schwach sei, den schwierigen Marsch zu einem neuen Camp durchzuhalten. Die Vietcong hatten beschlossen, die Gefangenen zu verlegen, da die US-Armee immer öfter in das Zufluchtsgebiet von Duong Minh Chau eindrang. Ramsey begann etwas zu unternehmen. Er suchte um die Erlaubnis an – die ihm gewährt wurde –, beim Reismahlen und anderen manuellen Arbeiten mitzuhelfen, die die Gefangenen im Lager verrichteten. Er begann, in seinem Käfig Übungen zu machen. Als Vertreter des Roten Kreuzes des Vietcong vorbeikamen und für »Radio Befreiung« Erklärungen gegen den Krieg aufnehmen wollten, war Ramsey dazu bereit. Er versah seine Erklärung mit Slogans, so daß sie ein Amerikaner als lächerlich empfinden mußte, und las sie mit zittriger Stimme, da er hoffte, sie dadurch für die Ausstrahlung unbrauchbar zu machen. Alex und Opa schienen das nicht zu merken. Sie zeigten sich etwas gnädiger und erlaubten ihm, gelegentlich mit den anderen Gefangenen zu sprechen und Gymnastik zu treiben.

Ende Oktober führte ihn ein vierzehntägiger Marsch in den Dschungel der Binh-Duong-Provinz nördlich von Saigon von psychischen zu physischen Qualen. Die Vietcong betrachteten das neue Lager ursprünglich als Biwak, von dem aus sie die Gefangenen weiter nach Norden in ein Versteck jenseits der kambodschanischen Grenze in den Bergen des südlichen Zentralen Hochlands bringen konnten. Sie sollten ein ganzes Jahr lang in diesem Camp bleiben. Um auf keinen Fall entdeckt zu werden, hatten die Guerillas eine der unwirtlichsten Gegenden Vietnams ausgesucht. Sie war so unwegsam, daß sich gegen Ende des Marsches sogar die Führer verirrten. Die Gegend war von zahllosen Schluchten zerschnitten, die man auf aus Baumstämmen gefertigten, schiefen und glitschigen Stegen überqueren mußte. Die Pfade waren zu zerklüftet, als daß Träger das Lager hätten ausreichend mit Lebensmitteln versorgen können. Der magere Boden und die 1967 schon früh einsetzenden Regengüsse machten es unmöglich, Gemüse in nennenswerten Mengen anzubauen. Die Wachen versuchten, Jagd auf Wildschweine, Rehe und anderes Wild zu machen, konnten jedoch nichts erlegen. Ein Rattennest, das sie eines Tages entdeckten, brachte ihnen etwas frisches Fleisch und Protein. Normalerweise gab es nichts anderes als in Salzwasser gekochten Maniok, schlechten Reis und Bambussprossen, und das immer nur in bescheidenen Rationen.

Eine Woche nach seinem Eintreffen im neuen Lager bekam Ramsey Malaria. Das Fieber fesselte ihn neunzehn Tage lang an seine Liegestatt. Es stieg auf über vierzig Grad. Vier Tage hindurch konnte er überhaupt nichts essen, die meisten anderen Tage nur dünne Reissuppe im Magen behalten. Die Malaria tropica überfiel ihn am Heiligen Abend, während er mit seinen Kameraden einen Gottesdienst vorbereitete. Plötzlich wurde er von Krämpfen erfaßt und stürzte zu Boden. Da sein Puls nur ganz schwach war, injizierte ihm der Lagerarzt ein Herzstimulans, doch anschließend debattierten die Vietcong, ob sie ihren mageren Vorrat an Chinin und Chlorochinin für Ramsey aufbrauchen sollten. Natürlich waren auch sie selbst malariakrank. Zufällig besuchte ein hochrangiger Kader das Lager. CIA-Agent zu sein konnte auch seinen Nutzen haben — Ramsey war ein wertvoller Gefangener, den man vielleicht eines Tages austauschen konnte. Der hochrangige Besucher ordnete an, man solle alles tun, um Ramsey am Leben zu erhalten. Sechzig Stunden danach erwachte Ramsey in der Lazaretthütte aus dem Koma. Er sah, daß seine Haut weiß wie Papier war. Durch die Überdosis Chlorochinin, die der Arzt ihm hatte verabreichen müssen, um ihn dem Tod zu entreißen, hatten sich die Adern an der Oberfläche verschlossen.

Die 1967 früh einsetzenden sturzbachartigen Monsunregengüsse ließen den Wasserspiegel ansteigen und überfluteten die unterirdischen Bunker, in denen die Gefangenen schlafen sollten. In den oberirdischen Zellen konnte man ebenfalls nicht trocken bleiben, weil die Strohdächer völlig durchgeweicht waren und sich in Siebe verwandelt hatten. Der Boden war dermaßen mit Wasser durchtränkt, daß die Wurzeln mehrerer Baumriesen den Halt verloren. Die Bäume stürzten um und zermalmten einige Hütten im Lager. Es wurde zwar niemand verletzt, aber alle waren verängstigt. In der grünen Nässe gediehen daumengroße Blutegel, die sich an den Beinen festbissen, was zu Infektionen führte. Von Zeit zu Zeit wurde Ramsey vom Fieber der gewöhnlichen Malaria befallen, das eine Woche oder länger dauerte. Nach der Malaria tropica hatte ihm der Doktor für kurze Zeit eine besondere Diät aus Hühnersuppe und Proteintabletten verschrieben. Er und die anderen Gefangenen bekamen zwar ziemlich regelmäßig Vitamintabletten und -injektionen, aber die Dosis reichte bei weitem nicht aus, die Unterernährung wettzumachen. Die Beriberi suchte Ramsey nun mit all ihren Qualen heim. Seine Haut verlor ihre Elastizität, und die Haare fielen ihm aus. Beine und Füße waren grotesk angeschwollen, der linke Oberschenkel hatte den zweifachen Umfang. Die Schmerzen waren kaum zu ertragen.

Einer der Gefangenen im Tay-Ninh-Lager, ein Armee-Major, der dem Vietcong schon vor Ramsey in die Hände gefallen war, hatte die Folgen der Malaria, der Beriberi und der Unterernährung nicht überlebt. Alle hatten sein Todesröcheln gehört. Ramsey wollte sich und seinen Eltern Mut machen, als er ihnen zu Jahresbeginn schrieb. Er wußte jedoch, daß sein Leben im folgenden Jahr einer Kerzenflamme im Wind gleichen würde.

Seine Bewacher hätten ihn an einen anderen Ort gebracht, wo seine Überlebenschancen wesentlich höher gewesen wären, wenn er sich bereit erklärt hätte, öffentlich, ausführlich und wiederholt zu sagen, was er nun über den Krieg in Wirklichkeit dachte. Seine Ehre erlaubte es ihm jedoch nicht, sich gegen seine Landsleute ausspielen zu lassen. Daß er die Wahrheit erkannte, konnte seine Leiden nicht lindern. Er konnte sie nur im geheimen seinen Eltern mitteilen. »Wir hoffen alle, daß bald Frieden sein wird«, schrieb er über sich selbst und die anderen Gefangenen, »und ich [hoffe], daß sich unsere Führung keinen Illusionen hingibt, . . . daß sie nicht mehr erreichen will, als einigermaßen den Anschein zu wahren, um sich dann ohne allzu großen Gesichtsverlust zurückziehen zu können. Alles andere ist Wunschdenken, und jeder Versuch, diese Träumereien zu verwirklichen, wäre eine Neuauflage alter Verrücktheiten.«

Komer war Vann sehr sympathisch, und diese persönliche Sympathie sollte noch stärker werden. Ende Sommer 1967 schrieb Vann jedoch an Ellsberg: »Komer ist für mich eine große Enttäuschung gewesen.« Ellsberg war Ende Mai zur Rand Corporation in Santa Monica zurückgekehrt. Ihn hatte eine Gelbsucht davor bewahrt, verwundet oder getötet zu werden. Er war entmutigt, weil es ihm nicht gelungen war, irgend jemanden unter den Mächtigen zu den radikalen Maßnahmen zu überreden, die er und Vann als notwendig erachteten. Auch die ständigen Fehlschläge in seinem Privatleben ließen ihn verzweifeln. Das Trauma seiner Scheidung verschärfte sich durch eine komplizierte und unglückliche Liebesaffäre mit einer Eurasierin, der Geliebten eines korsischen Restaurantbesitzers in Saigon. Seine Beziehung mit der Rundfunkreporterin Patricia Marx, der Tochter des Spielzeugfabrikanten Louis Marx, war ebenfalls in die Brüche gegangen. Er hatte sich mit ihr gestritten, weil sie eine Kriegsgegnerin war. Ende 1966 war Ellsberg dermaßen deprimiert, daß er den Plan faßte, bei sämtlichen kämpfenden US-Infanterieeinheiten vom oberen Mekong-Delta bis zur EMZ als Beobachter an Kampfeinsätzen teilzunehmen. Bevor ihn eine Kugel treffen konnte, erwischte ihn die Hepatitis. Er hatte in bezug auf den Krieg nicht resigniert. Er wollte während seiner Gesundung bei der Rand Corporation weitere Studien über Vietnam durchführen, und er versuchte, sein Leben in Ordnung zu bringen und mit Hilfe von Memoranden und Besuchen über seine hochgestellten Bekannten in Washington auf die Politik Einfluß zu nehmen, wo er nur konnte.

Der stimulierende Effekt, den die Beförderung zum Dep/CORDS im III. Korpsgebiet auf Vann ausgeübt hatte, war im Verlauf des Sommers 1967 verflogen. In den letzten Augusttagen stürzten wieder die Realitäten auf ihn ein. Die ARVN wollte nicht die ihr zugedachte Rolle ausüben, die Sicherheit der Pazifizierungsteams in den Weilern zu garantieren. Die Regional Forces und die Miliz boten trotz der besseren Ausbildung, für die Vann innerhalb der III. Korpsregion sorgte, nach wie vor jämmerliche Leistungen. Die Pazifizierungsteams, die er und Tran Ngoc Chau so mühselig auf die Beine gestellt hatten, setzten sich oft aus

Opportunisten oder Straßenjungen zusammen, die durch ihre Meldung nur der Einberufung zur ARVN entgehen wollten. Aber selbst wenn diese Teams aus anti-kommunistischen Fanatikern und Heiligen bestanden hätten, wären sie nicht imstande gewesen, den Schaden auszugleichen, den die meisten der Distrikt- und Provinzchefs anrichteten, deren Anordnungen sie auszuführen hatten.

Bei Komer war das Problem, daß er glaubte, sein an der Harvard Business School erlerntes Manager-Tamtam habe als solches schon eine Art magische Wirkung. Es war ihm nicht bewußt, daß dessen Funktionieren vom Wert oder Unwert der Sache abhing, die er managen wollte. Bei aller Intelligenz und Aufgeschlossenheit war auch er ein Anhänger der damals allgemein verbreiteten Irrlehre von der Wirkung durch »Gewicht und Masse«. »So kostspielig und unwirtschaftlich die Kriegsführung im Süden auch sein mag, es ist unbestreitbar, daß wir diesen Krieg gewinnen«, hatte er dem Präsidenten im Februar 1967 nach einer seiner früheren Vietnamreisen berichtet. »Wir zermalmen den Feind einfach durch unser Gewicht und unsere Masse.« Trotz seiner späteren Versetzung vom Weißen Haus nach Saigon, um etwas von diesem Gewicht und von dieser Masse in die Pazifizierung zu legen, und das mit der Effizienz, auf die er so stolz war, hatte er seine Meinung, die USA würden allein durch Macht siegen, nicht geändert. Es war ihm noch nicht bewußt, daß man Macht anwenden, die Macht verdoppeln und dabei doch nur »den Irrtum ins Quadrat erheben« konnte, wie Sir Robert Thompson, der britische Antiguerilla-Stratege, einmal das Vorgehen der USA in Vietnam kommentierte.

Komer unternahm Vorstöße in die richtige Richtung. Westmoreland überraschte ihn dabei, als er versuchte, eine geheime Botschaft an den Präsidenten zu senden, in der er Johnson bat, Westmoreland aufzutragen, die Ablösung unfähiger ARVN-Kommandeure zu erzwingen. Komers Sekretärin gab die nur für die Augen des Präsidenten bestimmte Nachricht versehentlich an den Leiter des Sonderfernmeldedienstes im MACV weiter, statt sie dem CIA-Büro in der Botschaft zur Beförderung zu übermitteln. Die Geheimbotschaft an den Präsidenten landete nur auf Westmorelands Schreibtisch. Der Oberkommandierende lud Komer zu einem Plausch ein. Komer lernte rasch, sich solche idealistischen Anwandlungen zu ersparen. Er hatte Vanns Argument, Kontrolle und Reform des Saigoner Regimes seien eine unabdingbare Voraussetzung für den Sieg, niemals akzeptiert. Der Gedanke, als Imperialist im Sinne des 19. Jahrhunderts dazustehen, war ihm unerträglich. Er sah den Spielraum, den die US-Regierung Ky und Thieu und den anderen Saigoner Generälen ließ, als eine Tugend an und betrachtete Vanns »kolonialistische« Neigungen als Makel. Komers Energie, seine Begeisterung, sein Stil, sein Organisationstalent und seine Schwerthiebe, mit denen er die bürokratischen Knoten zu durchschlagen versuchte, führten zu nichts, was irgendwie von Bedeutung gewesen wäre. Die zivil-militärische Pazifizierungsorganisation, die er geschaffen hatte, arbeitete munter ins Leere. Im Saigoner Lager änderte sich gar nichts, es sei denn zum Schlechteren.

Ihre enge Freundschaft und das Gefühl, es mit jemandem zu tun zu haben, der ihn wirklich verstand, ließ Vann Ellsberg aufrichtiger schreiben als irgend jemandem sonst, wenn es um seine Enttäuschung über Komer und seine Entmutigung ging, die er angesichts des von den USA in Vietnam verfolgten Kurses empfand. »Ich glaube, wir treiben auf den Abgrund zu. Wir müssen den Kurs ändern, und zwar bald«, schrieb er am 19. August 1967. »Ich bin ehrlich gesagt noch nie so entmutigt gewesen wie jetzt. Die amerikanische Gemeinde hier scheint völlig unterschiedliche Ziele zu verfolgen. Jeder rennt in eine andere Richtung ... Was wir dringend brauchen, ist ein starker, dynamischer, skrupelloser Botschafter des kolonialistischen Typs, der befugt ist, Generäle, Missionschefs und jeden anderen Mistkerl abzulösen, der nicht eine klar festgelegte Politik betreibt, bei der die USA zumindest über die Ernennung und Absetzung vietnamesischer Entscheidungsträger bestimmen.«

Lodge hatte den Botschafterposten im April abgegeben und war in die USA zurückgekehrt. Auf diese Weise entkam er ein zweites Mal, ehe der Krieg seinem Ruf ernstlich schaden konnte. Sein Nachfolger, Ellsworth Bunker, war noch weniger geneigt, sich Vanns Wünschen gemäß wie ein Statthalter zu verhalten.

Der Präsident hatte Westmorelands Vorstoß zurückgewiesen, sich zum Befehlshaber des Operationsgebietes ernennen und sich einen zivilen Stellvertreter geben zu lassen, der die Funktionen eines Botschafters erfüllt hätte. Trumans Konfrontation mit MacArthur im Koreakrieg hatte Lyndon Johnson überzeugt, daß es unvorsichtig wäre, einem General die Möglichkeit zu geben, ein »El Supremo« zu werden. Johnson glaubte, Westmoreland werde mit seiner Abnutzungsstrategie den Kommunisten den Kampfeswillen austreiben, und wollte sich den damit verbundenen politischen Erfolg sichern: die Legitimierung der Herrschaft von Washingtons Saigoner Protegés durch die Formen verfassungsmäßigen Regierens.

Erleichtert wurde der Legitimierungsprozeß durch die sich letztlich als segensreich erweisenden Konzessionen, die Ky während der politischen Wirren des Jahres 1966 hatte machen müssen: eine konstituierende Versammlung, Präsidentschaftswahlen und eine neue Nationalversammlung. Die Wahlen zur verfassungsgebenden Versammlung waren wie geplant im September 1966 abgehalten worden. Ihre Mitglieder waren in Saigon zusammengetreten und hatten im März 1967 eine neue Verfassung ausgearbeitet. Die Wahlen für das Amt des Präsidenten und des Vizepräsidenten sowie das Oberhaus sollten im September stattfinden. Das Unterhaus sollte erst im Oktober gewählt werden. (Kommunisten und »Neutralisten«, eine Kategorie, die Prokommunisten und jeden umfaßte, der ernsthafter Opposition gegen die amerikanische Präsenz und das Saigoner Regime verdächtigt wurde, waren von einer Teilnahme formell ausgeschlossen.)

Ellsworth Bunker war der ideale Mann, um den Legitimierungsprozeß zu überwachen. Seine Leistung bei der Befriedung der Dominikanischen Republik im Jahr 1965 war eine Art Generalprobe für die Rolle gewesen, die man ihm nun in Saigon zugedacht hatte. In der Dominikanischen Republik hatte er bewiesen, daß er mit Militärs – wie mit Bruce Palmer, dem kommandierenden General – geschickt zusammenarbeiten konnte und die Stabilität und den Einfluß, den ihm amerikanische Kanonen verschafften, zu benutzen verstand, um die politischen Faktionen zu bestimmen, aus denen sich eine für die USA akzeptable Regierung zurechtzimmern ließ. Er war in Saigon gerade rechtzeitig angekommen, um sein Talent als Ruhestifter unter Beweis zu stellen, denn im Mai hatte Thieu plötzlich Kys Pläne über den Haufen geworfen und angekündigt, er werde für das Amt des Präsidenten kandidieren. Obwohl einige der zivilen Fixsterne am politischen Himmel Saigons ebenfalls das höchste Amt anstrebten, stand fest, daß weiterhin die Streitkräfte das Land lenken sollten und der Präsident aus den Reihen des Militärs kommen würde.

Bunker lud Thieu, Ky und Cao Van Vien, den Vorsitzenden des Vereinigten Generalstabs, zum Lunch in seine Residenz und machte ihnen klar, daß er keine Machtkämpfe tolerieren werde und daß sie und die anderen Generäle ihre Streitigkeiten unter sich auszumachen hätten. Er hatte wohl nicht die Absicht, Thieu einen Vorteil zu verschaffen, doch sein Gebot, den Streit auf Intrigenwettbewerbe und Schreiduelle im Rat der Generäle zu beschränken, hatte genau diese Wirkung. Thieu war bei dem Spiel geschickter als Ky, und obwohl eine Anzahl seiner Kollegen ihn für ebenso egozentrisch wie Ky und noch dazu für kaltblütig hielten, besaß er eine Tugend, die Ky abging, nämlich vorhersehbar zu handeln. Jemand, der mit so wenig Ärger wie möglich an die Macht gelangen und Reichtum anhäufen will, wird wahrscheinlich andere, die seine Gunst erlangen, bei der Verfolgung des gleichen Ziels kaum stören. Ky war gezwungen worden, sich mit der Kandidatur für das Amt des Vizepräsidenten zu begnügen, und Thieu hatte Pläne für ihn und seine Clique nach den Wahlen.

Wäre Bunker als junger Mann nach Vietnam gekommen, hätte er vielleicht seinem eigenen Urteilsvermögen vertraut. Sein Vater, der Mitbegründer und spätere Direktor der National Sugar Refining Company, hatte seinen rechtmäßigen Erben als Hafenarbeiter anfangen lassen. Bunker mußte Hundertpfundsäcke mit Rohzucker schleppen und fast jede manuelle Arbeit in der Raffinerie tun, bevor ihm irgendwelche Befugnisse übertragen wurden. Die schwieligen Hände halfen Bunker, ein kreativer Geschäftsmann zu werden. Er machte aus National Sugar, einer Raffinerie am Hudson River in Yonkers im Staat New York, wo er 1894 geboren worden war, Amerikas zweitgrößten Zuckerkonzern, der in Kuba, Puerto Rico, Mexiko und anderen lateinamerikanischen Staaten seine Interessen wahrnahm, und wurde dabei vielfacher Millionär. Auch in der Politik bewies er Umsicht. Seine Gesellschafter beteten eifrig den republikanischen Katechismus nach, dem zufolge Franklin Roosevelt ein Verräter an seiner Klasse und sein New Deal eine Frucht des Bolschewismus war. Bunker hingegen betrachtete Roosevelt als einen weisen Mann und erkannte, daß das Land dessen New Deal brauchte. Er wechselte die Partei und wurde aktiver Demokrat.

1951 ließ Dean Acheson, Trumans Außenminister und Bunkers Studienfreund aus den Tagen an der Yale University, Bunker eine zweite Karriere beginnen. Er überzeugte ihn, daß der Posten eines Botschafters im Argentinien des Yankee-Fressers und faschistischen Diktators Juan Perón interessanter sein würde als das Dasein eines Vorstandsvorsitzenden. Es folgten das Amt des Botschafters in Italien und später in Indien, nachdem ein weiterer alter Bekannter, John Foster Dulles, der Außenminister Eisenhowers, zu dem Schluß kam, daß Bunker zu wertvoll war, um die Amtszeit einer republikanischen Administration als Präsident des Amerikanischen Roten Kreuzes auszusitzen. In Indien gelang es Bunker, das Vertrauen des hochmütigen Premierministers Jawaharlal Nehru zu gewinnen. 1962 verhinderte er auf Präsident Kennedys Geheiß einen bewaffneten Konflikt im Südpazifik, indem er die Holländer von der Notwendigkeit überzeugte, vernünftig zu sein und Niederländisch Neu-Guinea (die westliche Hälfte der Insel Neu-Guinea), ein nutzloses Andenken an ihr verlorenes Kolonialreich, an Indonesien zu übergeben.

Als Ellsworth Bunker in Saigon eintraf, hatte er noch zwei Wochen bis zu seinem 73. Geburtstag. Er war etwas wunderlich geworden, ein sparsamer Millionär, der, wenn die Hose eines Anzugs unansehnlich geworden war, die Jacke aufbewahrte, um sie als Sakko zu tragen. Seine Brooks-Brothers-Schuhe waren von bester englischer Machart, doch das glänzend polierte Oberleder war rissig, weil Bunker sie so lange frisch besohlen ließ, bis es sich völlig aufzulösen begann. Von seiner Milchfarm in Vermont flog man für ihn im Diplomaten-Kuriersack Ahornsirup ein, damit er bei offiziellen Abendessen das Speiseeis nach seinem Geschmack garnieren konnte. Körperlich wie geistig war er völlig auf der Höhe und hatte sich trotz seiner Größe von 1,85 m seine aufrechte Haltung bewahrt. Das weiße Haar, das schmale Gesicht, die blauen Augen hinter den bernsteingefaßten Brillen verliehen ihm das Auftreten eines Patriziers, dessen Selbstsicherheit durch seine angeborene Zurückhaltung und eine gewollte Diskretion noch verstärkt zu werden schien. In Saigon erhielt er schnell den Spitznamen »Mister Kühlschrank« — niemand wußte, daß sich hinter der Zurückhaltung ein nachsichtiger, geduldiger Mann verbarg, der in privatem Rahmen als geistreicher Erzähler ersten Ranges beeindruckte.

Das Problem war, daß Ellsworth Bunker nach vierunddreißig Jahren im Zuckergeschäft und allem, was das an Einstellungen gegenüber Lateinamerika mit sich brachte, sowie einer zweiten, befriedigenderen Karriere im Dienst des amerikanischen Staates feste Vorstellungen hatte. Es war ihm unmöglich, Vietnam nicht aus dem Blickwinkel zu sehen, aus dem er die Karibik und Mittelamerika sah. Ebensowenig konnte er, nachdem er so lange Zeit als erfolgreicher Mann in einem erfolgreichen System verbracht hatte, das Urteil von Generälen wie Westmoreland in Frage stellen. Lodge hatte sich über die Verläßlichkeit von Westmorelands Abnutzungskrieg in zunehmendem Maße Sorgen gemacht. Seine grundlegenden Zweifel waren so simpel und so persönlich, daß er sie in seinen Telegrammen nicht erwähnte. Später, als er im Vorruhestand als Gesandter beim Vatikan tätig war, sollte er sich an seine Bedenken erinnern. Major George Patton und die anderen Armeeangehörigen, mit denen er in den dreißiger Jahren als Reservist Freundschaft geschlossen hatte, waren der Meinung gewesen, daß die europäischen Generäle den Fehler begangen hätten, den Ersten Weltkrieg so zu führen, als handle es sich um einen Krieg des 19. Jahrhunderts mit Musketen und Vorderladerkanonen. Sie waren überzeugt, daß jeder Krieg anders war. Wenn sie einmal die Befehlsgewalt bekämen, würden sie das beherzigen. Lodge hatte den Eindruck, daß Westmoreland versuchte, in Vietnam noch einmal den Zweiten Weltkrieg zu führen. Bunker hegte solche Befürchtungen nicht.

Vann versuchte, mit Bunker über den Krieg zu sprechen, war aber etwas eingeschüchtert. Wenn ein extrovertierter Patrizier wie Lodge Vanns Kühnheit und Selbstgefühl ansprach, so verstärkte ein reservierter Patrizier wie Bunker sein Gefühl der sozialen Minderwertigkeit. Ende Sommer 1967 wurde Vann klar, daß er sich von dem neuen Botschafter nichts erhoffen durfte. Sein Freund und früherer Hausgenosse George Jacobson war Missionskoordinator geworden. Er legte die Tagesordnungen des Mission Council fest, jenes Exekutivausschusses, der sich aus Bunker, Westmoreland und den Leitern der verschiedenen US-Behörden in Vietnam zusammensetzte. Jacobson mache sich große Sorgen, schrieb Vann in seinem Brief vom 19. August an Ellsberg, weil Bunker Westmorelands geistiger Gefangener sei. Die Schnelligkeit, mit der Westmoreland auf jede Anfrage Bunkers mit einem vom MACV-Stab verfaßten prägnanten Memorandum reagierte, der Optimismus, den der General in offiziellen Besprechungen und privaten Gesprächen ausstrahlte, und die Ehrerbietung, die er dem Älteren gegenüber erwies, taten ihr Teil. »Westy ist der gottverdammt beste Untergebene, den Bunker jemals gehabt hat«, zitierte Vann Jacobson. Westmoreland hatte Bunker so gründlich davon überzeugt, daß er den Vietcong und die NVA zermalmte und es zu »substantiellen Verbesserungen« bei den Saigoner Streitkräften gekommen sei, daß Jacobson, wie er sagte, »es sich nicht länger leisten konnte«, in den Berichten und Stabsmemoranden, die er dem Botschafter übergab, »den entgegengesetzten Standpunkt zu vertreten«. Er legte Vann nahe, seine Kritik an der ARVN in Gegenwart Bunkers zu dämpfen.

Vann hatte sich auch in private Schwierigkeiten gebracht. Anfang April 1967 wurde Annie erneut schwanger und weigerte sich, ein zweites Mal abtreiben zu lassen. Sie erklärte Vann, daß sie das Trauma einer Abtreibung nicht noch einmal erleben wollte. Verliebte mußten die Folgen ihrer Liebe akzeptieren: In Ihrem Fall war es ein Baby. Vann bemühte sich nach Kräften, sie vom Gegenteil zu überzeugen. Er brachte wieder das Argument, daß ein uneheliches Kind seiner Karriere schaden würde. Als sie entgegnete, daß ihm ihre Schwangerschaft die Gelegenheit bot, das zu tun, was er doch tun wolle – die Trennung von Mary Jane in eine Scheidung zu verwandeln und eine Frau zu heiraten, die er liebte –, bekam sie die Geschichte zu hören, die er schon Lee erzählt hatte, nämlich wie sehr er aus finanziellen Gründen an Mary Jane gebunden war.

Annies Eltern wurden ungewollt zu seinen Verbündeten. Ihr Vater hatte von der ersten Abtreibung erfahren und sie widerwillig gutgeheißen, da er hoffte, daß sie auf diese Weise von Vann geheilt werden oder zumindest lernen würde, sich künftighin vorzusehen. Er und ihre Mutter waren außer sich, als sie ihnen erklärte, erneut schwanger zu sein und das Kind dieses Mal behalten zu wollen. Das konnte sie auf keinen Fall tun, und mit Vann mußte sie unbedingt Schluß machen. Sie war erst achtzehn und im Begriff, ihr Leben zu zerstören. Kein anständiger Vietnamese würde sie jemals heiraten und ihr die Liebe und die Familie geben, die sie sich doch wünschen sollte. Nun mußten die Eltern feststellen, wie eigensinnig ihre verhätschelte Tochter sein konnte. Sie war in John verliebt und John in sie. Und selbst wenn er sie wegen seiner Karriere verlassen sollte, würde sie das Kind behalten.

Vann versuchte tatsächlich, sie zu verlassen, ihr Vater spielte allerdings nicht mit. Er rief Vann in dessen Hauptquartier in Bien Hoa an und verlangte eine Unterredung. Vann vertröstete ihn und rief dann nicht mehr zurück. Der Vater fuhr daraufhin nach Bien Hoa, präsentierte sich in Vanns Büro und zwang ihn zu einem Arrangement, das Annie sich ausgedacht hatte. Es war das Beste, was er unter den gegebenen Umständen für sie erreichen konnte. Falls Vann versprach, ein Haus für sie zu mieten und ihr und dem Kind ein ihren Gewohnheiten entsprechendes Leben zu ermöglichen, würde er darauf verzichten, zu Bunker zu gehen und Klage zu führen. Außerdem müßte Vann vor der Familie eine Zeremonie über sich ergehen lassen, die der Verbindung einen Schein von Ehrbarkeit verleihen sollte. Vann erklärte sich einverstanden. Er hatte keinerlei Schuldgefühle, sondern betrachtete sich als Opfer einer Erpressung.

Auf Annies Wunsch fand die Zeremonie an ihrem neunzehnten Geburtstag, dem 15. Juli 1967, im Haus ihrer Eltern im europäischen Viertel von Saigon statt. Es war eine Mischung von traditionellen vietnamesischen Verlobungs- und Hochzeitsriten, die durch einen Ring eine westliche Note erhielt. Dem feierlichen Anlaß entsprechend erschien Vann in Anzug und Krawatte. Annie hatte ihm gesagt, was er mitzubringen und wie er seine Rolle zu spielen hatte. Er überreichte ihr ein Paar goldene Ohrringe, das in Vietnam übliche Verlobungs- und Hochzeitsgeschenk. Dazu gab er ihr eine kleine Schachtel mit weiteren Schmuckstücken, um zu zeigen, daß sie sich mit einem wohlhabenden Mann verband. Das wichtigste Geschenk, das der Bräutigam am Tag der Hochzeit sonst in das Haus der Braut mitbringt, hatte sie selbst gekauft und auf den Familienaltar gestellt. Als Ausländer, so meinte Annie, würde er das nicht verstehen. Es war eine buntbemalte Dose mit Betelblättern und Arekanüssen. In die Blätter des sich um den Stamm der Palme rankenden Betelpfeffers gewickelt, werden die rostroten Nüsse der Arekapalme auf dem Land von alten Frauen gekaut, da diese Verbindung eine sanft stimulierende Wirkung hat. Nüsse und Blätter sind das vietnamesische Symbol der Einigkeit und der Treue, und keine Hochzeit findet ohne die auf dem Ahnenaltar dargebrachten Betelblätter und Arekanüsse statt. Die reichverzierte Messingurne war für den festlichen Anlaß poliert, der Altar mit brennenden Kerzen und Räucherstäbchen sowie Früchten, Reiswein und Tee geschmückt worden. Vann steckte den Ring an Annies Finger, nahm ein glimmendes Räucherstäbchen, kniete neben ihr vor dem Altar nieder und verbeugte sich vor den Ahnen. Dann stellte ihn der Vater den anderen Familienmitgliedern vor, worauf man sich zum gemeinsamen Mahl setzte. Weitere Gäste waren nicht geladen.

Vann mußte für das Haus keine Miete bezahlen. Ein netter AID-Beamter reichte die Rechnung an den amerikanischen Steuerzahler weiter. Vann hatte gesetzlichen Anspruch auf ein Haus. Er und Wilbur (»Coal Bin Willie«) Wilson, jener energische Fallschirmjägeroberst, der 1951 im Ranger Training Command in Fort Benning sein Vorgesetzter und während der Harkins-Jahre Korpsberater gewesen war, hatten die Steuerzahler geschont, indem sie das Haus in Bien Hoa miteinander teilten. Laut AID-Vorschrift hätte jeder der beiden Anrecht auf ein eigenes Haus gehabt. (Wilson hatte sich von der Armee pensionieren lassen, nachdem er sich durch seine Freimütigkeit den Weg zu Generalssternen verbaut hatte. Später ließ er sich von Vann überreden, für die AID zu arbeiten, und wurde im Frühjahr 1967 sein Stellvertreter.) Kurz nach der Zeremonie in Annies Haus wandte sich Vann an einen leitenden AID-Beamten in Saigon und vertraute ihm an, daß er ein eigenes Haus brauchte.

Der Beamte zeigte sich tolerant. Das Bekanntwerden des Geheimnisses hätte Vanns Position immer noch gefährdet, obwohl amerikanisch-asiatische Kinder nun zu einem alltäglichen Nebenprodukt des Krieges wurden. Es sollten Tausende solcher Kinder geboren werden. Wenn der Mann in die USA zurückkehrte, wurden Mutter und Kind in der Regel achselzuckend zurückgelassen. Vann zu schützen lag auch im Interesse der AID. Jede der Zivilorganisationen stand unter Druck, sie mußte zeigen, was sie zur Kriegsanstrengung alles beitrug. Vann war zum Pazifizierungsexperten der AID und zu ihrem Star im Feld draußen geworden. Das Washingtoner Hauptquartier hatte im Juni mit einer außergewöhnlichen administrativen Maßnahme seinem Gesuch auf Umwandlung seines Zeitvertrags in einen Beamtenvertrag endlich stattgegeben. Er brauchte jetzt nicht mehr zu befürchten, daß er, sollte er Vietnam jemals verlassen, zu Martin Marietta nach Colorado zurückkehren mußte. Der AID-Beamte in Saigon schrieb einfach das

Haus in Bien Hoa auf Wilsons Namen um und mietete für Vann ein eigenes Haus in Gia Dinh am Nordrand Saigons.

Gia-Dinh-Stadt war sowohl ein Vorort Saigons als auch die Hauptstadt der Saigon umgebenden Provinz. Die AID, die anderen Zivilorganisationen und die Baufirmen waren dazu übergegangen, die erforderlichen Häuser hier anzumieten, da in Saigon selbst Wohnraum knapp war. Aufgrund von Vanns Rang bekam Annie ein komfortables Heim – ein zweigeschossiges Haus mit drei Schlafzimmern im ersten Stock, Wohnzimmer, Speisezimmer und Küche im Erdgeschoß und Garage. Wie üblich war das Grundstück von einer mit Stacheldraht bewehrten Ziegelmauer umgeben. Die AID ließ das Haus auf Glanz bringen und stellte die wichtigsten Möbel zur Verfügung. Annie zog im August ein. Vann gab ihr das Geld für den Lebensunterhalt und eine Haushälterin, die auch für sie kochte. Gegen die Bürokratie sicherte er sich ab, indem er sie einen Vertrag unterschreiben ließ, dem zufolge sie seine Köchin und Haushälterin war.

Annie erfuhr nichts von Lee, und Lee erfuhr nichts von Annie. Es lief alles wie bisher, und Lee bemerkte keinerlei Veränderung. Vann und Wilbur Wilson teilten sich weiterhin das Haus in Bien Hoa, wo Lee oft in Vanns Zimmer übernachtete. Wilson war ein asketischer Junggeselle, der seine Beziehungen zu Frauen auf barsch-höfliche Gespräche im Büro beschränkte. Davon abgesehen mied er ihre Gesellschaft und ignorierte auch Lee geflissentlich, wenn sie im Morgenmantel durch das Haus lief. Es amüsierte sie, daß ein Schürzenjäger wie Vann sich einen Mitbewohner ausgesucht hatte, der, wie sie sagte, inmitten des sexuellen Füllhorns Vietnam »wie ein Mönch lebte«.

Lee war Vanns öffentlich eingestandene Mätresse, die er zu diplomatischen Empfängen und anderen gesellschaftlichen Anlässen mitnahm, da die offizielle Haltung in bezug auf die Anwesenheit von vietnamesischen Geliebten immer großzügiger wurde. (Obwohl Vann sich in seiner anfänglichen Begeisterung beeilt hatte, Annie von ihrem Gymnasium in Dalat abzuholen, war er darauf bedacht gewesen, sich mit ihr nicht in Saigon zu zeigen. Gemeinsame Restaurant- und Nachtklubbesuche hatte er auf das aus taktischen Gründen notwendige Maß beschränkt. Nach ihrer zweiten Schwangerschaft und dem Arrangement mit ihrem Vater ließ er sich mit ihr nie in der Öffentlichkeit sehen. Nur seine engsten Freunde wie Ellsberg und George Jacobson, einige seiner unmittelbaren Untergebenen wie Wilson und seine amerikanische Sekretärin, Frenchy Zois, wußten von ihrer Existenz.) Aufgrund von Lees Bildung und ihrer Beherrschung der amerikanischen Umgangssprache war es nur natürlich, daß ihr die öffentliche Rolle zufiel. Vann war einigermaßen großzügig zu ihr. Sie hatte praktisch den ganzen Tag den Toyota zur Verfügung, den er 1967 als Ersatz für den kleinen Triumph gekauft hatte. Vann zog den spritzigen Ford Mustang vor, den die AID ihm zur Verfügung stellte.

Obwohl Lee bei Vann nicht auf Geld aus war, profitierte sie von ihrer Verbindung mit ihm. Sie bekam eine Konzession für einen Souvenirladen im Saigoner USO-Klub. Vann war ihr dabei nicht behilflich gewesen – für Korruption war er nicht zu haben –, doch die Tatsache, daß sie seine Geliebte war, verschaffte ihr die nötigen Beziehungen. Sie verkaufte ihre Englischschule und leitete neben ihrem Laden ein Saigoner Restaurant für dessen korsischen Besitzer. Sie versuchte, sich für Vann nützlich zu machen und erledigte Besorgungen für ihn. Wenn er in seiner Residenz in Bien Hoa einen wichtigen Besucher bewirten mußte, fungierte sie als Empfangsdame und achtete darauf, daß alle genug Drinks bekamen und das Mittag- oder Abendessen ordentlich zubereitet und serviert wurde.

Als McNamara in diesem Juli nach Saigon kam, um Westmorelands neueste Truppenforderung herunterzuhandeln, sprach Vann zum erstenmal allein mit dem Minister. Der Tag, an dem er McNamara besuchte, war, wie er Ellsberg schrieb, »ein denkwürdiger Tag«, ein Tag der VIP-Treffen. Nicholas Katzenbach, der im Herbst zuvor George Ball als stellvertretenden Außenminister abgelöst hatte, befragte ihn zweieinhalb Stunden lang. Am selben Abend kam David McGiffert, der stellvertretende Armeeminister, nach Bien Hoa, um bei Vann zu Abend zu essen und sich mit ihm bis in die Nacht hinein zu unterhalten. Am folgenden Tag unternahmen sie zusammen eine Rundreise durch das gesamte Gebiet des III. Korps. Mit McNamara sprach Vann nur eine halbe Stunde, aber die Tatsache, daß der Verteidigungsminister Vanns Meinung hören wollte, zeigte, wie sehr der Krieg ihn verändert hatte. Robert McNamara hatte Angst bekommen.

Der Mißerfolg des Luftkriegs gegen den Norden hatte dem Verteidigungsminister die Augen geöffnet. Die Bomben von »Rollender Donner« schränkten den sich nach Süden ergießenden Strom von Menschen und Material nicht wesentlich ein. Sie schwächten auch nicht den Willen der Vietnamesen. Im Gegenteil, sie bestärkten sie in ihrer Entschlossenheit und brachten sie dazu, ein Transportsystem einzurichten, das von Jahr zu Jahr leistungsfähiger und weniger verletzlich gegen Luftangriffe wurde. Der von den Kartographen der CIA Anfang 1965 aufgezeichnete Ho-Chi-Minh-Pfad war ein dünner Strang von Gebirgspfaden und ausgewaschenen Pisten aus der Kolonialzeit gewesen, die nur während der Trockenzeit streckenweise befahrbar waren. Acht Jahre danach sollten auf der CIA-Karte Tausende Kilometer von Allwetterstraßen verzeichnet sein, die einen Belag aus zerriebenem Felsgestein und Laterit aufwiesen oder mit Knüppelholz befestigt waren, wenn sich der Boden nicht genügend stampfen ließ. Bäche und Flüsse waren mit Brücken überspannt. Die Straßen, die sich von Norden durch das Bergland von Laos in doppelten Schlingen und dreifachen Umführungen nach Süden wanden, bildeten ein Netz von Hauptverkehrsstraßen durch den Dschungel. Die Kommunisten bezeichneten es mit dem vietnamesischen Namen der Annamitischen Kordillere als »Strategische Nachschubroute Truong Son«.

Im Zweiten Weltkrieg hatten die amerikanische und die britische Luftwaffe etwa eineinhalb Jahre hindurch vergeblich zu verhindern versucht, daß über einige Gebirgspässe Nachschub und Verstärkungen für die deutsche Armee nach Italien gebracht wurden. »Operation Würgegriff« in Korea, eine weit stärkere Anstrengung, den Strom von Truppen und Nachschub über Straße und Schiene zu unterbinden, erwies sich als ein Fiasko. Unter allen Militärs sind ranghohe Flieger am vergeßlichsten, denn wenn sie sich selbst und andere an die ihren Flugmaschinen gesetzten Grenzen erinnerten, wären Politiker weniger bereit, sie damit Geld und Blut verschwenden zu lassen.

Grant Sharp, US-Oberbefehlshaber im Pazifik, war zwar ein Krieger zur See, glaubte aber an die Macht der Luftwaffe. Der Bombenkrieg gegen den Norden war sein Krieg. (Der Oberbefehl über Luftoperationen außerhalb Südvietnams lag nicht bei Westmoreland.) Im März 1965 beschrieb der Admiral, wie man die Vietnamesen mit Hilfe eines speziellen Bombardierungsprogramms kleinkriegen würde, das er und sein Stab für den nordvietnamesischen »Flaschenhals« zwischen dem 20. Breitengrad und der entmilitarisierten Zone ausarbeiteten. Es handelte sich um systematische Angriffe gegen Verkehrsverbindungen wie Straßen, Eisenbahnlinien und Wasserwege. Die Flugzeuge würden »Würgestellen«, also Brücken, Fähren und Abschnitte bombardieren, wo Straßen und Bahndämme Hänge berührten oder über Pässe führten. Wiederholte Angriffe und freie »bewaffnete Aufklärung« rund um die Uhr, nachts mit Hilfe von Leuchtbomben, würden die Vietnamesen daran hindern, Instandsetzungsarbeiten durchzuführen. »Die ausgewählten Ziele sind äußerst schwer oder unmöglich zu umgehen«, telegrafierte Sharp den Joint Chiefs. »Die Unterbrechung der Verkehrswege in dieser Tiefe wird die an den ›Haupttrichtern‹ eintreffenden Nachschubmengen verringern und eine ganze Serie von neuen Zielen schaffen: Lkw-Konvois, Lagerplätze mit abgeladenem Material und Bereitstellungsräume beiderseits der bombardierten Ziele.«

Von 1965 bis 1967 und in den darauffolgenden Jahren des Luftkriegs gelang es den Flugzeugen von Luftwaffe und Marine nicht, mehr als 20 bis 25 Prozent der durch den Flaschenhals und Laos fahrenden Lkws zu zerstören. Die Vietnamesen schafften es sogar, ihre Eisenbahnen in Betrieb zu halten, obwohl sie manchmal bestimmte Streckenabschnitte mit Lkws überbrücken mußten. Sah man diese Zahl von zerstörten Lkws als zu vorsichtig an und rechnete weitere zehn Prozent hinzu, dann gelang es den Vietnamesen immer noch, zwei Drittel der Waffen, der Munition und anderer Kriegsgüter an ihr Ziel zu bringen, eine — im Jargon der Logistiker — durchaus zufriedenstellende »Durchsatzquote«. Die Verluste der nach Süden marschierenden Truppen betrugen im Durchschnitt wesentlich weniger als 20 bis 25 Prozent, da die Männer durch besonders unwegsame Gebiete marschierten, um den Flugzeugen zu entgehen. Eine einsickernde Gruppe verlor unterwegs zwischen 10 bis 20 Prozent ihrer Männer, aber das vor allem durch Krankheiten und Desertion.

Der Luftwaffe ist es noch nie gelungen, eine erfolgreiche Abriegelung durchzuführen, da sie mit einem unlösbaren Dilemma konfrontiert ist. Es gründet in den Faktoren Zeit und Distanz, dazu kommen noch Wetter und Abwehrfeuer sowie der Einfallsreichtum und die Entschlossenheit jener anderen menschlichen Wesen, die sie mit Hilfe ihrer Bomben vernichten will. Wenn Italien und Korea dieses Dilemma erkennen ließen, so wurde es in Vietnam mit nie gesehener Dramatik deutlich, weil die Dimensionen der Herausforderung hier so viel größer waren. Zeit und Distanz sind insoferne ein unüberwindbares Problem, als die Anzahl der Flugzeuge und ihre Flugzeit immer begrenzt sind. Als der Luftkrieg Admiral Sharps 1967 auf vollen Touren lief, konnten die USA im Durchschnitt etwa 300 Bombenflugzeuge pro Tag für eine halbe Stunde in den Luftraum über Nordvietnam und Laos entsenden. Das vietnamesische Transportsystem ab chinesische Grenze funktionierte hingegen den ganzen Tag lang. Mit einer begrenzten Anzahl von Flugzeugen und einer begrenzten Angriffszeit war es unmöglich, genug Straßen und Eisenbahnlinien zu überwachen und innerhalb von vierundzwanzig Stunden genügend lange anzugreifen, um eine entscheidende Wirkung zu erzielen. Zahlreiche Lkws kamen durch, weil einfach kein Flugzeug in der Luft war, wenn sie nach Süden fuhren. Das indochinesische Wetter verstärkte das Zeit- und Distanzproblem, indem es die Maschinen auf den Flugplätzen und Decks der Flugzeugträger festhielt und die Piloten zum Nichtstun verdammte oder während ihrer Einsätze die Sicht beschränkte. Auch die Vietnamesen wurden vom Wetter behindert. Einige Jahre lang hatten sie nicht genug Allwetterstraßen, um während der Monsunzeit in Laos von Mai bis Oktober den Ho-Chi-Minh-Pfad offenzuhalten.

Ein weiteres Hindernis für die amerikanische Luftmacht war die hervorragende Flugabwehr, die die Vietnamesen mit Hilfe von sowjetischen Frühwarnsystemen, Flugabwehrgeschützen und SA-2-Raketen (Boden-Luft-Raketen, von den Piloten SAM genannt) aufbauten. Darüber hinaus statteten sie in den Landgebieten jeden, der auf ein Flugzeug schießen konnte, mit einem halb- oder vollautomatischen Gewehr aus. Um sich nicht zu gefährden, mußten die Piloten aus größerer Höhe angreifen, wodurch die Trefferquote sank. Sie mußten kostbare »Zeit über dem Ziel« vergeuden, um den Boden-Luft-Raketen auszuweichen. Auch brauchte die Flugabwehr die Jagdbomber nicht herunterzuholen, um ihre Zahl wirksam zu verringern. Flugzeuge, die besser Transporte angegriffen hätten, mußten SAM-Stellungen und Flak-Batterien angreifen, um ihre bombenbeladenen Kollegen zu schützen. Mehr als vierzig Prozent der über Nordvietnam und Laos geflogenen Einsätze wurden auf diese »Flak-Bekämpfung« und auf Begleitschutz verwandt.

Am meisten verschlimmerte das Zeit- und Distanzproblem, was die Vietnamesen mit ihren Köpfen und Händen bewirkten. Die kommunistische Führung stellte einen 300.000 Männer und Frauen umfassenden Arbeitsdienst ins Feld, der ständig beschädigte Straßen, Gleisanlagen und Brücken ausbesserte und das Transportnetz erweiterte. Auch 200.000 nordvietnamesische Bauern beteiligten sich, wenn sie nicht auf den Feldern waren, an diesen Arbeiten. Die Chinesen unterstützten ihren Nachbarn mit ungefähr 40.000 Mann Pionier- und Flaktruppen, die mithalfen, die beiden Eisenbahnlinien von der Grenze nach Hanoi offenzuhalten. Die Sowjets stellten Bulldozer für den Straßenbau zur Verfügung. Die wichtigsten Mittel für das Bewegen der Erdmassen waren den Vietnamesen vertrauter – Spitzhacke und Schaufel, ein Schubkarren, der besser fuhr als ein amerikanischer, weil er mit Fahrrädern ausgestattet war, und, wenn keiner zur Verfügung stand, zwei Körbe, die an einer auf den Schultern getragenen Stange hingen.

Bei »Straße« oder »Weg« denkt man an eine Linie, die von Punkt A zu Punkt B führt und nur so viele Kurven aufweist, wie das Gelände erfordert. Die Vietnamesen wollten ein »abwürgesicheres« Straßensystem und bauten deshalb acht oder zehn verschiedene Routen von A nach B; viele führten über Pontonbrücken, die im Morgengrauen entfernt und in der Abenddämmerung wieder herangezogen wurden. Wenn die Flugzeuge eine Straße unpassierbar gemacht oder eine Brücke zerstört hatten, benutzten die Lastwagen während der Dauer der Reparaturarbeiten eine Parallelstraße. Die große Zahl von Straßen ermöglichte es den Konvois auch, sich zu verteilen und sich dadurch schwerer angreifbar zu machen. Die Fahrer tarnten ihre Lkws mit Laub, und es gab überall Stellen, an denen sie sich bei Luftalarm verstecken konnten. Sogar lange Straßenstrecken tarnten die Vietnamesen. Sie banden die Wipfel der Bäume darüber zusammen oder hängten große, mit frisch geschnittenem Ast- und Buschwerk bedeckte Bambusgitter dazwischen auf.

Die Piloten setzten ihrem Gegner schwer zu. Jahrein, jahraus mit einem zwanzig- bis dreißigprozentigen Todesrisiko einen Lkw zu lenken war keine Beschäftigung, die notwendigerweise zur verdienten Pensionierung führte. Männer oder Frauen, die bei einer Straßenbaueinheit dienten, waren unter Umständen ebenso gefährdet wie ein Infanterist. Um die Straßen offenzuhalten, mußten diese Einheiten in der Nähe bleiben, vor allem bei den Abschnitten, die am häufigsten bombardiert wurden. Bomben, die Lastwagen und Brücken verfehlten, trafen Leute. Die Bautrupps wurden bei Nachtangriffen vom Schein der Leuchtbomben erfaßt. Sie konnten unmöglich ihre Arbeit leisten und gleichzeitig so oft die Stellung wechseln, daß sie den Bombenteppichen entgangen wären, die die B-52 über Laos und dem nordvietnamesischen Flaschenhals abluden. Die Gedenkstätte zu Ehren derjenigen, die für den Ho-Chi-Minh-Pfad starben, sollte sich über eine Fläche von fast sechzehn Hektar erstrecken, auf der die Grabsteine von 10.306 Männern und Frauen standen. Ihre Namen waren registriert worden. Tausende andere, die für den Ho-Chi-Minh-Pfad ihr Leben gelassen hatten, blieben dort liegen, wo sie unbemerkt umgekommen waren.

Dem Gegner zuzusetzen bedeutete nicht, ihn zu besiegen. Mit jeder doppelten Schlinge und jeder dreifachen Umgehung in diesem sich immer weiter verästelnden Straßengeflecht, über das nach einer bestimmten Zeit selbst das Transportministerium in Hanoi wohl nur mehr mit Mühe die Übersicht behalten konnte, hatten die amerikanischen Piloten mehr Straßenkilometer zu erfassen. Der Ho-Chi-Minh-Pfad war das beste Beispiel für die große Leistung der Vietnamesen. Die Länge des Laos-Korridors vom Mu-Gia-Paß im Norden bis zur Spitze des Dreiländerecks, wo Laos, Kambodscha und Südvietnam zusammentreffen, beträgt ungefähr 400 Kilometer Luftlinie. Die Vietnamesen selbst schätzten, daß der Pfad nach seiner Fertigstellung fast 16.000 Kilometer Allwetter- und weniger gute Nebenstraßen umfaßte. Der größte Teil dieses Netzwerks befand sich innerhalb des 400-Kilometer-Korridors.

»Oley« Sharp und die Joint Chiefs erklärten McNamara und dem Präsidenten, daß sie die Lkw-Transporte zum Stillstand bringen konnten, indem sie den Kraftstoffhahn zudrehten. Sie brauchten lediglich das Haupttanklager im Hafen von Haiphong und die anderen großen Anlagen zu bombardieren, die sich hauptsächlich in der Gegend um Hanoi und Haiphong befanden. Walt Rostow, der McGeorge Bundy 1966 als Johnsons Sonderberater für Fragen der nationalen Sicherheit ablöste, war von dem Plan begeistert, da er ihn an seine Erfahrungen im Zweiten Weltkrieg und die strategischen Bombardements in Deutschland erinnerte.

Am 29. Juni 1966 war der Himmel über Haiphong wolkenlos. Die US-Piloten ließen die Verladeeinrichtungen und das Tanklager des Hafens in Flammen aufgehen. Innerhalb eines Monats wurden in Nordvietnam fast 80 Prozent der bekannten Depots für Rohöl, Treibstoff und Schmieröle zerstört, darunter auch eine Anzahl kleinerer Anlagen, die schwerer zu treffen waren. Soweit feststellbar ging aber dadurch keinem einzigen Lkw der Kraftstoff aus. Vielmehr stieg die Zahl der von der Sowjetunion, den osteuropäischen Ländern und China gelieferten Lastwagen während des Jahres 1966 ständig an und belief sich zum Jahresende auf das Doppelte des Standes von 1965. Die Vietnamesen, die selbst keine Mineralölprodukte herstellten, hatten die Bombenangriffe vorausgesehen und genug Benzin, Dieseltreibstoff und Schmieröl in unterirdischen Tanks und getarnten Lagern verteilt. Sie ließen sich nunmehr einen Großteil dieser Produkte von den Sowjets in Fässern liefern, die sie nach ihrem Eintreffen sofort verteilen konnten. Um die Lastwagen leichter auftanken zu können, begannen sie mit dem Bau zweier mit mehreren Abzweigungen versehener Pipelines durch den Flaschenhals und nach Laos. Drei Leitungen führten schließlich auf südvietnamesisches Gebiet, eine davon durch das A-Shau-Tal in den Bergen westlich von Hue. Eines der Mahnmale der Gedächtnisstätte für den Ho-Chi-Minh-Pfad sollte eine Statue sein, die eine Frau an einer Benzinpumpe darstellt.

Krulak bewies prophetische Begabung, als er in seinem Strategiepapier vom

Dezember 1965 warnend erklärte, man könne den Versuch, den Strom von Menschen und Material nach Süden zu unterbinden, »mit dem Bemühen vergleichen, einen Alligator zu besiegen, indem man an seinem Schwanz herumkaut«. Daß Sharp und seine Flugzeugträger-Admiräle und Luftwaffengeneräle sich dazu hergaben, dieses wahnhafte Unternehmen auszuführen, zeigt, wie sehr Obsession und Ehrgeiz das Urteilsvermögen beeinträchtigen können. Die »Lkw-Vernichtung« war die zentrale Maßeinheit für die Wirksamkeit des Luftkriegs. Jahr für Jahr handelten Sharp und seine Luftwaffenkommandeure komplizierte Düsenflugzeuge, die, je nach Typ, die amerikanischen Steuerzahler damals pro Stück ein bis vier Millionen Dollar kosteten, und tapfere Flieger, in die Hunderttausende Dollar und der Glaube der Nation investiert worden waren, für sowjetische 2,5-Tonnen-Lkws und vietnamesische Fahrer ein, die nichts als ihren Mut hatten und sich ihre Ausbildung im Verstecken vor Flugzeugen in der täglichen Praxis erwarben. Auch wenn auf jedes über Nordvietnam abgeschossene Flugzeug mehrere zerstörte Lkws entfielen, verbesserte sich der Wechselkurs nicht. Die Herstellungskosten eines Lkws beliefen sich einer Schätzung der Defense Intelligence Agency zufolge auf 6000 Dollar pro Stück, und Lkws wurden in der Sowjetunion und in Osteuropa massenweise, aber auch von China in beachtlichen Mengen produziert. Es kostete vergleichsweise wenig, die verlorenen Lkws zu ersetzen und sich die Vietnamesen durch Aufstocken ihrer Lkw-Flotte zu Dank zu verpflichten. In einem Bericht an die Joint Chiefs Ende 1967 räumte Sharp mit bemerkenswerter Ehrlichkeit ein, daß es zu Jahresende genauso viele Lkws gab wie zu Jahresbeginn, als man die Bombardements aufgenommen hatte. Wahrscheinlich gab es sogar mehr. Die Zahl der 1967 in Laos festgestellten Lkws war im Vergleich zum Vorjahr sogar auf 167 Prozent gestiegen. Robert McNamara schätzte 1967, daß die Vietnamesen zehn- bis zwölftausend Lkws auf den Straßen hatten.

Die Lösung lag nicht in der Schließung Haiphongs und anderer Häfen des Nordens durch Bomben und Minen, wie Krulak und Greene dachten und Sharp und Greenes Kollegen vom Vereinigten Generalstab immer lauter zu denken vorgaben. Die Häfen unbenutzbar zu machen schien die richtige Antwort zu sein, weil mit Ausnahme der Nahrungsmittel und der Menschen praktisch alles, was für den Krieg benötigt wurde, von den Sowjets und Hanois anderen Verbündeten kam — das meiste auf dem Seeweg, da Frachter das beste Transportmittel waren. China erklärte sich jedoch damals aufgrund seiner außenpolitischen Ziele bereit, den Sowjets den Transit ihrer für Nordvietnam bestimmten Hilfsgüter zu gestatten. Wären die Häfen unbenutzbar geworden, hätten die Vietnamesen diese Güter von der chinesischen Grenze per Bahn und Lastwagen nach Süden gebracht (was sie ab 1972, als Nixon ihre Häfen doch noch sperren ließ, dann auch taten). Sie begannen sich im Frühjahr 1967 auf das Umladen der Güter einzustellen, und noch im selben Jahr gelangten die ersten sowjetischen Lieferungen über chinesische Eisenbahnlinien nach Vietnam.

Die verrückten Erwartungen, die man im Sommer 1966 in die Angriffe auf die Tanklager setzte, bestürzten McNamara derart, daß er begann, die Wahrheit zu erkennen. Er wies Johnson warnend darauf hin, daß der einzige Weg zu konkreten Ergebnissen im Luftkrieg darin bestehe, Bomben auf die nordvietnamesische Zivilbevölkerung zu werfen. »Den Norden so zu bombardieren, daß eine entscheidende Beeinträchtigung von Hanois politischer, wirtschaftlicher und sozialer Struktur erzielt werden kann, würde ein Anstrengung erfordern, zu der wir zwar fähig wären, die aber weder unser eigenes Volk noch die Weltöffentlichkeit schlucken würden; außerdem würden wir damit das ernstliche Risiko eingehen, uns in einen offenen Krieg mit China hineinzumanövrieren«, erklärte er dem Präsidenten in einem im Oktober verfaßten Memorandum.

Dan Ellsberg half McNamara, sich von seinen Illusionen über den Bodenkrieg im Süden zu trennen — ein Schritt, den er später als Höhepunkt seiner bürokratischen Karriere betrachtete. Ellsberg befand sich im Oktober 1966 an Bord eines für Fernreisen von VIPs ausgestatteten KC-135-Tankjets, den der Verteidigungsminister auf seinen häufigen Pendelflügen benutzte, auf dem Weg nach Saigon. Porter hatte Ellsberg nach Washington entsandt, um Katzenbach, den neuen stellvertretenden Außenminister, zu unterrichten und ihn anschließend auf seiner ersten Vietnamreise zu begleiten.

Die Sitze im Aufenthaltsraum (es gab eigene Abteile mit Schlafkojen, so daß die VIPs ausgeruht ankamen) waren um Schreibtische angeordnet, auf denen man arbeiten oder eine Mahlzeit einnehmen konnte. Ellsberg saß, neben dem Mittelgang, auf gleicher Höhe wie John McNaughton, sein früherer Vorgesetzter im Pentagon und McNamaras Staatssekretär für auswärtige Angelegenheiten. McNamara saß McNaughton gegenüber. Nicht ohne Absicht hatte Ellsberg eine Aktentasche voller Memoranden mitgebracht: mehr als 200 Seiten seiner besten Berichte, darunter eine farbige Schilderung seines dreitägigen Besuchs bei Vann in Hau Nghia im Herbst 1965. Sobald die Maschine vom Luftwaffenstützpunkt Andrews abhob, öffnete er die Aktentasche und überreichte McNaughton ein Memorandum mit der Bemerkung, er werde es möglicherweise interessant genug finden, um sich damit während des Flugs die Zeit zu vertreiben. McNaughton überflog es und gab es dann McNamara, der zunächst nur einen Blick darauf warf, sich aber bald in die Lektüre vertiefte. Ellsberg holte ein weiteres Memorandum für McNaughton aus der Aktentasche, und dieser begann nun ebenfalls zu lesen.

McNamara und McNaughton waren beide schnelle Leser, und noch ehe das Flugzeug seinem Ziel wesentlich näher gekommen war, nahm ihn McNaughton zur Seite, um ihm mitzuteilen, daß McNamara eine Kopie seines Hau-Nghia-Memorandums haben wolle (das mit seinen zahlreichen Einzelheiten über die moralische Verworfenheit und den Scharlatanismus der Saigoner Seite der beste offizielle Bericht war, den Ellsberg in Vietnam jemals schreiben sollte). McNamara habe noch eine Bitte, sagte McNaughton. Im Interesse der guten Beziehungen zwischen der zivilen und der militärischen Führung sollte Ellsberg das Memorandum nicht General Wheeler zeigen.

Verdrossenheit entwickelt ihre Eigendynamik. Nicht nur der erfolglose Luftkrieg stimmte McNamara bedenklich. Die plötzliche Empfänglichkeit für jahrelang ignorierte Realitäten hatte ihn im Herbst 1966 offenbar dazu gebracht, Alain Enthovens Vorschlag zu akzeptieren, Vann als Leiter der Asienabteilung zu verpflichten, die Systems Analysis damals aufstellte. McNamaras für den Präsidenten bestimmter Bericht über seine Vietnamreise im Oktober 1966 war ein Wendepunkt. Im Jahr zuvor hatte McNamara noch verkraftet, daß in vier Kampftagen im Drang-Tal 230 Amerikaner gefallen waren. Er konnte den Präsidenten noch drängen, bei Westmorelands Krieg mitzumachen und ihm zu geben, »was er an Menschen und Material dafür benötigte«. Nun wollte er Westmoreland bremsen, um »dem Gespenst einer offenbar endlosen Eskalation des US-Aufmarsches« entgegenzutreten. Man sollte dem General sagen, daß er insgesamt 470.000 Mann haben konnte, aber nicht mehr. Was den Luftkrieg gegen den Norden betraf, so hatte McNamara keine Lust mehr, bei dem Spiel der Erpressung mit Bombardierungspausen, Ultimaten und anschließender Eskalation weiter mitzumachen. Johnson sollte versuchen, die Vietnamesen an den Verhandlungstisch zu locken, indem er die Luftangriffe gegen Nordvietnam oder, falls ihm das zu großzügig erschien, auf das Gebiet zwischen der Hanoi-Haiphong-Region und der chinesischen Grenze aussetzte. Die Joint Chiefs stellten klar, daß sie rebellieren würden, falls der Präsident so etwas anordnete.

McNamara begann zu verstehen, und je besser er verstand, desto besorgter wurde er. Da Enthoven es nicht geschafft hatte, Vann zu bekommen, engagierte er 1966 einen jungen Statistiker namens Thomas Thayer, der zweieinhalb Jahre in Südvietnam für die Advanced Research Projects Agency des Pentagons gearbeitet hatte. McNamara bekam nun massenweise geliefert, womit er umgehen konnte, nämlich Zahlen, und diesmal waren es die richtigen Zahlen über den Krieg, solche, wie er sie nicht hatte beachten wollen, als Krulak ihn damit aufzurütteln versuchte. Aufgrund seiner Vietnamerfahrungen erkannte Thayer, worauf es ankam, und er war klug genug, seine statistischen Erkenntnisse mit den Erwägungen erfahrener Kämpfer zu vergleichen, die ihre Analysen auf dem Schlachtfeld vorgenommen hatten. Er interviewte Hal Moore, der das Kommando der 3. Air-Cav-Brigade abgegeben hatte und im Herbst 1966 nach Washington gekommen war, um im Stab McNaughtons als Assistent mitzuarbeiten. Moore war überzeugt, daß die Vietnamesen die Air Cav am Drang-Fluß unter anderem deshalb so oft und verwegen angegriffen und ihr in Bong Son so entschlossen Widerstand geleistet hatten, weil sie lernen wollten, wie man gegen die Amerikaner kämpfen mußte. Sie hatten es gelernt und, so sagte Moore, die Amerikaner dazu gebracht, den Krieg auf die von ihnen gewünschte Art zu führen. Sie ließen Armee und Marine Corps nach ihrer Pfeife tanzen.

Im Frühjahr 1967, als der unersättliche General in Saigon noch mehr Soldaten haben wollte, nämlich seine »Mindeststreitmacht« von 550.000 Amerikanern bis Mitte 1968 oder, falls der Präsident den Sieg schneller erringen wollte, eine »optimale Streitmacht« von 678.000 Mann, stand Thayer bereit. Er und ein Stab von Analytikern, die er in Systems Analysis in einer speziellen Südostasienabteilung zusammengezogen hatte, konnten genügend Untersuchungen vorlegen, die zeigten, daß Westmorelands Abnutzungskrieg absurd war. Enthoven übermittelte dieses Ergebnis McNamara mit einem Memorandum, in dem er ihn drängte, jede Truppenerhöhung auf mehr als 470.000 Mann abzulehnen.

Eine Untersuchung von 56 repräsentativen Gefechten des Jahres 1966, an denen Einheiten in der Größe eines Zuges bis hin zu mehreren Bataillonen beteiligt gewesen waren, zeigte, daß der Vietcong und die NVA in 85 Prozent der Fälle die Gefechte begonnen hatten; entweder hatten sie die US-Einheiten angegriffen oder sich in ihren Befestigungen zum Kampf gestellt. Der Feind hatte auch das Moment der Überraschung in fast 80 Prozent der Fälle zu seinem Vorteil genutzt. Nur in fünf Prozent der Fälle hatte der US-Kommandeur vor Beginn der Kampfhandlungen »ausreichende Informationen über die Stellungen und die Stärke des Feindes«. Die Masse der von den Truppenführern vorgelegten Kampfberichte und eine frühere Studie über eine Reihe von Gefechten, die Ende 1965, Anfang 1966 stattgefunden hatten, bestätigten Thayers Erkenntnisse. Damals hatten der Vietcong und die NVA in 88 Prozent der Fälle das Feuer eröffnet.

Um die Abnutzung zu seinen Gunsten wirksam werden zu lassen, muß ein militärischer Führer den Feind zum Kampf zwingen können: Grant war das mit Lee gelungen, den er im letzten Jahr des Sezessionskriegs dazu brachte, sich ihm in Richmond, der Hauptstadt der Konföderierten, zu stellen. Auch den amerikanischen und britischen Armeen war das nach der Landung in der Normandie 1944 mit der deutschen Wehrmacht gelungen. Aus Thayers Erkenntnissen ging hervor, daß Westmoreland nicht in der Lage war, seinen Feind zum Kampf zu zwingen, da die Initiative praktisch völlig bei den Vietnamesen lag. Sie waren es, die den Grad ihrer Abnutzung bestimmten. Da überdies Westmoreland hartnäckig darauf bestand, den Vietnamesen eine Schlacht zu liefern, wann und wo immer sie sich zeigten, bestimmten sie auch weitgehend die amerikanische Verlustrate. Je nach ihrer Bereitschaft, eigene Leute zu opfern, konnten sie die Verluste der US-Truppen steigern oder vermindern.

Thayers Analyse zeigte, daß die Strategie des Generals, selbst wenn man von der entscheidenden Frage der Initiative absah, ihm die gewünschten Truppen gab und sich an die optimistischsten Voraussagen hielt, zu nichts führen konnte. Brachte man die Zahl der US-Soldaten in Vietnam auf 678.000 und erhöhte die Durchschnittszahl der getöteten Vietnamesen um hundert Prozent, würde Hanoi jede Woche 400 Mann mehr verlieren, als es aufgrund seiner Menschenreserven ersetzen konnte. »Unter diesen Bedingungen würden wir sie in zehn Jahren ausradiert haben«, schrieb Enthoven an McNamara.

Robert McNamara, der Supertechnokrat, dem die Lösungen ausgegangen waren, bewies im Mai 1967, daß er ein beachtliches Maß an Zivilcourage besaß. Er richtete ein Memorandum an den Präsidenten, um ihm klarzumachen, daß der Krieg in Vietnam nicht zu gewinnen war und er einen wenn auch ungünstigen Frieden aushandeln mußte.

Das Memorandum wurde von John McNaughton entworfen, der McNamaras Besorgnis und dessen große Verantwortung für das Blutvergießen teilte. Es hieß darin nicht ausdrücklich, daß die USA den Krieg nicht gewinnen konnten; das wäre unter den damaligen Umständen zu undiplomatisch gewesen. McNamara und McNaughton gaben dies durch ihre Vorschläge und die angeregte Friedenslösung zu verstehen. Der Präsident sollte die anerkannt unverzichtbaren Ziele des Sieges über die Kommunisten und der Schaffung »eines unabhängigen, nichtkommunistischen Vietnam« aufgeben und eine geheime politische Richtlinie zur Definition neuer »Minimalziele« festlegen. Das lief auf eine politische Scheinregelung im Süden hinaus, die es den USA ermöglichen würde, sich nach und nach aus Vietnam zurückzuziehen. Diese »Begrenzung des US-Engagements ... kann einen ›Sturm auf die Notausgänge‹ in Thailand, Laos und vor allem Südvietnam selbst zur Folge haben«, räumten die Autoren ein, die damit verbundenen Mühen seien jedoch sicherlich geringer als die sich aus allen anderen Lösungen ergebenden Schwierigkeiten. McNamara und McNaughton drängten den Präsidenten, diese Lösung anzusteuern, indem er Westmoreland noch einmal 30.000 Soldaten und nicht einen Mann mehr gab und die Bombardements in Nordvietnam nördlich des 20. Breitengrads einstellte, anders gesagt, die Luftangriffe auf die Infiltrationswege durch den Flaschenhals beschränkte.

McNamara konnte die Entwicklung, zu der er so entscheidend beigetragen hatte, nicht mehr beeinflussen. Nun, da er aufwachte, hatte Lyndon Johnson schon fast 11.000 Menschenleben und seinen Platz in der Geschichte in dieses Unternehmen investiert. Er hörte auf Leute wie Komer, Rostow und Dean Rusk, die nicht sahen, was McNamara nun sah. Der Präsident benutzte seinen Verteidigungsminister weiterhin gegen die Militärs. Er hatte keineswegs die Absicht, die von Westmoreland geforderten 678.000 Mann für dessen »optimale Streitmacht« zur Verfügung zu stellen. Dies hätte die Mobilisierung von Reservisten bedeutet, wodurch Johnsons Gesetzgebung für seine »Great Society« zerstört worden und der innenpolitische Streit über den Krieg noch stärker aufgeflammt wäre. Ebensowenig hatte er vor, dem General sämtliche für dessen »unabdingbare Minimalstreitmacht« notwendigen 550.500 Mann zu geben: Westmoreland gelang es auf seiner Reise nach Washington im April nicht, ihn zu überzeugen, daß man für einen Sieg so viele Amerikaner benötigte. Der Präsident war zu der Auffassung gekommen, daß Westmorelands Truppenanforderungen eher Verhandlungspositionen als tatsächliche Notwendigkeiten darstellten. Er schickte McNamara im Juli noch einmal nach Südvietnam, um mit dem General zu feilschen. Westmoreland war schließlich bereit, sich mit 55.000 zusätzlichen Soldaten über die frühere Obergrenze hinaus zufriedenzugeben, d. h. mit insgesamt 525.000 Mann ab Mitte 1968.

Für den Präsidenten Botengänge zu machen bedeutete nicht, sich seines Vertrauens zu erfreuen. Lyndon Johnson begann, Robert McNamara zur Seite zu schieben.

Im Juli 1967 verlor McNamara seinen Freund und Vertrauten John McNaughton durch eine Kollision zwischen einem kleinen Privatflugzeug und einer Passagiermaschine über einem Flugplatz in North Carolina. Mit der Passagiermaschine stürzten auch McNaughtons Frau und sein elfjähriger Sohn ab. Der Verlust traf McNamara tief. Schon vorher hatte er angefangen, Gefühle zu zeigen, als er dem Präsidenten im Mai in seinem Memorandum die Bombardierung des Nordens beschrieben hatte. »Die größte Macht der Welt, die bei dem Versuch, ein winziges unterentwickeltes Land wegen eines sehr umstrittenen Ziels in die Kapitulation zu bomben, jede Woche tausend Zivilisten tötet oder schwer verwundet, gibt kein gutes Bild ab.«

Nicht nur das Blutvergießen beunruhigte ihn. Einer seiner engsten Mitarbeiter dieser Zeit erinnerte sich später, wie sehr McNamara sich all der schlechten Ratschläge schämte, die er zwei Präsidenten in früheren Jahren gegeben hatte. Er schämte sich über sein Versagen bei der für ihn größten Aufgabe seines Lebens. Im Juni gab er die Pentagon-Papiere in Auftrag, jene streng geheime Untersuchung über das Engagement der USA in Indochina seit seinen Anfängen in der französischen Ära. Die Untersuchung sollte sich zu einem 43 Bände umfassenden Archiv über den Krieg entwickeln, das mehr als 7000 Seiten oder zweieinhalb Millionen Wörter geheimer Dokumente enthielt. Er übergab Leslie Gelb, der das Projekt leiten sollte, eine Liste von etwa hundert Fragen, auf die diese Studie Antworten finden sollte. Eine der ersten Fragen auf McNamaras Liste verwarf alles, was er bewirkt hatte, als unnötig: »Ist Ho Chi Minh ein asiatischer Tito?«

Vielleicht weil er vorher darauf so wenig geachtet hatte, war er nun bereit, sich den Einzelheiten des Tötens und der Zerstörung zu widmen. Im Herbst 1967 hatte der damals 24jährige Jonathan Schell, der für den »New Yorker« schrieb, gerade einen Bericht über die Heldentaten der Task Force Oregon (jener provisorischen Armeedivision, die Westmoreland gebildet und im Frühjahr zur Ablösung der Marines nach Chu Lai gesandt hatte) in der Provinz Quang Ngai und im äußersten Süden von Quang Tin abgeschlossen. Schell hatte dort im Sommer mehrere Wochen verbracht und die Operationen der Division beobachtet, die meiste Zeit von einem Aussichtspunkt aus, der ihm einen Rundblick über die Verwüstungen ermöglichte — dem Rücksitz einer L-19, von dem aus sonst ein Fliegerleitoffizier Luftangriffe dirigierte.

Schon zwei Jahre zuvor waren in Quang Ngai die Leiden der Landbevölkerung und die Verluste unter den Zivilisten erheblich gewesen. Im November 1965 hatte ich die fünf Weiler an der Küste besucht, in denen durch Bomben und Beschuß von Schiffsgeschützen Hunderte umgekommen waren. 1966 hatten die Marines in Quang Ngai eine Reihe von Operationen durchgeführt, die durch die Gegenwehr der Guerillas, der sie hartnäckig unterstützenden Bauern und der als Verstärkung eingesickerten NVA-Einheiten in heftige Kämpfe ausarteten. Die Pazifizierungsversuche, die Krulak und Walt damals unternahmen, hatten den Kommandeuren der Marines gewisse Zügel angelegt. Als im Frühjahr 1967 die Task Force Oregon eintraf, war es mit der Zurückhaltung vorbei. Die Armee war aufgrund ihrer Leichen-gegen-Leichen-Strategie nicht an der Sicherung von Weilern und Gebieten interessiert. Die Kriegsmaschine entfaltete sich nun ohne Hemmungen.

Während ich erfahren hatte, daß fünfundzwanzig Weiler schwer beschädigt und mindestens zehn weitere Weiler ebenso gründlich dem Erdboden gleichgemacht worden waren wie die fünf an der Küste, stellte Schell fest, daß 70 Prozent der etwa 450 Weiler in der Provinz Quang Ngai total verwüstet waren. Mit Ausnahme eines schmalen Streifens entlang der *Route 1,* in dem so recht und schlecht Patrouillen durchgeführt wurden, war die Zerstörung der Siedlungen rapide vorangeschritten. Tag für Tag konnte Schell von der L-19 aus die neuesten durch Bomben, Napalm und Raketen verursachten Verwüstungen und die Flammen- und Rauchmäander der von der US-Infanterie in Brand gesetzten Häuser sehen. Anhand der Ruinen erschloß er das Ausmaß der früheren Zerstörungen und überprüfte seine Berechnungen mit Hilfe von Militärkarten und im Gespräch mit L-19-Piloten, Offizieren der Task Force Oregon, Angehörigen des CORDS-Teams in Quang Ngai und verschiedenen Vertretern der Saigoner Verwaltung.

Obwohl man viele der Gemeinden zu »Feuer-frei-Zonen« erklärt hatte, waren zahlreiche Bauern zu den Überresten ihrer Heimstätten zurückgekehrt und lebten in unterirdischen Schutzräumen. Sie zogen es vor, ihr Leben an den kraterübersäten Reisfeldern zu fristen und sich den Gefahren der Feuerüberfälle auszusetzen, statt Hunger, Schmutz und Krankheit in den Flüchtlingslagern zu ertragen. Seit dem Eintreffen der Task Force Oregon nahmen die Provinzkrankenhäuser jeden Tag durchschnittlich dreißig verwundete Zivilisten auf. Ein britischer Arzt, der schon länger als drei Jahre freiwillig in Quang Ngai tätig war, äußerte Schell gegenüber, daß seiner Schätzung nach die Gesamtzahl der Verluste unter der Zivilbevölkerung der Provinz, also Tote, Schwer- und Leichtverwundete, pro Jahr mit etwa 50.000 anzusetzen sei. (Eine vorsichtige, von Tom Thayer anhand der Aufnahmezahlen sämtlicher Krankenhäuser Südvietnams erstellte Berechnungsformel hätte für Quang Ngai etwa 33.000 verwundete und tote Zivilisten pro Jahr ergeben.)

Schell erzählte Jerome Wiesner, dem Rektor des Massachusetts Institute of Technology, von seinen Beobachtungen. Wiesner war ein Wissenschaftler, der seine Fähigkeiten dem US-Militär zur Verfügung stellte, seit er im Zweiten Weltkrieg im Strahlungslabor des MIT mitgeholfen hatte, das Radar zu perfektionieren. Er war Kennedys wissenschaftlicher Berater gewesen und war mit McNamara befreundet. Er erwirkte für Schell ein Treffen mit dem Verteidigungsminister im Pentagon.

Jonathan Schell hatte sich durch einen früheren Artikel im »New Yorker« einen Namen gemacht. Er hatte darin geschildert, wie die Armee im Januar 1967 6100 Angehörige und Sympathisanten von Guerillas aus der Gegend von Ben Suc im sogenannten Eisernen Dreieck nordwestlich von Saigon zwangsevakuiert und dann ihre Weiler dem Erdboden gleichgemacht hatte. Obwohl Vann aufgrund seiner Erfahrungen mit dem Wehrdörferprogramm von Zwangsumsiedlungen nichts hielt, hatte er die Vertriebenen im Rahmen seiner ersten größeren Aufgabe als OCO-Leiter im Gebiet des III. Korps wieder angesiedelt und war dabei mit DePuy in einen spektakulären Streit geraten, da dieser gefordert hatte, daß seine 1. Infanteriedivision diese Maßnahme allein durchführen sollte. Vann hatte Schells Bericht über diese Umsiedlung als zutreffend angesehen, obwohl er wußte, daß Schell gegen den Krieg war.

Wenn Freunde Besucher wie Schell zu ihm schickten, dann hatte McNamara sie auch schon früher nicht abgewiesen. Er gab sich gerne aufgeschlossen, auch wenn er bald merklich unruhig wurde und auf die Wanduhr gegenüber seinem Schreibtisch blickte. Dann betrat ein Assistent den Raum und brachte ihm eine Nachricht, oder es kam ein Telefonanruf von außerordentlicher Wichtigkeit, so daß der Besucher das Amtszimmer verlassen mußte, damit der Minister ungestört sprechen konnte. Wenn der Besucher wieder eintreten durfte, hatte sich McNamara bereits erhoben und stand neben seinem Schreibtisch — wer konnte sich da einem so überlasteten Staatsdiener noch weiter aufdrängen?

Schell wurde nicht unterbrochen. Er hatte zwar den Eindruck, einen überbeschäftigten Mann zu belästigen, doch McNamara unternahm keinen Versuch, ihn zur Eile anzutreiben. Er hörte aufmerksam und mit undurchdringlicher Miene zu und stellte nur wenige Fragen. Als Schell fertig war, führte ihn McNamara zu einer Landkarte und bat ihn, ihm die Distrikte von Quang Ngai zu zeigen, von denen er soeben gesprochen hatte. »Können Sie Ihre Ausführungen zu Papier bringen? Wir brauchen etwas Schriftliches«, sagte McNamara. Schell antwortete, daß er ein Manuskript in Langschrift habe. McNamara ließ einen Assistenten kommen und trug ihm auf, dafür zu sorgen, daß Schell seinen Bericht auf Band sprechen konnte. Schell dankte dem Minister für seine Aufmerksamkeit und verabschiedete sich.

McNamara hatte Schell nicht nach dem Umfang seines Textes gefragt, der ein kleines Buch ergeben hätte. Schell verbrachte die folgenden drei Tage damit, ihn im Büro eines abwesenden Generals in ein Diktiergerät zu sprechen. Eine Sekretärin sandte die Aufnahmen eine nach der anderen in den Schreibpool des Pentagons. McNamaras Assistent sorgte auch dafür, daß Schell in einer Messe des Pentagons essen konnte, die für ranghohe Offiziere und Zivilbeamte reserviert war. Schell führte dort mehrere Gespräche, die ihm als »sonderbar« in Erinnerung blieben. Nach drei Tagen verließ er das Pentagon mit einer Kopie des Typoskripts, das er in dieser Form auch schon dem »New Yorker« vorlegen konnte. McNamara ließ ihn nie wissen, was mit dem Typoskript im Pentagon geschah. Als Schell ihm fünfzehn Jahre später auf einem Flugplatz begegnete, wirkte McNamara »ruhelos«, und Schell fand es unpassend, ihn danach zu fragen.

Robert McNamara leitete das Typoskript sofort an Bunker weiter. Der Botschafter zeigte es Westmoreland und ordnete mit Zustimmung des Generals eine geheime Untersuchung an. »Die Zerstörungen werden überzeichnet dargestellt, aber nicht in einer Weise, die seine Aussagen diskreditiert . . . Mr. Schells Schätzungen sind im wesentlichen zutreffend«, hieß es in dem Untersuchungsbericht. »Es gibt einige sehr bedeutende politische und militärische Gründe für das Ausmaß der Zerstörungen in diesem Gebiet«, hieß es dann weiter. »Die Bevölkerung ist der Regierung Südvietnams äußerst feindlich gesinnt und wahrscheinlich völlig auf der Seite der Nationalen Befreiungsfront.« Der Vietcong weigere sich, amerikanische Regeln anzuerkennen, und beharre auf der Befestigung der Weiler und der Organisation des Widerstands unter der gesamten Bevölkerung. »Denn der Vietcong ist hier nichts eigenes; der Vietcong *ist* das Volk.« (Hervorhebung im Original) In der für die US-Bürokratie typisch gewordenen geistigen Beschränktheit versuchte der Bericht, für alles, was Schell beschrieben hatte, eine einleuchtende Erklärung zu geben.

Am Vormittag des 16. März 1968, keine vier Monate nach dieser Rechtfertigungsübung, kam es in dem Dorf Son My am Südchinesischen Meer, etwa elf Kilometer nordöstlich des Städtchens Quang Ngai, zu einem Massaker. Die ärgste Schlächterei wurde in dem Weiler My Lai unter Leitung eines Leutnants namens William Calley, Jr., veranstaltet, eines Zugführers der 23. Infanteriedivision, wie die Task Force Oregon offiziell bezeichnet wurde. Die Strafverfolgungsabteilung der Militärpolizei stellte fest, daß in My Lai 347 Personen und, am selben Vormittag, in einem anderen Weiler des Dorfes und durch eine andere Kompanie ungefähr neunzig weitere unbewaffnete Zivilisten getötet worden waren. Das nach dem Krieg in Son My errichtete Mahnmal erinnerte an 504 Opfer.

Einige der Soldaten weigerten sich, bei dem Massaker mitzumachen. Ihre Kameraden ließen sich dadurch nicht abhalten. Die amerikanischen Soldaten und Offiziere erschossen alte Männer, Frauen, Jungen, Mädchen und Kleinkinder. Ein Soldat verfehlte mit seiner 45er-Pistole zweimal ein auf dem Boden liegendes Baby. Seine Kameraden lachten den schlechten Schützen aus. Er stellte sich über das Kind und schoß ein drittes Mal. Die Soldaten schlugen mit den Gewehrkolben auf Frauen ein und vergewaltigten oder sodomisierten einige, bevor sie sie erschossen. Sie töteten die Wasserbüffel, die Schweine und die Hühner. Sie warfen die Kadaver in die Brunnen, um das Wasser zu vergiften, und geballte Ladungen in die Bombenunterstände unter den Häusern, in die sich viele Dorfbewohner geflüchtet hatten. Wer heraussprang, um den Explosionen zu entgehen, wurde niedergeschossen. Sämtliche Häuser wurden in Brand gesetzt.

Leutnant Calley, der viele seiner Opfer in einen Bewässerungsgraben trieb und ihn mit ihren Leichen füllte, war der einzige Offizier oder Soldat, der eines Verbrechens schuldig befunden wurde. Er war angeklagt worden, mit eigener Hand 109 Vietnamesen ermordet zu haben. Ein Militärgericht sprach ihn in mindestens 22 Fällen des vorsätzlichen Mordes schuldig (auch Kleinkinder waren unter seinen Opfern) und verurteilte ihn zu lebenslangem Zuchthaus. Präsident Nixon intervenierte zu seinen Gunsten. Calley verbrachte drei Jahre in Haft, die meiste Zeit unter Hausarrest in seiner Wohnung in Fort Benning, wo er von seiner Freundin besucht werden durfte.

Die Offiziere des Militärgerichts hatten sich bemüht, im Fall Calley der Gerechtigkeit Genüge zu tun; Richard Nixon lud Schande auf sich, indem er sie daran hinderte. Calley scheint ein Sadist gewesen zu sein, aber sein Charakter allein ist noch keine Erklärung für das Massaker. Was Calley und seine Helfer anders machten, war, daß sie an einem einzigen Vormittag in zwei Weilern Hunderte von unbewaffneten Vietnamesen aus nächster Nähe mit Gewehren, Pistolen und MGs töteten. Hätten sie genauso viele in einem größeren Gebiet, über einen längeren Zeitraum hinweg und auf unpersönliche Art mit Bomben, Granaten, Raketen, weißem Phosphor und Napalm getötet, wären sie dem üblichen militärischen Verhaltensmuster gefolgt. Wenn Soldaten und niedere Offiziere auf Vietnamesen keinerlei Rücksicht nahmen, so folgten sie dem Beispiel ihrer Vorgesetzten. Der Wert vietnamesischer Menschenleben wurde in ihrem Denken systematisch herabgesetzt. Im Teufelskreis von Westmorelands Abnutzungskrieg und voll Haß, weil dauernd Kameraden durch Minen und Sprengfallen von Dorfguerillas getötet oder verwundet wurden, mußten sie soweit kommen, daß sie die den Vietcong unterstützende Landbevölkerung als Ungeziefer betrachteten, das man brutal auszurotten hatte. Das Massaker von Son My war unvermeidbar gewesen. Die militärische Führung der Vereinigten Staaten und die Politiker, die den Generälen erlaubten, den Krieg so zu führen, wie sie ihn führten, hatten es vorbereitet.

Anfang November 1967 versuchte McNamara erneut, den Präsidenten zu überzeugen. Schon am 31. Oktober hatte er seine Sache beim sogenannten »Tuesday Luncheon«, der jeden Dienstag beim Mittagessen stattfindenden Planungskonferenz des Weißen Hauses, mit viel Engagement vorgetragen. Am Tag darauf übermittelte er dem Präsidenten ein Memorandum, indem er seinen Dissens detailliert darlegte und aufzeigte, welchen Verlauf der Krieg in den folgenden fünfzehn Monaten nehmen würde, falls Johnson bis zum Ende seiner Amtszeit am 20. Januar 1969 an der gegenwärtigen Strategie festhielt. Bis zu diesem Zeitpunkt, schrieb McNamara, würde Lyndon Johnson »zwischen 24.000 und 30.000« gefallene Amerikaner auf dem Gewissen haben. (Die tatsächliche Zahl sollte über 31.000 liegen.) Der Präsident würde als Rechtfertigung für diese Toten nichts Substantielles vorweisen können, die Öffentlichkeit würde nach einem Rückzug aus Vietnam rufen. Zugleich würden die militärische Führung und ihre Falken im Kongreß schweren Druck ausüben, um ihre Forderungen durchzusetzen: Verminung der Häfen, Bombardierung der großen Städte des Nordens und Ausweitung des Bodenkriegs, indem man in die kommunistischen Schutzräume in Kambodscha vorstieß, den Ho-Chi-Minh-Pfad in Laos durchschnitt und nördlich der EMZ in Nordvietnam einmarschierte.

Im Mai hatte McNamara den Präsidenten dazu bringen wollen, Hanoi durch einen Bombenstop am 20. Breitengrad an den Verhandlungstisch zu locken. Nun wollte er die Bombardierungen in ganz Nordvietnam ab Jahresende einstellen lassen. Am Abend des Tages, an dem er dem Präsidenten diese allerneueste unerfreuliche Forderung übermittelt hatte, gab er vor einer geheimen Versammlung älterer Politiker und enger Berater, die Johnson in Washington einberufen hatte, seiner Befürchtung Ausdruck, daß alles, was er und Dean Rusk seit 1961 unternommen hatten, um die Kriegsanstrengungen voranzutreiben, sich als Fehler erweisen könnte.

Lyndon Johnson war angesichts der Veränderung McNamaras perplex. Rusk, den McNamara in diese düstere Bemerkung mit eingeschlossen hatte, war natürlich ebensowenig dessen Meinung wie die anderen, auf die Johnson hörte. Die Gruppe, an die McNamara sich richtete, wurde innerhalb der Bürokratie als »Rat der Weisen« bezeichnet. Es handelte sich um eine Versammlung hervorragender Repräsentanten amerikanischer Staatskunst und militärischer Erfahrung, der auch Dean Acheson und Omar Bradley angehörten, der Armeegeneral mit den fünf Sternen aus dem Zweiten Weltkrieg. (Auch Eisenhower sollte in den Rat aufgenommen werden, wurde jedoch dann zum Oberbefehlshaber ernannt und kam daher für diese Auszeichnung nicht mehr in Frage.) Earle Wheeler informierte die Anwesenden über Westmorelands Operationen und den Luftkrieg, und George Carver, der dienstälteste Vietnam-Spezialist der CIA, gab eine Einschätzung von Komers Pazifizierungsprogramm.

Kurz bevor die Weisen am nächsten Morgen im Weißen Haus eintrafen, übersandte Walt Rostow Johnson einen Bericht. »Ich fand die Briefings beeindruckend«, schrieb Rostow, »besonders Carvers ausgeglichene Darstellung der erzielten Fortschritte und der noch zu bewältigenden Probleme . . . Man hätte fast jedes

Wort direkt an die Presse weitergeben können. Vielleicht wollen Sie einmal ein solches Treffen unter Ihrem Vorsitz auf Regierungsebene ins Auge fassen – Sie könnten dann das Ganze im Fernsehen senden lassen ...«

Während der vormittäglichen Diskussion und dem anschließenden Lunch teilte einer der Weisen, George Ball, der frühere Kriegsgegner und damalige Vorsitzende der New Yorker Investitionsbank Lehman Brothers, dem Präsidenten mit, daß er nun nicht mehr für einen Abzug aus Vietnam sei. Die Briefings hätten ihn »sehr beruhigt«. Der Präsident war vorsichtig genug, schriftliche Kommentare zu McNamaras Memorandum vom 1. November 1967 anzufordern: von Rostow, Maxwell Taylor und zwei seiner Vertrauten – Richter Abe Fortas, dem bekannten Verfassungsrechtler, den er an den Obersten Gerichtshof geholt hatte, und Clark Clifford, Trumans ehemaligem Berater, der zu dieser Zeit wohl der geschickteste, sicherlich aber der einflußreichste Jurist in Washington war. Sie alle drängten Johnson, McNamara kein Gehör zu schenken.

In seinem streng geheimen, ausdrücklich nur für den Präsidenten persönlich bestimmten Kommentar erklärte Rostow, man brauche die Bombenangriffe nicht einzustellen, um Verhandlungen herbeizuführen. Er wies darauf hin, daß gerade jetzt, da man Nordvietnam stärker als je zuvor bombardierte, der jüngste Geheimkontakt mit der anderen Seite seine Früchte zu tragen begann. Dieser Kontakt war im August vom Vorsitzenden der Parteiorganisation des Gebiets Saigon über einen Emissär in Kambodscha hergestellt worden, um einen Gefangenenaustausch zu ermöglichen. Er sollte zur Freilassung zweier US-Soldaten im Dezember 1967 führen und hätte vielleicht auch die Freilassung Ramseys und weiterer Gefangener gebracht, wenn die US-Administration ernsthaft daran interessiert gewesen wäre. Rostow sah in diesen Kontakten viel mehr als die Gelegenheit, einen Gefangenenaustausch anzubahnen. Ihr Nutzen lag für ihn vor allem »im vollen Nachrichtenfluß«, wie er sagte. Hanoi habe die Hoffnung auf eine Machtübernahme in Südvietnam für die absehbare Zukunft aufgegeben. Um zu versuchen, den Vietcong vor der Vernichtung zu bewahren, sondierten die Führer in Hanoi, welche Art von legalem Status sie für die südvietnamesischen Kommunisten »in Friedenszeiten« aushandeln könnten. Rostow sah eine Parallele mit den Verhandlungen in Panmunjom zur Beendigung des Korea-Kriegs: »Wenn das zutrifft, befinden wir uns bereits in einer Panmunjom-Phase, anders gesagt, ihre militärischen Operationen zielen nicht mehr auf den Sieg ab, sondern auf die Stärkung ihrer Position bei Verhandlungen, die in gewisser Weise schon begonnen haben.«

Ende November erfuhr McNamara durch eine Indiskretion aus der Presse von seiner Ernennung zum Präsidenten der Weltbank. Johnson war der Meinung, daß die Nerven seines Verteidigungsministers nach fast sieben Jahren Pentagon durch die Bürde des Krieges schon allzu sehr strapaziert waren. Der Mann sei ein »Nervenbündel«, erklärte der Präsident vor George Christian, seinem Pressesekretär.

Johnson mochte McNamara gerne. Trotz seiner Verehrung für die Kennedys hatte er ihm treu und diskret gedient. Der Präsident konnte es sich jedoch nicht leisten, ihn zu behalten. Der Antikriegsflügel der Demokraten hatte eine »Weg-mit-Johnson«-Bewegung gestartet und sollte bald darauf mit Senator Eugene McCarthy aus Minnesota einen Kandidaten bekommen, mit dem man Johnson beim Nationalkonvent 1968 die Kandidatur für die Präsidentschaftswahlen streitig machen wollte.

Ernsthaft bedroht fühlte sich Johnson von Robert Kennedy, nunmehr Senator von New York, der nur auf den günstigsten Moment wartete. Wenn McNamara im kommenden Wahljahr völlig zusammenbrach und zurücktrat, konnte Kennedy auch ihn ausnutzen. Der Präsident argwöhnte, daß McNamara sich in seiner Not bereits seinem Freund anvertraute. Er irrte sich nicht. In Washington, wo ich nun im Büro der »New York Times« arbeitete, kursierten Gerüchte, denen zufolge McNamara sich gegen den Krieg gewandt habe. Ich fragte Robert Kennedy, ob das zutraf. Er bejahte und beschrieb mir McNamaras Ansichten und Empfindungen im Detail. Es fiel mir damals schwer, ihm Glauben zu schenken. Ein verwandelter McNamara schien mir nur zu gut in Robert Kennedys ehrgeizige Pläne zu passen, Amtsnachfolger seines Bruders zu werden.

Ohne McNamara etwas zu sagen, arrangierte Johnson im November in aller Stille seine Ernennung zum Weltbankpräsidenten. Über die Möglichkeit, daß McNamara diesen Job eines Tages übernehmen könnte, hatten sie bereits einige Male gesprochen. Robert McNamara wollte jemand sein, der richtig handelte. Als er in früheren Jahren in Vietnam Krieg führte, hatte er gedacht, das Richtige zu tun. Die »Internationale Bank für Wiederaufbau und Entwicklung« arbeitete an der wirtschaftlichen Stärkung unterentwickelter Länder. Verschaffte er ihm diese Arbeit, so des Präsidenten Schluß, würde McNamara abtreten und schweigen.

Johnson wußte nicht, wie recht er hatte. Die Zivilcourage, die Robert McNamara innerhalb der verschwiegenen Welt Washingtons aufbrachte, vermochte er außerhalb davon nicht aufzubringen, um öffentlich anzuprangern, was Amerika tat. In all den Kriegsjahren, die noch kamen, sollte er sich niemals öffentlich gegen den Krieg äußern. Seine Schuldgefühle und seine Scham mögen zu seiner Unfähigkeit beigetragen haben, sich mit dem auseinanderzusetzen, was er getan hatte. Als die von ihm in Auftrag gegebenen Pentagon-Papiere veröffentlicht wurden, lehnte er es ab, sie zu lesen.

Mitte September 1967 erschien in »Quan Doi Nhan Dan«, der Tageszeitung der nordvietnamesischen Streitkräfte, unter der Überschrift »Ein großer Sieg, eine gigantische Aufgabe« ein ausführlicher zweiteiliger Artikel, in dem Vo Nguyen Giap erläuterte, wie und warum die Führung in Hanoi die US-Einheiten an die Nordgrenze Südvietnams gelockt hatte. Der Artikel war als Lehrtext für Offiziere und Mannschaften des Vietcong und der NVA gedacht und wurde von Radio Hanoi in ungekürzter Fassung gesendet. Die CIA übersetzte und verteilte den Text über den von ihr finanzierten Foreign Broadcasting Information Service. Giap nannte darin die Kämpfe an der EMZ und im Zentralen Hochland als wichtigste Beispiele der von Hanoi gewählten Strategie.

Als nun der Feind Westmorelands vorgefaßte Meinungen in Frage stellte, schenkte er dem ebensowenig Beachtung wie den Einwänden Krulaks, Yorks und anderer, die ihm gerne helfen wollten. Es war schon immer so, daß Generäle wie Westmoreland alles, was sie bekommen – kampfbereite Soldaten, modernste Waffen, aktuelle Feindnachrichten, besonnene Ratschläge, Lehrtexte über die Strategie des Feindes –, verschwenden beziehungsweise übergehen. Militärs seines Schlags gehen davon aus, daß der Gegner dumm ist, und empfinden ihr eigenes Vorgehen als weitblickende Feldherrnkunst. Westmoreland hatte die »Grenzschlachten« vor der Veröffentlichung von Giaps Ausführungen bereits als erledigt betrachtet. Während einer inoffiziellen Pressekonferenz in seinem Saigoner Hauptquartier im August 1967 behauptete er, seinen Gegnern so viel Schaden zugefügt zu haben, daß sich »großangelegte Operationen« des Vietcong und der NVA »nunmehr weitgehend auf die Randgebiete Südvietnams beschränken«.

Einer der Reporter widersprach ihm. »Der Feind hat uns an die Grenze gelockt und läßt uns dort ausbluten«, sagte er.

»Er hat uns nicht an die Grenze gelockt«, erwiderte Westmoreland. »Vielmehr kann er größere Aktionen nur mehr an den Grenzen durchführen ... Wir lassen ihn viel stärker bluten als er uns.«

Die Antwort auf die Frage, wer wen bluten ließ, sollte für Westmoreland bald endgültig feststehen. Aus den Protokollen, die seine Abteilung für Öffentlichkeitsarbeit über seine Pressekonferenzen führte, geht sein Denken hervor. Er drückte sich den Reportern gegenüber ungezwungen aus, es gab Fragen und Antworten, und was er zu sagen hatte, war nicht optimistischer als der Inhalt seiner unter Verschluß gehaltenen Berichte. Im Grunde war er bei den Reportern vorsichtiger als beim Präsidenten, wenn er das Nahen des entscheidenden Durchbruchs ankündigte, den »Wendepunkt« seines Abnutzungskrieges. Es war dies der Moment, von dem an seine Kriegsmaschine die Vietcong und die NVA-Soldaten schneller töten würde, als man Ersatztruppen im Süden rekrutieren oder aus dem Norden heranführen konnte – sozusagen der entscheidende Meilenstein auf dem Weg zum Sieg über die Kommunisten. Als Westmoreland Ende April zu einem Treffen im Weißen Haus in die USA geflogen war, um dort für seine minimale und seine optimale Streitmacht zu plädieren, erklärte er dem Präsidenten, es sehe ganz so aus, »als ob wir im letzten Monat in gewissen Gebieten, die beiden Nordprovinzen ausgenommen, den Wendepunkt erreicht hätten«. Als ihn hingegen Ende Juni ein Reporter fragte, ob der Wendepunkt näherrücke, meinte Westmoreland, dieser sei »vielleicht erreicht worden, aber ganz offen gesagt, wir wissen es nicht«. Während der informellen Pressekonferenzen in der zweiten Augusthälfte wurde der General konkreter, blieb jedoch in bezug auf diese Frage weiterhin vorsichtig. Die »Kampfkraft [der Kommunisten] läßt nach«, erklärte er, »das ist keine spektakuläre Entwicklung, sie ist auch nicht mathematisch beweisbar, aber alles spricht dafür ... Es gibt Anzeichen, daß wir möglicherweise den Wendepunkt erreicht haben.« Drei Monate später präsentierte Westmoreland auch den mathematischen Beweis, daß der Feind sich auf dem Weg ins Verderben befand.

Die Briefings des Monats November, die ausführlichsten des ganzen Krieges, fanden in Westmorelands neuem Hauptquartier bei Tan Son Nhut statt. »Pentagon Ost« war ein in Fertigbauweise errichteter, sauber und ordentlich wirkender Komplex zweigeschossiger klimatisierter Bürogebäude aus Leichtmetall, in denen insgesamt 4000 Offiziere und Mannschaften arbeiteten. Die Reporter bekamen Informationen von Westmoreland, seinen stellvertretenden Stabschefs für Nachrichten und Operationen und von einem auf die Moral des Feindes spezialisierten Obersten der Nachrichtenabteilung. Alles, was sie und Westmoreland sagten, ging wie gewohnt auf Aussagen hoher amerikanischer Militärs zurück.

Der Präsident hatte diese Pressebriefings als Ouvertüre zu einem Propagandafeldzug angeordnet. Das Verständnis der Nation für den Krieg wurde durch die bewegenden Bilder von amerikanischen Soldaten unterminiert, die im Niemandsland des Gebirgsdschungels, in von Bomben zerpflügten Reisfeldern oder zwischen den Überresten strohgedeckter Hütten starben, in denen ein Amerikaner nicht einmal hätte leben wollen. Sie starben für keinen erkennbaren Zweck und ohne daß ein Ende in Sicht war. Den Meinungsumfragen zufolge hatte sich Ende Oktober 1967 die Zahl der Wähler, die für einen Rückzug aus Vietnam waren, von 15 auf 30 Prozent erhöht. Johnson, der wußte, wie schnell die öffentliche Meinung sich gegen den Korea-Krieg gewandt hatte, war ernstlich besorgt. Die Minderheit, die den Krieg aus moralischen Gründen verurteilte, war nun stark genug, um beeindruckende Protestmärsche durchzuführen. Am 21. Oktober 1967 zogen 50.000 Demonstranten zum Pentagon. McNamara beobachtete sie von einem speziellen Befehlsstand auf dem Dach und hörte, wie Johnson in den Sprechchören als Kindermörder bezeichnet wurde. (Der Ruf »Hey, hey, LBJ, how many kids did you kill today!« verbreitete sich via Fernsehen in der ganzen Welt.) McNamara war an aufgebrachte Volksmengen nicht gewöhnt, und diese Erfahrung strapazierte seine Nerven noch zusätzlich.

Acheson und die anderen Weisen rieten dem Präsidenten, den Propagandafeldzug zu starten. Sie dachten, daß es gelingen werde, der zunehmenden Kriegsverdrossenheit entgegenzuarbeiten, wenn man der Öffentlichkeit die Fortschritte klarmachen konnte, über die man sie selbst in den geheimen Briefings informiert hatte. Der für den Terminkalender des Präsidenten zuständige Sekretär, der beim Treffen der Weisen Protokoll geführt hatte, resümierte den Tip McGeorge Bundys, des damaligen Präsidenten der Ford-Stiftung, der ebenfalls dem Rat angehörte, mit folgenden Worten: »Stellen Sie das ›Licht am Ende des Tunnels‹ in den Vordergrund, und nicht Schlachten, Tod und Gefahren.«

Westmoreland brauchte nicht zu lügen, um dem Präsidenten zu helfen. Nach dem Krieg fand ein aufsehenerregender Verleumdungsprozeß statt. CBS hatte Westmoreland beschuldigt, gegen den Präsidenten konspiriert zu haben, indem er ihn über die wahre Stärke des Feindes täuschte. Der General gewann seinen Prozeß zwar nicht, aber konspiriert hatte er auch nicht. »Es war massive Selbsttäuschung«, wie Vann zu Ellsberg sagte. Ganz nach der Art seines Vorgängers Paul Harkins stand für Westmoreland und das militärische System, für das er so repräsentativ war, ihr Sieg schon zweifelsfrei fest, als Johnson im Juli 1956 erklärt hatte, er könne seine ersten 200.000 US-Soldaten haben. Mit der gleichen Selbstsicherheit wie Harkins führte auch er die Truppen seinem Sieg entgegen und brachte jeden, der für den Tag der Parade Regen zu befürchten schien, auf Vordermann oder schickte ihn einfach nach Hause. Als ihn sein Nachrichtenchef, Generalmajor Joseph McChristian, im Frühjahr 1967 darüber informierte, daß er die Zahl des Feindes im Süden um ein paar hunderttausend Mann unterschätze, ersetzte er ihn durch einen anderen, der so dachte wie er selbst. Als der Vietcong-Spezialist der CIA, Samuel Adams, im Sommer und im Herbst versuchte, Alarm zu schlagen, ließ ihn Westmoreland ebenfalls mundtot machen. Sein Stab manipulierte die Leichenzahlen und das Verlustverhältnis, die Zahl der Deserteure und die Meldungen über die Moral des Feindes, um die Beweise für einen unmittelbar bevorstehenden Sieg zusammenzutragen, die er in den Pressebriefings im November vor den Reportern ausbreitete.

Als der General seine Leistungen beschrieb, galt sein besonderer Stolz dem geschickten Management, das er bewiesen hatte, um in ganz Vietnam so viele Häfen, Flugplätze, Tanklager und Arsenale zu errichten, »die in diesem unterentwickelten Land benötigte Infrastruktur«. Er hob sein Konzept der »logistischen Inseln« hervor, das er mit der Errichtung seiner großen Depots im Gebiet um Saigon, an der Cam-Ranh-Bucht, in Qui Nhon und Da Nang verwirklicht hatte. Obwohl das Bauprogramm noch nicht abgeschlossen war, habe man innerhalb zweier kurzer Jahre »die Grundlagen für den Nachschub . . . geschaffen«. Sein Stab hatte für seine Vorträge eine ganze Reihe mehrfarbiger Schaubilder vorbereitet. Eines dieser Diagramme zeigte, wie seine Hafenkapazität sich von fünf Liegeplätzen für Hochseefrachter im September 1965 auf 32 im September 1967 erhöht und damit mehr als versechsfacht hatte. Ein anderes, das die Zahl der Flugplätze darstellte, wies für dieselben zwei Jahre einen Anstieg von 22 auf 68 aus. Waren 1965 drei für Düsenmaschinen geeignet gewesen, verfügte er 1967 über acht Düsenjägerbasen. Etwas im Rückstand — aber nur geringfügig — war er bei seinem Dreiphasenplan, den er dem Präsidenten und McNamara im Juli 1965 vorgelegt hatte. Er habe, wie er erläuterte, erst seit Herbst 1966, als seine Streitmacht auf 350.000 Amerikaner angewachsen war, »genug Truppen sowie die physische Infra-

struktur und Logistik gehabt ..., um auf den Feind zunehmend Druck auszuüben«.

Die von Harkins' Nachrichtenabteilung erstellten Diagramme hatten bewie-
sen, daß die Stärke des Vietcong abzubröckeln begonnen hatte, sobald sein
Abnutzungskrieg Mitte 1963 voll in Schwung gekommen war. Damals war die
Zahl der Guerillas von der Höchstzahl von 124.000 Mann im Januar 1963 auf
möglicherweise bloße 102.000 Anfang des Sommers zurückgegangen. In Westmorelands Krieg hatte das eine Jahr, in dem nun seit Herbst 1966 Druck auf den
Vietcong und die nordvietnamesische Armee ausgeübt wurde, einen ähnlichen
Effekt gehabt. Er wies auf weitere mehrfarbige Schaubilder hin, auf seine, wie er es
nannte, »Abnutzungsdiagramme«. Die Zahl der gefallenen Vietcong und NVA-
Soldaten hatte sich seit 1965 mehr als verdoppelt und war seit 1966 erneut um
fünfzig Prozent gestiegen. Während der Monsunzeit von April bis Oktober 1966
hatte man im Schnitt monatlich 4903 Leichen gezählt. Dieser Durchschnittswert
war in der Regenzeit des Jahres 1967 auf 7315 pro Monat gestiegen. Durch das
Erreichen dieses Wendepunkts ging es nun mit der Kampfkraft der vietnamesischen Kommunisten unaufhaltsam bergab. Eines von Westmorelands Diagram-
men stellte das Absinken ihrer Truppenstärke von einem Höchststand von
285.000 Mann im dritten Quartal des Jahres 1966 auf eine für ganz Südvietnam
errechnete Gesamtzahl von 242.000 Mann fest. Harkins hatte gedacht, daß die
Moral des Vietcong unter seinen Hammerschlägen zerbröckelte und viele der
kommunistischen Soldaten an Hunger und Krankheiten litten. Sein Nachfolger
glaubte das gleiche. Einige der Vietcong- und NVA-Einheiten im Zentralen Hochland »sind nahe am Verhungern«, sagte Westmoreland, »und sogar unmittelbar
nördlich von Saigon haben die Einheiten in Kriegszone D Probleme, genügend
Reis zu bekommen«. Von den 163 NVA- und regulären Vietcong-Bataillonen sei
fast die Hälfte, nämlich 76, infolge von Verlusten, sinkender Moral, Fahnenflucht,
Hunger und Krankheit »für den Kampf nicht einsatzbereit«.

Der Pazifizierungskrieg wurde ebenfalls gewonnen, wie Harkins den seinen
gewonnen hatte. Der vietnamesische Bauer, Harkins' »typischer Orientale«, der
stets vor dem Starken Respekt empfand, hatte einmal mehr um sich geblickt, gesehen, wer am Gewinnen war, und daraufhin das Lager gewechselt. Komer hatte den
Beweis dafür, der diesmal aus dem Computer kam. Er hatte ein kompliziertes Verfahren ersonnen, das HES (»Hamlet Evaluation System«, also »Weilerauswer-
tungsprogramm«) genannt wurde und jeden Monat das Ausfüllen und Ablegen
Tausender Formulare erforderlich machte. Der Computer tastete die Formulare
ab und verkündete anschließend, wer die einzelnen Weiler kontrollierte.

Wie Krulak war Komer zu klug, um nicht eines Tages die Wahrheit zu erkennen. Jahre später sollte er eine scharfsichtige Fehlerstudie verfassen, die den treffenden Titel »Die Bürokratie tut, was sie will« trug. Damals war er allerdings noch
in der Hybris gefangen, die McNamara verkörpert hatte. Er saß als Bürge dabei,

als Westmoreland die Reporter darüber informierte, was dieses »wissenschaftlich entwickelte«, mit »bestimmten, äußerst präzisen Kriterien ... arbeitende und ... automatisierte« HES herausgefunden hatte. Der Vietcong kontrollierte bloß 17 Prozent der Bevölkerung. Weitere 16 Prozent gehörten zur »umkämpften Kategorie«. 67 Prozent der schätzungsweise 16,9 Millionen Einwohner Südvietnams lebten folglich unter der Kontrolle der Saigoner Regierung in den Städten und in »relativ sicheren« Weilern in den Landgebieten. Harkins hatte 1963 behauptet, daß 67 Prozent der ländlichen Bevölkerung in den Wehrdörfern des Regimes in Sicherheit waren. Als Vann Vincent Davis, einem Freund, der damals an der Universität Denver lehrte, das Programm in einem Brief beschrieb, antwortete ihm dieser, HES werde sich garantiert zur »Leichenzählung der Pazifizierung« entwickeln.

Wenn diese offenbar magischen 67 Prozent nun wieder auftauchten, war das Zufall und doch keiner. Ob den Männern an der Spitze des Systems mit Addiermaschine und Bleistift bewehrte Stabsoffiziere oder zivile, akademisch geadelte Experten an Computern dienten, sie alle wußten, was ihre Führung hören wollte, und deshalb fiel ihre Antwort stets nach deren Erwartungen aus. Das die Bleistifte lenkende Wunschdenken programmierte auch die Computer.

Lyndon Johnson hatte damals seine Glaubwürdigkeit vielleicht schon verloren; seinem General glaubte man immer noch. Westmoreland wurde vom Präsidenten nach Hause beordert. Man brauchte ihn für eine große Rede und eine Reihe von Pressekonferenzen und Fernsehauftritten. Acheson und andere Mitglieder des Rats der Weisen hatten vorgeschlagen, er solle Bunker mitbringen. Im Dienste der Johnson-Administration lernte man, Sterne und Uniformen für Public Relations einzusetzen. Auch Barry Zorthian, ein schlauer Publizist, der damals als Leiter der USIA-Operationen in Südvietnam weniger schlau war, da er glaubte, Westmoreland verfolge die richtige Strategie, hatte auch seit längerem einer Kampagne des Generals zur Stärkung der Moral an der Heimatfront das Wort geredet. Er war von Westmorelands Begabung für Publicity beeindruckt gewesen. Ebenso beeindruckend fand er das Vertrauen, das der Kongreß und die Öffentlichkeit dem General entgegenbrachten, als dieser Ende April nach Washington kam, um über die Truppenzahl zu verhandeln. Johnson ließ Westmoreland in einer gemeinsamen Sitzung von Senat und Repräsentantenhaus auftreten. Seine Rede, an sich schon ein großer Erfolg, endete in einem perfekten Finale: Er nahm Haltung an, wandte sich Vizepräsident Hubert Humphrey und dem Sprecher des Hauses, John McCormack, zu, salutierte, schwenkte wieder geradeaus und entbot nun seinen militärischen Gruß den beiderseits des Mittelgangs versammelten Gesetzgebern. Als er den Saal verließ, wollte der Beifall noch immer nicht enden.

Zorthian war auch der Meinung, daß Westmoreland den Platz auf der Rednertribüne aus einem ganz persönlichen Grund begrüßen würde. Er hatte bemerkt, daß der General einen Ehrgeiz hegte, den ihm die Armee nicht erfüllen konnte. Westmoreland arbeitete mit keiner politischen Faktion zusammen, noch konnte man ihm irgendwelche Unkorrektheiten vorwerfen. Er ließ sich lediglich in eine Position bringen, aus der heraus er später gegebenenfalls die auf George Washington zurückgehende Tradition nutzen konnte, die in jüngster Vergangenheit Dwight Eisenhower ins Weiße Haus geführt hatte. Johnson ließ Bunker im November nach Hause kommen und mit Westmoreland zusammen in »Meet the Press«, dem sonntäglichen Interviewprogramm der NBC, im Fernsehen auftreten. Er hatte auch Komer zurückbeordert, damit dieser die Sache in inoffiziellen Informationsveranstaltungen für das Washingtoner Pressekorps und durch sein persönliches Erscheinen förderte. Westmoreland setzte der Präsident in die Mitte der Bühne.

»Wir haben einen wichtigen Punkt erreicht: Nun wird allmählich das Ende sichtbar«, sagte der General in seiner Rede am 21. November 1967 im Nationalen Presseklub in Washington. Dieser Anfang vom Ende war der Beginn von »Phase III«, Westmorelands Siegesphase, die schon 1968 den großen Durchbruch bringen werde. Er gab der Nation eine Zusammenfassung seiner Saigoner Briefings und erläuterte noch einmal, wie er seine Häfen und Flugplätze erbaut hatte. Dann sagte er, daß es ihm gelungen sei, den Wendepunkt zu erreichen, indem er die Verluste des Feindes »über dessen Input-Kapazität« hinaus gesteigert und die regulären Vietcong sowie die NVA an die Grenzen Südvietnams gedrängt habe. Für seine Siegesphase gab er keinen zeitlichen Rahmen an, wie er es 1965 getan hatte, als er McNamara und Johnson erklärte, sie würde »ein bis eineinhalb Jahre« dauern. Er vermittelte diesen Eindruck jedoch, indem er sagte, Phase III habe »zum Teil schon begonnen«, und gleich zu einer neuen, 1965 noch nicht vorgesehenen Phase vorstürmte: »Phase IV, die Endphase«, in der mit den vietnamesischen Kommunisten aufgeräumt werden sollte. »Diese Periode wird den Abschluß unseres Plans darstellen, den Feind zu schwächen und unsere Freunde so zu stärken, daß wir nach und nach überflüssig werden.« (In Beantwortung einer Frage, die zusammen mit seiner Rede im Fernsehen übertragen wurde, erklärte der General, es sei für ihn »vorstellbar«, daß Phase IV »innerhalb von zwei Jahren oder weniger« so weit fortgeschritten sein werde, daß der Abzug der amerikanischen Truppen beginnen könne, »am Anfang . . . nur als ein Zeichen, das aber hoffentlich entwicklungsfähig sein wird, wobei wir natürlich so planen, daß es eine Entwicklung geben wird«.) Westmoreland schloß mit einem Appell an seine Landsleute, ihm zu vertrauen:

Wir machen Fortschritte. Wir wissen, daß Sie einen ehrenvollen und baldigen Übergang zur vierten und letzten Phase wollen.
Das wollen Ihre Söhne und das will auch ich.
Sie liegt in Reichweite — die Hoffnungen des Feindes sind zunichte gewor-

den. Wenn Sie uns weiterhin unterstützen, werden wir Ihnen einen Erfolg bescheren, der nicht nur für Südvietnam, sondern für alle aufstrebenden Nationen der Welt von entscheidender Bedeutung sein wird.

Vann verließ Saigon am 14. November 1967 und trat seinen bisher längsten Urlaub an — fast acht Wochen. Seine Entmutigung hatte ein solches Ausmaß angenommen, daß er seine Arbeit in Vietnam zum ersten Mal als Last empfand. Tagsüber ließ ihn die praktische Arbeit draußen seine Frustration vergessen. Nachts, wenn er sich in seinem Büro in Bien Hoa in seinen Papierkram versenkte, überkam sie ihn wieder. Vann hatte nichts gegen Büroarbeit, wenn er meinte, daß sie seine Sache weiterbrachte. Nun erschien sie ihm sinnlos, und durch die zusätzlichen Verantwortlichkeiten im Rahmen der CORDS-Organisation hatte sich seine Belastung vervielfacht.

Sein Ärger war um so größer, als die Büroarbeit ein Ausmaß erreichte, das sein Sexualleben beeinträchtigte. Oberstleutnant David Farnham, ein ehemaliger Reservist, der, vom akademischen Dasein an der Universität Boston enttäuscht, seine Dissertation in Philosophie abgebrochen hatte, um sich freiwillig zum aktiven Dienst zu melden, fungierte 1967 als organisatorischer Leiter des Hauptquartiers in Bien Hoa. Er war der Mann, der die Akten auf Vanns Schreibtisch nach ihrer Priorität in drei Stapel ordnete — »außerordentlich kritisch«, »kritisch« und »notwendig« (die Bearbeitung letzterer konnte ein paar Nächte aufgeschoben werden, was auch regelmäßig geschah). Farnham konnte beobachten, wie Vanns Ärger wuchs und seine Pflichten ihn mehr und mehr verdrossen. Um 10.30 oder 11.00 Uhr abends blickte er auf die Uhr und sagte, er könne jetzt keinen Brief mehr ertragen, kein Memorandum, kein Formular. Wenn im Haus in Bien Hoa nicht Lee auf ihn wartete, kündigte er an, er werde nach Saigon oder zu Annie nach Gia Dinh fahren. Farnham wandte dann stets vergeblich ein, es würde den Vietcong neugierig machen, wenn jemand vier- bis fünfmal in der Woche spätabends mit seinem Auto nach Saigon hinunterbrauste, oder daß er von den schießfreudigen Soldaten des schnellen US-Panzerregiments getötet werden könnte, die nach Einbruch der Dunkelheit in M-113 oder Panzern auf der Straße patrouillieren mußten. Annie wußte niemals, an welchem Abend er kommen würde. Manchmal erschien er zweimal in der Woche, manchmal dreimal; er weckte sie um Mitternacht oder ein Uhr morgens, bisweilen sogar um vier Uhr.

Er flog von Saigon nach Europa, vorgeblich, um an den Botschaften in Rom und Paris über den Krieg zu berichten, in Wirklichkeit, um mit Lee einige Tage an der Riviera und in Paris zu verbringen. Sie war schon vor ihm nach Frankreich gekommen, um hier Urlaub zu machen. Anschließend flog er nach Washington, wo ihn Komer, der zusammen mit Westmoreland und Bunker gekommen war, mehrere Tage zurückhielt, um ihn auf diese Weise einigermaßen überwachen zu können. Vann schaffte es trotzdem, bei der AID, im Pentagon und im Außenministerium hinter verschlossenen Türen ein paar Briefings für Insider wie Holbrooke abzuhalten, in denen er den Erklärungen Westmorelands, Bunkers und Komers widersprach. Dann flog er nach Littleton, um mit Mary Jane und den Kindern das Erntedankfest zu verbringen. Über Palmer Hoyt, den Chefredakteur und Herausgeber der »Denver Post«, versuchte er, eine Audienz beim Präsidenten zu erwirken.

Vann drang nur bis zum Amtszimmer Walt Rostows im Kellergeschoß des Weißen Hauses vor. Die Besprechung fand am 8. Dezember 1967 statt und begann um 14.00 Uhr. Rostow, ein freundlicher und begeisterungsfähiger Mensch, hieß Vann willkommen und setzte sich neben ihn auf die Couch. Botschafter William Leonhart, sein Assistent, und George Christian, der Pressesekretär des Präsidenten, waren ebenfalls zugegen. Vann hatte beschlossen, den Essig zunächst einmal mit Wasser verdünnt zu servieren. Er begann die positiven Aspekte aufzuzählen, die ihm einfielen, wie etwa die organisatorischen Leistungen von CORDS. Rostow lächelte. Er schlug ihm mit der flachen Hand aufs Knie und sagte: »Großartig!« Nun ging Vann langsam zu den unangenehmen Dingen über. Rostow erhob sich von der Couch, nahm hinter seinem Schreibtisch Platz und begann in seinen Papieren zu blättern. Dann unterbrach er Vann. War er denn trotz der Mängel, die zu erkennen er behauptete, nicht der Meinung, daß die Vereinigten Staaten in einem halben Jahr in Vietnam aus dem Ärgsten heraus sein würden?

Vann konnte sich nicht mehr zurückhalten. »Zum Teufel, nein, Mr. Rostow«, sagte er, »ich bin ein geborener Optimist. Aber ich denke, wir müssen da einen viel längeren Zeitraum ins Auge fassen.«

Ein Mann mit einer solchen Einstellung sollte eigentlich nicht in Vietnam für die US-Regierung arbeiten, sagte Rostow. Es war gleich 14.30 Uhr. Er hatte einen anderen Termin.

Vanns vietnamesische Tochter kam am Tag nach Weihnachten zur Welt, als er bei Mary Jane und den Kindern in Littleton auf Besuch war. Eigentlich sollte sie erst kurz nach seiner Rückkehr Anfang Januar geboren werden, doch Annie war auf der Treppe gestürzt, so daß die Wehen vorzeitig einsetzten. Einige Tage zuvor war ihre Großmutter mütterlicherseits bei ihr eingezogen, um sich um sie kümmern zu können. Sie nahmen ein Taxi und fuhren zum Haus ihrer Eltern in Saigon, die sie in die Clinique St-Paul brachten, eine kleine Entbindungsklinik, die von französischen Nonnen geführt wurde. Ein älterer französischer Arzt entband sie am 26. Dezember 1967 um 11.30 Uhr. Um der Vereinbarung mit Vann zu entsprechen, ließ sie den Namen des Vaters auf der Geburtsurkunde nicht eintragen. Ein Hinweis auf ihn war der vietnamesische Name, den Annie dem Kind gab: Thuy Van — zugleich der Name des Mädchens, das in der berühmten vietnamesischen Verserzählung »Das Märchen von Kieu« ein glückliches Leben führt. Noch direkter war die Anspielung in dem informellen europäischen

Namen, den sie ihrer Tochter gab und mit dem diese gerufen werden sollte. Vann hatte Annie eine Adresse in Littleton angegeben, an die sie schreiben konnte. Es war die Adresse seines Onkels, wie er ihr gesagt hatte. Er würde nicht zu Hause wohnen, da er ja von Mary Jane getrennt sei. Tatsächlich handelte es sich um die Adresse einer früheren Sekretärin von Martin Marietta, mit der er noch befreundet war. Annies Vater sandte ihm ein Telegramm dorthin. Mary Jane erfuhr wieder einmal von nichts.

Nach einem Kurzbesuch bei Dan Ellsberg in Santa Monica kam er am 7. Januar 1968 nach Bien Hoa zurück, wo er Fred Weyand in großer Sorge antraf. Westmorelands Feldzugsplan für 1968 basierte auf der Annahme, der Vietcong und die NVA seien nicht mehr in der Lage, im Inneren Südvietnams größere Angriffe durchzuführen. Die mittleren Provinzen im Gebiet des III. Korps sollten ab 1. Juli der ARVN übergeben werden. Den für 1968 geplanten Feldzug wollte man durch eine Serie von Angriffen einleiten. Als erstes war ein spektakulärer Luftlandeeinsatz in der Wildnis des nordöstlichen Teils der Phuoc-Long-Provinz 170 Kilometer nördlich von Saigon vorgesehen. Wenn Weyand seine Truppen für diese und weitere Operationen an die Grenze verlegte, würde er am Tet-Fest Ende Januar den Großteil seiner 43 Infanterie- und Panzerbataillone (einschließlich des 4500 Mann starken australischen Kampfverbands mit seinem kleinen neuseeländischen Kontingent und eines thailändischen Bataillons) in den Regenwäldern an der kambodschanischen Grenze stehen haben.

Weyand sah den Krieg anders als Westmoreland. Seine Weigerung, sich der Selbstzufriedenheit des Oberkommandos anzuschließen, ging in beachtlichem Maß auf Vanns Einfluß zurück, woraus er auch keinen Hehl machte. Gleich Vann konnte er nirgends einen schwer angeschlagenen Feind sehen, dessen Bataillone fast zur Hälfte »nicht kampffähig« waren. Die 600 bis 700 Mann starken Sturmbataillone, die der Vietcong 1965 auf dem Höhepunkt seiner Macht ins Feld gestellt hatte, waren durch den zweijährigen Widerstand gegen die Amerikaner aufgebraucht und hatten Mühe, ihre Stärke von 400 bis 500 Mann aufrechtzuerhalten. Westmorelands Politik der Umsiedlung der Landbevölkerung in Vorstadtslums und Flüchtlingslager, mit der er »dem Feind die Bevölkerung entziehen« wollte, hatte die Rekrutierungsmöglichkeiten der Guerillas im Süden stark eingeschränkt. Eine der drei kommunistischen Divisionen im Korpsgebiet war die reguläre 7. NVA-Division. Die beiden anderen, die 5. und die 9. Vietcong-Division, bestanden etwa zur Hälfte aus nordvietnamesischen Ersatzleuten. Diese Mischung von Nord- und Südvietnamesen brachte jedoch keine Probleme mit sich, und eine Mannschaftsstärke von 400 bis 500 Mann bei kämpfenden Bataillonen war beachtlich. Beeindruckend war auch, daß die Kommunisten trotz der schweren Verluste und der zahlreichen, durch die Gefahren und Strapazen des Krieges gegen die Amerikaner bedingten Desertionen diese Stärke halten konnten.

Aber die Feuerkraft nicht nur der regulären Vietcong-Bataillone hatte sich gewaltig verstärkt. Im Sommer und Herbst 1967 waren die im Gebiet des III. Korps stationierten 29 Regional- oder Provinzbataillone (die der US-Nachrichtendienst nunmehr als »örtliche Bataillone« bezeichnete) der Reihe nach in die Schutzräume Kambodschas hinübergewechselt, wo auf chinesischen Frachtern über den Hafen Sihanoukville herangebrachte Waffen in Verstecken lagerten. Die Regionalguerillas gaben ihre halbautomatischen Garand M-1 und andere amerikanische Beutewaffen ab und wurden mit vollautomatischen Sturmgewehren des Typs AK-47 ausgerüstet. Man bildete sie auch an den B-40 aus, Startrohren für Gewehrgranaten mit Raketentriebsatz, einer panzerbrechenden Waffe mit hoher Spreng- und Durchschlagskraft, die sich auch zur Bekämpfung ortsfester Ziele eignete, und schulte sie im Gebrauch sämtlicher bei der NVA verwendeter sowjetischer Infanteriewaffen.

Weyand klagte nicht zuletzt darüber, daß Westmorelands Nachrichtenoffiziere die Bedrohung nicht beachteten, die von den Distriktkompanien sowie den Zügen und Gruppen in den Dörfern und Weilern ausging. Als er in eigener Regie eine Untersuchung durchführen ließ, zeigte sich, daß diese Einheiten im Gebiet des III. Korps insgesamt etwa vierzig zusätzliche Bataillone ergaben.

Weyand hatte sich schon im Herbst des Vorjahrs gegen Westmorelands Feldzugspläne gestellt. »Das ist ein großartiger Plan, er wird aber nicht funktionieren«, erklärte er vor dem MACV-Oberst, der, als Vann gerade seinen Urlaub antrat, aus dem Pentagon Ost zu ihm gekommen war, um ihn über die neueste Version zu informieren. Besondere Sorge – darüber sprach er auch mit Vann gleich nach dessen Rückkehr – bereitete ihm der Befehl, seine Truppen an die kambodschanischen Grenze zu verlegen, während der Feind doch ganz offensichtlich im Begriff war, ins Innere Südvietnams vorzudringen. Das Nachrichtenmaterial zeigte eindeutig, daß die drei Divisionen und die drei autonomen Vietcong-Regimenter im Gebiet des III. Korps ihre beiderseits der Grenze angelegten Basislager in südlicher Richtung verließen und in die dichtbevölkerten Provinzen oberhalb Saigons einsickerten. Wenn er die US-Truppen erst einmal aus dem Landesinneren abgezogen hatte – so Weyands Befürchtung –, würden sich die Hauptmachtverbände mit den örtlichen Bataillonen und den Dorfguerillas vereinigen, um die Teams in den Weilern und die neu ausgebildeten RF- und PF-Milizeinheiten auszuschalten, und dadurch die Pazifizierungsprojekte zunichte machen, die Vann und er mit so viel Energie betrieben hatten.

Weyand erwog, mit Westmoreland in Saigon darüber zu sprechen; Vann drängte ihn dazu. Vorsichtshalber begann er zunächst mit Creighton Abrams, Westmorelands Stellvertreter. Abrams hörte ihm zu und führte ihn in Westmorelands Amtszimmer. Einmal mehr breitete Weyand vor dem kommandierenden General seine Feindnachrichten aus und resümierte an der Landkarte die Lage. »Ich sehe, wie diese Burschen da hereinkommen, die bleiben nicht in ihren

Bereitstellungsräumen«, sagte er, mit der Hand über das Gebiet an der kambodschanischen Grenze streichend. »Wir werden hier oben in ihren Bereitstellungsräumen sein, und sie« — er wies auf die Region um Saigon und Bien Hoa — »irgendwo da unten. Ich weiß nicht genau, was sie im Sinn haben, aber sie bereiten einen Angriff vor.« Er plädiere dafür, den Beginn der für 1968 im Gebiet des III. Korps geplanten Operationsserie zu verschieben.

Westmoreland neigte dazu, den Spielraum seiner Kommandeure von Fall zu Fall neu festzulegen. Weyand hatte eine Menge Nachrichtenmaterial zusammengetragen, und er ersuchte ihn, den Feldzug aufzuschieben, nicht, ihn zu streichen. Der Oberkommandierende war einverstanden. Im Moment hatte er ohnehin andere Sorgen. Es sah ganz so aus, als ob die vietnamesischen Kommunisten in Khe Sanh ein zweites Dien Bien Phu vorbereiten wollten.

Aus den Aufklärungsberichten ging hervor, daß Hanoi im Begriff war, zwei Infanteriedivisionen mit jeweils einem eigenen Artillerieregiment, insgesamt an die 20.000 Mann, in das Bergland um den Flugplatz im Khe-Sanh-Tal und die nördlich gelegenen Höhen zu verlegen, an denen sich die Marines nach dem verbissenen Ringen im April und Mai 1967 festgeklammert hatten. Die Division 325 C — zwei ihrer Regimenter hatten mit den Marines um die Hügel gekämpft — war wieder im Anmarsch. Bei der anderen, der 304. Division, handelte es sich um eine ursprünglich reguläre Vietminh-Einheit. Einer ihrer Schlachtenwimpel trug den Namen Dien Bien Phu. Die Ansichten der Generäle des Marine Corps über den Wert des Besitzes von Khe Sanh waren die gleichen geblieben, seit Lowell English, 1966 stellvertretender Kommandeur der 3. Marineinfanteriedivision, bemerkt hatte: »Wenn man in Khe Sanh ist, dann ist man eigentlich nirgends.« Walts Nachfolger, Robert Cushman, Jr., und seine Unterbefehlshaber hatten sich friedlich verhalten und Westmorelands Willen erfüllt. Krulak, immer noch als kommandierender General der Fleet Marine Force Pacific in Hawaii sitzend und weniger denn je in der Lage, den Gang der Ereignisse zu beeinflussen, spuckte Gift und Galle und verbarg seine Verachtung nur vor Reportern. (Lyndon Johnson hatte ihm gerade den Befehl über das Marine Corps verweigert. Einer der Gründe dafür war der Groll gewesen, den er durch seine Opposition gegen Westmorelands Strategie geweckt hatte.) Als während des Nordostmonsuns im Dezember tief herabhängende Wolken, Nebel und Nieselregen Khe Sanh einhüllten und der Feind seine Aktivitäten intensivierte, ließ Cushman das Bataillon und den Regimentsstab, die den Stützpunkt bewachten, durch ein weiteres Bataillon Marines verstärken.

So nervenaufreibend das Warten auf den Zusammenprall auch sein mochte, Westmoreland war nicht unzufrieden. Eine Schlacht versprach die großartige und dramatische Einlösung des Plans, den er Krulak im Herbst 1966 während ihrer

Auseinandersetzung in Chu Lai vorgelegt hatte, als er zu dem Entschluß gekommen war, die Marines als Köder nach Khe Sanh zu werfen. Er hatte auch mehrmals öffentlich seiner Überzeugung Ausdruck gegeben, daß die Nordvietnamesen früher oder später versuchen würden, ein zweites Dien Bien Phu zu inszenieren. In diesem Fall wollte er Hanois Divisionen unter einem Hagel von Bomben und Granaten begraben. Fünf Tage vor seinem Treffen mit Weyand im Januar gab er Anweisungen für die stille Phase, die Anfangsphase seines Plans. Ihr war – nach dem berühmten Wasserfall für Hochzeitsreisende an der amerikanisch-kanadischen Grenze, wo auch John Vann und Mary Jane ihr Flitterwochen verbracht hatten – der Kodename »Niagara« gegeben worden. Kein Mittel der Aufklärung – Spähtrupps, Luftphotographie, luftgestützte Infrarotgeräte, Seitensichtradar, Lausch- und Horchgeräte, entlang mutmaßlicher Anfahrtsstraßen abgeworfene Sensoren – wurde vergessen, um die NVA-Truppen und ihre schweren Waffen vor Khe Sanh auszumachen.

Westmoreland wollte sich bei der Entscheidungsschlacht nicht nur auf Flugzeuge und Artillerie verlassen. Als im Lauf des Januar die auf Khe Sanh vorrückenden NVA-Einheiten den Stoßtrupps der Marines immer stärkeren Widerstand entgegensetzten und Cushman die eingeschlossene Garnison um ein drittes Bataillon verstärkte, verlegte er die gesamte Air-Cav-Division vom mittleren Küstenabschnitt in die nördliche Zone des I. Korps. Mit der Air Cav konnte er bei Bedarf die Marines in Khe Sanh schnell und massiv verstärken. Außerdem wies er seinen Stab an, für das I. Korps ein neues Hauptquartier zu schaffen. Es sollte »Vorgeschobener Gefechtsstand MACV« heißen und über Cushmans III. MAF rangieren. Die Leitung dieser Arbeiten wurde Creighton Abrams übertragen. Westmoreland wollte den Marines und den Einheiten, die er zusätzlich zur Air Cav so bald wie möglich nach Norden entsenden würde, straffere Zügel anlegen. Er hatte aber auch noch eine weitere Sorge: Er befürchtete, daß die Kommunisten einen Angriff auf Khe Sanh mit einer klassischen Invasion über die EMZ verbinden würden, um den größten Teil der Provinzen Quang Tri und Thua Thien zu erobern und in dieser »befreiten Zone« eine Regierung der Nationalen Befreiungsfront zu installieren. Zählte man die Marines mit, standen Ende Januar im Gebiet des I. Korps 40 Prozent der in Vietnam stationierten Infanterie- und Panzerbataillone.

Am frühen Nachmittag des 20. Januar tauchte vor dem Stacheldrahtverhau am Flugplatz von Khe Sanh ein NVA-Leutnant mit einem AK-47-Sturmgewehr und einer weißen Fahne auf. Er sagte, er befehlige eine Fla-MG-Kompanie und wolle überlaufen, weil man ihn bei der Beförderung übergangen habe. Den Vernehmungsoffizieren gegenüber zeigte er sich sehr kooperativ und beschrieb genau die geplanten Operationen. Zunächst sollten im Lauf der folgenden Nacht zwei wichtige Außenposten in den Bergen eingenommen werden, von denen aus man bei weiteren Ablenkungsangriffen auf die Stellungen um den Flugplatz Feuerunterstützung mit Mörsern und rückstoßfreien Kanonen geben konnte. Den Hauptangriff sollte ein Regiment der 304. Division während des Tet-Festes durchführen, für das die Amerikaner und Saigon eine 36stündige Waffenruhe angekündigt hatten. Die Kommunisten wiederum hatten wissen lassen, daß ihre Waffen sieben Tage, also während des gesamten Festes, schweigen würden.

Die Ereignisse in der Nacht des 20. Januar und des folgenden Tages schienen die Aussagen des Leutnants zu bestätigen. Kurz nach Mitternacht griffen etwa zwei Kompanien eines NVA-Bataillons einen der beiden Außenposten an. In einem Abschnitt gelang es ihnen zunächst, die Verteidigungslinien zu durchbrechen, dann konnten sie wieder zurückgedrängt werden. Die zweite von dem Überläufer genannte Höhe wurde nicht angegriffen, möglicherweise waren die Sturmtruppen durch das Sperrfeuer der US-Artillerie zerschlagen worden. Dann, um 5.30 Uhr morgens, zeigten die Artilleristen der NVA, daß sie präsent waren. Kanonen, Raketenwerfer und Mörser eröffneten das Feuer auf den Flugplatz und die wichtigsten Stellungen der Marines im Tal. Von Höhe 881 Nord, dem im Frühjahr so teuer erkauften Bergrücken, den man wegen seiner vorgeschobenen Lage als unhaltbar angesehen und wieder aufgegeben hatte, durchpflügten Hunderte von 122-mm-Raketen den Himmel. Schon durch eine der ersten NVA-Granaten wurde das größte Munitionslager der Basis getroffen und flog in die Luft. Die ständigen Detonationen erschütterten die Bunker der Marines wie Erdbeben und drohten sie zum Einsturz zu bringen. Die über das gesamte Gelände geschleuderten Mörser- und Artilleriegranaten richteten beim Aufschlagen weiteren Schaden an. Eine NVA-Granate schlug in einem geheimen Kampfstofflager ein: Wolken von Tränengas trieben über den Flugplatz und brachten alle zum Weinen, die ihre Gasmasken nicht bei sich hatten.

Westmoreland ließ »Niagara« anlaufen. Rund um die Uhr kamen im Dreistundentakt sechs B-52 von den Stützpunkten des Strategischen Luftkommandos in Guam und Thailand, um mit 162 Tonnen Bomben eine »Schachtel« auszuradieren. In den Intervallen griff alle fünf Minuten ein Jagdbomber an. Ketten von Düsenjägern der Kriegsmarine, des Marinekorps und der Luftwaffe flogen 12.000 Meter über Khe Sanh Warteschleifen, bis sie zum Einsatz kamen. Die 46 Haubitzen der Marines in den mit Sandsäcken verstärkten Stellungen um den Flugplatz und die 175-mm-Geschütze der Army in Camp Carroll und am »Felsenhaufen« trugen zu dem Feuerregen kräftig bei. Die Artillerie der Marines sollte an die 159.000 Granaten verschießen. Westmoreland ließ noch weitere Marineinfanteristen und ein Bataillon ARVN-Ranger einfliegen, das die Flagge Saigons hochhalten mußte. Schließlich hatte er in den Befestigungen am Flugplatz und in den Außenposten auf den Höhenrücken 6680 Mann stehen. Um zu zeigen, wie sehr sie ihren vietnamesischen Verbündeten vertrauten, postierten die Marines die Ranger vor ihren Linien, so daß sie auf die NVA und die Ranger schießen konnten, falls diese nicht standhielten. Und wie immer waren die Geschütze und Mör-

ser der NVA durch nichts zum Schweigen zu bringen. Es ließ sich auch nicht verhindern, daß die MG-Schützen der NVA im Tal landende Transportflugzeuge und
Hubschrauber zerschossen, die versuchten, Außenposten zu versorgen und Verwundete abzutransportieren. Das Wetter ist auf dem Höhepunkt der Regenzeit in
Khe Sanh so schlecht, daß man sich an einem guten Tag glücklich schätzen darf,
wenn die Wolkendecke ein paar Stunden lang nicht unter 500 Fuß sinkt. Trotz der
aufwendigen Aufklärungsbemühungen bombardierten die Flugzeuge die meiste
Zeit nach Gitterkoordinaten, die die mögliche Lage des Feindes bezeichneten.
Auch die Artillerie mußte sich darauf beschränken, Planquadrate zu beschießen.

Dort, wo der kommandierende General seine Standarte aufrichten läßt, strömen die Reporter mit ihren Kameras hin, und die Nation folgt ihnen. Die Bilder
in den Zeitungen und Magazinen und in den Abendnachrichten des Fernsehens
zeigten die staubbedeckten und übernächtigen Gesichter von Marines, die dem
Tod ins Auge blickten. Die Zähigkeit, die sie in ihrer elenden Lage bewiesen – die
zweite Schlacht in der nordwestlichen Ecke Südvietnams sollte weiteren 205
Marineinfanteristen den Tod bringen –, konnte die deprimierende Stimmung in
Khe Sanh ebensowenig beseitigen wie die Besorgnis der Öffentlichkeit um eine
amerikanische Garnison, die in dieser gottverlassenen Gegend belagert wurde.

Diese Besorgnis wurde von einem Mann geteilt, der angeblich besser informiert war als der gewöhnliche Amerikaner. Lyndon Johnson hatte sich in den
Situation Room im Kellergeschoß des Weißen Hauses ein Sandkastenmodell stellen lassen, so daß Walt Rostow ihm den Verlauf der Kämpfe schildern konnte. Er
ließ sich durch Earle Wheeler ein Memorandum der Joint Chiefs übergeben, in
dem dargelegt war, wie man Khe Sanh erfolgreich verteidigen konnte.

Fred Weyand und John Vann hatten im Gebiet des III. Korps zu viele Probleme,
als daß sie sich um Khe Sanh hätten sorgen können. Je näher das Tet-Fest am Ende
des Monats Januar rückte, desto mehr bekam Weyand das Gefühl, daß da »etwas
im Anrollen war, das ganz schön schlimm sein würde, aber nicht da oben an der
laotischen Grenze, sondern direkt in unserem Hinterhof«. In den ersten drei
Wochen des Monats griffen die Vietcong im gesamten Korpsgebiet an. Als der
Provinzgouverneur eines Tages im Rahmen einer Operation die gesamten ARVN-
Truppen aus Bau Trai abzog, besetzten sie die Ortschaft. Am Abend des 19. Januar
überfielen sie das Zentrum Chieu Hoi (»Offene Arme«) für Überläufer in Bien
Hoa.

Vann schrieb York, daß die Kommunisten »offenbar eine gigantische Anstrengung unternehmen, um mit größtmöglicher militärischer Stärke in die Tet-Waf-
fenruhe zu gehen«. Die Guerillas widerlegten allerdings Vanns Theorie und griffen in den Tagen darauf nur mehr selten an. Trotzdem wurde das Bild, das sich aus
den Feindnachrichten ergab, immer bedenklicher. An Stelle der Spurensucher

von Vanns Beraterjahr bei der 7. Division — der Techniker der 3. Funkversuchseinheit, die in ihren einmotorigen »Ottern« den Funkverkehr der Vietcong abgehört hatten — hatte die US-Armee eine mit modernsten Techniken arbeitende Fernmeldeaufklärungsorganisation ins Feld gestellt. Die Funkpeilungen ergaben, daß die drei kommunistischen Divisionen in einem weiten Bogen nördlich und nordwestlich von Bien Hoa und Saigon aufmarschierten. Zwei Regimenter der 5. Vietcong-Division waren etwa elf Kilometer entfernt in Stellung gegangen und, wie Vann sagte, »gleich einem Dolch« auf Bien Hoa gerichtet, das neben Than Son Nhut, der anderen großen Luftnachschubbasis, für die Versorgung des III. und des IV. Korps von zentraler Bedeutung war. Aus aufgefangenen Funksprüchen und Agentenmeldungen ging hervor, daß ein Großangriff auf Bien Hoa unmittelbar bevorstand.

Die Kommunisten planten offenbar auch, Weyands Hauptquartier anzugreifen und die Insassen eines nahegelegenen Kriegsgefangenenlagers zu befreien. Weyand forderte spezielle Bulldozer an, die man nach Vietnam gebracht hatte, um sie in den Basiszonen der Guerillas zur Waldrodung einzusetzen. Er ließ damit im Umkreis seines Hauptquartiers alle Vegetation beseitigen. Das Gefangenenlager befand sich in etwa 800 Meter Entfernung inmitten einer ehemaligen Gummiplantage jenseits der Straße von Bien Hoa nach Saigon. Die Bulldozer entfernten sämtliche Kautschukbäume. Um in der Nacht schnell und massiv reagieren zu können, versetzte Weyand seine Panzertruppen in erhöhte Alarmbereitschaft.

Die von den USA und Saigon angekündigte 36stündige Waffenruhe begann — ausgenommen in den beiden nördlichsten Provinzen, wo Westmoreland aus Besorgnis um Khe Sanh sie gestrichen hatte — am 29. Januar um 6.00 Uhr morgens. Es war der Tag vor dem Tet-Fest. Am Abend gab George »Jake« Jacobson eine Party auf dem Rasen vor seinem Haus. Es befand sich hinter der neuen US-Botschaft, ein paar Häuserblocks von dem protzigen, von Diem begonnenen Unabhängigkeitspalast entfernt, in dem nun Thieu residierte. Der neue Sitz der amerikanischen Macht war eine rechteckige, sechsgeschossige Festung, die erst im September fertiggestellt worden war. Das Gebäude war auf allen vier Seiten durch einen Betonschild gegen Bombenexplosionen, Raketen- und Artilleriebeschuß geschützt. Es befand sich abseits der Straße hinter der niederen Schutzmauer einer bewachten Wohnanlage. Das von den Franzosen vor dem Zweiten Weltkrieg erbaute Haus, das Jake sich verschafft hatte, war in den hinteren Teil der Wohnsiedlung integriert worden.

Vann erschien in Begleitung von Lee. Er war verblüfft über den bizarren Kontrast zwischen der Stimmung auf Jakes Party und der Atmosphäre, die in dem 35 Kilometer entfernten Hauptquartier Weyands herrschte. Den neuesten Informationen zufolge sollte der Angriff in der Nacht vom 30. zum 31. Januar erfolgen. Die Offiziere in Weyands Zentrale für taktische Operationen hatten Wetten über den genauen Zeitpunkt abgeschlossen, zu dem der Vietcong losschlagen würde. Man hatte die Wahl zwischen einer Reihe von Zeitpunkten in Abständen von 15 Minuten, beginnend mit dem Einbruch der Dunkelheit am Abend des 30. Januar. Sämtliches Geld war auf Zeitpunkte zwischen Mitternacht und 5.00 Uhr morgens gesetzt worden.

Jake hatte eine Band engagiert. Unter den Gästen befand sich auch Bunker, daneben waren zahlreiche amerikanische und vietnamesische Vertreter des Saigoner Establishments erschienen. Im Verlauf des Abends wurde eine an einem Baum hängende sieben Meter lange Kette chinesischer Feuerwerkskörper entzündet, um die das neue Jahr bedrohenden bösen Geister zu vertreiben. Es handelte sich um ein Geschenk von Nguyen Van Loc, dem Premierminister des Kabinetts, das Thieu nach seiner Wahl zum Präsidenten im September gebildet hatte. Mit 492.000 US-Soldaten im Lande wähnte sich das Regime sicher genug, zum Tet-Fest das Abbrennen der traditionellen Feuerwerkskörper zuzulassen. Dieser Brauch war mehrere Jahre hindurch verboten gewesen. Man wollte dadurch verhindern, daß die Vietcong im Schutze der allgemeinen Knallerei Überfälle verübten. Als Vann mit dem Botschafter sprach, mußte er feststellen, daß Bunker von den zu erwartenden Angriffen auf Bien Hoa und Long Binh nichts wußte. Westmorelands Hauptquartier hatte es offenbar nicht für nötig befunden, die Meldung an ihn weiterzugeben. Nichts von dem, was Vann dem Botschafter sagte, schien diesen zu beunruhigen. Offenbar war er überzeugt, daß Westmoreland die militärische Lage unter Kontrolle hatte.

Am folgenden Tag, dem 30. Januar, dem ersten Tag des Tet-Festes, ließ Weyand das Briefing nicht wie üblich um 17.00 Uhr, sondern schon um 15.00 Uhr beginnen, um für jede Eventualität gewappnet zu sein. Als alter Nachrichtenoffizier prognoszierte er, daß die Angriffe gegen die Luftwaffenbasis Bien Hoa, sein Hauptquartier und das Gefangenenlager wahrscheinlich am 31. um 3.00 Uhr morgens beginnen würden. Ein Bericht aus Westmorelands Hauptquartier ließ die Spannung noch weiter steigen. Er besagte, daß am frühen Morgen und Vormittag des 30. Januar Einrichtungen in Da Nang, Qui Nhon, Nha Trang, Ban Me Thuot, Kontum und Pleiku angegriffen worden seien.

Trotz dieser Angriffe und verschiedener anderer Meldungen fiel es Vann schwer zu glauben, daß der Vietcong sich während der ersten Tage des Tet-Festes auf einen großangelegten Kampf einlassen würde. In früheren Jahren war die Waffenruhe im großen und ganzen immer so lange respektiert worden, daß man das Fest gebührend feiern konnte. Trotzdem war er vorsichtig. Er ließ David Farnham, den organisatorischen Leiter seines Hauptquartiers, eine telegrafische Nachricht an die CORDS-Teams in den Provinzhauptstädten des Korpsgebiets durchgeben, in der auf die Meldungen der Nachrichtendienste hingewiesen und »für die gesamte Dauer des Tet-Festes höchste Alarmbereitschaft ..., insbesondere während der Dunkelheit«, angeordnet wurde. Als Farnham anmerkte, daß die Verschlüsselung des Textes die Durchgabe um Stunden verzögern würde, antwortete Vann:»Dann geben Sie den Klartext durch!« Sein Tet-Fest wollte er sich bei aller Spannung keinesfalls verderben lassen. Vor ihrer Lieblingszeit, den frühen Morgenstunden, würden die Vietcong ohnehin nichts unternehmen. Er fuhr mit dem Ford Mustang nach Saigon und holte Lee ab, um mit ihr zu Abend zu essen, dann brachte er sie in sein Haus in Bien Hoa. Sie schliefen bald nach Mitternacht ein, für Vann ungewöhnlich früh.

Kurz nach 3.00 Uhr morgens wurde Bunker in seinem Schlafzimmer im ersten Stock der Botschafterresidenz von den zu seiner Bewachung abkommandierten Marines geweckt:»Saigon wird angegriffen!« Die Vietcong beschossen die vier Blocks entfernte Botschaft. Die Residenz konnte jeden Augenblick getroffen werden. Die Marines hatten einen Schützenpanzer vorfahren lassen. Ihr Auftrag lautete, Bunker zum Haus des Chefs der Botschaftswache zu fahren, wo er weniger gefährdet war. Er sollte keine Einwände erheben, auch zum Ankleiden war keine Zeit. Er konnte den Pyjama anbehalten und darüber seinen Bademantel anziehen.

Aus dem Arbeitszimmer des Botschafters im Erdgeschoß der Villa drangen Rauchschwaden. Bunker hatte einen kleinen Safe, in dem er Geheimunterlagen für seine nächtliche Lektüre aufbewahrte. Die Marines hatten ihn geöffnet und verbrannten die Papiere, eine Vorsichtsmaßnahme für den Fall, daß das Haus in die Hände des Vietcong fiel. In der Aufregung brannten sie zwei Löcher in seine Brooks-Brothers-Aktentasche. Er hatte sie auf dem Schreibtisch liegen lassen.

Ellsworth Bunker war nicht der Mann, der Marineinfanteristen, die ihre Pflicht erfüllten, Widerstand leistete. Er kletterte in den M-113. Der Panzerwagen rollte davon und beförderte den Botschafter der Vereinigten Staaten von Amerika in Pyjama und Bademantel durch die nachtdunklen Straßen der Hauptstadt eines Landes, in dem angeblich 67 Prozent der Bevölkerung in von den USA garantierter Sicherheit lebten. Das Krachen der von ahnungslosen Saigonern abgebrannten Feuerwerkskörper überdeckte das Gewehrfeuer. Fünfzehn Vietcong-Bataillone, etwa 6000 Mann, waren in die Stadt und die Vororte eingedrungen. Seine Aktentasche benutzte Bunker weiterhin. Die Brandlöcher waren für ihn ein Andenken.

Khe Sanh war der größte Köder dieses Krieges. Die vietnamesischen Kommunisten hatten nie die Absicht gehabt, dort ein zweites Dien Bien Phu zu inszenieren. Das ging schon aus der Zahl der um den Stützpunkt konzentrierten NVA-Truppen hervor. Der US-Nachrichtendienst irrte, als er ihre Zahl auf 20.000 schätzte. In Wirklichkeit wurde Khe Sanh von einer verstärkten Division belagert, die man nach ihrer Dezimierung durch eine andere ersetzte. Als diese ebenfalls zerschlagen war, wurden die Überreste beider zusammengelegt. Den 6000 Marines standen niemals mehr als 10.000 Vietnamesen gegenüber, eine lächerlich geringe Zahl für einen Angriff gegen einen so starke Stellung wie Khe Sanh. Das Ziel der Belagerung war William Westmoreland und nicht die Garnison der Marines. Die Angriffe auf Khe Sanh waren eine Kriegslist, mit der die Kommunisten Westmoreland ablenkten, während sie den Hauptschlag vorbereiteten. Die Führung in Hanoi war schon seit langem zu der Erkenntnis gekommen, daß es unmöglich war, im Kampf gegen die Amerikaner Dien Bien Phu zu wiederholen. Das französische Expeditionskorps war die zusammengewürfelte Kolonialarmee eines europäischen Landes gewesen, das sich von der Niederlage und der Besetzung im Zweiten Weltkrieg noch nicht erholt hatte. Die Vietnamesen konnten damals Schritt für Schritt die Vietminh-Armee aufbauen, die sich ihrem französischen Gegner 1954 als klar überlegen erwies. Giap hatte in der Schlacht von Dien Bien Phu mehr Artillerie als die Franzosen, die zudem nur wenige Transportflugzeuge und Jagdbomber und überhaupt keine schweren Bombenflugzeuge besaßen. General Henri Navarre verfügte nicht über die Mittel, die 300 Kilometer von der französischen Bastion Hanoi entfernte Garnison in den Bergen zu versorgen oder ihr Hilfe zu bringen.

Die militärische Macht der USA war zu groß, als daß die Vietnamesen hoffen konnten, ihren ersten Triumph einfach zu wiederholen. Jeder ernsthafte Versuch, 6000 gutausgebildete Marineinfanteristen zu überrennen, hinter denen die amerikanische Feuerkraft stand, hätte untragbar hohe Verluste verursacht und weit mehr Vietnamesen das Leben gekostet als die Tausenden, die vor Khe Sanh sterben mußten, um eine Bedrohung vorzutäuschen. Ein solcher Versuch wäre zum Scheitern verurteilt gewesen, da die Amerikaner jederzeit in der Lage gewesen wären, den Belagerungsring zu durchbrechen. Von Khe Sanh waren es keine 45 Kilometer zu den Docks der Viet-Mündung (Cua Viet) bei Dong Ha, und die Straße war bis zu der 16 Kilometer dahinter liegenden Artilleriebasis Ca Lu benutzbar. Wenn die Air Cav nicht ausreichte, um Khe Sanh Hilfe zu bringen, konnte Westmoreland noch ein paar weitere Divisionen entsenden und den Weg freikämpfen lassen. Das galt nicht nur für Khe Sanh. Die Vietnamesen wußten, daß sich das Kräfteverhältnis nie ändern würde. Um dem Krieg eine entscheidende Wendung zu ihren Gunsten zu geben, mußten sie ein Meisterstück vollbringen, das unter den Amerikanern den gleichen Schock auslösen würde wie Dien Bien Phu unter den Franzosen. Dieser Geniestreich war Tet 1968.

Für die verzweifeltste Schlacht in der Geschichte ihres Volkes griffen sie auf das Beispiel des kühnen Nguyen Hue zurück, der 179 Jahre zuvor während des Tet-Festes bei Dong Da die Mandschu, damals die Beherrscher von China, besiegt hatte. Sie entwarfen einen Plan, der in seiner Verwegenheit die Vorstellungskraft von Fremden und der ihnen zu Diensten stehenden Vietnamesen weit überstieg. Überall in Südvietnam schlugen in kleinen und größeren Städten Zehntausende von kommunistischen Soldaten in einem »Panorama von Angriffen« los, wie der Leiter von Westmorelands Operationszentrale, Brigadegeneral John Chaisson vom Marine Corps, es nannte. Die Hauptmasse einer NVA-Division drang unter Führung örtlicher Guerillas in Hue ein und besetzte fast die gesamte Stadt einschließlich der kaiserlichen Zitadelle. Die Fahne mit dem goldenen Stern des Vietcong wurde auf dem riesigen Mast über dem Tor des Mittags aufgezogen, wo schon 1945, bei Bao Dais Abdankung, die Fahne des Vietminh entfaltet worden war. Militärlager, Befehlsstände, Polizeistationen, Verwaltungszentren, Gefängnisse und Rundfunksender in mehr als der Hälfte der vierundvierzig Provinzhauptstädte und in sämtlichen autonomen Städten des Landes wurden im Morgengrauen des 31. Januar 1968 angegriffen oder kurz danach unter Beschuß genommen. Dutzende von Distriktzentren und ARVN-Stützpunkten in den Landgebieten wurden ebenso Ziel von Infanterie- oder Artillerieangriffen wie Tan Son Nhut, Bien Hoa und eine Anzahl weiterer Luftstützpunkte. Die Kommunisten wollten dadurch verhindern, daß bedrohten Garnisonen durch Kampfflugzeuge oder eingeflogene Verstärkungen Hilfe gebracht wurde.

In Saigon versuchten die Vietcong, den Unabhängigkeitspalast zu stürmen (Thieu war allerdings nach My Tho geflogen, um hier mit seiner Frau und deren Verwandten das Tet-Fest zu feiern) und das Hauptquartier der Kriegsmarine, den Sitz des Vereinigten Generalstabs und die Rundfunkstation zu besetzen. Abgesehen von den Luftstützpunkten und der Botschaft, die aufgrund ihres außerordentlichen Symbolwerts nicht verschont werden durfte, trachteten die kommunistischen Truppen, die Amerikaner zu umgehen und sich auf deren Saigoner Verbündete zu konzentrieren. Man hoffte, daß durch diese militärischen Schläge und einen Aufstand nach dem Muster der Augustrevolution des Jahres 1945 das Saigoner Regime zusammenbrechen würde. Die Revolte sollte von Vietcong-Kadern in den von kommunistischen Truppen besetzten Städten angezettelt werden. Ho Chi Minh und seine Mitstreiter wollten die Fundamente des US-Kriegs zerschlagen, um den USA für sie ungünstige Verhandlungen aufzuzwingen und sie allmählich aus dem Land zu drängen. Khe Sanh war einer der wenigen Orte Südvietnams, die, von verstärktem Artilleriebeschuß abgesehen, nicht angegriffen wurden.

Die Ablenkungsangriffe auf Khe Sanh allein hätten den Kommunisten noch keine Überraschungsoffensive dieses Ausmaßes ermöglicht. Der amerikanische Kriegsstil hatte in Südvietnam ein Vakuum erzeugt, in dem sich der Gegner frei bewegen konnte. Westmorelands Flüchtlingsproduktion und die wirtschaftliche Anziehung, die der Bau von Stützpunkten und die Extravaganzen der amerikanischen Militärmaschine auf mittellose oder durch den Krieg verarmte Vietnamesen ausübten, hatten eine massive Bevölkerungsverschiebung bewirkt. Niemand wußte, wie viele Vietnamesen zu Flüchtlingen geworden waren. Ende 1967 schätzte Edward Kennedys Unterausschuß ihre Zahl auf drei Millionen. Ein vorwiegend landwirtschaftliches Südvietnam, in dem 1962, als Vann zum ersten Mal dort gewesen war, 85 Prozent der Bevölkerung auf dem Lande lebten, war weitgehend städtisch geworden. Die Bevölkerung von Groß-Saigon war von 1,4 Millionen im Jahr 1962 auf 3,5 bis 4 Millionen angewachsen, bei einer Gesamtbevölkerung von 17 Millionen Menschen eine außerordentliche Veränderung. Samuel Huntington, Professor für öffentliche Verwaltung in Harvard und Berater der AID und des Außenministeriums, prägte für das, was man hier angerichtet hatte, den Ausdruck »Zwangsverstädterung und Zwangsmodernisierung«. »Ohne sich dessen recht bewußt zu sein, haben die USA in Vietnam möglicherweise die Antwort auf ›nationale Befreiungskriege‹ gefunden«, erklärte er.

Die Konzentration so vieler Menschen in den größeren und kleineren Städten und ihren Vororten erweckte den trügerischen Eindruck verstärkter Kontrolle durch die Regierung. In Wirklichkeit übte das Regime aufgrund des sozialen und wirtschaftlichen Chaos und einer noch nie dagewesenen Korruption weniger Kontrolle aus als je zuvor. Die Polizei verspürte kein Verlangen, sich in die als Reaktion auf amerikanische Bedürfnisse entstandenen Slums zu wagen. Sie hatte Angst vor den Rowdys und Deserteuren, deren Banden diese Labyrinthe beherrschten. Auch in vielen besseren Vierteln gab es nur wenig Sicherheit.

Die offizielle ARVN-Chronik der Tet-Offensive, ein im großen und ganzen verläßlicher Bericht über die Ereignisse, sollte einräumen, daß es 1967 im nördlichen Vorort Go Vap zu einer erheblichen Zahl von Morden und anderen terroristischen Akten gekommen war und daß die Guerillas häufig auf weiter außerhalb gelegenen Straßen Cholons Sperren errichtet und dort sowie im benachbarten Phu Lam Polizeistationen angegriffen hatten. »Feindliche Soldaten hatten die Tore der Stadt erreicht«, hieß es in dem Bericht.

Annie und ihre Großmutter hatten sich in dem Haus in der Vorstadt Gia Dinh mit einigen Nachbarn angefreundet. Die Nachbarn wußten, welche Familien als Vietcong-Sympathisanten bekannt waren und Angehörige oder nahe Verwandte unter den Guerillas hatten. Ende Januar war Vanns jüngste Tochter fünf Wochen alt. Als Annie zeitig am Morgen des 31. Januar erwachte und das Baby stillen wollte, hörte sie Schüsse und Schreie. Sie lief mit der Großmutter auf die Straße und sah, daß Leute aus ihren Häusern rannten und mit sich nahmen, was sie tragen konnten. Ein paar hundert Meter entfernt war in einer buddhistischen Pagode eine Gruppe Vietcong in Stellung gegangen und hatte das Feuer eröffnet. Bereits Wochen zuvor hatten die Guerillas mit Einverständnis der Mönche unter der Pagode einen Bunker gegraben und darin Waffen und Munition gehortet.

Von den Vietcong-Bataillonen, die vom Westen her in Saigon eindrangen, um Tan Son Nhut und andere Ziele anzugreifen, kamen die meisten über den Tan-Binh-Distrikt. Vann hatte im Sommer des Vorjahrs erfahren, daß der Distriktchef von Tan Binh Sold für 582 RF- und PF-Milizionäre kassierte, obwohl er in Wirklichkeit nur 150 Mann hatte. Eines der RF-Bataillone, das die Westflanke Saigons verteidigen sollte, wurde als »Chinesenbataillon« bezeichnet. Auf seinen Listen fanden sich vor allem Namen von chinesischen Ladenbesitzern, die ihre

Geschäfte in Cholon noch nie verlassen hatten. William Westmoreland glaubte, Vietnam im Griff zu haben. In Wirklichkeit hatte er einen Haufen amerikanischer Inseln, auf denen seine Soldaten standen.

Vann wurde durch die Donnerschläge der 122-mm-Raketen und der Granaten aus den 82-mm-Mörsern geweckt, die fast genau um 3.00 Uhr morgens in der Luftwaffenbasis Bien Hoa einschlugen. Er kleidete sich hastig an und sagte Lee, er müsse zum CORDS-Hauptquartier, sie könne nicht mitkommen. Hier im Haus sei sie am sichersten. Sie sollte am besten hier im Schlafzimmer bleiben und sich im Kleiderschrank verstecken, falls ein Guerilla ins Haus eindrang. Auch Wilbur Wilson hatte sich inzwischen angekleidet. Sie verließen eilig das Haus und liefen zu Vanns Wagen.

In Long Binh hatten sich Sappeure eingeschlichen. Sie jagten ein Munitionslager in die Luft. Die Erschütterung war so stark, daß in der Wellblechhütte, in der Fred Weyand seine Zentrale für taktische Operationen installiert hatte, die Leuchtstofflampen aus den Fassungen sprangen und Einrichtungsgegenstände umfielen. Weyand blieb unverletzt. Er setzte seinen Helm auf und schlüpfte in die kugelsichere Weste, während die diensthabenden Offiziere und das übrige Stabspersonal, sobald sie sich vom ersten Schock erholt hatten, die als Notbeleuchtung vorgesehenen Benzinlampen entzündeten. Weyand hatte nicht schlafen können und war eine Stunde zuvor in die Operationszentrale gekommen, um die Entwicklung abzuwarten. Die von ihm in höchste Alarmbereitschaft versetzten Kampfhubschrauber starteten bereits: einige, um die Raketen- und Granatwerferstellungen ausfindig zu machen, andere, um die kommunistische Infanterie abzufangen. Es war eine Nacht des Durcheinanders, der Feuerblitze und Detonationen. Rings um Weyands Hauptquartier schlugen 122-mm-Raketen und Mörsergranaten ein, da die Vietcong sich einen großangelegten Sturmangriff ersparen wollten und seinen Befehlsstand durch Beschuß auszuschalten versuchten. Ohne Erfolg. Die Generatoren versorgten die Funkgeräte und Fernschreiber weiterhin mit Strom, auch die Telefone funktionierten, und Weyand war erstaunt über all die Nachrichten, die aus der Hauptstadt und den sie umgebenden militärischen Anlagen eintrafen.

Eine in der Nähe der Operationszentrale in Stellung gegangene US-Einheit begann mit ihren 0,50-Zoll-MGs wie wild durch die Gegend zu schießen. Auch in Weyands Wellblechhütte schlugen einige der großen Projektile ein, was zumindest die Konzentration erschwerte. Weyand schickte seinen G-1, einen Oberst, mit zwei Militärpolizisten in einem Jeep los. Sie sollten dafür sorgen, daß die Einheit das Feuer einstellte. Nach einigen Minuten kamen sie zurück. Der Oberst war völlig entgeistert: »Gleich über die Straße sind die Vietcong!« Sein Jeep war total zerschossen worden.

Weyands G-1 und die Militärpolizisten waren auf die beiden Vietcong-Kompanien gestoßen, die die Kriegsgefangenen befreien sollten. Das Lager befinde sich in einer Gummiplantage, hatte man ihnen gesagt. Da auf Weyands Anordnung hin sämtliche Kautschukbäume gefällt worden waren, hatten sie es nicht finden können und die Orientierung verloren. Sie irrten in einem gegenüber seinem Hauptquartier gelegenen Weiler herum, in dem Witwen und Waisen gefallener ARVN-Soldaten lebten.

Fred Weyand gab den Befehl zum Angriff. M-113 der 9. Division und Schützen der 199. Leichten Infanteriebrigade rückten vor, und bald lagen die Leichen der Guerillas in langen Reihen am Straßenrand.

Die Führungstrupps eines anderen Vietcong-Bataillons hatten die Bunkerlinie am östlichen Ende der Luftwaffenbasis Bien Hoa überwunden und stürmten auf eine Gruppe von Hangars zu. Die Kampfhubschrauber stießen auf sie hinunter und jagten sie mit ihren MGs und Bordraketen auseinander. M-113 der 9. Division überrollten die nachfolgenden Abteilungen, die noch dabei waren, sich durch die Bunkerlinie durchzukämpfen. Andere Vietcong-Einheiten, die das Hauptquartier des III. ARVN-Korps unweit von Vanns CORDS-Komplex angriffen, wurden bald in einen ähnlich ungleichen Kampf mit Schützenpanzern und US-Infanterie verwickelt.

Weyand rettete Tan Son Nhut mit einer fliegenden Kolonne aus Panzern und M-113 des schnellen Panzertruppenbataillons der 25. Infanteriedivision in Cu Chi. Um möglichen Hinterhalten und dem Gewehrfeuer in Hoc Mon zu entgehen, wo die Vietcong versuchten, die *Route 1* zu blockieren, flog der Kommandeur in einem Hubschrauber über der Panzerkolonne, warf Leuchtbomben und dirigierte sie auf Umwegen durch die Landschaft.

Weyand, der in dieser Nacht Tausende von US-Soldaten ins Gefecht schickte, kam sich wie ein Feuerwehrhauptmann vor, der befürchtete, nicht genug Löschzüge zu haben. Diese Ängste waren unbegründet. Er hatte eine nicht vorhersehbare Schlacht besser vorbereitet, als er dachte. Er hielt die Boden- und Luftverbindungen mit Saigon offen und nahm mit seinen Gegenschlägen den Kommunisten den Schwung, den sie gebraucht hätten, um die Stadt zu erobern.

Vann hatte beim Sammeln der CORDS-Teams in den Provinzen solche Probleme, daß er mit seinem Hubschrauber erst am Nachmittag nach Gia Dinh fliegen konnte, um Annie und seine kleine Tochter zu retten. Als er eintraf, lieferten sich in der Nähe des Hauses die in der Pagode verschanzten Vietcong und Angehörige der Provinz-RF gerade ein Feuergefecht. Zuerst ließ er den Piloten über dem Dach des Hauses kreisen. Da Annie ihm keinerlei Zeichen gab, nahm er an, daß sie sich drinnen versteckt hielt. Er ließ sich am Provinzhauptquartier absetzen und schlüpfte mit einem M-16 bewaffnet durch die Linien der Guerillas. Dem Piloten hatte er aufgetragen, wieder über dem Haus zu kreisen, sein Zeichen abzuwarten und dann Annie, die Großmutter und das Kind an Bord zu nehmen. Vann fand das Haus verlassen vor, auf sein Rufen antwortete niemand. Von Zeit zu Zeit schlugen Geschosse aus automatischen Waffen durch die Fenster im ersten Stock. Als er zum Provinzhauptquartier zurückeilte, stieß er fast mit einem Guerilla zusammen. Vann erschoß ihn.

Annies Eltern waren Vann zuvorgekommen. Sie hatten sich große Sorgen gemacht und waren beim ersten Tageslicht in Richtung Gia Dinh losgefahren. An einer von Polizei und RF errichteten Straßensperre am Zentralmarkt mußten sie ihren Wagen zurücklassen und legten die restlichen zwei Kilometer bis zum Haus zu Fuß zurück. Als sie ankamen, waren Annie, die Großmutter und das Dienstmädchen im Begriff zu fliehen. Annie hatte ein Fläschchen vorbereitet und das Kind in eine Decke gewickelt, während die Großmutter und das Dienstmädchen ein paar Sachen zusammengepackt hatten.

Es dauerte fast den ganzen Tag, bis sie alle zusammen im Haus der Eltern in Saigon eintrafen. Viele Straßen waren mit Leuten verstopft, die vor den Kampfhandlungen fliehen wollten. Immer wieder wurden sie an Straßensperren von Polizisten oder RF-Milizionären angehalten, die befürchteten, es könnten Guerillas einsickern. Sie mußten ihre Papiere vorzeigen und das Auto durchsuchen lassen. Die Soldaten feuerten in die Luft, um die Menge unter Kontrolle zu halten.

Daß Annie mit dem Kind in Sicherheit war, erfuhr Vann, als er das Haus ihrer Eltern kurz nach deren Eintreffen erreichte. Es erleichterte ihn, alle wohlbehalten wiederzusehen, aber Annie merkte, der er etwas verärgert war, weil sie nicht in Gia Dinh auf ihn gewartet hatte, um sich von ihm retten zu lassen. »Ich habe versucht, dich rauszuholen und wäre dabei fast erschossen worden«, sagte er.

»Aber ich mußte doch an das Baby denken, ich konnte nicht warten«, antwortete sie.

Wie neun Jahre zuvor mit Peter im Kinderkrankenhaus wollte Vann der Held des Tages sein, und er wurde es auch: In der Geschichte, die er Freunden und Bekannten erzählte, hatte er Annie und dem Baby im Kugelregen Rettung gebracht. Als Annie das Märchen zu hören bekam, schwieg sie dazu.

Weyand neigte nicht zum Prahlen, war aber überzeugt, daß Saigon gefallen wäre, hätte er Westmoreland nicht davon abgebracht, ihn seine Truppen an die kambodschanische Grenze verlegen zu lassen. »Das wäre die totale Katastrophe gewesen. Saigon hätte sich nie gehalten, das steht für mich außer Frage«, sagte er. Zur Zeit des kommunistischen Angriffs standen in der Hauptstadt nicht mehr als acht ARVN-Bataillone. Aufgrund der Tet-Urlaube hatte keines davon mehr als fünfzig Prozent seiner Sollstärke, einige davon sogar wesentlich weniger. Die beiden besten, zwei Fallschirmjägerbataillone, waren nur mehr durch Zufall da. Ein Offizier des Vereinigten Generalstabs war tags zuvor so in eine Partie Mah-Jongg versunken gewesen, daß er vergessen hatte, die Transportflugzeuge anzufordern, die sie am 30. Januar als Teil des ARVN-Beitrags zu Westmorelands Truppenkonzentration um Khe Sanh ins Gebiet des I. Korps bringen sollten. Was innerhalb

Saigons noch am ehesten einer amerikanischen Kampfeinheit ähnelte, war ein Bataillon Militärpolizei. Westmoreland hatte in seinem Optimismus die Verantwortung für die Verteidigung der Stadt im Dezember der ARVN übertragen und die 199. Leichte Infanteriebrigade aus dem Militärbezirk Saigon abgezogen, um sie wieder Weyand zu unterstellen.

Die fünfzehn für den ersten Angriff vorgesehenen Vietcong-Bataillone waren zumeist Regionaleinheiten, die die Umgebung der Hauptstadt am besten kannten (eines davon war eine 250 Mann starke Sappeureinheit, deren Angehörige in Saigon als Fahrer von Taxis und Fahrradrikschas oder in ähnlichen Jobs gearbeitet hatten). Ihr Auftrag lautete, sich der Angriffsziele zu bemächtigen und sie so lange zu halten, bis Bataillone der Hauptmacht von außerhalb als Verstärkung eintrafen. Viele dieser Angriffe schlugen fehl. Um den Überraschungseffekt nicht zu gefährden, wurden die genauen Befehle erst 72 bis 48 Stunden vor Beginn der Offensive übermittelt, so daß insbesondere einer bäuerlichen Guerilla-Armee, die zum ersten Mal in einem städtischen Gebiet operierte, nicht genügend Zeit blieb, um die Lage genau zu erkunden. Die zahlenmäßig schwachen ARVN-Bataillone überwanden ihren Schrecken und verteidigten sich tapfer. Sie kämpften mit dem Rücken zur Wand; viele von ihnen hatten in Saigon ihre Familien. In vielen Fällen schlugen sich auch die um die Stadt und in den Vororten verstreuten RF-Truppen tapfer. Trotzdem: Wären die amerikanischen Kampftruppen nicht von Anfang an dagewesen, um einzugreifen, wären die regulären Bataillone den kommunistischen Regionaleinheiten auf den Fersen gefolgt und die zahlenmäßig und von der Kampfkraft her unterlegenen Verteidiger hätten ihrem Druck nicht standgehalten. Die Tausenden US- und ARVN-Stabsoffiziere, Stabs- und Versorgungstruppen hätten, nur leicht bewaffnet, unorganisiert und ungenügend ausgebildet, wie sie waren, für die in die Stadt einrückenden Vietcong kaum mehr als ein Ärgernis dargestellt.

Fred Weyand und John Vann — Vann jedenfalls insoweit, als er Weyand zugeredet hatte, seine Truppen nicht zu verlegen — hatten Saigon wahrscheinlich vor dem Fall bewahrt. Den Krieg konnten sie dadurch nicht retten: Westmoreland hatte ihn bereits verloren. Die Führungsgabe, die Weyand in dieser Krise bewies, führte letztlich nur zur Verlängerung eines Krieges, der nicht zu gewinnen war. Mehr als 20.000 Amerikaner hatten in Vietnam bereits den Tod gefunden, mehr als 50.000 waren mit schweren Verwundungen in Lazarette und Krankenhäuser eingeliefert worden, als am 31. Januar 1968 um 2.45 Uhr ein kleiner Peugeot-Lkw und ein verbeultes kleines Taxi aus der Mac-Dinh-Chi-Straße in den Thong-Nhat-Boulevard einbogen und einen Zug Sappeure absetzten, die in die Mauern der neuen US-Botschaft ein Loch sprengten.

»Die Grüne Maschine«, wie der amerikanische Soldat die Armee dieses Krieges nunmehr so treffend nannte, hatte bis Weihnachten 1967 841.264 Wehrpflichtige angefordert und auch bekommen. Januar 1968 wurden weitere 33.000 junge Männer unter die Fahnen gerufen. Die Kosten des Krieges hatten mittlerweile 33 Milliarden Dollar pro Jahr erreicht und eine Inflation verursacht, durch die die US-Wirtschaft allmählich in ernstliche Schwierigkeiten geriet. Colleges und Universitäten standen in hellem Aufruhr. Vor 1967 hatten die Söhne der weißen Mittelklasse den Krieg weitgehend umgangen, indem sie sich an einem College einschrieben und zurückstellen ließen. 1967 war der Bedarf der Grünen Maschine so sehr gestiegen, daß ein großer Teil von ihnen nach der Graduierung eingezogen wurde. Die Aussicht, in einen Krieg ziehen zu müssen, der Gegenstand einer weitverbreiteten Abscheu war, ließ auch junge Männer zu Demonstranten werden, die sich sonst eher wenig daraus gemacht hätten, daß man ein asiatisches Volk opferte und Farmerjungen, Arbeitersöhne und Angehörige von Minderheiten als Kanonenfutter benutzte. Der Ruf der gerechten Sache brachte eine ebenso große Anzahl von Studentinnen auf den Plan, die mit nicht geringerem Engagement gegen den Krieg auftraten.

Die meisten Amerikaner — nicht weniger leichtgläubig als die Menschen in anderen Ländern — nahmen diese Leiden nur hin, weil ihnen Politiker und Militärs erklärt hatten, daß die Sicherheit der Nation Opfer erfordere und der Sieg und damit eine Ende des Leidens in Sicht seien. Nun war die amerikanische Gesellschaft an einem Punkt angelangt, an dem ihr Wille zerbrach. Westmorelands Abnutzungskrieg hatte so viel Geld und so viele Menschenleben gekostet, daß das Fiasko, als das er sich durch die Tet-Offensive erwies, einen psychischen Kollaps und eine innenpolitische Krise von historischen Ausmaßen nach sich ziehen mußte. Westmoreland hatte die Art von Katastrophe heraufbeschworen, wie sie von MacArthur in Korea herbeigeführt worden war, als dieser im Winter 1950 eine amerikanische Armee in die Berge Nordkoreas geschickt hatte. Nur war das Debakel in Vietnam aufgrund der Außerordentlichkeit des Fehlschlags um ein Vielfaches größer.

Für die öffentliche Meinung in den USA war es unwichtig, daß die Sappeure das Botschaftsgebäude nicht wirklich in die Luft gesprengt hatten, obwohl sie genügend B-40-Raketen und Sprengkörper mit sich führten, um es zu tun. Nachdem ihre Offiziere bei einem Schußwechsel den Tod gefunden hatten, gerieten sie offenbar in Verwirrung und besetzten einfach das Botschaftsgelände, von dem aus sie das Gebäude fast sechseinhalb Stunden beschossen, ehe sie alle tot oder verwundet waren. Gegen Ende des Kampfes schob ein MP eine Gasmaske und eine Pistole durch George Jacobsons Fenster, damit dieser einen verwundeten Sappeur erschießen konnte, der sich vor dem Tränengas in sein Haus geflüchtet hatte. Nach seinem Abschied aus der Armee hatte Jake geglaubt, er würde als Diplomat keine Waffe mehr benötigen. Er hatte die ganze Nacht über im ersten Stock seines Hauses in der Falle gesessen und zu seiner Verteidigung lediglich eine Handgranate gehabt, die in einer Schreibtischschublade vergessen worden war.

Für die amerikanische Bevölkerung war es auch unwichtig, daß es den Kommunisten nicht gelungen war, das Saigoner Regime zu stürzen und in den Städten Revolten anzuzetteln. Die Führung in Hanoi hatte die Schnelligkeit unterschätzt, mit der die US-Militärmacht (etwa Weyand mit seinen Gegenschlägen) das Regime unterstützen konnte. Auch die Passivität der »Zwangsverstädterten« hatte sie nicht vorhergesehen. Obwohl etliche davon die kommunistischen Truppen aktiv unterstützten und die meisten den Amerikanern und dem Regime genügend feindlich gesinnt waren, um nicht Alarm zu schlagen, als Zehntausende von Bewaffneten durch ihre Slumsiedlungen zogen, waren sie durch den Verlust ihrer Heimstätten und die Zersetzung ihrer Familien und sozialen Werte doch zu desorientiert, als daß sie sich hätten für etwas begeistern können oder gegen jemanden rebellieren wollten.

Was für die amerikanische Öffentlichkeit zählte, war die Tatsache, daß dieser angeblich geschlagene Feind offensichtlich in der Lage war, überall und mit größerem Ungestüm als je zuvor anzugreifen. Der Sieg kam eben nicht »in Sicht«, diesen Krieg würde man nie gewinnen. Man hatte riesige Geldmittel aufgebracht, massenhaft Menschenleben geopfert und die Spaltung der amerikanischen Gesellschaft hingenommen, und es war damit nichts erreicht worden. Die Versicherungen, die man der Öffentlichkeit gegeben hatte, waren nichts als lügenhafte Prahlereien törichter Männer gewesen.

Alles, was die Amerikaner im Verlauf dieser Offensive sahen, verstärkte diesen Eindruck. Die Guerillas verkrochen sich in Phu Tho im Westteil Saigons, in Cholon und Phu Lam und verteidigten jeden Häuserblock, eine Taktik, die sie auch in anderen Städten anwandten. Wäre nun von seiten der USA und ihrer Saigoner Verbündeten das Verbot ausgesprochen worden, schwere Waffen und Flugzeuge einzusetzen, so hätte dies sicherlich hohe Verluste unter den US- und ARVN-Soldaten nach sich gezogen (die Infanterie sollte ohnehin einen hohen Blutzoll entrichten), aber es wurden nicht einmal minimale Beschränkungen beachtet. Die Schonung des Lebens der eigenen Soldaten war nicht der Hauptgrund für die fehlende Zurückhaltung. Es handelte sich vielmehr um eine Art Reflex, wenn man die vernichtende Feuerkraft, mit der man die vietnamesischen Landgebiete verwüstet hatte, nun auch auf die Städte losließ.

In Saigon wurde noch zwei Wochen hindurch heftig gekämpft. Die Amerikaner verfolgten an ihren Farbfernsehern, wie das Land, das sie doch retten sollten, zerbombt und niedergebrannt wurde. »Es gibt zwar keine genauen Statistiken«, hieß es in der offiziellen ARVN-Chronik über die Ereignisse in Südvietnam, »es ist jedoch davon auszugehen, daß etwa 14.300 [Zivilisten] getötet, 24.000 verwundet, 72.000 Wohnungen zerstört und 672.000 Menschen obdachlos gemacht wurden.« Allein in Saigon und den Vororten fanden etwa 6300 Zivilisten den Tod, wurden 11.000 verwundet und 206.000 zu Flüchtlingen; die Zahl der zerstörten Häuser belief sich auf 19.000. Die Bilder im Fernsehen weiteten den Widerstand gegen den Krieg aus und machten ihn zu einer tief moralischen Frage, nicht bloß bei Studenten und Intellektuellen, sondern auch in weiten Teilen des Mittelstands, deren Angehörige keine Söhne im wehrpflichtigen Alter hatten. Die verrückte Logik dieses Kriegs kam in einer Bemerkung zum Ausdruck, die ein US-Major Peter Arnett gegenüber machte, nachdem ein großer Teil von Ben Tre in Schutt und Asche gelegt worden war: »Wir mußten diese Stadt zerstören, um sie retten.«

Westmoreland leistete seinen Beitrag, indem er dem Feind wie üblich in die Hände spielte. Am Morgen des 31. fuhr er zur Botschaft, um den Schaden zu inspizieren. Anschließend hielt er inmitten toter Sappeure und Militärpolizisten eine Pressekonferenz ab. Die ganze Offensive sei ein Ablenkungsmanöver, erklärte er. Der Hauptstoß würde sich über die EMZ hin und gegen Khe Sanh richten. Der Mann, der zu ködern glaubte, begriff nicht, daß er selbst geködert wurde. Er befahl, weiterhin amerikanische Kampftruppen nach Norden zu verlegen, bis er die Hälfte seiner mobilen Bataillone im Gebiet des I. Korps stehen hatte. Im Combined Operations Center des Pentagon Ost ließ er sich ein Feldbett aufstellen, so daß er Tag und Nacht über Khe Sanh wachen konnte. Er genehmigte in eigener Person B-52-Einsätze. Dutch Kerwin, sein Stabschef, machte sich wegen Westmorelands Schlafmangel solche Sorgen, daß er Katherine »Kitsy« Westmoreland bat, in einem Lazarettflugzeug von den Philippinen nach Saigon zu kommen, damit der General einige Nächte in seiner Villa im eigenen Bett verbrachte.

Während die vietnamesischen Kommunisten dafür sorgten, daß Westmoreland auf Khe Sanh fixiert blieb, verlängerten sie das Ringen um Hue, indem sie ohne jedes Aufsehen eine zweite Infanteriedivision in die Stadt entsandten, die die erste für die bevorstehende Schlacht um die ehemalige Kaiserstadt verstärken sollte. Anders als Saigon ist Hue eine kleine Stadt, die 1968 etwa 140.000 Einwohner zählte. Die für eine Stadt dieser historischen und politischen Bedeutung am wenigsten destruktive Lösung hätte darin bestanden, die Initiative an sich zu reißen, indem man die NVA-Truppen wieder vertrieb, bevor es ihnen gelang, ihre Stellungen auszubauen. Westmoreland stand die dazu erforderliche Streitmacht in Form von zwei Air-Cav-Brigaden zur Verfügung, die etwa 22 Kilometer nördlich der Stadt lagen; er wagte aber nicht, sie einzusetzen, da er glaubte, er werde sie vielleicht für den Entsatz von Khe Sanh benötigen. Er überließ die Befreiung von Hue der ARVN und zwei verstärkten Bataillonen Marineinfanterie.

Es sollte 25 Tage dauern, ehe über dem Tor des Mittags die Fahne des Vietcong eingeholt und die gelbe Fahne mit den roten Streifen der Saigoner Regierung gehißt werden konnte. Der kaiserliche Thai-Hoa-Palast und die anderen Baudenkmäler waren schwer beschädigt. Die Zahl der zerstörten oder ernsthaft in

Mitleidenschaft gezogenen Häuser und Wohnungen war so hoch, daß 90.000 der 140.000 Einwohner Hues zu Flüchtlingen in der eigenen Stadt wurden. Die örtlichen Vietcong nutzten die Besetzung, um alte Rechnungen zu begleichen. Sie verhafteten aktive und pensionierte Staatsbeamte, Funktionäre, Polizeioffiziere und alle, die für das Regime arbeiteten oder als Sympathisanten bekannt waren, und exekutierten sie. Die meisten wurden erschossen, einige enthauptet, andere lebendig begraben. Die genaue Zahl der Opfer konnte nicht festgestellt werden. Eine vorsichtige Schätzung ging von dreitausend Personen aus. Diese Hinrichtungen waren ebenso grausam wie dumm, da sie der Befürchtung Auftrieb gaben, daß ein Sieg der Kommunisten im Süden zu einem Blutbad führen werde.

Ende März 1968 machte sich die Wirkung der Tet-Offensive in den Vereinigten Staaten bemerkbar. Senator Eugene McCarthy war Lyndon Johnson bei den Vorwahlen in New Hampshire für die Nominierung des demokratischen Präsidentschaftskandidaten nur um 300 Stimmen unterlegen, für einen amtierenden Präsidenten eine noch nie dagewesene Herausforderung. (Nach Zählung der Stimmen für die nicht auf der Liste stehenden Kandidaten ergab sich sogar eine knappe Mehrheit für McCarthy.) Nun trat Robert Kennedy auf den Plan und bewarb sich ebenfalls um die Präsidentschaftskandidatur. Das geschah nicht nur aus Opportunismus. Er war zu einem überzeugten Kriegsgegner geworden. Angesichts seiner Popularität und mit dem Geist seines verehrten Bruders als Schützenhilfe schien sicher, daß er sich McCarthys Antikriegspolitik aneignen und Johnson endültig demütigen würde.

Westmoreland hatte sich schließlich selbst eine Falle gestellt, indem er zuließ, daß Wheeler sich seiner bediente, um den Präsidenten zu überreden, die Reservisten zu mobilisieren und Westmoreland weitere 206.765 Mann zu geben. Der Plan schlug fehl. Bunker, der seine Illusionen über Westmoreland verloren hatte und ihm wegen der Blamage während des Tet-Festes zürnte, warnte ihn davor, noch mehr Soldaten zu verlangen. Er erklärte dem General, daß es für den Präsidenten politisch nicht mehr machbar sei, die Reservisten für Vietnam zu mobilisieren, selbst wenn dieser es wollte, was ohnehin äußerst unwahrscheinlich war. Bunker hatte noch nicht das ganze Ausmaß des psychologischen Sieges begriffen, den die vietnamesischen Kommunisten über die Vereinigten Staaten errungen hatten. Er ahnte jedoch, daß die Tet-Offensive den Willen der Administration ebenso gebrochen hatte wie den der amerikanischen Öffentlichkeit. Er fühlte, daß man Westmoreland und auch ihm selbst in Washington nicht mehr glaubte. Rusk, ein sonst äußerst zurückhaltender Mensch, war dauernd am Telefon, um ihm Fragen zu stellen. Westmoreland wollte nicht auf den Botschafter hören. Am 22. März kündigte der Präsident plötzlich an, er werde Westmoreland heimholen und ihn zum Generalstabschef der Armee machen. »Westy wurde nach oben hinausbefördert«, sagte Bunker mit seinem sarkastischen Lachen, als der Krieg vorbei war.

Bunker hatte sich in seinem Gefühl nicht getäuscht: Der Wille der Administration war gebrochen. Nachdem der Präsident McNamaras Abgang zur Weltbank arrangiert hatte, erklärte er vor seinem Pressesekretär, George Christian:»Der einzige in diesem Krieg, über den ich mir keine Sorgen zu machen brauche, ist Dean Rusk. Er ist hart wie der Astknorren einer Pinie in Georgia.« Doch der Pinienknorren aus dem Cherokee County hatte schon aufgegeben. Anfang März begann Rusk in hohen Regierungskreisen einen jener Vorschläge in Umlauf zu bringen, aufgrund deren McNamara hatte gehen müssen. Rusk empfahl, die Bombardierung Nordvietnams auf unbestimmte Zeit einzustellen. Eine Ausnahme sollte nur der Infiltrationskorridor südlich des 19. Breitengrads bilden, das, wie Rusk es formulierte,»mit der Kampfzone zusammenhängende Gebiet«. Die Maßnahme war als Schritt in Richtung auf die mögliche Aufnahme von Verhandlungen gedacht. Rusk glaubte nicht, daß Hanoi darauf positiv reagieren würde, zumindest nicht sofort. Da er die Vietnamesen nicht kannte, hatte er die Tragweite einer Rede des nordvietnamesischen Außenministers Nguyen Duy Trinh nicht verstanden, die bewußt als Teil der Vorbereitungen für die Tet-Offensive veröffentlicht worden war. Bei früheren Anlässen hatte die Führung in Hanoi erklärt, sie »könnte« mit den Vereinigten Staaten in Verhandlungen eintreten, sollten die Bombardierungen eingestellt werden. In seiner Rede von Ende Dezember 1967 hatte Trinh gesagt, »wir werden« Gespräche führen, falls die USA alle Bombenangriffe bedingungslos einstellten. Rusk wollte es auf alle Fälle versuchen. Clark Clifford, ein durch die Tet-Offensive und seine Verantwortung als neuer Verteidigungsminister ernüchterter Falke, unterstützte die Initiative. Mehr noch: Rusk warb für seinen Vorschlag mit Erlaubnis des Präsidenten, auch wenn dieser sich nicht darauf festgelegt hatte, ihn zu akzeptieren. Auch in Lyndon Johnson war etwas zerbrochen.

Der Rat der Weisen brachte den Präsidenten zu einer Entscheidung. Ende März berief Johnson ein zweites Spitzengespräch ein. Seine Berater, die sich am Vormittag des 26. März 1968 im Weißen Haus versammelten, waren am Vorabend im Außenministerium zu Briefings zusammengekommen, die sich von denen im November ganz wesentlich unterschieden. Auch in den meisten Anwesenden war eine Veränderung vor sich gegangen. McGeorge Bundy faßte ihre Ansichten in einem Memorandum zusammen, das auch den Grund dafür nannte:»Als wir das letzte Mal zusammentraten, hatten wir Anlaß zur Hoffnung.« Cyrus Vance, der 1967 gezwungen gewesen war, aufgrund von Komplikationen nach einer Operation den Posten des stellvertretenden Verteidigungsministers abzugeben, war einer der Neulinge in der Gruppe. Er hatte aber schon seit Johnsons Zeit im Senat für den Präsidenten gearbeitet.»Wenn wir nicht schnell etwas unternehmen, kann uns die Stimmung im Land zum Abzug bringen«, warnte er.

Eine der größten Ironien dieses Krieges war, daß es Dean Acheson vorbehalten blieb, das Todesurteil über das Unternehmen zu fällen, für dessen Beginn er in so hohem Maße verantwortlich gewesen war. Er hatte am Vorabend im Außenmini-

sterium das Wort ergriffen, McGeorge Bundy hatte seine Ausführungen schriftlich festgehalten, da sie die Meinung der Mehrheit wiedergaben. Nun las er sie
dem Präsidenten und den Weisen vor: »Wir können die Arbeit, die wir uns zu tun
vorgenommen haben, in der noch verbleibenden Zeit nicht mehr leisten, und
müssen Schritte unternehmen, um uns abzukoppeln.« Richter Fortas versuchte
gegen Acheson zu argumentieren. Er gehörte zu der Minderheit, die durchhalten
wollte. Acheson brachte ihn zum Schweigen: »Es geht nicht um das, was Fortas
gesagt hat. Es geht um die Frage, ob wir das, was wir in Vietnam zu tun versuchen,
auch tun können. Und ich glaube nicht, daß wir es können ... Können wir die
Nordvietnamesen mit militärischen Mitteln von den Südvietnamesen fernhalten? Ich glaube nicht. Sie können die Sperriegel umgehen und sie dann auseinan-
dernehmen, wo und wie sie wollen.«

Fünf Tage danach, am 31. März 1968, hielt Lyndon Johnson seine vom Fernsehen übertragene Rede an die Nation. Er kündigte an, daß er die Bombardierung
Nordvietnams einschränken und auf eine weitere Amtszeit als Präsident verzichten werde, um sich in der ihm noch verbleibenden Zeit ganz der Aufgabe zu widmen, das Land zusammenzuhalten. Drei Tage später, am 3. April 1968, überraschten die Vietnamesen den Präsidenten und seinen Außenminister aufs neue. Radio
Hanoi kündigte an, man werde mit den Amerikanern verhandeln.

John Vann konnte den Tod des Krieges nicht akzeptieren. Er war unfähig, sich einzugestehen, daß die Tet-Offensive ihm ein Ende gesetzt hatte. Diese Unfähigkeit
sollte ihn in den folgenden Jahren verwandeln.

Die Tet-Offensive lieferte ihm eine Rechtfertigung, an der er sich festklam-
merte, um weitermachen zu können. Die vietnamesischen Kommunisten hatten
ihren politischen und psychologischen Sieg mit der Vernichtung des Vietcong
bezahlt. Ausgenommen die Nordregion des I. Korpsgebiets und Teile des Zentralen Hochlands waren die Guerillas die Truppen gewesen, die man für die Tet-
Offensive eingesetzt hatte, da sie am leichtesten in die Städte eindringen konnten. Das Ergebnis war, daß Zehntausende von ihnen entweder bei der eigentlichen Tet-Offensive oder bei der zweiten Serie von Angriffen den Tod fanden, die
die Führung in Hanoi im Mai anordnete, um den Druck auf die Johnson-Administration aufrechtzuerhalten. Die Armee südvietnamesischer Bauern, jene bewaffneten Gruppen, die die überlebenden Vietminh in der Zeit von Diems Terror aufgestellt hatten und die nach der Feuerprobe von Ap Bac zu Regimentern und
Divisionen angewachsen waren — diese Armee war nun ebenso zerfetzt wie das
Land, das jetzt in ihrem Besitz gewesen wäre, hätten amerikanische Soldaten sie
1965 nicht um den Sieg gebracht. Ende Juni 1968 schätzte Vann, daß die kommunistischen Einheiten im Gebiet des III. Korps mehr als 20.000 Tote zu beklagen
hatten.

Die Ersatzmannschaften waren fast ausschließlich Nordvietnamesen. Die Untergrundverwaltung des Vietcong konnte mit ihren geschrumpften Rekrutierungsbasen unmöglich die Verluste so schnell wieder ausgleichen, und große Teile der noch übriggebliebenen Guerilla-Einheiten waren demoralisiert. Die Vietcong konnten nicht sehen, daß sie durch ihre Opfer den Kampfwillen Amerikas zu brechen begannen. Sie sahen bloß den Tod ihrer Kameraden bei Einsätzen, die in militärischer Hinsicht so aussichtslos geworden waren, daß man sie nur mehr als Selbstmord bezeichnen konnte.

Während die Tet-Offensive den Ruf von Leuten wie Komer und Westmoreland ruinierte, rechtfertigte sie Vanns realistische Einschätzung vom vergangenen Herbst. In den Augen der Beamten und Journalisten war er glaubwürdiger denn je. Ein Bekannter übersandte ihm eine Sammlung von Kommentaren, die man in den oberen Etagen des Pentagons und des Außenministeriums nun zu seinen Briefings vom November machte. Einer lautete: »Nicht eine von Johns Feststellungen hat sich als Übertreibung erwiesen.« Durch die Tet-Offensive war Vann auch wieder in seinem Element. In Hau Nghia hatte er einmal zu Ellsberg gesagt, er reite dauernd auf den Mißerfolgen der ARVN und des Saigoner Regimes herum, »weil alle anderen ein fröhliches Lied anstimmen. Wenn alle entmutigt wären, würde ich sagen, ›Schaut her, es ist noch Hoffnung; wir können das und das tun.‹« Er war entsetzt darüber, daß man die amerikanische Feuerkraft auf Städte und Ortschaften losließ. Nervöse ARVN- und US-Soldaten, die den Finger am Abzug hatten, verdoppelten das Risiko nächtlicher Autofahrten und Hubschrauberflüge zu oder aus den Provinz- und Distrikthauptstädten, doch wenn ihm die Geschosse, gleich aus welcher Richtung, um die Ohren pfiffen, fühlte er sich erst richtig wohl. Er war im ganzen Korpsgebiet präsent, ermutigte seine CORDS-Teams, reorganisierte, bereitete Gegenangriffe vor. In der dritten Februarwoche schon verschickte er an seine Teams ein anfeuerndes Schreiben:

Es ist jetzt buchstäblich an der Zeit, die Männer von den Jungen zu trennen. Ich habe mehrmals mit Bedauern feststellen müssen, daß es Berater gibt, die sich offenbar selbst leid tun und im Geist verzweifelt die Hände ringen ...
Sie müssen Ihre ARVN-Offiziere und deren Truppen jetzt hinter dem Stacheldraht hervorholen und dazu bringen, daß sie angreifen, am Tag wie in der Nacht. Noch nie war der Feind gegenüber wirksamen militärischen Maßnahmen so verletzlich wie heute.

. Komer hegte gegen Vann keinen Groll. Er akzeptierte, daß ein anderer auf seine Kosten recht behielt. In einem Telegramm, das er im April an das Washingtoner AID-Hauptquartier richtete, beantragte er, Vann in den Rang eines FSR-1 zu erheben, den höchsten der Foreign Service Reserve. James Grant, stellvertretender Leiter für Vietnam, zeigte sich gerne gefällig. Auch Komer war noch nicht so weit, daß er aufgegeben hätte. Er sah ebenfalls Möglichkeiten, die Vernichtung des Vietcong für die Zwecke Amerikas auszunutzen. Seine Weigerung, die logischen Konsequenzen der Tet-Offensive zu akzeptieren, war symptomatisch für die Haltung zahlreicher hoher Persönlichkeiten innerhalb der amerikanischen Machtstruktur. In einem System großgeworden, das auf internationaler Ebene zumeist seinen Willen durchgesetzt hatte, wehrten sie sich gegen die Erkenntnis, daß sie dieses Mal nicht Oberhand behalten würden. Der Gedanke an das, was sie in den Krieg investiert hatten, ließ sie sich noch stärker dagegenstemmen. Sobald sie sich vom Tet-Schock erholten, begannen sie sich nach Alternativen umzusehen.

Vann begriff die Dezimierung der Guerillas als die Wende, die den USA und dem Saigoner Regime den Sieg bringen konnte. Er gelangte rasch zu der Überzeugung, daß die nordvietnamesische Armee nicht in der Lage war, die bisher von den Guerillas getragene Last zu übernehmen und den Krieg allein zu gewinnen. konnte. Seiner Einschätzung nach war die langfristige Bedrohung des Saigoner Regimes der Vietcong mit seiner Fähigkeit zu politischen und militärischen Aktivitäten. Er neigte dazu, in der NVA eine Kraft zu sehen, die man im Zaum zu halten vermochte. Die Guerillabewegung war so geschwächt worden, daß sie seiner Meinung nach in Schach gehalten und weiter zermalmt werden konnte.

Was Vann bei den Verlusten des Vietcong am meisten beeindruckte, war nicht die hohe Zahl — einfache Soldaten konnten nach kurzer Zeit ersetzt werden —, sondern die Verluste unter den Bataillonskommandeuren, Kompaniechefs und erfahrenen Unteroffizieren. Ihre Kompetenz war die Frucht von Jahren gewesen. Die Mischung von Nord- und Südvietnamesen in den Vietcong-Einheiten im Gebiet des III. Korps hatte vor der Tet-Offensive keine Probleme verursacht, da es sich bei den meisten NVA-Angehörigen um einfache Soldaten gehandelt hatte und die Führungspositionen in den Händen von Südvietnamesen geblieben waren. Im Verlauf der Tet-Offensive und der Operationen im darauffolgenden Mai waren die meisten Offiziere und Unteroffiziere aus dem Süden gefallen. Ihre Stelle hatten Nordvietnamesen eingenommen. Ende Juni waren etwa 70 Prozent der Offiziere und Mannschaften der Hauptmacht- und Regionalbataillone im Gebiet des III. Korps aus dem Norden. Vann war der Ansicht, daß die Nordvietnamesen aufgrund ihrer konventionellen Ausbildung sich nie an den Guerillakrieg gewöhnen würden. Auch die richtige politische Beziehung zur südvietnamesischen Landbevölkerung würden sie nicht finden. Die regionalen Unterschiede schienen ihm schlichtweg unüberwindbar. »Im Grunde sind sie [die NVA-Soldaten] in diesem Land fast ebenso fremd wie unsere US-Einheiten und erhalten von der Bevölkerung nur so viel Unterstützung, wie sie durch Einschüchterung herauspressen können«, schrieb er an Bob York.

Von diesen Annahmen ausgehend, entwickelte Vann einen neuen Plan für den Sieg. Er wollte die »Hauptströmung in der amerikanischen Öffentlichkeit« durch eine »abgestufte Reduzierung« der US-Streitkräfte besänftigen und zugleich der ARVN nach und nach die Verantwortung für den Kampf gegen die NVA und die verbliebenen regulären Vietcong übertragen. Die Zahl der US-Soldaten in Südvietnam belief sich im Mai 1968 auf 536.000 Mann und sollte bis April 1969 auf 543.000 klettern, da Johnson in seiner Rede vom 31. März eine symbolische Erhöhung genehmigt hatte, um die Generäle zu beschwichtigen. Vann war der Ansicht, man könne schnell eine große Anzahl von Truppen abziehen, wenn man sich entschloß, weniger üppig zu leben, und einen großen Teil der Basislager und der »fast unglaublichen Wucherung von Hauptquartieren und unzähligen irgendwie nützlichen, aber keineswegs notwendigen Einheiten und Aktivitäten« eliminierte, auf denen Westmoreland bestanden hatte. »Ich betrachte es als durchaus machbar, unsere Truppen hier im Land bis Mitte 1971 auf 200.000 Mann zu reduzieren«, schrieb er im April 1968 an Edward Kennedy, einen der ersten Politiker, dem er seinen Plan schmackhaft machen wollte, da ihn Robert Kennedys Antikriegserklärungen bestürzt hatten.

Die Tet-Offensive mache seinen Plan durchführbar, so redete Vann sich ein, da der Schlag vielen Leuten innerhalb der Saigoner Regierung plötzlich vor Augen geführt haben mußte, daß das Ausmaß der Korruption und der Inkompetenz des Regimes nicht länger toleriert werden konnte. Ohne es zu wollen, hätten die Kommunisten eine Atmosphäre geschaffen, in der die Bestrebungen der Amerikaner, diese Übel zu beseitigen, vielleicht doch noch Wirkung zeigten. Ein abgestufter Abbau der US-Truppen »würde der Regierung Südvietnams den notwendigen Ansporn geben«, in diese Richtung gehende Maßnahmen zu ergreifen, schrieb Vann an Edward Kennedy.

John Vann wollte nicht alle US-Truppen abziehen. Er wollte für einen begrenzten Zeitraum eine Reststreitmacht von etwa 100.000 Mann in Südvietnam belassen, vor allem Berater, technisches Personal und Piloten, die die Saigoner Truppen unterstützen sollten. Die ARVN bekam nun große Mengen von M-16-Gewehren geliefert, bald darauf wurden auch an die RF- und PF-Milizionäre M-16 verteilt. Vann dachte, daß eine besser bewaffnete und besser geführte, durch B-52 und Jagdbomber von Luftwaffe und Marine unterstützte ARVN mit der NVA fertig werden konnte.

Es gelang ihm nicht, Dan Ellsberg zu überzeugen. Sie führten lange Diskussionen über die Tet-Offensive und den neuen Plan, als Vann im Juli seine drei Wochen Urlaub in den USA verbrachte, um sich von einer Unterleibsoperation zu erholen. Am Abend des 30. Mai hatte ihn Lee auf dem Boden des Badezimmers gefunden, wo er bewußtlos in einer Blutlache lag. Wilbur Wilson war durch ihre Schreie geweckt worden und hatte einen Hubschrauber angefordert, der ihn ins Krankenhaus von Long Binh brachte. Die Armeeärzte nahmen an, daß sich im Magen- oder Darmtrakt ein Geschwür geöffnet hatte und brachten ihn fast um, indem sie ihm zehn Stunden lang durch die Nasenlöcher eisgekühltes Wasser in die Gedärme pumpten, um die Blutung zum Stillstand zu bringen, bevor sie sich zur Operation entschlossen. Wie sie dann entdeckten, handelte es sich um das seltene Mallory-Weiß-Syndrom. Durch eine Reihe von Wiederholungsimpfungen gegen Typhus und die anderen für das 19. Jahrhundert typischen Krankheiten, die in Ländern wie Vietnam noch häufig vorkommen, war ihm übel geworden. Er hatte sich erbrochen und in der Speiseröhre am Mageneingang einen Riß zugezogen. Die außergewöhnlich starken Magenmuskeln, die er in so vielen Jahren Gymnastik entwickelt hatte, verliehen ihm die Kraft, sich selbst aufzureißen. Die Chirurgen schnitten einige der Muskeln durch, so daß sich das nicht wiederholen konnte. Er verlor und erhielt sieben Liter Blut.

Die Tet-Offensive brachte Ellsberg keine Hoffnung auf einen Neubeginn, sondern stürzte ihn in Verzweiflung. Der Schock hatte ihn veranlaßt, den Krieg neu zu überdenken. Es war ein geistiger Neubeginn, der durch nicht minder turbulente Gemütsbewegungen kompliziert wurde als jene, die er von Vietnam her kannte. Er hatte eine Psychoanalyse begonnen, um mit einer Schreibhemmung fertig zu werden, die seine Arbeit bei Rand beeinträchtigte, und experimentierte mit sexueller Freiheit, wie sie in den sechziger Jahren in Kalifornien Mode war. Ein in Vietnam tätiger australischer Pazifizierungsexperte hatte im Mai bei Rand Vorträge gehalten und von den »Möglichkeiten« gesprochen, die die außerordentliche Schwächung des Vietcong den Vereinigten Staaten und dem Saigoner Regime eröffnet habe. »So wie ich die Dinge jetzt sehe«, hatte Ellsberg Vann geschrieben, »setzt der Vietcong zu Recht darauf, daß das Saigoner Regime und die USA es verabsäumen werden, diese ›Möglichkeiten‹ zu nutzen, und Fanatiker wie du, ich (früher) [und] unsere Freunde begingen stets den Irrtum, etwas anderes zu glauben.«

Vann betrachtete es als ein günstiges Omen, daß bedeutende Persönlichkeiten in Washington seinen Optimismus teilten. Schon bald nach seiner Ankunft in Littleton im Juli rief er Harry McPherson an, Präsident Johnsons wichtigsten Redenschreiber. Sie hatten sich im Sommer 1967 kennengelernt, als McPherson Südvietnam besuchte. McPherson war von Vanns ermutigenden Worten am Telefon so beeindruckt, daß er ein Resümee ihres Gesprächs niederschrieb und es an den Präsidenten weiterleitete.

Lyndon Johnson war nach seiner Rede vom 31. März politisch blockiert. Er war auf denselben Widerstand gestoßen wie Komer und so viele andere. Über seine Unterhändler in Paris, Harriman und Vance, versuchte er zu retten, was sein General im Feld verspielt hatte. Westmoreland ließ er in Vietnam als eine Art Auslaufmodell herumhängen. Creighton Abrams übernahm den Befehl erst Mitte Juni. Johnson wollte einen Abzug sowohl der NVA als auch der US-Streitkräfte aushandeln und redete sich ein, daß dies ein Kompromiß sei. Die vietnamesischen Kommunisten waren bereit, über die Bedingungen eines amerikanischen Abzugs zu diskutieren. Ein beiderseitiger Abzug interessierte sie nicht. Sie setzten sich an den Verhandlungstisch in der Absicht, nötigenfalls auch Jahre hindurch zu schachern, bis der Verlauf des Krieges und die zunehmende Opposition der amerikanischen Öffentlichkeit den Streit beilegen würden. Ende Oktober sollten sie Johnson unbestimmte mündliche Zusicherungen über eine Deeskalation an der EMZ und um Saigon und die anderen wichtigen Städte geben. Als Gegenleistung forderten sie eine totale Einstellung der Bombenangriffe gegen den Norden und für die Nationale Befreiungsfront einen Platz am Verhandlungstisch.

Diese Konzession der USA stellte den Vietcong dem Saigoner Regime gleich. Während sich in Paris das Anordnen der Stühle um den runden Tisch in die Länge zog, fielen 1968 in Vietnam 14.589 Amerikaner, mehr als eineinhalbmal so viele wie 1967. Es war dies die höchste Zahl in sämtlichen Kriegsjahren. Obwohl Johnson nicht an einem Truppenabzug in der ihm noch verbleibenden Amtszeit interessiert war, da er nicht in seine Verhandlungsstrategie paßte, hatte er offensichtlich Grund, auf Beifall auszusein, als er im Juli McPhersons Memorandum über das Telefonat mit Vann erhielt. Es freute ihn, daß ihm jemand sagte, die Zeit könnte für die Vereinigten Staaten und das Saigoner Regime arbeiten. Er las das Memorandum auf einer Kabinettssitzung vor. Vann war überglücklich über diese Anerkennung.

Während er dann für seine Strategie warb, wurde er fast aus Südvietnam hinausgeworfen. Eines Abends hielt Peter Arnett vor seinem Büro in Bien Hoa. Vann war seit etwa einem Monat wieder zurück. Arnett arbeitete an einem Artikel über die Möglichkeit späterer Truppenabzüge der Amerikaner, einem »Gedankenspiel«, wie amerikanische Journalisten sagen. Vann kannte Arnett schon seit sechs Jahren. Er gab ihm eine Menge Anregungen zu diesem Thema und erlaubte ihm, ihn im Zusammenhang mit seinen optimistischen Bemerkungen namentlich zu zitieren, wie etwa hinsichtlich der Folgen, die die Dezimierung des Vietcong durch die Tet-Offensive nach sich ziehen würde. Er nahm an, daß Arnett ihn bei allen anderen Aussagen schützen werde, indem er paraphrasierte oder ohne Namensnennung zitierte. Seine Bemerkungen würden zwar in Saigon wie schon so oft als seine erkannt werden, aber er konnte sie wie schon so oft in Abrede stellen. Dieses Mal änderte Arnett die Spielregeln, ohne Vann darüber zu informieren. Der Artikel zeichnete ein sarkastisches, zuweilen spöttisches Bild der amerikanischen Militärmaschinerie. Unter den direkten Zitaten war eines, in dem Vann erklärte, warum es nicht schwer sein würde, die ersten 100.000 Mann nach Hause zu schicken:

»Die ersten 100.000 heimzuschickenden Amerikaner würde man hier überhaupt nicht vermissen«, erklärte Vann. »Es sind die Schreiber, die Leute in den Wäschereien, die Pionierbataillone, die im ganzen Land Offiziersklubs bauen. So viele Extrasachen erfordern Leute, die nicht notwendig sind.«

726

Die Associated Press gab den Artikel am Ende der ersten Septemberwoche durch. Komer erhielt noch zu Hause um 7.00 Uhr morgens einen telefonischen Hinweis. Er rief Vann an. »Du blöder Hund«, brüllte er. »Du wirst jede Menge Schwierigkeiten bekommen.«

Auch Vann war schon angerufen worden. Er wußte, warum Komer brüllte. »Bob, laß dir erst einmal erklären, was passiert ist«, sagte er.

»Gib die keine Mühe, mir zu erzählen, wie es geschehen ist. Ich sage dir alle sechs Wochen, daß du dein Maul halten sollst«, schrie Komer.

Vann ließ nicht locker. Komer hatte ihn noch nie so geknickt erlebt. »So hör mir doch zu, Bob«, sagte er. Komer hörte ihm zu, verwünschte ihn noch einmal und legte auf.

Um 8.30 Uhr, zu dem Zeitpunkt, da General Abrams sich morgens an seinen Schreibtisch im MACV-Hauptquartier setzte, tönte es aus der Sprechanlage in Komers Büro: »Bob, ich möchte Sie sofort sprechen.« Creighton Abrams war Panzersoldat, George Patton zufolge der tollste Panzersoldat der 3. US-Armee, mit dem es die Deutschen zu tun bekommen hatten, und sein Temperament entsprach den furchteinflößenden Maschinen, die er so liebte. Er ging davon aus, daß kein Reporter John Vann ohne dessen Erlaubnis zitierte, und war überzeugt, daß der Artikel ein gezielter Affront war. »Haben Sie das gesehen . . .«, begann er, als Komer sein Büro betrat und die Tür hinter sich schloß.

Komer unterbrach ihn, um zu versuchen, die Situation in die Hand zu bekommen. »Ich habe es gesehen, und es ist nicht zu entschuldigen. Ich habe ihn schon angerufen und ihm die Leviten gelesen«, sagte Komer.

Abrams grobes Gesicht lief rot an, und seine Augen traten aus den Höhlen. »Mir ist egal, ob Sie ihm die Leviten gelesen haben. Ich werde das nicht hinnehmen«, brüllte er mit sich überschlagender Stimme. »Es geht nicht darum, daß er die US-Armee kritisiert hat. Es geht nicht darum, daß er mich persönlich kritisiert hat. Dieser Scheiß ist mir egal. Mich nervt, daß dieser Dreckskerl sich zitieren läßt!« Während er weitertobte, schwieg Komer. Er nahm an, daß es sinnlos war, jetzt etwas erklären zu wollen. »Ich möchte, daß dieser Mann rausgeschmissen wird«, sagte Abrams, sobald sich sein Zorn soweit gelegt hatte, daß er seinen Entschluß in einen Satz fassen konnte.

»Das können wir nicht machen, Abe«, sagte Komer.

»Werfen Sie den Mann hinaus!« kreischte Abrams. »Das ist ein Befehl!« Sein Gesicht wurde so rot, daß Komer befürchtete, er werde ersticken.

»Hören Sie, Abe! Er hat Blödsinn geredet. Das ist ja nicht das erste Mal, und ich bin sicher, daß es nicht das letzte Mal war. Bei diesen Presseinterviews scheint er schrecklich unfallgefährdet zu sein, aber das ist schon seit 1963 so, seit der Schlacht von Ap Bac. Dagegen können wir nichts tun. John Vann ist in den vier Regionen der einzige unverzichtbare Mann, den ich habe. Wenn ich noch drei hätte wie ihn, würde der Krieg nur mehr halb so lang dauern. Ich habe nicht die

Absicht, meinen besten Mann fallen zu lassen, weil er einem Korrespondenten etwas gesagt hat.«

Abrams starrte Komer ungläubig an. »Sie verstehen mich nicht richtig. Ich habe gesagt, werfen Sie ihn hinaus. Das ist ein persönlicher Befehl!« kreischte er noch einmal.

Komer kam zu dem Schluß, daß eine große Bazooka nötig war, um den Panzer zum Stehen zu bringen. Er wußte, daß Abrams sich vor Reportern fürchtete. Abrams hatte gesehen, wie sie nach der Tet-Offensive über Westmoreland hergefallen waren. Er hatte Angst, daß sie sich nun ihm zuwenden könnten. Da er auf seinem Kommandeurposten noch neu war, hatte er bis jetzt eine gute Presse gehabt. Der kleine, grobe Mann schien eine ganz andere Art von General zu sein, und seine Worte wurden von den Ereignissen nie widerlegt: Westmorelands Mißgeschick war ihm eine Lehre, und er sagte vor Reportern selten etwas anderes als Allgemeinheiten.

»Wenn Sie mir den persönlichen Befehl geben, John Vann hinauszuwerfen, dann werde ich John Vann hinauswerfen«, sagte Komer. »Ich möchte Ihnen aber sagen, was dann passieren wird. Ich werde in meinem Büro mit John nicht länger als fünf Minuten gesprochen haben, und dann wird schon jeder Saigoner Korrespondent an meinem Telefon hängen, um zu erfahren, warum John Vann hinausgeworfen wurde. Und innerhalb einer Stunde wird die Hälfte der Reporter der Vereinigten Staaten hier anrufen... Wenn sie mich fragen: ›Hat man ihn auf Ihre Empfehlung hin hinausgeworfen?‹ werde ich sagen: ›Nein, mir wurde befohlen, ihn hinauszuwerfen.‹ Wenn sie mich fragen: ›Wer hat ihn hinausgeworfen?‹ werde ich sagen: ›General Abrams persönlich.‹ Und wenn sie mich fragen: ›Haben Sie seiner Entlassung zugestimmt?‹ werde ich sagen, daß Sie es gegen meinen ausdrücklichen Protest getan haben. Die Entlassung von John Vann wird eine solche *cause célèbre* für seine Freunde sein«—Komer ratterte die Namen sämtlicher Reporter herunter, von denen er wußte, daß sie Vann kannten, angefangen mit Halberstam —, »daß ich diese Sache nicht ausbaden werde. Das wird vielleicht einen Zirkus geben, Abe. Sie werden einen zweiten Krieg führen, und der wird schlimmer sein als der gegen die NVA.« Um seinen Worten mehr Wirkung zu verleihen, drehte er sich auf dem Absatz herum, verließ den Raum und ignorierte die Beschimpfung, die ihm Abrams nachrief.

Abrams kam auf diese Sache nie wieder zu sprechen. Komer bestrafte Vann, indem er ihn zwanzig Stunden lang im Ungewissen ließ, bevor er ihn zurückrief. Er erklärte ihm, daß es ihm vielleicht gelingen werde, ihn vor dem Hinrichtungskommando zu retten, das sei aber keineswegs sicher. Er wollte Vann so lange wie möglich büßen lassen. Erst Jahre später erzählte er ihm den wahren Hergang.

Vann wurde für den ausgestandenen Schrecken schließlich belohnt. Er entdeckte, daß er sich mit dem neuen Präsidenten gut verstand. Seit seiner Rückkehr nach Südvietnam im Jahr 1965 war er amerikanischen Politikern gegenüber ziemlich tolerant geworden. Er neigte dazu, vor Verhaltensweisen, die er normalerweise kritisiert hätte, die Augen zu verschließen, solange der Betreffende für den Krieg war und für John Vann und dessen Ideen warb.

Einer seiner überzeugtesten Anhänger war ein Mann namens Sam Yorty, dessen Talent für Public Relations und Appelle an den Rassismus ihm nicht nur drei vierjährige Amtszeiten als Bürgermeister von Los Angeles einbringen sollten. Auch was seine Anwesenheit im Rathaus betraf, zeigten sich seine Wähler tolerant genug, um ihm häufige Reisen in den Fernen Osten und andere Teile der Welt nicht zu verübeln. Er hatte Vann auf seiner ersten Vietnamvisite im November 1965 kennengelernt und ihn bei späteren Gelegenheiten immer wieder gesehen. Yorty übersandte seinem kalifornischen Parteifreund Richard Nixon eine Kopie von Arnetts Artikel, und Nixon dankte ihm dafür in einem Brief, den er eineinhalb Wochen vor den Präsidentschaftswahlen 1968 verfaßte. Als Vann von Yorty eine Kopie dieses Briefes erhielt, war Richard Nixon gewählter Präsident der Vereinigten Staaten.

Zu seiner Wahl hatte ein Ausscheidungsprozeß beigetragen. Robert Kennedy war im Juni in Los Angeles von einem arabischen Fanatiker ermordet worden. Eugene McCarthy war es im August nicht gelungen, sich beim Nationalkonvent der Demokraten in Chicago zum Präsidentschaftskandidaten aufstellen zu lassen. Statt seiner hatte man Hubert Humphrey, Johnsons Vizepräsidenten, nominiert. Humphrey zog mit der vietnamesischen Wunde in den Wahlkampf. Große Teile der Bevölkerung mißtrauten Nixon, und selbst den schwächsten seiner Opponenten zu schlagen fiel ihm schwer. Er trug einen knappen Sieg davon, weil er vor der Öffentlichkeit den Eindruck erweckte, er habe einen Geheimplan zur Beendigung des Krieges.

Lange Zeit später gab Nixon zu, niemals einen solchen Plan gehabt zu haben. Sein Brief an Yorty ließ einen ganz anderen Plan erkennen. Er wollte tun, was Vann wollte: der amerikanischen Öffentlichkeit gegenüber durch Truppenabzüge Zeit gewinnen und zugleich den Krieg mit vietnamesischen Truppen fortsetzen. Nach der Feststellung, er finde Vanns Gedanken »äußerst interessant« und habe den Ausschnitt seinem »Forschungs- und Strategiestab« übergeben, ging Nixon dazu über, die Ähnlichkeit seiner eigenen Ideen darzulegen:

Wie Sie sicherlich wissen, ist meine Position die, daß die Entamerikanisierung des Krieges mit großer Besonnenheit erfolgen muß. Die [Johnson-] Administration scheint dies erst als Folge der Tet-Offensive erkannt zu haben, und offenbar fehlt ihr immer noch das notwendige Vertrauen in die Vietnamesen und deren Fähigkeit, einen größeren Teil der Kriegslast zu tragen.

Vann verfaßte sofort einen sechseinhalbseitigen Brief, der an Yorty gerichtet, aber für Nixon geschrieben war. Er enthielt eine detaillierte Darstellung seines abgestuften Truppenabzugsplans und das Angebot Vanns, sich der neuen Administration vorübergehend als hochrangiger Berater zur Verfügung zu stellen, um die Durchführung des Plans zu überwachen. »Die alten Probleme der Korruption, der Vetternwirtschaft und des Unverständnisses für die Nöte der Landbevölkerung ... bestehen nach wie vor«, schrieb Vann, ließ aber durchblicken, daß er ihre Bedeutung jetzt anders einschätzte. Aufgrund der durch die Tet-Offensive bedingten Veränderungen hielt er sie nicht mehr für entscheidend. Als Lobpreis seiner selbst legte er eine Kopie von McPhersons Memorandum für Johnson bei. »Das Memo wurde vom Präsidenten dem Kabinett vorgelesen«, schrieb er. In einem anderen Brief renommierte er mit der Ruhmestat, die zu stehlen er nicht hatte widerstehen können. Er hockte wieder einmal in Ralph Pucketts Schützenloch auf dem Höhenrücken in Nordkorea in jener Nacht im November 1950, als die Chinesen angriffen. Damals, schrieb er, habe er zum ersten Mal erfahren, wie verrückt es war, »im übervölkerten Orient« amerikanische gegen asiatische Soldaten aufzurechnen. Der Einsatz vietnamesischer Soldaten würde auch zur Beruhigung der amerikanischen Öffentlichkeit beitragen, da sie weit weniger kosteten, sagte Vann. Der Großteil der jährlich an Kosten anfallenden 33 Milliarden Dollar ging auf das Konto der US-Streitkräfte. »Ich glaube, wir könnten in Südvietnam äußerst erfolgreich sein und trotzdem den Kostenaufwand bis 1975 auf etwa fünf Milliarden pro Jahr senken«, schrieb er.

Yorty leitete den Brief an den gewählten Präsidenten weiter, doch die Nixon-Administration wandte sich nicht an Vann, um ihn als hochrangigen Berater zu gewinnen. Der Eifer, mit dem Vann seinen Generalsstern doch noch zu erlangen strebte, verführte ihn manchmal zu kühnen Phantasien über seine Eignung für gehobene Ämter in Washington. Er träumte davon, eines Tages für seine Dienste in Vietnam mit dem Posten des Armeeministers belohnt zu werden, so daß er mit der Institution abrechnen konnte, die ihn, wie er meinte, ausgestoßen hatte. Nichtsdestoweniger trug Vann zur Entwicklung von Nixons Strategie mit diesem Brief ebenso bei wie durch den Artikel Arnetts und die Tatsache, daß dem im November zu Nixons Sonderberater für Fragen der nationalen Sicherheit ernannten Henry Kissinger seine Vorstellungen bekannt waren. Vann hatte es geschafft, sie ihm 1968 zu unterbreiten, als er schon einmal versuchte, sich selbst und den Krieg zu fördern. Er hatte angeboten, sich im Wahlkampf für Nelson Rockefeller als Vietnamexperte zur Verfügung zu stellen. Sein Angebot war hinfällig geworden, als Rockefeller von Nixon beim republikanischen Nationalkonvent geschlagen wurde. Mittlerweile hatte Kissinger jedoch Kopien von Vanns Briefen an Edward Kennedy und andere erhalten.

Die Nixon-Strategie sollte bald unter einem werbewirksameren Namen auftauchen. In seinem Brief an Yorty hatte Nixon den Begriff »Entamerikanisierung«

gebraucht. Nun wurde daraus eine »Vietnamisierung«. Kissinger sollte Vann ein im Blick auf den Umfang seines Beitrags etwas übertriebenes Kompliment machen: »Es ist Ihre Politik«. Obwohl man ihn nicht aufgefordert hatte, nach Washington zu kommen, war John Vann fürs erste zufrieden. Er glaubte, endlich einen Weg gefunden zu haben, den Krieg zu gewinnen, einen Weg, den die Mächtigen guthießen, die Sieg und Beförderung ermöglichten.

Für diejenigen, die wie er diesen anderen Weg gesucht hatten, wurde er ein Prüfstein des Optimismus und des Fortschritts. Als Komer sich entschloß, den ihm von Johnson als Abschiedsgeschenk angebotenen Botschafterposten in der Türkei anzutreten, und Vietnam im November 1968 verließ, gab er Vann an seinen Nachfolger William Colby weiter. Colby war auf Komers Geheiß kurz nach der Tet-Offensive aus dem CIA-Hauptquartier nach Saigon zurückgekommen, um als sein Stellvertreter zu arbeiten. Nun schätzte Colby Vann in der gleichen Weise wie Komer. CORDS schien die südvietnamesischen Landgebiete zu befrieden. Unter Johnsons Druck erweiterte das Saigoner Regime 1968 sein militärisches Menschenpotential, indem es mit einem neuen Gesetz zur Generalmobilmachung das Wehrdienstalter herabsetzte. Durch dieses Gesetz sollten bis Ende 1969 200.000 Vietnamesen mehr in eine Uniform gesteckt werden, woraus sich eine wesentliche Vergrößerung der ARVN und, für die Pazifizierung wichtiger, der RF und PF ergab.

Mit Vanns Unterstützung brachten Komer und Colby Staatspräsident Thieu dazu, sich mit seiner Autorität hinter ein spezielles Programm zu stellen, das sich zum Ziel setzte, die Kader der geheimen Vietcong-Verwaltung, die sogenannten VCI (ein Kürzel für Vietcong-Infrastruktur), gefangenzunehmen oder zu töten. Es erhielt den Namen »Phönix«, eine ungefähre Entsprechung des vietnamesischen Namens Phung Hoang für einen mythischen Vogel, der überall hinfliegen kann. Die rivalisierenden Nachrichtendienste und Polizeibehörden Saigons wurden gezwungen, ihre Informationen auszutauschen, so daß man schwarze Listen aufstellen, Akten anlegen und Kader ins Visier nehmen konnte. Die Mordkommandos der CIA, die früheren Counter Terror Teams, die nun Provinzaufklärungseinheiten oder kurz PRU (Provincial Reconnaissance Units) genannt wurden, stellten den aktiven Arm dar, der bei Bedarf von den RF und PF unterstützt wurde. Theoretisch sollten die Kader nicht ermordet, sondern verhaftet werden, da ein Gefangener zu weiteren führte, wenn er (oder sie) zu sprechen begann. In der Praxis gingen die PRU in umkämpften Gebieten davon aus, daß die zu Verhaftenden Widerstand leisten würden, und schossen zuerst. Verhaftet wurden zumeist Personen, die in von Saigon kontrollierten Zonen denunziert, an Kontrollpunkten festgehalten oder im Kampf gefangengenommen und später als VCI identifiziert wurden. Kader, die nicht ermordet werden oder ins Gefängnis kommen wollten, hatten die jedem Guerilla offenstehende Möglichkeit, zum Feind überzulaufen. Komer setzte für ganz Südvietnam eine Quote fest. Er wollte jeden Monat 3000

VCI »neutralisieren« lassen. Die erste »Beschleunigte Pazifizierungskampagne« startete er kurz vor seinem Abgang.

Die Tet-Offensive hatte den Vietcong offenbar um die Streitmacht gebracht, die die Guerillas benötigten, um ihre Kader zu schützen und den Saigoner Truppen die Kontrolle der Weiler streitig zu machen. Daß das zutraf, bestätigte sich für Vann während der letzten Monate des Jahres 1968 im Gebiet des III. Korps und nach seiner Versetzung nach Can Tho im Februar 1969, wo er als Pazifizierungsleiter des Mekong-Deltas (IV. Korps) tätig war. Komer hatte ihn schon im Sommer 1968 nach Can Tho beordern wollen, da er der Meinung war, Vann habe Maßstäbe gesetzt und im Gebiet des III. Korps ein CORDS-Team aufgebaut, das man nun jemand anderem übergeben konnte, und weil dem Vietcong aus dem Delta immer so viele Rekruten, Steuern und andere Ressourcen zugeflossen waren. Vann hatte sich zunächst dagegen gewehrt, den Posten beim III. Korps abzugeben, der ihm so viel bedeutete, und an seiner Statt Wilbur Wilson nach Can Tho geschickt, sich aber dem Druck Colbys schließlich beugen müssen.

Er entdeckte, daß viele von den 2100 Weilern im Gebiet des IV. Korps, die das HES im Februar 1969 als vom Vietcong beherrscht führte (weitere 2000 Weiler waren als mehr oder minder von Saigon kontrolliert ausgewiesen), nur mehr von jeweils einem halben Dutzend Guerillas gehalten wurden. Die Distriktkompanien und Regionalbataillone, die früher einmal bereitstanden, um die örtlichen Einheiten zu unterstützen und Einfälle der Saigoner Truppen abzuwehren, hatten mehr tote Helden als lebende Kämpfer auf ihren Listen. Dazu kam, daß die Saigoner Seite die Veränderung spürte. Die Stimmung unterschied sich deutlich von der Atmosphäre der Panik und Einschüchterung, die Vann 1965 in Hau Nghia kennengelernt hatte, als Vietcong-Kommandos in die Ortschaft Cu Chi einmarschieren und stundenlang mißliebige Angehörige der örtlichen Nachrichtengruppe durch die Straßen und über die Hausdächer jagen konnten, ohne behelligt zu werden. Die Provinz- und Distriktchefs waren bereit, ihrem Feind entgegenzutreten, wenn sie von Amerikanern wie Vann dazu angespornt wurden. Seine systematische Rekrutierung von RF- und PF-Milizionären, aus denen er Garnisonen bildete, und die Installierung von Weiler- und Dorfverwaltungen durch die RD-Kaderteams versetzten ihn bald in die Lage, im Delta Gebiete zu beherrschen, in denen Saigon seit den Tagen Diems nicht mehr präsent gewesen war.

Für die Saigoner Beamtenschaft war das Phönix-Programm eine neue Goldmine. Man erpreßte Unschuldige und nahm Bestechungsgelder von denen, die man verhaften sollte. Im Eifer der Quotenerfüllung erhob man postum niederrangige, bei Scharmützeln gefallene Guerillas in den Status von Weiler- oder Dorfvorstehern der Vietcong-Verwaltung. Trotzdem erwies sich Phönix als ein Raubvogel. Nach all den Jahren waren die Namen zahlreicher Kader auf Ebene der Weiler, Dörfer und Distrikte in der ganzen Nachbarschaft bekannt. Tausende starben oder verschwanden in Saigoner Gefängnissen. Colby sollte 1971 sagen können, daß im Rahmen des Programms in ganz Südvietnam 28.000 VCI verhaftet, 20.000 getötet und 17.000 zum Aufgeben gebracht worden seien.

Natürlich verschwand der Vietcong nicht, und auch die Kämpfe hörten nicht auf, doch die Guerillas waren zu relativem Stillhalten gezwungen. Sie schafften es, südlich des Bassac im U-Minh-Wald in Ca Mau, in den Provinzen Kien Giang und Chuong Thien sowie in Chau Doc an der Grenze zu Kambodscha Bastionen zu halten, und verschanzten sich in kleineren Stützpunkten im nördlichen Delta. Um dies zu ermöglichen, war Hanoi gezwungen, vier NVA-Regimenter ins Gebiet des IV. Korps einzuschleusen. Eine große Zahl überlebender Kader mußte sich in Sumpf- oder Dschungelgebieten verstecken oder sich als Saigoner Beamte tarnen. In weiten Teilen des Deltas zog Ruhe ein, die nur mehr ab und zu durch Schüsse gestört wurde. Brücken wurden repariert und seit langem gesperrte Straßen oder Kanäle wieder geöffnet. Den Bauern, die auf ihrem Land geblieben oder zurückgekehrt waren, ging es gut. Das Fernsehen war eines der Geschenke einer technischen Zivilisation, die das US-Militär in seinem Troß mitgebracht hatte, um für seine Soldaten auf Band konservierte amerikanische Programme auszustrahlen und ein Netz von Sendern zu errichten, die Regimepropaganda verbreiten konnten. Vann sah vom Hubschrauber aus, daß in den Weilern auf den Dächern der größeren Häuser Fernsehantennen auftauchten.

Er machte sich Leute zu Freunden, mit denen er früher niemals Freundschaft geschlossen hätte. »Sie und ich ... zwei so ungleiche Gefährten«, schrieb einer von ihnen, Joseph Alsop, der Kolumnist des Establishments, im Herbst 1969 an Vann. Sie waren einander erst einmal begegnet, im Herbst 1967, auf Ersuchen Alsops und unter dem Druck Komers. Vann hatte sich zunächst geweigert, mit Alsop zusammenzutreffen, da er damals mit der Verachtung Halberstams und der anderen Reporter, die er zu seinen Freunden zählte, auf ihn herabblickte. Komer hatte daraufhin erklärt, man könne sich nicht einfach weigern, mit Joe Alsop zu sprechen. Er werde es ihm befehlen, sollte er sich sperren. Vann gab nach, und Alsop konnte seine Neugier befriedigen. »Ich bin überhaupt nicht sicher, daß wir die Situation in Vietnam unter demselben Gesichtspunkt sehen«, schrieb Alsop mit seltener Untertreibung, als er Vann in einer Notiz für das Treffen dankte. Vann wurde in Alsops Kolumne nicht erwähnt. Zwei Jahre nach der Ablösung Westmorelands waren die Hoffnungen, die Alsop in den General gesetzt hatte, nur mehr Erinnerung, doch er war immer noch darauf aus, Beweise zu sammeln, daß die Vereinigten Staaten in Vietnam noch siegen konnten. Da Vann die Dinge jetzt anders sah, war er für Alsop der Prüfstein, den er brauchte.

Im Herbst 1969 reiste Alsop mehr als eine halbe Woche lang durch das Delta und schrieb mehrere Artikel, in denen er das Erlebnis eines »Aufenthalts im Lande John Vanns« feierte. Wenn »Vietnams langjähriger Superpessimist« Vann der Meinung war, die Vereinigten Staaten und Saigon seien im Begriff zu gewinnen, dann mußte das wohl stimmen. »›Ich bin überzeugt, daß in nicht allzu ferner

Zukunft‹, so sagte mir John Vann, ›90 Prozent der Bevölkerung des Deltas fest unter der Kontrolle der Regierung sein werden.‹« John Vann sei ein »unendlich patriotischer, intelligenter, mutiger und großartiger Führer«. Aufrichtig war diese neu entstehende Freundschaft von seiten Alsops, eines Mannes, der, wenn er jemandem seine Zuneigung schenkte, dies in großzügiger Weise tat. Vann erwiderte seine freundschaftlichen Gefühle äußerlich, akzeptierte Alsops Werben und das wachsende Ansehen, das er ihm verschaffte, und erklärte, er sei zu Joe freundlich, weil es sich um den »Journalisten des Präsidenten« handle.

Ansehen war der Schlüssel zur Tür des Oval Office. In der zweiten Dezemberwoche des Jahres 1969 erhielt Colby ein Telegramm aus Washington. Der Präsident wünschte, Vann am 22. Dezember um 11 Uhr vormittags zu sehen. Vann sollte in den Vereinigten Staaten auf Weihnachtsurlaub sein. Er hatte gehofft, mit Kissinger sprechen zu können und schriftlich um eine Unterredung ersucht. Ein anderer seiner neuen Freunde, Sir Robert Thompson, ließ das erwartete Treffen mit dem Sonderberater des Präsidenten zur höchsten Ehre geraten. Er schlug Kissinger vor, der Präsident selbst solle mit Vann sprechen.

Sir Roberts Meinung über die Siegeschancen Amerikas in Vietnam hatte im Lauf der Jahre ständig gewechselt, je nachdem, wessen Vorstellungen gerade die Politik bestimmten. Er hatte Scharfsinn bei der Analyse von Westmorelands Strategie bewiesen. Wie bei so vielen Menschen, die sich bedeutenden Dingen widmen, zügelten jedoch eigene Interessen seine kritischen Fähigkeiten. Richard Nixon, ein Leser von Thompsons Schriften, hatte ihn im Oktober ins Weiße Haus gebeten. Thompson hatte dem Präsidenten erklärt, die Vietnamisierungsstrategie könnte innerhalb von zwei Jahren die Voraussetzungen für den Sieg schaffen. (In einem 1969 veröffentlichten Buch war er vorsichtiger und schätzte den erforderlichen Zeitraum auf drei bis fünf Jahre.) Nixon engagierte Thompson als Berater und entsandte ihn nach Südvietnam, um ihm Gelegenheit zu geben, seine Beurteilung an Ort und Stelle zu überprüfen. Thompson brauchte nun ebenfalls einen Prüfstein, und Vann sollte derjenige sein, der ihn bestätigte.

Vann begleitete ihn Anfang November auf einer dreitägigen Reise durch das Delta. Als Nixon am 3. November 1969 seine Wendepunkt-Rede über Vietnam hielt, hörten sie diese zusammen im Radio in einem Distrikthauptquartier in der Provinz Ba Xuyen, einer früheren Guerillabastion südlich des Bassac. Nixon hatte bereits den Abzug von 60.000 US-Soldaten angeordnet, um die öffentliche Meinung zu besänftigen. Es wurde allgemein erwartet, daß er die Gelegenheit nutzen werde, ein Programm für einen raschen Abzug der restlichen Truppen und vielleicht sogar eine Feuereinstellung anzukündigen. Statt dessen bat er »die große schweigende Mehrheit« seiner »amerikanischen Landsleute« um Geduld und Verständnis dafür, daß er den Krieg so lange fortführte, bis er einen »ehrenhaften Frieden« erreichen konnte. Man werde weiterhin Truppen abziehen, aber mit mäßigem Tempo, so daß Zeit blieb, die Saigoner Streitkräfte zu stärken. Vann war von der Rede begeistert. Sie zeigte, wie er an einen Bekannten schrieb, daß Nixon beschlossen hatte, »die Demonstranten zum Teufel zu schicken«. Gestärkt durch seinen Aufenthalt bei Vann, berichtete Thompson dem Präsidenten, Saigon sei »auf dem Weg zum Sieg«.

Als Vann das Amtszimmer betrat, stand Nixon neben seinem Schreibtisch und blickte durch die Balkontür auf den Rosengarten hinaus. Der Beginn der Unterredung war verschoben worden. Es war fünf nach zwölf. Der Präsident wandte sich um und schritt ihm entgegen, um ihn zu begrüßen. Kissinger stellte Vann mit überschwenglichem Lob vor. Der Präsident hatte seinen Schreibtisch freigemacht, wie er das aus Höflichkeit seinen Besuchern gegenüber immer tat. Was Vann ihm zu sagen hatte, schien ihn jedoch wirklich zu interessieren. »Ich werde nicht der erste Präsident der Vereinigten Staaten sein, der einen Krieg verliert«, hatte er vor führenden republikanischen Abgeordneten in diesem Herbst erklärt. Die Unterredung dauerte fast eine Stunde. Nachdem Vann ihm über die Pazifizierung im Delta berichtet hatte, befragte ihn Nixon über die Veränderungen des Krieges in den letzten Jahren, da er wissen wollte, wie Vann zu seiner gegenwärtigen Einstellung gekommen war. »Er schien meinen nunmehr optimistischen Einschätzungen ein gewisses Vertrauen entgegenzubringen«, vermerkte Vann in seinen Aufzeichnungen über das Gespräch. Er versicherte dem Präsidenten, daß die ARVN mit schweren Waffen und amerikanischer Luftunterstützung in der Lage wäre, mit der NVA fertigzuwerden, falls es eines Tages zu einer Kraftprobe kommen sollte. Schlimmstenfalls, so sagte er, würde das Saigoner Regime »bei einer großangelegten konventionellen Invasion gewisse Gebiete und deren Bevölkerung aufgeben müssen«. Allerdings würde man die Invasion zum Stillstand bringen, sobald der Feind seine Nachschublinien ausdehnte und infolgedessen durch Bomben und Artillerie verletzbar wurde. Der Präsident dankte Vann für das Gespräch und trug ihm auf, nach Vietnam zurückzukehren und dort weiterhin so gute Arbeit zu leisten. Er überreichte ihm einen Füllfederhalter und einen Golfball mit Autogramm zum Andenken an die Begegnung.

Vann ließ sich durch Erfolg nicht zähmen. Als er versuchte, Tran Ngoc Chau, seinen besten vietnamesischen Freund, vor dem Gefängnis zu bewahren, schaffte er es beinahe wieder einmal, hinausgeworfen zu werden. Nach dem Streit mit der CIA wegen der Pazifizierungsteams und den Schwierigkeiten, die er mit Kys Pazifizierungsminister bekommen hatte, war Chau zu der Erkenntnis gelangt, daß er seine Chancen für eine weitere Karriere in der Armee verspielt hatte. Er ließ sich beurlauben und richtete seine Ambitionen auf die Politik. Bei den Wahlen zur Nationalversammlung im Oktober 1967 errang er als Vertreter Kien Hoas einen Sitz im Unterhaus. Er hatte einen guten Start und schaffte es, sich zum Präsidenten des Unterhauses wählen zu lassen. Die Tet-Offensive verführte ihn schließlich zu einem riskanten Manöver. Er versuchte, sich zum Vermittler bei den Friedensverhandlungen aufzuschwingen, wobei er einen seiner Brüder, der Ho treu geblieben war, als geheime Verbindung zur anderen Seite benutzte. Dieser Bruder, Tran Ngoc Hien, ein hochrangiger Agent des nordvietnamesischen Nachrichtendienstes, lebte seit 1965 wieder im Süden, wo er als Reisevertreter für Arzneimittel auftrat. Um seinen Plan zu verwirklichen, hatte Chau sich gegen Nguyen Van Thieu gewandt. Er hatte seinen früheren politischen Verbündeten und alten Bekannten von der ARVN angegriffen, indem er dessen Schmiergeldverteiler in der Nationalversammlung, einen reichen Apotheker namens Nguyen Cao Thang, bloßstellte, der Abgeordnete bestach, damit sie Thieus Wünschen gemäß stimmten. Chau handelte nicht nur aus Ehrgeiz. Die Tet-Offensive hatte ihn überzeugt, daß es falsch war, das vietnamesische Volk in einem Krieg verbluten zu lassen, bei dem »keine Hoffnung auf ein Ende« bestand. Er dachte, daß das Saigoner Regime eine Überlebenschance hatte, wenn es rechtzeitig einen Frieden aushandelte.

Chaus Bruder wurde im Frühjahr 1969 verhaftet. Bei einer Kontrolle war einem Polizisten aufgefallen, daß Tran Ngoc Hiens annamitischer Akzent nicht zu dem auf seinem Personalausweis eingetragenen Geburtsort paßte. Hien verhielt sich wie ein schlauer Geheimdienstoffizier. Um nicht durch Folterung gezwungen zu werden, sein umfangreiches Spionagenetz zu verraten, lenkte er die Vernehmungsbeamten auf eine andere Fährte. Er verriet Chau an Thieu, indem er die Polizei über ihre Treffen informierte. Geheimkontakte zwischen Familienmitgliedern waren in Südvietnam zwar durchaus üblich, aber illegal.

Vann war mit Chaus Verhandlungsplänen nicht einverstanden. Nachdem er sich im Sommer bemüht hatte, den Streit zwischen Thieu und Chau zu schlichten, hatte ihm Bunker aufgetragen, sich aus der Sache herauszuhalten. Bunker schätzte Thieu, weil seine Herrschaft stabil war. Chau hielt er für einen Kommunisten oder kommunistischen Agenten, auf jeden Fall aber für einen gefährlichen Unruhestifter, der offenbar versuchte, sich in einer mit den Kommunisten gebildeten Koalitionsregierung einen Ministersessel zu sichern. Bunker hatte Vann in die Botschaft gerufen und ihm einen »höflichen, aber knallharten Anpfiff verpaßt«, wie Vann das Gespräch später charakterisierte. »John, Sie mischen sich in die Politik ein. Das ist mein Geschäft«, sagte Bunker. »Sie kümmern sich um die Pazifizierung im Delta, und ich kümmere mich um die Politik in Südvietnam. So etwas darf nicht wieder vorkommen.«

Als Vann Anfang Januar 1970 nach der beglückenden Begegnung mit Präsident Nixon von seinem USA-Urlaub zurückkehrte, war Thieu, der langsam, aber stetig seine Rache vorbereitete, im Begriff, Chau wegen der geheimen Treffen mit seinem Bruder ins Gefängnis zu werfen. Er erreichte durch Bestechung, daß man Chaus parlamentarische Immunität aufhob. Vann stellte über Colby das Ansuchen, Chau in einem amerikanischen Flugzeug außer Landes bringen zu lassen und ihm dann in Anbetracht seiner Verdienste in den USA Asyl zu gewähren. Auf legalem Weg konnte Chau aus Vietnam nicht mehr ausreisen; Thieu hatte seinen Paß für ungültig erklären lassen. Ev Bumgardner, der nun als Assistent Colbys wieder in Saigon war, unterschrieb das Gesuch ebenfalls. Bunker lehnte es ab.

Der Gedanke, Chau fallenzulassen, war Vann unerträglich, und das nicht nur aufgrund ihrer Freundschaft. Für Vann war Chau immer noch »der gute Vietnamese« seiner früheren Vorstellungen, ein Symbol der anständigen, fortschrittlichen Gesellschaft, die er mit Bumgardner, Doug Ramsey, Frank Scotton und Dan Ellsberg für Südvietnam entworfen hatte. Er wußte, daß Chau weder Kommunist noch kommunistischer Agent war, wie sehr er in diesem Krieg, in dem der Bruder den Bruder ausnutzte, auch versucht hatte, Hien zu benutzen, und von Hien benutzt worden war. Bumgarder vertrat die gleiche Ansicht. Vann schmiedete einen Plan, um Chau nach Kambodscha zu schmuggeln, von wo er nach Frankreich oder in die USA gelangen sollte. Vann hatte sich von seinen Piloten beibringen lassen, wie man einen Hubschrauber steuerte. Nun beabsichtigte er, Chau vor das nächste am Golf von Siam gelegenene kambodschanische Fischerdorf zu fliegen, um ihn mit einem Gummifloß abzusetzen.

Vann beschaffte sich ein Floß. Es handelte sich um eines der sich in Sekundenschnelle aufblasenden Modelle, die die Luftwaffe an ihre Piloten ausgab. Zur Probe flog er mit dem Hubschrauber zuerst einmal allein los. Bumgardner fuhr Chau zum vereinbarten Zeitpunkt zum Helikopterstartplatz am Mülldepot von Newport, dem von Westmoreland am Saigonfluß errichteten Militärhafen. Vann traf sich mit ihnen und flog Chau nach Can Tho. Ein weiterer enger Freund aus der Zeit beim III. Korps, Dr. Merrill »Budd« Shutt, der nun bei Vann im IV. Korps als Leiter des Gesundheitswesens fungierte, erklärte sich bereit, Chau in seiner Wohnung in einer der CORDS-Siedlungen in Can Tho zu beherbergen.

Hätte Chau Vann seinen Plan ausführen lassen, wäre dessen Karriere in Vietnam sicherlich beendet gewesen. Thieu hätte sich um seine Rache betrogen gefühlt und aus Ärger darüber die Ausweisung Vanns gefordert. Die Polizisten, die Bumgardner und Chau bis zur Einfahrt in das Depot beschattet hatten, beobachteten, daß Bumgardner allein herauskam. Da man genau wußte, wer mit wem befreundet war, konnte man sich unschwer denken, was hier vor sich ging. Nach einigen Tagen des Nachdenkens kam Chau jedoch zu dem Schluß, daß er durch seine Flucht Thieus Anschuldigung, er sei Kommunist, nur bestätigen würde. Blieb er hingegen da, wies die Beschuldigung zurück und ging ins Gefängnis, würde er zu einem Märtyrer werden und damit in Südvietnam eine politische Zukunft haben. Er geriet darüber mit Vann in Can Tho in einen heftigen Streit. Vann bezeichnete ihn als einen Narren. Thieu hatte die USA hinter sich. Er würde noch sehr lange an der Macht bleiben und ihn noch Jahre in Haft behalten. Chau blieb bei seinem Entschluß. Vann mußte ihn nach Saigon zurückfliegen, wo er sich noch eine Weile versteckte. Dann begab er sich in die ehemalige französische

Oper, in der jetzt das Unterhaus zusammentrat und wo schon Diems Nationalversammlung getagt hatte, und wartete in seinem Büro, bis die Polizei ihn
verhaften kam.

Bunker rief Vann erneut in die Botschaft, als er erfuhr, daß dieser Chau versteckt hatte. Dieses Mal war der alte Mann völlig kalt, so eisig, wie Ellsworth Bunker nur sein konnte, wenn er wütend war. »Wenn Sie es nicht wären, John, dann
wären Sie bereits außer Landes«, sagte er. »Ich habe Sie schon einmal gewarnt, und
jetzt ist wieder etwas vorgefallen. Ein drittes Mal wird es nicht geben. Wenn es
doch dazu kommt, müssen Sie gehen, so hervorragend die Arbeit, die Sie hier
geleistet haben, auch sein mag, und ich weiß, daß sie hervorragend ist.«

George Jacobson hatte Vann noch nie so eingeschüchtert erlebt. Als er aus
Bunkers Amtszimmer kam, war er aschfahl. »Jetzt hinausgeworfen zu werden ist
in meinem Schlachtplan nicht vorgesehen«, sagte er zu Jake.

Der Gedanke, sich wie Harkins und Westmoreland, über die er sich immer lustig
gemacht hatte, in einem Netz von Wunschträumen zu verfangen, scheint Vann
niemals gekommen zu sein. Dan Ellsberg neckte ihn wegen seines Gesprächs mit
Nixon. »Endlich hast du für den Präsidenten ein paar gute Neuigkeiten gehabt«,
sagte er. Vann konnte dieser ironischen Bemerkung nichts abgewinnen.

Er und Ellsberg blieben die besten Freunde. Bei seinen Besuchen in den USA
konnten sie stundenlang über den Krieg diskutieren, ohne einander fremd zu
werden, doch ihre Positionen waren grundverschieden. In Ellsbergs Privatleben
begann Ordnung einzuziehen. 1970 sollte er Patricia Marx heiraten, die Frau, mit
der er in Saigon über den Krieg gestritten hatte.

Was den Krieg betraf, hatte Ellsberg eine Metamorphose durchgemacht. Die
Lektüre der immer noch streng geheimen Pentagon-Papiere, der dreiundvierzig
Bände umfassenden Untersuchung über die Ursprünge und die Geschichte des
Konflikts, die McNamara in Auftrag gegeben hatte und die im Januar 1969 fertiggestellt wurde (Ellsberg wäre nicht Ellsberg gewesen, hätte er nicht alle dreiundvierzig gelesen), brachte ihn zu der Erkenntnis, daß das amerikanische Engagement in Indochina immer schon ein unsinniges und aussichtsloses Unternehmen
gewesen war. Die Politik der Vietnamisierung erschien ihm daher als eine »blutige,
verzweifelte und überflüssige und so gesehen unmoralische Verlängerung der Verwicklung Amerikas in diesen Krieg«, wie er im September an einen Mitarbeiter der
Carnegie-Stiftung für den internationalen Frieden schrieb. Meinungen können sich
ändern, Glaubenseifer ist eine charakterliche Konstante. Ellsberg, einst Vanns lei-
denschaftlichster Anhänger im Kampf für die Fortführung des Krieges, wurde im
Ringen um seine Beendigung eine Kraft, mit der man rechnen mußte. Ellsberg
diskutierte mit seinem Freund über die Pentagon-Papiere. Er sagte Vann, auch er
würde seine Meinung ändern, sollte er jemals einige der Dokumente lesen. Er

sagte ihm aber nichts, als er im Herbst 1969 begann, jeweils mehrere Bände der im Besitz der Rand Corporation befindlichen Kopie der Papiere an den Sicherheitsbeamten am Haupttor vorbeizuschmuggeln, um sie zu photokopieren. Vann empfand nun seine Reisen in die Vereinigten Staaten als Triumphzüge. Lee beriet ihn bei der Auswahl seiner Kleidung. Auf ihr Anraten ließ er sich in Hongkong dunkle Maßanzüge machen und trug dazu nüchtern gestreifte Krawatten. Seine Vorträge am Army War College und anderen Militärschulen galten als außergewöhnliche Veranstaltungen. Es gelang ihm nicht, noch einmal mit dem Präsidenten zu sprechen, aber er informierte regelmäßig Nixons Verteidigungsminister. Melvin Laird war innerhalb der Regierung derjenige, der die Vietnamisierung mit der größten Begeisterung betrieb. Er überhäufte die Saigoner Streitkräfte mit Ausrüstung – mit Artillerie aller Art, gepanzerten Mannschaftstransportern, Hunderten von Panzern, Staffeln von Düsenjagdbombern und mehr als 500 Huey- und Chinook-Helikoptern. Vann sprach auch im Amtszimmer des Generalstabschefs vor. Westmoreland wartete begierig auf Ergebnisse, die seine Investitionen rechtfertigten. Auch Bruce Palmer, nunmehr stellvertretender Generalstabschef, fehlte nie auf Vanns Besuchsliste. Palmer hatte sich durch die Tet-Offensive entmutigen lassen, schöpfte aber wieder Hoffnung, als Vann ihm versicherte, es gebe allen Grund dazu.

Obwohl viele Reporter, mit denen Vann bekannt war, seine Schlußfolgerungen über den Krieg nicht mehr guthießen, genoß er bei der Presse nach wie vor eine besondere Glaubwürdigkeit – nicht nur von früher her, sondern weil er über die Mängel auf der Saigoner Seite immer noch offen sprach. Aus denselben Gründen behielt er sie in den unteren Rängen der Bürokratie. Seine Freundschaft mit Halberstam überlebte, aber sie wurde unnatürlich. Halberstam arbeitete an »The Best and the Brightest«, seiner Anklage gegen die Generation amerikanischer Politiker, die das Land in den Vietnamkrieg geführt hatten. Er argumentierte Vann gegenüber, daß die amerikanische Gesellschaft durch einen fremden, für sie unwichtigen Krieg zerrissen worden sei; Vann solle sich doch einmal diese Risse und die anderen Folgen des Kriegs in der Heimat vergegenwärtigen. »Das interessiert mich nicht«, sagte Vann.

Einige von seinen alten Freunden in Vietnam hatte Vann aus den Augen verloren, darunter auch Bob York. Obwohl er mit einem dritten Stern und dem Kommando über Fort Bragg und die 18. Luftlandedivision belohnt worden war, hatte er seine Illusionen verloren und die Armee Mitte 1968 verlassen.

Vanns Besuche bei seiner Tante Mollie Tosolini waren stets ein freudiger Anlaß. Wenn er sich in der Nähe von New York aufhielt, rief er an und besuchte sie in ihrem großen Haus auf Long Island. Es war für sie jedesmal ein Erlebnis, wenn er mit seiner Aktentasche und wie ein Diplomat gekleidet bei ihr ankam. Sie tauschten Erinnerungen an Norfolk aus, und er sagte ihr, wie gern er sie als Mutter gehabt hätte. Er erzählte ihr von den Leuten in Washington, die auf Myrtles Sohn hörten. »Du und ich, Tante Mollie, wir haben es zu etwas gebracht«, meinte er immer.

Der Umzug nach Can Tho brachte keineswegs Unordnung in sein Paradies. Im Gegenteil, der Spaß, zwei Frauen zu haben, die voneinander nichts wußten, wurde dadurch noch größer. Vann praktizierte hier eine Variante des III.-Korps-Gambits. Er ließ sich von CORDS ein Haus in Can Tho mieten, renovieren und einrichten, in dem er Annie und das Kind unterbrachte und auch selbst übernachtete, wenn er nicht gerade auf einer Reise durch eine Provinz oder in Saigon war. Dieses Haus war jedoch nicht sein offizieller Wohnsitz. Offiziell nächtigte er im zweiten Schlafzimmer eines Bungalows, den man Wilbur Wilson in der größten Wohnsiedlung von CORDS in Can Tho zugeteilt hatte. Sie trug den Namen Palm Springs, weil die Bungalows um einen Swimmingpool angeordnet waren. Er hatte hier ein paar Kleidungsstücke im Schrank und einige Toilettegegenstände neben dem Bett sowie Photos an den Wänden, um den Eindruck zu erwecken, daß das Zimmer bewohnt wurde. Wenn Lee zu einem gelegentlichen Besuch nach Can Tho kam, schliefen sie hier zusammen.

Annie stellte keine Gefahr dar, da sie ihm alles glaubte und keine Fragen stellte. Lee war neugieriger und begann zu begreifen, daß Vann sie ständig betrog. Er wies seinen Fahrer, seinen Dolmetscher und seinen Hubschrauberpiloten an, ihre Fragen abzublocken. Seine Sekretärin, Frenchy Zois, Wilbur Wilsons Sekretärin, Tess Johnston, und die übrigen amerikanischen und vietnamesischen Mitarbeiter im CORDS-Hauptquartier deckten ihn ebenfalls. Lee rief ihn häufig aus Saigon an. Sie sorgten dafür, daß sie nicht versehentlich die Nummer seines Hauses bekam, wenn er zufällig dort war. Lee kam nie auf den Gedanken, daß seine Untreue mehr war als vorübergehende Abenteuer. (Auch dafür eignete sich das Schlafzimmer im Bungalow recht gut.)

1970 stand Vann auch neben Lee vor dem Ahnenaltar. Sie hatte ihn bei seinen Besuchen in Saigon nachts zu sich nach Hause genommen und hätte vor ihrer Familie das Gesicht verloren, wenn er nicht zu einer Geste bereit gewesen wäre. Sie drängte ihn zu einer Verlobungszeremonie, die dann an ihrem 26. Geburtstag im Haus ihres Großvaters stattfand, der unter Bao Dai und Diem Kabinettsmitglied gewesen war und später die Nationalbank geleitet hatte. Sie belog den alten Mann und erzählte ihm, Vann sei geschieden. Da es sich bloß um eine Verlobung handelte, war die Zeremonie weniger aufwendig als bei Annie. Vann schenkte Lee die traditionellen Ohrringe und einige andere Schmuckstücke. Der Großvater stellte ihn ihrem Onkel, ihrer Tante und den übrigen anwesenden Verwandten sowie dem Geist von Lees Großmutter vor, deren Porträt auf dem Ahnenaltar stand. Vann faltete seine Hände und verneigte sich, während Lee betete. Dann setzte man sich zu einem Mahl mit Champagner. Wieder waren keine Amerikaner unter den Gästen.

Richard Nixons »schnelle, aber bedachtsam durchgeführte Entamerikanisierung« war, was amerikanische Menschenleben betraf, nicht gerade billig. 1969 fanden in Vietnam 11.527 US-Soldaten den Tod. 1970 sollten weitere 6065 fallen. Insgesamt wurden in Vietnam unter Nixons Präsidentschaft 21.000 Amerikaner getötet und ungefähr 53.000 ernstlich verwundet, was mehr als einem Drittel aller amerikanischen Verluste in diesem Krieg entsprach.

Nixons Truppenabzüge brachten allerdings einen unvorhergesehenen Vorteil mit sich. Sie verhinderten, daß sich die Armee in Vietnam auflöste. Die unter dem Kommando Hal Moores im Drang-Tal und bei Bong Son siegreich gebliebenen Schützen hätten die US-Armee des Jahres 1969 nicht wiedererkannt. Es war eine Armee, deren Angehörige sich in Marihuana und Heroin flüchteten, in der Männer starben, weil ihre Kameraden von Drogen betäubt waren, aus denen die Saigoner Generäle und chinesische Händler ihren Gewinn zogen. Es war eine Armee, deren Einheiten im Feld nah am Meutern waren, deren Soldaten gegen das unsinnige Geopfertwerden rebellierten, indem sie Offiziere und Unteroffiziere »versehentlich« erschossen oder mit Handgranaten »hochgehen« ließen. Als Westmoreland Mitte 1968 abtreten mußte, hatte es bereits klare Anzeichen von Demoralisierung gegeben. Unter Creighton Abrams wurde es noch schlimmer, da er, obwohl er auch mit neuen Taktiken experimentierte, an Westmorelands Abnutzungsstrategie festhielt und weiterhin amerikanische Soldaten in die von der NVA als Tötungszonen angelegten Bunkersysteme jagte. Ein berühmter Fall war der Tod von 55 Mann der 101. Luftlandedivision, die im Mai 1969 sterben mußten, als es darum ging, eine befestigte Höhenlinie am Rande des wilden A-Shau-Tals in den Bergen westlich von Hue zu nehmen. Die Soldaten nannten den Höhenrücken »Hamburger Hill«. Die traurige Ausdrucksweise des amerikanischen Soldaten in Vietnam spiegelte die Sinnlosigkeit dieses Krieges wider. Man wurde hier nicht getötet, sondern »umgelegt« oder »weggeblasen«.

Die ARVN kämpfte nicht besser, wie Vann sich eingeredet hatte. Der ehrwürdige Stümper Phan Trong Chinh war zwar kurz vor der Tet-Offensive doch noch des Befehls über die 25. Division enthoben worden, diese Maßnahme hatte aber nichts mit seiner Inkompetenz zu tun. Sie war im Rahmen jener regelmäßigen Umbesetzungen erfolgt, die auf persönliche Beziehungen, Schmiergelder und Politik zurückzuführen waren. Als gelte es dies zu beweisen, stieg Lam Quang Tho, der 1963 in My Tho Provinzgouverneur gewesen war — Vanns »gottverdammter Feigling«, der bei der Schlacht von Ap Bac jeden Versuch sabotiert hatte, die Flanke des Feindes aufzurollen —, zum General auf und erhielt von Thieu den Befehl über eine Division. Westmoreland hatte es unterlassen, die Saigoner Streitkräfte zu reformieren und ihnen eine gesunde Führung zu geben, solange noch Zeit dazu war. Jetzt, da sie an den Grenzen in Schlachten gegen die NVA und in Kämpfe mit den noch bestehenden Vietcong-Einheiten geworfen wurden, rächte sich das in Form von schrecklichen Verlusten. Im Jahr der Tet-Offensive hatten die

Saigoner Truppen fast 28.000 Gefallene zu beklagen, was fast der Hälfte aller amerikanischen Toten in diesem Krieg entsprach. 1969 sank die Zahl auf 22.000, doch der Blutzoll war immer noch zweimal so hoch wie in den Jahren vor der Tet-Offensive. 1970 sollte Saigon mehr als 23.000 Mann verlieren.

Vann mußte auch feststellen, daß er nicht mit solchen Provinz- und Distriktchefs zusammenarbeitete, auf deren Ernennung durch ein von der Tet-Offensive geschocktes Regime er ursprünglich gehofft hatte. Die meisten waren keine geduldigen und gutwilligen Männer wie Hanh oder Leute wie Chau, in denen sich der Ehrgeiz mit etwas Idealismus verband. 1970 war der bekannteste Provinzgouverneur des Mekong-Deltas Oberstleutnant Hoang Duc Ninh. Sein Vetter, Nguyen Van Thieu, Präsident der Republik, hatte ihm die Provinz Bac Lieu im unteren Delta gegeben. Seine Raffgier war geradezu grenzenlos. Er erhob Abgaben auf praktisch sämtliche in der Provinz verkauften Waren, vom Benzin bis zu den Zigaretten; er verkaufte auch staatliche Vorräte und ließ seine Soldaten einen Teil davon wieder stehlen, so daß er ihn noch einmal verkaufen konnte; auf seinen Mannschaftslisten blühten »Topfpflanzen-« und »Geistersoldaten«; niemand wurde in die sichere Stadt Bac Lieu oder in eines der Distriktzentren abkommandiert, ohne daß Ninh eine Gebühr dafür kassierte; seine Batterien hielten die Landgebiete nachts mit Stör- und Behinderungsfeuer wach, so daß er Tausende von zusätzlichen Messinggranathülsen verscheuern konnte; im Rahmen des Phönix-Programms preßte er aus Unschuldigen ungewöhnlich hohe Summen heraus und entließ für den doppelten Preis echte Vietcong aus dem Gefängnis. Er versäumte keine Gelegenheit, Geld zu machen. Er befahl sogar, in einen Küstendeich, den man mit US-Mitteln errichtet hatte, um das Salzwasser von den Reisfeldern fernzuhalten, Löcher zu graben, und verkaufte Fischern das Recht, an den Durchstichen Netze anzubringen, in denen sich bei Flut die Fische fingen. Die Zerstörung ihrer Reisfelder mußten die Bauern hinnehmen. Ninh war nicht nur raffgierig, sondern auch unverfroren. Warren Parker, eine ehemaliger Oberstleutnant der Special Forces, der nach seiner Pensionierung zur AID gegangen und Vanns oberster Berater in Bac Lieu geworden war, versuchte Ninh zur Zurückhaltung zu bewegen, indem er ihn vor einem Presseskandal warnte. »Ich fürchte mich weder vor amerikanischen noch vor vietnamesischen Zeitungsleuten«, antwortete Ninh. In jeder seiner Reden prahlte er mit »mein Vetter, der Präsident«.

Komer hatte geheime Maßnahmen zur Bekämpfung der Korruption ergriffen, Colby führte sie weiter und vereinheitlichte sie in seiner systematischen Art und Weise. Mit der Überwachung dieses Programms war Bumgardner betraut. Man trug Dossiers über Provinz- und Distriktchefs und andere Provinzbeamte zusammen, deren Korruptheit die ihrer Kollegen in spektakulärer Weise übertraf. Colby legte diese Dossiers Thieus Premierminister mit dem Ersuchen vor, die Betreffenden zu entlassen und zu bestrafen. Auch Bunker griff ein, indem er den jeweiligen Fall mit Thieu erörterte. Daß dieses Programm jahrelang lief, war ebenso ein Maß für die Fähigkeit hoher US-Beamter, ein leeres Ritual zu vollziehen, wie für die Korruption der Regierung in Saigon. Bunker führte Buch über die Gespräche mit Thieu, die Korruptionsfällen gewidmet waren. Er wurde bei Thieu achtundsiebzigmal vorstellig. (Das schließlich über Ninh vorgelegte Dossier machte dessen Unternehmertalent in Sachen Schmiergeld alle Ehre. Es umfaßte dreißig engzeilig getippte Seiten.) Bestraft wurde kaum jemand. Ninh wurde 1971 zum Oberst befördert. Manchmal führte der Druck dazu, daß jemand entlassen wurde, was jedoch, wie Bumgardner entdeckte, bloß ein Trick war. Der Betreffende wurde für eine Zeitlang einem Stab zugeteilt und erhielt anschließend wieder eine Provinz oder einen Distrikt. Bumgardner bezeichnete dieses Verfahren als »Faule Susanne«. Kein einziger Saigoner Beamter fiel vom Karussell der Korruption herunter. Er stieg bloß um und drehte sich damit weiter.

Der John Vann vergangener Jahre hatte gewußt, daß eine von moralischen Bankrotteuren geführte Saigoner Regierung und eine von inkompetenten Dieben befehligte Armee zum Untergang verurteilt waren. Er war Sturm gelaufen gegen alle jene, die vietnamesische und amerikanische Menschenleben verschwendeten, um diese Situation zu erhalten. Der John Vann vergangener Jahre betrog sich selbst und andere, um sich seine Sehnsüchte zu erfüllen. Diese Täuschung hatte jedoch niemals seine berufliche Integrität in Frage gestellt. Er hatte seine zentrale Wahrheit immer in einem gesonderten Fach aufbewahrt und sie sich unversehrt erhalten. Sein Wille, dieser Wahrheit treu zu bleiben, hatte ihn moralisch und geistig von den anderen großen Akteuren dieses Krieges abgehoben. Er hatte sich in dieser Hinsicht niemals selbst belogen noch jene getäuscht, denen er diente. Seine Kreuzzüge in Hau Nghia gegen die Korruption und für eine Strategie der sozialen Revolution und der Reformen mochten weltfremd und idealistisch gewesen sein, aber dahinter hatte die Überzeugung gestanden, daß für das existierende System Krieg zu führen falsch war und zu einem Fiasko führen mußte.

Die Lösung, die der neue John Vann vorschlug, um Ninh das Handwerk zu legen, war, so unglaublich es klingen mag, Ninh zum Regimentskommandeur ernennen zu lassen. Er traf zu diesem Zweck mit Ninhs jüngerem Bruder, Hoang Duc Nha, zusammen, den er kurz zuvor im Saigoner Präsidentenpalast kennengelernt hatte. Nha hatte während seiner ganzen Gymnasialzeit in Thieus Familie gelebt und war dann an ein College in den Vereinigten Staaten gegangen. Thieu betrachtete ihn als seinen Sohn. Offiziell war er Generalkommissar für Informationswesen, in Wirklichkeit jedoch ein Vertrauter Thieus, den er in bezug auf den Umgang mit Amerikanern beriet. Vann lud Nha zum Abendessen ins »La Cave« ein, das damals von den Amerikanern bevorzugte französische Restaurant. Er erklärte Nha, daß die militärische Begabung seines Bruders auf dem Sessel eines Provinzgouverneurs vergeudet werde und man ihn an die Spitze eines Regiments stellen sollte. Nha war über die Wertschätzung, die Vann seinem Bruder entgegenbrachte, ebenso erfreut wie Ninh selbst, als er erfuhr, was Vann über ihn gesagt hatte. »Mit einem Regiment wird er weniger stehlen«, meinte Vann später Warren Parker gegenüber. Die List funktionierte nicht. Ninh wurde in Bac Lieu belassen, wo er sich weiter bereicherte. Als man ihm später ein spezielles, mehrere Provinzen umfassendes Kommando übertrug, das viel mehr war als der Befehl über ein Regiment, reifte sein Unternehmergeist entsprechend. Er verkaufte bedrohten Garnisonen Sperrfeuer: kein Schmiergeld, keine Artillerieunterstützung.

Dan Ellsberg und David Halberstam waren nicht die einzigen unter seinen alten Freunden, die bemerkten, daß er von der Richtung abgekommen war. Oberst Sam Wilson war nicht jemand, der sich gegen den Krieg gewandt hätte. Er sollte seine Karriere in den siebziger Jahren als Generalleutnant und Leiter der Defense Intelligence Agency des Pentagons beenden. Trotz der erfolgreichen Organisationsarbeit in Long An und seines Beitrags zur Schaffung von CORDS glaubte er nicht, daß die USA bis zum Zeitpunkt seiner Heimkehr Mitte 1967 den Krieg gewinnen könnten. Er schwieg jedoch und blieb Soldat, denn die Armee war sein Leben. Er befehligte die 6. Gruppe der Special Forces in Fort Bragg und übernahm dort anschließend die Leitung der Military Assistance School. Fort Bragg war eine der Stationen, wo Vann während seiner Heimaturlaube regelmäßig Vorträge hielt. Für Wilson war es ein faszinierendes Schauspiel zu sehen, wie Vann, der ein Brustmikrophon trug, auf dem Podium hin- und herschritt und, sich selbst überzeugend und andere zu überzeugen versuchend, Erlebnisse und Statistiken, Meinungen und Emotionen zu einer Darbietung verwob, die eher einem Bewußtseinsstrom als einem Vortrag glich. Viele von den Zuhörern waren hingerissen. Wilson war es nicht. Nichts von dem, was Vann sagte, überzeugte ihn davon, daß eine wesentliche Änderung eingetreten war. Vann schien so viel von sich selbst in den Krieg investiert zu haben, daß er sich nun einredete, er sei dabei, ihn zu gewinnen. »John, Sie sind dort und ich nicht, und ich möchte Ihnen gerne recht geben«, sagte Wilson nach einer dieser Vorstellungen, »aber das hier sagt mir, daß ich Ihnen nicht recht geben kann.« Und er schlug sich mit der Hand auf den Bauch.

Der John Vann, den seine alten Freunde geschätzt hatten, war im Krieg verlorengegangen. Von Jahr zu Jahr hatte er sich in Vietnam wohler gefühlt. Der Krieg war für ihn zu einer solchen Erfüllung geworden, daß er ihn nicht mehr von sich trennen konnte. So verfälschte er schließlich die Wahrheit über den Krieg, wie er es früher mit anderen, geringeren Wahrheiten getan hatte.

Vann erhielt seine Sterne durch Fred Weyand und einen — selbstverständlich käuflichen — Saigoner General, der glaubte, er könne von Vanns Talenten profitieren, und der bereit war, sich manipulieren zu lassen. Anlaß dafür war Nixons Entscheidung, die US-Armee und die ARVN Ende April 1970 in Kambodscha einmarschieren zu lassen.

Norodom Sihanouk, Herrscher über Kambodscha, ein quirliger und sprunghafter Mensch, liebte Intrigen und löste dadurch die Zerstörung seines Landes aus. Obwohl er und seine Kumpane für die Benutzung Sihanoukvilles als Nachschubhafen gut bezahlt wurden und die vietnamesischen Kommunisten — was das Saigoner Regime stets ablehnte — öffentlich die von den Franzosen festgelegten Grenzen Kambodschas anerkannten und Sihanouk privat versicherten, sie würden nach Ende des Krieges sofort wieder abziehen, war es ihm aufgrund seines Temperaments nicht möglich zu warten. Als Nixon im März 1969 den Geheimbefehl gab, die vietnamesischen Schutzräume in Kambodscha mit B-52 zu bombardieren, begrüßte Sihanouk diese Angriffe stillschweigend. Darüber hinaus animierte er die Falken seines Regimes, den Abzug der Vietnamesen zu fordern. Das erste und am wenigsten erwartbare Ergebnis davon war, daß Sihanouk von seinem eigenen Premierminister, General Lon Nol, gestürzt wurde. Nixon erteilte nun den Marschbefehl in der Hoffnung, ein Krieg in Kambodscha werde einen Teil der Energien Hanois binden und es von der Schlacht um Südvietnam ablenken. Er ermutigte Lon Nol, der über eine lächerliche Armee mit entsprechender Führung verfügte, gegen die Vietnamesen in den Krieg zu ziehen — ein für das kambodschanische Volk verhängnisvolles Unterfangen; Lon Nol war dumm genug, sich darauf einzulassen. Um mehr Zeit für die Vietnamisierung des Krieges zu gewinnen, entsandte Nixon gleichzeitig amerikanische und Saigoner Truppen über die Grenze. Ihr Auftrag lautete, in die Schutzräume der Vietnamesen einzudringen und eine möglichst große Menge der dort gehorteten Waffen und Munitionsvorräte sicherzustellen.

Kambodscha war das Land, dem aus dem amerikanischen Krieg in Indochina die schrecklichsten Folgen erwuchsen. Sihanouk wechselte ins linke Lager, ließ sich in Peking nieder und bildete mit Pol Pot und anderen Führern der damals völlig unbedeutenden kommunistischen Bewegung Kambodschas eine nationale Front. Die Vietnamesen hatten die als Rote Khmer bekannten kambodschanischen Kommunisten niemals unterstützt, da sie die Basen in Kambodscha für den Kampf um Südvietnam benötigten und ihr Arrangement mit Sihanouk, der seine eigenen Kommunisten bisher verfolgt hatte, nicht gefährden wollten. Nun begann Hanoi, eine kommunistische kambodschanische Armee für den Kampf gegen Lon Nol auszurüsten und auszubilden. Sihanouk stellte seinen Namen zur Verfügung, um die Massen zu mobilisieren.

In dem nun ausbrechenden Bürgerkrieg, in dem die Vereinigten Staaten Lon Nol mit Waffen und großzügigen Bombereinsätzen, insbesondere von B-52, unterstützten, sollten Hunderttausende von Kambodschanern den Tod finden. Als dann die Armee der Roten Khmer ihren Nachschub aus China erhielt, verloren die Vietnamesen die Kontrolle über sie. Die Führung in Hanoi entdeckte, daß sie ein Monster geschaffen hatte, das sich eines Tages gegen Vietnam wenden würde. Pol Pot und seine Anhänger erwiesen sich als Eiferer, die eine extreme

Form von Kommunismus anstrebten. Nach ihrem Sieg im Jahr 1975 sollten sie Kambodscha mit einem mörderischen, an die Nazis erinnernden Mystizismus regieren. Sie entvölkerten Phnom Penh und die anderen Städte des Landes, indem sie die Einwohner in die Landgebiete trieben, verboten die nationale buddhistische Religion, ermordeten die Mönche und töteten alle Gebildeten, darunter den Großteil der Ärzte des Landes. Die überlebenden Städter und Bauern wurden in Arbeitslagern zusammengepfercht, um Bewässerungskanäle auszuheben und die Reisfelder zu bestellen. Von einer Bevölkerung von rund 7 Millionen kamen unter der Herrschaft Pol Pots schätzungsweise 1 bis 1,5 Millionen Menschen durch Hunger, Zwangsarbeit, Krankheit und ständige Hinrichtungen um, die mit Hauen oder Äxten vollzogen wurden.

Obwohl diese Folgen 1970 noch nicht vorauszusehen waren, empfanden es viele als verabscheuenswürdig, daß man nun eine weitere Nation in den Feuerofen warf. Laos war bereits geopfert worden. Die Landesteile, durch die der Ho-Chi-Minh-Pfad führte, waren nicht die einzigen, die amerikanische Bomben zu spüren bekommen hatten. Die Kleinstädte und Dörfer der von den Kommunisten gehaltenen nördlichen Landesteile waren völlig verwüstet. Die CIA hatte die Hmong-Stämme des laotischen Berglands, auch Meo genannt, dazu gebracht, gegen die Vietnamesen und die laotischen Kommunisten, die Pathet Lao, zu kämpfen, wodurch im Lauf der Zeit ein Viertel dieser Völkerschaft ausgelöscht wurde. Die USA schickten zwölfjährige Jungen in die Schlacht um Laos. Drei Angehörige von Kissingers Stab, William Watts, Roger Morris und Anthony Lake, der in Vietnam als Adjutant von Lodge und Konsul in Hue tätig gewesen war, traten aus Protest gegen die Intervention in Kambodscha zurück. Kissinger unterstützte Nixons Maßnahmen. Hätte er sich ernsthaft dagegen gewandt, wäre er wahrscheinlich entlassen worden. Lake brachte noch einmal humanitäre Argumente dagegen vor. »Niemand hat ein Monopol auf Mitleid, Tony«, antwortete ihm Kissinger.

John Vann hatte früher die Meinung vertreten, daß grenzüberschreitende Operationen von den wahren Problemen ablenkten. »Wenn wir über die Grenze gehen, wird es hinter jedem Schutzraum, den wir gerade säubern, einen anderen geben«, erklärte er Philip Geyelin, dem Leitartikler der »Washington Post«, im Dezember 1967. Aufgrund seiner veränderten Einstellung war er nun von Nixons Vorstoß nach Kambodscha begeistert; auch er dachte, man werde dadurch wertvolle Zeit für den Krieg in Vietnam gewinnen.

Hätte Vann gewußt, wie sich dieses Abenteuer auf Ramseys Leben auswirkte, wäre seine Reaktion sicherlich weniger eindeutig gewesen. Vann glaubte, daß Ramsey durch Krankheit oder bei einem Bombenangriff ums Leben gekommen war, denn seit dem herausgeschmuggelten Brief vom Februar 1967 und einem wenig später eingetroffenen unvollständigen Bericht hatte er keine verläßlichen Informationen mehr über ihn erhalten. Er achtete darauf, sich nichts davon in den Briefen anmerken zu lassen, die er ein- oder zweimal pro Jahr an Ramseys Eltern schrieb, um ihnen Mut zuzusprechen.

Ramsey befand sich in Kambodscha. Um den die Grenze überschreitenden US-Truppen auszuweichen, hatten ihn seine Bewacher mit sieben anderen Gefangenen in ein Dschungelgebiet gebracht. Er wurde an einen Baum gekettet. Da man ihm die Rationen um zwei Drittel gekürzt hatte und er erneut an Beriberi erkrankt war und außerdem an Durchfall litt, war er dermaßen geschwächt, daß er kaum die Arme über den Kopf heben konnte, um die Plastikfolie zurechtzurücken, die ihm als einziger Schutz gegen die Witterung diente. Er hatte das »Höllenloch« überlebt, wie er das Lager im nördlichen Teil der Provinz Binh Duong nannte, er hatte die schlimmste Phase der Beriberi mehr oder minder überwunden und war zu neuen Lagern marschiert, die vor oder hinter der kambodschanischen Grenze in den Bergen im Südteil des Zentralen Hochlands lagen. Im Herbst 1969 war er den B-52 entkommen, die seine Bewacher veranlaßt hatten, in ein neues Lager zu ziehen, das sich einige Kilometer tief auf kambodschanischem Gebiet befand – drei Tage und Nächte lang hatte er die Bombenangriffe auf die umliegenden Höhen und Täler erlebt, fünfzehn Angriffe in einer Nacht, das Beben der Erde, Donnerschläge und riesige Feuerbälle. Drei Wochen später, bei Dunkelheit und Regen, plötzlich und ohne Warnung das gleiche noch einmal, Bombeneinschläge bis an den Rand des kleinen Höhenzugs hinter dem Lager, ohrenzerreißendes Krachen, abgesplitterte Teile von Bäumen, die durch die Luft wirbelten – alles nur, um mit seinen Bewachern dieses Versteck zu erreichen und den vorrückenden amerikanischen Soldaten zu entgehen, wobei sie noch Infanteriegefechten, Artillerieangriffen und dem Bordwaffenbeschuß von Kampfhubschraubern ausweichen mußten. Er blieb fünf Wochen an den Baum gekettet, die Handschellen löste man ihm nur, wenn er seine Notdurft verrichten mußte, oder um ihm von Zeit zu Zeit die Möglichkeit zu geben, sich zu waschen. Erst nach fünf Wochen hatten die Wachen den Eindruck, wieder ins Lager zurückkehren zu können.

Ramsey bekam damals keine Chloroquintabletten mehr, mit denen er die immer wieder auftretende Malaria unter Kontrolle gehalten hatte. Er fieberte. Er hatte Schwindelgefühle, da durch die Hungerdiät sein Gleichgewichtssinn gestört war. Er war nachtblind geworden. Der Mond hatte für ihn nicht mehr die normale Farbe, sondern leuchtete blutrot. Der Rückmarsch ins Lager dauerte fünfzehn Stunden. Sobald es dunkel geworden war, mußten ihn seine Bewacher führen. Auf den letzten vierhundert Metern stürzte er sechsmal.

Ngo Dzu, der ARVN-General, der Vann zu seinen Sternen verhelfen sollte, hatte nicht erwartet, einmal Korpskommandeur zu werden. Er war ein lustiger, zuweilen etwas boshafter Mensch mit rundem Gesicht, der die üblichen Voraussetzungen für eine Offizierslaufbahn in der ARVN mitbrachte. Er stammte aus Qui Nhon, war Sohn eines Finanzbeamten der Kolonialverwaltung und katholisch. Seine Lehrer an der Knabenschule in Hue waren französische Priester gewesen. Dzu war intelligent und arbeitete gerne. Er war weder mutig noch sonderlich habgierig oder auf Intrigen aus. Er hatte sich keinen Ruf als Kriegsheld erworben wie Du Quoc Dong, ein Südvietnamese aus Kien Hoa, der die Fallschirmjägerdivision befehligte, oder Ngo Quang Truong, Dongs ehemaliger Stellvertreter, der nun das Kommando über die 1. Division in Hue führte. Auch hatte er nicht genügend Verbindungen in der Politik und der Welt der Korruption, um den Weg zu gehen, der üblicherweise zur Befehlsgewalt führte. In den vergangenen Jahren war er beim Vereinigten Generalstab in verschiedenen Abteilungen tätig gewesen und durch Fleiß zum stellvertretenden Stabschef für Operationen aufgestiegen. In dieser Eigenschaft hatte er die Planungsarbeiten für den Vorstoß der ARVN nach Kambodscha überwacht. Als Brigadegeneral Nguyen Viet Thanh, der Kommandeur des IV. Korps, ein ungewöhnlicher Mann, den Vann gerne mochte, weil er relativ frei von Korruption war, zwei Tage nach Beginn der Operation beim Zusammenstoß zweier Hubschrauber den Tod fand, setzte Creighton Abrams Thieu unter Druck, ihn durch den General zu ersetzen, der mit dem Plan am besten vertraut war. Ngo Dzu kam daraufhin als amtierender befehlshabender General zum IV. Korps.

Nachdem Dzu einen Monat lang sein Kommando ausgeübt hatte, wies Vann ihn darauf hin, daß er, wenn er es behalten wollte, mehr tun müsse, als einen Vorstoß nach Kambodscha zu überwachen. Er mußte sich einen Namen machen, indem er zeigte, daß er die Pazifizierung im Mekong-Delta in großem Stil voranzutreiben imstande war. Dzu hatte Vann schon 1967 kennengelernt, als er noch Pazifizierungsoffizier im Vereinigten Generalstab war. Vann plante, eine der verbleibenden Vietcong-Bastionen im nördlichen Delta zu zerschlagen. Sie befand sich in einem Abschnitt der Provinz Kien Hoa, in dem er ein Regiment stationieren wollte. Dzu akzeptierte den Vorschlag ohne die geringste Änderung. Vann hatte auch einen Plan, um die Stützpunkte der Kommunisten in der zerklüfteten Gebirgsgegend der Sieben Berge im äußersten Westen des Deltas zu zerstören. Er umfaßte den Einsatz von B-52, den Abwurf von Tränengasbomben und nächtliche Infanterieangriffe. Dzu machte sich auch diesen Plan zu eigen.

Vann und der Korpskommandeur begannen, ihre Abende damit zu verbringen, in Dzus Haus in Can Tho die Einzelheiten für den folgenden Tag im Feld zu besprechen. Dzus Frau und die elf Kinder waren in Saigon zurückgeblieben, und er war froh, abends eine Beschäftigung zu haben. Abgesehen von dem Nutzen, den er sich davon erhoffte, arbeitete er gerne mit diesem Amerikaner zusammen, der direkt und ungezwungen war und ihn als Menschen, nicht bloß als Teil der ARVN behandelte. Dzu verbrachte wesentlich mehr Zeit mit Vann als mit dem Offizier, der ihm offiziell als Berater zugeteilt war – Vanns Vorgesetztem Generalmajor Hal McCown, dem kommandierenden General des Delta Military Assistance Command. Genau das wollte Vann, denn er hatte seine eigenen Gründe, Ngo Dzu unter seine Kontrolle zu bringen.

In der Geschichte der Vereinigten Staaten hatte noch niemals ein Zivilbeamter die Position eines Generals innegehabt und in einem Krieg im Feld stehende US-Einheiten befehligt. Komer war zwar ein ziviler General gewesen, aber er hatte keine amerikanischen Armee- oder Luftwaffeneinheiten unter sich gehabt. Vann beabsichtigte, die Ausnahme von der Regel zu werden. Er plante, Dzu soweit zu bringen, daß dieser ihn, sobald McCowns Dienstzeit im Frühjahr 1971 endete, als seinen obersten Berater anforderte. Vann hoffte, Abrams zu überzeugen, daß er als oberster Berater des ARVN-Kommandeurs die Befehlsgewalt über sämtliche amerikanische Aktivitäten im Gebiet des IV. Korps haben müsse, einschließlich der der US-Luftwaffe und anderer Unterstützungstruppen, die dem Delta Military Assistance Command unterstellt waren, dessen Chef einer seiner Stellvertreter werden sollte. Vann wollte mehr als die Kontrolle über die schrumpfende Zahl der US-Soldaten im Gebiet des IV. Korps. Sein Ziel war, mit Hilfe des Einflusses, den er bei Dzu gewann, hinter den Kulissen die Kontrolle über die Saigoner Streitkräfte auszuüben. John Vann wollte der de facto kommandierende General im Mekong-Delta werden.

Der Plan ging schief, da Thieu Ende August 1970 die Kommandeurposten in den Korpsgebieten neu verteilte. Vann hatte Dzu dermaßen gelobt, daß Abrams Thieu drängte, ihm das IV. Korps zu belassen, doch Thieu wollte Dzu aus bestimmten Gründen nicht im Delta haben. Er schickte ihn als Kommandeur des II. Korps nach Pleiku. Nun mußte Vann einen Weg finden, sich dorthin versetzen zu lassen und die Stelle des US-Generals einzunehmen, der nun Dzu als Berater diente.

Als im Herbst 1970 Vanns Freund und Bewunderer Fred Weyand in den Krieg zurückkehrte, bekam Vann die Möglichkeit, seinen kühnen Plan zur Ausführung zu bringen und sich Ruhm und Ansehen zu erwerben, wie er es im Delta niemals hätte tun können. Weyand war in den zwei Jahren nach Ablauf seiner Dienstzeit bei der II. Field Force im August 1968 zweimal dem beruflichen Abstellgleis entkommen. Westmoreland, nunmehr Generalstabschef der Armee, hatte ihn nicht mit dem Posten belohnt, den er nach Meinung anderer, etwa Bunkers, für die Rettung Saigons während der Tet-Offensive verdient hätte. Anstatt Weyand einen der wichtigen Stabsposten zu geben, die zur Beförderung führen, hatte er ihn zum Chef des Büros für Reserveeinheiten ernannt, dem General im aktiven Dienst, der die Nationalgarde und die Armeereserve beaufsichtigt. Lodge hatte Weyand gerettet, nachdem er selbst im Januar 1969 zu Nixons Delegationsleiter bei den Friedensverhandlungen ernannt worden war. Philip Habib, Lodges Stellvertreter in Paris und früherer politischer Berater in Saigon, hatte vorgeschlagen, Weyand nach Paris zu holen, um mit ihm den neugeschaffenen Posten des militärischen

Beraters der US-Delegation zu besetzen. Doch auch mit diesem Job war es vorbei, als Lodge die Delegationsleitung enttäuscht abgab. Nixon unterbreitete den Vietnamesen den gleichen Vorschlag wie Johnson, nämlich beiderseitigen Abzug, und Lodge kam damit nicht weiter als vor ihm Harriman und Vance. Der Tod Ho Chi Minhs im September 1969 bedeutete nicht, daß die Vietnamesen nachgiebiger wurden. Die kollektive Führung, die Ho so lange Jahre hindurch auf seine Nachfolge vorbereitet hatte, blieb auf seiner Linie. Aus Public-Relations-Gründen ersetzte Nixon Lodge schließlich durch einen älteren Politiker, David Bruce, verließ sich aber eher auf die Geheimgespräche, die Kissinger in Paris mit Le Duc Tho, Hanois Chefdelegiertem, aufgenommen hatte. Im Sommer 1970 fand sich Weyand erneut auf einem wenig aussichtsreichen Posten in Washington wieder. Anders als Westmoreland hatte Abrams Weyands Leistung während der Tet-Offensive gebührende Beachtung geschenkt, vielleicht auch deshalb, weil sie in keiner Weise seine eigene Karriere beeinträchtigt hatte. Die beiden Männer waren einander auch sympathisch gewesen, als Abrams noch Westmorelands Stellvertreter war. Ihre Charaktere ergänzten einander. Der ruhige Weyand blickte zu Abrams auf, ließ sich aber durch dessen aufbrausende Art nicht einschüchtern. Als Creighton Abrams im Herbst 1970 dringend einen neuen Stellvertreter brauchte, erhielt Weyand zu seiner Überraschung einen Marschbefehl nach Saigon. Vann hatte nun den Förderer, den er benötigte.

Anfang 1971 traf Vann mit Dzu heimlich in Dalat zusammen. Der General von der Army, der Dzu als Berater beim II. Korps diente, sollte seine Tätigkeit in Vietnam im Mai beenden. Vann instruierte Dzu, auf entsprechende Fragen einfach zu antworten, daß er ihn als neuen Chefberater haben wolle. Um den Rest werde er sich kümmern. Dzu konnte sich nichts Besseres vorstellen und war über dieses Komplott hocherfreut.

Weyand war nicht der Mann, der sich für eine aussichtslose Sache eingesetzt hätte. Daß er bereit war, als Vanns Anwalt aufzutreten, zeigte, wie sehr Vann an Format gewonnen und in welchem Maß der Krieg sich verändert hatte. Als Weyand im April 1971 Vanns Fall Abrams vorlegte, näherte sich mit beunruhigender Geschwindigkeit der Moment, in dem Saigon eine großangelegte NVA-Offensive würde zurückschlagen müssen, wobei sich die amerikanische Hilfe auf den Einsatz von Beratern, Hubschraubereinheiten der Armee und Flugzeugen von Luftwaffe und Marine beschränken würde. Durch Nixons Truppenabzüge hatte sich die Zahl der US-Soldaten in Südvietnam um die Hälfte reduziert. Von dem im April 1969 erreichten Höchststand von 543.500 war man auf 270.000 zurückgegangen.

Der Einfall in Kambodscha hatte zwar einen gewissen Zeitgewinn erbracht, aber eine derartige Protestwelle ausgelöst, daß Nixon keine andere Wahl geblieben war, als den Abzug zu beschleunigen. Im April 1972 sollten weniger als 70.000 Amerikaner im Süden stehen. Es handelte sich praktisch nur mehr um Berater und Angehörige von Luftwaffeneinheiten und Unterstützungstruppen. Die vietnamesischen Kommunisten waren im Begriff, ihre Stützpunkte im kambodschanischen Grenzgebiet wieder auf- und auszubauen. Durch die Antikriegsproteste hatte sich Nixon gezwungen gesehen, die Truppen nach einigen Monaten aus Kambodscha abzuziehen. Die NVA und die neu entstandenen Guerillaeinheiten der Roten Khmer hatten Lon Nols kleine Armee ins Landesinnere getrieben.

Hanoi glich den Verlust von Sihanoukville als Nachschubhafen aus, indem es das Netz des Ho-Chi-Minh-Pfads noch weiter ausdehnte. Als Johnson 1968 die Bombenangriffe gegen den Norden eingestellt hatte, galt diese Maßnahme nicht für den Korridor, der durch den südöstlichen Teil von Laos führte. Die Luftangriffe auf diesen Abschnitt wurden 1969 und 1970 noch verstärkt. Die US-Luftwaffe hatte die »Lkw-Abschußrate« im Korridor mit Hilfe eines von McNamara eingeführten Sensorensystems erhöht, das Erdkampfflugzeugen des Typs Stinger C-119 und Spectre C-130 die Ziele anzeigte; diese waren mit 40-mm-Bofors- und äußerst schnellen 20-mm-Vulcan-Kanonen ausgerüstet, die 2500 Schuß pro Minute verfeuerten. Trotzdem konnten die Flugzeuge nicht so viele Lastwagen zerstören, daß sich die Situation geändert hätte. In der Hoffnung, die Kraftprobe nochmals um zwei Jahre hinausschieben zu können, schickte Abrams im Februar 1971 die ARVN auf der *Route 9* von Khe Sanh nach Laos, um den Knotenpunkt Tchepone zu besetzen und den Pfad zu unterbrechen. Das Resultat war ein unseliges Debakel, bei dem mehr als 3000 Saigoner Soldaten den Tod fanden. Der Entscheidungskampf konnte nicht mehr lange hinausgezögert werden.

All das war eine für Vann günstige Entwicklung. Er würde sich nicht mit anmaßenden Generalmajoren herumärgern müssen, die eben eine Division bekommen hatten und ihren dritten Stern anvisierten. Die Zahl der Amerikaner im Gebiet des II. Korps war so stark reduziert worden, daß das Hauptquartier der regionalen U.S. Field Force nur mehr aus einem Kommando für militärische Unterstützung unter dem Befehl eines Zweisternegenerals bestand. Abrams' Meinung über Vann hatte sich merklich geändert. Als Weyand sich für seinen Freund einsetzte, hörte er auf ihn. Die Frage war nur, wie die Militärs darauf reagieren würden, die Befehle eines abtrünnigen Oberstleutnants entgegennehmen zu müssen, der nun ein Zivilleben führte. Weyand erinnerte sich, daß sich diese Frage schon 1967 beim III. Korps gestellt hatte, als man CORDS einrichtete und darin Militär- und Zivilberater zusammenlegte. Damals waren alle Zweifel verschwunden, sobald Vann sein Amt als stellvertretender CORDS-Leiter angetreten hatte. Die guten Offiziere ließen sich von ihm führen. Weyand versicherte Abrams, daß das auch beim II. Korps so sein würde.

Das Hauptargument, das Weyand zugunsten Vanns vorbringen konnte, war dessen Einfluß auf Dzu und seine unvergleichliche Erfahrung mit den Saigoner Truppen. Abrams und andere Offiziere der Führungsspitze glaubten, die sich anbahnende Offensive der NVA werde zwei Brennpunkte haben. Der erste mußte logischerweise die entmilitarisierte Zone sein, der zweite das dem Befehl Dzus unterstehende Zentrale Hochland, da dieses innerhalb des kommunistischen Nachschubnetzes weit im Norden lag, dort, wo der Ho-Chi-Minh-Pfad ursprünglich geendet hatte. Man mußte jetzt alles Menschenmögliche tun, um das Gebiet des II. Korps zu pazifizieren und die dort stationierten ARVN-Einheiten auf die große Schlacht vorzubereiten. Welcher Amerikaner eignete sich für diese Aufgabe besser als John Vann?

Am 15. Mai 1971 verließ der abtrünnige Oberstleutnant Can Tho und wurde Creighton Abrams' Befehlshaber über die Berge des Hochlands und die alten Vietminh-Bastionen in den Reisdeltas des Küstengebiets. Seiner neuen Würde entsprechend trug er nun zu der Freizeithose und dem kurzärmeligen Sporthemd, die seine Arbeitsuniform bildeten, eine Krawatte. Man konnte ihn nicht wirklich als General bezeichnen, obwohl er, mit seinen zwei imaginären Sternen auf den Schultern, die Stelle eines Generalmajors innehatte. Man nannte ihn Direktor. Das Zweite Regionale Unterstützungskommando (SRAC), das er leiten sollte, wurde in Zweite Regionale Unterstützungsgruppe (SRAG) umbenannt. Diese Maßnahme war notwendig, um Streit zu vermeiden und die Rechtsfrage zu umgehen, ob ein Zivilbeamter ein Kommando ausüben durfte oder nicht. Nur ein Militär kann militärgerichtliche Autorität ausüben, die rechtliche Gewalt, Befehle durchzusetzen. Aus denselben Gründen gab man Vann einen »Stellvertreter für militärische Funktionen«, der den Titel eines kommandierenden Generals der Streitkräfte der US-Armee in der 2. Militärregion trug. (»2. Militärregion« war eine andere Bezeichnung für das Gebiet des II. Korps.) Vann hatte gehofft, einen Generalmajor als Stellvertreter zu bekommen. Auf diese Weise hätte er sich einen dritten Stern zuordnen können. Er mußte sich mit einem Brigadegeneral begnügen.

Wie viele oder wenige Sterne Vann auch haben mochte, er war letztlich der Boss. Er hatte einen Brief von Abrams, der dies bestätigte. Einmal mehr war die Formulierung aus bürokratischen Gründen vage, doch John Vann wollte darauf achten, daß man diesen Brief in seinem Sinne interpretierte.

Der zivile General sollte sich seiner Sterne noch nicht lange erfreut haben, als auch schon auf die Probe gestellt wurde. Bevor er Mitte Dezember 1971 auf Weihnachtsurlaub nach Hause flog, vereinbarte er mit Weyand und George Jacobson (der zur Belohnung für seine Dienste Nachfolger Colbys an der Spitze von CORDS geworden war), daß man ihm im Januar eine Alarmmeldung übermitteln sollte, damit er seinen Urlaub abbrechen konnte. Er erwartete für Februar einen Angriff der NVA und wollte bereit sein.

Zum ersten Mal seit sechs Jahren, in denen er auf Besuch nach Littleton kam, übernachtete er nicht mehr zu Hause. Er aß mit Mary Jane und den Kindern zusammen, kam auch, um Weihnachten zu feiern, schlief jedoch im nahegelegenen Haus von Mary Allen und Doris Moreland, Mary Janes Mutter und ihrer Schwester, die nun beide verwitwet waren und seit einigen Jahren in Littleton lebten.

Mary Jane hatte sich im Oktober 1971 scheiden lassen. Eigentlich hatte sie dazu 1971 nicht mehr Gründe gehabt als in den meisten anderen Jahren ihrer fünfundzwanzigjährigen Ehe. Er hatte, wenn auch knausrig, stets für ihren Unterhalt und den der Kinder gesorgt, und ihre Aussichten, noch einmal zu heiraten, waren nicht gut. Seit 1968 wußte sie auch von seiner Tochter in Vietnam, nachdem er, wahrscheinlich absichtlich, einen Brief Annies zurückgelassen hatte, in dem von dem Kind die Rede war. Mary Jane hatte angeboten, das Mädchen zu adoptieren, wenn er den Krieg aufgab und nach Hause zurückkehrte. Der aufgestaute Zorn, die Enttäuschung und das Gefühl, daß das der einzige Weg war, sich an ihm zu rächen, hatte sie schließlich dazu gebracht, die Scheidung einzureichen. Anfangs war er dagegen gewesen, da die Art von Ehe, die er mit Mary Jane führte, sich für ihn als äußerst praktisch erwiesen hatte. Später war er zu dem Schluß gekommen, es sei für ihn besser, nachzugeben, ihr seinen Anteil am Haus zu überlassen und bescheidene Unterhaltszahlungen für sie, den siebzehnjährigen Tommy und den sechzehnjährigen Peter zu leisten, die noch bei der Mutter lebten.

Er wollte immer noch eine Ehefrau haben. Er plante, Annie zu heiraten. Das bedeutete jedoch keineswegs, daß er beabsichtigte, mit Lee Schluß zu machen. Sie war beschämt und enttäuscht, als er ihr von seinen Heiratsplänen und dem Kind erzählte. Nach und nach brachte er sie dazu, sich mit dem Platz der ständigen Geliebten abzufinden. Er schaffte es auch, daß Annie weiterhin nichts von ihr erfuhr.

Seine Beziehung zu Dan Ellsberg war immer komplizierter geworden. Nach der Veröffentlichung der Pentagon-Papiere im Juni 1971 war er wütend über ihn gewesen. Er hatte vor gemeinsamen Bekannten über ihn geflucht und gebrüllt, daß Ellsberg, der von der Nixon-Administration wegen Verschwörung, Diebstahls und Verrats von Staatsgeheimnissen verfolgt wurde, ins Gefängnis geworfen werden sollte. Vann war nicht empört über Ellsbergs massive Verletzung der Sicherheitsbestimmungen. Er war erbost über den Angriff auf seinen Krieg. Trotzdem wollte er ihre Freundschaft nicht in die Brüche gehen lassen. »Ich kann nicht sagen, daß ich mit deiner Art, Punkte zu erzielen, einverstanden bin – aber Aufsehen hast du erregt, das muß man dir lassen«, schrieb er an Ellsberg im Herbst dieses Jahres. Sechs verschiedene Ermittler von vier Behörden seien in sein Hauptquartier in Pleiku gekommen, um ihm Fragen zu stellen, und er habe dafür gesorgt, daß sich für keinen »die Reise lohnte«. Das war gelogen. Er hatte mit den Ermittlern offensichtlich zusammengearbeitet. Darüber hinaus gab er Kissinger Hinweise, wie die Regierung gegen Ellsberg vorgehen sollte.

Auf seiner Reise nach Littleton an Weihnachten 1971 machte er Zwischenstation in Los Angeles, um seinen Bruder Gene zu besuchen, der im nahegelegenen Redlands lebte. Er rief Ellsberg von Genes Haus an, und sie führten ein langes Telefongespräch. Ellsberg beschrieb Vann die Strategie, die seine Rechtsanwälte zu seiner Verteidigung für den bevorstehenden Prozeß in Los Angeles entwickelt hatten. Als Vann später von Colorado nach Washington flog, um seine übliche Besuchsserie abzuwickeln, machte er im Pentagon J. Fred Buzhardt seine Aufwartung, dem damaligen Rechtsberater im Verteidigungsministerium, der dann auch einer von Nixons Verteidigern in der Watergate-Affäre sein sollte. Buzhardt sammelte Material für die Anklage gegen Ellsberg. Vann verbrachte eineinhalb Stunden damit, Ellsbergs Verteidigungsstrategie darzustellen und Vorschläge einzubringen, wie die Administration ihr begegnen könnte.

Vann beabsichtigte nicht, das Spiel als Verrat an seinem Freund enden zu lassen. Nachdem im Januar die Nachricht von Weyand und Jacobson eingetroffen war und er sich auf der Rückreise nach Südvietnam befand, machte er in San Francisco halt. Er traf sich hier mit Ellsberg, und sie sprachen einige Stunden lang über den Krieg und Ellsbergs Prozeß. Ellsberg bat ihn, zu seinen Gunsten auszusagen: Er würde bei den Geschworenen große Glaubwürdigkeit genießen. »Ich werde alles aussagen, was du wünschst«, antwortete Vann. Dieses Versprechen war zweifellos ernst gemeint, auch wenn er bis kurz vor Betreten des Zeugenstands nicht gewußt hätte, was er eigentlich sagen sollte.

John Vann plante, seinen Feind zu schlagen, wie Walton Walker die Nordkoreaner in der Pusan-Zone geschlagen hatte. Er würde keine Infanterie verschwenden, wie Westmoreland es getan hatte, der die Männer in der Wildnis gegen befestigte Positionen anstürmen ließ. Die Rollen waren vertauscht. Um den Krieg zu gewinnen, mußten die vietnamesischen Kommunisten zu ihm kommen, und wenn sie das Gebirge verließen, würde er sie vor seinen Stützpunkten vernichten. Ziel der NVA-Offensive im Gebiet des II. Korps war offensichtlich Kontum, Garnisonsstadt und Handelszentrum mit einer Bevölkerung von 25.000 Einwohnern, zugleich Hauptstadt der gleichnamigen Provinz und im Hochland die nördlichste Stadt von einiger Bedeutung. Nach Norden hin wurde Kontum durch die 40 Kilometer entfernte Regimentsbasis in Tan Canh gesichert, die auf einem Plateau in der Nähe des Distriktorts Dak To an der *Route 14* lag. Unmittelbar südlich und westlich von Tan Canh verliefen mehrere Höhenzüge in Nord-Süd-Richtung parallel zur *Route 14* und weiter nach Süden Richtung Kontum. Man nannte sie das »Raketengebirge«, da die NVA hier in den vergangenen Jahren so viele 122-mm-Raketen zum Einsatz gebracht hatte. Die US-Armee hatte vor diesem »Raketengebirge« einen Gürtel befestigter Artilleriestellungen errichtet, die Feuerunterstützungsbasen oder einfach Feuerbasen genannt wurden. Sie schützten die Straße nach Kontum und dessen nordwestliches Vorfeld und waren der ARVN anvertraut worden. Bevor die Kommunisten Kontum angreifen konnten, mußten sie Tan Canh überrennen oder die Batterien am Raketengebirge ausschalten.

Hanoi konzentrierte für die Kraftprobe etwa 35.000 Mann unter einem seiner besten Generäle, Hoang Minh Thao, einem Schützling Giaps, der später Stabschef der vietnamesischen Armee werden sollte. Thao hatte seit 1966 den Befehl an der B-3-Front geführt, hatte also dem NVA-Korps im Hochland vorgestanden. Man gab ihm zwei reguläre Infanteriedivisionen, von denen eine zu Jahresbeginn aus dem Norden eingesickert war; außerdem verfügte er über drei autonome Infanterieregimenter. Die Infanterie wurde von Sappeur- und Sturmpionierregimentern unterstützt; dazu kamen Artillerieregimenter, die mit erbeuteten amerikanischen 105-mm-Kanonen, sowjetischen 130-mm-Geschützen, 120-mm-Mörsern, den gefürchteten Raketenwerfern und einer Reihe von Fla-Geschützen ausgerüstet waren.

Thao stellte seine Truppen im Länderdreieck nordwestlich des Raketengebirges auf, wo Laos, Kambodscha und Vietnam aneinandergrenzen. Auch dieses Gebiet war eine der natürlichen Zufluchtsstätten in der Annamitischen Kordillere, die die NVA in eine »Basisgebiet 609« genannte Bastion verwandelt hatte. Für die Saigoner Soldaten war es ein Ort des Schreckens wie einst für ihre amerikanischen Vorgänger. Im November 1967, als Westmoreland in Washington den Sieg verkündet hatte, waren auf Höhe 875 und den benachbarten schroffen Bergen des Basisgebiets 609 in einer erbitterten Schlacht 287 Mann der 173. Luftlandebrigade und der 4. Infanteriedivision gefallen und mehr als 1000 verwundet worden. Das Plei-Trap-Tal weiter südlich davon war Schauplatz so vieler Hinterhalte gewesen, daß nur mehr einige Verwegene von den Special Forces und die Fernpatrouillen der ARVN-Luftlandetruppen sich hineinwagten.

Als im Februar die Offensive nicht begann, glaubte Vann, er habe sie vielleicht mit den Dutzenden von B-52-Angriffen auf die Zufahrtsstraßen und den ständigen Bombardierungen durch taktische Kampfflugzeuge verhindert. In Wirklichkeit wollte die Führung in Hanoi die Angriffe im Gebiet des II. Korps mit der Offensive in anderen Korpsgebieten koordinieren, und diese Vorbereitungen erforderten Zeit.

Die NVA ging sehr kühn zu Werk. Schall pflanzt sich nachts im Gebirge weit fort, und Licht ist weithin sichtbar. Die Berater in den Artilleriebasen konnten hören, wie die Bulldozer der NVA-Pioniere die alten französischen Wege verbreiterten und Schneisen für neue Straßen schlugen; sie sahen die Scheinwerfer der Lkws, die Verpflegung und Munition heranbrachten und Geschütze in ihre Stellungen schleppten. Die 2. NVA-Division rückte an Tan Canh von Nordwesten heran, während die 320. Division sich dem Raketengebirge von Westen her näherte. Die nach und nach eintreffende kommunistische Infanterie verbarg sich im Massiv des Chu Mom Ray, das die amerikanischen Soldaten keineswegs liebevoll »Big Mama« getauft hatten.

Am 30. März 1972 begann der allgemeine Angriff, den die Amerikaner »Osteroffensive 1972« nannten, da drei Tage später Ostersonntag war. Von Panzern geführte NVA-Truppen stürmten aus der EMZ gegen Camp Carroll und andere Positionen vor, die die Marines im Gebiet des I. Korps erobert und der ARVN übergeben hatten. Gleichzeitig wurden im Gebiet Vanns mehrere der Feuerbasen am Raketengebirge angegriffen. Einige Tage später erfolgte ein Sturmangriff, wo ihn niemand erwartet hätte. Vanns alte Bekannte aus dem Gebiet des III. Korps, die 5. und die 9. Vietcong-Division sowie die 7. NVA-Division, fielen aus Kambodscha ein, überrannten das Distriktzentrum Loc Ninh im Gummiplantagengebiet am Ende der *Route 13,* einer der wichtigsten Straßen nach Saigon, und rückten nach Süden auf die Provinzstadt An Loc vor, die hundert Kilometer vor der südvietnamesischen Hauptstadt liegt. Auch sie wurden von Panzern angeführt.

Zunächst funktionierte Vanns Plan ausgezeichnet. Hoang Minh Thao wollte die Artilleriestellungen am Raketengebirge aufrollen, indem er zunächst die stärkste davon, die südlich gelegene Feuerbasis Delta, auszuschalten versuchte. Sie wurde von einem Bataillon ARVN-Fallschirmjäger gehalten, das zu einer der beiden Luftlandebrigaden gehörte, die Dzu vom Vereinigten Generalstab als Verstärkung bekommen hatte. Thao stieß auf den ehemaligen Leutnant, der im September 1950 in Korea auf den einsamen Hügeln bei Masan die Schützen gerettet hatte. Am 3. April 1972 überflog »Rogues' Gallery« (»Verbrecheralbum«, Vanns Funkrufzeichen beim II. Korps) bei Einbruch der Dämmerung zufällig mit einer Kette von drei Hueys und zwei Cobra-Kampfhubschraubern die Feuerbasis Delta. Die angreifenden NVA-Einheiten hatten gerade die Fallschirmjäger im nördlichen Teil der Basis überwältigt und kämpften sich durch die Grabenlinien vor, um auch die restlichen Stellungen in ihren Besitz zu bringen. Der Cobra war eine Weiterentwicklung des Huey mit schlankerem Rumpf, etwa doppelt so schnell und ganz auf Feuerkraft ausgelegt. Auf seinen Stummelflügeln waren Werfer für Dutzende von Raketen angebracht, eine äußerst schnelle 7,62-mm-Minikanone verschoß Ströme von Projektilen und aus einem automatischen Werfer hagelten 40-mm-Granaten auf den Feind. Vann war eigentlich gekommen, um eine Chinook-Besatzung zu retten, die vier Tage zuvor beim Heranschaffen von Nachschub abgeschossen worden war, verwandelte jedoch die Rettung der Besatzung augenblicklich in die Rettung des Stützpunkts.

Auf Vanns Befehl fielen die Cobras über die nordvietnamesische Infanterie her, die durch die Stacheldrahtsperren stürmte, um ihren in das Stellungssystem eingedrungenen Kameraden zu Hilfe zu eilen. Er übernahm auch den Befehl über die Artillerie am Brigadebefehlsstand in Vo Dinh an der *Route 14,* die Stinger- und Spectre-Erdkampfflugzeuge mit ihren Bofors- und Vulcan-Kanonen sowie über die Jagdbomber, die von den Flugzeugträgern vor der Küste oder den in Thailand stationierten Air-Force-Staffeln kamen. Während die Saigoner Truppen zum Gegenangriff antraten, vereitelte Vann alle weiteren Versuche der NVA, den paar hundert Mann, die sich bereits den Weg in den Stützpunkt erkämpft hatten, Verstärkung zu bringen.

Leutnant Huynh Van Cai, Vanns ARVN-Adjutant, flog mit ihm. Er besaß bereits Fronterfahrung, da er seit acht Monaten Zugführer beim Regiment in Tan Canh war, hatte jedoch noch nie eine Schlacht vom Hubschrauber aus beobachtet. Der Anblick der vorstürmenden Soldaten, die von Geschossen zu Boden gerissen oder durch explodierende Bomben und Granaten in die Luft geschleudert wurden, übte auf ihn eine eigenartige Faszination aus.

Am Nachmittag waren die in Basis Delta eingedrungenen NVA-Truppen ausgelöscht. Es zeigte sich jedoch, daß der Stützpunkt angesichts des Mangels an Munition, Wasser und Medikamenten nicht zu halten war. Vann kündigte daraufhin an, er werde den erforderlichen Nachschub persönlich heranbringen. Der Kommandeur der Fallschirmjäger lehnte dieses Angebot trotz seiner Notlage ab: Vann würde bei dieser Versorgungsaktion den Tod finden. Die NVA hatte um Delta 12,7-mm- und elektrisch gerichtete 14,5-mm-Fla-MGs sowie eine Fla-Kanone postiert, die schwarze Rauchwölkchen in den Himmel setzte. Daß Vanns Hubschrauber nicht abgeschossen worden war, während er hoch in den Lüften den ganzen Tag lang Artillerie und Jagdbomber einwies, grenzte ohnehin schon an ein Wunder. Das reichte für heute. Der Befehlshaber der Luftlandebrigade in Vo Dinh und sein Berater, Major Peter Kama, jener Hawaiianer, der in My Tho unter Vann als Captain gedient hatte, erklärten den Chef für verrückt. Vann ließ sich nicht beirren. »In solchen Dingen habe ich Erfahrung«, meinte er.

Der Hubschrauber, den Vann nun benutzte, war das neueste Aufklärermodell, das Bell für die Armee gebaut hatte. Der OH-58 Kiowa, so die offizielle Bezeichnung, wurde nach seinem Handelsnamen »JetRanger« allgemein nur »Ranger« genannt. Es war ein windschnittiger kleiner Helikopter mit nach hinten gezogenem Rumpf, dessen Bug an das Maul eines Haifisches erinnerte. Da er die Schnelligkeit eines Huey mit der Wendigkeit eines Kleinhubschraubers verband, stellte er für Vann das ideale Fluggerät dar. In der Kabine befanden sich zwei nebeneinander angeordnete Sitze für Pilot und Kopilot, dahinter war Raum für Lasten oder zwei Passagiere, die durch eigene Seitentüren ein- und aussteigen konnten. Vann saß immer auf dem Kopilotensitz, um sofort die Steuerung zu übernehmen, falls der andere getroffen wurde. Sein Pilot war ein tapferer Cajun aus Louisiana, ein Offiziersanwärter namens Paul Arcement. Vann ließ Cai bei der Versorgungsaktion mitfliegen. Nach seiner Versetzung zum II. Korps war er zu der Ansicht gelangt, daß ein englischsprechender Adjutant aus den Reihen der ARVN sich besser eignete als ein US-Offizier. Er konnte dann auch auf einen Dolmetscher verzichten. Dzus Wahl war auf Cai gefallen, den Sohn eines Ladenbesitzers aus

Duc Hoa in Hau Nghia. Er war nach der Tet-Offensive eingezogen worden, nachdem er aus Schmerz über den Tod seiner Mutter das Saigon College of Pharmacy verlassen hatte, sich aber keine Freistellung erkaufen konnte. Cai war ehrlich, furchtlos und Vann völlig ergeben. Wo sein Chef hinging, ging auch er hin.

Vann überwachte das Einladen der Nachschubgüter am Befehlsstand der Luftlandebrigade in Vo Dinh. Am Tag zuvor hatte er sich die Positionen der feindlichen MGs notiert. Er gab Arcement eine Route über den Baumwipfeln an, auf der sie während des An- und Rückflugs schwer zu treffen sein würden. Sobald der Ranger die Stacheldrahtumzäunung des belagerten Stützpunkts überflog, warfen Vann und Cai Kisten mit M-16-Munition, Handgranaten, Claymore-Minen und Leuchtpatronen, Wasserkanister, Medikamente und Verbandszeug für die zahlreichen Verwundeten ab. Dann zog Arcement den Hubschrauber steil hoch und vollführte eine jähe Wendung, um unmittelbar über den Bäumen nach Vo Dinh zurückzufliegen, wo erneut Ladung aufgenommen werden sollte.

Als die Offiziere in der Taktischen Operationszentrale des II. Korps in Pleiku bemerkten, was vor sich ging, benachrichtigten sie sofort Dzu und Vanns Stab. Der unterirdische Bunker am Hauptquartier auf dem Hügel über der Stadt füllte sich mit Leuten, die den Stimmen aus dem Funkgerät lauschten, während der kleine Ranger in Vo Dinh immer wieder beladen wurde, um aufs neue seinen Spießrutenlauf durch die MGs zur Feuerbasis anzutreten: sechsmal, bis es schließlich dunkel wurde. »Kein vietnamesischer General würde das tun«, kommentierte Dzu, »nicht einmal ein US-General.« Feuerbasis Delta hatte nun genügend Nachschub, um die Nacht über durchzuhalten. Am Tag darauf wurde der Belagerungsring von Luftlandebataillonen durchbrochen.

Da Vann sich immer besser darauf verstand, Dzu zu dirigieren, war er überzeugt, daß es ihm gelingen werde, der NVA eine Niederlage zu bereiten. Er hatte sich Dzu im Sommer des Vorjahrs in einzigartiger Weise verpflichtet, als er ihn von der Beschuldigung des Heroinhandels reinwusch. Der von Dzu abgelöste ARVN-General hatte sich für den Verlust seines Jobs rächen wollen und ein Dossier zusammentragen lassen, aus dem hervorging, daß Dzu mit Rauschgift handelte. Er übergab es einem in Vietnam auf Visite weilenden Kongreßmitglied, das später in Washington bei einer Anhörung verkündete, Ngo Dzu sei einer der mächtigsten Heroinbosse Südvietnams. Der Verkauf von Rauschgift an US-Soldaten war damals zu einem öffentlichen Skandal geworden, und Bunker hatte Thieu gedrängt, endlich etwas zu unternehmen. Thieu wiederum war der Meinung, daß Dzu einen schönen Sündenbock abgeben würde, mit dem man Politiker und öffentliche Meinung in den USA beschwichtigen konnte. Man würde ihn in Ungnade fallen lassen und seines Kommandos entheben.

John Vann war nicht gewillt zuzusehen, wie man ihm seine Investition kaputtmachte. Dzu schwor ihm, daß er kein Geld mit Rauschgift verdiente. Vann glaubte ihm. Wie er George Jacobson gegenüber erklärte, war das Drogengeschäft ein von den höheren Generälen und ihren chinesischen Geschäftspartnern eifersüchtig gehütetes Revier. Sie würden niemals zulassen, daß jemand wie Dzu, der in der Ranghierarchie so tief unten stand, ihnen die Profite beschnitt. Vann nahm Dzus Rettung in Angriff, indem er eine Medienkampagne organisierte, um die Beschuldigung zu widerlegen. Er entwarf für Dzu ein Statement und trainierte ihn darauf, Fragen zu beantworten. Er arrangierte eine Pressekonferenz im Fernsehen und veranlaßte nachher noch eine Reihe von Interviews, um die Sache in Schwung zu halten. Er gab auch selbst Statements über Dzu ab. Dieser staunte über Vanns Fähigkeit, Reporter zusammenzutrommeln, und wunderte sich, daß ihn ein Amerikaner »wie einen Bruder« schützte. Er fühlte sich Vann verpflichtet und glaubte noch stärker als bisher, er könne mit Hilfe von Vanns Talenten weiterhin Karriere machen. Er tat zwar nicht immer, was Vann verlangte, folgte jedoch so oft seinen Anweisungen, daß mißgünstige Angehörige seines Stabs ihn als »Sklaven John Paul Vanns« verspotteten.

Durch den Sieg in der Feuerbasis Delta steigerte sich Vanns Selbstvertrauen zu einer Art Unfehlbarkeitsgefühl. Er diktierte Frenchy Zois ein viereinhalb Seiten langes »Memorandum an: Meine Freunde« und trug ihr auf, Kopien davon an Sir Robert Thompson und Joe Alsop sowie an wichtige Leute wie Melvin Laird in Washington und einige andere Bekannte zu senden. Er sagte eine Niederlage der NVA an sämtlichen Fronten voraus. Nach Ende der Offensive werde sich die Position der vietnamesischen Kommunisten auch in Laos und Kambodscha verschlechtern. Bei seinem Gespräch mit Nixon im Dezember 1969 war er vorsichtig genug gewesen, warnend zu erklären, das Saigoner Regime werde bei einer großangelegten kommunistischen Offensive vielleicht gewisse Gebiete aufgeben müssen. Nun verzichtete er auf solche Formulierungen und verpflichtete sich öffentlich, keinen Meter Boden preiszugeben. Der Kampf an seiner Front im Gebiet des II. Korps würde zwar »ein harter Kampf werden und noch viele Soldaten das Leben kosten«, aber »wir gehen davon aus, daß wir unsere wichtigsten Positionen halten werden, auch den Dak-To-Distrikt ... und Tan Canh«. Das Saigoner Regime werde auch »die mühsam befriedeten Gebiete in Binh Dinh« im mittleren Küstenabschnitt behaupten, wo sich Vann seit Sommer 1971 bemüht hatte, die Vietcong-Kader zu liquidieren und die Kontrolle des Regimes zu festigen. »Ich bin bereit, mich dieser Herausforderung zu stellen: Von heute an werden die Ereignisse meine Einschätzung bestätigen«, hieß es abschließend. Sein Memorandum war mit 12. April 1972 datiert. Die Herausforderung hatte drei Tage zuvor schon begonnen.

Schwierigkeiten gab es zunächst auf dem anderen Schlachtfeld des II. Korps, in den schmalen Reisdeltas im nördlichen Teil der Binh-Dinh-Provinz, jenen ehemaligen Vietminh-Bastionen, die laut Vanns Memorandum pazifiziert waren. Sie entstanden an einer völlig unbedeutenden Stelle, so daß Vann dachte, er habe die Entwicklung im Griff. Es handelte sich um eine frühere Artilleriebasis der Air Cav, »Landezone Pony«, am westlichen Ende des Hoai-An-Tals, das sich etwa 65 Kilometer nordwestlich von Qui Nhon durchs Gebirge schlängelt. In LZ Pony war ein RF-Bataillon stationiert. Am 9. April geriet der Stützpunkt unter Artilleriebeschuß und wurde anschließend von Infanterie angegriffen. Er fiel bereits am folgenden Tag. Die Angreifer, die nicht eindeutig zu identifizieren waren, widerlegten Vanns Überzeugung, daß die nordvietnamesischen Truppen in Südvietnam ebenso Fremde sein würden wie vor ihnen die Amerikaner. Es handelte sich um ein Regiment der 3. NVA-Division »Gelber Stern«, die sich – ähnlich den Einheiten, gegen die Hal Moores Air-Cav-Brigade schon 1966 hier gekämpft hatte – aus nordvietnamesischer Infanterie und regulären Vietcong zusammensetzte. Die Division »Gelber Stern« war der wahre Phönix von Binh Dinh: Sie war öfter aufgerieben und wieder neu aufgestellt worden, als die Nachrichtenoffiziere Saigons und der US-Armee es wahrhaben wollten.

Zuerst wurden ein, dann zwei weitere Bataillone des 40. ARVN-Regiments von »Landezone English« bei Bong Son aus in Marsch gesetzt, die, verstärkt durch eine Kompanie M-113, LZ Pony zurückerobern sollten, um zu verhindern, daß die NVA durch das Tal zum Hauptort des Hoai-An-Distrikts vorrückte. Vann flog am 11. April nach Hoai An und verbrachte dort die Nacht im Hauptquartier. Im Januar hatte er es geschafft, einen langjährigen Bekannten, Oberst Nguyen Van Chuc, einen exzentrischen ARVN-Pionier, der Yoga betrieb und mit der Energie eines ehrgeizigen Amerikaners an die Arbeit ging, in Binh Dinh als Provinzchef zu installieren. Chuc kam per Flugzeug aus der Provinzhauptstadt Qui Nhon. Der Kommandeur des 40. Regiments, Oberst Tran Hieu Duc, mit dem Vann sympathisierte, richtete einen Befehlsstand im Distrikthauptquartier ein, um dort den Gegenangriff zu leiten. Duc hatte bei der Pazifizierungskampagne begeistert mitgemacht und schien ein guter Organisator zu sein. Auf Vanns Drängen hatte General Dzu im März seine Beförderung erwirkt. Noch in der Nacht fanden Briefings und eine Planungskonferenz statt. Vann sprach den ARVN-Offizieren und ihren amerikanischen Beratern Mut zu. Als er am folgenden Morgen wieder zurückflog, hatte er ein gutes Gefühl.

Duc wollte nicht kämpfen. Er unternahm keinen Versuch, LZ Pony zurückzuerobern oder irgendeine der das Tal beherrschenden Höhen zu halten, sondern ließ seine Bataillone ständig in Richtung auf den Distriktort zurückweichen. Sein Berater, Oberstleutnant David Schorr, bemühte sich vergebens, ihm Kampfeswillen einzuflößen. Auch Chuc, der das Kommando über sämtliche ARVN- und Territorialtruppen der Provinz ausübte – Vann hatte auf zentraler Befehlsgewalt bestanden –, konnte bei Duc nichts erreichen. Vann kam noch zweimal nach Hoai An zurück, wo er jedesmal inmitten der einschlagenden Mörsergranaten landete. Vergebens. Die 29 im Distrikt stationierten PF-Züge warfen ihre Waffen weg.

Auch in anderen Teilen Binh Dinhs kam es zu Gefechten. Diese Provinz, in der die Befriedung angeblich so weit fortgeschritten war, verwandelte sich plötzlich in Feindesland. Zwei, möglicherweise auch drei Sappeurbataillone der NVA rückten aus Quang Ngai nach Süden vor und begannen unter Führung der örtlichen Vietcong ihr Zerstörungswerk. Das nördlichste Distrikthauptquartier in Tam Quan wurde angegriffen, einige Brücken flogen in die Luft (zwei direkt vor Qui Nhon), überall gerieten Außenposten unter Beschuß. Auch in anderen Provinzdistrikten begannen die RF und PF zu desertieren.

Am 18. April, eine Woche nach dem ermutigenden Kriegsrat, hatte Duc keine Stellungen mehr, die er der NVA überlassen konnte. Noch in der Nacht teilte er mit, daß er Hoai An aufgeben müsse. »Eigene Truppen dürfen sich jederzeit absetzen. Erbitte Anweisungen. Falls sie sich vor Eintreffen der Anweisungen absetzen, werde ich mit ihnen gehen«, funkte Major Gary Hacker, amtierender Distriktberater (er vertrat einen auf Urlaub weilenden Offizier), nach Qui Nhon. Im Lauf des Tages hatte Duc den Kommunisten den Polizeiposten des Distrikts überlassen. Er lag auf einer Anhöhe, die etwa 500 Meter von dem Hügel entfernt war, auf dem sich das Gelände des Hauptquartiers befand. Da sie dieses nunmehr voll einsehen konnten, beschossen sie es in aller Ruhe mit Mörsern und rückstoßfreien Gewehren. Über dem Hügel lag Leichengestank. Niemand wollte die toten ARVN-Soldaten begraben.

Nachdem alle Versuche, Duc zum Durchhalten zu bewegen, fehlgeschlagen waren, ließ Vann durch Dzu am 19. April die Genehmigung für den Rückzug erteilen: Beginn 12 Uhr mittags. Es war ihm lieber, wenn Duc sich geordnet zurückzog als in wilder Flucht. Die NVA kontrollierte zwar die Nebenstraße vom Distriktort zur *Route 1*, aber nicht wirksam genug, um einen Durchbruch zu verhindern. Die Kolonne — Lkws, Jeeps und Infanterie — sollte von den Schützenpanzern angeführt werden, mit denen man die etwa vierzig Verwundeten der beiden Bataillone und der Distriktmiliz herausbringen wollte. Über der Kolonne würden zwei Cobra-Kampfhubschrauber kreisen und ihr mit Bordwaffen und Raketen freie Bahn verschaffen, während weiter oben ein Kommando-Huey zu ihrer Unterstützung Artillerie und Jagdbomber einweisen sollte.

Vann konnte nicht aus dem Hochland herunterkommen, um den Abzug persönlich zu überwachen, da er am Raketengebirge erneut Schwierigkeiten bekam. Die NVA hatte ihre Taktik geändert. Statt zu versuchen, die Stützpunktlinie aufzurollen, hatte sie sich bemüht, sie in der Mitte zu durchbrechen, was ihr auch gelungen war. Die Nordvietnamesen hatten die sogenannte Feuerbasis Charlie eingenommen, indem sie so lange Trommelfeuer und Sturmangriffe aufeinanderfolgen ließen, bis die Fallschirmjäger der ARVN aus Munitionsmangel einen Ausbruch unternehmen und ihre Schwerverwundeten in den Bunkern zurücklassen mußten. Von den 471 Offizieren und Mannschaften des Luftlandebataillons gelangten nur etwa die Hälfte nach Vo Dinh, von diesen wiederum war nur mehr die Hälfte gehfähig. Vann gab den Plan zum Rückzug aus Hoai An am Morgen des 19. April per Funk an Oberstleutnant Jack Anderson durch, der den Kommando-Huey steuern sollte.

Etwa eine halbe Stunde vor dem geplanten Beginn des Abzugs explodierten einige Mörsergranaten unweit des Versammlungspunkts unterhalb des Distrikthauptquartiers. Die meisten Verwundeten waren noch nicht in die M-113 verladen worden. Duc und sein Stab sprangen in die nächsten Schützenpanzer und fuhren auf und davon. Die übrigen M-113 und Jeeps folgten ihm. Auch der Distriktvorsteher, ein ARVN-Major, raste in seinem Jeep weg, nachdem er seinen Verwaltungsassistenten aus dem Fahrzeug getreten hatte, um Platz für seinen Kühlschrank zu haben. Einige Nordvietnamesen lagen in einem nahen Weiler im Hinterhalt, doch Ducs M-113 und der Jeep des Distriktchefs kamen ohne Schaden durch.

Colonel Schorr hätte sich mit Duc absetzen können, wollte jedoch Major Hacker und Leutnant Thomas Eisenhower, den stellvertretenden Distriktberater, nicht zurücklassen, die oben im Hauptquartier die Geheimdokumente verbrannten und die Funkgeräte sowie andere Ausrüstungsgegenstände zerstörten. Er wartete, bis sie den Hang heruntergelaufen kamen, dann flohen sie zusammen in östlicher Richtung über die Deiche in den Reisfeldern auf die *Route 1* zu. Überall verwandelten sich ARVN-Soldaten in Bauern: Sie warfen ihre M-16-Gewehre, Helme und Koppel weg und zogen Stiefel und Uniformen aus, um barfuß und in Unterhosen durch die Reisfelder zu laufen. Die US-Berater waren nicht weit gekommen, als Schorr zusammenbrach. Ein NVA-Soldat, der sie verfolgte, hatte ihn ins Bein geschossen. Während Eisenhower erste Hilfe leistete, versuchten Hacker und zwei »Kit-Carson-Scouts«, Vietcong-Deserteure, die ursprünglich von der US-Army als Söldner angeworben worden waren und nun als Leibwächter der Berater dienten, die Verfolger in Schach zu halten. Angesichts der zahlreichen halbnackten ARVN-Soldaten fiel es Hacker schwer, Freund und Feind zu unterscheiden. Er begann auf jeden Vietnamesen zu schießen, der keine ARVN-Uniform trug und sich ihm mit einer Waffe in der Hand näherte. Einige der NVA-Soldaten robbten vor, während ihnen ihre Kameraden Feuerschutz gaben.

Oberst Anderson hatte in seinem Kommando-Huey über Funk mitgehört, was unten los war; als er durch ein benachbartes Tal in Richtung Hoai An flog, war sein Gerät auf die Frequenz von Schorrs tragbarem Funkgerät geschaltet. Die Cobras würden erst gegen Mittag eintreffen, bis dahin würde es für die Berater bereits zu spät sein. Unternahm er selbst einen Rettungsversuch und wurde dabei abgeschossen, würde die gesamte Hubschrauberbesatzung den Tod finden oder in Gefangenschaft geraten.

Die Fliegereinheiten waren das einzige Element der US-Armee, das trotz der Nervenbelastung des Krieges keine Auflösungserscheinungen zeigte. Obwohl fast 6000 Hubschrauberpiloten und Angehörige des fliegenden Personals den Tod fanden, verloren die Heeresflieger niemals den Mut. Vielleicht war es die Einheit von Mensch und Maschine, vielleicht die Tatsache, daß die Offiziere im Cockpit und die Mannschaftsdienstgrade der Crew den gleichen Gefahren ausgesetzt waren – die Männer in den Hubschraubern bewahrten sich ihre Disziplin und ihren Kampfgeist. Wie einst die französischen Fallschirmjäger die Paladine des Kolonialkriegs geworden waren, so wurden die Heeresflieger der Army die düsteren Ritter dieses zweiten Krieges. Fast alle Berufssoldaten unter ihnen leisteten in Vietnam die doppelte Dienstzeit ab. Auch Anderson hatte bereits verlängert. Der große, grobknochige Mann aus dem Westen war der kommandierende Offizier der 7. Staffel der 17. Air Cavalry. Sein Funkrufzeichen »Ruthless Six«, »Unbarmherzige Sechs«, paßte zu ihm. Er nahm mit Schorr Verbindung auf und ließ ihn seine Position durchgeben. Dann unterrichtete er über die Bordsprechanlage seinen Kopiloten und die MG-Schützen, daß er die Berater herausholen werde.

Als der Hubschrauber in den Sinkflug überging, zog er sofort das Feuer auf sich. Obwohl einer der Berater unten als Orientierungshilfe eine Rauchhandgranate gezündet hatte, konnte Anderson die kleine Gruppe inmitten der Reisfelder erst aus einer Höhe von etwa zwanzig Metern ausmachen. Der Hubschrauber vibrierte unter dem Rückstoß der 0,50-Zoll-MGs, die Anderson an Stelle der beim Huey üblichen 7,62-mm-MGs an den Seitentüren hatte installieren lassen. Er war nun froh darüber. Seine MG-Schützen konnten gut damit umgehen. Wenn sie von diesem Ausflug heil zurückkehrten, so dachte er, dann aufgrund des Machtworts, das seine 0,50-Kaliber sprachen. Über einem Deich ging er in bodennahen Schwebeflug über, so daß Eisenhower Schorr an Bord helfen konnte; gleich darauf schwangen sich Hacker und die beiden vietnamesischen Scouts in die Maschine. Zwei schlammbedeckte ARVN-Soldaten in Unterhosen, die plötzlich aus dem Reisfeld stiegen, krabbelten ebenfalls an Bord. Währenddessen töteten die beiden MG-Schützen mehrere NVA-Soldaten, die den Huey aus 25 Meter Entfernung beschossen.

Als sie in LZ English bei Bong Son gelandet waren, wies der Hubschrauber nur neun Einschüsse auf. Einer der MG-Schützen hatte mehrere Splitter im Bein. Ein Schuß hatte eine Munitionskiste getroffen, wodurch eine 0,50-Zoll-Patrone explodiert war.

Während der folgenden zwölf Tage gingen Bong Son und Tam Quan, die beiden größeren Distrikte, auf die gleiche jämmerliche Weise verloren wie Hoai An. Der gesamte Nordteil von Binh Dinh mit 200.000 Menschen fiel den Kommunisten in die Hände. Vann nahm sich Zeit, die er gar nicht hatte, und flog von den Kämpfen im Hochland an die Küste, um Durchhalteparolen auszugeben. Aber man konnte die Flut nicht zum Stillstand bringen: Die RF- und PF-Milizionäre desertierten zu Tausenden. Die beiden restlichen Bataillone des 40. Regiments wollten nicht einmal ihr eigenes Basislager in der LZ English verteidigen. An der Startbahn ließen die Militärpolizisten der ARVN die Verwundeten sterben, weil sie deren Plätze in den VNAF-Sanitätshubschraubern lieber an Deserteure verkauften. Die Hälfte des Betrags kassierten die Hubschrauberpiloten.

Im Hochland braute sich mittlerweile ein noch größeres Desaster zusammen. Dzu hatte auf Anraten Vanns die einer ganzen ARVN-Division entsprechende Anzahl von Truppen, insgesamt etwa 10.000 Mann, für die Verteidigung von Tan Canh aufgeboten. Er und Vann hatten den Stab der 22. Division und zwei ihrer Infanterieregimenter zusammengezogen und sie mit zwei einzelnen Infanteriebataillonen, einem divisionseigenen Regiment schneller Panzertruppen und dem größeren Teil eines zweiten, autonomen Panzerregiments verstärkt. Da Tan Canh die vorderste Position bildete, war eine solche Truppenkonzentration ein Hasardspiel ersten Ranges. Wurde die Verteidigungslinie am Raketengebirge überrannt und die *Route 14*, die von Tan Canh nach Kontum führte, durchtrennt, würden diese Streitkräfte um Tan Canh mit ihrer Artillerie, ihren Panzern, M-113, Lkws und der gesamten Ausrüstung umzingelt und isoliert werden. Brach der Verteidigungsring um Tan Canh zusammen, würde es unmöglich sein, mit so unverläßlichen Truppen wie den ARVN-Einheiten auf einer isolierten Bergstraße einen geordneten Rückzug durchzuführen. Die Division würde sich auflösen. Es stand jedoch mehr auf dem Spiel als eine ARVN-Division. In jedem der beiden Fälle würden die für die Verteidigung von Kontum erforderlichen Truppen verlorengehen.

Vanns militärischer Stellvertreter, Brigadegeneral George Wear, warnte vor einer Katastrophe. Sein Stabschef, Oberst Joseph Pizzi, ein gewiegter Offizier, der schon 1950 als Nachrichtenoffizier der 8. Armee in Korea versucht hatte, auf die chinesische Gefahr am Yalu hinzuweisen, hegte dieselbe Befürchtung. Die Vorsicht hätte geboten, die Stellungen zu staffeln und die gegnerische Offensive aufzuhalten, indem man sich immer wieder auf neue Verteidigungslinien zurückzog, bei deren Durchbrechung die NVA jedesmal hohe Verluste erleiden würde. Das hätte jedoch bedeutet, Tan Canh und den nahegelegenen Distriktort Dak To irgendwann aufzugeben und sich mit der Hoffnung zu begnügen, sie vielleicht später einmal zurückzuerobern. Vann wollte davon nichts wissen. »Diese Mistkerle werden entweder kämpfen oder sterben müssen«, sagte er über die ARVN. Wear und Pizzi ließen sich von ihrer Meinung nicht abbringen. Vann antwortete, er werde ihre Bedenken bei der nächsten Strategiebesprechung mit Abrams in Saigon vorbringen.

Nach seiner Rückkehr erklärte er, daß die Antwort nein laute. Tan Canh und Dak To müßten aus politischen Gründen gehalten werden. Fest steht, daß er Wear und Pizzi täuschte und ihre Ansicht niemals mit Nachdruck vortrug, weil er sich bereits vor sich selbst verpflichtet hatte, Tan Canh und Dak To zu halten, eine

Verpflichtung, die er in seinem Memorandum vom 12. April öffentlich unterstreichen sollte. Als Abrams zu einem seiner seltenen Besuche nach Pleiku kam, gab Wear in einer Besprechung mit Vann, Dzu und dem kommandierenden General in emotionaler Weise seiner Meinung Ausdruck. Er sagte zu Abrams, der Fall von Tan Canh hänge »wie ein Damoklesschwert« über ihnen. Vann mochte Wear gut leiden und hatte sich bemüht, ihm einen zweiten Stern zu verschaffen. Nun erklärte er ärgerlich, man solle diese Sache besser privat besprechen. Auch Abrams war unangenehm berührt. Er schien solche Befürchtungen als defätistisch anzusehen.

Noch gefährlicher wurde das Hasardspiel um Tan Canh durch die Person des Divisionsbefehlshabers, Oberst Le Duc Dat, der unter anderem auf Betreiben Vanns 1967 wegen exzessiver Korruption als Provinzchef im Gebiet des III. Korps abgelöst worden war. Dat war damals verletzbar gewesen. Er hatte zwar Beziehungen zu höchsten Stellen, doch Kys Macht war im Schwinden begriffen, Thieus Einfluß hingegen im Wachsen. Dat hatte es versäumt, seine politischen Bündnisse rechtzeitig der Entwicklung anzupassen. Später hatte er sich wieder erholt und war 1970 zum stellvertretenden Kommandeur der 22. Division ernannt worden. Vann war es im Februar 1972 soeben geglückt, den Divisionsbefehlshaber, einen untätigen General, loszuwerden. Anschließend hatte er sich bemüht, Dat zu stoppen und einen Kandidaten eigener Wahl einzusetzen. Dzu war es jedoch nicht gelungen, Dats Ernennung zu verhindern, da dieser allzu gute Beziehungen hatte und Dzu es sich nicht leisten konnte, gegen diese Leute zu opponieren. Dat, ein schlanker, gefühlsbetonter und leicht erregbarer Mensch, war ein starker Raucher. Er bevorzugte englische »Craven A«, die in kleinen roten Zehnerpäckchen verkauft wurden. Er trug diese nicht etwa bei sich. Wenn er rauchen wollte, schnalzte er mit Daumen und Mittelfinger, und ein Adjutant mußte ihm eine Zigarette zwischen die Finger stecken und Feuer geben.

Am 20. April teilte der Vereinigte Generalstab Dzu mit, daß man ihm die zweite Luftlandebrigade und den Operationsstab der Luftlandedivision wegnehmen müsse, der die beiden Brigaden im Kampf um das Raketengebirge geführt hatte. Dzu und Vann sollten die durch den Verlust von Feuerbasis Charlie ohnehin geschwächte Verteidigungslinie mit Hilfe der verbliebenen Fallschirmjägerbrigade und einer ausgebluteten Ranger-Einheit halten, die Dzu noch bekommen würde. Die andere Brigade und der Divisionsstab sollten zur Verteidigung von Hue ins Gebiet des I. Korps geflogen werden. Obwohl Vann in seinem Memorandum vom 12. April den Kommunisten Niederlagen an allen Fronten prophezeit hatte, war die NVA im Begriff, im Gebiet des I. Korps die gesamte Provinz Quang Tri südlich der EMZ zu erobern, und bedrohte auch vom weiter westlich gelegenen A-Shau-Tal aus Hue.

Fiel die alte Kaiserstadt, so stürzte Thieu, deshalb mußten schwierige Entscheidungen getroffen werden. Die angeschlagenen Ranger, die man Dzu schikken wollte, waren die einzigen Truppen, die man entbehren konnte. Die Marineinfanteriedivision, das andere Hauptelement der Saigoner Reserve, war bereits im Gebiet des I. Korps voll beschäftigt. Die letzte Reserve, die 3. Luftlandebrigade, kämpfte an der Grenze zu Kambodscha, um die Offensive gegen die etwa hundert Kilometer nordwestlich von Saigon gelegene Provinzhauptstadt An Loc abzuwehren. An Loc war Ziel eines Großangriffs und in höchster Gefahr. Aus diesem Grund hatte man die 21. ARVN-Division aus dem Mekong-Delta heraufgebracht. Falls An Loc fiel, sollte sie zu verhindern versuchen, daß die Kommunisten über die *Route 13* auf Saigon vorrückten.

Am 21. April, als Vann zu einer weiteren Strategiebesprechung mit Abrams in Saigon war, wurde Feuerbasis Delta überrannt, der südliche Angelpunkt der Verteidigungslinie am Raketengebirge. Die NVA übte auf die südvietnamesischen Fallschirmjäger einen übermächtigen Druck aus. Vor Tan Canh wurde die Lage ebenso kritisch wie am Raketengebirge. Vann hatte bei seinem Plan, die NVA an den Stützpunkten verbluten zu lassen, nicht mit einer ARVN gerechnet, die in Schützenlöchern und Bunkern hockte und abwartete. Er hatte sich vorgestellt, daß sie Vorstöße unternehmen und Feindberührung herstellen würde, so daß man die vorrückende NVA mit Artillerie und Jagdbombern zerschlagen konnte; daß sie von beherrschenden Höhen aus zum Gegenangriff antreten und verlorengegangenes Terrain zurückerobern würde. Statt dessen ließ Dat einige Höhenrükken um Tan Canh besetzen und rührte sich nicht mehr von der Stelle. Er wollte weder irgendwelche Bewegungen ausführen noch Verstärkungen heranbringen. Die Infanterie der 2. NVA-Division zerstückelte Schritt für Schritt seine Verteidigungslinien, indem sie sich zwischen den Stellungen durchkämpfte und dabei immer näher an das Gelände des früheren Regimentshauptquartiers heranrückte, auf dem jetzt Dat seinen Befehlsbunker hatte.

Auf die Mahnungen seines Beraters Oberst Phillip Kaplan, er müsse seine Truppen vorrücken und kämpfen lassen, erwiderte Dat, daß die Nordvietnamesen den südvietnamesischen Soldaten überlegen seien. Gegen die NVA könne man nicht vorrücken. Versuchte man es trotzdem, würden einen die Nordvietnamesen umzingeln und vernichten. Kaplan, ein schneidiger Fallschirmjägeroffizier, der unter Bob York in der Dominikanischen Republik gedient hatte, zügelte sein Temperament, so gut es ging, und versuchte weiterhin, positive Beratungsarbeit zu leisten. Er konnte nicht wissen, daß die Haltung Dats, der selbst aus dem Norden kam (er entstammte einer vermögenden Familie und hatte seine Reifeprüfung am Gymnasium Albert Sarraut in Hanoi abgelegt), nichts damit zu tun hatte, daß seine Gegner Nordvietnamesen waren. Es war vielmehr das tiefsitzende Minderwertigkeitsgefühl der Vietnamesen, die auf französischer Seite gegen den Vietminh gekämpft hatten, das ihn so denken ließ. Dat verhielt sich nicht anders, als sich die meisten ARVN-Kommandeure in dieser Situation verhalten hätten. Er saß in seinem Bunker und nahm an, seine Truppen würden so lange in ihren Stellungen ausharren, bis die amerikanischen Flugzeuge den Feind dazu brachten, sich wieder zurückzuziehen.

Eine erfolgreiche Verteidigung Tan Canhs erforderte ein hartes Ringen in schwierigem Gelände, eine Folge von Schlägen und Gegenschlägen, eine Schlacht also, die zu schlagen die ARVN nicht in der Lage war. Vann hatte die Armee, die er für seine Zwecke einsetzen wollte, in einen Kampf geworfen, der ihre Kräfte überstieg. Er versuchte Dat zu ködern und ihn zu dem Kommandeur zu machen, den er sich gewünscht hätte. Einmal standen sie am späten Nachmittag im Bunker vor der Lagekarte, von der sich eine bedenkliche Situation ablesen ließ. Vann tippte auf die Karte und beschrieb mit seiner hellen, näselnden Stimme kurz die Maßnahmen, die Dat treffen mußte, wenn er überleben wollte. »Herr Oberst, Sie sind dabei, der erste Divisionsbefehlshaber der ARVN zu werden, der seine Division verliert, denn sie wird bald überrannt und aufgerieben werden, wenn Sie nicht sofort . . .«

»Ach, das wird nicht geschehen«, erwiderte Dat.

Es begann am Sonntag, dem 23. April 1972. Schon am Vormittag lieferten sich nicht weit von Tan Canh ein südvietnamesisches Infanteriebataillon und eine NVA-Einheit ein Gefecht. Der Beschuß war seit Freitag immer stärker geworden, man zählte bereits einen Einschlag pro Minute: 122-mm-Raketen, Mörser- oder Artilleriegranaten. Aus der Präzision des feindlichen Feuers konnte man schließen, daß kleinere NVA-Gruppen bis auf wenige hundert Meter herangekommen waren und das Gelände des Hauptquartiers gut einsehen konnten. Phil Kaplan, der oberste Divisionsberater, erhielt die Meldung, am Haupttor sei ein Panzer abgeschossen worden. Er verließ daraufhin mit seinem Stellvertreter, Oberstleutnant Terrence McClain, den Kommandobunker, um sich das Wrack anzusehen. Da sie sich gegen Splitter schützen wollten, liefen sie in einem Graben zum Tor hinunter. Ein englischsprechender ARVN-Soldat sagte Kaplan, er habe eine Rakete herankommen und den Panzer treffen sehen. Die über Draht gesteuerte Panzerabwehrrakete, eine einzigartige Waffe, die aus großer Entfernung genau ins Ziel gelenkt werden kann, war in den fünfziger Jahren von einem französischen Luftwaffenoffizier erfunden worden. Die Sowjets hatten nach 1960 eine leistungsfähige Version entwickelt, die als »Sagger« bezeichnet wurde. Diese Raketen waren in Vietnam bisher noch nie gesehen worden. Während Kaplan den Soldaten befragte, sauste über ihren Köpfen mit schrillem Pfeifen ein zweiter Sagger durch die Luft und setzte in sechzig oder siebzig Meter Entfernung unter Blitzen und Krachen einen weiteren Panzer außer Gefecht.

Kurze Zeit darauf war der Befehlsbunker an der Reihe. Ein für Direktbeschuß geeigneter Flugkörper, wahrscheinlich wieder ein Sagger, durchschlug die Sandsackmauer an einer Schwachstelle neben einer Frischluftöffnung und explodierte im Funkraum, wodurch die Stützbalken des Bunkers in Brand gerieten. Da sie mit Holzschutzmittel behandelt waren, entstanden dicke Qualmwolken. Niemand hatte daran gedacht, Feuerlöschgeräte zu beschaffen; es gab auch keine Wasserleitung. Kaplan war im Begriff, aus einem Plastikbehälter das zum Kaffeemachen bestimmte Wasser auf die Flammen zu schütten, als ihm klar wurde, wie albern sein Tun war. In einigen Augenblicken würden die Leute zu husten beginnen und sich in Panik zu den Ausgängen drängen. »Alles raus!« rief er.

Das brennende Balkenwerk des Bunkers brach nach und nach zusammen: Das Hauptquartier der 22. Division war bald nur mehr ein Haufen schwelender Sandsäcke. Als Ersatz richtete man in einem wesentlich kleineren Bunker neben den Unterkünften der Berater einen Notbefehlsstand ein. Die Verwundeten wurden am Nachmittag per Hubschrauber evakuiert. Kaplan hatte bei der Detonation nur eine leichte Kopfverletzung abbekommen. Oberst Dat war völlig unversehrt geblieben, doch sein Operationsberater, Major Jon Wise, war an Kopf und Arm ernstlich verwundet. Daneben hatten acht bis zehn Angehörige von Dats Stab Verletzungen erlitten, und es gab etwa vierzig ARVN-Soldaten, die auf dem Gelände des Hauptquartiers durch den Artillerieschuß verwundet worden waren. Vann kam eigens per Helikopter aus Pleiku und überwachte ihren Abtransport, der aufgrund der ständigen Granateinschläge eine für Hubschrauberbesatzungen wie Verwundete gleichermaßen nervenaufreibende Angelegenheit war. Bevor er nach Pleiku zurückflog, sagte ihm Kaplan, daß die Berater sich im schlimmsten Fall auf der Westseite des Geländes an einem Hubschrauberlandeplatz neben dem Minenfeld zum Abholen versammeln würden. In ruhigeren Zeiten hatte diese Stelle den Cobra-Kampfhubschraubern als Abstellplatz gedient.

Den ganzen Tag lang beschoß die NVA die um das Hauptquartier postierten ARVN-Panzer mit Sagger-Raketen. Am Morgen waren acht einsatzbereit gewesen, am Nachmittag war es nur mehr einer. Dat hatte sich auf einen Stuhl gesetzt und starrte nur mehr vor sich hin. Als es anfing dunkel zu werden, blickte er Kaplan an und erklärte: »Morgen werden wir überrannt.«

Gegen zehn Uhr abends erhielten sie aus dem Dak-To-Distrikt die Meldung, daß die PF-Miliz in einem Montagnardweiler an der *Route 14* nordwestlich des Distriktorts Panzergeräusche hörte. Die *Route 14* führte über Tan Canh nach Norden am Distrikthauptquartier vorbei und wandte sich dann westwärts in ein Gebiet, das nun, abgesehen von den PF-Zügen in den Montagnardsiedlungen, von der NVA kontrolliert wurde. Aus dem Befehlsstand eines Bataillons, der auf einer Anhöhe lag, von der man die Straße überblicken konnte, kam nun ebenfalls die Meldung, es seien Panzergeräusche zu hören. Kurz darauf wurde durchgegeben, daß die Scheinwerfer einer ganzen Panzerkolonne zu sehen seien. Kaplan forderte in der Luftoperationszentrale in Pleiku eine Spectre C-130 an, ein Erdkampfflugzeug, das mit Nachtsichtgeräten und Infrarotsensoren ausgestattet war. »Da unten sind elf Panzer«, meldete der Pilot an Kaplan. Sie rollten auf der

Straße, die in den Dak-To-Distrikt führte. Hauptmann Richard Cassidy, der stellvertretende Distriktberater, rannte zur Einfahrt des Hauptquartiers. Die abgedeckten Scheinwerfer waren nur mehr an die 800 Meter entfernt. Als die Spectre eine Leuchtbombe warf, sah Cassidy, daß sich eine gestaffelte Panzerkolonne auf ihn zubewegte. »Die greifen uns an!« schrie er in panischem Schrecken. Dann faßte er sich wieder; seine Angst war verfrüht gewesen. Die Panzer gaben keinen einzigen Schuß ab. Ihre Kommandanten hatten Befehl, das Distrikthauptquartier zu ignorieren. Sie fuhren daran vorbei.

Die NVA vollführte ein Manöver, das die Vietnamesen als »Der Schlange den Kopf abschlagen« bezeichnen. Es war eine der so oft gebrauchten Kriegslisten, die immer wieder wirken, wenn sie überraschend angewandt werden. Die Vietnamesen ließen die Feuerbasen Fünf und Sechs bei Tan Canh und sämtliche Bataillonsstellungen links liegen und rückten direkt auf Dats Hauptquartier vor. Die Kolonne war mittlerweile auf fünfzehn Panzer angewachsen. Es handelte sich um sowjetische T-54, ein mittelschweres Modell der späten fünfziger Jahre, die der 2. NVA-Division unterstellt waren. Die nordvietnamesischen Panzerfahrer hatten sie im Februar über den Ho-Chi-Minh-Pfad nach Süden gebracht und in Anhängern zusätzliche Munition und Dieseltreibstoff mitgeführt. Sie hatten in Laos einen Monat in Wartestellung gelegen und befanden sich seit zwei Wochen auf südvietnamesischem Boden. In den vergangenen Tagen hatten sie ihre Panzer nördlich von Tan Canh versteckt gehalten, offenbar in Gräben neben einer Piste, die zur *Route 14* führte.

Zu dem Überraschungseffekt trug auch eine irrationale Skepsis bei, die Vann in bezug auf die Anwesenheit von NVA-Panzern im Gebiet des II. Korps an den Tag legte. Es war logisch, daß die NVA, die im Gebiet des I. Korps Panzer einsetzte und es geschafft hatte, einige davon ins Gebiet des III. Korps hinunterzubringen, auch im II. Korpsgebiet welche einsetzen würde. Schon vor Beginn der Offensive und in den Wochen vor den Kämpfen im Hochland hatte es zahlreiche Hinweise auf Panzer gegeben. Gefangene und Überläufer hatten von Panzern gesprochen. Die Special Forces und die Fernpatrouillen der ARVN-Luftlandetruppen hatten in Laos und im Plei-Trap-Tal westlich des Raketengebirges Panzerspuren gefunden. Ein weiteres Bataillon T-54 war der 320. NVA-Division unterstellt. Es schien noch früher nach Südvietnam gekommen zu sein.

Die Gewohnheit, alle Berichte persönlich zu überprüfen, war bei Vann zu einer Art von Arroganz geworden. Er neigte nun dazu, alles, was sich nicht bestätigen ließ, außer acht zu lassen. Immer wenn er Meldungen über Panzer erhalten hatte, war er losgeflogen, um sie zu suchen, hatte jedoch keine gefunden. Er war dadurch zu der Ansicht gekommen, daß diese Berichte Übertreibungen verschreckter Soldaten waren oder daß es sich um PT-76 handelte, leichte Amphibienpanzer, die die NVA gelegentlich einsetzte, die jedoch mit ihrer schwachen Panzerung keine ernstliche Bedrohung darstellten. Erst zwei Tage zuvor hatte die

320. Division drei ihrer T-54 beim Endkampf um Feuerbasis Delta eingesetzt, als Vann gerade bei der Strategiekonferenz in Saigon gewesen war. Nach seiner Rückkehr hatte er einer entsprechenden Meldung keine Beachtung geschenkt. Als Kaplan ihm nun über Sprechfunk mitteilte, daß der Spectre-Pilot von Panzern gesprochen hatte, antwortete er mit einer Mischung aus Galgenhumor und Rechtfertigungsbedürfnis: »Na, wenn das stimmt, kann ich ja gratulieren. Das sind die ersten wirklichen Panzer, die man im Korpsgebiet ausgemacht hat.«

Eine gelungene Überraschung ist noch keine gewonnene Schlacht. Es blieb eine Menge Zeit, um die Panzer zum Stehen zu bringen, und eine Menge Waffen, mit denen man sie außer Gefecht setzen konnte. Die T-54 hatten keine Begleitinfanterie. Mit panzerbrechenden Waffen ausgerüsteter Infanterie gegenüber sind Panzer ohne Begleitinfanterie verletzbar, insbesondere nachts, wenn die feindlichen Soldaten leichter Hinterhalte legen oder sich ihnen unbemerkt nähern können. Trotz seiner Skepsis hatte Vann dafür gesorgt, daß die Milizen des Dak-To-Distrikts und die Einheiten der 22. Division mit Hunderten von M-72 ausgerüstet waren, dem damaligen Nachfolgemodell der Bazooka. Die Soldaten waren in der Handhabung dieser Waffe unterwiesen worden, und jede Kompanie verfügte über ein eigenes Panzerabwehrkommando. Zufällig war an der Straße auch eine der rückstoßfreien 106-mm-Kanonen der Division postiert. Diese Kanonen sind für Panzer tödlich. Die Bedienung hatte Panzerabwehrgeschosse gefaßt. Dat verfügte zudem noch über die reguläre Divisionsartillerie und hatte den NVA-Panzern auch noch eigene entgegenzustellen. Die Nordvietnamesen hatten zwar mit ihren Sagger-Raketen die ARVN-Panzer vor dem Hauptquartier in Tan Canh ausgeschaltet, um den Aufmarsch ihrer eigenen Panzer zu erleichtern, doch nur wenige Kilometer entfernt waren am Hauptfeldflugplatz von Dak To (Dak To II genannt, um ihn von einem älteren und kleineren Feldflugplatz neben dem Hauptquartier zu unterscheiden) noch weitere Panzer stationiert.

Die PF-Milizionäre an der ersten Brücke, die die NVA-Panzer zu überqueren hatten, waren mit M-72-Panzerfäusten ausgerüstet. Sie hatten den Auftrag, den T-54 aufzulauern, liefen jedoch davon. »Ja, das werden wir tun«, sagte Dat, als Kaplan ihm sagte, er müsse nun Panzerabwehrkommandos losschicken. (Sie blieben in ihren Schützenlöchern sitzen.) »Wir haben den Befehl bereits erteilt«, erwiderte Dat, als Kaplan ihm empfahl, die Panzer in Dak To II anzufordern. (Sie kamen nicht.) Die Bedienung der rückstoßfreien 106-mm-Kanone neben der Straße schien keinen einzigen Schuß abgegeben zu haben.

Mittlerweile hatte sich das Kampfflugzeug bemüht, die Arbeit der ARVN zu tun. Einfallsreiche Air-Force-Techniker hatten in die C-130 eine 105-mm-Haubitze eingebaut. Sie war mit einem Feuerleitcomputer verbunden, der seine Daten von Sensoren bezog, und konnte auf diese Weise Punktziele bekämpfen. Sechsmal meldete der Pilot Kaplan per Funk, er habe einen Panzer »getroffen«. Das Problem war, daß die Spectre mangels Vorwarnung keine panzerbrechende Munition

mitführte, sondern lediglich Sprenggranaten. Der T-54 ist zäh. Zweifellos bekamen die Dreimannbesatzungen durch die Treffer mehr als bloß Kopfschmerzen,
doch verließ nur eine einzige von ihnen ihren Panzer. Bei einem Weiler unmittelbar südlich des Distriktzentrums von Dak To nahmen PF-Milizionäre den Fahrer,
einen 18jährigen Nordvietnamesen, gefangen und brachten ihn ins Hauptquartier. Bald darauf verjagte eine Gruppe von NVA-Soldaten die Milizionäre, die sich
um den Panzer versammelt hatten, und brachte ihn zu den anderen T-54, die
weiter gegen Dats Befehlsstand vorrückten.

Kaplan griff auf die Artillerie in Tan Canh zurück und setzte die Spectre als
Luftbeobachter ein. Gleich nach den ersten Salven zerstreuten sich die NVA-Panzer. Die nordvietnamesischen Artilleriebeobachter im Umkreis des Hauptquartiers, die den ganzen Tag lang Zeit gehabt hatten, ihre Geschütze genau einzuweisen, forderten Artilleriebekämpfungsfeuer an. Sobald die ersten Granaten einschlugen, rannten die Kanoniere der ARVN in ihre Bunker zurück.

»Herr Oberst, die Artillerie muß feuern!« schrie Terry McClain, Kaplans Stellvertreter.

»Das tut sie bereits«, erwiderte Dat.

An Bord des Hubschraubers, der ihn am frühen Morgen des 24. April 1972 nach
Tan Canh brachte, verfaßte John Vann sein Testament. Bei seinem letzten Besuch
in Norfolk hatte ihn sein ältester Bruder Frank Junior gefragt, ob er nicht Angst
habe, in Vietnam zu fallen. »Nein, zum Teufel«, lautete die Antwort. Er war schon
so oft davongekommen und konnte sich nicht vorstellen, daß ihn der Krieg
behalten wollte. Das Glück stand immer auf seiner Seite, sagte er. Als dann der
Druck des Feindes immer stärker wurde, begann er sich Gedanken zu machen. Das
Flakfeuer sei so heftig, schrieb er an Dan Ellsberg, daß er diesen Kampf vielleicht
nicht überleben werde.

Er hatte Annie schon mehrmals gesagt, im Fall seines Todes sei für ihr gemeinsames Kind gesorgt. Tatsächlich hatte er zugunsten seiner Tochter in Vietnam
keinerlei Vorkehrungen getroffen. Seine finanzielle Basis war bescheiden. Die
doppelten Kosten, die ihm seine Frauen in Vietnam und die Familie in Littleton
verursachten, verhinderten, daß er nennenswerte Summen ansparen konnte. Er
hatte Lebensversicherungspolizzen im Wert von 85.000 Dollar, und seine Witwe
würde sowohl die Militär- als auch die AID-Pension erhalten. Wie die Dinge standen, würde Annie kein Anrecht auf die Pension haben, sondern bestenfalls für
sich und das Kind einen gewissen Anspruch auf die Versicherungssumme geltend
machen können. Da er völlig mit der gegnerischen Offensive beschäftigt war,
hatte er in Saigon nicht einmal die erforderliche schriftliche Erklärung abgegeben, daß er Annie in der Konsulatsabteilung der Botschaft heiraten werde. Sie
und das Kind wohnten nun in einem Haus in Nhatrang an der Küste. Vann hatte

beschlossen, den CORDS-Sektor des II. Korps im ehemaligen Hauptquartier der Field Force in Nhatrang zu verlassen, so daß nun das Haus sein amtlicher Wohnsitz war. In dem Testament, das er Mitte 1968 vor seiner Unterleibsoperation gemacht hatte (das Kind war damals ein halbes Jahr alt), hatte er Mary Jane und seine amerikanischen Kinder als alleinige Erben eingesetzt. Es war in Colorado vorschriftsmäßig registriert worden.

Als er in seinem Zimmer in Pleiku um zwei Uhr früh zu Bett ging, war ihm klar, daß er ohnehin nichts unternehmen konnte, um die Panzer zum Halten zu bringen, und daß er für den kommenden Tag etwas Schlaf brauchte. Die Taktische Operationszentrale weckte ihn kurz vor 6.30 Uhr, um ihm mitzuteilen, Kaplan bitte ihn, sofort nach Tan Canh zu kommen. Während er sich ankleidete, weckte man seinen Piloten. Dann rannten sie zum Hubschrauber und starteten. Vielleicht würde es gelingen, im Angesicht der feindlichen Panzer, die schon auf das Gelände des Hauptquartiers vordrangen, ein paar Berater aufzunehmen. Vielleicht auch nicht.

Vann hatte einen Schreibblock in der Brusttasche seines Hemds, auf dem er sich seine Tagesnotizen machte. Er nahm ihn heraus und setzte Uhrzeit (0700) und Datum in die rechte obere Ecke des linierten Blatts. Dann schrieb er in Druckbuchstaben »LETZTER WILLE & TESTAMENT« und darunter: »Mein Vermögen soll zu gleichen Teilen an meine Frau ... und meine Tochter ... gehen. Mein gesamter Besitz in Südvietnam soll verkauft werden, den Erlös soll ebenfalls meine Frau ... bekommen.« Er unterschrieb mit »John P. Vann« und steckte den Block wieder in die Brusttasche. Offenbar war er der Meinung, daß damit für den Fall, daß ihm etwas zustieß, für Annie und ihre Tochter gesorgt war.

Zu seinem Piloten Robert Richards sprach er darüber nicht. Richards war ein magerer, freundlicher »Rothals« aus dem südlichen Georgia, ehemals Unteroffizier, nun aber — die Armee hatte 1966 plötzlich Hubschrauberpiloten benötigt — Offiziersanwärter und Gentleman. In seiner ersten Dienstzeit in Vietnam bei der 1. Infanteriedivision war er zu einem waghalsigen Flieger geworden; 1970 hatte man ihn im Delta Vann zugeteilt, weil er mit dem Hubschrauber an gefährlichen Stellen sehr geschickt war und sich auf Risiken einließ, die Vanns frühere Piloten nicht eingehen wollten. Bei gewöhnlichen Männern verbrauchen tapfere Taten allmählich die innere Kraft. Vann hatte Richards' Mut seit Beginn der Offensive bereits über Gebühr beansprucht. Früher hatte Richards am Abend zur Entspannung gerne einen getrunken. Nun holte er sich aus dem Whisky auch die Tapferkeit. Vann wußte, wie strapaziert Richards' Nerven waren. »Wir werden es schaffen, Bob«, sagte er, »wir haben es doch immer geschafft.«

Die tiefhängenden Wolken des beginnenden Monsuns, der Morgennebel und die von den Bränden aufsteigenden Rauchschwaden verdunkelten Tan Canh. Richards sah, daß die Wolkendecke stellenweise aufriß, so daß er daruntergehen konnte. Ein zweiter Ranger, gesteuert von Hauptmann Dolph Todd aus Tacoma, Washington, flog unmittelbar hinter ihm. Todd hatte sich Vann am Vortag freiwillig als Flügelmann zur Verfügung gestellt. Er liebte gefährliche Einsätze, hatte aber offenbar nicht gewußt, was ihn am 24. April erwartete.

Vann nahm Funkverbindung mit Kaplan, McClain und den sieben anderen Angehörigen des Divisionsberatungsteams auf. Kaplan hatte es aufgegeben, die ARVN anzustacheln, und seinem Team befohlen, den neuen Befehlsbunker kurz nach Tagesanbruch zu verlassen. Er sorgte dafür, daß zwei seiner Leute tragbare Funkgeräte mitnahmen, so daß man Kontakt mit Hubschraubern aufnehmen konnte. Dat und sein Stab waren zuerst mit den Amerikanern aus dem Bunker gekommen, ein paar Minuten später aber wieder in seinen Schutz zurückgekehrt. Um ihre Gegner weiterhin einzuschüchtern und den Vormarsch ihrer Panzer zu decken, hatte die NVA ihren Beschuß auf vier Geschosse pro Minute erhöht: Raketen, Mörser- und Artilleriegranaten. Vann, Richards und Todd erfuhren per Funk, daß sie bei ihrer Landung auch noch mit Minenexplosionen zu rechnen hatten. Die Berater sagten, sie befänden sich mitten im Minenfeld, das die Westseite des Hauptquartiers halbmondförmig umgab.

Kaplans erster Fluchtplan hatte sich als undurchführbar herausgestellt. Als er seine Berater zum Cobra-Abstellplatz am Minenfeld geführt hatte, waren zwei Panzer auf das Gelände des Hauptquartiers vorgedrungen. Die NVA-Infanterie begann nachzurücken, ein dritter Panzer hatte sich nicht weit von ihnen in der westlichen Ecke unter einem hohen Betonwasserturm postiert, von wo aus er ihre Stellung bedrohte. Der stellvertretende Regimentsberater, Hauptmann Kenneth Yonan, ein 23jähriger West-Point-Absolvent, war mit seinem ARVN-Partner auf den Wasserturm gestiegen, um Düsenjäger anzufordern, die jedoch aufgrund des Nebels und der Wolkendecke nicht eingreifen konnten. Die Panzer hatten ihn und den vietnamesischen Offizier dann auf dem Wasserturm festgenagelt. Niemand sah Yonan jemals wieder.

Feldwebel Walter Ward, der Verwaltungsoffizier der Gruppe, entdeckte einen durch das Minenfeld führenden Pfad, auf dem sie sich von dem Panzer unter dem Wasserturm etwas entfernen konnten. Etwa 900 Mann der fast 1200 im Hauptquartier von Tan Canh stationierten ARVN-Offiziere und -Mannschaften waren Fernmelde- und Pioniertruppen oder sonstiges technisches Personal. Als die Panzer durch das Haupttor des Geländes eingedrungen waren, hatten diese Leute in panischer Angst die Flucht ergriffen. Sie waren durch den Stacheldraht und in das Minenfeld gerannt, die das übrige Tan Canh umgaben. Viele waren den eigenen Minen zum Opfer gefallen. Ward schlug vor, den Fußspuren der Soldaten zu folgen, die das Minenfeld unverletzt durchquert hatten. Die Berater hielten an einer alten Straße, die durch eine leichte Bodensenke in der Mitte des Minenfelds führte. Kaplan dachte, die Vertiefung würde einem landenden Hubschrauber etwas Deckung gegen den Panzer bieten. Man legte sich flach auf den Boden und wartete. Rund um die Amerikaner kauerten verschreckte ARVN-Soldaten, die ebenfalls auf Rettung hofften.

Bob Richards konnte keinerlei schutzbietende Bodensenke entdecken. Alles was er sehen konnte, war die 100-mm-Kanone des T-54 unter dem Wasserturm, die genau auf die Stelle gerichtet war, wo die Berater lagen und wo er den Hubschrauber hindirigieren wollte. »Ich setze zur Landung an und sehe diesen gottverdammten Panzer da stehen und denke, ›Du schaffst es nicht, das ist das Ende‹«, erinnerte sich Richards. »Diese Kanone sah mich an, als könnte ich direkt in sie hineinfliegen.«

Minen oder nicht, Richards kam so schwungvoll herunter, daß die Kufen aufprallten und der Rotorschutz am Ende des Rumpfes gegen den Boden schlug. Todd folgte ihm. Kaplan schickte für jede Maschine drei Berater los. Sie rannten zu den Hubschraubern und kletterten an Bord. Er war sich mit Vann einig, daß man die Maschinen nicht überladen durfte. Man riskierte sonst einen Absturz. Kaplan und McClain, die beiden ranghöchsten Offiziere, würden mit Hauptmann David Stewart, dem Fernmeldeberater der Division, der eines der Funkgeräte mit sich trug, auf die nächste Abholaktion warten. Richards blickte beim Abheben noch einmal auf die große Kanone zurück. Zu seiner Überraschung trat sie nicht in Aktion. Auch sonst schien niemand auf sie zu feuern.

Als Vann mit den Beratern im Laderaum startete, klammerten sich zwei ARVN-Soldaten an die beiden Funkantennen des Hubschraubers, andere hatten sich an die Kufen gehängt. Auch an Todds Hubschrauber hingen einige ARVN-Soldaten. Vann hatte ursprünglich beabsichtigt, die Berater in ein ehemaliges Lager der Special Forces in Ben Het zu bringen, das etwa zwanzig Kilometer westlich an der Grenze zu Laos lag, eine der wenigen Inseln, die sich noch in der Hand der Saigoner Truppen befanden und relativ sicher waren, da dort kein unmittelbarer Angriff drohte. Sobald die Hubschrauber in der Luft waren, wurden sie durch das Gewicht der an ihnen hängenden Soldaten nicht mehr behindert; Vann hatte jedoch Angst, daß den Vietnamesen auf der verhältnismäßig langen Strecke nach Ben Het die Kräfte ausgehen und sie zu Tode stürzen würden. Er beschloß deshalb, mit den Beratern in dem nur wenige Kilometer entfernten Dak To II zu landen. Auch dieses Flugfeld würde die NVA bald einnehmen; es war jedoch ein Huey im Anflug, der Dak To II noch vor der NVA erreichen würde. Richards und Todd setzten die sechs Berater dort ab, und Vann teilte dem Piloten des Huey über Funk mit, er solle sie aufnehmen und nach Pleiku bringen.

Richards und Vann flogen zurück, um Kaplan und die beiden anderen herauszuholen, doch die Glückssträhne war zu Ende. Sie flogen im Terrainfolgeflug, da ihnen das am sichersten erschien und die Wolken so niedrig waren. Ein NVA-Soldat, der der etwas vom Schießen verstand, sah sie kommen. Er richtete sich hinter seinem Busch auf, brachte sein AK-47 in Anschlag und jagte einen Feuerstoß in die Cockpitverglasung. Richards riß den Hubschrauber in einer jähen Wendung nach oben, um die schützenden Wolken zu erreichen. Der Ranger bekam noch eine zweite Garbe ab, die das Funkgerät auf der Mittelkonsole zerstörte und unter Vann den Boden durchsiebte. Daß er unversehrt blieb, verdankte er nur Richards' Akrobatenstück und der Tatsache, daß das AK-47 relativ leichte und langsame Projektile verschießt. Sie waren schräg durch die wabenförmige Bodenabdeckung gedrungen und hatten dabei ihre Durchschlagskraft verloren.

Vann erreichte Todd mit Hilfe des Ersatzgeräts und trug ihm auf, Kaplan, McClain und Stewart herauszuholen. Todd konnte sie ohne Schwierigkeiten aufnehmen. Vann befahl ihm nun, hinter ihm herzufliegen, um sie nach Pleiku zu bringen. Der Schaden am Funkgerät machte es unumgänglich, dorthin zurückzukehren. Während des Flugs ging der Kraftstoffanzeiger ungewöhnlich schnell zurück. Als sie auf dem Hubschrauberlandeplatz neben dem Hauptquartier des II. Korps aufgesetzt hatten, kletterte Richard von Bord und sah sich die Tanks an. Auch sie wiesen Einschüsse auf. Am Rumpf rann der Treibstoff herunter. Richards schüttelte den Kopf. Ein einziges Leuchtspurgeschoß hätte seinen Ranger in einen Feuerball verwandelt.

John Vann hatte für solche Betrachtungen keine Zeit. Sobald Kaplan und die beiden anderen von Bord gegangen waren, kletterte er in Todds Hubschrauber, um nach Tan Canh zurückzufliegen. Cai, sein Adjutant, der in Pleiku auf ihn gewartet hatte und mitkommen wollte, kletterte auf den Rücksitz. Vann ließ Todd unweit von Dak To II landen, um einen US-Major aufzunehmen. Es handelte sich um den Berater eines Luftlandebataillons, den man eine Woche zuvor an Dat verliehen hatte, um zu versuchen, seine Verteidigungsmaßnahmen etwas wirksamer zu machen. Das Flugfeld II war nun ebenfalls überrannt worden, ein Teil der Fallschirmjäger brach in Panik aus. Vann schlug mit dem Gewehrkolben auf die Soldaten ein, die sich auf seiner Seite an den Ranger klammerten, als Todd mit dem Major und dessen verwundetem Dolmetscher an Bord abhob; sie ließen die Kufe los, doch auf Todds Seite hingen andere; der Hubschrauber kippte um und das Rotorblatt berührte den Boden, so daß die Maschine abstürzte und sich zweimal überschlug. Cai war unter dem Wrack eingeklemmt. Vann zog ihn heraus, holte sich aus dem Wrack ein tragbares Funkgerät und forderte damit Kampfhubschrauber gegen die vordringenden NVA-Soldaten an, die er vorerst noch mit seinem M-16 abwehren konnte. Ein Huey schaffte es, herunterzukommen und Vann, Cai, Todd und die beiden anderen vor den näherkommenden Nordvietnamesen zu retten; er bekam mehrere Treffer ab.

Vann ließ Cai in Kontum im Lazarett zur Behandlung seiner Schulterverletzung zurück, nahm erneut einen Hubschrauber und flog noch einmal nach Tan Canh. Die überstandenen Gefahren erinnerten ihn an sein Testament. Er landete im Befehlsstand der Luftlandebrigade in Vo Dinh, wo sein früherer Hauptmann, Peter Kama, als Brigadeberater tätig war. Er riß das Blatt aus dem Notizblock, ließ es von Kama als Zeuge unterschreiben und übergab es ihm zur Aufbewahrung.

John Vann ertrug es nicht, im Bunker der Taktischen Operationszentrale in Pleiku zu sitzen und mit Dzu zu trauern. Er dirigierte Düsenjäger gegen Panzer, er befahl, die Munitionsdepots um Tan Canh zu bombardieren, damit sie nicht dem Feind in die Hände fielen, er brachte noch weitere Berater aus benachbarten Feuerbasen heraus, er holte Hauptmann Cassidy und den Major, der in Dak To als oberster Distriktberater fungiert hatte. Er mußte inmitten dieser Katastrophe, zu deren Entstehen er so viel beigetragen hatte, um jeden Preis aktiv bleiben.

Tausende ARVN-Soldaten, die entkommen konnten, liefen so schnell weg, daß die Montagnards sie als »Hasensoldaten« bezeichneten. Dat fand den Tod. Nachdem er Dzu per Funk vergeblich aufgefordert hatte, einen Hubschrauber zu schicken, verließ er schließlich doch den Bunker. Er gelangte bis zum Flugplatz Dak To II, wo er verwundet wurde und sich dann vermutlich mit seiner Dienstpistole erschoß. Für Kaplan und McClain war es ein Glück, daß ihr Rang es erfordert hatte, im Minenfeld zu warten, und für Stewart, daß er mit ihnen ausharren mußte. Drei von den sechs Beratern, die Richards und Todd vorerst nach Dak To II gebracht hatten, fanden den Tod, als der Huey, der sie auf Vanns Befehl abholte, beim Start abgeschossen wurde. Feldwebel Ward, der den Weg durch das Minenfeld gefunden hatte, war unter den Überlebenden.

Hätte die NVA mit der Verfolgung von Gegnern Erfahrung gehabt, wäre der Krieg nun anders verlaufen. Durch den Zusammenbruch in Tan Canh entstand die klassische Situation, in der ein völlig demoralisierter Feind vor allem und jedem davonläuft. Obwohl alles Nachdenken über versäumte Möglichkeiten immer nur Spekulation bleiben kann, darf man sagen, daß sich damals aufgrund der besonderen Umstände eine einmalige Gelegenheit bot. Hätten die Befehlshaber der NVA an diesem Abend des 24. April 1972 ihre Panzer aufgetankt, ein paar Bataillone Infanterie in erbeutete Jeeps, Lkws und Schützenpanzer gesetzt (sie konnten sie sich regelrecht aussuchen, da die ARVN im Gebiet von Tan Canh alles zurückließ, so auch mehr als 200 Fahrzeuge) und den keine vierzig Kilometer langen Weg über die *Route 14* nach Kontum freischießen lassen, wäre diese Stadt am folgenden Morgen in ihrer Hand gewesen. Hätten sie keinen Blitzkrieg führen wollen, so hätten sie auch langsam vorrücken und vom Raketengebirge und Tan Canh in einigen Tagen, einer oder sogar eineinhalb Wochen nach Süden vorstoßen können, und Kontum »wäre auseinandergefallen«, wie Vann später zugab.

Wäre Kontum 1972 gefallen, hätte die Panik, die im Saigoner Lager stets auszubrechen drohte, im Gebiet des II. Korps in unkontrollierbarer Weise um sich gegriffen. Das Hochland wäre verlorengegangen, ein großer Teil des mittleren Küstenabschnitts unhaltbar geworden. Die Panik hätte sich weiter ausgebreitet. Nach dem Desaster in den nördlichen Distrikten drohte ganz Binh Dinh zu fallen. Die Kommunisten hätten den Hafen Qui Nhon erobern und beginnen können, die anderen Küstenstädte zu bedrohen, nachdem die B-3-Divisionen im Hochland den Anschluß an die Division »Gelber Stern« in Binh Dinh vollzogen hätten. Der mangelnde Nachschub wäre kein Hindernis gewesen. Die ARVN hätte ihnen alles Benötigte in ausreichender Menge überlassen.

Die Nixon-Administration dachte, sie habe Söldner angeworben, die ihr die Küste schützten. Um den Preis weiterer Hunderter Millionen Dollar Militär- und Wirtschaftshilfe für Südkorea hatte sie die Regierung in Seoul überredet, zwei Divisionen zwischen Nhatrang und Qui Nhon zu belassen. Inmitten des allgemeinen Zusammenbruchs der Saigoner Truppen hätten sich auch die Koreaner nicht gehalten, sondern die Evakuierung verlangt. Ihre Verpflichtung als Söldner verleugneten sie bereits: Aus Seoul lag der Geheimbefehl vor, Verluste zu vermeiden. Sie hätten nicht einmal die Straße offengehalten, die, von den Docks in Qui Nhon zu den Depots in Pleiku führend, die Hauptnachschublinie im Gebiet des II. Korps bildete. Zwei Bataillone eines Regiments der Division »Gelber Stern« hatten Mitte April die *Route 19* am An-Khe-Paß in Binh Dinh unterbrochen. Vann mußte die koreanischen Generäle zwei Wochen lang beknien, damit sie die Straße wieder freikämpften. Bis dahin war er von Nachschub aus der Luft und einer längeren Überlandstraße abhängig, die von Nhatrang ausging und ebenfalls jederzeit unterbrochen werden konnte.

Die Verhandlungen in Paris blieben in der Schwebe. Nixon hatte die Öffentlichkeit im Januar über Kissingers Geheimgespräche mit Le Duc Tho informiert, um zu versuchen, die vietnamesischen Kommunisten als unnachgiebig hinzustellen, was sie auch waren. Sie hatten Nixons Truppenabzugsspiel erfolgreich ausgesessen und forderten nun angesichts ihrer Erfolge auf dem Schlachtfeld hartnäckiger denn je den einseitigen Abzug aller US-Truppen und die Abdankung des Thieu-Regimes als Voraussetzung für ein Friedensabkommen. Als Antwort auf die Offensive hatte Nixon wieder regelmäßige Luftangriffe gegen den Norden angeordnet, um einmal mehr zu versuchen, die Vietnamesen einzuschüchtern; zugleich stand man im Begriff, Haiphong und die anderen Häfen zu verminen. Entscheidend war jedoch, wie sich die Situation in Südvietnam entwickelte. Kissinger versuchte, einen Kompromiß auszuhandeln. Wenn sich die NVA-Divisionen von den Bergen bis zur Küste zu einer Kette zusammenschlossen und Südvietnam in zwei Teile spalteten, würde es nicht mehr viel auszuhandeln geben.

Joe Pizzi, Vanns Stabschef, sah, daß sich ein Desaster abzeichnete. Fiel Kontum, so würde auch Pleiku augenblicklich verlorengehen. Da die ARVN-Offiziere und alle, die es sich leisten konnten, ihre Familien und ihre Habe nach Saigon, Nhatrang oder andere weiter südlich gelegene Küstenstädte schickten, sank die Einwohnerzahl der Stadt auf ein Viertel des Standes vor der Offensive. Um zu einem Ticket für einen Linienflug mit Air Vietnam zu kommen, mußte man eine Bestechungssumme im Wert von mehreren hundert Dollar aufbringen. Die Hubschrauber und Transportflugzeuge der VNAF konnten nie für militärische Zwecke eingesetzt werden, da Piloten und Besatzungen ständig damit beschäftigt waren, gegen — geringere — Bestechungsgelder Personen und Güter zur Küste zu transportieren.

Wie Pizzi eines Morgens bei Dienstantritt feststellen mußte, hatten von den VNAF-Fluglotsen so viele desertiert, daß es schwierig wurde, den Tower des Hauptflugplatzes von Pleiku zu besetzen. Er ließ einen Geheimplan aufstellen, der vorsah, alle Amerikaner mit Hubschraubern und C-130 vom Flugfeld in Camp Holloway aus zu evakuieren, der Hubschrauberbasis, die am anderen Ende der Stadt lag. Vann genehmigte den Plan, weil er keine Wahl hatte. Pizzi begann unverzüglich die Zahl der eventuell zu evakuierenden Personen zu vermindern, indem er jeden Amerikaner, dessen Anwesenheit in Pleiku nicht unbedingt erforderlich war, nach Nhatrang bringen ließ.

Vann ließ den Großteil seiner Kleidungsstücke und anderen persönlichen Besitz durch Cai im Rahmen von Dienstflügen nach Nhatrang schmuggeln. Sogar eine kleine, braunlackierte Truhe mit einem Vorhängeschloß, zu dem er den einzigen Schlüssel hatte, seine »Kiste«, ließ er wegbringen. Er hatte sich noch nie davon getrennt. Sie enthielt Alben mit Photos von ihm und seinen Geschwistern in Norfolk, von Johnny Vann, der auf einem Sandhaufen in Ferrum einen Rückwärtssalto machte, Aufnahmen von ihm als Air-Corps-Kadett, als Navigationsoffizier eines B-29 namens »Verlorenes Wochenende«, von Mary Jane in Rochester, von ihr und den Kindern in Japan und Deutschland; die Akte über seine Laufbahn als Armee-Offizier, seine Medaillen und Auszeichnungen und die gravierte silberne Zigarettendose, die Halberstam, ich und die anderen Reporter ihm 1963 für Zivilcourage und Ehrlichkeit im Beruf geschenkt hatten; und Photos, die ihn mit Frauen zeigten.

»Falls mir etwas zustoßen sollte, paß gut auf die Kiste auf«, sagte er lächelnd.

»Was ist da drinnen?« fragte ein Untergebener, der ihn nicht näher kannte.

»Da bin ich drinnen«, antwortete Vann.

Vanns Gegner begannen mit ihrem Angriff auf Kontum erst zwanzig Tage nach dem Fall von Tan Canh und gaben ihm so die Zeit, die er brauchte. Gleich Menschen vermögen auch Armeen nichts, was nicht in ihnen ist. Die gesamte Erfahrung der NVA sprach gegen Verfolgung und verlangte, daß jeder Schritt eines größeren Feldzugs genauestens erwogen und geplant wurde. Vann benötigte jeden Tag.

Dzu, sein Instrument, zerbrach in seinen Händen wie einst Cao zehn Jahre zuvor. Schlimmer noch, er wandte sich gegen ihn und plante insgeheim, das Hochland aufzugeben. Thieu zitierte Dzu zwei Tage nach dem Debakel in Tan Canh nach Saigon und befahl ihm, Kontum um jeden Preis zu halten. An dem Abend, nachdem Thieu ihn nach der Besprechung im Palast verabschiedet hatte, erschien Dzu in Cholon in der Wohnung von Cao Van Vien, dem Chef des Vereinigten Generalstabs. Er war in größter Erregung. Kontum und Pleiku seien nicht mehr zu halten, sagte er. Die einzige Möglichkeit sei, die beiden Städte sowie das weiter südlich gelegene Ban Me Thuot aufzugeben und sich mit sämtlichen Saigoner Truppen an die Küste zurückzuziehen. Er bat Vien mitzuhelfen, Thieu von der Weisheit dieses Rückzugsplans zu überzeugen. Die Räumung des Hochlands sei eine neue amerikanische Strategie, fügte er hinzu.

Vien antwortete, daß er davon noch nie gehört habe. Er trug Dzu auf, nach Pleiku zurückzukehren und Wege und Mittel zu finden, um Kontum zu halten. Dzu erzählte Vann nichts von seiner Unterredung mit Vien. Er fing an, bei Thieu und Vien spätnachts anzurufen, und bat immer wieder um die Erlaubnis zum Rückzug. Thieu wollte ihn sofort entlassen, doch Vien hatte keinen General, der bereit war, an seine Stelle zu treten. Er rief bei einem halben Dutzend Zwei- und Dreisternegenerälen ohne Kommando an und bot einem nach dem anderen den Befehl über das II. Korps an. Einige antworteten, ihre Astrologen hätten sich ihre Horoskope angesehen und festgestellt, daß dieses Jahr für die Übernahme eines neuen Kommandos nicht günstig sei. Andere hatten Gesundheitsprobleme. Keiner von ihnen gab zu, von der Unhaltbarkeit der Situation im Hochland überzeugt zu sein.

Mittlerweile heckte Dzu mit dem Provinzgouverneur und einigen hohen ARVN-Offizieren in Kontum ein Komplott aus, um den Abzug zu beschleunigen. Der Plan hätte fast funktioniert, da Vann unmittelbar nach dem Fall von Tan Canh selbst niedergeschlagen und verwirrt war. Dann durchschaute er ihn und stoppte Dzu.

Sein Zorn gab ihm wieder Kraft. Wenn sich das Saigoner Regime während des stufenweisen Abzugs der US-Streitkräfte nicht änderte, so hatte er nach der Tet-Offensive bei einem seiner Streitgespräche mit Dan Ellsberg eingeräumt, könnten »wir in die verdammt haarige Situation kommen, daß wir eingeschlossen werden und um unser Leben kämpfen müssen«. Nun war John Vann eingeschlossen und kämpfte um sein Leben. Die Kommunisten bedrohten alles, was für ihn von Bedeutung war. Er hatte sich seine Generalssterne nicht errungen, um zuzusehen, wie sie ihren Glanz verloren. Er hatte nicht vor bedeutenden Persönlichkeiten den Sieg prophezeit, um zuzulassen, daß sich seine Prophezeiungen als großspurige Prahlereien herausstellten. Ein Mann, der mit dem Rücken zur Wand steht, ist gefährlich; ein John Vann, der mit dem Rücken zur Wand stand, war in der Tat gefährlich.

Weyand teilte ihm mit, er könne jeden beliebigen Brigadegeneral als Ersatz für George Wear haben, den man ausgeflogen hatte. Vann bat Weyand, Brigadegeneral John Hill, Jr., zu senden, der seine zweite Dienstzeit in Vietnam mangels besserer Aufgaben damit beendete, das Depot in der Cam-Ranh-Bucht dicht zu machen. Hill würde kämpfen, sagte Vann. Er und Vann waren Jahrgangskollegen.

Sie hatten sich als Ausbilder im ROTC-Sommerlager kennengelernt, nicht lange nach Korea, wo Hill in der Pusan-Zone und dann in Nordkorea als Kompaniechef bei der 1. Kavalleriedivision gedient hatte. John Hill, ein kleiner, etwas gebückter Mann, war intelligent, hatte Ideen und kämpfte gern. Er hatte die meiste Zeit seiner Laufbahn bei Panzergrenadiereinheiten verbracht, ehe er für eine Hubschrauberschule ausgesucht und zum Brigadegeneral befördert worden war. Vann überließ Hill das, worauf sich dieser besonders verstand: die Organisation der Luftunterstützung und der Artillerie. Jeden Tag von früh bis spät kreiste ein Kommando-Huey, das sogenannte »Chef-Luftschiff«, über dem Gebiet von Kontum, um die Angriffe der Cobras und Jagdbomber, die Einsätze der Aufklärungshubschrauber, die für die B-52 die Bereitstellungsräume der NVA aufspürten, die Versorgungsflüge der C-130 und Chinooks sowie das Abwehrfeuer der Artillerie zu koordinieren. Hills Ziel war, dafür zu sorgen, daß alle Rädchen ineinandergriffen und keine Anstrengung vergeudet wurde. Der Luftwaffenoberst von Vanns Stab wollte in seinem Büro in Pleiku bleiben. Vann warf ihn hinaus und holte sich einen Mann, der sich die Einsätze der Düsenjäger über Kontum aus der Nähe ansah.

1965 hatte Vann in Hau Nghia über die amerikanischen Spitzenpolitiker geflucht, die sich weigerten, »das Kommando über die ganze Sache mit allem Drum und Dran« zu übernehmen. Genau das tat Vann jetzt. Er gab nicht länger vor, daß Dzu den Befehl über das II. Korps hatte, sondern setzte sich einfach über ihn hinweg. Er hatte einen vietnamesischen Offizier, der bereit war, Kontum zu verteidigen. Es war Ly Tong Ba, der Befehlshaber der M-113 vor Ap Bac, der an jenem denkwürdigen Tag Vanns Zorn auf sich gezogen hatte. In den späten sechziger Jahren, nach der Ernennung Bas zum Provinzchef von Binh Duong im Gebiet des III. Korps, waren sie zur Zusammenarbeit gezwungen gewesen. Vann war zu dem Schluß gekommen, daß Ba zwar kein Muster an Kampfgeist, aber zumindest kein Gauner und ein besserer Soldat als die meisten ARVN-Offiziere war. Ihre Beziehung zeigte, wie sehr Vann sich in das Saigoner System hineingearbeitet hatte, denn Ba hatte keinen vietnamesischen Paten. Andere ARVN-Offiziere bezeichneten ihn als »Mister Vanns Mann«. Ende Januar 1972 hatte Vann Ba, der nun Oberst war, an die Spitze der 23. ARVN-Division in Ban Me Thuot manövriert, die den südlichen Teil des Hochlands zu verteidigen hatte. Eines ihrer Regimenter war im April nach Kontum verlegt worden, nachdem der Vereinigte Generalstab die 2. Luftlandebrigade abgezogen hatte. Vann zögerte anfangs, die einzige im Gebiet des II. Korps verbliebene Division aufs Spiel zu setzen. Er wollte, daß Ba Kontum mit einer gemischten Streitmacht verteidigte: dem im April verlegten Regiment, den Resten der 1. Luftlandebrigade, die durch die Kämpfe am Raketengebirge erschöpft und unterbesetzt war, und einer Ranger-Einheit. Das sei nicht sehr sinnvoll, wandte Ba ein. Wollte man Kontum halten, brauchte man eine homogene Streitmacht. Vann verzichtete auf die Ranger und die Fallschirmjäger, zog aus dem südlichen Hochland die beiden restlichen Regimenter der 23. ARVN-Division ab und ließ sie nach Kontum einfliegen.

Vann ließ einen Berater kommen, zu dem Ba Vertrauen hatte – Oberst R. M. Rhotenberry, einen stämmigen, gemütlichen Texaner. (Das R und das M vor seinem Familiennamen bedeuteten überhaupt nichts; in der Zeit, in der Rhotenberry geboren wurde, gaben manche Texaner ihren Kindern einfach Buchstaben als Vornamen.) »Rhot« und Vann hatten einander im Frühjahr 1962 in Cholon kennengelernt, wo sie in einer »Unterkunft für ledige Offiziere« ein Zimmer teilten, als sie beide im Hauptquartier des früheren III. Korps in Dan Porters Stab tätig waren. Rhotenberry war so regelmäßig nach Vietnam zurückgekehrt, daß Cao Van Vien ihn »Rhotenberry, den Abenteurer« nannte. (R. M. hatte vier Dienstzeiten als Berater hinter sich, eine bei Ba in Binh Duong, eine halbe als Kommandeur eines Bataillons der 9. US-Infanteriedivision, das Vann ihm über Fred Weyand verschafft hatte.)

Als Rhotenberry am Morgen des 14. Mai 1972 in Than Son Nhut die Gangway einer Linienmaschine hinunterstieg, stand eine zweimotorige Beechcraft bereit, um ihn nach Pleiku zu fliegen. Der erste Angriff gegen Kontum hatte bereits um 5.30 Uhr morgens begonnen. Vann hatte Bas drittes Regiment erst zwei Tage zuvor einfliegen lassen und kreiste nun in seinem Ranger über dem Schlachtfeld. Rhotenberry konnte so in Pleiku ein paar Stunden schlafen, ehe Stabsfeldwebel Edward Black, Vanns Verwaltungsassistent, ihn weckte, um ihm mitzuteilen, Vann sei schon unterwegs, um ihn abzuholen und zum Befehlsstand zu bringen, den Ba im Bunker eines früheren Stützpunkts der Special Forces am Westrand von Kontum eingerichtet hatte.

Angesichts der Tatsache, daß man nun die letzte große Einheit im Gebiet des II. Korps in den Kampf warf, konnte das Risiko nicht höher sein. Kaum jemand im Saigoner Lager und nur wenige US-Offiziere glaubten, daß Kontum zu halten war. In Erwartung der neuen Herrscher hatte sich die Einwohnerzahl von Qui Nhon halbiert. Selbst Bas Stellvertreter »entfernte sich unerlaubt von der Truppe«, als die Schlacht begann, und versteckte sich in der Hoffnung, fliehen zu können, vierundzwanzig Stunden in Kontum. Vann war sich der Risiken bewußt, sie standen jedoch für ihn nicht im Vordergrund. »Meine Glaubwürdigkeit steht auf dem Spiel«, erklärte er Rhotenberry im Hubschrauber. »Ich war es, der die Truppen in Tan Canh so aufgestellt hat. Ich habe gesagt, wir können Tan Canh verteidigen ... und sie sind davongelaufen. Jetzt geht es um meine Karriere. Ich habe gesagt, wir können Kontum halten. Rhot, Sie müssen es schaffen, ich bin sonst nicht mehr glaubwürdig, und dann kann ich meine Karriere vergessen.«

Der Angriffsgeist der kommunistischen Truppen hatte durch die Jahre nicht gelitten, doch das, wogegen sie nun kämpfen sollten, war mehr, als der menschliche Wille bewältigen kann. Kontum liegt in einem Flußtal an der Stelle, wo der Bla sich nach Westen wendet, um sich mit dem von Norden kommenden Poko zu vereinigen. Um ein zur Verteidigung gerüstetes Kontum zu erobern, mußten sich die NVA-Truppen auf den Höhen am Rande des Tals und im Tal selbst versammeln und über Straßen angreifen, die täglich von den Aufklärungshubschraubern der Air Cavalry beobachtet wurden. Auch aufgefangene Funksprüche und Funkpeilung halfen, ihre Bewegungen zu verfolgen.

Infolge dieser Umstände war die NVA durch die B-52 verwundbar, und das zu einem Zeitpunkt, da Erfahrung und Technologie die Bombereinsätze perfektioniert hatten. Wie das Strategische Luftwaffenkommando bei der Belagerung Khe Sanhs festgestellt hatte, war die Zerstörungskraft von drei B-52 so groß, daß man damit den Wünschen der meisten Kommandeure gerecht werden konnte. Man schickte nun stets drei an Stelle der ursprünglichen sechs Bomber los, um die Zahl der Angriffe zu verdoppeln. Durch das neue Radarsystem »Combat Skyspot« konnte man die Angriffe jetzt bis auf einen Kilometer an die eigenen Stellungen heranführen. (Rhotenberry und Ba zögerten nicht, die Bomben 700 Meter vor ihren Linien abladen zu lassen.) Die Lage der »Schachtel«, der Angriffszone, die einen Kilometer breit und mehr als drei Kilometer lang war, konnte noch drei Stunden vor Beginn des Bombardements verändert werden. Rhotenberry hatte eine Liste aller vorgesehenen B-52-Einsätze, auf der der Zeitpunkt des Abwurfs und der der möglichen Lageveränderung verzeichnet waren, so daß man die »Schachtel« verschieben und die NVA darin fangen konnte, wenn in einem Verteidigungsabschnitt ein Sturmangriff drohte oder bereits begonnen hatte.

Die fast drei Wochen lange Verzögerung kostete die NVA auch das Atout, das ihre T-54-Panzer dargestellt hatten. Ba konnte die von ihm aufgestellten Panzerabwehrkommandos psychologisch auf ihre Aufgabe vorbereiten, indem er sie ihre M-72 an schrottreifen ARVN-Panzern ausprobieren ließ. Dem Pentagon blieb genug Zeit, auf einen Appell von Abrams zu reagieren und noch schnell eine luftgestützte Version des TOW-Systems, einer drahtgesteuerten Panzerabwehrrakete, nach Vietnam zu bringen. Zwei damit ausgerüstete Hueys wurden in Arizona in C-141-Düsentransporter verladen und direkt nach Pleiku geflogen. Auch auf Jeeps montierte TOW-Systeme trafen ein, sie sollten sich jedoch im Kampf nicht bewähren. Die NVA-Befehlshaber konnten ihre Panzer als Angriffsspitze bei Nachtangriffen einsetzen. Durch das Ausmaß, das die Schlacht annahm, waren sie gezwungen, die Angriffe auch nach Tagesanbruch fortzusetzen und auch dabei die Panzer als Speerspitze zu verwenden. Hill ließ die Hueys mit den TOWs beim ersten Tageslicht über Kontum aufsteigen. Von diesem Zeitpunkt an war jeder T-54, den man entdeckte, zum Untergang verurteilt. Eine Besatzung fuhr ihr Ungetüm in ein Haus, um es zu verstecken. Das TOW-Kommando erledigte den Panzer, indem es eine Rakete durch das Fenster feuerte.

Vann machte die Bomber zu seiner Waffe. Er hätte die Einweisung der B-52 Hill oder Rhotenberry und den tüchtigen Offizieren der Abteilung für Luftoperationen überlassen können, doch er wollte es selbst tun. Brigadegeneral Nguyen

Van Toan, den Cao Van Vien schließlich als Ersatz für Dzu rekrutiert hatte, und sein Stab im Hauptquartier von Pleiku gaben Vann den Spitznamen »Mister B-52«. (Toan war wegen extremer Korruption und einem Sittenskandal aufs Abstellgleis geschoben worden. Vien hatte ihm angeboten, er könne sich rehabilitieren und sich noch einen Stern erwerben, wenn er freiwillig das II. Korps übernahm. Toan, dem es nicht an Mut fehlte, akzeptierte das Angebot. Vien ermahnte ihn, auf Vann zu hören.)

Das Strategische Luftwaffenkommando schickte Creighton Abrams vom Luftwaffenstützpunkt Anderson auf Guam und von der Bomberbasis Sattahip in Südthailand rund um die Uhr im Abstand von einer Stunde jeweils drei B-52 zu Hilfe. Als Mitte Mai der Kampf um Kontum begann, hatte die Belagerung von An Loc südlich der Grenze zu Kambodscha ihren Höhepunkt erreicht, es zeigte sich jedoch, daß die ARVN-Garnison standhalten würde. Die Stoßkraft der NVA, die nach der Eroberung der Provinz Quang Tri auch von Westen auf Hue vorrückte, begann im Gebiet des I. Korps unter den Schlägen der US-Luftwaffe zu erlahmen. Hue schien sich halten zu können. Kontum bot den Kommunisten die letzte Gelegenheit, eine Offensive mit wenn auch begrenzten, so doch bedeutenden Zielen zu einem spektakulären Abschluß zubringen. Für Abrams war Kontum die letzte große Sorge. Er konnte es sich somit leisten, Vann die Bomber zu überlassen. Wie Hauptmann Christopher Scudder, Vanns für die B-52 verantwortlicher Fliegerleitoffizier, sich später erinnerte, drängte sein Chef auf dem Höhepunkt der Schlacht an manchen Tagen so sehr darauf, daß es ihm tatsächlich gelang, einundzwanzig der fünfundzwanzig B-52-Einsätze, die pro Tag geflogen wurden, für sich zu reservieren.

Zwischen dem 14. Mai und dem Ende der ersten Juniwoche dirigierte John Vann den größten Teil von dreihundert B-52-Angriffen in die Umgebung von Kontum. Um die Sicherheitsmarge bei Abwürfen in der Nähe der eigenen Linien zu erhöhen, hatte das Strategische Luftwaffenkommando den Bombern aufgetragen, hintereinander und die Mittelachse der »Schachtel« entlang zu fliegen. In Vanns Augen deckten die mit dieser Formation geworfenen Bomben nicht genügend Terrain ab. Er erreichte, daß man die drei Bomber gestaffelt fliegen ließ: den ersten genau an der Sicherheitslinie, um so nahe wie möglich an die ARVN-Stellungen heranzukommen und das innere Drittel der »Schachtel« zu bepflastern, den zweiten etwas dahinter und nach außen versetzt, um den Mittelstreifen zu erfassen, den dritten hinter dem zweiten und noch weiter nach außen versetzt, um den restlichen Raum der Zielzone auszulöschen. Vann flog mit seinem Ranger einige Minuten vor dem angesagten Eintreffen der B-52 am Kampfplatz auf und ab. Sobald sich die Rauch- und Staubwolken wieder verzogen hatten, kreiste er im Tiefflug über der »Schachtel«, um zu sehen, wie viele NVA-Soldaten getötet worden waren. Dabei feuerte er mit seinem M-16 in die Bombenkrater. Es bestehe keine Gefahr, erklärte er einmal zwei Reportern gegenüber, die ihn begleiteten.

»Wenn da unten noch jemand am Leben ist, hat er einen solchen Schock, daß er eine halbe Stunde keinen Schuß abgeben kann.« Als er einmal vierzig oder fünfzig NVA-Soldaten entdeckte, die zwischen den Kratern umherwankten, forderte er Cobra-Kampfhubschrauber an, die sie erledigen sollten.

Larry Stern von der »Washington Post« hatte Vann Mitte der sechziger Jahre durch Frank Scotton kennengelernt. Als er nun nach Pleiku kam, um ihn zu interviewen, sah er mit Erstaunen, wie sehr Vann sich verändert hatte. Noch nie hatte er jemanden gesehen, der so von seiner Aufgabe besessen war. Stern erinnerte sich, wie Vanns Augen leuchteten, wenn er beschrieb, wie er die Bomber dirigierte. »Jedesmal wenn der Wind von Norden her bläst, wo die B-52 das Gelände in eine Mondlandschaft verwandeln, kann man am Gestank des Schlachtfelds erkennen, wie wirkungsvoll die Angriffe sind«, erklärte ihm Vann. »Wenn man irgendwo um Kontum Bomben wirft, jagt man Leichen in die Luft.«

Die NVA trotzte den B-52. Vier Infanterieregimenter, die von Sappeuren, Fla-MG-Schützen und den etwa zehn übriggebliebenen T-54 verstärkt wurden (ursprünglich waren es vierzig gewesen), drangen am 25., 26. und 27. Mai vom südlichen und vom nördlichen Ende der Stadt in den Ostteil Kontums ein. Ihr Ziel war, sich zu vereinigen, sich nach Westen zu wenden, Bas Reserve zu vernichten und seinen Befehlsstand einzunehmen. Das wäre ihnen fast gelungen. Auf dem Höhepunkt der Schlacht lagen nur mehr zwei Bunkerlinien zwischen ihnen, die den nördlichen und den südlichen Rand des in der Stadt gelegenen Flugplatzes säumten. Die Männer in den Bunkern waren ebenfalls Vietnamesen, die sich dieses Mal der Tradition ihres Volkes würdig erwiesen. Ba und Rhotenberry gelang es, ihre Truppen neu zu formieren und zum Gegenangriff überzugehen. Am Sieg verzweifelnd mußten die kommunistischen Soldaten langsam zurückweichen. Tausende von ihnen blieben auf dem Schlachtfeld in und um Kontum.

Am 30. Mai erschien Thieu zu einem Ermutigungsbesuch, obwohl es in manchen Stadtteilen immer noch zu heftigen Feuergefechten und zu sporadischen Artillerieüberfällen kam. Vann brachte den Präsidenten der Saigoner Republik in seinem Ranger zu Bas Befehlsstand und flog ihn nachher nach Pleiku zurück. Ba erstattete seinem Präsidenten Bericht, und Thieu steckte ihm an die Kragenspitzen seiner Kampfbluse je einen Stern. Die ARVN hatte einen Rang mit einem Stern eingeführt, um die amerikanischen Insignien des Brigadiers zu imitieren. Der vietnamesische Titel lautete »Generalsanwärter«, aber wie der genaue Titel auch lauten mochte, General zu sein macht immer Freude. Vann wußte, daß Ba ausgezeichnet werden sollte. Er hatte deshalb für alle Fälle ein Paar Sterne in seiner Brusttasche. Vielleicht hatte Thieu vergessen, selbst welche mitzubringen.

Vann erkannte nicht, wie irreführend sein Sieg war. Als Retter, der in höchster Not die Führung übernahm, hatte er gezeigt, daß das Saigoner Regime selbst nicht den

Willen zum Überleben besaß. Er kam auch nicht auf den Gedanken, daß er eine ähnliche Rolle spielte wie Fred Weyand bei der Tet-Offensive – die Rolle des Mannes, der das Ende nur hinauszögerte. Einmal mehr hatte er sich als unentbehrlich erwiesen. John Hill war verblüfft, wie notwendig Vann für den Sieg gewesen war. Jeder kompetente amerikanische General hätte leisten können, was er selbst geleistet habe, sagte Hill, seine eigenen Verdienste ungebührlich herabsetzend, aber ohne Vann hätte es keine Schlacht um Kontum gegeben, denn ohne ihn hätten Ba und die anderen Saigoner Offiziere nicht gekämpft.

Der Mann, der sich bei der Manipulation der Vietnamesen im Sinne der US-Administration so geschickt gezeigt hatte, wäre mit der Art, wie deren Repräsentanten seinen Triumph nutzten, nicht einverstanden gewesen. Nixon sollte die Atempause, die ihm der Sieg bei Kontum ermöglichte, dazu verwenden, Kissinger eine Regelung aushandeln zu lassen, durch die das Saigoner Regime bei der nächsten Krise zusammenbrechen mußte. Das Pariser Waffenstillstandsabkommen vom Januar 1973 sah den Abzug der Berater und des restlichen amerikanischen Militärpersonals aus Südvietnam vor, während die NVA dort verbleiben durfte – und ihre Aufgabe zu Ende führen konnte. Diese Regelung war durch die Erfordernisse der amerikanischen Innenpolitik notwendig geworden. Der Präsident wollte wiedergewählt werden, und seine Möglichkeiten, die Haltung der Öffentlichkeit zum Krieg in Vietnam zu beeinflussen, waren erschöpft. Einer anderen Regelung hätten die vietnamesischen Kommunisten auch keinesfalls zugestimmt. Die Farce mit dem beiderseitigen Truppenabzug war zu Ende. Nixon und Kissinger rangen sich zu der Überzeugung durch, daß sie auf diese Weise ihre Saigoner Stellvertreter nicht opferten. Ihr Argument war, daß sie Hanoi mit der US-Luftwaffe in Schach halten konnten.

Am Morgen des 7. Juni 1972, zwei Tage nachdem in der Stadt Kontum der letzte NVA-Soldat gefallen war, sprach John Vann in Nhatrang vor einer Gruppe kurz zuvor in Vietnam eingetroffener Militärberater. Es handelte sich um das übliche Briefing für Neuankömmlinge. Er sagte, er wundere sich oft über »die weitverbreitete Meinung«, daß Südvietnam unter dem amerikanischen Krieg »unsagbar gelitten« habe. »Wenn Südvietnam auch nicht das wert ist, was es die USA in US-Werten gemessen gekostet hat, so sind diese Leute an südvietnamesischen Wertbegriffen gemessen heute viel weiter, als sie durch einen Frieden unter einer nichtkommunistischen oder einer kommunistischen Regierung wären ... 1962 konnten 15 Prozent der Südvietnamesen lesen und schreiben, heute sind es mehr als 80 Prozent.« Die soziale Revolution, die er 1965 den Kommunisten hatte entreißen wollen, »ist durchgeführt worden«, sagte Vann, »teils ganz bewußt, größtenteils jedoch einfach durch das Kriegsgeschehen.« Er sprach von phantastischen Reissorten und Bewässerungsanlagen, von Fernsehapparaten und Honda-Motorrädern. Die Zwangsumsiedlung in die Städte habe dazu beigetragen, die soziale Revolution zu beschleunigen, indem sie für die Bauern eine Klasse von

»Konsumenten« schuf. In dem Jahr, in dem Vann das sagte, starben 39.000 Saigoner Soldaten.

Am 9. Juni 1972 flog Vann mit John Hill nach Saigon, um an einer vormittäglichen Zeremonie teilzunehmen, in deren Verlauf Abrams Hill für seinen Beitrag zum Sieg die »Legion of Merit« verlieh. Vann blieb noch den Nachmittag über, um mit Abrams, Weyand und den US-Generälen, die die drei anderen Korpskommandeure berieten, eine Besprechung über Strategiefragen abzuhalten. Gegen Abend kehrte er mit Hill nach Pleiku zurück. Sie wurden von Vanns neuem Stellvertreter, Oberst Robert Kingston, begleitet, der auf der Beförderungsliste stand und zum Brigadegeneral aufsteigen sollte. Hill kehrte in die USA zurück. Er hatte seine Abreise bereits um mehrere Wochen verschoben, um Vann in der Schlacht beizustehen. Vann blieb in Pleiku länger als vorgesehen in der Offiziersmesse, da es sich um das Abschiedsessen für Hill handelte. Man servierte Wein, und es wurden auch einige kurze Ansprachen gehalten. Vann sagte zu Pizzi, Hill und anderen, daß er gleich nachher nach Kontum fliegen werde, um den Abend mit Rhotenberry und Ba zu verbringen. Er wollte seiner Tradition nicht untreu werden. »Seit diese Geschichte begonnen hat, bin ich jeden Tag in Kontum gewesen«, erklärte er. Er ließ sich von den Messestewards etwas Obst und übriggebliebene frische Brötchen einpacken und nahm eine Flasche Wein für Rhotenberry und Ba mit.

Als sein Hubschrauber kurz nach neun Uhr abends abhob, war er in Jubelstimmung. Zwischen der Zeremonie am Morgen und der Strategiebesprechung am Nachmittag hatte er den Sieg gefeiert, indem er mit Lee und anschließend mit zwei anderen Vietnamesinnen geschlafen hatte. Anläßlich eines früheren Besuchs in Saigon im Mai hatte er die notwendigen Schritte eingeleitet, um Annie zu ehelichen. Er hatte ihr gerade durch Thomas Barnes, seinen Dep/CORDS im Gebiet des II. Korps, der an diesem Abend nach Nhatrang fliegen sollte, eine Nachricht übersandt. Das Testament, das er an dem Tag geschrieben hatte, als Tan Canh gefallen war, hatte er völlig vergessen. Peter Kama war mit dem Zettel in seiner Brieftasche nach Hue geflogen, wohin man die Luftlandebrigade verlegt hatte. Vann rief Rhotenberry über Funk und wollte wissen, wie das Wetter in Kontum war. Der Himmel über der Stadt war in dieser Nacht ziemlich klar, in den Nächten zuvor war es jedoch derart neblig und verregnet gewesen, daß Rhotenberry sich nicht enthalten konnte, nach der guten Nachricht noch hinzuzufügen: »Heute werden Sie nicht den Fuß hinunterstrecken müssen, um die LZ zu finden.« — »Roger«, antwortete Vann. »In fünfzehn Minuten bin ich an Ihrem Standort.«

Etwa fünf Kilometer südlich des Chu-Pao-Passes, der in der Nähe des Montagnardweilers Ro Uay südlich von Kontum liegt, wird die *Route 14* von zwei

Gebirgsbächen namens Khol und Drou gekreuzt. Die ARVN-Soldaten im Sandsackbunker an der Brücke hörten, wie sich im nachtdunklen Himmel ein Hubschrauber näherte, dann sahen sie einen Feuerball und hörten das Krachen eines Absturzes. Die Heeresflieger fanden ihn. Ein Cobra-Pilot sah noch Flammen aus dem Wrack schlagen. Es lag unter einer Gruppe hoher Bäume, gegen die der Hubschrauber geprallt war. Ein spezieller Huey-Kampfhubschrauber, der sogenannte »Night Hawk«, richtete den Strahl seines Suchscheinwerfers nach unten und lokalisierte die Stelle, wo Oberstleutnant Jack Anderson, der Pilot, der bei Hoai An die Berater herausgeholt hatte, seinen Huey landen konnte. Er und ein Bordmechaniker, der sich freiwillig gemeldet hatte, Oberstabsfeldwebel John Johnson, fanden Vann unter den Bäumen. Durch den Aufprall war er augenblicklich tot gewesen. Die Leiche lag mit dem Gesicht zu Boden und wies zahlreiche Brüche, aber keine Blutspuren oder Verbrennungen auf. Einige ARVN-Ranger, die ein paar Minuten zuvor von einer nahen Feuerbasis gekommen waren, entschädigten sich für die gefährliche Aufgabe, in einem Gebiet, in dem sie mit der NVA gekämpft hatten, nachts eine Leiche bergen zu müssen. Bevor sie ihn zu Andersons Hubschrauber trugen, nahmen sie dem Toten die Armbanduhr, die Brieftasche und den Rutgers-Ring ab. »Schrecklich, daß ich der sein muß, der John Vann zum letzten Mal mitnimmt«, sagte Anderson zu seinem Kopiloten, Hauptmann Bernard Ferguson, als sie abhoben, um zum Lazarett von Pleiku zu fliegen.

Doug Ramsey erfuhr von Vanns Tod in seinem siebten und letzten Gefangenenlager in der Nähe von Kratie in Kambodscha, in das man ihn im April verlegt hatte. Die Gefangenen erhielten die Erlaubnis, Radio Hanoi und den Sender der Befreiungsfront zu hören. Mit dem Jubel über seinen Tod zollten die Kommunisten Vann auf ihre Weise Tribut. Sie widmeten seinem Ende wesentlich mehr Aufmerksamkeit, als sie es bei gewöhnlichen US-Generälen getan hatten, die im Verlauf des Krieges zu Tode gekommen waren. »Vann beging unsagbare Verbrechen«, erklärte »Radio Befreiung« und bezeichnete sein Verschwinden als »fürchterlichen Schlag« für die Amerikaner und das Saigoner Regime. Die Tageszeitung der »Nationalen Volksarmee« Nordvietnams brachte einen von Radio Hanoi ausgestrahlten Sonderkommentar über den Abgang »dieses außergewöhnlichen Chefberaters«. Die Kommunisten behaupteten, seinen Hubschrauber abgeschossen zu haben. Radio Hanoi erklärte, man habe der Luftabwehreinheit eine Botschaft übersandt, um sie für ihre »gute Leistung« zu beglückwünschen.

John Vann wurde nicht von den vietnamesischen Kommunisten getötet. Die ARVN-Soldaten hörten vor dem Absturz keine Schüsse, noch gab es sonst Hinweise, daß der Ranger von Geschossen getroffen worden war, ehe er gegen die Bäume prallte. Die Wucht des Aufpralls und die Art, wie die Rotorblätter die Äste abgetrennt hatten, zeigten, daß der Hubschrauber mit laufendem Motor und unverminderter Geschwindigkeit in die Baumgruppe geflogen war. Die technische Untersuchung des Motors und anderer aus dem Wrack geborgener Teile bestätigten dies.

Der Absturz war nicht durch Abwehrfeuer verursacht worden. Vann hatte die Courage seines Piloten Bob Richards durch die Rettung der Berater bei Tan Canh allzusehr strapaziert und war im Mai gezwungen gewesen, ihn in Nhatrang zu lassen. Richards hatte dort seine angeschlagenen Nerven wieder zu beruhigen versucht, dann in Bangkok Urlaub gemacht und sich anschließend unerlaubt von der Truppe entfernt. Als Ersatzmann hatte Vann einen 26jährigen Flieger ausgewählt, Leutnant Ronald Doughtie. Es handelte sich um einen fähigen und mutigen Piloten, der allerdings nicht Richards' Erfahrung und Urteilskraft hatte. Während in dieser Nacht im Tal des Bla-Flusses um Kontum das Wetter gut war, herrschte im Gebiet von Pleiku südlich des Chu-Pao-Passes Schlechtwetter mit Regengüssen und Nebelbänken, die die Sicht behinderten. Die offizielle Untersuchung ergab, daß Doughtie wahrscheinlich unversehens in ein Schlechtwettergebiet geraten war und, statt auf Autopilot zu schalten, weiterhin nach Sicht zu fliegen versucht hatte. Den Piloten kann in solchen Fällen ein Schwindelgefühl überkommen. Er glaubt, weiterhin gerade und horizontal zu fliegen, während er in Wirklichkeit steil hinunterkurvt – oder, wie die Piloten sagen, eine »Friedhofsspirale« dreht. Die Tatsache, daß Doughtie in einem Winkel von 45 Grad in die Bäume geflogen war, wurde als Beweis dafür angesehen. Oberst Anderson hatte auf Schwindelgefühl getippt, als er neben dem Wrack stand und im Licht der Suchscheinwerfer des Night Hawk die schräg nach unten gerichteten Schnitte in den Baumkronen sah. Auch Doughtie war durch den Aufprall auf der Stelle getötet worden, ebenso ein Hauptmann aus dem Hauptquartier in Pleiku, der auf dem Rücksitz gesessen hatte. Er wollte Pilot werden, und Doughtie sollte ihm auf dem Rückflug nach Kontum einige Flugmanöver erklären.

Anderson und einige der anderen Piloten fragten sich, warum Vann und Doughtie der Straße nach Kontum gefolgt waren, da das die gefährliche Route war. Um die Straße nicht aus der Sicht zu verlieren, mußte man in geringer Höhe fliegen, wodurch man Gefahr lief, am Chu-Pao-Paß abgeschossen zu werden. Ein NVA-Regiment hatte hier im Mai Bunker und Unterstände besetzt, um zu verhindern, daß Kontum auf dem Landweg Nachschub und Verstärkungen erhielt. Trotz der B-52-Angriffe waren einige von ihnen noch da, so auch die Bedienung eines 12,7-mm-Fla-MGs, das auf alles feuerte, was in geringer Höhe vorbeiflog. Es gab auch eine sichere Straße, die den Chu Pao westlich umging. Hier riskierte man keinen Abschuß, und bei Schlechtwetter konnte man den Anweisungen von US-Fluglotsen folgen, die mit ihrem Radargerät am Flugplatz von Kontum stationiert waren, um C-130-Transporter einzuweisen, die nachts Nachschubgüter heranbrachten, wenn die Gefahr des Artilleriebeschusses geringer war. Ein anderer hoher Heerespilot war in derselben Nacht über diese westliche Route nach Kontum geflogen. Er war kurz nach Vann gestartet und hatte bei seinem Flug keinerlei Schwierigkeiten gehabt.

Wenn man John Vann genau kannte, war man nicht verwundert. Die Straße entlang zu fliegen war der kürzere Weg, und Vann bevorzugte ihn wahrscheinlich, weil er zum Spaßen aufgelegt war. In seiner Jubelstimmung muß ihn die Vorstellung amüsiert haben, seine Feinde durch das Überfliegen des Passes in der Dunkelheit zu verhöhnen. Doughtie waren die Risiken nicht bekannt oder aus mangelnder Erfahrung nicht bewußt gewesen, daher hatte er Vanns Wunsch nicht abgelehnt, wie es Richards vielleicht getan hätte.

Vier Monate nach Vanns Tod, am 9. Oktober 1972, suchte ich das Waldstück auf. Ich war ins Hochland geflogen, um Rhotenberry, Ba und die anderen zu interviewen, die mit ihm seine letzte Schlacht geschlagen hatten. Ich spürte, daß ich nicht von hier weggehen konnte, ohne die Stelle gesehen zu haben, an der sein Hubschrauber abgestürzt war. Ich hatte die offiziellen Berichte gelesen. Aber ich wußte, daß offizielle Berichte niemals ausreichten, um John Vann zu erklären. Da gab es immer noch etwas.

Die CORDS-Berater in Pleiku nahmen mich in ihrem Huey zur Feuerbasis mit, die nahe an der Absturzstelle lag. Ein Berater des dort stationierten Kampfverbands der ARVN-Ranger, Hauptmann Dennis Franson, bot mir seine Begleitung an. In einer Kompaniestellung an der Straße trafen wir auf einen Montagnard-Leutnant. Er sagte, er kenne eine Absturzstelle wie die von mir gesuchte. Er nahm einen Soldaten als Begleitschutz mit und führte uns auf einem Pfad in Richtung Ro Uay.

Es war ein heißer und sonniger Tag, am Himmel waren weiße Wolken, und man hatte eine gute Fernsicht. Das Waldstück lag nur etwa fünfhundert Meter abseits der Straße nordwestlich des Weilers und war die einzige Gruppe hoher Bäume in dieser Gegend. Die Montagnards betreiben Brandrodungshackbau: Sie lassen die Bäume absterben, indem sie die Stämme rundherum behauen, brennen das Unterholz ab und bebauen den Boden, bis er nach drei oder vier Jahren erschöpft ist. Dann wenden sie sich einer anderen Stelle zu, so daß sich die Vegetation in dem gerodeten Waldstück wieder erneuern kann. Alle anderen Bäume in dieser Gegend waren niedriger, da es sich um die zweite Generation handelte, die auf den verlassenen Pflanzungen nachwuchs. Es schien seltsam, daß Vanns Hubschrauber in der Regennacht den Weg zu dieser einzigen Gruppe hoher Bäume gefunden hatte.

Die Wrackteile lagen in einem Umkreis von fünfzig bis sechzig Metern verstreut. Durch die Geschwindigkeit, mit der die Maschine in die Bäume gerast war, und die Explosion der Treibstofftanks war der kleine Hubschrauber völlig zertrümmert worden. Das einzige erkennbare Teil war das verbogene Ende des Heckrumpfes. Das Waldstück war schön. Die Bäume ragten majestätisch gegen den Himmel, ihr dichtes Laubdach, durch das nur vereinzelt gedämpfte Sonnenstrahlen drangen, spendete kühlenden Schatten. Ich fragte mich, warum die Montagnards dieses Waldstück nicht angetastet hatten.

Plötzlich erblickte ich ein kleines Geviert in den Boden gerammter niederer Pfähle und fragte den Montagnard-Leutnant, worum es sich dabei handelte. »Tote Menschen da«, sagte er und bezeichnete die Stelle mit einer Handbewegung, »tote Menschen«.

Dann sah ich die Figuren. Sie umgaben ein größeres, etwas tiefer im Wald gelegenes Geviert aus Pfählen. Ich hatte sie nicht gleich bemerkt, weil ich meine ganze Aufmerksamkeit den Wrackteilen gewidmet hatte. Es waren primitive Holzskulpturen, wie sie die Montagnards schnitzen, ein altes Volk, das schon vor den Vietnamesen in Indochina eingewandert ist. Die Figuren hockten, das Kinn auf die Hände gestützt, auf dem Boden und starrten ins Leere. Ich hatte solche Skulpturen schon fast zehn Jahre zuvor in einem von diesem Ort nicht allzuweit entfernten Montagnardweiler gesehen, und verstand nun, warum die Bäume nicht gefällt worden waren. Das Wäldchen war der Friedhof von Ro Uay. Die Montagnards hatten die Bäume stehen lassen, damit sie bei den Bestattungsriten Schatten spendeten und die Gräber bewachten.

Jetzt wußte ich auch, was in dieser Nacht geschehen war. John Vann war aus Übermut die Straße entlang geflogen, um sich einmal mehr über den Tod lustig zu machen, ohne zu ahnen, daß er unter diesen Bäumen auf ihn wartete.

Vanns Freund George Jacobson blieb bis zum Ende. Am 30. April 1975 kurz vor Tagesanbruch, als die ersten Panzer der NVA sich anschickten, in Saigon einzurücken, verließ er Vietnam an Bord eines Hubschraubers, der ihn vom Dach der Botschaft auf ein vor Vung Tau liegendes Schiff der Siebten Flotte brachte. John Vann war nicht dazu bestimmt, sich auf einem Schiff in Sicherheit zu bringen. Er trat im richtigen Augenblick ab. Er starb in dem Glauben, seinen Krieg gewonnen zu haben.

Anhang

Interviews

Ohne Interviews wäre dieses Buch nicht entstanden. So vieles von dem, was im Leben eines Mannes und in der Geschichte eines Krieges von Bedeutung ist, findet sich nur in vergänglichen Erinnerungen wieder. Ich habe von 1972 bis 1988 385 Personen interviewt. Ich unternahm zwei dreimonatige Reisen nach Südvietnam, ehe dieser zerbrechliche Staat zu existieren aufhörte: die erste 1972 (für die mir Botschafter Tran Kim Phuong trotz der Empfehlung eines hochrangigen Beamten des US-Außenministeriums, mein Ansuchen abzulehnen, ein Visum gab), die zweite 1973. Manchmal kam es nur zu einem kurzen Briefwechsel oder Gespräch; die meisten Interviews waren jedoch sehr umfangreich, und manche dauerten mehrere Tage. Persönlichkeiten des öffentlichen Lebens, die unter Zeitdruck standen, waren immer wieder bereit, sich mir im Lauf meiner sechzehnjährigen Arbeit an diesem Buch für Auskünfte zur Verfügung zu stellen. So ließ sich der verstorbene Ellsworth Bunker zwischen 1974 und 1976, als er die Verhandlungen zum Abschluß des Vertrags über den Panama-Kanal führte, von mir elfmal interviewen. Manche Personen halfen mir auch, wenn ich sie erst nach Jahren um zusätzliche Informationen bat. Ich interviewte General Fred Weyand 1974 als Stabschef der Armee und 1985/1986 im Ruhestand auf Hawaii. Fast 170 Interviews wurden auf Band aufgezeichnet, wodurch sich im Lauf der Jahre an die 640 Kassetten anhäuften. Sie erwiesen sich von unschätzbarem Wert, da ich mir noch Jahre später, wenn ich über eine bestimmte Episode schrieb, die relevanten Abschnitte der Aufzeichnungen anhören und dadurch Einzelheiten und Zusammenhänge rekonstruieren konnte, die mir in meinen 186 Stenoblöcke füllenden Notizen entgangen waren. Die Namen vieler interviewter Personen erscheinen nicht im Text, da in diesen nicht alle Ergebnisse meiner Nachforschungen unmittelbar eingegangen sind. Trotzdem ist dieses Buch ein Gebäude, das aus den Beiträgen aller errichtet wurde. Wenn seine Architektur Fehler aufweist, so ist das allein meine Schuld.

Unterlagen

Die wichtigste schriftliche Quelle für dieses Buch waren John Vanns Aufzeichnungen und Schriftstücke. Seine Angehörigen übergaben sie mir, nachdem man sie nach seinem Tod von Vietnam in die Vereinigten Staaten gebracht hatte. Verschlußsachen waren von einem Militärhistoriker in Saigon ausgesondert und an das Militärhistorische Institut des Army War College von Carlisle Barracks, Pennsylvania, gesandt worden. Diese Schriftstücke wurden — abgesehen von einer kleinen Anzahl im Außenministerium verlorengegangener Dokumente — von den zuständigen Stellen aufgrund eines von mir vorgelegten Gesuchs, das sich auf den Freedom of Information Act berief, wieder freigegeben und mir vom Institut in Form von Kopien zur Verfügung gestellt. Mit Erlaubnis der Familie überließ mir das Amt des Generaladjutanten die gesamte Personalakte Vanns einschließlich der seine Dienstzeit im Zweiten Weltkrieg betreffenden Abschnitte. Bekannte Vanns wie Professor Vincent Davis, der Leiter der Patterson School of Diplomacy and International Commerce an der Universität Kentucky, stellten mir in ihrem Besitz befindliche Unterlagen zur Verfügung. Davis hatte seine gesamte Korrespondenz mit Vann sowie Bandaufzeichnungen der von Vann während seiner alljährlichen Heimaturlaube an der Patterson School gehaltenen Vorträge aufbewahrt. Ich ließ diese Bandaufzeichnungen schriftlich festhalten. Des weiteren konnte ich die von Vann stammenden Unterlagen um Material ergänzen, das ich im Lauf meiner Reportertätigkeit gesammelt hatte, und Briefe und Unterlagen heranziehen, die mir von Personen übergeben worden waren, die ich für dieses Buch interviewte. Die gesamte Dokumentation füllte schließlich fast fünf Aktenschränke.

Die zweite wichtige Quelle waren die Pentagon-Papiere. Seit die »New York Times« sie 1971 in gedrängter Form veröffentlichte, sind viele Jahre vergangen. Sie sind jedoch immer noch das vollständigste und an Informationen reichste offizielle Archiv über den Vietnam-Krieg. Bedauerlicherweise wurden sie niemals vollständig herausgegeben. Die »Times«-Serie erschien zunächst unter dem Titel »The Pentagon Papers« als Taschenbuch bei Bantam, dem wenig später bei Quadrangle Books eine Hardcover-Ausgabe folgte. Beacon Press in Boston veröffentlichte 1971 und 1972 eine vierbändige Ausgabe mit einem zusätzlichen Indexband: »The Pentagon Papers: History of United States Decision Making on Vietnam«. Die umfassendste, aber leider zensurierte Ausgabe ist die vom Verteidigungsministerium freigegebene und 1971 beim U.S. Government Printing

Office erschienene zwölfbändige Fassung »United States—Vietnam Relations, 1945—1967«. Ich stützte mich auf die Kopie des Originals, ungefähr dreitausend Seiten historische Berichte und mehr als viertausend Seiten beigefügte Schriftstücke, die ich für die »Times« erhielt. Dieses Konvolut war ziemlich komplett; es fehlten vier Abschnitte über die Geheimverhandlungen mit Hanoi. Diese standen mit erst zur Verfügung, nachdem Jack Anderson sie veröffentlicht hatte.

Die folgenden Quellenhinweise für »Das Begräbnis« und die Bücher I—VII erheben keinerlei Anspruch auf Vollständigkeit. Es handelt sich lediglich um den Versuch, die wichtigsten Interviews, Briefe, Dokumente und Veröffentlichungen zu nennen, auf die ich mich in den genannten Abschnitten gestützt habe.

Quellenhinweise

Das Begräbnis

Die Beisetzung John Vanns war das Erlebnis, das mich dazu brachte, dieses Buch zu schreiben. Für diesen ersten Teil stützte ich mich auf meine Interviews mit Angehörigen der Familie Vann und den wichtigen Persönlichkeiten des öffentlichen Lebens, die an dem Begräbnis teilnahmen. Oberst Samuel Loboda, 1972 Kapellmeister der U.S. Army Band, erläuterte mir liebenswürdigerweise Einzelheiten der Zeremonie. Mark Murray, der als der für den Militärbezirk Washington zuständige Beamte des Armeeministeriums mit der Leitung der Begräbnisfeierlichkeiten betraut war, gab mir ebenso bereitwillig Auskunft wie Major Charles Ingram, damals Zeremonienbeamter im Stab des Militärbezirks Washington. Mark Murray lieferte auch Details über die Konfrontation im Roosevelt Room des Weißen Hauses; Generalleutnant Brent Scowcroft gewährte mir freundlicherweise ein Interview über Jesse Vanns Absicht, Richard Nixon die Hälfte seiner zerrissenen Wehrkarte zu übergeben.

Hier wie im folgenden stehen Gespräche in Anführungszeichen, wenn eine schriftliche Aufzeichnung vorliegt oder die Erinnerungen der interviewten Person(en) so präzise waren, daß es gerechtfertigt erschien, die Äußerungen als direkte Rede wiederzugeben.

Buch I: Es geht in den Krieg

Die für Buch I wichtigsten Interviews führte ich mit Oberstleutnant Le Nguyen Binh, Generalmajor Frank Clay, Oberst James Drummond, Oberst Elmer Faust, Oberst Jonathan F. Ladd, Oberst Daniel Porter, Jr., Oberst Herbert Prevost und Oberstleutnant Richard Ziegler. Mein besonderer Dank gilt den Obersten Drummond, Porter und Ziegler für ihre umfangreichen Informationen. Oberst Porter danke ich dafür, daß er über ihm schmerzliche Themen so offen zu mir sprach. Die Unterlagen John Vanns waren hier die wichtigste schriftliche Quelle. Einen Großteil dieser Periode konnte ich aus seinen Berichten bei der 7. Division sowie den Notizen, Briefen, Zeitungsausschnitten, Photos und einem einzigartigen Dokument von überragendem Wert rekonstruieren, der Einladung zum Mittagessen am 11. September 1962 mit Maxwell Taylor und dem von Vann auf die Rückseite notierten Ergebnis. Die Transkription der Bandaufzeichnung des streng geheimen Interviews, das Vann nach seiner Rückkehr in die USA dem Armeehistoriker Charles von Luttichau am 22. Juli 1963 gab, war für die Darstellung ebenfalls sehr hilfreich.

Oberst Ziegler verschaffte mir zusätzliche schriftliche Unterlagen, die Vanns Dokumente ergänzten. Er hatte Kopien von Einsatzberichten nebst zugehörigen Planpausen aufbewahrt, darunter auch den Bericht über die Operationen vom 20. Juli 1962 in der Schilfebene. Diese Berichte fehlten in Vanns Papieren; auch die Kopien in den offiziellen Armeeakten waren verlorengegangen. Darüber hinaus hatte Oberst Ziegler aus dem von ihm geführten Operationstagebuch, einem dieser altmodischen großformatigen Registraturbücher der Armee, ein Tagebuch über sein Jahr bei der 7. Division gemacht und darin Photos von Leuten und Ereignissen eingeklebt. Dieses Tagebuch und die dazugehörigen Unterlagen waren im Hinblick auf diese Zeitspanne eine Fundgrube und ermöglichten mir zahlreiche Einblicke in Vanns Denken.

Eine weitere wertvolle Quelle waren die Durchschläge meiner UPI-Berichte aus dieser Zeit. David Halberstams Buch »The Making of a Quagmire« (siehe, auch im folgenden, die Auswahlbibliographie der von mir für die Arbeit an diesem Buch herangezogenen Werke) war von großem Nutzen. Ich griff natürlich auch auf meine Erinnerungen und Gespräche mit John Vann zurück.

Wenn die Einstellung der Generäle Harkins und Anthis aus ihrem Verhalten im Zusammenhang mit der Zerstörung von Weilern schon hinlänglich hervorging, so gaben sie auch heimlich zu, daß ihnen bewußt war, was sie taten. Dieses Eingeständnis erfolgte, nachdem W. Averell Harriman, damals Staatssekretär für Fernostangelegenheiten, im März 1963 die Bombardements in einem Positionspapier angegriffen hatte. Botschafter Frederick Nolting antwortete darauf im April 1963 mit einem ausführlichen, als streng geheim eingestuften Schreiben, dem er ein noch ausführlicheres, ebenfalls streng geheimes Memorandum Harkins' und Anthis' beifügte. Beide waren von Anthis' Stab der 2. Fliegerdivision entworfen worden. Das zentrale Argument des Briefes und des Memorandums war das aus dem Zweiten Weltkrieg übernommene Prinzip, dem zufolge jeder Weiler Freiwild war, sobald er in einer Gegend lag, die als vom Vietcong beherrschtes Gebiet galt. Der Botschafter schrieb in seinem Brief, die Bauern würden eher den Vietcong für die Bombardierungen verantwortlich machen als das Saigoner Regime und die Amerikaner, die sie durchführten. Ein weiteres Argument der Generäle war, daß die Luftangriffe dazu beitragen würden, den Krieg zu gewinnen, weil sie den Bauern Angst einjagten. »Im Orient hat der Mann auf der Straße einen unwahrscheinlichen Respekt vor der Macht«, erklärten sie.

Buch II: Vorgeschichte eines Konflikts

Mit Everet Bumgardner, Oberstleutnant Lucien Conein und Oberst Alfred Kitts führte ich die zentralen Interviews für Buch II.

Generalmajor Edward Lansdales geheime Geschichte über seine Mission in Vietnam, die ich in den Pentagon-Papieren entdeckte, war die Hauptquelle, was seine Rolle betraf. Lansdales Buch »In the Midst of Wars: An American's Mission to Southeast Asia« war ebenso hilfreich wie die Gespräche, die ich mit ihm im Lauf der Jahre führte.

Zu wiederholten Malen erwiesen sich die Pentagon-Papiere als wertvolle Informationsquelle: in bezug auf die Rückkehr der Franzosen 1945, Ho Chi Minhs vergebliche Hilfeansuchen an die Amerikaner, die sogenannte Bao-Dai-Lösung und die Ursprünge des zweiten Indochinakriegs durch das Entstehen des Vietcong.

Ich bin Professor Walter LaFeber zu Dank verpflichtet, der in einer umfangreichen Untersuchung die Rolle Franklin Roosevelts bei der indochinesischen Tragödie beleuchtete; vgl. W. LaFeber, »Roosevelt, Churchill and Indochina: 1942–45«, in: »American Historical Review«, Dezember 1975.

John T. McAlister, Jr., »Viet Nam: The Origins of Revolution«, gibt Aufschluß über die Entstehung des Vietminh und die Rückkehr Frankreichs im Jahr 1945; vgl. auch die offizielle Geschichte der US-Marine in Vietnam während dieser frühen Jahre, »The United States Navy and the Vietnam Conflict«, Bd. 1: »The Setting of the Stage to 1959«, von Edwin B. Hooper u. a.

In »The Quicksand War: Prelude to Vietnam« berichtet Lucien Bodard ausführlich über das Debakel der Franzosen an der Route Coloniale 4 im Oktober 1950; Details liefert Bernard Fall in »The Two Viet-Nams«.

Denis Warners »The Last Confucian« und Robert Shaplens Arbeiten über Ngo Dinh Diem und seine Familie waren eine Ergänzung zu meinen eigenen Forschungen und Erlebnissen.

Besondere Dankbarkeit schulde ich Alexander B. Woodside für die Charakterisierung der kommunistischen Führung Vietnams und vieles andere in seinem bahnbrechenden Werk über vietnamesische Geschichte und Kultur »Community and Revolution in Modern Vietnam«. Zu Dank verpflichtet bin ich ihm auch für das Durchsehen des Manuskripts von Buch II und die von ihm vorgeschlagenen Änderungen.

Die Quelle für die Beschreibung von Diems Schändung der Vietminh-Friedhöfe und Kriegerdenkmäler in Südvietnam ist Bernard Falls Bericht über die Schlacht von Dien Bien Phu, »Hell in a Very Small Place«.

Die Zahlen über das Anwachsen des Vietcong vom Beginn des Aufstands 1957 bis zu John Kennedys Interventionsentscheidung im November 1961 entstammen Berichten des militärischen Nachrichtendienstes der US-Streitkräfte.

Buch III: Die Schlacht von Ap Bac

Für die Schilderung der Schlacht von Ap Bac verglich ich John Vanns ausführlichen Einsatzbericht mit dem ebenso gründlichen Bericht des Vietcong, der später erbeutet wurde. Ich ergänzte die aus beiden Berichten hervorgehenden Informationen durch Interviews und meine eigenen Beobachtungen auf dem Kampfplatz. Meine UPI-Berichte über Ap Bac halfen mir, meine Erinnerungen aufzufrischen, und lieferten weiteres Material. Vanns Bericht und das Vietcong-Dokument stimmten weitgehend überein, worauf Vann sehr stolz war.

Einige Einzelheiten wie etwa Vanns Funkrufzeichen »Topper Six« sowie das der bei der M-113-Kompanie tätigen Berater (»Walroß«) verdanke ich wieder den hervorragenden Aufzeichnungen Oberst Zieglers. Er bewahrte seine Notizbücher mit den Bemerkungen auf, die er sich zu Ap Bac und anderen Einsätzen gemacht hatte.

Die Informationen über die Herkunft der Männer der 1. Kompanie des 261. Hauptmachtbataillons des Vietcong stammen aus dem Namensverzeichnis dieser Einheit, das ebenfalls nach der Schlacht erbeutet wurde. Leider ging das Original mit den Namen der Guerillas und den Decknamen der Kader verloren. Erhalten blieb lediglich eine amerikanische Auswertung, in der die Herkunftsorte erwähnt sind.

Die wichtigsten Interviews für Buch III führte ich mit Generalanwärter Ly Tong Ba, Oberfeldwebel Arnold Bowers, Oberstleutnant Robert Mays, Oberst Porter, Oberst Prevost, Oberstleutnant James Scanlon und Oberst Ziegler.

Buch IV: Der Kampf gegen das System

Zum »eigenen Feuer« auf Bac und zu General York: persönliche Erinnerungen, Durchschläge meiner UPI-Berichte, Vanns Einsatzbericht über Ap Bac, Interview mit Generalleutnant Robert York.

Harkins will Vann nach Ap Bac entlassen und überlegt es sich wieder: Interview mit Generalmajor Charles Timmes. (Der Ausschnitt mit der Karikatur von Bill Mauldin und Harkins' Notiz fanden sich in den Unterlagen John Vanns.)

Zu Porters Memorandum über Ap Bac an Harkins: Vann bewahrte eine Kopie von Porters Kommentar zu seinem Einsatzbericht mit der Kopie dieses Berichts in seinen Unterlagen auf.

Zur Konferenz am 23. Juli 1962 in Honolulu: Wo offizielle Dokumente wie das Tagungsprotokoll im Text erwähnt sind, nenne ich sie hier nicht mehr.

Die Joint Chiefs entsenden nach den Ereignissen von Ap Bac eine Delegation nach Vietnam: Die Instruktionen der Joint Chiefs an die Untersuchungskommission wurden in deren Bericht erwähnt; die Antwort des Delegationsführers auf die Frage »Gewinnen oder verlieren wir?« erfolgte bei der Schlußbesprechung im Hauptquartier des Oberkommandierenden im Pazifik auf Hawaii, als das Team bereits nach Washington zurückflog.

Zu »Brute« Krulaks Karriere vor Vietnam: Interview mit Generalleutnant Victor Krulak; diverse Quellen im Marine Corps, darunter auch die offizielle Geschichte der Entwicklung der Hubschrauber im Marine Corps, die Krulaks Beitrag beschreibt; vgl. auch das Buch Krulaks aus dem Jahr 1984 über die Geschichte des Korps und seine Laufbahn, »First to Fight«.

Zum Verhalten der Untersuchungskommission der Joint Chiefs in Vietnam und zur Abfassung ihres Berichts: Interviews mit den Obersten Porter und Ladd, mit General York, General Krulak und Generalleutnant George Forsythe, damals Oberst und oberster Adjutant des Viersternegenerals, der die Kommission leitete. Außerdem befragte ich Generalleutnant Theodore Parker, den stellvertretenden Armeestabschef für Operationen, und Vizeadmiral Andrew Jackson, den höchsten Vertreter der Navy, die beide der Kommission angehörten.

Zu Pham Van Dongs Skepsis: Botschafter Maneli erzählte mir von seinem Gespräch mit dem Premierminister in Hanoi, als ich ihn 1963 in Saigon kennenlernte.

Die USA bewaffnen den Vietcong: Die Zahlen über die den Saigoner Truppen gelieferten und damit indirekt den Guerillas zur Verfügung gestellten US-Waffen entstammen den Protokollen der Strategiekonferenzen in Honolulu und anderen offiziellen US-Dokumenten dieser Zeit.

Zur Rekrutierung von Guerillas nach Ap Bac: Die Entdeckung, daß der Vietcong im Frühjahr 1963 in Kien Hoa 2500 junge Bauern zumeist direkt aus den Wehrdörfern rekrutierte, machte Oberstleutnant J. Lapsley Smith, der damals Hauptmann und nachrichtendienstlicher Berater des Provinzhauptquartiers war.

Zum Einschmuggeln schwerer Waffen auf dem Seeweg: Vann und Drummond erhielten Anfang 1963 Informationen über die Anlandung von Waffen an der Küste des Mekong-Deltas durch Hochseeschiffe. Diese Berichte wurden jedoch in Saigon nicht genügend ernst genommen. Einzelheiten über die Schmuggelfahrten der Trawler wurden erst später bekannt, als einige von US-Schiffen abgefangen wurden.

Zur Beziehung Vann — Halberstam: Interview mit David Halberstam, Korrespondenz mit Halberstam in Vanns Unterlagen, persönliche Erinnerungen.

Zu Vanns Memorandum vom 8. Februar 1963 über die Vietcong-Einheiten, die Cao und Dam nicht angreifen wollten: Interviews mit Drummond und Ziegler, Bandaufzeichnung von Vanns Interview durch den Armeehistoriker Charles von Luttichau, Korrespondenz in Vanns Unterlagen.

Zu Porters Abschlußbericht: Obwohl Harkins den Bericht verschwinden ließ, erinnerte sich Porter im großen und ganzen an den Inhalt. Auch Fred Ladd war mir in diesem Punkt behilflich.

Vanns Vortrag vor den Joint Chiefs wird abgesagt: Die Briefe und Unterlagen in Vanns Papieren stützten seine Version vom Ablauf der Geschehnisse. Oberst Francis Kelly, Vanns unmittelbarer Vorgesetzter im Directorate of Special Warfare, und Generalmajor Frank Clay, damals im Pentagon und in Kontakt mit Vann, erinnerten sich an die Rolle Krulaks. Clay hatte auch persönliche Freunde im Stab der Joint Chiefs; sein Bruder Lucius, General der Luftwaffe, war damals im Pentagon und mit den Vorgängen im Führungsstab der US-Streitkräfte vertraut.

Zum Sturz der Ngo Dinh: Interviews mit Botschafter Henry Cabot Lodge, Jr., Lucien Conein und Generalmajor John M. Dunn, damals Oberstleutnant und Lodges Assistent in Saigon; meine UPI-Durchschläge; ein damals verfaßtes Memorandum mit Informationen von Pham Van Dong, damals Oberst und später Brigadegeneral der ARVN, der in das Komplott eingeweiht war; die Pentagon-Papiere, insbesondere die Geheimtelegramme zwischen Lodge und Präsident Kennedy sowie anderen Washingtoner Persönlichkeiten.

Zum Geheimkrieg gegen den Norden — »Operation Plan 34 A«: Interview mit Krulak, die Pentagon-Papiere und andere offizielle Dokumente. In seinen Erinnerungen, »Honorable Men: My Life in the CIA«, gesteht Colby das Fehlschlagen seines Programms ein und beschreibt, wie er gegen Krulaks Plan opponierte und McNamara seine Argumente verwarf.

Zur Entstehung des neuen Vietminh: Angaben zu Stärke und Organisationsniveau der Vietcong-Armee Ende 1964 stützen sich auf rückblickende Schätzungen des militärischen Nachrichtendienstes; die amerikanischen Nachrichtenoffiziere gelangten zu realistischen Zahlen, indem sie unter Berücksichtigung zusätzlicher Informationen die verfügbaren Daten neu bewerteten. Die Kopie eines erbeuteten Vietcong-Berichts über die Vernichtung der Kompanie M-113 am 9. Dezember 1964 befand sich bei Vanns Unterlagen.

Buch V: Vorgeschichte eines Mannes

Zu John Vanns Vorfahren: Interviews mit Mollie Tosolini und William Arthur »Buddie« Tripp; in bezug auf die Sprys mit Lorraine Layne, einer jüngeren Schwester von Johnny Spry, und mit John Paul Spry, Jr., Johnny Sprys ältestem Sohn. Was die Angaben über Geburten, Eheschließungen und Todesfälle betrifft, habe ich das Amt für Personenstandsregister und Krankheitsstatistiken der Abteilung für Gesundheitswesen des Commonwealth of Virginia konsultiert. Benutzte Veröffentlichungen: D. Hay u. a., »Albion's Fatal Tree«; A. G. L. Shaw, »Convicts and the Colonies«; D. C. Roller und R. W. Twyman (Hgg.), »The Encyclopedia of Southern History«; W. J. Cash, »Mind of the South«; H. Caudill, »Night Comes to the Cumberlands«; C. W. Reed, »Beaufort County [North Carolina]:

Two Centuries of Its History«; H. T. King, »Sketches of Pitt County [North Carolina], 1704—1910«; F. H. Cooper, »Some Colonial History of Beaufort County, North Carolina«; S. H. Hobbs, Jr., »North Carolina: An Economic and Social Profile«; C. V. Woodward, »Origins of the New South, 1877—1913«; »A Sketch of North Carolina«.

Zum Charakter Myrtles: Interviews mit Mollie Tosolini, Buddie Tripp, Lillian und George Dillard, Dorothy Lee Vann Cadorette und Aaron Frank Vann, Jr.

Zum Charakter Johnny Sprys und seinem Verhältnis mit Myrtle: Interviews mit Mollie Tosolini und John Paul Spry, Jr., dem Sohn, vor dem Johnny Spry sich am freimütigsten über seine früheren Lebensjahre äußerte; John Paul Spry lieh mir auch Photos von seinem Vater in dessen jüngeren Jahren. Zwei andere Söhne, Clifford »Kirby« Spry, Offiziersanwärter im Ruhestand, und Oberst Alfred Earl Spry, gaben mir weitere Einblicke in die Persönlichkeit ihres Vaters.

Zu John Vanns Geburt und früher Kindheit: Interviews mit Mollie Tosolini und Lillian Dillard.

Zur Jugend Aaron Frank Vanns: Interview mit Myrtle Felton, einer seiner Schwestern.

Zu John Vanns Kindheit und Jugend in Norfolk: Interviews mit Dorothy Lee Cadorette und Aaron Frank Vann, Jr., die für diesen Abschnitt unentbehrlich waren, weil sie sich als die älteren Geschwister am besten erinnerten, aber auch aufgrund ihrer Bereitschaft, völlig offen zu sprechen. Auch Gene Vann gab mir wertvolle Auskünfte. Während meiner Recherchen in Norfolk führte mich Dorothy Lee durch Lambert Point, das im Unterschied zu Atlantic City keiner Stadtsanierung zum Opfer fiel. Wir fanden Häuser, in denen die Vanns gewohnt hatten, so auch das im Buch beschriebene. Dorothy Lee lieh mir das Photoalbum ihrer Mutter, das sich in ihrem Besitz befand. Frank Junior hatte einige von seinem Vater hinterlassene Unterlagen aufbewahrt, darunter eine Geburtsurkunde mit Vanns ursprünglichem Namen John Paul LeGay und die Adoptionsurkunde des Landgerichts Norfolk von 1943. Vanns Vettern George Dillard, Joseph Raby, Jr., und Melvin Raby erzählten von ihren Sommerferien in Norfolk. Rev. Robert Consolvo, ein pensionierter Methodistenpfarrer und Bekannter des verstorbenen Garland Hopkins — dessentwegen ich ihn ursprünglich interviewt hatte —, war in Atlantic City aufgewachsen und erwies sich als äußerst kenntnisreich in bezug auf dieses Viertel und das Norfolk von Vanns Jugend. Reverend Consolvo führte zahlreiche Nachforschungen für mich durch; er fand die Namenlisten der Pfadfindergruppen, denen Vann angehört hatte, und den Zeitungsbericht über die Razzia in Johnny Sprys Schwarzbrennerei, der auf einem Mikrofilm des verblichenen »Portsmouth Star« in der Stadtbibliothek überlebt hatte. John Paul Spry, Jr., hatte mir von der Razzia erzählt. Lloyd Miller, ein pensionierter Polizeioffizier und Altersgenosse John Vanns, der ebenfalls in Atlantic City aufgewachsen war, lieferte mir weitere Informationen über das Leben in diesem Viertel und die

Familie Vann. Ihm verdanke ich die Bekanntschaft Edward »Gene« Crutchfields. Für Veröffentlichungen über das historische Norfolk und die Stadt, in der Vann seine Jugend verbrachte, vgl. Thomas J. Wertenbaker, »Norfolk: Historic Southern Port«; »Through the Years in Norfolk«; C. Walker, »Norfolk: A Tricentennial Pictorial History«; »The City by the Sea«.

Zu Garland Hopkins: Interviews mit Margaret Hopkins, seiner ehemaligen Frau, Rev. Robert Consolvo, Rev. William Wright, Jr., Lloyd Miller und Gene Crutchfield; »Who's Who in America«, Ausgabe 1964/1965.

Zu Ferrum: Margaret Clark, 1981 stellvertretende Archivarin, suchte nicht nur Vanns Akte für mich heraus, sondern brachte mich auch mit Nora Bowling Martin, einer Klassenkameradin Vanns, in Verbindung, als ich nach meinen Recherchen in Norfolk nach Ferrum kam. Frau Martin teilte mir ihre Erinnerungen an Johnny Vann mit und forderte eine Reihe anderer ehemaliger Schulfreunde auf, mir zu erzählen, woran sie sich noch erinnern konnten.

Vann kommt zum Army Air Corps: Vanns Personalakte, die mir das Amt des Generaladjutanten zur Verfügung stellte; Interviews mit Melvin Raby und anderen. Frank Junior entdeckte Vanns Bewerbung für die Fliegerausbildung in der Dokumentenmappe seines Vaters unter den Briefen von Vanns Lehrern aus Ferrum.

Zu Mary Jane Allen und Vanns Werben um sie: Interviews mit Mary Jane, Mary Allen, ihrer Mutter, und Doris Moreland, ihrer Schwester; Zeitungsausschnitte und andere Andenken an ihre Kindheit und Jugend; Photos von Vann und Mary Jane aus ihrer Verlobungszeit.

Zu Mary Janes Hochzeit mit John Vann: Interviews mit ihr und Mollie Tosolini sowie Joseph Raby, Jr.; Mary Janes Hochzeitsphotos und von ihr aufbewahrte Zeitungsausschnitte.

Zur Zeit in Japan: Interviews mit Mary Jane; Vanns Beurteilungen bei der Armee und anderes Material in seiner Personalakte; ein Bild vom Haus am Hügel bei Osaka und weitere Photos, die Mary Jane aufbewahrte.

Zu Vanns Munitionsabwürfen für die Schützenkompanie in der Pusan-Zone: Interview mit Oberst Silas Gassett, der 1958 die Empfehlung aussprach, Vann mit dem »Silver Star« auszuzeichnen. Der Augenzeugenbericht des verstorbenen Oberstleutnants Dudley Parrish, damals Major und Nachrichtenoffizier bei der 25. Infanteriedivision, lag der Empfehlung bei. Roy Applemans großartiger Bericht »South to the Naktong, North to the Yalu« half mir bei der Darstellung der Lage im Kampfgebiet.

Zu Ralph Pucketts Kampf auf Höhe 205: Interview mit Oberst Ralph Puckett, Jr.; Zeitungsartikel über den Kampf in Vanns Unterlagen; S. L. A. Marshall, »The River and the Gauntlet«. Der Zeitungsausschnitt und die Beurteilung Vanns sowie andere Vermerke in seinem Führungsbuch machten mich auf die Tatsache aufmerksam, daß er die Ranger-Kompanie zur Zeit des Kampfes nicht befehligt hatte. Puckett erzählte mir von der Mühe, die Vann sich gab, um ihm das »Distinguished Service Cross« zu verschaffen und für mehrere seiner Leute Auszeichnungen durchzusetzen.

Weitere Interviews, die besondere Einblicke in das Kriegsgeschehen vermittelten, führte ich mit Yao Wei; Oberst Carl Bernard, einem Bekannten Vanns, der sich als Leutnant beim Kampfverband Smith, der ersten US-Einheit, die auf Nordkoreaner stieß, das »Distinguished Service Cross« erwarb; mit Oberst Joseph Pizzi, der als Nachrichtenoffizier in der 8. Armee diente, als die Chinesen eingriffen, und mehr als zwanzig Jahre später im Gebiet des II. Korps als Vanns Stabschef fungierte; sowie mit Fred Ladd, der zuerst Douglas MacArthurs und dann Generalleutnant Edward Almonds (des Stabschefs von MacArthur) Adjutant war, ehe es ihm gelang, sich zu einer Infanterie-Einheit versetzen zu lassen.

Zum Korea-Krieg habe ich neben Appleman und Marshall vor allem folgende Veröffentlichungen herangezogen: D. Acheson, »Present at the Creation«; D. Yergin, »Shattered Peace«; J. C. Goulden, »Korea: The Untold Story of the War«; J. F. Schnabel, »Policy and Direction: The First Year«; T. Higgins, »Korea and the Fall of MacArthur«; J. R. Moskin, »The Story of the U. S. Marine Corps«; zu Inchon vgl. auch Krulaks »First to Fight«; W. Manchesters Biographie MacArthurs »American Caesar«; »Without Parallel, The American-Korean Relationships Since 1945«, hg. von F. Baldwin; E. Snow, »The Other Side of the River«.

Zu Vanns Zeit in Deutschland: Die Photos, die mir von Mary Jane und Patricia Vann Stromberg überlassen wurden, waren eine große Hilfe bei der Darstellung des Familienlebens.

Zur Anklage wegen sexuellen Mißbrauchs Minderjähriger: der CID-Bericht, den das Amt des Generaladjutanten mir mit der Personalakte Vanns zur Verfügung stellte (die siebzehn Seiten, die Vann sich ausgedacht hatte, um seine Unschuld zu beweisen, lagen dem Bericht bei); Interviews mit Mary Jane, Brigadegeneral Frank Blazey, einem Armeefreund Vanns, der damals in West Point in Garnison war und dem sich Vann anvertraute, sowie mit Oberst Francis Bradley und Oberstleutnant David Farnham, dem organisatorischen Leiter von Vanns CORDS-Hauptquartier im Gebiet des III. Korps, dem Vann die Geschichte ebenfalls erzählte.

Zu Peter Vanns Krankheit und seiner Aufnahme in das Kinderkrankenhaus in Boston: Die Wahrheit erfuhr ich durch Dr. Samuel Schuster, der die Operation durchführte, und Dr. Samuel Katz, den damaligen Kinderarzt im Krankenhaus, der mit Peters Fall befaßt war. Dr. Schuster übersandte mir mit Peters Erlaubnis eine Kopie des ärztlichen Abschlußberichts.

John Vann faßt den Beschluß, 1963 den Dienst zu quittieren: Interview mit Oberst Bradley; Vanns Korrespondenz mit Oberst Bradley in seinen Unterlagen; die Akte über seine Tätigkeit bei Martin-Marietta, die mir das Unternehmen freundlicherweise zur Verfügung stellte.

Zum Selbstmord Garland Hopkins': Akten des Fairfax County Police Department; Hopkins' Testament in den Akten des Fairfax County Court House; Interviews mit Mary Jane, der Vann den Selbstmord beschrieb, sowie mit Margaret Hopkins, Rev. Robert Consolvo und Rev. William Wright, Jr.

Zum genauen Zeitpunkt der Ankunft John Vanns in Südvietnam: das Tagebuch, das er bei seiner Rückkehr führte.

Buch VI: Wieder in Vietnam

Zum Wiedersehen mit Cao: das auf einem Stenoblock von Vann nach seiner Rückkehr während der ersten sechs Monate mit Unterbrechungen geführte Tagebuch, im folgenden kurz als »Tagebuch« bezeichnet. (Generalmajor Michael Healy, 1972 Brigadegeneral und Vanns Nachfolger beim II. Korps, entdeckte das Tagebuch in Vanns früherem Quartier in der Beratersiedlung von Pleiku und überließ es mir freundlicherweise für die Zeit meines damaligen Aufenthalts in Vietnam.)

Zum Bombenanschlag auf die Botschaft: Tagebuch; der Bericht Peer de Silvas, des örtlichen CIA-Chefs, der fast sein Augenlicht verloren hätte, in seinem Buch »Sub Rosa«.

Zu John Vann in Hau Nghia: Tagebuch; Interview mit Douglas Ramsey und die Kopie seines unvollendeten Manuskripts über seine Erlebnisse in Vietnam und seine Gefangenschaft; Vanns Berichte an seine Vorgesetzten bei der USOM und die betreffenden Schriftstücke in seinen Unterlagen; seine Korrespondenz mit General York und Professor Vincent Davis, der damals an der Universität Denver lehrte und später Leiter der Patterson School of Diplomacy and International Commerce an der University of Kentucky wurde; die Bandaufzeichnung eines Vortrags, den Vann im Oktober 1965 an der Universität Denver hielt; ein 29 Seiten umfassendes Memorandum Daniel Ellsbergs mit dem Titel »Visit to an Insecure Province« (»Besuch einer unsicheren Provinz«), in dem er von seinem dreitägigen Aufenthalt bei Vann in Hau Nghia berichtet. Hilfreich war außerdem eine Reihe von Photos, die Vann und Ramsey bei ihrer Tätigkeit in Hau Nghia zeigen und die 1965 von dem inzwischen verstorbenen Mert Perry für den im Text erwähnten »Newsweek«-Artikel gemacht wurden. Die Photographien befanden sich bei Vanns Unterlagen.

Zur Korruption: Das Tagebuch enthält Einzelheiten und Schilderungen verschiedener Vorfälle, u. a. Vanns Gespräch mit Hanh über dieses Thema sowie die Darstellung seines Kampfs gegen den korrupten Bauunternehmer und der Bestechung des früheren AID-Beamten in Hau Nghia. Vann bewahrte seine Korrespondenz mit dem Bauunternehmer bei seinen Unterlagen auf. Von der an Hanh gerichteten Geldforderung des von Nguyen Cao Ky geführten Militärregimes spricht Vann in seinem vertraulichen Memorandum vom 26. Juli 1965. Zahlreiche Informationen über die Korruption in Hau Nghia stammen von Doug Ramsey; Ev Bumgardner und Frank Scotton lieferten zusätzliche Hinweise zur Korruption im allgemeinen. Sam Wilson half mir bei der Beschreibung von Vanns Kampf mit dem Bauunternehmer und der an Hanh gerichteten Geldforderung. Die von der Zuckerraffinerie in Hiep Hoa an den Vietcong entrichtete Steuer wird in Ellsbergs Memorandum erwähnt.

Zur sozialen Revolution: Interviews mit Doug Ramsey, Frank Scotton und Ev Bumgardner; Erinnerungen an Gespräche, die ich mit John Vann 1965 und 1966 führte.

Der kanariengelbe Kleinlaster fährt in einen Hinterhalt: Tagebuch und Bericht Vanns für den obersten USOM-Polizeiberater im Gebiet des III. Korps. Auch mir schilderte Vann den Hinterhalt; er zeigte mir Photos des beschädigten Fahrzeugs.

Unerläßlich für Buch VI waren John McNaughtons 70-20-10-Prozent-Memorandum, die Westmorelands Truppenanforderungen und seinen Plan für den Sieg betreffenden Unterlagen, McNamaras Memorandum an Lyndon Johnson und die Beschlüsse des Präsidenten sowie die Pentagon-Papiere.

»Wie man sich der südvietnamesischen Revolution bedienen muß«: Die Entwürfe zu Vanns Strategiepapier befanden sich bei seinen Unterlagen. Bumgardner, Ramsey, Scotton und General William Rosson stellten sich mir für Interviews zur Verfügung. General Rosson erinnerte sich, daß Westmoreland eines Tages mit einer Kopie von Vanns Vorschlag ins MACV-Hauptquartier kam; es war offenbar eine der von Charles Mann bei einer Besprechung verteilten Kopien.

Die Marines stoßen mit dem 1. Vietcong-Regiment zusammen: meine Berichte an die »New York Times«; persönliche Erinnerungen; vgl. J. Shulimson und Maj. C. M. Johnson, »U. S. Marines in Vietnam: The Landing and the Buildup«, die offizielle Geschichte der Marines für das Jahr 1965.

Vann setzt Hoffnungen in Lodge: Vanns Korrespondenz; Interview mit Sam Wilson; meine Gespräche mit Vann 1965 und 1966.

Zu Yorks Empfehlungen an Westmoreland: Korrespondenz zwischen Vann und York; Interview mit General York.

Zur Gefangennahme Ramseys: Vanns Untersuchung der Umstände des Hinterhalts sowie seine Notizen und Berichte dazu; Interview mit Ramsey; Ramseys unvollendetes Manuskript; die mir von Ramsey überlassene Kopie des Protokolls seiner Befragung im Außenministerium über seine Gefangenschaft nach seiner Freilassung am 11. Februar 1973.

Zu Vanns Versuch, Ramsey freizubekommen: Vanns Bericht an seinen Vorgesetzten bei der USOM; eine Kopie der handgeschriebenen Notiz des Dorfvorstehers; das Original des Antwortschreibens der Nationalen Befreiungsfront, feinsäuberlich mit schwarzer Tusche in einer winzigen vietnamesischen Handschrift auf beide Seiten eines kleinen Stücks Millimeterpapier geschrieben (es befand sich mit der Übersetzung in Vanns Unterlagen); Interviews mit Frank Scotton und Tom Donohue, dem CIA-Beamten, der Vanns Gesicht sah, als dieser die Nachricht von der Gefangennahme erhielt.

Zu Ramseys Streitgespräch mit dem sechzehnjährigen Guerilla und seinen beiden älteren Bewachern: sein unvollendetes Manuskript und das mir gewährte Interview.

Zur Schlacht von Ia Drang: meine Erinnerungen und meine Berichte für die »New York Times«. Als ich unmittelbar nach der Schlacht Tim Brown, Hal Moore und andere für einen Artikel im Sonntagsmagazin der »Times« interviewte, erzählte mir Tim Brown, wie er den roten Stern über dem Chu Prong auf der Karte des ARVN-Nachrichtenoffiziers bemerkt hatte. (Aufgrund des aus der täglichen Reportagetätigkeit resultierenden Zeitmangels wurde dieser Artikel nie geschrieben.) Herangezogen habe ich auch die sehr hilfreiche Darstellung Major John Cashs von Moores Kampf am »Röntgenstrahl«, die vom U. S. Army Office of the Chief of Military History in »Seven Firefights in Vietnam« veröffentlicht wurde. Den Hinterhalt, in den das 2. Bataillon der 7. Kavallerie nördlich des »Röntgenstrahls« geriet, hat ein Überlebender, Obergefreiter Jack P. Smith, ein Sohn des Fernsehreporters Howard K. Smith, in einem Artikel in der »Saturday Evening Post« vom 28. Januar 1967 anschaulich dargestellt.

Zur »Operation Stampfer«: Ich bin meinem Kollegen R. W. »Johnny« Apple, Jr., für die Schilderung der nächsten Leiden des 2. Bataillons der 7. Kavallerie in der Bong-Son-Ebene zu Dank verpflichtet; er berichtete für die »New York Times« über diese Schlacht. Ich begab mich im Anschluß an die Kämpfe nach Bong Son, um über die weiteren Ereignisse zu berichten, und konnte mich daher auf diese Berichte und meine Erinnerungen stützen. Frank Scotton bestätigte meine Erinnerungen an Vinh Loc, den Befehlshaber des II. Korps der ARVN, und dessen Verwandten, den neuen Provinzgouverneur von Binh Dinh, die »Stampfer« ausnutzten, um Kopra nach Qui Nhon zu bringen.

Buch VII: *John Vann bleibt*

John Vann und Daniel Ellsberg: Interview mit Daniel Ellsberg; Korrespondenz zwischen Vann und Ellsberg; ihr Briefwechsel mit anderen, der ihre Beziehung beleuchtet; die betreffenden Notizen und Memoranden Vanns und Ellsbergs; Interviews mit Bekannten Vanns und Ellsbergs. Von den Befürchtungen, die John McNaughton in bezug auf Ellsberg kurz vor dessen Abreise nach Vietnam im Jahr 1965 hegte, ist in einem Brief die Rede, den ein damals im Pentagon tätiger gemeinsamer Bekannter an Vann schrieb.

Zu Vann und »Lee«: Interviews mit Lee und deren Schwester; Briefe und Photos, die mir Lee zur Verfügung stellte.

Zu John Vann und »Annie«: Interviews mit Annie und ihrem Vater, ihrer Mutter und ihrer Schwester; Photos und Briefe, die mir Annie überließ. Vann sprach mit Freunden wie Ellsberg und George Jacobson über seine Beziehungen zu den beiden Frauen.

Zum Tod Myrtles und zu Myrtles Begräbnis: Interviews mit Dorothy Lee Cadorette und Aaron Frank Vann, Jr. Frank Junior erinnerte sich an die Bemerkung seines Vaters, als dieser Myrtle aufgebahrt sah. Während meines Aufenthalts in Norfolk 1981 führte mich Dorothy Lee an das Grab ihrer Mutter.

Zum Streit über die Pazifizierungsteams: Interviews mit Tran Ngoc Chau, Tom Donohue, Daniel Ellsberg, Richard Holbrooke und Frank G. Wisner II; Vanns Aufzeichnungen über den Streit und das mit 16. März 1966 datierte Memorandum über sein erstes Treffen mit Botschafter Porter; die Korrespondenz zwischen Vann und Porter; Ellsbergs Memoranden an Lansdale. Zu Beginn des Streits erzählte Vann Charlie Mohr und mir von dem Skandal im Ausbildungslager und seinem Zusammenstoß mit Jorgenson. Wir befürchteten, daß man ihn entlassen werde, wenn wir darüber berichteten, und warteten, bis man Mai ablöste. Erst dann schrieb Mohr darüber einen Bericht, der am 18. Juli 1966 in der »Times« erschien.

Zu den Hauptaspekten von Westmorelands Abnutzungsstrategie und dem Aufbau der Tötungsmaschine:

1. Verluste unter der Zivilbevölkerung: Die Schätzungen basieren auf den Berechnungen Thomas Thayers, der 1966 bis 1972 die Südostasienabteilung des Office of Systems Analysis im Pentagon leitete; vgl. Bibliographie. Berücksichtigt wurden auch Zahlen, die ich meinen eigenen Berichten entnahm, sowie die Ergebnisse von Edward Kennedys Subcommittee on Refugees and Escapees. Die Darstellung der Bemühungen Generalmajor James Humphreys', das Los der verwundeten Zivilisten zu lindern und für sie drei Militärkrankenhäuser zu errichten, basiert ebenfalls auf meinen eigenen Berichten und verschiedenen Aussagen vor Kennedys Unterausschuß.

2. Feuerkraft: Bei den Angaben über die Tonnen abgeworfener Bomben handelt es sich um offizielle Zahlen. Generalleutnant Jonathan Seaman erinnerte sich während des Interviews, daß er der 1. Infanteriedivision die Granaten rationieren mußte, die General DePuy in zu großen Mengen anforderte. DePuys Forderung nach »mehr Bomben, mehr Granaten, mehr Napalm« ist in einem Memorandum Ellsbergs an Botschafter Porter erwähnt.

3. Bau von Stützpunkten und Annehmlichkeiten der amerikanischen Zivilisation: Die Einzelheiten entstammen vor allem eigenen Beobachtungen und den vom Armeeministerium veröffentlichten Untersuchungen, die Westmoreland als Chef des Generalstabs in Auftrag gab: Lt. Gen. C. H. Dunn, »Base Development

in South Vietnam, 1965–1970«; Lt. Gen. J. M. Heiser, Jr., »Logistic Support«; und Maj. Gen. R. R. Ploger, »U. S. Army Engineers, 1965–1970«.

4. Moralische und soziale Folgen, Korruption: neben zahlreichen anderen Quellen vor allem eigene Erinnerungen und Berichte (z. B. »Not a Dove, But No Longer a Hawk«, in: »New York Times Magazine«, 9. Oktober 1966); meine Gespräche mit Vann in diesem Zeitraum; zahlreiche Zeitungsauschnitte aus späteren Jahren; Interviews mit Everet Bumgardner, Frank Scotton und anderen.

Zu Westmorelands Vernachlässigung der ARVN, RF und PF: Vanns ständige Klagen in seinen Briefen; Zeitungsausschnitte, insbesondere ein von R. W. Apple, Jr., verfaßter Artikel über Westmorelands diesbezüglichen Public-Relations-Versuch, der am 1. Juni 1967 in der »Times« erschien; wie Lyndon Johnson seinen General zurechtwies, entnahm ich den Pentagon-Papieren.

Zu den Qualen Victor Krulaks und den Leiden der Marines in Vietnam: Interviews mit General Krulak und General Wallace Greene, Jr.; Dokumente und Briefe, die General Krulak mir freundlicherweise zur Verfügung stellte, darunter seine Geheimnachricht an General Walt vom 7. Oktober 1966; für das Thema relevante Kapitel seines Buches »First to Fight«; Protokolle aus dem LBJ-Archiv in Austin, Texas, über Krulaks Gespräch mit Lyndon Johnson am 1. August 1966; vgl. auch die offizielle Chronik der Marines für die Jahre 1965 und 1967 von Jack Shulimson u. a. Hilfreich waren mir auch meine eigenen Erinnerungen und Reportagen, da ich mich 1965 und 1966 häufig im Gebiet des I. Korps aufhielt, mehrere Tage bei einer Kompanie Marines verbrachte, die versuchte, ein südlich von Da Nang gelegenes Dorf zu pazifizieren, und über die Kämpfe zwischen den mit Ky sympathisierenden und den den Buddhisten ergebenen Einheiten berichtete. Ohne den Einsatzbericht des 3. Marineinfanterieregiments in den Archiven des Marine Corps Historical Center im Washington Navy Yard wäre eine Rekonstruktion der »Hügelkämpfe« bei Khe Sanh nicht möglich gewesen. General Walt schilderte mir nach seiner Rückkehr in die Vereinigten Staaten im Jahr 1967, wie er angesichts der hohen Verluste in Alarmstimmung nach Khe Sanh geflogen war und den Abwurf schwerer Bomben mit Verzögerungszündern anordnete; die Akten des 1. Geschwaders der Marines bestätigten seine Angaben.

Wo Amerikaner in Vietnam starben: Die Zahlen stammen aus Tom Thayers statistischer Studie über den Krieg. Thayer gewährte mir auch ein Interview.

Zu Robert Komer und CORDS: Interview mit Botschafter Komer; Briefwechsel zwischen Holbrooke und Vann; Interviews mit Holbrooke, Brigadegeneral Robert Montague, Komers militärischem Berater, und Generalleutnant Samuel Wilson.

Zu Fred Weyand und John Vann: Interview mit General Weyand; Zeitungsausschnitte und ergänzendes biographisches Material über ihn. Die Passage über den Adjutanten und die Flugmaschine stützt sich auf eine Aussage von Oberst Thomas Jones, einem Bekannten und hohen Mitarbeiter Vanns im Gebiet des III. Korps.

Zu Ramseys Gefangenschaft: die maschinenschriftliche Fassung von Ramseys Brief an seine Eltern, die er mir überließ; mein Interview mit ihm; Ramseys unvollendetes Manuskript; sein offizieller Bericht über seine Gefangenschaft vor Beamten des Außenministeriums.

Zu Ellsworth Bunker: Interview mit dem inzwischen verstorbenen Botschafter Bunker; Zeitungsausschnitte und andere biographische Hinweise. Mit seiner Zustimmung beantragte ich die Freigabe seiner Vietnam-Unterlagen; diesem Antrag wurde vom Außenministerium teilweise stattgegeben. Bunker war auf seine Leistung in der Dominikanischen Republik stolz. Der Hinweis auf den Druck, den er auf Ky, Thieu und andere Generäle ausübte, damit sie ihren Streit im Zusammenhang mit den Wahlen von 1967 untereinander ausmachten, stammt aus einem mir gewährten Interview.

Zu Annies zweiter Schwangerschaft und ihrer Verlobung mit Vann: Interview mit Annie. Der erwähnte höhere AID-Beamte erzählte mir, wie Vann an ihn herantrat und warum er ihm ein Haus für Annie und das Kind gab.

Robert McNamara erwacht: sein an den Präsidenten gerichtetes Memorandum vom 14. Oktober 1966; Enthovens Memorandum an McNamara über die Absurdität von Westmorelands Strategie und Thayers Statistiken als Beweis dafür; das von McNamara und John McNaughton an Johnson gerichtete Memorandum vom 19. Mai 1967 (das in den Pentagon-Papieren enthalten ist); Interview mit Ellsberg über die Lektüre des Memorandums auf dem Flug nach Saigon; Interview mit Jonathan Schell über die Episode mit McNamara im Pentagon (Schells Artikel im »New Yorker« erschien 1968 bei Knopf unter dem Titel »The Military Half«); Interview mit Bunker über McNamara, der dem Botschafter das Manuskript übersandte und eine Untersuchung anordnete (der Untersuchungsbericht war unter den Papieren Bunkers, die das Außenministerium für mich freigab); McNamaras Memorandum an Johnson vom 1. November 1967, das vom LBJ-Archiv 1985 freigegeben wurde; die schriftlichen Kommentare, die auf Johnsons Ersuchen von Walt Rostow, Maxwell Taylor, Richter Abe Fortas und Clark Clifford darüber abgegeben wurden; Interview mit George Christian, einem Vertrauten des Präsidenten, über Johnsons damalige persönliche Einschätzung des Krieges und seine Schlüsse aus dem Gesinnungswandel McNamaras (die Erklärungen Christians wurden von anderen Personen und durch Aktenaufzeichnungen bestätigt); eigene Berichte, da ich im Herbst 1967 Bekannte und Mitarbeiter McNamaras interviewte, nachdem das Gerücht aufgekommen war, daß er sich gegen den Krieg gewandt habe (unter den Interviewten war auch Robert Kennedy).

Zur Bombardierung des Nordens und des Ho-Chi-Minh-Pfads: Die Darstellung der Nutzlosigkeit des Luftkriegs stützt sich auf meine eigene Analyse. An-

geregt wurde ich dazu durch ein Interview mit Oberst Jack Van Loan von der Luftwaffe, der über Nordvietnam abgeschossen worden und in Gefangenschaft geraten war. Ein großer Teil des Materials, wie etwa Admiral Sharps Programm zur
Unterbrechung der Nachschublinien und die Berichte über Angriffe auf Treib-
stofflager im Sommer 1966, stammt aus den Pentagon-Papieren. Die Karte des
durch acht Jahre während des Bombardieren entstandenen Ho-Chi-Minh-Pfads
stellte mir Dennis Berend von der CIA zur Verfügung. Die Schätzungen, daß die
Flugzeuge nur etwa 20 bis 25 Prozent der nach Süden rollenden Lkws vernichteten, stützten sich ursprünglich auf geheimgehaltene offizielle Angaben, die ich
im Herbst 1968 von Walt Rostow und einem seiner Assistenten erhielt; Rostow,
damals Präsident Johnsons Sonderberater für Fragen der nationalen Sicherheit,
hatte diese Zahlen von Luftwaffe und Marine für den Präsidenten zusammentragen lassen. Meine Recherchen ergaben, daß diese Schätzungen weiterhin richtig
lagen: in bezug auf die in den folgenden Jahren nie unterbrochene Bombardierung des durch Laos führenden Teil des Pfades ebenso wie hinsichtlich der zeitweiligen und schließlich uneingeschränkten Wiederaufnahme der Bombardierung Nordvietnams durch Präsident Nixon. Zu Dank verpflichtet bin ich auch
William Branigan für seinen in der »Washington Post« vom 23. April 1985 erschienenen Bericht aus Vietnam. Der Artikel gibt die von den Vietnamesen geschätzte
Länge des Pfads an und enthält eine Beschreibung des Ehrenfriedhofs, in dem die
beim Bau des Pfades Gefallenen beerdigt sind.

Zum Rat der Weisen: LBJ-Archiv, das die Konferenzprotokolle der Jahre 1983
und 1984 freigab.

Zu My Lai: vgl. die Veröffentlichungen R. Hammers und S. Hershs über die
Massaker und den Prozeß gegen William Calley sowie den Bericht der Untersuchungskommission unter Generalleutnant William Peers.

Zu den Tagen vor der Tet-Offensive: Als Vann im Juli 1968 in den USA auf
Heimaturlaub war, führte er mit Daniel Ellsberg zwei ausführliche Telefongesprä-
che über die Tet-Offensive und die Zeit davor. Ellsberg nahm die Gespräche auf
und ließ sie bei der Rand Corporation schriftlich festhalten. Vann hinterließ auch
Notizbücher mit Kommentaren Weyands aus dieser Zeit. Die Niederschrift und
die Notizbücher waren nicht nur wertvolle Zeugnisse des Geschehens, sondern
regten darüber hinaus die Erinnerung Fred Weyands und anderer an, die ich zu
diesem Thema interviewte. Vann schilderte mehreren Bekannten seine Besprechung mit Rostow. Rostow selbst erinnerte sich an keine Einzelheiten; in seinem
Dienstprotokoll, das er mir freundlicherweise in Form einer Kopie zur Verfügung
stellte, findet sich nur ein Vermerk über den Zeitpunkt des Gesprächs. Westmoreland behauptete in seinen 1976 erschienenen Memoiren »A Soldier Reports« weiterhin, daß die Kommunisten Khe Sanh in ein zweites Dien Bien Phu verwandeln
wollten. Diese Memoiren waren äußerst hilfreich für die Darstellung seiner Einstellung und seines Vorgehens im Zusammenhang mit Khe Sanh und nach

Beginn der Offensive. Als ebenso hilfreich erwies sich eine weitere Untersuchung des Armeeministeriums, die er als Generalstabschef in Auftrag gab: Lt. Gen. W. Pearson, »The War in the Northern Provinces, 1966—1968«. Für die Darstellung der Belagerung von Khe Sanh selbst benutzte ich vor allem ein 1969 vom Marine Corps, Abteilung für Geschichte, veröffentlichtes Werk: Capt. M. S. Shore II, »The Battle for Khe Sanh«.

Zur Tet-Offensive von 1968: Ellsworth Bunker erzählte mir während eines Interviews, wie ihn die Marineinfanteristen weckten, und zeigte mir die angesengte Aktentasche. Oberstleutnant Pham Van Son, der oberste Militärhistoriker der ARVN, hegte als erster den Verdacht, daß Khe Sanh nur ein Köder war; eine Überprüfung bestätigte seinen Argwohn. Neben den Interviews mit Bunker, Weyand, George Jacobson, David Farnham, Annie, Lee und anderen liegen meiner Analyse eine Reihe von Veröffentlichungen zugrunde; vgl. vor allem die unter dem Titel »The Viet Cong ›Tet‹ Offensive (1968)« erschienene offizielle Chronik der ARVN von Oberst Son u. a. sowie Don Oberdorfers »Tet!« und »The General Offensives of 1968—69« von Oberst Hoang Ngoc Lung, dem ehemaligen J-2 des Vereinigten Generalstabs. Die Stellen über Westmorelands Feldbett im Combined Operations Center im Pentagon Ost und über Dutch Kerwin, der Katherine Westmoreland kommen ließ, stützen sich auf die Memoiren des Generals. Die Beschreibung von Dean Rusks Gesinnungswandel und seiner Initiative zur Einstellung der Bombenangriffe gegen Nordvietnam und zur Aufnahme von Verhandlungen beruhen auf Hinweisen in den Pentagon-Papieren und einem Interview, das Rusk mir gewährte.

Creighton Abrams befiehlt, Vann zu entlassen: Interview mit Robert Komer.

Zum Phönix-Programm: Vanns Einstellung zu diesem Programm kommt in seinen Briefen und den betreffenden Schriftstücken zum Ausdruck. Die vietnamesischen Kommunisten gestanden später ein, wie verheerend sich das Programm auf die in den Jahren nach der Tet-Offensive verbliebenen Reste der Vietcong-Verwaltung ausgewirkt hatte.

Zu John Vann im Oval Office: Kopien von Nixons Brief an Yorty, in dem er ihm für Arnetts Artikel und Vanns sechseinhalb Seiten langen für Nixon bestimmten Brief dankt, fand ich in Vanns Unterlagen. Sir Robert Thompson gewährte mir ein Interview über seinen Kissinger unterbreiteten Vorschlag, der Präsident solle Vann empfangen. Frenchy Zois, Vanns Sekretärin, danke ich für das Memorandum vom 22. Dezember 1969 über sein Gespräch mit dem Präsidenten; sie überließ es mir, als ich 1972 zwecks Recherchen in Vietnam war (das Original fehlte in Vanns Unterlagen, als sie in den USA eintrafen). Vann schilderte das Gespräch mit Nixon auch Vincent Davis, John Allen, seinem ältesten Sohn, und Daniel Ellsberg. Bei der Darstellung ebenfalls hilfreich waren mir die Notizen von Davis und Ellsberg sowie die Erinnerungen John Allens an die Erzählung seines Vaters.

Zur Affäre Chau: Interviews mit Ellsworth Bunker, Tran Ngoc Chau, Ev Bumgardner, Dr. Merrill »Bud« Shutt, George Jacobson, Tom Donohue, Theodore Shackley, dem damaligen CIA-Chef in Saigon, sowie mit der Abgeordneten zur Nationalversammlung Kieu Mong Thu. Richard Moose, den ich interviewte, hörte während eines Vietnamaufenthalts als Assistent im Stab des Senatsausschusses für Auswärtige Beziehungen, wie Bunker Chau als Kommunisten bezeichnete. Daniel Ellsberg stellte mir Abschriften einer Anzahl von Telegrammen zur Verfügung, die Bunker und das Außenministerium ausgetauscht hatten. Tran Ngoc Hien beschrieb die Treffen mit seinem Bruder in einer schriftlichen Erklärung, die während des Prozesses gegen Chau 1970 in Saigon veröffentlicht wurde. Als Kenner der Geheimdienstbranche bewunderte Shackley das Geschick, das Hien nach seiner Verhaftung gezeigt hatte.

Zum Lösungsvorschlag des neuen John Vann für den Fall Ninh: In einem Bericht in Vanns Unterlagen wird Ninh als »der mit Abstand korrupteste« Provinzgouverneur des gesamten Mekong-Deltas bezeichnet, eine Einschätzung, die mit verschiedenen Belegen gestützt wird. Warren Parker gewährte mir ein Interview, das mir weitere Einzelheiten lieferte. Wilbur Wilsons Sekretärin, Tess Johnston, erinnerte sich an den Umfang des Dossiers, das die Korruptionsvorwürfe gegen Ninh enthielt. Ev Bumgardner gab mir Auskunft über die Beaufsichtigung von Colbys Antikorruptionsprogramm. Hoang Duc Nha erzählte mir 1972 bei einem Interview von Vanns Vorschlag, seinen Bruder zum Regimentskommandeur zu machen, und der Reaktion seines Bruders, der natürlich den wahren Grund nicht kannte. Diesen erfuhr ich von Warren Parker.

Der Krieg greift auf Kambodscha über: Bunker erinnerte sich an Sihanouks Signale, durch die er seine Zustimmung zu Bombenangriffen auf die Schutzräume der Vietnamesen erkennen ließ. Anthony Lake erzählte mir, was Kissinger ihm zum Abschied sagte.

Zu Vann und Dzu: Interview mit Generalmajor Ngo Dzu, die ARVN-Akte über seine Laufbahn sowie Bemerkungen einer großen Zahl amerikanischer und vietnamesischer Bekannter über die Beziehung zwischen den beiden Männern.

Creighton Abrams macht John Vann zu einem seiner Generäle: Interview mit Weyand, eine Kopie der von Abrams erteilten Bevollmächtigung sowie weitere die Ernennung Vanns betreffende Dokumente in Vanns Unterlagen.

Zu Vanns kompliziertem Spiel mit Ellsberg nach der Veröffentlichung der Pentagon-Papiere: Aus Vanns Korrespondenz geht eindeutig hervor, daß er Kissinger Hinweise gab, wie die Regierung gegen Ellsberg vorgehen sollte. Gene Vann erinnerte sich an das lange Telefongespräch, das sein Bruder mit Ellsberg führte; Vann erzählte ihm auch von der Verteidigungsstrategie, die Ellsberg ihm beschrieben hatte. David Farnham begleitete Vann, als dieser die Informationen an J. Fred Buzhardt im Pentagon weitergab. Vanns Begegnung mit Buzhardt ist in Vanns Terminkalender vermerkt.

Zur Offensive der NVA 1972 und deren Vorbereitung: Interview mit Oberst Hoang Ngoc Lung, J-2 des Vereinigten Generalstabs der ARVN, im Verlauf meiner 1972 in Vietnam vorgenommenen Recherchen; Interview mit Oberstleutnant Trinh Tieu, damals G-2 im Hauptquartier des II. Korps in Pleiku; Berichte über Verhöre von Gefangenen und weitere nachrichtendienstliche Informationen, die mir freundlicherweise von Thomas Polgar überlassen wurden, der 1972 CIA-Leiter in Saigon war; die offizielle Chronik der gesamten Offensive, die für den Führungsstab der US-Streitkräfte verfaßt und von der Armee auf mein Ersuchen hin freigegeben wurde. Der Abschnitt über die Offensive im Zentralen Hochland wurde von Leutnant Gary Swingle verfaßt. Weiteres Material fand sich in Vanns Unterlagen.

Vann rettet Feuerbasis Delta und führt Versorgungsflüge durch: Interview mit Oberstleutnant Peter Kama und Kopie seiner Empfehlung, Vann für seinen heldenhaften Einsatz auszuzeichnen; Interview mit Oberleutnant Huynh Van Cai, dem ARVN-Adjutanten Vanns, und dessen Tagebuch; Interviews mit Major Frank Gall, Jr., dem Piloten und Kommandeur der 57. Hubschrauber-Sturmkompanie, mit General Dzu und Oberst Joseph Pizzi, Vanns Stabschef im II. Korps. Oberstleutnant Kama war mir eine große Hilfe bei der Darstellung der Schlacht um das Raketengebirge: Er hatte eine Chronologie der Gefechte, den Einsatzbericht über den Kampf um Feuerbasis Charlie, die Empfehlungen für die Auszeichnung mehrerer Berater sowie Detailskizzen über den Hergang der Kämpfe aufbewahrt.

Vann verteidigt Ngo Dzu gegen die Beschuldigung des Rauschgifthandels: Briefe und andere Dokumente in Vanns Unterlagen sowie seine Erklärungen gegenüber George Jacobson und anderen Freunden; Interviews mit General Dzu und Philip Brady, einem Freund und früheren Mitarbeiter Vanns bei CORDS, der 1971 NBC-Korrespondent war und Vann bei seiner Pressekampagne unterstützte. Brady wurde aus Südvietnam ausgewiesen, weil er in einer seiner Sendungen anklingen ließ, daß der Rauschgifthandel ohne das zumindest stillschweigende Einverständnis Thieus unmöglich gewesen wäre.

Zu den Kämpfen in Binh Dinh: Interviews mit Major Gary Hacker, Oberleutnant Thomas Eisenhower, Oberstleutnant Jack Anderson und einer Reihe von Beratern, die an anderen Orten der Provinz kämpften, sowie mit Generalsanwärter Nguyen Van Chuc und General Dzu. Darüber hinaus konnte ich während meines Vietnamaufenthalts 1972 eine Woche lang Einblick in die Aufzeichnungen der Taktischen Operationszentrale in Qui Nhon nehmen. Dieses Entgegenkommen verdanke ich John Swango und Major Richard Carey, der mir im Rahmen eines Interviews weitere Unterlagen über den Kampf um die Provinz überließ.

Zum Fall von Tan Canh: Interviews mit Oberst Pizzi, General Dzu, Oberst Phillip Kaplan, Major Jon Wise, Hauptmann Richard Cassidy, Leutnant Cai und Vanns Hubschrauberpiloten Robert Richards. Oberst Kaplan, der schließlich als Generalmajor die Armee verließ, bewies große Geduld und stellte sich mir mehrere Tage für Auskünfte zur Verfügung. Er fertigte auch eine Planpause an, so daß ich den Standort der einzelnen ARVN-Einheiten verzeichnen konnte; seine Kartenskizzen halfen mir, die Entwicklung der Schlacht und den Anmarschweg der Panzer nachzuvollziehen. Hauptmann Cassidy erfuhr durch die Befragung des gefangengenommenen Fahrers, über welche Route die Panzer aus Nordvietnam gekommen waren und welche Befehle die Panzerbesatzungen für den Angriff hatten. Peter Kama und Oberstleutnant Trinh Tieu, G-2 in Pleiku, sowie General Dzu und Leutnant Cai halfen mir bei der Erklärung von Vanns irrationaler Skepsis in bezug auf die Anwesenheit von NVA-Panzern im Gebiet des II. Korps. Matt Franjola, damals AP-Korrespondent, überließ mir eine Bandaufzeichnung der abendlichen Pressekonferenz Vanns in Pleiku nach dem Fall von Tan Canh. Im Herbst 1972 verbrachte ich einige Tage in Pleiku mit der Durchsicht der Aufzeichnungen der Taktischen Operationszentrale für das Gebiet des II. Korps, um genaue Zeiten und Daten sowie weitere Angaben über den Fall von Tan Canh und andere wichtige Ereignisse der Offensive zu bekommen. Für die Möglichkeit der Einsichtnahme bin ich Major Wise zu Dank verpflichtet, der damals die Beratungsarbeit in der Taktischen Operationszentrale leitete.

Zur Rettung der Berater in Tan Canh: Interviews mit Oberst Kaplan und Robert Richards; eine Kopie von Vanns handschriftlichem Testament, das mir von seinem ältesten Sohn John Allen zur Verfügung gestellt wurde.

In Panik geratene ARVN-Fallschirmjäger bringen Vanns Hubschrauber zum Absturz: Interview mit Leutnant Cai und dessen Tagebuch. Vann erzählte den Hergang Charlie Mohr, der in Vietnam war, um über die Offensive zu berichten. Mohrs Bericht für die »Times« wurde nicht veröffentlicht; Robert Rosenthal, ein ehemaliger außenpolitischer Redakteur, stellte mir jedoch freundlicherweise eine Kopie zur Verfügung.

Dzu gerät in Panik und plant, das Hochland aufzugeben: Interview mit Generalleutnant Cao Van Vien, dem Vorsitzenden des Vereinigten Generalstabs der ARVN, im Jahr 1972 und Interview mit Generalanwärter Ly Tong Ba, der mir von den Versuchen Dzus erzählte, den Abzug aus Kontum zu veranlassen.

Zur Schlacht von Kontum: Interviews mit General Ba, Generalmajor John Hill, Jr., und Oberst R. M. Rhotenberry; Berichte über die Schlacht von General Bas Stab sowie Karten und Planpausen, die den Verlauf der Kämpfe illustrieren. Einmal flog ich mit General Ba und Oberst Rhotenberry nach Kontum, als Ba ein dort stationiertes Regiment der 23. Division besuchte. Oberst Rhotenberry führte mich zum Schauplatz der Gefechte innerhalb und außerhalb der Stadt.

John Vann dirigiert die B-52: Generalmajor Nguyen Van Toan erzählte mir bei einem Interview, daß er und der ARVN-Stab in Pleiku Vann als »Mister B-52« bezeichneten. Hauptmann Christopher Scudder gab mir Auskunft über die Zahl der B-52-Angriffe, die das Strategische Luftwaffenkommando (SAC) Creighton Abrams pro Tag zugestand, die Zahl der Angriffe, die Vann für das Gebiet um

Kontum beanspruchte, und darüber, wie Vann das SAC davon überzeugte, die B-52 zwecks besserer Abdeckung der Zielzone gestaffelt fliegen zu lassen. Oberst Rhotenberry und General Ba beschrieben mir die gestaffelte Anordnung und erklärten mir, wie die Bomber so nahe an den ARVN-Stellungen operieren konnten. Jacques Leslie von der »Los Angeles Times«, den ich interviewte und der mir seine Notizbücher überließ, war einer der beiden Reporter, die mit Vann über den Bombenkratern kreisten. Gerald Hickey, dem Anthropologen und Schriftsteller, der nach Pleiku kam, um eine Luftbrücke zur Evakuierung der Montagnard-Flüchtlinge aus Kontum durchzusetzen, erzählte Vann von den von ihm angeforderten Cobras, die die überlebenden NVA-Soldaten töteten. Auch in den Aufzeichnungen der Taktischen Operationszentrale des II. Korps fand sich ein Hinweis darauf. Mit Laurence Stern von der »Washington Post« führte ich ein Interview über Vanns Kampfeseifer. Vanns Bemerkung über den Gestank auf dem Schlachtfeld entnahm ich Sterns am 8. Juni 1972 in der »Post« erschienenen Bericht.

Zu Vanns letztem Briefing für Neuankömmlinge: Frenchy Zois und Bryan Chastain, der im CORDS-Stab des II. Korps in Nhatrang tätig war, stellten mir freundlicherweise eine Bandaufzeichnung zur Verfügung.

Zu Vanns Absturz: Bericht der offiziellen Untersuchungskommission der Armee; neben zahlreichen anderen Gesprächen vor allem die Interviews mit General Hill, Oberst Pizzi, Leutnant Cai, Vanns Verwaltungsassistenten Stabsfeldwebel Edward Black, General Ba, Oberst Rhotenberry und Oberstleutnant Anderson. Hauptmann John Heslin, ein Heerespilot der Hubschraubergruppe in Holloway, der sich für Geschichte interessierte und mich bei meinen Nachforschungen tatkräftig unterstützte, brachte mich mit Hauptmann Bernard Ferguson in Verbindung, der sich in jener Nacht Anderson freiwillig als Kopilot zur Verfügung gestellt hatte. Hauptmann Robert McDonald war der Pilot, der von seinem Kobra aus unter den Bäumen die letzten Flammen aus dem Wrack schlagen sah.

Bibliographie

Acheson, Dean. *Present at the Creation: My Years in the State Department.* New York: W. W. Norton & Co., 1969.

Adams, Nina S., and McCoy, Alfred W., eds. *Laos: War and Revolution.* New York: Harper & Row, 1970.

Aftermath of War: Humanitarian Problems of Southeast Asia. Staff Report, Subcommittee to Investigate Problems Connected with Refugees and Escapees, Committee on the Judiciary, U.S. Senate, Ninety-fourth Congress. Washington, D.C.: U.S. Government Printing Office, 1976.

Albright, John, John A. Cash, and Allan W. Sandstrum. *Seven Firefights in Vietnam.* Washington, D.C.: U.S. Army Office of the Chief of Military History, 1970.

Appleman, Roy E. *South to the Naktong, North to the Yalu: United States Army in the Korean War.* Washington, D.C.: U.S. Army Office of the Chief of Military History, 1961.

Archer, Jules. *The Plot to Seize the White House.* New York: Hawthorn Books, 1973.

Armbruster, Frank E., et al. *Can We Win in Vietnam?* New York: Hudson Institute, 1968.

Asprey, Robert B. *War in the Shadows: The Guerrilla in History.* Volumes I and II. New York: Doubleday, 1975.

Austin, Anthony. *The President's War: The Story of the Tonkin Gulf Resolution and How the Nation Was Trapped in Vietnam.* Philadelphia: J. B. Lippincott Company, 1971.

Bain, David Haward. *Sitting in Darkness: Americans in the Philippines.* Boston: Houghton Mifflin, 1984.

Baldwin, Frank, ed. *Without Parallel: The American-Korean Relationships Since 1945.* New York: Pantheon, 1974.

Ball, George W. *The Discipline of Power: Essentials of a Modern World Structure.* Boston: Little, Brown, 1968.

Ballard, Jack S. *Development and Employment of Fixed-Wing Gunships, 1962–1972,* The United States Air Force in Southeast Asia series. Washington, D.C.: Office of Air Force History, U.S. Air Force, 1982.

Bamford, James. *The Puzzle Palace: A Report on America's Most Secret Agency.* Boston: Houghton Mifflin, 1982.

Barnet, Richard J. *The Giants: Russia and America.* New York: Simon and Schuster, 1977.

―――. *Real Security: Restoring American Power in a Dangerous Decade.* New York: Simon and Schuster, 1981.

―――. *Roots of War: The Men and Institutions Behind U.S. Foreign Policy.* New York: Atheneum, 1972.

Baskir, Lawrence M., and William A. Strauss. *Chance and Circumstance: The Draft, the War, and the Vietnam Generation.* New York: Alfred A. Knopf, 1978.

Blum, John Morton. *V Was for Victory: Politics and American Culture During World War II.* New York: Harcourt Brace Jovanovich, 1976.

Blumenson, Martin. *The Patton Papers, 1885–1940.* Volume I. Boston: Houghton Mifflin, 1972.

―――. *The Patton Papers, 1940–1945.* Volume II. Boston: Houghton Mifflin, 1974.

Bodard, Lucien. *The Quicksand War: Prelude to Vietnam.* Boston: Little, Brown, 1967.

Bohlen, Charles E., with the editorial assistance of Robert H. Phelps. *Witness to History 1929–1969.* New York: W. W. Norton & Co., 1973.

Braestrup, Peter. *Big Story: How the American Press and Television Reported and Interpreted the Crisis of Tet 1968 in Vietnam and Washington.* Volume I. Boulder, Colorado: Westview Press, 1977.

―――, ed. *Vietnam as History: Ten Years After the Paris Peace Accords.* Washington, D.C.: University Press of America, 1984.

Brandon, Henry. *Anatomy of Error: The Secret History of the Vietnam War.* London: André Deutsch, 1970.

Bromley, Dorothy Dunbar. *Washington and Vietnam: An Examination of the Moral and Political Issues.* Dobbs Ferry, N.Y.: Oceana Publications, Inc., 1966.

Browne, Malcolm W. *The New Face of War.* Indianapolis: Bobbs-Merrill, 1965.

Buckingham, William A., Jr. *Operation Ranch Hand: The Air Force and Herbicides in Southeast Asia, 1961–1971.* Washington, D.C.: Office of Air Force History, U.S. Air Force, 1982.

Bunting, Josiah. *The Lionheads.* New York: George Braziller, 1972.

Burchett, Wilfred. *My Visit to the Liberated Zones of South Vietnam.* Hanoi: Foreign Languages Publishing House, 1964.

Buttinger, Joseph. *Vietnam: A Dragon Embattled.* Volume I, *From Colonialism to the Vietminh.* Volume II, *Vietnam at War.* New York: Praeger, 1967.

Cameron, Allan W. *Vietnam Crisis: A Documentary History.* Volume I: 1940–1956. Ithaca: Cornell University Press, 1971.

Caro, Robert A. *The Years of Lyndon Johnson: The Path to Power.* New York: Alfred A. Knopf, 1982.

Cash, Wilbur J. *Mind of the South.* New York: Alfred A. Knopf, 1960.

Caudill, Harry. *Night Comes to the Cumberlands: Biography of a Depressed Area.* Boston: Atlantic Monthly Press, 1963.

Charlton, Michael, and Anthony Moncrieff. *Many Reasons Why: The American Involvement in Vietnam.* New York: Hill and Wang, 1978.

Chester, Lewis, et al. *Watergate: The Full Inside Story.* New York: Ballantine Books, 1973.

Hoang Van Chi. *From Colonialism to Communism: A Case History of North Vietnam.* London: Pall Mall Press, 1964.

Truong Chinh. *The August Revolution.* Hanoi: Foreign Languages Publishing House, 1962.

Chomsky, Noam. *At War with Asia.* New York: Pantheon, 1970.

Colby, William, and Peter Forbath. *Honorable Men: My Life in the CIA.* New York: Simon and Schuster, 1978.

Committee of Concerned Asian Scholars. *The Indochina Story.* New York: Bantam, 1970.

Cooper, Chester L. *The Lost Crusade: America in Vietnam.* New York: Dodd, Mead & Co., 1970.

Cooper, Francis H. »Some Colonial History of Beaufort County, North Carolina.« Chapel Hill, N.C.: James Sprunt Historical Publications, North Carolina Historical Society, University of North Carolina, Vol. 14, No. 2, 1916.

Corson, William R. *Consequences of Failure.* New York: W. W. Norton & Co., 1974.

Del Vecchio, John M. *The 13th Valley.* New York: Bantam, 1982.

de Silva, Peer. *Sub Rosa: The CIA and the Uses of Intelligence.* New York: Times Books, 1978.

Bui Diem with David Chanoff. *In the Jaws of History.* Boston: Houghton Mifflin, 1987.

Dommen, Arthur J. *Conflict in Laos: The Politics of Neutralization.* New York: Praeger, 1971.

Dos Passos, John. *Mr. Wilson's War.* New York: Doubleday, 1962.

Draper, Theodore. *Abuse of Power.* New York: Viking, 1967.

Nguyen Du. *The Tale of Kieu.* New York: Random House, 1973.

Dudman, Richard. *Forty Days with the Enemy.* New York: Liveright, 1971.

Duffett, John, ed. *Against the Crime of Silence: Proceedings of the International War Crimes Tribunal.* New York: Clarion, 1970.

Duncan, Donald. *The New Legions.* New York: Random House, 1967.

General Van Tien Dung. *Our Great Spring Victory: An Account of the Liberation of South Vietnam.* New York: Monthly Review Press, 1977.

Dunn, Lt. Gen. Carroll H. *Base Development in South Vietnam 1965–1970.* Washington, D.C.: Department of the Army, 1972.

Ellsberg, Daniel. *Papers on the War.* New York: Simon and Schuster, 1972.

Emerson, Gloria. *Winners and Losers: Battles, Retreats, Gains, Losses and Ruins from a Long War.* New York: Random House, 1977.

Esper, George, and the Associated Press. *The Eyewitness History of the Vietnam War, 1961—1975.* New York: Villard Books, 1983.

Ewell, Lt. Gen. Julian J. and Major Gen. Ira A. Hunt, Jr. *Sharpening the Combat Edge: The Use of Analysis to Reinforce Military Judgment.* Washington, D.C.: Department of the Army, 1974.

Fails, Lt. Col. William R. *Marines and Helicopters, 1962—1973.* Washington, D.C.: History and Museums Division, Headquarters, U.S. Marine Corps, 1978.

Fair, Charles. *From the Jaws of Victory.* New York: Simon and Schuster, 1971.

Fall, Bernard. *Hell in a Very Small Place: The Siege of Dien Bien Phu.* Philadelphia: J. B. Lippincott Company, 1967.

———. *Street Without Joy: Insurgency in Indochina, 1946—63.* Harrisburg, Pa.: The Stackpole Company, 1963.

———. *The Two Viet-Nams: A Political and Military Analysis.* London: Pall Mall Press, 1963.

———. *Viet-Nam Witness, 1953—66.* New York: Praeger, 1966.

Fallaci, Oriana. *Interview with History.* Boston: Houghton Mifflin, 1976.

———. *Nothing and So Be It.* New York: Doubleday, 1972.

FitzGerald, Frances. *Fire in the Lake: The Vietnamese and the Americans in Vietnam.* Boston: Little, Brown, 1972.

FitzSimons, Louise. *The Kennedy Doctrine.* New York: Random House, 1972.

Fuchs, Elinor, and Joyce Antler. *Year One of the Empire: A Play of American Politics, War and Protest Taken from the Historical Record.* Boston: Houghton Mifflin, 1973.

Fulton, Maj. Gen. William B. *Riverine Operations 1966—1969.* Washington, D.C.: Department of the Army, 1973.

Galluci, Robert L. *Neither Peace Nor Honor: The Politics of American Military Policy in Viet-Nam.* Baltimore: Johns Hopkins University Press, 1975.

Gelb, Leslie, and Richard Betts. *The Irony of Vietnam: The System Worked.* New York: Brookings, 1979.

Vo Nguyen Giap. *People's War, People's Army: The Viet Cong Insurrection Manual for Underdeveloped Countries.* New York: Praeger, 1964.

Goulden, Joseph C. *Truth Is the First Casualty: The Gulf of Tonkin Affair — Illusion and Reality.* Chicago: Rand McNally, 1969.

———. *Korea: The Untold Story of the War.* New York: Times Books, 1982.

Greene, Graham. *The Quiet American.* New York: Viking, 1956.

Groom, Winston. *Better Time Than These.* New York: Summit Books, 1978.

Gurtov, Melvin. *Southeast Asia Tomorrow: Problems and Prospects for U.S. Policy.* Baltimore: Johns Hopkins University Press, 1970.

Halberstam, David. *The Best and the Brightest.* New York: Random House, 1972.

———. *The Making of a Quagmire.* New York: Random House, 1965.

Halperin, Morton H., et al. *The Lawless State: The Crimes of the U.S. Intelligence Agencies*. New York: Penguin Books, 1976.

Hammer, Ellen J. *The Struggle for Indochina*. Stanford, Calif.: Stanford University Press, 1954.

Hammer, Richard. *The Court-Martial of Lt. Calley*. New York: Coward-McCann, 1971.

———. *One Morning in the War: The Tragedy at Son My*. New York: Coward-McCann, 1970.

Harriss, C. Lowell, ed. *Inflation: Long-term Problems*. New York: The Academy of Political Science, 1975.

Hart, Capt. B. H. Liddell. *The Real War 1914–1918*. Boston: Atlantic Monthly Press, 1930.

Hassler, Alfred. *Saigon, U.S.A.* New York: Richard W. Baron, 1970.

Hatch, Alden. *The Lodges of Massachusetts*. New York: Hawthorn Books, 1973.

Hay, Douglas, et al. *Albion's Fatal Tree: Crime and Society in Eighteenth-Century England*. New York: Pantheon, 1975.

Heinemann, Larry. *Close Quarters*. New York: Farrar, Straus & Giroux, 1977.

Heiser, Jr., Lt. Gen. Joseph M. *Logistic Support*. Washington, D.C.: Department of the Army, 1974.

Herr, Michael. *Dispatches*. New York: Alfred A. Knopf, 1977.

Herring, George C. *America's Longest War: The United States and Vietnam, 1950–1975*. New York: Alfred A. Knopf, 1986.

Hersh, Seymour M. *Cover-Up: The Army's Secret Investigation of the Massacre at My Lai 4*. New York: Random House, 1972.

———. *My Lai 4: A Report on the Massacre and Its Aftermath*. New York: Random House, 1970.

Hewes, James E., Jr. *From Root to McNamara: Army Organization and Administration, 1900–1963*. Washington, D.C.: Center of Military History, 1975.

Hickey, Gerald Cannon. *Village in Vietnam*. New Haven, Conn.: Yale University Press, 1964.

Higgins, Trumbull. *Korea and the Fall of MacArthur: A Precis in Limited War*. New York: Oxford University Press, 1960.

Hilsman, Roger. *To Move a Nation*. New York: Doubleday, 1967.

Hobbs, Jr., S. Huntington. *North Carolina: An Economic and Social Profile*. Chapel Hill, N.C.: University of North Carolina Press, 1958.

Honey, P. J. *Communism in North Vietnam: Its Role in the Sino-Soviet Dispute*. Cambridge, Mass.: M.I.T. Press, 1963.

———. *North Vietnam Today: Profile of a Communist Satellite*. New York: Praeger, 1962.

Hooper, Edwin Bickfard, et al. *The United States Navy and the Vietnam Conflict, Volume I, The Setting of the Stage to 1959*. Washington, D.C.: Naval History

Division, Department of the Navy (U.S. Government Printing Office), 1976.

Hoopes, Townsend. *The Limits of Intervention (an Inside Account of How the Johnson Policy of Escalation in Vietnam Was Reversed).* New York: David McKay, 1969.

Hosmer, Stephen T. *Viet Cong Repression and Its Implications for the Future.* Santa Monica, Calif.: Rand Corporation, 1970.

Isaacs, Arnold R. *Without Honor: Defeat in Vietnam and Cambodia.* Baltimore: Johns Hopkins University Press, 1983.

Johnson, Lyndon Baines. *The Vantage Point: Perspectives of the Presidency, 1963–1969.* New York: Holt, Rinehart and Winston, 1971.

Just, Ward. *Military Men.* New York: Alfred A. Knopf, 1970.

———. *To What End: Report from Vietnam.* Boston: Houghton Mifflin, 1968.

Kahin, George McT. *Intervention: How America Became Involved in Vietnam.* New York: Alfred A. Knopf, 1986.

Karnow, Stanley. *Vietnam: A History.* New York: Viking, 1983.

Karsten, Peter. *The Naval Aristocracy: The Golden Age of Annapolis and the Emergence of Modern American Navalism.* New York: The Free Press, 1976.

Kaufmann, William W. *The McNamara Strategy.* New York: Harper & Row, 1964.

Kelly, Col. Francis J. *U.S. Army Special Forces, 1961–1971.* Washington, D.C.: Department of the Army, 1973.

King, Henry T. *Sketches of Pitt County, 1704–1910.* Greenville, N.C.: ERA Press, 1976.

Kinnard, Douglas. *The War Managers.* Hanover, N.H.: University Press of New England, 1977.

Kirk, Donald. *Wider War: The Struggle for Cambodia, Thailand, and Laos.* New York: Praeger, 1971.

Kirkpatrick, Lyman B., Jr. *The U.S. Intelligence Community: Foreign Policy and Domestic Activities.* New York: Hill and Wang, 1973.

Kissinger, Henry. *White House Years.* Boston: Little, Brown, 1979.

Knightley, Phillip. *The First Casualty: From the Crimea to Vietnam: The War Correspondent as Hero, Propagandist, and Myth Maker.* New York: Harcourt Brace Jovanovich, 1975.

———, and Colin Simpson. *The Secret Lives of Lawrence of Arabia.* London: Nelson, 1969.

Knoebl, Kuno. *Victor Charlie: The Face of War in Vietnam.* New York: Praeger, 1967.

Knoll, Erwin, and Judith Nies McFadden, eds. *War Crimes and the American Conscience.* New York: Holt, Rinehart and Winston, 1970.

Kolko, Gabriel. *Anatomy of a War: Vietnam, the United States, and the Modern Historical Experience.* New York: Pantheon, 1986.

Kolpacoff, Victor. *The Prisoners of Quai Dong.* New York: New American Library, 1967.

Komer, R. W. *Bureaucracy Does Its Thing: Institutional Constraints on U.S.-G.V.N. Performance in Vietnam.* Santa Monica, Calif.: Rand Corporation, 1972.

Korb, Lawrence J. *The Joint Chiefs of Staff. The First Twenty-five Years.* Bloomington, Ind.: Indiana University Press, 1976.

Krulak, Victor H. *First to Fight: An Inside View of the U.S. Marine Corps.* Annapolis, Md.: Naval Institute Press, 1984.

Nguyen Cao Ky. *Twenty Years and Twenty Days.* New York: Stein and Day, 1976.

Lacouture, Jean. *Vietnam: Between Two Truces.* New York: Random House, 1966.

LaFeber, Walter. *America, Russia and the Cold War, 1945—1975.* New York: Wiley, 1976.

Lancaster, Donald. *The Emancipation of French Indochina.* London: Oxford University Press, 1961.

Lansdale, Edward G. *In the Midst of Wars: An American's Mission to Southeast Asia.* New York: Harper & Row, 1972.

Law of Land Warfare, The. Field Manual 27-10. Washington, D.C.: Department of the Army, 1956.

Lederer, William J. *Our Own Worst Enemy.* New York: W. W. Norton & Co., 1968.

——, and Eugene Burdick. *The Ugly American.* New York: W. W. Norton & Co., 1958.

Le Hong Linh et al. *Ap Bac: Major Victories of the South Vietnamese Patriotic Forces in 1963 and 1964.* Hanoi: Foreign Languages Publishing House, 1965.

Littauer, Raphael, and Norman Uphoff, eds. *The Air War in Indochina.* Boston: Beacon Press, 1972.

Lodge, Henry Cabot. *The Storm Has Many Eyes: A Personal Narrative.* New York: W. W. Norton & Co., 1973.

Lukas, J. Anthony. *Night-mare: The Underside of the Nixon Years.* New York: Viking, 1976.

Col. Hoang Ngoc Lung. *The General Offensives of 1968—69.* Washington, D.C.: U.S. Army Center of Military History, 1981.

McAlister, John T., Jr. *Viet Nam: The Origins of Revolution.* New York: Alfred A. Knopf, 1969.

——, and Paul Mus. *The Vietnamese and Their Revolution.* New York: Harper & Row, 1970.

McNamara, Robert S. *The Essence of Security: Reflections in Office.* New York: Harper & Row, 1968.

McPherson, Myra. *Long Time Passing: Vietnam and the Haunted Generation.* New York: Doubleday, 1984.

Mailer, Norman. *Armies of the Night.* New York: Signet, 1968.

Manchester, William. *American Caesar: Douglas MacArthur, 1880—1964.* Boston: Little, Brown, 1978.

Maneli, Mieczyslaw. *War of the Vanquished.* New York: Harper & Row, 1971.

Manning, Robert, and Michael Janeway, eds. *Who We Are: An Atlantic Chronicle of the United States and Vietnam*. Boston: Little, Brown, 1969.

Marchetti, Victor, and John D. Marks. *The CIA and the Cult of Intelligence*. New York: Alfred A. Knopf, 1974.

Marines in Vietnam, 1954–1973: An Anthology and Annotated Bibliography, The. Washington, D.C.: History and Museums Division, Headquarters, U.S. Marine Corps, 1974.

Marshall, Samuel Lyman Atwood. *The River and the Gauntlet*. Westport, Conn.: Greenwood Press, 1970.

Mason, Robert. *Chickenhawk*. New York: Penguin Books, 1984.

Mata Handbook for Vietnam. Ft. Bragg, N.C.: U.S. Army Special Warfare School, 1966.

Mecklin, John. *Mission in Torment: An Intimate Account of the U.S. Role in Vietnam*. New York: Doubleday, 1965.

Melman, Seymour, director of research. *In the Name of America* (a study commissioned and published by Clergy and Laymen Concerned About Vietnam). New York: Distributed by E. P. Dutton, 1968.

Miller, William J. *Henry Cabot Lodge*. New York: James H. Heineman, Inc., 1967.

Millett, Allan R. *Semper Fidelis: The History of the U.S. Marines*. New York: Macmillan, 1980.

Morison, Elting E. *Turmoil and Tradition: A Study of the Life and Times of Henry L. Stimson*. New York: Atheneum, 1963.

Morris, George. *CIA and American Labor: The Subversion of the AFL-CIO's Foreign Policy*. New York: International Publishers, 1967.

Moskin, J. Robert. *The Story of the U. S. Marine Corps*. New York: Paddington Press, 1979.

Mrazek, Col. James. *The Art of Winning Wars*. New York: Walker and Company, 1968.

New York Times, The. *The Pentagon Papers*. New York: Quadrangle Books, 1971.

New York Times, The. *The Watergate Hearings*. New York: Bantam, 1973.

Nixon, Richard. *The Memoirs of Richard Nixon*. New York: Grosset & Dunlap, 1978.

———. *No More Vietnams*. New York: Arbor House, 1985.

Norfolk Advertising Board. *Through the Years in Norfolk*. Norfolk, Va.: 1937.

Norfolk Chamber of Commerce. *The City by the Sea: Facts and Figures About Norfolk, Va.* Norfolk, Va.: 1893.

North Carolina State Department of Agriculture. *A Sketch of North Carolina*. 1902.

Oberdorfer, Don. *Tet!* New York: Doubleday, 1971.

O'Brien, Tim. *If I Die in a Combat Zone: Box Me Up and Ship Me Home*. New York: Delacorte Press, 1973.

O'Connor, John J. *A Chaplain Looks at Vietnam*. Cleveland: World Publishing Co., 1968.

Osgood, Robert Endicott. *Ideals and Self-Interest in America's Foreign Relations: The Great Transformation of the Twentieth Century.* Chicago: University of Chicago Press, 1953.

Page, Tim. *Nam.* New York: Alfred A. Knopf, 1983.

Pearson, Lt. Gen. Willard. *The War in the Northern Provinces, 1966–1968.* Washington, D.C.: Department of the Army, 1975.

Peters, Charles, and Taylor Branch. *Blowing the Whistle: Dissent in the Public Interest.* New York: Praeger, 1972.

Pike, Douglas. *Viet Cong: The Organization and Techniques of the National Liberation Front of South Vietnam.* Cambridge, Mass.: M.I.T. Press, 1966.

Pilger, John. *The Last Day: America's Final Hours in Vietnam.* New York: Random House, 1975.

Ploger, Maj. Gen. Robert R. *U.S. Army Engineers 1965–1970.* Washington, D.C.: Department of the Army, 1974.

Porter, Gareth. *A Peace Denied: The United States, Vietnam, and the Paris Agreement.* Bloomington, Ind.: Indiana University Press, 1975.

Powers, Thomas. *The Man Who Kept the Secrets: Richard Helms and the CIA.* New York: Alfred A. Knopf, 1979.

———. *The War at Home, Vietnam and the American People, 1964–1968.* New York: Grossman Publishers, 1973.

Ransom, Harry Howe. *The Intelligence Establishment.* Cambridge, Mass.: Harvard University Press, 1970.

Rapoport, Daniel. *Inside the House: An Irreverent Guided Tour Through the House of Representatives from the Days of Adam Clayton Powell to Those of Peter Rodino.* Chicago: Follett Publishing Co., 1975.

Rawlins, Lt. Col. Eugene W., and Maj. William J. Sambito, eds. *Marines and Helicopters, 1946–1962.* Washington, D.C.: History and Museums Division, Headquarters, U.S. Marine Corps, 1976.

Rearden, Steven L. *History of the Office of the Secretary of Defense, Volume I, The Formative Years, 1947–1950,* Alfred Goldberg, general ed. Washington, D.C.: Historical Office, Office of the Secretary of Defense, 1984.

Reed, C. Wingate. *Beaufort County: Two Centuries of Its History.* Raleigh, N.C.: Edwards & Broughton, 1962.

Reischauer, Edwin O. *Beyond Vietnam: The United States and Asia.* New York: Alfred A. Knopf, 1967.

Reston, James, Jr. *The Amnesty of John David Herndon.* New York: McGraw-Hill, 1973.

Rogers, Lt. Gen. Bernard William. *Cedar Falls-Junction City: A Turning Point.* Washington, D.C.: Department of the Army, 1974.

Roller, David C., and Robert W. Twyman, eds. *The Encyclopedia of Southern History.* Baton Rouge, La.: Louisiana State University Press, 1979.

Roth, Robert. *Sand in the Wind.* Boston: Little, Brown, 1973.

Roy, Jules. *The Battle of Dienbienphu.* New York: Harper & Row, 1965.

Sack, John. *M.* New York: New American Library, 1967.

Sanders, Ronald. *Lost Tribes and Promised Lands: The Origins of American Racism.* Boston: Little, Brown, 1978.

Santoli, Al. *Everything We Had: An Oral History of the Vietnam War by Thirty-three American Soldiers Who Fought It.* New York: Random House, 1981.

Schandler, Herbert Y. *The Unmaking of a President: Lyndon Johnson and Vietnam.* Princeton, N.J.: Princeton University Press, 1977.

Schell, Jonathan. *The Military Half: An Account of Destruction in Quang Ngai and Quang Tin.* New York: Alfred A. Knopf, 1968.

——. *The Village of Ben Suc.* New York: Random House, 1967.

Schlesinger, Arthur M., Jr. *The Bitter Heritage: Vietnam and American Democracy, 1941–1966.* Boston: Houghton Mifflin, 1967.

——. *The Imperial Presidency.* Boston: Houghton Mifflin, 1973.

Schnabel, James F. *Policy and Direction: The First Year, United States Army in the Korean War.* Washington, D.C.: Office of the Chief of Military History, U.S. Army, 1972.

Schultz, George F., ed. *Vietnamese Legends.* Rutland, Vt.: Charles E. Tuttle, 1965.

Shaplen, Robert. *Bitter Victory.* New York: Harper & Row, 1986.

——. *A Forest of Tigers.* London: Mayflower Books Ltd., 1965.

——. *A Turning Wheel: Thirty Years of the Asian Revolution by a Correspondent for The New Yorker.* New York: Random House, 1979.

Shaw, A. G. L. *Convicts and the Colonies: A Study of Penal Transportation from Great Britain and Ireland to Australia and Other Parts of the British Empire.* Melbourne, Australia: Melbourne University Press, 1977.

Shawcross, William. *Side-Show: Kissinger, Nixon, and the Destruction of Cambodia.* New York: Pocket Books, 1979.

Sheehan, Susan. *Ten Vietnamese.* New York: Alfred A. Knopf, 1967.

Shepard, Elaine. *The Doom Pussy.* New York: Trident Press, 1967.

Sherwin, Martin J. *A World Destroyed: The Atomic Bomb and the Grand Alliance.* New York: Alfred A. Knopf, 1975.

Shore II, Capt. Moyers S. *The Battle for Khe Sanh.* Washington, D.C.: Historical Branch, G-3 Division, Headquarters, U.S. Marine Corps, 1969.

Shulimson, Jack. *U.S. Marines in Vietnam: An Expanding War, 1966.* Washington, D.C.: History and Museums Division, Headquarters, U.S. Marine Corps, 1982.

——, and Keith Fleming. *U.S. Marines in Vietnam: Fighting the North Vietnamese, 1967.* Washington, D.C.: History and Museums Division, Headquarters, U.S. Marine Corps, 1984.

——, and Maj. Charles M. Johnson. *U.S. Marines in Vietnam: The Landing and the Buildup, 1965.* Washington, D.C.: History and Museums Division, Headquarters, U.S. Marine Corps, 1978.

Sivaram, M. *The Vietnam War: Why?* Rutland, Vt.: Charles E. Tuttle, 1966.

Snepp, Frank. *A Decent Interval: An Insider's Account of Saigon's Indecent End.* New York: Random House, 1977.

Snow, Edgar. *The Other Side of the River: Red China Today.* New York: Random House, 1962.

Lt. Col. Pham Van Son, ed. *The Viet Cong »Tet« Offensive (1968).* Saigon: Printing and Publications Center (A.G./Joint General Staff) RVNAF, 1969.

Sorenson, Theodore C. *Kennedy.* New York: Harper & Row, 1965.

Stanton, Shelby L. *The Rise and Fall of an American Army: U.S. Ground Forces in Vietnam, 1965–1973.* Novato, Calif.: Presidio Press, 1985.

Steel, Ronald. *Pax Americana.* New York: Viking, 1967.

Stockwell, John. *In Search of Enemies: A CIA Story.* New York: W. W. Norton & Co., 1978.

Stone, Robert. *Dog Soldiers.* Boston: Houghton Mifflin, 1974.

Sweet, William Warren. *Virginia Methodism: A History.* Richmond, Va.: Whittet & Shepperson, 1960.

Swinson, Arthur. *North-West Frontier: People and Events, 1839–1947.* London: Hutchinson, 1967.

Taylor, Maxwell D. *Swords and Plowshares.* New York: W. W. Norton & Co., 1972.

———. *The Uncertain Trumpet.* New York: Harper, 1960.

Taylor, Telford. *Nuremberg and Vietnam.* Chicago: Quadrangle Books, 1970.

Terzani, Tiziano. *Giai Phong! The Fall and Liberation of Saigon.* New York: St. Martin's Press, 1976.

Thayer, Thomas C. *How to Analyze a War Without Fronts: Vietnam 1965–1972.* Washington, D.C.: Journal of Defense Research, Volume 7B, Number 3, 1975.

Thompson, Sir Robert. *No Exit from Vietnam.* New York: David McKay, 1969.

———. *Peace Is Not at Hand: The American Position in the Post-Vietnam World and the Strategic Weakening of the West.* New York: David McKay, 1974.

Thorne, Christopher. *Allies of a Kind: The United States, Britain, and the War Against Japan, 1941–1945.* New York: Oxford University Press, 1978.

Toland, John. *The Rising Sun: The Decline and Fall of the Japanese Empire, 1936–1945.* New York: Random House, 1977.

Trager, Frank N. *Why Vietnam?* New York: Praeger, 1966.

Trask, Roger R. *The Secretaries of Defense: A Brief History, 1947–1985.* Washington, D.C.: Historical Office, Office of the Secretary of Defense, 1985.

Tregaskis, Richard. *Vietnam Diary.* New York: Holt, Rinehart and Winston, 1963.

Trinquier, Roger. *Modern Warfare: A French View of Counterinsurgency.* New York: Praeger, 1964.

Tuchman, Barbara W. *The March of Folly: From Troy to Vietnam.* New York: Alfred A. Knopf, 1984.

———. *Stilwell and the American Experience in China, 1911—45.* New York: Macmillan, 1970.

———. *The Proud Tower: A Portrait of the World Before the War: 1890—1914.* New York: Macmillan, 1966.

———. *The Guns of August.* New York: Macmillan, 1962.

U.S. Army Area Handbook for Vietnam. Foreign Areas Studies Division, Special Operations Research Office, The American University, Washington, D.C.: U.S. Government Printing Office, 1962.

U.S. Government and the Vietnam War: Executive and Legislative Roles and Relationships, Part I, 1945—1961, The. Prepared for the Committee on Foreign Relations, U.S. Senate, Congressional Research Service, Library of Congress. Washington, D.C.: U.S. Government Printing Office, 1984.

U.S. Government and the Vietnam War: Executive and Legislative Roles and Relationships, Part II, 1961—1964, The. Prepared for the Committee on Foreign Relations, U.S. Senate, Congressional Research Service, Library of Congress. Washington, D.C.: U.S. Government Printing Office, 1984.

Nguyen Van Thai and Nguyen Van Mung. *A Short History of Viet-Nam.* Saigon: The Times Publishing Co., 1958.

Vietnam: Policy and Prospects, 1970. Hearings Before the Committee on Foreign Relations, U.S. Senate, Ninety-first Congress. Washington, D.C.: U.S. Government Printing Office, 1970.

Walker, Carroll. *Norfolk: A Tricentennial Pictorial History.* Norfolk, Va.: Donning Company, 1981.

Walt, Lewis W. *Strange War, Strange Strategy: A General's Report on Vietnam.* New York: Funk & Wagnalls, 1970.

Walton, Richard J. *Cold War and Counter-Revolution: The Foreign Policy of John F. Kennedy.* New York: Viking, 1972.

Warner, Denis. *The Last Confucian: Vietnam, Southeast Asia, and the West.* Baltimore: Penguin Books, 1964.

Waterhouse, Larry G., and Mariann G. Wizard. *Turning the Guns Around: Notes on the GI Movement.* New York: Praeger, 1971.

Watts, William, and Lloyd A. Free. *State of the Nation, III.* Lexington, Mass.: D.C. Heath and Company, 1978.

Wertenbaker, Thomas J. *Norfolk: Historic Southern Port.* Durham, N.C.: Duke University Press, 1931.

Werth, Alexander. *Russia at War, 1941—1945.* New York: Avon, 1965.

West, F. J. (Bing), Jr. »The Fast Rifles: A Strategy for Grassroots Pacification in Vietnam«, in »Public and International Affairs«, Volume V, No. 1. Princeton, N.J.: Woodrow Wilson School, 1967.

West, Morris L. *The Ambassador.* New York: William Morrow, 1965.

Westmoreland, Gen. William C. *A Soldier Reports.* New York: Doubleday, 1976.

————, and U. S. Grant Sharp. *Report on the War in Vietnam.* Washington, D.C.: U.S. Government Printing Office, 1969.

Whitlow, Capt. Robert H. *U.S. Marines in Vietnam: The Advisory & Combat Assistance Era, 1954–1964.* Washington, D.C.: History and Museums Division, Headquarters, U.S. Marine Corps, 1977.

Wicker, Tom. *On Press: A Top Reporter's Life in and Reflections on American Journalism.* New York: Viking, 1978.

Windchy, Eugene G. *Tonkin Gulf.* New York: Doubleday, 1971.

Wolfkill, Grant, with Jerry A. Rose. *Reported to Be Alive.* New York: Simon and Schuster, 1965.

Woodside, Alexander B. *Community and Revolution in Modern Vietnam.* Boston: Houghton Mifflin, 1976.

Woodward, C. Vann. *Origins of the New South, 1877–1913.* Baton Rouge, La.: Louisiana State University Press, 1951.

Yergin, Daniel. *Shattered Peace: The Origins of the Cold War and the National Security State.* Boston: Houghton Mifflin, 1977.

Zumwalt, Elmo R. *On Watch: A Memoir.* New York: Quadrangle Books, 1976.

Personenregister

Abbott, George 176–177
Abrams, Creighton »Abe« 652, 655, 701, 703, 725, 727–728, 740, 748–752, 764–766, 782–783, 786
Acheson, Dean 138, 177–180, 445–446, 457–458, 463, 669, 689, 693, 696, 720–721
Adams, Samuel 694
Alex 661–663
Allen, Ethan 428
Allen, Großmutter 431, 473
Allen, Justus Smith »Jess« 428–431, 435–436
Allen, Mary Andrews 283, 429–430, 432, 434, 436, 753
Almond, Edward 463, 467–468
Alsop, Joseph 17–19, 25, 30, 39, 352–353, 733–734, 759
Anderson, Jack 762–763, 783, 787–788
Annie 601–604, 615, 670–673, 698–700, 711, 713–714, 740, 753, 771–772, 786
Anthis, Rollen »Buck« 121–123, 249–250, 315, 369, 383, 542
Apple, R. W. »Johnny», Jr. 538
Arcement, Paul 757–758
Arkie 605–606
Arnett, Peter 277, 282, 288, 356–357, 573–574, 577, 718, 726, 729–730
Arnold, Benedict 139
Atlee, Clement 156

Ba, Ly Tong 235–243, 246, 251–254, 256, 259–266, 271, 277–278, 281, 780–782, 784–786, 789
Ball, George 555, 674, 690
Bao Dai 63, 85, 142, 146, 148, 152, 170, 172–173, 178, 180–182, 184–187, 348, 366, 382, 599, 608, 625, 710, 740
Barbero, Mike 150
Barnes, Thomas 786
Batista, Fulgencio 560
Bay Vien 178–179, 625
Beech, Keyes 569
Bidault, Georges 159
Binh, Le Nguyen 79, 89, 97, 112, 115–117, 213, 330
Binh, Nguyen Thi 203
Black, Edward 781

Blaik, Earl »Red« 68
Bowers, Arnold 222, 224–225, 228–234, 244–246, 252, 255–256, 259, 263–264, 286, 337, 389
Bowie, James 111
Bradley, Francis 495–496
Bradley, Omar 459, 463, 689
Braman, Donald 230–232, 234, 244–245, 255, 259, 278
Brown, George 572
Brown, Thomas »Tim« 572–573, 575–577, 579, 581
Browne, Emily 364
Browne, Malcolm 98, 339, 356–357, 364
Browning, John Moses 215, 238
Bruce, David 750
Brucker, Wilbur 487
Bumgardner, Everet 137–138, 143–144, 149, 152, 175, 192–193, 196–197, 219, 524–525, 529, 534, 536, 540, 554, 559, 566, 609, 614, 737, 742–743
Bundy, McGeorge 326, 342, 590, 592, 678, 693, 720–721
Bundy, William 546, 554
Bunker, Ellsworth 24, 598, 654, 667–671, 687, 697–699, 707–708, 719–720, 736–738, 742–743, 749, 758, 767
Burdick, Eugene 83
Buzhardt, J. Fred 754
Byrnes, James 156

Cäsar, Julius 461
Cai, Huynh Van 757–758, 775, 778
Calley, William, Jr. 687–688
Can, Ngo Dinh 340, 367, 375
Cao, Huynh Van 56, 58–62, 64–65, 69, 78–79, 83–89, 92–106, 109–110, 114, 116–120, 123, 125, 128–134, 151, 205–207, 211–212, 215–216, 240, 264–269, 271, 276–277, 280–284, 287–289, 304–305, 314, 317, 328, 330, 333, 345, 347, 349, 373–376, 380, 388–389, 495–496, 503–504, 511, 517, 636, 778
Carnegie, Dale 40
Carpentier, Marcel 175
Carroll, James 651
Carter, James E. 355
Carver, George 689